Dimension des Völkermords

Quellen und Darstellungen zur
Zeitgeschichte
Herausgegeben vom Institut für
Zeitgeschichte

Band 33

R. Oldenbourg Verlag München 1991

Dimension des Völkermords

Die Zahl der jüdischen Opfer des Nationalsozialismus

Herausgegeben von

Wolfgang Benz

R. Oldenbourg Verlag München 1991

CIP-Titelaufnahme der Deutschen Bibliothek

Dimension des Völkermords: die Zahl der jüdischen Opfer des
Nationalsozialismus / hrsg. von Wolfgang Benz. – München:
Oldenbourg, 1991
  (Quellen und Darstellungen zur Zeitgeschichte; Bd. 33)
  ISBN 3-486-54631-7
NE: Benz, Wolfgang [Hrsg.]; GT

Umschlaggestaltung: Dieter Vollendorf, München
Gesamtherstellung: R. Oldenbourg Graphische Betriebe GmbH, München

ISBN 3-486-54631-7

Inhalt

Wolfgang Benz
Die Dimension des Völkermords. Einleitung 1

Ino Arndt/Heinz Boberach
Deutsches Reich 23

Jonny Moser
Österreich 67

Ino Arndt
Luxemburg 95

Juliane Wetzel
Frankreich und Belgien 105

Gerhard Hirschfeld
Niederlande 137

Hermann Weiß
Dänemark 167

Oskar Mendelsohn
Norwegen 187

Liliana Picciotto Fargion
Italien 199

Gerhard Grimm
Albanien 229

Hagen Fleischer
Griechenland 241

Hans-Joachim Hoppe
Bulgarien 275

Holm Sundhaussen
Jugoslawien 311

László Varga
Ungarn 331

Eva Schmidt-Hartmann
Tschechoslowakei 353

Krista Zach
Rumänien 381

Frank Golczewski
Polen 411

Gert Robel
Sowjetunion 499

Abkürzungsverzeichnis 561

Die Autoren 563

Personenregister 565

Geographisches Register 572

Wolfgang Benz

Die Dimension des Völkermords

Einleitung

I.

Über die Zahl der ermordeten Juden wird seit dem Ende des NS-Staats diskutiert, und die Dimension des Problems wird unter apologetischer Tendenz interessierter Kreise bekanntlich in Frage gestellt. Einer mathematisch-exakten Beweisführung, die in der Feststellung genauer Zahlenangaben münden würde, stehen erhebliche quellenmäßige und methodische Schwierigkeiten gegenüber, die gewöhnlich unterschätzt, aber als Beweis für vermutete politische Absichten oder für die Unfähigkeit der Historiker gerne benutzt werden. Absicht des vorliegenden Bandes ist es daher vor allem, neben der Darlegung der gesicherten Erkenntnisse die Probleme aufzuzeigen, die der Bestimmung einer absoluten Zahl der jüdischen Opfer des Nationalsozialismus entgegenstehen.

Die zahlenmäßige Dimension des Völkermords wurde zuerst von der Täterseite ins Gespräch gebracht, Mitarbeiter und Kameraden Adolf Eichmanns, des für die Deportation zur Vernichtung zuständigen Referatsleiters im Reichssicherheitshauptamt (RSHA), gaben den Historikern die frühesten Hinweise zur Größenordnung des Genozids. Im Nürnberger Hauptkriegsverbrecherprozeß berichtete Dr. Wilhelm Hoettl, ehemals SS-Sturmbannführer und Referent im Amt VI (Auslandsnachrichtendienst) des RSHA und zuständig für Südosteuropa, über eine Unterhaltung, die er Ende August 1944 in Budapest gehabt hatte. Unter Eid erklärte Hoettl am 26. November 1945 vor dem Internationalen Tribunal, Eichmann sei damals zur Überzeugung gekommen, „daß der Krieg nunmehr für Deutschland verloren sei und er damit für seine Person keine weitere Chance mehr habe. Er wisse, daß er von den Vereinigten Nationen als einer der Hauptkriegsverbrecher betrachtet würde, weil er Millionen von Judenleben am Gewissen habe. Ich fragte ihn, wieviele das seien, worauf er antwortete, die Zahl sei zwar ein großes Reichsgeheimnis, doch würde er sie mir sagen, da ich auch als Historiker dafür Interesse haben müßte und er von seinem Kommando nach Rumänien wahrscheinlich doch nicht mehr zurückkehren würde. Er habe kurze Zeit vorher einen Bericht für Himmler gemacht, da dieser die genaue Zahl der getöteten Juden wissen wollte. Er sei auf Grund seiner Informationen dabei zu folgendem Ergebnis gekommen: In den verschiedenen Vernichtungslagern seien etwa vier Millionen Juden getötet worden, während weitere zwei Millionen auf andere Weise den Tod fanden, wobei der Großteil davon durch die Einsatzkommandos der Sicherheitspolizei während des Feldzuges gegen Rußland durch Erschießen getötet wurde. Himmler sei mit dem Bericht nicht zufrieden gewesen, da nach seiner Meinung die Zahl der getöteten Juden größer als 6 Millionen sein müsse."[1]

Am 3. Januar 1946 gab Dieter Wisliceny, ein ehemaliger enger Mitarbeiter Eichmanns und als solcher verantwortlich für die Massendeportationen von Juden aus der Slowakei, Griechenland und Ungarn, in der Vernehmung für den Nürnberger Prozeß auf die Frage nach der Zahl der getöteten Juden zu Protokoll, Eichmann habe immer von mindestens vier Millionen gesprochen, „manchmal nannte er sogar die Zahl von fünf Millionen". Er habe Eichmann zuletzt Ende Februar 1945 in Berlin gesehen, Eichmann habe gesagt, er würde Selbstmord begehen, wenn der Krieg verloren sei. Auf die Frage des vernehmenden Offiziers, ob Eichmann etwas über die Zahl der getöteten Juden gesagt habe, antwortete Wisliceny: „Ja, er drückte das in einer besonders zynischen Weise aus. Er sagte: Er würde lachend in die Grube springen, denn das Gefühl, daß er fünf Millionen Menschen auf dem Gewissen hätte, wäre für ihn außerordentlich befriedigend."[2]

Eichmann hat, als man ihn mit diesen Aussagen bei seinem Prozeß in Jerusalem 1961 konfrontierte, viel dazu geredet und geschrieben, abgeschwächt und argumentiert, aber er hat diese Gespräche und die zitierte Größenordnung des Völkermordes im Grunde nicht geleugnet.[3]

Die historische Forschung ist allerdings nicht angewiesen auf die Geständnisse oder Bestätigungen der Täter. Für die Ermittlung und Berechnung der Dimension des nationalsozialistischen Völkermords stehen originale und unanfechtbare Quellen zur Verfügung, freilich bleiben die Schwierigkeiten trotzdem ganz beträchtlich. Denn ein wesentlicher Teil der Mordaktionen spielte sich im Dunkeln ab, getarnt durch die Sprachregelung „Endlösung", getarnt durch abgelegene Orte; die Entstehung schriftlicher Beweise wurde verhindert oder die Beweise der Verbrechen wurden in letzten Anstrengungen des NS-Regimes noch vernichtet. So wird es bei aller Akribie zwar nie möglich sein, eine absolute Zahl zu nennen, die darauf beruhen würde, daß alle Toten einzeln gezählt sind, aber es ist möglich, die Größenordnung jenseits aller Spekulation zu konstatieren, und zwar als Minimum wie als Maximum.

Ein erst kürzlich aufgefundenes Dokument, eine Zusammenstellung „Die Judenfrage", die offensichtlich aus Anlaß eines Vortrags beim Reichsführer SS Heinrich Himmler über Siedlungsfragen im Osten angefertigt wurde, gibt einen ebenso früh datierten – Dezember 1940 – wie originären Hinweis auf die Zahl der Juden, die einer „Endlösung" zugeführt werden sollten. Überdies – und darin liegt der besondere Reiz des Schriftstücks – ist dort auch von einer „Anfangslösung" die Rede, und zwar „durch Überführung der Initiative von den jüdisch-politischen Organisationen zur Sicherheitspolizei und SD". Der zweite Hauptpunkt dieses Dokuments, überschrieben „Die Endlösung der Judenfrage", lautet: „Durch Umsiedlung der Juden aus dem europäischen Wirtschaftsraum des deutschen Volkes in ein noch zu bestimmendes Territorium. Im Rahmen dieses Projektes kommen rund 5,8 Millionen Juden in Betracht."[4]

---

[1] Nbg. Dok. PS 2738.
[2] IMT, Bd. IV, S. 393–414; auch Eichmann-Prozeß, Archiv Institut für Zeitgeschichte.
[3] Ebenda; vgl. auch Ich, Adolf Eichmann. Ein historischer Zeugenbericht, hrsg. von Rudolf Aschenauer, Leoni 1980, S. 471 ff.
[4] Vortrag über Siedlung, Dezember 1940, BA, NS 19/3979; für den Hinweis auf dieses Dokument bin ich Herrn Oberarchivrat Dr. Josef Henke, der die bisher unbekannte Akte entdeckte, zu vielem Dank verpflichtet.

Abgesehen von der darin genannten Zahl mag das Schriftstück auch als ein weiteres Indiz dafür gelten, daß die beabsichtigte Vernichtung der Juden kein Ergebnis zufälliger Entwicklungen[5], nicht das Produkt von Krisen und Engpässen im Krieg oder Folge der Erkenntnis gewesen ist, daß nach den Fehlschlägen vom Jahresende 1941 der Ostfeldzug – und damit der Krieg – für die Nationalsozialisten verloren war.[6]

Auch bei der Wannseekonferenz 1942 wurden Zahlen genannt – und was mit den Tarnbezeichnungen wie Umsiedlung, Endlösung usw. gemeint war, wußten alle Beteiligten –, schließlich existiert als eine der wichtigsten statistischen Quellen der Bericht des Inspekteurs für Statistik, Richard Korherr, dem zu entnehmen ist, daß die nationalsozialistische Judenpolitik bis 31. März 1943 schon mehr als 2 1/2 Millionen Opfer gefordert hatte. Korherr machte bei seinen Berechnungen zur „Endlösung der europäischen Judenfrage" die einleitende Feststellung „Jüdische Bestandszahlen sind im allgemeinen nur als Mindestzahlen zu werten, wobei der Fehler mit geringerem jüdischen Blutanteil immer größer wird", und er wies generell darauf hin, daß Statistiken zur jüdischen Bevölkerung „immer mit Vorbehalt aufzunehmen" seien. Die Statistik habe, „teils als Notbehelf, teils wegen der weitgehenden Übereinstimmung zwischen jüdischer Rasse und jüdischem Glauben, teils im konfessionellen Denken des letzten Jahrhunderts befangen, bis zuletzt die Juden nicht nach ihrer Rasse, sondern nach ihrem religiösen Bekenntnis erfaßt".[7]

In diesem Zusammenhang bemerkenswert ist auch eine Sprachregelung, die Himmler durch seinen Adjutanten dem Statistiker Korherr übermitteln ließ. Er wünschte ausdrücklich, „daß an keiner Stelle von ‚Sonderbehandlung der Juden' gesprochen wird". Es müsse vielmehr folgendermaßen heißen: „Transportierung von Juden aus den Ostprovinzen nach dem russischen Osten: Es wurden durchgeschleust

---

[5] Zur Gesamtproblematik vgl. Eberhard Jäckel/Jürgen Rohwer (Hrsg.), Der Mord an den Juden im Zweiten Weltkrieg. Entschlußbildung und Verwirklichung, Stuttgart 1985. Der Band faßt die Ergebnisse einer Konferenz zusammen, bei der im Mai 1984 die Vertreter der verschiedenen Richtungen das Problem diskutierten, zu welchem Zeitpunkt mit welcher Intention die „Endlösung" in Gang gesetzt wurde. Zur Vorgeschichte gehört die absurde Behauptung David Irvings, aus der Tatsache, daß kein schriftlicher Befehl Hitlers existiert, sei zu schließen, daß die Judenvernichtung ohne Wissen des „Führers" erfolgt sei. Dieses Konstrukt widerlegte Martin Broszat: Hitler und die Genesis der „Endlösung". Aus Anlaß der Thesen von David Irving, in: VfZ 25 (1977), S. 739–775. Gegen die dort in einer „tour de force" entwickelte Theorie, die „Endlösung" sei gar nicht geplant, vielmehr das Produkt von Sachzwängen und Krisen gewesen, nahm Christopher R. Browning Stellung: Zur Genesis der „Endlösung". Eine Antwort an Martin Broszat, in: VfZ 29 (1981), S. 97–109. Vgl. auch Christopher R. Browning, The Final Solution and the German Foreign Office. A Study of Referat D III of Abteilung Deutschland 1940-43, New York 1978; ders., Fateful Months. Essays on the Emergence of the Final Solution, New York 1985; gegen die Folgerungen von Broszat argumentiert auch Hermann Graml, Zur Genesis der „Endlösung", in: Ursula Büttner (Hrsg.), Das Unrechtsregime. Internationale Forschung über den Nationalsozialismus, Bd. 2, Hamburg 1986, S. 2–18; nicht überholt ist der große Überblick – ursprünglich als Gutachten im Frankfurter Auschwitz-Prozeß vorgetragen – von Helmut Krausnick, Judenverfolgung, in: Buchheim/Broszat/Jacobsen/Krausnick, Anatomie des SS-Staates, Bd. II, Olten und Freiburg 1965, S. 283–448. Die Verantwortung Hitlers mit guten Argumenten nachweisend und die „Endlösung" als integralen Bestandteil des NS-Staats begreifend: Gerald Fleming, Hitler und die Endlösung. „Es ist des Führers Wunsch ...", Wiesbaden 1982; vgl. auch Wolfgang Scheffler, Zur Entstehungsgeschichte der „Endlösung", in: Aus Politik und Zeitgeschichte, 30.10.1982, S. 3–10; ein Gesamtkonzept jenseits des Standorts im intentionalistischen oder funktionalistischen Lager bot Yehuda Bauer unlängst beim Internationalen Symposion „Der nationalsozialistische Krieg" in Pforzheim (September 1989) in seinem Referat: Antisemitismus und Krieg. Vgl. auch Raul Hilberg, Tendenzen in der Holocaust-Forschung, in: Walter H. Pehle (Hrsg.), Der historische Ort des Nationalsozialismus. Annäherungen, Frankfurt a. M. 1990.

[6] Dies die These bei Arno J. Mayer, Der Krieg als Kreuzzug. Das Deutsche Reich, Hitlers Wehrmacht und die Endlösung, Reinbek 1989.

[7] Die Endlösung der europäischen Judenfrage. Statistischer Bericht, Richard Korherr, Inspekteur für Statistik, Nbg. Dok. NO 5193; ergänzende Materialien im Archiv IfZ.

durch die Lager im Generalgouvernement ... durch die Lager im Warthegau ..." Eine
andere Formulierung dürfe nicht genommen werden, und sogar das von Himmler bereits abgezeichnete Exemplar des statistischen Berichts wurde mit dem Auftrag, die
entsprechende Stelle zu ändern, noch einmal zurückgereicht.[8] Der Korherr-Bericht
bietet Anhaltspunkte für Berechnungen der Gesamtzahl der jüdischen Opfer mit statistischen Methoden. Dies exemplifiziert und die Ergebnisse zu einer überzeugenden
Gesamtbilanz zusammengefügt zu haben, ist das Verdienst von George Wellers. Seine
Studie gehört neben den großen Arbeiten von Reitlinger und Hilberg zu den Pionier-
taten bei der Erforschung unseres Problems.[9]

Neben dem Korherr-Bericht steht der historischen Forschung eine genuine Quelle
zum Judenmord zur Verfügung, die Angaben auch in statistischen Größenordnungen
enthält, die in vollkommener Eindeutigkeit von ermordeten Menschen handeln. Es ist
die Berichterstattung der Einsatzgruppen über die Judenvernichtung vor allem in der
Sowjetunion. Helmut Krausnick und Hans-Heinrich Wilhelm haben diese Quellen in
ihrer bahnbrechenden Studie ausgewertet, wobei sich Krausnick mit dem generellen
Problem der Einsatzgruppen und ihrem Verhältnis zur Wehrmacht auseinandersetzte,
während Wilhelm die für unsere Zwecke unschätzbare exemplarische Studie zur Einsatzgruppe A, verbunden mit dem Versuch einer Gesamtbilanz der Judenvernichtung
auf dem Gebiet der Sowjetunion, erarbeitete.[10]

In 194 erhalten gebliebenen (von insgesamt 195) „Ereignismeldungen UdSSR" des
Chefs der Sicherheitspolizei und des SD für den Zeitraum 23. Juni 1941 bis 24. April
1942, in den vom Chef der Sicherheitspolizei und des SD-Kommandostabs vorgeleg-
ten 55 „Meldungen aus den besetzten Ostgebieten" (1. Mai 1942 bis 21. Mai 1943)
und in den 11 zusammenfassenden „Tätigkeits- und Lageberichten der Einsatzgruppen der Sicherheitspolizei und des SD in der UdSSR" (22. Juni 1941 bis 31. März
1942) ist die Ermordung von mindestens 535 000 jüdischen Menschen dokumentiert.
Unter vorsichtiger Berechnung ist aufgrund des vorliegenden Quellenmaterials über
weitere Vernichtungsaktionen, Pogrome und Massaker davon auszugehen, „daß nicht
weniger als 700–750 000 Juden bereits im ersten Dreivierteljahr der nationalsozialistischen Besatzungsherrschaft auf sowjetischem Boden den gegen sie gerichteten Verfolgungsmaßnahmen zum Opfer gefallen sind".[11]

II.

Im Mittelpunkt rechtsradikaler Propaganda steht die Leugnung oder Verharmlosung
der Judenverfolgung unter dem NS-Regime. Keine Behauptung ist anscheinend un-
sinnig genug, als daß sie nicht immer wieder aufs neue präsentiert würde. Das reicht
von der Leugnung der Existenz der Konzentrationslager, der Einsatzgruppen und Pogrome bis hin zu statistischen Kunststücken und abenteuerlichen Rechenexempeln

[8] Nbg. Dok. NO 5196.
[9] George Wellers, Die Zahl der Opfer der „Endlösung" und der Korherr-Bericht, in: Aus Politik und Zeitgeschichte, 29.7.1978, S. 22–39.
[10] Helmut Krausnick/Hans-Heinrich Wilhelm, Die Truppe des Weltanschauungskrieges. Die Einsatzgruppen
der Sicherheitspolizei und des SD 1938–1942, Stuttgart 1981.
[11] Wilhelm, in: Die Truppe des Weltanschauungskrieges, S. 620.

über die Zahl der jüdischen Opfer. Mit besonderer Hartnäckigkeit wird die angebliche „6-Millionen-Lüge" bekämpft. Die älteste „Quelle", die dazu benützt wird, ist eine angeblich vom Roten Kreuz stammende amtliche Feststellung, nach der es höchstens 300 000 Opfer rassischer, religiöser und politischer Verfolgung gegeben habe.

Die Schweizer Zeitschrift „Der Turmwart" hatte im Dezember 1950 berichtet, daß alles in allem weniger als 1,5 Millionen Juden durch die Nationalsozialisten und ihre Helfer umgebracht worden seien. Als Quelle für diese Behauptung wurde ein Bericht in den „Basler Nachrichten" vom 12. Juni 1946 angeführt, der mit dubiosen Statistiken und Rechentricks operierte. Dort waren als Beweis „jüdische Statistiken" angeführt worden. Ab Januar 1955 griff ein Blatt neonazistischer Observanz, das damals unter dem Titel „Die Anklage" in Bad Wörishofen erschien, die Angelegenheit in einer Artikelserie wieder einmal auf. Jetzt war als „Experte" ein „universell bekannter Nordamerikaner" neu in die Debatte eingeführt worden, dem die Zahlen in den Mund gelegt waren: es war nur noch von 300 000 Opfern die Rede. Die Schweizer Quellenangabe wurde als „Beweis" im umgekehrten Verhältnis zur weiter verharmlosten Zahl der Opfer aufgepäppelt, es hieß nämlich jetzt: „Die Schweizer Zentrale des Roten Kreuzes hat nunmehr mit der Herausgabe einer amtlichen Meldung die Angaben des Amerikaners Warwick Hesters, die wir in unserem Artikel ‚Die gemeinste Geschichtsfälschung' veröffentlichten, bestätigt. In der amtlichen Mitteilung der Schweizer Zentrale des Roten Kreuzes heißt es ganz eindeutig: ‚Opfer politischer, rassischer und religiöser Verfolgung in den Gefängnissen, Konzentrationslagern usw. zwischen 1939 und 1945: 300 000 (dreihunderttausend)'."[12]

Ermuntert durch diese seriös erscheinende Quellenangabe berichteten nun auch unverdächtige Magazine über die Opfer des Zweiten Weltkriegs und übernahmen die angebotenen Zahlen. „Das grüne Blatt", ein Unterhaltungsmagazin der Regenbogenpresse, brachte 1955 einen Artikel, in dessen Vorspann es hieß: „Seit 1946 hat die Schweizer Zentrale des Roten Kreuzes amtliche Meldungen über die Kriegsverluste der einzelnen Länder gesammelt. Die jetzt vorliegenden Zahlen sind eine Bilanz des Grauens, eine ernste Mahnung an die Politiker von heute, alles zu tun, damit sich ein solches Blutbad nicht wiederholen kann." In der Gesamtzahl der „57 Millionen Opfer!" (so die Überschrift des Artikels), war dann wieder die Zahl von 300 000 Juden enthalten.[13]

„Das grüne Blatt", das durch die Veröffentlichung zu Unrecht in den Verdacht neonazistischer Tendenz geriet, distanzierte sich in einem Brief vom 6. Februar 1956 an den damaligen Direktor des Instituts für Zeitgeschichte, der um Aufklärung über die Quellen des Artikels gebeten hatte, entschieden von dieser Zahlenangabe und machte dabei aufschlußreiche Angaben über das Zustandekommen solcher Artikel:

„Wir brachten den von Ihnen zitierten Beitrag ‚57 Millionen Opfer', um im Zuge der sich abzeichnenden Remilitarisierung allen Verantwortlichen einmal eine ernste Mahnung mit auf den Weg zu geben. Wir hatten den Artikel, der sich auf Angaben des schweizerischen Roten Kreuzes stützen sollte, von unserem ständigen Kopenhagener, auch in der Schweiz und Österreich vertretenen, Mitarbeiter, mit dem wir bis-

---

[12] „Beweis aus der Schweiz: Was nun Herr Staatsanwalt?", in: Die Anklage. Organ der Entrechteten Nachkriegsgeschädigten, 1.4.1955.
[13] Das grüne Blatt, 6.3.1955.

lang noch nie Anstände gehabt hatten. Wir hatten auch mit diesem Aufsatz keine, nur eine darin genannte Zahl – die der in Konzentrationslagern umgekommenen Opfer – machte uns arge Scherereien. Sie ist, wie sich inzwischen herausstellte, offensichtlich falsch. Wir haben in der Angelegenheit auch schon eine lange briefliche Unterhaltung mit dem Bundestagsabgeordneten Kalbitzer geführt, weil man uns – dem Grünen Blatt – in der Schweiz und auch in Deutschland, ein Eintreten für neofaschistische Belange unterschieben wollte, was bei uns nur erst ein Kopfschütteln, dann aber starke Verärgerung auslöste. Wir gingen der ganzen Sache energisch nach, leider verlief sie sozusagen im Sande. Die letzte Quelle wurde nicht bekannt. Unser Kopenhagener Mitarbeiter, dessen eigene Familie zum großen Teil in Konzentrationslagern umgekommen ist, der also völlig integer gegen Verdächtigungen ist, hatte den Aufsatz der ‚Wiener Wochenausgabe' entnommen, mit der er ein Austauschabkommen hat. Der Redakteur der ‚Wiener Wochenausgabe', der ihn geschrieben hatte, hatte die Angaben, wie er uns brieflich mitteilte, einer Schweizer Zeitung entnommen, er konnte allerdings nicht mehr angeben, ob es sich um ‚Die Tat' oder ein anderes Blatt gehandelt hatte."[14]

Wie verhält es sich nun aber tatsächlich mit den „amtlichen Zahlen" des Roten Kreuzes? Sie haben niemals existiert, wie aus einem Brief des Chefs der Informationsabteilung des Comité International de la Croix-Rouge vom 17. August 1955 an den Direktor des Instituts für Zeitgeschichte hervorgeht:

„Statistische Aufstellungen über Verluste an Militärpersonen oder Deportierten können wir nicht verschaffen, da derartige statistische Arbeiten dem Internationalen Komitee vom Roten Kreuz nicht obliegen. Einerseits verfügt das Komitee über die hierzu erforderlichen Mittel nicht und andererseits beziehen sich die in der Kartei der Kriegsgefangenen-Zentrale enthaltenen Meldungen auf Gefangenschaftsnahme, Transfer in andere Lager, Freilassung usw., aber geben kein genaues Bild der gesamten Anzahl von Kriegsgefangenen. Statistiken, die diesen Angaben zu entnehmen wären, würden nicht nur eine sehr langwierige Arbeit erfordern, sondern auch ein ungenaues Endergebnis aufweisen. Bei weitem noch unvollständiger sind unsere Angaben über die sich seinerzeit in Deutschland befindlichen Häftlinge der Konzentrationslager. Wenn wir auch gegen Ende des Krieges Häftlingen Hilfe und Beistand gewähren konnten, so waren trotz zahlreicher Bemühungen Hilfsaktionen in dem gleichen Ausmaße wie zugunsten der Kriegsgefangenen nicht möglich, da dem Komitee hierzu die rechtlichen Grundlagen fehlten. (Das Abkommen zum Schutze der Zivilbevölkerung geht auf den 12. August 1949 zurück, an dem die in Genf tagende diplomatische Konferenz die 4 Genfer Abkommen zum Schutze der Kriegsopfer annahm.) Wie Sie aus diesen Ausführungen ersehen, beruhen die Angaben des deutschen Wochenblattes auf keiner vom Internationalen Komitee vom Roten Kreuz gelieferten Information."[15]

Dieses offizielle Dementi des Internationalen Roten Kreuzes in Genf nützte freilich wenig. Zehn Jahre später (und in der Zwischenzeit auch immer wieder) beriefen sich Rechtsradikale in einem Offenen Brief an Kardinal Döpfner, der im NPD-Blatt „Deutsche Nachrichten" abgedruckt wurde, wieder auf Zahlenangaben des IRK, und

[14] Archiv IfZ.
[15] Ebenda.

wiederum distanzierte sich das Internationale Komitee vom Roten Kreuz kategorisch von dieser Fälschung:

„Wir möchten eindeutig klarstellen, daß das Internationale Komitee vom Roten Kreuz in Genf überhaupt nichts mit diesen Behauptungen zu tun hat. Die Statistiken über die Kriegsverluste und die Opfer politischer, rassischer oder religiöser Verfolgungen fallen nicht in sein Zuständigkeitsgebiet und haben nie dazugehört. Selbst wenn es sich um Kriegsgefangene handelt (die seit 1929 durch ein internationales Abkommen geschützt sind und für die wir, wie Sie wissen, einen Zentralen Suchdienst besitzen), wagen wir keine Zahlen zu nennen, da wir uns wohl bewußt sind, daß wir nicht im Besitze sämtlicher Auskünfte betreffend diesen Personenkreis von Kriegsopfern sein können. Um so mehr sind wir verpflichtet, uns jeglicher Schätzung zu enthalten, wenn es sich um Zivilpersonen handelt, die zu jener Zeit durch keinerlei Konvention geschützt waren und sich somit der Aktion des Roten Kreuzes fast vollständig entzogen."[16]

Über den Brief vom 11. Oktober 1965 an das Institut für Zeitgeschichte, aus dessen Original diese Sätze zitiert sind, berichtete im Januar 1966 die Tagespresse, einschließlich zahlreicher Provinzzeitungen. Gestört hat das die rechtsradikale Propagandamaschinerie bis zum heutigen Tag wiederum nicht, allenfalls machen sich neonazistische Pamphletisten die Mühe, neue „amtliche" Angaben zu erfinden. Heinz Roth zum Beispiel fragte in einer 1973 verteilten Broschüre „Warum werden wir Deutschen belogen?": „Wußten Sie, daß die sicher beklagenswerten Verluste des jüdischen Volkes – nach Feststellungen der UNO, die keinen Grund hat, irgendein Volk besonders in Schutz zu nehmen – zweihunderttausend betragen haben?"[17]

Die Vertretung der Bundesrepublik Deutschland bei der UNO teilte dem Institut für Zeitgeschichte am 1. August 1974 auf eine entsprechende Anfrage mit, daß die „erwähnte Zahl von 200000 jüdischen Opfern des NS-Regimes mit Sicherheit nicht auf Feststellungen der Vereinten Nationen beruht".[18] Solche Beispiele ließen sich schier endlos fortsetzen. Daß die behauptete Quelle als Erfindung erwiesen ist, deren Herkunft im Dunkeln liegt, hindert die Interessenten an der Minimierung der Zahl der Opfer nicht, sie immer wieder zu zitieren. Zur Technik rechtsextremer Propaganda gehört es ja, solche Feststellungen immer wieder zu zitieren, bis sie scheinbar fester Bestandteil des Quellenmaterials sind und nicht mehr weiter überprüft, sondern als bekannt und selbstverständlich geglaubt werden.[19]

Die verschiedenen Topoi rechtsextremer und neonazistischer Propaganda sind hier nicht zu untersuchen[20], und es ist wenig sinnvoll, in die Diskussion mit den Apologeten des NS-Regimes und Leugnern des organisierten Massenmords an den Juden ein-

[16] Ebenda.
[17] Heinz Roth, Warum werden wir Deutschen belogen?, Witten 1973; vgl. auch Emil Aretz, Hexeneinmaleins einer Lüge, Pähl 1970; Thies Christophersen, Die Auschwitz-Lüge, Mohrkirch 1972; die gleichen Angaben auch in: Gert Suchholt (Hrsg.), Antigermanismus. Eine Streitschrift zu Dachau und zum „Auschwitz-Gesetz", Berg 1986.
[18] Ebenda.
[19] Vgl. die Vorbemerkung von Martin Broszat zum Aufsatz von Ino Arndt/Wolfgang Scheffler, Organisierter Massenmord an Juden in nationalsozialistischen Vernichtungslagern. Ein Beitrag zur Richtigstellung apologetischer Literatur, in: VfZ 24 (1976), S. 105–112.
[20] Vgl. dazu Wolfgang Benz (Hrsg.), Rechtsextremismus in der Bundesrepublik. Voraussetzungen, Zusammenhänge, Wirkungen, Frankfurt a. M. 1989.

zutreten. Den einschlägigen Autoren geht es nur um die Perpetuierung bestimmter
Denkfiguren wie der „jüdischen Weltverschwörung" oder angeblicher Vernichtungs-
pläne des „Weltjudentums" gegen Deutschland, wie sie zum Beispiel im „Kaufman-
Plan" unter der Devise „Germany must perish" dokumentiert seien.[21] Wesentlicher
Bestandteil des revisionistischen Geschichtsbilds ist auch die Aufrechnung des Un-
rechts, das Deutschen angetan wurde, mit den Verbrechen des nationalsozialistischen
Regimes, die gleichzeitig verharmlost oder geleugnet werden.[22]

Saul Friedländer machte unlängst auf die Schwierigkeit nicht nur des Historikers
aufmerksam, das Problem der „Endlösung" in seiner psychologischen, moralischen,
aber auch historisch-kausalen und logischen Dimension zu begreifen, und er verdeut-
lichte es an der berühmten Rede Himmlers am 4. Oktober 1943 vor hohen SS-Offi-
zieren in Posen, bei der der „Reichsführer SS" thematisierte, wie mit dem Genozid ein
grundlegendes menschliches Tabu gebrochen, die absolute Grenzüberschreitung begangen wurde. Das Singuläre der Tat kommt im Schweigegebot Himmlers zum Ausdruck, denn dieses beweist auch, daß kein „höherer, allgemein verständlicher" Zweck
in Anspruch genommen werden konnte und kann: „Infolgedessen scheint die Einzig-
artigkeit des nationalsozialistischen Vorhabens nicht nur in der Tat selbst zu liegen,
sondern auch in der Sprache der Täter und in der Art und Weise, wie diese sich selbst
wahrgenommen haben."[23] Und bezeichnend ist es auch, daß von Epigonen und Apologeten Hitlers keine Rechtfertigungsversuche für den Judenmord unternommen
wurden und werden, sie legen vielmehr allen Eifer in das Bemühen, das Geschehene
zu leugnen oder zu minimieren.[24]

Zur Methode gehören Erwägungen zur Statistik, aus denen zum Beispiel hervorge-
hen soll, daß es soviele Juden, wie ermordet wurden, gar nicht gab, ebenso wie die An-
führung erfundener „Beweise", mit denen die Zahl von fünf bis sechs Millionen Opfern „widerlegt" wird. Ein anderes Muster bedient sich pseudorationaler Argumente,
die auf den Nachweis angelegt sind, daß es aus physikalischen, chemischen oder anderen naturwissenschaftlichen bzw. technischen Gründen gar nicht möglich war, in so
großem Ausmaß das Verbrechen des Genozids zu begehen. Eine der jüngsten Hervor-
bringungen solcher Art ist der „Leuchter-Report", in dem ein amerikanischer Spezia-
list für Hinrichtungsanlagen zum Schluß kommt, in Auschwitz seien keine Menschen
mit dem Giftgas Zyklon B ermordet worden. Der unter eindeutig neonazistischem
Vorzeichen erstellte „Leuchter-Report" ist ebenso dilettantisch zusammengestellt wie

---

[21] Vgl. Wolfgang Benz, Judenvernichtung aus Notwehr? Die Legenden um Theodore N. Kaufman, in: VfZ 29
(1981), S. 615–630; aktualisiert in: Benz, Rechtsextremismus in der Bundesrepublik, S. 169–188: dort auch
Hinweise auf die Ende der 80er Jahre unverdrossene Weiterverbreitung der antisemitischen Legende vom
angeblichen Roosevelt-Intimus, der das deutsche Volk ausrotten wollte. Nicht zuletzt in der Deutschen Na-
tional-Zeitung und ihrer Umgebung wird die Geschichte am Leben gehalten.

[22] Vgl. Rivkah Knoller, „Denial of the Holocaust". A bibliography of literature denying or distorting the Holocaust, and of literature about this phenomenon, Bar-Ilan University, Ramat Gan 1989.

[23] Saul Friedländer, Die „Endlösung". Über das Unbehagen in der Geschichtsdeutung, in: Pehle, Der historische Ort, S. 81–94.

[24] Zur neonazistischen Standardliteratur, in der immer wieder Bezug untereinander genommen wird, damit
der Eindruck eines wissenschaftlich fundierten Argumentationsgeflechts entstehen soll, gehören vor allem
folgende Titel: Paul Rassinier, Zum Fall Eichmann. Was ist Wahrheit? oder Die unbelehrbaren Sieger,
Leoni 1962; Richard Harwood, Starben wirklich sechs Millionen? Endlich die Wahrheit, Richmond 1975;
Arthur R. Butz, Der Jahrhundert-Betrug, Vlotho 1977; Wilhelm Stäglich, Der Auschwitz-Mythos. Legende
oder Wirklichkeit? Eine kritische Bestandsaufnahme, Tübingen 1979.

er in der rechtsextremen Literatur als neues schlagendes Argument gegen die „Auschwitz-Lüge" gefeiert wird.[25]

Die vernichtende Kritik an diesen und ähnlichen Erzeugnissen[26] schreckt Urheber und Verbreiter natürlich nicht ab, und für die Technik, durch immer neues Zitieren sowohl die Ursprünge der die Absicht stützenden Behauptungen zu verwischen als auch den Eindruck wissenschaftlich exakter Beweisführung mit Belegstellen zu erwekken, ist es unwesentlich, daß die Argumentation widerlegt und die dahinter stehende Absicht von seriösen Wissenschaftlern zurückgewiesen wurde.

III.

In Reaktion auf die erwähnten Veröffentlichungen in den „Basler Nachrichten" von 1946 wurden frühzeitig Untersuchungen zur Zahl der jüdischen Opfer des Nationalsozialismus angestellt.[27] Das Institute of Jewish Affairs in New York kam zum Ergebnis, daß im Artikel der Schweizer Zeitung die Zahl der 1933 in Europa (außerhalb der Sowjetunion) lebenden Juden um ca. 1,4 Millionen zu niedrig und ebenso die Zahl der in der Sowjetunion (mit dem Baltikum und den annektierten polnischen Gebieten) ermordeten Juden mit 500 000 viel zu niedrig angesetzt war. Das Institute of Jewish Affairs stellte die jüdischen Bevölkerungszahlen in Europa von 1939 (9,5 Millionen) denen im Jahr 1945 (3,1 Millionen) gegenüber, woraus sich unter Berücksichtigung von ca. 600 000 Emigranten die Größenordnung von 5,8 Millionen Opfern des Nationalsozialismus ergab.

Der Bevölkerungsstatistiker Jacob Lestschinsky publizierte 1951 eine Berechnung[28], die ebenfalls 9,5 Millionen Juden in Europa im Jahr 1939 zugrunde legt und bei 2,75 Millionen im Jahre 1950 noch lebenden zum Gesamtergebnis von über sechs Millionen Opfern des Genozids kommt. Léon Poliakov errechnete in seiner Untersuchung mehr als 5,5 Millionen jüdischer Opfer.[29]

Poliakov übernahm von Lestschinsky die Zahl von 1,5 Millionen Opfern der SS-Einsatzgruppen und von der polnischen Kommission zur Untersuchung der Kriegsverbrechen die Zahl von insgesamt 1,85 Millionen in den Vernichtungslagern Belzec, Sobibór, Treblinka und Chelmno durch Giftgas ermordeter Juden. Er übernahm gleichfalls die Angabe von 200 000 Toten in Majdanek, bezweifelte aber die vom

---

[25] Vgl. Jean-Claude Pressac, Auschwitz, Technique and operation of the gas chambers, New York 1989; ders., Les carences et incohérences du ‚Rapport Leuchter', in: Jour J, 12.12.1988.

[26] Vgl. Dokumentationsarchiv des österreichischen Widerstandes (Hrsg.), Das Lachout-„Dokument". Anatomie einer Fälschung, Wien 1989, darin wird das dubiose Schriftstück eines Emil Lachout analysiert, mit dessen Hilfe „bewiesen" wird, daß Geständnisse über die Ermordung durch Gas in einigen Konzentrationslagern durch Folterungen der Alliierten erpreßt wurden. Lachout-„Dokument" und Leuchter-Report sind im gleichen Umfeld, anläßlich des Prozesses gegen den Neonazi Zündel in Toronto, entstanden.

[27] Helmut Krausnick, Zur Zahl der jüdischen Opfer des Nationalsozialismus, in: Dokumentation zur Massenvergasung, Bonn 1962, S. 16–20.

[28] The Decline of European Jewry, Congress Weekly, New York, 24.9.1951; vgl. Hans Lamm, Um die Zahl der ermordeten Juden, in: Allgemeine Wochenzeitung der Juden in Deutschland, 8.5.1953.

[29] Léon Poliakov, Bréviaire de la Haine. Le IIIe Reich et les Juifs, Paris 1951.

Auschwitz-Kommandanten Rudolf Höß ursprünglich genannte Zahl von 2,5 Millionen[30] durch Gas Gemordeter in Auschwitz. Er schätzte sie auf zwei Millionen.

Die Zahlen der in den Vernichtungs- und Konzentrationslagern ermordeten Juden
beruhten bei diesen frühen Untersuchungen auf einer schlechteren Quellenbasis als
sie inzwischen zur Verfügung steht. Darauf ist, insbesondere im Lichte der Ermittlungen und Erkenntnisse, die die zahlreichen Gerichtsverfahren in den folgenden Jahrzehnten erbrachten, noch zurückzukommen.[31]

In der ersten großen Gesamtdarstellung des Genozids untersuchte Gerald Reitlinger das Schicksal der Judenheit in allen europäischen Ländern und bot auch eine statistische Zusammenfassung der „Endlösung".[32] Reitlinger beschäftigte sich kritisch mit
den bis dato bekannt gewordenen bzw. berechneten Zahlen, ausgehend von der in der
Anklageschrift (November 1945) des Nürnberger Hauptkriegsverbrecherprozesses
enthaltenen Gesamtzahl von 5 721 800, die im „Report of Anglo-American Committee of Inquiry regarding the Problems of European Jewry and Palestine" (London,
April 1946) näher aufgeschlüsselt ist. Reitlinger hat sich von der Absicht leiten lassen,
zu einer möglichst gesicherten Minimalzahl zu gelangen, dabei hat er äußerste Akribie
und Vorsicht walten lassen. So übernahm er zum Beispiel weder die Maximalzahl (2,5
Millionen) noch die spätere Minimalzahl (1,135 Millionen), die der Auschwitz-Kom-
mandant Rudolf Höß vor Gericht bezeugt hat, sondern setzte die Morde in Auschwitz
mit der sehr niedrigen Zahl von nur 750 000 an, ebenso mißtraute er im Zweifelsfall
auch nationalsozialistischen amtlichen Quellen. Er kam zu einer minimalen
(4 194 200) und einer maximalen Gesamtzahl (4 581 200). Er war dabei vom Bestreben
geleitet, antisemitischen Kreisen unter keinen Umständen einen Vorwand zu liefern,
„die ganze grauenhafte Geschichte und die Lehren daraus als unglaubwürdig hinzu-
stellen".[33]

Reitlinger zweifelte an der seit dem Nürnberger Prozeß im Gespräch gebliebenen
Größenordnung von rund sechs Millionen und nahm die Begründung der Anklage
durch Richter Jackson vom 21. November 1945 zum Ausgangspunkt. Jackson hatte
erklärt: „5,7 Millionen Juden werden in den Ländern, in denen sie früher lebten, vermißt. Über 4,5 Millionen davon lassen sich weder durch normale Sterblichkeit oder
Auswanderung erklären, noch sind sie unter den Verschleppten."[34] In der Anklageschrift selbst hatte es geheißen: „Von den 9 600 000 Juden, die in Gebieten Europas
unter Naziherrschaft lebten, sind nach vorsichtiger Schätzung 5 700 000 verschwun-

---

[30] Rudolf Höß, von Mai 1940 bis November 1943 Kommandant in Auschwitz und ab Mai 1944 dort Organisator der Vernichtung ungarischer Juden, gab im Nürnberger Hauptkriegsverbrecherprozeß (5.4.1946, Dokument PS 3868, und Hauptverhandlung, 15.4.1946, IMT, Bd. XI, S. 458) zu Protokoll, in Auschwitz seien
2,5 Millionen Juden durch Gas getötet worden, in späteren Erinnerungen reduzierte er die Zahl. Vgl. Kommandant in Auschwitz. Autobiographische Aufzeichnungen von Rudolf Höß, eingeleitet und kommentiert
von Martin Broszat, Stuttgart 1958, S. 162 f.
[31] Vgl. Adalbert Rückerl, Vergangenheitsbewältigung mit Mitteln der Justiz, in: Aus Politik und Zeitgeschichte, 30.10.1982; ders., NS-Vernichtungslager im Spiegel deutscher Strafprozesse, München 1977;
ders., NS-Verbrechen vor Gericht – Versuch einer Vergangenheitsbewältigung, Heidelberg 1982; Alfred
Streim, Konzentrationslager auf dem Gebiet der Sowjetunion, in: Dachauer Hefte 5 (1989), S. 174–187.
[32] Gerald Reitlinger, Die Endlösung. Hitlers Versuch der Ausrottung der Juden Europas 1939–1945, Berlin
1956 (die englische Originalausgabe erschien 1953 in London unter dem Titel: The Final Solution – The
Attempt to exterminate the Jews of Europe 1939–1945).
[33] Reitlinger, Endlösung, Berlin 1960[3], S. 557.
[34] IMT, Bd. II, S. 140.

den, von denen die meisten vorsätzlich von den Nazi-Verschwörern ums Leben gebracht worden sind.“[35] Reitlingers Maximalzahl ist größer als Richter Jacksons Mindestzahl. Den Unterschied zwischen der gängigen Sechs-Millionen-Zahl und seinem
Ergebnis von 4,5 Millionen erklärt Reitlinger mit den „nur auf Mutmaßungen begrün-
deten Schätzungen der Verluste in Gebieten, die jetzt zur Sowjetunion gehören ...
und auf die Rumänien betreffenden Angaben, die in Widerspruch zu den bekannten
Tatsachen stehen“.[36]

　　Am längsten und intensivsten hat sich Raul Hilberg mit der Geschichte der Vernichtung der europäischen Juden beschäftigt. Seine Vorarbeiten reichen in das Jahr
1948 zurück, seine erstmals 1961 auf englisch vorgelegte Gesamtgeschichte des Holocaust beansprucht wegen der immensen Kenntnis der Quellen und des daraus resultierenden Detail- und Faktenreichtums nicht nur als maßgebendes Kompendium allen Respekt, Hilbergs Zahlenangaben sind auch richtungsweisend für die neuere Forschung.[37]

IV.

Die Entscheidung, die Untersuchung zur Zahl der jüdischen Opfer des Nationalsozialismus in der Form von Regionalstudien zu organisieren, lag nahe, da die Diskriminierung, Deportierung und Ermordung zwar auf einem einheitlichen Plan beruhte und
vom Reichssicherheitshauptamt in Berlin gesteuert wurde, aber sowohl zeitlich als
auch regional von vielen Besonderheiten geprägt war. Im Deutschen Reich und den
annektierten Gebieten – Österreich, Sudetenland, Warthegau, Elsaß-Lothringen, Memel usw. – verlief auch die Austreibungsphase in anderen Formen als im „Generalgouvernement“, wo die Ghettoisierung im großen Maßstab die erste Station der Vernichtung bildete. In der Sowjetunion war die Hemmschwelle für den organisierten
Massenmord noch niedriger, Massaker wie das in der Schlucht von Babi Jar bei Kiew,
wo am 29./30. September 1941 33 771 Juden vom Sonderkommando 4 a durch Ge-
nickschüsse getötet wurden, waren in den besetzten Gebieten Westeuropas, etwa in
den Niederlanden, Belgien, Frankreich oder Norwegen nicht möglich, wohl aber in
Serbien, wo man Juden, weil man sie in Lagern verfügbar hatte, als Geiseln zur Vergeltung von Partisanenangriffen erschoß und dieses System dann im großen Stil anwen-
dete.

　　Rücksichtnahme war erforderlich bei der Absicht, die Juden im Herrschaftsbereich
der Verbündeten und der Satellitenstaaten zu verfolgen und zu vernichten. Durch politischen Druck konnte Berlin zwar auch in den pro forma autonomen Ländern unter
deutscher Kontrolle eine antisemitische Gesetzgebung zur Diskriminierung, Ausgrenzung und Beraubung der Juden durchsetzen, aber der äußersten Konsequenz – der
„Endlösung“ – verweigerte sich Vichy-Frankreich ebenso wie Mussolinis Italien, und
trotz eines fast überall vorhandenen genuinen Antisemitismus waren die reaktionären
oder faschistischen Regimes in der Slowakei und Kroatien, in Ungarn, Rumänien und

---

[35] Ebenda, S. 47.
[36] Reitlinger, Endlösung, S. 558.
[37] Raul Hilberg, Die Vernichtung der europäischen Juden. Die Gesamtgeschichte des Holocaust, Berlin 1982;
　　aktualisierte Neuausgabe Frankfurt a. M. 1990.

Bulgarien nicht bereit, die einheimischen Juden ohne weiteres der deutschen Vernichtungsmaschinerie auszuliefern. Man versuchte, sich auf traditionelle Weise aus der
Affäre zu ziehen, nämlich durch den Erlaß drakonischer Gesetze, die in der Praxis
nicht übertrieben ernst genommen wurden, aber in Berlin vorgezeigt werden konnten.
Das galt für Rumänien wie für Bulgarien und Ungarn.

In Rumänien kam es nach Kriegsbeginn mit der Sowjetunion auch zu schrecklichen Pogromen und Massakern, verübt an den Juden in Bessarabien, in der Bukowina
und in Südrußland. Die Regierung in Bukarest duldete nicht nur die Ausschreitungen
der rumänischen Polizei und Armee, sie hatte auch ein Jahr zuvor die Vertreibung der
Juden aus der Bukowina und Bessarabien über den Dnjestr nach „Transnistrien" veranlaßt.[38] In Bukarest galten die bedauernswerten Menschen, von denen bei der Vertreibung und den Pogromen über 200 000 den Tod fanden, eben nicht als rumänische
Juden. Denen gegenüber verhielt sich die Antonescu-Regierung fürsorglicher und
suchte, ihnen das Ärgste zu ersparen.

Noch eindeutiger war die Situation in Bulgarien, dem wohl widerwilligsten Bundesgenossen des Deutschen Reiches.[39] Hier wurden die Juden auf altbulgarischem Gebiet
den Deutschen nicht zur Deportation überlassen (und die Regierung in Sofia erwies
sich in vielerlei Hinsicht dabei als erfinderisch, kreierte immer neue Schwierigkeiten
und Hemmnisse bis hin zu finanziellen Forderungen), aber für die jüdischen Bewohner der neu erworbenen Gebiete Mazedonien und Thrazien fühlte man sich nicht zuständig. So blieb die bulgarische Bilanz positiv, das heißt es sind keine Verluste an jüdischer Bevölkerung zu beklagen, wenn man nur das Kernland Bulgarien betrachtet
und die aus Mazedonien und Thrazien in die deutschen Vernichtungslager des Ostens
deportierten Juden nicht zählt.

Ungarn hatte bis zur deutschen Besetzung im Frühjahr 1944 die Verbündeten hin-
gehalten und die Deportation der ungarischen Juden verweigert, aber auch die Frei-
gabe zur Deportation der zahlreichen Flüchtlinge aus Deutschland, Österreich, der
Tschechoslowakei, die in Ungarn lebten und zusammen eine jüdische Bevölkerung
von ca. 875 000 Menschen ergaben. Admiral Horthy in Ungarn und Marschall Antonescu in Rumänien widerstanden den deutschen Wünschen, die immer wieder durch
die „Judenberater" des Auswärtigen Amts vor Ort, aber auch von höchster Stelle aus
artikuliert wurden, weniger aus philanthropischen oder gar aus philosemitischen Erwägungen, vielmehr war Opportunismus im Spiel: Wenn sich diese autoritären Regimes in Südosteuropa auch hinsichtlich der „Endlösung der Judenfrage" in die Hand
Berlins begaben, dann würden alle Brücken zur westlichen Zivilisation und Kultur abgebrochen sein – das war für den Fall eines von Deutschland verlorenen Krieges zu
beachten. Religiöse Skrupel blieben auch in der Slowakei unter der Herrschaft von
Monsignore Josef Tiso bei aller Willfährigkeit gegenüber Berlin bestehen, Einwirkun-
gen des Vatikans blieben nicht ohne Wirkung in Preßburg, und wenn man sich als
Jude in der Slowakei katholisch taufen ließ, konnte man seine Überlebenschancen erhöhen.

---

[38] Vgl. Wolf Rosenstock, Die Chronik von Dschurin. Aufzeichnungen aus einem rumänisch-deutschen Lager,
    in: Dachauer Hefte 5 (1989), S. 40–86.
[39] Vgl. Hans-Joachim Hoppe, Bulgarien – Hitlers eigenwilliger Verbündeter. Eine Fallstudie zur nationalsozia-
    listischen Südosteuropapolitik, Stuttgart 1979.

Vor allem das ideologisch dem NS-Staat am engsten verwandte Regime, Mussolinis faschistische Herrschaft in Italien, zeigte zum Ärger Berlins kein Verständnis für die Ausrottungspolitik gegenüber den Juden, und Italien ging sogar weiter in der Protektion als die Balkanstaaten, denn auch im italienischen Besatzungsgebiet in Griechenland, in Südfrankreich und auf dem Balkan durften sich die Juden relativ sicher fühlen. Es gab „religiöse und moralische Skrupel", denn die italienischen Faschisten hatten „die Verbindung zu den Traditionslinien europäischer Gesittung und Humanität nie völlig durchtrennt und auch deshalb die in den dreißiger Jahren so unverhohlen geäußerte Verachtung des Rassenwahns ihrer nördlichen Verbündeten nie wirklich abgelegt".[40] Erst als italienisches Territorium im September 1943 unter direkten deutschen Einfluß kam, begann auch dort der Genozid.

Ungarn, wo nach der Errichtung der deutschen Militärherrschaft zwischen Mai und Juli 1944 die größte und schnellste, von Eichmann persönlich organisierte territoriale Einzelaktion im Zuge der „Endlösung" erfolgte, war freilich vor dem Frühjahr 1944 auch kein Paradies gewesen. Die etwa 875000 in Ungarn lebenden Juden unterlagen seit 1938 einer antisemitischen Gesetzgebung, die sie sowohl enteignete als auch einen erheblichen Teil zu Zwangsarbeit in einem geschlossenen Arbeitsdienstsystem heranzog. Die Verluste in den jüdischen Arbeitsbataillonen, die auch an der Ostfront eingesetzt wurden, waren sehr beträchtlich.

Im August 1941 hatte die ungarische Regierung 12000 aus Galizien nach Ungarn geflohene Juden den deutschen Einsatzkommandos, die in der Sowjetunion operierten, ausgeliefert, im Januar 1942 hatte es auf dem von Ungarn annektierten jugoslawischen Territorium ein Massaker gegeben. Die ungarischen Befehlshaber der Stadt Novi Sad hatten die Erschießung tausender Juden und Serben befohlen. Der ungarische Generalstabschef Szombathely betrachtete nicht nur die Angelegenheit selbst, sondern auch die Einstellung eines Kriegsgerichtsverfahrens gegen die schuldigen Offiziere als Schande und nationales Unglück. Einer neuen Untersuchung entzogen sich die hochrangigen ungarischen Militärs durch die Flucht ins Deutsche Reich, wo sie „von der Geheimen Staatspolizei als Gäste des Reichsführers-SS empfangen" wurden.[41]

Am willigsten fügte sich wohl der seit April 1941 existierende Satellitenstaat Kroatien in die Vernichtungsstrategie des NS-Staats. Die Juden wurden, wie überall im deutschen Machtgebiet, unter antisemitische Gesetze gestellt, im Laufe des Jahres 1941 in Lagern konzentriert und zu Zwangsarbeiten herangezogen. An der Jahreswende 1941/42 erlaubte die kroatische Regierung die Deportation der im Deutschen Reich lebenden Juden kroatischer Nationalität, und zwischen Herbst 1942 und April 1944 wurde „die Judenfrage in Kroatien" durch Deportation erledigt. „Die Durchführung als solche war zufriedenstellend", berichtete der Polizeiattaché Helm in Agram/ Zagreb am 18. April 1944 nach Berlin, „so daß bis auf einige besetzte Gebiete Kroatien als jenes Land angesehen werden konnte, in welchem die Judenfrage im großen und ganzen als gelöst anzusehen war". Helm schrieb diese Erfolgsmeldung aufgrund

---

[40] Hermann Graml, Reichskristallnacht. Antisemitismus und Judenverfolgung im Dritten Reich, München 1988, S. 244.
[41] Aufzeichnung Auswärtiges Amt vom 21.1.1944, in: Peter Longerich (Hrsg.), Die Ermordung der Europäischen Juden. Eine umfassende Dokumentation des Holocaust 1941 – 1945, München 1989, S. 292 f.

einer Aufforderung des RSHA vom April 1944, „die Judenfrage" in Kroatien „schnellstens" zu bereinigen. Freilich bedauerte er auch, daß sich noch Juden in wichtigen
Stellungen befänden und vom Regime als unentbehrlich deklariert seien.[42]
   Eine Sonderrolle spielte Finnland. Als einziger Verbündeter Hitlerdeutschlands
stand dieses Land nicht unter vergleichbarem Druck, die dort lebenden etwa 2000 Juden zu deportieren und der Vernichtung preiszugeben. Soweit sie die finnische Staatsangehörigkeit besaßen, blieben sie unbehelligt. In Schweden fanden 160 Juden aus
Finnland fremder Staatsangehörigkeit Zuflucht, 50 Flüchtlinge aus Österreich und
dem Baltikum wurden von den finnischen Behörden zur Deportation freigegeben.
Tatsächlich erfolgte aber lediglich ein Transport: Am 6. Oktober 1942 wurden neun
ausländische oder staatenlose Juden von der finnischen Polizei verhaftet und dann
über Estland nach Auschwitz deportiert. Einer von ihnen überlebte.[43]

V.

Aufgrund der Ereignisse selbst (z.B. Nichtregistrierung bei den Vergasungen in den
Vernichtungslagern auf polnischem Boden), aber auch aufgrund der Quellensituation
ist es natürlich unmöglich, zu einer definitiven Endzahl zu gelangen. Es mußte vielmehr angestrebt werden, die Gesamtgrößenordnung der Opfer des Holocaust mit historischen und statistischen Methoden zu untersuchen, die Schwierigkeiten dabei offen darzulegen und die beweisbaren (Minimal-)Zahlen in einer Bilanz zusammenzufassen. Diese Bilanz ergibt sich aus 17 regionalen Einzelstudien, die im folgenden
veröffentlicht werden. Ein ebenso wichtiges Ergebnis wie der Bilanzierungsversuch
selbst ist die Darlegung der Problematik eines solchen Bemühens sowie der Schwierigkeiten, die einer Gesamtbilanz der jüdischen Opfer auch künftig und immer entgegenstehen.
   Für jeden regionalen Bereich wird daher die Quellensituation dargestellt und eingehend diskutiert. Schon aus der Darlegung der Quellenlage ergibt sich die zwangsläu-
fige Heterogenität der Gesamtdarstellung: für Österreich ist die Quellenlage ausgezeichnet, für Albanien mehr als unbefriedigend, um nur zwei Beispiele zu nennen. Ist
der Unsicherheitsfaktor bei den belegten Zahlenangaben für Länder wie Norwegen
oder Italien relativ gering, so bewegen sich die Dunkelziffern für Polen und die Sowjetunion in einer Größenordnung von hunderttausenden.
   Den Rahmen der Darstellung bildet für jeden Regionalbeitrag die Skizze der von
der deutschen Okkupationsmacht in Gang gesetzten Verfolgungsmaßnahmen (von
der Kennzeichnung über die Deportation zur Vernichtung) bzw. die Darlegung der
von der jeweiligen Regierung betriebenen eigenen Judenpolitik, sei sie wie in Dänemark auf die Rettung der Juden oder wie in Rumänien und Bulgarien auf begrenzte
Nichtunterwerfung und Verweigerung gegenüber deutschen Wünschen und Absichten gerichtet gewesen. Wesentlicher Bestandteil jeder Regionalstudie ist die Dokumentation der Verlustzahlen im betreffenden Gebiet anhand aller verfügbaren Primär-

---

[42] Bericht Helm „Überblick über die Judenfrage in Kroatien", 18.4.1944, ADAP, Serie E, Bd. 7, Göttingen
1979, S. 658 ff.: Longerich, Die Ermordung, S. 305 ff.
[43] Raul Hilberg, Die Vernichtung der europäischen Juden, Frankfurt 1990, Bd. 2, S. 582.

quellen (originär belegte Zahlen nach Deportationslisten, Berichterstattung der Einsatzgruppen usw.). Daran schließt sich, soweit die Quellenlage dies zuläßt, die Erörterung der statistischen Probleme an, die mit einer Bilanz endet: Die gesicherte Minimalzahl wird der wahrscheinlichen Maximalzahl gegenübergestellt.

Es konnte – wie schon erwähnt – nicht Ziel des Projekts sein, eine wie auch immer zustandegekommene absolute Gesamtzahl der jüdischen Verluste zu präsentieren, vielmehr war in Verbindung mit der Darstellung der Ereignisse und ihrer Folgen die Offenlegung der methodischen Schwierigkeiten beabsichtigt. Insofern waren spektakuläre neue Erkenntnisse zur Zahl der jüdischen Opfer des Nationalsozialismus nicht zu erwarten.

Die Auswertung aller zugänglichen Quellen durch Spezialisten für das jeweilige Territorium, beraten von zahlreichen Experten im In- und Ausland, ergab dann über die Darlegung der methodischen Probleme hinaus Zahlen in einer Größenordnung, die im Einklang mit der internationalen Forschung steht. Diese Zahlen, das kann bei aller Vorsicht konstatiert werden, kommen der Realität so nahe, wie das nur möglich ist.

In der folgenden Tabelle werden nach Ländern gegliedert die Verlustzahlen der bisherigen Forschungsliteratur den neuesten Erkenntnissen gegenübergestellt.

Gesamtübersicht

(Zum Vergleich bisherige Forschungsergebnisse)
W = Wellers, Zahl der Opfer (1978)
R = Reitlinger, Endlösung (1955)
H = Hilberg, Vernichtung (1990)
Y = Yad Vashem, Encyclopedia of the Holocaust (1990)

Deutsches Reich: Mindestzahl: 160 000
Maximum: 195 000
Realistische Schätzung: 165 000
R: 160 000 – 180 000 H: über 120 000 Y: 134 500 – 141 500

Österreich: 65 459
R: 60 000 H: über 50 000 Y: 50 000

Luxemburg: 1200
R: 3000 H: unter 1000 Y: 1950

Frankreich und Belgien:
Gesamtzahl Frankreich 76 134 (incl. fremde Staatsbürgerschaft)
Gesamtzahl Belgien 28 518 (incl. fremde Staatsbürgerschaft)
32 200 (nur Juden französischer und belgischer Staatsbürgerschaft)
Frankreich: W: 75 721 R: 60 000 – 65 000 H: 75 000
Y: 77 320
Belgien: W: 25 437 R: 25 000 – 28 000 H: 24 000 Y: 28 900

Niederlande: 102 000
W: 105 000 R: 104 000 H: über 100 000 Y: 100 000

Dänemark: 116
R: unter 100 Y: 60

Norwegen: Mindestzahl: 758
H: unter 1000 Y: 762

Italien: 6513
R: 8500 – 9500 H: 9000 Y: 7680

Albanien: 591 Deportierte

Griechenland: 59 185
R: 57 200 H: 60 000 Y: 60 000 – 67 000

Bulgarien: 11 393 (aus den bulgarisch besetzten Gebieten deportiert; alle bulgarischen
Juden gerettet)
Y: 0

Jugoslawien: 60 000 – 65 000
R: max: 58 000 H: 60 000 Y: 56 200 – 63 300

Ungarn: 550 000
W: 429 028 R: 180 000 – 200 000 H: über 180 000
Y: 550 000 – 569 000

Tschechoslowakei: 143 000 (Territorium des „Reichsprotektorats Böhmen und Mähren" und Slowakei)
R: 233 000 – 243 000 H: 260 000 Y: 146 150 – 149 150

Rumänien: 211 214
R: 200 000 – 220 000 H: 270 000 Y: 271 000 – 287 000

Polen: 2 700 000
Maximum: 3 000 000 (Hilberg, Gilbert, Krakowski)
R: 2 350 000 – 2 600 000 H: bis zu 3 000 000
Y: 2 900 000 – 3 000 000

Sowjetunion: 2 100 000
W: 1 939 940 R: 700 000 – 750 000 H: 900 000
Y: 1 211 500 – 1 316 500

In der Gesamtbilanz ergibt das ein Minimum von 5,29 Millionen und ein Maximum von knapp über sechs Millionen. Um die Größenordnung auch der Abweichung bei den Schätzungen zu verdeutlichen, sind im folgenden die Zahlen der in den Vernichtungslagern auf polnischem Territorium und der vor allem auf sowjetischem Gebiet von den Einsatzgruppen ermordeten Juden ohne Berücksichtigung ihrer nationalen Herkunft aufgeführt:

Der ersten Welle der Massenerschießungen (Sommer 1941 bis Frühjahr 1942) durch die Einsatzgruppen fielen 535000 jüdische Menschen zum Opfer. Diese Zahl stützt sich allein auf die Berichterstattung der Einsatzgruppen selbst; die Opfer des Massakers von Babi Jar bei Kiew mit 33771 ebenfalls dokumentarisch belegten Opfern und anderer Mordexzesse sind darin noch nicht enthalten.[44]

In den Vernichtungslagern auf polnischem Territorium sind fast drei Millionen Juden durch Giftgas ermordet worden, nämlich in Chelmno (Ende 1941 bis Mai 1942 und September 1942 bis März 1943) 152000, in Belzec (März 1942 bis Anfang 1943) 600000, in Sobibór (Mai/Juni 1942, Oktober bis Dezember 1942, März bis August 1943) 250000, in Auschwitz-Birkenau (September 1941, Januar 1942 bis November 1944) 1000000, Treblinka (Juli 1942 bis August 1943) 900000 und Majdanek 60000 bis 80000.[45]

Diese Zahlenangaben sind vor allem durch das Zusammenwirken von Historikern und Juristen zustandegekommen, durch personen- und tatbezogene Recherchen für die großen Verfahren vor den Schwurgerichten in Bonn (Chelmno), Düsseldorf (Sobibór, Treblinka, Majdanek), Frankfurt (Auschwitz), durch die Ermittlungsbehörden und durch die Berechnungen sachverständiger Historiker, an deren erster Stelle Wolfgang Scheffler zu nennen ist, dem die wesentlichen heute gültigen Zahlenangaben für die Vernichtungslager zu danken sind.

VI.

Zur Feststellung der Zahl der jüdischen Opfer sind prinzipiell zwei Methoden anwendbar:

1) die direkte Schätzungsmethode, die durch Addition der Zahl der Opfer in Konzentrationslagern, Vernichtungslagern, durch Einsatzgruppen u.a. Aktionen (wie z.B. T 4, 14 f 13) sowie der sonst feststellbaren dokumentarisch gesicherten Zahlen von Getöteten zu einem Gesamtergebnis zu kommen versucht;

2) die indirekte Methode des statistischen Vergleichs; sie stößt wegen der Mängel an brauchbaren Statistiken, vor allem in den ost- und südosteuropäischen Ländern, an ihre Grenzen: die Bevölkerungsstatistik der UdSSR ist z.B. nicht hinlänglich nach ethnischen und religiösen Kategorien gegliedert, die zahlreichen Grenzverschiebungen in Ost- und Südosteuropa machen außerdem die vorhandenen Statistiken teilweise unvergleichbar.

---

[44] Wilhelm, in: Die Truppe des Weltanschauungskrieges, S. 618 f.
[45] Vgl. Arndt/Scheffler, in: VfZ 24 (1976), S. 105–135.

Die Regionalstudien in diesem Band bedienen sich grundsätzlich beider Methoden. Die Berechnung der jeweils feststellbaren Gesamtzahl der jüdischen Opfer aufgrund von Deportationslisten, Transportmeldungen, Zugangslisten, Sterbebüchern von Lagern, Meldungen der Einsatzgruppen u.a. Quellen wird – in einem getrennten Arbeitsgang – ergänzt durch die mit statistischen Methoden erarbeitete Bilanz des jeweiligen Territoriums.

Ein besonderes Problem besteht in der Wanderungsbewegung der Juden, die vom NS-Regime in Gang gesetzt wurde. Dieses Problem stellt sich z.B. besonders in Frankreich und den Niederlanden; in den Deportationslisten und Verlustzahlen, die in der Literatur genannt werden, sind etwa österreichische und deutsche Juden, die nach Frankreich oder in die Niederlande emigriert waren, enthalten; das führte häufig zu Doppelzählungen, wenn die betreffenden Personen sowohl in der Verlustbilanz des Deutschen Reiches wie der Frankreichs erscheinen. In den einzelnen Beiträgen wird dieses Problem in seiner jeweiligen Dimension benannt und die Länderbilanzen sind entsprechend bereinigt. Daraus ergeben sich auch signifikante Abweichungen zur bisherigen Literatur, insbesondere in Frankreich wurden früher die Emigranten aus Deutschland usw. immer nur als Deportierte aus Frankreich gezählt.

Die territoriale Abgrenzung – nicht nur der Kapitel Polen und Sowjetunion – bildete ein weiteres Problem. Im Beitrag Polen wird das Territorium des Generalgouvernements (einschließlich des Distrikts Galizien) und der „eingegliederten Gebiete" (Danzig, Wartheland, Reg.Bez. Zichenau) behandelt, der Beitrag Sowjetunion umfaßt auch die Gebiete der 1940 annektierten Staaten Estland, Lettland, Litauen sowie das ehemals ostpolnische Territorium und auch das mehrfach die staatliche Zugehörigkeit wechselnde „Transnistrien" (Bessarabien und Nordbukowina), das aber auch im Beitrag Rumänien behandelt wird. Ähnliche Schwierigkeiten ergaben sich zwischen Ungarn und der Tschechoslowakei und mehr noch zwischen Griechenland, Bulgarien und Jugoslawien. Die Verluste der mazedonischen und thrazischen Judenheit sind zwar – der Logik des Zusammenhangs entsprechend – sowohl im Beitrag Griechenland wie unter Bulgarien erwähnt, aber selbstverständlich nicht doppelt bilanziert worden. Für das Deutsche Reich wurden die Grenzen von 1937 zugrundegelegt, d.h. Österreich wird in einem eigenen Beitrag behandelt, ebenso Luxemburg trotz der de-facto-Annexion. Nicht enthalten im Beitrag zum Deutschen Reich sind auch die Juden im 1938 annektierten Sudetengebiet und im 1939 angeschlossenen Memelgebiet. Die überwiegende Mehrheit der jüdischen Bevölkerung des Sudetenlands war in die Rest-Tschechoslowakei geflohen (im „Reichsgau Sudetenland" waren am 17. Mai 1939 nur noch 2363 Juden gezählt worden gegenüber 27 073 im Jahre 1930), diese Menschen teilten dann, soweit sie nicht weitere Emigrationsmöglichkeiten fanden, das Schicksal der Juden im „Protektorat Böhmen und Mähren". Ähnliches gilt für die Juden des Memelgebiets, die zum größten Teil nach Litauen flohen, als das Memelland im März 1939 Bestandteil des Deutschen Reiches wurde. Zusammen mit den litauischen Juden fielen die meisten den Erschießungskommandos im Sommer 1941 zum Opfer.

Wegen der gemeinsamen Besatzungshierarchie wurden Belgien und Frankreich in einen Beitrag zusammengefaßt.

Welche Schwierigkeiten die territoriale Gliederung des Projekts bot, soll an einigen Beispielen erläutert werden. Über die Problematik der zahlenmäßigen Dimension hinaus ist das Unternehmen als umfassende Geschichte des Holocaust konzipiert, geographische Zusammenhänge durften deshalb nicht in Analogie zur Situation des damaligen deutschen Herrschafts- und Einflußgebiets aufgelöst werden. Das bedeutete, daß etwa das Schicksal der Juden auf dem Gesamtgebiet der Tschechoslowakei darzustellen war, die Aufgliederung der Betrachtung auf die Territorien Protektorat und Slowakei (bei weiterer Abzweigung des vom Deutschen Reich annektierten Sudetengaus und der an Ungarn gefallenen Gebiete) wäre unbefriedigend gewesen. So ist bewußt in Kauf genommen, daß einige Territorien in verschiedenen Beiträgen (im Falle der Tschechoslowakei gibt es diese Überschneidung mit Ungarn und dem Deutschen Reich) behandelt werden. Das gilt für kleinere und größere Gebietseinheiten, etwa das ostserbische Pirot, das vorübergehend unter bulgarische Herrschaft kam und deshalb sowohl im Beitrag Jugoslawien wie im Kapitel Bulgarien behandelt ist.

Für Italien überschneiden sich 1943 bis 1945 die Bereiche nicht nur für das von Großdeutschland annektierte „Adriatische Küstenland", das vom Gauleiter und Reichsstatthalter Kärntens verwaltet wurde, und das von Tirol aus regierte „Alpenvorland", auch mit Jugoslawien gibt es wegen der Insel Rab und der Umgebung Fiume/ Rijekas Überlagerungen. Die komplizierten Verhältnisse zwischen Griechenland, Bulgarien und Jugoslawien (Thrazien und Mazedonien) sind bereits erwähnt, in ihrer Konsequenz werden diese Regionen in mehreren Beiträgen behandelt. Weitere Beispiele bieten die Deportationen der Juden von den Inseln Rhodos und Kos. Da sie die italienische Staatsangehörigkeit hatten, werden sie im Beitrag über Italien behandelt, da die Inseln aber geographisch zum griechischen Territorium gehören, finden diese Deportationen auch im Griechenland-Kapitel Erwähnung. Wegen des inneren Zusammenhangs konnte bei wechselnder territorialer Zugehörigkeit die Schilderung nicht unter- oder abgebrochen werden, wie das im Falle Rumänien und Sowjetunion notwendig gewesen wäre, stattdessen wurden lieber Überschneidungen der Darstellung in Kauf genommen.

Ebenso wie die bulgarischen und die jugoslawischen Quellen für Mazedonien geringfügig differieren, finden sich auch für Kos und Rhodos Unterschiede in den italienischen bzw. griechischen Quellen und entsprechend in der jeweiligen Darstellung, ohne daß sich die Widersprüche auflösen ließen. Dasselbe gilt für die Deportation der Juden aus dem bulgarisch annektierten Ostmazedonien/Thrazien, die über den Donauhafen Lom erfolgte. Hier differieren die bulgarischen und die griechischen Angaben um ein Geringes. Diesen methodischen Schwierigkeiten war auf keine Weise zu entkommen.

Weitere Probleme ergaben sich aus den Staatsangehörigkeiten. Sind etwa die 1060 griechischen Juden, die bei Razzien am 5. und 7. November 1942 in Frankreich im Departement Seine verhaftet und deportiert wurden, bei der Bilanz für Griechenland oder bei der Statistik der Opfer für Frankreich zu zählen? Von 76 134 jüdischen Opfern in Frankreich insgesamt hatten nur ein Drittel die französische Staatsbürgerschaft, unter den übrigen zwei Dritteln befanden sich 14 459 Polen, 6222 Deutsche, 2217 Österreicher, 3000 Rumänen usw. Es ist auch nicht möglich festzustellen, wieviele staatenlose und ehemalige deutsche Juden zum Beispiel in den Niederlanden der Verfolgung zum Opfer fielen.

Für das Bestreben, die großen Zusammenhänge deutlich zu machen, die Schwierigkeiten der Quellenlage offenzulegen und die statistische Dimension des Völkermords

in ganz Europa zu umreißen, sind die beschriebenen Probleme aber kein unüberwind-
liches Hindernis. Es war allerdings Sorge zu tragen, daß Doppelzählungen vermieden
wurden. Darauf ist viel Mühe verwendet worden.

Der Definition, wer Jude war, mußte, so bedenklich das vom moralischen Standpunkt aus sein mag, die nationalsozialistische Auffassung zugrunde gelegt werden.
Entscheidend für das Ergebnis der Untersuchung ist ja nicht, ob sich der einzelne als
Jude (in religiöser, ethnischer, sprachlicher Hinsicht) fühlte, sondern ob er als Jude betrachtet und verfolgt wurde.

Die einzelnen Untersuchungen waren nicht der Ort zur Reflexion der Holocaust-
Problematik unter ethischen Gesichtspunkten; das bedeutet auch, daß die Autoren
sich nicht mit den Apologie- und Revisionsbestrebungen der rechtsradikalen Literatur
auseinandersetzen sollten. Selbstverständlich hatte das Projekt auch nicht den Zweck,
irgendwelche vorgegebenen Zahlen („Sechs Millionen") zu beweisen.

VII.

Die Ergebnisse des Projekts wurden mit zahlreichen Fachgelehrten erörtert. Das Ge-
samtprojekt wurde im Dezember 1989 in Jerusalem mit der Forschungsgruppe in Yad
Vashem diskutiert, die für die Holocaust-Enzyclopädie eigene Berechnungen angestellt hat. Professor Dr. Israel Gutmann, Professor Dr. Otto Dov Kulka und Archivdirektor Dr. Shmuel Krakowski kamen – mit einigen Abweichungen, für die es Erklärungen gibt – im großen und ganzen zu vergleichbaren Ergebnissen. Dank gebührt
auch Prof. Dr. Yehuda Bauer (Hebrew University Jerusalem) für die Teilnahme am
Meinungsaustausch.

Prof. Dr. Christopher Browning (Pacific Lutheran University, Tacoma, Washington)
hat sich der Mühe unterzogen, das Kapitel Polen kritisch zu lesen, auch Prof. Dr.
Czeslaw Madajczyk (Warschau) ist für die gründliche Begutachtung dieses Beitrags zu
danken. Prof. Dr. Helmut Krausnick hat bis zu seinem Tode seine profunde Sachkenntnis in den Dienst des Projekts gestellt und, ebenso wie Hermann Graml, die
Entstehung und Redaktion des Gesamtmanuskripts mit gutem Rat und kritischen
Einwänden begleitet. Prof. Dr. H.D. Loock (Freie Universität Berlin) hat als Fachmann
für Nordische Geschichte das Norwegen-Kapitel begutachtet, Prof. Dr. Randolph L.
Braham (City University New York) hat seine besondere Sachkenntnis dem Beitrag
Ungarn zugute kommen lassen. Prof. Dr. Wolfgang Scheffler (TU Berlin) hat dankens-
werterweise Auskünfte über die Zahl der Opfer in den Vernichtungslagern auf polni-
schem Boden beigesteuert. Besonderer Dank gebührt schließlich dem Leiter der Zentralen Stelle der Landesjustizverwaltungen in Ludwigsburg für die Durchsicht der
Kapitel Sowjetunion und Polen sowie für die Anregungen, die er den Autoren gab.

Schließlich sind die im Institut für Zeitgeschichte unmittelbar Beteiligten dankbar
zu nennen, die sich um die Reinschrift der Texte und Tabellen verdient gemacht haben: Sybille Benker, Reinhilde Staude und Tobias Wunschik sowie Angelika Schardt
und Dr. Juliane Wetzel, die dem Herausgeber bei der Redaktion unermüdlich zur
Seite standen.

Die Zahl der jüdischen Opfer
des Nationalsozialismus

Ino Arndt und Heinz Boberach

Deutsches Reich

Bei der Volkszählung am 16. Juni 1933, viereinhalb Monate nach dem Beginn der nationalsozialistischen Herrschaft, lebten im Deutschen Reich ohne das noch vom Völkerbund verwaltete Saargebiet 499 682 Personen, die sich zum mosaischen Glauben bekannten, von der Statistik als „Glaubensjuden" bezeichnet; das waren knapp 0,77% der Gesamtbevölkerung.[1] Der Anteil der Frauen betrug mehr als die Hälfte (= 260 935), und fast 30% der Männer und Frauen waren zwischen 45 und 65 Jahre alt. Die deutsche Staatsangehörigkeit besaßen 80,2% (400 935), als „Reichsausländer", d.h. Glaubensjuden mit ständigem Wohnsitz im Reichsgebiet, aber ausländischer Staatsangehörigkeit, wurden 19,8% (= 98 747) gezählt, die meisten davon (11,3% = 56 480) waren polnische Staatsangehörige. Im Saargebiet lebten am 1. Januar 1933 4638 (= 0,56% der Einwohner) Juden.[2]

Seit Beginn ihrer bürgerlichen Gleichberechtigung Anfang des 19. Jahrhunderts hatte der Anteil der Juden an der Bevölkerung stetig zugenommen: von 214 000 im Jahre 1818 auf 512 000 im Jahre 1875, d.h. von 0,97% auf 1,25%.[3] Er war dann bis 1910 auf 0,95% und 1925 auf 0,9% zurückgegangen. Dies ist mit Geburtenrückgang, Sterbeüberschuß, Übertritt zum Christentum insbesondere bei Nachkommen aus christlich-jüdischen Mischehen und Auswanderung zu erklären[4]; der Verminderung durch die Abtretung von Ostgebieten mit starker jüdischer Bevölkerung (Provinz Posen) an Polen nach 1918 entsprach eine Zuwanderung von dort. Die Verteilung auf die Länder und preußischen Provinzen 1933 zeigt folgende Tabelle:

[1] Zahlenangaben nach: Statistik des Deutschen Reichs, Bd. 451, Volkszählung. Die Bevölkerung des Deutschen Reichs nach den Ergebnissen der Volkszählung 1933. Heft 5, Die Glaubensjuden im Deutschen Reich, bearb. im Statistischen Reichsamt, Berlin 1936, zusammengefaßt auch Statistisches Jahrbuch für das Deutsche Reich 1934, S. 14.

[2] Tabelle in der Denkschrift des Comité des Délégations Juives vom 6. Februar 1934 bei Hans-Walter Herrmann, Das Schicksal der Juden im Saarland 1920-1945, S. 334 (Dokumentation zur Geschichte der jüdischen Bevölkerung, Bd. 6, vgl. Anm. 6).

[3] Ab 1871 sind die Zahlen in der Konfessionsstatistik im Statistischen Jahrbuch für das Deutsche Reich, Bd. 1 ff., 1880 ff. (Reprint Hildesheim 1974 ff.) veröffentlicht, vgl. auch Paul Sauer, Die Schicksale der jüdischen Bürger Baden-Württembergs während der nationalsozialistischen Verfolgungszeit 1933-1945. Statistische Ergebnisse der Erhebung der Dokumentationsstelle bei der Archivdirektion Stuttgart und zusammenfassende Darstellung, Stuttgart 1969, S. 15 f.

[4] Vgl. zur Abwanderung Herbert A. Strauss, Jewish Emigration from Germany. Nazi Politics and Jewish Responses (I), in: Leo Baeck Year Book XXV (1981), S. 315 f.

*Jüdische Bevölkerung (Glaubensjuden) nach Provinzen und Ländern
1933*

		% der Einwohnerzahl
Preußen	361 826	0,91
Preußische Provinzen		
Ostpreußen	8 838	0,38
Berlin	160 564	3,78
Brandenburg	7 616	0,28
Pommern	6 317	0,33
Grenzmark Posen-Westpreußen	2 775	0,78
Niederschlesien	25 145	0,78
Oberschlesien	9 228	0,62
Sachsen	7 146	0,21
Schleswig-Holstein	3 117	0,20
Hannover	12 611	0,37
Westfalen	18 819	0,37
Hessen-Nassau	46 923	1,82
Rheinprovinz	52 426	0,69
Reg. Bez. Hohenzollern	301	0,41
Übrige Länder		
Bayern	41 939	0,55
Sachsen	20 584	0,40
Württemberg	10 023	0,37
Baden	20 617	0,85
Thüringen	2 882	0,17
Hessen	17 888	1,25
Mecklenburg	1 003	0,12
Oldenburg	1 240	0,22
Braunschweig	1 174	0,23
Anhalt	901	0,25
Lippe	510	0,29
Schaumburg-Lippe	187	0,37
Hamburg	16 973	1,39
Bremen	1 438	0,39
Lübeck	497	0,36

Die absoluten und Prozentzahlen lassen erkennen, daß die jüdische Bevölkerung sich vor allem in den Großstädten konzentrierte und daß es weite Gebiete gab, in denen kaum Juden lebten. Hatten um 1875 nur 20% in den Städten gewohnt, waren es 1933 etwas über 70%. Nach Berlin standen Frankfurt am Main mit 26 158, Breslau mit 20 202, Hamburg, zu dessen Zahl von 16 973 noch die 2006 Angehörigen der jüdischen Gemeinde Altona zu rechnen sind, die bis 1937 zu Schleswig-Holstein gehörte, Köln mit 14 816 und Leipzig mit 11 564 jüdischen Bürgern an der Spitze. Insgesamt hatten über 50% der deutschen Juden ihren Wohnsitz in sechs der zehn größten deutschen Städte, weitere ca. 90 000 in 27 anderen Großstädten.

Über dem Reichsdurchschnitt von 0,77% jüdischem Bevölkerungsanteil lagen mit mehr als 1% der Regierungsbezirk Wiesbaden (mit Frankfurt) mit 2,32%, das Land Hessen mit 1,25%, die Regierungsbezirke Kassel mit 1,18, Köln mit 1,2, Breslau mit 1,15, Mittelfranken mit 1,12 und Unterfranken mit 1,07%. Relativ hoch war der Anteil ferner in Baden, in Teilen der Pfalz, im südöstlichen Westfalen und im Norden der Provinz Grenzmark Posen-Westpreußen.[5] Ein Zentrum jüdischen Lebens bildeten auch die kleineren Gemeinden in West- und Südwestdeutschland, am Main und unteren Neckar, außerdem in einem breiten Streifen längs der Mosel und zwischen Aachen und Bonn. Fast 600 jüdische Gemeinden hatten sich im ersten Drittel des 20. Jahrhunderts aufgelöst.

Im Norden und im Süden der Bundesrepublik Deutschland, in Mitteldeutschland und östlich der Elbe gab es weite Gebiete, in denen außerhalb der großen Städte nur vereinzelt Juden ansässig waren. Das gilt vor allem für Schleswig-Holstein, die Regierungsbezirke Lüneburg und Stade, Niederbayern, Oberbayern mit Ausnahme von München, die Oberpfalz, die Bezirke Merseburg und Zwickau, Thüringen und Mecklenburg mit jüdischen Bevölkerungsanteilen von wenig mehr oder gar weniger als einem Tausendstel; in den Kreisen Eiderstädt, Aichach, Altötting, Erding, Ingolstadt-Land, in elf niederbayerischen Kreisen, in den südbadischen Amtsbezirken Meßkirch, Pfullendorf und Oberkirch, in vier württembergischen Oberämtern und noch manchen anderen kleineren Verwaltungsbezirken lebte kein einziger jüdischer Mitbürger.[6] Diese Angaben lassen sich durch eine Übersicht über die Gemeinden und Kreise mit besonders hohem Anteil jüdischer Bürger noch veranschaulichen:

In Berlin verteilten sich die jüdischen Einwohner ungleichmäßig auf die Bezirke. Der absoluten Zahl nach stand Charlottenburg mit 27013 an der Spitze, aber das waren nur 7,93% gegenüber dem Anteil von 13,54%, den die 26607 Juden von Wilmersdorf ausmachten. Zehlendorf entsprach mit 3,53% dem Durchschnitt der ganzen Stadt, während Juden in Spandau mit 0,49% (725 Personen) und Köpenick mit 0,69% (609 Personen) unterrepräsentiert waren.

Nach dem Bevölkerungsanteil folgte auf Berlin und Frankfurt das unterfränkische Bad Kissingen, wo mit 344 Personen 4,01% der Einwohner zur jüdischen Gemeinde gehörten. Im späteren Gebiet der Bundesrepublik Deutschland lebten außer den genannten nur noch in fünf Städten mehr als 3% jüdische Einwohner: in Fulda 1058 = 3,81%, in Landau 596 = 3,56%, in Bingen 465 = 3,3%, in Eschwege 421 = 3,27% und in Kitzingen 360 = 3,24%. Östlich der Elbe war nach Berlin und Breslau das oberschlesische Beuthen (3,13%) die Stadt mit dem höchsten jüdischen Bevölkerungsanteil. Außer in den bisher genannten Städten lag er auch in Karlsruhe und

[5] Statistik des Deutschen Reichs, Bd. 451, 5, S. 12. Eine Liste aller jüdischen Gemeinden 1933 und ihrer Seelenzahl mit z. T. falschen Angaben über Gebietszugehörigkeit bietet das Black Book of Localities Whose Jewish Population Was Exterminated by the Nazis, Jerusalem 1965, S. 232-278. Für das Gebiet der Bundesrepublik enthält das Gedenkbuch (Opfer der Verfolgung der Juden unter der nationalsozialistischen Gewaltherrschaft in Deutschland 1933-1945, bearb. vom Bundesarchiv Koblenz und dem Internationalen Suchdienst Arolsen, 2 Bde., Koblenz 1968, S. 1749-1758) eine Aufstellung nach Regierungsbezirken und kleineren Ländern.
[6] Für einzelne Bundesländer kann hier auf zusammenfassende Darstellungen verwiesen werden: Zvi Asaria, Die Juden in Niedersachsen. Von den ältesten Zeiten bis zur Gegenwart, Leer 1979; Hans Chanoch Meyer (Hrsg.), Aus Geschichte und Leben der Juden in Westfalen, Frankfurt a.M. 1962; Paul Arnsberg, Die jüdischen Gemeinden in Hessen. Anfang, Untergang, Neubeginn, 2 Bde., Frankfurt a.M. 1971; Dokumentation zur Geschichte der jüdischen Bevölkerung in Rheinland-Pfalz und im Saarland von 1800 bis 1945, hrsg. von der Landesarchivverwaltung Rheinland-Pfalz in Verbindung mit dem Landesarchiv Saarbrücken, 7 Bde., Koblenz 1972 ff.; Kurt Düwell, Die Rheingebiete in der Judenpolitik des Nationalsozialismus vor 1942, Bonn 1968; Paul Sauer, Die jüdischen Gemeinden in Württemberg und Hohenzollern. Denkmale, Geschichte, Schicksale, Stuttgart 1966; Franz Hundsnurscher/Gerhard Taddey, Die jüdischen Gemeinden in Baden. Denkmale, Geschichte, Schicksale, Stuttgart 1968; Baruch Z. Ophir/Falk Wiesemann, Die jüdischen Gemeinden in Bayern 1918-1945. Geschichte und Zerstörung, München 1979; zu den Stadtstaaten und einzelnen Gemeinden vgl. die bibliographischen Angaben im Gedenkbuch, S. 1777-1793.

Würzburg, in den hessischen Städten Bad Hersfeld, Gießen, Friedberg und Limburg/
Lahn, in Fürth und Nördlingen, Kaiserslautern, im badischen Bruchsal und im württembergischen Horb, in Ostdeutschland nur in Deutsch Krone (Grenzmark) über 2%.
Knapp erreichten die Juden in Köln, Nürnberg, Mainz, Mannheim, Worms und Offenbach diesen Anteil.

Zu den Städten und Kreisen mit mehr als 1% jüdischer Einwohner gehörten außer
München, Stuttgart und Düsseldorf in Norddeutschland Emden, Norden und die
Stadt Hannover, in Hessen Frankenberg, Hanau, Hünfeld, Kassel, Marburg, Melsun-
gen, Rotenburg/Fulda, Schlüchtern, Ziegenhain, Darmstadt, Dieburg, Erbach, Alsfeld,
Büdingen, Homburg v.d.H., Unterlahn- und Untertaunuskreis, Wiesbaden, im Rhein-
gebiet Alzey, Koblenz, Kreuznach, Andernach, Neuwied, Mayen, Bonn, Euskirchen,
Siegburg, Jülich, Düsseldorf, in der Pfalz Ludwigshafen, Neustadt/Weinstraße und Pirmasens, in Franken Dinkelsbühl, Gunzenhausen, Scheinfeld, Aschaffenburg, Bad
Brückenau, Gemünden, Hammelburg, Hofheim, Karlstadt, Mellrichstadt, Bad Mergentheim und Göppingen, in Baden Konstanz, Freiburg, Heidelberg, Offenburg, Rastatt, Adelsheim und Sinsheim, schließlich noch die Stadt Saarbrücken. Mit 0,94% lag
der westfälische Kreis Warburg knapp darunter. Mehr als einer von 100 Einwohnern
war in folgenden mittel- und ostdeutschen Gemeinden oder Kreisen Jude: Königsberg, Marienwerder, Arnswalde (Brandenburg), Lauenburg (Pommern), Schneidemühl,
Flatow (Grenzmark), Glogau, Gleiwitz, Groß Strehlitz (Oberschlesien), Oppeln, Ratibor, Kreuzburg (Oberschlesien), Halberstadt, Nordhausen, Meiningen.

Der geringe und noch weiter abnehmende jüdische Bevölkerungsanteil und seine
Konzentration auf wenige Gebiete und Gemeinden ließen den jüdischen Bevölkerungsstatistiker Felix A. Teilhaber noch Anfang 1934 erwarten, daß es, „um die Juden
aus dem deutschen Leben auszuschalten, besonderer Maßnahmen nicht bedarf".[7] Mit
derartigen Maßnahmen hatte das nationalsozialistische Regime jedoch schon bald
nach dem 30. Januar 1933 begonnen und sollte sie fortsetzen, um schließlich mit
Kriegsbeginn die physische Vernichtung nicht nur der deutschen, sondern aller Juden
in seinem Herrschaftsbereich ins Werk zu setzen. Sie waren Gegenstand einer großen
Zahl gründlicher und detaillierter wissenschaftlicher Darstellungen; der Verlauf der
Ereignisse – insbesondere in Deutschland – kann im wesentlichen auch als bekannt
vorausgesetzt werden.[8]

Der Terminus „Judenverfolgung" bedeutet im 20. Jahrhundert nicht mehr Verfolgung von Andersgläubigen, sondern Verfolgung von Anders-„Rassigen" gemäß dem
zur Staatsdoktrin erhobenen Programmpunkt der NSDAP von der „rassischen Minderwertigkeit" der Juden. Gesellschaftlich diskriminiert, schrittweise entrechtet, vertrieben aus Beruf und Heimat, des Eigentums, der bürgerlichen Rechte und der Freiheit beraubt, der Willkür der „Endlösungsfunktionäre" preisgegeben: in mehreren
Etappen, mit Hilfe von über 1900 einschlägigen Bestimmungen[9], wurde die jüdische

---

[7] Zitiert nach Hans Lamm, Über die innere und äußere Entwicklung des deutschen Judentums im Dritten
Reich, phil. Diss., Erlangen 1951, S. 11.
[8] Zusammenfassend zuletzt Eberhard Jäckel/Jürgen Rohwer (Hrsg.), Der Mord an den Juden im Zweiten
Weltkrieg. Entschlußbildung und Verwirklichung, Stuttgart 1985; ferner Hermann Graml, Reichskristallnacht. Antisemitismus und Judenverfolgung im Dritten Reich, München 1988; Wolfgang Benz (Hrsg.), Die
Juden in Deutschland 1933-1945. Leben unter nationalsozialistischer Herrschaft, München 1988.
[9] Zusammengestellt mit Inhaltsangaben und Zitaten bei Joseph Walk (Hrsg.), Das Sonderrecht für die Juden
im NS-Staat, Heidelberg 1981.

Bevölkerung aus dem gesellschaftlichen und wirtschaftlichen Leben Deutschlands eliminiert. Schon vor dem von der NSDAP am 1. April 1933 ausgerufenen Boykott jüdischer Geschäfte, Ärzte, Rechtsanwälte waren in vielen Orten Angehörige jener Berufsgruppen gewaltsam von ihrem Posten vertrieben worden. Mit dem ersten antijüdischen „Gesetz zur Wiederherstellung des Berufsbeamtentums" vom 7. April 1933, das die bis zum Spätherbst 1938 dauernde Phase der sogenannten gesetzlichen Ausschaltung einleitete, bzw. mit Hilfe des „Arierparagraphen" konnte sich das Regime schrittweise der meisten jüdischen Beamten entledigen.[10] Über 2000 „nichtarische" Wissenschaftler und Universitätslehrer verloren ihre Ämter. Der Ariernachweis, der in der Folge für fast alle Berufe erbracht werden mußte, bedeutete für Tausende von Juden das Ende ihrer bisherigen beruflichen Existenz und meist die Unmöglichkeit, eine neue aufzubauen: die jüdische Arbeitsnachweisstelle in Berlin konnte z.B. von über 93 000 als arbeitslos gemeldeten Juden zwischen April und Dezember 1933 nur 6,5% vermitteln (diese Quote lag in dem relativ ruhigen Jahr 1934 in anderen jüdischen Gemeinden vier- bis achtmal höher); die von der Berliner jüdischen Gemeinde im März 1933 errichtete „Wirtschaftshilfe" betreute im ersten halben Jahr ihrer Tätigkeit etwa 14 000 arbeitslos gewordene Juden.[11]

Neben der quasi legalen Ausschaltung der Juden trug zu ihrer fortschreitenden Diskriminierung vor allem in kleinen Gemeinden oder in traditionell antisemitischen Gegenden die aggressive und primitive Agitation des von dem wohl notorischsten Judenhasser der NSDAP, Gauleiter Streicher, herausgegebenen Hetzblattes „Der Stürmer" bei. Mißhandlungen jüdischer Mitbürger, willkürliche Boykottierungen ihrer Geschäfte, pogromähnliche Zwischenfälle, verstärkt seit Sommer 1935, sind aus vielen ländlichen Gebieten und Kleinstädten bekannt.[12] Eine – vom Regime durchaus erwünschte – Zunahme der Binnenwanderung der Juden in die Anonymität der Großstädte setzte ein, die wiederum zusammen mit der nach Erlaß der Nürnberger Gesetze am 15. September 1935 („Blutschutzgesetz" und „Reichsbürgergesetz") verstärkten Emigration das soziale und demographische Gefüge der jüdischen Großgemeinden veränderte.[13]

Die vielfältigen Folgen für die von diesen Gesetzen Betroffenen sind hinlänglich bekannt; rekapituliert seien hier deshalb nur einige Beispiele wie etwa der tiefe Eingriff in den privaten Lebensbereich: Ehen (und außereheliche sexuelle Beziehungen) zwischen „Ariern" und (den im „Blutschutzgesetz" erstmals als solche definierten) Juden (d.h. von drei oder vier der „Rasse nach volljüdischen Großeltern" abstammend, wobei als Kriterium für die „Rasse" nur die Religionszugehörigkeit diente) waren bei

---

[10] § 3, RGBl. I, S. 175 f.; vgl. Hans Mommsen, Beamtentum im Dritten Reich, Stuttgart 1966, S. 39 ff., 151 ff.; ferner Martin Hirsch/Diemut Majer/Jürgen Meinck, Recht, Verwaltung und Justiz im Nationalsozialismus. Ausgewählte Schriften, Gesetze und Gerichtsentscheidungen von 1933 bis 1945, Köln 1984, S. 297 ff.; Horst Göppinger, Juristen jüdischer Abstammung im „Dritten Reich". Entrechtung und Verfolgung, 2. völlig neubearbeitete Aufl. München 1990.

[11] Vgl. S. Adler-Rudel, Jüdische Selbsthilfe unter dem Naziregime 1933-1939, Tübingen 1974, S. 122; zur weiteren Entwicklung Clemens Vollnhals, Jüdische Selbsthilfe bis 1938, bei Benz, Juden in Deutschland, S. 314-413.

[12] Beispiele für Baden-Württemberg bei Paul Sauer, Die Schicksale der jüdischen Bürger Baden-Württembergs 1933-1945, Stuttgart 1969, S. 260 f., für Hessen bei Wolf-Arno Kropat, Kristallnacht in Hessen. Der Judenpogrom vom November 1938. Eine Dokumentation, Wiesbaden 1984 (Schriften der Kommission für die Geschichte der Juden in Hessen X), S. 15 ff., weitere bei Hans-Jürgen Döscher, „Reichskristallnacht". Die Novemberpogrome 1938, Frankfurt a.M. 1988, S. 16, 18, 26 ff., 37.

[13] Vgl. S. 33

Strafe verboten, ebenso Ehen zwischen Juden und „Mischlingen" (d.h. Personen mit einem jüdischen Großelternteil) und zwischen „Mischlingen". Erinnert sei ferner an die diffamierende Bestimmung, die Juden die Beschäftigung „arischen" weiblichen Hauspersonals unter 45 Jahren im Haushalt verbot. Die praktische Bedeutung vor allem des „Reichsbürgergesetzes" und seiner bis zum Juli 1943 erlassenen 13 Folgeverordnungen war die nun gegebene „legale" Möglichkeit, die Juden zu Staatsbürgern zweiter Klasse zu machen und ihre völlige Entrechtung zu verwirklichen[14], von der weiteren Zwangspensionierung jüdischer Beamter (1. VO), der Definierung jüdischer Gewerbebetriebe und ihrer Registrierung (3. VO), vom Approbationsentzug für jüdische Ärzte, von denen nur mehr einige als „Krankenbehandler" bei Juden tätig sein durften (4. VO), analogen Bestimmungen für jüdische Rechtsanwälte (sie wurden zu „Konsulenten"), Patentanwälte, Zahnärzte, Tierärzte und Apotheker (5., 6. und 8. VO) über den Entzug der Staatsangehörigkeit und damit verbundenem Vermögensverfall bei „Verlegung des Wohnsitzes" außerhalb des Reichsgebiets (11. VO), womit in schwerlich zu überbietendem Zynismus die Deportation umschrieben wurde, bis hin zum Ausschluß der Juden von der ordentlichen Gerichtsbarkeit (13. VO).

In weniger als zehn Jahren war auf dem Gesetz- und Verordnungsweg eine mehr als hundert Jahre dauernde Entwicklung jüdischen Lebens in Deutschland mit dem Ergebnis bürgerlicher Gleichberechtigung aufgehoben, waren Emanzipation und Assimilation gleichsam annulliert, waren die Juden in den status quo ante zurückversetzt, mehr noch: davor zurückgeworfen. Daran änderte wenig, daß zu Beginn dieses Entrechtungs-Prozesses – auch aus Gründen außenpolitischer Opportunität – in den Jahren 1936 (Rheinlandbesetzung, Olympiade) und 1937 die Juden in Deutschland relativ unbehelligt blieben.

Seit Herbst 1937 war die Verdrängung der Juden aus der deutschen Wirtschaft – bisher als mehr oder minder freiwillige, „schleichende" Arisierung praktiziert – zentrales Thema der offiziellen Judenpolitik. Eine Reihe ab April 1938 erlassener Bestimmungen entzog Tausenden von jüdischen Gewerbetreibenden und Handwerkern die berufliche und materielle Existenz: von 3750 Einzelhandelsunternehmen, die (seit Juni 1936 als jüdisch gekennzeichnet) Anfang August 1938 noch bestanden, wurden bis Ende des Jahres etwa 18% „arisiert", die restlichen 3050 hörten auf zu bestehen; von über 5800 jüdischen Handwerksbetrieben (Stand Dezember 1938) wurden im Lauf von drei Monaten 6% „arisiert" (345), über 5400 Betriebe liquidiert, ihre Inhaber somit brotlos. Ende 1938 durften nur noch ca. 700 Ärzte als „Krankenbehandler" und ca. 200 Anwälte als „Konsulenten" ausschließlich Juden behandeln bzw. vertreten. Jüdisches Vermögen, das 5000 RM überstieg, mußte angemeldet und konnte – im Rahmen des „Vierjahresplans" – „sichergestellt" werden, Verkauf oder Verpachtung jedes jüdischen gewerblichen, land- oder forstwirtschaftlichen Betriebes war genehmigungspflichtig, Scheinverkäufe wurden mit Strafe belegt. Eine Vorstufe der Kennzeichnung mit dem gelben Judenstern (ab September 1941) war die Mitte August 1938 ergangene und seit Anfang 1939 wirksame Bestimmung, der zufolge Juden den zusätzlichen Vornamen Israel bzw. Sara führen mußten.

---

[14] Zum folgenden vgl. außer Walk, Sonderrecht, auch die Texte bei Hirsch, Recht, S. 333-378, und Uwe Dietrich Adam, Judenpolitik im Dritten Reich, Düsseldorf 1972, S. 114-214; Günter Plum, Wirtschaft und Erwerbsleben, bei Benz, Juden in Deutschland, S. 268-313.

1938 war nicht nur das Jahr mit einer Fülle (über 250) von einschneidenden Maßnahmen: jenes Jahr bedeutete für die Juden in Deutschland den Anfang vom Ende ihrer legalen Existenz. Nach dem unter dem bagatellisierenden Schlagwort „Reichskristallnacht" in die Geschichte des Dritten Reiches eingegangenen Massenpogrom vom 9./10. November 1938[15] berief Göring – von Hitler beauftragt, „die Judenfrage jetzt einheitlich" zusammenzufassen und „so oder so zur Erledigung" zu bringen – zum 12. November eine interministerielle Konferenz ein, auf der die Weichen für die künftige Politik gegenüber den Juden in Deutschland gestellt wurden. Die Ergebnisse dieser Sitzung[16] fanden ihren Niederschlag in einer Fülle von Gesetzen, Verordnungen, Erlassen u.ä., deren wesentlicher Zweck in vier Punkten zusammengefaßt werden kann: eine den Juden auferlegte „Sühneleistung" von einer Milliarde Reichsmark, zahlbar innerhalb eines dreiviertel Jahres in Höhe von 20% (im September 1939 auf 25% erhöht) des jeweiligen Vermögens, die Konfizierung der ihnen, den Geschädigten – zustehenden Versicherungsgelder von staatswegen, die „Arisierung", die nun – lt. Forderung Görings – „Schlag auf Schlag" zu erfolgen hatte und die Schaffung einer staatlichen Instanz zur Beschleunigung der jüdischen Auswanderung. Auf Vorschlag von Heydrich beschlossen die Sitzungsteilnehmer, analog der in Wien im August 1938 zur Förderung und Intensivierung der Auswanderung der österreichischen Juden errichteten „Zentralstelle für jüdische Auswanderung" auch in der Reichshauptstadt eine solche Stelle einzurichten, um die Emigration, insbesondere der mittellosen Juden zu forcieren. Diese am 24. Januar 1939 etablierte Berliner Stelle – ihr offizieller Name lautete „Reichszentrale für die jüdische Auswanderung" – ressortierte beim Reichsministerium des Innern, und der Chef der Sicherheitspolizei Heydrich wurde mit ihrer Leitung beauftragt. Dieser bzw. der von ihm zum Geschäftsführer bestimmte Chef des Geheimen Staatspolizeiamtes (ab September 1939 Amt IV im Reichssicherheitshauptamt) Heinrich Müller bediente sich zur Durchführung der Judenauswanderung (besser gesagt „Austreibung") wiederum einer jüdischen Organisation: der im Juli 1939 durch die 10. Verordnung zum Reichsbürgergesetz „zwangsweise" – wie zutreffend gesagt wurde – als Nachfolgerin der 1933 freiwillig gegründeten „Reichsvertretung der Juden in Deutschland" gebildeten „Reichsvereinigung der Juden in Deutschland" (RVJD).

Die Maßnahmen, die zentrale oder regionale Behörden nach dem November 1938 gegen die Juden erließen, die Vielzahl verschiedenster absurder, ihnen auferlegter Gebote und Verbote, trieben sie zunehmend in eine (vor allem) wirtschaftliche und gesellschaftliche Ghettosituation. Verboten wurde den Juden (um nur einige Beispiele aus den über 200 zwischen 10. November 1938 und Kriegsbeginn ergangenen Bestimmungen anzuführen): Das Führen von Einzelhandelsgeschäften und Handwerksbetrieben, die Teilnahme an Messen und Märkten, der Besuch von Theatern, Konzerten, Kinos u.ä., das Betreten bestimmter Bezirke (d.h.: ein Judenbann wurde erlassen), das Halten von Brieftauben, der Besitz und das Führen von Kraftfahrzeugen sowie Namensänderungen und das Ablegen bestimmter Prüfungen. Jüdische Verlage und Buchhandlungen wurden aufgelöst, die jüdische Presse (bis auf das „Jüdische Nachrichtenblatt") stillgelegt. Das „Gesetz über die Mietverhältnisse mit Juden" schuf die Voraussetzungen für die spätere Konzentrierung in bestimmten Wohnvierteln. Unter-

---

[15] Zu den Ausschreitungen und folgenden Verhaftungen vgl. S. 36 f.
[16] Nbg. Dok. PS-1816.

sagt war den Juden die Benutzung von Schlaf- und Speisewagen der Reichsbahn; Juwelen und Schmuck waren abzuliefern. Arbeitslose, aber arbeitsfähige Juden sollten – getrennt von der übrigen Belegschaft – in Betrieben, bei Bauten, Meliorationsarbeiten u.ä., eingesetzt werden, um deutsche Arbeitskräfte freizustellen. Auswanderungswillige Juden mußten in einer Liste erfaßt werden, in der zu erstellenden „Volkskartei"[17] Juden besonders vermerkt werden.

Die wohl gravierendste aller dieser Maßnahmen war Anfang Juli 1939 die Errichtung der schon genannten Reichsvereinigung. Ihr Name war auch Programm: denn schon nach Erlaß der Nürnberger Gesetze hatte sich die 1933 gebildete Reichsvertretung der *deutschen Juden* in eine solche der *Juden in Deutschland* umbenennen müssen. Die RVJD hatte nicht nur (aber vorwiegend) am Exodus ihrer Zwangsmitglieder aus Deutschland mitzuwirken, sondern ebenso das jüdische Schulwesen zu organisieren (jüdische Kinder konnten nach dem November-Pogrom „deutsche" Schulen nicht mehr besuchen), die RVJD mußte auch die jüdische Fürsorge finanzieren und hatte für alle drei Aufgaben die Mittel selbst zu beschaffen. Entscheidend für die weitere Entwicklung der Lage der Juden – sowohl jener deutscher Staatsangehörigkeit wie auch der staatenlosen – war der Zwangscharakter der Vereinigung, der alle von den Nürnberger Gesetzen betroffenen Juden unabhängig von ihrer Religionszugehörigkeit angehören mußten, also auch die sogenannten Mischlinge, sofern sie unter die Bestimmungen des § 5 Abs. 2 der 1. Verordnung zum Reichsbürgergesetz fielen. Entscheidend war ferner der § 4 der (am 7. Juli 1939 erlassenen) 10. Verordnung zu jenem Gesetz, der die RVJD unter die Aufsicht des Reichsinnenministeriums stellte, was bedeutete, daß Himmler als Chef der Deutschen Polizei und Heydrich als Chef der Sicherheitspolizei zu Herren dieser Vereinigung geworden waren. Mit dem Erlaß der 10. Verordnung wurden an die 1500 jüdische Organisationen aufgelöst bzw. der RVJD eingegliedert, und ca. 1600 jüdische Kultusgemeinden verloren ihre Selbständigkeit. Im Sommer 1939 begann somit für die noch in Deutschland verbliebenen Juden eine Existenz unter erschwerten Bedingungen und, vereinfacht formuliert, unter gesetzlich fixierter Polizeiaufsicht.

Mit Kriegsbeginn verschlechterten sich die Lebensbedingungen der Juden noch weiter. Die seit September gegen sie ergriffenen Maßnahmen[18] waren Etappen auf dem Weg zu der schon weit gediehenen systematischen Ausschaltung, zur Absonderung und stetig zunehmenden Entrechtung bis hin zum bürgerlichen Rechtstod und – für die meisten von ihnen – zur physischen Vernichtung. Die entscheidenden Maßnahmen fielen mehr und mehr in die Kompetenz der Geheimen Staatspolizei und hatten im Reichssicherheitshauptamt (RSHA), wo Eichmann das zuständige Referat IV B 4 leitete, ihre organisatorische Spitze. So wurden z.B. Anfang September 1939 örtlich ergangene Anordnungen wie das nächtliche Ausgehverbot[19] und die Beschlagnahme der (später entschädigungslos eingezogenen) Rundfunkgeräte von der Gestapo aufgehoben, um wenig später „aufgrund der allgemeinen Zuständigkeit der Geheimen

---

[17] Anordnung des Reichsministers des Innern vom 18.1.1939 bei Walk, Sonderrecht, S. 275; in der Kartei waren alle Einwohner des Reichsgebiets zwischen 5 und 70 Jahren zu erfassen.

[18] Soweit nicht anders angegeben, auch das folgende nach Walk, Sonderrecht, vgl. ferner Adam, Judenpolitik, S. 236 ff., 263 ff.; Konrad Kwiet, Nach dem Pogrom. Stufen der Ausgrenzung, bei Benz, Juden in Deutschland, S. 545-660.

[19] Die Presse hatte es damit begründen müssen, daß Juden in der Dunkelheit Frauen belästigt hätten (Walk, Sonderrecht, S. 275).

Staatspolizei"[20] auf Reichsebene erneut erlassen zu werden. Die im Lauf der Zeit immer mehr reduzierten Lebensmittelzuteilungen – die Lebensmittelkarte war seit März 1940 für Juden mit einem „J" markiert – konnten teilweise nur in besonderen Geschäften und, z.B. in Berlin seit Sommer 1940, nur während einer Stunde am Nachmittag gekauft werden. Aus dem Ausland erhaltene Pakete mit Nahrungsmitteln wurden auf die Zuteilung angerechnet, Kleiderkarten und Bezugscheine für Schuhe wurden an Juden ab Januar 1940 nicht mehr ausgegeben: für die entsprechende Versorgung war die Reichsvereinigung zuständig.

Zusätzliche finanzielle Belastungen entstanden den Juden durch die Erhöhung der „Sühneleistung" (von 20 auf 25%), die sogenannte Auswandererabgabe[21] und die Ende 1940 eingeführte 15% Sozialausgleichsabgabe, die zusätzlich zur Einkommensteuer zu zahlen war. Aus den privaten Krankenkassen wurden die Juden ausgeschlossen. Nichtbefolgen jedweder ergangenen Anweisung oder „staatsabträgliches Verhalten" wurde mit sofortiger Einweisung in ein Konzentrationslager geahndet, für die Dauer des Krieges eine allgemeine Entlassungssperre für jüdische Schutzhäftlinge angeordnet. Im Herbst 1940 kündigte die Reichspost den Juden die Fernsprechanschlüsse, und ab Dezember 1941, nach Erlaß der Kennzeichnungsverordnung vom 1. September 1941, durften Juden selbst öffentliche Telefonzellen nicht mehr benutzen. Untersagt wurde ihnen mit dieser Verordnung auch, sich ohne polizeiliche Erlaubnis von ihrem Wohnort zu entfernen. In der Öffentlichkeit von „deutschblütigen Personen" Juden gegenüber gezeigte freundschaftliche Beziehungen bestrafte das RSHA seit Ende Oktober 1941 mit Konzentrationslagereinweisung.

Erst nach den ersten Deportationen erging am 25. November 1941 die 11. Verordnung zum Reichsbürgergesetz: in zwei Paragraphen wurde in trockener Bürokratensprache eine doppelte Infamie zum Gesetz erklärt: Hat oder nimmt ein Jude „seinen gewöhnlichen Aufenthalt im Ausland" – womit die Deportation umschrieben wurde – so verliert er seine deutsche Staatsangehörigkeit und damit verfällt sein Vermögen dem Staat. Um die Kosten für die zwangsweise „Wohnsitzverlegung", die die Voraussetzung für den für das Reich so einträglichen Vermögensverfall (über 777 Millionen RM von 1942 bis 1944 [22]) schuf, niedrig zu halten, mußte jeder zur Deportation aufgerufene Jude mindestens 25% seines liquiden Vermögens an die Reichsvereinigung abführen: diese Beträge dienten zur Deckung der Deportationskosten.

Nach dem Verbot der Auswanderung konnten die in Deutschland verbliebenen Juden nur noch auf die Abschiebung nach dem „Osten" oder nach Theresienstadt warten. Was ihnen bis dahin noch verboten, weggenommen und zugemutet wurde, mögen einige Beispiele illustrieren: das Benutzen öffentlicher Verkehrsmittel wurde beschränkt und ab Mai 1942 ganz verboten, Haustiere durften nicht mehr gehalten werden, elektrische Geräte, Schreibmaschinen, Fotoapparate, Fahrräder, Pelze und Wollsachen waren bei der Reichsvereinigung abzuliefern (zwischen November 1941

[20] Nbg. Dok. PS-2161.
[21] Die sog. Reichsfluchtsteuer, eine Abgabe von 25% des vermögenssteuerpflichtigen Vermögens, war bereits durch Gesetz vom 8. Dezember 1931 für alle eingeführt worden, die nach dem 31. März 1931 ihren Wohnsitz oder gewöhnlichen Aufenthalt im Inland aufgaben, also nicht speziell gegen jüdische Emigranten gerichtet.
[22] Hierzu H. G. Adler, Der verwaltete Mensch. Studien zur Deportation der Juden aus Deutschland, Tübingen 1974, S. 545; Raul Hilberg, Die Vernichtung der europäischen Juden. Die Gesamtgeschichte des Holocaust, Berlin 1982, S. 103.

und Januar 1942), Zeitungen und Zeitschriften durften nicht mehr bezogen, Leihbüchereien nicht mehr besucht, Wohnungen mußten gekennzeichnet werden, der Verkauf von Blumen (z.B. in Dresden) an Juden wurde untersagt, ab Juli 1942 konnten jüdische Kinder keine Schule mehr besuchen. Die Reichsvereinigung wurde im Juni 1943 aufgelöst, kurz danach – am 1. Juli 1943 – wurde die 13. Verordnung zum Reichsbürgergesetz erlassen. Sie bestimmte, daß von Juden begangene Straftaten durch die Polizei verfolgt wurden und daß das Vermögen eines Juden nach seinem Tod dem Reich zufiel. Die letzte einschlägige Anweisung erging am 16. Februar 1945 vom Reichswirtschaftsministerium und besagte, daß nicht mehr abzutransportierende Akten mit anti-jüdischem Betreff zu vernichten waren, damit sie nicht in die Hand des Feindes fielen.

Von den diskriminierenden Maßnahmen seit 1933 waren längst nicht mehr alle der bei der Volkszählung jenes Jahres ermittelten Juden betroffen. Das zeigte die Volkszählung am 17. Mai 1939. Sie wurde mit einer Sonderzählung aller Juden und jüdischen Mischlinge im Sinne der Nürnberger Gesetze von 1935 verbunden und unterschied daher zwischen Juden nach der Abstammung, Glaubensjuden und Juden anderer Religionsbekenntnisse, was bei einem Vergleich mit dem Ergebnis von 1933 zu berücksichtigen ist; bei den Glaubensjuden sind die sog. Halbjuden mit einem jüdischen Elternteil, die der jüdischen Religionsgemeinschaft angehörten und daher auch in der Statistik von 1933 erschienen waren, als „Geltungsjuden" mitzuzählen. Im Reichsgebiet in den Grenzen von 1937, also mit dem Saargebiet, aber ohne Österreich, Sudetenland und Memelgebiet, lebten nun insgesamt 218 007 Glaubensjuden (mit Einschluß der „Geltungsjuden" mit nur einem jüdischen Elternteil) und 19 716 (bei der Zählung von 1933 unberücksichtigte) Juden anderer oder ohne Konfessionszugehörigkeit, die zusammen 0,35% der knapp 68 Millionen Einwohner des „Altreichs" ausmachten.[23] Die Zahl der Glaubensjuden war demnach unter Berücksichtigung der saarländischen Juden von 1933 bis 1939 um 56,77% (von 504 310 auf 218 007) zurückgegangen, für die Juden, die der evangelischen und katholischen Kirche, einer anderen oder keiner Glaubensgemeinschaft angehörten, ist ein Vergleich nicht möglich. Der Rückgang war prozentual am stärksten im Saargebiet mit 82,3% wegen der Auswanderungsmöglichkeiten vor und kurz nach der Volksabstimmung von 1935 und mit 73,44% in der benachbarten Pfalz, in Ostpreußen mit 74%, mit jeweils 70,08% in Braunschweig und in Mittelfranken, dem unmittelbaren Einflußgebiet des berüchtigsten Judenhassers Julius Streicher, in Hessen mit 67,6%, Oldenburg (unter Berücksichtigung der Gebietsveränderungen) mit 66,3%, Pommern mit 62,4% und der Provinz Sachsen mit 61,8%.[24] Von den Juden insgesamt lebten 35,3% (82 457) in Berlin, dort und in Frankfurt (14 191), Breslau (10 848) und Hamburg (9943) zusammen mehr als 50% (117 439).

[23] Die Ergebnisse sind veröffentlicht in: Statistik des Deutschen Reichs, Bd. 552. Volkszählung. Die Bevölkerung des Deutschen Reichs nach den Ergebnissen der Volkszählung 1939. Heft 4, Die Juden und jüdischen Mischlinge im Deutschen Reich, bearb. im Statistischen Reichsamt, Berlin 1944, zusammenfassend im Statistischen Jahrbuch 1939/40, S. 26 (vorläufiges Ergebnis) und 1941/42, S. 27, vgl. auch Jahrgang 1940, Heft 5/6 von „Wirtschaft und Statistik", S. 84 ff. Bei einem Vergleich zwischen den Ergebnissen von 1933 und 1939 nach Provinzen und Ländern sind die Gebietsveränderungen von 1937 zu berücksichtigen, von denen Schleswig-Holstein, Hamburg, Hannover, Oldenburg und die Rheinprovinz betroffen waren, und die Zahlen für Bayern schließen möglicherweise die drei sudetenbayerischen Kreise ein.

[24] Vgl. für die Länder und Regierungsbezirke im heutigen Gebiet der Bundesrepublik Deutschland auch die Gegenüberstellungen im Gedenkbuch, S. 1744, 1749-1758.

Die Konzentration in den Großstädten hatte sich noch fortgesetzt. Auf die bereits genannten vier Städte folgte Köln mit 8406. Mehr als 1000 Juden lebten in München mit 4940, Leipzig mit 4470, Mannheim mit 3054, Nürnberg mit 2645, Hannover mit 2457, Stuttgart mit 2395, Düsseldorf mit 2072, Essen mit 1701, Dresden mit 1676, Königsberg mit 1655, Mainz mit 1544, Dortmund mit 1530, Karlsruhe mit 1444, Wiesbaden mit 1386, Beuthen mit 1362, Kassel mit 1350, Wuppertal mit 1129 und Würzburg mit 1096. In 23 bayerischen und fränkischen Landkreisen, drei schleswig-holsteinischen, zwei Kreisen in der Provinz Sachsen und je einem in Niederschlesien, im Land Sachsen und in Württemberg lebte kein einziger Jude mehr, in zahlreichen anderen weniger als je zehn.

Die Angehörigen der jüdischen Gemeinden von 1939 waren zum großen Teil allerdings andere, als 1933 in diesen Orten gewohnt hatten. In den ersten Jahren des NS-Regimes gab es eine erhebliche Binnenwanderung von Juden.[25] Viele hofften, in der Anonymität der großen Städte sicherer vor Verfolgung zu sein oder ihre Auswanderung leichter vorbereiten zu können. Exakte Daten darüber zu ermitteln, ist kaum möglich. Die für 3486 Zuwanderer in das Territorium des heutigen Baden-Württemberg vorliegenden Zahlen für die ganzen zwölf Jahre 1933-1945 zeigen einen Anteil von 75,3% aus den nahegelegenen Ländern Bayern (mit der Pfalz), Hessen, Hessen-Nassau und der Rheinprovinz.[26] Eine Aufstellung über die Auflösung der Aschaffenburger Gemeinde ergibt, daß 300 Auswanderern 188 bis zur Deportation dort Verbliebene und 121 Abwanderer gegenüberstehen, von denen 73 nach Frankfurt zogen, zehn in Bayern blieben, zehn ihren Wohnsitz in Köln und insgesamt weitere 14 in den Großstädten Berlin, Düsseldorf, Leipzig, Mannheim, Stuttgart und Wuppertal nahmen.[27]

Der Anteil der von den Rassengesetzen betroffenen Angehörigen anderer Glaubensgemeinschaften und Glaubenslosen an der Gesamtzahl der Juden betrug für das ganze Reichsgebiet von 1937 8,44%. Er war in Hamburg mit 17,2%, Land und Provinz Sachsen (13 bzw. 14,5%) und in Berlin mit 8,67% überdurchschnittlich hoch; die ebenfalls hohen Prozentzahlen für die anderen Teile Norddeutschlands (Schleswig-Holstein 23,8% von 755) sind wegen der niedrigen absoluten Zahlen nicht repräsentativ. Für das Reichsgebiet von 1937 verteilten sie sich auf Angehörige evangelischer Kirchen mit 10461 = 53,1% und Katholiken mit 3025 = 15,3%, andere Christen mit 320 = 1,6%. 2859 = 14,5% bezeichneten sich wie die aus den Kirchen ausgetretenen Nationalsozialisten als „gottgläubig", 2712 = 13,8% als glaubenslos, der Rest hatte keine Angaben gemacht.[28] In Berlin betrug der Anteil der Evangelischen 53%, der Katholiken 8,5%, der „Gottgläubigen" 17,39% und der Glaubenslosen 16,95%, für Baden und Württemberg zusammen lauten die Verhältniszahlen 46,7%, 18,4%, 17,1% und 9,8%, in der Rheinprovinz und in Bayern war der Anteil der Katholiken relativ stärker.

---

25 Vgl. Adler-Rudel, Jüdische Selbsthilfe, S. 154 ff., 158.
26 Sauer, Schicksale, S. 360.
27 Ophir/Wiesemann, Jüdische Gemeinden, S. 258; ebenda für die meisten Gemeinden Zahlenangaben über Abwanderung innerhalb Deutschlands ohne Nennung der Ziele.
28 Die Angaben nach Bruno Blau, Die Christen jüdischer und gemischter Abkunft in Deutschland und Österreich im Jahr 1939, in: Judaica V (1949), S. 272 ff., zitiert bei Sauer, Schicksale, S. 104.

Der absolute und prozentuale Rückgang der jüdischen Bevölkerung im Deutschen Reich zwischen 1933 und 1939 beruht einmal auf dem Überschuß der Verstorbenen gegenüber den Geburten als Folge der bereits 1933 festgestellten Überalterung; Ende 1938 waren mehr als 30% der Juden in Deutschland über 60 Jahre alt.[29] Der Sterbeüberschuß wird für diesen Zeitraum mit Einschluß des ganzen Jahres 1939 auf 47 500 Personen berechnet.[30] Den größten Teil der Verringerung um rund 266 000 Personen machten jedoch die Auswanderer aus. Ihre genaue Zahl kann nur geschätzt werden, da keine vollständigen Statistiken darüber vorliegen und auch die vorhandenen Angaben nicht zwischen Juden im Sinne der NS-Gesetze und mit ihnen emigrierenden „arischen" Ehepartnern und Nachkommen unterscheiden, die als „Mischlinge" galten.[31] Nach einem ersten großen Exodus mit ca. 37 000 Emigranten 1933 sanken die Zahlen in den beiden folgenden Jahren nach diesen Berechnungen auf 23 000 bzw. 21 000. Für 1936 werden 25 000 und für 1937 23 000 Auswanderer geschätzt. 1938 stieg die Zahl auf 40 000 und für das ganze Jahr 1939 auf 78 000. Demnach würde sich für den Zeitraum zwischen den beiden Volkszählungen (5 Jahre und 10 Monate) eine Zahl von etwa 177 000 Emigranten ergeben.

Zwischen den Volkszählungen von 1933 und 1939 lag auch die erste zwangsweise Vertreibung von Juden aus Deutschland. Sie richtete sich gegen Juden polnischer Staatsangehörigkeit, von denen es 1933 im Reichsgebiet 56 480 = 11,3% aller Juden gegeben hatte. Nachdem die Regierung in Warschau ihre Ausbürgerung angekündigt hatte, wurden auf Veranlassung des Auswärtigen Amtes am 27. und 28. Oktober 1938 in ganz Deutschland zwischen 15 000 und 17 000 – meist seit Jahrzehnten hier ansässige oder sogar geborene – Angehörige dieses Personenkreises verhaftet und über die polnische Grenze abgeschoben.[32]

Am Ende des Jahres 1939, vier Monate nach Kriegsbeginn, ist unter Berücksichtigung weiterer Auswanderung und natürlicher Sterbefälle somit mit einer jüdischen Bevölkerung innerhalb der Reichsgrenzen von 1937 von etwa 190 000 zu rechnen.[33] Dazu kamen nach dem Stand vom Mai 1939 46 928 „Mischlinge 1. Grades" oder „Halbjuden", die nicht der jüdischen Religionsgemeinschaft angehörten, und 32 669 „Mischlinge 2. Grades" oder „Vierteljuden", von denen sich nur 392 zum jüdischen Glauben bekannten. Von den Juden lebten ca. 20 000 in „Mischehe" mit einem nicht-

---

[29] Tabelle III b bei Strauss, Jewish Emigration, S. 318.

[30] Tabelle IV d ebenda, S. 320. Zahlen für Baden-Württemberg bei Sauer, Schicksale, S. 259.

[31] Die folgenden Zahlen nach den Angaben der Tabelle VII, ebenda, S. 326, vgl. auch Juliane Wetzel, Auswanderung aus Deutschland, bei Benz, Juden in Deutschland, S. 413-497, dort S. 738 eine weitere Tabelle, aus der sich für den Zeitraum 1933 bis 1938 eine Mindestzahl von 159 000, eine Höchstzahl von 170 000 Emigranten ergibt.

[32] Sybil Milton, The Expulsion of Polish Jews from Germany October 1938 to July 1939, in: Leo Baeck Year Book XXIX (1984), S. 169-200; die Zahlen bei Wolfgang Scheffler, Judenverfolgung im Dritten Reich, Berlin 1964, S. 29, die niedrigere in einem Schreiben des Hauptamtes Sicherheitspolizei vom 29.10.1938 bei Döscher, „Reichskristallnacht", S. 51 ff., für Baden-Württemberg, wo nur die Männer über 18 Jahren betroffen waren, bei Sauer, Schicksale, S. 251.

[33] Vgl. ebenfalls Tabelle VII bei Strauss, Jewish Emigration, S. 326; wenn dort allerdings für die beiden Jahre 1939 und 1940 die Zahl der Emigranten mit 93 000, der Sterbeüberschuß mit 18 000 angesetzt wird, paßt das nicht zu den ebenfalls genannten absoluten Zahlen der jüdischen Bevölkerung von 213 930 am 17. Mai 1939 und 169 000 zwei Jahre später.

jüdischen Partner, ohne daß sich angeben läßt, wieviele davon ebenfalls einer christlichen oder keiner Konfession angehörten.[34]

Um die Frage nach der Zahl der Juden aus Deutschland zu klären, die dem Holocaust zum Opfer fielen, ist von diesen Statistiken auszugehen; außerdem sind diejenigen zu berücksichtigen, die zwischen 1933 und 1940 in ein Land emigrierten, das später von deutschen Truppen besetzt wurde. Die Formulierung „Juden aus Deutschland" ist gewählt, weil es nicht möglich ist festzustellen, wieviele staatenlose Juden oder Juden mit nichtdeutscher Staatsangehörigkeit von den Verfolgungsmaßnahmen betroffen waren.[35] Wenn gleichwohl im folgenden auch der Begriff „deutsche Juden" gebraucht wird, sind damit alle 1937 im Deutschen Reich ansässigen Juden gemeint, die das Reichsbürgergesetz vom September 1935 als Juden der „Rasse" nach definiert hatte und die als solche unabhängig von ihrer Staatsangehörigkeit diskriminiert und verfolgt wurden.

Zwischen Kriegsausbruch und dem Beginn der systematischen Deportationen im Oktober 1941 verringerte sich die Zahl der deutschen Juden allerdings auch weiter durch Emigration. Es wird geschätzt, daß 1940 und in den ersten neun Monaten 1941 noch 23 000 Juden Deutschland verlassen konnten.[36] Schwieriger ist es, die wahrscheinliche Zahl der natürlichen Todesfälle zu ermitteln. Auf der Grundlage der bei der Volkszählung 1939 erhobenen Daten über die Altersgliederung sind bei gleicher Sterblichkeitsrate wie für die entsprechenden Jahrgänge der Gesamtbevölkerung nach der Sterbetafel 1932-1934 für die Zeit zwischen dem 18. Mai 1939 und dem 17. Oktober 1941 fiktiv für das ganze Reichsgebiet 19 537 Sterbefälle zu erwarten[37], für das Altreich anteilsmäßig 64,5 % = 12 601. In Anbetracht der wegen der Verfolgungsmaßnahmen, z.B. der geringeren Lebensmittelzuteilung, sehr viel ungünstigeren Lebensverhältnisse dürfte die tatsächliche Zahl sehr viel höher liegen. Die Zahl der in dieser Zeit von jüdischen Ehepaaren geborenen Kinder ist andererseits sehr viel niedriger anzusetzen als für die entsprechenden Jahrgänge der Gesamtbevölkerung, die 5287 betragen würde; wenn man die Zahl von 325 Geburten in den ersten fünf Monaten 1939 zugrundelegt[38], kommt man auf 1820. Die Verringerung der jüdischen Bevölkerung durch den natürlichen Sterbeüberschuß würde demnach auf 10 881 Personen zu schätzen sein.

[34] Tabelle II a, ebenda, S. 317. Die Zahl dürfte aber niedriger sein, da sie für das ganze Reichsgebiet von 1939 mit 18 380 ermittelt wurde, wobei in 6829 Ehen der Ehemann der jüdischen Glaubensgemeinschaft angehörte, in 3317 die Ehefrau und in 8137 beide Partner keine Glaubensjuden waren („Übersicht 3. Die Ehen und Mischehen mit Juden und jüdischen Mischlingen im Deutschen Reich sowie in Berlin und Wien", in: Statistik des Deutschen Reichs, Bd. 552, 4, S. 60).

[35] Die „Übersicht 5. Die ausländischen Juden und jüdischen Mischlinge im Deutschen Reich sowie in Berlin und Wien nach der Staatsangehörigkeit", ebenda, S. 70, gibt für das ganze Gebiet des „Großdeutschen Reiches" 44 573 ausländische Juden (zuzüglich 861 Geltungsjuden) an, von denen 13 967 in Wien lebten; den höchsten Anteil hatten die Staatenlosen mit 18 451, Polen mit 16 532 und Tschechen mit 2031, der Rest verteilte sich auf Angehörige von 26 europäischen, sechs asiatischen, 18 amerikanischen Staaten, Ägypten, Südafrika und Australien.

[36] Tabelle VII bei Strauss, Jewish Emigration, S. 326, eine Liste der Reichsvereinigung verzeichnet für August 1941 noch 870 Emigranten, davon 714 in die USA, 18 in europäische Länder (Dokumente zur Geschichte der Frankfurter Juden, Frankfurt a.M. 1963, S. 476).

[37] Berechnung des Statistischen Bundesamtes, Az. VIII B – 179/1 - 03, vom 9.12.1986.

[38] Tabelle IV a bei Strauss, Jewish Emigration, S. 319.

Im übrigen liegen über die Anzahl der Juden in Deutschland für die folgenden
Jahre noch Angaben in Monatsmeldungen vor, die die Reichsvereinigung dem
Reichssicherheitshauptamt erstattet hat[39]; danach wurden gezählt:

1941 am 1. Mai	168 972
1941 am 1. Oktober	163 696
1942 am 1. Januar	131 823
1943 am 1. Januar	51 257
1943 am 1. April	31 807
1944 am 1. September	14 574

Die Berechnung der Zahl der als Folge von Gewaltmaßnahmen des NS-Regimes
umgekommenen deutschen Juden kann sich jedoch nicht auf die Opfer der Deportationen beschränken, sondern muß auch alle anderen berücksichtigen, deren Tod zwischen dem 30. Januar 1933 und Mitte 1945 als Folge von Gewalt eintrat. Die ersten
jüdischen Opfer des Nationalsozialismus waren demnach jene, die unmittelbar nach
der Machtergreifung und unter dem Eindruck des Boykotts vom 1. April 1933 Selbstmord begingen oder infolge von – meist durch SA-Mitglieder verübten – Gewalttaten
zu Tode kamen. Kurz nach dem Boykott wurden aus verschiedenen Teilen Deutschlands zahlreiche Suizide jüdischer Menschen gemeldet, in- und ausländische Zeitungen berichteten von Überfällen und Ausschreitungen mit tödlichem Ausgang, von denen jüdische Passanten und Geschäftsleute betroffen waren.[40] Besonders zu leiden
hatten Juden, die sich in den Arbeiterparteien politisch engagiert hatten und deshalb
nach deren Verbot verhaftet wurden, so im Konzentrationslager Dachau, wo schon
1933 Juden umgebracht wurden und die Mordaktion beim sogenannten Röhm-
Putsch im Sommer 1934 Anlaß zur Ermordung von weiteren jüdischen Häftlingen
gab.[41] Zu diesen frühen Opfern sind auch der Philosoph Theodor Lessing zu zählen,
der in Marienbad in Böhmen, wohin er geflohen war, von einem Mordkommando aufgespürt wurde[42] und der Schriftsteller Erich Mühsam, der 1934 im Konzentrationslager Oranienburg ermordet wurde.

Nach relativer Ruhe in den Jahren 1935 bis 1937 kam es beim November-Pogrom
von 1938 zu neuen Mordtaten. Die Zahl der im ganzen Reichsgebiet umgebrachten
Juden hat Heydrich auf der von Göring am 12. November angesetzten Konferenz mit
35 angegeben.[43] Tatsächlich war die Zahl mehr als doppelt so hoch: das Oberste Par-
teigericht der NSDAP, an das auf Anordnung von Heß die von Polizei und Staatsanwaltschaften eingeleiteten Voruntersuchungen über die im Verlauf des Pogroms begangenen Straftaten abgegeben werden mußten, hat in einem Bericht vom 13. Februar
1939 an Göring 21 Mordopfer namentlich aufgeführt und auf noch laufende Ermitt-

---

[39] Benz, Juden in Deutschland, S. 733, nach Bruno Blau, Das Ausnahmerecht für die Juden in den europäischen Ländern 1933-1945, Düsseldorf 1954, S. 10. Zur Zahl von 131 800 für das Altreich bei der Wannsee-
Konferenz am 20.1.1942 vgl. unten S. 48.

[40] Frankfurter Zeitung vom 5.4.1933 (zitiert bei Lamm, Entwicklung, S. 144); Übersicht in: Das Schwarzbuch.
Tatsachen und Dokumente. Die Lage der Juden in Deutschland 1933, hrsg. vom Comité des Délégations
Juives, Paris 1934.

[41] Hans-Günter Richardi, Schule der Gewalt. Das Konzentrationslager Dachau 1933-1934, München 1983, S.
202 ff., 238.

[42] Vgl. Karl Dietrich Bracher/Wolfgang Sauer/Gerhard Schulz, Die nationalsozialistische Machtergreifung,
Köln 1960, S. 872.

[43] Nbg. Dok. PS-1816.

lungen „in den übrigen (insgesamt 91) Fällen von Tötungen" hingewiesen.[44] Von diesen ermordeten Männern und Frauen waren schätzungsweise 60 aus dem Altreich.[45] Mehr als 26 000 jüdische Männer wurden im November 1938 verhaftet und in die Konzentrationslager Dachau (10 911), Buchenwald (9845) und Sachsenhausen gebracht. Sie kamen wieder frei, wenn sie die Möglichkeit zur Auswanderung vorweisen konnten, manche wurden jedoch auch erschossen oder starben an den Folgen von Mißhandlungen, so 40 Badener und Württemberger in Dachau.[46] In ein Lager kamen ebenfalls viele der polnischen Juden, deren Ausweisung den Anlaß für das Attentat Grünspans auf den deutschen Diplomaten Ernst vom Rath in Paris gegeben hatte, das als Vorwand für den Pogrom diente: soweit sie nicht bei Angehörigen Unterkunft fanden, richteten die polnischen Behörden für sie im Grenzort Bentschen (Zbaszyn, Wojewodschaft Posen) ein Internierungslager ein, in dem die letzten von ihnen im Oktober 1939 in die Hand der Gestapo fielen.[47]

Die „Reichskristallnacht" brachte ebenfalls einen Anstieg der Zahl der Selbstmorde von Juden, wie sie – auch aus früheren Jahren – Tagebucheintragungen und Erlebnisberichte bezeugen.[48] Bekannt sind viele Doppelselbstmorde von Ehepaaren, z.B. in der Berliner jüdischen Gemeinde.[49] Den Freitod wählten auch „Schutzhäftlinge", die in die elektrisch geladenen Stacheldrahtzäune der Konzentrationslager liefen. Als die Deportationen einsetzten, zogen ebenfalls viele der für einen Transport Aufgerufenen – ihre Zahl soll nach Schätzungen zwischen 10 und 20% gelegen haben[50] – den Selbstmord, den ihnen ihre Religion verbot, dem Tod im Lager vor.

Nur zu schätzen ist die Zahl der Juden, die durch die als „Euthanasie" umschriebene Ermordung von Heil- und Pflegeanstaltsinsassen ums Leben gekommen sind. Dieser als „Aktion T 4" bekannt gewordenen Vernichtung des im Sinne des NS-Regimes „lebensunwerten Lebens" folgte eine ähnliche, als „Sonderbehandlung 14 f 13" getarnte, Maßnahme in den Konzentrationslagern.[51] Begonnen hatte „T 4" im Herbst

---

[44] Nbg. Dok. PS-3063; vgl. Scheffler, Judenverfolgung, S. 30, ebenda die Zahlen über die Verhaftungen. Zu den Vorgängen bei und vor der „Reichspogromnacht" erschienen 50 Jahre danach u. a. Benz, Juden in Deutschland, dort S. 499-544; Graml, Reichskristallnacht; Herbert Schultheis, Die Reichskristallnacht in Deutschland. Nach Augenzeugenberichten, Bad Neustadt/Saale 1985; Rita Thalmann/Emmanuel Feinermann, Die Kristallnacht. Aus dem Französ., Frankfurt a.M. 1987; Walter H. Pehle (Hrsg.), Der Judenpogrom 1938. Von der „Reichskristallnacht" zum Völkermord, Frankfurt a.M. 1988; Kurt Pätzold/Irene Runge, Pogromnacht 1938, Berlin (Ost) 1988; Wilfried Mairgünther, Reichskristallnacht, Kiel 1987; Reichspogromnacht. Vergangenheitsbewältigung aus jüdischer Sicht. Hrsg. von Micha Brumlik/Petra Kunik, Frankfurt a.M. 1988²; Anselm Faust, Die „Kristallnacht" im Rheinland. Dokumente zum Judenpogrom im November 1938, Düsseldorf 1987; für Baden und Württemberg vgl. Sauer, Schicksale, S. 262; zur Pfalz Karl Heinz Debus, Die Reichskristallnacht in der Pfalz. Schuldbewußtsein und Ermittlungen, in: Zeitschrift für die Geschichte des Oberrheins 159 (1981), S. 445-515; für Hessen Kropat, Kristallnacht.

[45] Die Zahl von mindestens 30 Pogrom-Opfern in Österreich bei Herbert Rosenkranz, „Reichskristallnacht". 9. November 1938 in Österreich, Wien 1968, S. 49, 53; vgl. auch Moser in diesem Band, S. 68.

[46] Sauer, Schicksale, S. 262.

[47] Vgl. Gedenkbuch, S. 1761.

[48] Vgl. Benz, Juden in Deutschland, insbes. S. 499-544; Monika Richarz (Hrsg.), Jüdisches Leben in Deutschland. Selbstzeugnisse zur Sozialgeschichte 1918-1945, Stuttgart 1982, S. 49; Kurt Jakob Ball-Kaduri, Vor der Katastrophe. Juden in Deutschland 1934-1939, Tel Aviv 1967, S. 174; zusammenfassend jetzt Konrad Kwiet, The Ultimate Refuge. Suicide in the Jewish Community under the Nazis, in: Leo Baeck Year Book XXIX (1984), S. 135-167, speziell zu 1938 S. 149 mit Beispielen, weitere aus Karlsruhe, Mannheim und Stuttgart bei Sauer, Schicksale, S. 266.

[49] Hildegard Henschel, Aus der Arbeit der Jüdischen Gemeinde Berlin während der Jahre 1941-1943, in: Zeitschrift für die Geschichte der Juden IX (1972), S. 32 ff.

[50] Strauss, Jewish Emigration, S. 327.

[51] Vgl. hierzu die auf z.T. noch unveröffentlichten Dokumenten beruhende Darstellung von Ernst Klee, „Euthanasie" im NS-Staat. Die „Vernichtung lebensunwerten Lebens", Frankfurt a.M. 1983.

1939, allerdings noch nicht unter diesem Decknamen, mit der sogenannten Kindereuthanasie, die auch jüdische Kinder betraf, einschließlich solcher, die weder körperlich noch geistig behindert, sondern „nur" Juden bzw. Halbjuden waren.[52] Es ist nicht
bekannt, wieviele der – meist mit Tabletten oder Spritzen – getöteten Kinder Juden
waren. Die Schätzungen der Gesamtzahl der Opfer der Kindereuthanasie reichen bis
20 000. Die seit Sommer 1939 geplante Tötung erwachsener Anstaltsinsassen, bei der
– nach erfolgreicher Erprobung Anfang Januar 1940 in der Heilanstalt Brandenburg –
fast ausschließlich das später in den Vernichtungslagern in Polen (Belzec, Chelmno,
Sobibór, Treblinka) verwendete Kohlenmonoxyd benutzt wurde, setzte Ende Januar
1940 in Grafeneck (Württemberg) ein, ausgeführt meist von jenem Personal, das
knapp zwei Jahre später dann auch bei der „Endlösung" eingesetzt wurde. Die systematische Vernichtung der jüdischen Kranken, nämlich „Volljuden deutscher und polnischer Staatsangehörigkeit sowie staatenloser Volljuden", begann im Juni 1940: 200
jüdische Männer, Frauen und Kinder wurden aus der Anstalt in Berlin-Buch abtransportiert und in Brandenburg vergast.[53] Es ist dies vermutlich der erste Transport dorthin gewesen, weitere sind für Juli 1940 anzunehmen; ihre Stärke ist nicht bekannt.
Ende August 1940 wies das Reichsministerium des Innern (RMdI) die einzelnen
Länder bzw. die preußischen Provinzen an, die jüdischen Kranken in je einer Anstalt
zusammenzufassen: von diesen Anstalten aus sollten die Opfer dann Anfang Oktober
1940 in eine Sammelanstalt im Generalgouvernement geschickt werden.[54] Es kann
sich dabei um Chelm (deutsch Cholm) im Distrikt Lublin gehandelt haben, wo eine
Anstalt im Januar 1940 zwangsweise geräumt worden war: einem polnischen Erlebnis-
bericht von 1947 zufolge sind die ca. 440 Insassen von der Gestapo zusammengetrieben und erschossen worden.[55]
Seit Mitte Dezember 1940 waren, wiederum auf Anordnung des RMdI, alle jüdischen Geisteskranken in der von der Reichsvereinigung unterhaltenen Heil- und Pflegeanstalt Bendorf-Sayn (bei Koblenz)[56] unterzubringen, da das „Zusammenwohnen
Deutscher mit Juden auf die Dauer nicht tragbar" sei; sie sind zwischen Mai und November 1942 ebenfalls in das Generalgouvernement abgeschoben und – so muß angenommen werden – in Chelm oder sonst im Generalgouvernement getötet worden.[57]
Entgegen nicht nur nach Kriegsende verbreiteter Meinung, Proteste namhafter evangelischer und katholischer Geistlicher hätten 1941 zur Beendigung der „Euthanasie"
geführt, ging sie fast bis Kriegsende weiter, mit Hilfe von Gas, Tabletten, Spritzen o.ä.
und mit Nahrungsentzug. Offen bleibt auch hier die Frage nach der Zahl der jüdischen Opfer, denn selbst die Gesamtbilanz der „Aktion T 4" ist nur zu schätzen: allein
bis September 1941 waren – laut nationalsozialistischer Zählung – 70 273 „Personen

---

[52] Ebenda, S. 89, 419; Adler, Der verwaltete Mensch, S. 235 f., 316.
[53] Klee, Euthanasie, S. 258-263.
[54] Erinnerungsniederschrift von Dr. Max Plaut (Eichmannprozeß, Dok. 1).
[55] Klee, Euthanasie, S. 114 f. Ob die jüdischen Kranken tatsächlich in Chelm getötet wurden, läßt sich nicht
   mit Sicherheit klären, vgl. auch Gerhard Schmidt, Selektion in der Heilanstalt 1939-1945, Stuttgart 1965, S.
   69.
[56] Wortlaut des Erlasses nach RMBliV, S. 2261 bei Adler, Der verwaltete Mensch, S. 243 f., ein Bericht über
   die Anstalt von Dr. Paul Jacoby, in: Die Juden in ihrem gemeindlichen und öffentlichen Leben, Koblenz
   1972, S. 348-351.
[57] Eine Transportliste nach Izbica vom 15. Juni 1942 mit 342 Namen in: Dokumente des Gedenkens, Koblenz 1974, S. 274-280, vgl. auch Nbg. Dok. NO-270; bei Adler, Der verwaltete Mensch, S. 244, Beispiele,
   daß die Anordnung nicht vollständig befolgt wurde.

desinfiziert", bis Ende 1941 93 521 „Betten freigemacht", d.h. ca. 30% der Geisteskranken umgebracht worden.[58] Bezüglich der jüdischen Kranken liegen nur einige
Teilzahlen vor, die die Zeit der Überstellung (ins Generalgouvernement) im Herbst
1940 betreffen: 191 aus Bayern, 160 aus Hannover, (mindestens) 64 aus Hessen. Lediglich für Baden und Württemberg ist bekannt, daß bis Kriegsende 105 Juden durch
Euthanasiemaßnahmen eines gewaltsamen Todes gestorben sind.[59]

Die dritte im Zusammenhang mit der „Vernichtung lebensunwerten Lebens" zu
nennende Mordaktion war die als Fortsetzung der „T 4" seit Herbst 1941 in den Konzentrationslagern praktizierte „Sonderbehandlung 14 f 13"[60]: nach Aussagen beteilig-
ter Ärzte im wesentlichen nach denselben Kriterien und – wie erhalten gebliebene
Zeitzeugnisse wahrhaft makaber dokumentieren – mit wohl noch größerer Willkür
durchgeführt. Berüchtigt ist der Ende November 1941 nach entsprechenden „Untersuchungen" im Konzentrationslager Buchenwald geschriebene Brief eines der Selek-
tionsärzte an seine Frau: "...als zweite Portion folgten nun insgesamt 1200 Juden, die
sämtlich nicht erst ,untersucht' werden, sondern bei denen es genügt, die Verhaftungs-
gründe (oft sehr umfangreich!) aus der Akte zu entnehmen und auf die Bögen zu
übertragen. Es ist also eine rein theoretische Arbeit..."[61]. Wie willkürlich, bzw. im
Hinblick auf jüdische Häftlinge geradezu „planmäßig" dabei verfahren worden ist,
zeigt auch die Anordnung Himmlers vom April 1943, derzufolge „in Zukunft nur
noch geisteskranke Häftlinge ... für die Aktion 14 f 13 ausgemustert werden dürfen"[62]: „Tuberkulosekranke Häftlinge und bettlägrige Krüppel" waren nun wieder gut
genug, um solange zu arbeiten, bis sie der „Vernichtung durch Arbeit" anheimfielen.

Sowenig es möglich ist, die Zahl der jüdischen Euthanasie-Opfer aus Deutschland
zu ermitteln, sowenig ist feststellbar, wieviele deutsche Juden in den „regulären" Konzentrationslagern außerhalb der speziellen Vernichtungslager umgekommen sind; nur
für bestimmte Lager und Zeiten liegen Daten vor.[63] Wer bis Oktober 1942 dort überlebt hatte, wurde durch einen Befehl, die Konzentrationslager im Reichsgebiet „judenfrei" zu machen, nach Auschwitz oder Lublin-Majdanek überstellt, wo es nur mi-
nimale Überlebenschancen gab.[64] Bei den jüdischen Schutzhäftlingen handelte es sich

---

58 Klee, Euthanasie, S. 340; Adler, Der verwaltete Mensch, S. 236, schätzt die Gesamtzahl auf mindestens
    100 000 Menschen.
59 Vgl. Sauer, Schicksale, S. 392, für Hamburg 153 Namen im Gedenkbuch: Die jüdischen Opfer des Natio-
    nalsozialismus in Hamburg, Neudruck 1982, S. 104; für Bayern vgl. Nbg. Dok. NO-720; für Hessen Klee,
    Euthanasie, S. 260; für Hannover Transportlisten im Bundesarchiv, ZSg. 138/2, folder 94-102.
60 Nbg. Dok. PS-1151, NO-1007, vgl. Falk Pingel, Häftlinge unter SS-Herrschaft. Widerstand, Selbstbehaup-
    tung und Vernichtung in Konzentrationslager, Hamburg 1978, S. 84.
61 Peter Chroust (Hrsg.), Friedrich Mennecke. Innenansicht eines medizinischen Täters im Nationalsozialis-
    mus. Briefe eines „Euthanasie"-Arztes an seine Frau (1935-1944). 2 Bde., Hamburg 1987, Bd. 1, S. 243 f.
    Weder in diesem, noch im Fall der Aussonderung (Januar 1942) und Überstellung (März 1942) von Häftlin-
    gen aus dem KL Groß-Rosen in die Tötungsanstalt Bernburg (Nbg. Dok. PS-1151) kann der Anteil deut-
    scher Juden ermittelt werden.
62 Nbg. Dok. PS-1933.
63 Beispiele aus Baden und Württemberg bei Sauer, Schicksale, S. 262 f.
64 Nbg. Dok. PS-3677; vgl. auch Adler, Der verwaltete Mensch, S. 253 und die dort genannten Dokumente.
    Die in Auschwitz am 5. Oktober angekündigten Transporte von ca. 1600 Häftlingen trafen dort ab 14. Ok-
    tober aus Buchenwald (405), Dachau (70), Sachsenhausen (454), ferner aus Natzweiler, Flossenbürg, Ravens-
    brück und Mauthausen ein (Danuta Czech, Kalendarium der Ereignisse im Konzentrationslager Auschwitz-
    Birkenau 1939-1945, Reinbek 1989, S. 314, 320, 322, 324 f.); darunter waren auch „Mischlinge 1. Grades"
    (vgl. Nbg. Dok. PS-1603).

sich zum Teil um Männer und Frauen, die sich vor 1933 politisch oder später in Widerstandsgruppen betätigt hatten, nicht zuletzt aber auch um Personen, die zunächst, weil sie „Rassenschande" begangen oder beim Versuch, Deutschland zu verlassen, gegen Devisenbestimmungen verstoßen hatten, oder wegen anderer Delikte von der Justiz verfolgt worden waren.[65] Soweit sie nicht zum Tode verurteilt und hingerichtet wurden, konnten sie nach Verbüßung ihrer Strafe an die SS ausgeliefert werden. Was die Gestapo in einigen Fällen schon 1933 praktiziert hatte[66], erleichterte ihr das Reichsjustizministerium durch eine Verfügung vom November 1941[67]: die Justizvollzugsanstalten wurden angewiesen, alle jüdischen Strafgefangenen sechs Wochen vor ihrer Entlassung der Gestapo zu melden. Für die Betroffenen bedeutete das ab März 1943 lebenslangen Aufenthalt in „Auschwitz oder Lublin-Majdanek".[68]

Seit September 1942 wurden „asoziale Elemente" aus dem Strafvollzug an den Reichsführer SS Heinrich Himmler zur Vernichtung durch Arbeit ausgeliefert[69]; dazu gehörten u.a. „restlos Juden", deren Zahl zu dieser Zeit ca. 1200 betrug. Zum Frühjahr 1943 waren etwa 887 Juden und 209 Jüdinnen für diese Auslieferung namhaft gemacht. Eine nicht bekannte Zahl von ihnen ist bis Ende April 1943 der Polizei übergeben und gemäß der Anordnung Himmlers, die Konzentrationslager im Reichsgebiet „judenfrei" zu machen, nach Auschwitz bzw. Lublin deportiert worden.[70]

Folgerichtig war dann auch nach Beginn der Massentransporte nach Polen, daß zum Zwecke der Deportation die Straf- bzw. Untersuchungshaft (außer im Fall von Kapitalverbrechen) bei Juden ausgesetzt wurde.[71] Endgültig kapitulierte die Justiz vor der Gestapo in dieser Frage mit der 13. Verordnung zum Reichsbürgergesetz vom 1. Juli 1943, die in § 1 („Strafbare Handlungen von Juden werden durch die Polizei geahndet") den Rechtstod der Juden praktisch legalisierte.

Ein knappes halbes Jahr nach Kriegsbeginn richtete sich erstmals eine Deportation gegen Juden deutscher Staatsangehörigkeit. Betroffen waren über 1000 Juden (darunter Säuglinge, Greise und Kriegsteilnehmer) aus Stettin und Umgebung, die ohne jegliche Vorankündigung am 12. Februar 1940 nachts aus ihren Wohnungen geholt und unter unmenschlichen Bedingungen in drei im Generalgouvernement bei Lublin liegende Dörfer (Glusk, Belzyce und Piaski) deportiert wurden.[72] Diese, von der internationalen Presse zu jenem Zeitpunkt sehr beachtete Maßnahme[73], war Teil (wenn auch nur Bruchteil) der von Hitler befohlenen, großangelegten bevölkerungspolitischen „Flurbereinigung" in den ehemals polnischen Gebieten. Auf einer der dafür abgehaltenen Besprechungen hatte Heydrich am 30. Januar 1940 die Abschiebung der Stettiner

---

[65] Zur Diskriminierung von Juden in Strafverfahren vgl. Ernst Noam/Wolf-Arno Kropat, Juden vor Gericht 1933-1945. Dokumente aus hessischen Justizakten, Wiesbaden 1975.
[66] Vgl. Martin Broszat, Nationalsozialistische Konzentrationslager 1933-1945, in: Anatomie des SS-Staates, Bd. 2, München 1967, S. 66f.
[67] Deutsche Justiz 1941, Sp. 1091; vgl. auch Walk, Sonderrecht, S. 356.
[68] Vgl. Nbg. Dok. PS-654, ferner Adler, Der verwaltete Mensch, S. 251.
[69] Vgl. Hermann Weinkauf, Die deutsche Justiz und der Nationalsozialismus, Stuttgart 1968, S. 152.
[70] Nbg. Dok. PS-654.
[71] Vgl. die bei Adler, Der verwaltete Mensch, S. 250 genannten Dokumente.
[72] Vgl. ebenda, S. 140-145.
[73] Zitiert ebenda, S. 141, vgl. ferner Helmut Eschwege (Hrsg.), Kennzeichen „J" – Bilder, Dokumente, Berichte zur Verfolgung und Vernichtung der deutschen Juden 1933-1945, Frankfurt a.M. 1979, S. 162.

Juden damit erklärt, daß deren Wohnungen aus „kriegswirtschaftlichen Gründen dringend benötigt" würden.[74]

Weder die genaue Zahl der insgesamt Deportierten, noch der schon bald nach der Abschiebung Umgekommenen, noch die der Überlebenden ist bekannt. Einem zeitgenössischen Bericht[75] zufolge, der Himmler Ende März 1940 vom Chef der Reichskanzlei übersandt wurde, waren von den etwa 1360 Juden aus Stettin und Schneidemühl[76] bis März 1940 schon 230 umgekommen. Die Überlebenden, so kann angenommen werden, wurden Opfer der im Frühjahr 1942 beginnenden Vernichtungstransporte bzw. wurden dann in einem Deportationsort (Belzyce) konzentriert und Ende Oktober 1942 ermordet; es ist bekannt, daß elf Stettiner Juden (sechs Frauen, ein Mann und vier Kinder) diese Deportation überlebt haben.[77]

Größere Überlebenschancen hatten – relativ gesehen – jene Juden, die im Verlauf der sogenannten Bürckel-Aktion[78] Ende Oktober aus den Gauen Baden und Saarpfalz in den damals unbesetzten Teil Frankreichs abgeschoben wurden. Die Hintergründe dieser zweiten Deportation von Juden aus Deutschland sind nicht völlig geklärt. Mit ziemlicher Sicherheit kann jedoch angenommen werden, daß die Initiative dazu von den Gauleitern Robert Wagner (Baden) und Josef Bürckel (Saarpfalz) ausging und die Maßnahme nicht ohne Wissen Hitlers, zumindest mit seiner nachträglichen Billigung erfolgt ist. Wagner und Bürckel waren in Personalunion Chefs der Zivilverwaltung von Elsaß bzw. Lothringen. In dieser Eigenschaft hatten sie am 25. September 1940 von Hitler weitreichende Vollmachten erhalten, u.a. zu dem Zweck, Elsaß und Lothringen innerhalb von zehn Jahren zu „völlig deutschen Gebieten" zu machen. Entweder haben sie diese Vollmachten „sinngemäß" auch auf den jeweils deutschen Teil ihres Gaues angewendet oder (und) einen Passus der deutsch-französischen Waffenstillstandsverhandlungen – kaum unabsichtlich – fehlinterpretiert; wie dem auch gewesen sein mag: am 22. und 23. Oktober 1940 wurden gemäß behördlichem Erlaß vom 15. Oktober 1940 über 6000 („Voll"-) Juden in Baden, der Pfalz und dem Saargebiet von der Gestapo verhaftet, zu Sammelplätzen in größeren Städten gebracht und von dort mit der Bahn in das unbesetzte Frankreich abgeschoben. Die Mitnahme von 50 kg Gepäck (das zu packen teils 15 Minuten, teils ein paar Stunden konzediert wurden), Verpflegung für mehrere Tage und RM 100,- war erlaubt, das zurückgelassene Vermö-

---

74 Nbg. Dok. NO-3522. Eine entsprechende Anfrage des Auswärtigen Amtes beantwortete das RSHA am 17.2.1940 mit der Erklärung, es habe sich in Stettin lediglich um eine Einzelmaßnahme gehandelt, um für baltendeutsche Umsiedler vorläufig Platz zu schaffen (Eichmannprozeß, Dok. 1172).

75 Nbg. Dok. NG-2490. Der in Krakau am 14. März 1940 verfaßte, nicht unterzeichnete Bericht beruhte auf Feststellungen einer Gruppe von Vertretern verschiedener internationaler Wohlfahrtsorganisationen.

76 Die dänische Zeitung „Politiken" (vgl. Anm. 73) hatte auch Deportationen aus Stralsund erwähnt.

77 Vgl. Jacob Peiser, Die Geschichte der Synagogengemeinde zu Stettin, Würzburg 1965, S. 143-150, und Else Rosenfeld/Gertrud Luckner (Hrsg.), Lebenszeichen aus Piaski. Briefe Deportierter aus dem Distrikt Lublin 1940-1943, München 1968, S. 8, wo die Zahl der Überlebenden mit 19 angegeben ist. Wenn in beiden Büchern die Zahl von 800 Deportierten genannt wird, bezieht sich das wohl nur auf die Juden aus der Stadt Stettin selbst (vgl. auch Adler, Der verwaltete Mensch, S. 140).

78 Zur Deportation der Juden aus Baden vgl. Sauer, Schicksale, S. 268-282 sowie ders. (Hrsg.), Dokumente über die Verfolgung der jüdischen Bürger in Baden-Württemberg durch das nationalsozialistische Regime 1933-1945, Stuttgart 1966, Bd. 2, S. 231-267; zum Saarland, Herrmann, Juden im Saarland, S. 283-287, dazu: Die Listen der am 22. Oktober 1940 aus dem Saarland und der Pfalz nach Gurs deportierten Juden, mit ergänzenden Angaben über das Schicksal der pfälzischen Juden von Wilhelm Denig, bearb. v. Editha Bucher, in: Dokumente des Gedenkens, Koblenz 1974, S. 113-192.

gen wurde entsprechend den von Himmler im November 1940 erlassenen und im März 1941 ergänzten Richtlinien erfaßt, verwaltet und verwertet.

Die gänzlich unvorbereitete Vichy-Regierung ließ die 6504 Deportierten[79] in das in Gurs (Depart. Pyrénees Atlantiques) bestehende Internierungslager bringen; wiederholte französische Proteste bei der Reichsregierung wurden in Berlin dilatorisch behandelt.

Die äußerst unzureichenden Unterbringungs- und Ernährungsbedingungen[80] führten bei den überwiegend älteren Juden (mehr als 60% waren über 60 Jahre) zu hoher Sterblichkeit: einem zeitgenössischen Bericht zufolge waren bis Mitte März 1941 ca. 1050 der Deportierten gestorben. Dennoch hatte – relativ gesehen und bezogen nur auf die aus dem Gebiet des jetzigen Bundeslandes Baden-Württemberg Abgeschobenen – ein Drittel der Opfer der „Bürckel-Aktion" eine Überlebenschance: von den insgesamt 5362 aus dem genannten Gebiet deportierten Juden konnten 1627 (= 30,34%) noch vor 1942, d.h. vor Beginn der Massendeportationen in die Vernichtungslager, entweder auswandern, fliehen oder untertauchen. Bemerkenswert ist die Tatsache, daß illegal, d.h. wohl nur dank der Hilfe der einheimischen Bevölkerung, 997 dieser Juden in Frankreich überlebten.[81]

Die übrigen deutschen Juden hatten nach der „Bürckel-Aktion" ein Jahr lang „Galgenfrist". Im März 1941 angestellte (und wie bei der Abschiebung der Stettiner Juden auch, aber nicht nur, mit Wohnraummangel motivierte) Überlegungen, einen Teil der noch ca. 65000 in Berlin lebenden Juden in die Deportation der Wiener Juden ins Generalgouvernement[82] einzubeziehen, wurden nicht verwirklicht.[83] Eine der Stettiner vergleichbare Aktion, die 1940 die Juden in Oldenburg betroffen hätte, konnte durch die Intervention des Leiters der Bezirksstelle Nordwestdeutschland der Reichsvereinigung in der Weise verhindert werden, daß diese Juden im Lauf von drei Wochen innerhalb des Reichsgebiets „umgesiedelt" wurden: die ca. 1000 Betroffenen kamen nach Berlin, Hamburg, Bremen oder Hannover, meist in „Altersheime" genannte Massenquartiere.[84] Eine Wiederholung der „Bürckel-Aktion", die allem Anschein nach für Hessen geplant gewesen war, wurde (wohl wegen des zu erwartenden massiven Protestes der Vichy-Regierung) unterlassen.[85]

---

[79] Diese Zahl nannte Heydrich am 29.10.1940 dem Auswärtigen Amt (Nbg. Dok. NG-4933, ebenso Bericht Korherrs an Himmler PS-5194), zur diplomatischen Behandlung der Aktion auch Sauer, Dokumente, S. 243 ff.

[80] Vgl. Gedenkbuch, S. 1764-1767, über Gurs und andere Lager in Südfrankreich, in die ein Teil der Deportierten verlegt wurde, ferner Maria Krehbiel-Darmstädter, Briefe aus Gurs und Limonest 1940-1943, hrsg. von Walter Schmitthenner, Heidelberg 1970, und Bericht über die letzten Ruhestätten der am 22. Oktober 1940 nach Südfrankreich deportierten badischen Juden, hrsg. vom Oberrat der Israeliten Badens, Karlsruhe 1958.

[81] Sauer, Schicksale, S. 281 f.

[82] Zu der von Gauleiter und Reichsstatthalter Baldur von Schirach betriebenen Deportation von rd. 5000 der 50 000 Wiener Juden in das Generalgouvernement im Februar/März 1941 vgl. Jonny Moser in diesem Band, und Herbert Rosenkranz, Verfolgung und Selbstbehauptung. Die Juden in Österreich 1938-1945, Wien 1978, S. 255-261.

[83] Besprechung im Reichsministerium für Volksaufklärung und Propaganda bei Staatssekretär Gutterer am 21.3.1941 (IfZ, MA 423, Bl. 485604 f.).

[84] Aufzeichnung von Dr. Max Plaut (Eichmannprozeß, Dok. 1). Zu den betroffenen 96 Juden aus der Stadt Oldenburg vgl. Enno Meyer, Die im Jahre 1933 in der Stadt Oldenburg i.O. ansässigen jüdischen Familien. Herkunft, berufliche Gliederung, späteres Schicksal, in: Oldenburger Jahrbuch 70 (1971), S. 31-78.

[85] Ein aus Karlsruhe vom 30. Oktober 1940 datierter anonymer „Bericht über die Verschickung der Juden deutscher Staatsangehörigkeit nach Südfrankreich" (Nbg. Dok. NG-4933), von dem zwei an den Leiter der

Als im März 1941 die Deportierung eines Teils der Berliner Juden erörtert wurde, hatte Eichmann den Heydrich gegebenen „Führer"-Auftrag der „endgültigen Juden-evakuierung" erwähnt[86], eine Formulierung, die das Schreiben Görings an Heydrich vom Januar 1939 noch nicht enthalten hatte, da damals die mehr oder weniger er-zwungene Auswanderung das probate, aber einzige Mittel zur Verwirklichung der im-mer wieder erklärten Absicht war, die „Judenfrage zu lösen", Deutschland „judenfrei" zu machen. Mit dem von ihr angezettelten Krieg hatte sich die nationalsozialistische Führung diesen Weg zwar – weitgehend – verbaut. Nach Beendigung des Krieges ge-gen Polen aber ergaben sich nun andere Möglichkeiten, um – wie Hitler plante – auch das „alte Reichsgebiet von Juden, Polacken und Gesindel zu säubern"[87]. Daß und warum diese „Säuberung" Deutschlands in den Grenzen von 1937 – abgesehen von der Stettiner Maßnahme und der „Bürckel-Aktion" – erst im Oktober 1941 einsetzte, ist nicht Gegenstand dieser Darstellung.[88] Wichtig aber ist eine Reihe von Daten bzw. Ereignissen aus dem Jahre 1941: z.B. der vom März datierende und seit 22. Juni wirk-same Liquidierungsbefehl an die Einsatzgruppen der Sicherheitspolizei und des SD zur „Tötung aller rassisch und politisch unerwünschten Elemente, die als die Sicher-heit gefährdend" betrachtet wurden[89]; der von Göring am 31. Juli 1941 an Heydrich gegebene ergänzende Befehl, „in Bälde einen Gesamtentwurf über die organisatori-schen, sachlichen und materiellen Voraussetzungen zur Durchführung der angestreb-ten Endlösung der Judenfrage vorzulegen"[90], ferner Hitlers (spätestens Mitte Septem-ber 1941) geäußerter Wunsch, „möglichst bald das Altreich und das Protektorat von Westen nach Osten von Juden geleert und befreit zu sehen"[91] und schließlich die im Spätherbst begonnene Planung des ersten Vernichtungslagers im Warthegau in Chelmno (deutsch: Kulmhof).[92]

Die Initiative zu diesen Deportationen – und wohl auch der Vorschlag der Ziele – ging allem Anschein nach vom Reichsminister für die besetzten Ostgebiete aus: als

Rechtsabteilung im Auswärtigen Amt, Dr. Friedrich Gaus, und an den Gesandten Paul Schmidt gerichtete Durchschriften über die Abteilung D III an die Gestapo weitergeleitet wurden, enthielt einen Abschnitt über die Absicht, „auch die übrigen Juden aus dem Altreich, der Ostmark und dem Protektorat Böhmen und Mähren – insgesamt etwa 270 000 Personen zumeist vorgerückten Alters – nach Frankreich" abzu-schieben. Die Vichy-Regierung habe „gegen diese Maßnahme ihre Bedenken zum Ausdruck gebracht", und infolgedessen sei die in „Aussicht genommene Verschickung der Juden aus Hessen zunächst aufgeschoben worden". Der Verfasser des Berichts, der übrigens für Baden die Zahl von ca. 6300 und für Saarpfalz von 1150 Deportierten angibt, also insgesamt 7450, ist nicht zu ermitteln, er hatte aber mit Sicherheit Kennt-nisse von internen Vorgängen in einer höheren Reichs- oder Parteidienststelle. Der von ihm erwähnte Plan zur Abschiebung von 270 000 Juden könnte somit als Vorstufe zu einer „endgültigen" – im Sinne von glo-balen, nicht nur mehr regionalen, aber auch noch nicht im Sinn der späteren „Endlösung" – Lösung (vor-erst noch in Ost-West-Richtung) interpretiert werden.
86 Vgl. Anm 83.
87 Nbg. Dok. PS-864.
88 Vgl. dazu Martin Broszat, Hitler und die „Genesis der Endlösung", aus Anlaß der Thesen von David Irving, in: Vierteljahrshefte für Zeitgeschichte 25 (1977), S. 739-775, und Christopher Browning, Zur Genesis der „Endlösung". Eine Antwort an Martin Broszat, ebenda, 29 (1981), S. 97-109; Eberhard Jäckel, Die Ent-schlußbildung als historisches Problem, in: Der Mord an den Juden im Zweiten Weltkrieg, S. 9-17.
89 Helmut Krausnick, Hitler und die Befehle an die Einsatzgruppen im Sommer 1941, ebenda, S. 88-106.
90 Nbg. Dok. PS-710, ferner NG-2586 (vgl. Anm. 119).
91 Himmler an den Reichsstatthalter im Warthegau Arthur Greiser am 18.9.1941 (IfZ, MA-3/94), ferner Eich-mannprozeß, Dok. 1193.
92 Vgl. Adalbert Rückerl (Hrsg.), NS-Vernichtungslager im Spiegel deutscher Strafprozesse. Belzec, Sobibor, Treblinka, Chelmno, München 1977, S. 262; Ino Arndt/Wolfgang Scheffler, Organisierter Massenmord an Juden in nationalsozialistischen Vernichtungslagern, in: Vierteljahrshefte für Zeitgeschichte 24 (1976), S. 112-135.

Anfang September 1941 die von Stalin angeordnete Verschleppung der ca. 400 000 Wolgadeutschen nach Sibirien bekannt geworden war, plante Reichsminister Rosenberg „als Gegenmaßnahme" – wie Otto Bräutigam, einer seiner engeren Mitarbeiter, am 14. September 1941 in sein Tagebuch eintrug – „die Verschickung aller Juden Zentraleuropas in die östlichen, unter unserer Verwaltung stehenden Gebiete" und beauftragte Bräutigam, „die Zustimmung des Führers zu diesem Projekt herbeizuführen".[93] Hitler hat, sofern die Datumsangabe in Bräutigams Tagebuch und die ihm von Keitel gegebene Auskunft zutreffend sind, am 14., spätestens am 15. September Kenntnis von diesem Plan gehabt. Daher scheint die Annahme begründet, daß zwischen Rosenbergs Idee und Hitlers Wunsch (wie ihn Himmler am 18. September Greiser übermittelte) zeitlich und sachlich ein Zusammenhang besteht.[94]

Am 18. September informierte Himmler den Reichsstatthalter im Warthegau, Arthur Greiser, von diesem Wunsch Hitlers, dem zu entsprechen er, Himmler, „möglichst noch in diesem Jahr" rund 60 000 Juden in das in Litzmannstadt (Lodz) bestehende, schon seit Ende April 1940 geschlossene Ghetto bringen wolle, da es „an Raum aufnahmefähig" sei. Himmler erbat nicht nur Greisers Verständnis für diese Maßnahme, sondern „im Interesse des Gesamtreiches auch tatkräftige Unterstützung" – eine pure Floskel und, angesichts der realen Gegebenheiten im Ghetto (mit einer Bevölkerungsdichte von ca. 60 000 Personen pro Quadratkilometer), ein zynisches Ansinnen, gegen das sich die dortigen deutschen Stellen heftig, aber kaum erfolgreich zur Wehr setzten.[95] So begannen ab 15. Oktober 1941 die systematischen Deportationen der Juden aus Deutschland nach Osten. Es handelte sich, wie aus vielen Deportationslisten hervorgeht, nicht nur, wenn auch überwiegend, um Juden deutscher Staatsangehörigkeit. Diese Deportationen seit Herbst 1941 verliefen in mehreren Phasen und dauerten bis zum April 1945. Ziele waren der „Osten" (seit Oktober 1941) und das Ghetto Theresienstadt (seit Anfang Juni 1942). „Osten" bedeutete nicht nur das Gebiet östlich der Reichsgrenzen, sondern diente zur Umschreibung von Stationen auf dem Wege zu den Vernichtungslagern bzw. der Vernichtung selbst.

Die erste systematische Deportation aus dem Reichsgebiet Mitte Oktober 1941 ging in das Ghetto Lodz (Litzmannstadt)[96]: von den 20 Transporten, mit denen 19 837 (nicht, wie Himmler vorgesehen hatte, 60 000) Juden zwischen dem 16. Oktober und dem 5. November in Lodz eintrafen, kamen vier aus Berlin mit insgesamt 4187, zwei

---

[93] IfZ, MA-257, Bl. 318-321. Bei einer telefonischen Rückfrage im Führerhauptquartier erfuhr Bräutigam von Keitel, Hitler habe die Einholung einer Stellungnahme des Auswärtigen Amtes angeordnet. Dort wurde Bräutigam mitgeteilt, Ribbentrop habe sich noch nicht geäußert, wolle aber die Angelegenheit persönlich mit Hitler besprechen. Ob und gegebenenfalls wann das geschehen ist, läßt sich (vorerst) nicht feststellen. Bekannt ist, daß Himmler am 16. September mit Bormann telefoniert hat (IfZ, F-37/2) und daß Ribbentrop (mit Raeder, Keitel, Dönitz und Jodl) am 17.9.1941 bei Hitler gewesen ist (vgl. Andreas Hillgruber, Hitlers Strategie, Frankfurt a.M. 1965, S. 694).

[94] Vgl. Anm. 91.

[95] Eichmannprozeß, Dok. 1247, 1248, 1544; vgl. auch Dokumenty y Materialy, Bd. III , S. 198. Der häufig erwähnte und unzutreffend als „erster Deportationsbefehl Daluegos" bezeichnete Erlaß vom 14.10.1941 ist nicht ausreichend belegt. Gerald Reitlinger, Die Endlösung, Berlin 1956, S. 97, Anm. 56, der ihn wohl erstmals so genannt hat, gibt als Quelle das Nbg. Dok. PS-3914 an, das den Erlaß jedoch nicht enthält. Die Bezeichnung ist insofern unzutreffend, als Daluege die Deportation weder angeordnet hat, noch anordnen konnte, sondern als Chef der Ordnungspolizei für die Gestellung der Begleit- und Wachmannschaften der Deportationszüge zu sorgen hatte. Auf diese Fehlinterpretation hat Adler, Der verwaltete Mensch, S. 451, zuerst hingewiesen. Analoges gilt für den sog. zweiten Deportationsbefehl vom 24.10.1941, der quellenmäßig durch das Nbg. Dok. PS-3921 belegt ist.

[96] Vgl. auch Gedenkbuch, S. 1767, und die dort genannten Veröffentlichungen.

aus Köln mit zusammen 2007, je einer aus Frankfurt/Main mit 1113, aus Hamburg mit 1034 und aus Düsseldorf mit 984 Juden. Von dem am 18. Oktober aus Luxemburg angekommenen Transport mit 512 Personen stammten 178 aus Deutschland. Die Gesamtzahl der im Oktober/November 1941 nach Lodz deportierten Juden aus Deutschland betrug also ca. 9500.[97] Über ihr weiteres Schicksal ist Genaues nicht zu sagen; mit an Sicherheit grenzender Wahrscheinlichkeit jedoch kann angenommen werden, daß der größere (wenn nicht größte) Teil von ihnen – „in der Mehrzahl ältere Frauen und Männer"[98] – in das Anfang Dezember 1941 in Betrieb genommene, ca. 55 km nordwestlich von Lodz gelegene Vernichtungslager Chelmno gekommen ist. In zeitgenössischen Dokumenten wurde dieser Tatbestand mit „evakuiert", „ausgesiedelt" oder „dem Sonderkommando (Bothmann) überstellt" umschrieben.[99] Von den knapp 20 000 nach Lodz deportierten Juden wurden fast 11 000 bis Ende Mai (vermutlich vom 4. bis 15. Mai) 1942 nach Chelmno gebracht, mehr als 6000 sind im Ghetto umgekommen.[100] Der Anteil der aus Deutschland stammenden Juden ist nicht zu ermitteln. Während des Schwurgerichtsverfahrens gegen ehemalige Angehörige der Gestapoleitstelle Berlin wurde lediglich bekannt, daß insgesamt 20 Juden aus den vier Berliner Transporten diese Deportation überlebt haben.[101]

---

[97] Vgl. dazu den „Erfahrungsbericht betr. Einweisung von 20 000 Juden und 5000 Zigeunern in das Getto Litzmannstadt" des Hauptmanns der Schutzpolizei Künzel vom 13.11.1941 aus Lodz (auszugsweise abgedruckt in: Faschismus – Getto – Massenmord. Dokumentation über Ausrottung und Widerstand der Juden in Polen während des Zweiten Weltkriegs, hrsg. vom Jüdischen Historischen Institut Warschau, Berlin 1961², S. 253 f. sowie in Dokumenty i Materialy, Bd. III, S. 203-216, ferner: Schreiben Rumkowski („Judenältester Litzmannstadt") an Israelitische Kultusgemeinde Luxemburg vom 13.11.1941 (Faksimile bei Paul Cerf, Longtemps j'aurai mémoire, Luxembourg 1974, S. 101 und S. 198-204). Das Urteil im Strafverfahren gegen zwei ehemalige Angehörige der Gestapoleitstelle Berlin vom April 1971 geht von je ca. 1000 Deportierten für die vier Berliner Transporte nach Lodz aus (IfZ, Gb 06.112). Robert M. W. Kempner in seiner Schilderung dieses Prozesses in: Herbert A. Strauss/Kurt R. Grossmann (Hrsg.), Gegenwart im Rückblick. Festgabe für die Jüdische Gemeinde zu Berlin, 25 Jahre nach dem Neubeginn, Heidelberg 1970, S. 185, nimmt aufgrund nach dem Krieg aufgefundener Originalakten für die ersten drei Transporte mindestens je 500, für den vierten Transport 1038 Deportierte an. Die Zahl 1002 für den zweiten Berliner Transport ist durch ein Fernschreiben der Gestapo Litzmannstadt an den Inspekteur der Sicherheitspolizei in Posen belegt (vgl. Faschismus-Getto-Massenmord, S. 257). Diesem zweiten Transport waren auch 46 Juden aus Emden angeschlossen; möglicherweise gehörten sie zu denen, die im Zuge der Evakuierung der oldenburgischen Gemeinden schon im Frühjahr 1940 nach Berlin oder in andere Orte gebracht worden waren. In den übrigen zehn Transporten waren je 5000 Juden aus Österreich und der Tschechoslowakei nach Lodz deportiert worden (Faschismus-Getto-Massenmord, S. 253), außerdem wurden während dieser Zeit noch 5000 burgenländische Zigeuner nach Lodz deportiert (vgl. dazu Dokumenty i Materialy, Bd. III, S. 203; Rosenkranz, Juden in Österreich, S. 282). Die für Hamburg bzw. Köln im „Erfahrungsbericht" genannten Zahlen sind um 13 höher bzw. niedriger als jene, die die dortigen Gemeinden nach dem Krieg bekanntgaben (vgl. dazu Oskar Wolfsberg-Aviad u.a., Die Drei-Gemeinde. Aus der Geschichte der jüdischen Gemeinden Altona – Hamburg – Wandsbeck, München 1960, bzw.: Zvi Asaria (Hrsg.), Die Juden in Köln. Von den ältesten Zeiten bis zur Gegenwart, Köln 1959).

[98] Vgl. den „Erfahrungsbericht" (Dokumenty i Materialy, S. 203).

[99] Faschismus-Getto-Massenmord, S. 285 f.

[100] Hierzu liegen verschiedene Angaben vor: Lt. Lagebericht der Gestapo Litzmannstadt vom 9.6.1942 (ebenda) wurden 10 993 nichtpolnische Juden „evakuiert"; die dort genannte Zahl von 19 848 ins Ghetto Eingewiesenen gegenüber 19 837 im „Erfahrungsbericht" vom 13.11.1941 erklärt Adler, Der verwaltete Mensch, S. 174, mit möglicherweise inzwischen eingetretenen Geburten. Nach Akten der „Evidenz-Abteilung" des Judenrats Lodz betrug die Zahl der „nach Kulmhof ausgesiedelten Juden" 10 941 (Faschismus-Getto-Massenmord, S. 285), nach einer Rechnung der Reichsbahn (ebenda, S. 280) von 32 429 RM für die zu je 2,95 RM „beförderten Juden" waren es 10 293, und nach einer nicht näher bezeichneten Statistik des Lodzer Judenrats bei Reitlinger, Endlösung, S. 10, wurden 10 527 nichtpolnische Juden „umgesiedelt", und 6247 starben im Ghetto.

[101] IfZ, Gb 06.112.

Die zweite Phase der systematischen Deportationen wurde im Spätherbst 1941 in Gang gesetzt. Einzelheiten über Abgangs- bzw. Zielorte sowie die Zahl der zu Deportierenden ergeben sich aus dem vom 24. Oktober 1941 datierten geheimen Schnellbrief des Chefs der Ordnungspolizei, Daluege, in dem Fragen der Transportbegleitung geregelt wurden: 50 000 Juden aus „dem Altreich, der Ostmark und dem Protektorat" sollten vom 1. November bis zum 4. Dezember 1941 in Transportzügen der Reichsbahn zu je 1000 Personen „in die Gegend von Riga und Minsk" abgeschoben werden und zwar aus Berlin, Hamburg, Hannover, Dortmund, Münster, Düsseldorf, Köln, Frankfurt/Main, Kassel, Stuttgart, Nürnberg, München und Breslau.[102]

Trotz erheblicher Einwände des Oberbefehlshabers der Heeresgruppe Mitte (Feldmarschall v. Bock) und des Wehrmachtbefehlshabers in Riga (General Braemer), die wegen der durch Wetterumschlag entstandenen Versorgungskrise und der Vorbereitungen des Angriffs auf Moskau nicht auf wertvolle Transportkapazitäten verzichten wollten, wurden die Deportationen aus Deutschland Anfang November 1941 in Gang gesetzt.[103] Fünf Transporte gingen nach Minsk und zwar aus

Hamburg	am 8.11.41	mit rd.	990	Personen[104]
Düsseldorf	am 10.11.41	"	993	" [105]
Frankfurt/M.	am 11.11.41	"	1042	" [106]
Berlin	am 14.11.41	"	1030	" [107]
Hamburg (408) u. Bremen (rd. 500)	am 18./19.11.41 zus. "		908	" [108]
	d.h. insgesamt ca.		4960	Personen.

Mindestens 18 Transporte aus dem Gebiet des Altreichs waren – ab Mitte November 1941 – für Riga bestimmt; die ersten vier (aus München, Berlin, Frankfurt am Main und Breslau) wurden jedoch nach Kowno (Kaunas) geleitet. Dort wurden die Insassen dieser Deportationszüge, fast 3940 Juden – und die eines Transportes mit 1000 Wiener Juden – bald bzw. unmittelbar nach Ankunft von Einsatzkommando 3 der Ein-

---

[102] Nbg. Dok. PS-3921; die übrigen drei Abfahrtsorte waren Wien, Prag, Brünn.

[103] Vgl. Helmut Krausnick/Hans-Heinrich Wilhelm, Die Truppe des Weltanschauungskrieges. Die Einsatzgruppen der Sicherheitspolizei und des SD 1938-1942, Stuttgart 1981, S. 585, und Hilberg, Vernichtung, S. 255 ff.

[104] Vgl. Gedenkbuch Hamburg.

[105] Transportliste im Bundesarchiv, ZSg. 138/84.

[106] Ebenda, ZSg. 138/90, vgl. auch Dokumente zur Geschichte der Frankfurter Juden, Frankfurt a.M. 1963, S. 507-517; Klaus Moritz/Ernst Noam, NS-Verbrechen vor Gericht. Dokumente aus hessischen Justizakten, Wiesbaden 1978, S. 240.

[107] Vgl. Karl Loewenstein, Minsk. Im Lager der deutschen Juden, Bonn 1961; danach folgten dem Berliner Transport noch je einer aus Brünn, Wien und Bremen. Zu Berlin außerdem das Urteil gegen den Gestapobeamten Bovensiepen (IfZ, Gb 06.112) und Kempner in: Gegenwart im Rückblick.

[108] Vgl. Regina Bruss, Die Bremer Juden unter dem Nationalsozialismus, Bremen 1983, S. 228-232; 440 Deportierte stammten aus der Stadt selbst, 130 aus dem Regierungsbezirk Stade. Daß mit demselben Transport auch Hamburger Juden nach Minsk kamen (vgl. auch Gedenkbuch Hamburg) wird im Urteil des Landgerichts Koblenz von Mai 1963 gegen den ehemaligen Kommandeur der Sicherheitspolizei und des SD in Minsk Georg Heuser festgestellt (Justiz und NS-Verbrechen. Sammlung deutscher Strafurteile wegen nationalsozialistischer Tötungsverbrechen 1945-1966, Bd. XIX, Amsterdam 1978, S. 159-317).

satzgruppe A am 25. bzw. 29. November 1941 im Fort IX erschossen[109]; Überlebende sind nicht bekannt.

Nach Riga, wo ebenfalls ein Teil der Ankömmlinge sofort ermordet wurde, kamen von Ende November 1941 bis Ende Januar 1942 14 Transporte[110] und zwar aus

Berlin (4 Transporte) vom 27.11.41-25.1.42 mit zusammen rd.

			5000	Personen [111]
Nürnberg	am 29.11.41	mit zus.	820	Personen [112]
Stuttgart	" 1.12.41	"	980	" [113]
Hamburg	" 6.12.41	"	765	"
Köln	" 6.12.41	"	1000	" [114]
Kassel	" 9.12.41	"	991	" [115]
Düsseldorf	" 11.12.41	"	1020	"
Bielefeld				
(Münster)	" 11.12.41	"	1000	" [116]
Hannover	" 15.12.41	"	1000	" [117]
Leipzig	" 21. 1.42	"	1000	"
Dortmund	" 25. 1.42	"	1350	" [118]

Als die letzten dieser Transporte in Gang waren oder vorbereitet wurden, fand am 20. Januar 1942 die Wannsee-Konferenz statt, bei der die obersten Reichsbehörden von Heydrich über die Pläne zur „Endlösung" der Judenfrage in Europa unterrichtet wurden und ihre Durchführung vereinbarten.[119] Dort wurde auch festgelegt, daß Juden

[109] Vgl. „Gesamtaufstellung der im Bereich des EK 3 bis zum 1.12.1941 durchgeführten Exekutionen", den sogenannten Jäger-Bericht (Abdruck bei Adalbert Rückerl (Hrsg.), NS-Prozesse. Nach 25 Jahren Strafverfolgung: Möglichkeiten – Grenzen – Ergebnisse, Karlsruhe 1972, Anhang). Darin meldete der Führer des Einsatzkommandos 3 der Einsatzgruppe A, SS-Standartenführer Karl Jäger, 133 346 von seinem Kommando seit dem 4.7.1941 in Litauen Erschossene, davon 2055 Nichtjuden. Zu Kowno (Kauen) vgl. auch Gedenkbuch, S. 1766.

[110] Vgl. Gertrude Schneider, Journey into Terror. Story of the Riga Ghetto, New York 1979 (die dort S. 155 angegebenen Abfahrtsdaten und Transportstärken weichen z.T. von den hier benutzten Unterlagen ab), ferner Gedenkbuch, S. 1771; zu den Transporten aus Berlin, Hamburg, Düsseldorf und Frankfurt auch die in Anm. 103-108 genannten Belege.

[111] Transportlisten vom 13., 19. und 25.1. mit 3094 Namen im Bundesarchiv, ZSg. 138/59.

[112] Vgl. Ophir/Wiesemann, Jüdische Gemeinden, S. 28; zum Transport gehörten auch 202 Juden aus Würzburg (Liste Bundesarchiv, ZSg. 138/94).

[113] Vgl. Sauer, Schicksale, S. 765.

[114] Liste Bundesarchiv ZSg. 138/86; vgl. auch Leo Haupts, Zum Schicksal der Kölner Juden im Dritten Reich, in: Köln und das rheinische Judentum, Köln 1984, S. 399-414; Hans-Dieter Arntz, Religiöses Leben eines Euskirchener Juden im Ghetto von Riga, in: Jahrbuch Kreis Euskirchen 1983, S. 68-86.

[115] Transportliste Bundesarchiv, ZSg. 138/89.

[116] Dem Transport aus Münster gehörten auch Juden aus den Gestapobereichen Bielefeld und Osnabrück an, vgl. IfZ, Fb 101/17; ferner Hermann Hermes, Deportationsziel Riga. Schicksale Warburger Juden, Warburg 1982.

[117] Transportliste Bundesarchiv, ZSg. 138/79.

[118] Vgl. den vertraulichen „Bericht über die Evakuierung der Juden nach Riga", in dem der Transportleiter, Hauptmann der Schutzpolizei Salitter, die Deportation von 1007 Juden aus dem rheinisch-westfälischen Industriegebiet im Dezember 1941 schildert (Eichmannprozeß, Dok. 138), auszugsweise bei Krausnick/Wilhelm, Einsatzgruppen, S. 591-595), speziell für Dortmund Jeanette Wolff, Sadismus oder Wahnsinn. Erlebnisse in den deutschen KZ im Osten, Greiz 1947, zitiert bei Reitlinger, Endlösung, S. 103, und Ulrich Knipping, Die Geschichte der Juden in Dortmund während der Zeit des Dritten Reiches, Dortmund 1977.

[119] Nbg. Dok. NG-2686 bei Léon Poliakov/Joseph Wulf, Das Dritte Reich und die Juden, Berlin 1956², S. 119 ff..

über 65, Ehepartner von Nichtjuden, vor allem, wenn aus der Ehe Kinder hervorge-
gangen waren, und diese Kinder (Halbjuden) selbst wenigstens zunächst von der Deportation ausgenommen werden sollten. So wurde bereits bei dem Transport aus
Dortmund nach Riga verfahren.[120]

Heydrich gab auf der Wannsee-Konferenz an, daß aus dem „Altreich 131 800 Juden" für die „Endlösung" in Betracht kämen. Die Differenz zwischen dieser Zahl und
den von der Reichsvertretung am 1. Oktober 1941 dem Reichssicherheitshauptamt
gemeldeten 163 696 Juden[121] stellt demnach eine erste ungefähre Zwischenbilanz der
Mitte Oktober angelaufenen Deportationen dar: eine Verminderung der jüdischen Bevölkerung innerhalb der Grenzen von 1937 um ca. 32 200.[122] Eichmann erklärte Ende
Januar 1942, daß die bisher „abgewickelten Teilaktionen" den „Beginn der Endlösung" darstellten und daß angesichts der „beschränkten Aufnahmemöglichkeiten im
Osten und der Transportschwierigkeiten" nur ein Teil der Staatspolizei(leit)stellen
hätte berücksichtigt und „besonders dringliche Vorhaben" realisiert werden könnten.[123]

Die dritte Deportationswelle setzte im Frühjahr 1942 ein. Die Einzelheiten dieser
„weiteren Evakuierung von 55 000 Juden aus dem Altreich, der Ostmark und dem
Protektorat" wurden zwischen Eichmann und Vertretern der Gestapostellen am 6.
März 1942 im Reichssicherheitshauptamt besprochen.[124] Aus Deutschland waren
17 000 Juden zur Deportation vorgesehen, die Stärke der Transporte sollte sich „an-
teilmäßig je nach der Höhe der in jedem Stapo(leit)stellenbezirk noch vorhandenen
Juden" richten. Ein geheimer Runderlaß Eichmanns vom 31. Januar 1942 hatte den
zu deportierenden Personenkreis definiert und außer den bereits erwähnten Misch-
ehepartnern und Alten auch Juden ausländischer Staatsangehörigkeit mit Ausnahme
der Staatenlosen, Polen und Luxemburger sowie „vorläufig" die in kriegswichtigen Betrieben arbeitenden Juden ausgenommen.[125]

Ein Teil der im März 1942 beginnenden Transporte aus dem Reichsgebiet, als deren Ziel vielfach nur „Osten" oder „Polen" angegeben wurde, ging in die Vernichtungslager, die im Laufe des Jahres im Generalgouvernement errichtet wurden.[126]
Viele Deportierte verbrachten zunächst noch kurze Zeit in einem Durchgangslager,
vor allem in Izbica und Piaski[127], wo einige zur Arbeit in einem Zwangsarbeitslager
ausgesucht wurden, um dadurch vorerst dem Tod zu entgehen; derartige Lager bestanden in Schlesien u.a. in Cosel und in Belzyce, Bochnia, Cholm und vielen anderen

---

[120] Vgl. Widerstand und Verfolgung in Dortmund, Dortmund 1981, S. 292.
[121] Vgl. Anm. 39.
[122] Die noch verbleibende Differenz zu der Zahl von 131 823, die die Reichsvereinigung zum 1. Januar gemeldet hatte, ist möglicherweise durch inzwischen eingetretene natürliche Todesfälle und Selbstmorde zu
erklären. Bei der Addition der Zahlen in den oben genannten Transportlisten ist zu berücksichtigen, daß
die beiden letzten Transporte erst nach der Konferenz abgingen.
[123] Vgl. Eichmannprozeß, Dok. 1278. Am 26. Januar 1942 teilte der Generalbauinspektor für die Reichshauptstadt Albert Speer dem Reichsminister für die besetzten Ostgebiete Alfred Rosenberg auf dessen
Bitte um Zuweisung von Wohnungen für in das Ministerium versetzte Beamte mit, daß dies auf „erhebliche Schwierigkeiten" stoßen würde, da „die Evakuierung von Juden aus eisenbahntechnischen Gründen
bis etwa April abgestoppt ist" (Nbg. Dok. PS-1738).
[124] Eichmannprozeß, Dok. 119.
[125] Eichmannprozeß, Dok. 1278, Abdruck bei Adler, Der verwaltete Mensch, S. 188 f., 191 f.
[126] Vgl. Rückerl, Vernichtungslager.
[127] Vgl. Gedenkbuch, S. 1766, 1770.

Orten im Generalgouvernement.[128] Am 24. März wurden 650 fränkische Juden (aus Würzburg, Kissingen, Fürth) und 42 aus Jülich über Izbica und Piaski in das Vernichtungslager Belzec (Distrikt Lublin) gebracht, im April folgten ihnen 650 aus Nürnberg, 105 aus Bamberg, 129 aus Augsburg und aus anderen fränkischen und schwäbischen Orten, am 26. April 286 aus Württemberg und Baden.[129] Wie in Belzec wurden auch in Sobibór Juden aus dem Reichsgebiet durch Giftgas ermordet.[130]

Die beiden anderen Vernichtungslager im Generalgouvernement, Treblinka und Majdanek, scheinen nicht das Ziel von Transporten aus dem Reichsgebiet gewesen zu sein, wurden aber wahrscheinlich zum Todesort für einen Teil der Ausgewiesenen von 1938. Unbekannt bleibt, wo die meisten der 1693 Personen umgekommen sind, die mit drei Sonderzügen im März und April aus Berlin nach Trawniki (Distrikt Lublin) deportiert wurden.[131] Dasselbe gilt für 2100 westfälische Juden, die am 27. April von Dortmund (darunter 1000 aus der Stadt, 221 aus dem Siegerland) nach Zamosc bei Lublin deportiert wurden.[132]

Zur gleichen Zeit gingen die Transporte aus dem Reichsgebiet in die besetzten Ostgebiete weiter. Nach den Unterlagen der Staatspolizeileitstelle Berlin wurden 1942 nach Riga, wohin schon im Januar nochmals über 3000 Personen gekommen waren, im August, September und Oktober weitere 2757 Personen deportiert.[133] Wer die regelmäßigen Aussonderungen im Ghetto überlebte, kam 1943 in das neu errichtete Konzentrationslager Riga(-Kaiserwald). Minsk war 1942 kein direktes Deportationsziel, aber die meisten der im Vorjahr dorthin deportierten deutschen Juden wurden, nachdem sich der Reichskommissar für Weißruthenien, Gauleiter Erich Kube, zunächst bemüht hatte, sie zu verschonen[134], zwischen dem 28. und 30. Juli 1942 umgebracht.[135] Nach Reval wurden 811 Berliner Juden am 3. Oktober 1942 deportiert[136]; unbekannt ist, ob sie dort gleich ermordet wurden oder erst für ein Kommando des KL Vaivara arbeiten mußten und zu den rund 2000 Häftlingen gehörten, die im September 1944 von SS in Reval erschossen wurden.[137]

Im Jahr 1942 begannen auch die Morde in Auschwitz.[138] Die ersten deutschen Opfer gehörten vermutlich zu einer Anzahl von Emigranten aus der Umgebung von Paris, die am 27. März in einem Transport mit 1112 Personen, der wie die meisten fol-

---

[128] Vgl. ebenda S. 1763, 1775.

[129] Aufstellungen in den Karten 107, 110, 116 bei Martin Gilbert, Endlösung. Die Vertreibung und Vernichtung der Juden. Ein Atlas, Reinbek 1982, S. 91f., 96; Sauer, Schicksale, S. 290ff.

[130] Gedenkbuch, S. 1772.

[131] Transportlisten im Bundesarchiv, ZSg. 138/59, zum Zielort Gedenkbuch, S. 1773. Ein Berliner Transport mit 1025 Deportierten traf am 5. April im Warschauer Ghetto ein, das schon am 31. März etwa 1000 Juden aus Hannover und Gelsenkirchen aufgenommen hatte (Im Warschauer Getto; das Tagebuch des Adam Czerniakow 1939-1942, München 1986, S. 240); bereits am 9. April wurden 160 junge Berliner nach Treblinka abtransportiert, wo später auch die übrigen ermordet wurden.

[132] Vgl. Widerstand und Verfolgung in Dortmund; Gilbert, Atlas, S. 101, zum Deportationsziel Zamosc Gedenkbuch, S. 1775.

[133] Transportlisten Bundesarchiv, ZSg. 138/59, 62; vgl. auch Kempner, in: Gegenwart im Rückblick.

[134] Vgl. Helmut Heiber, Aus den Akten des Gauleiters Kube, in: Vierteljahrshefte für Zeitgeschichte 4 (1956), S. 67-92.

[135] Urteil des Landgerichts Koblenz (vgl. Anm. 108), S. 214.

[136] Liste im Bundesarchiv, ZSg. 138/63.

[137] Gedenkbuch, S. 1770, nach Unterlagen des ITS Arolsen.

[138] Vgl. ebenda, S. 1760, mit Auswahl aus der Literatur.

genden in Drancy zusammengestellt wurde, nach Auschwitz geschickt wurde.[139] Weitere Deportationen aus Frankreich von Juni bis September hatten dasselbe Ziel. Wie die deutschen Juden, die sich nach Frankreich geflüchtet hatten, wurden ab 15. Juli auch Emigranten in den Niederlanden (über das Lager Westerbork) Opfer von Deportationen nach Auschwitz[140], und am 4. August gingen die ersten Transporte aus Belgien (über das Lager Mechelen) und Luxemburg dorthin.[141] Die ersten, die unmittelbar aus dem Reichsgebiet nach Auschwitz kamen, wo seit Mai die Arbeitsunfähigen gleich bei der Ankunft zum sofortigen Tod in den Gaskammern „selektiert" wurden, scheinen 39 Personen gewesen zu sein, die am 13. Juli aus Stuttgart abfuhren.[142]

Größere Überlebenschancen sollten die deutschen Juden haben, die ab Juni 1942 für das Ghetto Theresienstadt in Nordböhmen bestimmt waren.[143] Ein Erlaß vom 3. Juli 1942 sah vor, daß außer den tschechischen und bestimmten Gruppen dänischer und niederländischer Juden aus dem Reichsgebiet dorthin deportiert werden sollten:
– über 65 Jahre alte bzw. über 55 Jahre alte gebrechliche Juden mit Ehegatten und Kindern unter 14 Jahren,
– Inhaber des Verwundetenabzeichens und hoher Kriegsauszeichnungen (EK I, goldene Tapferkeitsmedaille u.ä.) mit Ehegatten und Kindern unter 14 Jahren,
– jüdische Ehegatten einer nicht mehr bestehenden deutsch-jüdischen Mischehe, die vom Kennzeichnungszwang befreit waren, soweit sie nicht von der Deportation ausgenommen wurden, weil noch Kinder unter 14 Jahren in ihrem Haushalt lebten,
– alleinstehende Mischlinge, die nach den gesetzlichen Bestimmungen als Juden galten.

1942 wurden aus diesem Personenkreis dort eingeliefert:[144]
– 2000 Personen (mindestens) aus Köln im Mai und Juli
– 146 Personen aus Duisburg im Juni
– 1000 Personen aus Dortmund im Juli
– 260 Personen aus Düsseldorf im Juli
– 200 Personen aus Kempten im Juli
– 1100 Personen aus Stuttgart im August
– 553 Personen aus Nürnberg im September
– 300 Personen aus Bamberg im September.

Rund 11 000 Namen nach Theresienstadt Deportierter verzeichnen allein die Transportlisten der Berliner Gestapo für 1942.[145]

Zu Beginn des Jahres 1943 registrierte die Reichsvereinigung der Juden in Deutschland noch 51 257 Juden, 80 564 weniger als zwölf Monate vorher. Für die meisten sollte der Weg nach Auschwitz führen, wohin schon am 9. Dezember ein Berli-

[139] Vgl. die Listen bei Barbara Vormeier, Die Deportierungen deutscher und österreichischer Juden aus Frankreich, Paris 1980, ferner Gedenkbuch, S. 1763, und Juliane Wetzel in diesem Band, S. 117.
[140] Vgl. Gerhard Hirschfeld, in diesem Band, S. 147 ff.; Gedenkbuch, S. 1774.
[141] Vgl. S. 129; Gedenkbuch, S. 1768.
[142] Sauer, Schicksale, S. 291 f.
[143] Vgl. vor allem Adler, Die verheimlichte Wahrheit. Theresienstädter Dokumente, Tübingen 1960²; ders., Theresienstadt 1941-1945. Das Antlitz einer Zwangsgemeinschaft, Tübingen 1960². Zusammenfassung danach Gedenkbuch, S. 1772 f.
[144] Vgl. Karten Nr. 126, 129, 133, 147 bei Gilbert, Atlas, S. 104, 107, 109, 119, für Dortmund, Stuttgart, Köln die bisher zu diesen Orten genannte Literatur, Transportlisten z.T. im Bundesarchiv, ZSg. 138.
[145] Listen für 79 „Alterstransporte" zwischen dem 6. Juni und 17. Dezember im Bundesarchiv, ZSg. 138/60-64.

ner Transport mit 997 Personen und möglicherweise zwei weitere, nach Riga deklarierte am 29. November und 14. Dezember mit 1911 Personen gegangen waren. Nun wurden auch diejenigen deportiert, die bisher als Zwangsarbeiter in Rüstungsbetrieben verschont worden waren. Folgende Beispiele können angeführt werden:[146]
– 13 934 Personen aus Berlin in 12 Transporten zwischen 12. Januar und 19. April
– 1000 Personen aus Hamburg im Februar
– 1000 Personen aus Köln im Februar
– 1000 Personen aus München im Februar
– 1000 Personen aus Dortmund Ende März
– 143 Personen aus Bamberg, Würzburg, Nürnberg am 17./18. Juni
– 800 Personen aus Berlin in 9 Transporten Juni bis Dezember.
Nach Auschwitz kamen 1943 auch weitere Züge aus Drancy und Westerbork, und der Einmarsch deutscher Truppen in das bisher unbesetzte Frankreich setzte jetzt die 1940 dorthin deportierten südwestdeutschen Juden und die dort lebenden Emigranten, von denen allerdings viele schon vorher von den Vichy-Behörden interniert und ausgeliefert worden waren, dem Zugriff der Gestapo aus. Ab März 1943 gingen die Transporte aus Gurs, Les Milles und anderen Lagern in Südfrankreich ebenfalls nach Auschwitz.[147]
Opfer von Auschwitz wurden 1943 auch Deportierte, die zunächst überlebt hatten. Entgegen den Hoffnungen, die man in ihnen erweckt hatte, wurden Häftlinge des Ghettos Theresienstadt, in das die Deportationen u.a. aus Berlin fortgesetzt wurden, dorthin in den Tod geschickt. Nachdem zuerst tschechische Juden bereits 1942 weitergeschickt worden waren[148], waren 1943 auch Deutsche betroffen, ohne daß sich ihre Zahl angeben läßt. Insgesamt mußten 86 934 Juden aus Theresienstadt von 1942 bis zur Befreiung den Weg in die Vernichtungslager antreten. Bei den 33 913 in dieser Zeit in Theresienstadt verstorbenen Gefangenen ist der Anteil der Deutschen ebenfalls nicht zu berechnen.[149] Nach Auschwitz wurden auch viele Häftlinge der Zwangsarbeitslager in Schlesien und im Generalgouvernement und Überlebende aus dem Ghetto Litzmannstadt überführt, als diese 1943/44 aufgelöst wurden.
Viele, die zunächst am Leben bleiben durften, weil sie als Arbeitssklaven gebraucht wurden, kamen noch ums Leben, als in der letzten Phase des Krieges Auschwitz und andere im Osten gelegene Konzentrationslager bei der Annäherung russischer Truppen geräumt wurden. Auch unter den deutschen Juden forderten die Märsche und Transporte zahllose Tote ehe – z.T. über Stutthof – die Aufnahmelager wie Flossenbürg, Mittelbau, Neuengamme und Theresienstadt erreicht waren.[150] Dort und besonders im überbelegten „Erholungslager" Bergen-Belsen starben weitere an Entkräftung und ohne ausreichende ärztliche Betreuung an Infektionskrankheiten, bevor sie von alliierten Truppen befreit wurden und trotz aller Hilfe auch in den ersten Wochen da-

---

[146] Karten 192, 198, 205 bei Gilbert, Atlas, S. 148, 154, 160, Transportlisten, insbesondere aus Berlin, z.T. im Bundesarchiv, ZSg. 138, vgl. im übrigen zu den anderen Orten die bisher genannten Veröffentlichungen, zu einzelnen Transporten aus Württemberg Sauer, Schicksale, S. 305 f. Eine Zusammenstellung von Transporten auch an andere Ziele bietet Raul Hilberg, Sonderzüge nach Auschwitz, Mainz 1981.
[147] Karte bei Gilbert, Atlas, S. 154, vgl. auch Sauer, Schicksale, S. 278.
[148] Von 1866 Juden, die am 28. Oktober 1942 mit dem ersten Transport aus Theresienstadt eingetroffen waren, waren 1619 sofort ermordet worden (Czech, Kalendarium, S. 328).
[149] Zahlen bei Sauer, Schicksale, S. 304, nach Adler.
[150] Vgl. Gilbert, Atlas, Karten 271-276, 284-295.

nach.[151] Der Anteil der deutschen Juden an diesen letzten Opfern läßt sich nicht ermitteln.

Während im Osten schon Lager geräumt wurden, kam es im Reichsgebiet zu weiteren Deportationen, wenn es auch 1944 nicht mehr viele gab, die hätten deportiert werden können. Nachdem die Reichsvereinigung bereits am 1. April 1943 einen weiteren Rückgang der registrierten Juden um knapp 20 000 auf 31 807 gemeldet hatte, wurden am 1. September 1944 nur noch 14 475 gezählt. Für das ganze Jahr verzeichnen die Listen der Berliner Gestapo noch 406 Personen, die nach Auschwitz, und 589, die nach Theresienstadt kamen.[152] Als sich im Herbst 1944 die Fronten den Reichsgrenzen näherten, hatte das für die bisher noch verschonten wenigen deutschen Juden die Folge, daß die Gestapo nun auch sie zur Deportation bestimmte, wenn die Möglichkeit bestand, sie könnten in einem von feindlichen Truppen bedrohten Gebiet zurückbleiben. So schickte die Kölner Gestapo im September und am 1. Oktober 1944 insgesamt 1100 Männer und 280 Frauen aus Mischehen nach Theresienstadt, andere in ein Lager nach Kassel-Bettenhausen.[153] Noch im Februar 1945 ordneten die Staatspolizei(leit)stellen Stuttgart und Karlsruhe die Deportation jüdischer Mischehenpartner und von Mischlingen („Geltungsjuden") an.[154] Aus Frankfurt, Offenbach, Darmstadt, Wiesbaden, Halle und Leipzig sind insgesamt 616 Deportationsfälle für den 18. Februar 1945 nachzuweisen.[155]

In den letzten Kriegsmonaten, als sich der Zusammenbruch des Regimes abzeichnete, wagten auch immer mehr Juden, sich der Festnahme durch die Flucht zu entziehen. Solche Versuche hatte es auch früher gegeben, aber das Leben in der Illegalität, angewiesen auf nicht immer uneigennützige Helfer, hatte oft bei Fahndungen der Polizei sein Ende gefunden. Zwar sollen allein in Berlin 5000 Juden „untergetaucht" sein, überlebt haben jedoch wahrscheinlich weniger als 2000.[156] Die Zahl der Juden, die bei Kriegsende in Deutschland noch in Freiheit waren, ist schwer zu berechnen. Für Baden und Württemberg wurden 500 ermittelt, die zu dem von der Deportation ausgenommenen Personenkreis gehört hatten, und 37, die sich vor den Verfolgern hatten verbergen können.[157] Für Deutschland in den Grenzen von 1937 wird man vielleicht mit 15 000 Juden rechnen können, die der Deportation offen oder im Untergrund entgangen sind.

Das waren weniger als 10% der bei Beginn der Deportationen vorhandenen jüdischen Bevölkerung, und diese Zahl ist ebenso wie das Ergebnis der Volkszählungen von 1933 und 1939 zu berücksichtigen, wenn man versuchen will, die Gesamtzahl der Opfer der nationalsozialistischen Ausrottungsmaßnahmen unter den deutschen Juden zu ermitteln. Die bisher berechneten Zahlen schwanken zwischen maximal 195 000

[151] Vgl. Gedenkbuch, S. 1762 und die dort angeführte Literatur.
[152] Bundesarchiv, ZSg. 138/68, außerdem einzelne Transporte in die Konzentrationslager Ravensbrück und Sachsenhausen.
[153] Die Juden in Köln. Von den ältesten Zeiten bis zur Gegenwart, Köln 1959, S. 391, vgl. auch den Bericht von Elsbeth von Ameln, Köln – Appellhofplatz, Köln 1985, S. 96 ff. über ihre erfolgreiche Flucht.
[154] Sauer, Schicksale, S. 306 f.
[155] Karte 287 bei Gilbert, Atlas, S. 219.
[156] Konrad Kwiet/Helmut Eschwege, Selbstbehauptung und Widerstand. Deutsche Juden im Kampf um Existenz und Menschenwürde 1933-1945, Hamburg 1984, S. 150 f.; Benz, Juden in Deutschland, S. 660-700.
[157] Sauer, Schicksale, S. 326, 332, dort auch zu den verschiedenen Schätzungen für 1945.

und mindestens 160 000.[158] Die Differenzen können darauf beruhen, daß die aus besetzten Ländern deportierten deutschen Juden den Opfern aus diesen Ländern zugerechnet werden oder nicht und daß diejenigen, die den Freitod einem ungewissen Schicksal vorzogen, nicht zu den Opfern gezählt werden.

Eine zuverlässigere Zahl läßt sich dadurch gewinnen, daß möglichst viele Einzelschicksale aus einem Gebiet, für das Zahlen über den jüdischen Anteil an der Gesamtbevölkerung vorliegen, ermittelt und ausgewertet werden. Das ist erstmals im größeren Rahmen 1969 für Baden und Württemberg geschehen.[159] Eine äußerst günstige Quellenlage machte es möglich, daß von den 1933 in Baden, Württemberg und dem preußischen Regierungsbezirk Hohenzollern gezählten 30 941 Juden und denjenigen, die später bis zum Beginn der Deportationen dort zugezogen oder geboren sind, 35 613 namentlich bekannt waren und ihr Schicksal aufgeklärt werden konnte. Von ihnen konnten
- 60,03% in der Emigration (einschließlich 1938 nach Polen Ausgewiesener) überleben,
- 23,95% wurden Opfer von Verfolgungsmaßnahmen,
- 8,59% starben vor Kriegsende im Inland ohne Gewaltanwendung,
- 5,68% wurden aus Deportationslagern befreit,
- 1,73% waren bei Kriegsende noch in Freiheit.

Von den 8529 Opfern kamen in der Deportation um
- 94,8% (8087); von ihnen waren 86,31% (6980) aus dem Inland deportiert worden, 10,21% (826) Emigranten, 3,47% (281) Ausgewiesene von 1938.

Von den übrigen Opfern starben
- 2,17% (185) durch Freitod,
- 1,78% (152) durch Gewaltakte, in Gefängnissen und Konzentrationslagern in Deutschland,
- 1,23% (105) wurden bei der „Euthanasie" ermordet.

Quellen- und Methodenprobleme

Als dieses Ergebnis vorgelegt wurde, hatte das Bundesarchiv bereits mit Erhebungen begonnen, um für das ganze Bundesgebiet und Berlin ein Gedenkbuch für die Opfer des Holocaust zu erstellen. Die dabei gewonnenen Erkenntnisse können als Grundlage für die Berechnung der Zahl aller von 1933 bis 1945 umgekommenen deutschen Juden dienen, ihre Quellen und die angewandten Methoden sind daher zunächst darzustellen.

---

[158] Reitlinger, Endlösung, S. 573, wobei die obere Zahl im April 1946 von einem anglo-amerikanischen Komitee geschätzt wurde; nach Reitlinger auch Scheffler, Judenverfolgung, S. 87, während Gilbert, Atlas, Karte 316, S. 244, nur die untere Zahl nennt. Hilberg, Vernichtung, S. 812, kommt für „Reichs- und Protektoratsgebiet", also mit Einschluß von Österreich und der tschechischen Juden, auf 250 000, was bei einer Mindestschätzung der Opfer aus Österreich auf 58 000 und der Zahl von rd. 80 000 Juden in Böhmen und Mähren nach Gestapo-Unterlagen 1940 (Bundesarchiv, R 58/856) zu niedrig erscheint, auch wenn er Emigranten zu den Opfern aus dem Land zählt, aus dem sie deportiert wurden.

[159] Sauer, Schicksale, S. 391 ff. Gleichzeitig erschien: Die Opfer der nationalsozialistischen Judenverfolgung in Baden-Württemberg 1933-1945. Ein Gedenkbuch; darin sind 8529 Einzelschicksale alphabetisch aufgeführt.

Die Initiative ging von Yad Vashem in Jerusalem aus, der 1953 errichteten Gedenkstätte für die Geschichte der Katastrophe und des Widerstands der europäischen Juden, deren Archiv die Aufgabe hat, alles Material über die Juden in Europa aus der
Zeit von 1933 bis 1945 zu erfassen.[160] Bereits 1960 entsprach der Bundesminister des
Innern mit einem Schreiben an die Innenminister und -senatoren der Länder und die
kommunalen Spitzenbehörden einer Bitte von Yad Vashem um Unterstützung dieser
Aufgabe in Deutschland. Die mit Hilfe der Behörden zu ermittelnden Unterlagen
sollten zur „Abfassung eines in schlichter Form gehaltenen Gedenkbuches zur Ver-
ewigung der den Deportationen zum Opfer gefallenen deutschen Juden" verwendet
werden; dieser Plan, der mit dem Zentralrat der Juden in Deutschland abgesprochen
war, wurde 1961 vorgetragen. Das Gedenkbuch sollte nach Gemeinden geordnet sein
und für jedes einzelne Opfer Namen, Vornamen, Geburtsort und -datum, Tag der Deportation und Deportationsziel angeben. Auf Grund der bekannten Statistiken und
Schätzungen wurde mit rund 135 000 Namen für das gesamte Gebiet des Deutschen
Reiches in den Grenzen von 1937 gerechnet. Es wurde angenommen, daß es Yad
Vashem gelingen werde, aus Mittel- und Ostdeutschland die entsprechenden Quellen
ebenfalls zu beschaffen.

Der Bundesminister des Innern beauftragte das Bundesarchiv, die Möglichkeiten
zur Realisierung zu prüfen. Da dort Quellen zur Aufklärung von Einzelschicksalen
kaum vorhanden sind[161], war von vornherein klar, daß dies nur in Zusammenarbeit
mit dem Internationalen Suchdienst des Roten Kreuzes in Arolsen geschehen konnte,
der alle erhalten gebliebenen Unterlagen von Konzentrationslagern und anderen
Haftstätten der SS mit Einschluß von Deportationslisten verwaltet, um daraus Auskünfte in Einzelfällen zu erteilen.[162]

Da es sich rasch als unmöglich erwies, aus den damals 36 Millionen Karteikarten
der Hauptkartei, mit der die Bestände und Anfragen in Arolsen erschlossen sind, die
Namen der umgekommenen deutschen Juden herauszusuchen, konnte es keinen anderen Weg geben, als durch systematische Erhebungen bei Kommunalverwaltungen,
Finanzbehörden, anderen Ämtern und in Archiven möglichst viele Namen jüdischer
Einwohner zu ermitteln und dann zu versuchen, jedes einzelne Schicksal aufzuklären.
In Arolsen selbst enthielten Gestapo-Akten und andere Unterlagen, zu denen ein unmittelbarer Zugriff möglich war, allerdings mit einem unbekannten Anteil an Mehr-
fachnennungen, in etwa 167 000 Fällen Namen des in Betracht kommenden Personenkreises. Die Erhebungen sollten sich nicht auf die Opfer der Deportationen ab
1941 und die Mitglieder der jüdischen Kultusgemeinden beschränken, sondern alle
einbeziehen, die als deutsche Juden von 1933 bis 1945 umgekommen waren. Im Oktober 1961 bat der Bundesminister des Innern die Landesregierungen, alle in Frage
kommenden Stellen zu veranlassen, das vorhandene und für die Erstellung der Listen
wichtige Material an den Internationalen Suchdienst abzugeben oder sich wegen der
Auswertung mit ihm in Verbindung zu setzen.

---

[160] Wolfgang Benz, Quellen zur Zeitgeschichte, in: Deutsche Geschichte seit dem Ersten Weltkrieg, hrsg.
vom Institut für Zeitgeschichte, 3, Stuttgart 1973, S. 60 f.
[161] Zu den Beständen im allgemeinen vgl. Das Bundesarchiv und seine Bestände, 3. Aufl., bearb. von G. Gra-
nier, J. Henke, K. Oldenhage, Boppard 1977; Akten der Gestapo und des SD über die Verfolgung der Juden sind in den Findbüchern zu Beständen des Bundesarchivs, Bd. 22, Bestand R 58, Reichssicherheitshauptamt, bearb. von H. Boberach, Koblenz 1982, S. 106-118, nachgewiesen.
[162] Zu den Beständen vgl. Benz, Quellen, S. 50 f. und die Jahresberichte des Internationalen Suchdienstes.

Ende 1965 ergab eine Zwischenbilanz der beim Internationalen Suchdienst eingegangenen Meldungen, daß rund 63 000 Namen ermittelt worden waren, davon 17 333 von Deportierten. Zusammen mit den schon vorher in Arolsen festgestellten Unterlagen waren das rund 150 000 Nennungen, wobei unbekannt war, wieviele Namen mehrfach darin enthalten waren, z.B. in den Meldeunterlagen mehrerer Gemeinden wegen Wohnsitzwechsels und zugleich in einer Deportationsliste. Aus Mitteilungen von Yad Vashem ging hervor, daß eine Anzahl von Gemeinden nur dorthin Namenslisten gesandt hatten, ohne den Internationalen Suchdienst zu informieren, und daß in Israel mit weiteren Unterlagen zu rechnen war, die bisher nicht berücksichtigt worden waren. Erhebungen in Jerusalem im Juli 1967 ergaben, daß bei Yad Vashem weitere rd. 40 000 Namen in Meldungen von Kommunalbehörden außerhalb Baden-Württembergs und in den für die Überlieferung jüdischer Kultusgemeinden zuständigen damaligen Jewish Historical General Archives (jetzt: Central Archives for the History of the Jewish People) rund 17 000 Namen in Listen und ähnlichen Unterlagen von Kultusgemeinden vorlagen.

Im Frühjahr 1969 wurde entschieden, daß das Bundesarchiv gemeinsam mit dem Internationalen Suchdienst alle nunmehr bekannten Unterlagen mit Unterstützung des Statistischen Bundesamtes so aufbereiten solle, daß daraus eine einzige alphabetische Liste entstehe, da bei der Sortierung nach Gemeinden Doppelmeldungen nicht hätten eliminiert werden können. In einem ersten Arbeitsgang wurden alle in Arolsen und Jerusalem vorhandenen entsprechenden Namenslisten für das Bundesarchiv kopiert, die Kopien dort geordnet und zu Bänden formiert. Sie bilden den Bestand ZSg 138, dem auch nachträglich ermittelte weitere Unterlagen dieser Art zugewiesen wurden. In ihm sind folgende Quellenarten vereinigt:

– Meldungen von Gemeinden aus dem gesamten Bundesgebiet mit Ausnahme von Baden-Württemberg und Hamburg, für die eigene Gedenkbücher bereits veröffentlicht waren[163],
– Deportationslisten und ähnliche Unterlagen der Gestapo,
– Erhebungsbögen mit Angaben über in bayerischen und hessischen Gemeinden ansässig gewesene Juden, die 1946/47 von den Kommunalbehörden für die Militärregierung zusammengestellt worden sind,
– Karteikarten der Reichsvereinigung der Juden in Deutschland über einzelne Personen mit Wohnsitz in der späteren Bundesrepublik Deutschland und in ganz Berlin,
– Listen von Mitgliedern jüdischer Kultusgemeinden nach 1933,
– Auszüge der Angaben über Emigranten aus dem späteren Gebiet der Bundesrepublik Deutschland und aus Berlin im niederländischen Gedenkbuch für die Opfer der Judenverfolgung.

Zu den einzelnen Quellen ist folgendes zu bemerken:
Die von den Kommunalverwaltungen in der Regel auf Grund von Unterlagen der Einwohnermeldeämter zusammengestellten Listen sind nach Bundesländern, ggf. Regierungsbezirken, Kreisen und Gemeinden nach den Schlüsselzahlen des Amtlichen Gemeindeverzeichnisses von 1961 geordnet[164], berücksichtigen also nicht die zahlrei-

---

[163] Vgl. Anm. 59 und 159.
[164] Amtliches Gemeindeverzeichnis für die Bundesrepublik Deutschland mit Angaben über die Verwaltungsgliederung, Ausgabe 1961, hrsg. vom Statistischen Bundesamt, Wiesbaden 1963.

chen Veränderungen der späteren Verwaltungsreformen. Ihr Umfang und Aussage-
wert ist sehr unterschiedlich. Viele Gemeinden in den vom Luftkrieg betroffenen Gebieten konnten gar keine oder nur sehr unvollständige Angaben machen.

Auch die Gestapo-Unterlagen sind von unterschiedlicher Struktur und Aussage-
kraft. Nur zum Teil handelt es sich, z.B. bei Berlin, um Kopien von Listen, die vor der
Deportation angelegt wurden. Andere Listen sind erst nach dem Krieg aus Unterlagen
zusammengestellt worden, die aufgefunden wurden. Neben Verzeichnissen mit exakten Personalangaben stehen andere, die nur Namen und Vornamen angeben, aber
nicht den Wohnort oder Geburtsort. Das Deportationsziel wird in manchen Listen
nicht genau bezeichnet, sondern nur „Polen" oder „Osten" angegeben. Besonders
zahlreich sind die Deportationslisten der Staatspolizeileitstelle Berlin, die auch Namen
von Deportierten aus der Mark Brandenburg enthalten. Deportationsziele waren zwischen Januar 1942 und März 1945 Riga, Trawniki, Theresienstadt, Reval, „Osten",
Auschwitz, Ravensbrück, Sachsenhausen und Bergen-Belsen.

Überliefert sind ferner Listen folgender Staatspolizei(leit)stellen:
- Darmstadt (zuständig für das Land Hessen): Deportationen nach Theresienstadt
  und Polen, März 1942 bis Februar 1943
- Düsseldorf (zuständig für den Regierungsbezirk): Deportationen nach Theresien-
  stadt, Litzmannstadt (Lodz), Minsk, Riga, Auschwitz und Izbica, Oktober 1941 bis
  Juli 1944
- Frankfurt/Main (zuständig für den Regierungsbezirk Wiesbaden): Deportationen
  nach dem „Osten", Litzmannstadt (Lodz), Minsk, Riga, Theresienstadt, Auschwitz,
  Buchenwald und Ravensbrück, November 1941 bis Januar 1944
- Hamburg (zuständig für die Stadt, in einzelnen Listen sind jedoch auch Juden aus
  Schleswig-Holstein und Bremen aufgeführt): Deportationen nach dem „Osten",
  Auschwitz, Litzmannstadt (Lodz), Minsk, Riga und Theresienstadt, Oktober 1941
  bis Februar 1945
- Hannover (zuständig für den Regierungsbezirk, in einzelnen Listen auch Angaben
  über Juden aus dem Bezirk Hildesheim): Deportationen nach Riga, Theresienstadt,
  Auschwitz und in das Generalgouvernement, September 1940 bis Februar 1945
- Kassel (zuständig für den Regierungsbezirk): Deportationen nach Riga, Lublin und
  Theresienstadt, Dezember 1941 bis September 1942
- Koblenz (zuständig für den Regierungsbezirk, später auch für den Bezirk Trier):
  Deportationen ohne Angabe des Ziels, März 1942 bis Juli 1943
- Köln (zuständig für den Regierungsbezirk): Deportationen nach Theresienstadt,
  Litzmannstadt (Lodz), Riga und Minsk sowie ohne Angabe des Ziels, Oktober 1941
  bis März 1943
- München (zuständig für Oberbayern, später auch Schwaben): Deportationen nach
  Auschwitz, Izbica, Lublin, Riga, Theresienstadt, Buchenwald und Dachau, März
  1942 bis Januar 1944
- Würzburg (zuständig für Mainfranken): Deportationen wie aus Oberbayern, No-
  vember 1941 bis Januar 1944.

Zu den Gestapo-Unterlagen gehören ferner Auszüge aus den Findmitteln des Haupt-
staatsarchivs Düsseldorf und des Landesarchivs Speyer zu Juden betreffenden Akten
der Staatspolizei(leit)stellen Düsseldorf und Neustadt und Zugangslisten und -karteien
der Ghettos Theresienstadt und Litzmannstadt (Lodz), ferner Auszüge mit den Namen

deutscher Juden aus Transportlisten der Lager Drancy in Frankreich und Mechelen (Malines) in Belgien. Schließlich wurde dieser Quellengruppe ein polnisches Verzeichnis mit Angaben über die 1938 nach Bentschen (Bendzyn) ausgewiesenen Juden polnischer Staatsangehörigkeit zugewiesen.

Die nach Kreisen und Gemeinden geordneten Erhebungsbögen aus Bayern und Hessen von 1946/47 gibt es in mehreren Formen mit unterschiedlichen Fragestellungen. Ein Typ führt alle deutschen Juden auf, die sich zum Zeitpunkt der Erhebung in der Gemeinde befanden, also die Verfolgung überlebt hatten, und gibt an, wo sie während des Krieges beschäftigt waren. Eine andere Liste hatte alle Todesfälle von Juden in der Gemeinde mit Todesursache zu melden. Am umfangreichsten sind jeweils die Listen über alle deutschen Juden, die sich zwischen dem 2. September 1939 und dem 15. Juli 1946 vorübergehend oder dauernd in der Gemeinde aufgehalten hatten. Gesondert waren weiter alle Gräber nach dem 2. September 1939 verstorbener Juden aufzulisten und alle noch vorhandenen Vermögenswerte ehemaliger jüdischer Einwohner. Schließlich hatten Finanzämter, Amtsgerichte, Krankenhäuser, Arbeitsämter und andere Behörden alle Akten und Dokumente aufzuführen, die sich auf einzelne Juden bezogen, z. B. Steuererklärungen, Vaterschaftsanerkennungen, Behandlungsakten, Karteikarten über Arbeitsvermittlung.

Die nur unvollständig überlieferte Kartei der Reichsvereinigung der Juden enthält vor allem Angaben über Berliner Juden. Zum Teil betreffen sie nur Kinder und Jugendliche und deren Schulverhältnisse, führen aber auch die Namen der Eltern an. Andere sogenannte Zählkarten registrieren Wohnungswechsel und Sterbefälle von Erwachsenen, darunter auch Todesfälle in Konzentrationslagern.

Ganz unterschiedlicher Art sind die Unterlagen jüdischer Kultusgemeinden. Als Beispiele seien genannt die Liste der wahlberechtigten Mitglieder der Synagogengemeinde Neuwied von 1933 und 1936, eine Auswandererliste aus Worms[165], die Mitgliederliste der Mainzer Gemeinde und eine Kartei der Jüdischen Winterhilfe im Kreis Frankenthal 1935-1939.

Aus dem von der niederländischen Oorlogsgravenstichting bearbeiteten Gedenkbuch aller aus den Niederlanden deportierten und umgekommenen Juden, das in 33 Bänden etwa 102 000 Namen mit Geburtstag und -ort, Deportationsziel und – soweit ermittelt – Todesdatum aufführt, wurden die Seiten mit den Angaben über Personen kopiert, für die als Geburtsort Berlin oder ein Ort in der Bundesrepublik Deutschland genannt ist.

Die ursprüngliche Hoffnung, daß es Yad Vashem möglich sein würde, auch entsprechende Quellen aus der DDR und den Gebieten östlich von Oder und Neiße zu beschaffen, hat sich nicht erfüllt. Es ist auch nicht gelungen, die Erhebungsbögen der Volkszählung von 1939, die von allen Juden ausgefüllt werden mußten, für das Gedenkbuch heranzuziehen. Sie befanden sich – wenn auch nicht vollständig – bei der jüdischen Gemeinde in Ost-Berlin und gelangten dann ihrer Provenienz entsprechend zu den Akten des Statistischen Reichsamtes im Zentralen Staatsarchiv der DDR, Abteilung I, in Potsdam. Es ist allerdings damit zu rechnen, daß diese Unterlagen in absehbarer Zeit so aufbereitet werden, daß sie für ein Gedenkbuch der Opfer aus dem

---

[165] Das Auswandererbuch der israelitischen Religionsgemeinde in Worms 1931-1941. Mit einer Einleitung von Henry A. Huttenbach, in: Dokumente des Gedenkens, S. 1-110.

Gebiet der DDR, aber auch für Ergänzungen und Berichtigungen des Gedenkbuchs der Bundesrepublik benutzt werden können.

Ab Juli 1969 wurden die in den Quellen enthaltenen Angaben bei der Außenstelle Berlin des Statistischen Bundesamtes in einheitliche Erhebungsbögen übertragen. Dabei erwies es sich als Problem, daß für die Angaben über eine Person nur ein begrenzter Raum zur Verfügung stand, weil die weitere Verarbeitung der Daten nach dem damaligen Stand der Technik über Lochkarten mit höchstens 80 Zeichen erfolgen mußte. Da Namen und Vornamen als wichtigste Identifikationsmerkmale nicht gekürzt werden konnten, blieb für alle anderen Angaben nur relativ wenig Raum. Aufgenommen wurden alle Namen aus den Gemeindelisten, aus den übrigen Quellen nur die Namen derjenigen, für die als Wohnort oder Geburtsort eine Gemeinde im Gebiet der Bundesrepublik Deutschland oder Berlin angegeben war. Schwierigkeiten ergaben sich daraus, daß nicht wenige Ortsnamen sowohl in der Bundesrepublik Deutschland als auch in der DDR und jenseits von Oder und Neiße vorkommen; wenn nicht zusätzliche Angaben gegen die Annahme der Lage in der Bundesrepublik Deutschland sprachen, wurde für die Aufnahme entschieden. Bei den Gestapo-Unterlagen war vielfach nur die Eintragung des Regierungsbezirks möglich.

Die Übertragung der Daten auf Erhebungsbögen und unmittelbar anschließend von diesen auf Lochkarten im Statistischen Bundesamt in Wiesbaden war nach fast drei Jahren im Juni 1972 abgeschlossen. Da während der Bearbeitung dem Bundesarchiv und dem Internationalen Suchdienst weitere Quellen zugänglich geworden und sofort ausgewertet worden waren, lag die Zahl der Datensätze höher als erwartet. Insgesamt wurden 389 481 Lochkarten auf Magnetbänder übertragen. Vor der Sortierung wurden alle Angaben über Ehefrauen unter dem Mädchennamen mit besonderer Kennzeichnung dupliziert, da nicht auszuschließen war, daß Frauen in den Quellen vor ihrer Verheiratung nur mit diesem erfaßt worden waren; das ergab weitere 87 165 Datensätze. Sie wurden nach dem Alphabet geordnet und das Ergebnis in drei Exemplaren gedruckt.

Ende Juli 1972 konnte die Prüfung der Liste und die Ermittlung der Einzelschicksale beim Internationalen Suchdienst in Arolsen beginnen, dem dazu die Quellenbände vom Bundesarchiv zur Verfügung gestellt wurden. Zunächst waren alle über dieselbe Person in der Liste enthaltenen Angaben zusammenzuführen. Das war deshalb schwierig, weil die Namen in den Quellen vielfach nach dem Gehör aufgezeichnet worden waren, weil Vornamen in Lang- und in Kurzform (Elisabeth und Betty) vorkommen konnten und viele jüdische Familiennamen wie Oppenheimer sehr häufig sind. Das Problem war nur dadurch zu bewältigen, daß die Hauptkartei des Internationalen Suchdienstes, die phonetisch geordnet ist, herangezogen wurde. So konnte z.B. festgestellt werden, daß es sich bei den unterschiedlichen Nennungen Friedrich Wolf, Friedrich Wolff, Otto Fritz Wolff und Bedrich (tschechisch = Friedrich) Wolffs, für den in allen Fällen Frankfurt als Wohn- und Geburtsort, aber zwei verschiedene Geburtsjahre bei gleichem Tagesdatum und Theresienstadt und unbekanntes Deportationsziel angegeben waren, um denselben Friedrich Wolff aus Siegen handelte, geb. am 9.9.1897 und für tot erklärt mit Todesort Auschwitz.

War so die Identität festgestellt, konnten die Ermittlungen beginnen, ob der Betreffende zu den Opfern gehörte, soweit das nicht schon aus der Quelle hervorging. Dazu wurden alle Originalunterlagen herangezogen, auf die die Hauptkartei hinwies. Dabei handelt es sich um Zugangsbücher, Häftlingspersonalkarten, Arbeitskarten, Sterbeurkunden von Konzentrationslagern und anderen Haftstätten, Auswanderungslisten, Todeserklärungen, Mitteilungen von anderen ehemaligen Häftlingen und Angehörigen aus der Nachkriegszeit. Das Ergebnis wurde handschriftlich in einen Datensatz eingetragen, ggf. wurden die weiteren Datensätze zur selben Person gestrichen. Zusätzliche Angaben unter dem Mädchennamen einer Ehefrau wurden auf den Datensatz mit dem späteren Namen übertragen, und der ursprüngliche Datensatz entfiel.

Schon bald zeigte es sich, daß die Listen eine nicht unbeträchtliche Anzahl von Fällen enthielten, zu denen dem Suchdienst keine Erkenntnisse vorlagen oder zu denen er nichts ermitteln konnte, weil die Angaben zu unbestimmt waren, z.B. für die von einer Gemeinde ohne weiteren Zusatz gemeldeten sechs Personen einer Familie Cahn. Diese Namen wurden als Zweifelsfälle besonders gekennzeichnet. 1976 wurden 18 268 bis dahin ermittelte Zweifelsfälle herausgezogen und nach Bundesländern sortiert. Der Bundesminister des Innern übersandte die entsprechenden Teile den jeweiligen Landesbehörden und bat um Prüfung, ob aus den Unterlagen der Entschädigungs- und Wiedergutmachungsbehörden Erkenntnisse darüber gewonnen werden könnten. In den meisten Fällen war das nicht möglich. Die Mehrzahl der ermittelten neuen Informationen betraf Emigranten und natürliche Todesfälle vor den Deportationen. Insgesamt wurden auf 9602 Fälle 126 Deportationsopfer neu ermittelt. Yad Vashem, das die Listen ebenfalls erhalten hatte, benannte 92 Deportationsopfer aus den gesamten 18 268 Fällen. Von weiteren Versuchen zur Aufklärung der Zweifelsfälle wurde daraufhin Abstand genommen, weil der erforderliche Arbeitsaufwand im Verhältnis zum geringen Ergebnis nicht zu vertreten war.

Die Arbeiten in Arolsen, in die nachträglich ermittelte und vom Bundesarchiv ausgewertete Quellen noch einbezogen wurden, waren nach fast sechs Jahren Anfang Juni 1978 abgeschlossen. Insgesamt wurden 495 220 Datensätze mit folgendem Ergebnis überprüft:

Streichungen wegen Mehrfachnennung	268 127
Opfer der Deportationen und anderer Verfolgungsmaßnahmen	117 090
Freitod	1 980
Emigranten	34 459
Überlebende der Deportationen und Verschonte	13 677
Natürliche Todesfälle außerhalb der Deportationen	9 313
Nicht aufzuklärende Fälle	50 574

Im nächsten Arbeitsgang wurden im Bundesarchiv die Angaben über die Opfer der Verfolgung in eine neue Liste übertragen. Gleichzeitig wurden die in dem Gedenkbuch für die Opfer der nationalsozialistischen Judenverfolgung in Baden-Württemberg 1933-1945 genannten 8529 Namen aufgenommen, um die Liste für das gesamte Bundesgebiet zu komplettieren.

Die neue Liste wurde ab September 1979 – mit Ausnahme der für Baden-Württemberg übernommenen Daten – in Arolsen auf mögliche Fehler und Ergänzungen in den Datensätzen überprüft. Bis Mitte 1982 wurden auch noch Nachträge eingearbeitet, z.B. Listen jüdischer Friedhöfe über Gräber von Personen, die vor der Deportation den Freitod gewählt hatten; auch aus der 1980 veröffentlichten Liste der aus

Frankreich deportierten deutschen und österreichischen Juden[166] konnten 240 vorher unbekannte Namen von Opfern ermittelt werden. Schließlich wurden die vom Internationalen Suchdienst vorgeschlagenen Korrekturen vorgenommen. Unterschiedliche Bezeichnungen für dasselbe Deportationsziel, z.B. Lodz und Litzmannstadt, wurden vereinheitlicht. Eine Sortierung nach den nachgewiesenen Wohnorten ermöglichte in manchen Fällen die Zufügung von Identifikationsangaben, z.B. des Kreises, führte jedoch in wenigen Fällen auch zu Streichungen, wenn nicht ganz sicher war, daß ein angegebener Wohnplatz in der Bundesrepublik Deutschland liegt. Die Arbeiten wurden Ende 1982 abgeschlossen. Spätere Erkenntnisse, insbesondere aus den veröffentlichten Gedenkbüchern für einzelne Gemeinden, die teilweise bereits auf der Liste des Bundesarchivs beruhen, deren Angaben aber durch das Ergebnis von Einzelrecherchen ergänzt werden können, sind in der Regel nicht berücksichtigt.[167]

Das Gedenkbuch, dessen erstes Exemplar am 12. Oktober 1986 vom Botschafter der Bundesrepublik Deutschland bei Yad Vashem niedergelegt und von dem am 20. Januar 1987 ein weiteres durch den Bundesminister des Innern dem Vorsitzenden des Zentralrats der Juden in Deutschland übergeben wurde, enthält insgesamt die Namen von 128 136 Opfern der Judenverfolgung, die aus Berlin und den Ländern der Bundesrepublik Deutschland stammen oder dort gelebt haben.[168] Das sind 31,13% der in diesem Gebiet bei der Volkszählung von 1933 ermittelten Zahl von Glaubensjuden. Dieser Prozentsatz liegt etwas höher als für Baden-Württemberg allein, wo die im Gedenkbuch aufgeführten 8529 Opfer 27,56% der 30 941 dort 1933 gezählten Juden ausmachen. Dieser Unterschied kann damit erklärt werden, daß nicht nur die Emigrationsmöglichkeiten für die südwestdeutschen Juden günstiger waren, sondern ein Teil der 1940 nach Südfrankreich deportierten badischen Juden dem Transport in die Vernichtungslager entgehen konnte.

Nicht aufgeführt sind die Namen von 13 677 Juden, die aus den Lagern befreit wurden, oder das Kriegsende in Freiheit erlebt haben. Das sind 7,08% der 1939 im späteren Bundesgebiet gezählten Juden. Von den 7377 Befreiten, deren Deportationsort bekannt ist, kehrten zurück:

- 4538 aus Theresienstadt
- 626 aus Auschwitz
- 338 aus Stutthof
- 319 aus Buchenwald
- 282 aus Bergen-Belsen
- 194 aus Riga
- 184 aus Dachau
- 163 aus Mauthausen
- 142 aus Ravensbrück
- 115 aus Gurs
- 85 aus Flossenbürg

[166] Vormeier, Deportierungen.

[167] Eine Aufstellung derartiger Veröffentlichungen sowie von speziellen Publikationen über die Judenverfolgung in einzelnen Gemeinden in der Bundesrepublik Deutschland enthält das Gedenkbuch in einem Anhang, S. 1777-1793.

[168] Das Gedenkbuch kann beim Bundesarchiv (Potsdamer Str. 1, 5400 Koblenz) erworben werden, das auch Hinweise auf bisher nicht ermittelte Opfer der Verfolgung und auch Fehler bei Namen und Daten sammelt, die in einem Ergänzungsband berücksichtigt werden sollen.

- 69 aus Groß-Rosen
- 40 aus Sachsenhausen
- 76 aus vier anderen Konzentrationslagern
- 53 aus Trawniki, Majdanek, Piaski, Izbica, Sobibór, Belzec und anderen Lagern in Polen.

Von den 153 Rückkehrern aus unbekannten Lagern waren 86 aus den Niederlanden, 40 aus Frankreich und 27 aus Belgien deportiert worden.

Vor Beginn der Deportationen sind von den ermittelten Opfern 35 in den Jahren 1933 bis 1937 umgekommen, davon 21 im Konzentrationslager Dachau, elf an anderen Orten in Deutschland, je einer in Sachsenhausen, den Emslandlagern und der Justizvollzugsanstalt Hamburg-Fuhlsbüttel. Für 1938 und 1939 wurden – vor allem in Verbindung mit dem Novemberpogrom 1938 – 276 und 221 Opfer festgestellt. Diese Zahl von insgesamt 532 erscheint im Vergleich zu den darin teilweise enthaltenen 152 Opfern von Gewaltmaßnahmen im Inland, die für Baden-Württemberg für den ganzen Zeitraum von 1933 bis 1945 registriert wurden, als zu niedrig. Unterstellt man, daß die für Baden-Württemberg mit einem Anteil von 7,5% an der jüdischen Bevölkerung des Reichsgebiets 1933 ermittelte Zahl repräsentativ ist, würde sich eine Gesamtzahl von 2026 Opfern ergeben.

Mit Sicherheit sind mehr als die im Gedenkbuch genannten 2271 Personen freiwillig vor der Deportation aus dem Leben geschieden. Die entsprechenden Quellen sind nur unvollkommen überliefert oder standen – z.B. für den großen jüdischen Friedhof im Ost-Berliner Stadtteil Weißensee – nicht zur Verfügung. Dem Anteil von 0,59% der jüdischen Einwohner in Baden-Württemberg von 1933, die dort den Freitod wählten, würden für das ganze Reichsgebiet 2948 als Mindestzahl entsprechen.

Ebenfalls zu niedrig dürfte die Zahl von 234 namentlich bekannten jüdischen Opfern der Ermordung der Geisteskranken sein, von denen allein 105 aus den baden-württembergischen Erhebungen bekannt sind. Nach dem dortigen Anteil von 0,73% Euthanasieopfern von den jüdischen Einwohnern 1939 würden 1409 Tote für das Bundesgebiet und Berlin, 1743 für ganz Deutschland anzusetzen sein.

Als Opfer der Deportationen verbleiben 125 094 von 128 136. Nicht in allen Fällen steht deren Schicksal genau fest. Es wurden daher zwei Listen angelegt. Die eine enthält alle Daten über die vor der Deportation, durch die Euthanasie und von eigener Hand umgekommenen und diejenigen Deportierten, für die ein Todesdatum feststeht, die für tot erklärt wurden oder mit Sicherheit aus der nachgewiesenen Deportation nicht zurückgekehrt sind. Diese Liste enthält 121 752 Namen. In der zweiten Liste mit 6384 Namen werden diejenigen Deportierten aufgeführt, von denen lediglich bekannt ist, daß sie mit unbekanntem Ziel deportiert wurden und verschollen sind. Von ihnen dürften die meisten ebenfalls umgekommen sein, es ist jedoch nicht auszuschließen, daß darunter z.B. einige sind, deren Namen und Daten in den Quellen unkorrekt wiedergegeben sind und die unter ihrem richtigen Namen nach 1945 noch gelebt haben. Bisher sind dem Bundesarchiv elf derartige Fälle bekannt geworden, darunter eine Kölnerin in Jerusalem, die bereits im Hamburger Gedenkbuch von 1965 aufgeführt war, ohne daß sie jemals in Hamburg gewesen wäre.

Schwer zu bestimmen ist der Anteil der deutschen Deportationsopfer, die den Weg in die Vernichtungslager nicht aus Deutschland angetreten haben. Zu ihnen gehören 1968 Juden polnischer Staatsangehörigkeit, die 1938 nach Bentschen ausgewiesen

worden waren. 8781 Namen von Emigranten aus dem Bundesgebiet und Berlin sind
dem Gedenkbuch für die aus den Niederlanden deportierten Juden entnommen.
Nicht zu ermitteln ist die Zahl der in den Listen enthaltenen Namen von Emigranten
nach Frankreich und Belgien, die über Drancy und Mecheln überwiegend nach
Auschwitz gekommen sind. Es ist lediglich bekannt, daß die Deportationslisten aus
Frankreich die Namen von 6258 Reichsdeutschen enthalten und von 1307 aus Württemberg und Baden nach Frankreich Geflüchteten 281 umgekommen sind.[169] Danach wird man mit etwa 3500 Personen aus dem Gebiet der Bundesrepublik Deutschland und Berlin rechnen müssen. Für Belgien, wo sich relativ viele Juden verbergen
konnten, nennt eine Schätzung 8000 deportierte Emigranten aus Deutschland, 94 aus
Württemberg und Baden sind namentlich bekannt.[170] Es scheint angemessen, 3000
Personen aus dem Gedenkbuch dieser Gruppe zuzurechnen. Von den übrigen europäischen Ländern, die von deutschen Truppen besetzt waren, erscheinen nur noch
Serbien mit 33 Opfern[171] und Italien mit 12[172]; bei den anderen aus diesen Ländern,
aus Dänemark, Luxemburg und der Tschechoslowakei deportierten Emigranten[173]
sind die Angaben darüber bei der Erfassung der Daten nicht berücksichtigt worden,
weil das Deportationsland nur dann aufgenommen wurde, wenn ein Deportationsziel
nicht bekannt war.

Unter Berücksichtigung dieser Schätzungen ergibt sich mit Einschluß der 1940
nach Südfrankreich Ausgewiesenen und dort oder später in Auschwitz Umgekommenen somit eine Gesamtzahl von rund 108 000 Namen von Opfern, die aus Berlin und
den späteren Ländern der Bundesrepublik Deutschland deportiert wurden gegenüber
rund 17 000 Emigranten und Ausgewiesenen, was der Relation für Baden-Württemberg von 6980 : 1107 entspricht. Das sind 55,9% der in diesem Gebiet bei der Volkszählung von 1939 ermittelten Juden (Glaubensjuden und Juden anderer Bekennt-
nisse). Für Baden-Württemberg liegt die entsprechende Verhältniszahl mit rund 50%
aus den genannten Gründen wieder etwas niedriger. Für den größten Teil der Opfer,
80 532 Personen, ist das Todesjahr nicht bekannt; sie sind seit dem Abtransport oder
der Ankunft in einem Lager verschollen. In 17 451 Fällen wurden Deportierte amtlich
für tot erklärt, als Todesdatum der Tag des letzten Lebenszeichens oder der 8. Mai
1945 festgesetzt. Mit Einschluß der Fälle von Freitod verteilen sich die gesicherten
Todesjahre folgendermaßen:

> 1940 : 1130
> 1941 : 2013
> 1942 : 13 872
> 1943 : 8160
> 1944 : 3084
> 1945 : 1270.

Bei 13 256 Deportationsopfern ist unbekannt, wo sie ermordet wurden. In 7458
Fällen liegen gar keine Erkenntnisse darüber vor, 3007mal ist Deportation „in den
Osten", 2891mal „nach Polen" angegeben. Im übrigen verteilen sich die Deportations-

---

[169] Vormeier, Deportierungen, S. 24; Sauer, Schicksale, S. 309.
[170] Sauer, Schicksale, S. 321.
[171] Vgl. dazu Gedenkbuch, S. 1170.
[172] Ebenda, S. 1763 f.
[173] Vgl. dazu Sauer, Schicksale, S. 321 ff.

ziele wie folgt, wobei allerdings zu berücksichtigen ist, daß der angegebene Ort nicht immer auch der Todesort ist, wie z.B. die nach Litzmannstadt (Lodz) Deportierten meist in Kulmhof (Chelmno) ermordet wurden[174]:

Auschwitz	38 585
Theresienstadt	17 689
Riga	15 141
Minsk	10 676
Litzmannstadt (Lodz)	8 394
Izbica	3 934
Sobibór	2 931
Majdanek (Lublin)	2 039
Gurs	1 790
Trawniki	1 713
Buchenwald	982
Piaski	979
Stutthof	864
Kowno	853
Reval	748
Sachsenhausen	729
Dachau	700
Lager in Südfrankreich	557
Warschau	458
Bergen-Belsen	452
Mauthausen	364
Ravensbrück	299
Zamosc	268
Cosel	159
Flossenbürg	102
Groß-Rosen	92
Zwangsarbeitslager in Polen	91
Cholm	90
Neuengamme	69
Treblinka	58
Natzweiler	51
Mittelbau-Dora	45
Arbeitserziehungslager	30
Justizvollzugsanstalten	30
Belzec	19

In 104 Fällen ist Deportation aus den Niederlanden, in 67 aus Frankreich und in 28 aus Belgien ohne Angabe des Deportationsziels nachweisbar. Soweit sonst Deportationsziele angegeben sind, liegt die Zahl der Fälle jeweils unter zehn, darunter Emslandlager mit neun, KL Wewelsburg mit sieben, KL Hinzert mit zwei Fällen.

Eine Auswertung der – nur in 1162 Fällen fehlenden – Angaben über die Geburtsjahre sämtlicher Opfer ergibt folgende Verteilung, die die Feststellungen über den ho-

[174] Zu allen Deportationszielen vgl. die Angaben im Anhang zum Gedenkbuch, S. 1759-1775.

hen Anteil älterer Menschen infolge der Emigration der jüngeren bestätigt:

Geburtsjahre 1860 und früher	2 449
Geburtsjahre 1861 bis 1869	12 545
Geburtsjahre 1870 bis 1879	25 367
Geburtsjahre 1880 bis 1889	27 744
Geburtsjahre 1890 bis 1899	21 799
Geburtsjahre 1900 bis 1909	13 655
Geburtsjahre 1910 bis 1919	6 901
Geburtsjahre 1920 bis 1929	10 735
Geburtsjahre 1930 und später	5 754

Zwischen der Zahl von 197 002 Juden im späteren Bundesgebiet und Berlin 1939 und der Summe der Opfer und der Überlebenden von etwa 128 000 liegt eine erhebliche Differenz. Sie ist zu erklären mit relativ vielen, die noch 1939 bis 1941 auswandern konnten, den zahlreichen alten Leuten, die bis Mitte 1941 aus natürlichen Ursachen verstorben sind, und einer nicht berechenbaren Anzahl von christlichen Juden in Ehen mit Nichtjuden, die in den vorhandenen Quellen unterrepräsentiert sind. Mit Sicherheit aber hat es auch weitere, bei den Erhebungen unbekannt gebliebene Opfer gegeben, insbesondere infolge von „Euthanasie", Freitod und Gewaltakten im Reichsgebiet. Die wegen des hohen Arbeitsaufwands unterbliebene Klärung des Schicksals von etwa 42 000 namentlich bekannten Juden hätte, wenn man das Ergebnis der Teilauswertung als repräsentativ ansehen kann, weitere 730 Namen von Opfern ergeben können. Es ist sicherlich zulässig, eine Fehlerquote von 5% bei den Deportationsopfern anzunehmen.[175]

Um die Zahl aller Juden aus dem Deutschen Reich in den Grenzen von 1937 zu ermitteln, die Opfer der Verfolgung wurden, ist demnach folgende Berechnung möglich:

Gesamtzahl (einschließlich „Geltungsjuden") 1939		238 823
davon im späteren Gebiet der Bundesrepublik und Berlin 82,48% =		196 972
davon als Deportationsopfer ermittelt	108 000	
Fehlerquote 5%	5 400	
	113 400 = 57,6%	
im späteren Gebiet der DDR und den Ostgebieten 17,54% =		41 851
davon 57,6%	24 100	
Euthanasieopfer ganzes Reichsgebiet	1 700	
Freitod desgl.	3 000	
sonstige Gewaltopfer desgl. 1933-1945	2 000	
Emigranten und Ausgewiesene, die aus den Aufnahmeländern deportiert wurden	21 000	
	165 200	

[175] Seitdem das Gedenkbuch veröffentlicht wurde, erhielt das Bundesarchiv durch Mitteilung von Angehörigen, Auswertung von neuen Gedenkbüchern für einzelne Orte und Todeserklärungen des Sonderstandesamtes Arolsen die Namen von etwa 250 bisher unbekannten Todesopfern aus dem Gebiet der Bundesrepublik und Berlin.

Auch wenn man berücksichtigt, daß einerseits aus den angeführten Gründen Opfer unbekannt geblieben sind, andererseits wegen der Mängel der Quellen nicht auszuschließen ist, daß auch Überlebende irrtümlich erfaßt wurden und daß in den für Berlin ermittelten Opfern dort zugezogene Mitglieder jüdischer Gemeinden aus Mittel- und Ostdeutschland unverhältnismäßig stark vertreten sind, bestätigen die bei der Bearbeitung des Gedenkbuchs gewonnenen Erkenntnisse die früheren Schätzungen, daß 160 000 deutsche Juden zwischen 1933 und 1945 Opfer des nationalsozialistischen Rassenwahns geworden sind.

Jonny Moser

Österreich

In Österreich begann die Verfolgung und Vernichtung der Juden im Frühjahr 1938
mit dem „Anschluß", der zeitlich mit jener neuen Phase in der deutschen Judenpolitik
zusammenfiel, die mit der völligen Ausschaltung der Juden aus dem deutschen Wirtschaftsleben endete. Die Gesetzeswelle gegen die Juden erhielt durch den „Anschluß"
zusätzliche Impulse, denn die österreichischen Nationalsozialisten hatten eigene Pläne
für eine „Lösung der Judenfrage". Die wirtschaftliche Ausschaltung der Juden wurde
in Österreich sogleich in Angriff genommen[1], zumal mit dem jüdischen Besitz ver-
diente Parteigänger der NSDAP versorgt werden wollten. Willkürliche Übergriffe gegen die Juden, die Vertreibung aus ihren Heimstätten, ihre Verdrängung aus vielen
Lebens- und Arbeitsbereichen wurde widerspruchslos akzeptiert von den reichsdeutschen Regierungsstellen, die Rücksicht auf die am 10. April stattfindende Volksabstimmung (verbunden mit der Wahl des „Großdeutschen Reichstags") nehmen mußten; die Aneignung von jüdischem Eigentum wurde sogar sanktioniert.[2] Die Haltung
der deutschen Verwaltungsstellen ließ die österreichischen Nationalsozialisten zunächst vermuten, sie könnten eine eigene, bodenständige Judenpolitik betreiben.
Nach dem 10. April 1938 hatten die reichsdeutschen Amtsstellen daher große Mühe,
weitere österreichische Eskapaden in der Judenpolitik zu unterbinden. Die bis zum
„Anschluß" in Deutschland erlassenen antijüdischen Gesetze und Verordnungen wurden in Österreich rückwirkend ab Mai 1938 in Kraft gesetzt.

Sicherheitspolizei und SD im Verein mit den österreichischen Nationalsozialisten
entfachten nach dem „Anschluß" einen fürchterlichen Terror gegen die Juden. Es kam
zu pogromartigen Ausschreitungen, der viele in den Selbstmord trieb.[3] Verhaftungsaktionen gegen Juden sollten die Auswanderungswilligkeit heben.[4] Diese Maßnahmen
kamen Heydrichs Plänen sehr entgegen, der „die Judenfrage" damals noch in Form

---

[1] Jonny Moser, Das Unwesen der kommissarischen Verwalter, in: Helmut Konrad/Wolfgang Neugebauer
(Hrsg.), Arbeiterbewegung, Faschismus, Nationalbewußtsein, Wien 1983, S. 89-97, S. 89; ders., Das Schicksal
der Wiener Juden in den März- und Apriltagen 1938, in: Wien 1938. Forschungen und Beiträge zur Wiener
Stadtgeschichte 2, Wien 1978, S. 172-183, S. 179 f.; Hans Safrian/Hans Witek, Und keiner war dabei. Doku-
mente des alltäglichen Antisemitismus in Wien 1938, Wien 1988, S. 33 ff. und S. 99 ff.; Elisabeth Klamper,
Der „Anschlußpogrom", in: Kurt Schmid/Robert Streibel (Hrsg.), Der Pogrom 1938, Wien 1990, S. 96-100;
Hans Witek, Arisierungen in Wien, in: Emmerich Talos/Ernst Hanisch/Wolfgang Neugebauer (Hrsg.), NS-
Herrschaft in Österreich 1938-1945, Wien 1988, S. 199-216, S. 199 f.
[2] RGBl I (1938), S. 262; Helfried Pfeifer, Die Ostmark, Wien 1941, S. 36.
[3] Moser, Schicksal der Wiener Juden, S. 176 f. und S. 181 f.
[4] Jonny Moser, Die Verfolgung der Juden in Österreich 1938-1945, Wien 1966, S. 5.

der forcierten Auswanderung lösen wollte[5]; sie entsprachen aber auch dem Versprechen Görings, Wien bis 1942 „judenfrei" zu machen.[6]

Ein Vorschlag des Holländers Frank van Gheel Gildemeester, die Auswanderung österreichischer Juden mit jüdischem Geld zu finanzieren und gleichzeitig auch die Emigration armer Juden anzukurbeln, wurde von österreichischen NS-Stellen gutgeheißen. Diese Aktion wurde von Dr. Erich Rajakowitsch und Diplomkaufmann Fritz Kraus kontrolliert und von Adolf Eichmann genau beobachtet.[7] Eichmann erkannte bald die großen Möglichkeiten, die sich aus diesem Experiment ergeben könnten. Im Einvernehmen mit Reichskommissar Bürckel und Reinhard Heydrich gründete er im August 1938 die Zentralstelle für jüdische Auswanderung in Wien.[8] Die Zentralstelle war lediglich ein Paß- und Abgabenamt für Juden, Einreisegenehmigungen konnte sie nicht verschaffen. Für die Ausstellung eines Reisepasses wurde vom Antragsteller eine Auswanderungsabgabe von fünf Prozent seines Vermögens eingehoben. Sehr bald entwickelte sich die Behörde zur zentralen Evidenzstelle für Juden, von der aus ihre Ausgrenzung aus dem Wirtschafts- und Sozialleben und später die Deportierung geleitet wurde. Die Zentralstelle bildete die administrative Keimzelle für den Holocaust.

Bedrängt von der Zentralstelle, bedroht vom Verlust des Arbeitsplatzes[9] und verängstigt von der Flut der neuen Erlasse und Gesetze, die sich im Sommer 1939 gegen die Juden ergoß, erkannten viele die Aussichtslosigkeit ihrer Lage und versuchten mit allen gebotenen Mitteln ins Ausland zu gelangen. Die „Reichskristallnacht"[10] ließ dann auch bei den Optimisten alle Hoffnung auf einen Weiterverbleib in ihrer Heimat schwinden. Der Pogrom und die Verhaftungsaktion[11] erschreckte sie zutiefst, die Zerstörung der Synagogen entzog ihnen die Möglichkeit der Religionsausübung, die Schließung jüdischer Betriebe und Geschäfte machte sie jeden Lebensunterhaltes verlustig und zwang sie zur Emigration. Bis zum Mai 1939 gelang es mehr als der Hälfte aller österreichischen Juden auszuwandern[12], bis zum Kriegsausbruch waren zwei Drittel ausgereist oder geflüchtet.[13]

---

[5] ADAP, Serie D, Bd. V, Dok. 665; Uwe Dietrich Adam, Judenpolitik im Dritten Reich, Düsseldorf 1972, S. 154; Heinz Höhne, Der Orden unter dem Totenkopf, in: Der Spiegel 52 (1966), S. 82 ff.

[6] Völkischer Beobachter (Wiener Ausg.), 28., 29.3.1938 und 27.4.1938; JTA News, Vol. III., Nr. 198, 28.3.1938; JTA News, Vol. IV., Nr. 23, 27.4.1938.

[7] Jonny Moser, Die Verfolgung der Juden, in: Widerstand und Verfolgung in Wien 1934-1945, Bd. III, Wien 1975, S. 194-326, S. 275, Anm. 1.

[8] Ebenda, S. 199; Jonny Moser, Die Zentralstelle für jüdische Auswanderung in Wien, in: Schmid/Streibel, Der Pogrom 1938, S. 96 ff.

[9] Moser, Verfolgung der Juden, in: Widerstand und Verfolgung, S. 256 f., Dok. 108, 109, 110, 112; Widerstand und Verfolgung in Niederösterreich. Eine Dokumentation, Bd. III, Wien 1987, S. 351 (Dok. 26) und S. 354 (Dok. 32).

[10] Tuwja Friedmann, Die Kristallnacht. Eine Dokumentation, Haifa 1972; Herbert Rosenkranz, Die Reichskristallnacht. 9. November 1938 in Österreich, Wien 1968; Moser, Verfolgung der Juden, in: Widerstand und Verfolgung, S. 197, S. 278 ff.; Günter Fellner, Der Novemberpogrom in Westösterreich, in: Schmid/Streibel, Der Pogrom 1938, S. 34 ff.; Eduard Staudinger, Die Pogromnacht vom 9./10.11.1938 in Graz, in: Schmid/Streibel, Der Pogrom 1938, S. 42-51; Jonny Moser, Die Reichskristallnacht in Wien, in: Der Novemberpogrom 1938. Die Reichskristallnacht in Wien, in: Ausstellungskatalog des Museums der Stadt Wien, Wien 1988, S. 59 ff.

[11] Siehe Tabelle 5.

[12] Völkischer Beobachter (Wiener Ausg.), 14.5.1939. Danach sind bis Mai 1939 100 000 österreichische Juden ausgewandert. Nach der Volkszählung vom 17. Mai 1939 gab es in Österreich 94 601 Juden im Sinne der Nürnberger Gesetze, 84 213 von ihnen waren Glaubensjuden (Statistische Übersichten für die Reichsgaue der Ostmark, Jahrgang 1941). Am 22. März 1934 gab es in Österreich 191 481 Personen israelitischer Konfession (Die Ergebnisse der Österreichischen Volkszählung 1934, Wien 1935).

Mit dem Kriegsbeginn verschlechterte sich die Situation der Juden in Österreich zusehends. Ein Ausgehverbot für bestimmte Zeiten wurde erlassen und ein Rundfunkverbot angeordnet. In einer großen Verhaftungsaktion wurden 1038 Juden polnischer oder ehemals polnischer Staatsangehörigkeit festgenommen und nach Buchenwald verschickt[14], wo fast zwei Drittel von ihnen bis zum Sommer 1940 umgekommen sind.[15]

Die Möglichkeiten zur Auswanderung der Juden verschlechterten sich ab Kriegsbeginn immer mehr, so daß Eichmann, verantwortlich für die „Lösung der Judenfrage" in Österreich, auf den Gedanken kam, Rosenbergs Plan für ein Judenreservat[16] in Polen auszuprobieren. Heydrich stimmte dem Experiment zu. Mitte Oktober 1939 wurden je zwei Transporte mit Männern aus Wien, Mährisch-Ostrau und Kattowitz in das Gebiet östlich von Nisko am San verschickt.[17] Als die 1584 Wiener Juden am Bestimmungsort eintrafen, war der Plan für die Einrichtung eines jüdischen Reservates aber längst wieder verworfen.[18] Die Deportierten aus Österreich wurden zur deutsch-sowjetischen Demarkationslinie getrieben und über die grüne Grenze gejagt. Die wenigen Personen, die in Zarzecze zum Aufbau eines Lagers zurückgehalten wurden, kehrten im Frühjahr 1940 in ihre Heimat zurück.[19]

Der Wohnungsbedarf in Wien war Anlaß für eine weitere Deportation österreichischer Juden in das Generalgouvernement. Als Baldur von Schirach zum Reichsstatthalter in Wien ernannt wurde, drängten ihn seine österreichischen Parteifreunde, die „Judenfrage" schnellstens zu lösen, zumal man die Wohnungen der Juden in Wien dringend benötigte.[20] Schirach, der einige Wochen später im Führerhauptquartier mit dem Generalgouverneur Hans Frank zusammentraf, verlangte von diesem, daß er ihm die Wiener Juden abnehme. Hitler unterstützte das Projekt. Bald darauf wurde Schirach verständigt, daß 10 000 Wiener Juden in das Generalgouvernement verbracht würden.[21] Ab 15. Februar 1941 wurden in fünf Transporten 5031 Personen in das Generalgouvernement deportiert.[22] Die zunehmende politische Spannung auf dem Balkan zwang die NS-Machthaber jedoch, diese Umsiedlungsaktion abzubrechen.[23]

Die „Endlösung der Judenfrage" in Österreich setzte im Oktober 1941 mit der Verschickung von 4995 österreichischen Juden in das Ghetto Litzmannstadt (Lodz) ein.[24]

---

13 Am 15. September 1939 ergab eine von der Zentralstelle für jüdische Auswanderung (ZfjA) angeordnete Registrierung der Juden 66 260 Glaubensjuden (Report of the Vienna Jewish Community, hrsg. v. J. Löwenherz und B. Murmelstein, Wien 1940, S. 15). Eine Erhebung durch die Gildemeester-Auswanderungshilfsaktion ergab per 11.10.1939 die Zahl von 8359 für die Nichtglaubensjuden. (Originalbericht im Besitz des Autors.)

14 Siehe Tabelle 5; Moser, Verfolgung der Juden in Österreich, S. 9 f.

15 Ebenda, S. 10 f.

16 Völkischer Beobachter (Berliner Ausg.) 9., 16.1.1939, Rede Rosenbergs b.d. Lippe-Feier; Völkischer Beobachter (Wiener Ausg.), 8.2.1939, Rede Rosenbergs vor Auslandsjournalisten.

17 Moser, Verfolgung der Juden in Österreich, S. 15 ff.; Seev Goshen, Eichmann und die Nisko-Aktion im Oktober 1939, in: VfZ (29) 1981, S. 74-96; Jonny Moser, Nisko. The First Experiment in Deportation, in: Simon Wiesenthal Annual, White Plains. Bd. 2, New York 1985, S. 1-30.

18 Miroslav Karny, Die „Judenfrage" in der nazistischen Okkupationspolitik, in: Historica XXI (Prag 1982), S. 178.

19 Moser, Verfolgung der Juden in Österreich, S. 18 f. Im April 1940 kehrten 198 Wiener aus Nisko zurück.

20 Gerhard Botz, Wohnungspolitik und Judendeportation 1938-1945, Wien 1975.

21 Nbg. Dok. PS-1950.

22 Siehe Tabelle 1; Moser, Verfolgung der Juden in Österreich, S. 21 ff.

23 Ebenda, S. 24.

24 Moser, Verfolgung der Juden in Österreich, S. 27 ff.

Diese Evakuierungsaktion wurde durch die Deportation von Juden aus Österreich nach Riga und Minsk fortgesetzt[25], wo sie Opfer der Aktionen der Einsatzgruppen wurden.[26] Die Deportation von österreichischen Juden in die Todeslager im General-gouvernement begann im April 1942.[27] Die arbeitsfähigen Männer wurden zumeist schon in Lublin aus den Waggons geholt[28] und in das Konzentrationslager Majdanek überstellt, während der Rest sogleich nach Sobibór oder Belzec weitergeleitet wurde.[29] Ziel der größten Aussiedlungsaktion des Jahres 1942 war Theresienstadt, wohin die Alten, Gebrechlichen, die um den Staat verdienten (dekorierte Teilnehmer des Ersten Weltkriegs) und kriegsbeschädigten Personen verschickt wurden.[30] Nach Auschwitz ging 1942 ein Groß-Transport ab.[31]

Ende 1942 war „die Judenfrage" in Österreich praktisch gelöst. Von den rund 206 000 Juden im Sinne der Nürnberger Gesetze, die 1938 in Österreich gelebt hatten, waren 8102 übriggeblieben[32]; sie lebten zumeist in Mischehe oder waren mit der ver-waltungsmäßigen Liquidierung der Israelitischen Kultusgemeinde Wien, die ab 1. No-vember 1942 in den Ältestenrat der Juden in Wien übergegangen war, beschäftigt. Sie lebten in ständiger Angst, denn beim geringsten Verstoß gegen eine Judenverordnung, bei Verlust der Arbeit und beim Tod des arischen Ehepartners wurden sie verschickt. 1943 wurden 1393, 1944 451 und selbst 1945 wurden noch 30 Personen deportiert oder in ein Konzentrationslager eingewiesen.[33]

Als sich 1944 das Kriegsglück Hitlers endgültig gewendet hatte, verlangte der totale Krieg auch seinen Tribut. Es mangelte an Arbeitskräften, zusätzliche Fremdarbeiter waren nicht mehr aufzutreiben. Die Deportation der ungarischen Juden erschien dem Bürgermeister von Wien als Lösung. Er verlangte von Kaltenbrunner die Abstellung von ungarischen Juden zum Arbeitseinsatz. Anfang Juli 1944 trafen rund 12 000 Ju-den aus Ungarn in Wien ein, wo sie in Lagern außerhalb des Stadtzentrums unterge-bracht wurden und zum Ernteeinsatz oder der Rüstungsindustrie zur Verfügung stan-den.[34] Die ungarischen Juden wurden vom Ältestenrat der Juden in Wien ärztlich und administrativ betreut. Viele Beschäftigte beim Ältestenrat der Juden in Wien wurden dadurch unabkömmlich und nicht mehr deportiert.

Der Krieg jedoch war noch nicht zu Ende und forderte von den in Österreich ver-bliebenen Juden noch weitere Opfer. Am 12. März 1945 wurde das Verwaltungsge-bäude des Ältestenrates der Juden in Wien von einer Bombe getroffen, 19 Personen kamen dabei ums Leben.[35] Und als Wien schon zum größten Teil von der Roten Ar-

[25] Ebenda, S. 31 ff.
[26] Unsere Ehre heißt Treue. Das Kriegstagebuch des RFSS, Wien 1965, S. 235 ff.; Gertrude Schneider, Jour-ney into Terror. Story of the Riga Ghetto, New York 1979.
[27] Eichmann-Prozeß, Dok. 1280.
[28] Nachman Blumental, Dokumenty i Materialy, Bd. I., Obozy 1946, S. 156 ff.; Meczenstwo Walka, Zaglada Zydow w Polsce 1939-1945, Warszawa 1960, Abb. 194.
[29] Yad Vashem 0-51 (DN) 27-3, folder 14, 15, 45.
[30] Eichmann-Prozeß, Dok. 1280.
[31] Siehe Tabelle 4.
[32] Jochen Lang (Hrsg.), Das Eichmannprotokoll, Berlin 1982; Bericht Korherrs vom 19.4.1943 dort im An-hang.
[33] Siehe Tabellen 3a, 3b, 4.
[34] Nbg. Dok. PS-3803; Moser, Verfolgung der Juden, in: Widerstand und Verfolgung, S. 306 ff.; Widerstand und Verfolgung in Niederösterreich, S. 391 ff.
[35] Totenprotokollbuch 1944/1945 der IKG.

mee erobert war, kam es am 12. April 1945 noch zu einem Blutbad, als marodierende SS-Einheiten in einem Haus in der Förstergasse im II. Wiener Gemeindebezirk neun Juden antrafen.[36] Bei der Befreiung befanden sich noch 5816 Juden im Sinne der Nürnberger Gesetze in Österreich.[37]

Die Zahl der Opfer des Holocaust wird und ist immer nur annähernd erfaßbar. Bei den Deportationen fielen von den zum Abtransport bestimmten Personen immer einige aus. Akut Erkrankte, Personen, deren Vermögenswerte noch nicht arisiert waren, und die sippenamtlich noch nicht geklärten Fälle wurden vor dem Abtransport zurückgehalten, andere an ihrer Stelle deportiert. Es gibt daher von den Deportationen zweierlei Transportlisten: die Liste der in den Transport eingeteilten Personen und die Liste der tatsächlich abgegangenen Personen.[38] Die Listen der tatsächlich abtransportierten Personen sind seltener; sie sind scheinbar nur NS-Dienststellen übermittelt worden. In Österreich, wo fast alle Transporte von Wien abgingen, liegen beide Listen bei der Israelitischen Kultusgemeinde vor. Abschriften davon befinden sich beim Internationalen Suchdienst in Arolsen, Teile auch in der zeitgeschichtlichen Sammlung des Allgemeinen Verwaltungsarchivs (AVA) in Wien.

Bei Einweisungen in Konzentrationslager sind von Verhaftungsaktionen zwar Transportlisten bekannt[39], die meisten Überstellungen erfolgten jedoch in kleinen Gruppen. Einweisungen sind über die Zugangsbücher und andere Standesbücher der einzelnen Konzentrationslager erfaßbar. Der Autor beschritt einen einfacheren Weg, um die Mindestzahlen der Opfer in den KZ-Lagern zu eruieren. Es wurden nämlich die Urnen der Verstorbenen oder Umgekommenen den Angehörigen oder der Israelitischen Kultusgemeinde bis 1942 regelmäßig zugestellt. Ab 1943 wurden nur noch Mitteilungen über das Ableben den Angehörigen übermittelt. Von Dachau gibt es zudem ein Totenbuch über die umgekommenen Deutschen und Österreicher.[40] Diese bekannt gewordenen Todesfälle wurden vom Autor in Relation zu bekannten Standeszahlen gebracht, woraus sich dann die Zahl der Opfer erstellen ließ. Eine genaue Erfassung aller in den KZ-Lagern Umgekommenen wird trotzdem nie ganz möglich sein, zumal vor Kriegsbeginn bei Vorliegen einer Ausreisemöglichkeit viele noch freigelassen wurden[41] und es andererseits auch viele Überstellungen zwischen den einzelnen Konzentrationslagern gab.

[36] Neues Österreich, 23.4.1945, S. 3.
[37] Moser, Verfolgung der Juden, in: Widerstand und Verfolgung, S. 202.
[38] Deportationslisten der „tatsächlich abtransportierten Personen" sind dem Autor nur für Wien bekannt; sie wurden verhältnismäßig spät bekannt. Im Februar 1964 erhielt die Israelitische Kultusgemeinde Wien (IKG) zwei große Pakete per Post zugestellt. Sie waren auf dem Postamt Wien 1090 anonym aufgegeben worden, in braunem Packpapier eingeschlagen und gut verschnürt gewesen. Der Amtsdirektor der IKG, Hofrat Wilhelm Krell (damals noch Regierungsrat), verständigte die Polizei und bat um Öffnung der Pakete durch einen Sprengstoffsachverständigen. Als der Inhalt der Pakete zutage kam, rief mich Hofrat Krell an und ersuchte mich, diese Listen durchzusehen. Es handelte sich bei diesen Listen um die Transportlisten der tatsächlich von Wien abgegangenen Personen. Die Pakete enthielten die Listen ab Transport Nr. 2 (19. Februar 1941) bis Transport Nr. 47d (1. Dezember 1943). Der Autor hat diese Listen sodann auch statistisch bearbeitet. Diese Listen wurden dann Herrn Rudolf Baumann – Leiter der Abteilung URO (United Restitution Organization) und NS-Dokumentation – in Obhut gegeben. Sie müssen jetzt noch im Besitz der IKG Wien sein.
[39] DÖW, 1792.
[40] Die Toten von Dachau, hrsg. v. Dr. Auerbach u. Otto Aster, München 1947.
[41] DÖW 12800/2, Beiblatt zu den Fotokopien aus Arolsen.

Die Zahl der Juden, die der „Euthanasie"-Aktion zugeführt wurden, ist aus statistischen Angaben annähernd bekannt.[42] Mord an und Totschlag von Juden sind aus den Polizeiprotokollen und Gerichtsakten feststellbar. Die Selbstmorde von Glaubensjuden sind für Wien vollständig erfaßt, für Personen im Sinne der Nürnberger Gesetze erst ab September 1941.[43]

Zusammenfassend ergeben sich nachfolgende Zahlen für die Opfer des Holocaust in Österreich:

Deportationsaktion	Zahl der Abtrans- portierten	Zahl der Überleben- den	Sonstiges	Zahl der Opfer des Holocaust
Nisko-Aktion (Oktober 1939)	1584	84	198 [44]	1302
Verschickung in das Generalgouvernement (Februar-März 1941)	5031	37	200 [45]	4794
Verschickung nach: Litzmannstadt (Oktober 1941)	4995	16		4979
Riga (November 1941- Februar 1942)	5183	102	(200)[46]	5081
Minsk (November 1941- Oktober 1942)	9471	13		9458
Izbica (April-Juni 1942)	6000			6000
Theresienstadt (Juni 1942- März 1945)	15122	1022 166[47] 154[48]		13780
Auschwitz (Juli 1942- September 1944)	1567	140	30 [49]	1397
	48953	1734	428	46791

[42] Informationsblatt Nr. 2/1940, Die Juden in Wien, hrsg. v. Gemeindeverw. d. Reichsgaues Wien, Hauptverwaltungs- und Organisationsamt, Rechtsamt, statistische Abt. HVO 3/III, März 1940. Siehe auch: Gerhard Botz, Wien vom Anschluß zum Krieg, Wien 1978, S. 606.

[43] Siehe Moser, Das Schicksal der Wiener Juden, S. 181 f.

[44] Siehe Anm. 19.

[45] Tabelle 2, Anm. 8.

[46] Ebenda.

[47] Von den nach Theresienstadt deportierten österreichischen Juden wurden 7359 in Vernichtungslager weiterverschickt (siehe Tabelle 3c). Von diesen überlebten 166 (Zahlen vom Autor erarbeitet aus: Totenbuch Theresienstadt, hrsg. vom Jüdischen Komitee für Theresienstadt, Wien 1971).

[48] Nach H.G. Adler, Theresienstadt 1941-1945. Antlitz einer Zwangsgemeinschaft, Tübingen 1955, S. 44 f., wurden am 5.2.1945 mit einem IRK-Transport 1200 Personen in die Schweiz gebracht. Adler gibt für Österreich die Zahl 153 an. Karel Lagus/Josef Polak, Mesto za mrizemi, Praha 1964, S. 350, geben für die österreichischen Juden, die am 5.2.1945 in die Schweiz gebracht wurden, die Zahl 154 an.

[49] Tabelle 4, Anm. 5. Im Januar 1943 versuchten 30 Juden aus der Slowakei (Preßburg) in einem Waggon unter Schnittholz versteckt in die Schweiz zu gelangen. Sie wurden an der deutsch-schweizerischen Grenze entdeckt und von Feldkirch nach Wien geschickt, von wo sie am 3. März 1943 mit einem Transport nach Auschwitz kamen.

In Konzentrationslager wurden

6987 österreichische Juden eingewiesen,

5283 von ihnen wurden zwischen November 1938 und September 1939 freigelassen[50],

126 überlebten die Haft in den Konzentrationslagern[51],

1578 fielen dem Holocaust zum Opfer.[52]

Somit ergibt sich aus nachfolgender Addition die Zahl der Opfer des Holocaust, die
aus Österreich deportiert oder verschickt wurden,

46791 Opfer der Deportationen

1578 Opfer der Konzentrationslager

18 Opfer von Mord oder Totschlag

8 Todesfälle in Haftanstalten auf österreichischem Boden[53]

9 Personen wurden hingerichtet

363 Opfer der Euthanasie

mit 48767 Personen.

Alle Zahlen sind Mindestzahlen und beziehen sich nur auf Juden aus Österreich.
Die in den Tabellen ab 1944 auch angeführten Deportierungen ungarischer Juden, die
im Juli 1944 zum Arbeitseinsatz nach Österreich abgestellt wurden, sind bei allen Berechnungen nicht berücksichtigt. Die Zahl der Opfer der österreichischen Juden ist
jedoch viel höher als oben angeführt, weil auch alle Personen, die beginnend vom
„Anschluß" 1938 bis 1942 in europäische Länder flüchteten oder emigriert waren und
im Verlaufe des Krieges wieder in deutsche Hände fielen, mitzuzählen sind.

Schätzungen des Autors ergeben für die im Rahmen des Holocaust umgekommenen Juden aus Österreich, die in europäische Länder geflüchtet waren, folgende Zahlen:

Baltikum (Lettland, Litauen)	600
Belgien und Luxemburg	830
Frankreich	3260[54]

---

50 DÖW 12800/2, Beiblatt zu den Fotokopien des Zugangsbuches Dachau 1938 aus Arolsen über die Freilas-
sungen von Juden im Jahre 1938.

51 Die Zahl der Überlebenden wurden aus den KZ-Verbands (KZV)- Akten im Dokumentationsarchiv des
österreichischen Widerstandes (DÖW) vom Autor erarbeitet.

52 Diese Zahl setzt sich zusammen aus: 243 Verstorbenen und Umgekommenen in Dachau. Als Grundlage
wurden die Toten von Dachau herangezogen; 1039 Verstorbenen und Umgekommenen in den anderen
deutschen Konzentrationslagern, außer Auschwitz. Die Zahl wurde aus den nach Wien geschickten Urnen,
aus den Totenkarteien der IKG und aus den Todesmeldungen in den KZV-Akten im DÖW erstellt. 296
Personen müssen als vermißt gelten.

53 Siehe Tabelle 6.

54 Barbara Vormeier, Die Deportierungen deutscher und österreichischer Juden aus Frankreich (1942-1944),
Paris 1980, bringt Zahlen, die auf Untersuchungen Serge Klarsfelds beruhen. Danach wurden 1746 Öster-
reicher aus Frankreich deportiert. Die Deportierungen aus der italienisch besetzten Zone wurden nicht be-
rücksichtigt. Klarsfeld geht bei seinen Zählungen von der Staatsangehörigkeit und vom Geburtsort aus.
Personen anderer Staatsangehörigkeit oder Staatenlose oder deren Geburtsort außerhalb des Gebietes der
Republik Österreich liegen, erfaßte er nicht. Serge Klarsfeld, Vichy - Auschwitz, Nördlingen 1989, S. 333.
Klarsfeld gibt hier die Zahl 2500 für die aus Frankreich deportierten Österreicher an, die aber aus den oben
bereits angeführten Gründen noch immer zu niedrig ist.

Griechenland	50
Italien	500
Jugoslawien	1660[55]
Niederlande	750
Norwegen	2
Polen	1850
Protektorat Böhmen und Mähren	1360[56]
Rumänien	1320
Slowakei	1350[57]
Ungarn	3160[58]
	16692

Die Gesamtzahl der jüdischen Opfer des Nationalsozialismus liegt für Österreich also bei 65 459. Die Überlebenden des Holocaust kehrten nach der Befreiung vorerst nach Wien zurück, um überlebende Familienangehörige zu suchen. Sie meldeten sich bei der Israelitischen Kultusgemeinde und ließen sich auch von der Zentralregistrierungsstelle der Opfer des Naziterrors in Österreich[59] erfassen. Statistisch erfaßt wurden sie nur von der Israelitischen Kultusgemeinde.[60] Als sich im Sommer 1945 die NS-Opfer in Verbänden sammelten, ließen sich die Überlebenden des Holocaust neuerlich registrieren, zumal es jetzt bereits um eine Erfassung für eine Entschädigung nach dem Opferfürsorgegesetz ging. Dabei kam es zu sehr unschönen Auseinandersetzungen, weil die politisch verfolgten KL-Häftlinge die rassisch verfolgten KL-Häftlinge nicht in ihren Verband aufnehmen wollten. Diese gründeten daher einen eigenen Verband.[61] Nicht-Konzentrationslagerhäftlinge sammelten sich im Häftlingsverband oder im Verband der Abstammungsverfolgten.[62] Es bedurfte großer Bemühungen, diesen Zwist unter den NS-Verfolgten zu glätten und sie im Sommer 1946 im Bund der politisch Verfolgten zu einen.[63] Als es im Frühjahr 1948 zu einer Kraftprobe

---

[55] Im Lager Sabac bei Belgrad befanden sich 1107 Auswanderer aus Österreich, die auf dem Wege nach Palästina waren. Sie wurden im Herbst 1941 von deutscher Feldgendarmerie erschossen. (The Crimes of the Fascist occupant and their collaborators against Jews in Yugoslavia, hrsg. Federation of Jewish Communities of the Federative People's Republic of Yugoslavia, Belgrad 1957, S. 7.)

[56] Es handelt sich zumeist um Juden österreichischer oder tschechoslowakischer Staatsangehörigkeit, die 1938 bis März 1939 in das Gebiet des späteren Protektorates emigrierten oder flüchteten.

[57] Ähnlich wie Anm. 56. Auswanderung oder illegale Grenzübertritte in die Slowakei erfolgten bis 1941.

[58] Viele Juden aus Österreich, die nach Ungarn emigrierten oder flüchteten, wurden im Sommer 1941 in das besetzte Galizien verschickt, wo sie bei Kamenetz-Podolsk SS-Einsatzkommandos in die Hände fielen (Ervin Pamlényi (Hrsg.), A History of Hungary, Budapest 1973, S. 521, und Eugene Levai, Black Book of the Martyrdom of Hungarian Jewry, Wien 1948, S. 24 f.). Österreichische Juden flüchteten vermehrt zu Beginn der großen Deportierungsaktionen. Sie und alle Juden ungarischer Staatsangehörigkeit, die vor 1938 in Österreich lebten, wurden 1944 in die Judenvernichtung des NS-Staates einbezogen.

[59] Sie befand sich im Wiener Rathaus.

[60] Statistischer Bericht der IKG Wien vom 31.12.1945. Siehe auch DÖW 11564/5, Liste österreichischer Juden, die aus verschiedenen Konzentrationslagern nach Wien zurückgekehrt sind, Aufstellung vom 30.11.1945.

[61] KZ-Verband, Organisationskomitee der wegen ihrer Abstammung Verfolgten.

[62] Verband der antifaschistischen österreichischen Anstaltshäftlinge, Verband der wegen ihrer Abstammung Verfolgten.

[63] Siehe Mahnruf, Nr. 1 (15.11.1946), S. 4 f.

der Kommunisten innerhalb des Bundes der politisch Verfolgten kam, wurde er vom Staat aufgelöst, die rund 14 000 Registrierungsbögen wurden beschlagnahmt. Diese Akten wurden 1971 dem Dokumentationsarchiv des österreichischen Widerstandes in Obhut gegeben. Spätere Meldungen Überlebender erfolgten bei den einzelnen Landesregierungen in den Abteilungen für Opferfürsorge. Ihre Zahl dürfte minimal sein. Detailunterlagen über die Meldungen bei den Landesregierungen sind wegen des Datenschutzes nicht zugänglich.

Zur Erläuterung der Tabellen:

Die Zahlen oberhalb der einzelnen Kolonnen deuten auf folgende Quellen hin:
1 Vom Autor aus den Listen der tatsächlich abgegangenen Personen erstellt oder bei anderen überprüft.
2 DÖW E-18238, Zusammenstellung der Deportierungstransporte, angefertigt vom Ältestenrat der Juden in Wien, Sommer 1944.
3 Angaben aus den Gestapo-Tagesberichten der Gestapoleitstelle Wien.
4 Aus Nbg. Dok. PS-3934, Auszüge aus den Berichten von Dr. Josef Löwenherz IKG Wien 1938-1942, zusammengestellt von Bienenfeld.
5 Gertrude Schneider, Journey into Terror. Story of the Riga Ghetto, New York 1979, S. 155.
6 DÖW 11321, Einweisungs- und Ankunftsbericht der Transporte aus Litzmannstadt vom 13.11.1941.
7 Angaben stammen aus Arolsen.
8 Karel Lagus/Josef Polak, Mesto za mrizemi, Praha 1964, S. 343.
9 Ebenda.
10 Borivoj Spilka (Hrsg.), Terezin Ghetto, Praha 1945.
11 Aus den KZ-Verbandsakten im DÖW erarbeitet.
12 Aus dem Totenbuch Theresienstadt, Wien 1971.
13 Aus den KZ-Verbandsakten erarbeitet.
14 Nach Schneider, Journey into Terror, Liste der Überlebenden, S. 158-175.

Tabelle: 1

Deportierungstransporte von Österreich in das Generalgouvernement und nach Litzmannstadt

Abgangsnummer der Transporte	Ankunftsnummer der Transporte	Abgangsdatum	Abgangsort	Zielort	Ankunftsdatum	Zahl der Abtransportierten				Zahl der Ankommenden	Überlebende
						(1)	(2)	(3)	(4)	(5)	(13)
(1a)		20.10.1939[1]	Wien	Nisko	23.10.1939[2]	912			(912)		67[20]
(2a)		26.10.1939[3]	Wien	Nisko	29.10.1939[4]	672	(1584)				17[21]
						1584	(1584)				84
1		15. 2.1941[5]	Wien	Opole ü/Pulawy		996	(1003)	(1000)	(1000)		14
2		19. 2.1941[6]	Wien	Kielce		1010	(1000)		(1003)		2
3		26. 2.1941	Wien	Opole ü/Pulawy		1049	(1000)		(1001)		3
4		5. 3.1941[7]	Wien	Modliborzyce		981	(999)		(999)		4
5		12. 3.1941[8]	Wien	Lagow, Opatow		995	(1001)		(1001)		2
										ungenaue Angaben	12
						5031	(5003)		(5004)		37[22]
6	1	15.10.1941[9]	Wien	Litzmannstadt	16.10.1941[10]	1005	(1000)			998	3
7	5	19.10.1941	Wien	Litzmannstadt	20.10.1941	1003	(1000)			1001	4
8	9	23.10.1941	Wien	Litzmannstadt	24.10.1941	991	(1000)		(5002)	1000	
9	14	28.10.1941[11]	Wien	Litzmannstadt	29.10.1941	998	(1000)			999	
10	19	2.11.1941[12]	Wien	Litzmannstadt	3.11.1941	998	(1000)			1002	3
										ungenaue Angaben	6
						4995	(5000)		(5002)	5000	16[23]
17		9. 4.1942[13]	Wien	Izbica		998	(1001)	(1002)			
18		27. 4.1942[14]	Wien	Wlodawa	29. 4.1942	998	(999)	(999)			
20		12. 5.1942[15]	Wien	Izbica		1001	(1000)	(1000)			
21		15. 5.1942[16]	Wien	Izbica		1006	(1000)	(1000)			
25		5. 6.1942[17]	Wien	Izbica		1001	(1000)				
27		14. 6.1942[18]	Wien	Sobibór[19]	17. 6.1942	996	(1000)		(6000)		
						6000	(6000)		(6000)		
						17610	(17587)				

Anmerkungen zu Tabelle 1:

[1] BA R 58/1210, 43421, Tagesbericht 11 der GLW vom 24.-26.10.1939; DÖW 2536, Aktenvermerk der ZfjA vom 18.10.1939 über die Umsiedlungsaktion nach Polen; Nbg. Dok. PS-3934 bzw. Yad Vashem B 21/1 u. 0-30/5, Auszug aus den Aktennotizen des Leiters der IKG Wien Dr. Löwenherz über die Jahre 1938-1945, angefertigt von W. Bienenfeld 1945, S. 15.

[2] DÖW 2528, Bericht E. Kolms 1946 angefertigt; BA, RSHA R 58/144, fol. 10.

[3] 43. Wochenbericht der IKG Wien vom 31.10.1939 (Kopie in der Sammlung des Autors).

[4] DÖW 2528.

[5] DÖW 2562, Aktennotiz des Leiters der IKG Wien vom 1.2.1941; Nbg. Dok. PS-3934, S. 29; DÖW 1456, Protokoll einer Besprechung in der Gauleitung Wien am 12.2.1941 über die Regelung der Deportierung der Wiener Juden in das Generalgouvernement; DÖW 5732, Tagesbericht 7 der GLW vom 15.-17.2.1941.

[6] DÖW 5732, Tagesbericht 8 der GLW vom 17.-18.2.1941.

[7] Nbg. Dok. PS-3934, S. 32.

[8] Ebenda, S. 35.

[9] 40. Wochenbericht der IKG Wien vom 7.10.1941; siehe auch Jonny Moser, Die Judenverfolgung in Österreich 1938-1945, Wien 1966, S. 28.

[10] Allgemeines Verwaltungsarchiv in Wien (AVA) Reichsstatthalter a Pol/1301 1941/764, Schreiben der Gestapo an Reg.Präs. Dellbrügge vom 10.10.1941. Bekanntgabe der Evakuierungstermine der Juden in das Ghetto Litzmannstadt; DÖW 11321, Einweisungsübersicht der ankommenden Transporte im Ghetto Litzmannstadt angefertigt vom S. Ak.-Nord-1a (J) – vom 13.11.1941; DÖW 1978 Nachweise über Polizeitransportbegleitung.

[11] DÖW 5732, Tagesbericht 12 der GLW vom 27.-28.10.1941. Am 28.10.1941 Judentransport mit 1000 Juden in das Generalgouvernement abgegangen; DÖW 1978.

[12] DÖW 1978.

[13] DÖW 5733, Tagesbericht 12 der GLW vom 10.-11.4.1942. 17. Judentransport nach dem Generalgouvernement mit 1002 Personen abgegangen.

[14] DÖW 5733, Tagesbericht 12 der GLW vom 27.-28.4.1942. 18. Judentransport mit 999 Personen nach Osten abgegangen; Yad Vashem O-51 (DN) 27-3, Der Polizeipräsident in Wien, fol. 14, fol. 15 Erfahrungsbericht über den am 27.4.1942 durchgeführten Judentransport nach Wlodawa vom 4.5.1942.

[15] DÖW 5733, Tagesbericht 7 der GLW vom 14.-15.5.1942; Yad Vashem (Anm. 14) fol. 18, Bereitstellung von Transportkommandos.

[16] DÖW 5733, Tagesbericht 7 der GLW vom 17.-18.5.1942; Yad Vashem (Anm. 14) fol. 18.

[17] Yad Vashem (Anm. 14) fol. 36, 37, 39, 40.

[18] DÖW 5733c, Tagesbericht 7 der GLW vom 15.-16.6.1942. Über das Greko Lundenburg kamen in einem Sonderzug 1100 Juden aus Wien zur Ausreise in das Generalgouvernement.

[19] Yad Vashem (Anm. 14) fol. 42, Erfahrungsbericht über die Durchführung des Transportes nach Sobibor am 14.6.1942 angefertigt am 20.6.1942, siehe auch fol. 45.

[20] Die Zahlen wurden vom Autor aus nachfolgenden Quellen und Hinweisen zusammengestellt: KZ-Verband Wien und N – Anmeldebögen 1946-1947 – in Obhut des DÖW; aus Zeitungsmeldungen: IPN 45 (1955), 8; 88/89 (1957), Die Gemeinde (Kleinformat) 3 (1948), Demokratischer Bund 10 (1953), Der Neue Weg 19 (1947), 12; 23 (1947), 12; Der Mahnruf 9 (1947), 14 und durch persönliche Mitteilungen und die sogenannte Niskorückkehrerkartei, von Rudolf Baumann dem Autor 1967 übergeben.
Von den 67 Überlebenden des 1. Wiener Niskotransportes waren 46 jahrelang in sowjetrussischen Lagern inhaftiert, einer flüchtete 1939 nach Ungarn, 7 kehrten im April 1940 nach Wien zurück – sie überlebten in Wien, weil sie arische Ehepartner hatten – von 13 fehlen nähere Angaben.

[21] Von den 17 Überlebenden des 2. Wiener Niskotransportes waren 9 jahrelang in sowjetrussischen Lagern inhaftiert, einer flüchtete 1940 nach Ungarn und von dort weiter, 3 kamen im April 1940 nach Wien zurück, von 4 fehlen nähere Angaben.

[22] Alle Zahlen wurden aus den KZ-Verbands-Anmeldebögen sowie Hinweisen in einer Deportationsstatistik der IKG von 1949 erstellt.

[23] Wie Anm. 22

Tabelle: 2

Deportierungstransporte von Österreich in die besetzten Ostgebiete (Riga und Minsk)

Abgangs-nummer der Transporte	Abgangsdatum	Abgangsort	Ankunftsort	Ankunfts-datum	Zahl der Abtransportierten				Überlebende	
					(1)	(2)	(3)	(5)	(13)	(14)
11	23.11.1941[1]	Wien	Kaunas[2]	29.11.1941	995	(1000)	(1000)	(1000)	9	
13	3.12.1941[3]	Wien	Riga		995	(1000)		(1042)	16	
14	11. 1.1942[4]	Wien	Riga	15. 1.1942[5]	1000	(1000)		(1000)	18	
15	26. 1.1942[6]	Wien	Riga	30. 1.1942[7]	1196[8]	(1200)	(1200)	(1200)	24	
16	6. 2.1942[9]	Wien	Riga	10. 2.1942[10]	997	(1000)	(1022)	(1000)	35	
				ungenaue Angaben	5183	(5200)		(5242)	102[25]	69
12	28.11.1941[11]	Wien	Minsk[12]		999	(1000)	(1000)		3	
19	6. 5.1942[13]	Wien	Minsk	11. 5.1942[14]	994	(1021)	(1000)		6	
22	20. 5.1942[15]	Wien	Minsk	26. 5.1942[16]	986	(1000)	(1000)		1	
23	27. 5.1942[17]	Wien	Minsk	1. 6.1942[18]	981	(1000)	(1000)			
24	2. 6.1942	Wien	Minsk		999	(1000)				
26	9. 6.1942[19]	Wien	Minsk	15. 6.1942[20]	1006	(1000)	(1000)			
36	17. 8.1942[21]	Wien	Minsk		1003	(1000)				
39	31. 8.1942[22]	Wien	Minsk		967	(1000)	(1000)			
42	14. 9.1942[23]	Wien	Minsk		992	(1000)	(1000)		2	
44	5.10.1942[24]	Wien	Minsk		544	(550)	(549)		1[26]	
				ungenaue Angaben	9471	(9571)			13	
					14654	(14771)			115	

Anmerkungen zu Tabelle 2:

[1] DÖW 5732f, Tagesbericht der GLW vom 21.-22.11.1941. Am 23.11.1941 ging der 6. Transport mit 1000 Juden in das Generalgouvernement ab.

[2] Gertrude Schneider, Journey into Terror. Story of the Riga Ghetto, New York 1979, S. 148; H.G. Adler, Der verwaltete Mensch. Studien zur Deportation der Juden aus Deutschland, Tübingen 1974, S. 183 ff.; Raul Hilberg, The Destruction of the European Jews, London 1961, S. 232 ff.; siehe auch sog. Jäger-Bericht in: Ernst Klee/Willi Dreßen/Volker Rieß (Hrsg.), Schöne Zeiten. Judenmord aus der Sicht der Täter und Gaffer, Frankfurt a. M. 1988², S. 52 ff.

[3] Schneider, Journey into Terror, S. 155; IMT, Bd. XXX, Dok. PS-2273.

[4] DÖW 5733, Tagesbericht 5 der GLW vom 12.-13.1.1942, darin wird der Abgang des 14. Judentransportes verzeichnet.

[5] Schneider, Journey into Terror, S. 36.

[6] DÖW 5733a, Tagesbericht 12 der GLW vom 28.-29.1.1942. „... der 16. Judentransport mit 1200 Juden abgegangen".

[7] Schneider, Journey into Terror, S. 39.

[8] Rund 200 österreichische Juden, die im Frühjahr 1941 von Wien in das Generalgouvernement deportiert wurden, gelang es im Verlaufe des Sommers zurückzukehren. Sie wurden festgenommen, in das Sammellager gebracht und im Januar 1942 nach Riga deportiert.

[9] DÖW 5733a, Tagesbericht 4 der GLW vom 9.-10.2.1942. „Am 6.2.1942 ... wurde ... der 17. Judentransport nach dem Generalgouvernement abgelassen. In diesem Transport befanden sich 1022 Juden ..., darunter Sigmund Bosel."

[10] Schneider, Journey into Terror, S. 42; siehe auch IMT, Bd. XXXIII, Dok. PS-3876.

[11] DÖW 5732, Tagesbericht 13 der GLW vom 28.-29.11.1941. Als Zielpunkt des 7. Transportes (ohne die 5 Transporte vom Frühjahr 1941) ist das Generalgouvernement angegeben.

[12] IMT, Bd. XXXII, Dok. PS-3428.

[13] DÖW 5733, Tagesbericht 5 der GLW vom 8.-10.5.1942; 19. Judentransport am 6. Mai 1942 nach dem Osten abgefertigt; Yad Vashem 0-51 (DN) 27-3, fol. 15. Erfahrungsbericht über den am 6. Mai 1942 durchgeführten Evakuierungstransport (Juden) nach Minsk vom 16.5.1942 des S. Ak. IX.

[14] DÖW 854, Bericht eines Überlebenden dieses Transportes; teilweise wiedergegeben in: Jonny Moser, Die Judenverfolgung in Österreich 1938-1945, Wien 1966, S. 35 f.; DÖW 2345 Einsatzgruppenberichte, siehe in: Unsere Ehre heißt Treue. Kriegstagebuch des Kommandostabes RFSS, Tätigkeitsberichte der 1. und 2. SS-Inf. Brigade, der 1. SS-Kav. Brigade und von Sonderkommandos der SS, Wien 1965, S. 236. Bericht des II. Zuges der 1. Komp. des Battl. der Waffen-SS z.b.V. aus Minsk vom 17. Mai 1942.

[15] DÖW 5733c, Tagesbericht 10 der GLW vom 22.-24.5.1942, Meldung über den Abgang des 22. Judentransportes nach dem Osten (Minsk); Yad Vashem (Anm. 13), fol. 30.

[16] Unsere Ehre heißt Treue, S. 240.

[17] DÖW 5733c, Tagesbericht 12 der GLW vom 27.-28.5.1942. Der 23. Judentransport nach dem Osten (Minsk) abgeführt; Yad Vashem (Anm. 13) fol. 31, 33, 34.

[18] Unsere Ehre heißt Treue, S. 240.

[19] DÖW 5733c, Tagesbericht 5 der GLW vom 10.-11.6.1942. „Am 10.6.1942 kam ein Sammeltransport mit 1000 Juden über das Greko Lundenburg zur Ausreise in das Generalgouvernement."

[20] Unsere Ehre heißt Treue, S. 241.

[21] Yad Vashem (Anm. 13), fol. 62, Transportbereitstellung.

[22] DÖW 5733e, Tagesbericht 1 der GLW vom 1.-3.9.1942; Yad Vashem (Anm. 13), fol. 62.

[23] DÖW 5733e, Tagesbericht 5 der GLW vom 15.-17.9.1942; Yad Vashem (Anm. 13), fol. 62.

[24] DÖW 5733f, Tagesbericht 2 der GLW vom 2.-5.10.1942. Am 5.10.1942 ist der 44. Judentransport mit 549 Menschen nach dem Osten (Minsk) abgegangen; Yad Vashem (Anm. 13), fol. 90; Erfahrungsbericht über den von Wien nach Minsk geführten Judentransport am 5.10.1942; DÖW 2563 Bericht eines Überlebenden dieses Transportes.

[25] Die Zahlen und Namen der Überlebenden wurden aus den rund 15000 Anmeldebögen beim KZ-Verband Wien und N 1946/47 in Obhut des DÖW und aus der Namensliste von Schneider, Journey into Terror, S. 157-175, erstellt.

[26] Zahlen und Namen aus den Anmeldebögen des KZ-Verbandes Wien und N 1946/47 vom Autor zusammengestellt.

Tabelle: 3a

Deportierungstransporte von Österreich nach Theresienstadt

Abgangs-nummer der Transp. Wien –	Ankunfts-nummer der Transp. Theresien-stadt	Abgangs-datum	Abgangs-ort	Ankunfts-datum	Zahl der Abtransportierten				Zahl der in (von) Theresienstadt Ankommenden		Befreiten		Weiter-ver-schick-ten	davon Über-lebende
					(1)	(2)	(3)	(7)	(8)	(9)	(10)	(11)	(12)	(13)
28	IV/1	20. 6.1942[1]	Wien	21. 6.1942	996	(1000)	(1000)	(970)	1000	26	26	29	559	
29	IV/2	28. 6.1942[2]	Wien	29. 6.1942	983	(1000)	(1000)	(969)	1000	25	25	23	350	1
30	IV/3	10. 7.1942[3]	Wien	11. 7.1942	993	(1000)	(1000)	(1000)	1000	19	19	21	403	
31	IV/4	14. 7.1942[4]	Wien	15. 7.1942	988	(1000)	(1000)	(1001)	1000	44	44	28	465	
33	IV/5	22. 7.1942[5]	Wien	23. 7.1942	1005	(1000)	(1000)	(1001)	1000	50	50	32	483	1
34	IV/6	28. 7.1942[6]	Wien	29. 7.1942	988	(1000)		(1000)	1000	54	54	41[32]	532	
35	IV/7	13. 8.1942[7]	Wien	14. 8.1942	997	(1000)	(1000)	(1000)	1000	57	57	25[33]	394	2
37	IV/8	20. 8.1942[8]	Wien	21. 8.1942	997	(1000)		(975)	1000	62	62	45	450	1
38	IV/9	27. 8.1942[9]	Wien	28. 8.1942	956	(1000)	(1000)	(999)	1000	30	30	20	400	1
40	IV/10	10. 9.1942[10]	Wien	11. 9.1942	990	(1000)		(1000)	1000	78	78	39	528	3
42	IV/11	24. 9.1942[11]	Wien	25. 9.1942	1287	(1300)	(1300)	(1300)	1300	107	111	57	583	19
43	IV/12	1.10.1942[12]	Wien	2.10.1942	1290	(1300)	(1299)	(1295)	1299	147	151	116[34]	853	35
45	IV/13	9.10.1942[13]	Wien	10.10.1942	1306	(1326)	(1322)	(1336)	1323	164	166	115	744	42
				ungenaue Ankunfts- und Abgangsdaten								105		20
					13776	(13926)		(13846)	13922	863	873	696	6744	125

		Abgang	Ziel	Ankunft								
46a	IV/14	5. 1.1943[14]	Wien	6. 1.1942	100	(100)	(300)	100	14	14	14	80	3
46b	IV/14b	8. 1.1943[15]	Wien	9. 1.1943	101	(100)		100	13	13	9	66	4
46c	IV/14c	11. 1.1943[16]	Wien	12. 1.1943	100	(100)		100	14	14	14[36]	63	
46d	IV/14d	28. 1.1943[17]	Wien	29. 1.1943	9	(9)	(9)	9	4	4	3	7	
46e	IV/14e	25. 2.1943[18]	Wien	26. 2.1943	70	(70)	(70)	70	27	27	5	19	
46f	IV/14f	30. 3.1943[19]	Wien	1. 4.1943	101	(101)	(101)	101	37	37	13	39	
46g	IV/14g	1. 4.1943[20]	Wien	2. 4.1943	72	(72)	(72)	72			17	32	2
	EZ	27. 4.1943[21]	Wien	28. 4.1943	2			2	16	16			
46h	IV/14h	25. 5.1943[22]	Wien	27. 5.1943	203	(204)	(196)	205	34	34	17	51	
	EZ	16. 6.1943[23]	Linz	17. 6.1943	2			3					
46i	IV/14i	24. 6.1943[24]	Wien	26. 6.1943	151	(152)	(136)	152	33	33	19	91	4
46j	IV/14k	15. 7.1943[25]	Wien	16. 7.1943	17	(17)	(14)	17	8	8	5	5	
46k	IV/14l	2. 9.1943[26]	Wien	3. 9.1943	20	(20)	(19)	20	7	7	5	3	1
	IV/14m	9. 9.1943[27]	Waidhofen/Y.	10. 9.1943	10	( )		10				7	
	EZ	15. 9.1943[28]	Linz	16. 9.1943	1			1	1	1			
46l	IV/14n	11.11.1943[29]	Wien	12.11.1943	91	(91)	(91)	91	27	27	19[37]	40	5
46m	IV/14o	30.11.1943[30]	Wien	1.12.1943	46	(43)	(43)	46			12	12	
	EZ	14.12.1943[31]	Krems-münster	15.12.1943	1			1	22	22	1		
						ungenaue Ankunfts- und Abgangsdaten								
					1097	(1079)	(1051)	1100	257	257	204	515	15
											51		34

Tabelle: 3b

Deportierungstransporte von Österreich nach Theresienstadt

	Abgangsnr. der Transp. Wien – Ankunft Theresienstadt	Abgangsdatum	Abgangsort	Ankunftsdatum	Zahl der Abtransportierten			Zahl der in (von) Theresienstadt					Weiterverschickten	davon Überlebende
								Ankommenden			Befreiten			
					(1)	(2)	(3)	(7)	(8)	(9)	(10)	(11)	(12)	(13)
	IV/14p	10. 1.1944	Graz	11. 1.1944	6				6				3	
	EZ	20. 1.1944	Ried/Innkr.	20. 1.1944	1				1					
48a	IV/15	10. 3.1944[38]	Wien	11. 3.1944	84			(76)	84			33	47	
48b	IV/15b	28. 4.1944[39]	Wien	29. 4.1944	79			(87)	80			39	7	1
	EZ	17. 5.1944	Graz	18. 5.1944	1				1					
	EZ	18. 5.1944	Graz	19. 5.1944	4				4					
	EZ	2. 6.1944	Traunkirchen	3. 6.1944	1				1					
	EZ	21. 6.1944	Linz	22. 6.1944	4				4					
48c	IV/15c	28. 6.1944[40]	Wien	29. 6.1944	18			(18)	5			7	5[45]	
	EZ	9. 7.1944	Graz	10. 7.1944	5					152	152			
	EZ	23. 7.1944	Linz	24. 7.1944	1				1					
48d	IV/15d	16. 8.1944[41]	Wien	17. 8.1944	16			(16)	16			10	6	
	EZ	21. 9.1944	Graz, Enns	22. 9.1944	2				2					
	EZ	20.11.1944	Wien	21.11.1944	4				4			1		
	EZ	22.11.1944	Wien	23.11.1944	1				1			14		6
					227			**(197)**	**210**	**152**	**152**	**104**	**68**	**7**
				ungenaue Ankunfts- u. Abgangsdaten										
48e	IV/15d	1. 2.1945	Wien	2. 2.1945	4				4			4		
	IV/15e	15. 2.1945	Salzburg	16. 2.1945	7			(7)	7			1		
	IV/16	8. 3.1945	Wien	8. 3.1945	1073[42]			(1076)	1074[44]	1039	1061	5	2[46]	6
	IV/17	20. 3.1945	Wien	20. 3.1945	11				11	11	11			
	IV/16a	15. 4.1945	Amstetten	15. 4.1945	77[43]				77		77	8	30	
				ungenaue Ankunfts- u. Abgangsdaten										
					22			**(7)**	**22**	**11**	**11**	**18**	**32**	
					15122 (15101)			**(15101)**	**15254**	**1272**	**1293**	**1022**	**7359**	**166**

Anmerkungen zu Tabelle 3a und 3b:

[1] DÖW 5733c, Tagesbericht 10 der GLW vom 22.–26.6.1942. „Am 21.6.1942 kamen über das Greko Lundenburg 1000 aus Wien evakuierte Juden zur Ausreise in das Generalgouvernement." Theresienstadt wurde noch nicht erwähnt.

[2] DÖW 5733d, Tagesbericht 1 der GLW vom 1.–2.7.1942. „In einem Sonderzug kamen über das Greko Lundenburg 1000 aus Wien evakuierte Juden zur Ausreise nach dem Osten."

[3] DÖW 5733d, Tagesbericht 6 der GLW vom 13.-14.7.1942. „Am 10.7.1942 30. Judentransport mit 1000 Köpfen (3. Trp. nach Theresienstadt) abgegangen." Yad Vashem 0-51 (DN) 27-3, Der Polizeipräsident in Wien, fol. 47, Gestellungsbefehl für Transportkommandos; fol. 49, Anordnung der 1. Res. Pol. Komp. vom 9.7.1942, Bekanntgabe des Transportführers.

[4] DÖW 5733d, Tagesbericht 8 der GLW vom 17.-19.7.1942. „Am 14.7.1942 ist … (4. Trp. nach Theresienstadt) abgegangen."

[5] DÖW 5733d, Tagesbericht 11 der GLW vom 28.-31.8.1942.

[6] Ebenda, Tagesbericht 13 der GLW vom 29.-31.7.1942.

[7] Yad Vashem 0-51 (DN) 27-3, fol. 62, Gestellungsbefehle f. Evakuierungstransp.

[8] Ebenda.

[9] DÖW 5733e, Tagesbericht 9 der GLW vom 28.-31.8.1942.

[10] Ebenda, Tagesbericht 3 der GLW vom 8.-10.9.1942.

[11] Ebenda, Tagesbericht 8 der GLW vom 25.-28.9.1942. „42. Judentransport (11. Trp. nach Theresienstadt) mit 1300 Köpfen abgegangen."

[12] Ebenda, Tagesbericht 1 der GLW vom 29.9.-1.10.1942. „43. Judentransport mit 1229 Köpfen abgegangen."

[13] DÖW 5733f, Tagesbericht 4 der GLW vom 9.-12.10.1942. „45. Judentransport (13. Trp. nach Theresienstadt) mit 1322 Köpfen abgegangen."

[14] DÖW E-18238, 2. Wochenbericht des Ältestenrates der Juden in Wien vom 12.1.1943; Yad Vashem 0-51 (DN) 27-3, fol. 93, Gestellungsbefehl für die Transporte am 5., 8. und 11.1.1943 nach Theresienstadt.

[15] Ebenda.

[16] Ebenda.

[17] Yad Vashem 0-51 (DN) 27-3, fol. 100, Beistellung eines Transportbegleiters für den Transport am 28.1.1943; DÖW E-18238, 5. Wochenbericht des Ältestenrates vom 2.2.1943.

[18] Yad Vashem 0-51 (DN) 27-3, fol. 102; DÖW E-18238, 9. Wochenbericht des Ältestenrates vom 2.3.1943.

[19] Yad Vashem 0-51 (DN) 27-3, fol. 110; Gestellung eines Begleitkommandos lt. Anordnung vom 29.3.1943; DÖW E-18238, 14. Wochenbericht des Ältestenrates vom 6.4.1943.

[20] Ebenda.

[21] Persönliche Mitteilung von H.G. Adler an den Autor, Brief vom 6.9.1966.

[22] DÖW E-18238, 22. Wochenbericht des Ältestenrates vom 1.6.1943; DÖW 5734, Tagesbericht 8 der GLW vom 22.-26.5.1943. Erstmals geht ein Transport in Güterwaggons von Wien ab.

[23] Brief H.G. Adlers vom 6.9.1966.

[24] Yad Vashem 0-51 (DN) 27-3, fol. 122, Befehl des Kdo. der Schupo vom 22.6.1943, Gestellung eines Begleitkommandos; DÖW 5734, Tagesbericht 8 der GLW vom 24.-28.6.1943; DÖW E-18238, 26. Wochenbericht des Ältestenrates vom 29.6.1943.

[25] Yad Vashem 0-51 (DN) 27-3, fol. 127; DÖW 8475, Tagesbericht 5 der GLW vom 16.-19.7.1943; DÖW E-18238, 29. Wochenbericht des Ältestenrates vom 20.7.1943.

[26] DÖW E-18238, 36. Wochenbericht des Ältestenrates vom 7.9.1943.

[27] Brief H.G. Adlers vom 6.9.1966.

[28] Ebenda.

[29] DÖW E-18238, 46. Wochenbericht des Ältestenrates vom 16.11.1943.

[30] Ebenda, 49. Wochenbericht des Ältestenrates vom 7.12.1943; DÖW 8477, Tagesbericht 1 der GLW vom 1.-3.12.1943.

[31] Brief H.G. Adlers vom 6.9.1966.

[32] Eine Person davon ging mit einem Transport des Internationalen Roten Kreuzes am 5.2.1945 in die Schweiz ab.

[33] Eine Person ging mit einem IRK-Transport am 5.2.1945 in die Schweiz ab.

[34] Eine Person davon ging am 5.2.1945 mit dem IRK-Transport in die Schweiz ab.

[35] Zwei Personen gingen am 5.2.1945 mit dem IRK-Transport in die Schweiz ab; eine Person kam am 28.9.1944 in das KZ Bergen-Belsen und wurde am 4.3.1945 als Austauschperson in die Türkei gebracht.

[36] Eine Person davon ging mit dem IRK-Transport am 5.2.1945 in die Schweiz ab.

[37] Drei Personen gingen mit dem IRK-Transport am 5.2.1945 in die Schweiz ab. Alle ab 1944 erfolgten Transportangaben ohne Anmerkungszeichen sind dem Autor von H.G. Adler (Schreiben vom 6.1.1967) mitgeteilt worden, sie beruhen auf den Angaben der Liste 306b und dem Verzeichnis der eingelangten Transporte seit 31. Januar 1945 aus Theresienstadt; sie sind auch in: Karel Lagus/Josef Polák, město za mřížemi, Praha 1964, S. 343, veröffentlicht.

[38] DÖW E-18239, Wochenbericht 11 des Ältestenrates vom 14.3.1944.

[39] Ebenda, Wochenbericht 18 des Ältestenrates vom 2.5.1944.

[40] Ebenda, Wochenbericht 27 des Ältestenrates vom 4.7.1944. Dieser Transport scheint in tschechischen Publikationen nicht auf, was auf einen immer wieder übernommenen Schreib- bzw. Abschreibfehler zurückzuführen ist.

[41] DÖW E-18240, Statistische Monatsberichte des Ältestenrates, Monatsbericht August 1944. Es heißt darin: „Abgewandert 16 Personen."

[42] Es handelt sich um einen Transport ungarischer Juden, die im Sommer nach Österreich zum Arbeitseinsatz transferiert worden waren und nach Theresienstadt weitergeschickt wurden.

[43] Hier handelt es sich ebenfalls um ungarische Juden, die hier in Österreich im Arbeitseinsatz gestanden sind.

[44] Siehe Anm. 40. Daß es sich um einen Abschreibfehler in tschechischen Publikationen handelt, geht schon allein daraus hervor, daß im „Totenbuch Theresienstadt" (Damit sie nicht vergessen werden, erweitert und neu herausgegeben von Mary Steinhauser und DÖW, Wien 1987) Verstorbene und nach Auschwitz weiter Verschickte mit der Transportbezeichnung IV/15c aufscheinen.

[45] Hier handelt es sich sicherlich um einen Schreib- bzw. Druckfehler im Totenbuch-Theresienstadt und sollte in der Rubrik ungenaue Ankunfts- u. Abgangsdaten aufscheinen.

[46] Wie Anm. 45.

Tabelle: 3c

Deportierung von Österreichern aus Theresienstadt in Vernichtungslager

Transport-bezeichnung	Abgangsdatum	Zielort	Zahl der Ab-transportiert.	davon Juden aus Österreich	Über-lebende
AAz	4. 8.1942	Minsk[1]	(1000)	8	
Bb	20. 8.1942	?	(1000)	1	
Bc	25. 8.1942	Minsk	(1000)	24	
Bk	8. 9.1942	Minsk	(1000)	2	
Bo	19. 9.1942	Minsk	(2000)	336	
Bp	21. 9.1942	Minsk	(2020)	997	
Bq	23. 9.1942	Minsk	(1980)	725	
Br	26. 9.1942	Minsk	(2004)	601	
Bs	29. 9.1942	Minsk	(2000)	436	
Bv	15.10.1942	Treblinka	(1998)	2	
Bw	19.10.1942	Treblinka	(1984)	4	
Bx	22.10.1942	Treblinka	(2018)	13	
Cr	23. 1.1943	Auschwitz	(2000)	481	
Ct	29. 1.1943	Auschwitz	(1000)	32	
Dl	6. 9.1943	Auschwitz	(2479)	58	
Dm	6. 9.1943	Auschwitz	(2528)	21	
Dn/a	5.10.1943	Auschwitz	(53)	9	
Dr	15.12.1943	Auschwitz	(2504)	18	
Ds	18.12.1943	Auschwitz	(2503)	193	
Dx	20. 3.1944	Bergen-Belsen	(45)	2	
Dz	15. 5.1944	Auschwitz	(2503)	388	
Ea	16. 5.1944	Auschwitz	(2500)	670	
Eb	18. 5.1944	Auschwitz	(2500)	207	
Ek	28. 9.1944	Auschwitz	(2499)	186	
El	29. 9.1944	Auschwitz	(1500)	169	
Em	1.10.1944	Auschwitz	(1500)	82	
En	4.10.1944	Auschwitz	(1500)	142	
Eo	6.10.1944	Auschwitz	(1550)	162	
Ep	9.10.1944	Auschwitz	(1600)	286	
Eq	12.10.1944	Auschwitz	(1500)	227	
Er	16.10.1944	Auschwitz	(1500)	177	
Es	19.10.1944	Auschwitz	(1500)	245	
Et	23.10.1944	Auschwitz	(1715)	153	
Ev	28.10.1944	Auschwitz	(2038)	233	
		ungenaue Angaben		57	
	Einzeltransport	Auschwitz		3	
	Einzeltransport	Buchenwald		5	
	Einzeltransport	Ravensbrück		3	
	Einzeltransport	Dachau		1	
				7359	166

[1] Vielfach wird anstatt Minsk auch Maly Trostinec angegeben.

Tabelle: 4

Deportierungs- und Einzeltransporte von Österreich nach Auschwitz

Abgangs-nummer der Transporte	Abgangs-datum	Abgangsort	Ankunfts-datum	Zahl der Abtransportierten (1)	(2)	Zahl der Überlebenden
32	17. 7.1942[1]	Wien	18. 7.1942[2]	995	(1000)	
	8.–10.12.1942	Wien[3]		9		
47a (A)	3. 3.1943[4]	Wien		75	(76)[5]	1
47b (B)	31. 3.1943[6]	Wien		85	(85)	1
47c	7.10.1943[7]	Wien		21	(21)	
47d	1.12.1943[8]	Wien	2.12.1943[9]	25	(25)	1
47e	24. 2.1944[10]	Wien	25. 2.1944[11]	41	(18)	4
47f	26. 4.1944[12]	Wien	27. 4.1944[13]	19	(19)	3
47g	27. 6.1944[14]	Wien	28. 6.1944[15]	22	(22)	2
	28. 6.1944	Wien	29. 6.1944[16]	38		
	21. 8.1944	Wien	22. 8.1944[17]	2		
47h	1. 9.1944[18]	Wien	7. 9.1944[19]	29		3
	5.10.1944[20]	Wien		100		
				1361	(1266)	15
	Einzeltransporte	1940		3		3
	Einzeltransporte	1941		13		8
	Einzeltransporte	1942		39		31
	Einzeltransporte	1943		80		38
	Einzeltransporte	1944		61		43
	Einzeltransporte	ohne nähere Angaben		10		2
				206		125
				1567		140

Anmerkungen zu Tabelle 4:

[1] In der Transportübersicht des Ältestenrates der Juden in Wien vom Sommer 1944 (DÖW E-18240) ist als Bestimmungsort: „Über Theresienstadt nach Auschwitz" angegeben. In Theresienstadt jedoch gibt es keine Aufzeichnung über die Ankunft dieses Transportes. Ein Dokument im Aktenfaszikel (Yad Vashem 0-51 (DN) 27-3): „Der Polizeipräsident in Wien" fol. 56, gibt jedoch Aufschluß. In einem Vermerk vom 21.7.1942 haben zwei Polizeioffiziere „Über ihre Dienstreise vom 17. bis 19. Juli 1942 – Judenevakuierungstransport von Wien nach Auschwitz/Oberschles. (Kdo. Vfg. d. Sch. vom 9.7.42) – Reiserechnungen gelegt ...";fol. 57 enthält den Vermerk vom 15.7.1942, danach führten „über Verfügung des Kommandos der Schutzpolizei vom 9.7.1942 ... die nach genannten Offiziere und Wachtmeister der Schutzpolizei (Sonderbehandlung) eine Dienstreise von Wien nach Auschwitz durch ...".

[2] Danuta Czech, Kalendarium der Ereignisse im Konzentrationslager Auschwitz-Birkenau, Hefte von Auschwitz (3) 1960, S. 71 f., erwähnt diesen Transport nicht. Es heißt dort lediglich: Am 18.7.1942 trafen in Auschwitz ein: 1 RSHA-Transport aus der Slowakei und 1 RSHA-Transport mit Jüdinnen.

[3] DÖW 5733f, Tagesbericht 3 der GLW vom 8.–10.12.1942. Es heißt da: „Neun Gefangene (Juden), die wegen Rassenschande, Vorbereitung zum Hochverrat ... und anderer Verbrechen zu einer längeren Zuchthausstrafe verurteilt worden waren, sind aus der Strafanstalt Stein hierher überstellt worden. Auf Weisung des RSHA wurden diese Juden als asoziale Gefangene übernommen und in das KZ-Lager Auschwitz eingewiesen."

[4] Yad Vashem 0-51 (DN) 27-3, fol. 105, Vermerk vom 1.3.1943.

[5] DÖW E-18238, 10. Wochenbericht des Ältestenrates vom 9.3.1943. Es heißt darin: „Von den 75 diesem Transport angeschlossenen Juden wohnten bloß 17 in Wien ...". In DÖW 5734a, Tagesbericht 1 der GLW vom 29.1.-1.2.1943 wird berichtet, daß 30 Juden aus Preßburg in einem mit Holz beladenen Waggon ver-

sucht hatten, illegal in die Schweiz zu gelangen. Sie wurden an der deutsch-schweizerischen Grenze jedoch entdeckt und nach Wien überstellt. Mit dem Transport Nr. 47a wurden sie nach Auschwitz verschickt. Auschwitz war der Deportierungsort auch aller jener, die über die ungarische Grenze wollten und dabei gestellt wurden oder von den Ungarn zurückgestellt wurden.

[6] DÖW E-18238, 14. Wochenbericht vom 6.4.1943. In der Transportübersicht des Ältestenrats vom Sommer 1944 (DÖW E-18240) heißt es: Von 85 Personen waren 76 Wiener.

[7] DÖW E-18238, 41. Wochenbericht des Ältestenrates vom 12.10.1943.

[8] DÖW E-18238, 49. Wochenbericht des Ältestenrates vom 7.12.1943; DÖW 8477, Tagesbericht 1 der GLW vom 1.-3.12.1943.

[9] Danuta Czech, Kalendarium, Nr. 6, S. 81.

[10] DÖW E-18239, 9. Wochenbericht des Ältestenrates vom 29.2.1944.

[11] Danuta Czech, Kalendarium, Nr. 7, S. 80.

[12] DÖW E-18239, 18. Wochenbericht des Ältestenrates vom 2.5.1944.

[13] Danuta Czech, Kalendarium, Nr. 7, S. 90.

[14] DÖW E-18239, 18. Wochenbericht des Ältestenrates vom 4.7.1944.

[15] Danuta Czech, Kalendarium, Nr. 7, S. 102.

[16] Ebenda, Nr. 7, S. 103. Dieser Transport scheint nur hier aufgezeichnet.

[17] Ebenda, Nr. 8, S. 60.

[18] DÖW E-18239, 36. Wochenbericht des Ältestenrates vom 5.9.1944.

[19] Danuta Czech, Kalendarium, Nr. 8, S. 64.

[20] DÖW E-18239, 41. Wochenbericht vom 10.10.1944. Es heißt darin: „Am 5. Oktober l. J. ist vom Nordbahnhof ein aus jüdischen Männern aus Ungarn bestehender Arbeitertransport von 100 Personen abgefertigt worden." Eine Ankunftsbestätigung aus Auschwitz liegt nicht vor. Es ist jedoch der Nordbahnhof in Wien immer Abgangsbahnhof für Transporte nach Auschwitz gewesen.

Tabelle: 5a

Einweisungen und Verschickungen in Konzentrationslager von österreichischen Juden

Abgangs-datum	Ankunfts-datum	Zielort	Zahl der Ver-schickten	Entlas-sungen	Verstor-bene	Urnen	Über-lebende
1. 4.1938	2. 4.1938	Dachau[1]	63		1		2
	24. 5.1938	Dachau[2]	47		5		5
	31. 5.1938	Dachau	601				
	3. 6.1938	Dachau	593				
	4. 6.1938	Dachau	2				
	8. 6.1938	Dachau	(3)[3]				
	15. 6.1938	Dachau	24				
	17. 6.1938	Dachau	96		16	(1)[4]	5
	23. 6.1938	Dachau	4				
	24. 6.1938	Dachau	330				
	25. 6.1938	Dachau	155				
	16. 7.1938	Dachau	46				
	25. 7.1938	Dachau	1				
	29. 7.1938	Dachau	3		3		3
	31. 7.1938	Dachau	2				
	6. 8.1938	Dachau	1				
	17. 8.1938	Dachau	1				
	22. 8.1938	Dachau	4		2		
	24. 8.1938	Dachau	1				
	31. 8.1938	Dachau	1				
	2. 9.1938	Dachau	1				
	5. 9.1938	Dachau	11				
	10. 9.1938	Dachau	1				
	17. 9.1938	Dachau	1		1		1
	21. 9.1938	Dachau	1				
	24. 9.1938	Dachau	1				
24. 9.1938		Buchenwald[5]	3				3
	X.1938	Dachau			1		
	10.11.1938	Dachau[6]	5				
	11.11.1938	Dachau	28				
	12.11.1938	Dachau	915				
	13.11.1938	Dachau	2				
	14.11.1938	Dachau	594		17	(4)	6
	15.11.1938	Dachau	1021				
	16.11.1938	Dachau	1185				
	17.11.1938	Dachau	5				
	30.11.1938	Dachau	5				
	7.12.1938	Dachau	12				
	15.12.1938	Dachau	8				
	24.12.1938	Dachau	1		30	(7)	
ohne Datumsangabe		Dachau			1		2
ohne Datumsangabe		Buchenwald[7]				8	
			5775		77	(12) 8	27

Tabelle: 5b

Einweisungen und Verschickungen in Konzentrationslager

Abgangs-datum	Ankunfts-	Zielort	Zahl der Ver-schickten	Entlas-sungen	Verstor-bene	Urnen	Über-lebende
	I.1939	Dachau	4		29	(24)	2
	I.1939	Buchenwald	1			12	1
	II.1939	Dachau			14	(11)	
	III.1939	Dachau			1	(4)	1
	IV.–XII.1939	Dachau	3		5	(12)	3
ohne Datumsangabe		Dachau			1		2
	X.1939	Buchenwald[8]	1038			119	25
	XI.–XII.1939	Buchenwald	1			276	
ohne Datumsangabe		Buchenwald	2			13	2
	III.1939	Flossenbürg	1				1
	X.1939	Sachsen-hausen	2				2
			1052		50	(51) 420	39
	1940	Dachau			12	(10)	
	1940	Buchenwald				322	
	1940	Flossenbürg	1				1
	1940	Sachsen-hausen[9]	2			17	2
	1940	Mauthausen				1	
			3		12	(10) 340	3
	I.–V.1941	Dachau	2		12	(17)	2
	I.–V.1941	Buchenwald				50	
	I.–V.1941	Flossenbürg	1				1
	I.–V.1941	Mauthausen	2			2	
	V.1941	Stutthof	1				1
ohne Datumsangabe		Ravensbrück	4				
			10		12	(17) 52	4
III.1938–V.1941			6840	5283	151	(90)	73
Stand Mai 1941[10]			586			820	
	VI.–XII.1941	Dachau			8	(8)	
	VI.–XII.1941	Buchenwald				63	
	VI.–XII.1941	Flossenbürg				2	
	VI.–XII.1941	Sachsen-hausen				4	
	VI.–XII.1941	Mauthausen				3	
	XII.1941	Stutthof	1				1
	X.1941	Ravensbrück	1				1
			2		8	(8) 72	2

Tabelle: 5c

Einweisungen und Verschickungen in Konzentrationslager

Abgangs-datum	Ankunfts-datum	Zielort	Zahl der Verschickten	Entlassungen	Verstorbene	Urnen	Überlebende
	1942	Dachau	3[11]		19	(33)	3
	1942	Buchenwald	7[12]			111	7
	1942	Flossenbürg				4	
	1942	Sachsenhausen				5	
	1942	Mauthausen	3[13]		1	2	2
	1942	Ravensbrück				22	
	1942	Groß-Rosen	1			1	1
			14		20	(33) 145	13
	1943	Dachau	4[14]				4
	1943	Buchenwald	5[15]				5
	X.1943	Buchenwald[16]	41				
	1943	Sachsenhausen	1				1
	1943	Ravensbrück	4				4
	1943	Bergen-Belsen[17]	12				
	1943	Neuengamme	1				1
ohne genaue Angaben[18]			22				
			90				15
	1944	Dachau	2[19]		10		2
	1944	Buchenwald	6[20]			1	6
	1944	Flossenbürg	2[21]				2
	1944	Mauthausen	2				2
	1944	Ravensbrück	3[22]			1	3
	1944	Bergen-Belsen[23]	8				
ohne genaue Angaben[24]			10				
			33		10	2	15
	1945	Dachau	1		55[25]		1
	1945	Mauthausen	7[26]				7
			8		55		8
	1938–1945		6987	5283	244[27]	(131) 1039	126

Vermißte Personen 295[28]

Anmerkungen zu den Tabellen 5a, 5b, 5c:

[1] DÖW 1792. Liste des 1. Dachautransportes aus Österreich.

[2] DÖW 1456. Schnellbrief der Gestapo vom 24.5.1938 betreffend Festnahme von unliebsamen und vorbestraften Juden. Bei dieser Verhaftungsaktion wurden 1898 Juden in Österreich festgenommen und nach Dachau verschickt. Siehe auch: Widerstand und Verfolgung in Wien 1934–1945, hrsg. Dokumentationsarchiv des österr. Widerstandes, Wien 1975, Bd. III, S. 263.

3 Ist eine Zweitregistrierung. Die Gebrüder Schiffmann, bekannte Kaufleute in Wien vor 1938, wurden am 1. April 1938 nach Dachau verschickt. Im Mai 1938 wurden sie zu einer Einvernahme vor Gericht nach Wien gebracht und sodann wieder nach Dachau verschickt.

4 Die Zahlen in Klammern geben die Zahl der Urnen, die nach Wien geschickt wurden, an. Aber nicht alle Urnen verstorbener oder umgekommener Juden aus Österreich wurden nach Wien geschickt. Der Autor hat sich daher für die Umgekommenen in Dachau der Publikation: „Die Toten von Dachau“. Österreicher und Deutsche, hrsg. von Dr. Auerbach und Otto Aster vom Staatskommissariat für rassisch, religiös und politisch Verfolgte in Bayern, München 1947, bedient.

5 National Archives Washington, T 84, R 13 39957, Tagesbericht der GLW vom 29.9.1938. Es heißt darin: „Am 24.9.1938 wurden 434 Häftlinge nach Buchenwald überstellt.“ Wieviele von ihnen jüdischer Abkunft waren, ist nicht mehr festzustellen, zumal es keine Transportliste (auch nicht in Arolsen) gibt. Dem Autor sind jedoch die Namen von mindestens 3 Personen jüdischer Abkunft bekannt, die mit diesem Transport nach Buchenwald verschickt wurden.

6 Verhaftungsaktion: „Reichskristallnacht“. Aus Österreich wurden insgesamt 3755 Personen nach Dachau verschickt. Bis zum 16.11.1938 wurden allein in Wien 6547 Personen festgenommen und lt. Gestapobericht 3700 von ihnen in das KZ Dachau eingewiesen. (National Archives Washington, T 84, R 31 39814). Alle Zahlenangaben der Gestapo im Zusammenhang mit der Reichskristallnacht sind etwas überschätzt.

7 Mitte September 1938 wurden rund 2000 österreichische Schutzhäftlinge – zumeist Juden – von Dachau nach Buchenwald überstellt. Siehe: Eugen Kogon, Der SS-Staat, Frankfurt a.M. 1961, S. 269; Buchenwald. Mahnung und Verpflichtung, Berlin 1961³, S. 62 und 137.

8 DÖW 1550. Berichte über die Verhaftungsaktion gegen polnische und ehemals polnische Staatsangehörige jüdischer Abkunft. Siehe: Jonny Moser, Die Judenverfolgung in Österreich 1938-1945, Wien 1966, S. 9 f.; Konzentrationslager Buchenwald, Wien 1945, S. 6; Buchenwald, S. 125 f., 138 f. Im Tagesbericht der GLW vom 28.-29.9.1939 wird der Stand der Schutzhaftgefangenen in Wien mit 1705 Personen angegeben (National Archives Washington, T 84, R 13 40148). Lt. Tagesbericht vom 30.9.-2.10.1939 der GLW betrug der Stand der Schutzhaftgefangenen am 2.10.1939 in Wien 667. (National Archives Washington, T 84, R 13 40132) Der Abgang betrug also 1038 Personen. Siehe auch: Kogon, SS-Staat, S. 212; Widerstand und Verfolgung in Wien, S. 265, Dok. 125-126.

9 Eine Person davon war Mischling ersten Grades. In den Gestapoberichten wird allgemein zwischen Mischlingen ersten Grades und Geltungsjuden (Mischlingen ersten Grades, die am 15.9.1935 der jüdischen Religionsgemeinschaft angehörten) kein Unterschied gemacht.

10 Central Archives for the History of the Jewish People, Jerusalem, Dok. KAu 278/1. Stand der KZ-Insassen. Aufstellung der Israelitischen Kultusgemeinde Wien vom Mai 1941.

11 Eine Person davon war Mischling ersten Grades.

12 Zwei Personen davon waren Mischlinge ersten Grades.

13 Eine Person wurde am 15.6.1942 eingeliefert und bereits am 25.6.1942 erschossen.

14 Eine Person war Mischling ersten Grades.

15 Zwei Personen waren Mischlinge ersten Grades.

16 DÖW 8476, Tagesbericht 8 der GLW vom 26.-28.10.1943, es heißt darin: „In der Zeit vom 15. bis 20.10.1943 wurden 42 ausländische Juden festgenommen. Sie werden einem Aufenthaltslager zugeführt.“ DÖW E-18240, Monatsbericht X/1943 des Ältestenrates. Danach wurden 41 Personen (4 ungeklärter italienischer, 3 ungeklärter rumänischer, 6 ungeklärter ungarischer und 28 ungeklärter türkischer Staatsangehörigkeit) in das KZ Buchenwald eingewiesen. Siehe auch: IMT, Bd. XXXII, PS-3319.

17 DÖW 8476, Tagesbericht 1 der GLW vom 1.-4.10.1943, es heißt darin: „Am 28.9.1943 wurden … (11) Juden mit UdSSR-Staatsangehörigkeit festgenommen.“ DÖW E-18240, Monatsbericht IX/1943 des Ältestenrat Wien. 10 Personen russischer und eine Person weißrussischer Staatsangehörigkeit wurden nach Bergen-Belsen verschickt. Siehe auch: DÖW E-18285, Meldung des Ältestenrates Wien vom 16.10.1943 an die Gestapo über die Absendung des Gepäcks nach Bergen-Belsen.

18 1943 wurden 167 Personen jüdischer Abstammung in KZ-Lager eingewiesen (Zusammenstellung aus den Wochenberichten des Ältestenrates Wien). Die Berechnung erfolgte folgendermaßen: 167 – 80 nach Auschwitz Verschickte (Einzeltransporte) = 87 – 68 in Tabelle 5c angeführte Zahl der KZ-Einweisungen (KZ bekannt) = 19 + 3 Mischlinge ersten Grades = 22. Mischlinge ersten Grades wurden vom Ältestenrat Wien nicht betreut, von der Gestapo jedoch vielfach ungenau definiert (siehe auch Anm. 9) und vom Autor daher ab 1941 mitgezählt. Sie sind in obiger Berechnung daher hinzu zu addieren.

19 Eine Person war Mischling ersten Grades.

20 Vier Personen waren Mischlinge ersten Grades.

21 Eine Person war Mischling ersten Grades.

22 Eine Person war Mischling ersten Grades.

23 DÖW E-18240, Monatsbericht I/1944 des Ältestenrates in Wien. Vier Personen argentinischer Staatsangehörigkeit (plus eine Person kam aus der Slowakei) wurden nach Bergen-Belsen verschickt. Siehe auch: DÖW E-18285, Meldung des Ältestenrates Wien vom 5.3.1944 an die Gestapo. Eine Person war Mischling ersten Grades. Drei Personen türkischer Staatsangehörigkeit wurden nach Bergen-Belsen verschickt und am 6.3.1945 in die Türkei ausgetauscht (Akten des KZ-Verbandes Wien 1945-1948 im DÖW).

[24] 1944 wurden 86 Personen jüdischer Abstammung in KZ-Lager eingewiesen /Zusammenstellung aus den Monatsberichten des Ältestenrates in Wien). Die Berechnung erfolgte so: 86 − 61 nach Auschwitz Verschickte (Einzeltransporte) = 25 − 23 in Tabelle 5c angeführte KZ-Einweisungen (KZ bekannt) = 2 + 8 Mischlinge ersten Grades = 10. Siehe auch Anm. 18.

[25] Zwei Personen verstarben im Mai 1945 nach der Befreiung. Sie sind in der vorliegenden Statistik nicht eingebaut.

[26] Drei Personen waren Mischlinge ersten Grades.

[27] Zahlen aus „Die Toten von Dachau" erstellt.

[28] Die 296 Vermißten müssen als umgekommen gelten.

Tabelle: 6

Morde und Totschläge

III/1938	1[1]
VII/1938	1[2]
XI/1938	6[3]
IV/1945	10[4]
	18

Todesfälle in Haftanstalten

IV/1944	1[5]
X/1944	1[6]
I/1945	1[7]
II/1945	1[8]
III/1945	4[9]
	8

Justifizierungen: 9[10]

Euthanasie

VI/1940	363[11]	*Urnen, die von Euthanasieanstalten der IKG zugesandt wurden*
		6 aus Grafeneck
		9 aus Brandenburg
		5 aus Hartheim
		4 aus Sonnenstein[12]

Bombenopfer
Österreicher: Ausländer (Ungarn):

	Österreicher	Ausländer (Ungarn)
VI/1944	3	–
VII/1944	1	–
VIII/1944	–	–
IX/1944	4	–
X/1944	1	1
XI/1944	1	57
XII/1944	–	17
I/1945	4	–
II/1945	7	8
III/1945	19	1
IV/1945	–	2
	40	86[13]

Anmerkungen zu Tabelle 6:

1 Totenbuch der IKG 731/1938, Leib Schnapper von SA-Leuten erschlagen siehe auch DÖW KZV-Akten.
2 DÖW KZV-Akten, Ernst Josef Bender, 1886, am 5.7.1938 auf dem Wege ins Inquisitenspital erschossen.
3 DÖW 9539, Bericht des Polizeipräsidenten in Wien an Bürckel vom 13.11.1938 über Vorfälle im Zusammenhang mit der Kristallnacht, im Notarrest wurden von der Wache erschossen: F. Schönfeld, F. Löw, Dr. G. Abraham. T. Friedmann, Die Kristallnacht, Haifa 1972, Dok. 16, Niederschrift des SD-Innsbruck vom 12.11.1938 und Dok. 17. FS des SD Innsbruck vom 12.11.1938 über die Tötung von: R. Graubart, Karl Bauer, Richard Berger. Näheres in Widerstand und Verfolgung in Tirol 1934-1938, Wien 1984, Bd. II, S. 424 u. 448 ff.
4 Neues Österreich, 23.4.1945, Mord auf der Flucht, KZV-Akten im DÖW, Hermann David, 1898, von SS am 6.4.1945 festgenommen und seither spurlos verschwunden.
5 Totenbuch der IKG Wien 1943/1945, Lipel Deutsch am 14.4.1944 in Oberlanzendorf gestorben.
6 DÖW KZV-Akt 10258, Martin Sorger recte Schickler.
7 DÖW KZV-Akten Rudolf Seifert, Mischling ersten Grades, 1889, inhaftiert im Landesgericht I in Wien 21.12.1944 – 28.1.1945, gestorben 31.1.45.
8 DÖW KZV-Akten Mathias Reich, 1868, zur Verfügung der Gestapo im Jüdischen Spital seit 30.4.1943, gestorben 5.2.1945.
9 DÖW KZV-Akten, Siegfried Seidler, 1892, verhaftet 22.6.1944, gest. 13.3.1945; Alexander Lübeck, verhaftet 2.7.1944 – 6.3.1944, im Jüd. Spital 9.3.1945 gestorben; Josef Blumenschein, 1887, verhaftet 8.1.1945, gestorben 30.3.1945.
10 DÖW KZV-Akten, Hermann Sanders, 1909, M I., †2.4.1945, Elfriede Hartmann, 1921, M I., †2.11.1943, Anklageschrift 7 J 296/43, Josef Jakobovics, 1916, M I., †13.3.1944, Felix Grafe, 1888, †18.12.1942, Anklageschrift 7 J 214/42, Ernst Spatz, 1907, †13.4.1943, Anklageschrift Er 227/42, Dr. Walter Suess, M I., 1912, †28.1.1943, Alexander Rosenheim 1904, M I., †21.6.1944, Anklageschrift 6/7 J 514/43, Dr. Bernhard Popper, M I., †30.8.1944, S. Waltuch, †VIII/1942 siehe Totenbuch der IKG.
11 Informationsblatt Nr. 2/1940, Die Juden in Wien, hrsg. Gemeindeverw. des Reichsgaues Wien, Hauptverwaltungs- und Organisationsamt, Rechtsamt, Statistische Abt. HVO 3/III März 1940. Siehe auch Gerhard Botz, Wien vom Anschluß zum Krieg, Wien 1978, S. 606. Monatsbericht August 1940 der IKG Wien, danach wurden 400 Personen aus der Heilanstalt am Steinhof abtransportiert (Im Besitz des Autors).
12 Aus der Totenkartei der IKG 1939-1945 vom Autor erarbeitet. Siehe auch Widerstand und Verfolgung in Wien 1934 – 1945, Bd. III, S. 305. Es gibt auch einige Todesnachrichten aus der Irrenanstalt Chelm im Generalgouvernement, siehe DÖW 4608.
13 Erarbeitet vom Autor aus dem Totenbuch der IKG 1943/45.

Das oben angeführte Totenbuch der IKG 1943/45 ist kein Matrikelbuch, sondern ein Totenprotokollbuch. Es gibt auch Eintragungen mit Bleistift.

Ino Arndt

Luxemburg

Deutsche Besetzung und Ausgrenzung der Juden

Zu Beginn des Westfeldzuges, am frühen Morgen des 10. Mai 1940, marschierten deutsche Truppen – unerwartet für die Alliierten – in Luxemburg ein und verletzten damit den Neutralitätsstatus des Landes. Der um mehrere Stunden verspätete französische Gegenangriff im Süden des Landes konnte den Vormarsch der 16. Armee nicht aufhalten, so daß bis zum 13. Mai die deutschen Verbände die Westgrenze des Großherzogtums überschritten hatten.[1] Aus Protest gegen den Neutralitätsbruch ging die Landesfürstin Charlotte noch am 10. Mai 1940 mit dem Kabinett ins Exil. Eine von der Abgeordnetenkammer eingesetzte Regierungskommission unter Leitung von Generalsekretär Albert Wehrer amtierte als Exekutive. Entgegen der vom deutschen Gesandten, Otto von Radowitz, abgegebenen Erklärung, seine Regierung werde die territoriale und politische Integrität Luxemburgs nicht antasten[2], entschied Ribbentrop am 16. Mai, das Großherzogtum als feindliches Land zu betrachten. Damit handelte er auch gegen den Wunsch von OKW und OKH vom 13. Mai, es möge deutscherseits davon Abstand genommen werden, sich als mit Luxemburg im Kriegszustand befindlich zu betrachten[3], und schließlich gegen den Vorschlag der Politischen Abteilung des Auswärtigen Amtes, „bis auf weiteres" so, d.h. entsprechend dem Wunsche der Militärs zu verfahren.[4] Darüber hinaus akzeptierte Ribbentrop Wehrer nur als Vertreter der Landesbehörden, nicht jedoch als Repräsentant der luxemburgischen Regierung[5]; am 21. Mai wurde der deutsche Gesandte Otto von Radowitz abberufen.[6]

Die Exekutivgewalt ging nun an die Militärverwaltung über, d.h. an den Militärbefehlshaber von Belgien und Nordfrankreich, General von Falkenhausen, bzw. seinen Vertreter in Luxemburg, Oberst Schumacher, dem Chef der Feldkommandantur 515.[7] Die Militärverwaltungszeit endete schon nach knapp drei Monaten, als durch Erlaß Hitlers vom 2. August 1940 einer der „alten Kämpfer", der Gauleiter von Koblenz-

---

[1] Vgl. E. T. Melchers, Kriegsschauplatz Luxemburg August 1914, Mai 1940, Luxemburg 1979[4], S. 467-472.
[2] ADAP, Serie D, Bd. IX, S. 249.
[3] Ebenda, S. 273.
[4] Ebenda, S. 281 f.
[5] Ebenda, S. 290.
[6] Ebenda, S. 330.
[7] Gemäß Hitlers Erlaß über die Verwaltung der besetzten Gebiete Frankreichs, Luxemburgs, Belgiens und Hollands vom 9.5.1940 hatte die Handhabung der Militärverwaltung so zu erfolgen, daß der „Eindruck einer beabsichtigten Annektion der besetzten Gebiete nicht entsteht", IfZ, MA-190/1, Bl. 1720424 f.

Trier, Gustav Simon, zum Chef der Zivilverwaltung (CdZ) ernannt wurde.[8] Als sein Vertreter fungierte der Regierungspräsident von Trier, Heinrich Siekemeier. Leiter der Gestapo in Luxemburg war seit dem 11. Mai SS-Sturmbannführer Wilhelm Nölle, der auch die Führung des am 16. August errichteten Einsatzkommandos Luxemburg übernahm; Anfang März 1941 wurde er von SS-Obersturmbannführer Dr. Fritz Hartmann abgelöst.[9]

Einen Monat nach seinem Amtsantritt begann Simon damit, die im Großherzogtum lebenden Juden – einheimische und ausländische, die zum großen Teil aus Deutschland geflüchtet waren – den schon im Reichsgebiet geltenden antijüdischen Gesetzen zu unterwerfen. Am 5. September trat die „Verordnung über Maßnahmen auf dem Gebiet des Judenrechts"[10] in Kraft; sie übertrug die unter dem Begriff „Nürnberger Gesetze" bekannt gewordenen Diskriminierungen auf Luxemburg. Vom selben Tag datiert die „Verordnung über das jüdische Vermögen in Luxemburg"[11], die die Juden dazu verpflichtete, ihr gesamtes in- und ausländisches Eigentum anzumelden (am 18. Dezember wurde eine Fristverlängerung bis Jahresende 1940 gewährt[12]) und ihnen untersagte, ohne Genehmigung gewerblichen, land- und forstwirtschaftlichen Besitz zu veräußern, zu verpachten oder zu erwerben; analoges galt für Edelmetalle, Schmuck und Kunstwerke. Betroffen von diesen vermögensrechtlichen Bestimmungen waren Juden luxemburgischer und deutscher Staatsangehörigkeit.

Das Berufsverbot[13] für jüdische Ärzte, Tierärzte, Zahnärzte, Apotheker und Rechtsanwälte und die Anordnung, daß diejenigen Juden, die Träger eines öffentlichen Amtes – im weitesten Sinne des Wortes – waren, ihre Tätigkeit sofort einzustellen hatten[14], fanden aus unbekannten Gründen keinen Niederschlag im offiziellen Verordnungsblatt der Zivilverwaltung. Sie sind wohl zur gleichen Zeit mit den obengenannten Verordnungen als „unverzüglich" durchzuführende Weisungen Simons an die inzwischen auch nominell zur Verwaltungskommission herabgestufte Regierungskommission[15] ergangen.

---

[8] Nbg. Dok. NG-4297, NOKW-3474 (s.a. IfZ, MA-444/3, Bl. 3964f.). Praktisch hat Simon schon am 29.7.1940 sein Amt angetreten; vgl. Willard Allen Fletcher, The German Administration in Luxemburg 1940-1942, in: The Historical Journal 13 (1970), S. 533-544.

[9] IfZ, MA-444/3, Bl. 3983 und MA-436, Bl. 945 ff. Nölle ist wegen Differenzen mit Simon in der Frage der Judenausweisungen schon Ende Februar von Hartmann abgelöst worden. Beide waren im Luxemburger Gestapo-Prozeß angeklagt, das Urteil vom Februar 1951 sah für Nölle (in Abwesenheit) 12 Jahre Zwangsarbeit vor, Hartmann wurde zum Tode verurteilt, später begnadigt und Ende 1957 in die Bundesrepublik abgeschoben; vgl. BA, All. Proz. 21/261 und 282 und Paul Cerf, Longtemps j'aurai mémoire. Documents et témoignages sur les juifs du Grand-Duché de Luxembourg durant la seconde guerre mondiale, Luxembourg 1974, S.134 ff. Dieses gut dokumentierte, seit langem vergriffene Buch galt zu Recht als Standardwerk über die Judenverfolgung in Luxemburg, bis Cerf 1986 eine überarbeitete und ergänzte Fassung unter dem Titel L'Etoile Juive au Luxembourg, Luxembourg 1986, herausbrachte.

[10] Vgl. Verordnungsblatt für Luxemburg, hrsg. vom Chef der Zivilverwaltung in Luxemburg (im folgenden zitiert VOBl) 1940, S. 10 f.; entsprechende reichsrechtliche Durchführungsvorschriften wurden in Luxemburg durch die VO vom 31.1.1941 eingeführt (vgl. VOBl, S. 118).

[11] VOBl 1940, S. 11 ff.

[12] VOBl 1940, S. 433.

[13] Vgl. dazu „Die Judenfrage", hrsg. von der „Antisemitischen Aktion" (Nachfolgerin des 1934 vom Propagandaministerium errichteten „Instituts zur Erforschung der Judenfrage", vgl. Helmut Heiber, Walter Frank und sein Reichsinstitut für die Geschichte des neuen Deutschlands, Stuttgart 1966, S. 602), vom 15.10.1940, S. 156 ff.

[14] Nbg. Dok. NG-2297.

[15] Vgl. dazu Paul Cerf, De l'épuration du Grand-Duché de Luxembourg après la seconde guerre mondiale, Luxembourg 1980, S. 94.

Der Einführung dieser ersten Restriktionen war Ende August 1940 ein Schreiben des CdZ an das Reichsinnenministerium vorausgegangen, in dem Simon die Entwürfe für die drei Maßnahmen dem dafür zuständigen Reichsminister Frick[16] mit der Bitte um Zustimmung vorgelegt hatte. Der Reichsinnenminister seinerseits bat am 31. August – unter Berufung auf die Entscheidung Hitlers, deutsches Recht in Luxemburg nur begrenzt einzuführen – die Reichskanzlei, gegebenenfalls darüber eine neuerliche Entscheidung des Führers herbeizuführen. Dessen bedurfte es jedoch nicht mehr, da sich Simon in der Zwischenzeit schon persönlich und zweifellos mit dem Hinweis auf seine, in der vom 2. August verfügten unmittelbaren Unterstellung unter Hitler an diesen gewandt und von ihm die Zustimmung zu den geplanten Maßnahmen erhalten hatte.[17]

Seit Ende 1940/Anfang 1941 wurden in rascher Folge – so, als wollte man das im Reichsgebiet innerhalb von acht Jahren geleistete Pensum antisemitischer Gesetzgebung möglichst schnell nachholen – zahlreiche weitere Bestimmungen erlassen[18], die die Juden mehr und mehr diskriminierten und ihr tägliches Leben in zunehmendem Maße beeinträchtigten. Teils kamen diese Bestimmungen von der Zivilverwaltung auf dem amtlichen Verordnungsweg, teils als Bekanntmachungen des Konsistoriums der Israelitischen Kultusgemeinde bzw. des seit 14. April 1942 von den Deutschen eingeführten Ältestenrates (conseil juif aînés)[19], die ihrerseits auf Anordnungen (meist) der Gestapo, der Sicherheitspolizei oder auch der Zivilverwaltung tätig werden mußten. Anfang Dezember 1940 erging das Schächtverbot, drei Wochen später wurde verfügt, daß Rechtsgeschäfte, an denen ein Jude (oder ein jüdischer Gewerbebetrieb) beteiligt war, zur Rechtswirksamkeit der Genehmigung des CdZ bedurften. Kinderreiche jüdische Familien erhielten weder Ausbildungs- noch Kinderbeihilfen, außerdem wurden auch keine Ehestandsdarlehen mehr gewährt. Ab Januar 1941 mußten die Juden eine Sozialausgleichsabgabe in Höhe von 15 Prozent ihres Lohnes oder ihrer sonstigen Bezüge leisten. Anfang Februar wurde bestimmt, daß das Vermögen geflohener und emigrierter Juden – rückwirkend zum 10. Mai 1940 – deutscher Verwaltung unterlag und vom CdZ eingezogen werden konnte; gleiches galt ab Mitte April für das Vermögen der noch in Luxemburg lebenden Juden und seit Anfang Juli folgerichtig auch für das von verstorbenen Juden.

Mit der Durchführung der Bestimmungen über das Vermögen von Juden war im Herbst 1940 der bereits im Gau Koblenz-Trier mit der Arisierung betraute Gauinspektor Josef Ackermann beauftragt worden. Die Ende Mai 1941 veröffentlichte Bilanz seiner dreivierteljährigen Arbeit[20]: von 335 jüdischen Betrieben waren 75 „arisiert" und mit kommissarischen Verwaltern besetzt, die übrigen „beseitigt"; er hatte außerdem 380 bebaute Grundstücke und 155 ha unbebauten Grundes ermittelt.

---

[16] Mit dem Erlaß vom 2.8.1940 (vgl. Anm. 8) war der Reichsminister des Innern als „Zentralstelle für Luxemburg" (analog für Elsaß und Lothringen) mit der Aufgabe, „für eine einheitliche, auf die Bedürfnisse dieses Gebietes abzustimmende Zusammenarbeit der Obersten Reichsbehörden untereinander und mit dem Chef der Zivilverwaltung Sorge zu tragen", eingesetzt worden. Vgl. dazu auch Lothar Kettenacker, Nationalsozialistische Volkstumspolitik im Elsaß, Stuttgart 1973, S. 59 ff.

[17] Nbg. Dok. NG-2297.

[18] Die folgenden neun Verordnungen mit entsprechenden Durchführungsverordnungen sind im VOBl 1940, S. 405 f., 434, 439 f., 476 f., 348 und 1941, S.90, 208 und 298 veröffentlicht.

[19] Paul Cerf, L'Etoile juive, S. 116.

[20] „Die Judenfrage" (vgl. Anm. 13), 31.5.1941, S. 97.

Durch Zwangsausweisung[21] der ehemaligen jüdischen Bewohner freigewordene Häuser hatte man den deutschen Behörden zur Verfügung gestellt oder an in Luxemburg ansässige Deutsche verkauft, das Ackerland verpachtet oder volksdeutschen Bauern zum Kauf angeboten und das bei Flucht oder Emigration zurückgelassene Mobiliar bedürftigen Familien überlassen.

Neben der Fülle der amtlichen Maßnahmen, mit Hilfe derer die Juden in Luxemburg Schritt für Schritt ihrer Rechte und ihres Vermögens beraubt wurden, gab es eine quasi inoffizielle Verfolgung[22], die deutlich macht, wie stark die als Menschen minderer Klasse eingestuften Juden der Willkür und Schikane nationalsozialistischer Funktionäre preisgegeben waren. Bei der Mehrheit der Luxemburger fand sie allerdings keine aktive Unterstützung. Doch einige kleinere antisemitische und nazistische Gruppierungen hatten schon vor dem Einmarsch der Deutschen mit anti-jüdischen Aktionen auf sich aufmerksam gemacht. Treffpunkt dieser Akteure war das „Café de la Poste", dessen Besitzer Christophe Bintner bereits 1932 sein Lokal für „judenfrei" erklärt hatte. Bei den antisemitischen Aktionen der folgenden Jahren 1933-1940 spielte das Café eine wichtige Rolle.[23] Als die Deutschen im Mai 1940 in Luxemburg einfielen, konnten sie sich der Kollaboration dieser deutschgesinnten Gruppierungen, die sich im Juli 1940 zur „Volksdeutschen Bewegung" (VdB) zusammenschlossen, sicher sein. Eine Beteiligung der VdB an den antisemitischen Aktionen, die Ende Oktober 1940 einsetzten, kann zwar nicht nachgewiesen werden, ist aber anzunehmen. Unbekannte brachen in die Synagoge in Ettelbrück ein, zerstörten das Mobiliar und die Kultgegenstände; jegliche gerichtliche Untersuchung unterblieb. Jüdische Häuser in Mersch wurden aufgebrochen, Mobiliar gestohlen; nach einem Brandanschlag auf die Synagoge in Luxemburg im Februar 1941 wurde dem Israelitischen Konsistorium die Feuerversicherung gekündigt. Mitglieder des National-Sozialistischen Kraftfahr-Korps (NSKK) drangen am Freitag, dem 9. Mai 1941 während des abendlichen Schabbat-Gottesdienstes in dieselbe Synagoge ein, drohten mit der Sprengung des Gebäudes, knüppelten die fliehenden Gläubigen nieder und verwüsteten die Einrichtung. Als eine Woche später der Großrabbiner – seit 1929 Dr. Robert Serebrenik – tätlich angegriffen wurde, weigerte sich die Polizei einzuschreiten. Verschiedene Brandanschläge auf das Gotteshaus in der Hauptstadt dienten den deutschen Behörden Mitte Mai 1941 als Vorwand, Schließung und Abbruch[24] der Synagoge anzuordnen.

Die zweifellos einschneidendste der von Simon seit seiner Amtsübernahme ergriffenen antijüdischen Maßnahmen war die ab Anfang August 1941 wirksame „Verordnung betr. Ordnung des jüdischen Lebens in Luxemburg".[25] Sie war die Vorstufe zur

---

[21] Vgl. dazu Cerf, Longtemps, S. 51 ff.

[22] Ebenda. Vgl. auch den anläßlich der Einweihung eines Mahnmals im Kloster Fünfbrunnen (Juli 1969) von Evy Friedrich veröffentlichten Bericht „Von Fünfbrunnen nach Auschwitz" über Verfolgung und Deportation der Juden in Luxemburg, in: Revue (Luxembourg), Nr. 22 und 23, vom 31.5 und 7.6.1969. Im Verlauf einer von luxemburgischen Anhängern der NSDAP bzw. potentiellen Mitgliedern der am 13.7.1940 gegründeten „Volksdeutschen Bewegung" (VdB) ausgeführten Klebe-Aktion mit pro-NS-Parolen Anfang Juli 1940 waren auch zahlreiche Zettel und Plakate mit antijüdischen Parolen geklebt worden, vgl. Paul Spang, Von der Zauberflöte zum Standgericht. Naziplakate in Luxemburg, Luxemburg 1982 und Melchers, Kriegsschauplatz, S. 607.

[23] Cerf, L'Etoile Juive, S. 28 f. und S. 74.

[24] Für den Abbruch, der sich bis zum Herbst 1943 hinzog, fand sich keine Luxemburger Firma bereit, vgl. Cerf, Longtemps, S. 52.

[25] VOBl 1941, S. 325.

Ghettoisierung, die sich wenig später noch verschärfen sollte: den Juden wurde der Besuch von Gaststätten, Theatern, Kinos, Sportplätzen, Badeanstalten und öffentlichen Veranstaltungen verboten, man beschränkte ihre Einkaufszeit auf zwei Stunden täglich in wenigen (schon im März 1941 dafür zugelassenen[26]) Geschäften, verhängte eine Ausgangssperre zwischen 19 und 7 Uhr und führte – früher als im Reichsgebiet – die Kennzeichnungspflicht (gelbe Armbinde) ein. Ab 14. Oktober 1941 wurde die Armbinde durch einen Judenstern ersetzt. Nachgeholt wurde eine andere, in Deutschland schon drei Jahre zuvor dekretierte zweite Form der Kennzeichnung: als zusätzlichen Vornamen mußten die luxemburgischen und staatenlosen Juden seit dem 1. Oktober den Namen Israel bzw. Sara annehmen, sofern sie nicht schon einen jüdischen Vornamen aus der vom Reichsinnenministerium im August 1938 veröffentlichten Liste trugen. Namensänderungen mußten den zuständigen Behörden schriftlich bekanntgegeben werden.[27]

Die Verordnung über das jüdische Leben in Luxemburg wurde bereits zweieinhalb Monate nach ihrem Inkrafttreten durch eine zweite wieder aufgehoben[28], die eine noch weitergehende Beschränkung der ohnehin schon minimalen Rechte der Juden brachte und deren wesentlichste Bestimmung den administrativen Abschluß der Vorbereitungen für die erste Deportation nach Polen bedeutete: Ohne schriftliche Erlaubnis der Polizei durften die Juden ihren Wohnort nicht mehr verlassen. Ferner war ihnen die Benutzung der Straßenbahn von nun an verboten.

In den folgenden Jahren blieb den Deutschen in dem seit 30. August 1942 auch de facto annektierten[29] Großherzogtum nur noch wenig zu tun, um die Juden ihrer wenigen noch verbliebenen Rechte zu berauben. Verboten wurde ihnen u.a.[30] jeglicher Umgang mit Nicht-Juden (unter Strafandrohung der Einweisung in ein Konzentrationslager), das Benutzen von Telefonen und der Besitz von Haustieren sowie das Abonnieren von Zeitungen und Zeitschriften. Bereits seit dem 12. Mai 1942 mußten jüdische Wohnungen gekennzeichnet werden und am 30. Juni wurde die Schließung der jüdischen Schule – einzige noch verbliebene Unterrichtsmöglichkeit für die jüdischen Kinder – angeordnet. Neben der verordneten Ablieferung (mit Liste in dreifacher Ausfertigung und Strafandrohung bei Nichtbefolgung) verschiedenster Bedarfsdinge des täglichen Lebens, blieb dem CdZ noch die Befugnis zu erteilen, das eingezogene Vermögen der Juden (und Emigranten) an Dritte weiterzugeben.[31] Schließlich wurde am 9. Juli 1943 die berüchtigte 13. Verordnung zum Reichsbürgergesetz eingeführt, womit die Juden auf „gesetzlichem" Weg in die völlige Rechtlosigkeit gestoßen wurden.[32]

[26] Cerf, Longtemps, S. 55.
[27] VOBl 1941, S. 407 und RGBl I, 1938, S. 1044.
[28] VOBl 1941, S. 420 f. Das andere, vergleichsweise unerhebliche Verbot, Friseurgeschäfte aufzusuchen, war eine Vorwegnahme der im Reichsgebiet erst Mitte Mai 1942 wirksam gewordenen entsprechenden Maßnahme.
[29] Von einem de-facto-Anschluß zu sprechen scheint begründet angesichts der beiden in Luxemburg am 30.8.1942 eingeführten Verordnungen über die Staatsangehörigkeit und die Wehrpflicht (VOBl 1942, S. 253 ff.), vgl. dazu Fletcher, German Administration, S. 544.
[30] Vgl. Cerf, Longtemps, S. 58 ff.
[31] VOBl 1942, S. 134.
[32] VOBl 1943, S. 154.

Auswanderung und Deportation

Das Großherzogtum hatte – laut Volkszählung vom 31.12.1935 – 295 213 Einwohner, darunter 3144 (Konfessions-)Juden (= 1,06% der Bevölkerung).[33] Von diesen waren 870 luxemburgischer und 2274 ausländischer Nationalität. Die seit der Volkszählung von 1930 auffallende Zunahme der Zahl ausländischer Juden von 1526 auf 2274 (d.h. um 49%) – bei Abnahme der ausländischen Bevölkerung um 3,18% – im Vergleich zu der der einheimischen von 716 auf 870 (d.h. um 21,5%), ist in erster Linie auf eine große Immigration von Juden aus Deutschland und dem Saargebiet von Herbst 1933[34] bis Ende 1935 zurückzuführen: innerhalb dieser Zeit stieg ihre Zahl von 463 auf 1096, das bedeutete eine Zunahme um 136,7%. Über die zahlenmäßige Weiterentwicklung der jüdischen Einwanderung aus Deutschland bzw. die Zahl der Immigranten aus Österreich und der Tschechoslowakei liegen keine statistischen Daten vor; gleiches gilt für die Entwicklung der eingesessenen jüdischen Bevölkerung.

Der Versuch, die Verluste der Juden – einheimischer wie zugewanderter – in Luxemburg exakt festzustellen, stößt auf verschiedene Schwierigkeiten. So ist nicht bekannt, wieviele Juden am 10. Mai 1940 im Großherzogtum lebten; die Schätzungen schwanken zwischen 3500 und 5000.[35] Ungewißheit besteht ferner über die Zahl der Juden, die am 10. Mai oder unmittelbar danach entweder im Zuge einer allgemeinen Fluchtbewegung oder der Evakuierung der Südgemeinden durch die französischen Truppen[36] Luxemburg verlassen haben; entsprechende Schätzungen für diesen ersten Exodus der Juden liegen zwischen 800 und 2500.[37] Auch nicht genau zu ermitteln ist schließlich weder die Zahl der seit dem 10. Mai 1940 emigrierten Juden[38] noch jener,

---

[33] Vgl. Résultats du recensement de la population du 31 décembre 1935. Grand-Duché de Luxembourg – Publications de l'Office de Statistique. Fascicule 69, Luxembourg 1938. In der Konfessions-Statistik (S. 63) werden 5653 Personen genannt, die entweder keiner Konfession angehörten oder keine angegeben hatten. Wieviele von diesen (1,9% der Bevölkerung) Juden im Sinne der NS-Terminologie waren, ist nicht bekannt.

[34] Vor 1933 sind keine statistischen Erhebungen über die Konfessionszugehörigkeit der Ausländer angestellt worden, ebenda, S. 78; hinzuweisen ist hier noch auf eine Zunahme der deutschen Immigration aus dem Saarland und dem Reichsgebiet (ohne Rheinland) zwischen 1930 und 1935 um 3 bzw 6%; vgl. ebenda, S. 93 f.

[35] Vgl. Cerf, Longtemps, S. 26 f.; Nicolas Bosseler/Raymond Steichen (Hrsg.), Livre d'Or de la Résistance Luxembourgoise de 1940-1945, Esch-sur-Alzette 1952, S. 569; Encyclopaedia Judaica, vol. XI, S. 591; Hitler's Ten Year War on the Jews, hrsg. vom Institute of Jewish Affairs, New York 1943, S. 257. Cerf geht in seinem neuesten Buch, L'Etoile Juive (S. 21 und 177), von 3700 aus, wovon etwa 1600 Einwanderer waren.

[36] Man schätzt die Zahl der aus den Ortschaften im Süden Luxemburgs, d.h. im Vorgebiet der Maginot-Linie, nach Zentralfrankreich evakuierten Menschen zwischen 44 760 und 52 000, die der ins nördliche Luxemburg auf rd. 49 000, vgl. J. Meyers, Geschichte Luxemburgs, Luxemburg 1969, S. 145 und P. J. Müller, Tatsachen aus der Geschichte Luxemburgs, Luxemburg 1968.

[37] Vgl. Serebreniks Angaben in: Eichmannprozeß, Dok. 297; ferner Charles et Graziella Lehrmann, La Communauté juive du Luxembourg dans la passé et dans le présent, Luxembourg 1963, S. 85; Bosseler/ Steichen, Livre d'Or, S. 569; Cerf, Longtemps, S. 28.

[38] Cerf erwähnt mehrere Konvois, die mit Hilfe der deutschen Wehrmacht, insbesondere des Chefs der Passierscheinstelle, Baron von Hoiningen-Huene, mit Ziel Spanien und Portugal organisiert werden konnten, Cerf, Longtemps, S. 35. Vgl. auch Henri Koch-Kent, Sie boten Trotz. Luxemburg im Freiheitskampf 1939-1945, Luxemburg 1974, S. 88. Folgt man der Angabe, die Serebrenik im April 1941 (vgl. Anm. 46) Eichmann gegenüber machte, so haben zwischen Mai 1940 und April 1941 ca. 3000 aus Luxemburg emigrieren können, er selber hat laut Eichmannprozeß, Dok. 297, 2500 Juden zur Auswanderung verholfen.

die nach Erlaß der Verordnung vom 5. September 1940 als Juden im Sinn der nationalsozialistischen Definition bezeichnet wurden.[39] Trotz dieser verschiedenen Unsi-
cherheitsfaktoren aber kann man davon ausgehen, daß Mitte September zwischen
1700 und 2000 Juden in Luxemburg lebten – 65% in der Hauptstadt und 35% in
kleineren Orten.[40]

Der zweite Exodus der Luxemburger Juden begann im Herbst 1940 nach einer ihnen von Gauleiter Simon und der Gestapo angedrohten Massenausweisung.[41] Wenn
es nicht gelänge, so wurde dem Großrabbiner und dem Konsistorium am 12. September bedeutet, innerhalb von zwei Wochen die Auswanderung der gesamten jüdischen
Bevölkerung zu organisieren, so würde sie nach Ablauf dieser Frist an Jom Kippur,
dem Versöhnungstag und höchsten jüdischen Feiertag, in Sammeltransporten abgeschoben. Ob die an den Präsidenten der Verwaltungskommission, Albert Wehrer, gerichtete beschwörende Denkschrift[42], mit der das Konsistorium um eine Demarche
bei den deutschen Behörden bat, oder eine Intervention des amerikanischen Geschäftsträgers, George P. Waller, diese Maßnahme verhindert hat bzw. ob diese Drohung nicht vielmehr das Mittel zum Zweck darstellte, muß unbeantwortet bleiben.

Die Ausweisung also ist unterblieben, die Auswanderung aber wurde, zweifellos unter dem Eindruck des eben noch abgewendeten Schicksals, forciert. Zwischen August
1940 und Oktober 1941 konnten 387 Juden nach Portugal und 50 nach Spanien auswandern, und vom 22. Oktober 1940 bis zum 21. Januar 1941 haben in 14 kleineren
oder größeren Transporten 653 Juden das Großherzogtum in Richtung (meist unbesetztes) Frankreich und 49 in Richtung Belgien mit dem weiteren Ziel Übersee verlassen.[43] Das endgültige Emigrationsland haben nur wenige erreicht, viele – schätzungsweise 70% [44] – kamen nicht weiter als bis Frankreich und wurden schließlich mit den

[39] Im Oktober 1944 gab es noch acht sog. Halbjuden in Luxemburg, vgl. Cerf, Longtemps, S. 125; entsprechende Angaben für frühere Jahre sind nicht bekannt.
[40] In einer Denkschrift des Konsistoriums (abgedruckt bei Cerf, Longtemps, S. 142-146) wird die Zahl 2000
genannt, die, berücksichtigt man die von Serebrenik im April 1941 genannte Zahl von 947 (vgl. Anm. 46),
in etwa den Tatsachen entspricht. Zählt man zu diesen 947 die 702 zwischen Oktober 1940 und Januar
1941 nach Frankreich und Belgien sowie die 437 nach Portugal und Spanien evakuierten Juden (vgl. Anm.
43) hinzu, so kommt man auf insgesamt 2086 Personen.
[41] Dies und das folgende, soweit nicht anders angegeben, nach Cerf, Longtemps, S. 42 ff. und Cerf, L'Etoile
Juive, S. 53 ff.
[42] Vgl. Anm. 40.
[43] Quelle für diese Zahl ist ein im Livre d'Or enthaltenes Tableau d'Honneur (S. 574-594), ein namentliches
Verzeichnis der zwischen 22.10.1940 und 6.4.1943 aus Luxemburg evakuierten bzw. deportierten Juden.
Cerf, Longtemps, S. 50, hat diese Angaben hinsichtlich Zahl, Stärke, Ziel und Termin der Transporte nach
Frankreich und Belgien übernommen; die von ihm errechnete Gesamtzahl von 619 (statt 697) in diesen 14
Konvois weggeschafften Juden ist entweder auf einen Additions- oder Druckfehler zurückzuführen. In
Cerfs neuester Veröffentlichung aus dem Jahre 1986 umfaßt der Konvoi, der am 21.1.1941 Luxemburg in
Richtung unbesetztes Frankreich verließ, fünf Personen mehr, daher ergibt sich nun eine Gesamtzahl von
702 evakuierten Juden, Cerf, L'Etoile Juive, S. 69.
[44] Cerf, Longtemps, S. 128. Auf welcher Grundlage diese Schätzung beruht, ist nicht bekannt. Das von Serge
Klarsfeld zusammengestellte „Mémorial de la Déportation des Juifs de France", Paris 1978, kann, da wie
alle Deportationslisten auch die Nationalität der jeweils Verschleppten ausweisen, nur zur Klärung einzelner Luxemburger Juden, nicht aber als Quelle für die Zahl der aus Frankreich in die Vernichtungslager deportierten Juden aus dem Großherzogtum dienen. Insgesamt konnten 184 luxemburgische Juden, die aus
Frankreich und 31, die aus Belgien deportiert wurden, namentlich ermittelt werden. Von diesen insgesamt
215 Personen haben 16 überlebt, Cerf, L'Etoile Juive, S. 144 und 208 f.

dort Ende März 1942 einsetzenden Transporten in die Lager des Ostens deportiert.[45]

Während einer Besprechung im Reichssicherheitshauptamt (RSHA) am 24. April 1941 bei Eichmann über Möglichkeiten, die Auswanderung zu beschleunigen[46], gab Großrabbiner Serebrenik die Zahl der noch im Großherzogtum lebenden Juden mit 947 (413 Männer und 534 Frauen) an, von denen 350 auswanderungswillig und zum Teil (100 Personen) schon im Besitz der notwendigen Papiere seien. In den folgenden knapp sechs Monaten aber, d.h. zwischen Ende April und Mitte Oktober 1941, als die Auswanderung auf Anweisung Himmlers gestoppt wurde, konnten nur noch etwa 250 Juden, darunter am 26. Mai 1941 auch der Großrabbiner, emigrieren.[47] Insgesamt hatten seit August 1940 etwa 1450 Juden Luxemburg verlassen.[48]

Im August 1941 begann man mit der Konzentrierung vor allem alter, kranker und nach Luxemburg geflohener Juden in einer Art Ghetto im Kloster Fünfbrunnen (Cinqfontaine) im Norden Luxemburgs, nahe Uflingen (Troisvierges), das bereits im März 1941 von der Gestapo weitgehend geräumt worden war. Die ersten 25 Personen trafen am 11. August in dem strategisch günstig an der in nord-südlicher Richtung verlaufenden Bahnlinie gelegenen Kloster ein. Von dieser Sammelstelle aus konnten die Juden gruppenweise in die Mitte Oktober beginnenden Transporte nach Polen, die in Trier den aus dem Reichsgebiet abgehenden angeschlossen wurden, eingereiht werden.

Noch bevor der „Arbeitseinsatz im Osten" auch für die luxemburgischen Juden Wirklichkeit wurde, waren bereits 94 Juden sechs Wochen lang zur Zwangsarbeit in einem Steinbruch an der Mosel und beim Straßenbau in der Nähe von Wittlich eingesetzt worden.[49] Diese Maßnahme bewahrte sie davor, schon mit dem ersten und größten Transport am 16. Oktober 1941 von Luxemburg nach Lodz (Litzmannstadt)[50] de-

---

[45] Zu den bis zum 18.7.1943 aus dem „altbesetzten" Frankreich deportierten etwa 52 000 Juden gehörten, entsprechend einer vom März 1942 datierten Entscheidung (vgl. Schreiben des SS-Hauptsturmführers Theodor Dannecker vom 17.3.1942 an den Militärbefehlshaber Frankreich, Eichmannprozeß, Dok. 587), auch jene mit luxemburgischer Staatsangehörigkeit (vgl. Vermerk SS-Obersturmführer Heinz Röthke, BdS Paris, vom 21.7.1943, Eichmannprozeß, Dok. 664).

[46] Über die Besprechung im RSHA hat Serebrenik am 21.7.1960 während des Eichmann-Prozesses in Jerusalem einen – mit Ausnahme einiger in deutsch wiedergegebener Zitate von Bemerkungen Eichmanns – nur in hebräisch vorliegenden Bericht gegeben, der in der 37. Sitzung des Gerichts, am 11. Mai 1961 als Beweisdokument 297 in den Prozeß eingeführt worden ist (vgl. auch Anm. 40). Die Angabe des Großrabbiners „März 1941" beruht vermutlich auf einem Erinnerungsfehler, sowohl bei Cerf wie bei Evy wird April 1941 angegeben, vgl. Cerf, L'Etoile, S. 86-89. Cerf, Longtemps, S. 45-50, referiert wesentliche Teile der Unterredung, über die Serebrenik offenbar schon vier Wochen vorher, am 27.6.1960, und zwar noch ausführlicher, berichtet hat.

[47] Cerf, Longtemps, S. 50; Evy, Fünfbrunnen, Nr. 23, S. 42.

[48] Cerf, L' Etoile S. 60 und 177.

[49] Ebenda, S. 105 und Cerf, Longtemps, S. 74.

[50] Die Ankunft dieses Transportes, dem noch 178 Juden auf der Fahrt durch Deutschland angeschlossen wurden, am 18.10.1941 in Lodz ist dokumentarisch zweifach überliefert: Einmal durch ein Schreiben des „Ältesten der Juden in Litzmannstadt", Chaim Rumkowski, vom 13.11.1941 an die Luxemburger Kultusgemeinde (Faksimile bei Cerf, Longtemps, S. 101) und durch den „Erfahrungsbericht betr. Einweisung von 20 000 Juden und 5000 Zigeuner in das Ghetto Litzmannstadt" des Hauptmanns der Schutzpolizei, Künzel mit gleichem Datum (vgl. Dokumenty i Materialy, Tom III, Warszawa 1946, S. 203 ff.). Insgesamt 54 490 Insassen des Lodzer Ghettos – darunter 10 993 der zwischen dem 16. Oktober und dem 4. November 1941 dort eingewiesenen fast 20 000 Juden aus dem Altreich, Österreich und dem Protektorat – sind in 66 Transporten zwischen Mitte Januar und Mitte Mai 1942 nach Chelmno gebracht worden (vgl. Faschismus-Getto-Massenmord, hrsg. vom Jüdischen Historischen Institut Warschau, Berlin 1961², S. 285 f. und Adalbert Rückerl, NS-Vernichtungslager im Spiegel deutscher Strafprozesse. Belzec, Sobibor, Treblinka, Chelmno, München 1977, S. 257 ff.).

portiert zu werden, einen Tag nachdem der letzte Auswandererkonvoi mit etwa 120 Juden Luxemburg in Richtung Spanien verlassen hatte. Die meisten der 331 Verschleppten sind – sofern sie die ersten Wochen des Ghettoaufenthaltes in Lodz überhaupt überlebt haben – mit an Sicherheit grenzender Wahrscheinlichkeit mit den Mitte Januar 1942 einsetzenden Transporten in das Vernichtungslager Chelmno deportiert worden.

Nachdem der erste Transport das Großherzogtum verlassen hatte, war die Zahl der Juden auf 362 zurückgegangen.[51] Ein halbes Jahr später setzte man die Transporte fort und deportierte in sechs weiteren Aktionen bis Mitte Juni 1943 insgesamt 352 Juden, davon wurden 27 in das als Durchgangslager für Belzec bekannte Izbica eingeliefert, 32 kamen nach Auschwitz und 286 nach Theresienstadt. Weitere sieben wurden mit unbekanntem Ziel deportiert.[52] Verschont blieben weder Geisteskranke noch Kinder und Greise.[53] Fünf Patienten der Heil- und Pflegeanstalt Ettelbrück kamen mit dem Transport vom 28. Juli 1942 nach Theresienstadt, sieben – vom Anstaltsarzt für transportunfähig erklärt – am 17. Juni 1943 direkt nach Auschwitz. Nach Kriegsende zählte man 43 Überlebende, das waren weniger als 6,5% der 683 Deportierten.[54] Die Zahl derer, die in Luxemburg überlebt haben, dürfte etwa 20 bis 30 betragen haben.

Außer den unmittelbar aus Luxemburg nach dem Osten deportierten und dort umgekommenen Juden hat auch die meisten der nach Frankreich und Belgien ca. 2950 geflohenen bzw. evakuierten Juden das gleiche Schicksal getroffen. 600 konnten sich durch Emigration ins neutrale bzw. befreundete Ausland retten. Etwa 1850 überlebten im Untergrund oder versteckt in Frankreich und Belgien. Von dort deportiert wurden

---

[51] Die Zahl von 362 noch in Luxemburg lebenden Juden (216 davon älter als 60 Jahre) meldete das Konsistorium am 14.11.1941 der Gestapo, vgl. Cerf, Longtemps, S. 85 f.

[52] Alfred Oppenheimer, Mitte April 1942 von den deutschen Behörden zum sog. Judenältesten bestimmt, machte in zwei Aussagen für den Eichmann-Prozeß (am 6.12.1960 in Luxemburg, vgl. Cerf, Longtemps, S. 216-220, und am 7.6.1961 in Jerusalem, vgl. Eichmannprozeß, Dok. 1075) hinsichtlich der Stärke und der Abgangsdaten der Transporte nach Polen und Theresienstadt Angaben, die von jenen, die im Livre d'Or enthalten sind, geringfügig abweichen. Oppenheimer, im Juli 1943 nach Theresienstadt und von dort Anfang Oktober 1944 nach Auschwitz deportiert, zählte aufgrund seiner Unterlagen 674 Deportierte (36 Zurückgekehrte) in acht Transporten bis zum 28.9.1943. Die sieben Listen im Livre d'Or schließen mit dem Transport vom 6.4.1943 ab und führen insgesamt 728 Deportierte namentlich, einige allerdings doppelt auf. Cerf, Longtemps, S. 198-213 kommt auf der Grundlage der aktualisierten Listen aus dem Livre d'Or zu einer Gesamtzahl von 670 Deportierten (42 Überlebende), so daß die Differenz zwischen den Angaben von Oppenheimer und denen von Cerf, Longtemps (lt. Oppenheimer – noch im September 1943 nach Theresienstadt Deportierte nicht berücksichtigt) minimal ist. Cerf, L'Etoile, S. 179-200 weist in einer abermals korrigierten namentlichen Aufstellung 683 Deportierte (43 Überlebende) nach. Hier werden nach Lodz 331 Personen im Gegensatz zu Cerf, Longtemps, 334 deportiert (in Cerf, Longtemps, sind es insgesamt sieben Personen, die nicht in Cerf, L'Etoile, auftauchen, dafür sind dort vier Namen angegeben, die nicht in Cerf, Longtemps erscheinen, so daß bei Cerf, L'Etoile insgesamt drei Personen weniger zu verzeichnen sind). Bei Cerf, L'Etoile, sind zusätzlich zu Cerfs vorhergehender Veröffentlichung Michael Levy, Berthe Levy, geb. Bermann und Roger Levy nach Izbica deportiert worden. Der Transport vom 26. Juli 1942 nach Theresienstadt enthält in Cerfs Publikation aus dem Jahre 1986 zusätzlich die Namen von Mathilde Cahen, Ernst Geiershöfer und Julie Hartoch-Wolf. Bei dem Transport vom 28. Juli 1942 dagegen erscheint Martin Cohn in der Veröffentlichung von 1986 nicht mehr, dafür aber: Alexander Herlinger, Berha Herlinger, geb. Hermann, Hugo Neumann und Selma Neumann, geb. Dalberg. Zusätzlich gibt Cerf, L'Etoile, S. 200, noch sieben Deportierte mit verschiedenen unbekannten Zielen an. Bezüglich der Zahl der Zurückgekehrten dürften die Angaben bei Cerf, der sich auf in Luxemburg verwahrtes Material stützen konnte, zutreffen. Zum Schicksal der nach Theresienstadt und von dort weiter Deportierten vgl. H.G. Adler, Theresienstadt. Antlitz einer Zwangsgemeinschaft, Tübingen 1960[2], S. 45-60.

[53] Cerf, Longtemps, S. 107 f. und 209 ff.

[54] Vgl. Anm 52.

zwischen 370 und 400 (16 bis 20 Überlebende), wovon 215 namentlich bekannt sind und in den von Serge Klarsfeld[55] bzw. Serge Klarsfeld und Maxime Steinberg[56] zusammengestellten Listen der Deportationszüge erscheinen. Weitere zwölf wurden in Konzentrationslager nach Deutschland bzw. Österreich gebracht und starben dort. Man kann also davon ausgehen, daß von jenen Luxemburger Juden, die die Deutschen aus Frankreich oder Belgien deportierten, etwa 380 umgekommen sind.[57] Opfer des nationalsozialistischen Regimes sind aber auch jene Juden geworden, die infolge der minimalen Existenzbedingungen den Zwangsaufenthalt in Fünfbrunnen nicht überlebt haben[58] sowie jene, die aus Verzweiflung über die ihnen bevorstehende Deportation den Freitod gewählt haben; ihre Zahl hat z. B. bei dem Transport nach Lodz acht betragen.[59]

Damit ergibt sich folgende geschätzte Gesamtbilanz der jüdischen Menschenverluste in Luxemburg: Von den ca. 3500 bis 3700 am 10. Mai 1940 im Großherzogtum lebenden Juden sind mindestens 1200, d.h. rd. 35%, der nationalsozialistischen Verfolgung zum Opfer gefallen. (Yad Vashem beziffert die Zahl mit 1950, Hilberg schätzt sie dagegen auf unter 1000.) Davon wurden allerdings nur etwa 720 Juden aus Luxemburg selbst deportiert, bzw. sind dort im Rahmen der Verfolgung verstorben. Die übrigen wurden über Frankreich und Belgien in die Vernichtungslager des Ostens verschickt. Wieviele von den 1200 Opfern luxemburgischer Nationalität waren, ist nicht zu klären. Auf jeden Fall aber hatten die in den französischen und belgischen Deportationslisten aufgeführten namentlich bekannten 215 Juden die luxemburgische Staatsangehörigkeit.

---

[55] Vgl. Klarsfeld, Le Mémorial.

[56] Vgl. Serge Klarsfeld/Maxime Steinberg, Mémorial de la Déportation des Juifs de Belgique, Bruxelles 1982.

[57] Cerf, L'Etoile, S. 177.

[58] Dazu insbesondere Cerf, Longtemps, S. 86-94; in Bosseler/Steichen, Livre d'Or, S. 571 wird die Zahl auf 20 geschätzt. Evy (Fünfbrunnen, Nr. 23, S. 43) nennt, unter Berufung auf die Angabe eines Klosterbruders, 15 in Cinqfontaine Verstorbene.

[59] Cerf, Longtemps, S. 80.

Juliane Wetzel

Frankreich und Belgien

Das Schicksal der französischen und belgischen Juden läßt sich in einem gemeinsamen Kapitel darstellen. Beide Länder standen unter deutscher Militärverwaltung, in beiden Ländern liefen die gesetzlichen Einschränkungen bis hin zur „Endlösung" nahezu parallel.[1] Waren etwa Luxemburg und die Niederlande durch Annexion oder quasi-Annexion zu Verwaltungseinheiten eines großdeutschen Reiches bestimmt worden, so traf das auf die unter Militärverwaltung stehenden Gebiete Belgiens und Frankreichs – abgesehen von den annektierten Provinzen Eupen-Malmedy und Elsaß-Lothringen – nicht zu.

Frankreich und Belgien wurden im Frühjahr 1940 von den Deutschen besetzt. Belgien kapitulierte am 28. Mai, Frankreich unterzeichnete am 22. Juni 1940 den Waffenstillstandsvertrag im Wald von Compiègne[2], der das Land in eine besetzte und eine unbesetzte Zone teilte. Zunächst unterstand das besetzte Gebiet, das sich nördlich der Loire und entlang der Atlantischen Küste hinzog, dem Militärgouverneur von Paris, seit Oktober 1940 dem Militärbefehlshaber Frankreich. Unbesetzt blieb vorerst der

---

[1] Grundlegend für die Darstellung der Verfolgungsgeschichte in Frankreich und Belgien sind die jeweiligen Kapitel in Raul Hilbergs Publikation „Die Vernichtung der europäischen Juden. Die Gesamtgeschichte des Holocaust" (Berlin 1982) und Gerald Reitlingers Abhandlung über die „Endlösung. Hitlers Versuch der Ausrottung der Juden Europas 1939 – 1945" (Berlin 1961[4]). Speziell für die französischen Verhältnisse erwiesen sich sowohl das von Georges Wellers herausgegebene Buch „L'Etoile jaune à l'Heure de Vichy. De Drancy à Auschwitz" (Paris 1973) als auch die ausführliche Darstellung von Michael R. Marrus und Robert O. Paxton „Vichy France and the Jews" (New York 1983) als unerläßlich. Die Frage der Auswirkungen auf die französischen Kolonien ließen sich anhand von Michel Abitbols „Les Juifs d'Afrique du Nord sous Vichy" (Paris 1983) und Eberhard Jäckels „Marokko im Zweiten Weltkrieg" (Gutachten 1966) gut bearbeiten. Was Belgien betrifft, so konnten viele Hintergründe dem Eichmann-Prozeß, Protokoll Nr. 362, entnommen werden, das unter dem Titel „Les Crimes de Guerre commis sous l'Occupation da la Belgique" (Liège 1947) vom belgischen Justizministerium herausgegeben wurde.
Daten und Fakten sowie die Grundlagen für die Ermittlung der Zahl der Opfer in der Phase der „Endlösung" wurden aus den Arbeiten von Serge Klarsfeld und seinen Mitarbeitern übernommen: Serge Klarsfeld/ Maxime Steinberg, Die Endlösung der Judenfrage in Belgien, Dokumente o. J.; dies., Mémorial de la Déportation des Juifs de Belgique, Bruxelles 1982; Serge Klarsfeld, Die Endlösung der Judenfrage in Frankreich. Deutsche Dokumente 1941 – 1944, Paris 1977, und Beate und Serge Klarsfeld, Le Mémorial de la Déportation des Juifs de France, Paris 1978 (hier wurde die sich im Institut für Zeitgeschichte München befindliche deutsche Übersetzung aus dem Jahre 1982 verwendet) sowie Serge Klarsfeld, Vichy-Auschwitz. Die Zusammenarbeit der deutschen und französischen Behörden bei der „Endlösung der Judenfrage" in Frankreich, Hamburg 1989. Für die Ermittlung der Zahl der Opfer wurden des weiteren die Artikel von Maxime Steinberg (Statistiques de la déportation des Juifs de France d'après les dossiers de la Gestapo de Paris, vol. 21, Nr. 7 vom Januar – März 1966) und Adam Rutkowski (Les déportations des Juifs de France vers Auschwitz-Birkenau et Sobibor, vol. 26, Nr. 57/58 vom Januar – Juni 1970) in „Le Monde Juif" herangezogen. Schließlich ergaben sich Vergleichsmöglichkeiten auch durch den Aufsatz von Georges Wellers in der Beilage zur Wochenzeitung das Parlament – „Aus Politik und Zeitgeschichte" – vom 29. Juli 1978, „Die Zahl der Opfer der ,Endlösung' und der Korherr-Bericht".

[2] Der Waffenstillstandsvertrag trat am 24. Juni 1940 in Kraft und blieb, da es nie zu einem Friedensvertrag kam, bis zum Ende der deutschen Besetzung bestehen, vgl. Jäckel, Marokko, S. 26.

südliche Teil Frankreichs, der unter der Regierung von Marschall Henri Philippe Pétain von Vichy aus verwaltet wurde. Das von Deutschland annektierte Elsaß-Lothringen wurde den Gauleitern Robert Wagner bzw. Josef Bürckel unterstellt. Die Départements Aisne, Ardennes, Nord, Pas-de-Calais und Somme unterstanden dem Militärbefehlshaber in Belgien.[3]

In der besetzten Zone Frankreichs gingen die Deutschen zunächst relativ gemäßigt gegen die Juden vor. Aber eine jahrhundertealte antisemitische Tradition gepaart mit einer sich verschärfenden deutschen Politik ermöglichte es schließlich, alle anti-jüdischen Maßnahmen ohne großen Widerspruch durchzusetzen. Judenfeindlich geprägt war auch die Vichy-Regierung, die noch vor den Deutschen zu Repressalien gegen die Juden griff.

Antisemitische Traditionen gehen in Frankreich, das erste größere jüdische Siedlungen im 5. und 6. Jahrhundert verzeichnen kann, auf das Jahr 1007 zurück.[4] Nachdem die Karolingischen Könige den Juden die völlige rechtliche Gleichheit zugesichert hatten, führten die radikalen Veränderungen im christlichen Westen, die schließlich den Weg für die Kreuzzüge bahnten, in Limoges zu den ersten Judenverfolgungen. Unterstützt vom Klerus und König Robert dem Frommen (996 – 1031), wurde schließlich bis 1012 ganz Frankreich davon heimgesucht. Nachdem der erste Kreuzzug erneute Pogrome ausgelöst hatte, wurden 1171 in Blois 31 jüdische Frauen, Männer und Kinder des Ritualmords beschuldigt, an Pfähle gebunden und verbrannt. Der Vorwurf der Hostienschändung ist erstmals für das Jahr 1290 belegt. Sechzehn Jahre später befahl Philipp der Schöne (1285 – 1314) die Ausweisung der Juden. Die Flüchtlinge fanden u. a. auch in Belgien Asyl, das erst seit dem frühen 13. Jahrhundert jüdische Ansiedlungen zu verzeichnen hat. Nur zwei Jahre später brachte ein neuer Kreuzzug das erste Massaker gegen die Juden in Louvain/Belgien. Ludwig X. (1314 – 1316) erlaubte den Juden die Rückkehr nach Frankreich im Juli 1315, doch die Verfolgungen gingen unter seinen Nachfolgern weiter. Sowohl in Belgien als auch in Frankreich war die Pest des Jahres 1348/49 Anlaß für Pogrome größeren Ausmaßes. Die belgische Provinz Hainaut – dort hatten sich 1306 die meisten französischen Flüchtlinge niedergelassen – war das Zentrum der Ausschreitungen. Hier wurde, ebenso wie in Brabant, die jüdische Bevölkerung völlig ausgerottet. Die Ausmaße in Frankreich waren von Provinz zu Provinz verschieden: in der Franche-Comté wurden alle Juden ausgewiesen, in der Dauphiné dagegen genossen sie weiterhin ihre Freiheit. Nur rund 50 Jahre später war aber dann ganz Frankreich betroffen, als Karl VI. (1380 – 1422) am 17. September 1394 die Ausweisung aller Juden anordnete.

Bei Ausgang des Mittelalters gab es außer in Elsaß-Lothringen, Avignon, Comtat-Venaissin und Nizza keine Juden mehr in Frankreich. Nur Konvertierte konnten bleiben. Sie integrierten sich völlig in die christliche Gesellschaft, so daß sie weiterhin nicht mehr als Juden zu betrachten waren. Erst zu Beginn des 18. Jahrhunderts begannen sich wieder Juden in Paris niederzulassen. Sie kamen hauptsächlich aus Deutschland und Holland. Ebenso war zu dieser Zeit eine geringe Einwanderung von Aschkenasim nach Belgien zu beobachten. Am Vorabend der französischen Revolution hatten sich in Frankreich bereits wieder 40 000 Juden angesiedelt, die sich zu 84 Prozent aus jiddisch sprechenden Aschkenasim und zu 16 Prozent aus sephardischen Juden

---

[3] Wellers, L'Etoile, S. 47 f.
[4] Der geschichtliche Überblick basiert auf der Encyclopaedia Judaica.

zusammensetzten. 1790 bzw. 1791 erhielten sie alle die französische Staatsbürgerschaft und damit ihre bürgerlichen Rechte.

Mit der Unabhängigkeit Belgiens im Jahre 1831 wurde auch dort die jüdische Religion offiziell anerkannt. Während die belgischen Juden bis zum Eintreffen der Deutschen im Mai 1940, trotz massiver Einwanderung aus Mittel- und Osteuropa, vor weiteren Repressalien verschont blieben, erschütterte in Frankreich im Jahre 1840 die Damaskus-Affaire erneut die jüdische Bevölkerung. Die feindliche Haltung der französischen Regierung und Öffentlichkeit, Folge der Ritualmordanklage gegen die Juden von Damaskus, führte den französischen Juden vor Augen, wie trügerisch ihr Glaube an Emanzipation war. Angriffe von Bauern im Elsaß und im Sundgau im Februar 1848 griffen bald auch auf nördlichere Gebiete über. Jüdische Häuser wurden geplündert, und erst die Armee konnte die Ordnung wiederherstellen.

1830 hatte Frankreich Algerien erobert, das auf jüdische Siedler seit der Antike zurückblicken konnte, und dessen jüdische Bevölkerung (1830: 30 000) sich aus den Nachkommen zum Judentum konvertierter Berber, spanischer (14. Jahrhundert), französischer und italienischer Einwanderer (17. Jahrhundert) zusammensetzte. Die algerischen Juden, die nur einmal, nämlich im Jahre 1805, von einem Massaker heimgesucht worden waren, erhielten durch das Crémieux-Dekret vom 24. Oktober 1870 die französische Staatsbürgerschaft. Diese Naturalisierung war der Höhepunkt einer seit der französischen Eroberung fortschreitenden Assimilierung und löste sogleich eine Welle des Antisemitismus aus, die in den Pogromen der Jahre 1881, 1882, 1883, 1897 und 1898 gipfelte. Gleichzeitig hatte in Frankreich die Dritte Republik mit ihren Säkularisierungsbestrebungen und Reformgedanken in kirchlichen und royalistischen Kreisen eine anti-jüdische Haltung ausgelöst. Antisemitische Zeitungen wie „La Croix" kamen auf den Markt, das Buch von Edouard Drumont, „La France Juif" (1886), wurde zum Bestseller, und 1889 wurde die „Antisemitische Liga" gegründet. Von 1892 an gab Drumont die Zeitung „La Libre Parole" heraus, die sogleich eine Kampagne gegen jüdische Offiziere mit der Anschuldigung begann, sie würden Landesverrat und Spionage betreiben.

In diesem Klima ereignete sich die „Dreyfus Affaire". Der französische Generalstabsoffizier Alfred Dreyfus wurde am 15. Oktober 1894 wegen vermeintlichen Landesverrats und Spionagetätigkeit für die Deutschen zu lebenslänglicher Verbannung auf der Teufelsinsel verurteilt. Die „Dreyfusards" (darunter Zola und Clemenceau) kämpften darum, die Unschuld des Verbannten zu beweisen, und nach erbitterten Auseinandersetzungen zwischen der bürgerlichen Mitte und der Linken auf der einen Seite und den Rechtsparteien auf der anderen Seite wurde Dreyfus 1906 freigesprochen und rehabilitiert. Dieser Sieg überzeugte allerdings keineswegs die allgemeine öffentliche Meinung, im Gegenteil, er war Wasser auf die Mühlen der Antisemiten, die auch in Algerien immer stärker in den Vordergrund traten. Kein anderer als Drumont wurde schließlich Repräsentant der französischen antisemitischen Partei in Algerien. Obwohl es während der Dritten Republik seit 1871 nie eine staatlich angeordnete Ausnahmebehandlung der Juden gab, verschlechterte sich das Klima zusehends. Besonders der große Einwandererstrom osteuropäischer Juden nach den Pogromen in Rußland 1881 und die jüdischen Immigranten aus Saloniki, Konstantinopel und Smyrna erzeugten unter der französischen Bevölkerung eine zunehmende Feindlichkeit gegenüber Fremden und vor allem gegen Juden.

In dieser Phase übernahm Frankreich 1912 Marokko als Protektorat. Gleichzeitig wurden bei einem Pogrom in Fez über 100 Juden getötet. Solche antisemitischen Ausbrüche hatten in Marokko, dessen jüdische Wurzeln bis in die Antike zurückreichen, eine lange Tradition und wohl wenig mit der französischen Administration zu tun. In Fez war 1438 die erste marokkanische Mellah entstanden, ein Ghetto, in das die jüdische Bevölkerung eingeschlossen wurde. Am 19. August 1941 nahm die Vichy-Regierung diese Tradition wieder auf, als sie alle marokkanischen Juden in ihre Mellahs verwies.[5] Bis dahin hatten allerdings die Juden Marokkos völlige Freiheit genossen. Die französische Protektoratsregierung rüttelte auch nicht an deren durch den Schutz des Sultans garantiertem Status. Aufgrund der toleranten Haltung der Protektoratsmacht nahmen die Assimilationsbestrebungen unter den marokkanischen Juden immer mehr zu. Völlig integrieren in die Gesellschaft der Kolonisatoren konnten sie sich jedoch nicht; die antisemitische Haltung der französischen Mittelklasse in Nord-Afrika stand dem im Wege.

Der Ausbruch des Ersten Weltkrieges stoppte den Einwanderungsstrom nach Frankreich und beendete vorläufig den Antisemitismus in der gesamten französischen Republik. Die Notwendigkeit einer einheitlichen Front gegenüber dem Feind ließ Konflikte dieser Art nicht mehr aufkommen. Nach Kriegsende setzte erneut eine große Flüchtlingsbewegung aus dem Osten ein. Trotzdem blieben diesmal antisemitische Ausbrüche aus, nicht zuletzt wegen der erfolgreichen Kriegsteilnahme jüdischer Soldaten. Das relativ judenfreundliche Klima ermöglichte es auch, daß Scholem Schwartzbard, der 1926 in Paris durch ein Attentat auf einen ukrainischen Militärführer darauf hatte aufmerksam machen wollen, daß in Rußland 1919 während der Pogrome 100 000 Juden ermordet worden waren, in einem sensationellen Prozeß freigesprochen wurde.[6] Ein Jahr später, im August 1927, verabschiedete das französische Parlament ein bemerkenswert liberales Naturalisierungsgesetz. Auch der Börsenkrach im Jahre 1929 brachte im Gegensatz zu anderen europäischen Ländern keine neue Judenfeindlichkeit, da Frankreichs Wirtschaft durch die Abschottung vom Weltmarkt nicht direkt betroffen war. Die Folgen des Schwarzen Freitags spürte man erst 1930/31, und 1932 schließlich fiel die Produktion um 27 Prozent.[7] Gleichzeitig wurde Frankreich mehr und mehr zum führenden Einwanderungsland, besonders seit der Machtübernahme der Nationalsozialisten in Deutschland. Die erste Welle der deutsch-jüdischen Emigranten 1933 umfaßte 17 000 – 20 000 Flüchtlinge; viele von ihnen kehrten allerdings nach der trügerischen Beruhigung der Lage in Deutschland ein Jahr später in ihre Heimat zurück. Die französische Bevölkerung, die noch in den zwanziger Jahren die Einwanderer freudig empfangen hatte, empfand nun, ein Jahrzehnt später, ihre Anwesenheit als bedrückend. Der Antisemitismus erwachte wieder. Das erste Massaker an Juden ereignete sich 1934 in Constantine im algerischen Generalgouvernement. Auch in Tunesien, das Juden bereits zu Zeiten der Punier in Karthago beherbergt hatte und seit 1881 unter französischem Protektorat stand, gab es 1932 und 1934 in einigen Städten antisemitische Ausschreitungen. Nur Marokko blieb verschont.

---

[5] Jäckel, Marokko, S. 66.
[6] Marrus/Paxton, Vichy France, S. 25.
[7] Ebenda, S. 35.

In Frankreich selbst verbot das Gesetz vom 20. November 1934 jüdischen Flüchtlingen die Arbeitsaufnahme. Trotz des antisemitischen Klimas, das nun wieder
herrschte, wurde im Juni 1936 Léon Blum zum ersten jüdischen Premierminister
Frankreichs gewählt. Besonders die Opposition bediente sich daraufhin antisemitischer Vorurteile, um revolutionäre Veränderungen zu prophezeien. 1938 fanden in
Paris anti-jüdische Demonstrationen statt, und der Groß-Rabbiner von Paris warnte
seine Glaubensgenossen an den hohen jüdischen Feiertagen desselben Jahres, sich
nicht außerhalb der Synagogen zu größeren Versammlungen zusammenzufinden.[8] Im
November wurde das liberale Naturalisierungsgesetz des Jahres 1927 eingeschränkt:
das Dekret vom 12. November 1938 bestimmte, daß bereits naturalisierten Juden die
Staatsbürgerschaft wieder aberkannt werden konnte, wenn sie sich „des Titels eines
französischen Bürgers unwürdig zeigten".[9] Schließlich hob Papst Pius XII. 1939 das
über das Organ der 1898 gegründeten antisemitischen Organisation „Action Française" verhängte Interdikt wieder auf. Nun konnten auch die katholischen Anhänger
des antisemitischen französischen Chefideologen, Charles Maurras, dessen Zeitung
wieder ungehindert lesen, und viele seiner Aussagen wurden zum Allgemeingut.[10]
So hatte am Vorabend des Zweiten Weltkrieges die antisemitische Tradition die
Franzosen wieder eingeholt. Auch Fremdenfeindlichkeit spielte dabei eine große
Rolle – 1940 war fast die Hälfte der 300 000 [11] in Frankreich lebenden Juden nicht im
Lande geboren. Als die deutsche Wehrmacht die Franzosen im Juni 1940 zur Unter-
zeichnung des Waffenstillstandsvertrages zwang, gab das Bewußtsein des verlorenen
Krieges dem Antisemitismus erneut Aufschwung: die Juden waren die willkommenen
Schuldigen für die Kriegsniederlage.
Obwohl auch in Belgien nur fünf bis zehn Prozent der 1940 geschätzten 90 000 [12]
Juden Staatsbürger des Landes waren – Belgien hatte eine sehr restriktive Naturalisie-
rungspolitik betrieben –, gab es weder eine ausgeprägte Fremdenfeindlichkeit noch
spürbaren Antisemitismus. Die Juden lebten gesetzlich in völliger Gleichberechtigung. Der deutsche Sonderbericht aus dem Jahre 1942 spricht davon, daß unter den
„Fittichen" der „katholischen Kirche und dem freimaurerischen Liberalismus" in Belgien „einer Ausbreitung und Förderung des Judentums Tor und Tür" geöffnet worden
waren.[13] Allerdings hatte man zum Zeitpunkt der deutschen Invasion alle verbliebenen Männer aus dem Kreis der etwa 30 000 deutsch-jüdischen Flüchtlinge, von denen
bereits jeder Dritte in das noch unbesetzte Frankreich geflohen war, festgenommen
und, obwohl sie zum Teil als Freiwillige in der belgischen Armee gedient hatten, als
potentielle konspirative Verbündete der Deutschen in das Lager Gurs nach Frank-

---

[8] Ebenda, S. 39 f.
[9] Ebenda, S. 56.
[10] Ebenda, S. 51.
[11] Die Zahl beruht auf einer Schätzung, da es keine offiziellen Erhebungen über die jüdische Bevölkerung
und die Ein- bzw. Auswanderungen gibt. Noch 1933 nahm Frankreich etwa 55 000 Juden aller Nationalitäten auf. Vgl. ebenda, S. 36, und Encyclopaedia, vol. 7, S. 32.
[12] Ebenfalls eine Schätzung. Die Encyclopaedia (vol. 4, S. 420) gibt eine Spanne von 90 000 bis 110 000 an.
Der „Sonderbericht" über das „Judentum in Belgien" vom 31.1.1942 nennt für das Jahr 1939 116 000 Juden, die sich wie folgt verteilten: 80 000 in Groß-Antwerpen, 25 000 in Groß-Brüssel, 3000 in Lüttich, 2000
in Charleroi und die restlichen 6000 verstreut in übrigen Städten, Klarsfeld/Steinberg, Endlösung Belgien,
Dokument CDJC, LXXVII-31, S. 9.
[13] Ebenda, S. 10.

reich gebracht.[14] Als die deutsche Militärverwaltung am 28. Oktober 1940 die Registrierung aller Juden anordnete, meldeten sich nur 42 000 Personen.[15] Die Massenflucht nach Frankreich zeigte ihre Auswirkungen; außerdem gelang es vielen belgischen Juden, sich durch ihre starke Assimilation mit der Bevölkerung der Anordnung zu entziehen. Wir können also im November 1940 von etwa 52 000 Juden in Belgien ausgehen, die sich aus der Zahl der Registrierten und den von deutscher Seite angenommenen 10 000 unangemeldeten Kindern zusammensetzten.[16] Es scheint sich bei letzteren aber wohl kaum nur um Kinder gehandelt zu haben.

Mit der Einsetzung von General Alexander von Falkenhausen als Militärgouverneur war ein ausgesprochener Gegner des nationalsozialistischen Extremismus nach Belgien gekommen. Es gelang ihm, sich bis zu seiner Absetzung im September 1944 auch erfolgreich gegen die Eingriffe der Sicherheitspolizei durchzusetzen. Seit November 1940 war Constantin Canaris[17] Chef der Sipo-SD in Brüssel. Die antisemitische Verfolgung in Belgien beschränkte sich dadurch zunächst auf legislative Einschränkungen. Die erste Verordnung vom 23. Oktober 1940 verbot die rituelle Schlachtung. Gleichzeitig mit der Registrierungsverordnung vom 28. Oktober wurde ein Rückkehrverbot für geflüchtete Juden aus Belgien, die Anmeldung aller jüdischen Unternehmen, ein Verfügungsverbot über Unternehmen und Grundstücke sowie die Kennzeichnung von jüdischen Gaststätten verfügt. Eine zweite Verordnung, ebenfalls vom 28. Oktober 1940, regelte das Ausscheiden von Juden aus Ämtern und Stellungen. „Hiernach mußten mit dem 31. Dezember 1940 Juden aus staatlichen Stellungen, aus Presse und Rundfunk sowie aus dem Rechtsanwaltsberuf und als Lehrer an Schulen und Hochschulen ausscheiden."[18] Vom 1. Juni 1942 an durften jüdische Ärzte und Zahnärzte nur noch jüdische Patienten behandeln. Damit war das letzte anti-jüdische deutsche Gesetz in Belgien in Kraft getreten.

Ebenso wie in Belgien waren die anti-jüdischen Maßnahmen der Vichy-Regierung zunächst auf gesetzliche Restriktionen beschränkt, die für beide Teile des Landes galten, wohingegen die vom deutschen Militärbefehlshaber erlassenen Verordnungen nur im besetzten Teil Anwendung fanden. Das traf die Juden in der besetzten Zone natürlich doppelt stark. Im Gegensatz zu Deutschland waren aber Mischehen und Adoptionen im besetzten Frankreich nicht von der anti-jüdischen Gesetzgebung betroffen.

Noch vor den deutschen Besatzern führte Vichy seine ersten anti-jüdischen Maßnahmen ein. Am 27. August 1940 wurde das im April 1939 nach dem damaligen Justizminister Paul Marchandeau benannte Gesetz gegen antisemitische Exzesse in der

---

[14] Hilberg, Vernichtung, S. 415; Encyclopaedia, vol. 4, S. 420.
[15] Reitlinger, Endlösung, S. 388; Nbg. Dok. NG-2380, Bericht des Militärgouverneurs von Belgien und Nordfrankreich, Nr. 10 vom 19.11.1940.
[16] Von Bargen (Vertreter des AA in Brüssel) an das Auswärtige Amt, 11.11.1942, Nbg. Dok. NG-5219, vgl. Hilberg, Vernichtung, S. 416. Die jüdischen Bewohner der beiden vom Militärbefehlshaber in Brüssel verwalteten französischen Départements waren zum Teil vor der Ankunft der Deutschen nach Frankreich geflohen. Die Militärregierung hatte noch im Oktober 8000 Juden aus Belgien nach Frankreich abgeschoben. Innenministerium (gez. Jacobi) an das AA vom 19.11.1942 mit Bericht des Militärbefehlshabers in Belgien und Nordfrankreich, Nbg. Dok. NG-2380, vgl. Hilberg, Vernichtung, S. 416.
[17] Canaris war zunächst bis 26.11.1941 im Amt und dann nochmals vom 1.2.1944 – 15.9.1944. Ernst Ehlers löste ihn im Dezember 1941 bis 31.1.1944 ab. „Judenreferenten" waren Kurt Asche (bis 1942) und Fritz Erdmann (bis 1943).
[18] Klarsfeld/Steinberg, Endlösung Belgien, „Sonderbericht", S. 11 f.

Presse, das diese sogar unter Strafe stellte, aufgehoben.[19] Bis zu dem Zeitpunkt waren antisemitische Zeitungsartikel mit Erfolg unterdrückt worden, nun jedoch hatten Verfasser solcher Produkte freie Bahn in den französischen Zeitungen. Der so sanktionierte Antisemitismus traf auf eine mehrheitlich indifferente Bevölkerung, deren Problem nicht die „Judenfrage" war, deren Sorgen vielmehr den Kriegsgefangenen galten, den zwangsweise nach Deutschland verschickten französischen Arbeitern und dem täglichen Überleben. So wurde einem radikalen Antisemitismus etwa der Gruppe um die „Action française" keine Opposition entgegengesetzt. Das erleichterte der Regierung die Durchführung ihrer Gesetze. War der Erlaß vom 27. August das erste wirklich anti-jüdische Gesetz, so hatte sich bereits das Säuberungsgesetz für den öffentlichen Dienst vom 18. Juli 1940 nicht explizit, aber de facto gegen die Juden gerichtet. Von dem Zeitpunkt an konnte (von einigen Ausnahmen abgesehen) niemand mehr öffentliche Ämter bekleiden, der nicht von einem französischen Vater abstammte.[20] Vier Tage später, am 22. Juli 1940, wurde das Gesetz über die Revision der Naturalisierung erlassen. Allen Personen, die nach 1927 die französische Staatsbürgerschaft erhalten hatten, konnte sie auf dem Verordnungswege wieder entzogen werden.[21] Nur zwölf Tage nachdem die Nationalversammlung Marschall Pétain eine nahezu uneingeschränkte Macht übertragen und ihn als Staatsoberhaupt in Vichy eingesetzt hatte, wurde aufgrund dieses Gesetzes eine Kommission berufen, die alle Naturalisierungen überprüfen und sie allen jenen Staatsbürgern aberkennen sollte, die nicht erwünscht waren.

In Paris wurde am 7. August 1940 die deutsche Botschaft wieder eröffnet. An ihre Spitze trat Otto Abetz, der bereits vor 1939 in Frankreich aktiv geworden war und intensive Verbindungen mit der französischen Rechten gepflegt hatte. Mit ihm war ein Mann Botschafter geworden, der nicht nur die „rassische Säuberung" Frankreichs begierig zu fördern gedachte, sondern auch entsprechend einem Führerbefehl für alle politischen Fragen im besetzten und unbesetzten Teil Frankreichs verantwortlich zeichnete.[22] Zum relativ kleinen Stab von Abetz gehörten SS-Sturmbannführer Carltheo Zeitschel und Ernst Achenbach als Verantwortliche für die „Judenfrage". Als erster zog nun Abetz antisemitische Maßnahmen auch im besetzten Teil Frankreichs in Erwägung und forderte bei einer Besprechung mit der Militärregierung und schließlich schriftlich – „sehr dringend" – bei Ribbentrop ein sofortiges Vorgehen gegen die Juden.[23] Zunächst schien die vier Punkte umfassende Forderung in Berlin auf wenig Gegenliebe zu stoßen, führte dann aber am 27. September 1940 zur ersten anti-jüdischen Verordnung der besetzten Zone. Nach der Festlegung, wer in deutschen Augen jüdisch war, verbot sie den aus der besetzten Zone geflohenen Juden dorthin zurückzukehren, verlangte die Registrierung aller Juden und die Kennzeichnung jüdischer Geschäfte sowie die Markierung aller jüdischen Ausweise mit „Juive" bzw. „Juif".[24]

---

[19] Marrus/Paxton, Vichy France, S. 1. Das „Loi Marchandeau" verbot Presseangriffe „gegen eine Gruppe von Menschen, die durch Geburt einer besonderen Rasse oder Religion angehörten", wenn „sie Haß gegen diese Bürger oder Bewohner schürten".

[20] Jäckel, Marokko, S. 76. „Loi concernant l'accès aux emplois dans les administrations publiques", in: Journal officiel de la République française (JO), lois et décrets, Nr. 174, 18.7.1940, S. 4537.

[21] Ebenda, S. 77. „Loi relative à la révision des naturalisations, JO, Nr. 179, 23.7.1940, S. 4567.

[22] Hilberg, Vernichtung, S. 423. Ribbentrop an Keitel am 3.8.1940, Nbg. Dok. PS-3614.

[23] Jäckel, Marokko, S. 78: Marrus/Paxton, Vichy France, S. 6.

[24] Marrus/Paxton, Vichy France, ebenda.

Neben Abetz und seinem Stab mischten sich seit dem Sommer 1940 auch die Sicherheitspolizei und der Sicherheitsdienst ein. Sie beherrschten – von Mai 1942 an schließlich völlig unabhängig – weitgehend die Lösung der „Judenfrage". Zunächst trafen die Experten ein, an ihrer Spitze SS-Standartenführer Helmut Knochen (Sicherheitsdienst), dem von der Gestapo aus Berlin als ständiger Vertreter SS-Obersturmbannführer Kurt Lischka zugeordnet wurde. Im Rahmen der Unterabteilung IV schickte Eichmann im Spätsommer 1940 Theodor Dannecker als Leiter des Judenreferats der Gestapo in Frankreich nach Paris, sein Nachfolger wurde im September 1942 SS-Obersturmführer Heinz Röthke. Mit Dannecker war ein fanatischer Antisemit in das Pariser Büro des Reichssicherheitshauptamtes eingezogen; nicht selten kam es zwischen ihm und dem Militärbefehlshaber – Otto bzw. Karl Heinrich von Stülpnagel – zu Auseinandersetzungen über das Vorgehen gegen Juden. Nachdem SS und Polizei am 7. Mai 1942, nun unter dem Höheren SS- und Polizeiführer Karl Oberg, Autonomie erreicht hatten und Himmler jetzt direkt unterstellt waren, konnte der Militärbefehlshaber keinen Einfluß mehr nehmen. Die Durchführung sich zunehmend verschärfender Gesetze und Verordnungen lag nun weitestgehend in den Händen von radikalen Antisemiten aus der Eichmann-Schule.

Aber zunächst war Pétain wieder am Zuge mit Restriktionen gegen die Juden: am 3. Oktober 1940 wurde das erste „Juden-Statut" erlassen. Es handelte sich in erster Linie um ein Berufsverbotsgesetz, das Juden den Zugang zur höheren Beamtenlaufbahn verbot und im Bereich der übrigen öffentlichen Dienste nur Träger von Tapferkeitsauszeichnungen zuließ. Freie Berufe standen Juden von da an nur noch nach einem Proporz offen. Ganz ausgeschlossen wurden Juden aus dem Bereich Presse, Film, Theater und Rundfunk. Außerdem legte das Statut gemäß den Nürnberger Gesetzen fest, wer als Jude zu gelten hatte. Erstaunlicherweise ging man in Vichy in diesem Punkt weiter als die deutsche Verordnung vom 27. September, indem man Rassekriterien und nicht – wie die Deutschen – die Konfessionsangehörigkeit zur Beurteilung heranzog.[25]

Mit dem „Dahir" vom 31. Oktober 1940 wurde das „Juden-Statut" auch in Marokko übernommen, Tunesien folgte mit dem „Dekret beylical" am 30. November 1940. Algerien hatte im September das Crémieux-Dekret aufgehoben, wodurch die algerischen Juden staatenlos wurden. Die Verfolgungsmaßnahmen hatten auf französisch Nord-Afrika übergegriffen.[26] Nur im Mutterland galt das in Vichy am 4. Oktober 1940 erlassene Gesetz über „die ausländischen Staatsangehörigen jüdischer Rasse", nach dem die betreffenden Personen durch Entscheidung des jeweiligen Département-Präfekten in besonderen Lagern interniert werden konnten.[27] Vierzehn Tage später, am 18. Oktober 1940, folgten in der besetzten Zone die Definition und Meldepflicht für jüdische Betriebe, die Annullierung von Transaktionen und die Ernennung von Treuhändern. Die Maßnahmen waren nicht neu, allerdings mußten die Deutschen zum erstenmal die Durchführung den französischen Behörden überlassen, da sie selbst nur über etwa 3000 Polizeikräfte verfügten.[28]

---

[25] Jäckel, Marokko, S. 56 und S. 86. „Loi portant statut des Juifs", JO, Nr. 266, 18.10.1940, S. 5323.
[26] Für Marokko vgl. Jäckel, Marokko, S. 57, für Tunesien und Algerien vgl. Abitbol, Juifs d'Afrique, S. 63 ff.
[27] Jäckel, Marokko, S. 59.
[28] Hilberg, Vernichtung, S. 429.

In diese Zeit fiel auch die von der Gauleitung in Elsaß und Lothringen vorgenommene Razzia am 22. Oktober in Baden und Saarpfalz, bei der 6504 Menschen[29] zusammengetrieben und ohne vorherige Ankündigung in das unbesetzte Frankreich abgeschoben wurden. Dahinter stand ein noch im Anfangsstadium steckendes Projekt, nach Südfrankreich insgesamt 270 000 Juden aus dem Altreich, der Ostmark und dem Protektorat Böhmen-Mähren zu verschicken.[30] Begonnen hatte man mit den Aktionen bereits am 16. Juli 1940, als man in Colmar, entsprechend dem Beschluß der Gauleitung, alle Juden aus Elsaß-Lothringen abzuschieben, die Juden des Städtchens zusammengetrieben und über die Demarkationslinie gebracht hatte. Die Fortsetzung folgte im Oktober 1940. Allein im Elsaß waren von diesen Aktionen 22 000 Juden betroffen.[31] Dies führte zu einer beträchtlichen Umstrukturierung der jüdischen Bevölkerung Frankreichs. In der besetzten Zone lebten nun nur noch 165 000 Juden (davon allein in Paris 148 000), während die Zahl der Juden in der unbesetzten Zone mit 145 000 auf etwa die Hälfte der Gesamtzahl anstieg.[32] Diese Entwicklung, die deutlich macht, daß die Deutschen noch 1940 nicht an eine „judenfreie" unbesetzte Zone dachten, wollte das völlig überrumpelte Vichy-Regime nicht mehr länger hinnehmen, zumal inzwischen auch Juden aus Luxemburg und Lothringen in sein Gebiet abgeschoben worden waren. Als erste Maßnahme erfolgte die Internierung der Juden aus Baden und Saarpfalz im 1939 errichteten Lager Gurs. Ähnlich erging es vielen anderen abgeschobenen Juden, sodaß Ende 1940 70 Prozent der in der unbesetzten Zone internierten 40 000 Personen Juden waren. Schließlich wurde die Demarkationslinie von beiden Seiten geschlossen: Die Deutschen ließen jüdische Flüchtlinge nicht mehr in ihr Gebiet, und die Gegenseite schloß die Tore für Juden aus dem besetzten Gebiet.

Zu Beginn des neuen Jahres führten die deutschen Behörden Verhandlungen mit Vichy über ein gemeinsam zu errichtendes Judenamt, das mit seiner Arbeit zunächst im besetzten Teil beginnen sollte, dann aber fast ausschließlich in der unbesetzten Zone tätig wurde. Die Regierung in Vichy stimmte zu, und man überließ Pétain, vertreten durch seinen seit Februar 1941 eingesetzten Vizepräsidenten, Admiral François Darlan, die Wahl des Leiters, „um die Reaktion des französischen Volkes gegen alles, was von Deutschen komme, auf diesem Gebiet auszuschalten".[33] Am 29. März 1941 trat der Nationalist, Antisemit, aber auch antideutsch denkende Xaver Vallat die Leitung des neugeschaffenen Generalkommissariats für Judenfragen an. Er war dem Innenministerium unterstellt und hatte eine zweifache Aufgabe zu lösen: Er sollte die Arbeit der Treuhänder und der jüdischen Organisationen überwachen und weitere anti-jüdische Gesetze vorbereiten.[34] Dannecker, der die Gründung dieses „Judenam-

---

[29] Marrus/Paxton, Vichy France, S. 11. Hilberg (Vernichtung, S. 424) nennt insgesamt 6450.

[30] Marrus/Paxton, Vichy France, S. 11, Bericht über die Verschickung von Juden deutscher Staatsangehörigkeit nach Südfrankreich vom 30.10.1940 (AA: Inland IIg 189).

[31] Hilberg, Vernichtung, S. 424.

[32] Ebenda. Die Zahlen über die besetzte Zone sind einem Schreiben von Dannecker an Zeitschel vom 20.10.1941 entnommen (Nbg. Dok. NG-3261). Im Februar 1941 lebten laut Bericht von Abetz noch 200 000 Juden in Paris, vgl. Klarsfeld, Endlösung Frankreich, Dokument CDJC, V-62.

[33] Klarsfeld, Endlösung Frankreich, S. 14 f., Dokument vom 3. Februar 1941 (CDJC-XXVI-13) Besprechung zwischen dem Stab des Militärbefehlshabers, Lischka und Dannecker über die Schaffung eines Judenamtes in Frankreich, dessen Aufgaben die folgenden sein sollten: 1. „Behandlung aller polizeilichen Judenangelegenheiten" (u. a. Judenerfassung und -register), 2. „wirtschaftlicher Kontrolldienst" (Ausschaltung der Juden aus dem Wirtschaftsleben), 3. „antijüdische Propaganda im französischen Volk" und 4. „antijüdisches Forschungsinstitut".

[34] Marrus/Paxton, Vichy France, S. 75 f.; Hilberg, Vernichtung, S. 430.

tes" vorgeschlagen hatte und seine wichtigste Aufgabe in der „Gesamtabschiebung" der Juden sah, hielt Vallats Befugnisse für zu beschränkt. Zudem befürchtete er, Vallat würde auch innerhalb seiner Kompetenzen nicht stark genug durchgreifen: „Bei weiteren Besprechungen mit Vallat stellte sich jedoch heraus, daß er gar nicht daran dachte, eine klare Lösung der Judenfrage herbeizuführen."[35] Im Gegensatz zu Danneckers Zielen beschränkte sich die Militärregierung auf die Ausschaltung der Juden aus der Wirtschaft.[36]

Etwa zur selben Zeit, im Mai 1941, begann man auch in Belgien mit den Vorbereitungen zur Gleichschaltung der Wirtschaft. In Ergänzung der Judenverordnung vom 28. Oktober 1940, die sich hauptsächlich auf Berufsverbote beschränkte, wurden am 31. Mai 1941 ein Kennzeichnungszwang mit der Bezeichnung „jüdisches Unternehmen", die Anmeldepflicht von Grundstücken sowie von „Bankguthaben" (mit der Überführung auf Devisenbanken), der Depot-Zwang von Wertpapieren und außerdem die Einziehung der Rundfunkgeräte mit Wirkung vom 1. Juli 1941 eingeführt.[37] Von Dezember an betrieb man dann die völlige Ausschaltung der jüdischen Unternehmen.

Am 22. Juli 1941 war in Vichy ein Arisierungsgesetz verabschiedet worden, das zwar weder in Marokko noch in Tunesien Anwendung fand, durch Gesetz vom 21. November 1941 jedoch in Algerien eingeführt wurde.[38] Schon am 2. Juni 1941 hatte man in der unbesetzten Zone ein zweites „Juden-Statut" (Loi Vallat) erlassen, das jenes vom 3. Oktober 1940 ablöste und wiederum im wesentlichen Berufsverbote umfaßte. Im Gegensatz zum ersten Statut wurde unter Art. 1 der Begriff „Jude" aufgrund von Religions- und Rassekriterien genauer festgelegt. Diesmal waren französische Staatsbürger miteinbezogen. Eine detailliertere Liste von Berufsverboten (nun auch im Bankenwesen und Immobilienhandel) wurde beigefügt und Zuwiderhandlung gegen das Gesetz unter Strafe gestellt.[39] Zum erstenmal waren nun auch in der unbesetzten Zone alle Juden von den antisemitischen Maßnahmen betroffen. Die Nichtbeachtung des Gesetzes zog bis zu fünf Jahre Gefängnis bzw. Internierungslager nach sich. Daß man nun neben Rasse- auch Religionskriterien hinzuzog, geht auf den Verfasser des Gesetzes, Xaver Vallat, zurück. Nicht-jüdisch war nur jemand, der nachweisen konnte, bereits vor dem Gesetz des 9. Dezember 1905 (Trennung von Kirche und Staat) konvertiert zu sein und nur zwei jüdische Großeltern zu haben. Drei jüdische Großeltern machten ihn bereits zum Juden; ebenso erging es jenen, die zwar nur zwei jüdische Großeltern hatten, aber mit einem Juden verheiratet waren. Mit dieser strengen Definition überflügelte Vallat sogar noch die Praxis der Deutschen in der besetzten Zone.[40]

[35] Jäckel, Marokko, S. 91. Bericht von Dannecker, Die Judenverfolgung in Frankreich, vom 1.7.1941 (République française, Nr. 1207).
[36] In diesen Bereich gehörten die Verordnungen vom 18. Oktober 1940 mit Zusatz vom 20. Oktober 1940, die 3. Verordnung vom 26. April 1941 mit Zusatz vom 5. Mai 1941 sowie die 4. Verordnung vom 28. Mai 1941 mit Zusatz vom 10. Juni 1941.
[37] Klarsfeld/Steinberg, Endlösung Belgien, S. 12 (Sonderbericht vom 31.1.1942). Das Verbot über den Besitz von Rundfunkgeräten führten die Deutschen mit der Verordnung vom 13.8.1941 in ihrem Verwaltungsbereich ein.
[38] Hilberg, Vernichtung, S. 429; Marrus/Paxton, Vichy France, S. 152. Für Nordafrika vgl. Abitbol, Juifs d'Afrique, S. 76 ff.
[39] Jäckel, Marokko, S. 61; Marrus/Paxton, Vichy France, S. 167 f.
[40] Marrus/Paxton, Vichy France, S. 92; Abitbol, Juifs d'Afriques, S. 69.

In Marokko[41] und Tunesien[42] wurde zunächst die Definition aus dem ersten „Juden-Statut" beibehalten: Jeder, der zum Islam übergetreten war, galt als Nicht-Jude und jeder, der sich als Israelit bekannte, war Jude – und wenn er auch nur einen jüdischen Großvater hatte. In Algerien dagegen übernahm die Protektoratsregierung am 23. August 1941 die Formulierungen des Loi Vallat.[43] Seit August 1941 setzte sich Vallats antisemitische Politik in den französischen Gebieten Nord-Afrikas durch. Die Gesetze, die dort nach dem zweiten „Juden-Statut" wirksam wurden, führten in erster Linie zu einer Art „numerus clausus" für verschiedene Berufe. Betroffen waren vor allem die juristischen und medizinischen Bereiche.[44] Einen schwerwiegenden Eingriff in das Leben der marokkanischen Juden brachte das „Dahir" vom 19. August 1941, das die jüdischen Untertanen des Sultans in die Mellahs (Ghettos) zurückwies: Die betroffenen Personen mußten innerhalb eines Monats die Europäerviertel verlassen, wenn sie nicht nachweisen konnten, dort schon vor dem 11. September 1939 gelebt zu haben. Ausnahmen waren nur bei besonderen militärischen oder zivilen Verdiensten möglich.[45]

Nicht nur in Nord-Afrika, auch in Belgien brachte der August 1941 weitere einschneidende Maßnahmen für die jüdische Bevölkerung, die auf das Konto des deutschen Militärbefehlshabers für Belgien und Nordfrankreich gingen. Seit dem 29. August 1941 wurde der „Zuzug nach anderen Orten als Brüssel, Antwerpen, Lüttich (Liège) und Charleroi verboten". Diese Städte waren als Sammelpunkte der Juden in Belgien vorgesehen.[46] Außerdem führte diese Verordnung eine Sperrstunde für Juden für die Zeit von 20 bis 7 Uhr für das gesamte belgische Gebiet ein.[47] Wie üblich wurden die Maßnahmen mit der Verhinderung jüdischer Schwarzmarkttätigkeit begründet. Ein solches Ausgangsverbot verhängten die Deutschen im besetzten Teil Frankreichs erst mit der 6. Verordnung vom 7. Februar 1942, das gleichzeitig auch das Verbot einer Wohnsitzänderung enthielt – deren Meldung allerdings schon seit dem 30. Mai 1941 verpflichtend war.[48] Die eingeschränkte Bewegungsfreiheit beendete in letzter Konsequenz auch die Möglichkeit der Auswanderung. Bis Mitte 1941 betrieben die Deutschen in erster Linie die Politik der „Abschiebung", sei es nun in den unbesetzten Teil Frankreichs oder ins Ausland – letzteres allerdings nur mit gebremster Energie, da sie befürchteten, mit einer Massenauswanderung aus Frankreich die Wege für die Emigration der Juden aus Deutschland zu versperren. Mit dem geheimen Befehl vom 23. Oktober 1941 an den Chef der Sicherheitspolizei und des Sicherheitsdienstes für Belgien und Frankreich, daß „die Auswanderung von Juden mit sofortiger Wirkung zu verhindern" sei, wurde dann der legale Fluchtweg für die Juden verschlossen.[49] Die Vorbereitung zur „Endlösung" hatte begonnen.

---

[41] Einführung des 2. Judenstatuts mit dem „Dahir" vom 5.8.1941, das bis zu seiner Aufhebung am 31.3.1943 in Kraft blieb und lediglich durch 14 Ausführungsbestimmungen ergänzt wurde, vgl. Jäckel, Marokko, S. 60 ff.

[42] Tunesien führte das 2. Judenstatut mit dem Dekret „beylical", als Modifikation des Gesetzes vom 30.11.1940, am 26.6.1941 ein, vgl. Abitbol, Juifs d'Afriques, S. 70.

[43] Ebenda, S. 69.

[44] Ebenda, S. 71 ff.

[45] Jäckel, Marokko, S. 66.

[46] Klarsfeld/Steinberg, Endlösung Belgien, S. 12 (Sonderbericht vom 31.1.1942).

[47] Ebenda.

[48] Encyclopaedia Judaica, vol. 7, S. 33.

[49] Eichmannprozeß, Dok. 1209, RSHA gez. Müller z. Hd. SS.-Brif. Thomas vom 31.10.1941.

Zunächst galt es, die Einschränkungen der jüdischen Lebensbereiche möglichst effektiv zu gestalten. Dazu brauchten die deutschen Behörden nicht nur die Franzosen, von denen sich nicht wenige als gute Kollaborateure erwiesen, sondern auch die Juden selbst. Zu diesem Zweck wurde in Belgien am 25. November 1941 die Errichtung einer „Vereinigung der Juden in Belgien" (Association des Juifs en Belgique) verordnet.[50] Nach dem Vorbild der Reichsvereinigung der Juden in Deutschland hatte sie Trägerin der jüdischen Wohlfahrtspflege, der Vorbereitung zur Auswanderung – obgleich diese bereits unter Verbot stand – und des jüdischen Schulwesens[51] zu sein. Auch Frankreich erhielt am 29. November 1941 einen solchen Judenrat, die „Union Générale des Israélites de France", die in eine nördliche und eine südliche Sektion unterteilt und dem Generalkommissar Vallat unterstellt war. Unter Präsident Albert Levy, dessen Hauptquartier sich für beide Sektionen bis Februar 1943 in der unbesetzten Zone befand, wurden alle jüdischen Organisationen aufgelöst und ihr Vermögen an die Union übertragen.[52] Da das Generalgouvernement Algerien als integraler Bestandteil Frankreichs galt, wurde auch dort, jedoch erst am 31. März 1942, das Gesetz zur Formierung der „Union Générale Israélites d'Algérie" erlassen. Allerdings vergingen einige Monate, bis die Union im September 1942 zu arbeiten begann. Da im November bereits die Alliierten eintrafen, war der Judenrat Algeriens, der in französisch Nord-Afrika der einzige blieb, nur vierzig Tage im Amt.[53] Frankreichs Judenrat wurde als verlängerter Arm der Deutschen zum erstenmal Ende 1941 eingesetzt. Am 14. Dezember befahl der Militärbefehlshaber in Frankreich als Vergeltungsmaßnahme für Attentate, die französische Widerstandskämpfer – angeblich „kriminelle jüdisch-bolschewistische Elemente" – gegen deutsche Militärs begangen hatten, eine „Sühneleistung" der Pariser Juden von 1 Milliarde Francs. Am 17. Dezember beauftragte er die Union Générale des Israélites de France mit der Eintreibung des Geldes.[54] Im Rahmen der Vergeltungsmaßnahmen wurde außerdem die Internierung von 1000 Juden befohlen.

Die Deutschen hatten schon bald nach der Besetzung des nördlichen Frankreichs mit den ersten Razzien gegen Juden begonnen und die ersten größeren Aktionen im März 1941 durchgeführt: alle Juden, die längs der Kanalküste lebten, wurden in die Départements von Yonne und Aube (Nord-Zentralfrankreich) gebracht. Am 14. Mai 1941 wurden etwa 3600 naturalisierte polnische Juden festgenommen und im 1940 errichteten Konzentrationslager Pithiviers sowie im von den Franzosen für die Aufnahme von kanadischen Truppen im Winter 1939/40 errichteten Lager Beaune-la-Rolande interniert. Die erste intensivere Razzia in Paris erfolgte dann im August 1941. Die Deutschen durchkämmten zweimal das 11. Arrondissement und konnten schließlich 4000 Juden in dem dritten und berüchtigsten Konzentrationslager der besetzten Zone unterbringen, in Drancy, einem schmutzigen Pariser Vorort. Jene 1000 Perso-

---

[50] Klarsfeld/Steinberg, Endlösung Belgien, S. 4 (Sonderbericht vom 31.1.1942), und vgl. auch Eichmannprozeß, Dok. 362 „Les Crimes de Guerre", S. 19 f.
[51] Am 1.12.1941 erging die Verordnung, daß die Errichtung, Unterhaltung und Betreuung der jüdischen Schulen Angelegenheit der Juden selbst sei; vgl. Klarsfeld/Steinberg, Endlösung Belgien, S. 13 (Sonderbericht vom 31.1.1942).
[52] Hilberg, Vernichtung, S. 429; Marrus/Paxton, Vichy France, S. 109 ff.
[53] Abitbol, Juifs d'Afriques, S. 94 ff.
[54] Hilberg, Vernichtung, S. 429; Marrus/Paxton, Vichy France, S. 226; Dokument CDJC, LXXV-135, vom 15.12.1941, in: Klarsfeld, Endlösung Frankreich, S. 34.

nen, die man aufgrund der „Sühneleistung" am 12. Dezember 1941 festnahm, setzten sich aus 734 führenden Persönlichkeiten des französischen Judentums und Intellektuellen aus Paris – alle französische Staatsbürger – und etwa 300 ausländischen Juden aus der Umgebung von Paris zusammen. Zunächst wurden sie im Gefängnis von Compiègne inhaftiert; einige von ihnen verließen im ersten Deportationszug Drancy am 27. März 1942 in Richtung Auschwitz.[55] Als dritte Vergeltungsmaßnahme hatte Militärbefehlshaber Otto von Stülpnagel schließlich die Erschießung von 100 Geiseln angeordnet. Am 15. Dezember wurden 95 Menschen, darunter 49 Juden, in Mont-Valérien erschossen.[56]

Das Protokoll der Berliner Wannsee-Konferenz vom 20. Januar 1942 legte nun die vorgesehenen Zahlen für die „Evakuierung" der Juden in den Osten fest: für das besetzte Frankreich 165 000, für die unbesetzte Zone 700 000 und für Belgien 43 000.[57] „Im Zuge der praktischen Durchführung der Endlösung" sollte Europa von Westen nach Osten durchgekämmt werden, zunächst das Reichsgebiet einschließlich dem Protektorat Böhmen und Mähren, dann Frankreich, Belgien und die Niederlande. Tatsächlich erlebte Frankreich als erstes dieser Länder den Beginn der Deportationen. Alle weiteren anti-jüdischen Gesetze, zunächst in der besetzten, später auch in der unbesetzten Zone, sollten den „Arbeitseinsatz im Osten" erleichtern helfen. Die 7. Verordnung der Deutschen vom 24. März 1942 erweiterte die Definition „Jude", die 8. Verordnung vom 29. Mai 1942 verbot den Aufenthalt der Juden auf öffentlichen Plätzen und Veranstaltungen und limitierte die Möglichkeit des Einkaufens auf eine Stunde täglich.[58] Mit der Einführung des „Judensterns" allerdings stießen die Deutschen bei der französischen Bevölkerung und auch bei den Juden selbst auf Schwierigkeiten. Einige Juden trugen den Stern gar nicht, andere an der falschen Stelle oder mit zusätzlichen Aufschriften versehen, und schließlich gab es eine Reihe von Nicht-Juden, die sich ebenfalls den Stern anhefteten oder vergleichbare Zeichen trugen. Verärgert verhafteten die Deutschen daraufhin einige jener Juden und Nicht-Juden und brachten sie in ein Lager.[59] Diese Erfahrungen hielten die deutschen Behörden davon ab, im November 1942 nach der Besetzung des bis dahin von Vichy verwalteten Gebietes, in dem der „Judenstern" nie eingeführt worden war, diese Kennzeichnung anzuordnen. Mit der Weigerung, den „gelben Fleck" vorzuschreiben, hatte übrigens die Regierung in Vichy zum erstenmal einen deutschen Vorschlag zur Judenpolitik zurückgewiesen.

In Belgien dagegen mußten die Juden bereits seit dem 27. Mai 1942 den Judenstern tragen. Auch dort meldete der Leiter der Brüsseler Abteilung des Auswärtigen Amtes, Werner von Bargen, daß das „Verständnis für (die) Judenfrage hier noch nicht sehr verbreitet" sei und daß „durch Bekanntwerden beginnender Abschiebungen aus

---

[55] Marrus/Paxton, Vichy France, S. 226; Klarsfeld, Le Mémorial France (dt.), S. 28 ff.; Reitlinger spricht von 753 Juden, die am 12.12.1941 bei der Razzia festgenommen wurden, und gibt an, weitere 355 seien aus Drancy hinzugekommen, um die geforderte Zahl 1000 zu erfüllen. In Compiègne dann seien 97 gestorben und 15 entlassen worden, ebenda, S. 350.

[56] Klarsfeld, Endlösung Frankreich, S. 32 f., namentliche Liste der 49 aus Drancy ausgewählten Juden, die erschossen wurden. Darunter befanden sich 22 Polen, 11 Russen, 6 Franzosen, 1 Libanese und 9 Personen mit unbestimmter Herkunft, Dokument CDJC, LVII-60.

[57] Nbg. Dok. NG-2586.

[58] Encyclopaedia Judaica, vol. 7, S. 33.

[59] Hilberg, Vernichtung, S. 437. Bekanntmachung in „Pariser Zeitung" vom 26.6.1942, S. 4.

Frankreich und Holland im hiesigen Judentum schon gewisse Unruhe" herrsche.[60]
Diese Unruhe war vor allem auf die Deportation Tausender nach Audinghem und
weiteren Orten zurückzuführen. Aufgrund zweier Verordnungen (11. März und 8. Mai
1942) wurden alle Arbeitslosen zum Aufenthalt in Lagern verpflichtet; sie mußten
dort für die Organisation Todt Zwangsarbeit verrichten.[61] Dies traf natürlich vor allem
die jüdische Bevölkerung, die inzwischen aus fast allen Berufen vertrieben worden
war. Im folgenden Monat wurde auf einer Besprechung im Reichssicherheitshauptamt, bei der Dannecker und die Judenreferenten aus Brüssel und Den Haag teilnah-
men, die Abschiebung von 10 000 Juden aus Belgien und von 100 000 Juden aus dem
gesamten französischen Gebiet beschlossen.[62] Betroffen sollten „Sternträger (oder solche, die den Stern tragen müßten)" sein, die im Alter zwischen 16 und 45 Jahren und
„haftfähig" waren. In „Mischehen" lebende Juden wurden ausgenommen.[63] Zu diesem
Zeitpunkt hatten in Frankreich die Deportationen bereits begonnen. In seinem Zuständigkeitsbereich konnte Dannecker zur Durchführung des im Juni auch von
Himmler abgesegneten Befehls zur Massendeportation aus Frankreich und Belgien
auf eine von seiner Dienststelle akribisch angelegte „Judenkartei" zurückgreifen. Diese
Kartei bestand seit Ende 1940 und war im Auftrag Danneckers vom Polizeipräfekten
von Paris erstellt worden: „rein alphabetisch", so Dannecker, „straßenweise, nach Berufen, nach Nationalitäten", um im „Interesse der Endlösung weiteres" zu erreichen.[64]
    In der Zwischenzeit waren einige personelle Veränderungen im Bereich der leiten-
den Dienststellen Frankreichs vorgenommen worden, die sich bald als nützlich für die
Durchführung der Massendeportationen erweisen sollten. Im unbesetzten Teil Frankreichs löste Louis Darquier de Pellepoix im Mai 1942 Vallat als Generalkommissar für
Judenfragen ab. Er war schon lange in antisemitischen Kreisen tätig gewesen und unter der Vichy-Regierung wegen seiner deutsch-freundlichen Haltung ein Außenseiter
geblieben. Am liebsten hielt er sich in Paris auf und verlegte schließlich sein Büro im
November 1943 von Vichy aus dorthin.[65] Auf seine Unterstützung bei der „Endlösung" konnten sich die Deutschen verlassen. Auch in ihren eigenen Reihen hatten sie
grundlegende Veränderungen vorgenommen. General Otto von Stülpnagel, der starke
Vorbehalte gegenüber der Geiselpolitik und den Repressalien von Ende 1941 geäußert hatte, zog im Februar 1942 die Konsequenzen und gab sein Amt auf. Neuer Militärbefehlshaber in Frankreich wurde sein Cousin Karl Heinrich von Stülpnagel. Die
gravierendste Veränderung aber war, daß vom 1. Juni 1942 an mit der Installierung
des Höheren SS- und Polizeiführers Karl Albrecht Oberg die Polizeitätigkeit nicht
mehr dem Militärbefehlshaber, sondern Himmler direkt unterstellt wurde. Dadurch
hatte die SS zumindest im besetzten Teil freie Hand. Mit der Ablösung von Dannek-

---

[60] Klarsfeld/Steinberg, Endlösung Belgien, S. 32f. Telegramm vom 9. Juli 1942, Dokument CDJC,
    CXXVIIa-8.
[61] Hilberg, Vernichtung, S. 419. Verordnung über die Beschäftigung der Juden und die dazu ergangenen Aus-
    führungsbestimmungen, in: Klarsfeld/Steinberg, Endlösung Belgien, S. 26f. Tätigkeitsbericht Nr. 20 der
    Militärverwaltung vom 15.6.1942, Dokument CDJC, CDXCVI-6.
[62] Klarsfeld, Endlösung Frankreich, S. 65, Dokument CDJC, XXVI-29.
[63] Ebenda, S. 67, Dokument CDJC, XXVI-33, vom 26.6.1942. Das Dokument CDJC, XXVI-29, vom
    15.6.1942 hatte bereits die Altersspanne von 16 bis 40 Jahren festgelegt und besagte weiter, daß 10 Prozent
    nicht arbeitsfähige Juden mitgeschickt werden könnten.
[64] Eichmannprozeß, Dok. 316, Bericht von Dannecker vom 22.2.1942.
[65] Marrus/Paxton, Vichy France, S. 283 ff.

ker (der zu wichtigeren Aufgaben als Eichmanns Vertreter nach Bulgarien geschickt wurde) durch SS-Obersturmführer Heinz Röthke Mitte Juli 1942 blieb die Kontinuität im Judenreferat gewahrt.[66]

Noch unter Dannecker verließen die ersten fünf Transporte Frankreich in Richtung Auschwitz. Unter den insgesamt 5149 Deportierten befanden sich auch Juden mit französischer Staatsbürgerschaft, laut Dannecker „als Sühnemaßnahme gegen die Judenschaft".[67] Der erste Transport verließ Compiègne mit 1112 – ausschließlich – Männern am 27. März 1942. Ursprünglich sollte dieser einzige aus Personenwagen der 3. Klasse zusammengesetzte Zug – später wurden nur noch Güterwagen verwendet – bereits im Dezember 1941 nach Auschwitz abgehen. Trotz Danneckers Versuchen, die zur einen Hälfte aus Drancy, zur anderen aus Compiègne rekrutierten Häftlinge früher zum „Arbeitseinsatz in den Osten" zu verschicken, konnten sie mangels Transportmöglichkeiten erst im März abfahren.[68] Schon während der ersten fünf Haftmonate in Auschwitz kamen über 91 Prozent dieser Männer um. Nur 22 von ihnen kehrten 1945 zurück.[69] Nach dem ersten Transport erhielt die Kommandantur von Groß-Paris übrigens am 12. Mai 1942 den Befehl (Weisung des Oberkommandos des Heeres), daß in keinem weiteren Befehl zur Deportation die Worte „nach dem Osten" benutzt werden durften, um eine Diffamierung der besetzten östlichen Gebiete zu vermeiden. Gleiches galt für den Begriff „Deportation", da er, aus der Zeit des Zarismus stammend, mit der Evakuierung nach Sibirien in Zusammenhang stand.[70] Als dann die Massendeportationen mit dem zweiten Transport vom 5. Juni 1942 (1000 Menschen) begannen, war statt dessen von „Entsendung zur Zwangsarbeit" die Rede.[71] Der dritte Transport vom 22. Juni 1942 betraf erstmals auch Frauen – alle unter 42 Jahren –, die zumeist aus dem Pariser Bezirk stammten.[72]

Um weitere Deportationen reibungslos durchführen zu können, begab sich Knochen nach Vichy. 50 000 Juden aus dem unbesetzten Gebiet sollten abtransportiert werden. Knochen teilte den Entschluß der Reichsregierung mit, sämtliche in Frankreich lebenden jüdischen Männer, Frauen und Kinder zu deportieren und dabei zwischen französischer und fremder Nationalität nicht zu unterscheiden. Der französische Regierungschef Laval, der im April 1942 in das Kabinett zurückgekehrt war und die Führung der Regierung übernommen hatte, konnte sich nicht zu einem solchen Schritt entschließen. Nachdem dann aber Oberg den Kompromißvorschlag unterbreitet hatte, die Verhaftungen vorläufig auf staatenlose Juden zu beschränken – wenn

---

[66] Ebenda, S. 218 f.

[67] Klarsfeld, Endlösung Frankreich, S. 86, Dokument CDJC, XXVb-36, vom 9.7.1942, gez. Dannecker. Bei den Transportzügen handelte es sich um folgende: 27.3.1942, 5., 22., 25. und 28. Juni 1942. Zahlen vgl. Klarsfeld, Le Mémorial France (dt.). Fraglich bleibt hier die Zahl vom 25.6.1942, da das Diensttelegramm an Eichmann den Abgang des Transportes mit 1000 Juden meldet, aus der deutschen Liste entsprechend der Nationalitäten aber 999 zu entnehmen sind, ebenda, S. 61.

[68] Zahlreiche Dokumente nehmen auf diesen ersten Transport Bezug, und zwar solche aus dem Judenreferat der Gestapo (Dannecker), der Leitung der SiPo-SD (Lischka), der Polizei des Militärbefehlshabers (Ernst), des Referats IV B 4 in Berlin (Eichmann, Günther, Nowak), der deutschen Botschaft in Paris (Zeitschel, Schleier) und des Auswärtigen Amtes in Berlin (Luther, Rademacher), vgl. Klarsfeld, Le Mémorial France (dt.), S. 31 ff.

[69] Ebenda, S. 46.

[70] Ebenda, S. 48 f.

[71] Ebenda.

[72] Ebenda, S. 50.

sich die französische Polizei kooperationsbereit zeigte – erklärte er sich am 4. Juli 1942 mit der Deportation der ausländischen Juden aus beiden Zonen einverstanden.[73] Laval hatte zugestimmt, weil er der irrigen Auffassung war, er könne dadurch die französischen Staatsbürger retten. Zunächst traf das zwar auch zu, als aber die Deutschen auch in der unbesetzten Zone die Macht übernommen hatten, wurden keine Ausnahmen mehr gemacht. Allerdings führte dieser Kompromiß, der französischen Juden vorläufige Immunität versprach, zu einer empfindlichen Störung der deutschen Deportationsstrategie. So mußte ein für den 15. Juli 1942 vorgesehener Transportzug aus Bordeaux ausfallen, weil man in der ganzen Stadt nur 150 staatenlose Juden auftreiben konnte.[74] Eichmann drückte in einem Telefongespräch mit Röthke am 14. Juli seinen Ärger über diesen Ausfall aus. Er bezeichnete die Angelegenheit als sehr „blamabel" und meinte, er „müsse sich überlegen, ob er Frankreich nicht überhaupt als Abschubland fallen lassen müsse". Röthke wehrte sich entschieden dagegen und versicherte, „die übrigen Züge würden auch planmäßig abfahren".[75] Tatsächlich ging der nächste Transport (Nr. 6) am 17. Juli 1942 mit 928 Personen aus dem Lager von Pithiviers nach Auschwitz ab.[76]

Um weitere Stockungen zu vermeiden, wurde am 16. und 17. Juli 1942 in Paris eine groß angelegte Razzia organisiert. Man rechnete mit etwa 25 000 Verhafteten, die zunächst in das Radsportstadion Vélodrôme d'Hiver gebracht und von dort weiterverlegt werden sollten.[77] Röthke mußte jedoch melden, daß „ein erheblicher Teil der staatenlosen Juden vorher von der Aktion Kenntnis bekommen und sich versteckt habe".[78] Aus diesem Grund konnten die Deutschen nur 12 884 Männer, Frauen und Kinder festnehmen. Noch während der Aktionen wurden 6000 verhaftete Männer und Frauen (Unverheiratete oder Ehepaare ohne Kinder) in das Lager Drancy überstellt, der Rest blieb zunächst im Vélodrôme d'Hiver.[79] Nach dieser Razzia, deren Ergebnis die Deutschen nicht befriedigt hatte, wurden nun auch Frauen und Kinder systematisch deportiert und jegliche Altersbegrenzungen oder Einschränkungen wegen des Gesundheitszustandes der Verhafteten aufgehoben. Ab 19. Juli 1942 (Transport Nr. 7) füllten die 6000 Gefangenen aus Drancy die Transportzüge nach Auschwitz. Am 29. Juli war diese Quelle jedoch versiegt, und man mußte schnellstens neue Möglichkeiten finden.[80] Mit Zustimmung von Darquier wurde daraufhin beschlossen, die am 16. und 17. Juli festgenommenen Elternpaare abzutransportieren und die Kinder vorläufig in Pithiviers und Beaune-la-Rolande ihrem Schicksal zu überlassen, bis Eichmann die Genehmigung zur Deportation auch der Kinder geben würde. Die Eltern wurden von ihren Kindern unter 13 Jahren getrennt und zusammen mit den Jugendlichen bis

---

[73] Hilberg, Vernichtung, S. 439; Marrus/Paxton, Vichy France, S. 256.
[74] Hilberg, Vernichtung, S. 440.
[75] Klarsfeld, Endlösung Frankreich, S. 90, Dokument CDJC, XLIX-67, Vermerk vom 15.7.1942.
[76] 809 Männer und 119 Frauen, von denen 1945 noch 45 am Leben gewesen sein sollen, vgl. Klarsfeld, Le Mémorial France (dt.), S. 67.
[77] Klarsfeld, Endlösung Frankreich, S. 88, Dokument CDJC, XXVb-60, Vermerk vom 11.7.1942.
[78] Ebenda, S. 91, Dokument CDJC, XLIX-67, Vermerk vom 18.7.1942.
[79] Ebenda. Es wurden 3031 Männer, 5802 Frauen und 4051 Kinder festgenommen, vgl. dazu auch ebenda, Dokument CDJC, XXVb-80, vom 18.7.1942.
[80] Transporte Nr. 7 (19.7.), Nr. 8 (20.7.), Nr. 9 (22.7.), Nr. 10 (24.7.), Nr. 11 (27.7.) und Nr. 12 (29.7.). Insgesamt wurden 5820 Personen mit diesen Transporten deportiert, vgl. Klarsfeld, Le Mémorial France (dt.).

16 Jahren in den Transporten Nr. 13 (31. Juli), Nr. 14 (3. August), Nr. 15. (5. August)
und Nr. 16 (7. August) deportiert.[81]

Eine Zwischenbilanz: Von den insgesamt 12 884 Verhafteten waren 9986 nach
Auschwitz deportiert worden und 4000 Kinder noch in den französischen Lagern geblieben. Rechnet man diese zu den 9986 hinzu, so ergibt sich eine Gesamtzahl von
13 986 Personen, also rund 1000 mehr als die Zahl der Verhafteten. Diese Differenz
erklärt sich durch die den Transportzügen Nr. 7 bis Nr. 16 noch beigestellten Juden,
die nicht bei der großen Razzia, sondern bei kleineren Aktionen festgenommen worden waren.[82] Am 13. August teilte dann der Reichsführer SS in Berlin dem BdS der
Sipo-SD in Paris mit, „die in den Lagern Pithiviers und Beaune-la-Rolande unterge-
brachten jüdischen Kinder können nach und nach auf die vorgesehenen Transporte
nach Auschwitz aufgeteilt werden".[83] Mit den Transporten Nr. 17 (10. August) und
Nr. 18 (12. August) waren die ersten Juden aus dem unbesetzten Frankreich nach
Auschwitz abgefahren.[84] Der Transport Nr. 19 (14. August) führte dann die ersten
Kinder unter 16 Jahren (über 100) mit.[85] Die Transporte Nr. 20 (17. August), Nr. 21
(19. August), Nr. 22 (21. August) und Nr. 23 (24. August) setzten sich jeweils etwa zur
Hälfte aus Kindern zusammen, insgesamt waren es etwa 1945.[86] Der nächste Transport (Nr. 24) verließ Drancy am 26. August 1942. Auch ihm gehörten wieder 400 Kinder der Aktion vom 16./17. Juli an. Außerdem fanden zum erstenmal noch vor der
Ankunft in Auschwitz, in Kosel, Aussonderungen von arbeitsfähigen Männern statt.
Sie wurden zum Arbeitseinsatz in Lager wie Blechhammer, Johannisdorf, Kochanowitz, Oderberg, Gogolin und Ottmuth gebracht. Die Überlebenden dieser Kategorie
wurden Ende 1944 von den Deutschen in Blechhammer gesammelt und nach Auschwitz zur Registrierung überstellt. Viele von ihnen kamen noch zwischen März 1944
und Mai 1945 ums Leben. Bei den Transporten bis Ende 1942, die einen Teil der
Männer bereits in Kosel ausluden, waren im Verhältnis mehr Überlebende zu verzeichnen als bei jenen, die alle Deportierten direkt nach Auschwitz brachten.[87] 1945
konnten aus den Transporten Nr. 1 bis Nr. 23 insgesamt etwa 347 Überlebende gezählt werden, die Deportationen Nr. 24 bis Nr. 39 (30. September 1942) überlebten
etwa 381 Personen.[88] Den anschließenden Transport Nr. 40 (4. November 1942), der
eine solche Aussonderung nicht mehr vornahm, überlebten nur vier Personen.[89] Im
Oktober 1942 fanden keine Deportationen statt, und der letzte Transport am 30. September 1942 (Nr. 39) war aus „politischen und Prestigegründen" abgegangen, obwohl

---

[81] Insgesamt 4166 Personen nach Klarsfeld, Le Mémorial France (dt.), und 4181 laut Klarsfeld, Endlösung
Frankreich. Da der ersten Zahl genauere Recherchen zugrunde liegen, kommt sie wohl der tatsächlichen
Höhe am nächsten.
[82] Vgl. die einzelnen Listen bei Klarsfeld, Le Mémorial France (dt.).
[83] Klarsfeld, Endlösung Frankreich, S. 112, Dokument CDJC, XXVb-126, Geheimer Brief an SiPo-SD Paris
vom 13.8.1942.
[84] Transport Nr. 17 – 1006 Personen, davon 1000 Juden aus dem Lager Gurs, und Transport Nr. 18 – 1007
Personen, darunter 585 Häftlinge aus Gurs und weitere 422 aus anderen Lagern der unbesetzten Zone, die
Vichy den deutschen Behörden ausgeliefert hatte, vgl. Klarsfeld, Le Mémorial France (dt.), S. 104 ff.
[85] Insgesamt 1015 Personen wurden deportiert, ebenda, S. 110.
[86] Vgl. ebenda, S. 115. Diese vier Transporte deportierten insgesamt 4007 Juden, darunter neben den Kindern
auch viele aus der besetzten Zone, ebenda, S. 129 ff.
[87] Ebenda, S. 158.
[88] Ebenda, S. 154 ff. Insgesamt wurden mit diesen Transporten etwa 15 145 Juden deportiert.
[89] Ebenda, S. 212.

er nur 211 anstatt der vorgesehenen 1000 Juden nach Auschwitz brachte.[90] Das vorgesehene Transportprogramm konnte nicht realisiert werden, weil die Vichy-Regierung
nicht in dem erwarteten Ausmaß mitspielte. Hatte sie noch vom 26. bis 28. August die
größte Razzia der unbesetzten Zone durchgeführt und als einziges europäisches Land,
außer Bulgarien, Juden aus einem nicht direkt von den Deutschen militärisch okkupierten Gebiet den NS-Behörden zur Deportation übergeben, begann sich danach Widerstand zu regen.

In dieser Phase verschärfte Anfang November 1942 die Landung der Alliierten in
Marokko und Algerien die Lage. Im Gegenzug besetzten die Deutschen Vichy-Frankreich und das Protektorat Tunesien.[91] Gleichzeitig okkupierten die italienischen Verbündeten acht Départements östlich der Rhone: Drôme, Isère, Hautes-Alpes, Basses-
Alpes, Alpes-Maritimes, Savoie, Haute Savoie und Var. Obgleich nun neue, ausgedehnte Gebiete unter die Kontrolle der Deutschen und ihres italienischen Partners
gefallen waren, schlug sich dies nicht in höheren Deportationszahlen nieder. Der
Mangel an Personal, der sich bereits in den nördlichen Teilen Frankreichs bemerkbar
gemacht hatte, führte in den hinzugekommenen Gebieten zu fast unüberwindlichen
Engpässen. Besondere Schwierigkeiten bereitete zudem die Haltung der Italiener, die
sich dem deutschen Vernichtungsprogramm nicht anzuschließen gedachten. Mussolini hatte den Antisemitismus nie als einen zentralen Punkt seines Programmes angesehen und stand der „Judenfrage" eher indifferent gegenüber. Die Auswirkungen einer solchen Haltung waren schon deutlich geworden, als Vichy versucht hatte, in
Tunesien die „Arisierung" durchzuführen. Weil etwa 5000 italienische Unternehmer
davon betroffen gewesen wären, protestierte damals die italienische Regierung heftig.
Das führte letztlich dazu, daß Frankreichs anti-jüdisches Programm in Tunesien weniger Einfluß hatte als in Marokko und Algerien.[92] Auch die Deutschen konnten nach
der Besetzung Tunesiens die Verfolgung nicht in gewünschter Weise verwirklichen.
Ihr Handlungsspielraum war schon aus geographischen Gründen ziemlich beschränkt.
Außerdem war zu befürchten, daß die Alliierten bald von Marokko oder Algerien aus
angreifen würden. SS und Polizei hatten ein Einsatzkommando entsandt, das sogleich
die jüdischen Gemeindeführer verhaftete. Unmittelbar danach gab der in Rom residie-
rende und für das tunesische Militärgebiet zuständige Oberbefehlshaber Süd, Generalfeldmarschall Albert Kesselring, den Befehl, jüdische Arbeitskräfte für den Bau von
Befestigungsanlagen heranzuziehen. Die Gemeindeführer wurden also wieder freigelassen und mußten die Arbeitskräfte aussondern und dafür sorgen, daß die jüdischen
Gemeinden für Arbeitsgerät und Unterhalt der Männer aufkamen.[93] Aufgrund eines
Protestes der italienischen Regierung wurden bei der Aktion italienische Juden jedoch
ausgenommen. In Tunesien gelang es den Deutschen nicht, über dieses Programm
der Zwangsarbeit hinauszukommen.[94] Auch in Marokko und Algerien wurden keine
Deportationen durchgeführt, aber viele Juden in Arbeitslagern interniert, in denen
zum Teil schlimme Zustände herrschten.[95]

[90] Ebenda, Dokument CDJC, XXVc-182.
[91] Hilberg, Vernichtung, S. 445.
[92] Marrus/Paxton, Vichy France, S. 316.
[93] Hilberg, Vernichtung, S. 446.
[94] Ebenda.
[95] Vgl. Jäckel, Marokko, S. 99 und S. 114, und Abitbol, Juifs d'Afriques, S. 137 ff.

Während sich die Deutschen in Tunesien auf die Ausplünderungen – auf der Insel Djerba wurde die jüdische Gemeinde zur Ablieferung von 50 Kilogramm Gold gezwungen – und Arbeitsausbeutung beschränken mußten, hoffte man im neubesetzten Teil Frankreichs mehr zu erreichen.[96] Aber schon die erste Maßnahme, nämlich die Einführung der Kennzeichnungspflicht für Ausweise und Lebensmittelkarten am 11. Dezember 1942 wurde von den Italienern in deren Gebiet verweigert. Auch Beschwerden über die mangelnde Kooperationsbereitschaft der Italiener an die zuständigen Stellen in Berlin[97] konnten nicht verhindern, daß sich die italienische Regierung erneut weigerte, den Befehl vom 18. Februar 1943 durchzuführen, der die Festnahme aller ausländischen Juden und deren Abtransport anordnete.[98] Nach Röthkes Schätzung lebten im Sommer 1943 etwa 50 000 Juden in der italienischen Zone, die alle unter dem uneingeschränkten Schutz der italienischen Regierung standen und von jüdischen Hilfsorganisationen unterstützt wurden.[99] Viele Juden hatten Zuflucht in Nizza gesucht, das unter den wohlwollenden Augen der Italiener zum politischen und kulturellen jüdischen Zentrum in Frankreich geworden war. Als Mussolini im Juli 1943 entmachtet wurde, gab es zunächst keine Veränderungen. Der seit Frühjahr 1943 von der italienischen Regierung eingesetzte Judenreferent, Generalinspektor Guido Lospinoso, benutzte sogar die Gelegenheit des Regierungswechsels zu Marschall Pietro Badoglio dazu, seinen Widerstand gegen die Deutschen zu verstärken. Im August 1943 aber begann der Rückzug der italienischen Truppen aus dem besetzten Gebiet. Der Waffenstillstand Italiens mit den Alliierten am 8. September 1943 vereitelte jegliche Evakuierung der Juden aus den italienisch besetzten Gebieten Frankreichs. Es gelang zwar einigen hundert Juden nach Italien zu fliehen, andere wurden von der Bevölkerung versteckt, die Mehrheit aber geriet in die Hände der Deutschen und endete in den Vernichtungslagern des Ostens.[100]

Als Haupthindernis für einen reibungslos funktionierenden Abtransport der französischen Juden hatte sich im Jahre 1942 nicht nur die fehlende Bereitschaft der Italiener gezeigt, sondern bereits im Oktober 1942 auch die der Vichy-Regierung. Das änderte sich auch nicht nach der deutschen Besetzung. Deportationen konnten nur mit Hilfe der französischen Polizei durchgeführt werden, und die weigerte sich nach wie vor, französische Staatsbürger preiszugeben. So setzten sich die letzten drei Transportzüge des Jahres 1942 ausschließlich aus Juden der besetzten Zone zusammen. Es handelte sich in erster Linie um 1060 griechische Juden, die bei Razzien am 5. und 7. November 1942 im Département Seine und in der Provinz festgenommen sowie um 1745 Juden, die bei Razzien in der Provinz inhaftiert wurden.[101] Transport Nr. 42 (einen Transport Nr. 41 gab es nicht)[102] verließ mit 1000 Juden am 6. November 1942 Drancy in Richtung Auschwitz, am 9. November gingen etwa 750 bis 800 griechische

[96] Hilberg, Vernichtung, S. 446.
[97] So etwa bei Klarsfeld, Endlösung Frankreich, S. 170, Dokument XXVa-261 vom 4.2.1943, und ebenda, Dokument I-38 vom 12.2.1943.
[98] Marrus/Paxton, Vichy France, S. 317. Röthke zählt in einem Bericht vom 6.3.1943 sieben Maßnahmen auf, denen die Italiener ihre Zustimmung verweigerten, IfZ, Dokument RF 1230.
[99] Marrus/Paxton, Vichy France, S. 318; Reitlinger, Endlösung, S. 366.
[100] Marrus/Paxton, Vichy France, S. 319 ff.
[101] Klarsfeld, Le Mémorial France (dt.), S. 212 und S. 220 ff.
[102] Ebenda, S. 216. Die Liste des Transports Nr. 41 ist identisch mit jener von Transport Nr. 40, also handelte es sich um einen Irrtum.

Juden mit dem Transport Nr. 44 (Nr. 43 gab es ebenfalls nicht)[103] ab, der insgesamt etwa 1000 Personen umfaßte. Im Transport Nr. 45 schließlich wurden am 11. November unter den 745 Deportierten die übrigen Griechen abgeschickt.[104] Bis 9. Februar 1943 fanden dann keine Transporte mehr statt, auch diesmal wieder mangels deportierbarer Juden.

Damit läßt sich ein Fazit des ersten Jahres der französischen Deportationsgeschichte ziehen. Zugrunde liegen die von Serge Klarsfeld benutzten Original-Namenslisten, die jedem Transport in zweifacher Ausfertigung mitgegeben wurden sowie in je einem Exemplar beim Lager Drancy blieben bzw. der „Union Générale des Israélites de France" übergeben wurden.[105] Eine Kopie von 69 dieser Listen wird im „Centre de Documentation Juive Contemporaine" in Paris aufbewahrt.[106] Zählt man die in Klarsfelds zuerst vorgelegter Dokumentation über „Die Endlösung der Judenfrage in Frankreich"[107] angeführten einzelnen Deportationszahlen zusammen, so kommt man für das Jahr 1942 auf 42 129 Personen. Seine 1978 erschienene Veröffentlichung „Le Mémorial de la Déportation des Juifs de France"[108] weicht aufgrund einer genaueren Überprüfung der einzelnen Listen in einigen Punkten von den früheren Zahlen ab und ergibt für die 1942 durchgeführten 45 Transporte die Zahl 42 019. Allerdings muß hinzugefügt werden, daß auch Klarsfeld selbst manchmal unterschiedliche Ergebnisse bei der Addition der Namen auf den Listen gegenüber etwa der Aufstellung nach Männern und Frauen erzielt und dann nicht genau angibt, welche der Ergebnisse er schließlich für die Gesamtzahl der Personen eines Transportes zugrunde legt. Für die hier genannte Zahl von 42 019 wurde immer die niedrigste Zahl angenommen.

Adam Rutkowski, der in „Le Monde Juif" 1970[109] seine errechneten Zahlen vorlegte, stützte sich auf den „Auschwitz-Kalender"[110], ein vom Auschwitz-Museum angefertigtes Dokument. Klarsfeld konnte allerdings nachweisen, daß viele Angaben darin falsch sind.[111] Die Addition der Zahlen bei Rutkowski für das Jahr 1942 ergibt 38 900 Personen. Um zu einer genaueren Eingrenzung der Zahlen zu kommen, soll hier noch der von deutscher Seite erstellte „Korherr-Bericht" zu Rate gezogen werden.[112] Der „Inspekteur für Statistik" beim Reichsführer SS, Korherr, gibt darin für Frankreich – soweit vor dem 10. November 1942 besetzt – die Zahl der „Evakuierten" mit 41 911 an.[113] Damit zeigt sich, daß die Zahlen von Klarsfeld, vor allem jene aus der Veröffentlichung von 1978, ziemlich genau mit dem deutschen Ergebnis übereinstimmen. Wir können also für das Jahr 1942 die Deportation von etwa 42 000 Personen als gesichert ansehen.

Im Dezember 1942 hatte Knochen an Eichmann telegraphiert, daß die Deportationen Mitte Februar wieder aufgenommen würden, daß aber noch keine genaue Zahl

---

[103] Ebenda, S. 220. Die Liste des Transports Nr. 43 ist ein Duplikat von jener von Transport Nr. 45.
[104] Ebenda, S. 233 ff.
[105] Ebenda, S. 12 ff.
[106] Eine Zusammenstellung der Deportationen befindet sich im Anhang I.
[107] Deutsche Fassung, Paris 1977.
[108] Vgl. Anm. 1.
[109] Vgl. Anm. 1.
[110] Veröffentlicht in den Heften von Auschwitz (Zeszyty Oswiecimski): Danuta Czech, Kalendarium der Ereignisse im Konzentrationslager Auschwitz-Birkenau, 1959 ff.; jetzt auch bei Rowohlt (Reinbek 1989) mit einem Vorwort von Walter Laqueur.
[111] Klarsfeld, Le Mémorial France (dt.), S. 19 ff.
[112] Wellers, „Endlösung" und Korherr-Bericht, S. 23.
[113] Ebenda, S. 27.

der betroffenen Juden genannt werden könne.[114] Am 25. Januar 1943 gab dann Eichmanns Stellvertreter Rolf Günther bekannt, das Reichsverkehrsministerium habe Güterwagen für den Transport von 1500 bis 2000 Juden von Drancy nach Auschwitz bereitgestellt. Er beantwortete außerdem eine von Knochen vier Tage zuvor gestellte Frage hinsichtlich der Deportation von Franzosen damit, daß er keine Einwände gegen den Abtransport französischer Juden habe, sofern er in Übereinstimmung mit den Leitlinien für die Evakuierung der Juden aus Frankreich stehe.[115] Pétain jedoch widersetzte sich nach wie vor jedem Versuch, auch Juden französischer Staatsangehörigkeit abzutransportieren. So verließ dann der erste Transport (Nr. 46) des Jahres 1943 am 9. Februar Drancy nur mit staatenlosen Juden, ebenso der vom 11. Februar (Nr. 47).[116] Für die nächste Deportation am 13. Februar (Nr. 48) waren auch französische Staatsbürger vorgesehen, die straffällig geworden waren. Aus Vichy kam die Mitteilung, daß man keine Einwände gegen die Deportation dieser in Drancy internierten französischen Juden habe, daß aber die französische Polizei nicht dabei helfen könne.[117] Diese klare Absage war eine Folge der veränderten politischen Lage. Durch die Niederlage bei Stalingrad hatte Deutschland sich verwundbar gezeigt, und Vichy begann vorsichtiger zu werden. Nachdem auch Transport Nr. 49 nach Auschwitz abgeschickt worden war, sind die Zielorte der vier nächsten Deportationszüge zunächst etwas unklar. Die Transporte vom 4. (Nr. 50) und 6. März (Nr. 51) – Vergeltungsmaßnahmen für ein Attentat gegen deutsche Offiziere –, waren laut zweier Telegramme von Röthke an Eichmann von Drancy nach Cholm abgegangen. Entgegen der Angaben im „Auschwitz-Kalender" weist Klarsfeld nach, daß die insgesamt 2000 Juden aus diesen beiden Transporten nicht nach Auschwitz, sondern nach Majdanek und/oder Sobibór kamen.[118] Der Transport vom 23. März 1943 (Nr. 52) deportierte 780 Juden, die im Rahmen der sog. „Aktion Tiger" am 22., 23. und 24. Januar 1943 in Marseille festgenommen worden waren.[119] 570 des aus 994 Personen bestehenden Zuges besaßen die französische Staatsbürgerschaft. Als Ziel wurde wiederum Cholm angegeben. Aber ebenso wie der Transport vom 25. März 1943 (Nr. 53) hatte er das Vernichtungslager Sobibór zum Ziel.[120] Wieder trat eine Unterbrechung der Deportationen von fast drei Monaten ein. Die Deutschen mußten handeln, um ihre vorgegebenen Zahlen zu erfüllen. Am 11. Juni 1943 unterbreiteten die deutschen Behörden eine Gesetzesvorlage, die die Aufhebung der nach dem 10. August 1927 erteilten Staatsbürgerschaften vorsah. Laval weigerte sich zu unterschreiben, stimmte aber zu, eine Überprüfung der Naturalisierungen vorzunehmen. Im September 1943 lag folgender Bericht vor: Vom August 1927 bis 1940 hatten 23 648 Juden die französische Staatsbürgerschaft erhalten (10 000 Fälle mußten noch überprüft werden).[121] Allerdings gab Lischka am 16. Juli 1943 bekannt, daß alle nach dem Stichtag naturalisierten Juden zu verhaften seien.[122] Die französische Staatsbürgerschaft bot also keinen Schutz mehr, und auch

---

[114] Klarsfeld, Le Mémorial France (dt.), S. 233, Dokument CDJC, XXVI-69.

[115] Ebenda, Dokument CDJ, XXVI-70.

[116] Mit Nr. 46 kamen 1000 Juden nach Auschwitz, ebenda, S. 234. Mit Nr. 47 wurden 998 Juden dorthin deportiert, ebenda, S. 238.

[117] Ebenda, S. 237, Dokument CDJC, XXVc-204. Transport Nr. 48 deportierte insgesamt 1000 Juden.

[118] Ebenda, S. 255 ff.

[119] Ebenda, S. 261 ff.

[120] Ebenda, S. 265; Rutkowski, Déportations des Juifs, S. 46. Transport Nr. 53 deportierte 1000 Juden.

[121] Marrus/Paxton, Vichy France, S. 328 f.

[122] Klarsfeld, Endlösung Frankreich, S. 205, Dokument CDJC, XXVII-126, vom 16.7.1943.

alle anderen Beschränkungen wurden nicht mehr eingehalten. Alle Gruppen, die die Vichy-Regierung hatte schützen wollen – ehemalige Kriegsgefangene, ausländische Freiwillige der französischen Armee, Mitglieder der „Union Générale des Israélites" – wurden jetzt miteinbezogen.[123] Ausgenommen waren allerdings auch weiterhin Juden, die in Mischehen lebten, und deren Kinder. Im Juli 1943 übernahm Alois Brunner die Leitung des Konzentrationslagers Drancy, das bisher, wie alle anderen Lager, unter französischer Verwaltung gestanden hatte. Damit war auch die letzte Einflußmöglichkeit der Vichy-Regierung auf die Zusammensetzung der Deportationslisten verloren.[124]

Von nun an konnten die Deportationen regelmäßig zwei- bis dreimal monatlich ohne Unterbrechung bis zur alliierten Invasion im August 1944 durchgeführt werden. Allerdings versagte General Karl Heinrich von Stülpnagel im Juli 1943 kategorisch die Mithilfe der Armee. Röthke konnte sich jetzt nur noch auf seine eigenen Leute und auf die von Joseph Darnand geführte französische Miliz, die sich innerhalb der Veteranenlegion gebildet hatte und stark antisemitisch eingestellt war sowie auf die anti-jüdische Polizei verlassen. Auf dieser Basis verließen Frankreich im Jahre 1943, vom 23. Juni an (Nr. 55), noch neun Transportzüge mit insgesamt etwa 9052 Menschen.[125]

1944 wurden beim ersten Transport (Nr. 66)[126] am 20. Januar 1147 Juden nach Auschwitz deportiert, vier Transporte folgten im Februar und März mit insgesamt 5240 Personen.[127] Der Transport Nr. 71 (13. April 1944) führte unter den 1500 Abtransportierten auch 41 Kinder mit sich, die auf Befehl des Gestapo-Chefs von Lyon Klaus Barbie am 6. April zusammen mit ihren Lehrern im Kinderheim Izieu-Ain festgenommen worden waren.[128] Während die Deutschen immer offensiver auftraten und Razzien in Kinder- und Altersheimen, Gefängnissen und Arbeitslagern sowie in den Wohngebieten vornahmen, gelang es immer mehr Juden mit Hilfe von französischen Organisationen unterzutauchen bzw. über die Grenzen zu fliehen.[129] Deshalb griffen die Deutschen im April 1944 zu härteren Maßnahmen und setzten Kopfprämien für Angaben über versteckte und getarnte Juden aus. Außerdem wurden nun auch jene Juden miteinbezogen, die nach dem Juli 1940 eine „Mischehe" geschlossen hatten.[130] Noch im selben Monat, am 29. April 1944, ging Transport Nr. 72 nach Auschwitz ab und deportierte 1004 Juden.[131] Der nächste Zug (Nr. 73 vom 15. Mai 1944) brachte laut Zeugenaussagen 878 Männer nach Kovno (Litauen) bzw. nach Reval in Estland.[132] Vier Transporte (20. und 30. Mai, 30. Juni und 31. Juli) wurden dann wieder nach Auschwitz geleitet.[133] Am 11. August 1944 verließ ein Zug Lyon in Richtung Auschwitz, dem neben einem Waggon mit Engländern (Zielort Vittel), einem Waggon mit Widerstandskämpfern (nach Stutthof), einem Waggon mit Frauen der Rési-

---

[123] Marrus/Paxton, Vichy France, S. 330.
[124] Ebenda.
[125] Klarsfeld, Le Mémorial France (dt.), S. 267 ff. Transport Nr. 54 entfiel, vgl. ebenda.
[126] Ebenda, S. 284 f.
[127] Ebenda, S. 285 f.
[128] Ebenda, S. 294 ff., und Klarsfeld, Endlösung Frankreich, S. 223, Dokument CDJC, VII-10 vom 6.4.1944.
[129] Hilberg, Vernichtung, S. 453.
[130] Klarsfeld, Endlösung Frankreich, S. 225 f., Dokument CDJC, CDXXXIV-10, Merkblatt vom 14.4.1944.
[131] Klarsfeld, Le Mémorial France (dt.), S. 297 f.
[132] Ebenda, S. 298 ff.
[133] Ebenda, S. 303 ff. Insgesamt ca. 4654 Deportierte.

stance (für Ravensbrück) auch etwa zwölf Abteile mit ca. 312 Juden angehörten.[134] Der Transport Nr. 79 (17. August 1944) schließlich sollte 51 Deportierte nach Buchenwald bringen, aber etwa ein Drittel konnte in der Nähe von Saint-Quentin entfliehen.[135] Am 30. Juli 1944 gingen nochmals etwa 166 Juden nach Buchenwald ab.[136] Hinzuzurechnen sind noch jene mindestens 1000 Juden, die aus Frankreich über Belgien abtransportiert wurden, und eine nicht benennbare Zahl einzeln deportierter Juden sowie eine ebenfalls nicht zu schätzende Menge jüdischer Widerstandskämpfer, die einzeln in die Vernichtungslager abtransportiert wurden.

Die Gesamtzahl der aus Frankreich deportierten Juden umfaßt nach Klarsfelds Aufstellung in der Veröffentlichung aus dem Jahre 1978 insgesamt 73 853, von denen etwa 69 000 nach Auschwitz, 2000 nach Majdanek oder Sobibór, 2000 nach Sobibór und 1000 nach Kovno gebracht wurden. Berücksichtigt man die Differenz zwischen Aufstellung und Beschreibung der einzelnen Deportationsvorgänge sowie die englische Übersetzung aus dem Jahre 1983, so erhält man die im Anhang errechnete Zahl von 73 743. Die Zahl, die sich aus Klarsfelds Dokumentensammlung über die „Endlösung" in Frankreich ergibt, betrug übrigens etwas mehr, nämlich 73 795. Dazu kommen nun die bisher noch nicht einbezogenen etwa 815 über Belgien abtransportierten Juden, mindestens 400 jüdische Ehefrauen von Kriegsgefangenen, die am 2. Mai und am 21. Juli nach Bergen-Belsen deportiert und ungefähr 423 Juden, die noch am 30. Juli und 22. August 1944 nach Auschwitz bzw. Buchenwald gebracht wurden sowie mindestens 130 Juden, die im Rahmen zweier „Ariertransporte" nach Auschwitz kamen. Nimmt man noch etwa 100 einzeln Deportierte an, so erreicht man eine Mindestgesamtzahl von 75 611 Juden. Zu der Angabe über die Todesfälle gehören schließlich noch jene geschätzten 2000 bis 3000 Juden, die in den Internierungslagern starben, sowie etwa 1100 in Frankreich ohne Gerichtsverfahren erschossene oder erschlagene Juden.[137] Zieht man nun von den insgesamt 78 711 bzw. 79 711 Juden die 2577 Überlebenden ab, so erhält man eine Zahl von 76 134 Ermordeten. Davon waren ein Drittel Franzosen und zwei Drittel staatenlose Juden, darunter etwa 14 459 Polen, 6222 Deutsche, 2217 Österreicher und fast 3000 Rumänen.[138] Nahezu drei Viertel der Deportierten waren zwischen 18 und 59 Jahren alt, 4000 waren Jugendliche zwischen 13 und 18 Jahren, und mehr als 6000 Kinder unter 13 Jahren.[139] Die meisten Juden wurden von Drancy aus verlegt. Dort erfaßte man die Nationalitäten ziemlich genau. So läßt sich aus den insgesamt verzeichneten 67 488 Juden die Zahl der französischen Juden ermitteln: 14 469 der Herkunft nach und 7724 naturalisierte Franzosen sowie 156 geschützte und 342 französische Staatsbürger[140], also insgesamt mindestens 22 691.

Um nun die Gesamtzahl der Deportationen genauer zu ermitteln, sollen hier noch Vergleichszahlen aus anderen Publikationen hinzugezogen werden. Am niedrigsten liegt Reitlinger mit einer angenommenen Höchstzahl von 65 000.[141] Rutkowski dage-

---

[134] Ebenda, S. 320.
[135] Ebenda, S. 321.
[136] Ebenda, S. 324.
[137] Ebenda, S. 328 ff.
[138] Vgl. die Nationalitätenliste im Anhang.
[139] Klarsfeld, Le Mémorial France (dt.), S. 8, Statistik; Hilberg, Vernichtung, S. 454.
[140] Vgl. im Anhang II.
[141] Reitlinger, Endlösung, S. 563 f.

gen errechnet 73 340 und Steinberg 74 749.[142] Rutkowskis Zahlen beschränken sich
nur auf die Deportationen nach Auschwitz, wobei er aber die von Klarsfeld eindeutig
als Transporte nach Sobibór und/oder Majdanek identifizierten Abgänge vom 4. und
6. März 1943 zu jenen nach Auschwitz zählt. Gegenüber Klarsfeld, der in seinen beiden Publikationen auf rund 73 790 [143] Deportierte kommt, fehlen bei Rutkowski und
Steinberg Transporte, bzw. sind andere genannt. Der Vergleich der jeweiligen Deportiertenzahlen zeigt aber, daß sich diese Differenzen letztlich ausgleichen. Zu den unter
„Klarsfeld II" im Anhang aufgeführten Ergebnissen muß nochmals auf die bereits in
der Zusammenfassung des Jahres 1942 angedeuteten Unstimmigkeiten zwischen der
Addition der jeweiligen Deportationslisten, der von deutscher Seite angegebenen Abgänge (zumeist 1000) und der von Klarsfeld vorgenommenen Gliederung der Zahlen
in Männer und Frauen hingewiesen werden. In der Liste im Anhang wurden in diesem Fall immer die Mindestzahlen zugrunde gelegt.

Schließlich sei noch der „Korherr-Bericht" erwähnt, der bis 31. März 1943 eine
„Evakuierungszahl" von 49 906 Juden angibt. Addiert man dazu noch die Zahl der
seit April 1943 deportierten Juden, so kommen wir auf eine Gesamtzahl von 73 730.
Gehen wir nun von etwa 73 800 Personen aus, so müssen wir noch die von Klarsfeld
ermittelten rund 1870 deportierten Juden hinzurechnen, die entweder von Belgien
aus oder als Mitglieder anderer Transporte nach Auschwitz, Bergen-Belsen und Buchenwald gebracht wurden. Daraus ergibt sich die absolute Mindestzahl von 75 670
Menschen. Zieht man etwa 2570 Überlebende ab, dann heißt das: Aus Frankreich
sind insgesamt 73 100 jüdische Opfer zu vermelden. Im Gegensatz zu anderen Ländern hilft in Frankreich die Methode eines Vergleichs zwischen dem etwa 1940 ermittelten jüdischen Bevölkerungsanteil und jenem nach der Befreiung nicht weiter, denn
die Ergebnisse der Volkszählungen wurden nie nach Religionszugehörigkeit aufgeschlüsselt. Zudem beruhen die Zahlen der jüdischen Masseneinwanderung nach
Frankreich nach 1933 nur auf Schätzungen. Deshalb sind auch die vom „Anglo-American Committee" im April 1946 veröffentlichten Zahlen, die den Verlust von 140 000
Juden angeben, höchst ungenau. Das gleiche gilt für die Angaben des „American Joint
Distribution Committee", das im Januar 1947 erklärte, es hätten 195 000 von 300 000
in Frankreich lebenden Juden den Krieg überlebt, das heißt, es wären 105 000 Opfer
zu beklagen.[144] Diese Angaben sind reine Mutmaßungen, vor allem weil es nicht einmal der deutschen Sipo-SD gelang, jemals 300 000 Juden in Frankreich ausfindig zu
machen.

In Belgien stehen wir vor dem gleichen Problem. Auch dort hat es keine statistische
Erfassung nach Religionszugehörigkeit gegeben. Die belgischen Juden waren völlig in
die Gesellschaft integriert, und die Einwanderer wurden mit offenen Armen aufgenommen. Also ist auch hier ein Vergleich der Zahlen vor dem Krieg und nach der Befreiung unmöglich. Wie für Frankreich liegen auch für Belgien die Dokumente über
die Deportationen weitgehend vor. Das belgische Gesundheitsministerium veröffentlichte 1954 – in überarbeiteter Form nochmals 1971 – eine alphabetische Liste der aus
dem belgischen Konzentrationslager Malines deportierten Juden und Zigeuner (3.

---

[142] Vgl. im Anhang I.
[143] Vgl. im Anhang I.
[144] Reitlinger, Endlösung, S. 563.

August 1942 bis 31. Juli 1944). Es handelt sich um die Namen von 25 124 Juden und
351 Zigeunern (Sinti und Roma).[145] Diese mehr als 3000 Seiten faßten Serge Klarsfeld und Maxime Steinberg 1982 auf ein kleineres Volumen zusammen und veröffentlichten es unter dem Titel „Mémorial de la Déportation des Juifs de Belgique". Die
Publikation dient hier als Grundlage, um die einzelnen Deportationszüge zu verfolgen
und dann eine halbwegs gesicherte Zahl der jüdischen Opfer aus Belgien zu errechnen.

Obgleich sich der Chef der belgischen Zivilverwaltung, Eggert Reeder, noch im
März 1942 [146] geweigert hatte, den „Judenstern" einzuführen – am 27. Mai 1942 geschah es dennoch –, meldete er keinerlei Bedenken an, jüdische Ausländer und
Flüchtlinge preiszugeben. So war Belgien das erste okkupierte westliche Land, aus
dem Flüchtlinge deportiert wurden. Schon am 5. Dezember 1941 schickte man unter
dem Vorwand der Repatriierung 83 polnisch-jüdische Familien aus Antwerpen nach
Polen. Wie in Frankreich war also auch hier als erstes die polnische Bevölkerungsgruppe betroffen. Eine weit größere Zahl folgte im Februar und März 1942. Die Gefangenen wurden zunächst in der Textilindustrie von Lodz (damals „Litzmannstadt")
als Zwangsarbeiter eingesetzt, erlitten aber dann das gleiche Schicksal wie jene Juden,
die seit dem 4. August 1942 von Belgien aus direkt nach Auschwitz kamen.[147] Initiator dieser Deportationen war Adolf Eichmann. Er kündigte in einem Schnellbrief vom
22. Juni 1942 an das Auswärtige Amt für Mitte Juli bzw. Anfang August „Sonderzüge
zu je 1000 Personen" zum Arbeitseinsatz nach Auschwitz an. Aus Belgien war zunächst der Abtransport von 10 000 Juden vorgesehen.[148] Wie aus einem Telegramm
von Werner von Bargen, dem Vertreter des Auswärtigen Amtes bei General Falkenhausen in Brüssel, vom 9. Juli 1942 hervorgeht, wurden auch in Belgien zunächst polnische, tschechische, russische und staatenlose Juden ausgewählt, also die belgischen
Staatsangehörigen vorerst verschont.[149] Ebenso wie in Frankreich errichtete man ein
Konzentrationslager, das als Sammelstelle für die Deportation dienen sollte. Es wurde
am 27. Juli 1942 in Malines, einem kleinen Dorf auf halbem Weg zwischen Brüssel
und Antwerpen eröffnet; 90% der jüdischen Bevölkerung Belgiens lebte in diesen
beiden Städten. Im Juli 1942 erging ein deutscher Befehl, daß sich alle arbeitslosen Juden in Malines zu melden hätten, um zum „Arbeitseinsatz" in den Osten transportiert
zu werden. Diese Anordnung aber wurde trotz Unterstützung des Judenrates nur zögernd befolgt, und so begannen die ersten Razzien. Die größten fanden am 15./16.
August und im September 1942 statt.

Transport Nr. 1 verließ am 4. August 1942 Malines in Richtung Auschwitz. Von
den insgesamt 998 Deportierten – darunter 140 Kinder – waren 163 Personen aufgrund des „Arbeitseinsatzbefehles" mitgeschickt worden. Ebenso wie für die nächsten
vier Transporte (11. August 1942: 999 Deportierte, 15. August 1942: 1000 Deportierte, 18. August 1942: 998 Deportierte, 25. August 1942: 995 Deportierte) wurden
Personenwagen benutzt. Die 1000 Personen des nächsten Transportes vom 29. August wurden aber bereits in Viehwagen verladen.[150] Die folgenden Deportationszüge

[145] Klarsfeld/Steinberg, Le Mémorial Belgique, S. 1.
[146] Reitlinger, Endlösung, S. 389. Besprechung Reeder mit Knochen am 14.3.1942.
[147] Ebenda.
[148] Klarsfeld/Steinberg, Endlösung Belgien, S. 28 f., Nbg. Dok. NG-183 vom 22.6.1942, gez. Eichmann.
[149] Ebenda, S. 32 f., Dokument CDJC, CXXVIIa-8.
[150] Klarsfeld/Steinberg, Le Mémorial Belgique, S. 4; Reitlinger, Endlösung, S. 390.

verließen Malines am 1., 8., 12. und 15. September mit je etwa 1000 Personen (insgesamt 4048, darunter 1134 Kinder). Vom Transport Nr. 11 vom 26. September 1942 bis zum Transport Nr. 21 vom 31. Juli 1943 erhöhte sich die Zahl der Deportierten: es wurden jeweils zwischen 1500 und 2000 Personen nach Auschwitz abtransportiert. Insgesamt verließen Malines in diesem Zeitraum 11 656 Juden, darunter 2225 Kinder.[151] Seit Oktober 1942 bezogen die Deutschen auch kräftige junge Juden, die bis dahin in Zwangsarbeitslagern gearbeitet hatten, in ihr Deportationsaufgebot mit ein. Vielen von ihnen gelang aber dank ihrer körperlichen Konstitution die Flucht. Einige konnten sich mit mitgebrachten Sägen befreien, anderen wieder halfen belgische Eisenbahnarbeiter, indem sie Waggontüren nicht richtig verschlossen oder ähnliche Sabotagen verübten.[152] Von Ende August 1942 an hielten dann einige Transporte (wie auch manche aus Frankreich) vor ihrem Endziel Auschwitz in Kosel, um arbeitsfähige Männer auszusortieren. Das bedeutete für einige eine gewisse Überlebenschance.[153]

Am 20. September 1943 verließen zwei Deportationszüge Belgien: Nr. 22 A brachte 639 ausländische Juden nach Auschwitz, Nr. 22 B bestand nur aus belgischen Juden. Diese 794 Personen waren in der Nacht vom 3. auf den 4. September 1943 in Brüssel und Antwerpen festgenommen worden. Nach dieser Aktion gab es auch für die Juden mit belgischem Paß keinen Schutz mehr.[154] Der nächste Transport, der auf den deutschen Dokumenten mit „Z" gekennzeichnet und den Zigeunern vorbehalten war, enthielt auch 132 türkische Juden. Die Männer wurden nach Buchenwald und die Frauen nach Ravensbrück gebracht. Ähnliches gilt auch für die 14 ungarischen Juden, die innerhalb eines „Z"-Transportes am 19. April 1944 nach Bergen-Belsen kamen.[155] Die letzten vier Transporte verließen Belgien am 15. Januar, am 4. April, am 19. Mai und am 31. Juli 1944 in Richtung Auschwitz. Die meisten der insgesamt 2357 Betroffenen fuhren noch kurz vor der Befreiung in den sicheren Tod. Deutlich wird hier aber auch, daß es den Deutschen nicht gelang, in einem Zug mehr als jeweils 500 bis 700 Personen zu deportieren. Ihr selbstgestecktes Ziel (1000 Juden pro Transport) konnten sie also nicht erreichen.[156]

Bei der Ermittlung aller 24 906 von Belgien nach Auschwitz verschickten Juden müssen noch jene 72 hinzugerechnet werden, die von Malines nach Vittel gebracht wurden, und die im Rahmen der „Z"-Transporte nach Buchenwald, Ravensbrück bzw. Bergen-Belsen überstellten 146 Juden. Das ergibt eine Mindestzahl von 25 124 deportierten Juden.[157] Zu berücksichtigen sind außerdem noch etwa 5034 Juden, die nach ihrer Flucht aus Belgien in Frankreich festgenommen und später über Drancy nach Auschwitz deportiert wurden. Addiert man dieses zu dem bereits ermittelten Ergebnis von 25 124, so erhält man 30 158. Abzüglich der 1640 Überlebenden ergibt das eine Gesamtzahl von 28 518 jüdischen Opfern, zu denen die Mehrzahl der aus Belgien deportierten 5430 Kinder gehörte.[158] Eine Auflistung der Staatsbürgerschaften ist für Belgien im Gegensatz zu Frankreich nicht möglich, da auf den Listen zwar die Ge-

---

[151] Ebenda, S. 6 ff.
[152] Reitlinger, Endlösung, S. 390.
[153] Vgl. Klarsfeld/Steinberg, Le Mémorial Belgique, S. 5 ff.
[154] Ebenda, S. 8.
[155] Ebenda, S. 9.
[156] Ebenda, S. 9 f.
[157] Vgl. im Anhang III.
[158] Klarsfeld/Steinberg, Le Mémorial Belgique, S. 15 ff.

burtsdaten, nicht aber die Geburtsorte der Opfer aufgeführt sind.[159] Es ist jedoch anzunehmen, daß etwa ein Drittel von ihnen belgische Staatsbürger waren. Das heißt: Belgien hat ungefähr 9500 Juden verloren.

Auch hier sollen im Vergleich zu Klarsfeld die Ergebnisse anderer Veröffentlichungen hinzugezogen werden. Für Belgien nennt das „Anglo-American Committee" einen Verlust von 57 000 Juden. Dies ergibt sich aus der für 1939 geschätzten jüdischen Bevölkerungszahl von 90 000 abzüglich der angenommenen 33 000 Überlebenden.[160] Diese Rechnung kann jedoch schon aus dem Grund nicht überzeugen, weil die Deutschen im Jahre 1941 bei ihrer Erhebung nur 42 000 Juden statistisch erfassen konnten und eine Dunkelziffer von weiteren 10 000 annahmen. Als gesichert kann jedenfalls nur die Zahl der im Lager Malines Deportierten gelten, die sich auf 25 124 Personen beläuft. Die belgischen Regierungslisten aus dem Jahre 1956 sprechen von 25 208 Juden, die von Malines nach Auschwitz deportiert wurden.[161] Reitlinger gibt als gesichert 24 161 Deportationen aus Malines an und schätzt die Gesamtzahl der Opfer auf 25 000 bis 28 000.[162] Der „Korherr-Bericht" nennt bis zum 31. März 1943 insgesamt 18 502 „Evakuierungen"; addiert man nun noch die ab April 1943 hinzugekommenen Transporte, so ergeben sich insgesamt 25 450 Deportierte aus Belgien.[163] Läßt man die aus Frankreich deportierten belgischen Flüchtlinge beiseite, so kann als untere Grenze eine Gesamtzahl von 25 000 Deportierten für Belgien festgelegt werden.

Frankreich und Belgien zusammen haben also mindestens 100 000 jüdische Opfer zu verzeichnen; darunter waren allerdings nur rund 32 200 Franzosen und Belgier.

[159] Ebenda, S. 1.
[160] Reitlinger, Endlösung, S. 564.
[161] Ebenda und Eichmannprozeß, Dok. 1076, Dokument des belgischen Gesundheitsministeriums vom 31.12.1956.
[162] Reitlinger, Endlösung, S. 564.
[163] Wellers, „Endlösung" und Korherr-Bericht, S. 27.

Anhang I

Vergleichsliste der verschiedenen Zahlenangaben für die Deportationen aus Frankreich

Transport-nummer	Datum	Klarsfeld I*	Klarsfeld II**	Rutkowski	Steinberg
1	27. 3.1942	1112	1112	1100	1100
2	5. 6.1942	1000	1000	1000	1000
3	22. 6.1942	1000	1000	1000	1000
4	25. 6.1942	1000	999 (1000)	1000	999
5	28. 6.1942	1038	1038	1038	1038
6	17. 7.1942	928	928	928	928
7	19. 7.1942	1000	1000	1000	1000
8	20. 7.1942	824	824	824	824
9	22. 7.1942	996	996 (1000)	996	996
10	24. 7.1942	1000	1000	1000	1000
11	27. 7.1942	1000	1000 (990)	1000	1063
12	29. 7.1942	1000	1000	1000	984
13	31. 7.1942	1052	1049	1049	1049
14	3. 8.1942	1046	1034	1046	1034
15	5. 8.1942	1014	1014	1014	1014
16	7. 8.1942	1069	1069 (1073)	1069	1069
17	10. 8.1942	1006	1006 (1000)	1006	1006
18	12. 8.1942	1162	1007	1162	1162
19	14. 8.1942	991	1015	991	991
20	17. 8.1942	977	1000	977	977
21	19. 8.1942	997	1000	997	997
22	21. 8.1942	973	1000	973	973
23	24. 8.1942	1057	1007 (1000)	1057	1057
24	26. 8.1942	948	1000	948	948
25	28. 8.1942	983	1000	983	983
26	31. 8.1942	1000	1000	1000	957
27	2. 9.1942	1000	1000	1000	987
28	4. 9.1942	1000	1000	1000	981
29	7. 9.1942	1000	1000	1000	970
30	9. 9.1942	1000	1000	1000	1000
31	11. 9.1942	1035	1000	1000	1000
32	14. 9.1942	1000	1000	1000	968
33	16. 9.1942	1003	1003 (1000)	1003	1003
34	18. 9.1942	1000	1000	1000	1000
35	21. 9.1942	1015	1000	1000	1015
36	23. 9.1942	1006	1000	1000	1000
37	25. 9.1942	1028	1004	1000	1032
38	28. 9.1942	900	900	900 (27.9.1942)	900
39	30. 9.1942	211	211	211	211
40	4.11.1942	1010	1000	1000	1000
42	6.11.1942	1000	1000	1000	1000
44	9.11.1942	1003	1000	1000	1000
45	11.11.1942	745	745	745	745 (10.9.1942)
46	9. 2.1943	1000	1000	1000	1000
47	11. 2.1943	998	998 (1000)	998	998
48	13. 2.1943	1000	1000	1000	1000
49	2. 3.1943	1000	1000	1000	1000
50	4. 3.1943	1000	1002 (1024)	1000	1000

Transport-nummer	Datum	Klarsfeld I[*]	Klarsfeld II[**]	Rutkowski	Steinberg
51	6. 3.1943	1002	1000	1000	1000
52	23. 3.1943	1000	994 (1000)	–	997
53	25. 3.1943	1000	1000	–	1000
–	26. 3.1943	–	–	1000	–
–	24. 5.1943	–	–	–	1000
55	23. 6.1943	1002	1002 (1018)	1002	1002
(56)	24. 6.1943	–	–	1000	449 (?)
57	18. 7.1943	1000	1000	1000	1000
58	31. 7.1943	1000	1000	1000	1000
59	2. 9.1943	1000	1000	1000	1000
60	7.10.1943	1000	1000	1000	1000
61	28.10.1943	1000	1000	1000	1000
62	20.11.1943	1200	1200	1200	1200
64	7.12.1943	1000	1000	1000	1000
63	17.12.1943	850	850	850	850
(65)	20. 1.1944	–	–	1010	1019
66	20. 1.1944	1153	1147 (1155)	1153	1152
67	3. 2.1944	1200	1214	1200	1200
68	10. 2.1944	1500	1500	1500	1500
69	7. 3.1944	1500	1501	1500	1500
70	27. 3.1944	1000	1025	1000	1000
71	13. 4.1944	1500	1500	1500	1500
72	29. 4.1944	1000	1004	1000	1000
73	15. 5.1944	878	878	878	878
74	20. 5.1944	1200	1200	1200	1200
75	30. 5.1944	997	1004 (1000)	997	997
76	30. 6.1944	1027	1100 (1150)	1027	1038
77	31. 7.1944	1300	1300	–	–
(78)	11. 8.1944	308	312 (430)	308	308
(79)	15. 8.1944	51	51	–	–
Insgesamt:		73 795	73 743 (73 853)	73 340	74 749

[*] Serge Klarsfeld, Die Endlösung der Judenfrage in Frankreich. Deutsche Dokumente 1941–1944, Paris 1977.

[**] Beate und Serge Klarsfeld, Le Mémorial de la Déportation des Juifs de France, Paris 1978, bzw. dies., Memorial to the Jews deported from France 1942–1944, New York 1983.

Zahlen in Klammern aus: Serge Klarsfeld, Vichy Auschwitz. Die Zusammenarbeit der deutschen und französischen Behörden bei der „Endlösung der Judenfrage" in Frankreich, Hamburg 1989.

Anhang II

Nationalität der aus Drancy deportierten oder verlegten Personen

Ägypter	27	Letten	130
Amerikaner	10	Libanesen	2
Argentinier	25	Litauer	276
Armenier	4	Luxemburger	105
Belgier	412	Mexikaner	2
Bolivianer	3	Nicaraguaner	5
Brasilianer	2	Norweger	1
Bulgaren	140	Österreicher	2217*
Chilenen	5	Palästinenser	53
Chinesen	1	Paraguayaner	121
Costaricaner	21	Peruaner	22
Dänen	2	Polen	14 459
Danziger	18	Portugiesen	19
Deutsche	6222	Rumänen, nicht anerkannt	242
Ekuadorianer	10	Rumänen, anerkannt	2716
Engländer	34	Russ. Flüchtlinge	3290
Esten	4	Saarländer	126
Finnen	2	San Marino	1
Franzosen d. Herkunft	14 469	Schweden	3
Franzosen, naturalis.	7724	Schweizer	39
geschützte Franzosen	156	Sowjetbürger	589
Franzosen, Staatsbürger	342	Spanier	145
Griechen	1499	Syrer	17
Guatemalteken	1	Tahitianer	1
Haitianer	4	Tschechoslowaken	595
Holländer	587	Türken, nicht anerkannt	333
Honduraner	50	Türken, anerkannt	949
Iraker	13	Ungarn, nicht anerkannt	244
Iraner	8	Ungarn, anerkannt	758
Iren	1	Uruguayaner	8
Italiener	109	Venezolaner	3
Jugoslawen	133	Staatenlose	2698
Kubaner	3	zu bestimmen	154
		unbekannte Nationalität	5124

67 488**

Aus: Klarsfeld, Le Mémorial de la Déportation des Juifs de France, Paris 1978 (dt. Übersetzung IfZ 1982), S. 26.
* Vgl. dagegen die Zahl von 3260 bei Jonny Moser in diesem Band.
** Klarsfelds Addition ergibt fälschlicherweise 67 693 Personen.

Anhang III

Liste der jüdischen Deportierten aus Belgien

Transport-nummer	Datum	Zahl der Deportierten		
1	4. 8.1942	998		
2	11. 8.1942	999		
3	15. 8.1942	1 000		
4	18. 8.1942	998		
5	25. 8.1942	995		
6	29. 8.1942	1 000		
7	1. 9.1942	1 000		
8	8. 9.1942	1 000		
9	12. 9.1942	1000		
10	15. 9.1942	1048		
11	26. 9.1942	1742		
12	10.10.1942	999		
13	10.10.1942	675	1674	(1679)[1]
14	24.10.1942	995		
15	24.10.1942	476	1471	(1472)
16	31.10.1942	822		
17	31.10.1942	874	1696	(1937)
18	15. 1.1943	945		
19	15. 1.1943	610	1555	(1632)
20	19. 4.1943	1400		(1631)
21	31. 7.1943	1553		(1563)
22 A	20. 9.1943	631		(639)
22 B	20. 9.1943	794		
23	15. 1.1944	657		(662)
24	4. 4.1944	625		
25	19. 5.1944	507		
26	31. 7.1944	563		
	Insgesamt:	24 906		(25 484)

Dazu kommen noch:

	Datum	Zahl der Deportierten	
	13.12.1943*	132	
	19. 4.1944**	14	
	23. 2.1944***	29	
	20. 6.1944***	43	
	Insgesamt:	25 124	(25 702)

Aus: Tableaux récapitulatifs des Israélites déportés du camp de rassemblement de Malines vers les camps d'extermination de Haute Silésie, hrsg. Ministère de la Santé Publique et de la Famille am 1.9.1979, in: Klarsfeld/Steinberg, Le Mémorial de la Déportation des Juifs de Belgique, Bruxelles 1982, S. 14 ff.

[1] Die Zahlen in Klammern sind die Ergebnisse, die Klarsfeld/Steinberg nach eigenen Recherchen erzielten.
* Deportation nach Buchenwald/Ravensbrück
** Deportation nach Bergen-Belsen
*** Deportation nach Vittel

Gerhard Hirschfeld

Niederlande

In der Nacht vom 14. auf den 15. Juli 1942, um 2 Uhr 16, verließ ein Zug mit 962 Juden – Frauen, Männern und Kindern – den Amsterdamer Hauptbahnhof. Ziel dieses ersten sogenannten Arbeitseinsatz-Transportes war zunächst das „Polizeiliche Durchgangslager" Westerbork in der nordholländischen Provinz Drente. In den folgenden beiden Tagen wurden auf dem kleinen Bahnhof Hooghalen, fünf Kilometer vom Lager Westerbork entfernt, zwei Güterzüge der Deutschen Reichsbahn mit über 2000 Juden abgefertigt. Endstation der beiden Züge, die später in Deutschland zusammengekoppelt wurden, war das Konzentrations- und Vernichtungslager Auschwitz. Die letzte Phase der nationalsozialistischen Judenpolitik, von den Verantwortlichen mit „Endlösung der europäischen Judenfrage" umschrieben, hatte auch für die Juden in den besetzten Niederlanden begonnen.

Das Königreich der Niederlande zählte bei Ausbruch des Zweiten Weltkriegs rund neun Millionen Einwohner[1]; der Anteil der Niederländer, der sich zur jüdischen Konfession („godsdienst") bekannte, betrug etwa 1,4 Prozent. Bei der letzten amtlichen Volkszählung 1930 waren dies 53 685 Männer und 58 232 Frauen, zusammen 111 917 Personen, gewesen.[2] Im Januar 1941 ermittelte die niederländische Zentrale der Einwohnermeldeämter (Rijksinspectie van de Bevolkingsregister) in Den Haag in einer auf deutsche Aufforderung hin erfolgten Erhebung 140 245 in den Niederlanden ansässige Juden, darunter 118 455 niederländische Staatsangehörige, ferner 14 493 deutsche Juden sowie 7297 Juden anderer Nationalität.[3] Eine etwa zur gleichen Zeit vom Jüdischen Rat in Amsterdam veranlaßte Untersuchung kam zu ähnlichen Ergebnissen: die Zahl der niederländischen Juden betrug hier 118 295 gegenüber 22 252 ausländischen Juden.[4]

Die Ermittlung dieser Angaben beruhte allerdings bereits auf den von der nationalsozialistischen Besatzungsmacht in Anlehnung an die Vorgehensweise im Reichsgebiet erlassenen Abstammungskriterien, die über den Kreis der Mitglieder der jüdischen Glaubensgemeinschaften hinaus auch diejenigen Juden einschloß, die mehr als zwei jüdische Großeltern besaßen oder die mit einem sogenannten „Volljuden" verheiratet waren.[5] Als „Halbjuden" (mit zwei jüdischen Großeltern) galten diesen Prä-

---

[1] Am 31.12.1939 waren bei den niederländischen Einwohnermeldeämtern 8 883 977 Personen registriert, Central Bureau voor de Statistiek (CBS), Jaarcijfers voor Nederland 1943-1946, Utrecht 1948, S. 5.

[2] E. Boekman, Demografie van de Joden in Nederland, Amsterdam 1936, S. 5.

[3] Statistiek der bevolking van Joodschen bloede in Nederland, samen gesteld door de Rijksinspectie van de Bevolkingsregister, Den Haag 1942.

[4] A. Veffer, Statistische gegevens van de Joden in Nederland, 2 Bde., Amsterdam 1942.

[5] Verordnungsblatt für die besetzten niederländischen Gebiete (VOBL. Niederlande), Verordnung (VO) 6/1941, S. 19-23.

missen zufolge 14 549 und als „Vierteljuden" weitere 5179 Personen.[6] Die Gesamtzahl der in den Niederlanden lebenden Juden betrug demnach 160 820, doch unmittelbar betroffen von den Maßnahmen der Besatzungsbehörden war zunächst nur der
etwa 140 000 umfassende als „Volljuden" deklarierte Personenkreis.

Die Mehrzahl der ihre Religion praktizierenden Juden (114 000) gehörten der „Nederlands-Israelietisch Kerkgenootschap" an, einer überwiegend aus aschkenasischen
oder „Hoogduitsen" (wie die Niederländer sie nannten) Juden bestehenden Gemeinschaft, während die kleine Gruppe der sephardischen oder „Portugeese" Juden nur etwas mehr als 4000 Mitglieder zählte, die wiederum fast ausnahmslos in Amsterdam
lebten.[7] Bei ihnen wie bei den übrigen Juden hatte sich der im 18. Jahrhundert einsetzende Urbanisierungsprozeß während der letzten Jahrzehnte in erheblichem Maße
verstärkt: allein in Amsterdam lebten 80 000 Juden, 16 000 in Rotterdam, jeweils 2000
in Haarlem und Utrecht sowie 2600 in der nördlichen Provinzhauptstadt Groningen.
Von den 140 000 wohnten mithin etwa 82 Prozent in den großen bzw. mittelgroßen
Städten Nord- und Südhollands.[8] Mit der Verstädterung der niederländischen Juden
ging auch ihr Anteil an der Gesamtbevölkerung seit den achtziger Jahren des letzten
Jahrhunderts stetig zurück. Selbst unter Berücksichtigung der nationalsozialistischen
Abstammungskriterien, die viele Juden ungeachtet ihres religiösen Bekenntnisses einbezogen, war die Zahl der rein niederländischen Juden im Jahre 1941 gegenüber ihrem Anteil bei der letzten Volkszählung rückläufig.[9] Der Geburtenzuwachs der Juden
blieb weit unter dem Durchschnitt der niederländischen Bevölkerung. Heiratsverhal-
ten und eine zunehmende soziale Mobilität sprechen für die Assimilationsbereitschaft
der niederländischen Juden ebenso wie für den hohen Grad ihrer bereits erreichten
Integration in die vergleichsweise liberale und religiösen Minderheiten gegenüber auf-
geschlossene niederländische Gesellschaft. Die geringe Bedeutung der zionistischen
Bewegung („Nederlandse Zionistenbond", „Paalei Zion") in den Niederlanden unterstützt diese Einschätzung.

Der wirtschaftliche Einfluß der niederländischen Juden war bescheiden und konzentrierte sich auf einzelne traditionelle Bereiche wie die Herstellung von Nahrungs-
und Genußmitteln, die Fertigung und den Verkauf von Textilien sowie die vor allem
in Amsterdam ansässige Diamantenindustrie.[10] Die im Binnenhandel tätigen Juden
waren zumeist Kleingewerbetreibende, nicht selten Straßenhändler, und gehörten
überwiegend dem unteren Mittelstand an.[11] Scharfe soziale Gegensätze in der Ein-
kommensverteilung, wie sie etwa zwischen den armen Juden des Amsterdamer Juden-
viertels (Jodenbuurt) und den wohlhabenden Juden in den südlichen Vororten der
Metropole herrschten, kennzeichneten auch das politische Wahlverhalten. Von einer

---

[6] Statistiek der bevolking van Joodschen bloede in Nederland.

[7] Außerdem gab es seit Anfang der dreißiger Jahre noch eine kleine liberale Gemeinde in Den Haag sowie
eine eigenständige jüdische Gemeinde in Schoonhoven. Allgemein hierzu J. Meijer, Hoge hoeden, lage
standaarden. De Nederlandse Joden tussen 1933 en 1940, 1969.

[8] Siehe F. Grewel, De Joden in Amsterdam II: Demografische gegevens, in: Mens en Maatschappij XXX
(1955), S. 341.

[9] Er betrug nur noch 1,32% gegenüber 1,41% (1930). Vgl. ebenda, S. 340.

[10] Vgl. hierzu die vermutlich auf deutsche Weisung hin erstellte Studie „Die Stellung der Juden im holländi-
schen Wirtschaftsleben und in den freien Berufen", Nov. 1940, die bemerkenswert objektive Informationen
enthält. Ms. im Rijksinstituut voor Oorlogsdocumentatie (RIOD), Amsterdam.

[11] Ebenda, S. 9.

einheitlichen jüdischen Ideologie oder einer dezidierten Parteinahme zugunsten einer politischen Richtung des Landes konnte keine Rede sein.

Die niederländische Bevölkerung verhielt sich mehrheitlich ihren jüdischen Mitbürgern gegenüber tolerant. Hier und da ließen sich zwar antisemitische und xenophobische Reaktionen ausmachen, doch blieben diese eher einem provinziellen („plattelands") Antisemitismus verhaftet[12], als daß sie Anzeichen eines aggressiven politischen Antisemitismus waren, wie ihn die wohlorganisierten Anhänger der faschistischen Bewegungen in den Niederlanden propagierten. Doch deren Stunde sollte ohnehin erst unter der nationalsozialistischen Besatzungsherrschaft schlagen.

Die militärische Unterwerfung der außenpolitisch neutralen Niederlande durch die deutsche Wehrmacht im Mai 1940 löste bei vielen niederländischen, vor allem aber bei den im Lande lebenden deutschen Juden Entsetzen und Verzweiflung aus. Eingedenk der Drohungen und Verfolgungen der Juden im Altreich und in den seit 1938 dem nationalsozialistischen Machtbereich eingegliederten Nachbarländern rechneten viele Juden mit sofortiger Verhaftung und Deportation. Auf die Nachricht von der Kapitulation der niederländischen Streitkräfte am 15. Mai begingen über einhundert Juden Selbstmord.[13] Nur wenigen Hundert gelang die Flucht nach England. In den folgenden Tagen begann sich die Lage zu entspannen. Das insgesamt korrekte Auftreten der deutschen Militärs und die Versicherung hoher Offiziere, daß „man gegen die Synagoge in Holland" nichts vorhabe[14], verfehlten ihre Wirkung nicht. Auch die Etablierung einer Zivilverwaltung unter dem als gemäßigt geltenden, aus Österreich stammenden Nationalsozialisten Arthur Seyß-Inquart, schien dieser aufkeimenden Hoffnung keinen Abbruch zu tun. Die leitenden Beamten der niederländischen Verwaltung, die anfänglich noch ihre „Sorge wegen der Judenfrage" bekundet hatten[15], beruhigten sich mit der Feststellung des deutschen Generalkommissars Friedrich Wimmer, daß „für die deutschen Behörden das jüdische Problem nicht existiere"[16]. Mehr noch: diese niederländischen Beamten sahen keine oder nur geringe Bedenken, die ersten administrativen Maßnahmen gegen die Juden des Landes mitzutragen und in einzelnen Fällen sogar zu verantworten.

Am 2. Juli 1940 erließ der Direktor des „Reichsdienstes der Arbeitslosenversicherung und Arbeitsvermittlung" eine Anweisung, derzufolge Asoziale, Kommunisten und Juden für den „Freiwilligen Arbeitseinsatz" niederländischer Arbeiter in Deutschland nicht in Betracht kämen.[17] Etwa zur gleichen Zeit traten geänderte Einstellungsbedingungen für den zivilen Luftschutz in Kraft, die zum ersten Mal die Unvereinbar-

---

12 Vgl. die einleitenden Bemerkungen zu dem Kapitel „Naar het Ghetto" von L. de Jong, Het Koninkrijk der Nederlande in de Tweede Wereldoorlog, 13 Bde., Den Haag 1969-88, hier Bd. V, 1, S. 502 ff.; auch M.H. Gans, Memorboek. Platenatlas van het leven van de Joden van de middeleeuwen tot 1940, Baarn 1971, S. 769.

13 Hierzu J. Presser, Ondergang. De vervolging en verdelging van het Nederlands Jodendom 1940-1945, Bd. 1, Den Haag 1965, S. 14.

14 So die Versicherung, die der Bürgermeister von Den Haag S.J.R. de Monchy (Twee ambtsketens, Arnhem 1946, S. 253) erhielt.

15 F. von Bock, Kriegstagebuch vom 17.5.1940, in: Hans-Adolf Jacobsen (Hrsg.), Dokumente zum Westfeldzug 1940, Göttingen 1960, S. 43 f.

16 So die mdl. Mitteilung an den niederländischen Generalsekretär Frederiks, auf die dieser in seinem Schreiben an Wimmer vom 5.7.1940 Bezug nimmt. RIOD, Amsterdam: Generalkommissar für Verwaltung und Justiz (GkVuJ), Stab 079837.

17 Vgl. B.A. Sijes, De Arbeidsinzet. De gedwongen arbeid van Nederlanders in Duitsland 1940-1945, Den Haag 1966, S. 82 f.

keit von jüdischer Konfession und aktiver Tätigkeit für eine öffentliche niederländische Institution feststellten.[18] Ende August forderte der für die einheimische Verwaltung zuständige deutsche Generalkommissar Wimmer die niederländischen Generalsekretäre, als beamtete Staatssekretäre Leiter ihrer Ministerien, auf, „dafür Sorge zu
tragen", daß zukünftig keine Niederländer „von jüdischem Blut" mehr zu Beamten ernannt oder bereits verbeamtete auf keinen Fall mehr zu befördern seien.[19] Die Reaktionen der niederländischen Verwaltungschefs auf dieses Ansinnen waren durchaus
kennzeichnend: Man äußerte zunächst grundsätzliche Bedenken, verwies auf die entsprechenden Artikel der niederländischen Verfassung, gab zu verstehen, daß die Öffentlichkeit kein Verständnis für eine Trennung von Juden und Nicht-Juden habe und
erklärte schließlich, „vorläufig keine Beförderungen (von Juden) vornehmen zu wollen".[20] Am 1. Oktober wies Generalsekretär Frederiks die kommunalen Verwaltungs-
behörden unter Berufung auf die Verordnung 108 des Reichskommissars an, in Zukunft keine jüdischen Beamten mehr einzustellen.[21]

Drei Tage später folgte ein neuer Verwaltungserlaß des für die Innen„politik" verantwortlichen Generalsekretärs, in dem Frederiks die ihm unterstellten Beamten und
Angestellten aller Landes-, Provinz- und Gemeindeverwaltungen aufforderte, eine
„Ariererklärung" abzugeben. In den schriftlichen Nachweis über die Zugehörigkeit
zur jüdischen Konfession waren neben den eigenen Eltern und Großeltern auch die
Ehegatten sowie deren Eltern und Großeltern einzubeziehen.[22] Nur wenige der öffentlich Bediensteten, vermutlich nicht einmal zwei Dutzend, weigerten sich, eine
entsprechende Erklärung zu unterzeichnen.[23]

Hatten die niederländischen Generalsekretäre gehofft, daß sich die Besatzungsbehörden mit diesen administrativen Konzessionen begnügen würden, so sahen sie sich
schon bald in ihren Erwartungen betrogen. Auf Anweisung des Reichskommissars
wurden Ende November 1940 alle jüdischen Beamten und Angestellten von ihren
Ämtern vorläufig suspendiert und drei Monate später, am 21./22. Februar 1941, endgültig entlassen. Angesichts der vielfältigen Proteste und Mißfallensbekundungen seitens der christlichen Kirchen sowie zahlreicher Politiker aus den inzwischen suspendierten politischen Parteien, vor allem aber von Angehörigen der Universitäten und
Hochschulen[24], sahen sich die niederländischen Generalsekretäre schließlich zu einer
grundsätzlichen Stellungnahme an die Adresse des Reichskommissars genötigt. Doch
ihr Protest war zu halbherzig, zu formalistisch und zu vermittelnd, als daß er irgendeine Wirkung gezeigt hätte. Schlimmer noch: die deutschen Besatzungschefs, die sich
ohne Schwierigkeiten der niederländischen Unterstützung ihrer antijüdischen Aktionen versichert hatten, konnten nun davon ausgehen, auch bei zukünftigen administrativen Maßnahmen mit einer ähnlichen „verantwortungsbereiten" Haltung der Gene-

---

[18] Vgl. Presser, Ondergang, Bd. I, S. 18 ff.
[19] Der Brief wurde am 30.8. im Kollegium der Generalsekretäre besprochen. RIOD, Amsterdam: SG-Notulen
   43/1-4.
[20] RIOD, Amsterdam: SG-Notulen vom 4.9. und 6.9.1940. Schreiben Snuock-Hurgronjes und Frederiks an
   Wimmer vom 3.9.1940, Collectie Secretarissen Generaal (CSG) 1940.
[21] RIOD, Amsterdam: Department van Binnenlandsche Zaken (BZ) Circulaires (47176 I). VOBL. Niederlande, VO 108/1941, S. 338 ff.
[22] Abdruck eines Formulars der „Ariererklärung" bei Presser, Ondergang, Bd. I, S. 32a.
[23] Siehe de Jong, Het Koninkrijk, Bd. IV, 2, S. 763 f.
[24] Vgl. ebenda, S. 762-803.

ralsekretäre rechnen zu können.[25] Nahezu parallel zu den „Ariererklärungen" begann im Oktober auch die Anmeldung aller „jüdischen Unternehmen" als Voraussetzung für die geplanten „Arisierungen". Die hierfür notwendigen Formblätter erhielten die Geschäftsleitungen bei den niederländischen Handelskammern.[26]

Die Diskriminierungen beschränkten sich nicht nur auf die beruflichen und wirtschaftlichen Bereiche. Anfang Januar 1941 wurde den Juden der Besuch aller Lichtspieltheater untersagt, am 27. Februar erschien in der niederländischen Presse eine Mitteilung des Sozialministeriums, daß Juden künftig als Blutspender nicht mehr in Betracht kämen, und in der Öffentlichkeit tauchten Hinweise und Schilder auf, die Juden den Eintritt zu staatlichen und privaten Einrichtungen erschwerten oder verwehrten.[27]

Den administrativen und sozialen Repressionen folgten noch in den Wintermonaten des neuen Jahres die ersten physischen Demonstrationen des deutschen Vernichtungswillens gegenüber den niederländischen Juden. Im Januar und Februar war es im Amsterdamer Judenviertel verschiedentlich zu heftigen Auseinandersetzungen zwischen den Banden einheimischer Faschisten und ansässigen, darunter auch nicht-jüdischen, Amsterdamern gekommen. Die schwerste Straßenschlacht trug sich am 11. Februar auf der Waterlooplein zu, bei der ein Angehöriger von Musserts „Nationaal Socialistische Beweging" (NSB) tödlich verwundet wurde.[28] In den nächsten Tagen riegelte deutsche Ordnungspolizei das Amsterdamer Judenviertel ab und verhaftete in blindwütigen Razzien Hunderte von jüdischen Männern im Alter zwischen 18 und 35 Jahren. 389 von ihnen wurden am 27. Februar nach Buchenwald und von diesen etwa 340 später weiter in das Konzentrationslager Mauthausen transportiert. Keiner der Amsterdamer Juden überlebte die „Sonderbehandlung" in den Steinbrüchen von Mauthausen.[29] Drei weitere Transporte mit niederländischen Juden erreichten das KL Mauthausen bis zum Herbst des Jahres 1941, 300 aus Amsterdam, 100 aus Enschede sowie weitere 70 aus Arnheim und anderen Orten im Osten des Landes.[30] Die Deportationen der jüdischen Männer waren vermutlich als Vergeltung für einige Widerstandsaktionen, zumeist Anschläge auf das Kommunikations- und Versorgungssystem der Wehrmacht, gedacht, doch muß in ihnen bereits die „Generalprobe" für die später planmäßig organisierte Wegführung der jüdischen Bevölkerung aus den Niederlanden gesehen werden. Am 28. Dezember 1941 waren von den rund 850 nach Mauthausen deportierten Juden noch acht am Leben – die fortlaufende Sterbechronik selbst ist

---

[25] Abschrift des Schreibens der Generalsekretäre an Seyß-Inquart vom 25.11.1940. RIOD, Amsterdam: CNO-Collectie (VCII 238). Allgemein zur administrativen Kollaboration in den besetzten Niederlanden siehe Gerhard Hirschfeld, Fremdherrschaft und Kollaboration. Die Niederlande unter deutscher Besatzung, 1940-1945, Stuttgart 1984, bes. Kap. IV, 1.

[26] VOBL. Niederlande, VO 189/1941, S. 546-552. Allgemein hierzu A.J. van der Leeuw, Reichskommissariat und Judenvermögen in den Niederlanden, in. A.H. Paape (Hrsg.), Studies over Nederland in Oorlogstijd, Bd. 1, S. 237 ff.; ders., Die ,Arisierung' eines jüdischen Betriebes in den Niederlanden, in: ebenda, S. 250 ff.

[27] Vgl. A.J. Herzberg, Kroniek der Jodenvervolging 1940-1945, (Neuauflage) Amsterdam 1978, S. 54 f.; Presser, Ondergang, Bd. I, S. 74 f.

[28] Zum Ablauf siehe B.A. Sijes, De Februari-staking, 25-26 februari, Den Haag 1954, S. 76 ff.

[29] Vgl. den Bericht von zwei ehemaligen Mauthausener Gefangenen bei Eugen Kogon, Der SS-Staat. Das System der deutschen Konzentrationslager, München 1946, S. 165 f.; auch Gisela Rabitsch, Das KL Mauthausen, in: Studien zur Geschichte der Konzentrationslager, Stuttgart 1970, S. 50-92, hier: S. 64 f.

[30] Hierzu ausführlich de Jong, Het Koninkrijk, Bd. V, 1, S. 548-551, 558-560; sowie A. Hiemstra-Timmenga, Bericht für das Reichsinstitut für Kriegsdokumentation über die 1941 und 1942 nach Mauthausen und Ravensbrück deportierten Juden (ungedr. Ms.), Amsterdam 1959.

nachzulesen in den wöchentlichen geheimen Lageberichten des Befehlshabers der Sicherheitspolizei und des SD in den Niederlanden.[31] Weitere 850 Juden, die zunächst im niedersächsischen KL Amersfoort eingesperrt waren, wurden während der folgenden Monate (bis November 1942) ebenfalls nach Mauthausen geschafft. Auch von ihnen hat keiner überlebt. Etwa 100 Juden wurden übrigens nicht in Mauthausen ermordet, sondern man vergaste sie in dem nahe Linz gelegenen Schloß Hartheim, einer im Rahmen des nationalsozialistischen „Euthanasie"-Programms zur „Vernichtung lebensunwerten Lebens" eingerichteten Tötungsanstalt.[32]

Die Razzien der deutschen Polizei in Amsterdam und die Verschleppung der Juden aus ihren Wohnvierteln am 22. und 23. Februar waren nicht ohne Folgen geblieben. Drei Tage später kam es in den Provinzen Utrecht und Nordholland zu einer Streikwelle, die Verkehr und Industrie lahmlegte. Es war der erste Massenstreik in einem von der deutschen Wehrmacht besetzten Gebiet, und wenn auch die Motive zu den Arbeitsniederlegungen vielfacher Natur sein mochten, d.h. sozialer, wirtschaftlicher und politischer Art[33], so waren es doch die antijüdischen Aktionen und Maßnahmen der einheimischen Faschisten und der Besatzungsmacht, die den unmittelbaren Anlaß für den Arbeitskampf bildeten. Nur mit äußerster Brutalität und der Verhängung des Kriegsrechts gelang es der Wehrmacht und der deutschen Polizei, den Streik zu zerschlagen. Der niederländischen Öffentlichkeit mußte nun bewußt werden, daß der Übergang von einer Periode überraschender Milde, entsprechend der Nazifizierungsstrategie von Reichskommissar Seyß-Inquart[34], zum Alltag nationalsozialistischer Besatzung endgültig vollzogen war.

Die Straßenkämpfe im Amsterdamer Judenviertel hatten nicht nur zu einer vorübergehenden Ghettoisierung des Stadtbezirks geführt, sondern waren auch das auslösende Moment für die Errichtung eines dort ansässigen Judenrates. Die Bildung eines „Joodse Raad"[35], einer Gesamtvertretung aller Juden in den Niederlanden, ging auf entsprechende Überlegungen von Seyß-Inquart zurück, dem derartige Einrichtungen aus seiner Zeit als Stellvertreter von Generalgouverneur Hans Frank in Polen nicht gänzlich unbekannt sein konnten. Als Instrument zur Aufrechterhaltung von Ruhe und Ordnung und als soziale Kontrollinstanz, deren Mitglieder jederzeit persönlich zur Verantwortung gerufen werden konnten, schien der Judenrat der optimale Träger für die Übermittlung der antijüdischen Anordnungen der Besatzungsmacht zu sein, so wie er andererseits als alleiniges Sprachrohr für die Probleme und Sorgen der jüdischen Bevölkerung gegenüber den deutschen Behörden wirken konnte. In seiner sozialen Zusammensetzung entsprach der Judenrat, geführt von dem Kaufmann und Diamantenhändler Abraham Asscher[36] und dem Universitätsprofessor für Alte Ge-

---

[31] Sog. „Meldungen aus den Niederlanden", RIOD, Amsterdam: Archiv des Höheren SS- und Polizeiführers (HSSPF).

[32] Vgl. de Jong, Het Koninkrijk, Bd. IV, 2, S. 895.

[33] Grundlegend Sijes, De Februari-staking; ferner G. Maas, Kroniek van de Februari-staking 1941, Amsterdam 1961.

[34] Hierzu Konrad Kwiet, Reichskommissariat Niederlande. Versuch und Scheitern nationalsozialistischer Neuordnung, Stuttgart 1968, bes. S. 96 ff.

[35] Grundlegend hierzu de Jong, Het Koninkrijk, Bd. IV, 2, S. 884 ff., Bd. V, 1, S. 508 ff.; Presser, Ondergang, Bd. I, S. 78 ff.; Herzberg, Kroniek, S. 143 ff.; Josef Michman, The Controversial Stand of the *Joodse Raad* in the Netherlands, in: Yad Vashem Studies 10 (1974), S. 9 ff.

[36] Asscher war einer der führenden Männer der Liberalen Partei und Vorsitzender wichtiger Gremien und Kommissionen der „Nederlands-Israelietisch Kerkgenootschap".

schichte David Cohen[37], keinesfalls der Vielfalt jener Sozialgruppe, die er zu vertreten beanspruchte. Jüdische Arbeiter und die zahlreichen Juden ausländischer, insbesondere deutscher Herkunft, fanden sich kaum repräsentiert. Stattdessen dominierten Vertreter des jüdischen Bildungsbürgertums und wohlhabende Amsterdamer Geschäftsleute. Auf Grund ihrer sozialen Stellung und den Positionen, die sie bislang schon innerhalb der jüdischen Gemeinden und Selbstverwaltungsgremien eingenommen hatten, sahen sich die Mitglieder des Jüdischen Rates[38] als die legitimierten Sprecher und Vertreter des niederländischen Judentums.[39]

Kritischen Vorbehalten und Zweifeln an der ihnen übertragenen Funktion, wie sie insbesondere vom Vorsitzenden des Jüdischen Koordinierungsausschusses („Joodse Coördinatie-Commissie"), der im Dezember 1940 etablierten autonomen Repräsentanz aller jüdischen Einrichtungen, Lodewijk Ernst Visser[40] geäußert wurden, begegneten die beiden Vorsitzenden des Judenrates in der Selbstgewißheit, daß es zu ihrer Politik einer „realistischen" Zusammenarbeit mit den Besatzungsbehörden keine Alternative gäbe.[41] Angesichts eines allerorten anzutreffenden Anpassungsverhaltens und der sich anbahnenden Kollaborationswilligkeit[42] konnte eine derartige Haltung kaum überraschen. Hinzu kam, daß die Deportationen nach Buchenwald und Mauthausen und die später eintreffenden Todesnachrichten unter den Juden Furcht und Entsetzen ausgelöst hatten und der Wunsch nach einer Auskunft erteilenden und Orientierung vermittelnden Zentralstelle außerordentlich stark war. Binnen kurzem entwickelte sich der Judenrat in Amsterdam zu einer umfassenden nationalen Einrichtung, die für alle Angelegenheiten des täglichen Lebens (Wohnungswechsel, Arbeitsplatzsuche, Sozialfürsorge) ebenso Kompetenzen beanspruchte[43], wie sie für die Weitergabe und Durchführung jener zahlreichen deutschen Anordnungen und Erlasse, mit denen der noch verbliebene Freiheitsraum der niederländischen Juden zunehmend eingeengt wurde, nun verantwortlich zeichnete. Sprachrohr des Judenrates war das seit dem 11. April 1941 mit Zustimmung der Besatzungsbehörden erscheinende „Joodse Weekblad", ein äußerst konformes Wochenblatt[44], auf dessen traurige Rolle bei den Massendeportationen im Sommer 1942 noch einzugehen sein wird.

Die verantwortlichen deutschen Beamten, denen die Kontrolle aller jüdischen Aktivitäten oblag, waren sich von Anfang an darüber im klaren, daß die eigentliche Funk-

---

[37] Cohen, ein engagierter Verfechter des Zionismus, leitete seit 1933 die Hilfstätigkeit der niederländischen Juden gegenüber den deutsch-jüdischen Emigranten. Siehe hierzu seine Darstellung: Zwervend en dolend. De joodse vluchtelingen in Nederland in de jaren 1933-1940, Haarlem 1955; zum Schicksal der deutschen Flüchtlinge in den Niederlanden siehe auch Bob Moore, Refugees from Nazi-Germany in the Netherlands, Dordrecht 1986.

[38] Zu den einzelnen Mitgliedern siehe Presser, Ondergang, Bd. I, S. 82; de Jong, Het Koninkrijk, Bd. V, 1, S. 519 f.

[39] B.A. Sijes, The Positions of the Jews during the German Occupation of the Netherlands: Some Observations, in: Acta Historiae Neerlandicae IX (1977), S. 180.

[40] Visser war bis zu seiner Entlassung Präsident des Obersten Gerichtshofs („Hoge Raad") gewesen. Bis zu seinem Tod im Februar 1942 bemühte er sich, die niederländischen Generalsekretäre für eine Intervention zugunsten der nach Mauthausen deportierten Juden zu gewinnen.

[41] Die Auseinandersetzungen sind dokumentiert bei Michman, The Controversial Stand of the *Joodse Raad*, bes. S. 49 ff.

[42] Hierzu Gerhard Hirschfeld, Collaboration and Attentism in the Netherlands, 1940-41, in: Journal of Contemporary History (16) 1981, S. 467 ff.

[43] Siehe den Anschriften und Informationen enthaltenden „Wegweiser" des Judenrates vom 15.3.1943 „Gids van den Joodschen Raad voor Amsterdam" (RIOD, Amsterdam).

[44] Vgl. Presser, Ondergang, Bd. I, S. 104 ff.

tion des Judenrates darin bestand, „Befehlsempfänger für die Judenschaft" zu sein –
wie Reichskommissar Seyß-Inquart seine Provinz-Beauftragten in einem vertraulichen
Rundschreiben belehrte.[45] Bereits Ende März 1941 war in der Amsterdamer Eeghen-
straat die „Zentralstelle für jüdische Auswanderung" unter SS-Hauptsturmführer Willi
Zöpf (später Leiter des Judenreferats IV-B-4 in Den Haag) eingerichtet worden[46]; in
der gleichen Straße bestand auch eine Verbindungsstelle („Expositur") des Judenrates,
deren Leitung ein aus Wien stammender Rechtsanwalt, Dr. Edwin Sluzker, innehatte.
Trotz des irreführenden Namens hatte die nach Wiener bzw. Prager Vorbild[47] errichtete Zentralstelle keine andere Aufgabe als die systematische Erfassung aller in den
Niederlanden ansässigen Juden im Rahmen der „kommenden endgültigen Lösung der
Judenfrage in ganz Europa".[48] Die finanziellen Mittel für diese Aufgabe sollten einem
„öffentlich-rechtlichen Fonds" entnommen werden. Über die Herkunft der Gelder zu
diesem Fonds war man sich weitgehend einig. Wie der eigens aus Prag herbeigeeilte
Rechtsexperte der Gestapo und Eichmann-Vertraute, Dr. Erich Rajakowitsch, nach einer Besprechung der Besatzungschefs am 19. Mai notierte, hatte Reichskommissar
Seyß-Inquart „grundsätzlich entschieden, daß er die Hortung des jüdischen Vermögens und seine Widmung für die Finanzierung der Endlösung billige".[49] 15 Monate
vor dem Beginn der planmäßigen Deportationen aller Juden aus den besetzten Niederlanden hatten die Verantwortlichen damit bereits ihr generelles Plazet zu einer
„territorialen Endlösung" für die Juden ihres Herrschaftsbereichs erteilt.

Die unmittelbare Vorbereitung der Deportationen oblag zunächst der „Zentralstelle
für jüdische Auswanderung". Ihre Arbeit wurde wesentlich erleichtert durch die bereits im Januar 1941 auf Anordnung des Reichskommissars veranlaßte Anmeldepflicht aller im Lande ansässigen Juden.[50] Die Registrierung selbst wurde von den
Meldeämtern der Gemeinden durchgeführt, die ihre Informationen anschließend an
die zentrale „Rijksinspectie van de Bevolkingsregisters" in Den Haag schickten. Dort
entstanden in den nächsten Monaten unter der Leitung des äußerst effizienten niederländischen Verwaltungsbeamten J.L. Lentz nahezu lückenlose statistische Übersichten
aller niederländischen sowie der „auswärtig geborenen" Juden.[51] Außerordentliche
Sorgfalt verwandte die „Rijksinspectie" auf alle Emigranten und hier insbesondere auf
die nach dem 30. Januar 1933 (Stichtag!) eingewanderten Juden, die in gesonderte Statistiken Eingang fanden.[52] Am 5. September 1941 lag Generalkommissar Wimmer das
definitive Ergebnis der amtlichen „Judenregistrierung" vor: 140 552 Juden, 14 549
„Halb"- und 5719 „Viertel"juden. Wimmer war von den detaillierten Erhebungen der-

[45] Rundschreiben vom 25.11.1941. RIOD, Amsterdam: Reichskommissar, Stab, Ia.
[46] Siehe hierzu Presser, Ondergang, Bd. II, S. 164 ff.; de Jong, Het Koninkrijk, Bd. V, 2, S. 1011 ff.
[47] Die Wiener Zentralstelle war am 26.8.1938, die in Prag am 26.7.1939 errichtet worden.
[48] Schreiben Rauters an Seyß-Inquart und Wimmer vom 18.4.1941. RIOD, Amsterdam: VuJ, Hauptabt. Inneres, 124 w.
[49] Aufzeichnung vom 21.6.1941 für Harster und Fahrenholz. RIOD, Amsterdam: HSSPF 65 a. Über die Rolle
von Rajakowitsch in den Niederlanden siehe B.A. Sijes, Studies over Jodenvervolging, Assen 1974, bes.
Kap. IV (Rajakowitsch en de „Endlösung der Judenfrage" in Nederland).
[50] VOBL. Niederlande, VO 6/1941, S. 19-23.
[51] U.a. Rijksinspectie van de Bevolkingsregister, Statistiek der bevolking van joodschen bloede in Nederland,
Den Haag 1942; Liste von Personen volljüdischen Blutes, die als kirchliche Gesinnung eine christliche Religion angegeben haben, Den Haag 1942.
[52] Rijksinspectie van de Bevolkingsregister (aan de hand van formulieren van aanmelding ingevolge Verorde-
ning No. 6/1941 van den Rijkscommissaris voor het bezette Nederlandsche gebied), Statistiek der immigra-
tie van personen van Joodschen bloede in Nederland, Den Haag 1942.

art angetan, daß er dafür sorgte, daß Kopien der Statistiken über das Reichskommissariat hinaus auch an andere interessierte deutsche Dienststellen gesandt wurden.[53]

Als unmittelbares Ergebnis dieser statistischen Selektion wurden alle jüdischen Stammkarten bei den Einwohnermeldeämtern mit einem großen *J* versehen. Auf Anweisung des Generalkommissars für das Sicherheitswesen, des Höheren SS- und Polizeiführers Hanns-Albin Rauter, mußten auch die Personalausweise von Juden seit Juli 1941 eine ebensolche Kennzeichnung enthalten. Generalsekretär Frederiks gab den Auftrag an die Bürgermeister der Gemeinden umgehend weiter.[54] Fortan konnte man damit der Juden nicht nur auf amtlichem Wege (über die Meldeämter), sondern gleichsam (durch einfache Ausweiskontrolle) auf der Straße habhaft werden. Es bedurfte keiner großen Phantasie, sich den nächsten Schritt zur weiteren Klassifizierung der Juden auszumalen: Anfang Mai wurde in den besetzten Niederlanden das Tragen des „gelben Sterns" zur Pflicht gemacht.[55]

Mir der sich verschärfenden Diskriminierung und sozialen Isolierung erreichte auch die wirtschaftliche Ausplünderung der jüdischen Bevölkerung einen weiteren Höhepunkt. Nicht allein mehr wohlhabende Geschäftsleute und Unternehmer wurden zur Aufgabe ihres Vermögens gezwungen[56], alle „Volljuden" waren nun vom Reichskommissar aufgefordert, ihre Guthaben und Anlagen bei dem unter deutscher Aufsicht und zu deutschem Nutzen tätigen (ehemals jüdischen) Bankhaus Lippmann-Rosenthal in der Amsterdamer Sarphatistraat zu deponieren. Lediglich 250 Gulden Bargeld im Monat sollten dem einzelnen nach dem 30. Juni 1942 aus seinem eingezogenen Vermögen noch zur Verfügung stehen. Ebenfalls bis zum 30. Juni mußten Juden allen Schmuck, wertvolle Sammlungen und Kunstwerke diesem „Bankunternehmen" übereignen. Der Besitz von Motorfahrzeugen (und Fuhrwerken) war außerdem der „Zentralstelle" schriftlich mitzuteilen.[57] Am 22. Juni erschien in allen niederländischen Zeitungen eine Anordnung Generalkommissar Rauters, in der die Juden umgehend aufgefordert wurden, ihre Fahrräder bei den örtlichen Gemeindeämtern abzuliefern. Von dort sollten sie der Wehrmacht zugestellt werden. Acht Tage später folgte eine weitere Ankündigung, die die Freizügigkeit und Bewegungsfreiheit der jüdischen Bevölkerung nahezu völlig einschränkte: Juden durften fortan (außer in jüdischen Geschäften) nur noch nachmittags zwischen drei und fünf Uhr einkaufen, durften keine öffentlichen Transportmittel mehr benutzen, sich nicht mehr in „nicht-jüdischen Einrichtungen und Häusern" aufhalten, keine öffentlichen Fernsprecher benutzen und hatten von acht Uhr abends bis sechs Uhr morgens in ihren Wohnungen zu bleiben.[58] Damit schienen die unmittelbaren Voraussetzungen für den Beginn der geplanten Deportationen gegeben.

In einem routinemäßigen Schreiben hatte der Leiter des Judenreferats im Reichssicherheitshauptamt, Adolf Eichmann, das Auswärtige Amt bereits am 22. Juni unterrichtet, daß mit der Reichsbahn Einigung über den Transport von 100 000 Juden aus

---

53 Vgl. de Jong, Het Koninkrijk, Bd. V, 1, S. 532 f.
54 Rundschreiben vom 3.7.1941. RIOD, Amsterdam: RkVuJ, HA Inneres, 123 c.
55 Die Anordnung Rauters war datiert auf den 27.4. und wurde am 29.4. in der Presse veröffentlicht. Zu den Reaktionen siehe de Jong, Het Koninkrijk, Bd. V, 2, S. 1081 ff.; Presser, Ondergang, Bd. I, S. 218 ff.
56 VOBL. Niederlande, VO 148/1941, S. 624-28 (8.8.1941). Die Vermögensgrenze wurde hier auf 10 000 Gulden festgesetzt.
57 VOBL. Niederlande, VO 42/1942, S. 289-300 (21.5.1942).
58 Hierzu Presser, Ondergang I, S. 232 ff.; de Jong, Het Koninkrijk, Bd. V, 2, S. 1100 f.

den Niederlanden, Belgien und dem besetzten Frankreich nach Auschwitz erzielt worden sei. Die niederländische Quote betrage 40 000.[59] Irgendwelche grundsätzlichen Bedenken hinsichtlich der geplanten Deportationen hatte das Auswärtige Amt natürlich nicht. Lediglich aus „psychologischen" Gründen, d.h. um jede unnötige ausländische Reaktion zu vermeiden, wünschten die Diplomaten der Wilhelmstraße, daß die ersten Transporte aus „staatenlosen Juden" bestehen sollten. Allein in den Niederlanden gäbe es 25 000 davon.[60] In den Dienststellen des Reichskommissariats stießen derlei Überlegungen auf Skepsis. Eine weitere Selektion hätte nur den Ablauf der Deportationen unnötig verzögert und schien zudem aus grundsätzlichen Überlegungen heraus nicht opportun.[61] Überdies hatte der neue Leiter der Amsterdamer „Zentralstelle" Ferdinand Aus der Fünten inzwischen die Vorsitzenden des Judenrates über einen geplanten „polizeilichen Arbeitseinsatz" von Juden aus den Niederlanden informiert und sie angewiesen, die administrative „Erfassung" der Juden für den Abtransport „nach Deutschland" beschleunigt voranzutreiben.[62] Trotz schwerer Bedenken erklärte sich der Judenrat in seiner Mehrheit bereit, die Transportpapiere einschließlich der abzugebenden Vermögenserklärungen von täglich 350-375 der zum „Arbeitseinsatz" aufgerufenen Juden zu bearbeiten und damit den Deportationen einen ordnungsgemäßen Anstrich zu geben. Der Entschluß schien vielen Mitgliedern leichter gefallen zu sein, nachdem Aus der Fünten einige vermeintliche Konzessionen bei der Auswahl des betroffenen Personenkreises angekündigt hatte. So sollten eine Altersgrenze (18 – 40 Jahre) gelten, Familien nicht auseinandergerissen werden, briefliche Kontakte möglich sein, bestimmte Berufsgruppen (Diamantschleifer, Rüstungsarbeiter u.a.) zurückgestellt werden und für den Judenrat und seine sämtlichen Mitarbeiter eine generelle Ausnahmeregelung zutreffen.[63] Keine dieser Zugeständnisse wurden von der „Zentralstelle" und den übrigen mit den Deportationen befaßten deutschen Instanzen letztlich eingehalten.

Am 5. Juli 1942 und in den folgenden Tagen erhielten rund 4000 vornehmlich in Amsterdam lebende Juden, darunter zahlreiche deutsche Emigranten, eine Aufforderung der „Zentralstelle für jüdische Auswanderung", sich in den nächsten Tagen (der genaue Zeitpunkt war angegeben) „zur eventuellen Teilnahme an einem unter polizeilicher Aufsicht stehenden Arbeitseinsatz in Deutschland zwecks Aufnahme persönlicher Angaben einer gesundheitlichen Untersuchung im Durchgangslager Westerbork, Bahnstation Hooghalen" bei der entsprechenden Sammelstelle einzufinden. Es folgten eine Aufstellung der zugestandenen Kleidung und Wäsche (aufgeteilt in notwendiges Handgepäck und separates großes Reisegepäck) und der vorgesehenen Reiseverpflegung („Marschproviant für drei Tage"). Erkrankung war kein Hinderungs-

---

[59] Schreiben Eichmanns (IV-B-4) an Legationsrat Rademacher vom 22.6.1942. Nbg. Dok. NG-183.

[60] Vermerk des Auswärtigen Amtes (Luther) für das RSHA, IV-B-4 v. 29.7.1942. Ebenda. Vgl. auch Raul Hilberg, Die Vernichtung der europäischen Juden. Die Gesamtgeschichte des Holocaust, Berlin 1982, S. 406.

[61] Der Vertreter des AA beim Stab des Reichskommissars, Otto Bene, plädierte dafür, *allen* Juden ihre Staatsbürgerschaft abzuerkennen. Dieser Vorschlag scheiterte schließlich an rechtlichen Bedenken, da eine Aberkennung der niederländischen Staatsangehörigkeit nur von einer niederländischen Regierung, nicht aber von einem deutschen Kommissar vorgenommen werden konnte. Siehe Schreiben Benes an das AA vom 17.7.1942. Politisches Archiv des AA, Bonn: Inland II A; auch Hilberg, Vernichtung S. 406.

[62] D. Cohen, „Onderhoud met de heer *Hauptsturmführer* Aus der Fünten (…) op 26 juni 1942". RIOD, Amsterdam: Joodse Raad, voorzitters: Besprekingen met Duitse autoriteiten.

[63] D. Cohen, „Onderhoud met de heer *Hauptsturmführer* Aus der Fünten (…) op 30 juni 1942, des ochtends om tien uur". Ebenda.

grund; im Zweifelsfall mußte ein deutscher Polizeiarzt hinzugezogen werden. Familiendokumente und Lebensmittelkarten sollten bei der Ankunft in Westerbork ebenso präsent sein wie Unterlagen und Aufstellungen über die Vermögenslage des Betreffenden, so wie sie dem „Bankhaus" Lippmann-Rosenthal, der „Wirtschaftsprüfstelle" oder der „Niederländischen Grundstücksverwaltung" in Den Haag bekannt waren.[64] Die beabsichtigte Camouflage („Arbeitseinsatz in Deutschland") schien perfekt zu sein. Der Aufforderung angeheftet waren die (für Juden notwendige) Reiseerlaubnis und ein (kostenloser!) Beförderungsschein zum Bahnhof Hooghalen.

Die unmittelbare Reaktion der meisten Aufgerufenen war eindeutig: sie meldeten sich nicht. Als Antwort auf eine derartige Unbotmäßigkeit ließ die „Zentralstelle" die noch ausstehenden Aufforderungen statt auf dem Postweg durch Beamte der Amsterdamer Gemeindepolizei zustellen. Doch diese Einschüchterung zeigte nicht die gewünschte Wirkung. Am Morgen des 14. Juli 1942, einem Dienstag, fanden im Amsterdamer Judenviertel und in einigen südlichen Vororten wilde Razzien statt, in deren Verlauf deutsche Ordnungspolizisten etwa 540 Juden, Männer und Frauen, festnahmen und im Innenhof der „Zentralstelle" zusammenpferchten.[65] Zugleich erschien am Nachmittag dieses Tages eine „Sonderausgabe" des „Joodse Weekblad", mit der die 4000 aufgerufenen Juden ermahnt wurden, noch in dieser Woche die Fahrt nach den „Arbeitslagern in Deutschland" anzutreten. Andernfalls müßten die 700 (sic!) verhafteten Juden damit rechnen, in deutsche Konzentrationslager deportiert zu werden.[66] Der kurze Text war zuvor in Absprache mit den Beamten der „Zentralstelle" formuliert und von den beiden Vorsitzenden des Judenrates, Asscher und Cohen, unterzeichnet. Damit nicht genug: Boten des Judenrates verteilten in den frühen Abendstunden bei allen 4000 nach Westerbork beorderten Juden ein hektographiertes Rundschreiben, das außer dem Text der Verlautbarung die dringliche Ermahnung enthielt, bei der eigenen Entscheidung stets das Los der 700 jüdischen Mitbürger vor Augen zu haben.[67]

Die Erinnerung an die Ereignisse des Vorjahres, in deren Verlauf 850 Juden in Mauthausen zu Tode gekommen waren, hat sicherlich eine Reihe der Betroffenen bewogen, ihren Widerstand aufzugeben und sich für den Abtransport in ein deutsches „Arbeitslager" bereitzumachen. Was war schließlich ein vom eigenen Judenrat mitgetragener, ordnungsgemäß vorbereiteter „Arbeitseinsatz" gegen die mit Sicherheit tödlich verlaufende Deportation in ein Konzentrationslager? Noch in der gleichen Nacht trafen 962 und 24 Stunden später noch einmal knapp 600 Juden am Amsterdamer Hauptbahnhof ein. Das war zwar nur die Hälfte der ursprünglich Aufgerufenen, doch immerhin war ein Anfang gemacht und in den nächsten Tagen meldeten sich so viele Juden bei der „Zentralstelle", daß die folgenden Transporte nach Westerbork planmäßig abgefertigt werden konnten. Bereits am Abend des 16. Juli 1942 waren etwa 500 der bei den Razzien willkürlich aufgegriffenen Juden wieder auf freiem Fuß, der Rest wurde wegen „krimineller Vergehen" in das Konzentrationslager Amersfoort ge-

---

[64] Faksimile einer Aufforderung („Oproeping") in: Documenten van de Jodenvervolging in Nederland, 1940-1945 (Joods Historisch Museum), Amsterdam 1979, S. 84 ff.
[65] Vgl. de Jong, Het Koninkrijk, Bd. VI, 1, S. 7 f.; Presser, Ondergang, Bd. I, S. 256 ff.
[66] Het Joodsche Weekblad, Uitgave van den Joodschen Raad voor Amsterdam, vom 14.7.1942, Faksimile bei Presser, Ondergang, Bd. I, S. 256a.
[67] RIOD, Amsterdam: Joodse Raad-Notulen (Sitzungsprotokolle) vom 14.7.1942, S. 1.

schickt.[68] Der Judenrat konnte zufrieden sein: kein einziger der Festgenommenen war in ein *deutsches* Konzentrationslager deportiert worden.

Insgesamt verließen im Juli 1942 neun Juden-Transporte die niederländische Hauptstadt. Weitere folgten und ebenso neue Razzien und Verhaftungen, die nach bekanntem Muster abliefen.[69] Die administrativen Vorbereitungen der Deportationen, insbesondere das Ausfüllen der Reisepapiere und Vermögenserklärungen, das zunächst weiterhin dem Judenrat überlassen blieb, gestalteten sich bald derart umfangreich, daß zahlreiche neue Mitarbeiter eingestellt werden mußten, die damit ihrerseits, wenigstens vorübergehend, vom „Arbeitseinsatz" befreit waren. Ende August ging die deutsche Ordnungspolizei, verstärkt durch kasernierte niederländische Bereitschaften[70], dazu über, die Juden nach Beginn der Ausgangssperre direkt aus ihren Wohnungen abzutransportieren. Zugleich übernahm das Personal der sogenannten „Hausratserfassung", einer Unterabteilung der „Zentralstelle", die die Inventarisierung der verlassenen jüdischen Wohnungen betrieb, die bislang von den Streitkräften des Judenrates vorgenommene Adressierung der Transportaufforderungen.[71] Schon sehr bald erwies sich die Sammelstelle am Adama van Scheltemaplein Nr. 1, mittlerweile Sitz der „Zentralstelle", als zu klein und von Mitte Oktober 1942 an wurde die „Hollandse (Joodse) Schouwburg", ein früher sehr bekanntes Theater der Stadt, zum berüchtigten „Wartesaal" für die Deportationen *nach dem Osten*.

Das „Polizeiliche Durchgangslager" Westerbork in der Provinz Drente, unweit der deutschen Grenze, war während der Sommermonate 1942 nicht nur Zwischenstation für die Transporte der Amsterdamer Juden. Sonderzüge der Niederländischen Staatsbahn, auf Rechnung des Befehlshabers der Sicherheitspolizei und des SD, trafen auch aus Rotterdam, Utrecht, Gouda, Haarlem, Den Haag, Dordrecht sowie aus der Provinz Groningen ein. Selbst Juden aus der benachbarten Stadt Meppel wurden aufgefordert, sich direkt im Lager Westerbork einzufinden.[72] Nach der Ankunft am Bahnhof Hooghalen (wo sie von Angehörigen der jüdischen Ordnungstruppe in Empfang genommen wurden), mußten die Deportierten einen ca. fünf Kilometer langen Fußmarsch zum eigentlichen Lagerkomplex von Westerbork[73] zurücklegen. Dort wurden die

---

[68] Hierzu de Jong, Het Koninkrijk, Bd. VI, 1, S. 8 ff.; Presser, Ondergang, Bd. I, S. 256 ff. Zum Lager Amersfoort siehe die instruktive Zusammenfassung von Loenraad J.F. Stuhldreher, Deutsche Konzentrationslager in den Niederlanden: Amersfoort, Herzogenbusch, Westerbork, in: Dachauer Hefte 5 (1989), S. 141-73, bes. S. 142-52.

[69] Am 7. August veröffentlichte das „Joodse Weekblad" einen erneuten Aufruf, demzufolge jede Weigerung eines Juden, den „Arbeitseinsatz" anzutreten, mit der Einlieferung in das KL Mauthausen bestraft werde. Ebenso gelte dies für jeden unerlaubten Wohnungswechsel oder das Nicht-Tragen des gelben Judensternes. „Het Joodse Weekblad", Faksimile bei Presser, Ondergang, Bd. I, S. 272a.

[70] Zum Verhalten der niederländischen Polizei siehe Hirschfeld, Fremdherrschaft und Kollaboration, bes. Kap. IV, 3.

[71] Vgl. de Jong, Het Koninkrijk, Bd. VI, 1, S. 31.

[72] Ebenda, S. 34.

[73] Das Lager Westerbork war ursprünglich (Oktober 1939) eine Einrichtung der niederländischen Regierung zur Internierung der jüdischen Flüchtlinge aus Deutschland. 1941 befanden sich ca. 1100 Flüchtlinge dort, unter ihnen zahlreiche getaufte Juden. Das seit Beginn des Jahres 1942 (unter Mitwirkung niederländischer Firmen und mit jüdischem Vermögen) erheblich erweiterte und nun streng gesicherte Lager wurde am 1. Juni dem Befehlshaber der Sipo und des SD in den Niederlanden unterstellt. Siehe Internationaler Suchdienst, Verzeichnis der Haftstätten unter dem Reichsführer-SS (1933-1945). Konzentrationslager und deren Außenkommandos sowie andere Haftstätten unter dem Reichsführer-SS in Deutschland und deutsch besetzten Gebieten, Arolsen 1979, S. 645; Stuhldreher, Deutsche Konzentrationslager in den Niederlanden, S. 161-73.

Neuankömmlinge registriert und einer weiteren Kontrolle durch Bedienstete der „Raubbank" (de Jong) Lippmann-Rosenthal unterzogen. Schmuck und Bargeld (sofern es den Betrag von 250 Gulden überstieg) wurden beschlagnahmt. Danach bescheinigte man ihnen, daß sie transportfähig seien, sofern sie nicht einer jener privilegierten Kategorien angehörten, die vorerst für einen „Arbeitseinsatz" als „gesperrt" galten. Danach wies man ihnen eine Schlafbaracke zu. Die Verweildauer der „transportfrei" erklärten Juden war im allgemeinen nur kurz: oft dauerte sie nicht einmal 24 Stunden.[74]

Die Entscheidung über die Stärke, den Zeitpunkt und die Zielbestimmung eines Transportes wurden in der Regel vom Referat IV-B-4 (Eichmann) des Berliner Reichssicherheitshauptamtes (RSHA) getroffen, und zwar nach Rücksprache mit dem Judenreferat (ebenfalls IV-B-4) der Sicherheitspolizei in Den Haag (Wilhelm Zöpf). Eichmanns Dienststelle setzte die durchschnittliche Deportationsquote fest und dann blieb es Den Haag bzw. der Lagerleitung von Westerbork überlassen, die Transporte entsprechend aufzufüllen. Falls nicht die gewünschte Anzahl von Juden eintraf, so sorgte der Lagerkommandant von Westerbork dafür, daß die Züge mit den bereits seit längerer Zeit dort internierten jüdischen Häftlinge, die ebenfalls als „transportfrei" galten, besetzt wurden. Dies geschah beispielsweise bei den ersten beiden Transporten aus Amsterdam, wo statt der erwarteten 2000 Juden nicht einmal 1600 in Westerbork eintrafen. Der damalige Lagerkommandant Erich Deppner[75] ordnete daraufhin an, daß 170 „Waisenkinder", junge deutsche Juden, deren Eltern in Deutschland geblieben waren, dem Kontingent zugeteilt wurden, ebenso wie weitere 309 im Konzentrationslager Amersfoort gefangene Juden.[76] Die beiden Züge mit 1135 bzw. 895 Insassen verließen Hooghalen am Abend des 15. bzw. 16. und erreichten, nachdem sie auf Reichsgebiet zusammengekoppelt wurden, nach einer Fahrtdauer von etwa 40 Stunden den Güterbahnhof[77] von Auschwitz in der Nacht vom 17. auf den 18. Juli 1942. Noch auf dem Bahnsteig fand die Selektion der für „arbeitsfähig" befundenen Männer statt, die anschließend in das eigentliche Konzentrationslager (Stammlager) getrieben wurden. Die meisten Frauen und Kinder sowie die übrigen Männer wurden bereits innerhalb weniger Tage, einige nur Stunden nach ihrer Ankunft, in den Gaskammern von Birkenau ermordet.[78]

Mit den Zügen, die bis zum 24. August 1942, dem Ende der ersten Deportationsphase, in Auschwitz eintrafen, kamen 11 075 Personen, was einer wöchentlichen De-

---

[74] Hierzu de Jong, Het Koninkrijk, Bd. VIII, 2, S. 751 ff.

[75] Deppner war bis zu diesem Zeitpunkt Chef der Abt. IV (Gegnerbekämpfung) der Sipo und des SD in Den Haag gewesen. Die Ernennung des vergleichsweise funktionsmächtigen SS-Offiziers zum ersten Kommandanten von Westerbork weist auf die Bedeutung hin, die seine Vorgesetzten dieser Aufgabe einräumten. Sein Nachfolger (für nur sechs Wochen) wurde zum 1. September 1942 Josef-Hugo Deschner, ein sadistischer Schläger und Alkoholiker, gefolgt von dem ehemaligen Leiter der Personalabteilung beim BdS, Albert Konrad Gemmeker, der zwischenzeitlich einschlägige Erfahrungen als Kommandant eines Geisellagers in Gestel („Beekvliet") gesammelt hatte.

[76] Siehe Deportationslisten, Anhang I.

[77] Der Güterbahnhof von Auschwitz bestand aus 44 parallelen Gleisen, die etwa 3 km lang waren. Die sog. Rampe befand sich zwischen dem alten Lager und Birkenau. Nach der Fertigstellung der Stichbahn im Frühjahr 1944 wurden die Transporte innerhalb des Lagers Birkenau, in unmittelbarer Nähe der Gaskammern entladen. Vgl. Raul Hilberg, Sonderzüge nach Auschwitz, Mainz 1981, S. 96; ders., Vernichtung, S. 656.

[78] Hierzu auch die Schlußfolgerungen in Bd. II der vom Niederländischen Roten Kreuz veranlaßten Untersuchungen der einzelnen Transporte bzw. Transportphasen, in: Informatiebureau van het Nederlandse Rode Kruis, Auschwitz, Bd. II (Mai 1948), S. 51 f.

portationsquote von etwa 2000 entspricht.[79] Auf Grund der in Westerbork angefertigten Transportlisten, deren Duplikate sich in den erhalten gebliebenen Beständen der Lagerverwaltung fanden, lassen sich die Deportiertenzahlen ziemlich exakt ermitteln.[80]

Ungleich schwieriger hingegen sind die genauen Angaben der in Auschwitz direkt umgekommenen und der zunächst bestimmten Arbeitskommandos zugeteilten Juden. Hier sind wir zum Teil auf Schätzungen angewiesen, wenngleich die nach Kriegsende aufgefundenen Dokumente relativ detaillierte Rekonstruktionen über den Verbleib der einzelnen Transporte zulassen.[81] Berichte der wenigen Überlebenden bestätigen die aus den erhaltenen Unterlagen hervorgehende schreckliche Wahrheit: „Was nach Auschwitz-Birkenau kam, ging meist zu 80-90% in die Gaskammern. Die restlichen 10-20% kamen in das Konzentrationslager, wo sie durchschnittlich innerhalb von zwei Monaten, abgesehen von einigen (ganz wenigen) Ausnahmen gestorben sind ... Wer bisher von den Transporten vom 15. Juli 1942 bis Oktober 1943 nicht zurückgekehrt ist, lebt nicht mehr! Das ist ganz sicher."[82] Der Verfasser dieser Zeilen gehörte zu dem ersten Transport, der von Westerbork-Hooghalen am 15. Juli 1942 abgefahren war.

Bis zum Ende des Jahres 1942 verließen noch 40 Transporte das „Durchgangslager" Westerbork mit der Bestimmung Auschwitz. Weitere acht folgten im Januar und Februar des nächsten Jahres, außerdem ein Transport mit 869 jüdischen Insassen und 52

---

[79] Siehe Deportationslisten, Anhang I.

[80] Außer den Transportlisten, die jedem Zug mitgegeben wurden, sind erhalten:
   a. alphabetische Listen aller aus dem Lager Westerbork Deportierten mit Namen, Geburtsdatum und letzter Wohnanschrift sowie dem Datum der Deportation.
   b. Statistiken aller sog. „Lagerbewegungen", d.h. Ausgangstransporte („nach dem Osten", nach Theresienstadt, in andere niederländische Lager), Sondertransporte (Bergen-Belsen), Veränderungen in der Lagerstärke (Todesfälle).
   c. Archiv der Kartensysteme des „Zentralen Flüchtlingslagers" (Westerbork vor dem 1.6.1942).
   Außerdem sind bewahrt geblieben die zentrale Kartei des Judenrates, die alle gemäß VO 6/1941 als Juden registrierten Personen umfaßt, ferner die vollständige Kartei des „Judendurchgangslagers" im KL Vught, das 1943 und 1944 als Auffanglager für das überfüllte Westerbork diente. Von Vught gingen nur zwei direkte Transporte nach Auschwitz. Vgl. RIOD, Amsterdam: Die offizielle Ermittlung des Schicksals der aus den Niederlanden nach Auschwitz und Sobibór deportierten Juden, Ms. (April 1977).

[81] Aufschluß über die Deportationen nach Auschwitz im Jahre 1942 geben u.a. die folgenden Dokumente:
   a. Fotokopie der Verwaltung von Block 12 (Krankenbaracke) des Männerlagers von Birkenau (Jan.-19. Aug. 1942: Morgen- bzw. Abendappelle, Neuzugänge mit Zugangsnummern, Todesfälle mit Namen).
   b. Liste der Personalien und Zugangsnummern aller „arbeitsfähigen" Männer, die mit dem Transport vom 16.7.1942 aus Westerbork kamen.
   c. Standesamt Auschwitz (Standesbeamte Quackernack). Sterbebuch (Erstbuch) 1942, Bd. 22, Nr. 31 501-33 000 (enthält 1500 Todeserklärungen der in Auschwitz oder einem der Außenkommandos eingesetzten Männer und Frauen, die im Zeitraum 28.9. – 2.10.1942 verstorben sind, durchschnittlich also 500 pro Tag, darunter die Namen von 256 Deportierten aus den Niederlanden).
   d. Kommandobuch des Arbeitskommandos Golleschau (Außenkommando von Auschwitz).
   e. Sog. „Nummernsterbebuch", Fotokopie der Registration aller zwischen Ende Okt. 1942 und Aug. 1943 verstorbenen männlichen Deportierten (nur Zugangsnummern und Sterbedatum).
   Hierzu Informatiebureau van het Nederlandse Rode Kruis, Auschwitz, Bd. I (Het Dodenboek van Auschwitz), Bd. II, S. 8 ff; RIOD, Amsterdam: Die offizielle Ermittlung des Schicksals der aus den Niederlanden nach Auschwitz und Sobibór deportierten Juden, S. 8 f. Zur Feststellung der Opferzahlen auf der Grundlage privater Aufzeichnungen (Tagebuch des SS-Arztes Kremer) siehe M. Steinberg, Les yeux du témoin et le regard du borgne. Lecture critique d'un génocide au quotidien, in: Cahiers-Bijdragen 12 (Mai 1989), S. 31-83.

[82] Erklärung (Nr. 33) von Hans Elsbach, Amsterdam, Weesperzijde 20, in: Informatiebureau van het Nederlandse Rode Kruis, Auschwitz, Bd. I, S. 13.

Mitgliedern des Pflegepersonals der Heilanstalt „Het Apeldoornse Bos", der am 21.
Februar 1943 direkt in Apeldoorn abgefertigt wurde.[83] Insgesamt wurden in dieser
Deportationsperiode (Juli 1942 – Februar 1943) mit 52 Transporten insgesamt 46 455
Juden aller Altersgruppen aus den Niederlanden „nach dem Osten" verschleppt. Doch
nicht alle von ihnen kamen direkt nach Auschwitz. 18 Züge hielten in Kosel, etwa 80
km vor Auschwitz, wo zahlreiche „arbeitsfähige" Männer im Alter zwischen 15 und
50 Jahren besonderen Zwangsarbeitslagern zugeteilt wurden. Das größte dieser Lager
bestand in Blechhammer, wo zeitweise rund 1200 Juden aus Westerbork u.a. in den
Oberschlesischen Hydrierwerken bei der Herstellung von synthetischem Benzin eingesetzt waren. Die Arbeits- und Lebensbedingungen in den Zwangsarbeitslagern, die
später zu Außenkommandos von Auschwitz III (Monowitz) und Groß-Rosen deklariert wurden, waren derart, daß nur 181 der insgesamt 3540 Deportierten dieser sog.
Kosel-Gruppe den „Arbeitseinsatz" und die späteren „Evakuierungen" überlebten.[84]
Rein statistisch gesehen waren ihre Chancen zu überleben damit aber immer noch
besser als die aller übrigen Deportierten. Von den 42 915 direkt aus Westerbork nach
Auschwitz transportierten Juden waren nach der Befreiung des Vernichtungslagers
noch 85 am Leben.[85]

Die ersten Nachrichten über den Verbleib der „Arbeitseinsatz"-Transporte „nach
dem Osten" erreichten die Niederlande zu einem Zeitpunkt, als bereits Tausende der
deportierten Juden ermordet waren. Am 13. August 1942 lagen den Mitgliedern des
Judenrats in Amsterdam 52 nahezu gleichlautende Schreiben aus einem ihnen vollkommen unbekannten Ort in Oberschlesien (Birkenau) vor. Den Absendern dieser
Briefe zufolge war die Arbeit zwar „hart", aber „erträglich", die Lagerbedingungen
„gut", die hygienischen Verhältnisse „zufriedenstellend" und die allgemeine Behandlung durch das Wachpersonal „korrekt".[86] Der Judenrat, der in seiner ersten Sitzung
vom 18. September 1942 zum ersten Mal offiziell „von einem Todesfall in Auswitz"
(sic!) Kenntnis nahm[87], hatte sich trotz einer gewissen Beunruhigung über das Schicksal der Deportierten zur Fortsetzung seiner bisherigen administrativen Tätigkeiten
entschlossen. Nur so könnte man hoffen, „wenigstens die wichtigen Leute so lange
wie möglich hier (in Amsterdam) zu halten".[88]

Im Gefolge dieser Politik breiteten sich die Zuständigkeiten und Funktionen des
Amsterdamer Judenrates immer weiter aus. Das Angebot an Dienstleistungen auf so-
zialem und kulturellem Gebiet war derart umfassend[89] und die Ausbildung der internen Verwaltungskompetenzen bis ins kleinste geregelt, daß man beinahe von einem –
allerdings vollkommen wehr- und hilflosen – „Staat im Staate"[90] sprechen konnte. Die
Isolierung der jüdischen von der übrigen niederländischen Bevölkerung war damit

---

[83] Vgl. de Jong, Het Koninkrijk, Bd. VI, 1, S. 319 ff.; Presser, Ondergang, Bd. I, S. 321 ff.
[84] Informatiebureau van het Nederlandse Rode Kruis, Auschwitz, Bd. III (De deportatietransporten in de zg.
      Coselperiode), S. 8 ff.
[85] Siehe Anhang II.
[86] Leiter der Abt. Postwesen an die Vorsitzenden des Judenrates vom 13.8.1942, zit. bei L. de Jong, Die Nie-
      derlande und Auschwitz, in: VfZ (1) 1969, S. 1-16, S. 2.
[87] RIOD, Amsterdam: JR-Centrale Commissie (CC), Notulen vom 18.9.1942, S. 2.
[88] Ebenda.
[89] Hierzu „Gids van den Joodschen Raad voor Amsterdam" vom 15.3.1943 (RIOD, Amsterdam).
[90] So de Jong, Het Koninkrijk, Bd. VI, 1, S. 259; auch Presser, Ondergang, Bd. I, Kap. IV (De staat in de staat).

endgültig und die angestrebte Ghettoisierung eine vollzogene Tatsache. Zahllose Listen entstanden, auf denen die Namen all jener privilegierten Gruppen und Personen verzeichnet waren, die zunächst einmal von den Deportationen ausgenommen sein sollten. Mit Hilfe eines ausgefeilten Stempelnummersystems für die Judenkarteien der „Zentralstelle" und der Abteilung IV-B-4 in Den Haag wurde die Selektion der zurückgestellten von den „transportfreien" Juden weiter verfeinert und sozusagen normiert.[91] Wer sich im Herbst 1942 in einer der folgenden Kategorien befand, konnte fürs erste hoffen, vom „Arbeitseinsatz" freigestellt zu sein: „Fremdstaatler", darunter auch 362 der etwa 4000 portugiesischen Juden; die protestantisch getauften Juden (1500 Personen), während die katholischen Juden zur Deportation freigegeben waren[92]; „Abstammungsjuden" (1800 Personen), deren Herkunft zu jener Zeit noch überprüft wurde; „Protektions- und Angebotsjuden" (800), zumeist begüterte oder sonstwie bevorzugte Einzelpersonen[93]; „Rüstungsjuden" (3800), darunter auch die hochspezialisierten Amsterdamer Diamantschleifer; Mitarbeiter und Mitglieder des Judenrates sowie deren Angehörige, die zahlenmäßig größte Gruppe (17 500); „Mischehe-Juden" mit Kindern (5000), während die jüdischen Partner kinderloser Mischehen[94] deportiert werden sollten.[95] Bis zum 1. Dezember 1942 hatte die „Zentralstelle" in 32 655 Fällen mittels der Freistellungsstempel eine Ausnahme von den Transporten angeordnet.[96]

Zu diesem Zeitpunkt waren bereits 36 000 Juden deportiert, weitere Tausende befanden sich in Konzentrations- und „Durchgangslagern", während die etwa 60 000 Juden, die keinen der begehrten Stempel erhalten hatten und sich auf keiner der Prominenten-Listen befanden, weiterhin täglich, ja stündlich, damit rechnen mußten, aus ihren Wohnungen abgeholt zu werden. Angst und Verzweiflung vieler Menschen wa-

---

[91] Die Entscheidung hierüber war auf einer sog. „Chefsitzung" zwischen Reichskommissar Seyß-Inquart, dem Generalkommissar und Höheren SS- und Polizeiführer Rauter sowie Generalkommissar Schmidt am 16. Okt. gefallen. Siehe ebenda, S. 272 f.

[92] Die unterschiedliche Behandlung der katholisch getauften Juden ging zurück auf die scharfe Kritik, die seitens des niederländischen Episkopats an den ersten Deportationen geübt worden war. Unter den Deportierten war auch die deutsche Ordensschwester und Philosophin Dr. Edith Stein. Sie wurde am 7. August 1943 nach Auschwitz deportiert und dort ermordet. Zur Rolle der katholischen Kirche siehe S. Stokman, Het verzet van de Nederlandse bischoppen tegen nationaal-socialisme en Duitse tyrannie, Utrecht 1945, S. 249 ff.; P. de Jong, Responses of the Churches in the Netherlands to the Nazi Occupation, in: M. de Ryan (Hrsg.), Human responses to the Holocaust, in: Perpetrators and Victims. Bystanders and Resisters, New York 1981, S. 121 ff., besonders S. 131 f.

[93] Allein diesem Personenkreis stand – in der Regel gegen ein hohes Lösegeld – noch die Möglichkeit einer legalen Emigration offen. Hierzu de Jong, Het Koninkrijk, Bd. VI, 1, S. 274 ff.

[94] Im Februar 1944 lebten in den Niederlanden noch 8610 sog. Mischehen-Juden, von denen 2256 den vom Reichskommissar ein Jahr zuvor geforderten Nachweis ihrer Sterilität erbracht hatten (Schreiben Seyß-Inquarts an Bormann vom 28.2.1944). Mehrere hundert von ihnen hatten sich hierzu einem operativen Eingriff unterzogen; in 51 Fällen wurde der Eingriff von deutschen Militärärzten in zwei jüdischen Krankenhäusern Amsterdams durchgeführt. Hierzu Hilberg, Vernichtung, S. 409; de Jong, Het Koninkrijk, Bd. VII, 1, S. 284 ff.

[95] Vgl. Presser, Ondergang, Bd. I, S. 290 f.

[96] Im einzelnen verteilten sich die Freistellungen wie folgt: 56 ausländische Juden, 1156 protestantische Juden, 1671 „Abstammungsjuden", 448 privilegierte Einzelfälle, 6533 „Rüstungsjuden", 213 Altmetallhändler (sic!), 17 498 Mitarbeiter des Judenrates (und deren Angehörige), 5080 Mischehe-Juden mit Kindern. Bis März 1943 wurden weitere Freistellungen verfügt, darunter u.a. etwa 2000 „Zionisten", die für eine Tauschaktion mit dem britischen Mandatsgebiet in Palästina in Betracht kamen. Vgl. de Jong, Het Koninkrijk, Bd. VI, 1, S. 316.

ren derart groß, daß sie nahezu alles daran setzten, auf eine der privilegierten Listen zu kommen – eine leichte Beute für gewissenlose und betrügerische Zeitgenossen.[97]

Unterdessen liefen die Deportationen planmäßig weiter, nur unterbrochen von einer vierwöchigen Weihnachtspause (12. Dezember 1942 – 11. Januar 1943), in der die deutsche Reichsbahn alle verfügbaren Waggons für den Heimaturlaub deutscher Wehrmachtsangehöriger benötigte.[98] Vermutlich Ende Februar ordnete das Judenreferat des RSHA die Verlegung der nächsten Transporte aus den Niederlanden in das achtzig Kilometer östlich von Lublin gelegene Vernichtungslager Sobibór an. Der Grund hierfür war keineswegs eine der häufigen Flecktyphusepidemien in Auschwitz[99], sondern die Absicht Eichmanns, die neuen Todeslager (Chelmno, Belzec, Treblinka und Sobibór) möglichst effektiv in die Gesamtplanung der „Endlösung" einzubeziehen. Hier wurde kein Mensch mehr auf dem eher umständlichen Wege der Zwangsarbeit zu Tode gebracht, diese Lager hatten nur eine Funktion: jeden Juden innerhalb weniger Stunden nach seiner Ankunft zu töten.[100]

Am 5. März 1943 traf der erste Transport mit 1105 Menschen aus Westerbork nach dreitägiger Bahnfahrt in Sobibór ein. Es fand keine Selektion statt und die Ankommenden wurden mit nur wenigen Ausnahmen noch am gleichen Tag ermordet.[101] Bis zum Juli 1943 kamen noch weitere 18 Züge mit insgesamt 33 208 Juden dort an, von denen nur 19 die unbeschreibliche Realität dieses Lagers überlebten.[102] Es sind vor allem die Zeugnisse dieser 19 Überlebenden, 16 Frauen und dreier Männer, die Auskunft über den Verbleib der Transporte nach Sobibór geben. Mit Ausnahme von zwei Deportationen (10. und 17. März) verließen die Züge Westerbork[103] stets an einem Dienstag und erreichten Sobibór an dem darauffolgenden Freitag. Der Ankunftstag war für die überwiegende Mehrzahl der Deportierten auch ihr Sterbetag. Nachweislich fanden nur bei fünf Transporten geringe Selektionen statt: dem vom 10. März (60-80 „arbeitsfähige" junge Männer und Frauen), vom 17. März (35 Männer), vom 6. Mai (46-58 junge Männer und Frauen), vom 11. Mai (80 Männer) und vom 1. Juni 1943 (81 junge Männer), wobei sich unter den zur Zwangsarbeit bestimmten Juden dieser Transporte alle 19 Überlebenden befanden.[104] Auf Grund der Zeugenaussagen konnte auch das Schicksal weiterer namentlich bekannter Personen, die noch in Sobibór ver-

---

[97] Hierunter gehört auch der äußerst bizarre Fall des Schriftstellers Friedrich Weinreb, auf dessen fiktiven Listen sich schätzungsweise 3-4000 Menschen, gegen ein Entgelt von etwa 100 Gulden, eintragen ließen. Hierzu die vom Rijksinstituut voor Oorlogsdocumentatie in Amsterdam herausgegebene (offizielle) Untersuchung der umstrittenen Rolle Weinrebs während der Besatzungszeit: D.G. Veth/A.J. van der Leeuw, Het Weinreb-rapport, 2 Bde., Den Haag 1976; ferner die kritische Würdigung der umfangreichen Untersuchung von I. Cornelissen, De ontluistering van Weinreb (Discussie geopend), in: Vrij Nederland, 6.11.1976, S. 4 ff.

[98] Zur Kritik der SS an dieser Regelung siehe Hilberg, Sonderzüge nach Auschwitz, S. 86, Anm. 64.

[99] So die 1948 gegebene Erklärung des ehem. Kommandanten von Westerbork, Gemmeker. Vgl. de Jong, Het Koninkrijk, Bd. VIII, 2, S. 701.

[100] Martin Gilbert, Endlösung. Die Vertreibung und Vernichtung der Juden. Ein Atlas, Reinbek 1982, S. 90.

[101] Informatiebureau van het Nederlandse Rode Kruis, Sobibor, S. 3 f.

[102] Siehe Deportationslisten, Anhang I. Zu Sobibór vgl. A.E. Cohen, De negentien treinen naar Sobibor, Amsterdam 1979; L. de Long, Sobibor, in: Encounter (5) 1978, S. 20 ff.

[103] Seit Anfang Nov. führte ein neu verlegter Gleiskörper, bei dessen Bau auch Lagerinsassen eingesetzt wurden, mitten in das Lager Westerbork hinein.

[104] Informatiebureau van het Nederlandse Rode Kruis, Sobibor, S. 3.

storben sind, erschlossen werden.[105] Es ist daher anzunehmen, daß auch aus den anderen Transporten etliche Männer und Frauen zur Arbeit im Vernichtungslager selbst oder in weiteren Lagern im Raum von Lublin ausgesucht wurden.

Der zahlenmäßig stärkste unter den 19 Transporten, der Westerbork am 8. Juni verließ, umfaßte 3017 Menschen, fast ausnahmslos Kinder und deren Mütter. Bei diesem sog. Kindertransport handelte es sich überwiegend um die Angehörigen jüdischer Arbeiter, die als „Rüstungsjuden" zunächst von den Deportationen ausgenommen worden waren. Ebenso wie ihre Familien hatte man die Arbeiter im „Judendurchgangslager" des KL-Komplexes von Vught[106] interniert, um sie dort oder in einem der Außenkommandos bei der Herstellung kriegswichtiger Produktionen einzusetzen.[107] Zum Entsetzen der Betroffenen ordnete die Lagerleitung am 5. Juni die Deportation aller Kinder bis zum sechzehnten Lebensjahr an. Sie sollten von ihren Müttern zunächst nach Westerbork und von da in ein „besonderes Kinderlager" begleitet werden.[108] Das „besondere Kinderlager" war Sobibór, und mit wenigen Ausnahmen wurden die Ankommenden unmittelbar nach ihrem Eintreffen vergast.[109]

Von Ende August 1943 an war erneut Auschwitz-Birkenau das Ziel der Transporte aus den Niederlanden. Mit 16 Deportationszügen (14 aus Westerbork, 2 direkt aus Vught) trafen bis zum 3. September 1944 insgesamt 13 630 Menschen dort ein, von denen 786 überlebten.[110] Unter den aus Westerbork nach Auschwitz Deportierten befanden sich mit dem Transport vom 19. Mai 1944 auch 245 Zigeuner, darunter 147 Kinder, die allesamt ums Leben kamen. Von den Erwachsenen überlebten 55 das „Zigeunerlager" von Birkenau.[111] Mit dem zweiten Transport aus dem „Judendurchgangslager" Vught vom 3. Juni 1944 kamen beinahe 500 Personen des „Philips-Kommandos", zum Teil qualifizierte Mitarbeiter des Elektrokonzerns (der in Vught eine Reihe von Werkstätten unterhielt), die sich samt ihrer Angehörigen bis dahin eines relativ privilegierten Status erfreut hatten.[112] Es war dies nicht die erste Gruppe der ca. 4500 „Rüstungsjuden", die nun im Zuge der letzten großen Aushebungsaktionen in den Niederlanden in die Deportationen eingegliedert wurden. Lediglich die Amsterdamer Diamantschleifer blieben zunächst in Vught bzw. Westerbork, bis sie dann auf ausdrücklichen Befehl Himmlers in das neu eingerichtete „Aufenthaltslager" Bergen-Belsen abgeschoben wurden.[113] Immerhin weisen die in Auschwitz aus dieser Zeit erhaltenen Dokumente und die vergleichsweise hohe Zahl der Überlebenden[114] aus,

---

[105] Siehe die Namen bzw. Chiffren von 359 Deportierten, die auf diese Weise nachgewiesen werden konnten; ebenda, S. 7 ff.

[106] Das in Noordbrabant gelegene KL Herzogenbusch/Vught, ein „Musterbetrieb der SS" (Rauter), war erst Anfang 1943 eingerichtet worden. Nacheinander wurden hier verschiedene Sonderabteilungen angegliedert: so ein Schutzhaftlager, Judenauffanglager (Judendurchgangslager), Geisellager, Studentenlager, polizeiliches Durchgangslager, SD-Lager. Internationaler Suchdienst, Verzeichnis der Haftstätten, S.154. Stuhldreher, Deutsche Konzentrationslager in den Niederlanden, S. 152-61.

[107] Hierzu de Jong, Het Koninkrijk, Bd. VIII, 2, S. 663 ff., S. 712 ff.

[108] Ebenda, S. 715 f.

[109] Hierzu die Zeugenaussagen Nr. 35 u. 72. Informatiebureau van het Nederlandse Rode Kruis, Sobibor, S. 4.

[110] Siehe Deportationslisten, Anhang I.

[111] Grundlegend hierzu B. Sijes, Vervolging van Zigeuners in Nederland, 1940-1945, Den Haag 1979.

[112] Vgl. de Jong, Het Koninkrijk, Bd. VIII, 2, S.671 f.

[113] Ebenda, Bd. VII, 1, S.405.

[114] Von den 496 Deportierten (394 Frauen, 85 Männer und 17 Kinder unter 15 Jahren) des ersten „Philips-Transportes" überlebten 118 Frauen, 37 Männer und 5 Kinder. Informatiebureau van het Nederlandse Rode Kruis, Auschwitz, Bd. V, S. 4.

daß einige Gruppen der „Rüstungsjuden" bei den Selektionen geschlossen in die Arbeitskommandos von Auschwitz eingewiesen wurden.[115]

Nicht nur für die niederländischen „Rüstungsjuden" hatte der ihnen im Herbst 1942 zugestandene Sonderstatus inzwischen seine Gültigkeit verloren. Sukzessive wurden nun auch die übrigen Freistellungskategorien annulliert oder derart restriktiv definiert, daß die Zahl der Ausnahmen immer weiter zurückging. Selbst für die größte dieser Gruppen, die Mitarbeiter des Amsterdamer Judenrates und deren Familien, war die Schonfrist im Mai 1943 abgelaufen, als 7000 (der 17 500) Inhaber von Judenrat-Stempeln aufgefordert wurden, sich für den Abtransport nach Westerbork bereit zu machen.[116] Die kategorische Anordnung, die keine Kompromisse mehr zuließ, machte die erneute Macht- und Hilflosigkeit des Judenrates und seiner beiden Vorsitzenden deutlich. Die Politik des Sich-Arrangierens, um vermeintlich noch Schlimmeres zu verhüten, hatte die Deportationen nicht aufzuhalten vermocht; sie hatte zwar für eine Reihe von Juden einen vorübergehenden Aufschub ermöglicht, zugleich aber den Gesamtverlauf der Transporte noch reibungsloser gestaltet als die verantwortlichen deutschen Instanzen dies selbst ursprünglich erwartet hatten.

Mit drei großen Razzien im Mai und Juni 1943 in Amsterdam und zahllosen Aufspürungs- und Verhaftungsaktionen im ganzen Land wurden weitere tausend bisher verschonter Juden aufgegriffen und nach Westerbork geschafft.[117] Nach einer scheinbaren Ruhepause von wenigen Wochen schlugen deutsche Ordnungspolizei und Waffen-SS, verstärkt durch niederländische Polizeikräfte, erneut los. In einer generalstabsmäßig vorbereiteten Razzia wurden am 29. September 1943 die noch verbliebenen Juden aufgegriffen, unter ihnen auch die führenden Mitglieder des Judenrates Asscher und Sluzker; Professor Cohen, der überraschend ausgespart worden war, meldete sich freiwillig und kam einen Tag später mit seiner Familie in Westerbork an.[118] Zwischen Mai und September 1943 wurden auf diese Weise etwa 12 300 Personen aus Amsterdam nach Westerbork transportiert, während weitere 10 500, aus dem Durchgangslager Vught kommend, dort eintrafen. Auch die kleine Gruppe der bislang relativ privilegierten Barnevelder-Juden[119], 660 an der Zahl, wurde Ende September nach Westerbork geschafft. Insgesamt waren es 31 000 Menschen, für die Westerbork während der Sommermonate 1943 zum vorläufigen Bestimmungsort wurde, unter ihnen Tausende, die sich aufgrund eines Listenplatzes bereits in Sicherheit gewiegt hatten oder deren sicher geglaubtes Versteck von deutscher Polizei oder niederländischen „Kopf-

---

[115] Vgl. ebenda, S. 5. Zu den erhaltenen Dokumenten zählt auch ein Personenverzeichnis der Krankenbaracke des Arbeitslagers Monowitz (Auschwitz III) „Krankenbau Monowitz" (enthält Zugangsnummern sowie Aufnahme- und Entlassungsdaten).
[116] Hierzu de Jong, Het Koninkrijk, Bd. VII, 2, S. 269 ff.
[117] Vgl. ebenda; ferner Presser, Ondergang, Bd. II, S. 367 ff.
[118] Siehe hierzu die 1956 abgeschlossenen, aber nicht publizierten, Memoiren von Prof. David Cohen, auszugsweise abgedruckt in einer Sonderbeilage des Nieuwe Israelietisch Weekblad vom Mai 1982. Ms. im RIOD, Amsterdam.
[119] In dem zwischen Utrecht und Apeldoorn gelegenen Ort Barneveld waren eine Anzahl von Juden interniert, die sich insbesondere der Unterstützung der niederländischen Generalsekretäre Frederiks und van Dam erfreuten. Der Aufenthalt in den von einem niederländischen Kommandanten geleiteten Häusern „De Schaffelaar" und „De Biezen" wurde verhältnismäßig freizügig gehandhabt und entsprach der privilegierten Stellung, die den Internierten auch deutscherseits zugebilligt wurde. Siehe de Jong, Het Koninkrijk, Bd. VIII, 2, S. 709 ff.; Presser, Ondergang, Bd. I, S. 439 ff.

geldjägern"[120] ausfindig gemacht worden war. Die meisten blieben nur wenige Tage, manche nur Stunden, bevor sie die Zugfahrt „nach dem Osten" antreten mußten. Am 1. Oktober 1943 zählte Westerbork rund 9300 jüdische Insassen, Vught sogar nur noch 1800, während bereits 86 000 nach Auschwitz und Sobibór und weitere 2000 nach Mauthausen, Buchenwald und Ravensbrück deportiert worden waren.

Der „legale Rest", d.h. alle jene Juden, die bislang offiziell von den Transporten ausgenommen waren, umfaßte hingegen nur noch wenige Kategorien. Am umfangreichsten war die Gruppe der in Mischehen lebenden Juden (10 500), von denen bis Ende November 1943 etwa 2000 den geforderten Nachweis ihrer Sterilität erbrachten. Zu den amtlicherseits anerkannten protestantisch getauften Juden zählten rund 1000 Personen und etwa 3000 hatten aufgrund eines Rassegutachtens des Referats Innere Verwaltung beim deutschen Generalkommissar für Verwaltung und Justiz eine Bescheinigung erhalten, daß sie „eigentlich" keine Juden waren.[121] Gemeinsam mit dem Rest der „portugiesischen" Juden (260), dem restlichen Personal des Judenrates (220), privilegierten Einzelpersonen und NSB-Juden[122] (zus. 110), einer kleinen Amsterdamer „Diamantengruppe" (150) sowie einigen ausländischen Juden (150) und nicht-transportfähigen Patienten (100) lebten im Herbst 1943 in den besetzten Niederlanden noch rund 15 500 Juden mit vorläufiger offizieller Zustimmung außerhalb der „Durchgangs"- und Konzentrationslager.[123] Bei der Meldeaktion im Frühjahr 1941 hatten die Behörden 140 000 „Volljuden" ermittelt. Legt man die oben genannten Zahlen der bereits Deportierten, der in Westerbork und Vught Inhaftierten sowie des „legalen Restes" zugrunde und berücksichtigt ferner, daß etwa 1000 Juden „legal" emigriert und weitere 2700 außer Landes geflüchtet waren, so ergibt sich, daß knapp 20 000 Juden (wozu noch etwa 3000 Mischehe-Juden kamen)[124] inzwischen „untergetaucht" waren. Die genauen Zahlen dieser „Untertaucher" („onderduikers" – wie sie im Niederländischen genannt werden) lassen sich nicht mehr feststellen, zumal stets neue hinzukamen und andere wiederum durch Zufall oder auch Verrat aufgespürt wurden. Festzuhalten bleibt aber die angesichts der Geographie des Landes überraschend hohe Zahl der zu diesem Zeitpunkt „untergetauchten" Juden und eine damit offenkundig werdende Verbindung zwischen der Verfolgung der niederländischen Juden und dem zunehmenden aktiven Widerstand gegen die Besatzungsherrschaft.

Während der letzten Deportationsphase gewannen zwei nationalsozialistische Lager an Bedeutung, die in direktem Zusammenhang mit dem Schicksal der „privilegierten" Juden in den Niederlanden stehen: Theresienstadt und Bergen-Belsen. Insbesondere

---

[120] Das „Kopfgeld" für einen gefangenen Juden stieg von anfänglich 5 Gulden auf 7,50 hfl. und erreichte 1944 einen Höchstsatz von 40 hfl. Hierzu Hirschfeld, Fremdherrschaft und Kollaboration, Kap. IV, 3, Anm. 199.

[121] Durch eine großzügige Auslegung seiner Gutachter-Befugnisse gelang es dem zuständigen (nicht-nationalsozialistischen) Referenten Dr. Hans Georg Calmeyer, in einer Reihe von strittigen Fällen eine für die Betroffenen günstige Entscheidung herbeizuführen. Trotz massiver Kritik seitens einiger deutscher und niederländischer „Abstammungsspezialisten" blieb Calmeyer für die gesamte Dauer der Deportationszeit in seinem Amt. Hierzu de Jong, Het Koninkrijk, Bd. V, 1, S. 535 ff., Bd. VI, 1, S. 305 ff.; Presser, Ondergang, Bd. II, S. 50 ff.

[122] Etwa 20 Juden waren als Vorkriegsmitglieder in Musserts faschistischer „Nationaal-Socialistische Beweging" (NSB) mitsamt ihren Familien in dem Internierungslager Doetinchem festgesetzt. Ein Teil von ihnen wurde später nach Theresienstadt deportiert.

[123] Diese (geschätzten) Angaben bei de Jong, Het Koninkrijk, Bd. VII, 1, S. 318, Anm. 1.

[124] Vgl. ebenda.

mit der Errichtung des „Altersghettos" von Theresienstadt im Protektorat Böhmen glaubten die Verantwortlichen „mit einem Schlag die vielen Interventionen ausgeschaltet" zu haben[125], die eine unterschiedliche Behandlung der Juden in ganz Europa gemäß der von ihnen getroffenen Kategorien zwangsläufig mit sich bringen mußte. Dabei geriet die ursprünglich avisierte Einführung einer Altersgrenze von 65 Jahren als Kriterium für eine Deportation nach Theresienstadt schon sehr bald aus dem Blickfeld. Aus den Niederlanden erfolgte überhaupt nur ein Transport, bei dem die Altersauswahl eine größere Rolle gespielt hat. Am 22. April 1943 trafen, aus Amsterdam kommend, in Theresienstadt 295 deutsche Juden ein, von denen der größte Teil zuvor in Westerbork „interniert" gewesen war.[126] Hierbei handelte es sich überwiegend um im Ersten Weltkrieg schwer verwundete und ausgezeichnete Soldaten mit ihren Frauen und Kindern, wobei die Kinder nicht älter als 15 Jahre sein durften. Von diesem Transport sollen 53 Personen überlebt haben.[127] Welche Kriterien bei der Zusammenstellung der Transporte nach Theresienstadt darüberhinaus zugrunde gelegt wurden, geht aus einem Schreiben des Judenreferats IV-B-4 in Den Haag an die Kommandantur von Theresienstadt hervor. Darin wird die Zusammensetzung eines Transportes von 870 Personen im Januar 1944 folgendermaßen klassifiziert: 385 Personen, die sich „um den Aufbau und den Lagerbetrieb von Westerbork verdient gemacht haben, nebst ihren Angehörigen", ferner 140 „Eltern von Personen, die sich um die Entjudung der Niederlande und das Lager Westerbork verdient gemacht haben", 13 deutsche Veteranen des Ersten Weltkriegs samt deren Angehörigen, 53 „Juden mit Verdiensten um das Reich nebst ihren Angehörigen", 70 „Angehörige von Juden, die in deutscher Kriegsgefangenschaft sind, Juden deren Angehörige ins neutrale Ausland ausgewandert sind, Mischehenpartner usw.", 45 „jüdische Elternteile aus nicht mehr bestehenden Mischehen mit halbarischen Kindern", 58 „Kinder deren Eltern sich in Theresienstadt befinden" sowie eine Anzahl weiterer „Geltungsjuden", unter ihnen „Halbjuden", die jedoch wegen ihrer prominenten Mitgliedschaft in jüdischen Gemeinden als „Volljuden" eingestuft wurden.[128] Wie man sieht, stellten die „Verdienstjuden", Personen die sich tatsächlich oder nur in deutschen Augen ausgezeichnet hatten, das Gros der Deportierten. Hierunter befanden sich auch zahlreiche Mitarbeiter des Judenrates, mithin jene „Personen, die sich um die Entjudung der Niederlande und das Lager Westerbork verdient gemacht haben", wie das Judenreferat in Den Haag ihre bevorzugte Kategorisierung umschrieb. Zu ihnen gesellten sich später noch einzelne jener „privilegierten" Gruppen, die erst im Zuge der letzten „Judenaushebungen" nach Westerbork geschafft worden waren, wie die „portugiesischen Juden" (ca. 300 Personen), die prominente Barnevelder Gruppe (600) sowie zahlreiche protestantisch-getaufte Juden (400), die mit dem letzten großen Transport Anfang September 1944 nach Theresienstadt kamen.[129] Insgesamt wurden aus Westerbork und Amsterdam 4870 Menschen in sieben Transporten, davon zwei nach einem längeren Zwi-

---

[125] Das „Wannsee-Protokoll" zur Endlösung der Judenfrage, Düsseldorf 1952, S. 11.
[126] Siehe Deportationslisten, Anhang I, Anm. 5.
[127] Angaben bei Presser, Ondergang, Bd. II, S. 496.
[128] Schreiben vom 24.1.1944. RIOD, Amsterdam: HSSPF 182 d.
[129] Vgl. Angaben hierzu in den Akten der Abt. IV B des Befehlshabers der SIPO und des SD, Den Haag. RIOD, Amsterdam: Archiv HSSPF.

schenaufenthalt in Bergen-Belsen, nach Theresienstadt deportiert.[130] Für 3010 von ihnen war dies nur eine Zwischenstation; sie wurden schließlich weiter nach Auschwitz geschafft, wo die meisten von ihnen umkamen.[131] Mit dem ersten großen Evakuierungstransport aus Theresienstadt, der Anfang Februar 1945 Schweizer Gebiet erreichte, kamen 433 Juden aus den Niederlanden.[132] Etwa 230 Personen starben in Theresienstadt selbst, während mindestens 1222 die Befreiung des Lagers durch sowjetische Truppen am 8./9. Mai 1945 erlebten.[133] Mithin dürfte feststehen, daß einschließlich der 323 aus Auschwitz Zurückgekehrten[134] vermutlich 1950 der 4897 ursprünglich aus den Niederlanden nach Theresienstadt deportierten Juden überlebt haben. Unter ihnen war auch Professor David Cohen, der ehemalige Vorsitzende des Amsterdamer Judenrats, der in Theresienstadt dem „erweiterten Ältestenrat" des Lagers angehörte.

Während das „Altersghetto" Theresienstadt als ein reines „Propagandalager"[135] galt, mit dem die grausame Wirklichkeit der nationalsozialistischen „Endlösung" kaschiert werden sollte, waren für die Errichtung des späteren KL Bergen-Belsen andere Absichten leitend gewesen. In dem am Rande der Lüneburger Heide, unweit der Stadt Celle, gelegenen „Aufenthaltslager" sollten verschiedene Gruppen europäischer Juden konzentriert werden, die für eventuelle „Austauschzwecke" in Betracht kämen.[136] Bei den vor allem vom Auswärtigen Amt angeregten „Austauschplänen" handelte es sich um Überlegungen, die in den Feindstaaten internierten deutschen Reichsbürger gegen solche Juden auszutauschen, die ihrerseits über verwandtschaftliche, politische oder wirtschaftliche Beziehungen zu Angehörigen dieser Staaten verfügten.[137] Doch schon bald nach der Errichtung des „Aufenthaltslagers" im April 1943 zeigten sich zunehmende Bestrebungen des RSHA, das Lager in ein „echtes" KL umzuwandeln. Zwar konnten die „Austauschjuden", sobald sie nicht mehr als Geiseln benötigt wurden, jederzeit in ein Konzentrations- oder Vernichtungslager abtransportiert werden, doch

---

[130] Siehe Deportationslisten, Anhang I.

[131] Die Zahl der nach Auschwitz Deportierten findet sich bei H.G. Adler, Theresienstadt, 1941-1945. Das Antlitz einer Zwangsgemeinschaft, Tübingen 1960, S.46; zu den von Adler verwendeten Quellen siehe ebenda, S.45 und div. Anmerkungen. Eine tabellarische Aufstellung der in Auschwitz aus Theresienstadt eintreffenden Transporte mit aus den Niederlanden deportierten Juden in: Informatiebureau van het Nederlandse Rode Kruis, Auschwitz, Bd. VI (De inkomende en uitgaande transporten van 1944-45), S.8 und Beilage III. Zahlreiche „arbeitsfähige" Männer wurden später von Auschwitz aus auf andere KL bzw. deren Außenkommandos verteilt (zu den Abtransporten siehe ebenda, Beilage III).

[132] Hierzu der Schweizer Transport-Bericht über den Transport vom 5.2.1945, in: Enquetecommissie Regeringsbeleid 1940-1945. Verslag houdende de uitkomsten van het onderzoek, Bd. VI B, Den Haag 1952.

[133] Bis zum 20.4.1945 waren 169 Personen in Theresienstadt selbst verstorben. Adler, Theresienstadt, S.47; ansonsten de Jong, Het Koninkrijk, Bd. VIII, 2, S.705. Die Zahl der in Theresienstadt überlebenden Juden aus den Niederlanden aufgrund des Berichts der Repatriierungskommission des tschechoslowakischen Sozialministeriums, Terezin Ghetto, Prag (September 1945), angeführt bei Adler, Theresienstadt, S.831, Anm.302.

[134] Angabe bei de Jong, Het Koninkrijk, Bd. VIII, 2, S.705. Zu dem Schicksal dieser Deportierten auch den Bericht eines Überlebenden: S. van den Bergh, Deportaties. Westerbork-Theresienstadt-Auschwitz-Gleiwitz, Bussum o.J. (1945).

[135] Aufzeichnung von W. Zöpf (IV-B-4, Den Haag) vom 5.10.1942. RIOD, Amsterdam: HSSPF 184 a.

[136] Hierzu die grundlegende Studie von Eberhard Kolb, Bergen-Belsen. Geschichte eines „Aufenthaltslagers", 1943-1945, Hannover 1962 sowie eine Zusammenfassung des Buches in: Studien zur Geschichte der Konzentrationslager, S.130ff.; überarbeitete Zusammenfassung in: Bergen-Belsen. Vom „Aufenthaltslager" zum Konzentrationslager 1943-1945, Göttingen 1985.

[137] Zu den Planungen des AA siehe Kolb, Bergen-Belsen, S.22ff.

für die Dauer ihres Aufenthaltes in Bergen-Belsen brauchten sie beispielsweise nicht zu arbeiten, was den zuständigen Bürokraten vom RSHA von Anbeginn an als ein nicht zu verantwortender Zustand erschien.

Von den über 5000 „Austauschjuden" gelangte nur ein Bruchteil (357) auf dem ursprünglich vorgesehenen Weg in die Freiheit.[138] Mit dem sich sehr schnell abzeichnenden Scheitern dieses Vorhabens begann sich auch der Charakter des Lagers zu verändern. Bergen-Belsen wurde (von März/April 1944 an) zu einem Aufnahmelager für nicht mehr arbeitseinsatzfähige Häftlinge und (seit August 1944) zum Durchgangslager für evakuierte Zwangsarbeiterinnen aus anderen Konzentrationslagern, darunter auch aus Auschwitz-Birkenau. Angesichts der gewollten Vernachlässigung, der Schreckensherrschaft des Wachpersonals und der sich ausbreitenden Epidemien bot Bergen-Belsen während der letzten Kriegsmonate ein Bild unvorstellbaren Grauens, das dieses Lager nicht nur für die Mitte April 1945 einrückenden Briten zum Inbegriff nationalsozialistischen Terrors werden ließ.

Aus den Niederlanden trafen insgesamt acht Transporte in Bergen-Belsen ein, die ausschließlich für einen Aufenthalt in diesem Lager vorgesehen waren (weitere für Theresienstadt bestimmte Transporte wurden vorübergehend hier festgehalten).[139] Die niederländischen „Austauschjuden", die allesamt im „Sternlager"[140] untergebracht waren, bildeten seit Beginn des Jahres 1944 die zahlenmäßig stärkste Gruppe des „Aufenthaltslagers".[141] Ihre Auswahl erfolgte in der Regel nach den von der „Zentralstelle" gemeinsam mit dem Judenreferat in Den Haag getroffenen Kategorien, die sich nur sehr lose an die vom RSHA entwickelten „Richtlinien zur technischen Durchführung der Verlegung von Juden in das Aufenthaltslager Bergen-Belsen" vom August 1943 anlehnten.[142] Dabei lassen sich etwa fünf größere Gruppen unter den 3751 Deportierten[143] ausmachen: ca. 1200 Inhaber des sog. 120000-Stempels (insbesondere jene Juden, die sich die Fahrkarte nach Bergen-Belsen mit der Ablieferung eines beachtlichen Vermögens erkauft hatten); ca. 800 Juden, die über eine doppelte Staatsangehörigkeit (der von „Feindmächten") verfügten; ca. 450 Juden, die für eine Austauschaktion mit der britischen Mandatsverwaltung in Palästina in Betracht kamen; ca. 350 Diamantenschleifer und -händler mit ihren Familien, wobei das RSHA auch an eine mögliche Produktion in Bergen-Belsen gedacht hatte (unter ihnen befand sich auch der zweite Vorsitzende des Amsterdamer Judenrates, A. Asscher); ca. 100-200 Inhaber von (teilweise gefälschten) Pässen lateinamerikanischer Herkunft (Ekuador, Paraguay, Honduras, El Salvador). Daneben gab es noch eine Anzahl kleinerer Gruppen „privilegierter" Juden.[144] Von den 450 niederländischen „Palästinajuden" verlie-

---

138 Von Bergen-Belsen ins Ausland gelangten außerdem 1683 Ungarn und ca. 100 Juden, die die Staatsangehörigkeit eines neutralen Landes (Türkei) besaßen.
139 Siehe Deportationslisten, Anhang I; auch Anm. 6, ebenda. Mit dem letzten Transport wurde auch Anne Frank mit ihren Eltern und ihrer Schwester nach Bergen-Belsen deportiert.
140 So genannt, weil die Insassen einen Judenstern auf ihrer Zivilkleidung tragen mußten.
141 Hierzu Kolb, Bergen-Belsen, S. 55 ff.
142 Die „Richtlinien" sahen vier Kategorien von „Austauschjuden" vor: 1. „Juden, die verwandtschaftliche oder sonstige Beziehungen zu einflußreichen Personen im feindlichen Ausland haben"; 2. „Juden, die unter Zugrundelegung eines günstigen Schlüssels (sic!) für einen Austausch gegen im feindlichen Ausland internierte oder gefangene Reichsdeutsche in Frage kommen"; 3. „Juden, die als Geiseln und als politische oder wirtschaftliche Druckmittel brauchbar sein könnten"; 4. „Jüdische Spitzenfunktionäre". Abgedruckt bei Kolb, Bergen-Belsen S. 210 ff.
143 Siehe Deportationslisten, Anhang I.
144 Angaben über diese Gruppen ebenfalls in den Akten der Abt. IV B. Siehe Anm. 129.

ßen Ende Juni 1944 222 das Lager und erreichten nach einer zehntägigen Bahn- und Schiffahrt die Stadt Haifa.[145] Einige weitere hundert Juden mit doppelter Staatsangehörigkeit wurden während der Wintermonate in das (relativ) erträgliche Internierungslager Liebenau geschafft.

Dies waren nicht die einzigen Transporte aus Bergen-Belsen mit Juden, die ursprünglich aus den Niederlanden deportiert worden waren. Am 28. September und 11. Oktober 1944 kamen zwei dieser Ausgangstransporte in Auschwitz an, wo die Ankommenden (darunter vermutlich 110 Juden aus den Niederlanden) innerhalb weniger Tage ermordet wurden.[146] Anfang Dezember 1944 wurde die gesamte „Diamantgruppe" (mit der Ausnahme der Familie Asscher und der eines weiteren Diamantenhändlers) deportiert: die 175 Männer kamen in das KL Sachsenhausen, wo fünf von ihnen überlebt haben, und die 165 Frauen und Kinder in das Gefangenenlager Beendorf bei Magdeburg (Zahl der Überlebenden nicht bekannt).[147] Da die gesamte Registratur des Lagers Bergen-Belsen vernichtet wurde, lassen sich auch über die im Lager verbliebenen und die mit Evakuierungstransporten aus dem Osten eintreffenden niederländischen bzw. aus den Niederlanden deportierten Juden keine genauen Aussagen mehr machen. Angesichts der horrenden Sterblichkeit in den Frühjahrsmonaten 1945 – allein im März starben 18168 Menschen verglichen etwa mit 2048 Toten während des Gesamtjahres 1944[148] – muß man davon ausgehen, daß die (geschätzten) 1200 Sterbefälle unter ihnen überwiegend während dieses Zeitraums eingetreten sind. Von den aus Westerbork nach Bergen-Belsen deportierten 3751 Juden haben somit ca. 2050 überlebt.

Eine Bilanz der Opferzahlen der nationalsozialistischen „Endlösung" in den Niederlanden muß sich in erster Linie auf die aus den Lagern Westerbork und Vught stammenden Angaben der Deportiertenzahlen stützen. Für die großen Deportationsphasen zwischen dem 15. Juli 1942 und dem 3. September 1944 nach Auschwitz, Kosel und Sobibór liegen – dank der detaillierten Untersuchungen des Niederländischen Roten Kreuzes – eindeutig gesicherte Zahlen vor. Dies gilt auch für die direkten Transporte nach Theresienstadt und Bergen-Belsen. Nach diesen fünf Bestimmungsorten wurden nachweislich 103019 Menschen deportiert, das entspricht etwa 96 Prozent der insgesamt aus den Niederlanden in deutsche Konzentrations- und Vernichtungslager deportierten Juden.

Auf relativ zuverlässigen Schätzungen beruhen die Angaben für die in den Jahren 1941 und 1942 nach Mauthausen transportierten Juden, die entweder unmittelbar im Anschluß an die frühen Razzien in Amsterdam u.a. dorthin geschafft oder die sukzessive aus dem KL Amersfoort abgeschoben worden waren. Ebenfalls geschätzt sind die Zahlen der „straffälligen" Juden, die aus niederländischen und deutschen Gefängnissen in verschiedene Konzentrationslager und später nach Auschwitz transportiert wurden. Nicht gesichert sind auch die Angaben der aus Belgien (Mechelen) und

---

[145] Hierzu Kolb, Bergen-Belsen, S. 87 ff.

[146] Vgl. die tabellarische Übersicht der in Auschwitz aus anderen deutschen Lagern zwischen Mai und Okt. 1944 eintreffenden Transporte in: Informatiebureau van het Nederlandse Rode Kruis, Auschwitz VI, S. 8, Tabelle 1.

[147] Siehe de Jong, Het Koninkrijk, Bd. VIII, 2, S. 706 f.

[148] Ziffern bei Kolb, Bergen-Belsen, S. 151 und S. 308 ff. Für die Sterbefälle in den Jahren 1943 (47 Tote) und 1944 liegen einwandfreie Unterlagen vor.

Frankreich (Drancy) direkt nach Auschwitz und Sobibór deportierten niederländischen Staatsangehörigen. Ihre Zahl dürfte aber keinesfalls mehr als 2000 betragen haben. Trotz dieser geringfügigen Unsicherheiten, die nur wenige hundert Personen betrifft, läßt sich damit die Gesamtzahl der aus den Niederlanden deportierten Juden mit ca. 107 000 verhältnismäßig genau festlegen (siehe dazu Gesamtübersicht, Anhang II).

Was die Überlebenden dieser Deportationen angeht, stehen wir vor einem ungleich größeren Problem. Es ist bekannt, daß von den Transporten nach Mauthausen nur ein Häftling (der bei einem Zwischenaufenthalt in Buchenwald als Opfer medizinischer Experimente des SS-Arztes Eisele zurückblieb[149]) mit dem Leben davon kam. Auch für die direkten Transporte nach Auschwitz (bzw. Kosel) und Sobibór liegen aufgrund der jahrelangen Nachforschungen des Roten Kreuzes gesicherte Angaben vor.[150] Von den 94 398 aus den Niederlanden in diese Lager deportierten Juden haben 1071 überlebt, das sind etwas mehr als 1 Prozent. Hingegen sind wir für die Lager Theresienstadt und Bergen-Belsen auf Schätzungen angewiesen, die jedoch äußerst zuverlässig sind. Auf der Basis von klar ermittelten Teilziffern (Todesfälle in einem bestimmten Zeitraum, Abtransporte) lassen sich auch hier relativ genaue Angaben machen. Von den übrigen Deportierten (ca. 2000), die fast ausnahmslos nach Auschwitz gebracht wurden, werden angesichts des allgemeinen Schicksals kaum mehr als 100 überlebt haben. Damit dürfte eine Gesamtzahl von ca. 5200 Überlebenden nicht zu hoch gegriffen sein (siehe Gesamtübersicht, Anhang II).

In den Konzentrations- und Vernichtungslagern des Dritten Reiches bzw. im Verlauf der Transporte dorthin oder in andere Lager sind somit etwa 102 000 der aus den Niederlanden deportierten Juden zu Tode gekommen. Dies schließt auch die ca. 2000 von Belgien und Frankreich aus nach Auschwitz und Sobibór transportierten niederländischen Juden mit ein. Die Namen dieser 102 000 Menschen sind uns zum größten Teil bekannt[151], die Umstände ihres Sterbens lassen sich in den meisten Fällen ebenfalls mit an Sicherheit grenzender Wahrscheinlichkeit bestimmen, ihr Leiden und ihre Verzweiflung werden wir wohl niemals ermessen können.

[149] Der Fall des Amsterdamers Max Nebig wird geschildert von Kogon, SS-Staat, S. 113 und 166.
[150] Auf der Basis der vom Roten Kreuz ermittelten Fakten hat die vom Niederländischen Parlament im August 1949 eingesetzte „Kommission zur Anzeigeerstattung von Vermissten" seither bei den Meldeämtern der Gemeinden, in welcher der jeweilige Vermißte/Verstorbene zuletzt seßhaft war, Sterbeanzeige erstattet. Als Sterbetag wurde dabei bestimmt „der Tag, der auf den folgt, an dem zuletzt das Dasein des Vermissten erwiesen ist, sofern nicht Hinweise vorhanden sind, die das Sterben zu einem späteren Zeitpunkt wahrscheinlich machen; in solchen Fällen wird der auf Grund dieser Hinweise bestimmte Zeitpunkt, bzw. der letzte Tag dieser Zeitspanne, als Sterbetag angenommen" (so Art. 3 des Gesetzes bez. „Vorkehrungen betr. der Ausstellung von Sterbeurkunden von Vermissten" von 1949). Die Namen der damit offiziell für tot erklärten Juden wurden außerdem bis weit in die fünfziger Jahre im Niederländischen Staatsanzeiger (Nederlandse Staatscourant) abgedruckt (Ministerie van Justitie: Bijvoegsel tot de Nederlandse Staatscourant, 1.9.1949-27.6.1957). Hierzu auch RIOD, Amsterdam: Die offizielle Ermittlung des Schicksals der aus den Niederlanden nach Auschwitz und Sobibór deportierten Juden, S. 9 ff.
[151] Die Namen der niederländischen Juden sind aufgenommen in dem 41 Bände umfassenden Gedenkbuch „In Memoriam: Nederlandse Oorlogsslachtoffers" hrsg. von der Niederländischen Stiftung Kriegsgräberfürsorge (Oorlogsgravenstichting). Von dem 1972 erschienenen Gedenkbuch wurden 12 Exemplare gedruckt; die Bände 4 – 33 enthalten die Namen der jüdischen Opfer des Nationalsozialismus.

Anhang I

Deportationslisten[1]

Transport-datum:	„Durchgangs-lager" o. ä.:	Anzahl Deportierte:	Bestimmungsort:
15. 7.1942	Westerbork	1135	Auschwitz
16. 7.1942	Westerbork	895[2]	Auschwitz
21. 7.1942	Westerbork	931[3]	Auschwitz
24. 7.1942	Westerbork	1000	Auschwitz
27. 7.1942	Westerbork	1010	Auschwitz
31. 7.1942	Westerbork	1007	Auschwitz
3. 8.1942	Westerbork	1013	Auschwitz
7. 8.1942	Westerbork	987	Auschwitz
10. 8.1942	Westerbork	559	Auschwitz
14. 8.1942	Westerbork	505	Auschwitz
17. 8.1942	Westerbork	506	Auschwitz
21. 8.1942	Westerbork	1008	Auschwitz
24. 8.1942	Westerbork	519[3]	Auschwitz
28. 8.1942	Westerbork	608 (davon Kosel: 170)[4]	Auschwitz
31. 8.1942	Westerbork	560 (davon Kosel: 200)	Auschwitz
4. 9.1942	Westerbork	714 (davon Kosel: 200)	Auschwitz
7. 9.1942	Westerbork	930 (davon Kosel: 110)	Auschwitz
11. 9.1942	Westerbork	874 (davon Kosel: 140)	Auschwitz
14. 9.1942	Westerbork	902 (davon Kosel: 120)	Auschwitz
18. 9.1942	Westerbork	1004	Auschwitz
21. 9.1942	Westerbork	713	Auschwitz
23. 9.1942	Westerbork	928	Auschwitz
28. 9.1942	Westerbork	610	Auschwitz
2.10.1942	Westerbork	1014 (davon Kosel: 160)	Auschwitz
5.10.1942	Westerbork	2012 (davon Kosel: 550)	Auschwitz
9.10.1942	Westerbork	1703	Auschwitz
12.10.1942	Westerbork	1711	Auschwitz
16.10.1942	Westerbork	1710 (davon Kosel: 570)	Auschwitz
19.10.1942	Westerbork	1327	Auschwitz
23.10.1942	Westerbork	988 (davon Kosel: 170)	Auschwitz
26.10.1942	Westerbork	841	Auschwitz
30.10.1942	Westerbork	659 (davon Kosel: 200)	Auschwitz
2.11.1942	Westerbork	954 (davon Kosel: 260)	Auschwitz
6.11.1942	Westerbork	465 (davon Kosel: 110)	Auschwitz
10.11.1942	Westerbork	758 (davon Kosel: 180)	Auschwitz
16.11.1942	Westerbork	761 (davon Kosel: 100)	Auschwitz
20.11.1942	Westerbork	726	Auschwitz
24.11.1942	Westerbork	709 (davon Kosel: 70)	Auschwitz
30.11.1942	Westerbork	826 (davon Kosel: 170)	Auschwitz
4.12.1942	Westerbork	812	Auschwitz
8.12.1942	Westerbork	927 (davon Kosel: 60)	Auschwitz
12.12.1942	Westerbork	757	Auschwitz
11. 1.1943	Westerbork	750	Auschwitz
18. 1.1943	Westerbork	748	Auschwitz
22. 1.1943	Apeldoorn	921 (Krankentransport)	Auschwitz
23. 1.1943	Westerbork	516	Auschwitz
29. 1.1943	Westerbork	659	Auschwitz
2. 2.1943	Westerbork	890	Auschwitz
9. 2.1943	Westerbork	1184	Auschwitz
16. 2.1943	Westerbork	1108	Auschwitz

Transport-datum:	„Durchgangs-lager" o.ä.:	Anzahl Deportierte:	Bestimmungsort:
23. 2.1943	Westerbork	1101	Auschwitz
2. 3.1943	Westerbork	1105	Sobibór
10. 3.1943	Westerbork	1105	Sobibór
17. 3.1943	Westerbork	964	Sobibór
23. 3.1943	Westerbork	1250	Sobibór
30. 3.1943	Westerbork	1255	Sobibór
6. 4.1943	Westerbork	2020	Sobibór
13. 4.1943	Westerbork	1204	Sobibór
20. 4.1943	Westerbork	1166	Sobibór
21. 4.1943	Amsterdam	295[5]	Theresienstadt
27. 4.1943	Westerbork	1204	Sobibór
4. 5.1943	Westerbork	1187	Sobibór
11. 5.1943	Westerbork	1446	Sobibór
18. 5.1943	Westerbork	2511	Sobibór
25. 5.1943	Westerbork	2862	Sobibór
1. 6.1943	Westerbork	3006	Sobibór
8. 6.1943	Westerbork	3017 (Kindertransport)	Sobibór
29. 6.1943	Westerbork	2397	Sobibór
6. 7.1943	Westerbork	2417	Sobibór
13. 7.1943	Westerbork	1988	Sobibór
20. 7.1943	Westerbork	2209	Sobibór
24. 8.1943	Westerbork	1001	Auschwitz
31. 8.1943	Westerbork	1004	Auschwitz
7. 9.1943	Westerbork	987	Auschwitz
14. 9.1943	Westerbork	1005	Auschwitz
14. 9.1943	Westerbork	305[6]	Theresienstadt
21. 9.1943	Westerbork	979	Auschwitz
19.10.1943	Westerbork	1007	Auschwitz
15.11.1943	Vught	1149	Auschwitz
16.11.1943	Westerbork	995	Auschwitz
11. 1.1944	Westerbork	1037	Bergen-Belsen
18. 1.1944	Westerbork	870	Theresienstadt
25. 1.1944	Westerbork	949	Auschwitz
1. 2.1944	Westerbork	908[7]	Bergen-Belsen
8. 2.1944	Westerbork	1015	Auschwitz
15. 2.1944	Westerbork	773	Bergen-Belsen
25. 2.1944	Westerbork	811[8]	Theresienstadt
3. 3.1944	Westerbork	732	Auschwitz
15. 3.1944	Westerbork	210	Bergen-Belsen
23. 3.1944	Westerbork	599	Auschwitz
5. 4.1944	Westerbork	240	Auschwitz
5. 4.1944	Westerbork	101	Bergen-Belsen
5. 4.1944	Westerbork	289[9]	Theresienstadt
19. 5.1944	Westerbork	238[10]	Bergen-Belsen
19. 5.1944	Westerbork	453[11]	Auschwitz
3. 6.1944	Vught	496[12]	Auschwitz
31. 7.1944	Westerbork	213	Theresienstadt
31. 7.1944	Westerbork	178	Bergen-Belsen
3. 9.1944	Westerbork	1019	Auschwitz
4. 9.1944	Westerbork	2087	Theresienstadt
13. 9.1944	Westerbork	279	Bergen-Belsen

[1] Die Deportationszahlen basieren weitgehend auf den vom Informationsbüro des Niederländischen Roten Kreuzes zwischen 1945 und 1952 ermittelten Angaben. Diese wiederum stützen sich vor allem auf die in Westerbork erstellten Transportlisten sowie auf weitere Unterlagen der Lagerverwaltung (s. Anm. 80). Aufgrund dieses Materials war es möglich, das genaue Datum jeden Transportes, die Zahl der Deportierten sowie ihr Alter und Geschlecht zu ermitteln. Schwierigkeiten bereitete hingegen die Ermittlung der Zielbestimmung des jeweiligen Transportes, die als lediglich „nach dem Osten" angegeben wurde, mit Ausnahme der Deportationen nach Theresienstadt und Bergen-Belsen. Hier wurden die Aussagen der überlebenden Zeugen sowie eine Reihe der nicht vernichteten Dokumente aus der Administration des gesamten Auschwitz-Komplexes und anderer Lager herangezogen, die zusammen eine nahezu lückenlose Rekonstruktion der Transporte nach Westerbork, Apeldoorn und Vught erlauben (s. Anm. 81).

[2] Hierin enthalten sind 309 der 312 aus dem „Polizeihaftlager" Amersfoort bei Utrecht stammenden sog. „straffälligen" Juden, die am 16.7. in Westerbork eintrafen. Die drei zunächst zurückgestellten Juden wurden in einem späteren Transport nach Auschwitz gebracht.

[3] Die zentrale Lagerstatistik von Westerbork nennt hier stark abweichende Zahlen (1002 für den Transport vom 21.7. und 551 für den vom 24.8.). Die Differenz geht vermutlich auf zwei bzw. eine fehlende Seite in den Transportlisten zurück. Informatiebureau van het Nederlandse Rode Kruis, Auschwitz, Bd. II, S. 5 f. Andererseits war es durchaus möglich, daß Personen, die bereits zur Deportation „freigestellt" waren, in letzter Minute zurückblieben und andererseits weitere Personen dem wartenden Transport eingegliedert wurden. In diesen Fällen strich man die Personennummern aus den Transportlisten bzw. heftete sie an einen sog. „Nachtrag".

[4] Vom Bahnhof Kosel aus wurden zwischen dem 28.8. und dem 12.12.1942 insgesamt 3540 (geschätzte) „arbeitsfähige" Deportierte im Alter zwischen 15 und 50 Jahren auf eine Anzahl Arbeitslager im Raum Liegnitz (Groß-Rosen), Oppeln, Beuthen und Kattowitz verteilt. Zu den einzelnen Lagern siehe Informatiebureau van het Nederlandse Rode Kruis, Auschwitz III, S. 12 ff. Bei den in den Zügen verbliebenen, direkt nach Auschwitz weitertransportierten Juden fanden keine Selektionen mehr statt; da von ihnen keine Zugangsnummern bekannt sind, wurden sie wahrscheinlich unmittelbar nach ihrer Ankunft getötet.

[5] Der erste Transport in das „Altersghetto" Theresienstadt bestand ausschließlich aus deutschen Juden, von denen 195 (101 Männer, 79 Frauen, 15 Kinder) aus Westerbork geholt worden waren, während die übrigen über die „Joodse Schouwburg" dem Transport zugeteilt wurden. Adler (Theresienstadt 1941-1945. Das Antlitz einer Zwangsgemeinschaft, Tübingen 1960, S. 40) gibt die Zahl der aus Amsterdam mit diesem Transport eingetroffenen deutschen Juden mit 297 an.

[6] Die 305 für Theresienstadt bestimmten Juden, darunter zahlreiche deutsche Emigranten, wurden (wegen Überfüllung des „Altersghettos") zunächst in Bergen-Belsen interniert. 281 von ihnen transportierte man am 25.1.1944 weiter nach Theresienstadt; die Überlebenden werden mit 71 angegeben. Vgl. J. Presser, Ondergang. De vervolging en verdelging van het Nederlands Jodendom 1940-1945, Den Haag 1965, Bd. II, S. 496.

[7] Dem Transport gehörten auch 27 ungarische Juden an, die später in einer gesonderten Abteilung, dem „Ungarnlager", untergebracht wurden.

[8] Hierunter befanden sich 308 sog. „portugiesische" Juden, von denen ein großer Teil erst Anfang Februar aus Amsterdam nach Westerbork geschafft worden war.

[9] Dieser Transport (mit weiteren „portugiesischen" Juden) nach Theresienstadt erfolgte erneut mit Zwischenaufenthalt in Bergen-Belsen.

[10] Darunter befanden sich 213 Diamantarbeiter und -händler mit ihren Familien.

[11] Außerdem kamen mit diesem Transport 245 Zigeuner in Auschwitz an.

[12] Sog. Philips-Kommando.

Anhang II

Anzahl der in nationalsozialistische Konzentrations- bzw. Vernichtungslager deportierten Juden aus den Niederlanden[1]

Zeitraum	Deportation von	nach	Anzahl Deportierte	Überlebende
1941–42	Amsterdam u.a./„Durchgangs-lager" Amersfoort	Mauthausen	ca. 1700	1
1940–42	Niederlande[2]	versch. dt. KL (Buchenwald, Dachau, Neuen-gamme), später nach Auschwitz	ca. 100 (?)	– (?)
1940–42	aus deutschen Ge-fängnissen und Zuchthäusern	versch. dt. KL, später nach Auschwitz	ca. 100 (?)	– (?)
1942–44	aus dem besetzten Belgien (Meche-len) und Frank-reich (Drancy)[3]	Auschwitz/Sobi-bór	ca. 2000 (?)	ca. 100 (?)
15.7.1942–23.2.1943	Westerbork/Apel-doorn	Auschwitz	42 915	85
20.8.–8.12.1942	Westerbork	Kosel (versch. Zwangsarbeits-lager)	3540	181
2.3.–20.7.1943	Westerbork	Sobibór	34 313	19
24.8.1943–3.9.1944	Westerbork	Auschwitz	11 985	588
15.11.1943, 3.6.1944	Vught	Auschwitz	1645	198
1943–1944	Amsterdam/ Westerbork	Theresienstadt	4870	ca. 1950 (?)
Okt. 1943	Westerbork[4]	Buchenwald/ Ravensbrück	150	– (?)
1944	Westerbork	Bergen-Belsen	3751	2050 (?)
			Deportierte: ca. 107 000	Überlebende: ca. 5200
Anzahl der Opfer aus den Niederlanden:			ca. 102 000	

[1] Vgl. auch die Übersicht bei L. de Jong, Het Koninkrijk der Nederlanden in de Tweede Wereldoorlog, 13 Bde., Den Haag 1969-88, hier Bd. VIII, 2, S. 708. Meine Zahlen weichen geringfügig von den dort genann-ten ab; in einem Fall, bei den Transporten nach Kosel, liegt vermutlich ein Druckfehler vor (3450 statt 3540).

[2] Hierbei handelt es sich um Juden, die wegen unterschiedlicher „Vergehen" (u.a. wegen „Rassenschande") di-rekt oder über Amersfoort in ein deutsches KL deportiert wurden. Soweit sie im Herbst 1942 noch am Le-ben waren, wurden sie dann nach Auschwitz transportiert. Über ihren Verbleib ist nichts bekannt.

[3] Unter den etwa 26 000 aus Belgien Deportierten befanden sich auch knapp 1000 aus den Niederlanden ge-bürtige Juden, die zunächst in der alten Militärkaserne von Mechelen untergebracht waren. Aus dem in der Nähe von Paris gelegenen Sammellager Drancy wurden zwischen 600 und 1000 aus den Niederlanden stam-mende Juden nach Auschwitz und Sobibór deportiert. Die Zahl der Überlebenden ist unbekannt, sie dürfte keinesfalls mehr als 100 betragen haben.

[4] Im Oktober 1943 wurden rund 150 ungarische, rumänische und türkische Juden, die bis dahin zu der von den Deportationen freigestellten Gruppe der „Fremdstaatler" gehörten, nach Buchenwald (Männer) und Ra-vensbrück (Frauen) gebracht. Über ihren Verbleib ist nichts bekannt.

Hermann Weiß

Dänemark

Vor dem Zweiten Weltkrieg besaß Dänemark nur eine kleine, auf die Hauptstadt Kopenhagen konzentrierte jüdische Minderheit. Ein beträchtlicher Teil dieser dänischen Judengemeinde, Nachkommen von portugiesischen und norddeutschen Juden, die im 17. bzw. 18. Jahrhundert eingewandert waren, hatte sich im Laufe des 19. Jahrhunderts assimiliert und war dank der rechtlichen Gleichstellung durch die liberale Verfassung von 1849 ziemlich problemlos in die bürgerliche Gesellschaft Dänemarks integriert worden.[1] Die durch die Assimilierung stark rückläufige Zahl der Glaubensjuden verdoppelte sich dann wieder zwischen 1901 und 1921, als sich in einer dritten Einwanderungswelle vor allem Juden aus Osteuropa in Dänemark niederließen, auf etwa 6000 Personen oder noch nicht einmal 0,2 Prozent der dänischen Bevölkerung.[2]

Im Gefolge der anti-jüdischen Maßnahmen in Deutschland gelangten seit 1933 schließlich rund 4500 jüdische Flüchtlinge legal oder illegal nach Dänemark, von denen aber bis zum Einmarsch der deutschen Truppen im April 1940 rund 3000 Möglichkeiten fanden, nach Palästina oder in europäische Nachbarländer wie England und nach Übersee auszuwandern.[3] Die „Jewish Agency for Palestine", das von Niels Bohr und seinem Sohn gegründete „Komitee zur Unterstützung intellektueller Flüchtlinge" und das von der dänischen jüdischen Gemeinde ins Leben gerufene „Komitee vom 4. Mai 1933" sorgten für den Unterhalt Bedürftiger und versuchten, illegal ins Land gekommene Flüchtlinge vor der seit 1936 gesetzlich möglichen, allerdings nur selten durchgeführten Abschiebung zu bewahren.

Die dänischen Behörden unterschieden bei den Asylsuchenden scharf zwischen politischen Flüchtlingen und Juden. Letzteren wurde die Einreise nur gestattet, wenn sie im Lande Verwandte besaßen und im voraus einen gesicherten Lebensunterhalt nachweisen konnten. Die restriktive Asylpolitik wurde mit der damals im Lande grassierenden Arbeitslosigkeit und wirtschaftlichen Problemen gerechtfertigt. Konsequenterweise erhielt auch kaum einer der Flüchtlinge, die anerkannten Asylanten eingeschlossen, eine Arbeitsgenehmigung. Lediglich bei der Förderung landwirtschaftlicher Ausbildungsplätze, die von einigen jüdischen Organisationen wie der Hechaluz zur

---

1 Seit der Volkszählung von 1834 bis zum Jahre 1901 war die Zahl der Glaubensjuden um etwa 15% zurückgegangen, die Zahl der Mischehen stieg zwischen 1894 und 1903 auf 45% des jüdischen Bevölkerungsanteils; vgl. Leni Yahil, The Rescue of Danish Jewry. Test of a Democracy, Philadelphia 1969, S. 10 f.
2 Yahil, Rescue, S. 11.
3 Zahlen nach Yahil, Rescue, S. 19 f. und 433, Anm. 40, nach deren Berechnungen die Juden etwa 12 Prozent der in Dänemark befindlichen Ausländer aus dem deutschen Einflußbereich ausmachten.

Vorbereitung der Palästina-Auswanderer eingerichtet worden waren, kamen die Behörden den jüdischen Emigranten etwas entgegen.[4]

Die Zurückhaltung der dänischen Regierung in der Flüchtlingsfrage, für die es eine
deutliche Resonanz in der Bevölkerung gab, war nicht nur auf die Probleme des Ar-
beitsmarktes zurückzuführen. Aus verschiedenen Gründen mußte die dänische Regierung um gute Beziehungen zu dem deutschen Nachbarn bemüht sein, auch wenn dessen aggressiver Staatsantisemitismus nicht in die demokratisch verfaßte dänische Gesellschaft und die Programme der in Dänemark regierenden Parteien paßte. Immerhin
verfügte das nationalsozialistische Deutschland mit der völlig im Sinne des Dritten
Reiches agierenden deutschen Minderheit in Nordschleswig[5] und den politisch zwar
zersplitterten, aber um so radikaleren dänischen Nationalsozialisten[6] über Möglichkeiten, verhältnismäßig leicht auf die Innenpolitik des Landes Einfluß zu nehmen. Auch
handelspolitische Gründe sprachen für eine Politik der guten Nachbarschaft:
Deutschland war nach Großbritannien der wichtigste Handelspartner für das fast ausschließlich agrarexport-orientierte Dänemark. Außenpolitisch sah sich die dänische
Regierung spätestens seit dem Abschluß des deutsch-britischen Flottenabkommens
von 1935 isoliert; mit der rasanten deutschen Aufrüstung seit 1936 nahm das militärische Ungleichgewicht ständig zu.[7] Es gab also für die dänische Regierung genügend
Gründe, den mächtigen und schwer zu berechnenden Nachbarn im Süden nicht mit
einer judenfreundlichen Asylpolitik allzusehr zu verärgern.

Deutsche Besatzungs- und Judenpolitik bis Juli 1943

Der Einmarsch deutscher Truppen am 9. April 1940 führte, anders als in Norwegen
oder den Niederlanden, wo „Reichskommissare" mit weitgehenden Vollmachten eingesetzt wurden, zu einem Arrangement, das auch den dänischen Interessen entgegenkam.[8] Die dänische Monarchie und die demokratische Verfassung blieben unangeta-
stet, die Marine und das allerdings verkleinerte Heer sicherten unter eigener Führung
weiterhin die See- und Landgrenzen. Die Wehrmacht sparte sich auf diese Weise den
personellen wie materiellen Aufwand für eine Besatzungsarmee. Zu beiderseitigem
Nutzen übernahm Deutschland die gesamte landwirtschaftliche Überproduktion Dä-

---

[4] Zur Hechaluz in Dänemark vgl. Perez Leshem, Straße zur Rettung. Junge Juden aus Hitler-Deutschland be-
    reiten sich auf Palästina vor (1933–1948), S. 70–78, Archiv des Instituts f. Zeitgeschichte (IfZ), Ms 217; Jor-
    gen Haestrup, Passage to Palestine. Young jews in Denmark 1932–45, Odense 1983; Yahil, Rescue, S. 23 f.
[5] Zur Gleichschaltung und Verwendung der deutschen Minderheit in Nordschleswig als Instrument national-
    sozialistischer Außenpolitik vgl. Sven Taegil, Deutschland und die deutsche Minderheit in Nordschleswig.
    Eine Studie zur deutschen Grenzpolitik 1933–1939, Stockholm 1970.
[6] Von den acht nationalsozialistischen Gruppierungen war die stärkste die bereits im Mai 1932 gegründete
    Nationalsozialistische Arbeiterpartei Dänemarks (Danmarks Nationalsocialistiske Arbejderparti, DNSAP)
    unter der Führerschaft von Frits Clausen. Sie war im dänischen Parlament 1939 erstmals mit 3 Abgeordne-
    ten (1,8% Wählerstimmen) vertreten und konnte diesen Anteil auch während der deutschen Besetzung
    nicht verbessern (1943: 3 Abgeordnete bei 2,1% Wählerstimmen).
[7] Vgl. Jorgen Haestrup, Die deutsch-dänischen Beziehungen von 1933–1945, in: Internationales Jahrbuch für
    Geschichtsunterricht VIII (1961/62), S. 197; Susan Seymor, Anglo-Danish relations and Germany
    1933–1945, S. 72–77.
[8] Zu den Folgen dieser unterschiedlichen Besatzungsverwaltungen für die Endlösung vgl. Leni Yahil, Methods
    of persecution. A comparison of the "final solution" in Holland and Denmark, in: Studies in History XXIII
    (1972), S. 287.

nemarks, für das der wichtige englische Markt schon seit Kriegsausbruch fast völlig ausgefallen war. Ferner gestattete der unter hoher Arbeitslosigkeit leidende dänische Arbeitsmarkt allein für den Zeitraum bis Oktober 1942 die Anwerbung von rund 100 000 „Fremdarbeitern" für die deutsche Kriegswirtschaft.[9]

Schließlich war auch der Reichsführer-SS an einem Klima des Ausgleichs interessiert, hoffte er doch, bei den „artverwandten" Dänen Rekruten für sein Ziel einer germanischen Waffen-SS zu gewinnen. Als ein äußeres Zeichen des Entgegenkommens beließ man den seit 1936 im Lande befindlichen deutschen Gesandten Cecil v. Renthe-Fink auf seinem Posten, stattete ihn aber mit dem die neuen Verhältnisse unterstreichenden Titel „Bevollmächtigter des Deutschen Reiches" aus.

Die dänische „Samlingsregering" (Regierung der Sammlung)[10] aus Sozialdemokraten, Konservativen, Liberalkonservativen (Venstre Parti) und zwei kleineren linksdemokratischen Parteien steuerte auch bei allmählich zunehmendem deutschen Druck einen flexiblen Kurs der Anpassung; die Zusammenarbeit mit den Deutschen hörte aber nach dem demokratischen Verständnis der regierenden Parteien dort auf, wo bestimmte politische Grundvorstellungen nicht mehr durchsetzbar waren. Nur solange die demokratische Verfassung Dänemarks und seine Monarchie, die Selbständigkeit seines Justizapparates, die Existenz von Gewerkschaften und die Meinungsfreiheit nicht angetastet wurden, konnte das quasi als Schutzmacht agierende Deutschland mit einer kooperationsbereiten dänischen Regierung rechnen.[11] Die Stärke des deutschen Druckes war wohl weniger von Hitlers Utopie eines großgermanischen Reiches unter Einbeziehung Dänemarks[12] als von den aus der jeweiligen Kriegslage sich ergebenden Chancen und Zwängen bestimmt. Ribbentrop formulierte die einzuschlagende Politik gegenüber dem kleinen Nachbarland als eine Synthese zwischen dem Bedürfnis, die Wirtschaftskraft Dänemarks weitestgehend ausschöpfen zu können, und dem Ziel, über die Clausen-Bewegung auch Dänemark zu einem nationalsozialistischen Staat umzuformen. Er war jedoch hellsichtig genug, „erst durch den deutschen Endsieg eine wirkliche innere Umstellung der Mehrheit des dänischen Volkes" zu erwarten.[13] Als einer der Stolpersteine auf dem Wege zu einer Politik der Zusammenarbeit erwies sich jedoch die deutsche Judenpolitik. Deutscherseits erkannte man zwar – mit Erstaunen und Bedauern – das Fehlen einer „Judenfrage" in Dänemark, unterschätzte aber den Solidarisierungseffekt, den die antijüdischen Maßnahmen bei der dortigen Bevölkerung hervorriefen.[14] Die Mehrheit der Dänen empfand die auf deutschen Druck in die Wege geleiteten Maßnahmen gegen die dänischen Juden als

---

[9] Vgl. Harald Winkel, Die wirtschaftlichen Beziehungen Deutschlands zu Dänemark in den Jahren der Besatzung 1940–1945, in: Friedrich-Wilhelm Henning (Hrsg.), Probleme der nationalsozialistischen Wirtschaftspolitik, Berlin 1976, S. 170–173; Erich Thomsen, Deutsche Besatzungspolitik in Dänemark 1940–1945, Düsseldorf 1971, S. 56.

[10] Zur Bildung der Samlingsregering vgl. Hartvig Frisch, Danmark besat og befriet, Bd. I, 1945, S. 26 ff.; Yahil, Rescue, S. 32.

[11] Vgl. Yahil, Rescue, S. 32 ff.

[12] Vgl. Das Politische Tagebuch Alfred Rosenbergs 1934/35 und 1939/40. Hrsg. v. Hans Günther Seraphim, München 1964, S. 125 f.

[13] Ribbentrops „Notiz für den Führer" vom 11.11.1941, in: ADAP, Serie D, Bd. XIII, 2, Nr. 479, S. 652.

[14] Die deutsche antisemitische Zeitschrift „Die Judenfrage" stellte in einem Aufsatz über die Judenfrage in Dänemark fest, daß sich die bisherige dänische Auffassung „Dänemark hat keine Judenfrage" nach elf Monaten deutscher Besetzung zu der Ansicht versteift habe, eine Beschäftigung mit diesem Thema sei „undänisch"; vgl. Die Judenfrage vom 10. März 1941, S. 1.

Eingriff in deren verfassungsmäßige Rechte; eine Solidarisierung mit ihnen war nach dem Demokratieverständnis der Dänen die selbstverständliche Folge.[15] Schließlich diskreditierte der militante Antisemitismus der DNSAP und ihrer deutschen Auftraggeber bei gleichzeitig nachlassenden Siegesaussichten der Achsenmächte die deutsche Politik in Dänemark derartig, daß die antijüdischen Maßnahmen sich im Herbst 1943 als einer der wirkungsvollsten Kristallisationspunkte für den allgemeinen dänischen Widerstand gegen die Besatzungsmacht herausstellten.

Ein Rundschreiben des Judenreferats im Auswärtigen Amt, in dem im Juli 1940 ein Bericht über die Zahl und den wirtschaftlichen Einfluß der ansässigen und zugewanderten Juden in den Gastländern angefordert wurde, ließ v. Renthe-Fink, der schon unmittelbar nach der Besetzung im Falle eines deutschen Vorgehens „gegen Juden, Emigranten und radikale Linkskreise" ernsthafte Störungen im politischen wie im wirtschaftlichen Leben Dänemarks vorausgesagt hatte[16], trotz wiederholter Mahnungen lange Zeit unbeantwortet. Der Reichsbevollmächtigte konnte sogar Himmler, der im April 1941 bei einem Aufenthalt in Kopenhagen mit ihm konferierte, mit dem Argument beeindrucken, daß ein Vorgehen gegen die Juden in Dänemark die dortige Freiwilligenwerbung für die Waffen-SS gefährden würde.[17] Im November 1941 nährte jedoch Göring in einer Unterredung mit dem dänischen Außenminister Scavenius die Furcht der Dänen vor der Einführung einer speziellen Judengesetzgebung nach deutschem Muster.[18] Das Auswärtige Amt arbeitete seinerseits daran, den Antisemitismus in Dänemark mit Hilfe der dänischen Nationalsozialisten zu popularisieren. Am 20. Dezember 1941 war von dänischen Nationalsozialisten ein Brandanschlag auf die Kopenhagener Synagoge verübt und in ihrer militant antisemitischen Zeitschrift „Kamptegnet" als jüdische Provokation hingestellt worden. Damit sollte auf die angeblich jüdischen Hintermänner der antideutschen Studentendemonstrationen hingewiesen werden, die in Kopenhagen aus Anlaß des – unter starkem deutschen Druck – am 25. November 1941 vollzogenen Beitritts des Landes zum Antikominternpakt stattgefunden hatten.

Als in die derart aufgeschreckte öffentliche Meinung Anfang Januar 1942 Gerüchte von einer Abdankung des Königs platzten, schien für die Politik der Zusammenarbeit ein Ende absehbar. Die Gerüchte fußten auf entsprechenden Meldungen der BBC und englischer und amerikanischer Zeitungen und legten der Rücktrittsabsicht Christians X. ebenfalls die bevorstehende Einführung von Judengesetzen zugrunde.[19] Ribbentrop, der wegen der zu erwartenden Komplikationen nach der Abdankung des Königs fürchten mußte, daß ihm mit der Einsetzung eines Wehrmachtbefehlshabers die Zuständigkeit für Dänemark genommen würde, wies aus diesem Grunde Unterstaatssekretär Luther als seinen Vertreter auf der Wannseekonferenz an, wegen der vorhersehbaren Schwierigkeiten bei der Durchführung der „Endlösung" in den nordi-

---

[15] Vgl. die Rede des konservativen Handelsministers und späteren führenden Mitglieds der dänischen Widerstandsbewegung, Alex Möller, vor Schülern des Alten Gymnasiums in Hellerup, in: Beretning, bilag IV, Nr. 66, S. 147 f.

[16] Bericht v. Renthe-Fink an das Auswärtige Amt vom 15.4.1940, in: Beretning, bilag XII, Nr. 127, S. 216.

[17] Vgl. Yahil, Rescue, S. 54.

[18] Vgl. die Memoiren von Erik Scavenius, Forhandlingspolitiken under Besaettelsen, Kopenhagen 1958, S. 142.

[19] Zum Brandanschlag vgl. Yahil, Rescue, S. 48 f. – Telegramm Renthe-Fink an Ausw. Amt v. 6.1.1942 betr. Gerüchte über Abdankung Christians X., in: ADAP, Serie E, Bd. I, S. 185 f.

schen Ländern die Zurückstellung der dortigen Juden von den Deportationen vorzuschlagen.[20]

Im Laufe des Sommers 1942 intensivierte jedoch das Reichssicherheitshauptamt
seine Bemühungen, auch Dänemark in die Maßnahmen gegen die Juden einzubeziehen. Renthe-Fink mußte Außenminister Scavenius in einer Besprechung am 24. August die deutsche Kritik an den Zuständen in Dänemark vorhalten und ihn drängen,
zwei jüdische Spitzenbeamte der Regierung zu entlassen.[21] Vorangegangen war ein
Kopenhagen-Besuch des SS-Brigadeführers Otto Ohlendorf, der kurz zuvor noch als
Führer einer Einsatzgruppe in Rußland am Massenmord an den Juden beteiligt war; er
hatte sich deutlich für eine Radikalisierung der deutschen Besatzungspolitik vor allem
auch in der Judenfrage ausgesprochen. Um die gleiche Zeit versuchte der DNSAP-
Führer Clausen mit Hilfe der interessierten SS-Kreise, die demokratische dänische
Regierung unter dem Stauning-Nachfolger Vilhelm Buhl nicht zuletzt über das Juden-
problem stürzen zu lassen und durch ein Deutschland-höriges Kabinett zu ersetzen.[22]
Renthe-Fink, dem die Kritik Clausens nicht unbekannt geblieben war, meldete nach
Berlin übertreibend die Ausschaltung der in der dänischen Wirtschaft tätigen Juden
und schlug, sich damit selbst widersprechend, vor, nur noch „judenfreie" Firmen mit
Energieträgern zu beliefern. Gleichzeitig konterkarierte er seinen Vorschlag jedoch
mit der Warnung vor den zu erwartenden Störungen der deutsch-dänischen Beziehungen im Falle der Realisierung seiner Vorschläge.[23] Der Reichsbevollmächtigte, der
bei einer Verschärfung der Judenpolitik eine nachteilige Entwicklung der innenpolitischen Verhältnisse in Dänemark und seiner wirtschaftlichen Beziehungen zu
Deutschland befürchtete, trug auf beiden Schultern, um einen nach seiner Meinung
möglichen Modus vivendi zu finden. Selbst Außenamts-Unterstaatssekretär Luther,
sonst Exponent eines harten Endlösungskurses, schloß sich angesichts der geringen
Zahl von Juden in Dänemark dem Standpunkt Renthe-Finks an.[24]

Der Reichsaußenminister hatte zunächst ebenfalls den Standpunkt seiner Mitarbeiter eingenommen. Nach Vorhaltungen Hitlers wies er jedoch am 24. September Unterstaatssekretär Luther an, neben Bulgarien und Ungarn nun auch Dänemark in die
„Judenevakuierungen" einzubeziehen.[25] Die „Telegramm-Krise"[26], die fünf Tage später das Ende der Politik der Zusammenarbeit einzuläuten schien[27], konnte mit der

[20] Vgl. Yahil, Rescue, S. 58; Protokoll der Wannsee-Konferenz, in: ADAP, Serie E, Bd. I, Nr. 150, S. 272.
[21] Vgl. Aufzeichnung Renthe-Fink vom 24. 8. 1942, in: Beretning, bilag XIII, bind 2, Nr. 280, S. 650–653.
[22] Vgl. Brief Clausens an den Gesandten v. Grundherr v. 19. 8. 1942, in: Beretning, bilag XIII, bind 2, Nr. 276, S. 642 ff.; vgl. Yahil, Rescue, S. 67.
[23] Zur Politik Renthe-Finks vgl. vor allem seinen Bericht vom 15. 9. 1942, in: PAAA Inland II g 54/8, ferner Rademachers Memorandum vom 17. 9. 1942, ebenda Inland II A/B 63/1 (nach Yahil, Rescue, S. 71 f.).
[24] Vgl. Christopher Browning, The Final Solution and the German Foreign Office, New York 1978, S. 160.
[25] Vgl. Luthers Notiz an Staatssekretär v. Weizsäcker vom 24. 9. 1942, in: Beretning, bilag XIII, bind 3, Nr. 730, S. 1369. Der Grund für Ribbentrops plötzlichen Sinneswandel scheint nach dem Zeugnis Renthe-Finks ein Wutausbruch Hitlers gewesen zu sein, der seinem Außenminister am 23. September die geringen Erfolge des Auswärtigen Amtes bei der Lösung der Judenfrage vorgehalten haben soll, vgl. Yahil, Rescue, S. 73 und 446, Anm. 118.
[26] Entstanden aus der Verärgerung Hitlers über ein seiner Meinung nach unhöflich kurzes Danktelegramm Christians X. auf sein vorangegangenes Glückwunschtelegramm zum Geburtstag des Königs, vgl. Thomsen, Deutsche Besatzungspolitik, S. 110 ff.; Texte in: Beretning, bind 2, Nr. 305, S. 696–699. Die Ansicht Staatssekretär van Steengrachts, Hitler selbst habe den König provozieren wollen, erscheint anhand der Texte abwegig (vgl. Ashcan–Vernehmung Steengracht vom 14. 7. 1945, in: IfZ, ZS/A 21).
[27] Vgl. die Instruktionen, die Hitler am 1. Oktober dem neu ernannten Truppenbefehlshaber, General v. Hanneken, mündlich mitteilte, erhalten in einer Aufzeichnung des Gesandten v. Grundherr v. 3. 10. 1942, in: ADAP, Serie E, Bd. IV, S. 13 ff.

Abberufung Renthe-Finks und der Einsetzung des als besonders energisch geltenden Generals v. Hanneken als neuem Befehlshaber der deutschen Truppen in Dänemark folgerichtig nur den Beginn der Judendeportationen bedeuten. In den Instruktionen[28], die Hitler dem Nachfolger Renthe-Finks, SS-Brigadeführer Best[29], erteilte, wurde die Judenfrage jedoch an keiner Stelle erwähnt. Best sollte nach der Trübung der deutsch-dänischen Beziehungen, die die Telegramm-Krise mit sich gebracht hatte, erst einmal freie Hand bei der Beilegung der Regierungskrise haben. Wie sein Vorgänger war freilich auch Best, der sein neues Amt Anfang November 1942 antrat, von den Vorteilen der Politik der Zusammenarbeit überzeugt. Er gestattete dem neuen dänischen Ministerpräsidenten Scavenius die Bildung seiner Regierung aus Vertretern der bisherigen Regierungskoalition und unter Ausschluß der Nationalsozialisten. In der Judenfrage entwickelte er keine Initiativen, obwohl der Judenreferent des Auswärtigen Amtes, Legationsrat Rademacher, im Dezember „neue Schritte" mit ihm besprochen hatte. Nach Gesprächen mit Ohlendorf, Eichmann und Luther in Berlin wies Best in einer zusammenfassenden Stellungnahme auf den konstitutionellen Charakter der Judenfrage in Dänemark hin: Jede anti-jüdische Aktion müsse zu einer Solidarisierung der Dänen gegen das Deutsche Reich führen. Er vergaß dabei nicht, Clausen zu zitieren, der für den Fall der Einführung des Judensterns in Dänemark vorausgesagt hatte, daß dann Zehntausende „arischer" Dänen ebenfalls den Stern tragen würden. Am schwersten wog aber die Drohung des dänischen Ministerpräsidenten, im Falle aufgezwungener Judengesetze mit seinem gesamten Kabinett zurückzutreten. Für diesen Fall sagte Scavenius die Auflösung des Reichstags und die Abdankung des Königs voraus. Deutschland wäre dann gezwungen gewesen, Dänemark selbst zu verwalten und für die Aufrechterhaltung der inneren Ruhe zu sorgen. Statt der beabsichtigten Einführung von Judengesetzen schlug Best vor, weiterhin auf der systematischen Entfernung der Juden in öffentlichen Stellungen und im deutsch-dänischen Handel zu bestehen und darüber hinaus gegen einzelne Juden mit der Beschuldigung vorzugehen, sie hätten sich politischer oder krimineller Straftaten schuldig gemacht. Luther empfahl seinem Minister, Bests Vorschläge als „ersten Schritt zur Lösung der Juden-

---

[28] Zu den Instruktionen für Best vgl. die auf den 27.10.1942 datierte Aufzeichnung des Gesandten v. Grundherr, in: Beretning, bilag XIII, bind 2, Nr. 345, S. 745 f., und die gemeinsame Aufzeichnung von Renthe-Fink/Dr. Best vom gleichen Datum, in: ADAP, Serie E, Bd. IV, Nr. 104, S. 185 ff.; vgl. auch die Instruktionen für v. Hanneken (Anm. 27).

[29] Werner Best, geb. 1903, verfaßte als Assessor im hessischen Staatsdienst die für die NSDAP unmittelbar nach Hitlers „Legalitätseid" peinlichen „Boxheimer Dokumente" und wurde deswegen 1931 aus dem hessischen Staatsdienst entlassen. Nach der Machtübernahme wurde er zunächst hessischer Landespolizeipräsident, dann unter Heydrich Amtschef im SD-Hauptamt bzw. Reichssicherheitshauptamt. Wegen persönlicher Reibereien mit Heydrich ausgeschieden, übernahm er als Ministerialdirektor beim Reichsinnenministerium von August 1940 bis Juli 1942 den Posten eines Kriegsverwaltungschefs in der Militärverwaltung des besetzten Frankreichs. Im August 1942 trat er mit Zustimmung Himmlers in den Auswärtigen Dienst ein. Am 5.11.1942 begann seine Tätigkeit als Beauftragter des Deutschen Reichs in Dänemark. Nach Hitlers Tod setzte er sich bei der Regierung Dönitz gegen die Militärs mit seiner Forderung nach Kapitulation der deutschen Truppen in Dänemark (und Norwegen) durch. 1947 sagte er als Zeuge bei den Nürnberger Kriegsverbrecherprozessen aus; anschließend wurde er an Dänemark ausgeliefert und 1948 vom Stadtgericht (Byret) in Kopenhagen zum Tode verurteilt, in zwei Berufungsverfahren vom Landgericht für das östliche Dänemark (østre Landsret) 1949 mit 5 Jahren bzw. vom Obersten Dänischen Gerichtshof (Höjesteret) 1950 mit 12 Jahren Gefängnis bestraft, von der dänischen Regierung jedoch schon 1951 begnadigt und aus der Haft entlassen. Wegen der vom SD nach dem Polenfeldzug durchgeführten Mordaktionen an der polnischen Intelligenz sollte Best 1972 vor einem deutschen Gericht zur Verantwortung gezogen werden; aus gesundheitlichen Gründen wurde er noch im gleichen Jahr aus der Haft entlassen. Best starb am 23.6.1989.

frage in Dänemark" zu akzeptieren. Ribbentrop entschied daraufhin, den Erfolg von Bests „vorbereitenden Maßnahmen" abzuwarten, ließ aber erkennen, daß er seinen Plan, den Dänen eine umfassende Judengesetzgebung aufzuzwingen, nicht aufgegeben hatte.[30]

Bemerkenswert ist, daß Ribbentrop nun nicht mehr von „Judenevakuierungen" sprach, von denen in seiner Weisung vom 24. September 1942 die Rede war, sondern wohl glaubte, mit den alten Plänen einer Judensondergesetzgebung bei der dänischen Regierung mit mehr Entgegenkommen rechnen zu können.

Mitte April 1943 ergriff der Reichsaußenminister erneut die Initiative; er wies den Reichsbevollmächtigten an, einen zusammenfassenden Bericht über die Stellung der Juden in der dänischen Gesellschaft und ihre Rolle im Handel mit dem Reich abzuliefern. Er ließ ferner anfragen, wie man an die Regierung Scavenius mit Forderungen in der Judenfrage herantreten könne, ohne sie in Schwierigkeiten zu bringen.[31] Ribbentrops erneuter Vorstoß macht deutlich, wie sehr man sich bei der Behandlung der dänischen Judenfrage selbst auf höchster Ebene im Kreise drehte. Auch Best wiederholte in seiner Antwort nur die Argumente seines Memorandums vom Januar. Neu war lediglich seine Anregung, die Frage zu prüfen, ob die nach Dänemark emigrierten 1351 staatenlosen Juden ehemals deutscher Staatsangehörigkeit wieder eingebürgert werden könnten; für ihre „Weiterbehandlung" würde er geeignete Vorschläge folgen lassen. Allerdings machte er auch darauf aufmerksam, daß die in Frage kommende Gruppe „bisher keinerlei Anlaß zum Einschreiten gegeben" hätte.[32] Damit entzog er einem häufig verwendeten Vorwand den Boden. Best stellte ferner in Aussicht, von seiner Behörde die Erfassung der Juden für eine „spätere umfassende Regelung" vorbereiten zu lassen.[33] Gegen Bests Einbürgerungsvorschlag erhob der Nachfolger Rademachers im Judenreferat, Legationsrat v. Thadden, Bedenken politischer wie rechtlicher Art. Ribbentrop vertagte daraufhin die Entscheidung. Bemühungen des Stabs von Adolf Eichmann[34], die Deportation der Juden aus Dänemark schließlich doch in Gang zu setzen, blieben ergebnislos. Offensichtlich war es Baron v. Steengracht, dem neuen Staatssekretär im Auswärtigen Amt, und dem Nachfolger Luthers und Verbindungsmann des Auswärtigen Amtes zum Reichsführer-SS, SS-Standartenführer Horst Wagner, gelungen, Himmler zum Stillhalten in der Frage der dänischen Juden zu bewegen.[35]

---

[30] Vgl. Yahil, Rescue, S. 77 ff.; Memorandum Best v. 13.1.1943, in: ADAP, Serie E, Bd. V, S. 77 f.; Vorlage Luther für Ribbentrop vom 28.1.1943 und Vermerk Sonnleithner mit Zustimmung des Ministers vom 1.2.1943, in: Nbg. Dok. NG 5121.

[31] Zu Ribbentrops Initiative vgl. Telegramm v. Rintelen an Dr. Best vom 19.4.1943, in: Beretning, bilag XIII, bind 3, Nr. 734, S. 1372 f.

[32] Der Bericht Dr. Best an Auswärtiges Amt vom 24.4.1943, in: ADAP, Serie E, Bd. V, S. 700 ff.

[33] Ob damit die Arrestkartei für Glaubensjuden und Kommunisten gemeint war, deren Vorbereitung Himmler am 24.9.1942 gemeldet worden war und die er in einem Schreiben an Gestapochef Heinrich Müller vom 12.10.1942 (vgl. Nbg. Dok. NG 4275) erwähnte, ist nicht geklärt. Nach Yahil, Rescue, S. 75, wurde die Aufstellung der Arrestkartei nicht verwirklicht.

[34] Vgl. Notiz v. Thadden zum Bericht Dr. Bests vom 19.4.1943, Nbg. Dok. NG 5121; Affidavit v. Thadden vom 16.4.1948, identisch mit dem Dokument aus dem Jerusalemer Eichmann-Prozeß, Dok. 816; Ribbentrops Wiedervorlagevermerk in: PAAA Inl. IIg 54/8 (nach Yahil, Rescue, S. 81 und S. 449, Anm. 148).

[35] Affidavit Horst Wagner vom 13.5.1948, Eichmannprozeß, Dok. 817.

Die Rettung der dänischen Juden im September 1943

Die entscheidende Wende der deutschen Judenpolitik in Dänemark kam im Spätsommer 1943. Auslöser war eine Welle von Sabotageakten, Schlägereien mit deutschen Soldaten und Streiks, die, Ende Juli 1943 von Odense ausgehend, im August auf eine ganze Reihe weiterer Orte übergriff, so daß nicht nur das Prestige der deutschen Wehrmacht auf dem Spiel stand, sondern auch Auswirkungen auf die Rüstungswirtschaft zu befürchten waren. Trotz beschwichtigender Aufrufe der Regierung Scavenius und der dänischen Gewerkschaftsführung schien der Ausnahmezustand und damit die Machtübernahme durch den Truppenbefehlshaber General v. Hanneken unvermeidlich. Best, den Ribbentrop zur Berichterstattung am 24. August ins Führerhauptquartier gerufen hatte, wurde von dem verärgerten Hitler nicht empfangen. Obwohl sich Ribbentrop ganz auf Hitlers Seite stellte, nahm er den angebotenen Rücktritt Bests nicht an, weil er wie schon bei früherer Gelegenheit mit der dann sicheren Einführung einer deutschen Militärverwaltung das Ende seiner Verantwortung für Dänemark fürchten mußte.[36] Der Reichsbevollmächtigte kehrte nach Kopenhagen mit einem von Hitler befohlenen Ultimatum zurück, das u.a. die Forderung nach Streikverbot, Einführung der Todesstrafe bei Sabotagefällen und Pressezensur enthielt. Nach der erwarteten Ablehnung wurde Staatsminister Scavenius am 29. August die Einführung des Ausnahmezustands und die damit verbundene Entmachtung der dänischen Regierung mitgeteilt; General v. Hanneken übernahm – ab September 1943 als Wehrmachtbefehlshaber – die vollziehende Gewalt.

Bei seinem Besuch im Führerhauptquartier Ende August war Best deutlich gemacht worden, daß man ihn in Berlin für zu nachgiebig hielt.[37] Nominell war er zwar Reichsbevollmächtigter geblieben[38], bei dem Mangel an exekutiven Machtmitteln wie etwa einer ihm unterstehenden, ausreichend starken Polizei rückte er aber mit der Ausrufung des militärischen Ausnahmezustands automatisch ins zweite Glied. Eigene Aktivitäten in der Judenfrage mochten ihm zu diesem Zeitpunkt am geeignetsten erscheinen, sein Ansehen zu verbessern.[39] Am 8. September trat er die Flucht nach

---

[36] Werner Best, Die deutsche Politik in Dänemark während der letzten zweieinhalb Jahre, in: S. Matlok (Hrsg.), Dänemark in Hitlers Hand, Husum 1988 (künftig zitiert: Best, Deutsche Politik in Dänemark), S. 41 f.

[37] Goebbels kritisierte „die etwas laxe und schwächliche Behandlungsweise der Dänen durch den Reichsbevollmächtigten Dr. Best" (Tagebuch vom 8.9.1943), „der nur die weiche Hand kennt" (Tagebuch vom 23.9.1943), in: Goebbels. Tagebücher. Aus den Dokumenten hrsg. v. Louis P. Lochner, Zürich 1948, S. 388 und 442.

[38] Telegramm Ribbentrop an Dt. Gesandtschaft in Kopenhagen vom 31.8.1943, in: ADAP, Serie E, Bd. VI, S. 462.

[39] Zu Bests Motiven vgl. Yahil, Rescue, S. 139–143; anders Thomsen, Deutsche Besatzungspolitik, S. 180 f., Bests sonst nicht belegbare Behauptung, er sei schon vor dem 8. September durch ein Telefonat aus dem Auswärtigen Amt auf die im Führerhauptquartier bereits beschlossenen Judenmaßnahmen hingewiesen worden und habe ihnen nur zuvorkommen wollen, kritiklos übernimmt. Tatiana Brustin-Berenstein bestreitet die Schwächung von Bests persönlicher Stellung bei Hitler und erklärt in eigenwilliger und teilweise widersprüchlicher Argumentation Bests spätere Bemühungen, die Deportationen zu verhindern, mit seiner Unzufriedenheit über die geringen, ihm für die Judenaktion zur Verfügung gestellten Polizeikräfte (The historiographic treatment of the abortive attempt to deport the Danish jews, in: Yad Vashem Studies XVII [1986], S. 212). Entgegen Bests Schutzbehauptung, er sei schon vor dem 8. September vertraulich von einem Amtskollegen über die Entscheidung Hitlers zur Deportation der dänischen Juden hingewiesen worden, konnte dem Auswärtigen Amt diese Entscheidung frühestens unmittelbar vor dem 18. September be-

vorne an und schlug Ribbentrop in einem Telegramm vor, das Juden- und Freimau-
rerproblem zum augenblicklichen Zeitpunkt zu lösen, da dänischen Gegenreaktionen
während des Ausnahmezustands leichter zu begegnen sei.[40]

Bests Versuche, durch Einschaltung seines Mitarbeiters v. Kanstein, des eben ernannten Befehlshabers der Sicherheitspolizei Mildner und selbst seines Gegenspielers
v. Hanneken die Judendeportation aus Dänemark zu verhindern, machen es schwer,
seine Beweggründe und Absichten zu analysieren. Möglicherweise sah er sich in jedem Falle als Gewinner. Sollte sein Vorschlag abgelehnt werden, konnte man ihm
nicht mehr vorwerfen, vor harten Maßnahmen zurückzuschrecken. Im Falle der wahrscheinlichen Annahme würden die Polizeiverstärkungen, um die er sich wegen der
Zunahme der Sabotagefälle schon am 22. August bei Himmler bemüht hatte[41] und an
die er jetzt wieder erinnerte, einen beachtlichen Zugewinn an exekutiver Macht gegenüber den Dänen wie gegenüber dem Wehrmachtbefehlshaber bedeuten. Dem vorhersehbaren Ende des parlamentarischen Systems in Dänemark und einem daraus resultierenden Generalstreik wollte er mit der Bildung einer Verwaltung unter seinem
Vorsitz begegnen; die Deportation der 6000 Juden in Dänemark konnte dann auf
dem Verordnungsweg in Gang gesetzt werden. Am 17. September wurde Best vom
Auswärtigen Amt mitgeteilt, daß der Abtransport der Juden „im Prinzip beschlossen"
sei; er wurde daher gebeten, geeignete Vorschläge für die Durchführung der Aktion
zu machen.[42] Bereits am nächsten Tag forderte er 50 deutsche SD-Beamte zusätzlich
zu den bereits erwarteten drei Kompanien der Ordnungspolizei, ferner Schiffsraum
für die rund 5000 im Raum Kopenhagen ansässigen Juden und Eisenbahnzüge für die
(etwa 1000) Juden aus Jütland und Fünen an. Den zu erwartenden Unruhen im Lande
glaubte er Herr werden zu können, wenn gewährleistet war, daß die zur Durchführung
der Judendeportation erwarteten Polizeiverstärkungen „auch über die Aktion hinaus
zur Überwindung späterer Schwierigkeiten" zu seiner Verfügung stehen würden.[43] Es
fügt sich nahtlos in Bests bisheriges ambivalentes Verhalten, daß er über den von
Mildner auf den 1. Oktober, 22 Uhr, festgesetzten Deportationstermin nicht nur das
Auswärtige Amt, sondern auch seinen Mitarbeiter Ferdinand Georg Duckwitz informierte. Duckwitz, langjähriger Schiffahrtssachverständiger an der Deutschen Gesandtschaft in Kopenhagen, verkehrte freundschaftlich mit einigen führenden dänischen

---

kannt geworden sein (vgl. die Abzeichnung der Notiz des Gesandten Sonnleithner vom 18.9.1943 durch
LegR Seeher/Büro RAM am gleichen Tag, in: Beretning, bilag XIII, bind 3, Nr. 738, S. 1377). Generaloberst
Jodls Aussage vom 4.6.1946 vor dem IMT in Nürnberg, man habe ihm berichtet, daß Hitler die Entschei-
dung in Anwesenheit von Himmler getroffen habe (Der Prozeß gegen die Hauptkriegsverbrecher vor dem
Internationalen Militärgerichtshof, Nürnberg 1948, Bd. XV, S. 363 f.), spricht eher gegen Best, denn Himmler war ausweislich seines Terminkalenders am 28. und 31. August, dann erst wieder am 9., 12., 21. und 24.
September 1943 zu Besprechungen bei Hitler. Bei einer Deportationsentscheidung Hitlers schon Ende August bliebe unverständlich, warum Ribbentrop die zuständige Abteilung seines Hauses erst am 13. September um ihre Stellungnahme bat, weshalb der Gesandte Sonnleithner Hitlers Entscheidung erst am 18. September festhielt und was den Außenminister veranlaßte, Bests bzw. seine Bedenken Hitler erst in der „Notiz
f. d. Führer" vom 23.9.1943 (in: ADAP, Serie E, Bd. VI, S. 582 f.) vorzutragen.
40 Telegramm Best an Auswärtiges Amt v. 8.9.1943, in: ADAP, Serie E, Bd. VI, Nr. 287, S. 497 f.
41 Best an Himmler vom 22.8.1943, in: Berlin Document Center, Personalunterlagen Dr. Best (nach Yahil,
Rescue, S. 130, Anm. 81); vgl. dazu auch Brief Best an Ribbentrop persönlich vom 30.8.1943, in: ADAP,
Serie E, Bd. VI, S. 452 f.
42 Telegramm Ausw. Amt (Hencke) an Reichsbevollmächtigten in Dänemark vom 17.9.1943, Nbg. Dok. NG
5121.
43 Telegramm Best an Ausw. Amt vom 18.9.1943, in: Beretning, bilag XIII, bind 3, Nr. 737, S. 1375 f.

Sozialdemokraten, was Best bekannt war.[44] Duckwitz traf sich sofort zu einer geheimen Besprechung mit dem Führungskreis der dänischen Sozialdemokraten um Hans Hedtoft[45], was wohl in der Absicht des Reichsbevollmächtigten gelegen hatte. Best selbst beschränkte sich darauf, die Besorgnisse und Warnungen König Christians und des die Regierungsgeschäfte führenden Ministerialdirektors Svenningsen – die Regierung Scavenius hatte am 29. September ihre Tätigkeit, ohne zurückzutreten, eingestellt – nach Berlin weiterzugeben.[46] Unter einem Vorwand war Duckwitz bereits am 22. September in Stockholm beim schwedischen Ministerpräsidenten Hansson vorstellig geworden und hatte versucht, ihn zu einem offiziellen Vorstoß Schwedens zugunsten der dänischen Juden zu veranlassen. Als die schwedische Regierung am 29. September über ihre Vertretung in Kopenhagen Einzelheiten der geplanten Judenaktion erfuhr, ließ sie in Berlin – freilich erfolglos – die Aufnahme aller Juden aus Dänemark anbieten. Der dänische Atomphysiker Niels Bohr und seine schwedischen Freunde erreichten nach Einschaltung des Königs von Schweden am 2. Oktober schließlich, daß in den Abendnachrichten des schwedischen Rundfunks über die deutschen Aktionen gegen die dänischen Juden und die Intervention Schwedens in Berlin berichtet wurde. Die Bedeutung der Nachrichtensendung für die dänischen Juden bestand darin, daß sie erstmals von dem schwedischen Angebot erfuhren, alle Juden Dänemarks aufzunehmen. Damit war das Signal für die rasch einsetzende Massenflucht nach Schweden gegeben.

Bis zum Ausbruch der Krise vom September 1943 war es die erklärte Politik sowohl der dänischen Regierung wie der Führer der dänischen jüdischen Gemeinde gewesen, die Juden von der Flucht aus Dänemark abzuhalten, um den Deutschen und ihren dänischen Parteigängern keinen Anlaß zu Repressalien zu bieten. Abgesehen von einigen wenigen Juden, die unmittelbar nach dem Einmarsch der Deutschen das Land verließen, und der Auswanderung einer kleinen Gruppe von Landwirtschaftsschülern der Hechaluz, die in Dänemark schon vor dem Kriege Schulungsprogramme organisiert hatte, war es seit dem deutschen Einmarsch zu keiner Fluchtbewegung unter den dänischen Juden gekommen, sei es, weil sie sich während der Zeit der Verständigungspolitik einigermaßen sicher wähnten – die Deutschen verhafteten lediglich Kommunisten und Emigranten –, sei es, weil die Flucht über den Sund nach Schweden wegen der Überwachung und der Repressalien, die meist auch die dänischen Schiffseigner und -besatzungen trafen, nur der letzte Ausweg sein konnte. Seit die Deutschen im Hinblick auf die geplante „Gesamtlösung der europäischen Judenfrage" ab Sommer 1941 jedoch die Auswanderung auch von solchen Juden aus Däne-

---

[44] Best selbst hatte sich am 18. August 1943 mit den dänischen Sozialdemokraten Buhl, Hedtoft-Hansen, H. C. Hansen und Alsing Andersen zu einem politischen Meinungsaustausch im Hause von Duckwitz getroffen, vgl. Thomsen, Deutsche Besatzungspolitik, S. 255, Anm. 24; dazu auch Brustin-Berenstein, Historiographic treatment, S. 182–185; zur Weitergabe des Deportationstermins vgl. Best, Dt. Politik in Dänemark, S. 48; ähnlich die Aussage von Duckwitz vom 13.5.1947 in Kopenhagen, Nbg. Dok. NG 5208; zum genauen Zeitpunkt der Aktion vgl. Niederschrift Dr. Heinz v. Bomhard, IfZ, ZS 2023, Bd. 2, S. 3.

[45] Vgl. Hedtofts Einleitung zu dem Buch von Aage Bertelsen, Oktober 43, München 1960, S. 13 f. Zu den Warnungen von deutscher Seite vgl. H. v. Bomhard, IfZ, ZS 2023, S. 2 ff. und Yahil, Rescue, S. 239 f.; über die Bemühungen Helmuth v. Moltkes, in Dänemark noch am 1.10.1943 vor der Judenaktion zu warnen, vgl. G. van Roon, Neuordnung im Widerstand, München 1967, S. 338 f.

[46] Telegramme Dr. Best an Ausw. Amt vom 29.9. und 1.10.1943, in: ADAP, Serie E, Bd. VI, S. 601 und Anm. 2.

mark ablehnten, die im Besitz ausländischer Einreisevisen waren, bekam dieser Fluchtweg für die Juden in Dänemark existentielle Bedeutung.

Zwar hatte noch Anfang 1943 der Exekutivrat der jüdischen Gemeinde Kopenhagens trotz der Gerüchte über die Massenmorde an Juden in den von Deutschland besetzten Ostgebieten die organisierte Flucht nach Schweden ausdrücklich abgelehnt; der Rat zweifelte an der Unterstützung der nicht-jüdischen dänischen Mitbürger bei einer Massenflucht von 6000–7000 Menschen und wollte andererseits alles vermeiden, die Deutschen zu anti-jüdischen Maßnahmen zu veranlassen. Erst als die Gestapo am 31. August und wieder am 17. September 1943, während des Ausnahmezustands, bei der jüdischen Gemeinde Kopenhagens nach Mitgliederkarteien suchen ließ und auch einige führende jüdische Gemeindemitglieder verhaftet hatte, setzte eine größere Fluchtbewegung von Kopenhagener Juden zu christlichen Freunden in die Provinz ein. Nach dem Ausbleiben der erwarteten Aktionen kehrten jedoch viele wieder zurück.

Mit Ausnahme der Hechaluz verfügten die Juden auch über kein geeignetes Nachrichtennetz, so daß die Warnung, die Duckwitz am 28. September Hedtoft gegeben hatte, nur über die Organisation der dänischen Sozialdemokratischen Partei und improvisierte Kanäle weitergeleitet werden konnte. So forderte etwa Rabbi Melchior noch am 28. September, unmittelbar nach Bekanntwerden der Hiobsbotschaft, die wegen des Werktages nicht gerade zahlreichen Besucher seiner Synagoge zur sofortigen Flucht auf. Am folgenden Tag versuchte der Vorsteher des Exekutivrats der jüdischen Gemeinde mit einigen Schicksalsgenossen, über die geschäftsführende dänische Regierung eine Art offiziellen Widerstand zu organisieren. Während die Unterstützung des Königs nicht ausblieb, war die Direktorenrunde als derzeit amtierende dänische Verwaltungsspitze für keinen akzeptablen Vorstoß bei den Deutschen zu gewinnen. Im Gegensatz zur offiziellen Zurückhaltung standen die Proteste dänischer Standesorganisationen, der Kirchen und Universitäten, des Obersten Gerichtshofes und der Polizei. Die Befehlshaber der dänischen Streitkräfte protestierten dagegen, daß diese quasi im Austausch gegen die Juden aus der Internierung entlassen werden sollten. Am 3. Oktober wurde in allen dänischen Kirchen ein bereits im September vorbereiteter Brief des Kopenhagener Bischofs Fuglsang-Damgaard verlesen, in dem die Entrechtung der jüdischen Mitbrüder als Angriff gegen die Freiheitsrechte aller Dänen verurteilt wurde. Ein bezeichnendes Beispiel dänischer Solidarität lieferten die Studenten der Universität Kopenhagen, die mit Streikandrohungen beim Senat durchsetzten, daß die Universität bis zum 10. Oktober geschlossen wurde, damit sie sich in großer Zahl an der Fluchthilfe für die Juden beteiligen konnten. Diesem Beispiel schlossen sich auch die Studenten der Universität Århus und zahlreiche Schüler an.

Aktive Mithilfe bot aber vor allem die dänische Untergrundbewegung, die sich zunehmend in die Hilfs- und Rettungsmaßnahmen zugunsten der gefährdeten Juden einschaltete, was ihr Prestigegewinn und Zuwachs an aktiven Mitgliedern einbrachte. Noch bis in den Sommer 1943 hatte sie nur aus lokalen Zentren ohne übergreifende Organisationsstruktur bestanden, deren 20000 bis 30000 Mitglieder im Grunde eine Bewegung im Wartestand darstellten, in der die Zahl der von England aus gesteuerten Aktivisten äußerst klein geblieben war. Erst etwa zwei Wochen vor der Deportation der Juden war mit der Gründung des Dänischen Freiheitsrates ein koordinierender organisatorischer Überbau geschaffen worden. Von unschätzbarem Wert für die gefährdeten Juden stellte sich nun heraus, daß der dänische Widerstand planmäßig den Ausbau von Nachrichtenverbindungen und Verstecken betrieben und bereits einige Erfahrungen in der Unterstützung von Opfern deutscher Verfolgungsmaßnahmen gesammelt hatte.

Sofort nach der Preisgabe des Deportationstermins durch Duckwitz hatte in Kopenhagen eine Warnaktion stattgefunden, deren Ergebnis war, daß sich bis auf wenige alte Menschen, Behinderte und Kranke fast alle Juden rechtzeitig verstecken konnten. Viele Dänen betrachteten die Aufnahme geflüchteter Juden als eine Form des Widerstands gegen die Deutschen, denen es wiederum mit ihren bescheidenen Polizeikräften nicht gelingen konnte, durch Razzien und Kontrollen die versteckten Juden aufzuspüren. Den Dänen war es kurzzeitig sogar möglich, leerstehende Schulen und ähnliche geeignete Gebäude zu Quartieren für geflüchtete Juden umzufunktionieren. Über die zentrale Bettenvergabe der Kopenhagener Krankenhäuser wurden zahlreiche Juden auf die dortigen Hospitäler verteilt, wobei wiederum eine Rolle spielte, daß die Ärzteschaft, die in der teilweise ständisch organisierten dänischen Widerstandsbewegung eine starke Position einnahm, bereits über Erfahrungen beim Verstecken verwundeter Widerstandskämpfer verfügte. Allein das Kopenhagener Bispebjerg Hospital soll etwa 2000 jüdischen Flüchtlingen als Durchgangsstation gedient haben. Mit dem Einsetzen der deutschen Maßnahmen gegen die Juden wuchs die vorher recht geringe Bereitschaft der dänischen Fischer, Flüchtlinge nach Schweden überzusetzen, schlagartig. Unter dem Deckmantel ihrer bürgerlichen Berufe betätigten sich vor allem Mitglieder der Widerstandsbewegung als Geldeintreiber, Schiffsmakler und Transportunternehmer. Viele dieser Unternehmungen konnten allerdings nur gelingen, weil sie von der dänischen Polizei unterstützt wurden. Auf diese Weise gelang es, etwa 7900 gefährdete Personen nach Schweden überzusetzen, unter ihnen 686 nichtjüdische Partner von Mischehen.[47]

Auf deutscher Seite blieb die Halbherzigkeit bei der Durchführung der Judenmaßnahmen nicht auf den Reichsbevollmächtigten beschränkt. Der Wehrmachtbefehlshaber wies auf die seelische Belastung seiner zahlreichen unerfahrenen Rekruten durch die Verhaftungsaktion hin und hoffte, auf diese Weise die Wehrmacht heraushalten zu können. Einige Wochen lang übergaben deutsche Dienststellen verhaftete Juden dänischer Nationalität der dänischen Polizei zur Verurteilung durch dänische Gerichte, was in der Regel ihre Rettung bedeutete. Besonders segensreich für die Betroffenen wirkte sich ausgerechnet ein Befehl des Befehlshabers der Sicherheitspolizei in Dänemark aus. Um der zunehmend antideutschen Stimmung in Dänemark nicht noch mehr Nahrung zu geben, hatte SS-Standartenführer Mildner als Leiter der Polizeiaktion den eingesetzten deutschen Polizeieinheiten verboten, abgeschlossene und anscheinend unbewohnte Wohnungen mit Gewalt zu öffnen.[48] Der deutsche Hafenkommandant von Kopenhagen, ein Freund von Duckwitz, ließ seine ohnehin wenigen Schiffe zur Zeit der Judenaktion reparieren, so daß die Überwachung der Küsten und der Fluchtwege nach Schweden nahezu ausschließlich den Dänen überlassen

---

[47] Vgl. Yahil, Rescue, S. 244; die Zahl der nach Schweden überführten Flüchtlinge nach den Statistiken von J. Margolinsky bei Haestrup (s. Anm. 66), S. 49.

[48] Vgl. Aussage Karl Heinz Hoffmann vom 9.4.1947 vor der Kopenhagener Polizei (Eichmannprozeß, Dok. 755), die durch das Telegramm Ausw. Amt/Hencke an Deutsche Gesandtschaft Kopenhagen vom 4.10.1943 (ebenda, Dok. 756) und Dr. Bests Antworttelegramm vom 5.10.1943 (ebenda, Dok. 757) bestätigt wird.

blieb, die die Kontrolle schon seit September, also seit dem Beginn der Fluchtwelle nach Schweden, äußerst lax handhabten. Der deutsche Konsul in Malmö berichtete gar von sechs deutschen Soldaten, die als Fischer verkleidet einen Flüchtlingstransport nach Schweden brachten und anschließend desertierten.[49]

Statt der veranschlagten 6000 Juden gelang es den deutschen Polizeieinheiten in der Nacht vom 1. auf den 2. Oktober 1943 nur, 284 meist alte Menschen, unter ihnen Insassen eines jüdischen Altersheims in Kopenhagen, zu ergreifen. In seiner Meldung an Ribbentrop versuchte Best mühsam, den Fehlschlag zu kaschieren; sophistisch bezeichnete er Dänemark als „entjudet", weil sich „hier kein Jude mehr legal aufhalten und betätigen kann".[50]

Zur Besänftigung der öffentlichen Meinung in Dänemark versprach Best noch am 2. Oktober in einer offiziellen Verlautbarung die baldige Aufhebung des militärischen Ausnahmezustands und die Entlassung der internierten dänischen Soldaten. Die Deportation der Juden begründete er mit ihrer „deutschfeindlichen Hetztätigkeit" und der „moralischen und materiellen Unterstützung von Terror- und Sabotagehandlungen" – Gründe, die er wenig später gegenüber dem Auswärtigen Amt offen als Zwecklüge deklarierte, als er zugab, „daß in Dänemark bisher ... keine Fälle jüdischer Spionage und Sabotage festgestellt worden sind".[51] Für viele Dänen markierte jedoch die Deportation der Juden aus ihrem Lande den Übergang vom passiven zum aktiven Widerstand.

Das Schicksal der Deportierten

Die 202 in der Nacht vom 1. auf den 2. Oktober 1943 im Stadtgebiet von Groß-Kopenhagen verhafteten Juden wurden zusammen mit Kommunisten aus dem Lager Horseroed[52] noch am 2. Oktober auf der „Wartheland" nach Swinemünde verschifft. Zusammen mit 82 in Jütland und auf der Insel Fünen ergriffenen und auf dem Landweg nach Deutschland deportierten Juden kamen alle 284 Juden[53] dieser beiden Transporte in das „Altersghetto" Theresienstadt. Am 13. und 21. Oktober folgten zwei weitere Transporte aus Dänemark mit 170 bzw. 20 Juden[54], von denen der erste wiederum nach Theresienstadt ging. Die Frauen und Kinder des letzten und kleinsten

[49] Bericht des deutschen Konsuls in Malmö vom 12.10.1943, in: PAAA Inl. II g 54/8 (nach Yahil, Rescue, S.488, Anm. 112).
[50] Telegramm Dr. Best an Ausw. Amt vom 2.10.1943, in: ADAP, Serie E, Bd. VII, S.12 f.; vgl. auch die Entschuldigungsgründe Bests im Telegramm an das Auswärtige Amt vom 5.10.1943, Nbg. Dok. NG 3920.
[51] Deutscher Text der dänischsprachigen Verlautbarung Bests nach Thomsen, Deutsche Besatzungspolitik, S.185; Telegramm Dr. Best an Ausw. Amt v. 18.10.1943, in: ADAP, Serie E, Bd. VII, S.85 f.
[52] Horseroed hatte zunächst als Lager für die nach Ausbruch des Rußlandfeldzuges verhafteten Kommunisten gedient. Am 1. September 1943 wurde es vom Reichsbevollmächtigten als KZ übernommen und diente seitdem auch als Lager für verhaftete Juden wie den dänischen Oberrabbiner Dr. Max Friediger; vgl. Telegramm Best an Ausw. Amt vom 1.9.1943, Nbg. Dok. NG 5103.
[53] Die Verhaftung von 482 Juden meldete Best am 5.10.1943 nach Berlin. Die gleiche Zahl hatte das Auswärtige Amt am Tag vorher vom RSHA erhalten und – vermutlich zur Abstimmung evtl. abweichender Zahlen – sofort an Best weitergegeben, Nbg. Dok. NG 3920.
[54] Nach der Aktion vom 1. Oktober waren noch einmal 275 Juden verhaftet worden, davon allein 60 in der Nacht vom 4. Oktober auf Seeland. Rund 80 der verhafteten Personen wurden als Halbjuden oder als in Mischehe lebende Juden wieder freigelassen; vgl. Best an Ausw. Amt vom 5.10.1943, Nbg. Dok. NG 3920, und Yahil, Rescue, S.274.

Transports kamen dagegen zunächst in das Frauenkonzentrationslager Ravensbrück, die Männer in das Konzentrationslager Sachsenhausen. Drei jungen Juden dieses Transports gelang unterwegs die Flucht, ein Häftling starb in Sachsenhausen; die meisten Überlebenden wurden im Januar 1944 dann ebenfalls nach Theresienstadt überführt.[55] Der Anteil der Emigranten unter den aus Dänemark deportierten Juden ist bis heute nicht genau bekannt; er dürfte bei rund einem Viertel gelegen haben.[56]

Um die deportierten Juden setzte unmittelbar nach ihrer Ergreifung ein zähes Ringen zwischen den Dänen, dem Reichsbevollmächtigten und dem Reichssicherheitshauptamt ein, wobei Best, der die in den Augen der Dänen inzwischen sinnlos gewordene Politik der Zusammenarbeit mit der dänischen Verwaltung zu retten suchte, wie bisher zwischen den Stühlen saß. Seine Zusage, Mischlinge und in Mischehe lebende Juden von weiteren Deportationen auszunehmen[57], konnte er beim Reichssicherheitshauptamt nur teilweise durchsetzen. In längeren Verhandlungen mit Eichmann, der deshalb am 2. November 1943 eigens nach Kopenhagen kam, erreichte er schließlich die lebensrettende Zusage, daß die Juden aus Dänemark in Theresienstadt bleiben durften und nicht zur Liquidierung in eines der Vernichtungslager weitertransportiert wurden.[58] Eichmanns weiteres Versprechen, auch bereits verhaftete Mischlinge und Mischehe-Partner freizulassen, wurde erst im Januar 1944 mit der Entlassung von fünf jüdischen Mischlingen aus Theresienstadt wahrgemacht.

Die Bemühungen der amtierenden dänischen Regierung, vor allem des Außenamtsvertreters Frants Hvass, die jüdischen Landsleute in Theresienstadt durch Paketsendungen zu unterstützen und ihre Lage durch eine Delegation des Internationalen Roten Kreuzes untersuchen zu lassen, wurden vom Reichssicherheitshauptamt systematisch verzögert. Nach einem Besuch von Hvass bei Gestapochef Heinrich Müller in Berlin und nach Einschaltung schwedischer Diplomaten wurde der Besuch schließlich für den 23. Juni 1944 genehmigt. Die verbleibende Zeit nützte die Gestapo, um in einer einmaligen Verschönerungsaktion die Lebensverhältnisse zumindest in den Erdgeschossen einiger Häuserzeilen zu verbessern. Um die Überbelegung des Lagers zu ändern, wurde das Lager kurzerhand durch Transporte nicht-dänischer Häftlinge in das Vernichtungslager Auschwitz-Birkenau ausgedünnt. Dänische Familien konnten in renovierte und größere Wohnungen umziehen. Mit massiven Einschüchterungen verhinderte man, daß Häftlinge sich am Tage des Besuchs mit Beschwerden an die Delegationsmitglieder wandten. Der Delegation gegenüber wurde der Anschein erweckt, daß die Häftlinge in den vorgezeigten Lebensmittel- und Textiliendepots frei einkaufen konnten. Die Berichte der drei Delegationsmitglieder, unter ihnen Hvass, fielen auf diese Weise relativ positiv aus.[59] Auch wenn sich die Verhältnisse anschließend rasch wieder verschlechterten, so hatte die Visite der Rotkreuzvertreter für die

---

[55] Vgl. Yahil, Rescue, S. 289 f.

[56] Yahil, Rescue, S. 291, errechnet 106 Emigranten und 358 dänische Staatsangehörige; Adler, Theresienstadt, S. 174, übernimmt die Zahlen des Theresienstädter Judenältesten Dr. Paul Epstein mit etwa 150 Emigranten und 296 Juden dänischer Nationalität.

[57] Schriftliche Zusicherung Dr. Bests an Svenningsen am 5. Oktober 1943, nach Thomsen, Deutsche Besatzungspolitik, S. 186 f., s. a. oben, Anm. 54.

[58] Telegramm Best an Ausw. Amt vom 3. 11. 1943, in: ADAP, Serie E, Bd. VII, S. 144; vgl. auch Yahil, Rescue, S. 300 f., und Best, Dt. Politik in Dänemark, S. 48.

[59] Vgl. die Aufzeichnungen von Corie und Sven Meyer, deutsch auszugsweise veröffentlicht in: H. G. Adler, Die verheimlichte Wahrheit. Theresienstädter Dokumente, Tübingen 1958, S. 309 f.; Auszüge aus dem Bericht des Schweizer Rotkreuzvertreters Dr. Rossel, ebenda, S. 312 ff.

dänischen Deportierten eine nachhaltige Wirkung; aus Dänemark durften nunmehr offiziell Pakete auch mit Lebensmitteln und Büchern nach Theresienstadt geschickt werden. Eine Stärkung des Lebenswillens der Dänen bedeutete außerdem die amtliche Bestätigung der früheren Zusage, dänische Häftlinge nicht in andere Lager zu verlegen.

Mit dem Anwachsen des organisierten Widerstands in Dänemark wuchs die Zahl der in deutsche Konzentrationslager verschleppten Dänen.[60] Die Bemühungen der amtierenden dänischen Regierung, ihre Staatsbürger noch vor dem deutschen Zusammenbruch aus der KZ-Haft freizubekommen, konzentrierten sich daher nicht nur auf die Juden in Theresienstadt. Neben den etwa 150 kommunistischen Häftlingen aus Dänemark im KZ Stutthof galten ihre Bemühungen auch den im September 1944 nach Buchenwald deportierten mehr als 2000 dänischen Polizisten, die unter den dortigen Verhältnissen eine besonders hohe Sterblichkeitsrate aufwiesen.[61] Die Verhandlungen von Hvass im Winter 1944 mit der in fatalistische Radikalisierung flüchtenden SS-Bürokratie führten zwar am 1. Dezember 1944 zu einer Vereinbarung, alle Dänen mit Ausnahme von Kommunisten und Widerstandskämpfern in das unter dänischer Aufsicht stehende Lager Fröslev zu überführen; eine Wagenkolonne brachte dann aber nur knapp 200 der dänischen Polizisten aus Buchenwald zurück. Immerhin hatte diese Aktion organisatorische Vorbereitungen und Maßnahmen wie den Aufbau einer Transporteinheit oder die Einrichtung von Versorgungsstützpunkten nötig gemacht und Erfahrungen ermöglicht, die weiter genutzt werden konnten. Im Januar und Februar 1945 gelang es, in kleineren Transporten noch über 100 Dänen aus Konzentrationslagern herauszuholen.[62]

Die Planung dieser Rückführungsmaßnahmen lag bei einem Widerstandskreis um den dänischen Admiral Carl Hammerich und den norwegischen Diplomaten N. C. Ditleff, der mit Unterstützung schwedischer diplomatischer Kreise von Stockholm aus operierte. Nach Plänen Ditleffs und des schwedischen Prinzen Carl bemühte sich seit Mitte Februar 1945 auch der einflußreiche schwedische Diplomat Folke Bernadotte bei Himmler um die Freilassung der norwegischen und dänischen KZ-Häftlinge.[63] Am 2. April wurden endlich auch die dänischen Juden in die Verhandlungen einbezogen[64], nun aber mit überraschend schnellem Erfolg. Die Dänen erhielten die Erlaubnis, mit einem aus 35 Autobussen bestehenden Konvoi des Schwedischen Roten Kreuzes die dänischen Deportierten selbst von Theresienstadt nach Schweden zu überführen. Am 13. April traf der dänische Diplomat Dr. Holm mit dem Konvoi völlig überraschend für alle Häftlinge in Theresienstadt ein. Vier Tage später passierten die Fahrzeuge, die Theresienstadt am 15. April mit allen noch lebenden Häftlingen aus Dänemark und deren Habseligkeiten verlassen hatten, die deutsch-dänische

---

60 Schreiben Svenningsen an Dr. Best vom 29.7.1944 u. 6.11.1944, in: Beretning VII, bind 3, Nr. 409, S.1611f. u. Nr. 412, S.1617f.

61 Während der viereinhalb Monate ihrer Haft bzw. kurz nach ihrer Rückkehr verstarben 135 Polizisten, vgl. Nbg. Dok. RF 901; ungenauer Thomsen, Deutsche Besatzungspolitik S.212.

62 Vgl. Leni Yahil, Scandinavian countries to the rescue of concentration camp prisoners, in: Yad Vashem Studies VI (1967), S. 189–208.

63 Vgl. Folke Bernadotte, Das Ende. Meine Verhandlungen in Deutschland im Frühjahr 1945 und ihre politischen Folgen, Zürich 1945, S.16.

64 Vgl. Brief Felix Kersten an den Vertreter des Jüdischen Weltkongresses, Hilel Storch, vom 29.3.1945, in: Felix Kersten, Totenkopf und Treue, Hamburg, o.J., S.364f.

Grenze. Vor dem Jubel der dänischen Bevölkerung wurden sie auf Seitenstraßen zum Kopenhagener Freihafen gebracht und nach Schweden übergesetzt.

Widerstand und Solidarität:
Die Einmaligkeit Dänemarks

Die Rettung der Juden Dänemarks blieb ein einmaliger Vorgang in der Geschichte der „Endlösung". Einmalig war dabei nicht nur, daß Tausende von Juden und damit der größte Teil der jüdischen Population eines Landes einschließlich seiner jüdischen Immigranten aus spontaner mitmenschlicher Solidarität und einem wachsenden Widerstandsgefühl gegen die deutsche Militanz dem Zugriff der deutschen Deportationskommandos entzogen werden konnten; wenigstens ebenso singulär war auch die Sonderstellung der aus Dänemark deportierten Juden im „Vorzugslager" Theresienstadt und ihre vorzeitige Freilassung. Wie gerade der Vergleich mit dem Verlauf der „Endlösung" in anderen europäischen Ländern zeigt, mußten jedoch viele Voraussetzungen zusammenkommen, um die „dänische Lösung" möglich zu machen. Die geringe Zahl der Juden, die Rücksichtnahme auf die öffentliche Meinung in dem ernährungs- und rüstungspolitisch wichtigen Lande, freilich auch in Finnland und Schweden, nicht zuletzt die Existenz einer in gewissen Grenzen selbständigen Regierung und Verwaltung ließen den beiden Reichsbevollmächtigten Spielräume für eine einigermaßen rationale Politik. Die in Dänemark während und vor allem nach dem Kriege sehr umstrittene Politik der Zusammenarbeit und ihre dänischen Exponenten erzielten im Verbund mit den anderen genannten Voraussetzungen für die dänischen Juden günstigere Bedingungen, als eine auf ideologisch gleichgeschaltete Kollaborateure sich stützende deutsche Besatzungsverwaltung. Das Schicksal der niederländischen Juden[65] verdeutlicht dies auf besonders drastische Weise. Auf der anderen Seite beweist gerade die Behandlung der zahlenmäßig kaum ins Gewicht fallenden dänischen Juden den elementaren Vernichtungswillen der Betreiber der „Endlösung" im Reichssicherheitshauptamt, die auf vitale Interessen der eigenen Kriegswirtschaft ebenso wenig Rücksicht nahmen wie auf die politischen Denk- und Verhaltensweisen eines zunächst keineswegs deutschfeindlichen und immerhin ja „artverwandten" Volkes. Gedeckt wurden sie bei ihrem ebenso inhumanen wie vernunftwidrigen Treiben letzten Endes durch den seinen Antisemitismus mit tödlicher Konsequenz auslebenden Hitler, der nicht zuletzt am Beispiel Dänemarks erkennen läßt, wie sehr die „Endlösung" von ihm angetrieben und gelenkt wurde.

Statistische Übersicht

Für die Zahlen der aus Dänemark nach Theresienstadt deportierten, dort verstorbenen bzw. in ihre Heimat zurückgekehrten Juden liegen Quellen vor, die als recht zuverlässig gelten können. Das beruht allein schon auf der vergleichsweise geringen Zahl von Opfern; als weitere Gründe für die Zuverlässigkeit des überlieferten Zahlenmate-

---

[65] Vgl. Yahil, Methods of persecution, S. 287.

rials können die ständigen Bemühungen offizieller dänischer Stellen um namentliche Erfassung der aus Dänemark Deportierten, die frühen statistischen Erhebungen der dänischen jüdischen Gemeinde, die im Lager Theresienstadt zusammengestellten Transportunterlagen und sonstigen statistischen Materialien und die sofort nach dem Krieg in Dänemark einsetzenden polizeilichen und staatsanwaltschaftlichen Beweiserhebungen für die Nürnberger Kriegsverbrecherprozesse und die Verfahren gegen Best, v. Hanneken, Pancke und Bovensiepen in Kopenhagen (s. Anm. 29) angeführt werden. Für die Nürnberger Prozesse hat die dänische Regierung Memoranden vom 25. 10. 1945 und vom 13. 1. 1946 mit mehreren Ergänzungen und Anhängen vorgelegt (Nbg. Dok. RF 901, im folgenden zitiert: D1), auch Teile des Kopenhagener Urteils vom 20. 9. 1948 gegen Best und seine Mitangeklagten gingen als Beweisdokument in die Nürnberger Verfahren ein (Nbg. Dok. NG 5887, im folgenden zitiert: D2). Für Theresienstadt liegen amtliche Listen der Repatriierungsabteilung des Tschechoslowakischen Arbeits- und Sozialministeriums gedruckt vor (Terezin-Ghetto, September 1945, im folgenden zitiert: C). H. G. Adler (Theresienstadt, Tübingen 1960[2], im folgenden zitiert: A) hat das überwiegend in tschechischen Quellen enthaltene statistische Material herangezogen und neben seinen eigenen Berechnungen teilweise veröffentlicht. Er stützt sich vor allem auf Z. Lederer (Ghetto Theresienstadt, London 1953) und R. Prochnik, den letzten Leiter des Zentralsekretariats der jüdischen Selbstverwaltung von Theresienstadt (Juden in Theresienstadt. Ein statistischer Bericht, ungedr. Ms., Theresienstadt, 14. 7. 1945); Beachtung verdient unter den tschechischen Quellen ferner eine in dem Beitrag von B. Lesny (Terezin – mesto odsouzecu, veröffentlicht in: Nr. 1, 1946, der Mitteilungen der Prager Jüdischen Kultusgemeinde) enthaltene Liste (die „Liste B" bei H. G. Adler). Leni Yahil hat das gesamte in der dänischen Memoirenliteratur und in wissenschaftlichen Veröffentlichungen enthaltene Zahlenmaterial kritisch ausgewertet und ihre Berechnungen veröffentlicht (in: The rescue of Danish jewry. Test of a democracy, engl. Ausgabe Philadelphia 1969; im folgenden zitiert: Y).

1. Zahl der aus Dänemark deportierten Juden:

D1	D2	A (S. 41)	Y (S. 291)	C (S. XXII)
475	477	476	464–475	83 (am 5. 10. 1943)
				198 (am 6. 10. 1943)
				175 (am 14. 10. 1943)
				8 (am 13. 1. 1944)
				2 (am 25. 4. 1944)
				——
				466

Bei den meisten Zahlenangaben ist unklar, ob in ihnen die fünf im Januar 1944 aus Theresienstadt nach Dänemark Entlassenen (vgl. Y, S. 291) und drei in Theresienstadt geborene Kinder dänischer Eltern enthalten sind. A hat in der ersten Auflage (Tübingen 1950) noch die Zahl von 466, erhöht aber in der 2. Auflage die Zahl der 1944 aus Sachsenhausen bzw. Ravensbrück nach Theresienstadt überführten Dänen von zehn auf 20 Personen, ohne zusätzliche Quellen anzugeben. Zu den höheren Zahlen ist grundsätzlich anzumerken, daß nicht alle aus Dänemark Deportierten in Theresienstadt eintrafen; so vermerkt Y (S. 290), daß drei der am 23. 11. 1943 Deportierten unterwegs die Flucht gelang und zwei der nach Sachsenhausen Deportierten dort verblieben (wo einer von ihnen verstarb). Das Material von C wurde teilweise unmittelbar nach der Befreiung von Theresienstadt zusammengetragen und stammt aus dem Umkreis des mit der Transportstatistik des Lagers befaßten Büros. Diese Tatsache läßt die Zahlen von C auch im Vergleich mit den in den Tabellen 2 und 3 enthaltenen Zahlen als am zuverlässigsten erscheinen. Allerdings enthält C nur die Zahlen der nach Theresienstadt Deportierten. Die kleine, nur ungenügend gesicherte Zahl der nach anderen Orten verbrachten Juden aus Dänemark, die man mit mindestens fünf ansetzen muß, erhöht die als gesichert anzuerkennende Zahl von 466 aus Dänemark Deportierten in Theresienstadt auf eine Zahl zwischen 471 und 477 jüdischer Deportierter aus diesem Land, darunter mindestens 101 Personen ohne dänische Staatsbürgerschaft[66], d. h. größtenteils jüdische Flüchtlinge aus anderen Ländern.

2. Zahl der in Theresienstadt verstorbenen dänischen Juden:

D1	D2	A (S. 47)	Y (S. 318)	C
53	44	52	51	–

Hier ist unsicher, in welchen Zahlen die beiden in Theresienstadt totgeborenen Kinder dänischer Eltern (vgl. Y, S. 318) enthalten sind. Y gewinnt ihre Zahl aus der Differenz zwischen der Zahl der Deportierten und der der Repatriierten. Ausschließlich bei Y (ebd.) findet sich die Angabe, daß ein Däne von Theresienstadt nach Auschwitz transportiert wurde. Wie D1 belegt, sind die von amtlicher Seite zunächst ermittelten Zahlen höher als im späteren Kopenhagener Urteil (D2), in dem man sich auf eine gesicherte Mindestzahl beschränkt zu haben scheint.

3. Zahl der nach Dänemark zurückgekehrten Juden:

D1	D2	A	Y	C
–	–	423	423–425	411 (S. XXII) bzw. 413 (Vorwort)

Y (S. 318) gibt zur Zahl von 425 Repatriierten folgende Aufgliederung an: 417 Personen aus Dänemark, drei in Theresienstadt geborene Kinder, vier Tschechinnen, die in Theresienstadt Dänen heirateten, eine Frau fremder Nationalität, aber dänischer Abstammung, die sich der dänischen Gruppe anschloß.

Die Abweichungen lassen sich möglicherweise mit der bei Y angegebenen Differenzierung dieser Gruppe erklären. Bemerkenswert ist, daß selbst bei Y schwedische Quellen fehlen. Zieht man von den 52 in Theresienstadt Verstorbenen aus Dänemark die beiden totgeborenen Kinder ab, erhält man wieder die Zahl von 466 nach Theresienstadt Deportierten. Von dieser Zahl ausgehend, errechnet sich die Zahl der Repatriierten, die ursprünglich als Juden aus Dänemark deportiert worden waren, mit 316 Personen, eine Zahl, die auch mit einer der drei bei Y (S. 318) genannten dänischen Quellen übereinstimmt.

---

[66] Jorgen Haestrup, The Danish jews and the German occupation, in: Leo Goldberger (Hrsg.), The rescue of the Danish jews, New York 1987, S. 51.

Zur Zahl der 50 bzw. 52 in Theresienstadt Verstorbenen muß noch die unbekannte Zahl derer hinzugefügt werden, die den physischen wie psychischen Belastungen der Flucht nicht gewachsen waren und, teilweise durch Selbstmord, daran zugrunde gingen. In der Statistik fällt diese Personengruppe gemeinhin unter die Rubrik „natürliche Abgänge". Y (S. 219) schätzt ihre Zahl auf etwa 60.

Ferner sind zur Zahl der jüdischen Opfer der deutschen Judenpolitik in Dänemark auch die Angehörigen der Hechaluz zu zählen, die von Dänemark aus die Flucht über die Balkanländer und die Türkei nach Palästina riskierten und scheiterten. Haestrup berichtet von sechs Personen, die ergriffen wurden und in Auschwitz umkamen.[67] Insgesamt dürften damit zwischen Oktober 1943 und dem 5. Mai 1945 116 Juden aus Dänemark an den direkten und indirekten Folgen der deutschen antijüdischen Maßnahmen gestorben sein.

Auch wenn bei der geschilderten Sachlage keine völlig eindeutigen Angaben über die Zahl der Deportierten und Verstorbenen, ja nicht einmal der Repatriierten zu erhalten waren, sind die den verschiedenen, auch deutschen Quellen zu entnehmenden Zahlen untereinander so schlüssig, daß die mögliche Ungenauigkeit der Ergebnisse auf eine Größenordnung von unter 10 Personen einzugrenzen ist.

---

[67] Ebenda, S. 40.

Oskar Mendelsohn

Norwegen

Die letzte offizielle Volkszählung vor dem Kriege in Norwegen fand im Jahre 1930 statt und ergab die Anzahl von 1359 Personen mosaischen Glaubens. Der größte Teil der Juden gehörte zu den Gemeinden in Oslo und Drontheim, der nördlichsten jüdischen Gemeinde der Welt. Zwischen 1933 und 1940 kamen knapp 600 jüdische Flüchtlinge ins Land, viele aber nur für einen begrenzten Zeitraum, und nicht alle hielten sich gleichzeitig in Norwegen auf. Die Gesamtzahl der jüdischen Bevölkerung betrug am 9. April 1940 mehr als 1800.[1] In der Agitation nazifreundlicher Kreise waren es angeblich mindestens 5000, wenn nicht gar 10 000 Personen.

Am 9. April 1940 waren Oslo und Drontheim von deutschen Truppen besetzt worden. In den folgenden Tagen und Wochen flohen viele Juden nach Schweden, unter ihnen auch Emigranten aus Deutschland, Österreich und der Tschechoslowakei. Im Laufe des Sommers kehrte dann eine Reihe von norwegischen Juden zusammen mit nichtjüdischen Norwegern, die nach Schweden geflohen waren, zurück. Bereits im April hatten sich auch Juden an kleine Truppeneinheiten angeschlossen. Bei der Kapitulation der norwegischen Truppen (10. Juni 1940) wurden jüdische Gefangene wie die übrigen norwegischen Kriegsgefangenen behandelt und freigegeben.

Während des ersten Monats der deutschen Besetzung wurden keine allgemeinen Verfügungen gegen die Juden erlassen. In einigen kleineren Städten gab es zwar Schaufenster-Beschriftungen „Jüdisches Geschäft", aber sie wurden nach Protesten der örtlichen Bevölkerung ziemlich rasch wieder entfernt. Mitte Mai mußte die norwegische Polizei auf deutschen Befehl die Rundfunkapparate der Juden beschlagnahmen. Als dies dem norwegischen Administrationsrat („Administrasjonsrådet", einem Verwaltungsorgan, ernannt vom Höchsten Gericht, tätig vom 15. April bis 25. September 1940, dessen Mitglieder der norwegischen Verfassung loyal blieben) vorgebracht wurde, richtete dieser eine Anfrage an das deutsche Reichskommissariat in Oslo. Darauf antwortete Regierungspräsident Hans Dellbrügge, daß diese Beschlagnahmung aufgrund einer Führerverordnung durchgeführt werde.[2] Im folgenden Sommer wurde diese Aktion auf deutschen Befehl wiederholt. Im Juli 1941 erging an die jüdische Gemeinde in Oslo durch SS-Untersturmführer Erhard Böhm die Anordnung der Gestapo, alle Juden hätten ihr Radiogerät binnen drei Tagen abzuliefern.

Im Frühjahr 1940 stellte die deutsche Polizei Nachforschungen über Juden aus

---

[1] Die Zahl 1800 wurde berechnet aufgrund verschiedener Listen über Personen mit *J* im Ausweis, erfaßte Juden ohne *J* im Ausweis und Juden, die vor dem 1. März nach Schweden flohen.

[2] „Protokoll for møter i Administrasjonsrådet" (für Sitzungen des norwegischen Administrationsrates 1940), S. 108 und 115 f.

Deutschland und der Tschechoslowakei an.[3] Im Mai verlangte die norwegische Polizei auf Befehl der deutschen Polizeibehörden ein Verzeichnis der jüdischen Gemeinden über ihre Mitglieder (in Oslo auch von einigen anderen jüdischen Organisationen). Dann forderten die deutschen Behörden von den Gemeinden eine Übersicht über die Anzahl der Juden, die nicht Mitglieder der Kultusgemeinden waren. Das Auswärtige Amt in Berlin wünschte vom Reichskommissariat eine vollständige Aufstellung über die Anzahl der Juden und deren Eigentum und Besitzanteile in Industrie und Handel.[4] Diese Übersicht wurde erst im Sommer 1941 fertiggestellt, die Zahl der Juden war dabei mit 1106 angegeben. Am 24. März 1941 schickte die Reichsvereinigung der Juden in Deutschland einen Brief an die jüdische Gemeinde in Oslo mit einem Fragebogen; man wünschte Auskünfte über die Anzahl der „Glaubens- und Rassejuden", nach vier Altersgruppen geordnet und mit Angabe ihrer Beschäftigung. In der Übersicht über die gesamte jüdische Bevölkerung in den von Deutschland besetzten Ländern Europas, die der Wannsee-Konferenz im Januar 1942 vorlag, wird Norwegen mit 1300 aufgeführt.[5]

Der norwegische Administrationsrat wurde am 25. September 1940 durch eine Kollaborationsregierung aus kommissarischen norwegischen Ministern ersetzt, die unter der Oberhoheit des deutschen Reichskommissars Josef Terboven stand.[6] Von nun an drohte die Verfolgung der Juden in Norwegen nicht nur allein durch die deutsche Besatzungsmacht. Offizielle Erlasse in diesem Sinne gab es aber zunächst nicht. Die wenigen jüdischen Ärzte, die kurz vor dem Krieg als Flüchtlinge nach Norwegen gekommen waren, verloren das Recht, ihren Beruf auszuüben. Im Herbst 1941 wurde einigen Anwälten die Lizenz entzogen, und der kommissarische Justizminister gab den Provinzpräsidenten den geheimen Auftrag, den jüdischen Grundbesitz in einem Verzeichnis zu erfassen. Dem Minister für Landwirtschaft schlug er vor, jeden Bodenverkauf an Juden zu verbieten. Der Minister des Innern befahl eine Untersuchung über Rassenzugehörigkeit der Angestellten in der öffentlichen Verwaltung.[7]

Auch die judenfeindliche Propaganda in der norwegischen Presse und im Rundfunk wurde immer heftiger. Man schob den Juden die Schuld am Kriege zu. Das Adjektiv „jüdisch" wurde wie im ganzen nationalsozialistischen Herrschaftsbereich zum Synonym mit „plutokratisch", „kapitalistisch", „kommunistisch" oder „marxistisch". Die antikommunistische Ausstellung „Das Sowjet-Paradies" enthielt eine jüdische Abteilung; dort wurde behauptet, die Freimaurerbewegung habe aus 10 000 Norwegern „künstliche" Juden gemacht, und verlangt war, „Rassenvermischung" müsse verboten werden. Die deutsche Besatzungsmacht versuchte mithilfe der NS-Presse der norwegischen Bevölkerung bewußt zu machen, daß die Judenfrage auch ein norwegisches Problem sei. Dazu trug auch Quisling, der Führer der norwegischen nationalsozialistischen Bewegung „Nasjonal Samling" und Ministerpräsident unter Terboven

---

[3] RA, Stapo, Jødeaksjoner, Mappe 25, Sachachten C II B2 (9: Auswärtige Juden und 8: 468/40).

[4] Yad Vashem, JM 2261.

[5] Towiah Friedmann, Dokumentensammlung über „Die Deportierung der Juden aus Norwegen nach Auschwitz", Ramat Gan 1963, S. 61.

[6] Vgl. Hans-Dietrich Loock, Quisling, Rosenberg und Terboven. Zur Vorgeschichte und Geschichte der nationalsozialistischen Revolution in Norwegen, Stuttgart 1970, S. 331 f.

[7] RA, Straffesak Riisnas, Dok. 6. Grundbesitze 2. Oktober 1941, Nr. 794/41; Dok. 4 Schreiben an den Minister für Landwirtschaft; Norsk Tidend, Nr. 74, London 1942. Untersuchungen über Rassenangehörigkeit der Angestellten in der öffentlichen Verwaltung.

von 1942 – 1945 persönlich bei, u. a. durch seine Rede am 28. März 1941 in Frankfurt am Main im „Institut zur Erforschung der Judenfrage" und in verschiedenen Reden, die er in Norwegen hielt. Nach den Deportationen im Herbst 1942 meinte er, die Juden müßten aus Norwegen, überhaupt aus Europa verschwinden.[8] Sogar Aussagen religiöser Natur dienten der judenfeindlichen Propaganda. Wenige Tage vor der Deportation am 26. November 1942 brachten mehrere Zeitungen gleichlautende Äußerungen von Martin Luther gegen die Juden aus seiner Schrift „Von den Juden und ihren Lügen" unter der Überschrift „Weg mit den Juden" und mit Sentenzen in folgender Form: „Verbietet den Juden unsere Straßen zu benutzen! Nehmt ihnen all ihr Gold und ihren Besitz! Zerstört ihre Häuser! Hinaus mit den Juden für immer und ewig!"

Fälle von Verhaftungen einzelner Juden kamen schon 1940 vor. Die ersten Inhaftierungen richteten sich hauptsächlich gegen ausländische Juden, von denen die meisten aber wieder freigelassen wurden. Bis Juni 1941 gab es keine Aktionen physischer Gewalt gegen die Juden als Gruppe. Das änderte sich in den Tagen vor dem Überfall Deutschlands auf die Sowjetunion. Im nördlichen Norwegen (u. a. in Harstad, Narvik und Tromsø) wurden nahezu alle jüdischen Männer verhaftet. Sie verbrachten mehr als neun Monate in einem Lager unweit Tromsø („Sydspissen"), wo sie terrorisiert wurden. Insgesamt zwölf wurden Ende März 1942 zum Lager Grini bei Oslo transportiert, verrichteten dann ab August drei Monate Zwangsarbeit in Nord-Norwegen gemeinsam mit anderen jüdischen und nicht-jüdischen Häftlingen, bis sie im November wiederum nach Grini transportiert und dann deportiert wurden.[9] Im Zusammenhang mit dem Krieg gegen die Sowjetunion ab Juni 1941 wurden staatenlose jüdische Männer im südlichen Norwegen interniert. Mehr als 60 Juden aus dem Oslo-Gebiet wurden ins Lager Grini gebracht, wo sie eine furchtbare Behandlung ausstehen mußten; sie ist in der norwegischen Literatur über die Kriegszeit geschildert worden.[10] Nach einigen Wochen wurden sie wieder freigegeben (am 3., 5. und 14. Juli). Auch die zwölf staatenlosen Juden in Drontheim wurden im Juli 1941 aus dem Gefängnis entlassen.[11]

Im folgenden Herbst und Winter wurden Maßnahmen gegen die Juden in Drontheim durchgeführt. Schon am 21. April 1941 war die Synagoge als Durchgangsquartier für deutsche Truppen requiriert worden. Die Davidsterne in den bleigefaßten Fenstern wurden entfernt und an ihrer Stelle Hakenkreuze eingesetzt. Beinahe ein Jahr fanden die Gottesdienste in der Wohnung des Synagogenvorstehers statt, bis auch diese im Mai 1942 beschlagnahmt wurde. Die Methodistengemeinde in Drontheim stellte dann ein kleines Zimmer im Dachgeschoß ihres Versammlungshauses zur Verfügung, wo bis Anfang Oktober 1942 jüdische Gottesdienste abgehalten wurden. Die Kultgegenstände blieben dort bis Ende des Krieges versteckt.

Im Herbst 1941 war ein neuer Kommandeur der Sicherheitspolizei in Drontheim ernannt worden, SS-Sturmbannführer und Oberregierungsrat Gerhard Friedrich Ernst Flesch, der schon kurz nach seiner Ankunft in der Stadt eine radikale Politik gegen die Juden verfolgte. Unter Mitwirkung einiger norwegischer Nazis wurde eine jüdi-

---

[8] Quislings Rede in Drontheim am 6. Dezember 1942 (in verschiedenen Zeitungen referiert und kommentiert).
[9] Norsk Fangeleksikon-Grinifangene, redigiert von Børre R. Giertsen, Oslo 1946, Häftlinge Nr. 2399-2410.
[10] Norges krig 1940-45, Hauptredakteur Sverre Steen, Oslo 1947-50, Bd. 3, S. 50; Griniboken, Hauptredakteure August Lange und Johan Schreiner, Oslo 1946-47, Bd. 1, S. 331; Grinifangene Nr. 206-266. Übergriffe gegen Juden im Grini Lager 1942–43 Odd Nansen Fradag tildag, B. 1–2, 1947–48.
[11] RA, RK, Polizei Haftbuch, Kommando der Sicherheitspolizei und des SD Drontheim.

sche Firma nach der anderen beschlagnahmt. In mehreren Fällen wurden die Besitzer gleichzeitig verhaftet, in ein Gefängnis in der Stadt gebracht und dann im Dezember 1941 zum neuerrichteten Lager Falstad, 80 Kilometer nördlich von Drontheim, überführt. Am 8. Januar 1942 wurden fünf Juden und ein paar andere Leute verhaftet, weil sie angeblich die norwegischen Nachrichten des BBC gehört und weiterverbreitet hatten. Sechs Personen, darunter die fünf Juden, wurden am 28. Februar von einem deutschen Polizeigericht zum Tode verurteilt. Mit Ausnahme eines Juden, der die schwedische Staatsangehörigkeit hatte, wurden sie am 7. März 1942 erschossen.

Im Sommer 1942 waren die meisten jüdischen Betriebe beschlagnahmt. Juden in Falstad verbrachten die Monate August bis November in demselben Lager im nördlichen Norwegen, in das die jüdischen Häftlinge aus Grini transportiert worden waren. Als dann am 6. Oktober 1942 der Ausnahmezustand in Drontheim und den umliegenden Gebieten proklamiert wurde, vertrieb man die jüdischen Frauen und Kinder aus ihren Wohnungen und trieb sie in ein paar „Judenhäuser" zusammen. Sämtliche Männer über 14 bis 15 Jahre (insgesamt ungefähr 30) wurden verhaftet und ins Lager Falstad gebracht, wo sie unter unmenschlicher Behandlung in einem Steinbruch arbeiten mußten. Unter den zehn Personen, die schon am ersten Tag des Ausnahmezustandes als „Sühneopfer" für Sabotageaktionen hingerichtet wurden, war auch ein Jude. Im November 1942 wurden drei ältere, kranke Juden, die angeblich ins Krankenhaus gebracht werden sollten, in den Wald getrieben und dort erschossen. Am 25. November wurden sämtliche Juden im Lager Falstad und ihre Familien nach Oslo gebracht, um deportiert zu werden. Während des Frühlings und im Sommer waren jüdische Häftlinge aus Orten an der Küste südlich von Drontheim in Falstad angelangt. Juden aus Oslo und den südöstlichen Bezirken des Landes kamen ins Lager Grini, darunter auch der Osloer Rabbiner und zehn andere Juden der Stadt.[12]

Als direkter Anlaß zur Verhaftung der übrigen Juden in Norwegen diente ein Vorfall am 22. Oktober 1942 in einem Eisenbahnzug zwischen Oslo und Halden, der letzten Stadt vor der schwedischen Grenze. Unter den Passagieren waren zehn Personen (neun davon Juden), deren Absicht es war, nach Schweden zu fliehen. Ein Grenzpolizist, der die Ausweise der Passagiere kontrollierte, wurde vom Leiter der Flüchtlingsgruppe erschossen. Alle Mitglieder der Gruppe wurden verhaftet. Der Vorfall führte in den folgenden Tagen zu Gesetzen und Verordnungen gegen die Juden und zur Verhaftung sämtlicher jüdischen Männer in ganz Norwegen, denen es nicht gelungen war, rechtzeitig aus ihrer Heimat zu fliehen. Der Befehl des Leiters der Staatspolizei, sämtliche männliche Juden über 15 Jahre am nächsten Morgen ab 6 Uhr zu verhaften, wurde telegraphisch am Sonntag den 25. Oktober um 10 Uhr 30 an alle Polizeiämter gegeben. Den Frauen wurde tägliche Meldepflicht auferlegt.[13] Im nächsten Monat begann dann die Deportation.

Als Grundlage für die Verhaftung und Deportation dienten die Listen der Juden, die die norwegische Polizei im Frühjahr 1942 aufgrund einer Verordnung des Polizeiministeriums von Ende 1941, den Ausweisen der Juden ein „J" aufzustempeln, aufgestellt hatte. Die Juden mußten sich deshalb vor dem 1. März 1942 an die lokale Polizei wenden. Als Juden wurden alle Mitglieder der jüdischen Gemeinden betrachtet und

[12] Grinifangene Nr. 4399-4407, 4459-60.
[13] RA, Stapo, Jødeaksjoner, Mappe 26.

alle Personen, die mindestens drei jüdische Großeltern hatten. Die Verordnung wurde durch Zeitungsanzeigen bekanntgemacht.[14] Den Juden wurde ein detaillierter Fragebogen vorgelegt und durch die ausgefüllten Vordrucke bekamen die Behörden eine Aufstellung der einzelnen Juden, ihre Anzahl in den verschiedenen Polizeibezirken und andere wichtige Informationen. Man kam zu einer vorläufigen Zahl von etwa 1400. Viele Namen kamen während der Razzien im Oktober/November 1942 hinzu. Die Kennzeichnung der Ausweise durch das eingestempelte „J" ging auf deutsche Initiative zurück.[15]

Das gleiche gilt für das Gesetz vom 12. März 1942. Quisling war am 1. Februar von Reichskommissar Terboven zum Ministerpräsidenten ernannt worden. Die Quisling-Regierung beschloß am 12. März, das Verbot in der norwegischen Verfassung von 1814 gegen den Zutritt von Juden nach Norwegen, das 1851 aufgehoben worden war, wieder einzuführen.[16] Das Reichskommissariat wollte nicht selbst mit dem Vorschlag über die Wiedereinführung dieses Verbotes vorpreschen, sondern überließ das den Quisling-Behörden. In einer Besprechung im Reichskommissariat am 9. Januar hatte Abteilungsleiter Rolf Schiedermair geäußert: „Zur Klärung der Judenfrage beabsichtigt das Reichskommissariat keine einschneidenden Maßnahmen vorzunehmen. Es wird aber dafür Sorge getragen, daß die Juden aus dem Staatsdienst ausscheiden."[17]

Einen „legalen" Grund für die Judenverfolgung im großen Umfang verschaffte sich die Quisling-Regierung durch ein Gesetz vom 24. Oktober 1942, in dem das Wort Jude allerdings nicht vorkommt. Man dehnte (einer Verordnung vom 6. Oktober 1941 folgend), das Recht, Sicherungsverfügungen durchzuführen auf Personen aus, die man verdächtigte, die Verordnungen des Reichskommissars übertreten oder volks- oder staatsfeindliche Bestrebungen gefördert zu haben oder zu fördern. Zwei Tage später, am 26. Oktober 1942, folgte das Gesetz über die Beschlagnahmung jüdischer Vermögen, unterschrieben von Ministerpräsident Quisling, dem Minister des Innern und dem Justizminister. Die Vorschriften zur Durchführung dieses Gesetzes wurden vom Finanzminister am 20. November erlassen. Die jüdischen Vermögen wurden einem Liquidierungsvorstand überantwortet, und in den folgenden Monaten erschienen lange Listen im Staatsanzeiger über Personen, deren Vermögen beschlagnahmt worden waren. Insgesamt umfaßten diese Listen mehr als 1500 Namen. „Arische" Leiter wurden in die früheren jüdischen Firmen eingesetzt, wenn der Betrieb weitergeführt werden sollte. Wer den Juden dadurch half, daß er Gegenstände aus jüdischem Besitz der Beschlagnahme entzog, mußte mit Gefängnisstrafe bis zu sechs Jahren rechnen. Am 17. November 1942 erging das Gesetz über die Meldepflicht der Juden. Nach deutschem Vorbild schrieb das Gesetz vor, wer als Jude – voller, halber oder Vierteljude – zu betrachten war. Die Deutschen entdeckten aber, daß die norwegischen Bestimmungen in der Frage von Mischlingen weniger detailliert waren als die deutschen.

---

[14] Kunngjøringer til politiet Nr. 2, 15. Januar 1942 (Rundbrief vom Leiter der norwegischen Sicherheitspolizei).
[15] RA, Politidepartementet, Lederen for Sipo. Der Bericht der Polizeimeister, Umschlag: Registrering av jøder 1941-43 und die Briefe vom Befehlshaber der Sicherheitspolizei und des SD, Heinrich Fehlis, 10. Okt., 22. Nov., 15. Dez. 1941.
[16] Norsk Lovtidend, 2. avdeling (Norwegisches Gesetzblatt, 2. Abteilung) 1942, S. 136; Grunnlovsbestemmelse (Grundgesetz, Verfassungsbestimmungen), 12. Mars.
[17] RA, RK, HAVO Allgem. Abteilung (Zentralabteilung), Pakke 7. Vermerk über die Besprechung der Hauptabteilung Verwaltung, 9. Januar 1942.

Nach den norwegischen Bestimmungen waren Mischlinge ausnahmslos als Juden anzusehen. Damit liefen mehr Menschen Gefahr, verhaftet und deportiert zu werden. In
einem Brief des Abteilungsleiters im Osloer Reichskommissariat Schiedermair, den
dieser unter dem 16. März 1943 ans Berliner Auswärtige Amt schrieb, heißt es: „Es ist
in Aussicht genommen, von dieser Bestimmung möglichst weitgehend Gebrauch zu
machen."[18]

Die Norwegische Kirche nahm als Institution einen klaren Standpunkt gegen die
Diskriminierung der Juden ein. Das kam in dem Protestschreiben an Quisling vom
10. November zum Ausdruck. Schon im Jahr zuvor hatte es Aussagen gegeben, die
von der Haltung der Kirche zeugten, obwohl sie nicht das Aufsehen erregten wie der
Protest im November 1942, der in vielen Kirchen von der Kanzel verlesen und dadurch allgemein bekannt wurde. Als man in Drontheim im Frühling 1941 erfuhr, daß
deutsche Behörden die Absicht hatten, die Wohnungen der Juden zu beschlagnahmen, intervenierte der damalige Dompropst Arne Fjellbu (nach dem Kriege Bischof).
Er drohte, die Kirche im ganzen Land zu alarmieren, falls man in Drontheim Verfolgungen gegen Juden einleitete.[19] Daraufhin wurden nur wenige Wohnungen und
Häuser beschlagnahmt. Als der Minister für Kirche und Unterricht im selben Sommer vorschlug, die Ehegesetze zu ändern, um „Mischehen" zu verbieten, opponierten
die Bischöfe. Eine entsprechende Verordnung erging dann erst im Dezember 1942.[20]
Nachdem die Quisling-Regierung im Herbst 1942 die judenfeindlichen Gesetze erließ
und die jüdischen Männer verhaftet wurden, übersandten die Bischöfe, die Leiter der
sogenannten Kirchenfront, die Professoren der zwei theologischen Fakultäten und 25
andere christliche Organisationen einen scharfen Protestbrief an den Ministerpräsidenten Quisling. Es hieß dort unter anderem, daß das Gesetz vom 26. Oktober gegen
die Juden und die Verhaftung der jüdischen Männer sowohl dem Gebot der Näch-
stenliebe als auch den einfachsten Rechtsprinzipien widersprächen. Alle Menschen
hätten prinzipiell dasselbe Menschenrecht, und die staatlichen Behörden seien dazu
verpflichtet, dies zu respektieren. Der Staat könne kein Gesetz erlassen, das dem
christlichen Glauben und dem Bekenntnis der Kirche widerspreche. Tue er dies doch,
so sei es die gottgegebene Pflicht der Kirche als Gewissen des Staates, dies zu bean-
standen: „Wenn wir zu diesem legalisierten Unrecht gegen die Juden schwiegen, würden wir verantwortlich und mitschuldig an diesem Unrecht werden." Die Kirche forderte dazu auf, die Judenverfolgungen einzustellen und den Rassenhaß zu bekämpfen.[21] An zwei Sonntagen im November 1942 wurde in den evangelischen Kirchen
Norwegens in Gottesdiensten der Juden ausdrücklich gedacht.

Zwischen April 1941 und Mai 1942 wurden elf Juden deportiert – von denen zehn
umgekommen sind – der erste von den zehn wurde am 27. April nach Groß-Rosen
deportiert, ein zweiter nach Sachsenhausen; drei weitere wurden 1941 aus Gefängnissen in Oslo nach Deutschland geschickt, einer von ihnen in ein Gefängnis in Hamburg und später nach Auschwitz. Fünf wurden von Januar bis Mai 1942 aus dem Lager
Grini deportiert, einer kam am 7. Januar 1942 nach Hamburg-Fuhlsbüttel, ein Jahr

[18] Yad Vashem JM 2217, K 212526.
[19] Arne Fjellbu, Minner fra krigsårene, Oslo 1945, S. 104-110.
[20] RA KUD (Kirche- und Unterrichtsministerium), Jnr. 2772 A und 4006/A 1941.
[21] Der Protestbrief wurde vervielfältigt und weit verbreitet, nach dem Kriege in Büchern wortwörtlich wieder-
     gegeben. Nur Kopien liegen im RA KUD (Feylings Archiv) vor.

später nach Auschwitz und wurde am 27. März 1945 während eines Transportes erschossen, die vier anderen kamen am 21. Mai 1942 nach Sachsenhausen. Einer starb dort am 30. September 1942, die drei anderen wurden am 24. Oktober nach Lublin transportiert.[22]

Während der Judenverfolgungen im Herbst 1942 gingen mit dem Schiff „Monte Rosa" zwei Transporte von Grini nach Deutschland, der erste am 19. November 1942 mit 21 jüdischen Häftlingen (20 aus dem Lager), beinahe alle aus Oslo und dem südlichen Norwegen. Über diesen Transport und das weitere Schicksal der Deportierten liegen keine Berichte vor. Wahrscheinlich starben die meisten kurz nach ihrer Ankunft in Auschwitz. Nur einer von ihnen war im Frühjahr 1945 (im KZ Buchenwald) noch am Leben, aber seitdem ist nichts mehr über ihn bekannt. Am 26. November 1942 verließ die „Monte Rosa" Oslo mit 223 Häftlingen aus Grini an Bord. Das Schiff fuhr nach Aarhus in Dänemark. Unter den Häftlingen waren 26 Juden aus Nord-Norwegen, Drontheim, von der Westküste und aus Oslo. Von Aarhus wurden die nichtjüdischen Häftlinge nach Hamburg gebracht, die Juden über Berlin nach Auschwitz, wo sie in einem Sammeltransport am 11. Dezember ankamen.

Die jüdischen Männer, die im Oslo-Gebiet am 26. Oktober und in den folgenden Tagen verhaftet worden waren, brachte man zuerst ins Gefängnis Bredtveit außerhalb von Oslo und dann weiter ins Lager Berg (261 Personen), etwa 100 Kilometer südwestlich von Oslo.[23] Dorthin kamen auch jüdische Männer aus den übrigen norwegischen Bezirken. Am 11. November befanden sich 338 Juden im Lager. Verantwortlich für dieses Lager und für das Bredtveit-Gefängnis waren die Quisling-Behörden und die von ihnen errichtete Staatspolizei. Am 7. November wurden 37 Männer über 60 Jahre freigelassen (um am 25. und 26. November aufs neue verhaftet zu werden). Die Freilassung weckte bei den Zurückgebliebenen einen vorsichtigen Optimismus, der aber am Abend des 25. November 1942 völlig zunichte gemacht wurde. Nachts um vier Uhr gab es Alarm. Von den etwa 300 Juden durften nur die in Mischehen Lebenden im Lager Berg zurückbleiben. Die übrigen 227 wurden mit der Eisenbahn in den Osloer Hafen gebracht. Dort befanden sich am Kai und an Bord des Sklavenschiffes „Donau" noch 300 jüdische Männer und Frauen, Greise und Kinder, die von der norwegischen Polizei abgeholt worden waren. Diese Deportation war schon vor einiger Zeit vorbereitet worden.

Dokumente über die „Donau"-Deportation liegen vor.[24] In der Nacht zum 25. November 1942 um 0.55 Uhr meldete der Chef der Gestapo in Norwegen, SS-Sturmbannführer Hellmuth Reinhard, der Stapoleitstelle Stettin: „Aus besonderen Gründen kann ich erst heute mitteilen, daß am 26.11.42 ein Schiffstransport von ungefähr 7-900 männlichen und weiblichen Juden in allen Altersstufen von Oslo nach Stettin durchgeführt werden wird. Die Überfahrt wird wahrscheinlich ungefähr 3 Tage bean-

[22] Grinifangene, Deportierte April-Mai 1941, Nr. 73 und 79, Januar 1942, Nr. 1015, Mai 1942, Nr. 1707-10. Oskar Mendelsohn, Jødenes historie i Norge gjennom 300 ar, Bd. 2, Oslo 1986², S. 62, die Namen der oben erwähnten und der vier anderen, die aus Gefängnissen in Oslo deportiert wurden, S. 152. Einzeldeportierungen 1943-44; D.A. Seip, Hjemme og i Fiendeland 1942-1945, S. 396 und 440 erwähnt die weitere Überführung der drei Häftlinge von Sachsenhausen nach Lublin Oktober 1942.
[23] RA, Haftbücher für Bredtveit und Berg und auch verschiedene Listen über Häftlinge liegen vor, u.a. Häftlinge, die am 26. Nov. deportiert wurden, und diejenigen, die in Berg zurückgehalten wurden. RA, Våre Falne, eskene (Kartons) 171-197.
[24] Yad Vashem, TR 3/1622; Friedmann, Dokumentensammlung, S. 1-46.

spruchen." Die Juden sollten nach Auschwitz gebracht werden.[25] Schon am Abend
vorher hatte Hauptsturmführer Wilhelm Wagner, der der Abteilung IV B 4 b (Judenfragen) bei der Gestapo vorstand, dem Chef der norwegischen Staatspolizei, General
Marthinsen, die Verfügungen gegen die Juden mitgeteilt. Marthinsen gab die weiteren
Weisungen an vier höhere Polizeibeamte. Sämtliche Personen mit einem „J" im Ausweis sollten am 26. November verhaftet und dann um 15 Uhr deportiert werden, mit
Ausnahme von Personen, die britischer oder amerikanischer (auch lateinamerikanischer) Staatsangehörigkeit oder Bürger neutraler oder mit Deutschland verbündeter
Staaten waren. Die Verhafteten wurden angewiesen, Arbeitskleidung und Proviant für
vier Tage mitzubringen. Aus den Krankenhäusern sollten Kranke und Alte abgeholt
werden. Der Beginn der Razzia wurde auf morgens um 5 Uhr angesetzt. Verschiedene
Abteilungen der Polizei und die Quislinggarde („Hirden") sollten Bewachungsmann-
schaften zur Verfügung stellen.[26] Am 25. November 17 Uhr 25 meldete das Reichssicherheitshauptamt (Blitz-Mitteilung, unterzeichnet von SS-Sturmbannführer
Günther), daß Juden in Mischehen mit Familienangehörigen nicht deportiert werden
durften, ebenso Mischlinge, die nicht als Juden galten mitsamt ihren Familienangehörigen: „Eine Ehetrennung sowie die Trennung von Kindern unter 14 Jahren ist zu
vermeiden. Weiter bitte ich zu erwirken, daß die abbeförderten Juden nach Verlassen
des norwegischen Gebietes ihre norwegische Staatsangehörigkeit verlieren und die
norwegische Regierung keinerlei Ansprüche mehr hinsichtlich einzelner Juden er-
hebt. Eine Rückkehr abbeförderter Juden nach Norwegen kommt in keinem einzigen
Fall mehr in Frage."[27]

Nach den deutschen Dokumenten wurden 532 Menschen auf der „Donau" deportiert.[28] Der Älteste an Bord war 81 Jahre alt, die zwei Jüngsten waren im Mai und Juli
1942 geboren. Stürmisches Wetter verzögerte die Fahrt nach Stettin. Das Schiff kam
erst am 30. November um 11 Uhr 10 in Stettin an, und am selben Nachmittag verließ
der Zug den Bahnhof in Stettin. 50 bis 60 Personen waren in jedem der eiskalten Güterwagen untergebracht. Es gab weder Wasser noch Licht. Fünf Personen mußten sich
ein Brot teilen, obwohl norwegische Behörden große Vorräte von Lebensmitteln auf
die „Donau" hatten bringen lassen. Am folgenden Abend um 21 Uhr traf der Zug in
Auschwitz ein. Transportführer war Kriminal-Sekretär Schapals, der auch das Übergabeprotokoll in Stettin am 30. November als Übernehmender unterzeichnet hatte.
Nach diesem Protokoll wurden 302 Männer und 230 Frauen und Kinder übernommen. Eine Übernahmebestätigung in Auschwitz liegt auch vor (von SS-Oberscharfüh-
rer Stark unterzeichnet).[29] Im „Kalendarium der Ereignisse im Konzentrationslager

[25] Friedmann, Dokumentensammlung, S. 1. Meldung von Oslo 25. Nov. 0055 an Stapoleitstelle Stettin vom
BdS und SD Oslo, gezeichnet Reinhard; Yad Vashem TR 3/1622.
[26] Riksadvokatens Meddelelsesblad Nr. 36-1942 (Mitteilungsblatt des obersten Staatsanwaltes) bringt Marthin-
sens Rapport über die Vorbereitung und Durchführung der Deportation am 26. November, S. 25 ff.
[27] Friedmann, Dokumentensammlung, S. 3 f.; Yad Vashem, TR 3/1622. Blitz Fernschreiben an BdS Oslo
(nachrichtlich an Stapoleitstelle Stettin) 25. Nov. vom RSHA 4 B 4, gezeichnet SS-Sturmbahnführer
Günther. In diesem Fernschreiben werden auch die Länder erwähnt, deren Bürger nicht deportiert werden
durften.
[28] Die Liste der auf der „Donau" Deportierten (Friedmann, Dokumentensammlung, S. 15-43) enthält nur 531
Namen, und zwei von diesen sind zweimal aufgeführt. Es kommt aber mindestens ein Name hinzu, den
man auf einer anderen Liste findet, die 530 Namen enthält.
[29] Friedmann, Dokumentensammlung, Übergabeprotokoll Stettin, S. 11. Übernahmebestätigung Auschwitz,
S. 13.

Auschwitz-Birkenau" findet man am 1. Dezember folgende Auskunft über diesen Transport: „Nach der Selektion lieferte man 186 Männer als Häftlinge ins Lager ein, sie bekamen die Nr. 79 064–79 249. Die Übrigen wurden vergast."[30] Diejenigen, die dem sofortigen Gastod entgingen, waren Männer im Alter von 16 bis etwa 50 Jahren. Nach erledigtem Auftrag kehrte Schapals nach Stettin zurück. In seinem Bericht heißt es: „Besondere Schwierigkeiten entstanden während des Transports nicht. Todesfälle waren nicht eingetreten."[31]

Es war auch beabsichtigt gewesen, die Juden aus weiter von Oslo entfernten Bezirken, unter anderem aus Drontheim und von der West-Küste, auf die „Donau" zu bringen. Der Zug von Drontheim mit 72 Juden kam in Oslo jedoch ungefähr acht Stunden, nachdem das Schiff abgelegt hatte, an. Die Juden wurden daraufhin im Gefängnis Bredtveit untergebracht. Dort lieferte man auch diejenigen ein, die am selben Nachmittag und in den folgenden Tagen von der West-Küste, Nord-Norwegen und Städten in der Nähe von Oslo anlangten. Bis zum 25. Februar 1943, an dem die nächste größere Deportation stattfand, wurden ungefähr 196 Juden nach Bredtveit gebracht.[32] Unter den Häftlingen waren auch Kinder. Für die Schulpflichtigen organisierten jüdische Studenten im Lager Unterricht. Einer Frau, die in der Nansenhilfe stark engagiert war, gelang es, Kleider und Medikamente ins Gefängnis zu bringen.[33]

Inzwischen hatte die schwedische Regierung offiziell freien Zugang nach Schweden angeboten für diejenigen Juden, die noch nicht deportiert worden waren.[34] Das Angebot wurde jedoch von den Deutschen abgelehnt. Nur etwa 30 Personen aus Bredtveit, Berg und Grini, die in Schweden geboren oder früher schwedische Staatsangehörige gewesen waren, durften mit ihren Familien nach Schweden reisen. Mehrere Jüdinnen in Mischehen wurden freigelassen. Außerdem gelang es vier männlichen Häftlingen, von Bredtveit zu entfliehen und sich über die schwedische Grenze zu retten.

Am 24. Februar 1943 wurden 133 jüdische Häftlinge aus dem Bredtveit-Gefängnis an Bord des Schiffes „Gotenland" gebracht, weitere 25 kamen aus Grini dazu. Der Transport bestand hauptsächlich aus Juden, die nicht in der Gegend von Oslo wohnten, außerdem aus einigen Personen, die auf der Flucht nach Schweden ergriffen worden waren, und aus Kranken, die man in Oslo im November nicht verhaftet hatte. Von den 158 Menschen waren 71 Frauen, 62 Männer und 25 Kinder (1926 oder später geboren). Einzelheiten über diesen Transport kennt man von Aussagen der Überlebenden und aus Dokumenten des SS-Hauptsturmführers Wagner von der Gestapo in Oslo, von SS-Obersturmbannführer Eichmann im Reichssicherheitshauptamt und von der Stapoleitstelle in Stettin, wo die „Gotenland" am 27. Februar 1943 anlangte. Auch diesmal liegt ein Übergabeprotokoll vor.[35] Am selben Abend ging der Transport vom Hauptgüterbahnhof weiter nach Berlin. Die Gefangenen wurden zur Synagoge in der Levetzowstraße gebracht, in der sich nach vorhergegangenen Razzien fast 2000 deutsche Juden aufhielten. Der Eisenbahntransport von Berlin umfaßte mehr als 1700

---

[30] Danuta Czech, Kalendarium der Ereignisse im Konzentrationslager Auschwitz-Birkenau 1939-1945, 1960, S. 104.
[31] Friedmann, Dokumentensammlung, S. 14.
[32] RA, Fangefortegnelse (Haftprotokoll) Bredtveit.
[33] Sigrid Helliesen Lund, Alltid underveis, 1981, S. 96-103.
[34] Yad Vashem, JM/2467; St, S. 740.
[35] Yad Vashem, TR 3/1621; Friedmann, Dokumentensammlung, S. 47-52.

Personen. Erst spät abends in der Nacht auf den 3. März kam der Zug in Auschwitz an. Die Männer, die ins Arbeitslager geführt wurden, darunter 26 oder 28 Norweger, bekamen die Nummern 104890 – 105424.[36] Die übrigen wurden vergast.

1943 und 1944 wurden weitere 13 Personen deportiert, unter ihnen elf, die Ende der dreißiger Jahre nach Norwegen eingewandert waren. Zehn von ihnen kamen nach Auschwitz, einer nach Stutthof, eine norwegische Jüdin kam in einem „Nacht- und Nebel-Lager" um. Sieben von den 13 überlebten. Am 16. Februar 1943 wurden sieben britische Staatsangehörige aus Oslo nach Hamburg transportiert, fünf Frauen und zwei Männer, die Frauen weiter nach Vittel in Frankreich, wo die älteste von ihnen starb. Die übrigen sechs überlebten.

Einige Juden aus Norwegen wurden von Auschwitz zum Arbeitseinsatz nach verschiedenen Orten in Polen überstellt oder sie wurden in Lager in Deutschland verschickt. Zwei kamen nach Sachsenhausen, der eine, ein Stereotypeur, wurde mit der Herstellung von falschen Banknoten beschäftigt. Der zweite war Uhrmacher. Ein dritter norwegischer Jude in Sachsenhausen war Student. Er hatte sich an Bord eines norwegischen Schiffes befunden, das bei der Überfahrt von Gotenburg (Schweden) nach Großbritannien von der deutschen Marine versenkt worden war. Er und zwei weitere Gefangene überlebten. Zwei Ärzte durften im Krankenbau in Auschwitz als Pfleger arbeiten. Ein weiterer wurde ins Lagerorchester aufgenommen, wo er die Trompete blies.

Durch Berichte und Zeugnisse Überlebender in Prozessen gegen norwegische und deutsche Kriegs- und NS-Verbrecher und durch Erlebnisschilderungen (einige sind als Bücher erschienen[37]) kennen wir Einzelheiten über die Ereignisse in Auschwitz und anderen Lagern sowie über die Evakuierung nach Westen im Januar 1945. Auch norwegische Juden wurden zu den Versuchen des Dr. Mengele herangezogen. Die Überlebenden berichten, daß im März 1943 weniger als 30 Personen des „Donau"-Transports noch am Leben waren. Drei Monate später lebten kaum mehr als 35 von den ungefähr 735 Menschen, die im Zeitraum vom 19. November 1942 bis 25. Februar 1943 deportiert worden waren.

759 Menschen wurden insgesamt aus Norwegen deportiert. 25 von ihnen überlebten. Zu der Zahl der Überlebenden kommen noch sechs von den sieben internierten britischen Staatsbürgern und ein kriegsgefangener Student hinzu. Außer den umgekommenen Deportierten gab es 23 andere Todesfälle (21 durch Kriegshandlungen, Hinrichtung, Mord, Selbstmord). Die gesamte Zahl der jüdischen Opfer beträgt mindestens 758, das heißt mehr als 40 Prozent der Juden in Norwegen. Beinahe zwei Drittel der Umgekommenen waren norwegische Staatsbürger, 22 Prozent staatenlose norwegische Juden, die übrigen Flüchtlinge aus Zentral-Europa.

Bis zum Kriegsende befanden sich noch etwa hundert Juden in Norwegen, 40 in Krankenhäusern, Altersheimen (auch dem jüdischen) und anderen Institutionen, außerdem einige nicht Internierte und 60, die in „Mischehen" lebten, in den Lagern

---

[36] Hefte von Auschwitz 4 (1943), S. 80.
[37] Moritz Nachtstern (und Ragnar Arntzen), Falskmynter i blokk 19; Herman Sachnowitz (und Arnold Jacoby), Det angår ogsa deg; Professor der Psychiatrie, Leo Eitinger (Pfleger im Krankenbau in Auschwitz) hat in mehreren Abhandlungen und Büchern die psychiatrischen Aspekte und die Spätschäden bei den Überlebenden behandelt, u.a. in: Concentration Camp Survivors in Norway and Israel (1964, 1972).

Berg und Grini. Am 2. Mai 1945 durften 54 von diesen Häftlingen die Lager verlassen und nach Schweden ausreisen. Die Entlassung kam nach Verhandlungen zwischen den Deutschen (Reichskommissariat) und dem schwedischen Generalkonsulat in Oslo seit Herbst 1944 zustande. Die Verhandlungen, die zuerst seitens der Deutschen aus „sicherheits- und abwehrpolizeilichen Gründen" abgelehnt und dann in die Länge gezogen wurden, hatten im Herbst 1944 begonnen.[38]

Während des Krieges gelang es über 900 Juden nach Schweden zu fliehen, 140 von ihnen hatten Norwegen schon vor den Verfolgungen im Oktober 1942 verlassen. Es gelang auch einer ganz kleinen Anzahl, sich über die Nordsee zu retten. Alle, die ihnen zur Flucht halfen, setzten ihr Leben aufs Spiel. Im Herbst 1942 wurde die Flucht durch spontan entstandene „Exportgruppen" organisiert. Man mußte die Juden erst vor der neuen und größeren Gefahr warnen, die ihnen jetzt drohte, dann für Zufluchtstätten sorgen, für Lebensmittel, Transportmöglichkeiten, Fluchthelfer und Lotsen, die sie über die schwedische Grenze brachten. Erschwerend kam hinzu, daß der Winter bereits eingebrochen war. Alte und Kranke mußten in mehreren Fällen über die Grenze begleitet werden, einige verließen die Heimat auf Tragbahren. Auch Juden aus Krankenhäusern wurden gerettet, ebenso die Insassen eines jüdischen Kinderheims in Oslo, die in zwei Gruppen über die Grenze gebracht wurden. Nur wenige dieser Flüchtlinge fielen in die Hände der Deutschen.

Die formelle Auflösung der jüdischen Gemeinden erfolgte am 21. Mai 1943, ihr Eigentum kam unter norwegische Verwaltung.[39] Von zwei Synagogen in Oslo wurde eine zur Lagerung von Drucksachen benutzt. Die Kultusgegenstände verblieben an ihrem Platz. Die zweite Synagoge wurde beschädigt, aber bei weitem nicht so verwüstet wie die in Drontheim. Der städtische Friedhofsvorstand führte die Aufsicht über die jüdischen Friedhöfe weiter. Einige Beerdigungen fanden noch statt. Die Gemeinden in Oslo und Drontheim nahmen im Sommer 1945 ihre Tätigkeit wieder auf. Nach der Volkszählung 1946 gehörten 559 Menschen zur mosaischen Glaubensgemeinschaft. Eine Einwanderung aus den Lagern für Displaced Persons (DPs) fand ab 1947 statt. Bei der Bevölkerungszählung 1950 war die Zahl der Juden wieder auf 836 gestiegen.

[38] Schnellbrief 2. Okt. 1944 an das Auswärtige Amt vom Chef der Sicherheitspolizei und des SD; Yad Vashem, TR 3/492, JM 2217 und K 212510-11; Friedmann, Dokumentensammlung, S. 84 f. (und 82 f.)
[39] Brief vom norwegischen Innenministerium (Innenriksdepartement), 21. Mai 1943 (Id. Jnr. 3557/43 J 1) an das Finanzministerium (FD Jnr. 1462-43 M).

Liliana Picciotto Fargion

Italien

Die Annäherung an die nationalsozialistische Judenpolitik ab 1938[1]

Der Antisemitismus war in Italien kein Phänomen, das größere Massen ergriffen und tiefere Ursachen und Wurzeln in der politischen und sozialen Geschichte des Landes gehabt hätte. Er war eher eine strategische Entscheidung, die Ende 1936 von der faschistischen Führung getroffen wurde, um Mißtöne im Verhältnis Deutschland — Italien zu beseitigen. Man kann daher eher von einem künstlich eingeführten Staatsantisemitismus sprechen als von einem Antisemitismus der Bevölkerung. Dabei hatte es in Italien an einer traditionellen katholischen Voreingenommenheit gegenüber den Juden nicht gefehlt. Es handelte sich jedoch mehr um ein literarisch-theoretisches Phänomen, das nur wenig Bezugspunkte zur Wirklichkeit hatte. Jedenfalls war der Antisemitismus ein Problem, das in der italienischen Bevölkerung auf Desinteresse stieß, so daß es einer starken Propaganda bedurfte, um die Gemüter daran zu gewöhnen und 1938 das Gesetz „zur Verteidigung der Rasse" durchzusetzen.

Mussolini sah die Juden im Zerrspiegel einiger Gemeinplätze, wonach das internationale Judentum die Weltfinanzen in der Hand hatte und durch seine Intrigen den Wohlstand der Nationen korrumpierte. Das heißt aber nicht, daß man ihm einen eigenständigen und militanten Antisemitismus vorwerfen kann, allenfalls der Zionismus erschien ihm einigermaßen verdächtig, weil er im Gegensatz zum Nationalismus stand, der das Leitbild eines jeden guten Italieners zu sein hatte. Insgesamt waren je-

---

[1] Dieser Beitrag basiert im wesentlichen auf Untersuchungen, die im Jahre 1985 angestellt wurden und gibt daher bis auf wenige Ausnahmen den bis dahin erreichten Forschungsstand über die Deportation der Juden aus Italien wieder. Die Bibliographie allerdings wurde auf den aktuellsten Stand gebracht und die Zahlenangaben zu den einzelnen Transporten nach den neuesten Berechnungen ergänzt. Für weitere und detailliertere Angaben muß auf die Publikation Liliana Picciotto Fargion, Il libro della memoria. Ricerca sul ebrei deportati dall'Italia 1943-1945, verwiesen werden, die 1991 in Mailand erscheinen wird. Zumindest zwei erst kürzlich erschienene wichtige Werke verdienen hier Erwähnung: Klaus Voigt, Zuflucht auf Widerruf. Exil in Italien 1933-1945. Bd. 1, Stuttgart 1989 und Susan Zuccotti, The Italians and the Holocaust, New York 1987.
Das wichtige Werk von Renzo de Felice, Storia degli ebrei in Italia sotto il fascismo, das in diesem Aufsatz nach der dritten Auflage aus dem Jahre 1972 zitiert wird, ist in einer durchgesehenen und erweiterten Fassung 1988 nochmals in Turin erschienen. Darüber hinaus ist inzwischen ein Buch zum Strafverfahren gegen Allers, Oberhauser und andere wegen der begangenen Verbrechen in der Reismühle von San Sabba veröffentlicht worden: Adolfo Scalpelli (Hrsg.), San Sabba. Istruttoria e processo per il Lager della Risiera. 2 Bde., Milano 1988. Im vorliegenden Aufsatz wurde noch nach den unveröffentlichten Gerichtsakten zitiert.
Eine aktualisierte Bibliographie zum Thema Verfolgung findet sich bei Michele Sarfatti, Bibliografia delle persecuzioni antiebraiche in Italia. 1938 – 1945, in: La Rassegna Mensile di Israel, vol. LIV, Nr. 1-2, Januar-August 1988 (Sonderheft in Zusammenarbeit mit dem Centro di Documentazione Ebraica Contemporanea unter dem Titel: Michele Sarfatti (Hrsg.), 1938. Le leggi contro gli ebrei), S. 435-475.

doch, trotz einiger Mißklänge, die Beziehungen zwischen dem Regime und der jüdischen Gemeinde in Italien lange Zeit gut. Die zum Bruch führende Veränderung in den Beziehungen ist auf den ausgeprägt rassistischen und den neuen „imperialen" Geist nach der Invasion Abessiniens zurückzuführen, aber auch auf die antifaschistische Haltung einiger italienischer Juden während des Spanischen Bürgerkrieges und des Abessinienkrieges. Die Überschätzung der ökonomischen und politischen Macht der Juden auf internationaler Ebene und die sich daraus ergebende Enttäuschung darüber, daß sie nichts getan oder zu tun vermocht hatten, um die am 3. November 1935 vom Völkerbund beschlossenen Sanktionen gegen Italien wegen des Angriffs auf Abessinien zu verhindern, spielte ebenfalls eine nicht geringe Rolle. Aber mehr als alles andere fiel die politische Annäherung an Deutschland ins Gewicht. Man glaubte, kein echtes Bündnis herstellen zu können, ohne den Antisemitismus zu übernehmen, der im Zentrum der nationalsozialistischen Ideologie stand. Ohne innere Überzeugung und aus reinem Opportunismus übernahm Italien daher eine Politik, deren offizielle Zielsetzung „nicht verfolgen, sondern diskriminieren" lautete. Vom 6. Oktober 1938 an erließ das Regime eine Reihe von Dekreten, die darauf abzielten, die wenigen italienischen Juden ihrer politischen und bürgerlichen Rechte zu berauben, die ausländischen Juden, die auf der Appeninhalbinsel Zuflucht gefunden hatten oder sich dort auf der Durchreise befanden, auszuweisen und den nach 1919 Eingebürgerten die italienische Staatsbürgerschaft abzusprechen.

Den Dekreten war seit Mitte 1936 eine über die Presse und andere Medien (Schulen, Universitäten, öffentliche Debatten) gelenkte Verleumdungskampagne vorausgegangen sowie eine seit dem 22. August 1938 vom Innenministerium durchgeführte Zählung der Juden, wie sie für jedes Regime, das eine Minderheit unterdrückt, typisch ist. Die Anwendung des Gesetzes „zur Verteidigung der Rasse" wurde der speziell zu diesem Zweck geschaffenen „Generaldirektion für Demographie und Rasse" beim Innenministerium anvertraut. Diese setzte fünf Jahre lang die gesamte antisemitische Politik des Staates in die Praxis um, wobei sie in einigen Fällen vom Finanzministerium, vom Erziehungsministerium und vom Ministerium für Volkskultur unterstützt wurde.

Der Kriegseintritt Italiens im Juni 1940 änderte nicht im mindesten die Lage der Juden im Hinblick auf die antisemitische Gesetzgebung, die erniedrigend blieb und besonders all jenen Anlaß zur Verzweiflung bot, denen die Möglichkeit genommen wurde zu arbeiten. Es war bis dahin mehr eine materielle und moralische Zwangslage als eine ernste physische Bedrohung, so daß nur wenige daran gedacht hatten, das Land zu verlassen: ungefähr 6000 nach einem Bericht der Generaldirektion für Demographie und Rasse.[2] Der Sturz Mussolinis am 25. Juli 1943 wurde folgerichtig wie eine Befreiung gefeiert. Die jüdischen Institutionen baten die neue Regierung Badoglio um die Abschaffung der gegen die Juden gerichteten Gesetze, erreichten dabei aber nur begrenzte Milderungen. „Man konnte nicht zu einer offenen Aufhebung der Rassengesetze kommen, ohne sich in eine heftige Konfrontation mit den Deutschen zu begeben", erklärte der neue Regierungschef in seinen Memoiren.[3]

---

[2] Bis zum 28. Oktober 1941 hatten danach genau 5966 Juden italienischer Nationalität das Land verlassen. Situazione ebraica al 28 ottobre 1941, Roma, in ACS, Ministero degli Interni, Direzione Generale per la Demografia e Razza 1938-1943, busta 13, fasc. 14.

[3] Pietro Badoglio, L'Italia nella seconda guerra mondiale, Milano 1946, S. 92.

Nach dem 8. September 1943 überschlugen sich die Ereignisse: die Befreiung Mussolinis am Gran Sasso durch die Deutschen, die Bildung der neuen nicht mehr monarchisch, sondern republikanisch ausgerichteten faschistischen Regierung, ihre Verlegung nach dem Norden, die Teilung Italiens in das „Königreich des Südens" und die „Soziale Italienische Republik" von Saló, die von Deutschland besetzt und mit ihm verbündet war.[4]

Die Zahl der jüdischen Bevölkerung, die auf dem Territorium der nun auch stärker antisemitisch geprägten neuen Regierung Mussolini bis zu ihrer Deportation bzw. Befreiung lebte, schwankt zwischen 33 200 und 34 000. Dieses Ergebnis basiert auf komplizierten Berechnungen, die ausgehend von den offiziellen Zahlen der faschistischen Volkszählung des Jahres 1938, die politischen Veränderungen in den folgenden Jahren bis 1945 berücksichtigt.[5] Die Volkszählung hatte 46 656 Personen ermittelt, die sich zur jüdischen Religion bekannten. Hinzugerechnet werden müssen nun jene Juden, die in den italienisch besetzten Gebieten verhaftet und in Italien interniert wurden. Es handelte sich um etwa 2780 Juden aus Jugoslawien, etwa 200 aus Albanien, etwa 300 aus Libyen und etwa 500 aus Rhodos. Zu berücksichtigen sind ferner etwa 750 italienische Juden, die im Ausland gelebt hatten und repatriiert worden waren sowie jene etwa 1250 Juden, die im italienisch besetzten Südfrankreich gelebt hatten und nach dem Waffenstillstand am 8. September 1943 dem Rückzug der 4. Italienischen Armee über die Alpen freiwillig gefolgt waren[6], und weitere 400 bis 600 Personen, die am selben Tag aus der Internierung in Saint Gervais mit einem Sonderzug über Turin nach Nizza gebracht werden sollten, aber aus Italien nicht mehr herauskamen.[7] Andererseits müssen 6000 italienische und 5000 ausländische Juden abgezogen werden, die aus Italien noch rechtzeitig emigrieren konnten. Das gilt ebenso für jene etwa 2050 Juden, die von den alliierten Truppen im Süden des Landes befreit wurden und etwa 6000 Juden, denen es gelang, heimlich die Schweizer Grenze zu passieren. Das Schicksal der in Italien verbliebenen Juden hing von der Verflechtung der faschistischen mit der nationalsozialistischen Politik ab.

Der später für die Judenverfolgung in Norditalien zuständige SS-Hauptsturmführer Theo Dannecker hat im Juli 1941 in seiner Funktion als Leiter des Judenreferats des RSHA in Paris in einem ausführlichen Memorandum dargelegt, daß es gelte, behutsam und stufenweise vorzugehen.[8] Durch Mäßigung und Duldung solle man die Juden dazu verleiten, offen aufzutreten, sie dann in Karteien erfassen und zum Zusammenschluß in einer ihnen oktruierten Vertretungskörperschaft zwingen. Zugleich solle man sie ihres Besitzes berauben, gegen sie gerichtete Gesetze verkünden und

[4] Zu den Geschehnissen bei der Errichtung der „Sozialen Italienischen Republik" vgl. Frederick William Deakin, Storia della repubblica di Saló, Torino 1963 (englische Originalfassung: The Brutal Friendship. Mussolini, Hitler and the Fall of Italian Fascism, London 1961).
[5] Weitere Einzelheiten bezüglich dieser Berechnungen siehe Picciotto Fargion, Il libro (Teil III: La Storia).
[6] Vgl. dazu Alberto Cavaglion, Nella notte straniera. Gli ebrei di S. Martin Vésubie, Cuneo 1981.
[7] Aussage von Aron Kasterstajn, 30. Mai 1945, in YIVO Institute for Jewish Research, New York, jetzt auch in einer Kopie im ACDEC, 5 H b. Die Zahl von 400-600 Personen in dem Zug aus Saint Gervais geht auf eine Mitteilung von Klaus Voigt zurück, der inzwischen ein Buch über die Emigration nach Italien veröffentlicht hat: Voigt, Zuflucht.
[8] Bericht Danneckers an das Reichssicherheitshauptamt, Abteilung IV J, Die Judenfrage in Frankreich und ihre Behandlung, Paris, 31. Juli 1941. Dieses Dokument wurde von Frankreich beim Prozeß vor dem Internationalen Militärgerichtshof in Nürnberg vorgelegt (RF-1207). Es ist wiedergegeben bei Henri Monneray, La persécution des Juifs en France et dans les autres pays de l'Ouest présentée par la France à Nuremberg, Paris 1947, S. 84-116.

eine entsprechende Propaganda betreiben, um die öffentliche Meinung an den Antisemitismus zu gewöhnen. Erst nach Abschluß dieser Phase könne man zur zweiten
übergehen, der Einlieferung in Konzentrationslager und der Deportation nach dem
Osten.

In Italien wurde aber die Vorbereitungsphase im Gegensatz zu vielen anderen europäischen Ländern übergangen, weil sich die Ereignisse überstürzten, vor allem aber,
weil diese erste Etappe auf dem Weg zur Deportation bereits überholt war. Wie in allen besetzten Ländern wurde auch in Italien die Verhaftung und Deportation der Juden der Institution Sicherheitspolizei und Sicherheitsdienst anvertraut, deren zentraler Befehlsstab in Verona unter dem SS-Brigadeführer und Major der Polizei Wilhelm
Harster errichtet wurde. Harsters neuer Titel lautete nun Befehlshaber der Sipo und
des SD (BdS). An die Spitze des nationalsozialistischen Polizeisystems trat der Höhere
SS- und Polizeiführer (HSSPF) in der Person des SS-Obergruppenführers Karl Wolff.
Die italienische Halbinsel mit ihrer unruhigen Politik wurde also von den Behörden
in Berlin durchaus nicht unterschätzt.[9]

Etwa einen Monat nach der Besetzung wurde die „Judenfrage" mit Entschlossen-
heit in Angriff genommen. Der BdS mit seinem Apparat stand jedoch noch nicht zur
Verfügung, da er sich in jeder Hinsicht einer höchst instabilen Lage gegenübersah.
Eichmann, der Chef des SS-Judenreferats IV B 4 im RSHA in Berlin, wollte sich deshalb im Hinblick auf die Durchführung der anti-jüdischen Politik nicht auf den BdS
verlassen und bediente sich einige Monate lang einer mobilen Einheit von sechs bis
acht Mann unter dem Befehl eines erfahrenen Deportationsorganisators, des SS-
Hauptsturmführers Theo Dannecker.[10] Er wurde in den ersten Oktobertagen mit der
Aufgabe nach Rom gesandt, die Verhaftung der italienischen Juden einzuleiten. Bevor
Dannecker die erste Razzia in Rom auslöste, studierte er zunächst anhand der ihm
wahrscheinlich vom italienischen Innenministerium zur Verfügung gestellten Anschriften und Aufzeichnungen die Sozialstruktur der Juden in der Stadt.

Am 16. Oktober 1943 wurde, ausgehend vom jüdischen Viertel, dem alten Ghetto,
in Rom die große Razzia ausgelöst.[11] Am Sonnabend gegen halb sechs Uhr morgens
versperrten Lastwagen und Streifenposten alle Zugänge. Abteilungen der deutschen
Polizei (insgesamt 365 Mann der Ordnungspolizei und der Sipo) gingen von Haus zu
Haus und brachen, wenn nötig, die Türen auf. Die Bewohner wurden unter Vorwei-
sung einer schriftlichen Anordnung zum Verlassen ihrer Wohnungen gezwungen,
gleich ob es sich nun um Frauen im Nachthemd oder halbnackte Kinder handelte.
Von dort trieben Sicherheitskräfte die Verhafteten zunächst zu einem zentralen Sam-
melplatz in der Nähe des Theaters des Marcellus und überführten sie nach Abschluß
der Razzia in die italienische Kadettenanstalt in der Via della Lungara, wo man sie in
Sälen, Gängen und Turnhallen zusammenpferchte. Insgesamt waren bei dieser Aktion

---

[9] Zur Organisation der deutschen Sicherheitspolizei in Italien, vgl. Liliana Picciotto Fargion, Polizia Tedesca
ed ebrei nell'Italia occupata, in: Rivista di Storia Contemporanea 3 (1984), S. 456-471.

[10] Strafverfahren gegen Friedrich Bosshammer wegen der Deportation der Juden in Italien, Staatsanwaltschaft
Berlin 1971, Anklageschrift, S. 256, ACDEC, 10 b.

[11] Der Verlauf der Ereignisse wird unterschiedlich dargestellt. Vgl. vor allem Michael Tagliacozzo, La comun-
ità di Roma sotto l'incubo della svastica. La grande razzia del 16 ottobre 1943, in: Gli ebrei in Italia durante
il fascismo, Quaderni del CDEC, 3 (1961), S. 8-37; Ottobre 1943. Cronaca di un'infamia, a cura della Com-
unità Israelitica di Roma, Roma 1961; Liliana Picciotto Fargion, L'occupazione tedesca e gli ebrei di Roma,
Roma 1979.

1259 Personen – vor allem Frauen und Kinder – festgenommen worden. Nach Überprüfung der Kennkarten ließ man im Morgengrauen des folgenden Tages die Ehepartner und Kinder aus „Mischehen" und die Nichtjuden frei. Am 18. Oktober 1943 wurden die verbliebenen Gefangenen auf Lieferwagen zu einem Güterbahnhof in Rom gebracht und in einen Güterzug mit 18 Waggons in Richtung Auschwitz verladen.

Die römische Razzia war nicht die erste gegen die jüdische Bevölkerung Italiens gewesen. In Norditalien hatte es schon vorher ähnliche Aktionen gegeben: am 15. September 1943 und an den darauffolgenden Tagen am Lago Maggiore, am 16. September in Meran und am 9. Oktober in Triest. Trotzdem wurden die Juden in Rom völlig überrascht. Bisher hatte man in Italien der Nachricht von Massenverhaftungen oder Deportationen in anderen europäischen Ländern noch keinen rechten Glauben geschenkt, zudem waren die Grenzen geschlossen und die Nachrichtenübermittlung spärlich. Zwar erfuhren die in Italien lebenden Juden durch Augenzeugenberichte jener Flüchtlinge, die aus Osteuropa eintrafen und in Italien Zuflucht suchten, von der nationalsozialistischen Brutalität, aber all das war weit weg und mit der eigenen Situation nur schwer zu vergleichen. In Italien kannte man nur den Antisemitismus der Faschisten, der trotz vieler Schikanen und Diskriminierungen unblutig verlief. Niemand glaubte, daß es schlimmere Formen der Verfolgung geben könnte. In gewisser Weise führte der legalisierte italienische Antisemitismus zur Desorientierung vieler Juden, die sich, solange noch Zeit dazu war, nicht für die Flucht entscheiden konnten. Zur Beruhigung trug vor allem auch die Gegenwart des Vatikans bei, der von vielen als Garant gegen zunehmende Barbarei in der Kriegsführung im allgemeinen und gegen die Verfolgung der Juden im besonderen angesehen wurde.

Auch nach der Razzia gingen die Verhaftungen in Rom weiter, aber sie waren jetzt weniger systematisch und leichter vorhersehbar. Von Rom aus zog der „Operationsstab" weiter nach Norden. Bis Ende November waren Mailand, Florenz und weitere norditalienische Städte Schauplatz ähnlicher „Judenaktionen". Während des gesamten Zeitraums, in dem Dannecker die Aktionen in Italien organisierte, dienten die Gefängnisse der Großstädte als Zwischenstation für die Deportationen. Für den Deportationszug vom 9. November 1943 etwa brachte man die Juden aus den örtlichen Gefängnissen zu den Bahnhöfen von Florenz oder Bologna, während der Zug vom 6. Dezember in Mailand, Verona und Triest beladen wurde. Ende Dezember kam Dannecker mit seinem Stab nach Verona, wo er seine Aufgabe zunächst beendete. Bald darauf setzte er seine Karriere in Ungarn fort.

Zur selben Zeit als die ersten Razzien gegen die Juden stattfanden, konstituierte sich am 22. September 1943 in Italien eine neue Regierung mit Mussolini an der Spitze, die „Soziale Italienische Republik". Nach deutscher Weisung durfte Mussolini Rom nicht als Hauptstadt behalten. Auf Anordnung Hitlers an Botschafter Rahn wurde die Verwaltung der faschistischen Republik mit allen Ministerien an das Ufer des Gardasees – nach Saló – verlegt. Die deutsche Botschaft richtete sich in der Nähe des neuen faschistischen Regierungssitzes ein. Zunächst sollte eine Konstituierende Versammlung für den neuen Staat gebildet werden, man begnügte sich dann jedoch mit der Einberufung von Delegierten der faschistischen Parteiorganisationen Norditaliens am 14. November in Verona. Ihre Aufgabe bestand nur noch darin, ein bereits vorher beschlossenes Manifest, die „Charta von Verona", an der auch der deutsche Botschafter maßgeblich beteiligt war, zu billigen. Vor allem für die Juden hatte das neue, 18 Punkte umfassende Programm verhängnisvolle Folgen. Unter Punkt 7 hieß es ausdrücklich: „Die Angehörigen der jüdischen Rasse gelten als Ausländer und sind für die Dauer dieses Krieges feindlicher Nationalität."[12] Mit dieser Erklärung verlieh die „Soziale Italienische Republik" der deutschen Politik gegen die italienischen Juden die förmliche Legitimation. Praktisch bedeutete sie die Verpflichtung der Polizei, den Nationalsozialisten eine entsprechende Anzahl von Juden für die Deportationen zu überstellen.

Die „Soziale Italienische Republik" setzte umgehend die „Charta von Verona" in die Tat um, indem sie die Verhaftung und Einlieferung aller Juden, gleich welcher Nationalität, befahl und die sofortige Beschlagnahme ihres mobilen und immobilen Eigentums veranlaßte. Das vom Innenminister Guido Buffarini-Guidi unterzeichnete entsprechende Dekret trägt das Datum des 30. November 1943.[13] Von dieser Maßnahme verschont blieben lediglich diejenigen, die einer „Mischehe" entstammten. Nach einer kurzen Zwischenphase, in der einige kleinere Lager in der Provinz errichtet worden waren, entstand zur praktischen Durchführung dieser neuen Politik das erste große italienische Konzentrationslager in Fossoli, sechs Kilometer von Carpi entfernt, in der Provinz Modena. Der Befehl zur Errichtung des Lagers wurde am 2. Dezember 1943 dem Bürgermeister von Carpi über die Präfektur Modena erteilt. Mitte Dezember trafen die ersten Transporte ein.[14]

Die Veränderungen der politischen Lage traten zu einem Zeitpunkt ein, als Danneckers Verhaftungsaktionen ins Stocken geraten waren und er nur zwei Transporte nach Auschwitz mit Juden aus Italien hatte organisieren können. Mitte Dezember erließ die faschistische Regierung eine neue Verordnung, vermutlich weil sie Reaktionen der Bevölkerung auf die Verschleppung der Alten und Kranken aus ihren Wohnungen befürchtete. Einige Punkte der ersten Verordnung wurden abgemildert: Von Internierung und Verhaftung ausgenommen waren nun die über Siebzigjährigen und die Schwerkranken. Die Anordnung, daß „arische" Kinder aus „Mischehen" nur überwacht, aber nicht verhaftet werden durften, wurde bestätigt.[15] Inzwischen prüfte in Berlin Eichmanns Dienststelle die Möglichkeiten, die das Manifest von Verona „für eine im Hinblick auf die Judenfrage fruchtbarere Arbeit als in der Vergangenheit" bot. Man entschied, daß der „Operationsstab" Danneckers nunmehr seine Funktion erfüllt habe und daß die Aufgabe, die Juden zu verhaften und zu deportieren, fortan einer Behörde anvertraut werden sollte, die systematisch mit der italienischen Polizei zusammenarbeitete. Ein entsprechendes Gesuch an die italienische Führung wurde über den normalen diplomatischen Weg geleitet, also zunächst an die Deutsche Botschaft gerichtet. Die weitere Durchführung der „Endlösung" sollte in die Hand von Friedrich Bosshammer gelegt werden, der zum Stab des Amtes Eichmann in Berlin gehörte und Dannecker in Italien ersetzen sollte. Eine vorbereitende Besprechung fand am 4. Dezember in Berlin statt. Anwesend waren der Vertreter des Auswärtigen Amtes, Eber-

---

[12] De Felice, Storia, S. 433.
[13] Innenministerium an alle Provinzchefs (Präfekten), Ordine di polizia n.5, in: ACS, Repubblica Sociale Italiana (RSI), Presidenza del Consiglio – Yabinetto, busta 33, fasc. 3/2-2, sottofasc. 13.
[14] Präfektur Modena an den Bürgermeister (podestà) von Carpi, Brief vom 2. Dezember 1943, in: Archivio comunale di Carpi, Anno 1943-1949, Campo di concentramento ebrei, fasc. 2.
[15] Polizeichef Tamburini an die Provinzchefs und Quästoren, Telegramm vom 10. Dezember 1943, in: ACS, Ministero dell'Interno, Direzione Generale della Pubblica Sicurezza, Divisione Affari generali e riservati (1920-1945), Categoria A 5 G, busta 63, fasc. 230, ebrei-sequestro beni.

hard von Thadden, Friedrich Bosshammer und Theo Dannecker, der nach Deutschland zurückberufen worden war.[16] Während der Zusammenkunft wurde festgestellt, daß Dannecker kein „nennenswertes Ergebnis" (so wörtlich!) erzielt habe, weil die Verhaftungen nicht überraschend genug erfolgt wären. Auch hätte nicht die Möglichkeit bestanden, von Stadt zu Stadt zu ziehen und Razzien gegen alle Juden durchzuführen. Da die italienische Regierung nun ein Gesetz zur Zwangseinlieferung der Juden in Konzentrationslager erlassen habe, könne man in Zukunft an eine enge Zusammenarbeit zwischen Italienern und Deutschen denken. Die Reichsregierung solle den Italienern erfahrene Ratgeber zur Verfügung stellen, die schon dem inzwischen aufgelösten „Operationsstab" angehört hatten. Sie könnten die Oberaufsicht über die praktische Ausführung des Gesetzes ausüben und „den Exekutivapparat der Faschistischen Regierung voll für die Judenmaßnahmen einsetzen". Das Reichssicherheitshauptamt verlangte die Auslieferung der internierten Juden zur Deportation nach „den Gebieten des Ostens". Das Auswärtige Amt hielt es jedoch für ratsam, dieses Gesuch vorläufig auszusetzen, weil es Unruhe und Verwirrung stiften könnte. Man hielt es für besser, solange abzuwarten, bis mehr Juden in den Konzentrationslagern eingeliefert worden seien. Diese Taktik würde bestimmt zu günstigeren Ergebnissen führen.

Friedrich Bosshammer traf Ende Januar 1944 in Italien ein. Er richtete ein neues, auf die Verhaftung und Deportation der Juden spezialisiertes Referat bei der Abteilung IV (Gestapo) des BdS Italien in Verona ein. Anfang Februar wurden die Männer des Stabs, der schon Dannecker gedient hatte, nach Italien zurückgeschickt und dem Befehl Bosshammers unterstellt. Im Unterschied zu Dannecker wechselte der neue Beauftragte mit seiner Gruppe nicht von einer Operationszone zur anderen, sondern verfügte über einen ständigen Sitz und war nicht nur organisatorisch dem BdS eingegliedert, sondern er konnte auch dessen Apparat benutzen. Mit der Errichtung des Amtes IV b 4 wurde Italien im Hinblick auf die „Endlösung der Judenfrage" den anderen Staaten unter deutscher Besatzung angeglichen.

Die von der „Sozialen Italienischen Republik" verfügte Zwangseinlieferung in Konzentrationslager paßte ausgezeichnet in das deutsche Konzept. Um die anschließenden Evakuierungen „systematisch und geordnet" vornehmen zu können, übernahm der BdS Ende Februar/Anfang März 1944 das Lager Fossoli aus italienischer Hand und machte es zum Sammel- und Durchgangslager für die zur Deportation bestimmten Juden und politischen Häftlinge. Dem Amt IV b 4 Verona wurden alle Verhaftungen gemeldet, die in den verschiedenen Provinzen von der italienischen Polizei und den sogenannten Vorausabteilungen des BdS vorgenommen wurden und jede bevorstehende Einlieferung in das Lager Fossoli angekündigt. Hatte das Sammellager die Grenzen seiner Aufnahmefähigkeit erreicht, so erteilte Bosshammer den Befehl zur Bereitstellung eines Zuges.[17]

Ende Juli 1944 näherte sich die Front immer mehr den norditalienischen Gebieten. Die Alliierten hatten die Brücken über den Po bombardiert, und es waren ständig An-

[16] Vortragsnotiz gez. Wagner, Berlin 4. Dezember 1943, in: Strafverfahren gegen Friedrich Bosshammer, Anklageschrift, S. 267. Das Dokument ist vollständig wiedergegeben in: Judenverfolgung in Italien, den italienisch besetzten Gebieten und Nordafrika, Dokumentensammlung vorgelegt von der United Restitution Organization, Frankfurt a.M. 1962, S. 201 f.
[17] Strafverfahren gegen Friedrich Bosshammer, Anklageschrift, S. 315.

griffe von Partisaneneinheiten zu erwarten. Der BdS entschied deshalb, Fossoli zugunsten eines Durchgangslagers in einer militärisch sichereren und geographisch weiter
nördlich gelegenen Region zu räumen. Das neue Lager wurde in der Nähe von Bozen
mitten in der „Operationszone Alpenvorland" errichtet. Das Personal von Fossoli und
die politischen Gefangenen – etwa 100 Personen – nahmen die Deutschen mit nach
Bozen-Gries. Fast alle zurückgebliebenen Juden wurden am 1. August 1944 deportiert. In Lastwagen und Bussen brachte man sie bis zum Po, der wegen der zerstörten
Brücken auf Booten überquert werden mußte. Vom Bahnhof Verona ging der Deportationszug dann einen Tag später direkt nach Auschwitz ab. Mit diesem letzten Transport aus Fossoli wurden auch die Juden fortgebracht, die ursprünglich „nicht für die
Deportation vorgesehen" waren, also Kinder und Partner aus „Mischehen". Einige
Waggons wurden jenseits der Grenze abgehängt und nach Buchenwald, Ravensbrück
bzw. Bergen-Belsen dirigiert.

Bosshammer wechselte in eine andere Abteilung, nachdem mit der Auflösung Fos-
solis sein Werk als Verantwortlicher für die „Endlösung" in Italien beendet war.[18] Die
Deportationen aber gingen weiter. Im Lager Bozen-Gries wurden erneut Transporte
zusammengestellt, die auch Kinder und Partner aus „Mischehen" abtransportierten.
Einer dieser Transporte traf am 28. Oktober 1944 in Auschwitz ein; zwei weitere erreichten am 20. Dezember 1944 Ravensbrück und Flossenbürg.[19]

Die Deportation der Juden aus Triest

Die Deportation der Juden aus Triest weist einige besondere Merkmale auf, die auf die
Lage dieses von Deutschland annektierten und unter der Bezeichnung „Operationszone Adriatisches Küstenland" in die deutsche Verwaltung eingegliederten Gebiets
zurückzuführen sind. Zugleich spielte aber auch die ungewöhnliche Zähigkeit eines
korrupten und an äußerster Grausamkeit gewöhnten Polizeiapparats eine Rolle, wenn
es hieß, möglichst viele Juden zu verhaften, und sich des jüdischen Eigentums zu bemächtigen.[20]

An die Spitze der Gebietsverwaltungen trat am 10. September 1943 als Oberster
Kommissar Friedrich Rainer, der Gauleiter und Reichsstatthalter von Kärnten, während zum Höheren SS- und Polizeiführer (HSSPF) Odilo Globocnik ernannt wurde,
der in der zweiten Septemberhälfte aus Lublin in Triest eintraf.[21] SS-Gruppenführer
Globocnik unterstand als HSSPF für die fünf Provinzen der „Operationszone Adriatisches Küstenland" dem für das gesamte italienische Gebiet zuständigen Höchsten SS-
und Polizeiführer, General Karl Wolff. Globocnik wurde, nachdem er die „Reinhard-
Aktion" in Polen abgeschlossen hatte, zusammen mit einem Teil des „Einsatzkom-

---

[18] Ebenda, S. 381.
[19] Kartei der aus Italien deportierten Juden, ACDEC.
[20] Die „Operationszone Adriatisches Küstenland" wurde am 10. September 1943 geschaffen und umfaßte die
     Provinzen Friaul, Görz, Triest, Fiume, Carnaro und Laibach. Daneben entstand eine weitere „Operations-
     zone" mit der Bezeichnung „Alpenvorland", die aus den Provinzen Bozen, Trient und Belluno bestand. Vgl.
     Karl Stuhlpfarrer, Die Operationszonen „Alpenvorland" und „Adriatisches Küstenland" 1943-1945, Wien
     1969, S. 47.
[21] Tone Ferenc, La polizia tedesca nella zona d'operazioni „Litorale Adriatico" 1943-1945, in: Storia Contem-
     poranea in Friuli 10 (1979), S. 17.

mandos Reinhard" nach Triest geschickt, um die Sicherheit der Straßen in dem Partisanengebiet Istriens zu gewährleisten. Es ist allerdings auch nicht auszuschließen, daß er zur Belohnung für die glänzende Ausführung seiner Aufgaben in Polen auf eine Art Ruheposten in seine Heimatstadt Triest versetzt wurde. Globocnik unterstand die gesamte deutsche Polizei der „Operationszone Adriatisches Küstenland" und auch das „Einsatzkommando Reinhard", das zwischen Oktober und November nach und nach in Triest eintraf. Es wurde dem Befehl von SS-Sturmbannführer Christian Wirth und nach dessen Tod am 26. Mai 1944 Obersturmbannführer August Allers unterstellt. Das Einsatzkommando war in drei Abschnitte unterteilt:

- R I unter dem Befehl von SS-Hauptsturmführer Gottlieb Hering und später von SS-Obersturmführer Josef Oberhauser mit Sitz in der Reismühle von San Sabba;
- R II unter dem Befehl von SS-Hauptsturmführer Reichleitner und später von SS-Hauptsturmführer Franz Stangl mit Sitz in Fiume;
- R III unter dem Befehl von Stangl und danach von Paul Walther mit Sitz in Udine.[22]

Die ersten Verhaftungen von Juden begannen am 9. Oktober 1943, und die ersten Deportationen mit dem Ziel Auschwitz liefen ähnlich wie im übrigen Italien ab. Dafür spricht, daß der Transport Nr. 21 T von Triest (vgl. Tabelle 2 a) an den Transport Nr. 5 von Mailand (vgl. Tabelle 2) angehängt wurde, man handelte in Triest also nicht eigenmächtig, sondern in völliger Übereinstimmung mit dem BdS Italien. Möglicherweise zielte die Entwicklung in Triest auf eine größere Autonomie, vor allem nachdem das „Einsatzkommando Reinhard" die Verhaftungen und Enteignungen übernommen hatte. In der Tat sind die Beziehungen zwischen dem „Einsatzkommando Reinhard" und der Triestiner Gestapo nicht eindeutig: in den Verzeichnissen der Gefängnisse findet sich unter der Rubrik der für die Einlieferung der Häftlinge verantwortlichen Behörde bis zum 29. Dezember 1943 die Eintragung „Deutsche Polizei IVB" und vom 30. Dezember an erscheint der Vermerk „RI". Auf einigen erhalten gebliebenen Haftscheinen mit den Namen der Verhafteten ist die Aufschrift „Der Befehlshaber der Sipo und des SD in der Operationszone Adriatisches Küstenland" gestrichen, spätestens ab 12. Januar 1944 erscheint das Zeichen „RI".

Dem Abschnitt RI oblag die Leitung des Konzentrationslagers in der ehemaligen Reismühle von San Sabba. Teils Vernichtungslager für Partisanen, diente es auch als Durchgangslager zur Deportation politischer Gefangener und Juden und als Magazin für das geraubte jüdische Eigentum sowie als Kaserne. Das genaue Datum der Errichtung des Lagers konnte nicht festgestellt werden, es läßt sich aber auf den Zeitraum Januar/Februar 1944 eingrenzen.

Von Triest gingen 22 Deportationszüge mit politischen Gefangenen und Juden ab, die im Gebiet Triest, Fiume, Gorizia, in Friaul und auf Istrien verhaftet worden waren, aber auch mit jenen, die am 22. März 1944 von der Insel Rab in Jugoslawien evakuiert wurden. Das Lager von San Sabba nahm nach der Schließung von Fossoli Anfang August 1944 auch die in Venedig und Padua verhafteten Juden auf.

---

[22] Einzelheiten zur Abteilung R mit Sitz im „Adriatischen Küstenland" in: Procedimento penale contro Allers, Oberhauser e altri per i crimini commessi nella Risiera di San Sabba, Procura della Repubblica di Trieste, 1976, ACDEC, 10 b. Dieser Prozeß hat nicht alle Aspekte des Problems aufgezeigt. Um nur ein Beispiel zu nennen: Bis zur Veröffentlichung dieser Studie waren die Transporte bei den Deportationen aus Triest, sowohl der Zahl als auch dem Datum nach nur ungenau wiedergegeben.

Die Deportation der libyschen Juden

Libyen befand sich seit 1911 unter italienischer Herrschaft. Seine Einwohner hatten jedoch, bis auf wenige Einzelfälle, nicht die italienische Staatsbürgerschaft angenommen. Nach der letzten allgemeinen libyschen Volkszählung von 1931 – zugleich die letzte, die zur Verfügung steht, da die Zählung der Juden von 1938 nicht auf Libyen ausgedehnt wurde – gab es dort 25 103 Juden.[23] Einer Schätzung des deutschen Konsulats in Tripolis zufolge lebten am 15. Oktober 1942 28 830 Juden in Libyen, die sich wie folgt verteilten: 400 in der Provinz Derna, 3560 in der Provinz Misurata, 22 310 in der Provinz Tripolis und 2560, die in Giado interniert waren.[24] Ehemalige Verantwortliche der libyschen jüdischen Gemeinde dagegen geben für den gleichen Zeitraum etwa 33 000 Juden an, eine Zahl, die sich deshalb nicht mit der offiziellen deckt, weil viele Familienvorstände die Neugeborenen bei den öffentlichen Behörden nicht registrieren ließen.

Im September 1938 begann die faschistische Regierung auch in Libyen mit der Einführung anti-jüdischer Gesetze, die sowohl die einheimischen wie auch die italienischen Juden, die in Libyen ihren Wohnsitz hatten, betrafen. Allerdings sorgte der Gouverneur von Libyen, Italo Balbo dafür, daß sie, auch wenn er sich nicht grundsätzlich der Judenpolitik Roms widersetzte, in seinem Gebiet einige Jahre relativ wirkungslos blieben.[25]

Mit dem Kriegseintritt Italiens gegen Frankreich und England im Juni 1940, wurden für die volljährigen männlichen Staatsbürger dieser Länder, gleichermaßen für Juden wie für Nicht-Juden, Internierungslager in Tagiura (18 km von Tripolis entfernt) und in Buerat El Hsun (in der Syrte) eingerichtet. Es konnten jedoch nicht alle Betroffenen interniert werden, weil es an Lagerkapazität fehlte. In Tagiura, wo vor allem Personen untergebracht waren, die als „suspekt" galten[26], gab es keinen Arbeitszwang. Die Internierten bekamen Lebensmittel von zu Hause und die Lagerverwaltung gewährte ihnen einen kleinen Tagessatz. In Buerat wurden dagegen die Lebensmittel von der Lagerverwaltung verteilt und von den Internierten, die sich eine Küchenbaracke organisiert hatten, selbst zubereitet.[27]

1941 entschied das Ministerium für das Italienische Afrika, aus Libyen sämtliche etwa 7000 ansässigen Ausländer zu evakuieren, darunter auch 1600 jüdische Bürger bzw. unter französischem Schutz stehende Juden und 870 britische Staatsbürger jüdischen Glaubens. Zwischen Januar und März 1942 fanden Verhandlungen mit der französischen Regierung statt bezüglich einer Überstellung der Franzosen nach Tunesien.[28] Den Briten aber, die sich nicht im Internierungslager befanden, befahl die italienische Polizei Anfang Januar 1942, daß sie sich zusammen mit ihren Familien am

[23] Renzo de Felice, Ebrei in un paese arabo, Bologna 1978, S. 97.
[24] Deutsches Konsulat in Tripolis an Deutsche Botschaft in Rom, zahlenmäßige Aufstellung der augenblicklich in Libyen wohnhaften jüdischen Bevölkerung, 15. Oktober 1942, aus den Akten des Deutschen Auswärtigen Amtes, in: Judenverfolgung, S. 106 f.
[25] Mussolini an Balbo, Telegramm vom 23. Januar 1939, in: Archivio storico del Ministero dell'Africa Italiana, 1939, abgedruckt bei de Felice, Storia, S. 370.
[26] Zeugenbericht von Sion Burbea vom 27. März 1973, ACDEC, 5 H b.
[27] Zeugenbericht von Jacob Habib vom Juli 1972, ACDEC, 5 H b.
[28] De Felice, Ebrei, S. 266.

17. Januar 1942 beim Sitz der Scuola Roma in Tripolis einzufinden hätten, um nach Italien überführt zu werden. An diesem Tag kamen etwa 300 Personen zusammen, die mit Bussen zum Hafen gebracht und auf die „Monginevro" in Richtung Neapel eingeschifft wurden. Die Reise dauerte drei bis vier Tage, in denen es mehr als nur einen Fliegeralarm gab. Die Schiffsbesatzung versicherte jedoch den Passagieren, daß London von ihrer Anwesenheit an Bord in Kenntnis gesetzt worden sei und daher keinerlei Gefahr drohe.[29] Auf dem Weg nach Neapel befanden sich auch die Internierten aus dem Lager Tagiura, deren Überfahrt zwar ohne Zwischenfälle verlief, aber insofern eine hohe psychische Belastung bedeutete, weil man sie ohne ihre Familienangehörigen nach Italien brachte. Die Familien konnten sich erst lange nach ihrer Ankunft und auch nur mit einer Sondergenehmigung wieder treffen.[30]

In Neapel erhielten die Deportierten den Befehl, ihr schweres Gepäck zurückzulassen und nur Handgepäck mitzunehmen. Dann wurden sie in drei Gruppen mit verschiedenen Zielorten aufgeteilt:

a) die ehemaligen Gefangenen aus Tagiura, überwiegend aus Bengasi, wurden zur Internierung in das Lager Bagno bei Ripoli (Florenz) und nach Camugnano (Bologna) überstellt.[31] Diejenigen, die man nach Camugnano gebracht hatte, blieben dort bis zum 10. Januar 1944 und wurden dann nach Fossoli überführt.[32]

b) eine zweite Gruppe, wieder vorwiegend aus Bengasi, wurde in die Provinz Anzio in die beiden Lager in der Nähe von Badia del Pino bzw. Civitella della Chiana verschickt. Die Deutschen verlegten sie schließlich am 8. Februar 1944 über Florenz nach Fossoli.[33] Einige Familien wurden von Badia del Pino nach Castiglione Fiorentino und Felice al Panaro (Modena) gebracht.

c) die zahlenmäßig größte Gruppe, ca. 120 Personen vor allem aus Tripolis, kam nach Civitella del Tronto in der Provinz Teramo in den Abruzzen. Von dort aus wurden zahlreiche Familien nach Camerino in der Provinz Macerata überstellt. Ein Teil von ihnen kam am 21. April 1944 nach Fossoli, der andere nach Bazzano in der Provinz Bologna.

Die Internierten aus Bagno, Ripoli, Camugnano, Badia del Pino und Civitella della Chiana (Gruppen a und b) wurden im Januar und Februar in Fossoli zusammengelegt und dort am 19. Februar 1944 zum ersten libyschen Transport zusammengestellt. Insgesamt waren es 146 Personen, die schließlich ihren Bestimmungsort, das Konzentrationslager Bergen-Belsen, erreichten. Der italienische Schriftsteller Primo Levi, der drei Tage nach diesem Transport direkt nach Auschwitz deportiert wurde, vermittelt in seinem Buch „Ist das ein Mensch?" ein Bild von der Atmosphäre, die unter den in Fossoli internierten libyschen Familien kurz vor ihrer Deportation herrschte.[34] In Bergen-Belsen blieb die Gruppe vier Monate. Dann kam Ende Juni plötzlich der Befehl, englischstämmige Libyer in das Lager Vittel nach Frankreich zu verlegen.[35] Einige

29 Zeugenbericht von Jacob Habib.
30 Zeugenbericht von Sion Burbea.
31 Memorandum des Beamten für Öffentliche Sicherheit (in Camugnano) an den Präfekten von Bologna, 22. Juli 1942, in: Archivio di Stato di Bologna, Fondo Ebrei Questura, busta 1, mazzo 1, fasc. 9.
32 Quästur Bologna an das deutsche SS-Kommando, Mitteilung über erfolgte Überführung, 10. Januar 1944, ebenda.
33 Kartei der aus Italien deportierten Juden, ACDEC.
34 Primo Levi, Ist das ein Mensch?, Frankfurt a.M. 1961, S. 14 f.
35 Zeugenbericht von Beatrice Goldstein Labi vom 29. Mai 1973, ACDEC, 5 H b.

Monate später wurden sie über Portugal, Casablanca und Algerien nach Tripolis zurückgebracht, wo sie am 10. November 1944 ankamen.

Eine Gruppe anglo-libyscher Juden, die man in Neapel ausgesondert hatte, um sie nach Civitella del Tronto (Gruppe c) zu bringen, erreichte mit der Eisenbahn zunächst Teramo. Dort verbrachten die Häftlinge eine Nacht auf dem Bahnhof. Am nächsten Morgen brachte man sie mit Autobussen in das Lager Civitella del Tronto, wo sich bereits eine beträchtliche Zahl ausschließlich männlicher staatenloser Juden befand. Das Internierungslager, zum Teil im dortigen Altersheim und zum Teil im Kloster S. Maria dei Lumi untergebracht, bot zwar beklagenswerte, aber doch noch erträgliche Bedingungen. Die italienische Regierung sorgte für Verpflegung und die britische Regierung half über die Schweizer Gesandtschaft mit finanziellen Mitteln. Die Juden aus Tripolis blieben mit einer einmonatigen Unterbrechung zwei Jahre lang in Civitella. In der Zeit vom 20. November bis 20. Dezember 1943 hatte man sie nach Crocetta am Sangro, in der Provinz Pescara verlegt. Dort mußten sie als Zwangsarbeiter für die deutsche Wehrmacht Panzergräben ausheben. Sie schliefen in einer ehemaligen Ziegelfabrik auf Stroh, aßen das, was sie aus Civitella mitgebracht hatten bzw. kauften etwas von der ansässigen Bevölkerung oder tauschten Zigaretten. Außer einer kurzen Unterbrechung zum Mittagessen, leisteten sie von 6 Uhr morgens bis 6 Uhr abends Schwerstarbeit.[36]

Nach Civitella zurückgekehrt, blieben sie dort bis zum 4. Mai 1944, als das Lager vollständig evakuiert wurde. Die Deutschen verluden sämtliche 120 Juden aus Tripolis auf drei Lastwagen und brachten sie nach Fossoli. Die Reise, die drei Tage und zwei Nächte dauerte, wurde in der Nähe von Fano (Ancona) von einem Luftangriff unterbrochen.[37] Nachdem die Gruppe Fossoli endlich erreicht hatte, blieb sie zehn Tage dort, solange nämlich brauchten die Veroneser Behörden, um einen weiteren Transport nach Bergen-Belsen zu organisieren. Dieser zweite Transport verließ Fossoli am 16. Mai 1944 (Transport Nr. 11, vgl. Tabelle 2) mit insgesamt 167 Deportierten, darunter 145 Anglo-Libyer.[38] Die Reise ging per Bahn zunächst bis Celle und dann weiter mit Lastwagen nach Bergen-Belsen, wo der Transport am 20. Mai 1944 ankam.

Mit dem gleichen Transport vom 16. Mai 1944 verließen auch diejenigen Häftlinge Fossoli, die nach Auschwitz deportiert werden sollten. Der Zug wurde in München umrangiert, der kleinere Teil des Zuges fuhr in Richtung Bergen-Belsen.[39] Auf deutschem Gebiet bestiegen Wachmannschaften die Waggons und fragten, ob die Häftlinge Geld wechseln oder ihren Schmuck verkaufen wollten.[40] Nach der Ankunft in Bergen-Belsen ließ man die Familien zusammen und teilte die arbeitsfähigen Frauen und Männer zur Arbeit ein. Genau sechs Monate später, nachdem sie Entsetzliches durchgemacht hatten[41], wurde den Häftlingen befohlen, ihren gelben Stern zu entfernen und sich auf die Abfahrt vorzubereiten. Am 20. November 1944 brachte man sie

---

[36] Zeugenbericht von Jacob Habib.

[37] Zeugenaussage von Joseph Burbea vom 14. April 1971, in: Ermittlungsakten zum Prozeß Bosshammer, ACDEC, 11-B.

[38] Kartei der aus Italien deportierten Juden, ACDEC.

[39] Vgl. Zeugenaussagen von Scialom Habib vom 23. Februar 1971; von Abraham Reginiano vom 8. Februar 1971; von Sion Burbea vom 3. Februar 1971; von Jacob und Buba Burbea vom 16. Februar 1971, in: Ermittlungsakten zum Prozeß Bosshammer, ACDEC, 11-B.

[40] Zeugenaussage von Sion Burbea.

[41] Zeugenaussage von Jacob Habib.

in bequemen Bussen an den Bahnhof von Celle und von dort in einem geheizten Zug in das Lager Biberach an der Riss, wo sie zusammen mit etwa 1500 nicht-jüdischen Häftlingen britischer und amerikanischer Herkunft unter den Schutz des Roten Kreuzes gestellt wurden. Nach der Befreiung durch die Alliierten, schickte man sie zunächst im Juli 1945 nach Jordanbad (Ulm) und im August nach Italien. Erst am 12. September 1945 konnten die Anglo-Libyer in Neapel das Schiff nach Tripolis besteigen.[42]

Das Schicksal der libyschen Juden war letztlich günstiger als das der anderen jüdischen Deportierten, denn am Ende wurden alle gerettet. Dabei darf aber nicht vergessen werden, daß die hygienischen und sanitären Bedingungen in den italienischen Internierungslagern, in denen die Anglo-Libyer untergebracht waren, völlig unzulänglich waren. Am 14. und 15. Dezember 1942 besuchten zwei mit der Wahrung der Interessen von Ausländern beauftragte Angehörige der Schweizer Gesandtschaft im Auftrag der Britischen Botschaft in Bern die Internierungslager in der Toskana und Emilia Romagna. Anschließend übersandten sie der britischen Regierung die Kopie einer an das italienische Außenministerium gerichteten Verbalnote, mit der sie gegen die Lebensbedingungen in den Lagern protestierten.[43]

Inzwischen hatte sich aber auch die faschistische Politik gegen die Juden in Libyen selbst verschärft. Bereits am 7. Februar 1942 war die Internierung aller Juden der Cyrenaika in den Lagern von Giado (235 km von Tripolis entfernt mitten in der Wüste gelegen) und von Garian angeordnet worden.[44] Das erste allgemeine Gesetz gegen die Juden für ganz Libyen wurde am 2. Juni 1942 erlassen und betraf Vermögensbeschränkungen. Das zweite vom 28. Juni legte fest, daß alle männlichen Juden zwischen 18 und 45 Jahren Zwangsarbeit verrichten mußten. Zu diesem Zweck wurde ein neues Lager in Sidi Azaz (150 km von Tripolis) mit ungefähr 1000 Juden aus Tripolis errichtet und ein weiteres in Homs mit ungefähr 3000 Juden. Die Besonderheiten bei der Regelung des Arbeitseinsatzes sind in einem Bericht beschrieben, den der deutsche Konsul in Tripolis am 21. Oktober 1942 an die Deutsche Botschaft in Rom sandte.[45] Schließlich wurde mit dem Gesetz vom 9. Oktober 1942 die gesamte seit 1938 in Italien geltende Gesetzgebung „zur Verteidigung der Rasse" auch auf Libyen ausgedehnt. Da es jedoch erst am 17. Dezember im italienischen Gesetzblatt, der Gazetta Ufficiale, veröffentlicht wurde, blieb das Gesetz praktisch folgenlos, denn Tripolis wurde am 23. Januar 1943 von den Engländern befreit.[46]

Die Deportation der Juden aus Borgo San Dalmazzo

Am Tage nach der Verkündung des italienischen Waffenstillstands am 8. September 1943 zogen ungefähr 1000 bis 1100 Juden zu Fuß von Frankreich über die Alpenpässe Col delle Finestre und Colle Ciriegia nach Italien. Sie hatten sich auf ihrer Flucht vor

[42] Zeugenbericht von Sion Burbea.

[43] Innenministerium an den Präfekten von Bologna, Britische Internierte. Verbalnote der Schweizer Legation, 25. Februar 1943, in: Archivio di Stato di Bologna, Fondo Ebrei Questura, busta 1, mazzo 1, fasc. 9.

[44] De Felice, Ebrei, S. 273.

[45] Deutsches Konsulat in Tripolis an Deutsche Botschaft in Rom, Brief (geheim) zur Judengesetzgebung in Libyen, 21. Oktober 1942, aus den Akten des Deutschen Auswärtigen Amtes, in: Judenverfolgung, S. 108 ff.

[46] De Felice, Ebrei, S. 274-277.

den Deutschen den Soldaten der 4. Italienischen Armee angeschlossen, die sich auf dem Rückzug befanden. Gemeinsam erreichten sie schließlich die italienischen Bergdörfer Entraque und Valdieri. Die Bevölkerung, der Klerus und auch die örtlichen Behörden bemühten sich sofort, den Flüchtlingen beizustehen, von denen sich viele unmittelbar nach ihrer Ankunft in die angrenzenden Täler begaben. Einige hundert blieben hingegen mit der Illusion, nunmehr in Sicherheit zu sein, in den beiden zentralen Alpenorten. Die deutsche Reaktion ließ aber nicht lange auf sich warten. Der deutsche SS-Kommandant von Borgo San Dalmazzo ordnete am 18. September 1943 per öffentlichem Anschlag an, daß sich alle Ausländer – gemeint waren die Juden –, die sich im Gebiet von Borgo San Dalmazzo befanden, beim deutschen Kommando in der Kaserne der Alpini einzufinden hätten.[47]

Es kamen über 300. Nach ungefähr zwei Monaten, am 21. November 1943, wurden aus der zum Konzentrationslager umfunktionierten Kaserne 328 – anderen Angaben zufolge 342 – Juden zu einem Transport zusammengestellt.[48] Ein Zug, der von Cuneo abfuhr, brachte sie über Mondoví, Savona, Ventimiglia und Nizza nach Drancy. Dort wurden die Deportierten den französischen Transporten Nr. 64 (7. Dezember 1943), Nr. 63 (17. Dezember 1943) und Nr. 66 (20. Januar 1944) nach Auschwitz angeschlossen. Ein Angehöriger der Gruppe wurde in Frankreich erschossen.[49] Nachgewiesen sind 14 Überlebende, die teilweise nach ihrer Rückkehr ihre Erlebnisse in Borgo San Dalmazzo und bei den folgenden Deportationen geschildert haben. Ihre Augenzeugenberichte werden heute im Centro di Documentazione Ebraica Contemporanea in Mailand aufbewahrt.[50]

Die Verantwortung für die Verhaftungen und den Transport von Borgo San Dalmazzo läßt sich bis heute noch nicht endgültig klären. Eines aber ist gewiß: dieser Transport gehört nicht eigentlich in den Bereich der organisierten Judenverfolgung in Italien, denn es läßt sich in der Tat keine Verbindung zwischen Borgo San Dalmazzo und der Tätigkeit der mobilen Einheit Danneckers, der sich zum fraglichen Zeitpunkt in Mittel- und Norditalien aufhielt, feststellen. Aller Wahrscheinlichkeit nach geht der Transport auf Eichmanns Judenreferenten in Frankreich, SS-Obersturmführer Heinz Röthke und SS-Hauptsturmführer Alois Brunner zurück. Röthke nämlich teilte mit, daß Brunner sich noch im Laufe des 5. und 6. September mit einem Sonderkommando nach Marseille und Lyon begeben werde, um die Verhaftungsaktionen der Juden in der früheren italienischen Besatzungszone vorzubereiten. Der von Röthke unterzeichnete geheime Vermerk über die „Durchführung der Aktion ohne Ausnahmen" enthält neben weiteren Ausführungen folgenden Absatz: „Hauptansatzpunkt für die Aktion wären die Côte d'azur (sic!), die Départements Savoie und Haute Savoie, Grenoble sowie die Orte an der Grenze bzw. in Interessensphärengrenzen. Um einer Flucht der Juden noch während der Aktion vorzubeugen, müßte überhaupt in

[47] Ein Exemplar des Anschlages ist erhalten im ACDEC, 5 F – Borgo San Dalmazzo. Er ist abgebildet bei Cavaglion, Nella notte, S. 77.
[48] Trotz zahlreicher Nachforschungen ist es nicht geglückt, die genaue Zahl der Deportierten festzustellen, so daß bis heute 13 Namen ungewiß sind. Vgl. das Verzeichnis der Deportierten von Borgo San Dalmazzo im Anhang zu Cavaglion, ebenda, S. 147-179.
[49] Juifs fusillés ou executés sommairement en France, in: Klarsfeld, Le Mémorial.
[50] Vgl. ACDEC, 5 F – Borgo San Dalmazzo und Cavaglion, Nella notte.

den Grenzorten angefangen werden und die Durchkämmung des gesamten in Betracht kommenden Gebiets in Ost-Westrichtung durchgeführt werden."[51]

Die Flucht der Juden, die den am 10. September um 15.30 Uhr einsetzenden Razzien in Nizza entkommen waren, kann nicht unbemerkt geblieben sein, aber die Sicherheitspolizei in Frankreich war nicht imstande, sie über die Grenzen hinaus zu verfolgen. Die Flüchtlinge glaubten sich in Sicherheit. Serge Klarsfeld stellte die These auf, daß die in den italienischen Alpendörfern verstreuten Juden den militärischen Zielen der Deutschen hinderlich waren und deshalb in Abständen der Sicherheitspolizei in Nizza übergeben wurden, soweit sie nicht schon von Angehörigen dieses Kommandos festgenommen worden waren.[52] Die These scheint überzeugend: in der Tat befand sich in dem Gebiet das von Joachim Peiper befehligte 2. Bataillon des 2. Regiments der 1. Panzerdivision SS Leibstandarte Adolf Hitler, die Ende August aus Rußland nach Italien gekommen war, um notfalls die italienischen Truppen in Norditalien zu entwaffnen (Operation „Nordwind") und die Alpenpässe zu schützen. Ausgerechnet in Borgo San Dalmazzo hatte die 12. Kompanie dieses Bataillons Quartier bezogen, darunter auch der nicht näher zu identifizierende SS-Kommandant Müller, der die Anordnung vom 18. September 1943 unterzeichnet hatte. Im übrigen waren die Angehörigen der SS Leibstandarte Adolf Hitler keine Neulinge bei der Mißhandlung und Ermordung von Zivilpersonen, wie sie an der Ostfront reichlich bewiesen hatten. In Italien machten sich die Angehörigen dieser Einheit nicht nur vom 15. bis 23. September am Lago Maggiore eines Massakers an den dort lebenden Juden schuldig[53], sondern verfuhren am 19. September 1943 auch ähnlich mit den nicht-jüdischen Zivilisten und zerstörten darüber hinaus das Dorf Boves bei Cuneo.[54]

Die Deportation der Juden von den Inseln Rhodos und Kos

Der Dodekanes war seit 1912 italienisch besetzt. Erst im Zuge der Friedensverträge nach dem Ersten Weltkrieg erhielt Italien die volle Souveränität über das Gebiet (verhandelt am 24. Juli 1944 in Lausanne; ratifiziert am 6. August 1944); die Bewohner konnten zwischen der italienischen und der türkischen Staatsangehörigkeit wählen. Nach dem Waffenstillstand vom 8. September 1943 war es den Engländern, die sich auf den Inseln Samos, Leros und Kos festgesetzt hatten, nicht möglich, die Italiener zur Übergabe von Rhodos zu zwingen. An deren Stelle traten die Deutschen, denen es unter dem Befehl von General Ulrich Kleemann im Laufe von zwei Wochen gelang, sich sämtlicher Inseln der Ägäis zu bemächtigen. Rhodos wurde am 16. September 1943 besetzt.

Kleemann war außer für die Militärverwaltung auch für die Verhaftung und Deportation der etwa 1900 Juden von der Insel verantwortlich. Einem Zeugen zufolge er-

---

51 Vorbereitung zur Durchführung der Maßnahmen gegen die Juden im italienisch-besetzten Gebiet, unterzeichnet von Röthke, 4. September 1943, im Archiv des Centre de Documentation Juive Contemporaine, Paris, XXVa – 338. Das Dokument ist vollständig veröffentlicht bei Serge Klarsfeld, Die Endlösung der Judenfrage in Frankreich, Paris 1977, S. 217-220.
52 Gespräch der Verfasserin mit Serge Klarsfeld, Mailand, 15. Oktober 1984.
53 Vgl. Tabelle 3, Opfer von Massakern.
54 F. Dalmazzo, La ricostruzione dei fatti di Boves attraverso il processo in Germania, in: Notiziario dell'Istituto Storico della resistenza in Cuneo e Provincia 12 (1977), S. 5-8.

schienen im Juni 1944 zwei wahrscheinlich von Eichmann entsandte SS-Angehörige bei Kleemann.[55] Im darauffolgenden Monat, am 13. Juli, wurde eine Anordnung getroffen, die vorschrieb, daß alle Juden der Insel bis zum 17. Juli in der Stadt Rhodos und den Städten Trianda, Kremasto und Villanova zusammenzuziehen seien.[56] Am 18. Juli 1944 erhielten alle männlichen Juden über 15 Jahre den Befehl, sich am folgenden Tag zu einer Identitätskontrolle beim deutschen Kommando einzustellen. Sie hatten ihre Kennkarten und Arbeitsgenehmigungen mitzubringen. Die Anordnung, die dem italienischen Bürgermeister von Rhodos, Ingenieur Macchi, übermittelt wurde, sah strenge Strafen bei Zuwiderhandlung vor.[57]

Auf diese Weise waren am Mittwoch, dem 19. Juli 1944, um 8 Uhr morgens alle männlichen Juden in dem rückwärtigen Garten des Gebäudes versammelt. Man nahm ihnen die Ausweispapiere und Arbeitsgenehmigungen ab und behielt sie in Verwahrung. Nachdem sie auch ihre persönlichen Sachen hatten abgeben müssen, verbrachte die Gruppe die Nacht in den Sälen des Gebäudes (dem früheren Kommando der Italienischen Luftwaffe) auf dem Fußboden. Am folgenden Vormittag wurde den Gefangenen ihre bevorstehende Überführung auf eine benachbarte Insel mitgeteilt. Frauen und Kinder mußten sich anschließen. Bei Weigerung wurde den Männern die Erschießung angedroht. Kunstgegenstände, Schmuck und Geld waren mitzubringen. Sobald die Familien eingetroffen waren, mußten die Wertgegenstände dem deutschen Kommando ausgehändigt werden. Drei Tage lang erhielten die Gefangenen nichts zu essen und zu trinken. Am 24. Juli mußten sie sich in einer Reihe aufstellen und mit gesenktem Kopf zum Hafen marschieren. Am Ausgang des Gebäudes schlugen die Soldaten gnadenlos auf die Menschen ein.

Die örtliche Bevölkerung erhielt keine Gelegenheit der Szene beizuwohnen, weil sie durch eine bereits an anderer Stelle angewandte List – falschen Alarm – gezwungen wurde, in ihren Wohnungen zu bleiben. Im Hafen warteten drei Kohlenlastkähne, die mit den Gefangenen beladen wurden. Die Fahrt ging nach Piräus. An der Insel Kos nahm ein vierter Lastkahn die dort verhafteten 120 Juden auf, die ebenfalls deportiert werden sollten. Im Hafen von Leros trafen sich die vier Schiffe. Dort versorgte der deutsche Wehrmachtskommandant die von Hunger und Durst geplagten Häftlinge mit Lebensmitteln.[58] Mit Lastwagen wurde die Fahrt fortgesetzt und endete schließlich am 31. Juli 1944 im KZ Chaidari bei Athen, dem Durchgangslager für die griechischen Juden auf dem Weg nach Auschwitz. Männer und Frauen wurden getrennt und einer Leibesvisitation unterzogen.[59]

---

[55] Affidavit Erwin Lenz, Mai 1947, Nbg. Dok. NOKW-1715.

[56] Befehl Kleemanns vom 13. Juli 1944, ebenda, Nbg. Dok. NOKW-1802. Vollständiger Text bei Miriam Novitch, Le passage des barbares. Contribution à l'histoire de la déportation et de la résistance des juifs grecs, Ghetto Fighters House 1982 (erste Ausgabe Paris 1957), S. 107. Der Abdruck ist etwas fehlerhaft (Climaso statt Kremasto, 13. Juni statt 13. Juli und 17. Juni statt 17. Juli).

[57] Zeugenbericht von M. Soriano, Präsident der Jüdischen Gemeinde von Rhodos, Rhodos, 10. Februar 1967, ACDEC, 13 B-Rodi und in Novitch, Passage des barbares, S. 107-114. Vgl. ferner Zeugenbericht von Salomon Galante, Rom, April 1952; von M. Soriano, Rhodos, Juli 1968; von Victoria Soriano, Rhodos, Juni 1968; von Luciana Modiano Sulam, Rhodos 1968, sämtlich im ACDEC, 13 B-Rodi. Die Aussagen stimmen alle mehr oder weniger überein und geben die gleichen Einzelheiten wieder.

[58] Zeugenbericht von M. Soriano.

[59] Gemeinschaftliche Aussage von Laura Hasson, Sara Benatar, Anne Cohen und Giovanna Hasson gegenüber Giovanni Melodia, veröffentlicht in: Gli Italiani in Dachau, Nr. 25, 2. Juni 1945, S. 8. Deutsche Übersetzung u.d.T. Die Odyssee der Frauen von Rhodos, in: Dachauer Hefte. Studien und Dokumente zur Geschichte der nationalsozialistischen Konzentrationslager 3 (1987), S. 158-165.

Am 3. August 1944 wurde der letzte Transport aus Griechenland zusammengestellt. Auf Lastwagen brachte man die Rhodier zum Bahnhof von Athen und verlud
sie dort auf einen Güterzug. In den Waggons fanden die Deportierten zwei Fässer mit
Wasser und Lebensmittelvorräten vor, die vom Roten Kreuz bereitgestellt worden waren. Während der vierzehntägigen Fahrt war es nur drei oder viermal erlaubt, den Zug
zu verlassen. Im Laufe der Fahrt starben 23 Gefangene. Hinzuzurechnen sind noch
diejenigen, die bereits auf der Überfahrt von Rhodos nach Piräus umgekommen sind,
ihre Leichen wurden ins Meer geworfen.

Dank der rechtzeitigen Intervention des türkischen Konsuls Saheddin Ulkumen
blieben zumindest die Juden türkischer Nationalität – 39 aus Rhodos und 13 aus Kos
– von der Deportation verschont.[60] Nach dem Krieg berichtete einer von ihnen, Hizkià Franco, über die Ereignisse im Zusammenhang mit der Deportation in dem Buch
„Les martyrs juifs de Rhodes et de Cos", das 1952 in Elisabethville veröffentlicht
wurde. Dort verzeichnet Franco 1727 Namen seiner Landsleute. Am 10. Februar 1967
gab die jüdische Gemeinde von Rhodos ein weiteres Verzeichnis heraus, in dem 1667
Deportierte aufgeführt sind. Durch einen Vergleich der beiden Listen und Befragun-
gen von Überlebenden konnte das Centro di Documentazione Ebraica Contemporanea in Mailand eine Kartei aufstellen, in der Doppelnennungen zumal von Frauenna-
men, ebenso wie fehlerhafte Schreibweisen beseitigt und neue Namen hinzugefügt
werden konnten. Die Zahl der bisher ermittelten Namen der Deportierten aus Rhodos beträgt demnach 1820, von denen 179 überlebt haben.[61]

Bilanz der Opfer

Die Zahl der aus Italien deportierten italienischen und ausländischen Juden betrug
zusammen 6416 (vgl. Tabelle 2 und 2 a). Schätzungen zufolge sind etwa 19% der gesamten jüdischen Bevölkerung von 1943 deportiert worden. Wenn der Völkermord in
Italien an den Juden, so furchtbar er auch war, nicht die Zahlen anderer westeuropäischer Länder erreichte, so ist dies auf zwei Faktoren zurückzuführen: Italien geriet ab
Herbst 1943 überwiegend in die Hände der Alliierten, deshalb waren die zu diesem
Zeitpunkt einsetzenden Deportationen nicht mehr so effektiv. Zum anderen half das
solidarische und freundschaftliche Verhalten eines großen Teils der italienischen Bevölkerung vielen Juden, sich verstecken und überleben zu können.

Der Bilanz der Opfer, die die Politik gegen die Juden gefordert hat, sind noch jene
hinzuzufügen, die bei blutigen Übergriffen und anderen Anlässen getötet wurden: 303
Personen (vgl. Tabelle 3 und 4). Ferner darf man, zumindest solange ein dokumentier-
tes Verzeichnis der Deportation der griechischen Juden fehlt, in die Liste der Deportationen aus Italien auch die Opfer der Razzien auf den Inseln Rhodos und Kos aufnehmen, die seit dem Lausanner Vertrag 1924 italienische Staatsbürger waren. Es

---

[60] Zeugenbericht von M. Soriano.
[61] Giuliana Donati, Ebrei in Italia. Deportazione, resistenza, hrsg. von CDEC, Firenze 1975 und das sich dort
befindliche Chronologische Verzeichnis. Danuta Czech schätzt an Hand der in Auschwitz aufbewahrten
spärlichen Dokumente die Zahl der am 16. August 1944 in Auschwitz eingetroffenen Häftlinge aus Rhodos auf ungefähr 2500.

handelte sich um mindestens 1820 Personen, die am 23. Juli 1944 über Athen nach Auschwitz deportiert wurden (vgl. Tabelle 6).

Hingegen bestehen Zweifel, ob die Gruppe von Flüchtlingen aus Südfrankreich, die in der Kaserne der Alpini – der italienischen Gebirgseinheit – von Borgo San Dalmazzo in der Provinz Cuneo, einem improvisierten Durchgangslager, interniert waren, zu den Deportationen aus Italien zu rechnen ist. Serge Klarsfeld erwähnt sie in seiner Dokumentation über die Verfolgung der französischen Juden und somit sind sie auch in den geschilderten Deportationen aus Frankreich in diesem Band enthalten. Die Gruppe umfaßte zwischen 328 und 342 Juden (vgl. Tabelle 5).

Ermittelte Gesamtzahlen der Opfer der Politik gegen die italienischen Juden
(September 1943 bis April 1945)

	Zahl der Deportierten	Zahl der Rückkehrer	Zahl der Opfer
Mit Transporten vom italienischen Gebiet aus Deportierte (mit Ausnahme des Zuges von Borgo San Dalmazzo vom 21.11.1943)	6416	820	5596
Deportierte aus Borgo San Dalmazzo am 21.11.1943	328	10	318
Deportierte von den Inseln Rhodos und Kos	1820	179	1641
Gesamtzahl	8564	1009	7555
Auf verschiedene Weise in Italien Umgekommene			303

Die in dieser Übersicht genannte Gesamtzahl bezieht sich strikt auf die identifizierten Personen und nachweisbaren Deportationen.

Statistischer Anhang Italien

Tabelle 1   Polizei-, Durchgangs- und Sammellager in Italien
Tabelle 2   Deportation der Juden aus Italien. Zeittafel der Transporte
Tabelle 2a   Deportation der Juden aus Triest. Zeittafel der Transporte
Tabelle 3   Opfer von Massakern
Tabelle 4   In Durchgangslagern umgekommene Juden
Tabelle 5   Deportation der Juden aus Borgo San Dalmazzo
Tabelle 6   Deportation der Juden von den Inseln Rhodos und Kos

Vorbemerkung

Die vorliegende statistische Untersuchung bezieht sich auf

a) die Juden, die innerhalb der Grenzen Italiens, wie sie zu Beginn des Zweiten Weltkriegs bestanden, verhaftet wurden (also unter Einbeziehung des nordöstlichen Gebiets mit Fiume (Rijeka), Abbazia (Opatija) usw., das heute zu Jugoslawien gehört). Hierin eingeschlossen ist auch der Sonderfall der in Borgo San Dalmazzo verhafteten Juden;

b) die Juden, die in Gebieten verhaftet wurden, die zu Beginn des Zweiten Weltkriegs der italienischen Souveränität unterstanden: die Inseln Rhodos und Kos sowie Libyen.

c) diejenigen Juden, die außerhalb Italiens verhaftet wurden, deren Deportationsweg aber über Italien führte (z. B. die Gruppe der auf der jugoslawischen Insel Arbe (Rab) verhafteten Juden).

Mit dem Begriff „verhaftet" ist ausschließlich eine Verhaftung gemeint, die tatsächlich am Anfang der Deportation in die nationalsozialistischen Konzentrationslager stand. Festzustellen ist allerdings, daß zwischen 1940 und 1943 viele ausländische Juden in eigens für sie errichteten Lagern interniert waren (in diesen Rahmen gehören auch die libyschen Juden mit britischer Staatsbürgerschaft, die 1942 nach Italien überführt wurden) und daß sich nach dem 8. September 1943 ihr Status als Kriegsinternierte automatisch in den von Häftlingen zur Deportation nach dem Norden verwandelte. Die Statistik berücksichtigt weder die verhafteten Juden in den von Italien militärisch besetzten Gebieten (Frankreich, Kroatien, Griechenland), deren Deportationsweg nicht über italienisches Territorium führte, noch diejenigen italienischen Staatsbürger, die in anderen Ländern Europas verhaftet und von dort deportiert wurden.

Es ist unmöglich, sämtliche Quellen, die für die folgenden Tabellen herangezogen wurden, hier analytisch darzustellen. Sie sind aber alle in der Publikation „Il libro della memoria" Teil I, Kapitel 6) verzeichnet und dort nachzulesen. Vermerkt werden soll hier nur, daß sie nach dokumentarischen und historischen Quellen geordnet wurden, wobei erstere alle jene grundlegenden Dokumente über die Deportationen umfassen, in denen die Namen der Opfer aufgeführt sind. Sie bezeugen entweder die Verhaftung, die einer Deportation vorausging oder die Deportation selbst, wie z. B. einige komplette oder unvollständige Transportlisten, Matrikel-Register von Gefängnissen, aus denen entsprechende Namen herausgezogen werden konnten, die Listen der Nummern, die im Lager Auschwitz an Deportierte aus Italien ausgegeben worden sind, Verlegungslisten jüdischer Inhaftierter aus den verschiedenen Provinzen in das Konzentrationslager Fossoli, Lagerlisten aus Fossoli selbst, in denen die jüdischen Häftlinge für die jeweiligen Zeitabschnitte verzeichnet sind, Listen von inhaftierten Juden aus den einzelnen Provinzen, usw.

In den Bereich der historischen Quellen hingegen fallen sämtliche Listen und Karteien Deportierter, die aufgrund von Recherchen entstanden, die italienische und internationale Institutionen, jüdische Gemeinde und Wissenschaftler nach der Befreiung initiiert haben und die nicht veröffentlicht wurden. Darunter fallen: maschinen- oder handschriftliche Aufstellungen, Karteien, Gedenktafeln. Zu erwähnen bleiben darüber hinaus noch Dutzende von Publikationen, die von 1945 bis heute erschienen sind und partielle Listen Deportierter enthalten.

Die Numerierung der Deportationszüge wurde unabhängig von den deutschen Quellen zum Zweck der vorliegenden Forschung vorgenommen.

Tabelle 1

Polizeiliche Durchgangs- und Sammellager in Italien

Name des Lagers	Art des Lagers	Art der Gefangenen	Verantwortliche Verwaltung	Errichtung	Schließung	Grund der Schließung	Örtlichkeit	Leitendes Personal
Borgo San Dalmazzo	Polizeihaftlager	Juden (Männer, Frauen, Kinder)	–	18. September 1943	21. November 1943	Verlegung in das Lager Drancy (Frankreich)	Alpini-Kaserne	–
Fossoli	Konzentrationslager für Juden	Juden (Männer, Frauen, Kinder)	Innenministerium, Generaldirektion für Öffentliche Sicherheit, Abteilung Allgemeine und Geheime Angelegenheiten	5. Dezember 1943	Juli/August 1944	Übergang in unmittelbare deutsche Verwaltung	Auf dem Land, 5 km von Carpi in der Provinz Modena	Vizekommissar für Öffentliche Sicherheit Domenico Avitabile, später Kommissar Mario Tagliabatela
	Polizei-Durchgangslager	Juden (Männer, Frauen, Kinder) und politische Gefangene	BdS Italien	15. März 1944	Entweder 31. Juli oder 1. August 1944	Wegen Evakuierung nach Bozen-Gries	Auf dem Land, 6 km von Carpi in der Provinz Modena	Karl Titho, Hans Haage, Josef König, Walter Lessner
Bolzano-Gries	Polizei-Durchgangslager	Juden (Männer, Frauen, Kinder) und politische Gefangene	BdS Italien	Zwischen dem 2. und 8. August 1944	29./30. April 1945	Die Befreiung. Übernahme durch das Internationale Rote Kreuz	Straße nach Meran	Karl Titho, Hans Haage und andere (Südtiroler SS, Italiener, Ukrainer)
San Sabba	Polizei-, Haftlager	Juden (Männer, Frauen, Kinder) und politische Gefangene	BdS in der „Operationszone Adriatisches Küstenland"	unbestimmt (1944)	30. April 1945	Befreiung durch die Jugoslawen	Reismühle in der Nähe von Triest	Gottlieb Hering, später Josef Oberhauser, Otto Stade und andere

Tabelle 2

Deportation der Juden aus Italien
Zeittafel der Transporte nach den Forschungsergebnissen des CDEC

Nummer des Zugs	Datum der Abfahrt	Datum der Ankunft	Abfahrt von	Art des Transports	Ziel des Transports	Zahl der Eintragungen (Archiv des Museums von Auschwitz)	Verteilte Nummern an die ins Lager Eingelieferten	Ermittelte Zahl der Deportierten	Ermittelte Zahl der Befreiten	Ermittelte Gesamtzahl der Umgekommenen
1	16. Sept. 1943	?	Meran	?	Auschwitz über Reichenau	?	?	34	1	33
2	18. Okt.	23. Okt.	Rom	RSHA	Auschwitz	Männer: 149 Frauen: 47	158 491–158 639 66 172–66 218	1022	17	1005
3	9. Nov.	14. Nov.	Florenz Bologna	RSHA	Auschwitz	Männer: 13 Frauen: 94	162 770–162 782 67 852–67 945	83	1	82
4	Transport von Borgo San Dalmazzo (vgl. Tafel 5)									
5	6. Dez.	11. Dez.	Mailand Verona	RSHA	Auschwitz	Männer: 61 Frauen: 35	167 969–168 029* 70 397–70 431*	246	5	241
6	30. Jan. 1944	6. Febr.	Mailand Verona	RSHA	Auschwitz	Männer: 97 Frauen: 31	173 394–173 490 75 174–75 204	605	20	585
7	19. Febr.	23. Febr.	Fossoli	?	Bergen-Belsen	Männer und Frauen: 141	?	146	145	1
8	22. Febr.	26. Febr.	Fossoli	RSHA	Auschwitz	Männer: 95 Frauen: 29	174 471–174 565 75 669–75 697	489	23	466
9	5. April	10. April	Fossoli Mantua Verona	RSHA	Auschwitz	Männer: 154 Frauen: ?	179 974–180 127 76 776–76 855	611	51	560
10	16. Mai	23. Mai	Fossoli	RSHA	Auschwitz	Männer: 186 Frauen: 70	A 5343–A 5528 A 5345–A 5414	581	60	521

Nr.										
11	16. Mai	20. Mai	Fossoli	?	Bergen-Belsen	Männer und Frauen: 163	?	167	160	7
12	19. Mai	23. Mai	Mailand	?	Bergen-Belsen	Männer und Frauen: 35	?	37	33	4
13	26. Juni	30. Juni	Fossoli	RSHA	Auschwitz	Männer: 180 Frauen: 95	15 677–15 856 A 8457–A 8507	527	35	492
14	2. Aug.	6. Aug.	Verona	RSHA	Auschwitz	Männer: 80 4 1 Frauen: 21	B 5594–B 5673 190 841–190 844 192 990 A 24 020–A 24 040	244	29	215
15	2. Aug.	4. Aug.	Verona	?	Buchenwald	Männer und Frauen: 28	M: versch. Nr. 44 507–45 022	22	16	6
16	2. Aug.	5. Aug.	Verona	?	Ravensbrück	Männer und Frauen: 59	F: versch. Nr. 49 530–49 574	18	14	4
17	2. Aug.	5. Aug.	Verona	?	Bergen-Belsen	Männer und Frauen: 38	?	46	37	9
18	24. Okt.	28. Okt.	Bozen	RSHA	Auschwitz	Männer: 59	B 13 710–B 13 742	133	17	116
	24. Okt.	28. Okt.	Bozen	SIPO und SD	Auschwitz	Frauen: 105	A-26 692; A-26 699 199 858–199 883			
19	14. Dez.	20. Dez.	Bozen	?	Ravensbrück	Männer: minde- stens 80 Frauen: stens	versch. Nr. 40 031–40 063; 43 467; 49 559	31	3	28
20	14. Dez.	20. Dez.	Bozen	?	Flossenbürg			39	1	38

Deportierte Juden mit nicht ermitteltem Deportationsdatum:	114	36	78
Als politische und Zivilgefangene deportierte Juden:	44	19	25
Gesamtzahl der Deportierten (außer Triest):	5239	723	4516
Gesamtzahl der Deportierten aus Triest (vgl. Tabelle 2a):	1177	97	1080
Gesamtzahl der Deportierten:	6416	820	5596

* Hier sind auch die Deportierten aus den Transporten 5 und 21 T mitenthalten (auf der Fahrt wurden sie zusammengelegt).

Tabelle 2a

Deportation der Juden aus Triest
Zeittafel der Transporte nach den Forschungsergebnissen des CDEC

Nummer des Zugs	Datum der Abfahrt	Datum der Ankunft	Abfahrt von	Art des Transports	Ziel des Transports	Zahl der Eintragungen (Archiv des Museums von Auschwitz)	verteilte Nummern an die ins Lager Eingelieferten	Ermittelte Zahl der deportierten Juden	Ermittelte Zahl der zurückgekehrten Juden	Ermittelte Gesamtzahl der umgekommenen Juden
21 T	7. Dez. 1943	11. Dez.	Triest	RSHA	Auschwitz	Männer: 61 Frauen: 35	167969–168029* 70397–70431*	159	9	150
22 T	6. Jan. 1944	12. Jan.	Triest	?	Auschwitz	Männer: ? Frauen: 23	? 74154–74176**	27	1	26
23 T	28. Jan.	2. Febr.	Triest	?	Auschwitz	Männer: ? Frauen: 13	? 75033–75044**			
	28. Jan.	2. Febr.	Triest	RSHA	Auschwitz	Männer: 4 Frauen: 1	173154–173157 75045	61	2	59
24 T	?	1. März	Triest	SIPO und SD	Auschwitz	Männer: ? Frauen: 4	75740–75743**	4	–	4
25 T	29. März	4. April	Triest	RSHA	Auschwitz	Männer: 29 Frauen: 44	179587–179615 76469–76512	109	13	96
26 T	27. April	30. April	Triest	RSHA	Auschwitz	Männer: ? Frauen: über 21	80548–?			
	27. April	30. April	Triest	SIPO und SD	Auschwitz	Männer: 13 Frauen: 2	181844/184922–184933 184934–184935*** 80547–80567**	34	2	32
27 T	1. Juni	3. Juni	Triest	RSHA	Auschwitz	Männer: 3 Frauen: ?	188896–188898			
	1. Juni	4. Juni	Triest	?	Auschwitz	Männer: ? Frauen: 117	81612–81733**	10	2	8

Nr.										
28 T	12. Juni	16. Juni	Triest	RSHA	Auschwitz	Männer: 12 und 9 / Frauen: 29	A 14307–A 14318 / A 14298–A 14306 / A 7225–A 7253	31	10	21
	12. Juni	16. Juni	Triest	SIPO und SD	Auschwitz	Männer: ? / Frauen: 35	81 927–82 012**	?		
29 T	21. Juni	25. Juni	Triest	SIPO und SD	Auschwitz	Männer: ? / Frauen: 65	82 080–82 188; 89 218**	24	7	17
30 T	?	1. Juli	Triest	SIPO und SD	Auschwitz	Männer: ? / Frauen: 98	B 7536–B 7539 / 82 365–83 466**	2	–	2
31 T	11. Juli	14. Juli	Triest	RSHA	Auschwitz	Männer: 2 / Frauen: 12	A 17543–A 17544 / A 9793–A 9799	5	1	4
	11. Juli	14. Juli	Triest	SIPO und SD	Auschwitz	Männer: ? / Frauen: 14, 3	82 598–82 635 / 82 637–82 668**			
32 T	Annullierter Transport									
33 T	31. Juli	3. Aug.	Triest	RSHA	Auschwitz	Männer: 6 und 10 / Frauen: ?	A 19952–A 19961	71	7	64
	31. Juli	3. Aug.	Triest	SIPO und SD	Auschwitz	Männer: ? / Frauen: 19	A 16450–A 16456			
34 T	11. Aug.	16. Aug.	Triest und Zagreb	RSHA	Auschwitz	Männer: 8 / Frauen: ?	B 7505–B 7512 / 86 962–86 981; / 86 986–87 006**	6	–	6
	11. Aug.	16. Aug.	Triest	SIPO und SD	Auschwitz		190 708–190 713** / 82 910–82 980**			
35 T	?	18. Aug.	Triest	RSHA	Auschwitz	Männer: 19 / Frauen: ?	B 7523–B 7535; / B 7540–B 7541	5	1	4
36 T	?	21. Aug.	Triest	SIPO und SD	Auschwitz	Männer: 2 / Frauen: ?	192 900–192 901** / 87 047–87 093; / 87 097–87 106**	1	1	–

Nummer des Zugs	Datum der Abfahrt	Datum der Ankunft	Abfahrt von	Art des Transports	Ziel des Transports	Zahl der Eintragungen (Archiv des Museums von Auschwitz)	verteilte Nummern an die ins Lager Eingelieferten	Ermittelte Zahl der deportierten Juden	Ermittelte Zahl der zurückgekehrten Juden	Ermittelte Gesamtzahl der umgekommenen Juden
37 T	2. Sept. / 2. Sept.***	7. Sept. / 7. Sept.****	Triest / Triest	RSHA SIPO und SD	Auschwitz / Auschwitz	Männer: 13 / Frauen: ?	B 9739–B 9751 / 88 479–88 541; 88 600–88 652; 88 740–88 769**	48	1	47
38 T	3. Okt. / 3. Okt.***	9. Okt. / 9. Okt.****	Triest / Triest	RSHA SIPO und SD	Auschwitz / Auschwitz	Männer: 5 / Frauen: ?	B 12657–B 12661 / 88 903–88 948**	20	4	16
39 T	18. Okt.	?	Triest	?	Auschwitz	?	?	8	–	8
40 T	1. Nov.	?	Triest	?	Auschwitz	Frauen:	89 160	4	1	3
41 T	28. Nov.	?	Triest	?	Ravensbrück	?	?	12	1	11
42 T	11. Jan. 1945	16. Jan.	Triest	?	Ravensbrück	Männer u. Frauen	97450–97451; 97461–97479	31	8	23
43 T	24. Febr.	17. März	Triest	?	Ravensbrück, umgeleitet nach Bergen-Belsen	?		12	3	9

Deportierte Juden mit nicht ermitteltem Deportationsdatum:	489	19	470
Als politische oder Zivilgefangene deportierte Juden:	4	4	–
Gesamtzahl der Deportierten:	1177	97	1080

* Hier sind auch die Deportierten aus den Transporten 5 und 21 T mitenthalten (auf der Fahrt wurden sie zusammengelegt).
** Dieser Transport deportierte auch eine unbestimmte Zahl von nichtjüdischen politischen Gefangenen.
*** Dieser Transport deportierte auch Juden aus Zagreb.
**** Problematische Daten.

Opfer von Massakern

Ort	Datum	Zahl der Opfer	Festnahme	Verantwortliche	Hinrichtungsweise
Verschiedene Örtlichkeiten am Lago Maggiore	15.–23. Sept. 1943 9.–11. Okt. 1943	54	In Wohnungen und Hotels	Soldaten des 1. Bataillons des 2. Regiments der 2. Division SS Leibstandarte Adolf Hitler	Massenerschießungen an abgelegenen Orten, Massengrab und Versenkung der Leichen im See
Ferrara (Umfassungsmauer des Kastells)	14. Nov. 1943	14, davon 4 Juden	In Wohnungen	Italienische Faschisten	Erschießung aus politischer Rache
Chieti (S. Pietro, Stadtteil Ari)	11. Jan. 1944	4	Während einer Razzia gegen Partisanen versteckt aufgefunden	?	Erschießung. Die Körper wurden am Rande der Straße in einem Graben verscharrt
Rom (Fosse Ardeatine)	24. März 1944	335, davon 75 Juden	Aus dem Gefängnis von Regina Coeli und den Zellen der SIPO und SD in der Via Tasso abgeholt	SS des Außenkommandos Rom unter dem Befehl von Herbert Kappler	Genickschüsse als politische Repressalie
Gubbio (Villamagna, Ortsteil von Scheggia)	27. März 1944	3	Während einer Razzia gegen Partisanen	Deutsches Militär	Erschießung
Pisa	1. Aug. 1944	12, davon 7 Juden	In Wohnungen	Militärs auf dem Rückzug?	Maschinengewehrstöße und Handgranaten
Onda (Ortsteil Caselle), Provinz Florenz	Zweite Hälfte Aug. 1944	3	In einer Wohnung aufgrund einer Denunziation	Militärs auf dem Rückzug	Maschinengewehrstöße in den Rücken. Die Leichen wurden in einen Wassergraben geworfen und mit Reisig bedeckt
Forli (Fliegerhorst)	5. Sept. 1944	10	Aus dem Gefängnis abgeholt	Deutsches Militär und Republikanische Nationalgarde	Maschinengewehrstöße in den Nacken
Forli (Fliegerhorst)	17. Sept. 1944	7	Aus dem Gefängnis abgeholt	Deutsches Militär und Republikanische Nationalgarde	Erschießung
Forli (Fliegerhorst)	28. Sept. 1944	3	Aus dem Gefängnis abgeholt	Deutsches Militär und Republikanische Nationalgarde	Erhängen
Cuneo	26. Apr. 1945	5	Aus dem örtlichen Gefängnis abgeholt	Die Brigade Nere auf Anstiftung durch den örtlichen SD	Erschießung. Die Körper wurden unter der Neuen Brücke über die Stura geworfen
Gebiet von Fiume	?	8	?	?	Erschießung. Begraben auf dem jüdischen Friedhof von Fiume
Einzelne Opfer an unterschiedlichen Orten und zu verschiedenen Daten		13			

Gesamtzahl: 196

Tabelle 4

Im Durchgangslager umgekommene Opfer (überwiegend gewaltsam)

Name des Lagers	Zeitraum der Todesfälle	Zahl der Opfer
Fossoli di Carpi (Provinz Modena)	Zwischen dem 5. Jan. und 12. April 1944	8
Bozen-Gries	Zwischen dem 16. Okt. 1944 und 5. Mai 1945	15
San Sabba (Provinz Triest)	Zwischen dem 22. Jan. 1944 und 31. März 1945	27
Insgesamt:		50
Andere während der Verhaftung eingetretene oder durch die Judenverfolgung verursachte Todesfälle:		57
Gesamtzahl:		107

Tabelle 5

Deportation der Juden aus Borgo San Dalmazzo über Nizza und Drancy

Datum der Abfahrt	Datum der Ankunft	Abfahrt von	Ziel des Transports	In die Lagerliste eingetragene Personen	Verteilte Nummern an die ins Lager Eingelieferten	Ermittelte Zahl der Deportierten	Ermittelte Zahl der Rückkehrer	Ermittelte Gesamtzahl der Umgekommenen
7. Dez. 1943	10. Dez.	Drancy (Abfahrt von Borgo San Dalmazzo am 21. Nov.)	Auschwitz	Männer: 267 Frauen: 72	167442–167708* 70184–70255*	309	9	300
17. Dez.	20. Dez.	Drancy (Abfahrt von Borgo San Dalmazzo am 21. Nov.)	Auschwitz	Männer: 233 Frauen: 111	169735–169967* 72323–72424*	10	1	9
20. Jan. 1944	22. Jan.	Drancy (Abfahrt von Borgo San Dalmazzo am 21. Nov.)	Auschwitz	Männer: 236 Frauen: 55	172611–172846* 74783–74797* und 74835–74874*	9	–	9

Gesamtzahl der Deportierten: 328 | 10 | 318

* Diese Nummern beziehen sich hauptsächlich auf Deportierte, die nicht von Borgo San Dalmazzo abtransportiert wurden.

Tabelle 6

Deportation der Juden von den Inseln Rhodos und Kos

Datum der Abfahrt	Datum der Ankunft	Abfahrt von	Ziel des Transports	In die Lagerliste eingetragene Personen	Nummer bis Nummer	Ermittelte Zahl der Deportierten	Ermittelte Zahl der Rückkehrer	Ermittelte Gesamtzahl der Umgekommenen
3. Aug. 1944	16. Aug.	Athen (Abfahrt von Rhodos und Kos 23. Juli)	Auschwitz	Männer: 346 Frauen: 254	B 7159–B 7504 A 24215–A 24468	1820	179	1641

Gerhard Grimm

Albanien

Bis ins 20. Jahrhundert hinein hatte das kleine Land Albanien an der östlichen Adria keine längere Phase einer eigenständigen staatlichen Entwicklung erlebt. Als ein Randgebiet des Byzantinischen Weltreiches war es im 15. Jahrhundert in die Hände der aufsteigenden osmanischen Staatsmacht gefallen. Erst im November 1912 vermochten die Albaner als letztes der Balkanvölker die türkische Oberhoheit abzuschütteln. Als Vermächtnis von rund 450 Jahren Fremdherrschaft war in Albanien die ältere konfessionelle Spaltung in einen orthodoxen Süden und einen katholischen Norden noch durch den Massenübertritt zum Islam im Zentrum des Landes und naturgemäß in den Städten vertieft worden. Einheitsbewußtsein konnte dadurch erst langsam wachsen und auch eine eigene Geschichtsschreibung begann erst viel später als in den balkanischen Nachbarländern. Die Sozialstruktur war bestimmt von ländlichem Großgrundbesitz im Süden und einer von Stämmen und Sippen geprägten Gesellschaft im Norden. Noch bevor der neue Staat unter dem Fürsten Wilhelm zu Wied sich konsolidieren konnte, brach der Erste Weltkrieg aus, in dessen Verlauf etwa zwei Drittel des Landes von Norden her durch Truppen Österreich-Ungarns, der Süden durch Streitkräfte der Entente (Italiener und Franzosen) besetzt wurden. Nach Kriegsende zogen zwar die fremden Heere ab – die Italiener nur sehr ungern – Albanien aber mußte sich zunächst einen von der Mehrheit anerkannten Führer suchen. Selbst als er in Achmed Zogu (seit 1928 als König) gefunden war, fehlten dem Staate eine ausreichende Steuerkraft – wirtschaftlich war das Land weit zurückgeblieben –, ein breites staatstragendes Bürgertum und ein gut ausgebildetes Verwaltungspersonal. Seit Mitte der zwanziger Jahre geriet Albanien zunehmend in wirtschaftliche Abhängigkeit von Italien. Am 7. April 1939 ließ Mussolini gegen geringen Widerstand das Königreich Albanien militärisch besetzen und am 12. April durch eine Nationalversammlung die Personal-Union mit Italien beschließen.

Bot die Vereinigung mit dem größeren westlichen Adria-Anrainer Albanien zunächst wirtschaftliche Vorteile, so zog Mussolini das Land im Oktober 1940 durch seinen Angriff vom Süden Albaniens aus auf Griechenland in den Zweiten Weltkrieg hinein. Als Folge auch der italienischen Mißerfolge gegen die Griechen griff Hitler in Südosteuropa ein. Die Niederlage Jugoslawiens und Griechenlands gegenüber den deutschen Truppen im Frühjahr 1941 erlaubte es Mussolini dann, seinen albanischen Besitz abzurunden.

Teile Montenegros und Serbiens (vor allem das Kosovo-Gebiet und das westliche Mazedonien) mit mehreren hunderttausend albanisch-sprachigen Einwohnern wurden am 11. Juli 1941 mit Albanien vereinigt.[1] Mit den militärischen Rückschlägen in seinen Kolonien und im Mittelmeerraum wurde aber auch Italiens Fähigkeit geschwächt, die Herrschaft in „Großalbanien" aufrechtzuerhalten. Von den Alliierten unterstützte Partisanengruppen unterschiedlicher Zielrichtung und Parteifärbung untergruben Verwaltung und öffentliche Sicherheit im Lande. Nach Mussolinis Sturz und dem Waffenstillstand, den Italien dann mit den Alliierten geschlossen hatte, besetzten deutsche Truppen in freilich geringerer Zahl Albanien. Die Widerstandsgruppen gewannen durch italienische Beutewaffen und wegen der geringen militärischen Präsenz der Deutschen zunehmend größeren Spielraum.

Zwar versuchte Hitlers Sonderbeauftragter für den Südosten, Hermann Neubacher, durch Bildung einer nominell unabhängigen albanischen Regierung am 25. Oktober 1943, unter Anerkennung einer „relativen Neutralität"[2], die Widerstandskräfte zu spalten, aber der weitere Verlauf des Krieges zwang schließlich die Wehrmacht, das Land von Süden nach Norden zu räumen. Die kommunistisch geführten Partisanen konnten ihre politischen Konkurrenten um die Macht in Albanien verdrängen, sie bildeten am 28. November 1944 eine Regierung in Tirana. Die kommunistische Regierung schlug den „volksdemokratischen" Weg ein, der unter anderem zur völligen Verdrängung der Religion aus dem öffentlichen Leben führte. 1967 wurde Albanien zum ersten atheistischen Staat der Welt erklärt.

Mit dieser Nationalgeschichte, aber auch mit der Judenverfolgung durch Hitler hängt es zusammen, daß der Begriff „albanische Juden" eine vierfache Bedeutung hat. In erster Linie bezeichnet er Angehörige des mosaischen Bekenntnisses, die seit der Staatsgründung (1912) Bürger des Landes waren. Dazu kommen italienische Staatsbürger, die in der Zeit der zunehmend engeren wirtschaftlichen Verflechtung zwischen Italien und Albanien ihren Wohnsitz am Ostufer der Adria nahmen und (möglicherweise) dessen Staatsbürgerschaft erwarben. Sehr groß dürfte diese Gruppe nicht

---

[1] Die Anzahl der Albaner war schon damals zwischen Rom und Belgrad umstritten. Der deutsche Generalkonsul in Tirana, Martin Schliep, meldete am 30. Januar 1942 dem Auswärtigen Amt auf Anfrage die Zahlen, die der italienische Außenminister Graf Ciano in der ersten Nummer des Jahres 1942 der Zeitschrift „Tempo" veröffentlicht hatte, und stellte sie seinen niedrigeren eigenen und den noch niedrigeren jugoslawischen Ziffern gegenüber. PAAA, Gesandtschaft Tirana, Pol. I, 2/3. Vgl. zu dem Gebietszuwachs die Skizze 3 in: Klaus Olshausen, Zwischenspiel auf dem Balkan. Die deutsche Politik gegenüber Jugoslawien und Griechenland von März bis Juli 1941, Stuttgart 1973.
Ob auch noch Gebiete an der Südgrenze Albaniens angefügt werden sollten, ist nicht ganz klar. Der deutsche Geschäftsträger Wegener in Tirana berichtete am 10. Juli 1941, daß nach einer Kammer-Rede Mussolinis am 10. Juni die Berglandschaft der Çamérija (westlich Ioannina) angeschlossen werden solle. PAAA, Gesandtschaft Tirana, Pol. I, 2/3. Raphael Lemkin schreibt: „The Albanians were allowed to occupy the provinces of Yanina, Thesprotia and Prenza (Druckfehler für Preveza), an area of 7821 square kilometers, with a population of 300 573." Axis rule in occupied Europe, Washington 1944, S. 185 (ohne Beleg). Eine südliche Erweiterung Albaniens sei eingezeichnet auf dem Kärtchen 31 bei Josef März, Gestaltwandel des Südostens, Berlin 1942 (Im Text findet sich allerdings kein Hinweis). Der Bevollmächtigte des Deutschen Reiches in Athen, Günther Altenburg, berichtete am 12. Mai 1942 an das Auswärtige Amt von Befürchtungen in „hiesigen politischen Kreisen, daß Italien, wie dies bereits mit den Jonischen Inseln und den Kykladen der Fall ist, immer weitere Gebiete Griechenlands sozusagen im kalten Verfahren aus dem griechischen Staatsverband ausgliedern könnte". ADAP, Serie E, Band 2 (Göttingen 1972), Nr. 203, S. 346. Die italienische Druckschrift „Le terre Albanesi redente", Roma 1942, sagt im Vorwort zu Band 1, S. V: „La liberazioni del Kossovo e della Ciamuria, regione particolarmente care a tutti gli Albanesi, é un avvenimento troppo importante…". Der erste Band ist dem Kosovo-Gebiet gewidmet, ein zweiter ist bibliographisch nicht nachzuweisen. Vgl. zu dem griechisch-albanischen Grenzstreit: Edith Pierpoint Stickney, Southern Albania or Northern Epirus in European international affairs 1912-1923, Stanford 1926.
[2] Hermann Neubacher, Sonderauftrag Südost 1940-1945, Göttingen 1956, S. 113.

gewesen sein.[3] Eine dritte, wiederum sicher kleine Gruppe, bildeten Juden, die vor Hitlers Verfolgung aus Deutschland und seit 1938 aus Österreich in dieses abgelegene Land flüchteten.[4] Schließlich kamen aus den 1941 angeschlossenen jugoslawischen und eventuell griechischen Territorien jüdische Menschen in den albanisch-italienischen Machtbereich.[5]

Die Statistik der albanischen Juden

Vor 1912 war das heutige albanische Staatsgebiet auf die drei Vilayets Iskodra (Shkodra), Manastir (Bitola) und Yanya (Ioannina) verteilt. Seit 1847 wurden im Osmanischen Reich sogenannte Salnames publiziert, etwa Staats- und Provinzalmanache, die landeskundliche und statistische Angaben enthielten. In keiner Bibliothek der Welt sind diese Quellen vollständig erhalten.[6] Weder über die Methodik der Erhebung (primär für Steuerzwecke) noch über die Zuverlässigkeit der Erhebungen lassen sich verallgemeinernde Aussagen machen. Im Vilayet Ioannina sollen 1890 3517 Juden gelebt haben.[7] Das in der Aufschlüsselung der Bevölkerung genauere Salname von 1876 nennt nur in Ioannina und Arta jüdische Gemeinden mit 1515 bzw. 367 Köpfen, wobei wahrscheinlich Personen weiblichen Geschlechts nicht mitgezählt wurden. Im Vilayet Shkodra gab es nach dem Provinzalmanach von 1897 keine jüdischen Bewohner. Jüdische Siedlungen im Vilayet Manastir lagen außerhalb des albanischen Staatsgebietes. Nach der jungtürkischen Revolution wurde 1910 in Albanien eine Volkszählung durchgeführt, die hinsichtlich der Juden folgende Ergebnisse brachte:

Vilayet Shkodra	0
Vilayet Ioannina	5077
Vilayet Manastir ·	6497
Vilayet Kosovo	3171

Neben größeren jüdischen Siedlungen wie Bitola (6435), Ioannina (4373), Skopje (2327) und Preveza (431), die hier außer Betracht bleiben, sind als albanische Gemeinden festzuhalten: Çamérija 124, Gjirokastré 89 und Berat 60.[8]

Die erste moderne Volkszählung führte die österreichisch-ungarische Militärverwaltung in den im Ersten Weltkrieg besetzten nord- und mittel-albanischen Gebieten durch. Die ermittelten Ergebnisse wurden außer für die Bezirke Berat und Lushnjé

---

[3] Namentlich bekannt ist eine Familie Arditi, die eine Apotheke in Shkodér (Skutari) betrieb. Von den drei Söhnen besuchte ein Dario gemeinsam mit Arshi Pipa das Gymnasium. Die Familie verschwand wohl 1944 unbemerkt. Persönliche Mitteilung Prof. Dr. Arshi Pipa, University of Minnesota, 27. Juni 1986.

[4] Am 3. September beschloß der Ministerrat des Königreiches Albanien, den Wiener jüdischen Albanologen Prof. Dr. Norbert Jokl – durch die nationalsozialistischen Maßnahmen aus seiner Stellung an der Wiener Universitätsbibliothek verdrängt – für ein Jahr als Organisator des albanischen Bibliothekswesens in seine Dienste zu stellen. Das italienische Außenministerium beantragte beim Auswärtigen Amt für Jokl die Ausreisegenehmigung. Sie wurde indessen verweigert, Jokl wurde unter im einzelnen ungeklärten Umständen Opfer der Verfolgung. Vgl. Georg Stadtmüller, Norbert Jokl und sein Beitrag zur Albanienforschung, in: Dissertationes Albanicae in honorem Josephi Valentini et Ernesti Koliqi septuagenariorum, München 1971, S. 55.

[5] Ihr Schicksal wird auch in den Beiträgen von Hagen Fleischer und Holm Sundhaussen behandelt, während Liliana Fargion nicht auf sie eingeht.

[6] Vgl. Hasan Duman, Ottoman yearbooks (Salname and Nevsal), Istanbul 1982.

[7] Die nachfolgenden Angaben verdanke ich Herrn Studienreferendar Johann Strauß (München).

[8] Antonio Baldacci, L'Albania, Roma 1930, S. 198-201.

1922 veröffentlicht. Danach lebten in Shkodra zehn, in Tirana acht, in Durrés zwei Personen mit israelitischem Glaubensbekenntnis.[9] Die Encyclopaedia Judaica fügt ohne Quellenangabe noch 200 Juden in Arta und zehn in Valona hinzu.[10] In einem zeitgenössischen geographischen Handbuch heißt es über die albanischen Juden: „allgemein Spaniolen (türkisch Jahudi) genannt, bilden einen unbedeutenden Teil der Bevölkerung von Janina, Valona, Preveza, Berat, Ohrida und Korica. Sie sprechen ein mit Hebräisch gemischtes Spanisch. Die Spaniolen sind Ärzte, Geschäftsleute, selten Handwerker, können aber gegen die Griechen, welche den Großhandel in Händen haben, nur schwer aufkommen. In Janina sind die meisten Schiffer und Fischer Juden."[11]

Erst 1923 konnte das junge Albanien selbst eine Zählung seiner Bevölkerung vornehmen, 1927 folgte eine Überprüfung der Ergebnisse und im folgenden Jahr lag die Veröffentlichung vor.[12] Sie meldete für 1923

in der Präfektur Gjirokastré	39
in der Präfektur Vloré	19 Juden.

1927 waren folgende Veränderungen eingetreten, wobei offenbleibt, welchen Anteil natürlicher Zuwachs und welchen Zuwanderung hatten.

Präfektur Gjirokastré	55
Präfektur Vloré	47
Präfektur Tirané	7.[13]

Unter Berufung auf dieselbe Quelle nennt Karl Lohr folgende Zahlen für 1923:

Präfektur Gjirokastré	33
Präfektur Vloré	33.[14]

Auch der zweiten albanischen Volkszählung wird von der ausländischen Wissenschaft nur der Rang einer amtlichen Schätzung zuerkannt.[15] Sie ergab am 25. Mai 1930 eine Gesamtzahl von 204 Juden.[16] Gary MacEoin erwähnt eine weitere Volkszählung im Jahre 1938.[17] Sie findet sich sonst nirgends, wahrscheinlich handelt es sich um eine Verwechslung mit der von Ende 1941, von der nur summarische Ergebnisse bekanntgeworden sind.[18] Wenn Peter-Heinz Seraphim 1941 von 2000 Juden in Alba-

---

[9] Franz Seiner, Ergebnisse der Volkszählung in Albanien ... Wien 1922, S. 7.

[10] Encyclopaedia Judaica. Bd. 2, Berlin 1928, Sp. 112.

[11] Detailbeschreibung von Albanien. 1. Teil: Nordalbanien mit den angrenzenden Teilen Dalmatiens und Montenegros, Wien 1900, S. 124 f.

[12] T(eki) Selenica, Shqipria mé 1927, Tirana 1928, S. CVII.

[13] Auf S. CVI wird die Gesamtzahl mit 99 angegeben. Die Addition der Einzelpositionen der Tabelle auf S. CVII ergibt aber 109. Diese Zahl nennt auch Roberto Almagiá, L'Albania, Roma 1930, S. 168.

[14] Karl Lohr, Die völkischen Minderheiten Albaniens, in: Petermanns geographische Mitteilungen 76 (1930), S. 78. Das deutsche Standardwerk der Zeit: Fritz Klute (Hrsg.), Handbuch der geographischen Wissenschaft, Band Süd- und Südosteuropa, Wildpark-Potsdam 1931, S. 578 gibt die Zahl 99 Juden an (Verfasser des Beitrages „Albanien" war Erich Nowack).

[15] Carl Patsch, Albanien, in: Karl Andree, Geographie des Welthandels, Wien 1930⁴, Sp. 875.

[16] Zitiert von Encyclopaedia Judaica. Bd. 2, Jerusalem 1971, Sp. 523. Die Veröffentlichung zum 25-jährigen Jubiläum der albanischen Unabhängigkeit „Shqipenija mé 1937", hrsg. vom Ministerium für Inneres und Arbeit, Tirana 1937 enthält die Ergebnisse nicht. Das italienische Werk „L'Albania", hrsg. von der Reale Società geografica Italiana, Bologna 1943, enthält zwar einen Abschnitt „La popolazione" von Ferdinando Milone, aber wohl im Blick auf die deutschen Verfolgungsmaßnahmen keinen Hinweis auf Juden.

[17] Gary MacEoin, Der Kampf des Kommunismus gegen die Religion, Aschaffenburg 1952, S. 183 f.

[18] Enciclopedia Italiana, Appendice 1, Roma 1948, S. 107. Das in Anm. 1 zitierte Werk „Le terre Albanesi redente" entstand durch die Mitarbeit hervorragender italienischer und albanischer Fachkenner wie Carlo Tagliavini, Antonio Baldacci, Giuseppe Schiró und Ernesto Koliqi, enthält aber keine Bevölkerungsstatistik.

nien für 1930 spricht, so könnte man versucht sein, an einen Druckfehler 2000 statt 200 zu denken, aber er deduziert von der falschen Zahl ausgehend, daß 1000 sogenannte Aschkenazim seien und daß um 1920 kaum mehr als 100 jüdische Familien im Lande gelebt hätten, dann aber die Gesamtzahl durch das „Einströmen von Emigranten" vermehrt worden sei.[19] Die statistischen Jahrbücher der Volksrepublik Albanien erfassen das religiöse Bekenntnis nicht mehr.[20]

Zur Geschichte der Juden in Albanien

Bis heute gibt es keine selbständige Veröffentlichung zu diesem – zugegeben – bescheidenen Kapitel der jüdischen Geschichte in der Diaspora. Die Anfänge verlieren sich in der eigenen Überlieferung der Juden in Ioannina im frühen 12. Jahrhundert. Die ersten Zuwanderer stammten wohl aus den älteren Judengemeinden von Saloniki und Verria. Der berühmte jüdische Reisende Benjamin von Tudela, der 1170 das südliche Albanien berührte, soll einige Glaubensgenossen in Korcé getroffen haben.[21] Nach der englischen Übersetzung des hebräischen Reisewerkes durch A. Asher war Benjamin selbst nicht in der genannten Stadt.[22] Diese Juden sollen ihr altertümliches Griechisch, mit lateinischen Worten durchsetzt, bis ins 20. Jahrhundert bewahrt haben. Sie unterschieden sich dadurch von den sogenannten sephardischen Juden (Spaniolen), die wegen der Verfolgung auf der iberischen Halbinsel im späten 15. und frühen 16. Jahrhundert in verschiedene Teile des Osmanischen Reiches einwanderten. Von ihren albanischen Landeplätzen Durrés und Vloré aus erreichten sie die im Landesinneren gelegenen Orte Berat und Elbassan. Eine hebräische Quelle für das innere Leben der jüdischen Gemeinde in Vloré ist eine Streitschrift des David Messer Leon aus Mantua über die liturgischen Meinungsverschiedenheiten zwischen aus Spanien und aus Portugal stammenden Juden von 1512.[23] In der Mitte des 16. Jahrhunderts scheint die judenfeindliche Politik Papst Pauls IV. weitere Juden aus dem Kirchenstaat zur Übersiedelung nach Albanien veranlaßt zu haben.[24] Der Handel zwischen jüdischen Kaufleuten in Venedig und Valona blühte um die Wende zum 17. Jahrhundert.[25] In dessen zweiter Hälfte wuchs das albanische Judentum durch die Verbannung des von vielen Glaubensgenossen als Messias angesehenen Sabbeta Zebi durch die osmanischen Behörden aus Palästina nach Ulkinj (Dulcigno) oder wahrscheinlicher nach Elbassan. Ein Teil seiner Anhänger begleitete ihn ins Exil. Nach dem Tode ihres Führers zerstreute sich die um ihn gebildete Gruppe wieder.[26]

[19] Peter-Heinz Seraphim, Die Bedeutung des Judentums in Südosteuropa, Berlin 1941, S. 28 und S. 37 f.
[20] Anuari statistikor i Republika Populloré Shqiperisé, Tirana 1958 ff. Alfred Bohmann erwähnt in seinem Standardwerk: Bevölkerung und Nationalitäten in Südosteuropa, Köln 1969, S. 332, ohne Quellenangabe „noch spaniolische Juden in Valona und Argyrokastron".
[21] Encyclopaedia Judaica. Bd. 2, Berlin 1928, Sp. 110.
[22] The itinerary of Rabbi Benjamin of Tudela. 2 vols, London 1840. Entweder handelt es sich um eine Abweichung in den verschiedenen Handschriften oder Benjamin berichtet vom Hörensagen.
[23] Samuel Bernfeld (Hrsg.), Kebod-Chachanim, Berlin 1899. Vgl. Simon Dubnow, Weltgeschichte des jüdischen Volkes. Bd. 8, Berlin 1928, S. 23 f.
[24] Johannes Boterus, Weltbeschreibung, 1611, S. 77. Vgl. dazu Ludwig Freiherr von Pastor, Geschichte der Päpste seit dem Ausgang des Mittelalters. Bd. 6, Freiburg 1925, S. 515-519, der allerdings Albanien nicht nennt.
[25] Vgl. Revue des études juives 119 (1961), S. 149.
[26] Encyclopaedia Judaica. Bd. 2, Jerusalem 1971, Sp. 522 f.

Das 19. und das frühe 20. Jahrhundert waren für eine stetige Entwicklung der jüdischen Gemeinden im albanischen Raum nicht günstig. Sie wurden Opfer der Auseinandersetzungen des Gewaltherrschers Ali Pascha von Janina (1744-1822) mit anderen Paschas und schließlich mit der Heeresmacht des Sultans, der Kämpfe zwischen muslimischen Albanern und ihren orthodoxen Stammesgenossen, die sich dem griechischen Unabhängigkeitskampf angeschlossen hatten, der Aufstände von Albanern gegen die osmanische Staatsmacht, genauer deren Steuereintreiber, und endlich der Versuche des griechischen Nationalstaates, seine Grenzen im Epirus immer weiter nach Norden zu verschieben.

Man hat aus vereinzelten historischen Zeugnissen den Eindruck, daß die Juden das nördliche und zentrale Albanien verließen und sich in den südlichen Landesteilen, auch jenseits der Grenze zu Griechenland, nur in wenigen Orten behaupteten. Daß ihre Zahl gering und ihre wirtschaftliche Bedeutung nicht mehr sehr groß war, mag man einerseits daran ablesen, daß im ersten Reiseführer für Albanien von dem hervorragenden Landeskenner Franz Babinger nicht eine einzige Synagoge erwähnt wird[27], andererseits die nicht wenigen Reisebeschreibungen nur ganz selten das jüdische Bevölkerungselement erwähnen. Aufschlußreich ist auch die Tatsache, daß in den nordalbanischen Märchen Juden nicht erwähnt werden, wohl aber in denen des Südens.[28] In der Mitte des 19. Jahrhunderts berichtet der griechische Landeskenner Panagiotes Arabantinos, daß die früher in Valona lebenden tüchtigen jüdischen Einwohner nach Ioannina und Kastoria übergesiedelt seien, Ioannina habe 1857 343 jüdische Einwohner.[29] Zwei englische Reisende schreiben über Gjirokastré „of the thirty-three jews in the whole country who alone have been able to compete with the commercial aptitude of the Albanians five live here, while the other twenty-eight have formed a colony at Delvino, a small town fifteen kilometers away".[30] Ebenfalls im Südwesten des Landes liegt der kleine Ort Zrimadhés, von dem ein anderer Autor sagt, daß hier die Juden sehr stark im Zitronenhandel vertreten seien.[31] Wenn Martin Gilbert behauptet, 1927 habe die Masse der albanischen Juden in Korçé gelebt[32], so kann dies kaum stimmen. Das zeitgenössische jüdische Lexikon notiert für diese Stadt nur fünf jüdische Familien.[33] Der genannte Historiker führt weiter aus, 1939 hätten mehrere hundert Juden aus Deutschland und Österreich in Tirana und Durrés Zuflucht gefunden.[34]

Die historische Skizze der jüdischen Gemeinschaft in Albanien ergibt nur ein äußerst unscharfes Bild, das sich aber immerhin im wesentlichen mit den ebenfalls nicht über alle Zweifel erhabenen statistischen Angaben deckt.

---

[27] Karl Baedeker, Dalmatien und die Adria. Westliches Südslawien, Bosnien, Budapest, Istrien, Albanien, Korfu. Handbuch für Reisende, Leipzig 1929.
[28] Maximilian Lambertz, Albanische Märchen (und andere Texte zur albanischen Volkskunde), Wien 1922, S. 66.
[29] Panagiotes Arabantinos, Chronographia tes Epeiroy 2, Athen 1857, S. 48.
[30] Jan and Cora J. Gordon, Two vagabonds in Albania, London 1927, S. 151.
[31] J(oseph) Swire, King Zog's land, London 1937, S. 163.
[32] Martin Gilbert, Die Endlösung. Die Vertreibung und Vernichtung der Juden. Ein Atlas, Reinbek 1982, S. 179.
[33] Encyclopaedia Judaica. Bd. 2, Berlin 1928, Sp. 112.
[34] Gilbert, Endlösung.

Die Zeugnisse aus den Jahren der Verfolgung

1939 stellte ein deutscher Balkan-Kenner die Behauptung auf: „Es gibt und gab vor allem auch in Albanien seit Jahrhunderten schon kein jüdisches Problem, gleichgültig ob man es rassisch oder nur ‚religiös‘ aufgefaßt wissen will."[35] Wenn man ein Problem durch die Prozentanteile einer Minderheit an der Gesamtbevölkerung definieren will, so hat unser Autor sicher recht. Ob es eine Judenverfolgung in Albanien bis zur unfreiwilligen Vereinigung mit Italien im April 1939 gegeben hat, ist nicht bekannt, aber auch nicht sehr wahrscheinlich. Die Aussage eines Journalisten griechisch-amerikanischer Herkunft ist weder präzise datiert, noch durch Quellen belegt: „Albania breathed in deeply the totalitarian poison of Rome and Berlin. Among the victims of the Albanian governments to ape the big brothers of Italy and Germany were the Jews of Valona, the only members of that tragic race in Albania, who did not number a hundred families. They were expelled to the accompaniment of an Albanian proclamation of a ‚Nuremberg Law‘."[36]

In Italien waren am 17. November 1938 die „Provvedimenti per la difesa della razza Italiana" erlassen worden. Sie und die folgenden Ausführungsvorschriften waren nach dem 12. April 1939 auch geltendes Recht in Albanien.[37] Inwieweit sie auch das praktische Leben der albanischen Juden beeinflußten, steht dahin. Resignierend schreibt der italienische Statthalter in Albanien Jacomoni über diese Gesetze: „Immer wieder wurden Gesetze erlassen, aber durch die laufend auftauchenden Probleme blieben sie wirkungslos."[38]

Die „Wannsee-Konferenz" zur „Endlösung der Judenfrage" bezog die im italienischen Machtbereich befindlichen Juden mit ein. Der für die SS arbeitende Statistiker Dr. Richard Korherr hatte in Albanien 200 Juden ermittelt, die dann auch im Protokoll der Mord-Konferenz vom Januar 1942 auftauchten.[39] Freilich setzten die verschiedensten italienischen Dienststellen dem deutschen Drängen beharrlichen Widerstand entgegen. So notierte Legationsrat Franz Rademacher am 24. Juli 1942 für seinen Außenminister: Allen Bewohnern (im Kosovo-Gebiet) sei „gleiche Behandlung zugesichert" und „es sei mit der Ehre der italienischen Armee nicht vereinbar, gegen die Juden Sondermaßnahmen zu ergreifen".[40] Am 22. Oktober des gleichen Jahres legte Unterstaatssekretär Martin Luther seinem Außenminister eine Notiz vor, worin er „indirekte italienische Sabotage" der judenfeindlichen Maßnahmen in Griechenland, Kroatien und Rumänien beklagte.[41] Auch die ausführenden Organe auf deutscher Seite beschwerten sich über das Verhalten ihrer Bundesgenossen in dieser Frage. Am 25. Februar 1943 schrieb ein Stellvertreter des Chefs des Reichssicherheitshauptamtes an den Gesandten Dr. Bergmann im Auswärtigen Amt: „Diese ständigen Ausnahmebehandlungen von Juden durch italienische Behörden sowie das ständige Sicheinsetzen für Juden durch alle italienischen Stellen in den verschiedensten europäi-

---

[35] Richard Busch-Zantner, Albanien. Neues Land im Imperium, Leipzig 1939, S. 38.
[36] Pyrrhus J. Ruches, Albania's captives, Chicago 1965, S. 155.
[37] Renzo de Felice, Storia degli Ebrei italiani sotto il fascismo, Torino 1962, S. 630-635.
[38] Francesco Jacomoni di San Savino, La politica dell'Italia in Albania nelle testimonianze del luogotenente del Re, o.O. 1965, S. 170.
[39] Vielfach zitiert Nbg. Dok. NG 2586. Die Zahl bezog sich offenkundig auf das Vorkriegs-Albanien.
[40] Nbg. Dok. NG 3560.
[41] PAAA Inland II, geh. 192, S. 0038 f.

schen Ländern ließe sich beliebig fortsetzen (sic)."[42] Noch am 13. März 1943 mußte
der deutsche diplomatische Vertreter in Rom Hans Georg von Mackensen nach Berlin
melden, daß der italienische Außenminister darauf beharre, Juden italienischer Staatsangehörigkeit – und das waren die Juden im Vorkriegsalbanien – wie Italiener zu behandeln. „Gefährliche" würden interniert bzw. nach Italien abgeschoben, „was schon
in zahlreichen Fällen erfolgt sei". Dies war aber nach Auffassung der Zuständigen der
SS und des Auswärtigen Amtes ungenügend und unzulässig.[43] Erst am 13. Januar
1944 konnte Ribbentrop dem deutschen Botschafter in Rom telegraphieren, daß man
ab 31. März im deutschen Machtbereich auch freie Hand gegen „italienische" Juden
habe.[44]

Im Zuge der militärischen Operationen des Aprils 1941 hatten deutsche Truppen
das später „Groß-Albanien" zugeschlagene Gebiet des Kosovo besetzt. Dabei waren
etwa 500 jüdische Bewohner dieses jugoslawischen Landesteils oder hierher geflüchtete Juden aus anderen Teilen Jugoslawiens verhaftet und in das Durchgangslager (Du-
Lag) 183 (Sajmište) überführt worden. (Deren Schicksal wird im Beitrag zur Judenverfolgung in Jugoslawien behandelt.) Nach Dokumenten des Jüdischen Historischen
Museums in Belgrad legten die albanischen Behörden in der zweiten Hälfte des Jahres
1941 Lager an, in denen sie jüdische Flüchtlinge aus Serbien, Montenegro, Bosnien,
aber auch jüdische Männer aus dem jetzt ihrer Verwaltung unterstehenden Priština
zusammenfaßten. Die ältesten Lager waren Kavajé und Shejaku (östlich Durrés)[45] in
der Küstenebene, deren Insassen in der zweiten Hälfte des Jahres 1942 nach verschiedenen Orten Italiens deportiert wurden.[46] In dem etwas später errichteten Lager Berat
befanden sich Anfang Mai 1942 etwa 400 jüdische Insassen.[47] Nicht durch zeitgenössische Zeugnisse belegbar sind die Erinnerungen des schon genannten Statthalters Jacomoni, der Ende 1941 mit einer deutschen Note, überreicht durch den Generalkonsul Franz von Scheiger, konfrontiert wurde, in der die Auslieferung „di oltre trecento"
jüdischer Flüchtlinge aus dem Kosovo (mit genauer Angabe der Namen und Wohn-
orte) verlangt wurde. Der damalige albanische Ministerpräsident Mustafa Kruja habe
dann mit seinem Einverständnis diesen Juden albanische Pässe mit falschen Namen
anfertigen und sie nach Gjirokastré bringen lassen. Dem deutschen Diplomaten habe
der albanische Ministerpräsident nach einigen Tagen versichert, die Nachforschungen
seien vergeblich gewesen.[48] 45 jüdische Flüchtlinge aus Polen und Österreich waren
quer durch Jugoslawien nach Priština gelangt.[49] Auch ihnen sei derselbe Schutz gewährt worden.[50] Allerdings lieferte der italienische Militärkommandant im Kosovo
am 14. März 1942 auch 51 Juden den deutschen Häschern aus. Sie wurden im Lager
Banjica erschossen.[51] Am 24. Januar 1943 berichtete der apostolische Delegat in
Shkodra Nigris an Kardinal Maglione: „Vor einigen Tagen besuchte mich der Vertre-

---

[42] Ebenda, S. 214.
[43] Léon Poliakov/Joseph Wulf, Das Dritte Reich und seine Diener, Berlin 1965, S. 59 ff.
[44] PAAA Inland II, geh. 192, S. 132.
[45] Wenn auch Durrés als Internierungslager genannt wird, ist dies möglicherweise eine Verwechslung.
[46] Jaša Romano, Jevreji Jugoslavije 1941-1945. Žrtve genocida i učesnici narodnooslobodilačkog rata, Beograd
1980, S. 167.
[47] Ebenda, S. 166.
[48] Jacomoni, La politica dell'Italia in Albania, S. 288 f.
[49] Romano, Jevreji Jugoslavije, S. 152.
[50] Jacomoni, La politica dell'Italia in Albania, S. 289.
[51] Romano, Jevreji Jugoslavije, S. 152.

ter der in Albanien befindlichen Juden, ein aus Deutschland geflohener Rechtsanwalt." Dieser kümmere sich um die etwa 270 Glaubensgenossen. Einige hätten Beschäftigung gefunden, andere befänden sich in einer elenden Lage, weil seit drei Monaten auch der bescheidene tägliche Unterhaltszuschuß der Regierung von 5 Lire ausbliebe. Er tue sein bestes, aber die Möglichkeiten seien gering. Am meisten fürchteten die Juden, nach Deutschland deportiert zu werden, wie es schon einigen widerfahren sei. Das bedeute ihren Tod. Sie wären hocherfreut, wenn sie sich nach Italien begeben könnten; denn dort würden sie sich sicherer fühlen. Nigris habe versprochen, das Schicksal der Juden bei seinen Kontakten mit der Regierung im Auge zu behalten und bereits dem Präsidenten des Ministerrates (damals Eqrem Bey Libohova) einen Hinweis gegeben. Für besondere Notfälle habe er 2500 Lire zur Verfügung gestellt. Er werde mit diesen Ausgaben indessen die Kasse des Heiligen Stuhles ebensowenig belasten wie mit den bei seinen jüngsten Besuchen in den Konzentrationslagern ausgeteilten Spenden. Am 10. Februar wurde dem Delegaten von seinen Vorgesetzten in Rom mitgeteilt, daß die Kurie keine Gelegenheit versäumt habe, um das Los dieser Unglücklichen zu erleichtern.[52]

Nachdem Italien gegenüber den Alliierten die Waffen gestreckt hatte und Mussolinis „Soziale Republik Italien" jenseits der Adria über keinerlei Machtmittel mehr verfügte, schienen die deutschen „Endlöser" auch in Albanien zum Zuge zu kommen. Aber die Rücksicht auf die Bemühungen um eine eigenständige albanische Regierung erzwang nochmals Zurückhaltung. So notierte Legationsrat Horst Wagner am 22. Oktober 1943 als Meinung des Auswärtigen Amtes: „Eine gegen den Willen bzw. ohne Wissen der albanischen Regierung durchgeführte Aktion (gegen die Juden im Lande) würde verletzend wirken und könne schwere Komplikationen hervorrufen…". SS-Gruppenführer Heinrich Müller vom Reichssicherheitshauptamt akzeptierte diese Bedenken und versprach, daß Maßnahmen erst ergriffen würden, „nachdem zum gegebenen Zeitpunkt nochmals Fühlung mit dem AA zwecks Stellungnahme und gegebenenfalls Fühlungnahme mit der albanischen Regierung genommen worden ist".[53]

Da sich die Erwartungen auf eine Stabilisierung der albanischen Staatsmacht und den Aufbau einer eigenen Wehrmacht nicht erfüllten, wurden diese Rücksichten bald fallengelassen. Im März 1944 wurden die an der Südgrenze Albaniens gelegenen griechischen Judengemeinden in Ioannina, Preveza, Arta und Agrinion geräumt und ihre Bewohner nach Norden abtransportiert. Am 16. April 1944 meldete der Militärbefehlshaber in Serbien durch seinen Chef des Stabes, Generalmajor Kurt Ritter von Geitner, der Heeresgruppe F, daß nach einer Meldung des deutschen bevollmächtigten Generals in Albanien die SS-Division „Skanderbeg" 300 Juden in Priština verhaftet habe.[54] Die italienisch-albanischen Internierungslager wurden nach der deutschen Be-

[52] ADSS 9, Roma 1975, S. 101.

[53] Zit. in: Judenverfolgung in Italien, den italienisch besetzten Gebieten in Nordafrika. Dokumentensammlung, vorgelegt von der United Restitution Organization, Frankfurt a. M. 1962, S. 195 f.

[54] Nbg. Dok. NOKW 6668; Romano, Jevreji Jugoslavije, S. 154 datiert nach „Dokumenten" auf den 14. Mai 1944, ohne eine Gesamtzahl zu nennen. Die Verhafteten seien nach dem Lager Sajmište (bei Belgrad) gebracht worden und bei der Deportation seien zwei Juden erschossen worden. Dann habe man die Gruppe ins Lager Bergen-Belsen verbracht, wo 177 den Tod gefunden hätten. Wahrscheinlich war dies dieselbe Aktion, die im Bericht des Kommandeurs der SS-Division „Skanderbeg" vom 2. Oktober 1944 angeführt wird, wo allerdings neben 281 Juden auch 210 kommunistische Funktionäre als gefangen gemeldet werden. Zit. von Bernhard Kühmel, Deutschland und Albanien 1943-1944. Die Auswirkungen der Besatzung auf die innere politische Entwicklung des Landes. Diss. Bochum o.J., S. 506.

setzung des Landes teils aufgelassen, teils reorganisiert, teils wurden neue (in Shkodra und Tirana) angelegt. Ihre Bewachung sei von albanischen Kollaborateuren und deutschen Gestapobeamten gemeinsam vorgenommen worden. In Shkodér habe sich der Gestapochef, der „kapetan Firer" (wohl Hauptsturmführer) Hofmann durch Lösegelderpressungen hervorgetan und sogar jüdische Häftlinge freigelassen, damit sie Geldmittel auftreiben könnten. Diese seien aber nicht zurückgekommen.[55] Das XXI. Gebirgskorps berichtete am 13. Juli 1944 an die Heeresgruppe F, es habe in der Zeit vom 28. Mai bis 5. Juli 510 „Juden, Kommunisten, Partisanen und verdächtige Personen" gefangengenommen, davon 249 deportiert.[56] Im übrigen ist nicht belegbar, ob und in welcher Zahl die in albanischen Lagern inhaftierten Juden als Geiseln bei Vergeltungsmaßnahmen umgebracht wurden, wie z.B. die SS-Division Skanderbeg am 15. August 1944 bei der Stadt Kupreš (wohl Schreib- oder Druckfehler für Kukés) wegen der Zerstörung zweier Kraftwagen sechs Geiseln erhängte.[57]

Mit einiger Sicherheit kann man die jüdischen Deportierten aus „Großalbanien" nach den Meldungen der Kriegsjahre auf 591 beziffern. Davon stammte wohl die Mehrheit aus dem Kosovo-Bereich, wobei nicht genau zu ermitteln ist, wieviele Flüchtlinge aus anderen Ländern erst hier in die Hände der Häscher gefallen sind.

Die Quellen der Nachkriegszeit

Zeugnisse der verfolgten Juden Albaniens nach 1945 sind äußerst spärlich. Yisrael Teitelbaum, der im April 1944 in Priština verhaftet und dann nach Bergen-Belsen verschleppt wurde, hat einen Bericht dem Archiv der Gedenkstätte Yad Vashem in Jerusalem übergeben. Nach seiner Erinnerung überlebten von den 400 nach Bergen-Belsen deportierten „albanischen" Juden 100 das Kriegsende.[58] Die kommunistische Regierung Albaniens hat bis heute keine Aussage über die Zahl der Opfer ihrer jüdischen Mitbürger gemacht. Sie hat sich allerdings auch äußerst zurückhaltend über die Höhe ihrer Menschenverluste insgesamt geäußert.[59] Warum das so ist, soll hier nicht Gegenstand von Mutmaßungen werden. Die neuen Herren in Tirana verzichteten auch auf die Durchführung von Prozessen gegen die Verantwortlichen für die Untaten in ihrem Lande, zum einen, weil ihre Partisanenverbände keinen der deutschen Heerführer oder SS-Kommandeure gefangennehmen konnten, zum anderen weil eine Auslieferungsforderung gegenüber den angloamerikanischen Gewahrsamsmächten zunächst an der fehlenden diplomatischen Anerkennung scheiterte. Vielleicht hat dabei auch eine Rolle gespielt, daß sich einige der Befehlshaber auf deutscher Seite vor amerikanischen oder jugoslawischen Militärgerichten zu verantworten hatten.

[55] Romano (wieder nach einem „Dokument"), Jevreji Jugoslavije, S. 166.
[56] Nbg. Dok. NOKW 838, zit. nach Raul Hilberg, The Destruction of the European Jews, London 1961, S. 451. Im nicht von Hilberg zitierten Teil des Dokumentes heißt es: „Im Divisionseigenen Anhaltelager wurden sie in Sicherungsverwahrung genommn und 249 dieser Häftlinge zur Arbeitsleistung ins Reich abgeschoben. Das heißt: Es kann sich bei ihnen nicht um Juden gehandelt haben. Was mit den übrigen geschah, geht aus der Quelle nicht hervor.
[57] Ohne Quellenangabe zitiert in: Deutschland im zweiten Weltkrieg 6, Berlin-Ost 1965, S. 420.
[58] Gilbert, Endlösung, S. 279.
[59] Vgl. Historia e Shqipërise (Die offizielle Geschichtsdarstellung) 2, Tirana 1965, S. 281 und Geschichte der Partei der Arbeit Albaniens, Tirana 1971, S. 252.

Bei dem „Geiselmordprozeß" (Mai 1947 bis Februar 1948) vor dem Militärgerichtshof V der USA in Nürnberg waren zwar zehn deutsche Befehlshaber im Südosten angeklagt, aber die Durchführung der Judenverfolgung war kein besonderer Anklage-
punkt.[60] Von Seiten der „Zentralen Stelle der Landesjustizverwaltungen zur Ermittlung von NS-Verbrechen" in Ludwigsburg sind seit 1960 erhebliche Anstrengungen
unternommen worden, auch hinsichtlich der deutschen Besatzungszeit in Albanien
Schuldige an Verbrechen zu ermitteln. Sie haben in keinem Fall auch nur zur Erhebung der Anklage geführt. Entweder waren Tatverdächtige nicht mehr am Leben, so
der Höhere SS- und Polizeiführer Josef Fitzthum[61], oder sie hatten bereits vor alliierten Gerichten gestanden, wie der General der Infanterie Ernst von Leyser (von Juli
1944 bis April 1945 Befehlshaber des XXI. Gebirgsarmeecorps) vor dem US-Gericht
in Nürnberg, oder die Vorwürfe hatten nicht beweisfähig gemacht werden können, so
gegen den Leiter der SD-Außenstelle Tirana, SS-Sturmbannführer Günther Hausding.
Zwar warf das albanische Justizministerium im Juli 1963 diesem Funktionär der deutschen Besatzungsmacht vor, er habe für die Folterung und Ermordung zahlreicher albanischer Staatsbürger den Befehl gegeben, aber der Bitte des Landgerichts Nürnberg
um Übermittlung von Beweismaterial versagte sich die albanische Behörde.[62]
Angesichts der kargen Quellenlage und des offenkundig nicht allzu großen Umfan-
ges der jüdischen Opfer in Albanien – als ob nicht ein Ermordeter schon einer zu viel
wäre – hat auch die Zeitgeschichtsforschung diesem Problem keine große Aufmerksamkeit gewidmet. Das italienische Außenministerium hat eine „Relazione sull'opera
svolta dal ministero degli affari esteri per la tutela della communitá ebraiche" vorgelegt, der zufolge Albanien in den Jahren 1941 bis 1943 der Zufluchtsort für mehrere
hundert jugoslawische und bulgarische Juden gewesen sei.[63] Der letzten Station des
Leidensweges der nach Norden verschleppten albanischen Juden, dem Konzentrationslager Bergen-Belsen, hat Eberhard Kolb eine eindringliche Untersuchung gewidmet. Leider war auch hier – gemessen an anderen Lagern – die Quellenlage besonders
ungünstig, so daß er lediglich feststellen konnte: „Im Juni 1944 kamen aus einem Lager bei Zagreb mehrere hundert jugoslawische und albanische Juden, die aus uner-
findlichen Gründen in das Lager Bergen-Belsen überführt wurden; angeblich besaßen
auch sie ausländische Pässe."[64]

---

[60] Martin Zöller/Kazimierz Leszczyński (Hrsg.), Der Fall 7. Das Urteil im Geiselmordprozeß, Berlin-Ost 1965.
[61] Er verunglückte 1944 an der Ostfront. Vgl. Josef Folttmann/Hans Möller-Witten, Opfergang der Generale, Berlin 1952, S. 173.
[62] 503 AR-Z 300/60, freundliche Mitteilung von Herrn Kräft, Richter am Landgericht, Ludwigsburg 24. Oktober 1986.
[63] Zit. nach de Felice, Storia degli Ebrei italiana, S. 456.
[64] Eberhard Kolb, Bergen-Belsen. Geschichte des Aufenthaltslagers 1943-1945, Hannover 1962, S. 64.

Hagen Fleischer

Griechenland

Die jüdische Präsenz im griechischen Raum ist älter, facettenreicher und – bis zum Massenmord im Rahmen der „Endlösung"[1] – vielgestaltiger als in fast allen anderen Ländern Europas. Diese Vielfalt findet gewisse Entsprechungen in der unterschiedlich ausgebildeten Fähigkeit, der furchtbarsten Bedrohung in der vielbewegten eigenen Geschichte, dem nationalsozialistischen Moloch, zu begegnen; dementsprechend sind auch die regional stark differierenden Überlebensquoten nicht allein mit irgendwelchen Zufälligkeiten zu erklären.

---

[1] Von der einschlägigen Literatur ist an erster Stelle das kollektive Standardwerk zu nennen: Michael Molho u.a., In Memoriam. Hommage aux victimes juives des nazis en Grèce. Bd. I/II, Saloniki 1948/49; Bd. III, Buenos Aires 1953. (Molho verfaßte den größten Teil des 1. sowie den – ausschließlich vom Friedhof in Saloniki handelnden – 3. Band, wohingegen der 2. Band von Joseph Nehama stammt.) 1976 gab die Jüdische Gemeinde eine einbändige griechische Übersetzung heraus, wobei der integrierte Bd. II eine Anzahl Verbesserungen und Erweiterungen von Nehama enthält. (Israilitiki Koinotis Thessalonikis, In Memoriam, Saloniki 1976.) In der vorliegenden Untersuchung wird für die Ereignisse von Saloniki (Bd. I) die leichter zugängliche französische Originalausgabe benutzt, für Bd. II indessen die verbesserte griechische Version.
Unentbehrlich für die Tragödie von Saloniki ist auch: I.A. Matarasso, Ki'omos oloi tous pethanan, Athen 1948. Von nichtgriechischen Quellen sind wichtig: Cecil Roth, The Last Days of Jewish Salonica, in: Commentary X:1, Juli 1950, S. 49-55; die Studie von Danuta Czech, Deportation und Vernichtung der griechischen Juden im KL Auschwitz, in: Hefte von Auschwitz 11 (1970), S. 5-37. Ferner natürlich die Holocaust-„Klassiker", die jeweils ein Griechenland-Kapitel enthalten, insbesondere Gerald Reitlinger, Die Endlösung, Berlin 1961[4]; Raul Hilberg, Die Vernichtung der europäischen Juden. Die Gesamtgeschichte des Holocaust, Berlin 1982; sowie Martin Gilbert, Endlösung. Die Vertreibung und Vernichtung der Juden. Ein Atlas, Reinbek 1982. – In der DDR erschien der – trotz verschiedener Simplifizierungen – bis dahin vielleicht beste Übersichtsartikel: Rainer Eckert, Die Verfolgung der griechischen Juden im deutschen Okkupationsgebiet Saloniki-Ägäis vom April 1941 bis zum Abschluß der Deportationen im August 1943, in: Bulletin des Arbeitskreises „Zweiter Weltkrieg" (1986), S. 41-69.
In seiner nützlichen bibliographischen Übersicht bedauert Philip Friedman (The Jews of Greece during the Second World War. The Joshua Starr Memorial Volume, New York 1953, S. 241-248) zu Recht die „Dürftigkeit" der historiographischen Bearbeitung des Schicksals der griechischen Juden: „It must be said that it is one of the most unexplored areas of the Jewish Catastrophe." Seitdem hat sich kaum etwas geändert: weiterhin gilt der Forschungsstand von 1950, die neueren Publikationen stützen sich unkritisch auf die Pioniere Matarasso, Molho und Nehama; die in unregelmäßigen Abständen vom Jüdischen Zentralrat herausgegebenen Broschüren etc. machen hier keine Ausnahme. Kaum neues Material bringt auch der dem Vf. freundlicherweise schon als Manuskript überlassene Übersichtsartikel von Steven Bowman, Jews in War-Time Greece (inzwischen veröffentlicht in: Jewish Social Studies 48 (1986), S. 45-62), obwohl der Autor des Aufsatzes zu den bestinformierten gehört und Zugang zu hebräischen Quellen hat. Vgl. seine Bibliographie unter dem gleichen Titel in: J.O. Iatrides (Hrsg.), Greece in the 1940s, Hannover 1981, Bd. II, S. 81-94. Genannt werden muß hier noch die weit ambitiösere Bibliographie von Robert Attal, Les Juifs de Grèce de l'expulsion d'Espagne à nos jours, Jerusalem 1984.
Auch die Verantwortlichen des Yad Vashem-Archivs sind sich dieses fortwährenden Mankos bewußt (Dr. Herbert Rosenkranz, Brief, 31.7.1984). Der Vf. hat in dieser Untersuchung außer den genannten Werken zahlreiche autobiographische Berichte, lokalhistorische Studien, wie auch einen beträchtlichen Teil der Kriegs- (auch Resistance-) und Nachkriegspresse ausgewertet, ferner die deutschen, britischen und amerikanischen Weltkriegsakten sowie die umfangreichen Ermittlungsunterlagen deutscher Staatsanwaltschaften (v.a. die 17 Bände der Generalstaatsanwaltschaft beim Landgericht Berlin – 3 P(K) Js 10/60 gegen M. Merten u.a.). Schärfere Konturen erhielt dieses Bild wiederholt durch Interviews mit Überlebenden.

Die Anfänge hebräischer Kolonien werden nicht selten bis in die Zeit der Babylonischen Gefangenschaft (586-530 v. C.) zurückdatiert; andere „Nachfahren" sind überzeugt, daß zumindest bei der Gründung Thessalonikis vor 2300 Jahren Juden zu den ersten Siedlern gehörten. Gesichert ist jedenfalls ein neuer Exodus nach den Makkabäer-Kriegen (166-160 v. C.) – entweder direkt von Palästina-Judäa oder über die aufstrebenden Handelszentren der hellenistischen Welt, Alexandria und Antiochia. Strabo (85 v. C.) und insbesondere Paul von Tarsus (ca. 50 n. C.) sind namhafte Zeugen für die mittlerweile lebhafte Ausbreitung der jüdischen Diaspora auf dem Boden des heutigen Griechenlands (Saloniki, Korinth etc.).

Mit relativ geringen Restriktionen entwickeln sich die Gemeinden in den Jahrhunderten der oströmischen/byzantinischen Herrschaft. Der früh aufkommende Terminus „Romanioten" für die jüdische Minderheit deutet bereits auf eine fortgeschrittene Assimilation gegenüber dem griechischen Wirtsvolk („Romioi"). Und tatsächlich übernehmen die meisten der Gemeinden, die sich am Vorabend des Zweiten Weltkriegs einer ungebrochenen Tradition bis zu den Anfängen unserer Zeitrechnung rühmten (Ioannina, Chalkis, Kerkyra und Zakynthos), das Griechische nicht nur im täglichen Gebrauch, sondern – obgleich mit hebräischen Einmischungen – auch als Kultsprache; mehr nostalgischen Charakter haben die Versuche, die altehrwürdigen Texte zwar in griechischer Sprache, aber in hebräischer Schrift weiterzugeben.

Unter solchen Vorzeichen schritt die Integration der Romanioten im byzantinischen Kaiserreich weit schneller fort als die ihrer aschkenasischen Glaubensbrüder im Norden; entsprechend selten waren sie massiven Verfolgungen ausgesetzt. Dennoch verbesserten sich ihre allgemeinen Lebensbedingungen wie auch die Aufstiegsmöglichkeiten augenfällig mit der osmanischen Eroberung im 15. Jahrhundert. Die neuen islamischen Herren zeigen eine vergleichsweise große religiöse Toleranz; lediglich die Christen sehen ihre alten Privilegien einschneidend geschmälert, da sie sich plötzlich hinter den Muslim, als zweitklassige „Rajah", mit den doch mehr oder weniger verachteten Juden – bestenfalls – auf einer Stufe wiederfinden. Letzteren wird nämlich ebenfalls ein eigenes Millet („Nation") mit religiöser, aber auch weitgehend administrativer Autonomie zuerkannt. Da die meisten Sultane die handelspolitischen und organisatorischen Fähigkeiten ihrer jüdischen Untertanen schätzen – nicht zuletzt als potentielles Gegengewicht gegenüber der Orthodoxie – zögern sie nicht, die Grenzen ihres Reiches zu öffnen, sobald im „christlichen" Europa eine neue Welle von Judenverfolgungen losbricht. So nehmen die Türken, noch bevor die letzten Bastionen des byzantinischen Staates fallen, aschkenasische Flüchtlinge aus Bayern im 1430 eroberten Saloniki auf.

Das klassische Beispiel für seine Nachfolger gibt aber Bayezid II., als 1492, nach Abschluß der Reconquista, die „Katholischen Majestäten" Ferdinand und Isabella mit dem Edikt von Granada alle Anhänger der „verderblichen" mosaischen Religion aus Spanien („Sefarad") vertreiben. Im selben Jahr noch lassen sich mindestens 20 000 dieser „Sephar(a)dim" oder „Spaniolen" in der durch Kriegswirren weitgehend entvölkerten Hafenstadt Saloniki nieder. Weitere Wellen iberischer Flüchtlinge folgen – direkt oder nach längeren Zwischenaufenthalten in Italien –, und bald sind nicht einmal mehr die im 14. Jahrhundert zwangsgetauften „Marranos" vor der spanischen Inquisition sicher.

Die an Zahl, Kultur und Dynamik eindeutig überlegenen Neuankömmlinge majorisieren die kleinen romaniotischen und aschkenasischen Gemeinden in Saloniki und stellen dort bald[2] – relativ wie auch absolut – die größte ethnische Gruppe überhaupt, so daß die Stadt schließlich Beinamen wie „Mutter Israels", „Klein-Jerusalem" oder auch „Königin von Israel" erhält. Eine solche Analogie schließt natürlich die sonst übliche Beschränkung auf Kommerz u.ä. aus. Die Juden sind in allen handwerklichen Sparten tätig, besitzen ein schon traditionelles Monopol auf die Seidenraupenzucht, stellen nicht wenige der besten Drucker des Ostens, aber auch das Proletariat der Tabakarbeiter und Lastenschlepper, so daß noch zu Beginn unseres Jahrhunderts am Sabbath weder Schiffe entladen noch Züge abgefertigt wurden. Eine zeitgenössische deutsche Quelle verwundert sich daher auch, die Sephardim seien „unter den Rassen von Saloniki vielleicht die kräftigste, ein Volk der schwersten Träger und Hafenarbeiter. Bei ihnen ist also nahezu keine physische Degeneration vorhanden, die sonst bei den Juden so häufig vorkommt."[3]

Diese (ab)geschlossene Bevölkerungsgruppe, isoliert in einer fremden, buntgemischten Umwelt, konserviert über Jahrhunderte altkastilische Tradition: Trachten, Sitten, Lieder und insbesondere das Idiom. Das „Judenspanisch"[4] bewahrt trotz der verschiedensten – meist oberflächlichen – fremdsprachlichen Beimischungen seinen Charakter in einem Ausmaß, daß noch in unserem Jahrhundert Cervantes-Spezialisten zu vergleichenden Sprachstudien nach Saloniki reisten und für den Posten des britischen Konsuls Diplomaten mit Spanischkenntnissen bevorzugt wurden.

Im Vergleich zu „Klein-Jerusalem" bleiben alle anderen Gemeinden in Griechenland drittrangig – gleichgültig, ob sie sich ihre romaniotische Tradition bewahrt haben oder aber dem sephardischen Einfluß erlegen sind (Edirne, Rhodos etc.). Einen weiteren Rückgang erleiden sie im Gefolge des griechischen Unabhängigkeitskrieges, der 1821 ausbricht. Da man den Juden „Kollaboration" mit den verhaßten Türken vorwirft, teilen sie nun zum Teil deren Schicksal – insonderheit die Sephardim, die nicht nur konfessionell ein Fremdkörper geblieben sind. Die Mehrzahl flieht nach Saloniki bzw. allgemein in die mittel- und nordgriechischen Gebiete, die nach der Konstituierung des neugriechischen Rumpfstaates unter osmanischer Herrschaft verbleiben. Ob-

---

[2] Für weitere Informationen siehe das siebenbändige Standardwerk von Joseph Nehama, Histoire des Israélites de Salonique. Bezeichnend ist etwa der Titel des 3. Bandes: L'age d'or du Sefaradisme Salonicien (1536-1593), Saloniki 1936. Neu aufgelegt (Paris 1981) wurde das Übersichtswerk von M. Franco, Essai sur l'Histoire des Israélites de l'Empire Ottoman depuis les Origines jusqu'à nos jours, Konstantinopel 1897. Wertvolle Aufschlüsse gibt auch der Artikel von Paul Dumont, The Social Structure of the Jewish Community of Salonica at the End of the Nineteenth Century, Southeastern Europe/L'Europe du Sud-Est, 5 Pt. 2 (1979), S. 33-72.

[3] Dr. A. Petermanns Mitteilungen aus Justus Perthes' Geographischer Anstalt, XXXIV, H. 162 (1908), S. 358. – Nach Unterlagen des Zionistischen Archivs waren 1912 nur 1500 von 14 550 jüdischen Familien in der Lage, Gemeindesteuer zu entrichten. (Rena Molho, I evraiki koinotita tis Thessalonikis kai i entaxi tis sto elliniko kratos (1912-1919), in: I Thessaloniki meta to 1912, Thessaloniki 1986, S. 288.)

[4] In der Sekundärliteratur, selbst jüdischer (Aschkenazim) Provenienz, wird für „Judenspanisch" oft unterschiedslos der Terminus „Ladino" verwendet. Diese Gleichsetzung ist jedoch unrichtig, denn „Ladino" bezeichnet lediglich die künstlich geschaffene, starre liturgische Sprache, entstanden aus mechanischer (Wort-zu-Wort-) Übersetzung der hebräischen Texte in das Spanisch des 13. Jahrhunderts. Im Gegensatz hierzu steht das „Judenspanisch" (Spaniolisch), das lebendige und somit entwicklungsfähige Idiom der Sepharadim; korrekte Synonyme hierfür sind Djudio, Djidio und insbesondere Djudezmo, die ursprünglich nur die jüdische Herkunft des Sprechers herausstreichen (vgl. „Jiddisch" im mittel- und osteuropäischen Raum). Am besten hierzu die Dissertation von Haim Vidal Sephiha, Le Ladino (Judéo-Espagnol Calque). Structure et evolution d'une langue liturgique. 2 Bde., Paris 1979. Siehe auch die kürzere „Bestandsaufnahme" zur weiteren Problematik vom gleichen Autor: L'agonie des JudéoEspagnols, 2. erw. Aufl., Paris 1979. Hierzu insonderheit S. 14 ff.

wohl sich auch im Süden die Verhältnisse bald wieder normalisieren und zunehmend Juden zurückkehren oder neu siedeln, erhalten doch beispielsweise die antiken Kolonien von Athen und Patras erst um die Jahrhundertwende wieder den Status einer anerkannten Kultusgemeinde.

Als Griechenland nach dem territorialen Zuwachs im Gefolge der siegreichen Balkankriege die eigene Irredenta in Mazedonien und Thrazien „heimholt", reagiert die mitbetroffene jüdische Minderheit zwiespältig. In den Jahren zuvor hatte sie, insbesondere auch aus wirtschaftlichen Erwägungen, in Konfliktsituationen wie dem griechisch-türkischen Krieg von 1897 kein Hehl aus ihrer Vorliebe für die osmanische Herrschaft gemacht, was erheblichen Mißmut bei der griechischen Bevölkerungsgruppe ausgelöst und nach der Einnahme Salonikis zu verschiedentlichen Übergriffen geführt hatte. Als sich jedoch zeigt, daß nach Vertreibung der Türken auch das jüdischerseits wärmstens begrüßte österreichische Kompromißprojekt einer Internationalisierung der mazedonischen Hauptstadt keinerlei Aussicht auf Verwirklichung hat, findet man sich überraschend schnell mit der neuen Situation ab, umsomehr da zu ihrer freudigen Überraschung der griechische Ministerpräsident Venizelos eine ausgesprochen philosemitische Politik initiiert.[5]

Trotz dieser Konsolidierung verstärkt sich schlagartig der bereits seit der Jahrhundertwende beobachtete Trend zur Emigration, dem allerdings mittlerweile nicht nur die stets ein Fremdkörper gebliebenen aschkenasischen Flüchtlinge vor den russischen Pogromen, sondern auch alteingesessene Sephardim folgen. Der verheerende Brand von 1917, der weit über 40 000 Juden in Saloniki obdachlos macht, gibt trotz der großzügigen Hilfsaktion der griechischen Regierung neue Anstöße in dieser Richtung. Der entscheidende Einschnitt ist aber die nach dem Scheitern des in Sèvres konzipierten griechischen Smyrna-Abenteuers hereinbrechende „Kleinasiatische Katastrophe" von 1922, als allein in Mazedonien Hunderttausende vertriebener Griechen angesiedelt werden und sich aus diesen ein neues Proletariat unter verschärften Wettbewerbsbedingungen rekrutiert. Den flexibleren Neuankömmlingen gelingen erhebliche Einbrüche in fast alle Berufe, die bis dahin von den Juden nahezu monopolartig besetzt gewesen waren. Darüber hinaus werden die etwa 10 000 Angehörigen der synkretistischen Sekte der Dönmeh (Maminiken), im 17. Jahrhundert „oberflächlich" islamisierte Sephardim, im Rahmen des in Lausanne (1923) vereinbarten Bevölkerungsaustausches in die Türkei umgesiedelt – eine auch von den „Glaubensjuden" begrüßte Zwangsmaßnahme, deren rettende Auswirkungen sich erst zwanzig Jahre später offenbaren werden.

Erste und sichtbarste Konsequenz all dieser Vorgänge ist jedoch der Verlust der traditionellen jüdischen Position als stärkste ethnische Gruppe in Saloniki; dieser Rückgang beschleunigt sich im Laufe der nächsten Jahre, als über 20 000 Juden vorzugs-

---

[5] Zum griechisch-jüdischen Verhältnis in jener Umbruchphase vgl. Rena Molho, I evraiki, sowie von der gleichen Autorin: Venizelos and the Jewish Community of Salonika, 1912-1919, in: Journal of the Hellenic Diaspora VIII, 3/4 (Fall-Winter 1986), S. 113-123. Während Venizelos persönlich auch in der Folgezeit fast stets guten Willen gegenüber der jüdischen Minderheit unter Beweis stellte, herrschten in manchen Schichten seiner „venizelistischen" Anhänger (v.a. in Flüchtlingskreisen) zumindest latente, innenpolitisch motivierte antisemitische Vorurteile. Siehe hierzu die deutschen Konsulatsberichte aus Saloniki (Politisches Archiv des Auswärtigen Amtes) sowie die autoritative Darstellung zur griechischen Zwischenkriegsgeschichte: George Th. Mavrogordatos, Stillborn Republic. Social Coalitions and Party Strategies in Greece, 1922-1936, Berkeley 1983, S. 256 ff.; ungerecht hingegen die simplifizierende Kritik an Venizelos in: The American Jewish Committee, Governments-in-Exile on Jewish Rights, New York 1942, S. 28.

weise nach Palästina und Westeuropa emigrieren.[6] Besondere Anziehungskraft übt
Paris aus, wo im November 1942 mindestens 5000 Sephardim griechischer Herkunft
den braunen Häschern in die Hände fallen und den Weg nach Auschwitz antreten
werden.[7]

Trotz der genannten Emigrationsschübe stabilisiert sich alles in allem die Lage in
Griechenland, und selbst die 1936 von Georg II. und seinem General Ioannis Metaxas
etablierte Königsdiktatur zeigt sich in diesem Aspekt – zum Mißfallen der ansonsten
dem Regime wohlgesonnenen Berliner Machthaber – von ungewohnter Toleranz:
„Die Juden genossen vollkommene Freiheit und führten ein friedliches Leben", wird
ein deutscher „Rassenexperte" später befremdet konstatieren.[8] Hunderte Verfolgter
aus dem weiteren nationalsozialistischen Machtbereich suchen daher hier eine kurz-
oder längerfristige Zuflucht.[9]

Doch die Ruhe ist trügerisch. Die italienische Aggression vom 28. Oktober 1940
verwickelt das neutrale Land in den Krieg; als die griechischen Streitkräfte in einem
die Weltöffentlichkeit begeisternden Abwehrkampf die Invasoren weit hinter die albanische Grenze zurückwerfen, steht auch die jüdische Minderheit ihren Mann[10] –
ebenso, als am 6. April 1941 die deutsche Wehrmacht ihr Gewicht zugunsten des bedrängten Achsenpartners in die Waagschale wirft. Ende April ist die Besetzung des
griechischen Festlandes abgeschlossen, einen Monat später endet die Luftlandeaktion

---

6 Die Gründe hierfür sind vielschichtig. Der oft überschätzte Faktor der 1931/33 von antisemitischen Fanati-
kern inszenierten ephemeren Rassenunruhen waren nur von sekundärer Bedeutung. Die unrühmliche
Rolle des Brandstifters – auch im wörtlichen Sinne – hatte damals die kleine, aber aktive Organisation EEE
gespielt, die sich auch den deutschen Besatzern als willfähriges Werkzeug zur Verfügung stellen wird.

7 Nehama, Israilitiki Koinotis, S. 253.

8 F. Bachmann, Der Einfluß des Judentums in Griechenland, in: Volk im Osten 4 (1943), S. 60 f.; auch: Die
Judenfrage, 15.11.1940, S. 179 ff.; Messager d'Athènes, 9.9.1936.

9 Vgl. Anm. 28; allein die Zahl der später ermordeten österreichischen Juden wird auf 50 geschätzt (vgl. den
Beitrag von J. Moser in diesem Band); die Gesamtzahl war sicherlich weit höher. Der derzeitige (1990) Präsident des Jüdischen Zentralrats in Griechenland, Dr. Löwinger, war übrigens Ende der Dreißigerjahre aus
Ungarn geflohen, seine Frau aus Österreich. – Das Sonderkommando Rosenberg resümiert: „Eine wertvolle
Hilfe leisteten die griechischen Juden dem Weltjudentum, als es galt, die zahlreichen jüdischen Flüchtlinge
aus Mitteleuropa auf legalem oder illegalem Wege nach Palästina zu bringen. In den beiden Verschiffungs-
plätzen Saloniki und Athen-Piräus befanden sich jüdische Auswandererbüros, die mit englischen und amerikanischen Geldern arbeiteten." (Abschlußbericht über die Tätigkeit des Sonderkommandos Rosenberg in
Griechenland, 15.11.1941, in: BA, NS 30/75). Tatsächlich sahen die meisten Juden Griechenland nur als
Zwischenstation. Der Flüchtlingsstrom gabelte sich dann allerdings. So meldet der SD bereits vor Mussolinis Überfall aus Athen, 400 deutsche Emigranten (z.T. wohl auch „Arier") seien im Begriff „nach Lissabon
verfrachtet" zu werden, um dort eine Passage in die USA anzutreten (Chef SiPo/SD VI D4 AZ, 8.8.1940,
in: PAAA, Inland II A/B, 295/2); mindestens ebensoviele Juden wollten aber nach Palästina: laut deutschen
Informationen erhielten sie die Einreiseerlaubnis der britischen Behörden allerdings nur, sofern sich die
wehrfähigen Männer zum Heeresdienst verpflichteten. (Chef SiPo/SD DII 419g, 11.6.1940, in: PAAA, Inland IIg/391). Nicht wenige von ihnen werden allerdings nach dem unglücklichen Ausgang des britischen
Griechenlandunternehmens doch wieder in deutsche Hände fallen: schadenfroh entdecken Kriegsbericht-
erstatter etwa im Gefangenenlager von Korinth Juden aus Worms, Berlin und Wien. (Frankfurter Zeitung,
25.5.1941) – Andere Juden bleiben, freiwillig oder nicht, auf Zypern hängen. Aufschlußreich ist eine Aufstellung der Flüchtlinge in einem Report der Gemeinde von Nikosia an den Colonial Secretary vom
6.5.1941: „Derzeit" lebten auf der Insel 460 ausländische Juden, darunter 163 aus Österreich, 92 aus
Deutschland, 40 aus Rumänien, 31 aus Polen, 24 aus Ungarn, 7 aus der CSSR und 7 Staatenlose. (Dimosio
Archeio Kyprou: SAI/670/1941; für diese Information danke ich meinem ehemaligen Studenten Herrn
Ch. Pittas.) Bemerkenswerterweise ist in dieser Aufstellung kein einziger Jude mit griechischer Staatsange-
hörigkeit enthalten!

10 Matarasso, Ki'omos, S. 26; Molho, In Memoriam I, S. 30; – völlig unrealistisch sind die Verlustziffern von
Isaac Kabeli, The Resistance of the Greek Jews, in: Yivo Annual of Jewish Social Science 8 (1953), S. 281. –
Hingegen behauptet die Kollaborationspresse später, die jüdischen Ordensträger hätten sich ihre Auszeich-
nungen durch Selbstverstümmelung und ähnliche Tricks erschlichen. (Nea Evropi, 3.3.1943)

„Merkur" mit der Einnahme Kretas. Im Rahmen der Mussolini für den östlichen Mittelmeerraum zugesicherten „preponderanza" wird jedoch der größte Teil Griechenlands durch italienische Truppen okkupiert; die eigentlichen Sieger begnügen sich mit einigen Regionen von herausragender strategischer Bedeutung – dazu gehören namentlich das zentralmazedonische Gebiet um Saloniki zwischen Strymon (Struma) und Olymp, einige wichtige Enklaven im ansonsten italienisch besetzten Attika, wie der Hafen Piräus, sowie mehrere Inseln, darunter drei Viertel des schwer erkämpften Kreta.

Bulgarien, das durch seinen Beitritt zum Dreierpakt die deutsche Invasion erst ermöglicht hatte, erhält ebenfalls einen Anteil an der Beute: die langersehnten Gebiete Thrazien und Ostmazedonien – obgleich Berlin aus mehrgleisigen außenpolitischen Erwägungen vermeidet, der de facto-Annexion seinen offiziellen Segen zu geben. In der Absicht, Konflikte zwischen Sofia und Ankara zu verhindern, wird zudem entlang der türkischen Grenze eine Pufferzone von 2000 km² um die Stadt Didymotichon (Demotica) von bulgarischer Okkupation ausgespart und der Sicherung durch deutsche Polizeitruppen unterstellt.[11]

Diese wechselnden Zuständigkeiten bewirken, daß die Lage in Griechenland unübersichtlicher ist als in den meisten anderen besetzten Ländern; wenn daher die Judenverfolgungen erst relativ spät einsetzen, so ist diese „Zurückhaltung" nicht nur mit der Absicht zu erklären, die künftigen Opfer „in eine trügerische Sicherheit zu wiegen".[12] Vielmehr wünscht das Reichssicherheitshauptamt (RSHA) ein konzentriertes Vorgehen der drei Besatzungsmächte; bis dahin begnügt man sich auch in der deutschen Zone mit Maßnahmen, die nur selten den Rahmen der individuellen Schikane überschreiten: Schließung der „nicht arischen" Buchhandlungen und Einstellung der letzten spaniolischen Zeitung „Messagero", Beschlagnahmung von Häusern, Zwangseinquartierungen sowie einzelne Verhaftungen.

Dennoch erfolgen schon früh erste vorbereitende, aber nicht genügend beachtete Schritte zu einer „großzügigen Lösung der Judenfrage". Bewußt wird versucht, unter den Griechen eine antisemitische Stimmung zu erzeugen bzw. diesbezügliche Ansätze zu aktivieren. An „Führers Geburtstag" eröffnet das neugeschaffene Sprachrohr der Besatzungsmacht, „Neues Europa", eine entsprechende Kampagne.[13] Im Mai 1941 wird der Oberrabbiner Z'wi Koretz wegen angeblicher achsenfeindlicher Umtriebe verhaftet und nach Wien abtransportiert – dorthin, wo er zwei Jahrzehnte zuvor promoviert hatte: makabererweise ausgerechnet über Höllenschilderungen.[14] An seiner Stelle bestimmt der deutsche Feldkommandant den mediokren Saby Saltiel zum „Prä-

---

[11] Zum ganzen Komplex der Geschicke Griechenlands während der Okkupationszeit s. Hagen Fleischer, Im Kreuzschatten der Mächte: Griechenland 1941-1944. 2 Bände, Frankfurt a.M. 1986 – Zur Quellen- und Literatursituation auch H. Fleischer, Greece under the Axis Occupation. A Bibliographical Survey, in: Iatrides, Greece in the 1940s, Bd. II (A Bibliographical Companion), S. 1-79; eine stark erweiterte griechische Version, ebenfalls annotiert, in: I Ellada sti dekaetia 1940–1950, Athen 1984, Bd. II, S. 13-181.

[12] L.S. Stavrianos, The Jews of Greece, in: J. Central European Affairs 8 (1948), S. 260; ebenso: Molho, In Memoriam I, S. 42.

[13] Nea Evropi, 20.4.1941. – Vgl. die Klage des „Sonderkommando Rosenberg": „Für den Durchschnittsgriechen gibt es bisher kaum eine Judenfrage. Er sieht nicht die politische Gefahr des Weltjudentums und glaubte sich wegen der verhältnismäßig geringen zahlenmäßigen Stärke vor einer kulturellen und wirtschaftlichen Bevormundung durch die Juden sicher." (BA, NS 30/75)

[14] Hirsch S. Koretz, Die Schilderung der Hölle im Koran und ihre Vorbilder in der jüdischen Literatur, Wien 1925 (masch.-schr. Diss.).

sidenten". Gleichzeitig wird eine vom Metaxas-Regime aufgelöste faschistoide Organisation, die EEE, als potentielle antisemitische Hilfstruppe wieder zugelassen.[15] Mitfederführend ist hier das „Sonderkommando Rosenberg" (später „Einsatzstab Reichsleiter Rosenberg"), das mit „der großzügigen und verständnisvollen Unterstützung" der Wehrmachtsdienststellen jahrhundertealte jüdische Kunstschätze und Bücher „sicherstellt", tausende von Banksafes auf der Suche nach „geheimem Aktenmaterial ... planmäßig überprüft", allein in Saloniki in Zusammenarbeit mit der Geheimen Feldpolizei über 50 Hausdurchsuchungen mit anschließendem Verhör vornimmt und zugleich – was gefährlicher ist, aber kaum auffällt – versucht, die statistischen Voraussetzungen für künftige Aktivitäten zu schaffen.[16] Die ohnehin bereits überhöhte Schätzung von 78 500 erscheint dem kooptierten Frankfurter „Experten für Hebraica", J. Pohl, jedoch noch zu niedrig, da er bewußte Täuschungsmanöver der Betroffenen argwöhnt; im Herbst 1941 sucht er daraufhin „die meisten Judengemeinden" persönlich auf, doch seine auf eine Kopfzahl von 100 000 zielenden Vermutungen sind nicht nur in der Endsumme, sondern zumeist auch im Detail zu hoch gegriffen.[17]

Tatsächlich liegen den Kopfjägern nur die Ergebnisse der nicht sonderlich zuverlässigen Volkszählung von 1928 vor, die zudem – abgesehen von der allgemein beträchtlichen Unsicherheitsmarge – einen damals noch erheblich höheren jüdischen Bevölkerungsanteil aufweisen. Der weit genauere Zensus vom Oktober 1940, wenige Tage vor dem italienischen Überfall durchgeführt, kann hingegen erst lange nach Kriegsende systematisch ausgewertet werden.[18] Da auch die Unterlagen der Kultusgemeinden lückenhaft sind (bzw. in zwölfter Stunde gemacht werden), erweist es sich nicht allein für die Agenten des RSHA als unmöglich, eine annähernd sichere Zahl der „Rasse-" oder auch nur der „Glaubens-Juden" zu ermitteln. Auch die nach der Befreiung kursierenden Verluststatistiken ermangeln bis auf den heutigen Tag der verläßlichen Ausgangsbasis. Die am häufigsten genannten Zahlen, meist mit der unspezifizierten Datierung „vor dem Holocaust", sind 73 000, 75 477 und vor allem 77 377[19], während einige Schätzungen noch wesentlich höher ansetzen.[20] Dabei bleibt es oft unklar, ob die Juden des bis 1946 italienischen Dodekanes ebenfalls berücksichtigt sind. Der Zensus von 1940 zählt jedoch lediglich 67 591 Bürger (oder auch Ausländer) mosaischen Glaubens innerhalb der damaligen Grenzen[21]; hinzu müssen noch etwa

---

15 Molho, In Memoriam I, S. 33; vgl. Anm. 6.

16 BA, NS 30/75; vgl. auch: Molho, In Memoriam I, S. 37.

17 Ebenda; J. Pohl, Die Zahl der Juden in Griechenland, in: Weltkampf 3 (1942), S. 221 f. – Die überhöhten Ziffern gehen jeweils auf stark übertriebene Schätzungen der Thessalonicher Juden zurück, die den Bevölkerungsschwund der letzten Jahrzehnte offensichtlich nicht berücksichtigen. Vgl. auch Anm. 23.

18 Die in Leichtmetallkisten verschlossenen Unterlagen gehen während der Kriegswirren verloren, werden dann noch während der Okkupationszeit z.T. aus dem Meer gefischt. Erste Ergebnisse werden 1946, eine ausführliche Darstellung wird 1950 publiziert. Doch die statistischen Daten zur Bestimmung der religiösen und sprachlichen Minderheiten werden erst 1961 veröffentlicht – in Gegenüberstellung zu den Resultaten der Volkszählung von 1951: Royaume de Grèce, Office National de Statistique, Résultats du Recensement de la Population effectué le 7 Avril 1951, I, Athen 1961 (zit. Recensement).

19 Akropolis, 22.5.1945; PRO, F.O. 377/43775: R 12193; Stavrianos, Jews of Greece, S. 171; Matarasso, Ki'omos, S. 9 und 56; u.v.a. bis hin zu Kathimerini, 29./30.4.1984 sowie anderen griechischen Zeitungen an diesem Tag anläßlich der Gedenkfeier des Jüd. Zentralrats. – Am besten ist noch die Schätzung von Reitlinger (Endlösung, S. 566), die allerdings auf einem fiktiven Zensus beruht.

20 Z.B. PRO, F.O. 371/43690: R 11387; W. Byford-Jones, The Greek Trilogy, London 1945, S. 67.

21 Recensement, S. CXVII; bemerkenswert nahe kommt die Schätzung von 69 600 im „Wannsee-Protokoll", das allerdings ebenfalls die Dodekanesier und evtl. auch die thrazischen Juden in „Neubulgarien" ausklammert. Jedoch ist diese Ziffer nur eine von mehreren, die unter den Strategen der „Endlösung" kursieren.

2000 Dodekanesier gerechnet werden.[22] Unter Einkalkulierung einer Dunkelziffer kann man also für den Raum des heutigen Griechenland etwas über 70 000 Glaubensjuden annehmen.[23]

Dank des optimal späten Datums sowie der relativ strengen Erfassungsmodalitäten dieser Volkszählung verfügen wir über eine zuverlässige Ausgangszahl wie in kaum einem anderen betroffenen Land, zumal offensichtlich auch ein Großteil der aus dem nationalsozialistischen Machtbereich geflüchteten nichtgriechischen Glaubensjuden miterfaßt ist. So verzeichnet der Zensus insgesamt 536 „Israeliten" mit deutscher Muttersprache, von denen immerhin 434 diese noch täglich sprechen.[24] Unter diesen sind neben einer Minderheit Alteingesessener[25] zweifellos viele jener Neu-Immigranten zu suchen, die Griechenland nicht nur als Durchgangsstation nach anderen Ländern ansahen und die nun infolge ihrer Sprachkenntnisse als potentielle Spione für besonders gefährlich galten.[26] Hingegen benutzten alle 35 Juden mit Jiddisch als Muttersprache im täglichen Gebrauch bereits Griechisch und deuten somit auf ansässige, idiomatisch meist schon während einer Generation assimilierte Aschkenasim-Splitter. Ebenfalls länger ansässig – wenn auch meist weiterhin als ausländische Staatsbürger – ist das Gros der Glaubensgenossen, die zur Mutter- (bzw. Umgangs-) Sprache folgende

---

[22] Nehama, Israilitiki Koinotis, S. 250. – Um einen Vergleich mit dem inzwischen vergrößerten Griechenland zu ermöglichen, interpoliert die Nachkriegsstatistik für den Dodekanes von 1940 die Zahlen eines lokalen Zensus von 1947; dieses Verfahren gewährleistet unter dem Strich annähernd richtige Analogien – mit der (unberücksichtigten!) Ausnahme der jüdischen Bevölkerungsgruppe, die 1947 eben noch 70 Köpfe zählt. (Recensement, S. CXV bzw. CXVIII).

[23] Die am häufigsten zitierte Angabe (77 377) basiert auf einem längst überholten jüdischen Bevölkerungsanteil in Saloniki von 55 000-56 000. Indessen räumen selbst jüdische Quellen ein, daß diese einst beherrschende Gruppe 1940/41 bereits deutlich unter 50 000 abgesunken ist (z.B. Hal Lehrman, Greece: Unused Cakes of Soap, in: Commentary, Mai 1946, S. 48). Das ist aber gleichbedeutend mit einem Absinken der Gesamtzahl auf die mir vermuteten 70 000-72 000.

[24] Recensement, S. CXVI, CXVIII; vgl. u.a. Interview mit Hella Cougno-Löwi aus Karlsbad, deren Eltern unmittelbar vor der deutschen Besetzung der „Resttschechei" nach Saloniki nachgekommen waren. Als allerdings der BBC 1942 zunehmend (noch untertriebene) Meldungen über das Schicksal der Juden in den Konzentrationslagern brachte, tat das der „k.u.k.-treue" Vater Löwi als „alliierte Greuelpropaganda" ab...

[25] Man kann als gesichert annehmen, daß diese Gruppe ortsansässiger germanophoner Juden ihre Kinder nahezu geschlossen auf die deutschen Schulen schickte – jedenfalls vor 1933, als das Verhältnis zu den deutschen (und österreichischen) Konsulatsbehörden sowie der Schulleitung noch mehr oder weniger gut war. Insbesondere gilt das für die Zeit bis zum Ersten Weltkrieg, als die jüdischen Gemeinden außenpolitisch überwiegend zur Doppelmonarchie (und dem Deutschen Reich) bzw. – anders formuliert – gegen das pogromgeschüttelte Rußland ausgerichtet waren. Während jedoch an der Athener Schule kein nennenswerter Anteil festzustellen war, bildeten die „Israeliten" an der Deutschen Schule im damals noch türkischen Saloniki tatsächlich mit Abstand die größte Glaubensgemeinschaft – so etwa im Schuljahr 1910/11 123 von insgesamt 268 eingeschriebenen Schülern. Hiervon benutzte allerdings die große Mehrzahl (106) „Spaniolisch" als erste Sprache – wiederum die größte Gruppe vor den lediglich 67 Kindern mit Deutsch als Muttersprache, die sich offensichtlich aber fast nur aus Protestanten und Katholiken zusammensetzten. Da andererseits unter den 17 aschkenasischen oder romaniotischen Juden auch Angehörige anderer Nationen vertreten waren, hatten – trotz anzunehmender psychologischer oder praktischer Vorteile – höchstens ein Dutzend jüdischer Schüler Deutsch als Muttersprache angegeben. (Jahresbericht der Deutschen Schule und der Kaufmännischen Fortbildungsschule in Saloniki, erstattet vom Direktor August Sigmund, Saloniki 1911, S. 35.)

[26] „Vorwiegend deutschsprachige Juden, die aus Deutschland nach Griechenland eingewandert sind, haben sich zudem mangels Kennzeichnung und äußerer Erkennbarkeit teilweise an deutsche Wehrmachtsangehörige und Dienststellen heranmachen können, so daß sich ihnen genügend Möglichkeiten der nachrichtendienstlichen Betätigung für die Feindmächte bieten. Auch sonst gelingt es ihnen, auf diese Art und Weise allerhand Vorteile für sich zu erreichen. Die Internierung dieser besonders gefährlichen Juden erscheint daher als dringend notwendig." (Reichssicherheitshauptamt IV B 4b – 247/42 (1148), 11.7.1942 an Rademacher, AA, abgedruckt in: Daniel Carpi, Nuovi Documenti per la Storia dell'Olocausto in Grecia – L'Attegiamento degli Italiani (1941-1943), in: Michael VII (1981), Tel Aviv, S. 173.

Angaben machen: Französisch: 491 (114) / Italienisch: 157 (24) / Türkisch: 145 (35) / Russisch: 54 (18) / Englisch: 26 (6) / Rumänisch: 25 (2) / Jugoslawisch: 19 (9) / Armenisch: 16 (14) / Albanisch: 5 (1).[27] Andererseits gehört ein wohl nicht unerheblicher Teil der 406 Glaubensjuden, die „sonstige" Idiome nicht nur als Mutter-, sondern auch als Umgangs-Sprache angeben[28], zu den Flüchtlingen vor dem langen Schatten der Nürnberger Gesetze.

Wesentlich schwieriger noch ist es, die Differenz zwischen Glaubens- und „Rassejuden" gemäß der Definition eben jener Gesetze zu eruieren, da der griechische Zensus nur sprachliche und religiöse Kriterien beachtet. Dennoch gibt es einige Anhaltspunkte. So bekennen sich lediglich 52 731 der 53 125 Erfaßten, die „spanisch bzw. judenspanisch" sprechen, zur mosaischen Religion. Von der Differenz sind wohl die meisten der 327 Orthodoxen konvertierte Sephardim, wohingegen es sich bei den Katholiken größtenteils um spanische bzw. lateinamerikanische Botschaftsangehörige oder andere „arische" Spanier handelt. Ebenso dürften sich unter den verschiedenen Bekenntnissen anhängenden nicht-mosaischen Deutschsprachigen (namentlich Protestanten und Katholiken)[29] eine Anzahl getaufter Aschkenasim verbergen.

Zahlreicher sind zweifelsohne die zur Orthodoxie konvertierten graecophonen Juden, doch können diese mit keinem der gegebenen Parameter erfaßt werden. Die „kompetenten" deutschen Dienststellen verzichten daher relativ früh auf systematische Aktionen gegen den genannten Personenkreis, zumal die unter solchen Umständen allein möglichen sporadischen „Jagderfolge" infolge der engeren sozialen Verflechtung mit dem Wirtsvolk die negativen politischen Konsequenzen auch nicht annähernd aufwiegen würden. (Häufigster Grund zum Glaubenswechsel war ohnehin die „Mischehe"; mit „arischen" Partnern Verheiratete wurden aber ausdrücklich von der Deportation ausgenommen, selbst wenn es sich um Glaubensjuden handelte.[30]) In der Praxis werden also zumindest die vor 1940 konvertierten Juden trotz gegenteiliger Ankündigungen nur relativ selten behelligt[31] – jedenfalls kaum stärker als ihre ebenfalls stets gefährdeten „arischen" Landsleute.[32] Diese numerisch ohnehin nicht sonderlich ins Gewicht fallende Gruppe kann somit im weiteren Verlauf dieser Untersuchung vorerst vernachlässigt werden.

Wie bereits erwähnt, beginnen die massiven antijüdischen Maßnahmen später als in den meisten anderen Ländern unter deutscher Kontrolle. Und das, obwohl Himmler

---

27 Recensement, S. CXVf., CXIII. Eine leichte Verfälschung in diesen Zahlen ist darauf zurückzuführen, daß die jeweils erste Zahl – mit dem Kriterium der Muttersprache – die 70 (im lokalen Zensus von 1947 erfaßten) dodekanesischen Juden einschließt. Da von den sephardischen Gemeinden auf Rhodos und Kos fast nur die türkischen sowie die (allerdings meist evakuierten) italienischen Staatsbürger überlebten, erscheint bei diesen beiden Gruppen die Differenz zur zweiten („reinen") Zahl von 1940 besonders hoch.

28 Ebenda. Hierunter fallen etwa Flüchtlinge aus Polen und der CSSR, aber auch aus Ländern, die noch nicht unmittelbar bedroht sind. In der gleichen Kategorie wird allerdings auch ausländisches Personal erfaßt.

29 Recensement, S. CXVf.

30 Eine Minderzahl Vorkriegskonvertiten sowie Ehepartner von Christen wurden – z.T. auch aus anderen Gründen – ins KZ Chaidari gesperrt, jedoch am 7.10.1944 gemeinsam mit den ebenfalls „geschützten" 19 argentinischen Juden wieder freigelassen. (Antonis I. Phlountzis, Chaidari, 2. erw. Ausg., Athen 1986, S. 382.)

31 Offiziell befreit jedoch „der Austritt aus dem jüdischen Glaubensbekenntnis nicht von der Kennzeichnung" (Molho, In Memoriam I, S. 136). Auf der anderen Seite stellen sich eine Anzahl Konvertiten sogar als „Experten" dem SD zur Verfügung (Evraiki Estia, 4.7.1947).

32 Zum hohen Blutzoll der griechischen Zivilbevölkerung durch „Sühnemaßnahmen" u.a.: Hagen Fleischer, Antipoina ton germanikon dynameon katochis stin Ellada 1941-1944, in: Mnimon 7 (1979), S. 182-195.

bereits am 2. Oktober 1941 im Anschluß an eine aktuelle Lagebesprechung in der Wolfsschanze das Saloniki-Problem anschneidet: Die dortige große jüdische Kolonie sowie deren „Verflechtung" mit „Levantinern" stellten eine ernste Gefahr dar! „F(üh-rer) pflichtet ihm bei und verlangt, jüdische Elemente aus S(aloniki) zu entfernen."[33] Da jedoch die lokalen Militärbehörden feststellen, daß – im Gegensatz zur offiziellen Sprachregelung – die jüdische Beteiligung am erwachenden griechischen Widerstand eher unterproportional[34] und zudem ein koordiniertes Vorgehen mit den beiden anderen Besatzungsmächten noch nicht abzusehen ist, begnügt man sich vorerst, die unerwünschte Minderheit durch die Hungersnot des ersten Okkupationswinters dezimieren zu lassen.[35]

Den ersten organisierten Schlag gegen die Juden in Saloniki löst paradoxerweise die (kollaborierende) griechische Generalinspektion für Mazedonien aus, die sich bei der Militärverwaltung beklagt, daß jene – im Gegensatz zur griechischen Bevölkerungsmehrheit – nicht zu Arbeits- oder Sachleistungen herangezogen würden.[36] Daraufhin befiehlt der „Befehlshaber Saloniki-Ägäis" die öffentliche Registrierung der arbeitsfähigen männlichen Juden (bis 45 Jahre). Am 11. Juli 1942 finden sich 8000-9000 Angehörige der betroffenen Jahrgänge – sinnigerweise – auf dem „Freiheitsplatz" ein, wo sie unter entwürdigenden Schikanen gemustert werden.[37] Da die meisten ein Arbeitsverhältnis nachweisen können, fallen nur knapp 3500 Männer unter die neu eingeführte Arbeitspflicht.[38] Von ihnen werden etwa 3000 beim Straßen- und Flugplatzbau eingesetzt, 34 der kräftigsten im Chrombergwerk, und annähernd 500 Facharbeiter werden für diverse Spezialaufgaben zwangsverpflichtet. Vor allem die „Straßenbaujuden" kommen mit der ungewohnten Tätigkeit – bei völlig unzureichender Verpflegung und Unterbringung – nicht zurecht. „Zu schweren körperlichen Arbeiten taugten sie nicht viel", resümiert der „Wehrwirtschaftsoffizier Saloniki" spöttisch, so „holte sich ein höherer Prozentsatz Lungenentzündung und starb. Daraufhin wurde vom Befehlshaber die Zwangsarbeitspflicht am 17. Oktober 1942 aufgehoben."[39]

Unerwähnt läßt der Wehrwirtschaftsoffizier dabei allerdings, daß an diesem Tag mehrwöchige Verhandlungen zwischen der Militärverwaltung (Dr. Merten) und der Kultusgemeinde in einer Vereinbarung enden, mit der letztere ihre bedrängten Glau-

---

[33] G. Engel, Heeresadjutant bei Hitler 1938-1943, hrsg. v. Hildegard v. Kotze, Stuttgart 1974, S. 111; ebenso in: Staatsanwaltschaft Bremen, 29 Js 1/70, Bd. I, Bl. 76 f.

[34] In der Tat hatte die jüdische Kolonie in Saloniki entscheidenden Anteil an der Entwicklung der griechischen Linken. Dennoch ist selbst dort die große Mehrheit eindeutig konservativ, was die defaitistisch-„loyale" Haltung während der Okkupation erklärt. Unter diesem Blickwinkel wird es auch verständlich, wenn nach dem Krieg die einschlägige jüdische Literatur positive Bezugspunkte zu schaffen sucht, indem sie dem eigenen Widerstand einen weit überhöhten Stellenwert einräumt. Namentlich Kabeli, Resistance of Greek Jews, operiert dabei z.T. mit fiktiven Heldentaten und Zahlen.

[35] Im schwarzen Winter 1941/42 sterben v.a. im Großraum Athen–Piräus etwa 100000 Griechen an Hunger – obwohl z.T. wesentlich höhere Schätzungen kursieren (vgl. Fleischer, Kreuzschatten, S. 117 f.). Der Anteil der jüdischen Opfer lag wohl unter 1%.

[36] St-A Berlin: 3P(K) Js 10/60, Bd. IV, Bl. 191: Chef SiPo/SD IV B4b 2427/42 geh. (1148), 18.8.1942; u.v.a.

[37] St-A Bremen: 29 Js 1/70, Bd. IV, Bl. 578 ff.: Eichmannprozeß, 47. Sitzung. – Der Befehl hierzu erging am 7.7.1942 und wurde am 9.7. in Nea Evropi publiziert.

[38] Bundesarchiv-Militärarchiv Freiburg (MA), Wi IC 1.17: Wehrwirtschaftsoffizier Saloniki 6002/42, 30.10.1942. – Insgesamt wurde zwar eine höhere Zahl an Gemusterten über die Presse aufgerufen (Nea Evropi, 25.7., 2./15./26.8., 2./4./8./11./16./20./25.9.1943), doch insbesondere die letzteren kamen nicht mehr zum Einsatz.

[39] MA, Wi IC 1.17: WO Saloniki, 6002/42, 30.10.1942; ebenda, WO Saloniki 6058/42, 14.11.1942; s. auch: Molho, In Memoriam I, S. 42 ff.

bensbrüder freikauft. Die Auslöse beträgt nach langem Verhandeln in inflationären Drachmen einen Milliardenbetrag, umgerechnet etwa 10 000 Goldsovereigns; darüber hinaus muß der historische jüdische Friedhof, auf dem in 450 Jahren Hunderttausende Sephardim ihre letzte Ruhestätte gefunden haben, den griechischen Kommunalbehörden zur Nutzung überschrieben werden.[40]

Der deutscherseits genannte „höhere Prozentsatz" der Todesopfer betrug nach jüdischen Schätzungen 12%[41], also etwa 400. Von den Überlebenden flüchten einige wenige zu den thessalischen Partisanen, während der Großteil der Heimkehrer sich in beklagenswertem Zustand befindet. Immerhin wird ihnen eine mehrwöchige Galgenfrist zur Erholung eingeräumt, wobei das Lösegeld wohl eine geringere Rolle spielt als der italienische Einfluß.

In der Tat können die Italiener mit ihrer geschickten Hinhaltestrategie – im Rahmen des ansonsten für sie wenig schmeichelhaften „Kondominiums" – gerade in der Judenfrage den vermutlich wichtigsten Pluspunkt ihrer Besatzungsgeschichte verbuchen. Konsequent weisen sie alle Berliner Pressionen zurück, parallel mit den einzuleitenden deutschen Maßnahmen in der eigenen Zone die gleichen Restriktionen, als ersten Schritt aber zumindest die Kennzeichnung der Juden einzuführen. Obwohl man sich im Reichssicherheitshauptamt über diese Ablehnung sowie die „unhaltbare" italienische Begründung echauffiert[42], bleibt keine Alternative, als das Veto schließlich doch zähneknirschend zu akzeptieren.

Unter Hinweis auf eben diese Haltung des Achsenpartners gelingt es jedoch dem Gesandten („Bevollmächtigten des Reichs") Altenburg, auch für den deutschen Machtbereich einen Aufschub der geplanten Deportationen zu erreichen. Geschickt argumentiert er bei seiner Ablehnung, daß eine „Sonderregelung" allein für die deutsche Zone wenig Sinn habe, da auch dort „die wirtschaftlich mächtigen Juden" die italienische Staatsangehörigkeit und somit einen Freipaß besäßen.[43]

Altenburgs Hoffnung, mit dieser Koppelung an den eigenwilligen italienischen Verbündeten das gesamte Projekt zum Scheitern zu bringen, erfüllt sich aber nur für wenige Monate. Ende 1942 verliert man nämlich in Berlin die Geduld. Im Dezember wird die Registrierung der im Juli nicht erfaßten Juden von Saloniki nachgeholt[44], und

---

[40] In anderen deutschen Akten wird das Ablösegeschäft allerdings erwähnt, z.B.: BA, R 7 VIII/14: GMS 22106, 4.2.1943; R 7 VIII/103: II Bg3, Besprechungsvermerk 31.10.1942. Vgl. darüber hinaus: St-A Berlin 3P(K) Js 10/60, passim: Die deutschen, jüdischen und – anderen – griechischen Zeugenaussagen sind oft widersprüchlich, insbesondere auch in dem Punkt, ob die bald darauf eingeebnete Nekropole enteignet oder „abgetreten" wurde ... (vgl. auch: Nea Evropi, 9.12.1942). Der Auslösebetrag von ebenfalls strittiger Höhe wurde offiziell zur Bezahlung griechischer Arbeiter verwendet, die an Stelle der Juden traten; doch werden beträchtliche Summen offensichtlich in dunkle Kanäle abgezweigt, darunter mit ziemlicher Sicherheit aus Mertens Tasche.

[41] Roth, Last Days, S. 51; Molho, In Memoriam I, S. 47; vgl. auch: Matarasso, Ki'omos, S. 25 ff.

[42] Die italienischen Dienststellen argumentieren u.a. mit dem Hinweis, man müsse die „bedeutende wirtschaftliche Macht der italienischen Juden im Mittelmeerraum" ins Kalkül ziehen! PAAA, Inland IIg, Bd. 190: RSHA IV B4b-2427/42 geh. (1148), 11.7.1942; u.ä.

[43] ADAP, Serie E, Bd. III, Göttingen 1974, S. 232 f., vgl. S. 454. – Dr. Günther Altenburg, Karrierediplomat im Gegensatz zu den „SA-Gesandten" in den anderen Südoststaaten, war eine der positivsten Persönlichkeiten der Okkupationsszene. Auch gegenüber Ribbentrop sowie militärischen Dienststellen trat er oft nachdrücklich für griechische Belange ein. Am 3.11.1943 verließ Altenburg schließlich auf eigenen Wunsch Athen: primär, da er es leid war, die politische Verantwortung für - oft genug verantwortungslose - Initiativen anderer zu tragen.

[44] Nea Evropi, 20.11., 11.12.1942.

wenige Tage später senden Himmler und Eichmann[45] einige ihrer „bewährtesten" Mitarbeiter nach Griechenland. Dort kündigt der Chef des Sonderkommandos, Hauptsturmbannführer Dieter Wisliceny, den führenden deutschen Dienststellen eine „Sonderaktion" an, wobei er sich auf einen „Führerbefehl" sowie auf äußerst weitreichende Vollmachten seitens des Reichssicherheitshauptamts und des Auswärtigen Amtes berufen kann: Die Juden im deutschen Machtbereich – ohnehin eine Fünfte Kolonne der Alliierten im Falle einer Invasion – seien unverzüglich ins Generalgouvernement abzutransportieren, um dort „in einem geschlossenen Siedlungsraum" für die Kriegswirtschaft zu arbeiten. Verantwortlich für alle „Judenangelegenheiten" zeichne künftig das SD-Sonderkommando, vor Ort unterstützt von der Abteilung Militärverwaltung (Merten) beim Befehlshaber Saloniki-Ägäis. Hingegen habe sich die Gesandtschaft „völlig herauszuhalten".[46]

Altenburg bleibt somit nur die unerfreuliche Aufgabe, seinen italienischen Kollegen Ghigi am 12. Januar 1943 von der bevorstehenden Aktion in Kenntnis zu setzen und ihm zugleich zu versichern, die Maßnahmen beträfen keine Juden italienischer oder neutraler Staatsangehörigkeit. Ghigi hört „nicht ohne Bedauern" zu, räumt dann aber ein, „daß wir in der deutschen Besatzungszone natürlich machen könnten, was wir wollten".[47] Erst später wird sich zeigen, daß die Italiener selbst in diesem Punkt durchaus differenzierte Ansichten vertreten.

In Mazedonien hat mittlerweile der Countdown für Auschwitz begonnen. Nach verschiedenen vorbereitenden Maßnahmen informiert Merten am 6. Februar 1943 die Jüdische Kultusgemeinde, „kraft der dem Befehlshaber Saloniki-Ägäis verliehenen Rechtsetzungsbefugnis" sei ab sofort folgendes angeordnet: „Alle in Saloniki ansässigen Juden – ausgenommen diejenigen ausländischen Staatsangehörigen, die sich durch einen gültigen Paß als solche ausweisen können" – seien unverzüglich „als Juden zu kennzeichnen" und müßten „in einen besonderen Stadtteil" umsiedeln. Die Durchführung wie auch die Präzisierung der angeordneten Maßnahmen werde der „Außenstelle Saloniki des SD" übertragen[48], die von Wisliceny und dessen Stellvertreter Alois Brunner geleitet wird.

Bereits am 12. Februar erläßt Wisliceny detaillierte Bestimmungen über das „Judenkennzeichen" (Stern), das „von allen Juden vom vollendeten 5. Lebensjahr getragen werden" muß. Zugleich definiert er, wer „als Jude im Sinne der oben angeführten Anordnung ... gilt".[49] Anderntags wird den Juden die Benutzung von Telefonen sowie öffentlichen Verkehrsmitteln verboten. Nach Einbruch der Dunkelheit ist ihnen das Betreten der Straßen untersagt, und insbesondere droht bei unerlaubtem Verlassen ih-

---

[45] Auf einem Quellenirrtum beruht die Angabe von Reitlinger (Endlösung, S. 421), Eichmann sei persönlich nach Griechenland gekommen. Merten greift später, in dem gegen ihn geführten Ermittlungsverfahren, diesen Irrtum begierig auf, um von eigener Verantwortung abzulenken. Gegen diese These spricht aber nicht nur die Inkongruenz seiner eigenen Aussagen, sondern auch das Fehlen jeglichen dokumentarischen Beweises sowie das gegensätzliche Zeugnis aller anderen Beteiligten, darunter auch Eichmanns selbst. (St-A Berlin 3P(K) Js 10/60, passim, v.a. Bd. VIII, Bl. 123 ff.; Bd. IX, Bl. 177 ff.; Bd. XIV, Bl. 43 ff.)

[46] St-A Berlin 3P(K) Js 10/60: Bd. V, Bl. 193 ff.; Bd. VI, Bl. 26 ff.; Bd. VII, Bl. 42; Bd. XIV, Bl. 14, 41, 85 f.; Georg Vogel, Diplomat unter Hitler und Adenauer, Düsseldorf 1969, S. 94 ff.

[47] PAAA, Inland IIg/190: Altenburg 118/13.1.1943.

[48] Nea Evropi, 6.2.1943; Bfh. Saloniki-Ägäis, Abt. Militärverwaltung (MV)-Dr. Me 1237/6.2.1943, in: Molho, In Memoriam I, S. 135.

[49] Nea Evropi, 12.2.1943; Außenstelle der SiPo und des SD in Saloniki, IV B4, 12.2.1943, in: Molho, In Memoriam I, S. 136 f.

res ständigen Wohnsitzes sofortige Erschießung. Zugleich wird dem Anfang 1942 nach Saloniki zurückgekehrten Oberrabbiner Koretz „befohlen, nicht nur die Juden in Saloniki und näherer Umgebung, sondern alle Juden im gesamten Bereich des Befehlshabers Saloniki-Ägäis zu betreuen", da „die gesamten Judenfragen im Befehlsbereich einheitlich gelöst werden müssen".[50]

Aus der Sicht des SD erweist es sich bald als guter Schachzug, die nunmehrige Doppelfunktion des ohnehin überforderten Koretz – seit Ende 1942 auch Präsident der Kultusgemeinde – auf die anderen mazedonischen Gemeinden auszudehnen. Denn jener, stolz auf seine nostalgisch verbrämten Wiener und Berliner Erfahrungen aus den Zwanzigerjahren, kann sich offensichtlich auch nach seiner zwischenzeitlichen Verhaftung nicht vorstellen, daß in Auschwitz eine Hölle wartet, gegenüber der die von ihm ehemals analysierten traditionellen Schilderungen zu Ammenmärchen verblassen.[51] Infolgedessen drängt Koretz die Mitglieder seiner Gemeinde – und insonderheit die jungen und potentiell „aufsässigen" – nicht durch unbedachte Handlungen deutschen Unwillen zu erregen und die Fahrt in das verheißene neue Siedlungsgebiet in der Krakauer Gegend zu gefährden.[52] Abschreckend wirkt zudem die Geiselnahme für Wohlverhalten sowie die öffentliche Hinrichtung gefaßter Flüchtlinge[53], so daß nur ein geringer Prozentsatz der Betroffenen untertaucht und bei christlichen Landsleuten, bei den Partisanen oder in der italienischen Zone Asyl sucht. Das Gros der Gemeinde befolgt hingegen fatalistisch jede neue Verordnung.

Am 17. Februar ergehen weitere Bestimmungen über die Kennzeichnung jüdischer Wohnungen, Büros, Geschäfte und Grundstücke.[54] Am 25. Februar wird den Juden mit sofortiger Wirkung die Mitgliedschaft in allen Organisationen, Körperschaften etc. untersagt.[55] Zur gleichen Zeit konstituiert das SD-Kommando einen nur ihm verantwortlichen „Jüdischen Ordnungsdienst" aus etwa 250 Hilfswilligen. Diese Milizionäre überwachen mit bemerkenswerter Brutalität die forcierte Umsiedlung in die neugeschaffenen Ghettobezirke, von denen das „Baron-Hirsch-Viertel" – einst als provisorisches Asyl für die Flüchtlinge der russischen Pogrome von 1903 errichtet – „praktischerweise" an das Güterbahnhofsgelände grenzt und daher in ein Durchgangslager umgewandelt wird. Mit erheblichem Aufwand wird das Viertel in den ersten Märztagen eingefriedet und durch strenge Bewachung von der Außenwelt abgeschnitten.[56]

Mittlerweile, am 1. März, werden alle Juden aufgefordert, „zu statistischen Zwecken" eine detaillierte Erklärung über ihr Hab und Gut abzugeben. Am 8. März wird bei der griechischen Administration eine „Dienststelle zur Verwaltung des Judenver-

---

50 Bfh. Saloniki-Ägäis, Abt. MV-Dr. Me, 1517/13.2.1943, in: Molho, In Memoriam I, S. 138 f.
51 Vgl. Anm. 14. – Das in der Literatur vorherrschende, primär auf Molho zurückgehende, Verdammungsurteil über Koretz vergröbert zu stark, als daß es dem Rabbi gerecht werden könnte. Denn trotz seiner Schwäche, Entschlußlosigkeit und illusionären Naivität – gepaart allerdings mit persönlichen Ambitionen – handelte er wohl doch bona fide. Die meisten unmittelbar Betroffenen bezweifeln allerdings auch das; ein Überlebender aus Auschwitz war bereit, die mildere Interpretation gelten zu lassen, kommentierte jedoch, auch der Weg zur Hölle sei mit guten Vorsätzen gepflastert... Estrongo Nachama, Interview mit Vf. (1976). Vgl. auch: Nathan Eck, New Light on the Charges Against the Last Chief Rabbi of Salonica, in: Yad Vashem Bulletin 17 (Dez. 1965), S. 9-15.
52 St-A Berlin 3P(K) Js 10/60, Bd. III, Bl. 22 ff.; Matarasso, Ki'omos, S. 37 ff.
53 Matarasso, Ki'omos, S. 41; Eck, New Light, S. 14; Roth, Last Days, S. 52; Interview E. Nachama; Phlountzis, Chaidari, S. 378.
54 Außenstelle SiPo/SD Saloniki, IV B4, 17.2.1943, in: Molho, In Memoriam I, S. 140.
55 Bfh. Saloniki-Ägäis, Abt. MV-Dr. Me, 2014/25.2.1943, in: Molho, In Memoriam I, S. 141.
56 Molho, In Memoriam I, S. 68 ff.

mögens" (YDIP) eingerichtet, und in den folgenden Tagen werden in einem Crescendo von Verordnungen alle Vermögenswerte beschlagnahmt und demonstrativ dem griechischen Staat übertragen.[57]

Die Nachrichten über die brutale Nacht- und Nebelaktion gegen die „Rassegefährten" in der bulgarischen Okkupationszone (3./4. März) kommen bereits zu spät, als daß sie noch eine aufrüttelnde Wirkung für die entmündigte Judenschaft von Saloniki haben könnte. „Dies irae"[58] bricht für sie bereits am 15. März an: Vom letzten Geld, das den Eingeschlossenen verblieben ist, darf jedes Familienoberhaupt in einer konsequent durchgespielten Farce einen „Anrechtschein" über 600 Zloty zur Auszahlung in der „neuen Heimat" eintauschen; Stunden später verläßt bereits der erste Deportationszug die Stadt in Richtung Norden. Bestimmungsort ist jedoch nicht das verheißene Brzesko (bei Krakau), sondern die Rampe von Auschwitz. Von den etwa 2400 Deportierten werden am 20. April nur 417 Männer und 192 Frauen ins Lager eingeleitet, der große Rest geht sofort nach der Selektion ins Gas.[59]

Die Verantwortlichen der Vernichtungsmaschinerie lassen sich auch nicht stören, als Rabbiner Koretz – aufgeschreckt durch zunehmende Ausbrüche aufgestauter Empörung in seiner Gemeinde – bald darauf den „sichtlich peinlich berührten" Kollaborationspremier Rallis bittet, sich für die jüdische Sache zu engagieren.[60] Für einen reibungslosen Ablauf der „Entjudung" benötigt man den Rabbiner nicht mehr, so wird er amtsenthoben und vorerst in einem Privathaus festgesetzt. In dichtem Rhythmus wird das Baron-Hirsch-Ghetto wieder gefüllt und geleert, im selben Rhythmus verlassen Transporte die mazedonische Metropole: weitere vier im März, neun im April, zwei im ersten Maidrittel. Die angestrebte durchschnittliche „Abtransportquote" von 2800 Personen pro Zug erfordert eine restlose Ausschöpfung der „Ladekapazität", so daß einige der in Viehwaggons Zusammengepferchten jeweils schon auf der Fahrt zugrunde gehen.

Auf diese Art verlassen bis zum 9. Mai 1943 über 42 000 Juden die deutsche Zone, darunter mit den beiden letzten Transporten auch 2034 aus den kleineren Gemeinden Mazedoniens sowie aus dem Demotica-Streifen an der türkischen Grenze.[61] Zu Recht triumphiert das theoretische Organ der Häscher am 1. Juni: „Die Zahl der heute noch in Griechenland lebenden Juden ist inzwischen stark zurückgegangen."[62] Am selben Tag folgen zudem 820 „Privilegierte" – Intellektuelle, Mitglieder des Ältestenrates, Hilfspolizisten sowie andere Kollaborateure minderen Ranges – alles Juden, denen Wislicenys Stab bevorzugte Behandlung versprochen hatte. Doch statt in Theresienstadt landen auch sie in Auschwitz-Birkenau. Lediglich 308 erhalten eine Registrierungsnummer, während die anderen umgehend vergast werden – für Birkenau immerhin noch eine „günstige" Relation.[63] Der letzte Transport von Saloniki nach Ausch-

---

[57] Matarasso, Ki'omos, S. 34 ff., S. 97 ff. – Vgl. auch den apologetischen Bericht des Leiters der Ypiresia Diacheiriseos Israilitikis Periousias (YDIP) I. Douros, in: Landgericht Berlin, Wiedergutmachungskammer, Bd. 29a.

[58] Molho, In Memoriam I, S. 81.

[59] Vgl. Tabelle 1.

[60] Früher BA, unsignierter Bestand, vorl. Magazin-Nr. 213d, jetzt in PAAA: Bevollmächtigter des Reiches für Griechenland, Bd. X: Briefe Wisliceny – Schönberg, 15./16.4.1943.

[61] Molho, In Memoriam I, S. 106.

[62] Die Judenfrage in Politik – Recht – Kultur und Wirtschaft, 1.6.1943.

[63] Tabelle 1.

witz erfolgt am 10. August. Opfer sind die 1800 Überlebenden der mindestens 2000 unverheirateten Männer, die Ende März – bereits nach Beginn der Deportationen – zu Streckenarbeiten nach Böotien geschickt worden waren[64], wo die meisten neuralgischen Punkte der einzigen und oft von Partisanen unterbrochenen Nord-Süd-Bahnverbindung lagen.

Eine Woche zuvor, am 2. August, war ein relativ kleiner Transport nach Bergen-Belsen abgegangen. Der Bestimmungsort verrät, daß es sich diesmal um echte Privilegierte handelt, die sich daher auch nicht der Eintätowierung einer Nummer unterziehen müssen: 74 griechische Juden – darunter Koretz und seine Familie, andere Würdenträger sowie Kollaborateure, die sich besonders um die SD-Mission verdient gemacht hatten[65]; hinzu kommen 367 Juden spanischer Staatsbürgerschaft.

Zu Beginn ihrer Aktion hatten die deutschen Stellen jene Juden mit (meist vermöge „historischer" Titel ererbter oder erworbener) fremder Staatsbürgerschaft sorgfältig von jeder Verfolgung ausgenommen. Vor Beginn der Deportationen wurden allein im Raum Saloniki 511 spanische, 281 italienische, 39 türkische, je 6 portugiesische und argentinische sowie 4 Schweizer Juden registriert; hinzu kamen je einer mit bulgarischen bzw. ungarischen Papieren, 7 Staatenlose sowie schließlich 8 Bürger diverser Feindstaaten.[66] Ihr weiteres Schicksal hing davon ab, inwieweit die „Heimatregierungen" willens waren, sich zu exponieren. So durften die Juden mit italienischen, portugiesischen, argentinischen und skandinavischen Pässen bald schon aufatmen, da man in den zuständigen Hauptstädten grünes Licht für die „Repatriierung" gab. Die Spanne zwischen Leben und Tod war schon durch ein Minimum an offiziellem Engagement zu überbrücken; das zeigt sich namentlich im Fall der spanischen und türkischen Staatsangehörigen, die trotz der lauen Haltung von Madrid bzw. Ankara gerettet wurden, da zumindest deren lokale diplomatische Vertretungen wachsames Interesse an den Tag legten. Auf der anderen Seite willigten die meisten Satellitenregime (Sofia, Bukarest, Agram, Preßburg/Bratislava) mehr oder weniger spontan ein, „ihre" Juden auf dem Gebiet des Deutschen Reiches sowie in allen deutsch okkupierten Territorien „in die allgemeinen Maßnahmen einzubeziehen".[67]

Auf das Schicksal in der von Bulgarien besetzten, de facto aber annektierten „neuen (ägäischen) Provinz Belomorie" (Ostmazedonien/Thrazien) geht ein anderer Beitrag dieses Bandes ausführlicher ein. In diesem Kontext sei lediglich daran erinnert, daß die Sofioter Regierung, die als „Bundesgenossin" natürlich viel mehr Spielraum besaß als etwa das Athener Kollaborationsregime, zwar im „Kernland" eine bemerkenswert positive Haltung gegenüber den jüdischen Mitbürgern mit bulgarischem Paß ein-

[64] Molho, In Memoriam I, S. 87 und 94. – Die meisten aus dieser Gruppe befinden sich in einem derart erbärmlichen Zustand, daß die Selektionsquote in Auschwitz besonders ungünstig ausfällt. Das Gros der Überlebenden wird bald darauf zu Aufräumarbeiten ins zerstörte Warschauer Ghetto gebracht, wo nur die Robustesten überleben werden.

[65] Der Spitzenkollaborateur V. Hasson, rechte Hand Wislicenys, zieht es allerdings vor, mit seinen engsten Kumpanen und einem zusammengeraubten Schatz unterzutauchen und sich über die albanische Grenze abzusetzen. Nach dem Kriege wird er jedoch gefaßt und ist der einzige jüdische Kollaborateur, der hingerichtet wird (1948).

[66] PAAA, Inland IIg/190: Generalkonsul Saloniki (Schönberg), 103-J/15.3.1943.

[67] PAAA, Inland II A/B-64/3: Rademacher, DIII 288g, 4.3.1943; u.v.a.

nimmt[68], diese aber expressis verbis sofort aufgibt, sobald sich jene außerhalb der eigenen Landesgrenzen, etwa im Reich oder in Griechenland befinden.[69] Nicht die geringsten Skrupel empfindet das Regime in Sofia jedoch in den sogenannten „neuen Provinzen", da dort die jüdische Minderheit als zusätzliches Hindernis für die eigenen Bulgarisierungspläne angesehen wird. Am 22. Februar 1943 unterzeichnet daher der bulgarische Kommissar für Judenangelegenheiten Aleksander Belev mit dem bereits aus Frankreich bekannten SS-Hauptsturmführer Theodor Dannecker ein Geheimabkommen über die „Deportation eines ersten Kontingents von 20 000 Juden aus den neuen bulgarischen Territorien in Thrazien und Mazedonien".[70]

Bulgarische Effizienz offenbart sich, als nichts von der schnell, aber sorgfältig vorbereiteten Aktion durchsickert: tatsächlich werden in der Nacht vom 3. zum 4. März die betroffenen Gemeinden Alexandroupolis, Komotini, Xanthi, Kavalla, Drama und Serres nahezu hundertprozentig ausgehoben, ihre verbliebenen ca. 4200 Angehörigen buchstäblich im Schlaf überrascht.[71] Oft kaum mit dem Notdürftigsten bekleidet, werden sie bei Minustemperaturen zu provisorischen Sammelstellen (meist Tabakdepots) getrieben, dann mit „haarsträubenden" Brutalitäten über die alte griechisch-bulgarische Grenze (Petrić) zum Donauhafen Lom gebracht, wobei manche Deportierte bereits an den Strapazen dieser ersten Transportphase zugrundegehen. In Lom werden (wohl am 20. März) 4209 Juden – worin etwa 150 aus dem jugoslawischen Pirot enthalten sind – in vier Fähren geladen; einige Überzählige bringt man in kleineren Barken unter.

Seitdem wurde wiederholt die Ansicht geäußert, alle Gefangenen seien bereits vor oder spätestens während der Übergabe an die Deutschen in der Donau ertränkt worden.[72] Ein wahrer Kern dieser Gerüchte läßt sich nicht ausschließen. So gibt es mittlerweile Indizien, daß zumindest eins der altersschwachen und überladenen Flußboote

---

[68] So werden erst nach „mancherlei Widerständen" zwischen Oktober 1940 und Frühjahr 1941 stufenweise antijüdische Verordnungen und Gesetze „zum Schutze der Nation" erlassen, die jedoch deutscherseits öffentlich als „keine endgültige Lösung" und noch „ausbaubedürftig" bemängelt werden. Insbesondere zeigt man sich in Berlin befremdet, als die bulgarische Zensur zeitweise sogar nazistische Machwerke wie den Film „Jud Süß" verbietet. (Völkischer Beobachter, 18.10.1940, 25.1.1941; Münchener Neueste Nachrichten, 19.3.1941; Die Judenfrage, 20.2.1941, 10.3.1941; u.v.a.) – Deutsche Pressionen bewirken dann zwar gradweise neue Restriktionen, die aber den SD weiterhin nicht zufriedenstellen. (Vgl. Hans-Joachim Hoppe, Bulgarien – Hitlers eigenwilliger Verbündeter, Stuttgart 1979, S. 138 ff.) Andere Autoren sehen die Sofioter Judenpolitik allerdings weit negativer. (V.a. Vicki Tamir, Bulgaria and Her Jews. The History of a Dubious Symbiosis, New York 1979).

[69] S. Anm. 67; PAAA, Inland IIg/191: Deutsche Gesandtschaft Sofia 880/12.6.1943.

[70] Tamir, Bulgaria and Her Jews, S. 292 f. – Da in den annektierten Gebieten nicht mehr als 10 000-12 000 Juden leben, muß die Differenz zwangsläufig mit „unerwünschten" Elementen aus Altbulgarien aufgefüllt werden – ein Faktum, dessen sich beide Signataren voll bewußt sind. (Vgl. Tamir, S. 190 ff.)

[71] Molho (In Memoriam I, S. 104) nennt 4706 Verhaftete; diese Angabe muß wohl um einige Hundert verringert werden, da deutsche Quellen von 4210 bzw. 4124 Deportierten sprechen. Die erste Ziffer stammt von Luther (3.4.1944), die zweite ist aus Dr. Korherrs Angabe für „Bulgarien" zu errechnen. (Reitlinger, Endlösung, S. 432 und 435; bzw. Jochen v. Lang, Das Eichmann-Protokoll, Gütersloh o.J., Anhang.)
1945 wird errechnet, daß die Verlustquote für die betroffenen Gemeinden zwischen 97% und 99% schwankt, womit sie - trotz einer geringen Dunkelziffer verschollener Flüchtlinge – in Griechenland eine traurige Spitzenposition innehaben (Matarasso, Ki'omos, S. 56). Bei den wenigen Überlebenden handelt es sich fast durchweg um Personen, die bereits früher geflüchtet waren, um junge Leute, die zu Zwangsarbeit nach Bulgarien verschleppt worden waren, was sich im Nachhinein als unfreiwillige Rettungstat erweist (Tamir, Bulgaria and Her Jews, S. 193), oder aber um Juden mit fremder Staatsbürgerschaft. – Die von Hoppe in diesem Band genannte bulgarische Schätzung von 4057 Deportierten enthält offensichtlich nicht die Todesfälle in den Sammellagern.

[72] U.a. Molho, In Memoriam I, S. 105; Tamir, Bulgaria and Her Jews, S. 194 f.

mit ihrer hilflosen Fracht unterging oder „erleichtert" wurde[73]; nachweislich kam jedoch die Mehrzahl der Deportierten in Treblinka an, wo ihr mehrfach bezeugter überdurchschnittlich schlechter physischer Zustand eine analoge Selektionsquote zur Folge hatte. Von jenen, die diesen Massenmord und auch die nächsten Monate noch überlebten, wurden – einigen Zeugen zufolge – die meisten im Oktober zum Arbeitseinsatz ins zerstörte Warschauer Ghetto geschickt, wo sich ihre Spuren jedenfalls gänzlich verlieren.[74]

Gesichert scheint inzwischen lediglich zu sein, daß von den in Folge des Dannekker-Belev-Abkommens deportierten thrazischen Juden letzten Endes kein einziger mit dem Leben davon kam – ein Faktum, das noch unheimlicher wird, wenn die relativ „simple" Erklärung, mittels eines schnellen und allumfassenden nassen Todes in der Donau, nicht mehr herangezogen werden kann.

Ein besseres Schicksal haben, wie bereits angedeutet, jene Juden, die Ansprüche auf den Schutz des neutralen Spaniens anmelden können. Der iberische Staat war bereits Ende des 19. Jahrhunderts mit gutem Beispiel vorangegangen, als er als erster einer Anzahl (sephardischer) Flüchtlinge vor den russischen Pogromen eine neue (alte) Heimstatt anbot. Daß hierbei auch historisch motivierte Schuldgefühle kompensiert werden, zeigt das bald darauf erlassene Gesetz, das Spaniolen die Möglichkeit gibt, sich um die spanische Staatsbürgerschaft zu bewerben. Was Saloniki betrifft, reagiert Madrid schnell auf die griechische Eroberung im Ersten Balkankrieg und die darauf folgende Aufhebung der Kapitulationen. Das spanische Konsulat wird angewiesen, für diesen bislang geschützten Personenkreis ein „Registro de Protegidos Españoles" anzulegen. Dieses Privileg einer „Quasi-Staatsbürgerschaft" wird in den folgenden Jahrzehnten wiederholt (1916, 1924, 1933) ausgebaut und untermauert.[75] Dennoch machen nur wenige Sepharden hiervon Gebrauch – eine Unterlassung, die sich später rächen wird.

Als Anfang 1943 die Verfolgungswelle unübersehbar neue Dimensionen annimmt, machen die über 500 Privilegierten ihren Sonderstatus geltend. Doch bald zeigt sich, daß eine „Heimkehr" ins unbekannte Land der Vorväter die einzige deutscherseits akzeptierte Alternative zur Deportation darstellt. Eine solche Entscheidung kann aber vom hilfsbereiten spanischen Geschäftsträger ohne vorheriges Placet seiner Regierung nicht getroffen werden. Da letztere stumm bleibt, drängt Eberhard von Thadden, „Judenreferent" in der Abteilung Inland II des Berliner Auswärtigen Amts, auf eine Präzisierung der spanischen Haltung. Wiederum versucht Madrid Zeit zu gewinnen,

---

[73] Erikos Sevillias, Athens – Auschwitz, Athen 1983, S. XVII; Interview Nikos Stavroulakis, Kustos des Jüdischen Museums Athen, der Sevillias' Buch übersetzt und kommentiert herausgegeben hat.

[74] Ebenda; Reitlinger, Endlösung, S. 432 und 435; Miriam Novitch, Le Passage des Barbares, Nice 1973, S. 77 und 86; vgl. auch Czech, Deportation, S. 21. Der dort erwähnte, am 26.3. (nicht 28.3.) in Treblinka eingetroffene Zug mit 46 Waggons kann keine „Umsiedler" aus Saloniki, sondern nur solche aus der bulgarischen Zone enthalten haben. Es gingen keine Transporte aus der deutschen Zone nach Treblinka. (Vgl. auch Wisliceny in: Lang, Eichmann-Protokoll, S. 149). - Erwähnt werden soll, daß Vf. die These vom Weitertransport der „Thrazier" von Treblinka nach Warschau nicht für gesichert hält. Da eine Anzahl Auschwitzer Juden (aus der deutschen Zone) den gleichzeitigen Arbeitseinsatz im ehemaligen Ghetto überlebte, erscheint es nicht stichhaltig, warum die angeblichen Gefährten aus Treblinka unter den gleichen Bedingungen bis auf den letzten Mann umgekommen sein sollen – und noch nicht einmal zuvor die Gelegenheit fanden, gegenüber ihren Landsleuten die obskuren Geschehnisse von Lom zu erhellen.

[75] Haim Avni, Spanish Nationals in Greece and their Fate during the Holocaust, in: Yad Vashem Studies VIII (1970), S. 35 ff.; auch Reitlinger, Endlösung, S. 427.

doch sind die Manöver – wenn etwa „unüberwindliche technische" Transportprobleme vorgeschoben werden – allzu durchsichtig.[76] Im Juli informiert daher schließlich Diaz, der Erste Sekretär der Botschaft in Berlin, den Judenreferenten, seine Regierung habe Verständnis für die deutscherseits angeführte „sicherheitspolitische" Notwendigkeit der Evakuierungen, sei aber selbst an einer Immigration der Sepharden nicht interessiert. Dennoch sehe man letztere „im Prinzip" als Spanier, wünsche also nicht, daß sie „in polnischen Lagern liquidiert" würden. Thadden zeigt sich empört, daß sein Gegenüber offensichtlich den Lügen der „feindlichen Greuelpropaganda" Glauben schenke, da „von einer Liquidierung keine Rede sein" könne. Immerhin bietet er gleich darauf an, bis zu einer endgültigen Entscheidung Madrids könnten die sistierten Juden vorerst im Reich (an Stelle eines der gefürchteten Ostlager) interniert werden.[77]

In der Tat werden die 366 mit dem wertvollen Dokument versehenen Sephardim – sowie der spanische Vizekonsul Solomon Ezrati, der jüdischer Abstammung ist – dem erwähnten Privilegiertentransport angeschlossen, der am 2. August 1943 nach Bergen-Belsen abgeht. Von dort werden sie schließlich ein halbes Jahr später (4./7. Februar 1944) mit Hilfe der US-jüdischen Hilfsorganisation American Joint Distribution Committee gerettet und – via Barcelona – nach Palästina evakuiert.[78] Zu betonen ist jedoch noch einmal ausdrücklich, daß lediglich 366 „Paß-Spanier" aus Saloniki deportiert wurden, wohingegen wenige Monate zuvor der SD noch 511 (darunter offensichtlich vier bis fünf Doppelnennungen) registriert hatte. Die Differenz wurde – wie die deutschen Stellen indigniert vermerken – „illegal" mit italienischen Urlauberzügen nach Athen ausgeschleust.[79] Damit ist es an der Zeit, auf die Judenpolitik auch der dritten Okkupationsmacht näher einzugehen.

Beharrlich hatten sich die Italiener gegenüber den deutschen Beschwörungen der „jüdischen Gefahr" nicht nur taub gestellt, sondern – wie auch im neubesetzten Frankreich – alle „Judenmaßnahmen" geradezu „sabotiert".[80] Auf Vorstellungen, die Glaubwürdigkeit der „Achse" müßte leiden, sofern – nach Einsetzen der Deportationen – nicht auch der italienische Partner in seiner weit größeren Besatzungszone nachzöge, erklärte sich Rom höchstens zu einer – zumindest partiellen – Internierung der Juden auf den Ionischen Inseln oder aber einer Evakuierung nach Italien selbst bereit. Eichmann verwarf diese Offerte als „ungenügend" – zumal die einflußreichen Persönlichkeiten erfahrungsgemäß von solchen Maßnahmen ohnehin ausgenommen würden – und bestand stattdessen auf dem vorbehaltlosen Nachziehen des Achsen-

[76] PAAA, Büro des Staatssekretärs, Griechenland Bd. IV: Altenburg 1660/12.6.1943; auch: AA Inland IIg/191, passim.
[77] PAAA, Inland IIg/191, passim, insbesondere: Thadden, Aufzeichnung zu Inland II, 2084g/21.7.1943.
[78] Auch nach Ankunft der „Privilegierten" in Bergen-Belsen wurde die spanische Verzögerungstaktik fortgesetzt, insbesondere auch das Unvermögen betont, die Gruppe im eigenen Land aufzunehmen. In der Diskussion zog man selbst den einheimischen Antisemitismus heran (Inland IIg/191, passim, u.a.: Deutsche Botschaft Madrid 5504/21.8.1943). Auf amerikanischen Druck erklärt sich Madrid schließlich bereit, mit geringstem eigenen Aufwand einen Lösungsvorschlag des „Joint" zu unterstützen und mit einem Transitvisum für die Eingeschlossenen die Voraussetzung für die Ausreise – über Barcelona und das UNRRA-Durchgangslager Fedhala bei Casablanca – nach Palästina zu schaffen. Istorikon Archeion Ethnikis Antistaseos 33-34 (1961), S. 28; Reitlinger, Endlösung, S. 428; Novitch, Passage des Barbares, S. 31 f.; Avni, Spanish Nationals in Greece, S. 54 ff.
[79] PAAA, Inland IIg/191: 3764/13.8.1943 = Inland II 2132g; Carpi, Nuovi Documenti, S. 158 f.
[80] AA (Bergmann), D III 246g/24.2.1943, abgedruckt in: Carpi, Nuovi Documenti, S. 177 f.

partners.[81] Dieser zog sich daraufhin auf seine Ausgangsposition zurück und bemühte sich mit bemerkenswerter Konsequenz darum, alle Vorstöße des SD in die eigene Zone abzublocken.[82] Zugleich intensivierte man die eigenen Aktivitäten in den deutschen Enklaven, wobei die konsularischen Behörden ihre Schutzmachtrechte äußerst großzügig interpretierten. Selbst entfernte Verwandte italienischer Juden, aber auch andere Hilfesuchende, erhielten die rettende Nationalitätsbescheinigung dank geschickter Manipulationen der Konsulatsmatrikel. Geld spielte dabei nur eine sekundäre Rolle, obgleich Generalkonsul Schönberg – der sich, im Gegensatz zur Athener Gesandtschaft, durch penetranten Jagdeifer hervortut – schon bald klagte, mindestens vier „notorisch reiche Juden" seien von den italienischen Kollegen eingebürgert worden.[83]

Über die konkrete „Einbuße" hinaus fürchtet die Abteilung „Inland II" des Auswärtigen Amts, bei einer Anerkennung solcher Praktiken gefährliche Präzedenzfälle zu schaffen, da dann auch andere verbündete oder neutrale Staaten das Recht auf Neueinbürgerung beanspruchen könnten.[84] Heftige Dissonanzen entzünden sich daher bald am Schicksal von 75 bereits zum Abtransport festgesetzten Juden, deren italienische Papiere vom SD angezweifelt werden. In einem Schreiben an das RSHA klagt Thadden über die „sture italienische Haltung", die auf den griechenfreundlichen Staatssekretär Bastianini zurückgehe. Leider müsse man aber den Wünschen des Achsenpartners nachgeben, da die allgemeine Lage eine Zerreißprobe wegen einiger Dutzend Juden verbiete, darüber hinaus gelte in Griechenland ja immer noch das italienische Primat (preponderanza) – eine Auffassung, der sich auch Weizsäcker anschließt.[85]

Von dieser widerwillig tolerierten eigenen Bewegungsfreiheit machen auch die italienischen Militärs eifrig Gebrauch: verschleierte Jüdinnen werden als Offiziersgattinnen ausgeschleust; Verfolgte jeden Geschlechts und Alters werden mit Truppentransporten in die eigene Zone eingeschmuggelt; auch von jenen, die auf eigene Faust die Demarkationslinie überqueren, wird niemand zurückgewiesen.[86] Es ist nicht mit letzter Sicherheit zu klären, wieviele Juden aus dem „Befehlsbereich Saloniki-Ägäis" vor dem tödlichen Zugriff des SD gerettet werden. Einschließlich der 281 „echten" (bzw. schon frühzeitig anerkannten) Italiener sowie der nahezu 150 ausgeschleusten „Spanier" dürften es 2000 – 3000 gewesen sein, die in den Bergen und namentlich in der

---

[81] PAAA, Inland IIg/190: Bergmann, Vortragsnotiz 17.3.1943 für RAM (zu D III 399g).

[82] PAAA, Pol IV/11, Judenfragen Griechenland I: U.St.S.Pol., 345/3.6.1943; vgl. Inland IIg/191: Wisliceny, Brief 21.6.1943.

[83] PAAA, Inland IIg/190: Schönberg 29-J/1.4.1943. – Tatsächlich haben die italienischen Konsularbehörden Rückendeckung seitens ihrer Athener Gesandtschaft, die Generalkonsul G. Zamboni bereits am 2.4.1943 ermächtigt, „ad agire con criteri larghezza" – ein Kurs, der wenige Tage später auch von Bastianini abgesegnet wird. (Telegrammtexte in: Carpi, Nuovi Documenti, S. 178 ff.)

[84] Ebenda: Aufzeichnung von Thadden, Inland II 1071g/29.4.1943.

[85] PAAA, Inland IIg/191: Inland II, 1588/4.6.1943; Carpi, Nuovi Documenti, S. 157.

[86] Zum gesamten Komplex der italienischen Hilfe: PAAA, Inland IIg, fasc. 190 und 191 passim; Carpi, Nuovi Documenti; Molho, In Memoriam I, S. 123 ff.; Léon Poliakov/Jacques Sabille, Gli ebrei sotto l'occupazione Italiana, Milano 1956, S. 159 ff.; Robert Kempner, Eichmann und Komplizen, Zürich 1961, S. 308 ff.; u.v.a.; ebenfalls: ST-A Berlin 3P(K) Js 10/60, passim, insbesondere Aussagen des it. Konsuls Castrucci und seines Dolmetschers Merci (VI, Bl. 140 ff.; IX, Bl. 256 ff.). In zahlreichen Aussagen versucht dabei Merten darzulegen, er habe gegenüber dieser italienischen Praxis wohlwollend ein Auge zugedrückt oder sie sogar insgeheim gefördert, was zu einem gewissen Grad, zur eigenen Bereicherung oder als Rückversicherung gedacht, nicht einmal ausgeschlossen ist. (Zu Merten vgl. auch Anm. 40, 45 und 97.)

durch die Kriegswirren noch unübersichtlicher gewordenen Metropole Athen untertauchen[87]; in der Mehrzahl der Fälle spielt der italienische Faktor – durch seine bloße
Präsenz – wohl „nur" eine indirekte Rolle.

Der SD, der diese Vorgänge mit kaum verhohlener Wut beobachtet, kann sich jedoch auf einer anderen Ebene für die erlittene Schlappe revanchieren: Heimliche Recherchen gegen den italienischen Oberkommandierenden Geloso enthüllen „skanda-
löse" finanzielle und sexuelle Aktivitäten, wobei praktischerweise jüdische Geschäftsleute bzw. Bettgespielinnen als jeweilige Partner des Generals ausgemacht werden.
Daraufhin wird Geloso als Chef des Comando Supergrecia untragbar und abgelöst.[88]

Am 9. September 1943 verlieren die Italiener ohnehin ihre inoffizielle Schutz-
machtfunktion und benötigen selbst Hilfe. Stunden nur nach der Bekanntgabe von
Badoglios Waffenstillstand mit den Alliierten läuft die deutscherseits seit Mussolinis
Sturz für einen solchen Fall vorbereitete „Aktion Achse" an. Die in Griechenland führende Heeresgruppe E entwaffnet die kriegsmüden Bundesgenossen schnell und –
von wenigen blutigen Ausnahmen abgesehen[89] – problemlos. Das Ausscheiden der
Italiener bedeutet natürlich das Ende der vom SD beklagten „Judenreservate" – eben
„rechtzeitig", da man seit Abgang des letzten Deportationszugs im Vormonat zur Un-
tätigkeit verurteilt ist, so daß Wisliceny für einige Wochen gar tatendurstig nach Bra-
tislava geeilt war. Nun trifft er bereits am 20. September in Athen ein, und anderntags
lädt er den dortigen Chefrabbiner Barzilai vor, von dem er ultimativ die Bildung eines
„Ältestenrats", aber auch Namenslisten der einheimischen Juden sowie der Flüchtlinge aus anderen Gebieten fordert. Der Rabbi erkennt, daß die bei den ersten diesbezüglichen deutschen Vorstößen (1941) erprobte Hinhaltetechnik unter den veränderten Umständen keine Aussichten auf Erfolg bietet. Da er zudem aus dem eigenen
Lager bedroht wird, einen „zweiten Koretz" werde man nicht zulassen, entschließt
sich Barzilai zur Flucht in die Berge. Dort bleibt er mit Familie bis zum Kriegsende
im Hauptquartier der ELAS-Partisanen.[90]

Da kurz zuvor, bei einem – übereifrigen griechischen Faschisten zugeschriebenen –
fingierten Einbruch, vorausblickende Gemeindemitglieder die Matrikel vernichtet
hatten, tappen die neuen Herren im Dunkeln, was die Zahl der Gesuchten betrifft.
Gemäß einer RSHA-Weisung befiehlt daher Anfang Oktober der eben eingetroffene
„Höhere SS- und Polizeiführer" Jürgen Stroop, frisch dekorierter Henker des Warschauer Ghettos[91], allen (zumindest Dreiviertel-)Juden der nunmehr deutsch okku-

---

[87] Die Schätzungen differieren stark (z.B. Nehama, Israilitiki Koinotis, S. 178; Kabeli, Resistance of Greek
Jews, S. 286; diverse Interviews). Übertrieben ist wohl Mertens Schätzung von 4500, geradezu absurd je-
doch der Umstand, daß er sich deren Rettung selbst gutschreiben möchte. (Z.B. Aussage 28.11.1960, in:
ST-A Berlin 3P(K) Js 10/60, Bd. V, Bl. 193 ff.)

[88] MA, RW 40/v. 135: Bfh. Südgriechenland 16624/43 geh., 28.5.1943; vgl. auch: Ellinikon Aima, 15.5.1943;
Akropolis, 11.2.1945.

[89] Wichtigste Ausnahme war das Massaker von Kephalonia, wo auf Hitlers persönlichen Befehl „wegen des
gemeinen und verräterischen Verhaltens" der sich widersetzenden Italiener mehr als 4000 Gefangene brutal
liquidiert werden (Fleischer, Kreuzschatten, S. 300 f. und 663 f.).

[90] Nehama, Israilitiki Koinotis, S. 200 ff., vgl. auch S. 183 ff.; PRO, F.O. 371/43690: R 11387. – Zur ELAS vgl.
Anm. 100.

[91] Stroop selbst rühmte sich, in Warschau „Juden, Banditen und Untermenschen vernichtet" zu haben. (Bericht 16.3.1943, zit. in: Kempner, Eichmann und Komplizen, S. 324)

pierten Territorien, sich binnen fünf Tagen registrieren zu lassen. Zugleich ergehen weitere Beschränkungen wie Umzugsverbot und nächtliche Ausgangssperre.[92]

Unmittelbar darauf wird Stroop jedoch ins Reich versetzt[93], so daß er nicht mehr selbst auf die weitgehende Mißachtung seines Befehls reagieren kann. Denn trotz der für Ungehorsam angedrohten Todesstrafe melden sich lediglich 200 Juden fristgerecht.[94] Da diese nicht behelligt werden und zudem als einzige die existenznotwendigen Lebensmittelcoupons erhalten, treibt der Hunger viele der Illegalen aus ihrem Versteck: bis Mitte Dezember sind bereits 1200 registriert. Doch der SD rechnet fälschlich mit etwa 8000 potentiellen Opfern[95] – da man viele Flüchtlinge aus dem Norden, die in den Bergen oder gar schon jenseits des Mittelmeers Zuflucht gefunden haben, noch im Untergrund der Millionenstadt vermutet. Bevor daher Wisliceny und Alois Brunner (Referatsleiter IV-B-4 beim Befehlshaber Sicherheitspolizei und SD in Athen) ihre Netze auswerfen, versuchen sie es erneut mit der abgedroschenen und doch immer wieder erfolgreichen Beschwichtigungsstrategie. Abgesehen von einigen minderen wirtschaftlichen Restriktionen sowie den stereotypen antisemitischen Pflichtübungen in Rundfunk und Presse wird der gehetzten Minderheit eine trügerische Verschnaufpause gewährt, wobei man wiederholt eigenes Desinteresse durchblicken läßt. Dennoch ziehen die Angesprochenen – sofern irgendwie möglich – den Schutz der Illegalität vor.

Hilfreich erweist sich dabei – weit stärker als in Saloniki[96] – die Solidarität der christlichen Mitbürger. Ungeachtet der deutscherseits angedrohten drakonischen Strafen wird den Gefährdeten bereitwillig Unterschlupf oder Nahrung gewährt.[97] Beach-

---

92 Mit Datum 3.10. in der Tagespresse (z.B. Elevtheron Vima, Akropolis) vom 7. und 8.10.1943; vgl. auch: NARS, Washington, RG 226: XL 25080.
93 BDC, Personalakte Stroop: Nachrichtenstelle RFSS, 60/4.10.1943 gKdos.
94 Stavroulakis, in: Sevillias, Athens-Auschwitz, S. XXI; Nehama, Israilitiki Koinotis, S. 206.
95 MA, RW 40/147: Mbfh Gr – Az A 41-25154/43 geh., 18.12.1943.
96 Vgl. hierzu zeitgenössische jüdische Berichte, z.B.: PRO, F.O. 371/37209: R 13384; F.O. 371/37210: R 13659. – Für die wiederholten antisemitischen Kundgebungen in der mazedonischen Hauptstadt – vom SD mit Befriedigung, von griechischen Autoren peinlich berührt und von den Hauptbetroffenen mit Bitterkeit registriert – hatten rassische oder auch religiöse Gründe nur sekundäre Bedeutung. Maßgebend war, daß die Sephardim einen nicht zu assimilierenden kulturellen, habituellen und sprachlichen Fremdkörper sowie von der höchsten bis zur niedrigsten sozialen Ebene einen potenten wirtschaftlichen Konkurrenten darstellten. – Dennoch hält es die Kollaborationspresse für erforderlich, jenen „unpatriotischen" und „bösen Griechen", die den Juden Hilfe gleich welcher Art leisteten, wiederholt schwere Strafen anzudrohen. Mit sofortiger Einweisung ins KZ wird auch den „vielen Mitbürgern" gedroht, die – unbeeindruckt vom ständig zitierten „historischen Unrecht" der Juden an Griechenland – „aus angeblich philantrophischem Gefühl heraus" jüdische Kinder adoptierten, um sie so dem deutschen Zugriff zu entziehen. (Nea Evropi, 6.3., 30.3., 31.3., 1.4.1943 u.a.) Eine positive Wertung gibt auch die jüdische Gemeinde Saloniki in ihrem Exposé zum Holocaust (684/11.6.1945, unveröffentlicht, Kopie im Besitz des Verfassers).
97 Joshua D. Kreindler, Greece and the Jews, in: Journal of Modern Hellenism 2 (Okt. 1985), S. 113-117; Alexandros Kitroeff, Greek Wartime Attitudes towards the Jews in Athens, in: Forum on the Jewish People, Zionism and Israel 60 (1987), S. 41-51; u.v.a. – Gerade angesichts der Meriten der über weite Passagen faszinierenden Studie von Hannah Arendt (Eichmann in Jerusalem. Ein Bericht von der Banalität des Bösen, München 1964) sollte es nicht widerspruchslos hingenommen werden, wenn die Autorin – nach einer übertrieben positiven Wertung der bulgarischen Haltung (s.o) – der großen Mehrheit der Griechen Unrecht tut (S. 231): „Die griechische Bevölkerung war bestenfalls indifferent... Es könnte scheinen, als hätte die Gleichgültigkeit der Griechen gegenüber dem Schicksal ihrer Juden die Befreiung ihres Landes überdauert." Im Anschluß an mehrere chronologische Ungenauigkeiten, erweisen sich H. Arendts Informationen aus zweiter oder gar dritter Hand nochmals als unzutreffend, wenn sie – als Indiz für ihre letztzitierte These – schreibt, Merten sei nach dem Kriege „gelassen" an seinen früheren griechischen Wirkungsort zurückgekehrt, „wurde verhaftet, kam aber bald wieder frei und konnte nach Deutschland zurückkehren. Sein Fall

tenswert ist auch die Hilfsbereitschaft der meisten Kollaborationsorgane (mit Ausnahme der auf Kopfgeldbasis arbeitenden „Sicherheitsbataillone"). Eine denkwürdige
Rolle spielt namentlich die Polizei unter ihrem – insgeheim mit den Briten und der
eigenen Exilregierung kooperierenden – Chef Angelos Evert, der an die 1200 falsche
Ausweise ausstellen läßt.[98] Ähnliches macht die Kirche in ihrem Bereich: Mit ausdrücklicher Billigung des rührigen Erzbischofs Damaskinos erhalten im ganzen Land
Tausende von Juden (zurückdatierte) Taufbescheinigungen; nur ein Bruchteil läßt sich
wirklich taufen, da der orthodoxe Klerus keine Proselyten aus Todesangst gewinnen
will.[99]

Da indessen die Verfolger die Gefälligkeitsdokumente allzu oft durchschauen, gehen die bedeutendsten Rettungserfolge letzten Endes auf das Konto der Resistance.
Ohne dabei die Verdienste kleinerer Organisationen zu schmälern, muß diese Feststellung primär auf die EAM/ELAS[100] bezogen werden, die nicht nur über den effektivsten subversiven Apparat, sondern auch über ausgedehnte Zufluchtstätten verfügte,
da sie den Großteil des gebirgigen Landes kontrollierte. Während die verbliebenen
neutralen Diplomaten und selbst die ungarische Gesandtschaft[101] solche Aktivitäten
nach Kräften fördern, erwägen ausgerechnet die Briten, diesen Fluchtweg zu schlie
ßen, da das Foreign Office eine Stärkung der revolutionären griechischen Linken
durch jüdisches Geld fürchtet. Eine solche Intervention erweist sich jedoch bald als
undurchführbar und zudem inopportun.[102]

Unter solchen Vorzeichen haben sich bis März 1944 in Athen erst 1500 Juden regi

ist wohl einzigartig, denn Prozesse gegen Kriegsverbrecher haben in allen Ländern außer Deutschland immer mit schweren Strafen geendet." (Ebenda) – In Wahrheit wurde der einst so unterschriftsfreudige
Kriegsverwaltungsrat auf Grund der aufgefundenen, von ihm unterzeichneten Dokumente in einem aufsehenerregenden Prozeß zu einer 25-jährigen Haftstrafe verurteilt und nur nach massiver Intervention der
Bundesregierung abgeschoben – unter der ausdrücklichen Bedingung, daß seine Beteiligung an den Judendeportationen Gegenstand eines deutschen Verfahrens werden müßte. Tatsächlich wurde Merten (1960)
bei seiner Landung in Deutschland festgenommen, doch unter wechselnden Auflagen nach elf Tagen wieder auf freien Fuß gesetzt. Die anschließenden langwierigen Ermittlungen brachten außer überquellenden
Aktenordnern kein greifbares Ergebnis, ganz wie es die zahlreichen griechischen Kritiker der ungewöhnlichen „Rechtshilfeaktion" prophezeit hatten. Auf eine knappe Formel gebracht: Alles was man dem – von
der prominenten Anwaltskanzlei Heinemann/Posser geschickt verteidigten – Merten an kleineren Vergehen hätte nachweisen können, fiel unter die Verjährungsfrist und war somit für die Justiz irrelevant. Was
hingegen nicht verjährt gewesen wäre, wie etwa Mord oder bewußte Beihilfe zum Völkermord, konnte
man ihm nicht nachweisen bzw. glaubte es nicht zu können. – Die umfangreichen Akten des Ermittlungsverfahrens „gegen Merten, Max u.a." (s. Anm. 1) werden übrigens in der vorliegenden Studie wiederholt zitiert.
98 Stavroulakis, in: Sevillias, Athens-Auschwitz, S. XXI; Nehama, Israilitiki Koinotis, S. 210.
99 Ilias Venezis, Archiepiskopos Damaskinos, Athen 1981², S. 259ff.; Novitch, Passage des Barbares, S.
115ff.; Kreindler, Greece and the Jews, S. 114ff.
100 Laiki Phoni, 19.7.1942; Rizospastis, 20.4., 10.10.1943; Elevtheri Ellada, 14.10.1943; u.v.a. – Das „Nationale
Volksbefreiungsheer" (ELAS) war der militärische Zweig der „Nationalen Befreiungsfront" (EAM), die
zwar von der Kommunistischen Partei kontrolliert wurde, doch aus allen sozialen und politischen Schichten regsten Zulauf hatte. Damit wurde die EAM bald zur größten Organisation, die Griechenland je gekannt hat.
101 Der ungarische Geschäftsträger Laszlo Velics und sein mit einer prominenten linken Griechin verheirateter Erster Gesandtschaftsrat Ivan Bogdan waren klar antideutsch eingestellt, wie aus ihren Berichten nach
Budapest hervorgeht (Ungarisches Nationalarchiv, Bestand K 80, Bände 48/49 sowie K 63, Bände
110-112; für diesen Hinweis danke ich Dr. Peter Hidas, Dawson College Montreal). In bemerkenswerter
Konsequenz flohen Velics „nebst seiner jüdischen Geliebten" (mittlerweile seiner Gattin!), Bogdan und
dessen zur EAM gehörende Frau mit britischer Hilfe im Frühling 1944 nach Kairo. (MA, RH 24-68/36:
LXVIII. A.K. Ic, Tagesmeldung 4.5.1944)
102 Auch Churchill widerspricht schließlich dem F.O., allerdings mit einer recht makaber anmutenden Begründung. (PRO, F.O. 371/43689: R 10779, zitiert in: Fleischer, Kreuzschatten, S. 368.)

strieren lassen. Die Verantwortlichen des SD erkennen, daß mit einer nennenswerten Zunahme nicht zu rechnen ist, zudem stehen sie unter Zeitdruck. Nach Sicherung der technischen Vorbedingungen für den „Abtransport der restlichen Juden vom Festland"[103] wird am 24. März 1944, Vorabend des griechischen Unabhängigkeitstages, die Falle geschlossen. Mit einem letzten billigen Trick – der Ankündigung, vor dem Passahfest würden Zucker und Mehl zum Matzenbacken verteilt – erreicht man, daß eine überdurchschnittliche Anzahl Juden zum wöchentlichen Zählappell in die Synagoge kommt. Fast 800 werden dort festgenommen, 500 erleiden das gleiche Schicksal in ihren – registrierten – Häusern. Gemeinsam werden sie für einige Tage im nahen KZ Chaidari unter menschenunwürdigen Bedingungen zusammengepfercht[104], bis auch die Opfer aus der Provinz „transportfertig" sind.

Zeitlich abgestimmt hatten nämlich auf dem ganzen Festland SD-Jagdkommandos zugeschlagen – mehr oder weniger effektiv unterstützt von der Geheimen Feldpolizei, Wehrmachtseinheiten sowie griechischen Kollaborationsverbänden. Am jeweiligen Ergebnis zeigt sich, inwieweit die Beschwichtigungsparolen der vergangenen Monate auf fruchtbaren Boden gefallen waren, als die deutschen Stellen – direkt oder über den ansonsten gutwilligen Kollaborationspremier Rallis – durchblicken ließen, die mazedonischen Vorkommnisse brauchten die Juden in Altgriechenland nicht zu schrecken. Denn in Saloniki hätte ein geschlossener ethnischer Fremdkörper – zudem mit subversiven Intentionen – entfernt werden müssen, wohingegen die Gemeinden im übrigen Griechenland fast durchweg aus konservativen und gesetzestreuen Bürgern bestünden, die man als in die griechische Volksgemeinschaft integrierte Gruppe betrachte.[105] Skepsis hatte dennoch nicht nur in Athen überwogen, sondern in fast noch größerem Ausmaß in den thessalischen Kolonien (Trikala, Larisa, Volos), wo es sich zudem günstig auswirkte, daß keine separaten jüdischen Wohnbezirke existierten. So fiel kaum ein Drittel der Gesuchten den Häschern in die Hände, während die große Mehrzahl, insbesondere die jungen Leute, untertauchte und – meist mit Hilfe der EAM/ELAS – in die Berge flüchtete.

„Erfolgsquoten" von über 90% erzielt der SD hingegen im relativ isolierten Westteil des Landes (Epirus). Zum ersten ist dort die nationalistische EDES die dominierende Widerstandsorganisation, die gegenüber der jüdischen Minderheit eine – zumindest – zwiespältige Haltung einnimmt[106] und zudem gerade erst wenige Wochen zuvor ein geheimes Gentlemen's-Agreement mit dem in Westgriechenland führenden deutschen XXII. Armeekorps gegen die „roten Banden" (ELAS) abgeschlossen hat.[107] Hinzu kommt, daß die epirotischen Juden und namentlich jene der größten – nahezu 2000 Seelen zählenden – Gemeinde in Ioannina (Jannina) Graecophone sind und dar-

---

103 MA, RH 19 VII/16 (Kriegstagebuch Hgr. E), 15.3.1944.

104 Sevillias, Athens – Auschwitz, S. 6 ff.; Nehama, Israilitiki Koinotis, S. 225 ff. – Zur Charakterisierung der Verhältnisse soll bewußt auf griechische Quellen verzichtet werden. Genügend Aufschlüsse gibt wohl ein Auszug aus der Personalakte des Kommandanten: „Primitiv in seinem ganzen Denken und Fühlen, nicht zum Führen geeignet...; offensichtlich einer der alten Schläger, die auf Grund ihrer frühen Zugehörigkeit zur SS zu Führern befördert worden sind!" (BDC, Akte P. Radomski, Beurteilung 2.12.1944)

105 Rachel Dalven, The Holocaust in Janina, in: J. Modern Greek Studies II: 1 (Mai 1984), S. 91; Nehama, Israilitiki Koinotis, S. 201 f. und 229; diverse Interviews.

106 Nach – wohl etwas übertriebenen – deutschen Berichten wird „aus EDES-Kreisen ... nur volle Zustimmung laut" (z.B. MA, 59644/4: GFP-Gruppe 621, Kdo bei XXII. A.K., 27.3.1944), vgl. hingegen Dalven, Holocaust in Janina, S. 101.

107 Hagen Fleischer, Contacts between German Occupation Authorities and the Major Greek Resistance Organizations, in: Iatrides, Greece in the 1940s I, S. 48-60 und 347-353.

aus einen illusionären Schutz gegen eventuelle Deportationspläne ableiten. Insonderheit der bejahrte und einflußreiche Präsident von Jannina schenkt den deutschen Versicherungen blinden Glauben und fordert daher bedingungslose Disziplin, zumal er die Vorjahrsereignisse auf das verweltlichte Treiben der Thessalonicher Glaubensgenossen und den daraus resultierenden Gotteszorn zurückführt.[108] Negativ wird sich hier jedoch auswirken, daß die janniotischen Juden im Gegensatz zu jenen in Thessalien nicht aufgelockert unter der übrigen Bevölkerung wohnen, sondern seit Menschengedenken in selbstgewählten Ghettos („Ta Ovreika" = Hebräerviertel), was trotz der gemeinsamen Sprache jede echte Assimilierung verhindert und das Desinteresse vieler christlicher Mitbürger erklärt. Unter dem Strich verwundert es nicht, daß die auf das 7. Jahrhundert zurückgehende Kolonie am 25. März 1944 binnen einer Stunde fast ausnahmslos überrascht und „ausgehoben" wird.

Mit dem Erfolg der Gesamtaktion dennoch nur bedingt zufrieden, beeilt sich der SD, die eingebrachte menschliche Beute zu verfrachten: Bereits am 2. April 1944 verläßt ein monströser Transport die Hauptstadt von einem Nebenbahnhof: 1300 in Athen aufgegriffene Juden (darunter eine Anzahl 1943 aus Mazedonien Geflüchteter), dazu die in Preveza, Arta, Agrinion und Patras Festgenommenen. Auf der Fahrt nach Norden werden weitere Gefangene dem „rollenden Alptraum" angegliedert: 90 aus der 2000 Jahre alten Kolonie Chalkis, wo fast drei Viertel der (graecophonen) Romanioten ins umliegende Partisanengebiet entkommen; in Larisa 2400 aus den thessalischen Städten und in erster Linie aus Jannina; in Saloniki schließlich mehrere Hundert Juden, die überwiegend aus der Pelzstadt Kastoria stammen – einer Gemeinde, die ebenfalls schlimmsten Tribut dem Umstand zahlen muß, daß sie sich freiwillig auf wenige ghetto-ähnliche Straßenzüge konzentriert hatte. Nicht alle der annähernd 5000 Verschleppten[109] landen jedoch in Auschwitz; von den über 80 Waggons des längsten Griechenland je verlassenden Deportationszugs werden die „bequemsten" – ein halbes Dutzend – in Wien abgekoppelt: Über 150 Juden mit rettender fremder – meist spanischer – Staatsbürgerschaft, die trotz der von Graevenitz unterstützten Einsprüche des judenfreundlichen spanischen Generalkonsuls Romero Radigales ebenfalls abtransportiert worden waren[110], ist ein gnädigeres Schicksal bestimmt. Via Celle gelangen sie am 14. April 1944 nach Bergen-Belsen, wo sie als potentielle „Austauschjuden" den Krieg überleben.[111] Ihre nicht-privilegierten Gefährten (darunter auch viele Inhaber italienischer Papiere, die seit Badoglios Kapitulation ihren einstigen

[108] Dalven, Holocaust in Janina, S. 89; auch: Nehama, Israilitiki Koinotis, S. 230 und 236.
[109] Die Teilsummen beruhen v.a. auf Nehama (Israilitiki Koinotis, S. 227), der insgesamt 5200 bzw. gar 5290 Deportierte errechnet. Graevenitz nennt hingegen „etwas mehr als 5000 Juden", was er zwei Wochen später ausdrücklich als „zu hoch" korrigiert. Die Gesamtzahl habe „etwa 4700 einschließlich der Ausländer" betragen. (PAAA, Inland IIg/191: Graevenitz 7/44 geh., 3.4.1944 bzw. 7/44 geh. II, 18.4.1944.) Völlig inadäquat ist diesmal – mit nur 1500 – die Schätzung des Auschwitz-Museums (Czech, Deportation und Vernichtung, S. 24a)
[110] Nicht endgültig zu klären ist, ob die überlieferte Zahl von 155 Deportierten nur die Spanier oder sämtliche „Fremdjuden" dieses Transports einschließt. Tatsächlich nennt Graevenitz (Anm. 109) außer den schließlich deportierten türkischen Staatsbürgern nur 132 spanische, 2 ungarische und „vereinzelt andere Staatsangehörige", was unter Einschluß der 19 dokumentarisch gesicherten portugiesischen Juden für die zweite Version sprechen würde. Andererseits beziehen Nehama (Israilitiki Koinotis, S. 226), aber auch Avni (Spanish Nationals in Greece), der die Akten des Madrider Außenministeriums ausgewertet hat, die Zahl ausdrücklich nur auf die Spanier.
[111] Reitlinger, Endlösung, S. 429; Nehama, Israilitiki Koinotis, S. 228. – Die 19 portugiesischen Juden hatten Bergen-Belsen bereits im August 1944 verlassen können – offensichtlich da der Druck ihrer „Heimatregierung" stärker war als der der spanischen (Avni, Spanish Nationals in Greece, S. 64).

Sonderstatus restlos eingebüßt haben) treffen bereits in der Nacht vom 10. zum 11. April in Auschwitz-Birkenau ein, wo das Gros – etwa 4000 – unverzüglich ins Gas geschickt wird.

Geschlossene jüdische Kolonien existieren somit nur noch auf einzelnen griechischen Inseln. Nachdem mit der Zuweisung des angeforderten Schiffsraums – seitens der zögernden, letztlich aber doch abermals willigen militärischen Stellen – das stets akute Transportproblem wieder einmal gelöst scheint[112], kommt zuerst Chania, die mittlerweile einzige[113] jüdische Gemeinde auf Kreta, an die Reihe. Nachdem der Ic-Dienst der Feldkommandantur 606 bereits seit 1941 „vorgearbeitet" hatte[114], wurden im Morgengrauen des 20. Mai, am dritten Jahrestag der Luftlandeoperation „Merkur", annähernd 300 „Israeliten konzentriert, damit sie nach Kontinentaleuropa abgeschoben und dort angesiedelt werden".[115] Beim Abtransport auf dem Schiff „Danae" werden sie jedoch am 8. Juni – zusammen mit 192 anderen (z.T. auch deutschen) Gefangenen – durch Feindeinwirkung versenkt.[116] Die Richtigkeit dieser Version darf als gesichert gelten[117], obwohl bezeichnenderweise auch in diesem Falle vielen eine inszenierte Versenkung wahrscheinlicher erschien.[118]

---

[112] MA, RH 19 VII/17, Bl. 426.
[113] Nehama (Israilitiki Koinotis, S. 243) behauptet, am 6.6.1943 seien im Zuge deutscher Repressalien auch 800 Juden in Heraklion erschossen worden. Die Zahl ist absurd, denn in Heraklion gab es längst keine jüdische Gemeinde mehr, was alle Quellen (selbst Nehama an anderer Stelle: S. 351!) bestätigen, sondern lediglich noch 26 Juden (Namensliste vom 20.8.1941 im IAK). Von diesen gelang anscheinend einigen die Flucht nach Nahost, während die Mehrzahl bei zwei Sühneaktionen im Sommer 1943 exekutiert wurde. (Stadt Heraklion (Hrsg.), Ekthesis tis Kentrikis Epitropis Diapistoseos Omotiton en Kriti, Heraklion 1983, S. 42)
[114] Befehle zur Registrierung aller Juden, der jüdischen Beamten, Geschäfte etc., in IAK, AGSD II; zitiert bzw. Faksimile in: Internationale Historikerkommission zur Klärung der militärischen Vergangenheit von Kurt Waldheim: Bericht, Wien 1988.
[115] Paratiritis (Chania), 21.5.1944. Vgl. auch die zur Schaffung eines antijüdischen Klimas initiierten Hetzartikel vor bzw. nach der Deportation: Paratiritis, 31.3., 5.4., 7.4., 15.4., 23.4., 26.4., 4.5., 28.5.1944. – Was die Zahl der Deportierten betrifft, veranschlagt Nehama (Israilitiki Koinotis, S. 243) – und im Anschluß an ihn andere Autoren – sie auf 260; nur einer Handvoll Juden sei die Flucht gelungen, da die Gemeinde zum Zeitpunkt der deutschen Invasion insgesamt 270 Seelen gezählt habe. Diese Angaben sind jedoch etwas zu niedrig, bzw. läßt die nichtgriechischen Mitglieder unberücksichtigt: Am 14.8.1941 lebten in Chania – laut Aufstellung des Rabbiners – 315 Glaubensjuden, davon 44 mit fremder Staatsbürgerschaft. Eine weitere Liste vom 17.2.1943 (beide im IAK) verzeichnet lediglich noch 279 Namen; eine Minderung (um 20) ist insbesondere bei den „Fremdjuden" festzustellen, die offensichtlich z.T. aus ihrem – noch – privilegierten Status Nutzen gezogen haben. Im Mai 1944 bietet jedoch den verbliebenen 24 ausschließlich italienischen und französischen Staatsbürgern ihr Paß nicht mehr den geringsten Schutz: mit allen anderen chaniotischen Juden werden sie nach Heraklion abtransportiert und mit ihren dortigen Glaubensbrüdern auf den Dampfer „Danae" verfrachtet. Da letztere nach der Dezimierung im Jahr zuvor höchstens noch auf ein knappes Dutzend zu beziffern sind, ist die Gesamtzahl der sistierten (und dann ertrunkenen) kretischen Juden unter 300 anzusetzen; die entsprechende Angabe im Kriegstagebuch der Heeresgruppe E (MA, RH 19 VII/17, Bl. 550) dürfte also aufgerundet sein.
[116] MA, RH 19 VII/17, Bl. 550; PAAA (vgl. Anm. 60), Sonderbevollmächtigter für den Südosten, Dienststelle Athen, Bd. II: Pol. 4/4, Nr. 2598/44, 28.6.1944. Nicht völlig geklärt ist jedoch, ob die „Danae" – wie von der Hgr. E vermutet – torpediert wurde oder ob sie auf eine Mine auflief. Eine bewußte Versenkung durch die Alliierten wäre nämlich befremdlich, da die Deutschen zuvor die „Ladung" absichtlich im unverschlüsselten Funkverkehr durchgegeben hatten, da die Marine daran interessiert war, die „Danae", eines ihrer letzten verfügbaren Schiffe, unversehrt nach Piräus durchzubringen. (Interview H. Kölle, Leiter der Marinewetterwarte Chania, in: Marlen v. Xylander, Die Deutsche Besatzungsherrschaft auf Kreta 1941-1945, Freiburg 1989, S. 122); s. auch: Eberhard Rondholz, in: Die Zeit, 20.11.1987.
[117] Ebenda; To Vima, 2.2.1960. – Die Abt. Inland schlug daher bald vor, „die Tatsache der Vernichtung mehrerer Hundert Juden durch den Gegner propagandistisch auszuwerten". (PAAA, Inland II A/B-64/3: Inl. IIA 2303, 10.7.1944.)
[118] Nehama, Israilitiki Koinotis, S. 244; Novitch, Passage des Barbares, S. 109; E. Petrakis, I Ethniki Organosis Kritis (EOK) kata tin Germaniki Katochin, Heraklion 1953, S. 56; u.a.

Die nächste Station der Eichmann-Emissäre sind die beiden Gemeinden auf den Ionischen Inseln. Die kleinere wird dabei auf unerwartete Weise nicht nur in die griechischen Annalen eingehen: als einsames Beispiel, was – zumindest unter günstigen Voraussetzungen – Zivilcourage und Solidarität vermögen. A. Lüth (oder Lütt), der offensichtlich regimekritisch eingestellte deutsche Kommandant von Zakynthos (Zante), äußert nämlich ernste Bedenken gegen eine Deportation der 275 Juden in seinem Befehlsbereich: Da sie fast ausnahmslos mit der griechischen Inselbevölkerung befreundet und verschwägert seien, würde diese in einem solchen Fall äußerst erbittert reagieren – eine Einstellung, die von den lokalen griechischen Behörden wie auch dem Metropoliten vorbehaltlos geteilt werde. Auch ließe sich keinerlei „antiplutokratischer" Unmut aktivieren, da die Betroffenen fast durchweg den ärmeren Schichten angehörten und auch sonst „keine Gefahr" darstellten. Die auf dieser Argumentation basierende Verschleppungstaktik des Offiziers, verbunden mit der tatkräftigen Solidarität der Insulaner, rettet die kleine Gemeinde schließlich bis zum deutschen Abzug.[119]

Mit ähnlichen Vorbehalten operiert anfangs auch der vermutlich geistesverwandte Inselkommandant Jäger auf Kerkyra (Korfu).[120] Doch dort ist die jüdische Kolonie mit nahezu 2000 Mitgliedern weit stärker, spielt wirtschaftlich eine herausragende Rolle, hat eine fremde Muttersprache (Italienisch) und siedelt seit mehr als einem halben Jahrtausend in einem abgesonderten Viertel – alles Faktoren, die einem größeren Engagement der orthodoxen Korfioten entgegenstehen. Den Experten des SD – den schon mehrfach „bewährten" Burger und Linnemann unter tatkräftiger Unterstützung des sprachkundigen jüdischen Renegaten Rekanatis – gelingt es sogar, den „Pöbel" in großem Umfang für antisemitische Ausschreitungen zu gewinnen.[121] Die Beihilfe des Ic-Dienstes bzw. der Geheimen Feldpolizei ist auch hier übrigens mehrfach dokumentiert.[122] Die 1795 am 9. Juni Verhafteten werden in die Hauptstadt abtransportiert und von dort zusammen mit den „Restjuden" aus dem KZ Chaidari – der „Ausbeute" verschiedener Razzien im Großraum Athen – nach Auschwitz deportiert.[123]

Im Monat darauf, während die antisemitische Propaganda einen weiteren Paroxysmus verzeichnet[124], schlägt die Stunde auch für die dodekanesischen Sephardim, de-

---

[119] Nehama, Israilitiki Koinotis, S. 247 ff. – Molho (In Memoriam I, S. 107) nennt noch einen „Ausnahmefall" eines „anständigen" deutschen Offiziers, den Kommandanten der mazedonischen Mittelstadt Katerini, der im März 1943 bewußt die Augen schließt, als – unter Mitwirkung des Chefs der lokalen griechischen Polizei – 30 der 33 ortsansässigen Juden untertauchen. (Vgl., ohne Nennung des Deutschen: Roth, Last Days, S. 54)

[120] Jäger schlägt vor, zur Vermeidung von Unruhen unter den Korfioten die Deportation der Inseljuden „auf unbestimmte Zeit zu verschieben". Zudem würde die geplante Aktion für die deutsche Sache zwangsläufig „ethischen Prestigeverlust in den Augen der Bevölkerung" mit sich bringen, „weil die unvermeidlichen Brutalitäten nur abstoßend wirken könnten"! (MA, 59644/4: Inselkdt. Korfu, 378/44 geh., 14.5.1944.)

[121] Der führende Lokalhistoriker spricht deswegen von „einer der traurigsten Seiten in der Geschichte Kerkyras". (K. Daphnis, Chronia polemou kai katochis: Kerkyra 1940-1944, Kerkyra 1966, S. 292 f.) – Zur Aktion vgl. auch Rekanatis' Aussage in: 29 Js 1/70: Bd. III, Bl. 474 ff., u.a.; zum Prozeß gegen R. und andere jüdische Renegaten: Evraiki Estia, 4.7.1947.

[122] „Waldheim-Report" (Anm. 114), Kapitel VI passim.

[123] MA, 59644/4: Bfh. SiPo/SD für Griechenland, Außendienststelle Jannina IVB, 17.6.1944; Nehama, Israilitiki Koinotis, S. 246 f.; Novitch, Passage des Barbares, S. 101 ff.

[124] NARS, RG 59: US Consulate Istanbul, 25.8.1944: Trends in Enemy Propaganda Concerning Greece.

ren Zahl von 10 000 Seelen zu Beginn des Jahrhunderts 1940 bereits auf knapp 2000 abgesunken war. Das Trio Burger-Linnemann-Rekanatis fliegt im Juli nach Rhodos, wo sie binnen weniger Tage erneut das bereits zu makabrer Routine erstarrte Drama inszenieren. Wenigen nur gelingt es unterzutauchen; über 50 türkische Staatsangehörige – darunter auch einige „unklare" Fälle – werden dank des persönlichen Einsatzes des Konsuls Ulkumen von der Deportation ausgenommen.[125] Dagegen werden 1673 Juden am 24. Juli nach Athen verschifft, hinzu kommen mindestens 83 von der Nachbarinsel Kos.[126] Nach einem kurzen und leidvollen Zwischenaufenthalt in Chaidari geht der Transport Anfang August weiter nach Auschwitz; ein Waggon mit 90 in den Vorwochen eingefangenen Athener Leidensgenossen wird angekoppelt.[127]

Zu einem Zeitpunkt, als die Rote Armee sich anschickt, die südöstlichen Achsensatelliten wie Dominosteine der Reihe nach umzukippen, während die Heeresgruppe E bereits erste Evakuierungsvorbereitungen trifft, wobei zwangsläufig wertvollstes Heeresgut auf der Halbinsel zurückbleibt, spricht diese Vergeudung von knappstem Transportraum auf der einzigen, ohnehin überlasteten Rückzugslinie jeder strategischen Überlegung Hohn: „Aber gleich einem Zug blinder Raupen unterwarf sich die Wehrmacht der Allgewalt des Führerbefehls."[128]

Diese wahnwitzige Aktion ist endgültig die letzte Deportation von griechischem Boden. Zwar werden auch in den nächsten Wochen noch einige flüchtige Juden ergriffen, doch ist an einen Abtransport nicht mehr zu denken, da noch im selben Monat, nach dem Zusammenbruch des Antonescu-Regimes in Rumänien, die Räumung Griechenlands – wenn auch „unter Wahrung strengster Tarnung" – endgültig eingeleitet wird.[129] Dennoch werden in Saloniki noch am 8. September 1944 acht von dreizehn sistierten Juden exekutiert[130], und das gleiche Schicksal droht den Häftlingen im attischen KZ Chaidari, namentlich den 30 Juden mit griechischer Staatsbürgerschaft. Doch der Militärbefehlshaber Felmy hebt den Exekutionsbefehl des abrückenden SD auf und läßt jene ebenso frei[131] wie ihre bereits seit Monaten internierten, doch von

[125] 29 Js 1/70, Bd. I, Bl. 176 f.; Hizkia Franco, Les Martyrs Juifs de Rhodes et de Cos, Elizabethville 1952, S. 99; Novitch, Passage des Barbares, S. 109.

[126] Reitlingers (Endlösung, S. 429) Ziffer 1200 ist zu niedrig, und er irrt sich, wenn er dabei „eine bedeutsame Übereinstimmung in den Schätzungen" festzustellen glaubt. Stattdessen Details und Namensliste in: Franco, Les Martyrs Juifs, S. 119 f. und 122 ff. Dieser Quelle zufolge überleben 163 Dodekanesier Auschwitz (S. 165). Ebenfalls: Novitch, Passage des Barbares, S. 105 ff.; 29 Js 1/70, Bd. I-III, passim; Edoardo Fino, La Tragedia di Rodi e dell' Egeo, Rom 1957, S. 250 ff. Die Ankunft der Rhodier in Athen/Chaidari bzw. Auschwitz widerlegt diesmal zweifelsfrei die These von der absichtlichen Versenkung der „Judenbarken" durch die Begleitmannschaften. Der Zeuge E.L., der diese Version der US-Anklagebehörde in Nürnberg unterbreitete, „ergänzt" diese anderthalb Jahrzehnte später noch durch die Behauptung, er habe die Versenkungsaktion mit eigenen Augen beobachtet. (29 Js 1/70, Bd. II, Bl. 349 ff.; Bd. IV, Bl. 591 ff.; vgl. auch: Reitlinger, Endlösung, S. 430). – Zur „Judenaktion" auf Kos (mit etwas abweichenden Zahlen) s.: Chronika (Athen), Sept. 1987, S. 11 f. – Vgl. auch die etwas niedrigeren Zahlen im Beitrag zu Italien in diesem Band, Tabelle 6.

[127] Nehama, Israilitiki Koinotis, S. 252; vgl. auch: Die Odyssee der Frauen von Rhodos, in: Dachauer Hefte 3 (1987), S. 158–165.

[128] Reitlinger, Endlösung, S. 430.

[129] MA, RH 19 VII/25, Bl. 871 f. (29.8.1944).

[130] Namen in: Matarasso, Ki'omos, S. 61 ff.

[131] Matarasso, Ki'omos, S. 63; Nehama, Israilitiki Koinotis, S. 252; vgl. auch: Roland Hampe, Die Rettung Athens im Oktober 1944, Wiesbaden 1955, S. 24 und 29.

der Deportation verschont gebliebenen argentinischen[132] und türkischen[133] Glaubensgenossen.

Im Rahmen dieser Untersuchung erübrigt es sich, detailliert auf das Schicksal jener Unglücklichen einzugehen, die den langen Weg nach Auschwitz antraten.[134] Für die meisten – über drei Viertel – erfüllte sich dieses Schicksal ohnehin sogleich nach der Ankunft in der Todesfabrik. Jene 12 757, die die Selektion an der Rampe vorerst überleben, trifft ein Geschick, das in manchen Aspekten noch härter ist, als das der Leidensgefährten aus anderen Ländern. Nicht nur das für Südländer besonders ungewohnte rauhe Klima trägt hierzu bei, sondern auch die Isolierung als Folge von Verständigungsschwierigkeiten: die meisten griechischen Juden – selbst viele Mehrsprachige (mit Spaniolisch, Griechisch, Italienisch oder auch Französisch) – beherrschen keine der im Lager dominierenden Sprachen (slawische bzw. Deutsch und Jiddisch).[135] Zahlreiche Opfer fordert eine eingeschleppte Flecktyphus-Epidemie. Ein relativ hoher Prozentsatz namentlich der Frauen wird zu pseudo-medizinischen Versuchen abgestellt. Juden aus Saloniki – später aus Preveza und Athen – bemannen die „Sonderkommandos"; wiederholt kommt es zu – blutig geahndeten – Rebellionen.[136] Über 1500 mazedonische Juden werden im Spätsommer und Herbst 1943 zum Arbeitseinsatz ins zerstörte Warschauer Ghetto geschickt. Viele sterben an den Strapazen, andere werden von polnischen Partisanen befreit – zwei überleben; 41 Kranke werden bei der deutschen Evakuierung zurückgelassen – vier überleben; 450 werden

---

[132] Argentinien, nach dem Ausbruch des deutsch-griechischen Krieges Schutzmacht für Griechenland, versucht 1942/43 wiederholt, wenn auch vergeblich, diese Funktion auch auf die griechischen Juden – selbst in anderen deutschokkupierten Ländern und im Reich selbst! – auszudehnen. (z.B. PAAA, Inland II A/B-64/3: Pausch, Inl. II A 2752/12.4.1943.) In einer AA-internen Notiz wird daraufhin resümiert, „die im Deutschen Reich befindlichen griechischen Staatsangehörigen werden nicht wie feindliche Ausländer behandelt, sondern sind lediglich den üblichen, für Ausländer geltenden Bestimmungen unterworfen", hingegen sei mit den im Reich befindlichen griechischen Juden gleichermaßen zu verfahren wie mit den deutschen, „d.h. sie unterliegen grundsätzlich der Kennzeichnung und späteren Abschiebung nach dem Osten u. s. w." (sic! Hervorhebung durch den Verfasser) Es sei „jedoch ratsam", die argentinische Schutzmacht hierüber möglichst im Unklaren zu lassen. (PAAA, Pol IV, Griechenland 3-4/43, Bl. 3) Zumindest aber den 19 „nichtarischen argentinischen Staatsbürgern" im Athener Raum wird ein privilegierter Status zuerkannt, bis sie Ende Januar 1944 in einer Blitzaktion verhaftet werden – unmittelbar nachdem Buenos Aires die Beziehungen zum Reich abbricht. Aus Sorge um die zahlreichen Deutschen in Argentinien wagt der SD dennoch keine weitergehenden Maßnahmen. (u.a. P.K. Enepekides, Oi diogmoi ton Evraion en Elladi 1941-1944, Athen 1969, S. 117 ff.; s. auch Anm. 30.)

[133] Im Februar/März 1944 waren von den insgesamt 72 türkischen Juden in Athen bereits 32 „auf normalem Weg in die Türkei rückbefördert worden". Die restlichen 40 werden zwar im Laufe der Großrazzia verhaftet, auf Drängen des türkischen Generalkonsulats aber für einen Sammeltransport in die (meist nur nominelle) Heimat freigegeben. (PAAA, Inland IIg/191: Graevenitz 7/44 geh., 3.4.1944).

[134] Die wichtigsten Berichte Überlebender sind: Sevillias, Athens – Auschwitz; Heinz S. Kounio (Cougno), Ezisa to thanato, Saloniki 1981; Albert Menasche, Birkenau. How 72.000 Greek Jews Perished, New York 1947 (griech. Version: Saloniki 1974); Markos Nachon, Birkenau, in: Evraiki Estia, 19.8.1949-28.4.1950; außerdem die Übersichtswerke von Nehama, Israilitiki Koinotis, und Matarasso, Ki'omos.

[135] Vgl. hierzu: Filip Friedman, This was Oswiecim, London 1946, S. 69 f.: „The Greek Jews were among the worst-treated elements in the camp."

[136] Eine Gruppe weigert sich, ihren „Dienst" anzutreten und wird geschlossen am gleichen Tag (22.7.1944) vergast. (Vgl. Czech, Deportation, S. 34; Nehama, Israilitiki Koinotis, S. 303). Nicht unumstritten ist der griechische Part an der großen Revolte im Oktober 1944. Die Angaben schwanken je nach Nationalität des Verfassers. – Zum gesamten Komplex des griechischen Widerstands vgl. den – leider oft übertreibenden – Artikel von Kabeli, Resistance of Greek Jews.

mitgenommen – eine Handvoll erlebt die Ankunft im ältesten deutschen KZ, in Dachau.[137]

Damit ist es an der Zeit, Bilanz zu ziehen. Griechenland in den heutigen Grenzen – also einschließlich des damals italienischen Dodekanes sowie der von Bulgarien de facto annektierten Ostgebiete – war am Vorabend der deutschen Besetzung Heimstätte für über 70 000 (Glaubens-)Juden. Vor dem Beginn der eigentlichen Deportationen im März 1943 kann man – trotz z.T. kursierender höherer Zahlen – einen Sterbeüberschuß von 1500 über die „natürlichen" Todesfälle hinaus annehmen. Hauptursachen sind neben den direkten Kriegsauswirkungen (Fronteinsatz, Bombardierungen) die Hungersnot (mit ihrem Höhepunkt im Winter 1941/42), Exekutionen als „Straf- und Sühnemaßnahmen" sowie Seuchen und Auszehrung als Folge der Zwangsarbeit. Bis zur Befreiung fallen noch Hunderte diesen Umständen zum Opfer, doch dürfte die Gesamtziffer dieser Kategorie 2500 kaum überschreiten, wobei auch die ertrunkenen kretischen Juden eingeschlossen sind.

Recht genau einzugrenzen sind die Verluste in der bulgarischen Zone. Nur wenige entkommen dank irgendwelcher rettender Zufälle, annähernd 4200 werden verhaftet und nach Treblinka deportiert. Kein einziger kehrt zurück.

In der deutschen Zone werden bis zur italienischen Kapitulation 18 Transporte nach Auschwitz durchgepeitscht, für die eine Addition der zuverlässigen Zahlen 45 123 Deportierte ergibt.[138] Diese Zahl erhöht sich zwischen April und August 1944, mit den drei Transporten aus der ehemals italienischen Zone, auf 53 789 – was der Zusammenstellung des Auschwitz-Museums nahekommt.[139] Über 40 000 Frauen, Kinder und Männer fallen sofort der Selektion zum Opfer, lediglich 8025 männliche und 4732 weibliche „Arbeitsfähige" werden – nach den offenbar nicht völlig lückenlo-

---

[137] Menasche, Birkenau (griech. Ausgabe), S. 93 f.; Nehama, Israilitiki Koinotis, S. 279 f. – Ende April 1945 waren im KL Dachau insgesamt 338 Griechen inhaftiert, davon 158 Juden. (Barbara Distel, KZ-Gedenkstätte Dachau: Archiv, Brief 9.8.1984; bzw. Katalog Konzentrationslager Dachau 1933-1945, 1978[6]: Dok. 438/452).

[138] Für die ersten 16 Transporte existieren Unterlagen der Direktion Griechischer Staatsbahnen, die auf eine Summe von 42 300 Deportierten kommen (abgedruckt in Matarasso, Ki'omos, S. 55). Diese Ziffer dürfte weitgehend korrekt sein, was nicht unbedingt immer für die „runden" Zahlen der Einzeltransporte gilt, da es oft im letzten Moment Verschiebungen gab, die primär von der Menge des verfügbaren rollenden Materials (und weniger des „Menschenmaterials") abhingen. – Zu erwähnen ist hier, daß im Magazin der Bahnstation Auschwitz insgesamt 30 783 „Kontrollmarken" dieser Sammeltransporte gefunden wurden (Czech, Deportation, S. 22). Aus den erhaltenen Nummern läßt sich eine wahrscheinliche Gesamtzahl von 41 970 – 42 870 errechnen (Nummern 3000-4000, 4901-5000 (oder 4001-5000), ca. 14 400 – ca. 55 269). Es muß technische Gründe (oder Irrtümer) dafür gegeben haben, die fehlenden Nummern zu überspringen bzw. ungebraucht zu vernichten. Mit zusätzlichen (und infolge Totalvernichtung nicht von der Evidenz erfaßten) Transporten sind die verbliebenen Lücken nicht zu erklären. Dagegen spricht nicht nur die Quellenlage sowie die Zahl der verhafteten (und vorhandenen) Juden, sondern auch die Tatsache, daß die Kontrollmarken offenbar zur Kostenberechnung dienten (Czech, Deportation, S. 23), demnach also alle wirklich ausgegebenen von der griechischen Bahndirektion berücksichtigt wurden. – Der Vf. schließlich kommt durch Addition der wahrscheinlichsten Zahlen für die 16 ersten Einzeltransporte auf 42 503 Verschleppte, die zusammen mit den recht präzisen Angaben für den 17. und 18. Transport die genannte Zwischensumme von 45 123 ergeben.

[139] Czech (Deportation, S. 24a) errechnet 54 523 Deportierte, wobei ihre Unterlagen („Kalendarium", s. auch Kounio, Ezisa to thanato, S. 247 ff.) allerdings wiederholt ungenau sind. So wird beispielsweise der Transport vom 9.5.1943 (Ankunft 16.5.), der mit ca. 1800 zu den kleinsten gehört, auf 4500 beziffert und damit als größter eingestuft. Auch Fehler mit umgekehrter Tendenz kommen vor (vgl. v.a. 2./11.4.1944 – Anm. 109).

sen Auschwitzer Unterlagen – in die Evidenz eingetragen und ins Lager eingeleitet.[140]
Am 2. September 1944 leben noch 1738 Männer und 731 Frauen[141] – wobei es nicht
völlig geklärt ist, ob die Dodekanesier hierin enthalten sind. Diese Zahl wird sich
noch weiter drastisch verringern, wozu insbesondere die furchtbare Evakuierungsaktion ab Januar 1945 beitragen wird.[142] Nicht enthalten in der obigen „Bestandsaufnahme" sind hingegen die Überlebenden ihrer in den Vormonaten nach Warschau
oder anderswohin zum Arbeitseinsatz abgestellten Landsleute.

Was die Gesamtzahl der Überlebenden betrifft, stimmen fast alle Berichte darin
überein, daß insgesamt etwa 1800 – 2000 Deportierte nach Griechenland zurückkehrten; zumindest in der höheren Zahl sind auch die ca. 150 dodekanesischen Juden enthalten, die nach der Befreiung zuerst nach Italien, ihrem offiziellen Heimatland, geschickt worden waren[143], ferner wohl auch jene der zusammen 522 „Spanier" aus
Bergen-Belsen, die direkt oder auf Umwegen zumindest vorübergehend wieder nach
Griechenland kommen.[144] Von den 74 privilegierten griechischen Staatsbürgern, die
im gleichen Lager interniert sind, fallen einige Krankheiten zum Opfer. Stunden nur
nach der Befreiung stirbt auch Chefrabbiner Koretz – der offiziellen Lesart zufolge an
Typhus, tatsächlich wird er aber wohl von empörten Landsleuten gelyncht.[145] Die

---

[140] Laut Czech (Deportation, S. 25) ist an dieser Gesamtzahl von 12 057 „nicht zu zweifeln". In der einschlägigen Literatur (z.B. Nehama, Israilitiki Koinotis, S. 228 und 480; Sevillias, Athens – Auschwitz, S. 99; Menasche, Birkenau (gr.), S. 18 f.) werden allerdings z.T. höhere Teilsummen genannt, und während Czech
beim Korfu-Transport die weiblichen Lagernummern von A 8282 bis A 8412 angibt, publiziert Novitch
(Passage des Barbares, S. 102 und 104) die Aussagen der Ex-Häftlinge A 8418 und A 8421. Darüber hinaus
hat der Verfasser nach Abschluß dieser Studie (1988, anläßlich seiner Beteiligung in der sog. „Waldheim-
Kommission") Einblick in sonst unzugängliche griechische Akten erhalten. Darunter war eine detaillierte
Liste mit medizinischen Untersuchungsergebnissen der ersten 172 KZ-Heimkehrer. In dieser Übersicht
sind z.B. zwei überlebende Juden aus Kastoria enthalten, die im April 1944 nach Auschwitz transportiert
wurden und dort die Nummern 182002 bzw. 182065 erhielten. Das steht im Widerspruch mit Czech, die
lediglich 182440 – 182759 als Nummern der registrierten, da ins Lager eingeleiteten Männer dieses Mam-
muttransports nennt. Zu diesen 320 Männern, die nicht sofort ins Gas geschickt wurden, sind also mindestens 63, wenn nicht gar 438 oder mehr zu addieren. Weiterhin konnte festgestellt werden, daß fünf der
überlebenden Frauen des letzten Transports (August 1944) bei ihrer Ankunft in Auschwitz die Nummern
77030, 77037, 77098, 77154 und 77155 eintätowiert wurden. Unter Einschluß der „Zwischennummern"
(die jedoch teils überlebten oder vielleicht z.T. erst später heimkehrten), überstanden also zumindest 126
weitere Frauen (über die von Czech genannte Nummernreihe A 24215 – A 24468 hinaus) die Erstselektion. Um jedoch keine Mißverständnisse aufkommen zu lassen, sind in diesem Zusammenhang zwei
Punkte zu unterstreichen: 1) Die festgestellten Lücken in den Unterlagen des Auschwitz-Museums betreffen ausnahmslos die drei letzten (Athener) Transporte. 2) An der Gesamtzahl der Opfer (bzw. der Deportierten und der letztlich Überlebenden sowie natürlich deren Differenz) ändert sich dadurch nichts, lediglich der Zeitpunkt des gewaltsamen Todes einiger Hundert Menschen verschob sich um wenige Wochen
oder bestenfalls Monate.
[141] Czech, Deportation, S. 34. – Vermutlich wurden die Dodekanesier in dieser Statistik zu den Italienern gerechnet, da Nehama (Israilitiki Koinotis, S. 312) im Januar 1945 noch 3000 griechische Juden annimmt,
die Auschwitz vor der heranrückenden Roten Armee verlassen müssen.
[142] Nehama, Israilitiki Koinotis, S. 312 ff.; insgesamt schätzt der Autor (S. 293) die bei Nachselektionen Vernichteten auf über 7000, die an Strapazen, Krankheiten etc. Zugrundegegangenen auf 3000.
[143] Nehama, Israilitiki Koinotis, S. 347 und 349; u.a. – Reitlinger (Endlösung, S. 404 und 565) nennt 146 Dodekanesier, tatsächlich überleben mindestens 163 (Franco, Les Martyrs Juifs, S. 119 f. und 165), doch kehren manche nicht zurück, sondern ziehen eine direkte Überfahrt nach Palästina etc. vor.
[144] Im Gegensatz zu der Anfang 1944 nach Palästina evakuierten Thessalonicher Gruppe bleiben die (155?)
Nachzügler aus Athen, wie erwähnt, bis zur letzten Phase des Zusammenbruchs in Bergen-Belsen und
kehren schließlich erst im Spätsommer 1945 heim. Bald darauf setzen beiderseits des Mittelmeers in den
jeweiligen Gruppen konträr verlaufende Migrationsbewegungen ein, die ein weiteres Mal präzise statistische Angaben verhindern.
[145] Matarasso, Ki'omos, S. 50; bzw. Interview Estrongo Nachama.

übrigen „Prominenten" treffen im September 1945 wieder in Mazedonien ein, einige werden allerdings wegen Kollaboration mit dem Feind zu Haftstrafen verurteilt.

Von den ca. 58 585 nach Auschwitz, Treblinka und Bergen-Belsen verschleppten griechischen Juden kehren also bis Ende 1945 etwa 2000 Überlebende in ihre alte Heimat zurück, wohingegen mindestens 200 mit spanischen Papieren nach Palästina überführte Gefährten es vorziehen, dort zu bleiben oder in Drittländer überzusiedeln. Somit läßt sich eine Zahl von 56 385 Opfern errechnen, die – fast ausschließlich in den beiden erstgenannten Lagern – ermordet, z.T. aber auch einem langsamen Tod ausgesetzt wurden. Zusammen mit den im Inland aus „kriegs- und okkupationsimmanenten" Ursachen Verstorbenen und Getöteten (2500) ergäbe das eine Gesamtverlustzahl von 58 885 Juden.

Auf über 8500 beläuft sich die Zahl der Juden, die die Besatzungsjahre auf griechischem Boden überleben[146] – davon nur wenige Hundert „legal": dank einer neutralen Schutzmacht (Türkei, Argentinien) oder, häufiger, eines „arischen" Ehepartners.[147] Die überwältigende Mehrheit hingegen taucht erst nach dem deutschen Abzug wieder aus dem Zwielicht der Illegalität auf. Ende Dezember 1945 werden vom „Israelitischen Zentralrat" in Griechenland insgesamt 10 226 Juden registriert; die Zahl jener, die sich aus dem einen oder anderen Grund nicht melden, wird auf 200 – 400 geschätzt.[148] Unter den Registrierten sind höchstwahrscheinlich auch die beiden Auswanderertransporte eingeschlossen, die zu diesem Zeitpunkt das Land bereits in Richtung Palästina verlassen haben.[149]

Nicht berücksichtigt[150] sind hingegen jene, die schon während der Okkupationszeit nach Nahost geflüchtet waren – eine Kategorie, bei der die Schätzungen weit auseinandergehen: die der zuverlässigsten Autoren liegen bei 1500 bzw. 3000.[151] In der vorliegenden Untersuchung soll daher ein ungefährer Mittelwert von 2000 benutzt werden, der auch mit verschiedenen anderen Indizien[152] in Einklang zu stehen scheint. Im Rahmen der Gesamtbilanz bedeutet das allerdings, daß entweder die Zahl der Ver-

---

146 Akropolis, 22.5.1945; u.a.

147 Nehama, Israilitiki Koinotis, S. 211; Matarasso, Ki'omos, S. 52; Tamir, Bulgaria and Her Jews, S. 293. – Die Befreiung für Mischehenpartner galt in allen Zonen, doch nur „für die Dauer dieser Ehe"…

148 Matarasso, Ki'omos, S. 56 f.; eine andere Quelle nennt – für Dez. 1945 – 9825 Juden, worin allerdings die Überlebenden einiger kleiner Gemeinden nicht erfaßt sind. (Leon Shapiro/Joshua Starr, Recent Population Data Regarding the Jews in Europe, in: Jewish Social Studies 1 (1946), S. 86.

149 Einem legalen „Exodus" mit 210, folgt ein ungenehmigter mit 212 Teilnehmern, die zwar auch glücklich die palästinische Küste erreichen, wobei allerdings acht Fluchthelfer durch britische Patrouillen den Tod finden. Insgesamt 253 der Immigranten waren übrigens KZ-Heimkehrer. (Lehrman, Greece, S. 52; Shapiro/Starr, Recent Population, S. 86)

150 Auch in verschiedenen einschlägigen Untersuchungen werden die Nahostflüchtlinge zwar z.T. im Text erwähnt, bei den abschließenden Statistiken aber unberücksichtigt gelassen. Um die Zahl der Opfer zu erhalten, wird dann vereinfachend die Zahl 10 226 von einer der kursierenden Schätzungen des Vorkriegsstands abgezogen.

151 Nehama, Israilitiki Koinotis, S. 216 (im Vergleich mit S. 335 des gleichen Autors scheint die Schätzung von 1500 zu niedrig); hingegen wohl überhöht: Bowman, Jews in Wartime Greece (3000). – Einzuschließen in diese Kategorien wären auch einige Dutzend türkische Staatsangehörige, die nach der Befreiung nicht zurückkehren.

152 Dazu gehören auch die zahlreichen Vernehmungsprotokolle von Flüchtlingen im US-Konsulat von Istanbul (NARS, RG 59, passim). Einige der Aussagen wurden mittlerweile veröffentlicht: Alexandros Kitroeff (Hrsg.), Documents: The Jews in Greece, 1941-1944 – Eyewitness Accounts, in: Journal of the Hellenic Diaspora 3 (1985), S. 5-32.

schleppten/Ermordeten um ein Geringes niedriger anzusetzen ist[153] und/oder – wahrscheinlicher – die „gesicherte" Ausgangszahl vor dem deutschen Einmarsch etwas erhöht werden muß.

Getötete und überlebende Juden 1941–1945

52 185	Opfer von Auschwitz (deutsche Zone)
4 200	Opfer von Treblinka (bulgarische Zone)
2 500	Exekutionen und andere okkupationsbedingte Todesfälle innerhalb Griechenlands
58 885	Gesamtzahl gewaltsamer Todesfälle
10 226	Registrierte Überlebende in Griechenland (Dez. 1945)
300	Nicht-Registrierte (geschätzter Mittelwert)
200	KZ-Überlebende: Direkt-Emigranten nach Palästina etc.
2 000	Flüchtlinge nach Nahost während der Okkupationszeit
12 726	Gesamtzahl der Überlebenden
71 611	errechnete Zahl der Juden in Griechenland, Anfang 1941

Wie bereits vermutet, ist also jener Zahl von 69 591 (67 591 + 2000) „Israeliten" eine nicht ganz unerhebliche Dunkelziffer hinzuzurechnen – wobei es sich weitgehend um Flüchtlinge aus dem deutschen Herrschaftsbereich handeln dürfte, oder auch um schon länger in Griechenland ansässige Juden, die es in der gegebenen Situation vorziehen, auf die eine oder andere Art durch die Maschen des Zensus zu schlüpfen. Hinzu kommen einige Hundert getaufter Juden, insbesondere Sephardim, die leicht als solche zu identifizieren waren (sofern sie kein „arischer" Ehepartner der Verfolgung entzog). Ein Teil der Dunkelziffer spiegelt möglicherweise in einzelnen Phasen noch einen – geringen – Geburtenzuwachs wider.

Die für 1945 genannte Zahl verringert sich in den nächsten Jahren erneut – infolge Auswanderung in die USA und andere Länder. Nur noch 8650 Juden leben in Griechenland[154], als der Staat Israel gegründet wird und dort die Immigrationsbeschränkungen fallen. Heute hat sich ihre Zahl bei etwa 6000 eingependelt, davon annähernd zwei Drittel in Athen, das zum neuen – wenn auch weit bescheideneren – Zentrum der griechischen Judenheit avanciert ist. Viele der isolierten Juden sind in die Hauptstadt abgewandert, wenige der Provinzgemeinden – wie vor allem Larisa – haben noch ein autonomes Eigenleben, die meisten besitzen nur noch eine Handvoll Mitglieder. Was indessen die alte Metropole Saloniki betrifft, so leben zwar allein in Israel über 25 000 Abkömmlinge (darunter auch Nachfahren früherer Auswanderungswellen) und in Tel Aviv wurde ein eigener Lehrstuhl für die Geschichte der Thessalonicher Sephardim eingerichtet; in der mazedonischen Hauptstadt selbst leben jedoch nur wenig mehr als 1000 Juden, und kaum einer der Jüngeren beherrscht noch Spaniolisch.[155]

---

[153] Angesichts der widersprüchlichen Angaben bei einigen Transporten (insbesondere bei Nr. 20, vgl. Anm. 109) kann die Möglichkeit nicht ausgeschlossen werden, daß die Gesamtzahl bis maximal 200-300 zu vermindern ist.

[154] Matarasso, Ki'omos, S. 57.

[155] Zur heutigen Situation: Steven Bowman, Remnants and Memories in Greece, in: Forum (Jerusalem) 2 (1976), S. 63-71. – Der einfühlsame und informative Bericht von Kerstin Pudelko und Eberhard Rondholz (Die Sephardim am Weißen Turm – Erinnerungen an das jüdische Thessaloniki), in dem auch führende Vertreter der dortigen Gemeinde zu Wort kommen, liegt leider in keiner Druckfassung vor (gesendet im Westdeutschen Rundfunk, III. Programm, 11.6.1983).

Griechenland ist zwar – den voreiligen Erfolgsmeldungen der SD-Strategen zum Trotz – nicht „judenrein" geworden, doch die Vielfalt und die Einmaligkeit seiner weit über 2000 Jahre alten jüdischen Kolonie ist in den Krematorien von Auschwitz und Treblinka unwiederbringlich in Rauch und Asche aufgegangen.

Deportation und Liquidierung der Juden Griechenlands (ohne bulg. Zone)

O. Z.	Herkunft	Ankunft A = Auschwitz BB = Bergen-Belsen	Zahl der Deportierten[3] Schätzungen/Ermittlungen			Ins Lager eingeleitete Männer / Frauen : gesamt	Zahl[4] der Vergasten
			griech.[1]	Unterlagen Auschwitz[2]	eigene		
1	Saloniki	A 20.3.43	2400	(2800)	2400	417 / 192 : 609	1791
2	Saloniki	A 24.3.	2500	(2800)	2500	584 / 230 : 814	1686
3	Saloniki	A 25.3.	2500	1901	2500	459 / 236 : 695	1805
4	Saloniki	A 30.3.	2800	2501	2501	312 / 141 : 453	2048
5	Saloniki	A 3.4.	2800	2800	3500[5]	334 / 258 : 592	2908
6	Saloniki	A 9.4.	2800	2500	2251[6]	318 / 161 : 479	1772
7	Saloniki	A 10.4.	2800/2700	(2750)	2750	537 / 246 : 783	1967
8	Saloniki	A 13.4.	2800	(2800)	2800	500 / 364 : 864	1936
9	Saloniki	A 17.4.	2800	(3000)	3000	467 / 262 : 729	2271
10	Saloniki	A 18.4.	2800	2501	2501	360 / 245 : 605	1896
11	Saloniki	A 22.4.	2800	2800	2800	255 / 413 : 668	2132
12	Saloniki	A 26.4.	2800	2700	2700	445 / 193 : 638	2062
13	Saloniki	A 28.4.	2800	3070	3070	180 / 361 : 541	2529
14	Saloniki	A 4.5.	2600	2930	2930	220 / 318 : 538	2392
15	Saloniki	A 7./8.5.	2600	(1000)+ 2500[7]	2600	568 /68 + 247 : 883	1717
16	Saloniki	A 16.5.	1700	(4500)	1700	466 / 211 : 677	1023
17	Saloniki	A 8.6.	820	(880)	820	220 / 88 : 308	512
18	Saloniki	BB 13.8.	441	----	441	441	----
19	Saloniki	A 18.8.	1800	(1800)	1800[8]	271 / --- : 271	1529
20	Athen (u.a.)	A 11.4.44	5026	(1500)	4645[9]	320[10] / 113 : 433	4212
		BB 16.4.	174	----	155[11]	155	----
21	Athen (Korfu)	A 29./30.6.	2375	(2000)	2175[12]	446 / 131 : 577	1598[13]
22	Athen (Rhodos)	A 16./17.8.	1790	(2500)	1846	346 / 254[10]: 600	1246[14]
		A 54 111	(54 533)	53 789	8025/4732:12 757[10]	41 032
		BB 615	------	596		
		54 726	54 385			

[1] Die ersten 16 Transporte basieren auf Unterlagen der Griechischen Bahndirektion, die anderen auf den jeweils zuverlässigsten Quellen.

[2] Danuta Czech, Deportation und Vernichtung der griechischen Juden im KL Auschwitz, in: Hefte von Auschwitz 11 (1970), S. 5-37, S. 24a (Tab. 2); die eingeklammerten Zahlen sind der Autorin zufolge „annähernde" Zahlen.

[3] Basiert auf Czech, Deportation, Tab. 2.

[4] Ebenda; es handelt sich um die Opfer der Erstselektion, eingerechnet sind ferner die auf dem Transport Verstorbenen.

[5] Diese Ziffer scheint etwas hoch, doch existiert bei diesem Datum in der Aufstellung der Kontrollmarken eine Lücke in dieser Höhe (Czech, Deportation, S. 22); zudem wäre in diesem Falle die Entsprechung zum Korherr-Bericht für das erste Quartal 1943 (13 435) sehr groß. Möglich ist allerdings, daß einige Hundert für diesen Transport vorgesehene Juden aus Platzmangel einige Tage zurückgestellt wurden. Ein Teil der Kontrollmarken würde sich dann auf den nächsten Transport beziehen.

6 Evtl. zu niedrig; vgl. Anm. 5).

7 Nach Ansicht des Vf. handelt es sich um einen Transport (und nicht um zwei), von dem einige Waggons mit Frauen noch am 7.5. ausgeladen wurden. Daher erscheint auch die hochgerechnete Zahl von 1000 als viel zu hoch, wohingegen sie für einen selbständigen Transport zu niedrig wäre.

8 Diese Zahl dürfte als gesichert gelten (u.a. Michael Molho, In Memoriam. Hommage aux victimes juives des nazis en Grèce. Bd. I, Saloniki 1948, S. 94). Eindeutig zu hoch (2500) bzw. zu niedrig (1200) sind die Schätzungen von I. A. Matarasso, Ki'omos oloi tous den pethanan, Athen 1948, S. 55, bzw. Cecil Roth, The Last Days of Jewish Salonica, in: Commentary X: 1 (Juli 1950), S. 55.

9 Vgl. Anm. 109; zu Graevenitz' Angabe von (insgesamt) 4700 wurde eine „Sicherheitsmarge" von 100 addiert.

10 Nach neuesten Unterlagen zu niedrig, s. Anm. 140.

11 Vgl. Anm. 110.

12 Nehama (Israilitiki Koinotis Thessalonikis, In Memoriam, Saloniki 1976, S. 246) nennt 1800 Korfioten sowie 575 in Athen seit April verhaftete Juden. Die zweite Teilsumme ist nach der Quellenlage unwahrscheinlich und wurde daher um 200 vermindert. Damit erfolgt eine Annäherung an die Auschwitzer Zahl (2000) und die der deutschen Gesandtschaft („über 2000"), in: P.K. Enepekides, Oi diog moi ton Evraion en Elladi 1941-1944, Athen 1969, S. 17.

13 Dr. Wolkens Zahl 1423 allein für die vergasten Männer (Filip Friedman, This was Oswiecim, London 1946, S. 25) kann unmöglich stimmen.

14 Auch hier ist Wolkens Angabe (1202) unkorrekt, da sie die Verluste der Frauen minimalisieren würde. Evtl. liegt eine Verwechslung mit dem nächsten Transport (aus Lodz) vor, bei dem W. wieder 1202 vergaste Männer notiert. Vgl. dagegen den Beitrag zu Italien in diesem Band, Tabelle 6, in der die Gesamtzahl der von Rhodos und Kos Deportierten 1641 beträgt.

Hans-Joachim Hoppe

Bulgarien

Bulgarien stellt unter den mit Hitler-Deutschland verbundenen Ländern einen Sonderfall dar: trotz des Beitritts zum Dreimächtepakt am 1. März 1941 konnte es sein Engagement auf ein geringes Ausmaß beschränken und sich weitgehende Eigenständigkeit bewahren. Seine Teilnahme am Kriege bestand selbst während des Balkanfeldzuges, in dessen Gefolge es Mazedonien und Thrazien gewann, im wesentlichen in Reserve- und Besatzerfunktionen. Mit Erfolg widerstand Bulgarien deutschen Forderungen, sich am Rußlandfeldzug – zumindest mit einer freiwilligen Truppe – zu beteiligen. Als einziges Achsenland unterhielt es bis kurz vor dem Einmarsch der Roten Armee im September 1944 diplomatische Beziehungen zur Sowjetunion und wurde von Deutschen wie von Russen als „Fenster" zur Gegenseite geschätzt.[1]

Zu den Sonderfällen gehört auch das Schicksal der bulgarischen Juden, die den Krieg und insbesondere die kritische Phase im Frühjahr und Frühsommer 1943 trotz aller Restriktionen und Internierungen weitgehend unversehrt überstanden. Die Bulgaren sind stolz darauf, daß ihre jüdische Minderheit – zwischen 48 000 und 51 000 – den Krieg als einzige im Machtbereich der Achse überlebte.[2] Verfolgt und mit dem Tode bedroht wurden lediglich die Juden, die sich in der Widerstandsbewegung – bei den Partisanen – betätigten. Sie wurden jedoch nicht aus rassischen Gründen, sondern wegen staatsfeindlicher Betätigung inhaftiert und abgeurteilt. Laut bulgarischen Angaben waren 460 Personen jüdischer Herkunft aus politischen Gründen inhaftiert, darunter 29 mit Todesurteilen, von denen 17 vollstreckt wurden. Während des Krieges sind von 260 jüdischen Partisanen 125 ums Leben gekommen. Mehr als 1000 Personen waren aus politischen Gründen in Konzentrationslagern interniert, von denen zehn umkamen. Von offizieller Seite in Bulgarien wird immer wieder der hohe jüdische Anteil an der Widerstandsbewegung gewürdigt. Jüdische Widerständler traten im Kriege auch durch spektakuläre Attentate hervor, die heute von kommunistischer Seite heroisiert werden.[3]

Ein weniger rühmliches Kapitel stellt freilich die Politik Sofias gegenüber den Juden in den bulgarischen Besatzungsgebieten dar: im ehemals jugoslawischen Mazedonien und im ehemals griechischen Thrazien. Hier gab die bulgarische Führung den

---

[1] Ausführlich Marshall Lee Miller, Bulgaria During the Second World War, Stanford 1974; Hans-Joachim Hoppe, Bulgarien – Hitlers eigenwilliger Verbündeter. Eine Fallstudie zur nationalsozialistischen Südosteuropapolitik, Stuttgart 1979. Die vorliegende Untersuchung basiert neben der Forschungsliteratur auf den einschlägigen Akten des Auswärtigen Amtes, auf umfangreichen Recherchen in der Zentralstelle in Ludwigsburg (Prozesse gegen Beckerle, Bosshammer und von Hahn) sowie auf den bei Forschungsaufenthalten in Bulgarien gewonnenen Erkenntnissen.

[2] Wolf Oschlies, Bulgariens Juden in Vergangenheit und Gegenwart. Berichte des Bundesinstituts für ostwissenschaftliche und internationale Studien 16 (1972).

[3] David Koen/Anri Assa, Die Rettung der Juden in Bulgarien 1941-1944, Sofia 1977.

deutschen Wünschen nach, so daß alle Juden, ca. 12 000, aus diesen Gebieten deportiert wurden und im Vernichtungslager Treblinka umkamen. Auch in den neubulgarischen Gebieten wurden die Behörden aber erst aufgrund starken deutschen Drucks aktiv.

Die Zahlen über die in Bulgarien und in den besetzten Gebieten lebenden Juden variieren beträchtlich. Die Angaben über die aus Mazedonien und Thrazien deportierten Juden haben sich meist auf ca. 12 000 eingependelt. Hingewiesen sei hierzu auf die Arbeiten von Raul Hilberg, Gerald Reitlinger, Ladislav Lipscher sowie auf das Gutachten Doerner und das Fauck-Gutachten des Instituts für Zeitgeschichte in München.[4] Am gründlichsten und am stärksten auf Quellen gestützt ist die Untersuchung des Amerikaners Frederick B. Chary, The Bulgarian Jews and the Final Solution 1940 – 1944. Neben einer detaillierten Darstellung der Judenpolitik in Bulgarien finden sich bei Chary sorgfältige Berechnungen über die Zahl der deportierten und umgekommenen Juden der besetzten Gebiete.[5] Die historische Entwicklung, das psychosoziale Umfeld und die politischen Hintergründe der bulgarischen Judenpolitik und das Verhältnis zwischen Juden und Bulgaren schildert sehr plastisch Wolf Oschlies. Seine Untersuchung gipfelt in der These von „Bulgarien als dem Land ohne Antisemitismus", einer Charakteristik, der trotz aller Einwände zuzustimmen ist, denn Antisemitismus war in Bulgarien allenfalls eine Randerscheinung. In der Blütezeit des modernen Antisemitismus in Europa solidarisierten sich Politiker und Intellektuelle in Bulgarien mit ihren Juden. Und als der kleinen jüdischen Gemeinschaft Vernichtung drohte, traten Politiker – über alle Parteien hinweg – sowie breite Kreise der Öffentlichkeit für die Juden ein.[6]

Bulgariens Entwicklung in den dreißiger Jahren und im Zweiten Weltkrieg

Bulgarien wurde seit 1935 von König Boris geführt; er regierte sein Land über von ihm ernannte Minister, die er aus Hofkreisen und Vertrauten rekrutierte. Nach einem Offiziersputsch am 19. Mai 1934 installierte er eine Art königliche Diktatur mit Parteienverbot und ab 1938 mit einem Parlament mit begrenzten Vollmachten. Des Königs Macht war jedoch keineswegs absolut, und trotz ihrer Auflösung blieben die Parteien über ihre ehemaligen Mitglieder und Anhängerschaft ein wichtiger politischer Faktor: die Bauernpartei, die (seit 1925 illegale) Kommunistische Partei, die bürgerlichen Parteien. Während der Königsdiktatur gab es drei politische Gruppierungen im Lande: 1. die illegale Opposition von Agrariern, Kommunisten und der elitäre Zirkel

---

[4] Raul Hilberg, Die Vernichtung der europäischen Juden. Die Gesamtgeschichte des Holocaust, Berlin 1982; Gerald Reitlinger, Die Endlösung, Frankfurt a.M. 1960[3]; Ladislav Lipscher, Die Verwirklichung der antijüdischen Maßnahmen in den vom Dritten Reich beeinflußten Staaten, in: Karl Bosl (Hrsg.), Das Jahr 1941 in der europäischen Politik, München 1972, S. 121-141; Heinz Doerner, Gutachten über die Verfolgungsmaßnahmen gegen „Angehörige der jüdischen Rasse" in Rumänien, Ungarn und Jugoslawien während des 2. Weltkrieges und die Frage ihrer Veranlassung bzw. Billigung durch deutsche Dienststellen, Hamburg 1955; Siegfried Fauck, Das deutsch-bulgarische Verhältnis 1939-1944 und seine Rückwirkung auf die bulgarische Judenpolitik, in: Gutachten des Instituts für Zeitgeschichte, Stuttgart 1966, Bd.2, S. 46-59.
[5] Frederick B. Chary, The Bulgarian Jews and the Final Solution 1940-1944, Pittsburgh 1972.
[6] Wolf Oschlies, Bulgarien – Land ohne Antisemitismus, Erlangen 1976.

„Zveno" („Kettenglied"), die im Exil oder im Untergrund agierten, 2. den Hof und die
Regierungskreise, die allerdings in sich uneins waren, und schließlich 3. die legale Opposition der alten bürgerlichen Parteifunktionäre – Anwälte, Finanziers, Industrielle,
Händler, Verwaltungsbeamte, die trotz des Parteienverbots immer noch Einfluß ausübten. Eine vierte Gruppe, die extreme Rechte, war ein Abklatsch kleiner faschistischer und nationalsozialistischer Parteien wie „Legionäre" und „Ratnici", von denen
nur die „National-soziale Bewegung" des Professors Alexander Cankov eine gewisse
Bedeutung erlangte. Was den Gruppen an Anhang in der Bevölkerung fehlte, suchten
sie durch Kontakte zu deutschen und italienischen Kreisen zu kompensieren. Der
Rechten gelang es nicht, eine genuine faschistische Massenbewegung zu schaffen.[7]
    Das Regime des Zaren Boris lehnte sich nicht an eine der faschistischen Gruppen
an, sondern stützte sich auf persönliche Autorität, auf Armee und Staatsapparat und
auf eine breite Basis im Lande. Zur Erreichung der nationalen Ziele betrieb es eine
Politik der friedlichen Verständigung mit den Mächten. Die deutsch-bulgarische Annäherung erfolgte in den dreißiger Jahren, zunächst im Handel und im Rüstungssek-
tor, dann im Hinblick auf die gemeinsamen Revisionsziele auch auf politischem Gebiet. Als Deutschland zunächst Mitte 1938, dann verstärkt 1939 eine deutlichere
Anlehnung Bulgariens an die Achse verlangte, erhoffte man bulgarischerseits neue
Kredite und Unterstützung für seine Revisionswünsche: die Dobrudža und den Ägäis-
zugang. Doch bestätigte die bulgarische Führung nach Beginn des Zweiten Weltkrieges ihre „Neutralitäts- und Friedenspolitik". Nach innen war Zar Boris bemüht, in der
schwierigen Kriegszeit Regierung und Parlament unter fester Kontrolle zu halten.
Durch den Kriegsverlauf wurde eine Option Bulgariens für die Achse – trotz abermali-
ger Bekräftigung der Neutralität durch die Regierung Filov im Frühjahr 1940 – fast
unvermeidlich. Die Erwerbung der Süddobrudža mit deutscher Hilfe am 7. September 1940 verknüpfte Bulgarien enger mit dem Reich, so daß es eher geneigt war, auf
deutsche Wünsche einzugehen. Angesichts des deutschen Aufmarsches in Rumänien,
seiner Einbeziehung in die deutschen Kriegspläne auf dem Balkan und des sowjetischen Drucks im Spätherbst 1940 suchte Bulgarien Anlehnung an Deutschland. Doch
zögerte Bulgarien seinen Beitritt zum Dreimächtepakt bis Frühjahr 1941 hinaus, bis
seine Sicherheitswünsche sowie seine Revisionsansprüche weitgehend erfüllt waren.
    In den Vorbereitungen zur Operation Marita (Feldzug gegen Griechenland) diente
Bulgarien als Aufmarschbasis. Am 1. März 1941 trat Bulgarien dem Dreimächtepakt
bei – bei gleichzeitigem Einlaß deutscher Truppen; am 6. April marschierten diese
von Bulgarien aus in Griechenland und Jugoslawien ein. Die Bulgaren nahmen am
Feldzug selbst nicht teil, ihre Truppen dienten aber als Besatzer im Rücken der Wehrmacht und rückten Mitte April in Thrazien, Mazedonien und Pirot ein. Durch die Zustimmung zum deutschen Truppendurchmarsch und die Beteiligung an der Okkupation Griechenlands und Jugoslawiens wurde Bulgarien Kriegsteilnehmer auf deutscher
Seite. Im Dezember 1941 erklärte Bulgarien auf deutschen Druck hin England und
den USA „symbolisch" den Krieg. Die UdSSR erklärte den Bulgaren am 5. September
1944 den Krieg, um einen Vorwand zum Einmarsch und zur Absicherung des am
9. September zur Macht gelangten Regimes zu haben.[8]

---

[7] Siehe dazu Ilčo Dimitrov, Bŭlgarska demokratična obštestvenost, fašizmŭt i vojnata, 1934-1939, Sofija 1972.
[8] Detailliert Hoppe, Bulgarien.

Bulgarien und seine jüdische Minderheit

Wegen der antisemitischen Politik des Dritten Reiches brachte die deutsch-bulgarische Allianz die jüdische Gemeinde in ernste Gefahr. Dabei entwickelte sich die Judenpolitik der bulgarischen Regierung ab September 1939 in enger Anlehnung an die deutsche, ab 1942 wurde sie für die jüdische Gemeinde angesichts des Beschlusses zur Endlösung existenzbedrohend. Während die Nationalsozialisten im Reich selbst und in den eroberten und besetzten Gebieten die Maßnahmen gegen die Juden mit Hilfe der SS ungehindert durchführen konnten, mußten sie in verbündeten Staaten das Auswärtige Amt und die diplomatischen Vertretungen einschalten. Dabei waren sie auf die Bereitwilligkeit der betreffenden Regierung angewiesen und mußten auf die Situation des betroffenen Landes Rücksicht nehmen.

Die bulgarische Gesellschaft war im allgemeinen gegenüber den Juden tolerant, die teils von im Mittelalter und am Ende des 15. Jahrhunderts aus Mitteleuropa und Osteuropa vertriebenen (deutsch sprechenden) Aschkenasim, zum größten Teil aber von 1492 aus Spanien und Portugal vertriebenen sephardischen „Spaniolen" abstammten, vornehmlich in Sofia und anderen Städten ansässig waren und ähnlich wie in der Türkenzeit durch königlichen Erlaß von 1890 eine Kultusgemeinschaft mit eigener Gerichtsbarkeit und Autonomie in religiösen, zivilen und finanziellen Angelegenheiten bildeten, die dem bulgarischen Außenministerium, das offiziell „Ministerium für auswärtige Angelegenheiten und religiöse Kulte" hieß, unterstellt war. Die an sich kleine jüdische Minorität (1934 waren nur 0,8% der Gesamtbevölkerung oder 48 398 von ca. 6 Millionen Bulgaren Juden)[9] trat lediglich in den Städten in Erscheinung (in Sofia betrug der Anteil der Juden 10%, das entsprach etwa der Hälfte aller bulgarischen Juden) und fiel gegenüber anderen Minoritäten – Türken und Griechen – nicht ins Gewicht (Anteil der Bulgaren an der Gesamtbevölkerung 84,4%, d.h. 15,6% Minoritäten, aber nur 0,8% Juden). Nach einer Auflistung von Chary lebten 1940 in Bulgarien einschließlich in den seit August 1940 gewonnenen Gebieten (Dobrudža, Pirot, Thrazien und Mazedonien) 63 403 Juden, davon in Sofia allein 27 289, in der Süddobrudža mit Dobric und Silistra 517, in Thrazien (Drama, Gjumjurdžina, Kavalla, Ksanti, Seres) 3975, in Mazedonien (Štip, Skopje, Bitola) 7230 und in Pirot (Ost-Serbien) 200 Juden.[10]

Die bulgarischen Juden waren weit weniger auffällig als die anderer Länder; als Städter waren ihr Bildungsstand und damit auch ihr Einkommen höher als das der bulgarischen Bevölkerung, die hauptsächlich auf dem Lande lebte. Die Juden arbeiteten vor allem im Handel und Handwerk, nur wenige besaßen großen Reichtum. Die jüdische Gemeinschaft bildete eine Enklave im bulgarischen Staat, doch gab es genügend Bindungen zwischen Juden und Bulgaren, viele Juden waren Mitglied in bulgarischen Berufsständen, Kultur- und Sozialinstitutionen. Nur wenige errangen in der Armee und in der Gesellschaft hohe Posten. Politisch stimmte die jüdische Gemeinde meist mit der Regierung überein, abgesehen von den späten dreißiger Jahren, als die antisemitische Gesetzgebung begann. Die Juden traten nur selten in der Politik und in den Parteien hervor: im Gegensatz zu anderen kommunistischen Parteien Osteuropas

---

[9] Zur Volkszählung von 1934 siehe Bulgarie, Annuaire Statistique, Jg. 27, 1935.
[10] Detaillierte Angaben bei Chary, Bulgarian Jews, S. 204-207.

hatte die bulgarische nur wenige Juden in ihrer Führungsspitze und auch keine eigene jüdische Sektion.

In Bulgarien nahm der Antisemitismus nie ein großes Ausmaß an, doch gab es ihn schon bei der Befreiung 1877/78 – wegen der antibulgarischen Politik Disraelis zur Zeit des Berliner Kongresses und wegen der protürkischen Haltung mancher Juden, die von einem bulgarischen Nationalstaat weit weniger Toleranz gegenüber Minderheiten erwarteten als vom türkischen Vielvölkerstaat. Der bulgarische Haß richtete sich stärker gegen die Griechen, Türken und Muslimanen als gegen die Juden. Es gab sogar um die Jahrhundertwende in einigen bulgarischen Städten und Dörfern Judenpogrome, doch geschahen diese unter dem Eindruck der Pogrome im zaristischen Rußland und waren eher Auswüchse eines bäuerlichen Antisemitismus, dessen Ursprünge im Mittelalter zu finden sind und dem die ökonomische Basis fehlte – denn Geldverleiher waren nicht Juden (wie in Rumänien), sondern bulgarische Bankiers. Der moderne städtische Antisemitismus war bis in die späten zwanziger Jahre unbedeutend: Denn die bulgarische Nationalbewegung und die aus ihr entstandenen Parteien waren von liberalen Prinzipien und Traditionen inspiriert; als Sündenböcke dienten den Bulgaren eher Griechen und Türken als die Juden. Auch wurden die Minoritäten von den Bulgaren gut behandelt. Weder im Handel noch im Kampf um Arbeitsplätze bestand zwischen Bulgaren und Juden eine ernsthafte Konkurrenz.

Als der Antisemitismus in Europa wuchs, begannen die bulgarischen Intellektuellen über die Beziehung ihres Volkes zur jüdischen Gemeinschaft zu reflektieren und betonten – im Gegensatz zu anderen Ländern – das gute wechselseitige Verhältnis. So entstand der Mythos vom fehlenden Antisemitismus, der für die Einstellung der bulgarischen Intelligenz maßgebend wurde. 1937 publizierte ein jüdischer Journalist namens Buko Piti ein Buch mit Stellungnahmen von ca. 150 führenden Persönlichkeiten des öffentlichen Lebens gegen den Antisemitismus.[11] Vor dem Zweiten Weltkrieg gab es in Bulgarien keinen offiziellen Antisemitismus. Bis dahin unternahmen wohl die Rechtsextremisten einige antijüdische Aktionen und kleinere Pogrome, davon eines der aufsehenerregendsten im September 1939; doch die Regierung war darin nicht verwickelt und verhaftete sogar die Verantwortlichen.[12]

Die antijüdische Politik und Gesetzgebung der bulgarischen Regierung

Im September 1939 erließ die Regierung Dekrete, die ausländische Juden zum Verlassen des Landes verpflichteten. Kjoseivanov beauftragte Polizeichef Oberst Atanas Pantev mit der Ausweisung von 4000 ausländischen Juden. Türkische und griechische Juden wurden unter Bewachung bis zur Grenze geschafft, doch die Masse der ausländischen Juden, meist aus Mitteleuropa vor den Nationalsozialisten geflohen, hoffte über Bulgarien nach Palästina zu gelangen. Einige zionistische Organisationen suchten Schiffe für deren Transport, als die Annäherung Bulgariens an Deutschland immer sichtbarer wurde. Pantev befahl den Juden, ihre Evakuierung auf Schiffen in Varna ab-

[11] Buko Piti (Hrsg.), Bŭlgarska obštestvenost za rasizma i antisemitizma, Sofija 1937.
[12] New York Times, 28.9.1939, S. 6.

zuwarten. Die Aktion hatte ein Jahr später einen tragischen Ausgang, als im Dezember 1940 die „Salvator" – völlig überladen – bei der Durchfahrt durchs Marmarameer sank und ca. 200 Menschen den Tod fanden. Das Unglück wurde Gegenstand von Debatten im bulgarischen Parlament anläßlich der ersten antisemitischen Gesetzgebung, zugleich war es ein internationaler Skandal, so daß die anderen Schiffstransporte abgesagt wurden. Wegen der Schwierigkeiten der Einwanderung nach Palästina konnte Pantev seinen Auftrag nicht erfüllen und viele Juden blieben im Lande.[13]

Im Herbst 1939 häuften sich antisemitische Auslassungen in der Presse und im Rundfunk – und auch seitens der Regierungsbeamten. Die Aufnahme des früheren Mitglieds der rechtsgerichteten „Ratnici", Peter Gabrovski, in die Regierung im Oktober 1939 – zunächst als Eisenbahnminister und ab 15. Februar 1940 als Innenminister in der Regierung Filov – alarmierte die jüdische Gemeinde. Gabrovski holte seinen Protégé, das führende Mitglied der rechtsextremen „Ratnici", Alexander Belev, ins Ministerium, der dort die juristische Sektion leitete, tatsächlich aber als Experte für Judenfragen arbeitete, und andere „Ratnici" als Mitarbeiter heranholte. Er unterhielt enge Beziehungen zu Berlin, um deutschen Wünschen nach Einführung antisemitischer Gesetze nach Nürnberger Vorbild nachzukommen. König Boris stimmte diesem Anliegen trotz Bedenken zu. Seinem Berater Ljubomir Christo Lulčev teilte er mit: „Es ist besser, wenn wir selbst solche Gesetze erlassen, als daß uns weitaus härtere von den Deutschen auferlegt werden."[14]

Das „Gesetz zum Schutz der Nation"

Im Sommer 1940 besuchte „Judenkommissar" Belev Deutschland, um die Nürnberger Gesetze zu studieren. Nach seiner Rückkehr kündigte Innenminister Gabrovski im Juli 1940 die Vorlage eines „Gesetzes zum Schutz der Nation" an. Es sah die Registrierung aller Juden sowie wirtschaftliche und politische Restriktionen vor. Ausgenommen wurden Juden, die zum Christentum übergetreten, mit Bulgaren verheiratet oder im Militärdienst waren. Die Gesetzgebung löste hitzige Debatten in der Öffentlichkeit der Hauptstadt aus. Mitglieder des bulgarischen Schriftstellerverbandes sandten Filov und den Parlamentspräsidenten einen Protestbrief, dem sich bald andere Gruppen wie der bulgarische Juristenverband, der Ärzteverband, der Heilige Synod, Studenten und Arbeiter anschlossen. Dimo Kazasov, prominentes Mitglied des Zveno, schickte einen offenen Brief an Filov. Es gab in Handel, Wirtschaft, rechtsextremen Kreisen, im Militär und in der Studentenschaft aber auch Befürworter der Gesetzgebung. In Artikeln und Broschüren wurde behauptet, die Juden hätten die Bulgaren wirtschaftlich ausgebeutet, in der Kriminalität stünden sie an der Spitze und gegenüber dem bulgarischen Staat seien sie illoyal. Angesichts der ihr unangenehmen öffentlichen Kontroverse peitschte die Sobranie das unter deutschem Druck entstandene unpopuläre „Gesetz zum Schutz der Nation" rasch nach nur dreitägiger Debatte bei der ersten Lesung im November 1940 und einen Monat später in zwei Sitzungen, mit nur geringfügigen Änderungen durch. Für die Regierung geradezu peinlich waren

---

[13] Chary, Bulgarian Jews, S. 36.
[14] Laut Tagebuch-Eintragung des Zarenberaters Lulčev vom 11. November 1940. Chaim Oliver, Nie, spasenite, Sofija 1967, S. 64.

die gegen das Freimaurertum gerichteten Passagen der Gesetzgebung, da ausgerechnet Ministerpräsident Filov und Innenminister Gabrovski ehemalige Freimaurer waren. Am 23. Januar wurde das Gesetz im bulgarischen Staatsanzeiger veröffentlicht. Der König hatte bewußt mit der Unterzeichnung bis nach dem bulgarischen Weihnachtsfest, dem 7. Januar 1941, gewartet, da das Gesetz auch nach seiner Auffassung dem Geist der Kirchenfeste widersprach.[15] Nach der Publikation des Gesetzes kam es nun auf die praktische Anwendung an. Das Gesetz enthielt mehrere Fristen: In einem Monat sollten die Juden aus öffentlichen Ämtern ausscheiden, innerhalb von sechs Monaten einen Teil ihres Eigentums verlieren. Artikel 21 begrenzte den jüdischen Anteil im Schulwesen. Artikel 25 legte die Zahl der in bestimmten Berufen, im Handel und in der Industrie Tätigen fest, doch wurden die Bestimmungen großzügig gehandhabt. Und die in Mangelberufen Beschäftigten wie Ärzte, Zahnärzte etc. konnten bleiben; in Wirtschaft und Industrie wurden viele Juden über das Gesetz für zivile Mobilmachung auch weiterhin beschäftigt. Die Bestimmungen wurden von der Regierung lasch gehandhabt und oft unter Umgehung von Belevs Abteilung unterlaufen, so daß Extremisten behaupteten, das Gesetz diene nicht „zum Schutz der Nation", sondern „zum Schutz der Juden". Die Konfiszierung jüdischen Eigentums, das man nach Artikel 26 des Gesetzes zunächst registrierte, wurde dagegen strikt durchgeführt. Außerdem legte Finanzminister Dobri Božilov der jüdischen Gemeinde im Juli 1941 wegen „über 60 Jahre Ausbeutung Bulgariens" eine einmalige Sondersteuer auf. Das im Februar 1942 erlassene Gesetz gegen Landspekulation wurde gegen Juden besonders streng angewandt.

Die Regierung dehnte die Gesetzgebung nach dem Balkanfeldzug Ende April 1941 auch auf die besetzten Gebiete in Griechenland und Jugoslawien aus; diese Territorien waren annektiert worden, trotz des Berliner Vorbehalts einer endgültigen Regelung am Ende des Krieges. Aber in der Praxis behandelte Sofia die neuen, „kürzlich befreiten Territorien" als (fremde) besetzte Gebiete, die eine neue Verwaltungsspitze aus Bulgarien erhielten und im Parlament (anders als die 1940 erworbene Süddobrudža) nicht vertreten waren. Unter den Sondermaßnahmen für die neuen Provinzen sollte die zunächst auf die Griechen beschränkte Emigrationserlaubnis für die Juden große Bedeutung erhalten.

In den eroberten Gebieten war die Voraussetzung für die Entwicklung einer Widerstandsbewegung, die von der „Vaterländischen Front" organisiert wurde, am günstigsten. Da die Juden als Staatsfeinde definiert waren, wurden sie von der „Vaterländischen Front" besonders umworben. Viele, vor allem jüngere Leute, schlossen sich den Partisanengruppen an. Etwa 70 jüdische Partisanen fielen dem Kampf zum Opfer. Von Juden wurden einige spektakuläre Widerstandsakte unternommen – wie die Sprengung des Benzindepots in Ruse im Oktober 1941. Der Anteil jüdischer Partisanen war mit 400 von 10 000 (ca. 4%) im Vergleich zum Bevölkerungsanteil sehr hoch.[16]

---

[15] Der endgültige Gesetzestext ist veöffentlicht im Bulgarischen Staatsanzeiger: Dǔržaven vestnik, Nr. 16, 23. Januar 1941, S. 1-5; Auszüge in deutscher Sprache finden sich bei Oschlies, Bulgarien, S. 116-126; zur Diskussion und Verabschiedung des Gesetzes siehe Hoppe, Bulgarien, S. 93-96.

[16] Siehe die Angaben in der Broschüre Evrei – zaginali v antifašistkata borba, Sofija 1958; detaillierter Nissan Oren, Bulgarian Communism. The Road to Power 1934-1944, New York 1971.

Wahrscheinlich wären die Bulgaren auch in den folgenden Kriegsjahren nicht über die Bestimmungen des „Gesetzes zum Schutz der Nation" hinausgegangen, wenn nicht der Druck von außen stärker geworden wäre: Wie überall in Europa wurde die Grundlage für die zweite Stufe der Judenpolitik in Berlin gelegt. Auf der Wannsee-Konferenz am 20. Januar 1942 in Berlin wurde die Deportation aller Juden aus ganz Europa und ihre Vernichtung („Endlösung der Judenfrage") beschlossen. Wie in Rumänien und Ungarn konnten die deutschen Stellen aber auch im verbündeten Bulgarien nicht direkt agieren, sondern der Weg zur Deportation mußte vom Auswärtigen Amt bereitet werden; die Rolle des RSHA war hier mehr beratend als aktiv. Aus Bulgarien sollten die bulgarischen Juden, einschließlich der in den annektierten Gebieten lebenden, deportiert werden. Die bulgarische Regierung ging zumindest äußerlich sehr bereitwillig auf die deutschen Wünsche ein. So stimmte sie im Sommer 1941 der Forderung zu, die mit den Bulgaren zusammen im Arbeitsdienst tätigen Juden (dem Kriegsministerium unterstellt) in speziellen Zwangsarbeitsgruppen (dem Ministerium für öffentliche Arbeiten unterstellt) zusammenzufassen.[17]

Im Juni 1942 forderte Unterstaatssekretär Martin Luther vom Auswärtigen Amt die bulgarische Regierung auf, die Rechte der in Deutschland und im Protektorat lebenden bulgarischen Juden abzuerkennen, damit sie mit den anderen Juden in Deutschland deportiert werden könnten. Sofia stimmte zu, behielt sich aber vor, eine Liste der betreffenden Juden aufzustellen. Außerdem forderte es, um einen Alleingang zu vermeiden, ähnliche Vereinbarungen mit anderen Staaten, nämlich mit Rumänien und Ungarn.[18] Die Durchführung der deutschen Pläne machte zunächst eine Änderung und Verschärfung der bulgarischen Judengesetze erforderlich. Die deutschen Stellen waren unzufrieden mit der bulgarischen Judendefinition und den zahlreichen Ausnahmen des Staatsschutzgesetzes. Das bulgarische Gesetz war in erster Linie auf die Religion abgestellt, so daß alle Juden, die bis zum 1. September 1940 getauft waren, vom Gesetz ausgenommen blieben, gleichgültig, ob sie mit einem Christen verheiratet waren oder nicht. Nicht betroffen waren auch Juden, die vor dem 23. Januar 1941 (Erlaß des Gesetzes) Bulgaren geheiratet hatten. Kriegsveteranen, Invaliden, Witwen und Kriegswaisen blieben ebenfalls von den Restriktionen weitgehend verschont. Auch fehlten in den Bestimmungen Mischlingskategorien wie in den Nürnberger Gesetzen.

Das „Kommissariat für Judenfragen" (KEV)

Während die Wannsee-Konferenz tagte, reiste Belev auf Weisung Gabrovskis nach Berlin, um die neuesten Entwicklungen in der Judenfrage zu erkunden. Er berichtete im Juni 1942, daß auch die bulgarische Regierung Vorbereitungen zur Judendeporta-

---

[17] Telegramme des deutschen Gesandten Beckerle an das Auswärtige Amt vom 24. und 31. Juli 1941 (178874 und 178886), in: PAAA, Abteilung Inland, Inland II g, Bulgarien, Bd. 2.

[18] Zur Judenpolitik in Bulgarien siehe insbesondere den Aktenband Inland II g, Judenfrage in Bulgarien (1941-1944), Bd. 183, im Politischen Archiv. Zur Behandlung der in Deutschland und im Protektorat lebenden bulgarischen Juden siehe den Telegrammwechsel zwischen Unterstaatssekretär Luther und dem Gesandten Beckerle: Luther an Beckerle, 19. Juni 1942 (486203-205), als Anlage dazu der Entwurf eines deutsch-bulgarischen Abkommens über jüdische Bürger (486206-207); Beckerle an AA, 6. Juli 1942 (486208-209); Luther an Beckerle, 5. August 1942 (486211); Bericht Beckerles an AA, 9. Juli 1942 (486216) mit Anlage Verbalnote des Bulgarischen Außenministeriums vom 7. Juli 1942 (486217).

tion und Maßnahmen zur vollständigen Konfiszierung des jüdischen Eigentums treffen müsse. Noch im gleichen Monat brachte die Regierung eine Vorlage im Parlament ein, die den Ministerrat ermächtigen sollte, Maßnahmen zur Lösung der Judenfrage zu ergreifen. Durch das Regierungsdekret vom 26. August 1942 wurde ein Kommissariat für jüdische Fragen eingerichtet (Komisarstvo za evreiskite vuprosi – KEV), das für alle Maßnahmen gegen die Juden zuständig war, ausgenommen diejenigen, die unter das Antispekulationsgesetz und das Judenbesteuerungsgesetz fielen und deshalb Angelegenheit des Finanzministeriums blieben. Das Dekret änderte die Definition des „Juden", in die zu den religiösen auch rassische Elemente aufgenommen wurden, reduzierte die Ausnahmekategorien und legte die rechtliche Grundlage für Deportationen.

Kern des Gesetzes war der Artikel 29, der die „Aussiedlung" der Juden Sofias „in die Provinzen oder außerhalb des Königreichs" vorsah. Alle arbeitslosen Juden sollten die Stadt bis zum 1. November 1942 verlassen haben. Das Kommissariat entfernte die Judenfrage aus dem Blickpunkt der Öffentlichkeit, hielt das Parlament aus der Angelegenheit heraus und befreite den König von der Pflicht, spektakuläre Judenmaßnahmen selbst abzeichnen zu müssen. Das Parlament billigte neben weiteren Erlassen zur Judenfrage das Dekret vom 26. August im September 1942.[19] In den nächsten zwei Jahren war das Kommissariat (seit dem 18. November 1942 mit ständigem Sitz am Boulevard Dondukov) das Hauptinstrument zur Durchsetzung der Judengesetzgebung. Nach seiner Ernennung übernahm Belev seine bisherigen Mitarbeiter aus dem Eisenbahnministerium in sein Kommissariat, viele davon waren Ratnici und Antisemiten, die meisten jedoch Staatsbedienstete, die von den hohen Gehältern angelockt wurden oder die Möglichkeit zu illegalen Einnahmen sahen. Während der Hauptaktionen im Frühjahr 1943 waren in seinem Amt über 100 ständige und fast 60 zeitweilige Mitarbeiter beschäftigt. Das Budget des Kommissariats wurde hauptsächlich von jüdischen Bankkonten, Steuern und anderen Abgaben finanziert. Anfangs stieß Belev mit seinen Maßnahmen auf Schwierigkeiten und wurde selbst von Regierungsmitgliedern übergangen: So hob Filov die Bestimmung über das Tragen von Judensternen für in Mischehen lebende Juden und schließlich, auf Protest des Metropoliten von Sofia, auch für die zum Christentum konvertierten Juden auf. Auch das Justizministerium schritt gegen einige Beschlüsse Belevs ein. Das RSHA in Berlin bemängelte, daß das Tragen von Judensternen und die Markierung der Häuser lasch gehandhabt werde. Wegen Produktionsschwierigkeiten standen nicht genug Sterne zur Verfügung, so daß nur 20% der vorgesehenen Quote erfüllt war. Viele Juden hielten sich nicht an die Anordnung, andere trugen angesichts der Sympathiebekundungen ihrer bulgarischen Nachbarn die Sterne mit Stolz und hefteten sich neben den Sternen Abzeichen mit Bildern des Königs und der Königin an. Die Deutschen führten das „arrogante Verhalten" der Juden auf die Indifferenz der bulgarischen Bevölkerung zurück. Zudem protestierten Rumänien, Ungarn, Frankreich, Spanien und Italien gegen die Anwendung des Erlasses auf ihre in Bulgarien lebenden jüdischen Staatsbürger. Italien richtete über 400 Noten an das Außenministerium und erlaubte vielen Juden den Erwerb der italienischen Staatsbürgerschaft und die Übersiedlung nach Italien. Das bulgarische Außenministerium pflegte diese Noten mit der Anweisung zur Milderung der

---

[19] Chary, Bulgarian Jews, S. 52-55.

Regelungen an Belev weiterzuleiten.[20] Doch bald setzte das Kommissariat eine stärkere Beachtung der Bestimmungen durch: Bereits Ende Dezember 1942 standen ausreichend Judensterne und Kennzeichen zur Verfügung; Kontrollen wurden durchgeführt und bei Nichtbeachtung der Bestimmungen Strafen verhängt.

Eine Hauptaufgabe des Kommissariats war die Registrierung aller Juden. Nach
mehr oder weniger zuverlässigen Statistiken lebten 1942 unter bulgarischer Verwaltung und fielen damit in die Zuständigkeit des KEV 63 400 Juden, davon 51 500
(3000 mehr als beim Zensus von 1934) in Altbulgarien, 500 in der Süddobrudža, 4000
in Westthrazien, 7200 in Mazedonien und 200 in Pirot. Für die spätere Behandlung
gab die Tatsache den Ausschlag, daß die in der Dobrudža lebenden Juden bulgarische
Staatsbürger waren, die in den okkupierten Gebieten hingegen nicht. Die Juden wurden in bestimmten Wohngebieten (praktisch Ghettos) zusammengefaßt: in Sofia im
westlich vom Zentrum liegenden Armenviertel „Juč Bunar" (Drei Brunnen). Die Konsistorien wurden dem Kommissariat unterstellt. Bis Ende März 1943 mußten 680 Familien (1904 Personen) Sofia verlassen und in der Provinz bei anderen jüdischen Familien unterkommen.[21]

Das Kommissariat plante, nach der Registrierung, alle Juden zu deportieren und ihr
Eigentum zu konfiszieren: Nach Schätzungen auf der Grundlage von 23 000 Steuererklärungen belief sich das jüdische Eigentum auf ca. 7,5 Mrd. Leva (91 Mill. US-Dollar),
die Einheitssteuer betrug 1,7 Mrd. Leva (21 Mill. US-Dollar), d.h. 20–25% des jüdischen Eigentums. Die Juden in den besetzten Territorien zahlten 300 Mill. Leva (3,6
Mill. US-Dollar) Sondersteuer, bei einem Gesamtvermögen von ca. 1,5 Mrd. Leva
(18,2 Mill. US-Dollar).[22] Von den Juden der besetzten Gebiete, die deportiert wurden,
wurde alles Eigentum konfisziert; das Vermögen bis auf das Existenzminimum fiel
dem Kommissariat zu. Alle Gelder und Wertgegenstände mußten auf Sperrkonten
deponiert werden. Sachwerte wie Geschirr, Gemälde, Briefmarkensammlungen,
Orientteppiche, Musikinstrumente wurden registriert und dem Kommissariat zur Dis-
position gestellt. Von ihren Konten durften die Juden monatlich höchstens 6000 Leva
(72,80 US-Dollar) pro Familie für den persönlichen Gebrauch abheben; Eigentum
über 10 000 Leva (121 US-Dollar) im Jahr durften sie nur mit besonderer Erlaubnis
verkaufen. Bis 3. März 1943 belief sich der Wert der eingefrorenen jüdischen Konten
auf über 801 Mill. Leva (9,7 Mill. US-Dollar). Nach Schätzungen betrug der Wert des
konfiszierten jüdischen Eigentums ca. 4,5 Mrd. Leva (54,7 Mill. US-Dollar) – nach
dem Stand von 1939.[23]

Weitere Restriktionen schlossen die Juden aus der bulgarischen Gesellschaft aus:
Verbot des Besitzes von Radios und Telefonen, Konfiszierung aller Automobile, Mo-
torräder und Fahrräder, Einschränkung der Bewegungsfreiheit, der Geschäftätigkeit
und der Ausübung bestimmter Berufe, Ausschluß der Juden von allen bulgarischen
Schulen mit numerus clausus, Festsetzung von Quoten für die übrigen Schulen,
strenge Handhabung der Kriegsrationierung, Verbot der wenigen noch existierenden

---

[20] Siehe Bericht Schellenbergs (RSHA) an Luther (AA), 21. November 1942 (486243-248) und Stellungnahme
 Beckerles zum RSHA-Bericht vom 14. Dezember 1942 (486274-277).
[21] Chary, Bulgarian Jews, S. 58-61.
[22] Detailliert Benjamin Arditi, Les Juifs de Bulgarie sous le Regime Nazi 1940-1944, o.J. (hebr. Original: Tel
 Aviv 1962); David B. Koen, Ekspropriacijata na evrejskite imuštestva prez perioda na Hitleristkata okupa-
 cija, in: Godišnik 2 (1967), S. 109 ff.
[23] Siehe Koen, Ekspropriacijata, passim.

jüdischen Organisationen, Schließung von Büchereien und Verlagen, Kontrolle der jüdischen Wirtschaftsunternehmen wie Volksbanken, Kreditinstitute, Versicherungsgesellschaften durch das Kommissariat.

Die jüdischen Arbeitsdienstgruppen, die zunächst Teil des allgemeinen Arbeitsdienstes für alle bulgarischen Jugendlichen waren, wurden auf deutsches Verlangen vom allgemeinen Arbeitsdienst getrennt und ausschließlich bulgarischen Offizieren unterstellt, wodurch die Dienstverpflichtung für die Juden den Charakter des Strafdienstes statt wie für die Bulgaren den einer „nationalen Ehrenpflicht" erhielt. Schon vor dem August-Dekret hatte das Kabinett am 19. Juli 1942 die Einziehung von jüdischen Männern von 20 bis 45 Jahren zum Arbeitsdienst angeordnet, sie wurden im Straßen- und Eisenbahnbau in strategisch wichtigen Gegenden Bulgariens eingesetzt.

Die Vorbereitung der Judendeportationen

Die Hauptaufgabe des Kommissariats war die Vorbereitung der Judendeportationen aus Bulgarien und den besetzten Gebieten als Teil der „Endlösung". Als erstes stimmte die bulgarische Regierung im Juli 1942 der Deportation der im Deutschen Reich lebenden bulgarischen Juden zu.[24] Zur selben Zeit schlug das Auswärtige Amt die Deportation der Juden unter bulgarischer Verwaltung vor, aber das RSHA bat wegen anderweitiger Aktionen um Verschiebung auf das Jahr 1943. Doch sollte auf diplomatischem Wege das Terrain für die Aktion vorbereitet werden.[25] Zweifel an der bulgarischen Einstellung in der Judenfrage löste im Juli 1942 ein „Skandal" aus. Der Präsident des jüdischen Zentralkonsistoriums, Josef Geron, hatte dem König aus Anlaß des 5. Geburtstages des Kronprinzen Simeon (geboren am 16. Juni 1937) einen Glückwunsch geschickt, worauf der König ein Dankestelegramm an Geron und die jüdische Gemeinde richtete. Glückwünsche und Telegramme dieser Art waren nichts außergewöhnliches, doch erregten sie diesmal durch den Zeitpunkt Aufsehen – nämlich einen Monat nach Verabschiedung des Ermächtigungsgesetzes zur Anti-Juden-Politik und kurz vor Veröffentlichung des Dekrets vom August 1942. Zur Verärgerung der deutschen Stellen unterhielt König Boris auch noch danach Kontakt zur jüdischen Gemeinde und unterzog sich persönlich der unangenehmen Aufgabe, dem Oberrabbiner von Sofia Asher Hananel das Gesetz vom August zu erläutern.[26]

Im September 1942 intervenierte die bulgarische Regierung wegen der Behandlung ihrer jüdischen Bürger in Frankreich und anderen von Deutschland besetzten Gebieten.[27] Im Oktober 1942 hielt Luther nach einer Unterredung mit Beckerle die Bulgaren für reif, auch ihre Juden zu deportieren, und bot ihnen die Dienste des Reiches an. Luther wies Beckerle an, von den Bulgaren wollte man ein Kopfgeld von 250.— RM pro deportierter Person zur Deckung der deutschen Ausgaben verlangen; man war allerdings bereit, über diesen Posten zu verhandeln, um den Bulgaren keinen Vorwand zur Ablehnung der Aktion zu liefern. Die deportierten Juden sollten beim Verlassen

---

[24] Beckerle an AA, Sofia 9. Juli 1942 (486208-209).
[25] Chary, Bulgarian Jews, S. 69.
[26] Ebenda, S. 70.
[27] Ebenda, S. 71 f.

ihres Landes die bulgarische Staatsangehörigkeit verlieren.[28] Die Bulgaren reagierten
ausweichend. So berichtete Beckerle, daß die Bulgaren die Juden dringend zum Stra-
ßen- und Eisenbahnbau benötigten. Auch bestünde im Kabinett noch keine einheitliche Meinung über die Deportationen.[29] In einem Bericht vom 21. November 1942
brachte Walter Schellenberg, Chef des Auslandsnachrichtendienstes im RSHA, seine
Enttäuschung über die bulgarische Haltung zur Judenfrage zum Ausdruck.[30] Nach
den strengen Maßnahmen vom August 1942 und der Einrichtung des Kommissariats
sei die bulgarische Bevölkerung zu der Ansicht gelangt, daß die antijüdischen Gesetze
zu weit gingen, daß die Lage der Juden gebessert und daß Belev Hindernisse in den
Weg gelegt werden müßten. Auch sei der jüdische Einfluß am Hofe und in der Politik
durch Verwandtschaftsbeziehungen groß. Innenminister Gabrovski wurde Laschheit
in der Judenfrage vorgeworfen. So seien am 27. September 1942 300 Juden zum Innenministerium marschiert und hätten ihm eine Petition mit Protesten gegen die
neuen antisemitischen Bestimmungen überreicht. Gabrovski habe die Gruppe im Hof
des Ministeriums empfangen und ihr versichert, das Schlimmste sei schon vorbei.
Diese Haltung habe die Juden ermutigt, sich gegen Belevs Anordnungen zu wehren.
Gabrovski habe Ende September der Presse aus Furcht vor der öffentlichen Meinung
die Berichterstattung über die neuen Maßnahmen verboten. Und Belev habe er den
Wunsch des Hofes und der Regierung nach einer Milderung der Judenpolitik mitgeteilt. Der deutsche Gesandte schwächte den Bericht Schellenbergs ab: die Bevölke-
rung sei an Judenmaßnahmen desinteressiert, die Regierung handhabe lediglich die
ökonomischen Maßnahmen gegen die Juden streng. Er dementierte die Schilderung
Schellenbergs über Gabrovski; dieser habe von der Demonstration vor dem Innenministerium nichts gewußt. Ob er eine Petition entgegengenommen habe, wisse er nicht.
Zur Judenkennzeichnung meinte Beckerle, nur die italienischen Juden seien von der
Regelung ausgeschlossen. Der Petition der Metropoliten messe die Regierung keine
Bedeutung zu.[31]

In einer Verbalnote vom 2. November 1942 teilte das bulgarische Außenministerium der Reichregierung mit, daß es grundsätzlich der Deportation der Juden zu-
stimme, diese jedoch zur Zeit für öffentliche Arbeiten in Bulgarien noch dringend benötigt würden. Das Angebot der Reichsregierung zur Entsendung eines Judenberaters
nahm es dankend an. Außerdem forderte es, daß die bulgarischen Deportationen mit
denen aus Rumänien gekoppelt werden sollten, da Bulgarien nicht in der Lage sei,
auch nur einen Teil der Juden allein zu deportieren. Die Verbalnote bezeichnete den
Preis von 250.- RM Kopfgeld als zu hoch, denn das jüdische Vermögen werde zur
Unterstützung der bulgarischen Wirtschaft benötigt.[32] Im Deutschland-Referat des
Auswärtigen Amtes war man der Ansicht, die Verhandlungen sollten nicht mit der
Preisfrage belastet werden, um den Bulgaren keinen Vorwand für eine Verzögerung
der Judendeportationen zu liefern, doch hielt man ein Kopfgeld von 100.- RM für das
absolute Minimum.[33]

---

[28] Aufzeichnung Luthers, 9. Oktober 1942 (486236); Luther an Beckerle, 15. Oktober 1942 (486234-235).
[29] Telegramm Beckerles, 2. November 1942 (486237).
[30] Schellenberg an Luther, 21. November 1942 (486242-248).
[31] Bericht Beckerles an AA, 14. Dezember 1942 (486242-248).
[32] Beckerle an AA, 16. November 1942 (486261); Verbalnote des Bulgarischen Außenministeriums vom 2. November 1942 (486262-263).
[33] Rademacher an Müller, 19. März 1943 (486264); Klingenfuß, 4. Dezember 1942 (486272).

Als „Judenberater" wurde Theodor Dannecker nach Sofia entsandt. Seine Aufgaben in Bulgarien sollte er in neun Monaten erledigen. In Sofia wurde Dannecker dem Polizeiattaché Karl Hoffmann zugeteilt. Von Dezember 1942 bis Februar 1943 arbeitete Dannecker zusammen mit Belev die Deportationspläne aus. Beckerle informierte Berlin über die Schwierigkeiten in der Haltung Bulgariens zur Judenfrage, die deshalb bestünden, weil die Juden in Bulgarien Arbeiter seien und die Existenz anderer Minoritäten in Bulgarien ein Verständnis für die Judenfrage verhindere.[34] Während man auf höherer Ebene noch stritt, kam das Kommissariat mit den RSHA-Vertretern zu vollem Konsens über die praktische Durchführung der Deportationen: Ungefähr 10 000 bis 20 000 Juden sollten von Thrazien (Belomorie) und Mazedonien zusammen mit „unerwünschten" Juden aus Altbulgarien abtransportiert werden. Die letzteren würden mit Verlassen des Königreiches ihre bulgarische Staatsbürgerschaft verlieren. Die bulgarischen Juden sollten erst zu einem späteren Zeitpunkt deportiert und zunächst in Arbeitslagern zusammengefaßt werden.[35]

Dannecker beklagte in seinem Bericht an Eichmann die lasche Durchführung der antijüdischen Bestimmungen: In Bulgarien ansässige Juden aus Deutschland, Polen, dem Protektorat und Österreich konnten sich retten, indem sie italienische, spanische und portugiesische Staatsbürger wurden. Viele sephardische Juden erhielten die spanische Staatsbürgerschaft, Juden aus Mazedonien und Thrazien in der Nähe des Interessengebietes Italiens die italienische.[36] Belev suchte die Planungen schnell durchzuführen, obwohl das Kabinett noch nicht über die Deportationen der bulgarischen Juden entschieden hatte. Bereits am 3. Februar erteilte er seinen Repräsentanten in allen Teilen Bulgariens den Auftrag, Listen der in ihrem Bezirk lebenden Juden anzufertigen und diese bis zum 9. Februar ans Kommissariat zu schicken. Der administrative Leiter Jaroslav Kalicin befaßte sich bereits mit konkreten Maßnahmen zur Durchführung der Deportationen.[37]

Am 22. Februar 1943 unterzeichneten Belev und Dannecker ein Abkommen über die Deportation von 20 000 Juden.[38] Das Abkommen sah insgesamt sechs Deportationszentren in Bulgarien und den besetzten Gebieten vor, nämlich Skopje, Bitola, Pirot, Gorna Džumaja, Dupnica und Radomir. Bulgarien sollte die Kosten tragen. Juden in Mischehen sollten nicht deportiert werden. In Punkt 8 des Abkommens hieß es makaber: „In keinem Fall wird die bulgarische Regierung die Rückkehr der deportierten Juden verlangen."

Dannecker informierte noch am selben Tag Eichmann.[39] Laut Belev sollten alle Juden von Thrazien und Mazedonien und eine bestimmte Anzahl von Juden aus den alten Gebieten, alles in allem 20 000 Menschen, spätestens bis Ende Mai 1943 deportiert werden: aus Mazedonien und Pirot 8000 Juden, aus Thrazien 6000 und aus den

34 Otto von Hahn (Abteilung Deutschland) an Personalabteilung des AA, 2. Januar 1943 (486268); RSHA an Luther, 10. Dezember 1942 (486270-271). Telegramm Beckerles an AA vom 22. Januar und 10. Februar 1943 (486278-280, 486290).
35 Belev an Gabrovski, 4. Februar 1943, in: Natan Grinberg, Dokumenti, Sofija 1945, S. 8-11. Bericht Danneckers an Eichmann, 8. Februar 1943 (486285-287), gesehen von Beckerle.
36 Dannecker an Eichmann, 8. Februar 1943 (486288-289), gesehen von Beckerle.
37 Dannecker an Eichmann, 16. Februar 1943 (486293-294); Grinberg, Dokumenti, S. 11 ff.
38 Kopien der bulgarischen Version des Dannecker-Belev-Abkommens liegen in der Hebräischen Sektion des Balkanistik-Instituts der Bulgarischen Akademie der Wissenschaften. Eine Kopie ist abgebildet in: Grinberg, Dokumenti, S. 14 ff. Siehe hier die Anlagen A1 bis A5.
39 Dannecker an Eichmann, 23. Februar 1943 (486296-299).

alten Territorien ebenfalls 6000. Zunächst sollten Anfang März die thrazischen Juden zu den Transportstationen geschickt werden, darauf die bulgarischen und mazedonischen Juden. Die Deportationen nach Polen sollten aus allen sechs Abfahrtszentren Ende März beginnen. Zur Vorbereitung und Durchführung der Aktion erhielten die KEV-Mitarbeiter entsprechende Instruktionen.[40] Kraft des Ermächtigungsgesetzes beschloß das Kabinett am 2. März 1943 auf der Grundlage von Belevs Vorschlägen eine Reihe von Deportationsdekreten wie die Abstellung von Personal, den kostenlosen Transport, den Verlust der Staatsbürgerschaft, die Konfiszierung des jüdischen Eigentums.

Alle Dekrete dienten der Ausführung des Erlasses Nr. 127, der dem Kommissariat auftrug, „über die Grenzen des Landes gemäß der Übereinkunft mit den deutschen Behörden bis zu 20 000 Juden zu deportieren, die die kürzlich befreiten Territorien bewohnen".[41] Wichtige Konsequenzen sollte die Einschränkung des Erlasses auf „kürzlich befreite Territorien" haben. Doch wurde im Innenministerium auch erwogen, mit thrazischen und mazedonischen Juden die „Unerwünschten" (neželatelni) aus Altbulgarien zu deportieren. So hatte Belev offenbar in dem Abkommen mit Dannekker nachträglich die einschränkende Formulierung „aus den neuen bulgarischen Gebieten Thrazien und Mazedonien" gestrichen, was nur die Einbeziehung von Juden aus Altbulgarien in die Deportationspläne bedeuten konnte, denn in den besetzten Gebieten lebten nicht mehr als ca. 12 000 Juden. Die Regierung hatte in Thrazien und Mazedonien freie Hand, bei der Deportation der bulgarischen Juden mußte sie dagegen mit mehr Widerständen in der Öffentlichkeit rechnen, obwohl die Operationen unter strenger Geheimhaltung erfolgen sollten. Zweifellos betrachtete die Regierung die neuen Gebiete mit besonderer Aufmerksamkeit und war bemüht, in diesen Territorien den Anteil der nichtslawischen Bevölkerung zu vermindern. Diesem Ziel entsprachen die Deportationen der fremden Juden, nachdem sie bereits die Griechen zur Abwanderung ermuntert hatten.[42]

Laut Deportationsplan des Kommissariats wurde das Königreich in fünf Gebiete eingeteilt: Mazedonien, Thrazien, Pirot, den Bezirk Sofia und Restbulgarien. Alle Juden der ersten vier Gebiete, die Stadt Sofia ausgenommen, sollten deportiert werden, die thrazischen Juden zuerst, dann die aus Altbulgarien, aus Pirot und Mazedonien. Während aus den besetzten Gebieten alle Juden abtransportiert werden sollten, bereitete das Kommissariat eine Selektion aus Altbulgarien vor. Ausgenommen waren die Städte in Südwestbulgarien, aus denen wegen ihrer strategischen Bedeutung und der Nähe zu den besetzten Gebieten die gesamte jüdische Bevölkerung deportiert werden sollte. So wurden die KEV-Vertreter und Distriktgouverneure in Altbulgarien einschließlich der Bezirke Sofia und Vraca am 22. und 23. Februar aufgefordert, dem Kommissariat innerhalb von 24 Stunden Listen von allen Juden zu übersenden, die „reich, prominent und allgemein gut bekannt", als „Repräsentanten jüdischen Geistes" oder als „Anhänger staatsfeindlicher Ideen" hervorgetreten seien. Dahinter stand die Absicht, Agitatoren auszuschalten und die jüdische Elite zu dezimieren. Die Auf-

[40] Grinberg, Dokumenti, S. 16-23.
[41] Chary, Bulgarian Jews, S. 211.
[42] Aufzeichnungen Woermanns vom 18. Februar und 29. März 1943 (173822, 173871-878), in: PA, Büro Staatssekretär Bulgarien, Bd. 5. Die Bulgaren wollten die Griechen in die deutsche Besatzungszone in Griechenland abschieben, doch erlaubten die deutschen Behörden dies nicht.

stellung der Listen und noch mehr die darauf folgende Selektion war recht subjektiv und willkürlich, Belev erhielt die Namen von ca. 9000 Juden (3000 Familien), von denen er 8400 auswählte.[43]

Mit der bulgarischen Staatsbahn war schon der Transport von ca. 5800 Juden aus verschiedenen Gegenden des Königreichs am 10. und 11. März nach Pirot und Radomir vereinbart. Am 8. März sandte Belev die Namen der selektierten Juden an die Regionalpolizei mit der Anweisung zu ihrer Arretierung. Aus Südwestbulgarien, wo auch die Abfahrtszentren lagen, sollten alle Juden deportiert werden. In Dupnica wurden zwischen dem 25. Februar und 2. März alle Juden unter Hausarrest gestellt; auch in Gorna Dzumaja und Kjustendil lief die Aktion an. Am 10. März war in Radomir, Dupnica, Gorna Dzumaja und Pirot alles zur Aufnahme der bulgarischen Juden vorbereitet. Belevs Judenlisten überschritten sogar die im Abkommen vorgesehene Zahl um 2500; statt der geplanten 6000 kam er auf 8500. Dafür waren in Mazedonien und Thrazien nur 11500 Juden zur Deportation vorgesehen, so daß doch die Gesamtzahl von 20000 nicht überschritten wurde. Langfristig aber war geplant, alle Juden aus Bulgarien zu deportieren.[44]

Das Scheitern der Deportation der bulgarischen Juden: Die Pešev-Aktion

Die Pläne des KEV blieben nicht geheim. Als die Polizei die Juden in Plovdiv am 10. März 1943 zusammentrieb, reiste Dimitur Stankov, ein prominenter Bürger, nach Sofia, um bei Filov vorzusprechen. Kiril, der Bischof von Plovdiv und spätere Patriarch von Bulgarien, richtete ein Protestschreiben an den König. Der Heilige Synod sandte einen weiteren Protest. Der Präsident des bulgarischen Schriftstellerverbandes Stiljan Cilingirov und ein anderer berühmter Schriftsteller intervenierten beim König und beim Premier Filov zugunsten der Juden. Am wirksamsten aber waren die Aktionen der Juden selbst: Prominente Juden in Sofia erfuhren von den Deportationsplänen aus verschiedenen Quellen, z.B. von Liljana Panica, der Sekretärin Belevs! Juden aus Kjustendil waren vom Kommissariatsarzt Vatev und vom Distriktgouverneur Ljuben Mitenov informiert worden. Sie baten einflußreiche bulgarische Freunde, für sie in der Hauptstadt zu intervenieren und sammelten Gelder zur Bestechung von Kommissariatsmitarbeitern. Am 4. März erhielten die Juden von Kjustendil Ausgehverbot, am 10. März sollten sie in das Fernandes-Tabaklager geschafft und von dort nach Radomir transportiert werden. Eine Delegation von fünf prominenten Bürgern aus Kjustendil beschloß, nach Sofia zu reisen und dort bei der Regierung wegen der Juden vorzusprechen. Großen Einfluß hatte auch Jako Baruh, ein Mitglied des illegalen zionistischen Zentrums, der Visa nach Palästina beschaffte. Paradoxerweise wandten sich ausgerechnet Regierungsmitglieder, noch während sie die Deportation der bulgarischen Juden beschlossen, an ihn, um ihre persönlichen jüdischen Freunde zu retten. Die Sofioter Juden baten in erster Linie Politiker der Opposition wie Mušanov, Stajnov, den Metropoliten Stefan, Dimo Kazasov und Damjan Velčev um Unterstützung.

[43] Chary, Bulgarian Jews, S. 84-87.
[44] Ebenda, S. 88 f.

Vom Handelsminister Nikola Zachariev erhielt Baruh die wichtige Information, daß der Kabinettsbeschluß lediglich die Deportation der Juden aus den besetzten Gebieten und nicht der aus Altbulgarien erlaubte.

Entscheidend war Baruhs Kontakt zu Dimitŭr Pešev, dem Abgeordneten von Kjustendil und Vizepräsidenten des Parlaments. Am Morgen des 7. März hatte er ein längeres Gespräch mit ihm, in dem er die Diskrepanz zwischen dem Kabinettsbeschluß und der geplanten Aktion erwähnte. Pešev rief sofort Mitenov und den Polizeichef von Kjustendil an, die beide Baruhs Aussagen bestätigten. Währenddessen setzte das Kommissariat seine Vorbereitungen fort. Als der zuständige KEV-Delegierte Tasev erfuhr, daß Gouverneur Mitenov bereits Samuel Baruh informiert hatte und die geplante Aktion nicht mehr geheim war, beschloß er, die Juden in Kjustendil schon einen Tag früher, am 9. März, zusammenzutreiben. Auch hatte er gehört, daß der Abgeordnete Petŭr Mihalev von der Aktion wußte und daß eine Delegation von fünf Personen von Kjustendil nach Sofia reisen wollte. Tatsächlich konnten nur zwei Repräsentanten den Zug nach Sofia besteigen, die anderen wurden vom Ratnici-Mob an der Abreise gehindert. Am Morgen des 9. März trafen in Peševs Büro mehrere Juden und Bulgaren zusammen, die beschlossen, die Regierung kurz vor Beginn der Parlamentssitzung noch am selben Nachmittag mit ihrem Protest zu konfrontieren. Pešev bat am Nachmittag Innenminister Gabrovski in sein Büro, wo eine Gruppe von Abgeordneten auf ihn wartete. Sie teilten ihm mit, daß sie von den Deportationsplänen wüßten, auch über die aus Altbulgarien, die dem Kabinettsbeschluß widersprächen. Nach Rücksprache mit Filov erklärte Gabrovski, der Beschluß könne nicht revidiert werden, jedoch stimme der Regierungschef einem Aufschub der Deportationen aus Altbulgarien zu. (Wahrscheinlich hatte Filov zuvor König Boris konsultiert.) Am Abend forderte Pešev den Innenminister auf, die erlassenen Befehle zu widerrufen. (Die Juden sollten gegen Mitternacht interniert werden.) Pešev verlangte unverzügliches Handeln und rief schließlich Mitenov in Kjustendil selbst an und teilte ihm mit, daß Gabrovski die Aktion stoppen wolle. Andere Abgeordnete informierten ihre Bezirke. Schließlich befahl Gabrovski, um nicht die Initiative zu verlieren, seinem Sekretär, allen Städten in Altbulgarien zu telegraphieren, daß die Befehle zur Arretierung der Juden aufgehoben seien. Die telegraphische Botschaft erreichte jedoch die zuständigen Stellen erst am nächsten Tag, am 10. März. In Plovdiv, Pazardžik, Samokov, Haskovo, Šumen und in einigen anderen Städten hatte die Polizei die Juden bereits in Schulen, Synagogen und Lagern zum Abtransport zusammengetrieben; als die neuen Instruktionen eintrafen, wurden die Juden jedoch sofort freigelassen.

Das Kommissariat blies die Aktion ab und rief seine Mitarbeiter zurück; das Scheitern der Aktion führte man auf die mangelnde Diskretion zurück. Pešev gab sich jedoch mit dem Aufschub der Aktion nicht zufrieden. Denn während das KEV die Deportation der Juden aus Thrazien und Mazedonien in jenen Wochen durchführte, bestand die Gefahr, daß auch die Aktionen gegen die bulgarischen Juden wieder aufgenommen wurden. Am 17. März sandte Pešev einen von 42 Abgeordneten (hauptsächlich aus der Regierungsfraktion) unterzeichneten Protestbrief an Ministerpräsident Filov, in dem die Judenpolitik der Regierung scharf verurteilt und als für das Ansehen und die Interessen der Nation schädlich bezeichnet wurde. Sie wiesen darauf hin, daß die Vertreibung der Juden aus dem Lande letztlich zu ihrem Tode führen würde – eine schwere Beschuldigung, da die „Endlösung" ja nicht öffentlich propagiert worden war. Zu den Unterzeichnern gehörten Prominente wie Andro Lulčev, der Bruder des königlichen Beraters, Dr. Petur Kjoseivanov, der Neffe des ehemaligen Premiers, Dr. Ivan Vazov, der Neffe des berühmten Schriftstellers, einige Abgeordnete aus Südwestbulgarien, Mušanov von der Opposition (Petko Stajnov unterzeichnete nicht, drückte aber seine Sympathie aus) und zur großen Überraschung der rechte Oppositionsführer Alexander Cankov, Günstling der Deutschen, der allerdings mit seiner Unterschrift mehr die Regierung provozieren als den Juden nützen wollte.

Pešev übergab dem Premier den Protest am Morgen des 19. März. Am Nachmittag führte ein anderer Abgeordneter eine Gruppe von Befürwortern der Regierungspolitik an, die dem Protest entgegentraten. Am nächsten Tag sprach Filov mit Jordan Sevov, dem einflußreichsten Königsberater. Auf einer Kabinettssitzung beschloß man, den Protest zum Testfall für die Klärung der Regierungsmehrheit im Parlament zu nehmen. Auch wollte man die Unterzeichner aus der Regierungsfraktion unter Druck setzen. Einige Abgeordnete zogen ihre Unterschrift wieder zurück. Nach langer Debatte stimmte am 24. März die Mehrheit im Parlament für den Regierungskurs, einschließlich der Judenpolitik. Der Protest wurde zurückgezogen. Für den Antrag, Pešev zu rügen, stimmten nur 66 Abgeordnete. Das Verhalten vieler Parlamentarier war widersprüchlich, indem sie der Regierung ihr volles Vertrauen ausdrückten, sich aber weigerten, Pešev zu rügen. Am 26. März wurde der Antrag gestellt, ihn von seinem Posten zu entfernen. In einer turbulenten Sitzung trat Pešev nach einer öffentlichen Erklärung zurück. In derselben Sitzung wurde auch ein Dekret über die Staatsbürgerschaft in den neuen Gebieten verabschiedet, das dem Zweck diente, die Griechen aus Mazedonien und Thrazien zu vertreiben. Petko Stajnov wies dabei auch auf die Bedeutung des Dekrets für die Juden hin, die bulgarische Bürger seien und nicht gewaltsam aus Bulgarien vertrieben werden dürften.

Beckerle versuchte in seinem Bericht über die spektakuläre Sitzung die Bedeutung des Protests herunterzuspielen und hob die Tatsache hervor, daß Pešev zurückgetreten sei und selbst die Mitglieder der Regierungsfraktion, die den Protest unterzeichnet hätten, den Maßnahmen zur Staatssicherheit zugestimmt hätten. Es schien, als sei der Protest ein Fehlschlag gewesen. Die Regierung hatte eine ausreichende Mehrheit, die obendrein diejenigen, die ihren Protest aufrechterhielten, noch bestrafte. Die Diskussion über die Judenpolitik wurde aus dem Parlament verwiesen. Zur gleichen Zeit liefen die Deportationen aus den besetzten Gebieten weiter und man erwartete, daß die Juden aus Altbulgarien als nächste folgen würden.[45]

Die Deportation der Juden aus Thrazien

Die Deportation der thrazischen Juden begann am 4. März 1943, noch vor Peševs Protestaktion. In allen Städten Ost-Thraziens mit nennenswertem jüdischen Bevölkerungsanteil – Gjumjurdžina, Dede agač, Kavalla, Drama, Ksanti und Seres – gingen die KEV-Vertreter, entsprechend den Anweisungen von Belev und Jaroslav Kalicin, der die Deportation in dieser Region überwachte, in derselben Weise vor: Während der

---

[45] Ebenda, S. 90–100; Bericht Beckerles vom 26. März 1943 (173863-864), in: PA, Büro Staatssekretär Bulgarien, Bd. 5.

Dauer der Aktion, die manchmal nach Mitternacht begann und bis sieben oder acht Uhr morgens dauerte, stellte die Polizei die Städte unter Blockade und verhängte Ausgehverbot. Kurz bevor die Aktion gegen vier Uhr morgens begann, erhielten die Polizisten in Dreiergruppen ihre Instruktionen, einschließlich einer Liste der jüdischen Familien, die deportiert werden sollten und der notwendigen Ausrüstung zum Versiegeln der jüdischen Häuser. Die thrazischen Juden wußten wohl, daß etwas bevorstand, kannten aber nicht den genauen Zeitpunkt der Operation. Das Wecken mitten in der Nacht überraschte sie. Gemäß Kalicins Plan teilte die Polizei den Juden mit, daß die Regierung sie ins Landesinnere von Bulgarien verschicken wolle und daß sie bald wieder in ihre Heimat zurückkehren könnten.[46]

Die Juden marschierten durch die Hauptstraßen der Städte, wobei ihre Zahl an jeder Kreuzung anschwoll, bis sie ihr Ziel erreichten – die Tabaklager, die vorübergehend als Sammellager dienten. Dort blieben sie ein bis zwei Tage, bis sie zu den größeren Deportationszentren in Dupnica und Gorna Džumaja geschickt wurden.[47] Das deutsche Generalkonsulat in Kavalla berichtete der deutschen Gesandtschaft in Sofia über die Deportation[48]: „Der Abtransport der Juden aus dem Belomoriegebiet ist ... zum größten Teil abgeschlossen. Ein Teil der Juden befindet sich mit Gepäck auf dem Wege nach dem Sammellager Gornadjoumaja, ein anderer Teil ist dort bereits eingetroffen und interniert. Nach bislang vorliegenden Meldungen sollen insgesamt etwa 4500 Juden im Belomoriegebiet erfaßt worden sein. Soweit ich ermitteln konnte, gestaltet sich ihre Abschiebung ohne besondere Schwierigkeiten und Zwischenfälle. Bemerkenswert war nur ... die offensichtliche Anteilnahme der griechischen Bevölkerung, die z.B. in Kavalla und Drama den abziehenden Juden Geschenke und sonstige widerlich-innige Abschiedsovationen darbrachte. Wie ... von zuverlässiger deutscher Seite mitgeteilt wurde, haben sich an dem unerfreulichen Schauspiel in Drama auch einige offenbar kommunistisch angehauchte Bulgaren beteiligt. Die Juden selbst sollen die Abschiebung wenigstens nach außen hin gleichgültig aufgenommen haben."

In dem Bericht sind 4500 Juden genannt. Nach einer KEV-Erhebung vom Jahre 1942 lebten in Thrazien (in fünf Kommissariatsbereichen) 3975 Juden – eine offensichtlich zu niedrig angesetzte Zahl.[49] Nach einem griechischen Bericht waren es 1940 5490 Juden, und nach Angaben des KEV wurden 1943 4273 registriert[50]; zur Deportation gelangten aber nur 4058, d.h. mehr als 20% bzw. über 200 Juden entgingen der Deportation: Die meisten davon wurden nach Süden, nach Griechenland, ausgewiesen. Viele hatten fremde Staatsbürgerschaft; so schickten die Bulgaren Juden aus Ländern, die von den Deutschen besetzt waren, in die Lager; die Staatsangehörigen neutraler und unabhängiger Achsen-Verbündeter wie Italien, Spanien und der Türkei entgingen meist der Deportation. Viele Juden blieben wegen Krankheit, wegen des Einsatzes in Arbeitstrupps oder aus anderen Gründen verschont.[51]

Nach bulgarischen Angaben wurden aus folgenden Städten Thraziens Juden deportiert[52]:

[46] Chary, Bulgarian Jews, S.101 f.
[47] Ebenda.
[48] Bericht Drägers vom 9. März 1943 (486308), in: PA, Inland II g, Judenfrage in Bulgarien (1941-1944).
[49] Chary, Bulgarian Jews, S. 104.
[50] Ebenda.
[51] Ebenda.
[52] Zahlenangaben laut Berichten des Kommissariats, kritisch kommentiert von Chary, Bulgarian Jews, S. 105.

Stadt	Personen	deportiert	nicht deportiert
Dede agač	44	42	2
Drama	592	589	3
Gjumjurdžina	904	878	26
Kavalla	1657	1484	173
Ksanti	537	526	11
Pravište	19	19	0
Samotraki	3	3	0
Sarz-Saban	11*	12*	0
Seres	471	471	0
Tasos	16	16	0
Ziljachovo	19	18	1
insgesamt	4273	4058	216

* Der Bericht des Kommissariats gibt keine Erklärung für diese Diskrepanz. Eventuell zusätzliche Person durch Zuzug oder Geburt in der Zeit zwischen der Registrierung der Personen und dem Zeitpunkt der Deportation.

Den Juden in Thrazien war es nicht erlaubt, die bulgarische Staatsbürgerschaft zu erwerben. Die meisten von ihnen behielten die griechische Staatsangehörigkeit. Als die Lage kritisch wurde, erwarben viele Familien die spanische Staatsbürgerschaft, wobei sie ihren Anspruch von ihren sephardischen Vorfahren herleiteten. Großzügig waren auch die Italiener bei der Verleihung ihrer Staatsbürgerschaft an die Juden.[53] Viele ausländische Juden waren von der bulgarischen Aktion zunächst betroffen, wurden dann aber wieder freigelassen. Juden bulgarischer Staatsangehörigkeit, die in Thrazien zum Arbeitsdienst mobilisiert waren, wurden ebenfalls verhaftet, doch nach den Ereignissen vom 9. März wieder entlassen. Einige Juden aus Thrazien waren in die Arbeitstrupps für Straßen- und Eisenbahnbau in Südwestbulgarien eingezogen. Ungefähr 42 von ihnen wurden deportiert. Andere in Arbeitslagern internierte thrazische Juden wurden zu spät inhaftiert und entgingen so der Deportation.

Gemäß den Berichten der KEV-Vertreter wurde die thrazische Operation erfolgreich abgeschlossen. Sie erfolgte nach Plan, ohne größere Abweichungen. Verschwiegen wurden die Tragödien und das Leid, das sich bei den Aktionen abgespielt hatte: Die Juden wurden aus ihrer Heimat ohne angemessene Vorwarnung verschleppt, ohne ausreichende Nahrung, Wasser, sanitäre Anlagen und medizinische Versorgung in Lagern zusammengepfercht; sie wurden Entlausungsaktionen und erniedrigenden Untersuchungen unterzogen, wobei ihnen die wenige Habe, die ihnen die Polizei mitzunehmen erlaubt hatte, auch noch abgenommen oder beschädigt wurde. Die lange Reise in offenen Wagen durch Thrazien war beschwerlich. Viele wurden krank, einige starben. Manche Frauen brachten in diesem Elend Kinder zur Welt. Es herrschte unter den Deportierten große Verzweiflung. Oft wurden sie von den Wachmannschaften grob behandelt, es gab aber auch Beamte, die das Unrecht der KEV-Aktion empfanden und die Juden anständig behandelten.[54]

[53] Chary, Bulgarian Jews, S. 105 f.
[54] Ebenda, S. 107 f.

In Demir-Hisar und Simitli stiegen die Juden von Karren um in Züge, von denen sie zu den Sammellagern in Südwestbulgarien – Gorna Džumaja und Dupnica – transportiert wurden. Über 2500 Juden wurden in Gorna Džumaja und weniger als 1500 in Dupnica untergebracht. Offensichtlich wurden nur Juden aus Gjumjurdžina und Ksanti nach Dupnica und der Rest nach Gorna Džumaja transportiert. Die Zustände in den provisorischen Lagern (Tabaklager, Schulen usw.) waren schlecht, die Verpflegung und die medizinische Versorgung, die Hygiene mangelhaft.[55] In den Zwischenstationen revidierten die Beamten die ursprüngliche Version der Begründung der Judendeportation. Sie behaupteten jetzt, die Regierung habe mit den Briten die Ausreise der Juden nach Palästina vereinbart, sie würden von den Sammellagern zur Adria- und Schwarzmeerküste transportiert. Aber die Juden glaubten ihnen nicht.[56]

Für den Transport von den Sammellagern zu den unter deutscher Herrschaft stehenden Gebieten waren die bulgarischen Eisenbahnen zuständig und das KEV verantwortlich. Bereits am Tage des Abschlusses des Dannecker-Belev-Abkommens wurden die bulgarischen Staatsbahnen vom KEV über die bevorstehende Aktion informiert. Das Kommissariat und die Eisenbahn arbeiteten zusammen einen detaillierten Plan aus.[57] Der Transport der thrazischen Juden zum Donauhafen Lom erforderte zwei Zugfahrten. Die erste sollte am 18. März mit über 2000 Personen von Gorna Džumaja mit eineinhalbstündiger Unterbrechung in Sofia abgehen und am 19. März gegen 3.38 Uhr morgens in Lom enden. Der zweite Zug mit 600 Juden sollte am 19. März Gorna Džumaja verlassen, die Juden in Dupnica (1500 Personen) und in Sofia ca. 200 Personen aus Pirot aufnehmen und am 20. März in Lom ankommen. Die Passagiere reisten von Gorna Džumaja, Dupnica und Pirot ohne Fahrkarten. In Sofia stellten Bahnbeamte fest, wieviele Personen in jedem Zug welcher Altersgruppe angehörten, denn Personen unter 4 Jahren fuhren frei, zwischen 4 und 10 Jahren zum halben Preis und ab 10 Jahren zum Erwachsenentarif. Doch lösten sie für alle den Arbeitertarif, d.h. die Hälfte des regulären Fahrpreises. Die Juden reisten von Sofia nach Lom mit einer Gruppenfahrkarte, die ausgestellt auf die Namen der Gruppenführer, vom Polizeichef oder vom Chef der uniformierten Polizei unterzeichnet wurde. Von Lom über Wien nach Kattowitz fuhren die Juden auf Danneckers Verantwortung. Später stellten die Deutschen dem Kommissariat die Reisekosten, für die die Bulgaren verantwortlich waren, in Rechnung.[58]

Die bulgarische Polizei diente nicht nur während der Fahrt durch Bulgarien, sondern bis nach Kattowitz, in Zusammenarbeit mit den Deutschen als Zugbewachung. Das KEV mietete zur Abfahrt von Lom vier Schiffe; auch dafür wurde bulgarisches Wachpersonal, insgesamt 86 Beamte, bereitgestellt.[59] Der erste Zug von Gorna Džumaja ging am 18. März mit 1985 Juden ab; der zweite am 19. März beförderte 692 Personen. Von Dupnica fuhren 1380 Personen ab. Insgesamt verließen also 4057 Juden, darunter 681 Kinder unter 10 Jahren, aus Thrazien die beiden Abreisezentren, die Juden aus Pirot nicht mitgezählt. Während der 14-tägigen Reise durch Thrazien kamen einige Personen hinzu, insbesondere einige neugeborene Kinder, andere Juden

---

[55] Ebenda, S. 109 f.
[56] Ebenda, S. 111.
[57] Grinberg, Dokumenti, S. 110 f.
[58] Chary, Bulgarian Jews, S. 117 f.
[59] Grinberg, Dokumenti, S. 112-116.

verstarben. Doch hatte sich die Gesamtzahl gegenüber der ursprünglichen Gruppe von 4058 Personen nur geringfügig verändert, nämlich auf 4057 Personen. Hinzu kamen 158 Juden aus Pirot.[60] Das erste Schiff, die „Kara G'orgi", verließ Lom um 2 Uhr nachmittags am 20. März; das zweite, die „Voivoda Masil" fuhr am selben Abend los. Zwei Schiffe, die „Saturnus" und „Car Dušan", legten am nächsten Abend ab. Jedes Schiff beförderte zwischen 875 und 1100 Passagiere, insgesamt verließen 4219 Juden Lom. Bulgarisches Wachpersonal stand bereit, doch die ganze Operation wurde von deutschen Beamten überwacht. Während der Fahrt auf der „Car Dušan" starben sieben Personen, auf der „Saturnus" eine; die Deutschen entfernten die Toten in einigen Donauhäfen von den Schiffen. Die „Car Dušan" brauchte für die Reise nach Wien ungefähr zehn Tage. Die „Saturnus" erreichte Wien bereits nach fünf Tagen.[61] Die ägäischen Juden wurden von der nordbulgarischen Stadt Lom aus in Schiffe verladen und auf der Donau nach Wien transportiert; insgesamt wurden 4219 Juden über Lom und Wien ins besetzte Polen deportiert.[62]

Judendeportationen aus dem Pirot-Distrikt

Am brutalsten liefen die Deportationen in dem Gebiet um Pirot ab, einem kleinen Distrikt Ostserbiens – ca. 60 km nordwestlich von Sofia, der 1941 an Bulgarien gefallen war. Die technische Durchführung der Operation ähnelte der in Thrazien. Am 11. März erhielten die Behörden den Befehl, mit der Aktion zu beginnen. Am nächsten Tag trieben Polizeipatrouillen die Juden aus ihren Häusern, befahlen ihnen, ihre Wertsachen einzusammeln und abzugeben, gaben ihnen kaum eine halbe Stunde, ihre Sachen zu packen, und versiegelten die Häuser. Danach mußten die Juden zum Piroter Gymnasium marschieren, wo sie bis zu ihrem Abtransport interniert wurden. Dort durchsuchte man sie in erniedrigender Weise nach Wertsachen.

Von der Operation waren alle Juden der Stadt, auch die mit bulgarischer Staatsbürgerschaft, betroffen, die von Bulgarien aus in Pirot zum Arbeitsdienst eingesetzt worden waren. Insgesamt wurden 188 Personen in Pirot interniert. Davon waren 27 Juden bulgarischer Staatsbürgerschaft, die nicht deportiert wurden. Am Tage der Deportation, am 19. März 1943, verließen 158 Juden Pirot in Richtung Sofia, wo sie in die Züge steigen sollten, die die Juden aus Thrazien beförderten. An sich hätten 188 minus 27 Personen, d.h. insgesamt 161, betroffen sein müssen, doch geben die Dokumente darüber keinen Aufschluß. Möglicherweise sind einige der älteren Juden vor dem Abtransport verstorben.[63] Im September 1943 schickte die Regierung die übrigen Juden bulgarischer Staatsbürgerschaft in das Innere des Landes. Das Eigentum, das sie noch im März bei der Internierung behalten konnten, verloren sie zu diesem Zeitpunkt.

[60] Chary, Bulgarian Jews, S. 118.
[61] Grinberg, Dokumenti, S. 116 f.
[62] Beckerle an AA, 26. März 1943 (486314), in: PA, Inland II g, Judenfrage in Bulgarien (1941-1944).
[63] Chary, Bulgarian Jews, S. 114-117.

Deportation der mazedonischen Juden

Die Juden aus Mazedonien waren die letzte Gruppe, die von den Bulgaren deportiert wurde. Die Aktion begann eine Woche nach der in Thrazien und auch nach den abgebrochenen Vorbereitungen für die Umsiedlung der bulgarischen Juden ins Landesinnere. Viele mazedonische Juden waren durch die Maßnahmen in den Nachbargebieten schon vorgewarnt. Über 100 Juden gelang es, rechtzeitig vor Beginn der Aktion über die Grenzen in das von den Italienern besetzte Gebiet Albaniens zu entkommen.[64] Um weitere Flucht zu verhindern, verstärkten die Bulgaren ihre Bewachung an der albanischen Grenze. Ursprünglich sollten die mazedonischen Juden in den beiden größten Städten Skopje und Bitola, in denen jeweils über 3000 Juden lebten, interniert werden. Doch hatte Bitola keinen geeigneten Platz, wo man die Juden hätte unterbringen können. So wurden sie zum Abtransport alle in Skopje in den Gebäuden des staatlichen Tabak-Unternehmens gesammelt. Der bulgarische Judenkommissar Belev kam eigens nach Mazedonien, um die Aktion zu überwachen, denn es war die größte Einzelaktion dieser Art.

Nach Angaben des Kommissariats (vom März 1943) lebten vor der Aktion in Mazedonien in Bitola 3342 Juden, in Skopje 3493 und in Štip 546, insgesamt 7381 Personen.[65] Nach Statistiken jugoslawischen Ursprungs aus der Zeit dem Kriege liegen für die jüdische Minorität in Mazedonien folgende Zahlen vor[66]:

Stadt	Personen
Bitola	3351
Štip	551
Skopje	3795
Gevgelija	11
Kriva Palanka	5
Kumanovo	13
Veles	8
sonstige	28
insgesamt	7762

Unmittelbar nach dem Balkanfeldzug nahm die Zahl infolge der Emigration aus Serbien leicht zu, aber offenbar verließen über 500 Juden Mazedonien zwischen April 1941 und September 1942.

Die Maßnahmen verliefen nach der gleichen Art wie in Thrazien und Pirot. Die Aktion begann am 11. März. Die Ortspolizei verhaftete die Juden in Bitola und Štip und transportierte sie per Bahn nach Skopje. Den im Tabaklager in Skopje internierten Juden wurde wie in den anderen Gebieten mitgeteilt, sie würden ins Landesinnere Bulgariens transportiert, doch konnten die Mazedonier diese Lüge kaum glauben, da sich das Schicksal der Juden jenseits der Grenze schon längst herumgesprochen hatte. Nach Angaben des KEV-Vertreters in Skopje Peju Draganov Peev wurden am

---

[64] Grinberg, Dokumenti, S. 81.

[65] Chary, Bulgarian Jews, S. 122.

[66] Elaborat za zlodelata na okupatorite i nivnite pomagateli nad evrejskoto naselenie vo Makedonija, 2. April 1946, S. 1; Aleksander Matkovsky, The Destruction of Macedonian Jewry, in: Yad Vashem Studies on the European Jewish Catastrophe and Resistance 3 (1959), S. 207 f.; Chary, Bulgarian Jews, S. 123.

11. März 7215 Juden ins Lager eingeliefert, davon 3313 aus Skopje, 3351 aus Bitola und 551 aus Štip. 25 Personen kamen kurz darauf. Von den Lagerinsassen waren 2300 unter 16 Jahre alt, darunter 1100 unter 10.[67] Aleksander Matkovsky kommt in seiner Monographie über die Deportation der mazedonischen Juden auf über 7300 Juden, die ins Lager Skopje eingeliefert wurden, einschließlich derjenigen, die von den Behörden später wieder freigelassen wurden oder entkommen konnten.

Die Bulgaren entließen 77 Ärzte und Apotheker mit ihren Familien wegen des großen Mangels in dieser Berufssparte. Auch Juden ausländischer Staatsbürgerschaft wurden freigelassen, und zwar 74 Spaniolen, 19 Albaner, 5 Italiener, doch 12 Personen dieser Gruppe wurden von den Deutschen später wieder verhaftet.[68] Zwei weitere entkamen, so daß insgesamt 155 Juden von den Skopjer Lagerinsassen der Endlösung entgingen. Vier Juden starben im Lager vor dem Abtransport. Einige Insassen des Lagers Skopje (47 nach Angaben Grinbergs) kamen aus Thrazien und Pirot. Eine gewisse Anzahl der 7381 jüdischen Bewohner Mazedoniens (nach dem Zensus des Kommissariats) entging der Einlieferung ins Lager; die meisten konnten über die albanische Grenze vor der Aktion fliehen.

Die Lagerinsassen wurden in drei Transporten nach Polen weitergeleitet – am 22., 25. und 29. März. Von Skopje ging die Fahrt über Niš, Gurlica (italienisches Besatzungsgebiet), Lapovo (deutsche Zone) durch Albanien, Serbien, Kroatien, Ungarn, Deutschland nach Treblinka im Generalgouvernement. Die bulgarischen Staatsbahnen arrangierten den Transport; die Fahrkarten für die Juden löste das Kommissariat beim bulgarischen Reisebüro Balkan. In Lapovo übernahmen deutsche Stellen den Transport von den Bulgaren. Wie bei den anderen Deportationen bestand die bulgarische Bewachung aus 43 Beamten pro Zug.

Nach Matkovsky beförderte der erste Transport 2338 Juden, der zweite 2402, der dritte 2404 – insgesamt also 7144 Personen. Zwölf Personen starben unterwegs. Diese Angaben beruhen auf deutschen Dokumenten, die wahrscheinlich die genauesten sind. Kleinere Abweichungen ergeben die Zahlen des Kommissariats: Grinberg zählt in den drei Transporten 2409, 2399 und 2315 Personen, zu denen noch 42 aus Thrazien beim letzten Transport hinzukommen, was insgesamt 7165 Personen ergibt. Draganovs Angaben, wiedergegeben von Matkovsky, bringen eine dritte Gesamtzahl, nämlich 7069, die jedoch zu niedrig angesetzt ist. 196 mazedonische Juden kehrten nach dem Kriege nach Jugoslawien zurück – 116 von Albanien, 15 aus deutschen Lagern und 65 aus verschiedenen Konzentrationslagern. Wahrscheinlich gehörte nur die letzte Gruppe zu den ursprünglich Deportierten.[69]

Die deutsche Berichterstattung in Berlin gibt als Gesamtzahl 7240 an, was ungenau ist; wahrscheinlich ist dies die Zahl der ursprünglich im Skopjer Lager Internierten. Polizeiattaché Hoffmann berichtete, daß 7122 mazedonische Juden aus Skopje abtransportiert wurden – diese Zahl kommt den anderen Angaben näher und ist auch rechtlich akzeptiert.[70]

[67] Chary, Bulgarian Jews, S. 123 f.
[68] Ebenda, S. 124.
[69] Ebenda, S. 124 f.
[70] Zur Deportation der mazedonischen Juden siehe den Bericht des Deutschen Generalkonsuls in Skopje, Witte, 18. März 1943, an die Deutsche Gesandtschaft in Sofia (486309-315) sowie die Berichte von Wagner vom 3. April 1943 und Hoffmann vom 5. April 1943 (486326-330, 486316-321), in: PA, Inland II g, Judenfrage in Bulgarien (1941-1944).

Gesamtzahlen zur Deportation aus den bulgarisch besetzten Gebieten

Nach Schätzungen aus den verläßlichsten Statistiken deportierten die Bulgaren 4057 Juden aus Thrazien (Chary gibt die Zahl der thrazischen Juden mit 4075 an [Druckfehler?], woraus sich die weiteren Zahlen ergeben. Die Zahl 4075 weicht von den vorhergenannten Zahlen 4057 [4058] völlig ab; vgl. Statistik thrazische Juden), 158 Juden aus Pirot und 7160 Juden aus Mazedonien – insgesamt also 11 393 Personen. Diese Ziffern basieren auf deutschen und bulgarischen Transportzahlen, korrigiert durch Angaben von Todesfällen in den Sammellagern. In den Zahlen sind auch Juden aus anderen Gebieten enthalten, so sind thrazische Juden in der Ziffer für Mazedonien enthalten. Nach Angaben des Kommissariats lebten vor der Deportation 4273 Juden in Thrazien, 186 in Pirot und 7381 in Mazedonien, insgesamt also 11 840 Juden im gesamten Okkupationsgebiet. Nach diesen Zahlen gelang es 465 Juden, der Deportation zu entkommen. Die meisten von ihnen hatten fremde Staatsbürgerschaft. Einige flohen, bevor die Aktion begann, oder konnten sich während ihres Ablaufs versteckt halten.[71]

Deutsche Berichte in Berlin geben eine Gesamtzahl von 4219 Juden aus Thrazien einschließlich Pirot und 7240 aus Mazedonien, insgesamt also 11 459 Deportierte an. Andere deutsche Berichte zählen 4221 Juden aus Lom und 7122 aus Skopje, also insgesamt 11 343 Deportierte. Die letzteren Transportzahlen aus dem Bericht des Polizeiattachés Hoffmann sind auch den Nachkriegsprozessen zugrundegelegt, wie z.B. im Frankfurter Prozeß gegen den deutschen Gesandten in Sofia, Adolph-Heinz Beckerle. Schließlich ist noch in einer Auflistung des Statistikbeauftragten Korherr an Himmler die Gesamtzahl 11 364 angegeben.[72]

Eine Bestätigung der in den Prozessen akzeptierten Ziffer ergibt sich aus der Berechnung der Deportationskosten: So forderten die Deutschen außer den Fahrkosten für jeden Deportierten 250.– RM. Auf der Basis von Hoffmanns Angaben von 11 343 Deportierten verlangten sie von den Bulgaren 2 835 750.– RM. Die Bulgaren hielten diesen Preis für zu hoch; man kam in dieser Frage zu keiner Übereinkunft und es wurde auch nichts gezahlt.[73]

Rettungsaktionen zugunsten der bulgarischen und ausländischen Juden in Bulgarien

In Bulgarien ging es nicht nur um die Rettung der einheimischen Juden, sondern auch um die aus anderen Ländern, denn Bulgarien war aufgrund seiner Lage Durchgangsstation für Tausende von ausländischen Juden. Das Schicksal der Juden im bul-

---

[71] Chary, Bulgarian Jews, S. 127.
[72] Berichte Hoffmanns vom 5. April 1943 und Korherrs vom 19. April 1944; siehe auch Chary, Bulgarian Jews, S. 127. Zum Verfahren gegen den deutschen Gesandten Beckerle siehe insbesondere die Anklageschrift der Staatsanwaltschaft Frankfurt/Main (gegen Beckerle und von Hahn) vom 23. Dezember 1965 sowie das Urteil des Landgerichts Frankfurt/Main vom 19. August 1968 (gegen von Hahn): Aktenzeichen Js 2/63 (Ks 2/67) (GStA) = V 502 AR-Z 59/59 – SA 324 – Zentrale Stelle Ludwigsburg.
[73] Chary, Bulgarian Jews, S. 128.

garischen Raum erregte auch die Weltöffentlichkeit. Am 11. März 1943, als die Aktionen gegen die mazedonischen und thrazischen Juden anliefen, erschien der schweizerische Gesandte Charles Redard als Vertreter des Internationalen Roten Kreuzes bei Ministerpräsident Filov und bot an, sich bei den Briten für ihre Aufnahme in Palästina einzusetzen. Filov antwortete, es sei schon zu spät, in wenigen Tagen würden sie nach Polen deportiert. „Das heißt, in den sicheren Tod!" meinte der Gesandte. Filov protestierte gegen diese Behauptung und erklärte, sie würden in Polen arbeiten wie die Bulgaren in Deutschland. In einer Unterredung wenige Tage später soll König Boris den Regierungschef gebeten haben, in der Judenfrage „fest" zu bleiben. Wie auch in anderen kritischen Situationen überließ er die Entscheidung nachgeordneten Stellen.[74] Ende Mai intervenierten zwei Vertreter des Internationalen Roten Kreuzes, Dr. Edouard Chapuissa und David de Trotz, beim König, beim Metropoliten und anderen Stellen wegen der bulgarischen Juden. König Boris sicherte zu, daß sie nicht deportiert und daß die Juden aus Sofia lediglich aufs Land umgesiedelt würden. Das Treffen fand zu einem Zeitpunkt statt, als die bulgarische Führung nach der Pešev-Aktion ihre Haltung in der Judenfrage radikal geändert und die Deportationspläne zumindest aufgeschoben hatte.[75]

Im Herbst 1942 hatten bulgarische Juden in New York und in Palästina ein Komitee zur Rettung der Juden in Bulgarien gegründet, das mit zionistischen Organisationen zusammenarbeitete und von Jaques Asseov, einem reichen Tabakhändler geleitet wurde. Sein Ziel war bescheiden – zunächst die Aussiedlung von 500 bulgarischen Kindern nach Palästina zu erwirken.[76] Die Initiativen des State Departments von 1942/43 verliefen im Sande; die Briten sahen durch eine Ausreise von Juden aus Europa ihre Palästinapläne gestört. Immerhin stimmten sie der Übersiedlung von 500 jüdischen Kindern zu. Für 4000 rumänische, ungarische oder bulgarische Kinder sowie für 500 Erwachsene war die Erteilung von Visa angebahnt.[77] Die schweizerische Gesandtschaft wandte sich Anfang Februar 1943 wegen der Abreise der jüdischen Kinder an die bulgarische Regierung. Da Filov im Hinblick auf die öffentliche Meinung und aus Furcht vor alliierten Repressalien die Briten nicht brüskieren wollte, schob er „technische Gründe" vor und teilte der Schweiz mit, Bulgarien könne zur Zeit keine Transportzüge freistellen, denn sie würden für weitaus größere Transporte in der umgekehrten Richtung benötigt; außerdem wolle man nicht die Kinder von ihren Familien trennen.[78] Als die Sofioter Zeitung „Zora" weiter über Ausreisepläne berichtete, glaubten die deutschen Stellen an ein geheimes Arrangement zwischen Bulgaren und Briten in dieser Frage. Die bulgarische Regierung dementierte.[79] Dann tauchten Meldungen auf, 150 jüdischen Kindern aus Rumänien sei die Durchreise durch Bulgarien erlaubt worden. Das Reichssicherheitshauptamt verlangte, daß Sofia die Durchreise

[74] Filov-Tagebuch, Eintragungen vom 11. und 15. März 1943, in: Naroden süd, Nr. 3, S. 2; Bericht Beckerles vom 12. März 1943 (K 207336), in: PA, Inland II g, Ausreise der Juden nach Palästina.
[75] Bericht Hoffmanns vom 24. Juni 1943 (173953-956), in: PA, Büro Staatssekretär Bulgarien, Bd. 5.
[76] Chary, Bulgarian Jews, S. 131.
[77] Siehe die Berichte im Aktenband Inland II g, Ausreise der Juden nach Palästina.
[78] Berichte Beckerles vom 16. und 27. Februar 1943 (K 207372, K 207370-371), in: PA, Inland II g, Ausreise der Juden nach Palästina. Bericht Hoffmanns vom 5. April 1943 (586316-321), in: PA, Inland II g, Judenfrage in Bulgarien (1941-1944).
[79] Pressebericht vom 2. März 1943 (K 207360); Rademacher an Deutsche Gesandtschaft Sofia, 2. März 1943 (K 207361); Beckerle an AA, 4. März 1943 (K 207342), in: PA, Inland II g, Ausreise der Juden aus Palästina.

verhindere.[80] Tatsächlich war nur vereinzelt Juden die Ausreise aus Bulgarien gestattet worden.[81]

In der Frage der jüdischen Kinder aus Rumänien versicherte Filov Ende März, die Bulgaren versuchten alles, um den Transit von Juden zu stoppen, doch könnten sie nicht verhindern, daß einige durchkämen.[82] Im Auswärtigen Amt war man mit den Bulgaren unzufrieden, die zwar zusicherten, die jüdische Emigration verhindern zu wollen, sie tatsächlich aber weiter zuließen. So vermutete Staatssekretär Horst Wagner, das schwedische Schiff Öresund transportiere bulgarische Juden nach Palästina. Bekkerle dementierte.[83] Am 4. April berichtete Killinger, 74 jüdische Kinder seien über Bulgarien auf dem Weg nach Palästina. Wagner forderte, Sofia solle die von der bulgarischen Gesandtschaft in Bukarest erteilten Visa widerrufen. Der Generalsekretär im bulgarischen Außenministerium Dimitǔr Šišmanov versicherte, die Visaerteilung werde aufgehoben und die Durchreise verhindert.[84]

Im März 1943 kam das Schicksal der Juden auf einem britisch-amerikanischen Gipfeltreffen in Washington zur Sprache, bei dem Roosevelt, der britische Außenminister Anthony Eden, sein amerikanischer Kollege Cordell Hull, Unterstaatssekretär Sumner Welles, der britische Botschafter in Washington Halifax, der Präsidentenberater Harry Hopkins und der stellvertretende britische Unterstaatssekretär William Strang zugegen waren. US-Außenminister Cordell Hull sprach die Frage der bulgarischen Juden an und erkundigte sich beim britischen Außenminister, ob für ihre Ausreise nach Palästina gesorgt werden könne. Eden äußerte sich skeptisch, da die Rettung der bulgarischen Juden ähnliche Forderungen aus anderen Ländern nach sich ziehen könnte. Außerdem würde die Emigration einer großen Anzahl von Juden Transportprobleme aufwerfen. Die Briten seien aber bereit, 50 000 Juden in Palästina aufzunehmen, doch warnte er vor voreiligen öffentlichen Erklärungen.[85]

Am 25. März 1943 suchte ein bulgarischer Unterhändler in Istanbul den amerikanischen Konsul Burton Y. Berry auf und berichtete vom Protest der Parlamentarier, der zum Aufschub der Deportationspläne der bulgarischen Juden geführt habe. Er meinte, angesichts des wachsenden Prestiges der USA in Bulgarien könnte ein scharfer Protest der Amerikaner über die Schweizer Gesandtschaft in Sofia weitere Aktionen gegen die Juden verhindern und die Gegner der Judenpolitik im bulgarischen Kabinett stärken. Auch der ehemalige Präsident der bulgarischen landwirtschaftlichen Genossenschaftsbank und ein bulgarischer Anwalt sondierten in Istanbul wegen der Juden. Sie versicherten, daß nur 5 Prozent der Bulgaren das Bündnis mit der Achse und die Judenpolitik unterstützten. Auch die bulgarische Kirche und die Sofioter Universität seien gegen die Judenpolitik der Regierung. US-Außenminister Cordell Hull schickte über die Schweiz einen Brief an Filov mit der Aufforderung, die Juden in ein neutrales Land auswandern zu lassen. Die Schweizer leiteten die Note jedoch nicht weiter. Das

[80] Siehe Aktenband Inland II g, Feldscher Aktion (Austausch jüdischer Kinder).
[81] Killinger an AA, 24. März und 30. April 1943 (E 548802-803, E 421083-085); Wagner an Beckerle, 14. April 1943 (K 207316).
[82] Chary, Bulgarian Jews, S. 134.
[83] Bericht Wagners vom 3. März 1943 (486323), in: PA, Inland II g, Judenfrage in Bulgarien (1941-1944); Bekkerle an AA, 14. April 1943 (K 206942), in: PA, Inland II g, Juden, allgemein.
[84] Chary, Bulgarian Jews, S. 135.
[85] Siehe ebenda, S. 135; Robert E. Sherwood, Roosevelt and Hopkins. An intimate History, New York 1948, S. 717; Hilberg, Destruction, S. 720 f.

State Department übermittelte die Note schließlich dem bulgarischen Gesandten in Bern, Georgi Kjoseivanov. Der Expremier beantwortete die US-Note mit der Versicherung, Judenkommissar Belev sei bereits zum Rücktritt gezwungen worden, was allerdings nicht zutraf.[86]

Die Türkei beobachtete die anglo-amerikanischen Diskussionen über die Aussiedlung von Juden nach Palästina aufmerksam, denn sie bildete eine Zwischenstation auf dem Weg dorthin. Der US-Botschafter in der Türkei, Laurence A. Steinhardt, selbst Jude, veranlaßte die Briten zum gemeinsamen Protest in Sofia, verbunden mit der Forderung, die Ausreise von 30 000 bulgarischen Juden zu gestatten. Die Türken versprachen, die Durchreise der Juden zu erlauben, lehnten jedoch weitere Hilfsmaßnahmen wie die Einrichtung von Durchgangslagern unter verschiedenen Vorwänden ab. Die Alliierten erlangten zwar die Zustimmung des türkischen Außenministers, einigen Juden einen kurzen Aufenthalt in der Türkei zu gestatten, doch glaubte man nicht an einen Erfolg der Aktion.[87] Auf amerikanischen und britischen Wunsch wandte sich die Türkei mit der Bitte an Bukarest, zwei rumänische Schiffe, die Transsylvania und die Bessarabia, für den Transport von Juden nach Istanbul bereitzustellen. Doch lehnten die Rumänen dies auf deutschen Druck hin ab.[88] Auch die Bulgaren behandelten ein Ersuchen des Roten Kreuzes um ein Schiff oder um Transiterlaubnis für jüdische Emigranten abschlägig. So scheiterten die Pläne.[89] Im Mai tauchten Gerüchte auf, die Schweiz habe mit Sofia über die Erteilung von 1500 Transitvisa verhandelt. Nach anderen Meldungen sollen die Bulgaren über den Austausch von 8000 bulgarischen Juden gegen 8000 Bulgaren aus Südamerika verhandelt haben. Doch Generalsekretär Šišmanov dementierte diese Meldungen und Beckerle unterstützte ihn darin.[90]

Im Sommer 1943 wurden vom Westen erneut halbherzige Versuche unternommen, Juden zu retten. Über die Schweiz forderte die britische Regierung Berlin auf, die Auswanderung von 5000 jüdischen Kindern aus Polen und anderen besetzten Gebieten nach Palästina zuzulassen. Prominente aus alliierten und neutralen Staaten setzten sich dabei besonders für die bulgarischen Juden ein. Das Rote Kreuz bat außerdem die deutsche Botschaft in Ankara, 1000 bulgarische Juden per Schiff nach Haifa fahren zu lassen. Die Deutschen lehnten die britische Forderung nach jüdischer Emigration nach Palästina mit dem Hinweis auf die Ungerechtigkeit gegenüber den Arabern ab, boten aber die Entsendung von Juden nach Großbritannien im Austausch gegen deutsche Kriegsgefangene an. Die Briten lehnten diesen Plan mit der Begründung ab, sie wollten deutsche Kriegsgefangene nicht gegen Personen austauschen, die nicht Bürger des Britischen Empire seien. Vom rumänischen Staatsführer Marschall Antonescu ging der Vorschlag aus, die Juden gegen angemessene Zahlungen austauschen zu lassen, auch dies wurde von westlicher Seite abgelehnt. Doch wuchs in den alliierten Ländern der Druck der Öffentlichkeit, sich für die Juden einzusetzen. Neue Versuche erfolgten im Herbst 1943 und das Jahr 1944 hindurch.[91]

---

[86] Chary, Bulgarian Jews, S. 136.
[87] Ebenda, S. 137.
[88] Siehe Schriftwechsel im Mai 1943, in: PA, Inland II g, Judenfrage in Bulgarien (1941-1944), und Inland II g, Feldscher Aktion.
[89] Siehe Bericht des Geschäftsträgers in Sofia, Mohrmann vom 14. Mai 1943 (K 207441).
[90] Beckerle an AA, 31. Mai 1943 (K 207427), in: PA, Inland II g, Ausreise der Juden nach Palästina.
[91] Chary, Bulgarian Jews, S. 156 f.

Im Oktober 1943 forderte die Schweiz im Auftrage der Briten die bulgarische Regierung auf, 5000 Juden nach Palästina ausreisen zu lassen. Deutschem Druck ausgesetzt, keine Emigration zuzulassen, griffen die Bulgaren erneut zur Taktik – wie schon im Frühjahr 1943 –, die Ausreise aus technischen Gründen abzulehnen, wobei sie vermieden, die Alliierten zu brüskieren. Als Resultat der Verhandlungen kam es zu keinem Massenexodus aus Bulgarien. Ausreisevisa waren leicht zu bekommen, schwieriger war es, britische Einreisevisa nach Palästina zu erhalten. Paradoxerweise wollte London die Masseneinwanderung nach Palästina erlauben, die Einreise von Einzelpersonen hingegen erschweren. Der Strom jüdischer Migranten, der auch im Frühjahr 1943 nicht abgebrochen war, stieg gegen Ende des Jahres 1943[92] an. Der Großmufti von Jerusalem, Amin el Husseini, sandte 1943 über die Italiener mehrere Schreiben an Ribbentrop mit der Forderung, eine jüdische Emigration vom Balkan nach Palästina nicht zuzulassen. Die halbherzigen Bemühungen der Alliierten um die Rettung der Juden auf dem Balkan hatten nur geringen Effekt. Erst angesichts ihrer militärischen Erfolge zeigte alliierter Druck in der Judenfrage in Sofia eine gewisse Wirkung. Aber solange Bulgarien weiterhin mit Deutschland verbündet blieb, mußte die Regierung in Sofia versuchen, in der Judenfrage weder die Deutschen noch die Alliierten zu verärgern.[93]

Die bulgarische Judenpolitik 1943/44

Die bulgarisch-orthodoxe Kirche opponierte schon seit 1940 gegen die Judenpolitik der Regierung. Auch im Frühjahr 1943 setzten sich die Spitzen des Episkopats – der Metropolit von Sofia Stefan, die Bischöfe Kiril von Plovdiv und Neofit von Vidin – auf einer Audienz am 15. April 1943 bei König Boris, an der auch Ministerpräsident Filov teilnahm, für die Juden ein. Einigkeit bestand in der Schonung der Juden, die zum Christentum konvertiert waren. Schon vorher hatten Neofit und Stefan Zirkulare verbreitet, in denen sie den König wegen der Judenmaßnahmen verurteilten. In dieser Zeit bediente sich die Regierung einer massiven antisemitischen Propaganda, die wohl weniger die tatsächliche Haltung der Regierung und des Königs ausdrückte, sondern der Rechtfertigung der Deportationen diente.[94]

In der Krisensituation des Frühjahrs 1943 nach der Niederlage bei Stalingrad und in Erwartung einer alliierten Invasion auf dem Balkan, als die Partisanenaktivitäten zunahmen und Straßengefechte in der Hauptstadt tobten, erfolgte zwischen Februar und Mai 1943 eine Serie von Attentaten: So ermordete die berühmte jüdische Partisanin Violeta Jakova den Ex-Kriegsminister und Führer der rechten Legionäre General Lukov – ein Vorfall, den der König türkischen Agenten, Filov den Kommunisten zuschrieb und den Innenminister Gabrovski zum Anlaß einer antisemitischen Pressekampagne nahm.[95] Am 15. April erschoß ein anderer Partisan den Abgeordneten

---

[92] Ebenda.
[93] Ebenda, S. 138.
[94] Ebenda, S. 138 f.
[95] Mitka Grŭbčeva, V imeto na naroda, Sofija, Izdatelstvo na BKP, 1962, S. 187-194; Filov-Tagebuch, Eintragungen vom 17. Februar und 15. April 1943, in: Naroden sŭd, Nr. 3, S. 2 f. Bericht Beckerles vom 14. Februar 1943 (173816-817), in: PA, Büro, Staatssekretär Bulgarien, Bd. 5.

Sotir Janev; im Mai fiel der ehemalige Polizeichef Oberst Atanas Pantev Kugeln zum Opfer. Am spektakulärsten war der Anschlag auf Kǔnčo Janakiev, einen deutschen Agenten, denn der Täter wurde diesmal von der Polizei gefaßt – es war der Jude Menahem Papo, Mitglied des Arbeiterjugendverbandes und einer Partisanengruppe: Im nachfolgenden Prozeß wurde er wie 1941 Leon Tadžer zum Märtyrer, für die Regierung zur Symbolfigur ihrer Feinde.[96]

Trotz der von der Regierung Filov eingeschlagenen Linie mißtrauten die deutschen Stellen den Plänen der Bulgaren. Zwar äußerten sie ihre Zufriedenheit über die Judendeportationen aus den besetzten Gebieten, über den Stop der Deportationspläne in Bulgarien selbst war man in Berlin aber enttäuscht: im März 1943 war die im Abkommen vereinbarte Zahl deportierter Juden nur zu 56 Prozent erreicht, statt der geplanten 20 000 Juden waren nur ca. 11 500 Juden abtransportiert worden. Die rechtsradikalen Legionäre übernahmen die deutsche Kritik und verurteilten in Pamphleten die Regierungspolitik.[97]

Bei einem Besuch in Berlin im April 1943 betonte Zar Boris gegenüber Ribbentrop, daß gemäß dem Abkommen zwischen Dannecker und Belev nur die Juden aus den besetzten Gebieten deportiert werden sollten, was ja jetzt erfolgt sei. Auf dessen Hinweis, daß dies nur ein Vorspiel für die Deportation aller Juden aus Bulgarien sein könne, gestand Boris lediglich zu, daß „kommunistische Elemente" unter den Juden deportiert werden sollten, während er den Rest von 25 000 Juden in Bulgarien für öffentliche Arbeiten benötige. Boris plante offenbar, den Begriff „kommunistisch" sehr weit auszulegen. Ribbentrop gab sich damit nicht zufrieden und betonte die Notwendigkeit einer radikalen Lösung.[98]

Innenminister Gabrovski hatte die Deportationsvorbereitungen in Bulgarien zwar auf Wink des Thrones aufgeschoben, aber wohl noch nicht endgültig aufgehoben. So entwarf Judenkommissar Belev einen stufenweisen Deportationsplan, von dem alle Juden in Bulgarien, ausgenommen die mit fremder Staatsangehörigkeit, die mit Christen verheirateten, die in Arbeitslagern mobilisierten sowie Schwerkranke, erfaßt werden sollten. Von den 25 000 Juden in Sofia und 23 000 in der Provinz sollten bis zum September 1943 monatlich 16 000 auf Donauschiffen von Lom über Wien nach Polen verfrachtet werden. Erster Schritt im Gesamtplan war die Aussiedlung von ca. 16 000 Sofioter Juden in verschiedene Provinzen (in die Region Burgas 3000, Pleven 1500, Plovdiv 1500, Ruse 2000, Sumen 1500, Sofia 2000, Stara Zagora 1500, Vraca 3000). Belevs Plan sah in der Version A die Deportation der Juden nach Polen aus Gründen der Staatssicherheit, nach Version B aber lediglich Umsiedlung in die Provinz vor. Am 20. Mai brachte Gabrovski den Plan dem König zur Kenntnis, der der Version B, nicht aber der Variante A zustimmte, was allerdings eine spätere radikale Lösung nicht ausschloß.[99]

---

[96] Chary, Bulgarian Jews, S. 139 f.

[97] Berichte Wittes vom 18. März 1943 (486309-313), Beckerles vom 21. März 1943 (486314); Bosshammer (RSHA) an Thadden (AA), 17. Mai 1943 (486341-343), in: PA, Inland II g, Judenfrage in Bulgarien (1941-1944).

[98] Ribbentrop an Beckerle, 4. April 1943 (173890-891), in: PA, Büro Staatssekretär Bulgarien, Bd. 5, Bosshammer an Thadden, 17. Mai 1943.

[99] Dazu Belevs Bericht, abgedruckt in: Grinberg, Dokumenti, S. 185 ff.; Bericht Hoffmanns an RSHA, 7. Juni 1943, in: PA, Inland II g, Judenfrage in Bulgarien (1941-1944).

Am 21. Mai 1943 erhielten die Sofioter Juden die Aufforderung, die Stadt in drei Tagen zu verlassen und in die Provinz zu gehen, was Panik hervorrief – besonders im Ghetto „Juč Bunar". Die Spitzen des Konsistoriums (Buko Levi) nahmen Fühlung mit einflußreichen Personen auf, wie dem Mazedonier-Führer Dr. Konstantin Stanišev, dem Königsvertrauten Dr. Handžiev, und der „Mutter des Hofes" Jekaterina Karavelova, die versprach, beim König zu intervenieren. Auch Metropolit Stefan sagte einen Protest des Heiligen Synods gegen die neuerlichen Deportationspläne zu.[100] Die Deportationen waren ausgerechnet auf den 24. Mai festgesetzt, dem St. Kyrill – und Methodius-Tag, der in Sofia mit Paraden und Gottesdiensten feierlich begangen wurde. Wie bei anderen kritischen Situationen hatte der König Sofia verlassen. Der Metropolit wurde bei der Regierung vorstellig und bezeichnete öffentlich die Pläne als Sünde und Entweihung des Feiertages.[101]

Unterstützung erhielten die Juden auch von der „Vaterländischen Front", die die Juden im Ghetto „Juč Bunar" zu Demonstrationen und zur Selbstverteidigung aufrief. Vor allem Jugendliche beteiligten sich an Demonstrationen im Ghetto, gegen die Polizei und KEV-Beamte gewaltsam vorgingen.[102] Viele Juden wurden noch am 24. Mai verhaftet und in Lager außerhalb der Hauptstadt transportiert. Vor allem hatte man es auf die Spitzen der jüdischen Gemeinschaft abgesehen, die vom Kommissariat noch in derselben Nacht ins Lager nach Samovit geschafft wurden. Einige konnten sich jedoch mit Hilfe von Bulgaren verbergen. Der mutige Rabbi Cion, Initiator zahlreicher jüdischer Proteste, wurde auf der Rückkehr von der Besprechung mit dem Metropoliten verhaftet und ebenfalls ins Lager geschickt. Der Oberrabbi Hananel dagegen durfte als Träger eines militärischen Verdienstordens in der Hauptstadt bleiben. Trotz der Protestaktionen der Öffentlichkeit war es also zu Internierungen von Juden gekommen. Immerhin wurde dem Metropoliten und anderen Prominenten von Regierungsseite zugesichert, daß die Juden nicht außerhalb Bulgariens gebracht würden. Die am 24. Mai und in den folgenden Tagen verhafteten Juden wußten nichts von der Kursänderung der Regierung und befürchteten, daß diese Aktionen der erste Schritt zur Deportation nach Polen seien. Vom Lager Samovit aus sahen sie mit Schrecken leere Schiffe im dortigen Donauhafen anlegen.[103]

Die Regierung plante zunächst, die Sofioter Juden in etwa 20 Provinzstädten (aus Sicherheitsgründen nicht in Grenzorten, ausgenommen die Donaustädte) anzusiedeln. In den folgenden Wochen wurde die Masse der Sofioter Juden zum Verlassen der Hauptstadt aufgefordert. Sie hatten 1 1/2 Tage Zeit, der Aufforderung Folge zu leisten, andernfalls drohte ihnen die gewaltsame Ausweisung. Laut deutschen Berichten verließen in den folgenden Wochen 90 Prozent der Juden die Hauptstadt freiwillig und wurden in den von der Regierung vorgesehenen Städten untergebracht. Einige tausend Juden konnten aufgrund persönlicher Beziehungen in Sofia bleiben. Die Ausgewiesenen wurden in der Provinz den örtlichen Konsistorien anvertraut, die auch für deren Unterhalt aufzukommen hatten. Viele wurden zunächst in leerstehenden Schu-

---

[100] Bericht Hoffmanns vom 7. Juni 1943 (486350-356).

[101] Chary, Bulgarian Jews, S. 146 f.

[102] Zur Tätigkeit von Staats- und Parteichef Todor Živkov während des Zweiten Weltkrieges siehe Hans-Joachim Hoppe, Todor Shiwkow – Eine politische Biographie, in: Osteuropa 5 (1978), S. 399-408, hier S. 399 f.

[103] Chary, Bulgarian Jews, S. 148-151.

len untergebracht, doch war dies nur kurze Zeit möglich, nämlich bis zum Ende der Frühjahrsferien. Das Eigentum der ausgewiesenen Sofioter Juden wurde versteigert.[104]

Weiteren deutschen Forderungen (insbesondere des RSHA) nach Deportation bulgarischer Juden hielt der Gesandte Beckerle die besondere Situation in Bulgarien entgegen. In seinen Berichten warb er in Berlin um Verständnis für die bulgarische Haltung. Sogar Polizeichef Hoffmann schrieb nach Berlin, man solle die bulgarische Regierung nicht zu sehr unter Druck setzen, wenn man sie sich nicht zum Feind machen wolle. Grundsätzlich sei Sofia mit einer Lösung im deutschen Sinne einverstanden, doch die Hauptschwierigkeit sei, „daß die bulgarische Regierung diese Frage nicht einfach über das Knie brechen kann". Sie müsse auf innen- und außenpolitische Faktoren Rücksicht nehmen. Beckerle bekräftigte diesen Eindruck, Boris und Filov hätten ihm gegenüber geäußert, die Juden würden dringend für den Arbeitseinsatz in Bulgarien benötigt. Die Deutschen müßten auch die bulgarische Mentalität berücksichtigen, den Mangel an „ideologischer Stärke", ihr Unverständnis gegenüber Antisemitismus. Beckerle schloß seinen Bericht mit der Bemerkung, nur ein deutscher Sieg könne an der bulgarischen Haltung in der Judenfrage etwas ändern.[105] Deutsche Erfolge aber blieben aus, vielmehr kam es zu weiteren Rückschlägen an der Ostfront. Waren im März und im Mai 1943 die Proteste der jüdischen Gemeinde und der Öffentlichkeit in Bulgarien der auslösende Faktor zur Verhinderung von Deportationen und Vernichtung, so sorgten dann die Erfolge der Alliierten dafür, daß die bulgarische Regierung bei ihrem Beschluß blieb, die Juden nicht zu deportieren.[106]

Der plötzliche Tod des Zaren Boris am 28. August 1943 fiel in die Zeit äußerer und innerer Krisen. Der Frontwechsel Italiens und die Rückschläge im Osten hatten das Ansehen der Achse auch auf dem Balkan geschwächt. Bulgariens Bedeutung als deutscher Verbündeter auf dem Balkan wuchs nach dem Ausfall Italiens. Die Führung übernahm ein dreiköpfiger Regentschaftsrat (Ministerpräsident Filov, der ehemalige Kriegsminister Michov und der Bruder des Königs, Prinz Kyrill), neuer Premier wurde der Senior des alten Kabinetts, Finanzminister Dobri Božilov. Sein Kabinett war das gemäßigste seit Januar 1940 – mit dem Exbotschafter in Ankara, Sava Kirov, als Außenminister, Ivan Beškov als Landwirtschaftsminister und Ivan Vazov als Handelsminister. Die beiden letzteren hatten den Protest gegen die Judenverfolgung unterzeichnet.[107]

Innenminister wurde Dočo Christov, einer der führenden Antisemiten im Parlament und Freund des Ex-Innenministers Gabrovski. Neuer Kommissar für Judenfragen wurde Christo Stomaniakov, kein professioneller Antisemit wie Belev, sondern stellvertretender Staatsanwalt des Sofioter Appellationsgerichts. So erfolgte doch anläßlich des Personalwechsels ein Wandel in der Judenpolitik: angesichts des stärkeren deutschen Interesses an der Balkanregion verlegten die Bulgaren die Judenfrage auf eine höhere Ebene.[108] Der neue Innenminister war einer der führenden Antisemiten des Landes, nicht aber der Judenkommissar, so daß Ende 1943 faktisch der Druck auf

---

[104] Ebenda, S. 151 f.; siehe auch den Bericht Hoffmanns vom 7. Juni 1943.
[105] Siehe Berichte Beckerles vom 7. Juni, 18. und 19. August 1943 (485357-359, K 206528-533); Hoffmann vom 24. Juni 1943 (173953-956); Wagner an Kaltenbrunner (RSHA), 31. August 1943 (K 206542-547).
[106] Chary, Bulgarian Jews, S. 156 f.
[107] Zur neuen bulgarischen Führung ausführlich Hoppe, Bulgarien, S. 148 f.
[108] Chary, Bulgarian Jews, S. 165 f.

die Juden nachließ. Die juristischen Restriktionen blieben bestehen, wurden aber nicht verschärft; vor allem hörte die Debatte über Judendeportationen auf. In einem seiner ersten Erlasse befahl der neue Innenminister, das bewegliche Eigentum der aus Sofia ausgesiedelten Juden aufzulösen. Die Deutschen interpretierten dies als Bekräftigung einer von der Regierung eingeschlagenen Judenpolitik im deutschen Sinne. Doch wurde den Juden erlaubt, im November 1943 für zehn Tage in die Hauptstadt zurückzukehren, um ihre Eigentumsfragen zu regeln.[109]

Während dieser Monate lebten die Sofioter Juden zusammengedrängt in den Häusern der Provinzjuden; Personen im arbeitsfähigen Alter dienten getrennt von ihren Familien in Arbeitseinheiten. In der Provinz waren die Juden einem rigorosen Regime mit beschränkter Bewegungsfreiheit und geringen Arbeitsmöglichkeiten ausgesetzt. Die ab August 1942 erlassenen Restriktionen blieben in Kraft. Nur eine kleine Minderheit der Juden befand sich in den Konzentrationslagern in Pleven und Samovit. In größeren Lagern wurden hauptsächlich Kommunisten und Partisanen interniert. Unter ihnen waren auch einige Juden, die mit den Partisanen gekämpft hatten oder Mitglieder der Kommunistischen Partei waren.

Mit dem Vormarsch der Roten Armee schwand der deutsche Einfluß in Bulgarien: die Regierung schwankte zwischen den Mächten und wartete, bis der Kampf entschieden war. Die kommunistischen Partisanenaktivitäten nahmen Ende 1943 zu; die sowjetischen Forderungen eskalierten mit den Erfolgen an der Front. So protestierte die Sowjetunion gegen die Verletzung der Neutralität durch den deutschen Schiffsbau in Varna und drohte mit Kriegserklärung an Bulgarien; außerdem forderte sie die Wiedereröffnung von Konsulaten. Die deutsche Seite hingegen forderte erfolglos den Bruch mit der Sowjetunion. Im November 1943 und im Januar 1944 erfolgten alliierte Luftangriffe auf Sofia, so daß man mit der Evakuierung vieler Behörden begann. Ironischerweise mußten schließlich die Bulgaren – wie acht Monate zuvor die Juden – Sofia verlassen. Gleichzeitig suchte die Regierung Kontakte zu den Alliierten anzuknüpfen. Schon im Oktober 1943 ließ die antisemitische Propaganda mit Rücksicht auf die Alliierten nach; die Bereitschaft zu Aktionen gegen die Juden schwand.

Nach Bildung eines Kabinetts am 1. Juni 1944 mit neuen, teilweise dem Hof nahestehenden Personen und dem ehemaligen Landwirtschaftsminister Ivan Bagrjanov an der Spitze suchte die Regierung einen Ausweg aus dem Krieg im Kontakt mit den Alliierten. Ministerpräsident Bagrjanov und Kriegsminister Rusi H. Rusev sprachen mit prominenten Vertretern der jüdischen Gemeinschaft; der Premier kündigte eine neue Politik gegenüber den Juden an, doch müsse die Regierung vorsichtig sein, solange die Deutschen noch im Lande seien und die Gefahr einer Intervention bestehe. Schließlich ernannte Judenkommissar Stomaniakov den Obersten Avram Tadžer, den Juden und Bulgaren gleichermaßen schätzten, zum Vorsitzenden des Zentralen Konsistoriums. Er hatte im Ersten Weltkrieg mit Bagrjanov als Offizier in derselben Einheit gedient.[110]

[109] Ebenda, S. 166.
[110] Ebenda, S. 173.

Das Ende der Judenverfolgung in Bulgarien

In der Regierungserklärung vom 17. August 1944 kündigte Bagrjanov vorsichtig Bulgariens Ausscheiden aus dem Krieg, den Abzug der Deutschen und Erleichterungen in der Judenfrage im geeigneten Moment an. Während Stojčo Mošanov mit einer bulgarischen Delegation in der Türkei bei den Alliierten um Frieden bat, hob am 31. August 1944 das Kabinett die Judenrestriktionen auf, die durch das Gesetz zum Schutz der Nation, den Erlaß vom 26. August 1942 und durch andere Bestimmungen definiert waren. Die Juden erhielten ihre vollen bürgerlichen Rechte zurück; jüdische Organisationen und Institutionen wurden wieder zugelassen. Auch wirtschaftlich wurden die Juden den Bulgaren wieder gleichgestellt; die Sondersteuern wurden aufgehoben. So war die Rechtslage vor dem 29. Januar 1941 wiederhergestellt. Auch versprach die Regierung die Rückgabe des konfiszierten Eigentums; das KEV, dem Justiz- und Finanzministerium unterstellt, hatte nun die Aufgabe, zur Wiedereinsetzung der Juden in ihre alten Rechte beizutragen. Die Waffenstillstandsverhandlungen wurden inzwischen in Ägypten fortgesetzt; die Deutschen bereiteten ihren Abzug aus Bulgarien vor, nachdem sie Pläne einer Intervention oder der Einsetzung einer Rechtsregierung fallengelassen hatten, zumal die Rote Armee schon an der Donau stand.[111]

Am 2. September 1944 wurde eine deutlich westlich orientierte Regierung unter Konstantin Muraviev und aus Mitgliedern der ehemaligen legalen Opposition gebildet, gegenüber der man größeres Entgegenkommen der Alliierten erhoffte. Jedoch kamen die Waffenstillstandsverhandlungen in Kairo nicht voran. In der Judenpolitik erließ die neue Regierung nur wenige Durchführungsbestimmungen zu der vom Kabinett Bagrjanov beschlossenen Gesetzgebung. Erst am 7. September 1944 wurde den Juden, die gegen antisemitische Gesetze verstoßen hatten, eine Amnestie gewährt; viele Juden begannen nach Sofia zurückzukehren.[112]

Am 5. September 1944 erklärte die Sowjetunion Bulgarien den Krieg, um einen Vorwand zum Einmarsch zu haben, während die Vaterländische Front und Partisanen in der Provinz und am 9. September in Sofia die Macht übernahmen. Ein neuer Regentschaftsrat und eine neue Regierung unter Kimon Georgiev wurden gebildet. Am 28. Oktober 1944 wurde in Moskau der Waffenstillstand unterzeichnet. Danach war Bulgarien zur Aufhebung der diskriminierenden Gesetzgebung gegen die Juden verpflichtet.[113] Bulgarien wurde einer Alliierten Kontrollkommission unterstellt, die die Durchführung der Bestimmungen überwachen sollte. Die Regierung der „Vaterländischen Front" erfüllte endlich, was die Bagrjanov-Regierung dekretiert hatte: Am 23. September 1944 kündigte Propagandaminister Dimo Kazasov die Rückgabe jüdischen Eigentums an, was nicht leicht zu realisieren war, da die Wirtschaftslage Bulgariens kritisch und das jüdische Eigentum häufig verloren oder zerstört war. Die Politik der Verstaatlichung von Industrie und Handel stellte abermals die Rückgabe des Ei-

---

[111] Ausführlich Hoppe, Bulgarien, S. 158-174; Chary, Bulgarian Jews, S. 173 ff.
[112] Hoppe, Bulgarien, S. 175-180; Chary, Bulgarian Jews, S. 175 f.
[113] Der Waffenstillstand mit Bulgarien vom 28. Oktober 1944 ist abgedruckt in: Sovetsko-bolgarskie otnošenija 1944-1948gg., Dokumenty i Materialy, Moskva 1969, S. 32-42; in Englisch in United Nations, Armistice Agreement between USA, USSR, UK and Bulgaria, Washington 1945. In deutscher Sprache ist der Waffenstillstand aufgrund eines Funkberichts vom 29. Oktober 1944, Sonderzug, Waffenstillstandsbedingungen für Bulgarien, enthalten in: PA, Handakten Ritter, Bulgarien, Bd. 1-3 (358011-017).

gentums in Frage. Doch versprach die Regierung finanzielle Entschädigung, soweit sie dazu in der Lage war. So war Hilfe von außen nötig: Ben Gurion sicherte Ende 1944 bei seinem Besuch in Bulgarien den bulgarischen Juden Hilfe zu; auch sprang das Jewish Joint Distribution Committee zugunsten armer Juden ein.[114] 1945/46 wurden Prozesse gegen die für die Kriegspolitik Verantwortlichen geführt. Die mit der Ausführung der Judenpolitik betrauten Personen, insbesondere die Mitarbeiter des KEV standen ab März 1945 vor Gericht.

Doch wichtiger als Entschädigungen oder Prozesse war ab 9. September 1944 für die bulgarischen Juden die Frage, ob sie in Bulgarien bleiben oder nach Palästina auswandern sollten. Die Zionisten propagierten die Übersiedlung nach Palästina, Kommunisten und Linke zunächst das Verbleiben der Juden in Bulgarien. Erst als sich die Beziehungen zwischen Großbritannien und der Sowjetunion verschlechterten und die Kommunisten im Oktober 1946 unter Georgi Dimitrov den Regierungskurs allein bestimmten, ließ der Widerstand gegen eine jüdische Emigration nach. Bereits 1946 und 1947 verließen viele Juden Bulgarien und siedelten nach Palästina über. Doch die britische White-Paper-Policy limitierte die jüdische Immigration. Wie alle Ostblockstaaten unterstützte auch Bulgarien den Plan eines jüdischen Staates und das Teilungsprojekt der UN für Palästina von 1948. Als die Zionisten den souveränen Staat Israel proklamierten, erkannte ihn die bulgarische Regierung an. Die Dimitrov-Regierung erlaubte den Juden die freie Auswanderung nach Israel, die im Mai 1948 verstärkt einsetzte. 40 000 Juden verließen Bulgarien und siedelten in Israel. Diese erstaunliche Aktion diente der Stärkung des israelischen Staates; sie sollte wohl die Briten brüskieren, den bulgarischen Staat von seiner Pflicht zur Rückgabe jüdischen Eigentums weitgehend befreien und aus Bulgarien einen ethnisch homogeneren Staat schaffen.[115]

Heute leben in Bulgarien ca. 5500 Juden, davon allein 3200 in Sofia, 600 in der zweitgrößten Stadt Plovdiv und die restlichen in verschiedenen Städten wie Varna, Burgas, Ruse, Jambol, Stanke Dimitrov und Kjustendil. Gesellschaftlich werden sie von der „Jüdischen Kulturorganisation" in Sofia vertreten.

Bilanz

Alle bulgarischen Juden, ca. 50 000, wurden gerettet; sie überstanden den Zweiten Weltkrieg unversehrt, obwohl Bulgarien mit Hitler-Deutschland verbündet war. Die von den Deutschen geforderten Maßnahmen gegen die Juden waren bei den Bulgaren unpopulär. Seit Jahrhunderten gewohnt, mit anderen Nationalitäten wie Türken, Griechen, Zigeunern, Armeniern und Juden zusammenzuleben, fehlte der bulgarischen Bevölkerung das Verständnis für Antisemitismus. Nur einige Splittergruppen auf der Rechten wie Ratnici und Legionäre gaben sich militant antisemitisch.

Die bulgarische Führung übernahm die deutsche Judengesetzgebung nur halbherzig und rudimentär; ihre Judenpolitik war mehr Teil ihres Taktierens, nämlich ihre

---

[114] Chary, Bulgarian Jews, S. 178.
[115] Hans-Joachim Hoppe, Georgi Dimitroff und die bulgarischen Juden, in: Allgemeine Jüdische Wochenzeitung vom 19. Juli 1974; ausführlich Oschlies, Bulgarien, S. 90-94.

Loyalität gegenüber Deutschland unter Beweis zu stellen, solange von diesem Schutz des Landes gegenüber der Sowjetunion und Erfüllung territorialer Wünsche zu erwarten waren. Hauptmaxime der Politik der bulgarischen Führung und insbesondere des Königs waren äußere Sicherheit und innere Stabilität. So kamen dem Kriegsverlauf und der öffentlichen Meinung Bulgariens auch bei der Judenpolitik großes Gewicht zu. Als im März und dann noch einmal im Mai 1943 die Frage der Deportation der bulgarischen Juden zur Debatte stand und die Vorbereitungen schon anliefen, war neben den Protesten aus der Öffentlichkeit entscheidend, daß die bulgarische Führung in dieser Frage wegen der geschwächten deutschen Position nach Stalingrad auch Rücksicht auf die Alliierten nehmen mußte. Nach dem Sommer 1943 war die Gefahr für die Juden weitgehend gebannt, da die Deutschen sich mit dem „Aufschub" der Deportationen zufrieden gaben und die Bulgaren im Hinblick auf ihre Sondierungen mit den Alliierten ihre Judenpolitik sogar schrittweise lockerten. Das Schicksal der Juden hätte nur noch durch einen Rechtsputsch, der aber selbst von den Deutschen als aussichtslos betrachtet wurde, und eine mögliche Okkupation des Landes, die anders als in Ungarn inopportun erschien, gefährdet werden können.[116]

Für die Rettung der bulgarischen Juden in der kritischen Phase des Frühjahrs 1943 war außer der Kriegslage der massive Protest der bulgarischen Gesellschaft wichtig. Die Proteste der Opposition hatten aber nur begrenzte Wirkung. Die kommunistische Agitation fand wegen der Randstellung der Partei kaum Beachtung. Prominente Oppositionspolitiker wie Mušanov, Stajnov und Petrov griffen die Judenpolitik als willkommenes Thema des politischen Kampfes gegen die Regierung auf und appellierten an das Gewissen der Öffentlichkeit. Entscheidend für die Umstimmung der Regierung waren jedoch die Proteste aus den eigenen Reihen: Die überraschende Aktion des Parlaments-Vizepräsidenten Pešev löste eine Serie von Protesten aus – der Parlamentarier, des Heiligen Synods, aus Kreisen des Hofes und gewichtiger Stimmen der Oberschicht, die bei der bulgarischen Führung und dem König Gehör fanden. Von Bedeutung waren nicht zuletzt die Aktivitäten der Juden selbst zu ihrer Rettung. Zur Änderung der Regierungspolitik und Verhinderung der Deportationen trug die Publizität, die die Frage der bulgarischen Juden, inzwischen selbst in höchsten Kreisen des westlichen Auslands, in Großbritannien und den USA errungen hatte, entscheidend bei.

Die bulgarischen Juden wurden gerettet, nicht hingegen die mazedonischen und thrazischen Juden. Insgesamt wurden mindestens 11 343 Personen jüdischer Herkunft von den Bulgaren deportiert. Als Entschuldigung wird immer wieder angeführt, die bulgarische Regierung habe die Gebiete Mazedonien und Thrazien von den Deutschen geschenkt bekommen und daher dort nur eingeschränkte Vollzugsgewalt gehabt. Die Deportationen von dort seien deshalb im Grunde das Werk der Deutschen. Tatsache ist aber, daß Bulgarien sich die neuen Territorien trotz deutscher Vorbehalte einer endgültigen späteren Regelung im Rahmen der „Neuen Ordnung" administrativ voll einverleibt und in der Praxis entsprechend behandelt hat. Der Deportation stimmte die bulgarische Regierung zwar auf deutschen Druck, aber aufgrund eigener

---

[116] Ungarn konnte sich in den Kriegsjahren erfolgreich den deutschen Wünschen nach Judendeportationen widersetzen, bis es im März 1944 von deutschen Truppen besetzt und zu einer Regierungsumbildung veranlaßt wurde. Zur Judenpolitik und den Deportationen nach dem Frühjahr 1944 siehe den Beitrag über Ungarn im vorliegenden Band.

unabhängiger Entscheidung zu; auf ihre Weisung wurde ein Judenkommissariat eingerichtet; es waren bulgarische Beamte, die in Zusammenarbeit mit deutschen „Bera-
tern" die Deportation der mazedonischen und thrazischen Juden durchführten. Die
Bereitwilligkeit der bulgarischen Führung ist aus ihrem Ziel zu erklären, den slawischen Bevölkerungsanteil in den besetzten Gebieten durch Abwanderung der Griechen und Deportation der Juden zu erhöhen. Bei der Behandlung der mazedonischen
und thrazischen Juden kannten die Bulgaren keine Skrupel, denn es waren nicht ihre
„eigenen", sondern „fremde" Juden. Ihr Schicksal fand weder Fürsprecher, noch die
Publizität, die den bulgarischen Juden das Leben rettete. Bulgarien war mit seiner Judenpolitik unter den Achsenländern ein Sonderfall, aber nicht die einzige Besonder-
heit.[117] Bulgarien ist das Paradebeispiel für die Haltung eines Landes, das weder fa-
schistisch noch antisemitisch, wohl aber „opportunistisch" war.

Wie die Juden in kollaborierenden Ländern wie Bulgarien, Rumänien und Ungarn
größere Chancen als in den besetzten Ländern hatten, so war für ihr Schicksal die Für-
sprache aus Regierungskreisen wichtiger als die Aktivität der Opposition. Letztlich
hing aber die Judenpolitik stärker von der äußeren als von der inneren Entwicklung
ab. Noch 1942 wuchs der deutsche Druck auf Bulgarien und war auch im März 1943
trotz der Rückschläge an der Ostfront bestimmend, so daß die Regierung in Bulgarien
einen Kompromiß einging und die Juden aus den besetzten Gebieten deportierte. Es
scheint, als ob die mazedonischen Juden zugunsten der in Altbulgarien geopfert wurden. Doch spielte Zar Boris offenkundig auf Zeit, überließ die Juden in Mazedonien
den Deutschen und erfand immer neue Gründe, um die bulgarischen Juden zurück-
zuhalten. Als im Mai 1943 die Juden aus dem bulgarischen Kernland deportiert werden sollten, war der deutsche Einfluß durch den Krieg schon so geschwächt, daß sich
die Opposition gegen die Judenpolitik durchsetzte. Und ab Sommer 1943 überwogen
Rücksichten auf die innere öffentliche Meinung und auf die Alliierten, mit denen man
einen Sonderfrieden anstrebte, die Beachtung deutscher Wünsche. So wurden die bulgarischen Juden gerettet.[118]

---

[117] Ausführlich Chary, Bulgarian Jews, S. 193-199.
[118] Oschlies, Bulgarien, S. 77 f.

Holm Sundhaussen

Jugoslawien

Zahl und räumliche Verteilung der Juden im Jahre 1941

Ende Januar 1921 fand im „Königreich der Serben, Kroaten und Slowenen" (ab 1929 „Königreich Jugoslawien") die erste Volkszählung statt, bei der die Bürger u.a. nach Muttersprache und Konfession gefragt wurden. Als Juden im Sinne dieser Erhebung galten alle Personen, die sich zum mosaischen Glauben bekannten (Aschkenasim, Sephardim und orthodoxe Juden). Ihre Zahl belief sich auf annähernd 65 000 Personen bzw. auf rund 0,5% der jugoslawischen Gesamtbevölkerung. Zehn Jahre später, zum Zeitpunkt der zweiten und letzten Zählung in der Zwischenkriegsperiode, hatte sich die Zahl der jüdischen Einwohner um 5,6% auf nahezu 68 500 Personen erhöht.

Tabelle 1: Die Zahl der Juden nach den Bevölkerungsstatistiken von 1921 und 1931

Landesteile:	Ergebnisse: 1921	1931[1]
Slowenien	946	820
Kroatien, Slawonien	20 562	20 098
Dalmatien	314	532
Montenegro	17	21
Bosnien, Herzegowina	12 031	11 275
Serbien, Mazedonien	11 814	16 914[2]
Baranja, Batschka, Banat	19 069	18 745[3]
Jugoslawien	64 753	68 405[4]

Quellen: Definitivni rezultati popisa stanovništva od 31.1.1921. god., Sarajevo 1932; Definitivni rezultati popisa stanovništva od 31. marta 1931. god., Bd. 2, Beograd 1938.

[1] Die Angaben für 1931 (erhoben nach Banschaften) wurden auf die historischen Landesteile umgerechnet.
[2] Davon über 7000 in Mazedonien.
[3] Davon 4106 im Banat.
[4] 39 010 Aschkenasim, 26 168 Sephardim und 3227 Orthodoxe. Die Sephardim siedelten hauptsächlich in den Gebieten südlich von Save und Donau (ehem. Osmanisches Reich), die Aschkenasim in den nördlichen Landesteilen (ehem. Habsburger Monarchie). Auch in sprachlicher Hinsicht bildeten die Juden Jugoslawiens keine Einheit. 1931 gaben 26 896 Juden Serbokroatisch als ihre Muttersprache an, 17 998 sprachen „Jüdisch" (Ladino und Jiddisch), 11 170 bekannten sich zum Ungarischen, 10 026 zum Deutschen und der Rest zu anderen Sprachen, vgl. Die Gliederung der Bevölkerung des ehem. Jugoslawien nach Muttersprache und Konfession (nach unveröffentl. Angaben der Zählung von 1931), bearb. u. hrsg. von der Publikationsstelle Wien, Wien 1943, S. 10.

Unterstellt man für das Jahrzehnt von Ende März 1931 bis Anfang April 1941 dieselbe Zuwachsrate wie in den 20er Jahren (nämlich durchschnittlich 0,5% im Jahr), so ergäbe dies ca. 72 200 Juden bei Beginn des deutschen Jugoslawienfeldzuges. Die Mitgliederzahlen der jüdischen Glaubensgemeinden in Jugoslawien bestätigen das auf diese Weise gewonnene Ergebnis bis 1938 mit nur geringfügigen Abweichungen. So wurden 1936 71070 und zwei Jahre danach 72079 Juden in den Mitgliederverzeichnissen des Bundes geführt.[1] In der Folgezeit setzte ein deutlicher Rückgang ein. 1940 bezifferte der Bund seine Mitglieder auf nurmehr 66 843 Personen.[2] Diese Abnahme dürfte im Zusammenhang mit den antijüdischen Maßnahmen der im Herbst 1939 gebildeten Regierung Cvetković/Maček stehen.[3] Es scheint, daß der zunehmende Antisemitismus die Betroffenen vereinzelt zur Auswanderung nach Palästina[4] und (in wesentlich stärkerem Umfang) zur Distanzierung von ihrer Glaubensgemeinschaft veranlaßte. Da jedoch eine derartige Distanzierung für die nationalsozialistische Rassen- und Verfolgungspolitik irrelevant war, muß dieser Personenkreis im folgenden mitberücksichtigt werden. Das bedeutet, daß für die Zeit vor dem deutschen Überfall mit 71000 bis 72000 jugoslawischen Juden zu rechnen ist.[5] Nicht berücksichtigt sind dabei die nach Jugoslawien geflohenen ausländischen Juden (vor allem aus Deutschland, Österreich und der Tschechoslowakei), insgesamt rund 55 000 Menschen, von denen jedoch der weitaus größere Teil das Land nach einem kurzen Aufenthalt wieder verließ, um in Palästina eine neue Heimat zu finden. Etwa 4000 – 6000 Flüchtlinge blieben zurück, u.a. in der kroatischen Hauptstadt Zagreb sowie in der Nähe der jugoslawisch-rumänischen Grenze.[6] Rechnet man diese zu den einheimischen Juden hinzu, so gelangt man zu einer Gesamtziffer von 75-78000 Juden in Jugoslawien.[7]

Das statistische Problem ist damit aber noch nicht völlig gelöst, da für die spätere Verfolgung nicht nur das konfessionelle Bekenntnis, sondern auch die Abstammung von Belang war, d.h. daß auch diejenigen Personen bedroht waren, die sich bereits vor den erwähnten Volkszählungen von 1921 und 1931 vom mosaischen Glauben abgewandt hatten. Inwieweit sich dadurch die Zahl der Juden in Jugoslawien erhöhte, ist unbekannt.[8] Unbekannt ist auch, wieviele dieser potentiell gefährdeten Menschen von ihren Verfolgern entdeckt wurden. Alles in allem darf aber die Gesamtzahl der vom Holocaust bedrohten Juden in Jugoslawien auf rund 80 000 Personen (mit einer Fehlerquote von +- 5%) angesetzt werden. Dies entspricht in etwa den auf andere Weise ermittelten Schätzungen des Belgrader Historikers Jaša Romano[9]:

---

[1] Nach Angaben in der Belgrader jüdischen Zeitung (Beogradske židovske novine); vgl. Anlage zum Bericht der Deutschen Gesandtschaft in Belgrad vom 15.8.1940 an AA, Politisches Archiv des Auswärtigen Amtes (PAAA), Inl. II A/B, Bd. 65/4; Jevrejski narodni kalendar. 5698 (1937-1938), Beograd (1938), S. 157 ff.

[2] Nach Jaša Romano, Jevreji Jugoslavije 1941-1945. Žrtve genocida i učesnici NOR-a, Beograd 1980, S. 13.

[3] Vgl. dazu u.a. Romano, Jevreji, S. 12 f.; Zločini fašističkih okupatora i njihovih pomagača protiv Jevreja u Jugoslaviji, Beograd 1952, S. XIII.

[4] Martin Gilbert, Jewish History Atlas, London 1969, S. 87. Der Verfasser beziffert die Zahl der Abwanderer aus Jugoslawien von 1933 bis 1944 auf insgesamt 800.

[5] Vgl. auch Eduard Mosbaher, Jugoslovenski Jevreji u svetlosti statistike, in: Jevrejski narodni kalendar za 5701.g. (1940-1941). Zit. nach Romano, Jevreji, S. 13. Mosbaher errechnete auf der Basis statistischen Materials 71 347 Juden.

[6] Vgl. Aleksandar Arnon, 10 godina rada u korist jevrejskih izbjeglica u Jugoslaviji (1933-1942), Tel Aviv o.J., S. 1 ff.; Harriet P. Freidenreich, The Jews of Yugoslavia. A quest for community, Philadelphia 1979, S. 186 ff.; Zločini, S. XII; Zdenko Löwenthal (Hrsg.), The Crimes of the Fascist Occupants and their Collaborators against Jews in Yugoslavia, Belgrade 1957, S. XII.

[7] Die Enciklopedija Jugoslavije (Bd. 4, Zagreb 1960, S. 491) gibt 76 654 Juden an. Aus dem Kontext geht nicht hervor, ob es sich dabei nur um jugoslawische oder um jugoslawische und ausländische Juden handelt.

[8] In einem deutschen Bericht von Anfang 1939 wird unter Berufung auf Angaben des jugoslawischen Ministerpräsidenten Stojadinović von 80 000 – 100 000 Juden (gemäß Konfession und Abstammung) gesprochen, Bericht der Deutschen Gesandtschaft Belgrad vom 1.2.1939 an AA, PAAA, Inl. II A/B, Bd. 65/4.

[9] Romano stützt sich vor allem auf Nachkriegsuntersuchungen und Erhebungen regionalen Charakters. Seine Beweisführung schließt die Möglichkeit von Doppelzählungen allerdings nicht völlig aus.

Tabelle 2: Die Juden in Jugoslawien 1941 (Schätzung)

Landesteile:	Jüdische Bevölkerung:
Slowenien	ca. 1000
Kroatien, Slawonien	ca. 25 000
Dalmatien, Montenegro und	
Sandschak Novi Pazar	ca. 730
Bosnien, Herzegowina	ca. 14 500
Serbien	ca. 12 500
Mazedonien	7762
Kosovo	ca. 550
Baranja, Batschka	ca. 16 000
Banat	ca. 4200
Jugoslawien	ca. 82 242

Quelle: J. Romano, Jevreji Jugoslavije 1941-1945. Žrtve genocida i učesnici NOR-a, Beograd 1980, S. 14.

Zum Schluß dieser statistischen Übersicht sei noch erwähnt, daß die jüdische Bevölkerung fast vollständig urbanisiert war und daß sich die größten mosaischen Gemeinden in Belgrad, Zagreb und Sarajevo befanden. Allein in diesen drei Städten lebten 1931 mehr als 25 000 Juden. Größere jüdische Gemeinden (mit jeweils mehr als 2000 Mitgliedern) gab es darüber hinaus in den Städten Bitola, Subotica, Novi Sad, Skopje und Osijek. Der Anteil dieser Gruppen an der jeweiligen Gesamtbevölkerung bewegte sich zwischen 2% und 6% (Belgrad 3%).[10]

Nach dem deutschen „Blitzfeldzug" vom 6. bis 17. April 1941 wurde Jugoslawien auf Weisung Hitlers „als Staat" zerschlagen und unter Mißachtung des Völkerrechts zwischen fünf „Erwerberstaaten" aufgeteilt.[11] Das Deutsche Reich erhielt die Südsteiermark, den südlichen Randstreifen von Kärnten sowie die Nordkrain – also den nördlichen und östlichen Teil Sloweniens. Der südliche Teil Sloweniens, einschließlich der Landeshauptstadt Ljubljana, sowie ein Teil Dalmatiens fielen an Italien. Die Juden bildeten in diesen Gebieten nur eine verschwindend kleine Minderheit (einige hundert Menschen). Ähnliches gilt für Montenegro, das als Staat unter italienischem Schutz wiederauferstehen sollte sowie für Kosovo und einen Teil Westmazedoniens, die an das italienische „Großalbanien" kamen. Der Hauptteil Mazedoniens (mit über 7000 Juden, vorwiegend in Bitola und Skopje) sowie ein Winkel Südostserbiens wurden von den Bulgaren annektiert. Restserbien – etwa in den Grenzen vor den Balkankriegen von 1912/13 – unterstand ebenso wie das Banat der deutschen Militärverwaltung in Belgrad. Die jüdische Bevölkerung im deutschen Besatzungsgebiet belief sich auf annähernd 17 000 Menschen, davon über 10 000 in Belgrad (einschließlich der Flüchtlinge)[12] und über 4000 im Banat. Ungarn erhielt die Batschka und Baranja mit

---

[10] Zur Verteilung vgl. Definitivni rezultati popisa stanovništva od 31 marta 1931 godine, Knj. II, Beograd 1938, S. VIII ff.; ferner Blackbook of Localities, whose Jewish Population was Exterminated by the Nazis, (Jerusalem) 1965, S. 365 ff.

[11] Zu den Einzelheiten (mit entsprechendem Kartenmaterial) vgl. u.a. Klaus Olshausen, Zwischenspiel auf dem Balkan. Die deutsche Politik gegenüber Jugoslawien und Griechenland von März bis Juli 1941, Stuttgart 1973, S. 153 ff.

[12] Nach der deutschen Besetzung wurden die Juden in Belgrad zur Registrierung aufgefordert. Bis Ende Juni 1941 meldeten sich insgesamt 9400 Juden, s. Venceslav Glišić, Teror i zločini nacističke Nemačke u Srbiji 1941-1944, Beograd 1970, S. 82. Andere waren bereits geflüchtet (z.B. nach Mazedonien), hielten sich versteckt oder waren als Angehörige der jugoslawischen Armee in Kriegsgefangenschaft geraten.

insgesamt ca. 16 000 Juden (Schwerpunkte in Subotica und Novi Sad) sowie das Murgebiet (im äußersten Nordwesten des jugoslawischen Territoriums, wo etwa 1000 jüdische Einwohner lebten). Kroatien-Slawonien und Bosnien-Herzegowina wurden Be-
standteile des „Unabhängigen Staates Kroatien" (USK), der sich im Osten bis zur
früheren k.u.k. Grenze an der Drina erstreckte. Auf diesem Raum lebten 40-50% der
jugoslawischen Konfessionsjuden (mit Zentren in Zagreb, Sarajevo und Osijek).

Von einer einheitlichen antijüdischen Politik im aufgeteilten Jugoslawien konnte
anfangs keine Rede sein. Während die Machthaber im USK – die Ustaše unter Führung Ante Pavelićs – die nationalsozialistische Verfolgungspolitik bis zum Genocid
nachvollzogen, widersetzten sich die drei Besatzungsmächte Italien, Ungarn und Bulgarien der vom „Dritten Reich" angestrebten „Endlösung der Judenfrage" oder folgten
ihr unter Druck nur zögernd und widerwillig. Diese Tatsache hat unter der jüdischen
Bevölkerung Fluchtbewegungen ausgelöst, die eine quantitative Erfassung des Ver-
nichtungsgeschehens zusätzlich erschweren.

Die folgenden Ausführungen konzentrieren sich auf das deutsche Besatzungsgebiet
und den USK, einschließlich der italienischen Besatzungszonen. Die Territorien unter
bulgarischer und ungarischer Okkupation werden dagegen nur kurz und der Vollstän-
digkeit halber behandelt, da den antijüdischen Maßnahmen beider Besatzungsmächte
eigenständige Beiträge gewidmet sind.[13]

Das deutsche Besatzungsgebiet (Serbien und Banat)[14]

Unmittelbar nach dem Einmarsch deutscher Truppen in Serbien wurde die dortige jüdische Bevölkerung den gleichen Unterdrückungen unterworfen wie die Juden im
„Dritten Reich".[15] Bereits am 16. April 1941 erging eine Aufforderung an die Juden
der Hauptstadt, sich innerhalb von drei Tagen bei den Polizeibehörden zu melden, da
sie andernfalls erschossen würden. Insgesamt ließen sich 9145 Personen registrieren,
während sich rund 2000 Betroffene der Meldepflicht entzogen und sich versteckten.[16]

---

[13] Zu den Judenverfolgungen auf dem gesamten jugoslawischen Territorium vgl. außer den bereits genannten
    Arbeiten auch Jaša Romano/Lavoslav Kadelburg, The Third Reich: Initiator, Organizer and Executant of
    Anti-Jewish Measures and Genocide in Yugoslavia, in: The Third Reich and Yugoslavia 1933-1945, Bel-
    grade 1977, S. 670-690.
[14] Für Quellenhinweise zum folgenden Abschnitt danke ich Karl-Heinz Schlarp (Hamburg), der in seiner Ar-
    beit, Wirtschaft und Besatzung in Serbien 1941-1944. Ein Beitrag zur nationalsozialistischen Wirtschaftspo-
    litik in Südosteuropa, Stuttgart 1986, S. 294 ff. die ökonomische Entrechtung der serbischen Juden behan-
    delt.
[15] Vgl. „Verordnung betreffend die Juden und Zigeuner" vom 30.5.1941, in: Verordnungsblatt des Militärbe-
    fehlshabers in Serbien, Nr. 8 vom 31.5.1941, S. 84 ff. Dazu Glišić, Teror, S. 81 ff.; Löwenthal, Crimes, S. 1 f.;
    Ivanović Lazar, Jevrejsko pitanje u Beogradu za vreme okupacije 1941-1944 g., in: Beograd u ratu i revolu-
    ciji 1941-1945, Beograd 1971, S. 189 ff.; Raul Hilberg, The Destruction of the European Jews, London
    1961, S. 435 f. In der Verordnung vom 30.5.1941 (§ 6) war u.a. auch der „Arbeitszwang" für Juden beiderlei
    Geschlechts im Alter von 14-60 Jahren vorgesehen. Am 25. Juni 1941 berichtete ein zionistischer Funktio-
    när (M. Kahany) in einem Brief aus Genf, daß auf den Straßen Belgrads kaum noch Juden anzutreffen sein,
    „weil sie praktisch alle von den Deutschen zur Zwangsarbeit verschleppt worden" seien. Zit. nach Martin
    Gilbert, Auschwitz und die Alliierten, München 1982, S. 32.
[16] Slavko Goldstein, „Konačno rješenje" jevrejskog pitanja u jugoslovenskim zemljama, in: Židovi na tlu Ju-
    goslavije, Zagreb 1988, S. 182 f. Eine stellenweise gekürzte englische Fassung dieses Ausstellungskatalogs
    erschien unter dem Titel „Jews in Yugoslavia", Zagreb 1989.

Die Phase der vorwiegend rechtlichen, psychologischen und wirtschaftlichen Diskriminierung war jedoch von relativ kurzer Dauer. Als sich nach Beginn des deutschen Rußlandfeldzuges am 22. Juni 1941 die Widerstandsaktionen im jugoslawischen Raum häuften, eskalierten auch die Verfolgungen der Juden. Die Tatsache, daß sich einzelne Juden – im Bewußtsein der ihnen drohenden Gefahren – an den von der KPJ geführten Widerstandsaktionen beteiligten[17], lieferte den Besatzungsorganen einen willkommenen Anlaß, durch kollektive Gleichsetzung von Juden, Kommunisten und Partisanen die jüdische Bevölkerung Schritt für Schritt zu „liquidieren", ähnlich wie dies von den Einsatzgruppen der SS in der Sowjetunion praktiziert wurde. Nachdem es bereits im Sommer 1941 zu vereinzelten „Vergeltungsmaßnahmen" an der jüdischen Bevölkerung Serbiens gekommen war[18], leitete der berüchtigte „Sühnebefehl" des Oberkommandos der Wehrmacht vom 16. September 1941 die massenhafte Tötung ein. Keitel ordnete darin an, daß als „Sühne" für ein deutsches Soldatenleben im allgemeinen 50-100 Kommunisten mit dem Tode bestraft werden sollten.[19] Dieser Befehl wurde am 28. September 1941 durch den „Geiselnahmebefehl" ergänzt, in dem der Chef des OKW verfügte, „daß die Militärbefehlshaber ständig über eine Anzahl von Geiseln der verschiedenen politischen Richtungen... zu verfügen hätten und je nach Zugehörigkeit der Täter bei Überfällen Geiseln der entsprechenden Gruppe zu erschießen seien".[20]

Der Bevollmächtigte Kommandierende General in Serbien (von September bis Dezember 1941 General Franz Böhme) wandte den „Sühnebefehl" mit aller Schärfe an und setzte die Vergeltungsquote am 10. Oktober auf das im OKW-Befehl angegebene Höchstmaß von 1:100 für einen getöteten bzw. 1:50 für einen verwundeten deutschen Soldaten (oder Volksdeutschen) fest. Gleichzeitig ordnete er an, daß in sämtlichen militärischen Standorten Serbiens durch schlagartige Aktionen umgehend „alle Kommunisten", „sämtliche Juden" sowie eine bestimmte Anzahl nationalistisch und demokratisch gesinnter Einwohner als Geiseln festzunehmen seien. „Diesen Geiseln und der Bevölkerung ist zu eröffnen, daß bei Angriffen auf deutsche Soldaten oder auf Volksdeutsche die Geiseln erschossen werden."[21] In einem Befehl des Chefs des Verwaltungsstabes (SS-Gruppenführer Harald Turner) vom 26. Oktober 1941 an sämtliche Feld- und Kreiskommandanturen heißt es dazu ergänzend: „Grundsätzlich ist festzulegen, daß Juden und Zigeuner ganz allgemein ein Element der Unsicherheit und damit Gefährdung der öffentlichen Ordnung und Sicherheit darstellt (sic!). Es ist der jüdische Intellekt, der diesen Krieg heraufbeschworen hat und der vernichtet werden muß. (...) Es ist festgestellt worden, daß das jüdische Element an der Führung der

---

[17] Vgl. Romano, Jevreji, S. 204 ff. Ferner Slavko Goldstein, Židovi u narodnooslobodilačkom ratu, in: Židovi na tlu Jugoslavije, S. 192 ff.

[18] Vgl. Kriegstagebuch der Einheit 08633, Juli 1941, 5.7.1941 (Nbg. Dok. NOKW-902): „13 Juden und Kommunisten" erschossen nach Entdeckung von Explosivstoff in einem Luftschutzkeller; Fernschreiben des Befehlshabers Serbien vom 27.7.1941 an Wehrmachtsbefehlshaber Südost (WBSO) (Nbg. Dok. NOKW-1057): Erschießung von 100 Juden wegen Brennstoffanschlägen); Fernschreiben des WBSO an OKW, Tagesmeldung vom 29.7.1941 (Nbg. Dok. NOKW-251): Hinrichtung von 122 „Kommunisten und Juden" wegen Sabotage; etc. Vgl. auch (mit weiteren Quellenhinweisen) Christopher Browning, Wehrmacht Reprisal Policy and the Mass Murder of Jews in Serbia, in: Militärgeschichtliche Mitteilungen 33 (1983), S. 31 f.

[19] Nbg. Dok. NOKW-258. Vgl. hierzu und zum folgenden auch Browning, Wehrmacht, S. 37 ff.

[20] Nbg. Dok. NOKW-458.

[21] Nbg. Dok. NOKW-557. Böhmes Nachfolger, General Bader, setzte am 22.12.1941 die Sühnequote auf die Hälfte herab (Nbg. Dok. NOKW-342).

Banden erheblich beteiligt und gerade Zigeuner für besondere Grausamkeiten und den Nachrichtendienst verantwortlich sind."[22] Am 3. November 1941 – nachdem die in Belgrad lebenden Juden bereits in Lagern interniert worden waren[23] – forderte Turner die Feld- und Kreiskommandanturen in Serbien noch einmal auf, „grundsätzlich in jedem Fall alle jüdischen Männer" als Geiseln der Truppe zur Verfügung zu stellen.[24] Die Aktion war Mitte oder Ende November 1941 abgeschlossen. Betroffen waren alle jüdischen Männer aus dem Banat (die schon Ende August in das Belgrader Lager „Topovske šupe" verbracht worden waren)[25], aus Belgrad und aus dem Innern Serbiens[26], soweit sie nicht durch Flucht oder Anschluß an die Widerstandsbewegung sich dem Zugriff der Besatzungsmacht und ihrer serbischen Kollaborateure hatten entziehen können.

Unmittelbar anschließend erfolgte die Internierung der jüdischen Frauen und Kinder, die Turner bereits in den zitierten Befehlen vom 26. Oktober und 3. November angekündigt hatte.[27] In einem Dokument vom 5. Dezember 1941 wird berichtet, daß sämtliche Juden und Zigeuner in ein Konzentrationslager bei Zemun überführt worden seien. Gemeint war das Lager Sajmište auf dem ehemaligen Belgrader Messegelände (am linken Ufer der Save). Insgesamt habe es sich um etwa 16 000[28] Internierte gehandelt.[29] Das Durchgangslager (Dulag) 183 in Sajmište war erst kurz zuvor fertiggestellt worden und diente vor allem der Aufnahme jüdischer Frauen und Kinder sowie des Rests männlicher Juden, die zuvor in den beiden früheren Belgrader Lagern „Topovske šupe" und „Banjica" untergebracht worden waren.[30]

---

22 Nbg. Dok. NOKW-802.

23 Vgl. Chef der Sipo und des SD vom 20.10.1941: Ereignismeldung UdSSR Nr. 119 (Nbg. Dok. NO-3404).

24 Nbg. Dok. NOKW-801.

25 Die Verhaftung und Deportation der Banater Juden nach Belgrad hatte Mitte August 1941 begonnen. Die Männer wurden in den Belgrader Lagern interniert, während Frauen und Kinder zunächst auf freiem Fuß blieben, vgl. Božidar Ivković, Uništenje Jevreja i pljačka njihove imovine u Banatu 1941-1944, in: Tokovi revolucije 1 (1967), S. 384 ff.

26 Zur Festnahme der Juden in Smederevo vgl. Tagesmeldung des Befehlshabers Serbien vom 26.9.1941, IfZ, MA-1034, 422, 778-781. Die wichtigsten Lager im Innern Serbiens befanden sich in Šabac und Niš. In Šabac waren neben einheimischen vor allem ausländische Juden untergebracht. Es handelte sich um eine Gruppe deutscher, österreichischer und tschechischer Juden, die Anfang 1940 versucht hatte, donauabwärts über das Schwarze Meer nach Palästina zu gelangen. Da die rumänischen Behörden die Durchreisevisa verweigerten, fiel der größte Teil der Gruppe (mehr als 1100 Menschen) in die Hände der deutschen Besatzungsorgane und wurde nach Šabac transportiert, s. Bericht von A. Arnon über Jugoslawien, Eichmannprozeß, Dok. 1119; Löwenthal, Crimes, S. 7. Im Lager Niš waren Anfang 1942 200-300 Juden interniert. Nach einer Revolte im Lager am 12.2.1942 wurden die Männer erschossen. Frauen und Kinder kamen in das Lager Sajmište, vgl. Löwenthal, Crimes, S. 6. Eine ausführliche Darstellung der Ereignisse im Lager Niš findet sich in der vom örtlichen Volksmuseum herausgegebenen Broschüre von Zoran Milentijević, Jevreji zatočenici logora Crveni krst, Niš 1978. Dort heißt es (S. 20), daß in der Zeit zwischen 1941 und 1944 insgesamt über 1000 Juden (aus Niš und Umgebung sowie Flüchtlinge) nach vorübergehender Internierung im Lager erschossen oder nach Sajmište deportiert worden seien.

27 Vgl. Anm. 22 und 24.

28 Die Zahl ist unglaubwürdig. Es scheint, daß sie nicht das Ergebnis einer Erhebung, sondern eine Schätzung auf Grund falscher Ausgangsdaten darstellte (ähnlich wie die Angaben in den weiter unten zu behandelnden Telegrammen Benzlers und den damit zusammenhängenden Aufzeichnungen Rademachers). In der 10-Tagesmeldung des Bevollm. Kdr. Generals in Serbien, Abt. Ia, vom 20.12.1941 heißt es, daß bis zum 15. Dezember 5281 Personen dem Juden- und Zigeunerlager in Zemun zugeführt wurden, Militärarchiv Freiburg (MA), RW 40/48, Anlage 26.

29 WBSO vom 5.12.1941: Bemerkungen anläßlich einer Reise des stellvertretenden Oberbefehlshabers nach Belgrad (Nbg. Dok. NOKW-1150).

30 Vgl. Löwenthal, Crimes, S. 4. Zum Lager Sajmište vgl. ausführlich Lazar Ivanović/Mladen Vukmanović, Dani smrti na Sajmištu, Novi Sad 1969 und Venceslav Glišić, Concentration Camps in Serbia (1941-1944), in: The Third Reich and Yugoslavia, 1933-1945, Belgrade 1977, S. 702 ff.

Fast gleichzeitig mit den Massenverhaftungen begannen auch die Massenerschießungen jüdischer Männer. Bereits seit Anfang September 1941 wurden einzelne
Gruppen jüdischer Lagerinsassen zur Exekution geführt.[31] Der Versuch des deutschen
Gesandten in Belgrad, Felix Benzler, die männlichen Juden (angeblich 8000[32] „Hetzer") donauabwärts oder ins „Generalgouvernement" abzuschieben, zerschlug sich am
Widerstand der übergeordneten Behörden im Reich.[33] „Eichmann schlägt Erschießen
vor", steht in diesem Zusammenhang in einer Randnotiz Rademachers, des Sachbear-
beiters der „Abteilung Deutschland" im Auswärtigen Amt, nach einem Gespräch mit
dem „Judenreferenten" im Reichssicherheitshauptamt (RSHA), Adolf Eichmann.[34]
Während Benzler noch für die Realisierung seines Vorschlags der Abschiebung
kämpfte, ereignete sich in Serbien ein Vorfall, der auf Grund des „Sühnebefehls" die
Ausrottung des serbischen Judentums dramatisch beschleunigte. Am 2. Oktober 1941
überfielen serbische Partisanen in der Nähe von Topola eine Einheit des Armee-
Nachrichten-Regiments 521 und töteten 21 deutsche Soldaten, die sich bereits ergeben hatten.[35] Der Bevollmächtigte Kommandierende General Böhme erließ daraufhin
am 4. Oktober einen Vergeltungsbefehl, in dem es u.a. hieß: „Als Repressalie und
Sühne sind sofort für jeden ermordeten deutschen Soldaten 100 serbische Häftlinge
zu erschießen. Chef der Militärverwaltung wird gebeten, 2100 Häftlinge in den Konzentrationslagern Šabac[36] und Belgrad (vorwiegend Juden und Kommunisten) zu bestimmen und Ort, Zeit sowie Beerdigungsplätze festzulegen."[37]
Als Opfer für diese drastische Vergeltungsmaßnahme wählte die Einsatzgruppe
(EG) der Sicherheitspolizei und des SD 805 Juden und Zigeuner aus dem Lager Šabac sowie 1295 Belgrader Juden aus[38], die in den folgenden Tagen von Einheiten der Wehrmacht erschossen wurden.[39] Keine dieser Personen stand mit dem Vorfall, der „ge-
sühnt" werden sollte, in irgendeiner Beziehung. Vielmehr wurden die Partisanenbekämpfung und die angestrebte Ausrottung der Juden bewußt miteinander verknüpft.

---

[31] Vgl. Löwenthal, Crimes, S. 3 f.; Ivkovič, Uništenje, S. 38.

[32] Die Ziffer stammte von Turner, und zwar handelte es sich um 4700 Juden aus Belgrad, 1500 aus Smederevo, 1200 aus Šabac und 600 aus dem Banat. Wie sich später herausstellte, war die Zahlenangabe falsch, da
die Juden aus Semederevo und dem Banat bereits in der Belgrader Zahl enthalten waren, s. Aufzeichnung
Rademachers vom 25.10.1941 über das Ergebnis seiner Dienstreise nach Belgrad (Nbg. Dok. NG-3354).

[33] Vgl. Benzlers Korrespondenz mit dem AA, ebenda; vgl. auch Christopher Browning, The Final Solution
and the German Foreign Office, New York 1978, S. 56 ff.

[34] Telegramm Benzlers Nr. 636 vom 12.9.1941 an AA, handschriftliche Randbemerkung Rademachers,
ebenda.

[35] IfZ, MA-17 729.2, Eintrag vom 2. und 3.10.1941. Ein deutscher Soldat starb nachträglich.

[36] Vgl. dazu Anm. 26.

[37] Nbg. Dok. NOKW-192.

[38] Chef der Sipo und des SD vom 9.10.1941: Ereignismeldung UdSSR Nr. 108 (Nbg. Dok. NO-3156).

[39] Chef der Sipo und des SD vom 20.10.1941: Ereignismeldung UdSSR Nr. 119 (Nbg. Dok. NO-3404) und
Ereignismeldung Nr. 120 vom 21.10.1941 (Nbg. Dok. NO-3402). Zur Erschießung von 449 Juden am 9.
und 11.10.1941 vgl. den Bericht des Kompanieführers Walter Liepe, II./Armee-Nachrichten-Rgt. 521 vom
15.10.1941 an AOK 12 (u.a.), Nbg. Dok. NOKW-497. Vgl. dazu ferner den Schlußbericht der Staatsanwaltschaft im Vorermittlungsverfahren gegen Liepe vom 19.1.1966, Zentrale Stelle der Landesjustizverwaltungen in Ludwigsburg (ZSL) – 3/7 AR 1508/65. Nach der Exekution hätten sich Liepe und seine Leute den
psychischen Belastungen nicht mehr gewachsen gefühlt und seien von weiteren Erschießungen freigestellt
worden. Über den Fortgang der Ereignisse liegen keine detaillierten Berichte vor. Aus den eingangs zitierten „Ereignismeldungen" kann zwar geschlossen werden, daß die „Sühne" in vollem Umfang ausgeführt
wurde, mit letzter Sicherheit festzustellen ist dies jedoch nicht. Vgl. auch Browning, Wehrmacht, S. 39.
Nach Löwenthal, Crimes, S. 7 wurden ca. 400 Juden aus dem Lager Šabac am 12. und 13.10.1941 bei Zasavica exekutiert. Die im Lager internierten Frauen und Kinder kamen im Januar 1942 ins Lager Sajmište.

In einem privaten Schreiben vom 17. Oktober 1941 an SS-Gruppenführer Hildebrandt in Danzig berichtete der Chef des Verwaltungsstabes in Serbien: „Daß hier der Teufel los ist, weißt Du ja wohl. (...) Zwischendurch habe ich dann in den letzten 8 Tagen 2000 Juden und 200 Zigeuner erschießen lassen nach der Quote 1:100 für bestialisch hingemordete deutsche Soldaten und weitere 2200, ebenfalls fast nur Juden, werden in den nächsten Tagen erschossen. Eine schöne Arbeit ist das nicht! Aber immerhin muß es sein, um einmal den Leuten klar zu machen, was es heißt, einen deutschen Soldaten überhaupt nur anzugreifen, und zum anderen *löst sich die Judenfrage auf diese Weise am schnellsten.* Es ist ja eigentlich falsch, wenn man es genau nimmt, daß für ermordete Deutsche, bei denen ja das Verhältnis 1:100 zu Lasten der Serben gehen müßte, nun 100 Juden erschossen werden, aber *die haben wir nun mal im Lager gehabt,* – schließlich sind es auch serbische Staatsangehörige und *sie müssen ja auch verschwinden.*"[40]

Die von Turner angekündigte zweite Massenerschießung von 2200 Juden (einschließlich einer geringen Zahl von Zigeunern) führte eine Einheit des Infanterie-Regiments 433 zwischen dem 27. und 30. Oktober 1941 nördlich von Pančevo als Vergeltung für einen Überfall auf deutsche Soldaten bei Valjevo (zehn Tote und 24 Verletzte) durch.[41] Der Exekutionsbericht enthält keine Angabe über die Gesamtzahl der Opfer. Es heißt nur kurz und lakonisch, daß die Erschießungen schnell durchgeführt wurden („100 Mann 40 Minuten").

Bereits Mitte Oktober waren nach einem Überfall auf zwei deutsche Soldaten in Belgrad weitere „200 Kommunisten bzw. Juden" den Erschießungskommandos zum Opfer gefallen.[42]

Legationsrat Franz Rademacher vom Auswärtigen Amt hielt sich in der zweiten Oktoberhälfte 1941 zur Besprechung des von Benzler angeschnittenen Abschiebungsproblems in Belgrad auf. In Gesprächen mit dem Sachbearbeiter für Judenfragen bei der Dienststelle Turner, SS-Sturmbannführer Weimann, dem Leiter der Staatspolizeistelle, SS-Standartenführer Wilhelm Fuchs, und dessen „Judenreferenten" stellte sich heraus, daß zu diesem Zeitpunkt noch ca. 4000 inhaftierte jüdische Männer am Leben waren. 2200 davon waren bereits für die „Sühne" von Valjevo vorgesehen; weitere 500 wurden für Gesundheits- und Ordnungsdienste in einem geplanten Ghetto[43] benötigt, so daß noch ca. 1300 Juden zu exekutieren waren. Rademacher hielt in einer Aufzeichnung vom 25. Oktober 1941 fest: „1. Die männlichen Juden sind bis Ende dieser Woche erschossen, damit ist das im Bericht der Gesandtschaft angeschnittene Problem erledigt. 2. Der Rest von etwa 20 000 Juden[44] (Frauen, Kinder und alte Leute) sowie rd. 1500 Zigeuner, von denen die Männer ebenfalls noch erschossen werden,

---

[40] Nbg. Dok. NO-5810. Hervorhebung H.S.

[41] 9./Inf.Rgt. 433 (Oberleutnant Walther) vom 1.11.1941: Bericht über die Erschießung von Juden und Zigeunern (Nbg. Dok. NOKW-905).

[42] Chef der Sipo und des SD vom 20.10.1941: Ereignismeldung UdSSR Nr. 119 (Nbg. Dok. NO-3404).

[43] Gedacht war zunächst an Zasavica an der Save (bei Sremska Mitrovica). Infolge einer Überschwemmung konnte das Ghetto dort nicht errichtet werden. Stattdessen wich man auf das ehemalige Belgrader Messegelände (Sajmište) bei Zemun aus.

[44] Diese Zahl stammt aus Benzlers Telegrammen und ist ebenso wie die vom Gesandten ursprünglich erwähnte Zahl von 8000 jüdischen Männern (vgl. Anm. 32) mit Sicherheit überhöht.

sollen im sog. Zigeunerviertel der Stadt Belgrad als Ghetto zusammengefaßt werden."[45]

Alles in allem muß davon ausgegangen werden, daß im Dezember 1941 nur noch sehr wenige jüdische Männer am Leben waren. Aus einer Aktennotiz der Quartiermeisterabteilung beim Bevollmächtigten Kommandierenden General in Serbien (ab Anfang Dezember General Paul Bader) geht hervor, daß seit Beginn der Aufstandsbewegung bis zum 5. Dezember 1941 im Zuge von „Sühne- und Vergeltungsmaßnahmen" insgesamt mehr als 11 164 Menschen ihr Leben lassen mußten.[46] Wie aus den bereits zitierten Dokumenten ersichtlich ist, waren die Juden neben „Kommunisten" die Hauptbetroffenen derartiger Vergeltungen. Die noch verbliebenen Männer sowie die jüdischen Frauen, Kinder und Greise aus Belgrad und dem Banat befanden sich bereits im Dulag 183, wohin in der folgenden Zeit auch die jüdischen Frauen aus Innerserbien, Juden beiderlei Geschlechts aus dem italienisch besetzten Kosovo (rd. 500 Personen)[47] sowie kleinere Gruppen aus anderen Teilen des jugoslawischen Raums verbracht wurden.[48] Infolge von Todesfällen (Krankheiten, Mißhandlungen und Erschießungen) einerseits und Neuzugängen andererseits unterlag die Zahl der Inhaftierten in Sajmište ständigen Schwankungen.

Zuständig für das Lager war ab Januar 1942 SS-Oberführer Emanuel Schaefer als Befehlshaber der Sicherheitspolizei und des SD (BdS) in Serbien. Vor dem Landgericht Köln erklärte er im Jahre 1952: „Während bis zu meiner Zeit die Judenfrage durch den Chef der Zivilverwaltung in Verbindung mit der Einsatzgruppe behandelt worden war, fiel diese Aufgabe nun der Abteilung Geheime Staatspolizei in meinem Amt zu. Ich mußte infolgedessen das Lager Semlin (Zemun) übernehmen, in dem durch den Chef der Zivilverwaltung die Juden schon vor meiner Zeit interniert worden waren. Bei der Übernahme des Lagers fiel mir auf, daß nur noch wenige Männer unter den Lagerinsassen (etwa 5-6000) waren."[49]

Die von Schaefer angeführte Zahl bezieht sich nicht auf die Männer, sondern auf die jüdischen Häftlinge in ihrer Gesamtheit und wird durch die zeitgenössischen deutschen und serbischen Dokumente bestätigt: Ende Januar 1942 befanden sich im Lager Sajmište rd. 6500 Juden, Mitte Februar waren es 5503, Ende April 2974 und einen Monat später nur noch 491 Juden.[50] In den nachfolgenden Zehntagesmeldungen des Kommandierenden Generals und Befehlshabers in Serbien werden jüdische Häftlinge in Sajmište nicht mehr erwähnt.

Ein Brief Turners vom 11. April 1942 an SS-Obergruppenführer Karl Wolff gibt einen ersten Hinweis auf die schrecklichen Geschehnisse im Lager: „Schon vor Mona-

---

[45] Aufzeichnung Rademachers, s. Anm. 32. Zum Ergebnis des Rademacher-Besuchs in Belgrad vgl. auch Vermerk der Staatsanwaltschaft beim Landgericht Hannover über das Ermittlungsverfahren gegen Felix Benzler vom 1.11.1968, ZSL, 2 Js 129/65.

[46] Nbg. Dok. NOKW-474. Vgl. auch Auszug aus einer Verfügung des Leiters der Zentralstelle im Lande Nordrhein-Westfalen für die Bearbeitung nationalsozialistischer Massenverbrechen beim Leitenden Oberstaatsanwalt in Dortmund vom 7.12.1964, ZSL, 45 Js 14/1964, S. 4. Die im Text angeführte Zahl ist vermutlich zu niedrig, da bei ihrer Zusammenstellung die Unterlagen noch unvollständig waren.

[47] Bevollm. Kdr. General in Serbien an WBSO: Tagesmeldung vom 19.3.1942 (Nbg. Dok. NOKW-1077).

[48] Vgl. Löwenthal, Crimes, S. 4.

[49] Vgl. Auszug aus einer Verfügung des Leiters der Zentralstelle im Lande Nordrhein-Westfalen (s. Anm. 45), 45 Js 50/61, S. 2.

[50] 10-Tagesmeldung des Kdr. Generals und Befehlshabers in Serbien an WBSO, Nbg. Dok. NOKW-1444 und NOKW-1221; IfZ, MA-511. Vgl. auch Glišić, Teror, S. 91.

ten habe ich alles an Juden im hiesigen Lande Greifbare erschießen und sämtliche Judenfrauen und Kinder in einem Lager konzentrieren lassen und sogleich mit Hilfe des SD einen ‚Entlausungswagen‘ angeschafft, der nun in etwa 14 Tagen bis 4 Wochen auch die Räumung des Lagers endgültig durchgeführt haben wird…"[51]

Der aus Berlin angeforderte Vergasungswagen war im März 1942 im Lager Sajmište eingetroffen. Am 9. Juni richtete Schaefer an das RSHA ein Fernschreiben folgenden Inhalts:

> „Betrifft: Spezialwagen Saurer
> Vorgang: Ohne
> Die Kraftfahrer SS-Scharführer Goetz und Meyer haben den Sonderauftrag durchgeführt, so daß die Genannten mit dem oben angegebenen Fahrzeug zurückbeordert werden können."[52]

Der Höhere SS- und Polizeiführer in Belgrad, August Meyszner, dem alle wichtigen Meldungen des BdS an das RSHA in Abschrift vorgelegt wurden, erklärte dazu am 4. September 1946 vor der Militärstaatsanwaltschaft der Jugoslawischen Armee: „Als der Kraftwagen mit der Vergasungskammer Sajmište verließ, gab es da keine Juden mehr, denn alle waren auf diese Weise liquidiert worden."[53] Und SS-Obersturmbannführer Ludwig Teichmann vom Stab der Einsatzgruppe gab an gleicher Stelle am 17. September 1945 zu Protokoll, daß die Zahl der in Sajmište vergasten Juden rund 7000 betragen habe.[54] Meyszner lieferte auch eine Erklärung für die Tatsache, daß es nach Kriegsende nicht gelang, die Massengräber der Mordopfer aufzufinden: Gemäß seinen Ausführungen sei im Verlauf des Jahres 1943 ein Spezialkommando für Leichenverbrennung in Serbien eingetroffen, das die sterblichen Überreste der Opfer beseitigt habe.[55]

Mehrere deutsche Dokumente aus der Kriegszeit bestätigen die völlige Vernichtung der im Banat und Serbien lebenden Juden, soweit sie nicht rechtzeitig hatten fliehen können. Schaefer meldete unmittelbar nach Beendigung des Massenmordes auf dem ehemaligen Belgrader Messegelände an das RSHA, daß „Serbien judenfrei" sei.[56] Anläßlich einer Reise des Oberbefehlshabers Südost nach Serbien im Juni 1942 versicherte er, daß es „keine Judenfrage" mehr gebe (mit Ausnahme von Juden in Mischehen).[57] Und Verwaltungschef Turner betonte in einem Vortrag vor dem Wehrmachtsbefehlshaber Südost am 29. August 1942, daß die Judenfrage „völlig liquidiert" sei. Serbien sei das „einzige Land", in dem die Juden- und Zigeunerfrage endgültig „gelöst" sei.[58]

---

[51] S. Anm. 49, S. 1.

[52] Zit. nach dem Urteil des Schwurgerichts beim Landgericht Köln vom 20.6.1953 in der Strafsache gegen Schaefer, S. 15, IfZ.

[53] Eichmannprozeß, Dok. 1435.

[54] Ebenda, Dok. 1437.

[55] Ebenda, Dok. 1435.

[56] Vgl. Anklageschrift des Oberstaatsanwalts beim Landgericht/Schwurgericht Hannover gegen Schaefer vom 26.6.1952, ZSL – 24 Js 47/51, S. 35.

[57] Aufzeichnung über die Reise des Oberbefehlshabers nach Serbien, 7.6.-14.6.1942 (Nbg. Dok. NOKW-926).

[58] Nbg. Dok. NOKW-1486. Vgl. auch Gerald Reitlinger, Die Endlösung. Hitlers Versuch der Ausrottung der Juden Europas 1939-1945, Berlin 1956, S. 142 und Hilberg, Destruction, S. 433 ff.

Der „Unabhängige Staat Kroatien" (einschließlich Dalmatiens)

Obwohl sich der USK durch den Abschluß von Verträgen mit den „Achsenmächten" und deren Verbündeten den Anschein eines Völkerrechtssubjekts gab, blieb er rechtlich und faktisch ein von deutschen und italienischen Truppen besetztes Gebiet. Die Demarkationslinie zwischen beiden Okkupationszonen verlief mitten durch den neuen Staat und war am 24. April 1941 von Hitler einseitig festgelegt (und später nur noch geringfügig verändert) worden. Sie begann in der Nähe von Samobor und verlief südlich von Prijedor, Jajce, Travnik und Sarajevo zum Sandschak Novi Pazar.[59] Alle genannten Orte lagen in der deutschen Besatzungszone, wo auch die überwiegende Mehrheit der bosnischen und kroatischen Juden beheimatet war.

Die Angaben über die Gesamtzahl der im USK ansässigen Juden schwanken zwischen 30 000 und 39 000.[60] Die erstgenannte Zahl ist mit großer Wahrscheinlichkeit zu niedrig: Nach den Ergebnissen der Volkszählung von 1931 lebten auf dem Territorium des späteren USK bereits mehr als 31 000 Konfessionsjuden.[61] Hinzu kamen – gemäß dem am 30. April 1941 erlassenen Rassegesetz[62] – eine unbekannte Zahl von Abstammungsjuden[63] sowie über 3000 jüdische Flüchtlinge aus dem Ausland.[64]

Die von Hitler eingesetzte und von nationalsozialistischen Dienststellen beratene Ustaša-Regierung ging von Anfang an mit drakonischen Maßnahmen gegen die Juden vor.[65] Eine „außerordentliche Gesetzesverordnung" des Staatsführers Pavelić vom 26. Juni 1941 führte das Prinzip der Kollektivhaftung ein: „Da die Juden erlogene Nachrichten zur Beunruhigung der Bevölkerung verbreiten und mit ihrer bekannten spekulativen Art die Versorgung der Bevölkerung stören und erschweren, werden sie dafür als kollektiv verantwortlich betrachtet und ... in Häftlingslager unter freiem Himmel verbracht."[66] In der Hauptstadt Zagreb und im Landesinnern kam es daraufhin zu

---

[59] Zu Einzelheiten vgl. Olshausen, Zwischenspiel, S. 193 ff.

[60] Vgl. Hilberg, Destruction, S. 434; Aussage M. Marković von der Jugoslawischen Staatskommission zur Feststellung der Verbrechen des Okkupators, Juli 1945, Eichmannprozeß, Dok. 1432; Zločini, S. 61 f. und 64.

[61] Vgl. Tabelle 1.

[62] Zbornik zakona i naredaba Nezavisne Države Hrvatske, Bd. 1, Zagreb 1941, Nr. 76, S. 42 f. Dem Gesetz lag die im „Dritten Reich" geltende Judendefinition zugrunde, vgl. die Gegenüberstellung bei Hilberg, Destruction, S. 454.

[63] Staatsführer Pavelić behielt sich jedoch das Recht vor, Juden, die sich um die kroatische Nation „verdient" gemacht hatten, zu „Ehrenariern" zu erklären, vgl. Anm. 62.

[64] Allein in Zagreb hielten sich rd. 2500 ausländische Juden auf, vgl. Bericht von Alexander Arnon über Jugoslawien, Eichmannprozeß, Dok. 1119. Arnon war Mitglied der jüdischen Kultusgemeinde in Zagreb.

[65] Vgl. Fernschreiben des Deutschen Generals in Zagreb an OKH vom 6.8.1941: Sofortige Hinrichtung von mehr als 100 Geiseln (meist Juden) nach einem Überfall auf eine Ustaša-Abteilung in Zagreb, IfZ, MA-517, 835 f.; Tagesmeldung des WBSO an OKW vom 6. und 7.8.1941: Erschießung von 104 und 87 „Kommunisten und Juden" in Zagreb (Nbg. Dok. NOKW-251); Giornale d'Italia, 7.8.1941: 77 Juden durch ein Sondergericht zum Tode verurteilt, Bundesarchiv (BA), R 57/906; Pariser Zeitung, 24.9.1941: 50 „Juden und Kommunisten" vom Zagreber Standgericht zum Tode verurteilt, ebenda. Zur rechtlichen, wirtschaftlichen und kulturellen Diskriminierung der Juden vgl. auch Zločini, S. 111 ff.; ferner (mit weiteren Quellenbelegen) Holm Sundhaussen, Wirtschaftsgeschichte Kroatiens im nationalsozialistischen Großraum 1941-1945, Stuttgart 1983, S. 245ff. und Narcisa Lengel-Krizman, Zagreb u NOB-u, Zagreb (1980), S. 79 ff.

[66] Zbornik zakona i naredaba, Bd. 1, Nr. 295, S. 212 f. Am 30. Juli 1941 ordnete die Zagreber Direktion für öffentliche Ordnung und Sicherheit ergänzend an: „Im Interesse der öffentlichen Sicherheit müssen alle Juden (getauft oder nicht) sowie alle Serben (zum Katholizismus übergetreten oder nicht), die unter Verdacht des Kommunismus eingesperrt sind, gegen die jedoch sonst keinerlei Beweismaterial vorliegt, um sie vor ein Standgericht stellen zu können, in das Sammellager nach Gospić verschickt werden." Gemeint war vermutlich das Lager Jadovno bei Gospić. Rundschreiben der Direktion vom 30.7.1941, Archiv des Militärhistorischen Instituts in Belgrad (AVII), NDH, k. 179, f. 1, d. 27/1.

Massenverhaftungen und Deportationen.[67] Das erste Konzentrationslager war bereits Ende April 1941, kurz nach der Machtergreifung der Ustaše, in Drnje unweit Koprivnica in den Räumen der Fabrik „Danica" eingerichtet worden. Mitte Mai befanden sich dort etwa 3000 Internierte, deren Zahl sich bis zur zweiten Julihälfte (kurz vor Auflösung des Lagers) verdreifachte.[68] Soweit die Lagerinsassen (neben Serben und Kroaten auch Juden) nicht an Ort und Stelle „beseitigt" wurden, kamen sie bei Auflassung des Lagers nach Jadovno ins Velebitgebirge (vor allem Serben und Juden) oder in die Konzentrationslager Jasenovac und Stara Gradiška.[69] Jadovno sowie Slano und Metajna auf der Adriainsel Pag gehörten ebenfalls zu den ersten Lagern im USK. Da sie relativ klein waren, konnten sie nur eine begrenzte Zahl von Menschen aufnehmen. Die Ustaše lösten das Problem derart, daß sie bei Ankunft neuer Transporte die früher Inhaftierten umbrachten und bei Pag ins Meer oder bei Jadovno in die Gebirgsschluchten warfen. Alle drei Lager wurden Mitte August 1941 aufgelöst. Über die Zahl der dort ermordeten Personen lassen sich mangels Unterlagen keine genauen Angaben machen. Nach Ermittlungen der jugoslawischen Kommission zur Feststellung der Kriegsverbrechen seien allein in Jadovno mehrere hundert Juden den Exzessen der Ustaše zum Opfer gefallen.[70] In der Folgezeit entstand noch eine Reihe weiterer Lager (Djakovo, Loborgrad u.a.) sowie das ausschließlich für Juden bestimmte Ghetto in Tenje bei Osijek.[71] Zwar sind auch an diesen Orten viele Häftlinge eines qualvollen Todes gestorben[72], aber die eigentlichen Massenvernichtungslager des USK befanden sich in Jasenovac und Umgebung (nahe der Einmündung der Una in die Save) sowie in Stara Gradiška.[73]

Das Lager Jasenovac III, die „Ziegelei", war in vier Abteilungen untergliedert, von denen Abteilung III B für Juden vorgesehen war. Erschießen, Aushungern und Zu-Tode-Prügeln waren die üblichen Vernichtungsmethoden. Die katastrophalen hygienischen Zustände im Lager und die dadurch hervorgerufenen Krankheiten (Typhus, Dysenterie u.a.) forderten ihrerseits einen hohen Tribut. Darüberhinaus besaß die Lagerverwaltung zeitweilig ein Krematorium, in dem sie eine nicht mehr feststellbare Zahl von Menschen beseitigen ließ. Da keine vollständigen und zuverlässigen Unterlagen über die Vorgänge in Jasenovac erhalten blieben und niemand die Opfer zählte, kann das Ausmaß der Vernichtung nur geschätzt werden. Die jugoslawische Kommission zur Feststellung der Kriegsverbrechen ging von insgesamt einer halben Million bis zu 600 000 Toten aus, darunter 20 000 Juden aus Kroatien und Bosnien.[74] Insge-

---

[67] Vgl. Anm. 64; ferner Zločini, S. 61. In Sarajevo fand die größte Massenverhaftung von Juden erst Mitte September 1941 statt, ebenda, S. 68 f.; Löwenthal, Crimes, S. 13. Bei dieser Gelegenheit wurden ca. 3000 Juden aus Sarajevo nach Jasenovac verbracht.

[68] Zločini, S. 58 f.; vgl. auch Franjo Horvatić, Koncentracioni logor „Danica", in: Sjeverozapadna Hrvatska u NOB-u i socialističkoj revoluciji. Zbornik, Varaždin 1976, S. 869 ff.

[69] Zločini, S. 58 f.

[70] Ebenda, S. 59 und 124 ff.

[71] Zu den Lagern vgl. ebenda, S. 74 ff. Im Ghetto Tenje lebten Mitte 1942 ca. 3000 Juden aus Osijek und Umgebung. Im Zusammenhang mit der „Aussiedlung" kroatischer Juden in die „deutschen Ostgebiete" wurde das Lager im August 1942 geräumt. Ebenda, S. 79 f.

[72] Ebenda, S. 74 ff. und passim.

[73] Ebenda, S. 85 ff.; vgl. ferner Sime Balen, Pavelić, Zagreb 1952, S. 83 ff.; Milan Basta, Agonija i slom NDH, Beograd 1971, S. 98 ff.; M. Riffer, Grad mrtvih. Jasenovac 1943, Zagreb 1964 u.a.

[74] Zločini, S. 106 f. Radovan Trivuncič, Jasenovac i jasenovački logori, Jasenovac 1974, S. 16 schätzt die Gesamtzahl der Opfer in Jasenovac auf 700 000 Menschen. Bei Vladimir Dedijer, Jasenovac – das jugoslawische Auschwitz und der Vatikan, Freiburg 1988, S. 183 werden die jüdischen Opfer auf 29 000 Personen beziffert.

samt seien in den Lagern des USK zwischen 25 000 und 26 000 Juden ums Leben ge-kommen.[75] Diese Angaben sind nicht mehr nachzuprüfen (möglicherweise sind sie etwas überhöht). Erstellt man eine Abschlußbilanz der von der Kommission für ganz Jugoslawien errechneten Kriegsopfer (1,7 Millionen) und vergleicht sie mit den demo-graphischen Wahrscheinlichkeitsrechnungen[76], so sind an der Höhe der zitierten Ge-samtzahl für Jasenovac erhebliche Zweifel möglich.[77] Dies bedeutet jedoch nicht (oder zumindest nicht zwangsläufig), daß auch die Schätzung der jüdischen Opfer zu hoch sein muß. Fest steht jedenfalls, daß der Großteil der kroatischen und bosnischen Juden im Lande selbst „zu Tode geschunden" wurde[78] und daß dabei dem Konzentrationsla-ger Jasenovac eine zentrale Bedeutung zukam.

Ab Mitte 1942 bezog das für die „Endlösung der Judenfrage" zuständige Referat IV B 4 im RSHA auch das „befreundete" Kroatien in seine Pläne mit ein. Der deutsche Polizeiattaché in Zagreb, Hans Helm, erhielt den Auftrag, die „Übersiedlung" der kroatischen Juden in die „deutschen Ostgebiete" vorzubereiten.[79] Zu seiner Unter-stützung stand ihm vom 1. August bis 30. September 1942 SS-Hauptsturmführer Abromeit zur Seite.[80] Auf dem gesamten unter deutscher Kontrolle stehenden Terri-torium des USK erfolgten unmittelbar darauf weitere Verhaftungen von Juden oder deren Aussonderung aus den kroatischen Lagern. Für die Zeit vom 10.-30. August wa-ren sieben Eisenbahntransporte kroatischer Juden nach Auschwitz vorgesehen.[81] Um den scheinformalen Gesichtspunkten der kroatischen „Souveränität" wenigstens nach außen Rechnung zu tragen, erließ die Zagreber Regierung eine Verordnung, in der sie den „auszusiedelnden" Juden die kroatische Staatsangehörigkeit aberkannte.[82] Alles in allem wurden in der folgenden Zeit annähernd 5000 Juden in das besetzte Polen de-portiert.[83] Der kroatische Finanzminister Vladimir Košak erklärte sich Anfang Okto-ber 1942 bereit, dem Deutschen Reich für jeden „ausgesiedelten" Juden 30 RM zu vergüten.[84] Rückblickend konnte Polizeiattaché Helm feststellen: „Die Durchführung

[75] Zločini, S. 73.
[76] Auf Einzelheiten kann an dieser Stelle nicht eingegangen werden. Zur Orientierung vgl. Gunther Ipsen, Wachstum und Gliederung der Bevölkerung Jugoslawiens, in: Werner Markert (Hrsg.), Osteuropa-Hand-buch: Jugoslawien, Köln 1954, S. 37 ff. und Sundhaussen, Wirtschaftsgeschichte, S. 256 ff.
[77] Ipsen, Wachstum, S. 39 beziffert die Verluste der jugoslawischen Völker im 2. Weltkrieg auf insgesamt rd. eine Million an Toten, Flüchtlingen und Ungeborenen. Unterstellt man die annähernde Richtigkeit dieser Schätzung, so sind die in der jugoslawischen Literatur angegebenen Zahlen über die Opfer in Jasenovac (bis zu 700 000 Menschen) mit Sicherheit viel zu hoch.
[78] Vgl. den Bericht des Jewish Agency-Vertreters in Genf (R. Lichtheim) vom 11.2.1942 an den Sekretär der Notgemeinschaften Zionistischer Organisationen in New York, zit. nach Gilbert, Auschwitz, S. 34.
[79] Vgl. den Bericht des deutschen Gesandten in Zagreb, Siegfried Kasche, vom 24.7.1942 an AA, AVII, Film London N-5 (Inl. II g, Bd. 78/2), H 300390 ff. Vorausgegangen war ein Erlaß Himmlers vom April 1942, in dem die deutschen Polizeiattachés angewiesen wurden, auch ihrer regulären Tätigkeit Sonderaufträge der SS-Hauptämter auszuführen, Abschrift in BA, NS 19 neu/1788 Pers. Stab RFSS.
[80] Vgl. Bericht Kasches vom 24.7.1942 (s. Anm. 79) und Anweisung des AA vom 6.8.1942, PAAA, Inl. II g, Bd. 86.
[81] Vermerk von Sturmbannführer Günther, RSHA/IV B 4, o.D., ebenda; Schreiben Günthers vom 7.8.1942 an Abromeit in Zagreb, AVII, Film London N-5, H 300363.
[82] Vgl. Vermerk Günthers o.D. (s. Anm. 81).
[83] Schreiben des Inspekteurs der Statistik vom 19.4.1943 an SS-Obersturmbannführer Brandt, Pers. Stab RFSS (Nbg. Dok. NO-5193). Darin heißt es, daß bis Ende 1942 insgesamt 4927 Juden aus Kroatien „evaku-iert" wurden.
[84] Telegramm der Deutschen Gesandtschaft Zagreb Nr. 2955 vom 14.10.1942 an AA, ADAP, Serie E, Bd. 4, Dok. 49, S. 83. In Anm. 2 zum Dokument wird Abromeit fälschlicherweise als Polizeiattaché in Zagreb ausgewiesen.

als solche war zufriedenstellend, so daß bis auf einige besetzte Gebiete[85] Kroatien als jenes Land angesehen werden konnte, in welchem die Judenfrage im großen und ganzen als gelöst anzusehen war."[86]

Aber damit war Helms Sonderauftrag keineswegs erledigt, denn „im großen und ganzen" war eben nicht vollständig. Sowohl in der deutschen als auch in der italienischen Besatzungszone – und dort vor allem – lebten noch immer einige tausend Juden, die dem Zugriff der Ustaše und der SS entgangen waren. Die kroatische Regierung hatte bereits wiederholt beklagt, daß italienische Militärs die Juden ihres Besatzungsgebietes „vor der Durchführung gesetzlicher oder verwaltungsmäßiger Maßnahmen der kroatischen Staatsorgane beschützten".[87] Infolgedessen hatte eine Fluchtbewegung von 4000 – 5000 Juden aus den Nordteilen Kroatiens in den von Italien annektierten Teil Dalmatiens und in die italienische Okkupationszone des USK eingesetzt.[88] „Jüdische Flüchtlinge aus den nördlichen Teilen Kroatiens", so heißt es in einem Memorandum des Zagreber Außenministeriums vom Herbst 1942, „sammelten sich massenhaft in Städten des Küstengebiets, wo sie unter dem Schutz der italienischen Armee unbehindert lebten. So entstanden auf dem kroatischen Staatsgebiet große jüdische Kolonien in Crikvenica, Mostar und Dubrovnik und im annektierten Teil Dalmatiens in Split und Korčula: in Städten, die – wie das ganze kroatische Küstenland – vorher fast völlig judenfrei waren ... Verschiedene Vorstellungen der kroatischen Regierung zwecks Beseitigung der Juden aus der Küstenzone bzw. ihrer Zusammenfassung in Konzentrationslagern blieben erfolglos."[89]

Als das RSHA im Sommer 1942 die „Aussiedlung" der Juden nach Polen vorbereitete, sollten – mit Zustimmung der kroatischen Regierung – auch die Flüchtlinge und ortsansässigen Juden in den von Italien besetzten Gebieten erfaßt werden.[90] „Die Aussiedlung kann allerdings nur mit deutscher Hilfe erfolgen", wie Unterstaatssekretär Luther (AA) in einer Aktennotiz festhielt, „da von italienischer Seite Schwierigkeiten

---

[85] Gemeint sind wahrscheinlich die von den Widerstandsbewegungen kontrollierten Gebiete.

[86] Bericht Helms vom 18.4.1944, Anlage zum Schreiben der Deutschen Gesandtschaft Zagreb vom 22.4.1944 an AA, PAAA, Inl. II g, Bd. 194, Bl. 143.

[87] „Italienische Wehrmacht und die Juden": Aufzeichnung des kroatischen Außenministeriums zur Unterrichtung des Reichsaußenministers, AVII, NDH, k. 281, f. 2, d. 2; vgl. Schreiben Kasches vom 2.10.1942 an AA, Dt. Zentralarchiv Potsdam, AA, Polit. Beziehungen Italien-Kroatien, Bd. 2; vgl. auch Telegramm des Einsatzkommandos der Sipo und des SD Zagreb vom 12.9.1941 an RSHA, AVII, Film des Militärhistorischen Archivs Prag (MHA), F.1, 362 f.

[88] Vgl. Vortragsnotiz von Unterstaatssekretär (UStS) Luther vom 24.7.1942, ADAP, Serie E, Bd. 3, Dok. 131, S. 224 f.; Schreiben des kroatischen Außenministeriums an den Allgemeinen Verwaltungsbeauftragten in Sušak vom 4.11.1941, AVII, NDH, k. 221, f. 4, d. 47. Darin wird Klage geführt, daß die italienische Armee die aus Travnik (dt. Besatzungszone) nach Bugojno (italienische Besatzungszone) geflüchteten Juden unter ihren Schutz gestellt habe. Zu den jüdischen Flüchtlingen in Crikvenica vgl. Vermerk des RSHA/VI E vom 11.3.1942, AVII, MHA, F. 1, 3 f. und 17. Mitte März 1942 hätten sich in Crikvenica ca. 1500 jüdische Flüchtlinge befunden. Zur Situation in Split vgl. Vermerk des RSHA/VI B vom 24.7.1941, ebenda, 127 ff. Darin ist von 3000-4000 jüdischen Emigranten aus Belgrad, Sarajevo und Zagreb die Rede. Zur Flüchtlingsbewegung allgemein vgl. Zločini, S. 118; ferner Narcisa Lengel-Krizman, Koncentracioni logori talijanskog okupatora u Dalmaciji i Hrvatskom Primorju (1941-1943), in: Povijesni prilozi. Zbornik radova IHRPH 2 (1983), 1, S. 269 ff. Danach sollen sich in Split über 3000 (vor allem ausländische) jüdische Flüchtlinge aufgehalten haben. Zur Situation in Split vgl. auch Duško Kečkemet, Židovi u povijesti Splita, Split 1971, S. 173 ff.

[89] S. Anm. 87.

[90] Die „Aussiedlung" dieser Juden sollte Ende August 1942 stattfinden, s. Telegramm der Deutschen Gesandtschaft Zagreb (Troll) Nr. 1947 vom 30.7.1942 an Kasche, PAAA, Inl. II g, Bd. 194, Bl. 28.

zu erwarten sind."[91] Obwohl Mussolini auf deutsches Drängen hin Ende August 1942 entschied, daß die Juden in den von Italien besetzten Gebieten in gleicher Weise behandelt werden sollten wie im übrigen USK[92], weigerte sich der Oberbefehlshaber der 2. italienischen Armee, General Roatta, standhaft, die Juden an die Deutsche Wehrmacht oder an die kroatischen Behörden auszuliefern.[93] Nach einer abermaligen deutschen Intervention in Rom ordnete der „Duce" Ende Oktober 1942 die Erfassung aller Juden aus der italienisch besetzten Zone in Sammellagern an. Diejenigen Juden, die als kroatische Staatsangehörige zu betrachten waren[94], sollten anschließend den Behörden des USK übergeben werden.[95] Während der deutsche Polizeiattaché in Zagreb seine Vorkehrungen für den Abtransport dieser Juden nach Auschwitz traf, begannen die italienischen Besatzungsorgane mit der Internierung der Betroffenen.[96]

Zur Auslieferung kam es dennoch nicht, da die Italiener die Angelegenheit weiter verzögerten.[97] Mehr noch: Ein Teil der Juden, bei dem es sich angeblich um italienische Staatsbürger handelte, durfte nach Italien ausreisen.[98] Die übrigen wurden interniert[99] und im Sommer 1943 in ein Lager auf der Insel Rab gebracht.[100] Zum kritischen Zeitpunkt der italienischen Kapitulation zählte das Lager rd. 2650 Insassen.[101] Die überwiegende Mehrheit konnte sich in die von der jugoslawischen Volksbefreiungsbewegung kontrollierten Gebiete retten; nur 300 Juden blieben zurück.[102] Sie wurden nach Einnahme der Insel durch deutsche Truppen in der zweiten Märzhälfte 1944 von der Gestapo verhaftet und nach Auschwitz verschleppt.[103]

Schon kurz nach der italienischen Waffenstreckung waren mehrere hundert Juden (vor allem aus Mostar) in deutsche Hände gefallen und in ein Vernichtungslager abtransportiert worden.[104] Ein ähnliches Schicksal ereilte die Juden im italienisch annektierten Teil Dalmatiens[105], sofern sie nicht rechtzeitig fliehen konnten.

Für die deutsche Besatzungszone hatte Polizeiattaché Helm schon im Januar 1943 Vorbereitungen für die „Abschiebung" der noch verbliebenen Juden nach Auschwitz

---

[91] Vortragsnotiz von UStS. Luther (s. Anm. 88). Kasche bat am 22. August um Intervention des AA in Rom, s. Telegramm Kasches Nr. 2191 vom 20.8.1942, PAAA, Inl. II g, Bd. 194, Bl. 30.

[92] Vgl. Schreiben der Dt. Botschaft Rom vom 25.8.1942 an AA, ebenda, Bl. 34 und Notiz Rademachers vom 4.9.1942 für Luther, ADAP, Serie E, Bd. 3, Dok. 266, S. 454.

[93] Roatta behauptete, daß er noch keine Weisung erhalten habe und erst mit Rom Rücksprache führen müsse, s. Vermerk des Büros des Reichsaußenministers vom 25.9.1942, PAAA, Inl. II g, Bd. 194, Bl. 49.

[94] Zu Einzelheiten vgl. Telegramm der Dt. Botschaft Rom Nr. 4495 vom 12.11.1942, ebenda, Bl. 105 f.

[95] Telegramm der Dt. Botschaft Rom Nr. 4277 vom 28.10.1942, ebenda, Bl. 75 f.

[96] Telegramm Kasches Nr. 3457 vom 10.11.1942, ebenda, Bl. 100 f.

[97] Vgl. Telegramm Kasches Nr. 1554 vom 13.4.1943, ebenda, Bl. 131.

[98] Angeblich handelte es sich um „etwa 700, größtenteils reiche Juden", s. Telegramm Kasches Nr. 3964 vom 4.12.1942, ebenda, Bl. 113 f.

[99] Ebenda und Telegramm Kasches Nr. 3707 vom 20.11.1942, ADAP, Serie E, Bd. 3, Dok. 204, S. 351.

[100] Schreiben des Befehlshabers der kroatischen Marine vom 6.8.1943 an das Kriegsministerium, AVII, NDH, k. 80, f. 1, d. 56; vgl. auch Zločini, S. 122.

[101] Ebenda, S. 123.

[102] Ebenda, S. 123 f. und Jaša Romano, Jevreji u logoru na Rabu i njihovo uključivanje u Narodnooslobodilački rat, in: Jevrejski istorijski muzej. Zbornik 2 (1973), S. 5 ff.

[103] Zločini, S. 133.

[104] Bericht der Polizeibehörde Mostar vom 22.10.1943 an die Hauptdirektion für öffentliche Ordnung und Sicherheit, AVII, NDH, k. 156, f. 10, d. 67. Das RSHA hatte zur technischen Durchführung der „Evakuierung" ein Sonderkommando von 14 Mann zusammengestellt, s. Fernschreiben des RSHA vom 15.10.1943 an Helm (Eichmannprozeß, Dok. 1095).

[105] Vgl. Löwenthal, Crimes, S. 24.

getroffen. Eine mit der kroatischen Hauptdirektion für öffentliche Ordnung und Sicherheit am 19. Januar 1943 erzielte Vereinbarung sah u.a. vor:

1. Durchführung einer Sofortaktion zur restlosen „Säuberung" von volljüdischen Elementen ohne Rücksicht auf Alter, Geschlecht oder Konfessionszugehörigkeit (ausgenommen „Ehrenarier"[106], Mischlinge und Halbjuden).

2. Die in kroatischen Internierungslagern (Jasenovac, Stara Gradiška u.a.) nicht als Arbeitskräfte eingesetzten Juden werden zur Aussiedlung nach Deutschland freigegeben.

3. Illegal in Kroatien lebende Juden, die durch den Polizeiattaché benannt werden, sollen verhaftet und nach Jasenovac verbracht werden.

4. Sämtliche für die „Aussiedlung" vorgesehenen Juden werden im Lager Stara Gradiška konzentriert und listenmäßig erfaßt.

5. Hauptsturmführer Abromeit übernimmt die volle Verantwortung für den Abtransport der Juden. Der Transportzug wird von der Deutschen Reichsbahn zur Verfügung gestellt.[107]

Die Verantwortlichen auf deutscher Seite gingen davon aus, daß von dieser Aktion etwa 2000 Juden erfaßt würden.[108] Am 13. April 1943 teilte der Gesandte Kasche dem Auswärtigen Amt auf Anfrage des RSHA mit, daß in ca. 14 Tagen mit dem Abtransport zu rechnen sei. Insgesamt handle es sich um rd. 1500 Juden.[109] Mitte Juli 1943 wurde Polizeiattaché Helm von seiner vorgesetzten Behörde in Berlin darüber informiert, daß nach streng vertraulich eingegangenen Meldungen in Kroatien noch immer etwa „800 Juden, meist Frauen und Kinder" in Konzentrationslagern untergebracht seien. „Bitte unverzüglich darangehen, die Evakuierung dieser 800 Juden, sofern die Richtlinien nicht entgegenstehen, nach dem Osten in die Wege zu leiten."[110] Ob und in welchem Umfang Helm dieser Anweisung nachkommen konnte, geht aus den verfügbaren Akten nicht hervor. Der angestrebte Perfektionismus bei der Auslöschung jüdischen Lebens wurde ein letztes Mal deutlich, als Himmler persönlich im Frühjahr 1944 dem Polizeiattaché den Befehl erteilte, die „Judenfrage in Kroatien in schnellster Zeit" zu „bereinigen".[111] Aber diesmal mußte Helm passen. Zwar lebten im USK noch immer einige hundert Juden[112], doch wurden diese vom zusammenbrechenden kroatischen Satellitenstaat dringend benötigt oder blieben auf Grund guter Beziehungen zu höheren Ustaša-Funktionären von der Verfolgung ausgenommen.[113]

Am 22. April 1944 versicherte Kasche dem Auswärtigen Amt: „Die Judenfrage ist in Kroatien in weitem Maße bereinigt..."[114]

---

[106] Vgl. Anm. 63.
[107] Schreiben Helms vom 27.1.1943 an die Hauptdirektion für öffentliche Ordnung und Sicherheit (Eichmannprozeß, Dok. 1081).
[108] Fernschreiben Helms/Kasches Nr. 48 vom 4.3.1943 an AA, PAAA, Inl. II g, Bd. 194, Bl. 127.
[109] Telegramm Kasches Nr. 1554 vom 13.4.1943 an AA, ebenda, Bl. 131 und Telegramm des RSHA/IV B 4 (Günther) vom 9.4.1943 an Helm, ebenda, Bl. 129. Das RSHA hatte auf „alsbaldige Evakuierung" gedrängt, nachdem sich die Jewish Agency in Palästina um die Ausreise von 400 Juden aus Kroatien bemüht hatte, s. Erlaß des RSHA/IV B 4 vom 6.4.1943 (Eichmannprozeß, Dok. 1082).
[110] Schnellbrief der Attachégruppe beim Chef der Sipo und des SD vom 13.7.1943 an AA zur Weiterleitung an Helm, PAAA, Inl. II g, Bd. 194, Bl. 138.
[111] Vgl. Bericht Helms vom 18.4.1943 (s. Anm. 86).
[112] Zločini, S. 62: rd. 1300; Löwenthal, Crimes, S. 11 f.: rd. 1000.
[113] S. Anm. 111.
[114] Schreiben der Deutschen Gesandtschaft Zagreb vom 22.4.1943 (s. Anm. 86).

Die bulgarische Besatzungszone

In Mazedonien gab es 1941 drei jüdische Glaubensgemeinden: in Skopje, Bitola und Štip. Zuzüglich vereinzelter Familien in anderen mazedonischen Ortschaften ergab sich eine Gesamtzahl von annähernd 7800 Juden, zu denen nach dem Aprilkrieg noch ca. 300 Flüchtlinge aus Serbien (namentlich aus Belgrad) hinzugerechnet werden müssen.[115] Im Unterschied zu den Mazedoniern erhielten die einheimischen Juden nicht die bulgarische Staatsbürgerschaft, sondern bildeten eine Gruppe von Ausgestoßenen.[116] Dennoch waren sie – von wenigen Einzelfällen abgesehen[117] – bis zum Frühjahr 1943 nicht von physischer Vernichtung bedroht. Nach längeren deutsch-bulgarischen Verhandlungen wurde am 22. Februar 1943 vereinbart, daß 20 000 Juden aus Bulgarien (darunter die mazedonischen Juden) in die „ostdeutschen Gebiete" „abgeschoben" werden sollten. Nachdem der bulgarische Ministerrat die Vereinbarung am 2. März 1943 bestätigt hatte, wurden die Juden in den frühen Morgenstunden des 11. März aus ihren Wohnungen gezerrt und in das neu errichtete Sammellager von Skopje (eine ehemalige Tabakfabrik) eingeliefert. Betroffen waren (gemäß den Listen des Lagerkommandanten Pejo Dragonov) 7215 Männer, Frauen und Kinder, davon 3313 aus Skopje, 3351 aus Bitola und 551 aus Štip.[118] Durch Neuzugänge aus kleineren Ortschaften erhöhte sich die Zahl der Insassen in den folgenden Tagen auf 7318 Personen, von denen 165 (Ärzte, Apotheker sowie ausländische – spanische, albanische und italienische – Juden) wieder entlassen wurden.[119] Drei Lagerinsassen glückte die Flucht.

Am Mittag des 22. März 1943 verließ der erste Eisenbahntransport mit 2338 Juden in 40 Viehwaggons die mazedonische Hauptstadt und erreichte knapp sechs Tage später das Vernichtungslager Treblinka. Am 25. März folgte der zweite Transport mit 2402 Todgeweihten, der am 1. April in Treblinka eintraf. Der dritte und letzte Transport mit 2404 Personen verließ Skopje am 29. März und kam am Morgen des 5. April an seinem Bestimmungsort an. Von den insgesamt 7144 deportierten Insassen des La-

---

[115] Vgl. Aleksander Matkovski, The Destruction of the Macedonian Jewry in 1943, in: Yad Vashem Studies 3 (1959), S. 207 f.; ferner Zhamila Kolomonos, Fragments from the History of the Macedonian Jews, in: Macedonian Review 11 (1981), 1, S. 55. Zum folgenden vgl. auch die umfangreiche Dokumentensammlung von Zhamila Kolomonos/Vera Veskovik-Vangeli, Evreite vo Makedonia vo vtorata svetska vojna (1941-1945). Zbornik na dokumenti, 2 Bde., Skopje 1986. Die Bände enthalten 732 Dokumente unterschiedlicher Provenienz in mazedonischer Übersetzung.

[116] In einer Vortragsnotiz vom 11.9.1942 konstatierte UStS. Luther, daß die bulgarische Judenpolitik „bemerkenswerte Fortschritte" gemacht habe. „Auf Grund eines vor kurzem beschlossenen Ermächtigungsgesetzes hat die bulgarische Regierung neue einschneidende Maßnahmen verkündet. Durch diese wird die Bestimmung des Judenbegriffs festgelegt, die Kennzeichnung (Judenstern), ferner Namens- und Wohnungsbeschränkungen eingeführt, die gewerbliche und wirtschaftliche Bewegungsmöglichkeit weitgehend eingeschränkt und die Liquidierung jüdischer Unternehmungen weiter vorgetrieben." ADAP, Serie E, Dok. 282, S. 483 f.

[117] So wurden z. B. 48 der aus Serbien geflüchteten Juden Ende November 1941 an die deutschen Behörden ausgeliefert und nach Serbien zurücktransportiert. Am 3. Dezember 1941 wurden sie erschossen, vgl. Aleksander Matkovski, A History of the Jews in Macedonia, Skopje 1982, S. 127 f. und ders., Destruction, S. 222.

[118] Zločini, S. 191.

[119] Matkovski, Destruction, S. 223 ff., 241 ff.

gers Skopje erreichten 7132 das Todeslager der mazedonischen Juden in Polen, zwölf Personen verstarben während der Deportation.[120]

Kleinere Gruppen mazedonischer Juden, die sich zunächst versteckt halten konnten, wurden nachträglich noch entdeckt und in verschiedene Konzentrationslager verschleppt. Nach Kriegsende kehrten alles in allem nur 196 mazedonische Juden in ihre alte Heimat zurück, davon 116 aus Albanien, 15 aus deutschen Kriegsgefangenenlagern und 65 aus verschiedenen Konzentrationslagern.[121]

Die ungarische Besatzungszone

In den jugoslawischen Territorien, die von Ungarn zunächst besetzt und im Dezember 1941 annektiert wurden (Südbaranja, Batschka und die Murinsel), lebten schätzungsweise 16 000 Juden.[122] Bis zum Einmarsch deutscher Truppen nach Ungarn im März 1944 waren die Juden in den annektierten Gebieten zwar einer Vielzahl erniedrigender Maßnahmen, Zwangsarbeitseinsätzen (in Ungarn, in der Ukraine und im serbischen Kupferbergwerk Bor)[123] und zeitweiliger Internierung in verschiedenen Lagern der Batschka ausgesetzt[124], blieben jedoch in der Regel von Massenvernichtungen verschont.

Eine blutige Ausnahme bildete die „Säuberungsaktion" („Razzia") ungarischer Truppen im Januar 1942, die durch Sabotageakte und Überfälle lokaler Partisaneneinheiten ausgelöst wurde. Am 4. Januar umstellten ungarische Einheiten die Orte Stari Bečej, Čurug, Temerin, Gospodjinci, Žabalj, Mošorin, Šajkaška, Vitovo, Gardinovci und Titel (nördlich und östlich von Novi Sad (ungar. Ujvidék) und verhafteten die dort lebenden Serben und Juden. Insgesamt 2260 Menschen (darunter 323 Juden) wurden ermordet. Eine zweite Aktion erfolgte in der Nacht vom 20. zum 21. Januar in den Ortschaften Srbobran, Turija, Nadalj, Bačko Gradište, Kišac und in Novi Sad, wo sich die Verfolgungen bis zum Abend des 23. Januar hinzogen. Allein in Novi Sad fielen bei dieser Gelegenheit 789[125] (nach einer anderen Aufstellung: 820[126]) Juden und in den übrigen Orten rd. 400 Juden sowie mehrere tausend Serben der Vergeltungsaktion zum Opfer.[127]

---

[120] Ebenda (mit Quellenbelegen), S. 244ff.; ders, History, S. 148ff.; vgl. auch Zločini, S. 194f. In einer Aufzeichnung Wagners (AA) vom 3.4.1943 wird die Zahl der aus Mazedonien „ausgesiedelten" Juden mit 7240 angegeben. ADAP, Serie E, Bd. 5, Dok. 275, S. 524. Vgl. auch die einführende Darstellung bei Kolomonos/Veskovik-Vangeli, Evreite, S. 54ff. (in englischer Übersetzung S. 118ff.) Die am Ende der Dokumentensammlung abgedruckte Liste der nach Treblinka deportierten Personen enthält 7148 Namen, ebenda, S. 1169-1414.

[121] Matkovski, Destruction, S. 252.

[122] Vgl. Romano, Jevreji, S. 158.

[123] Um dem permanenten Arbeitskräftemangel im kriegswichtigen Kupferbergwerk Bor abzuhelfen, wurden seit Anfang 1943 mit Zustimmung der Budapester Regierung 6000 Juden aus Ungarn (darunter auch aus den annektierten Gebieten) zu Zwangsarbeiten eingesetzt; vgl. die Anordnung von Reichsminister Speer vom 23.2.1943 (Nbg. Dok. NG-5629).

[124] Vgl. Romano, Jevreji, S. 160ff.

[125] Vgl. Zvonimir Golubović, Racija januara 1942. u južnoj Bačkokj, in: Zbornik za društvene nauke 35 (1963), S. 165ff.; Vladislav Rotbart, Čije je delo novosadska racija, in: Jevrejski almanah 1965-1967, S. 168ff.

[126] Pavle Šosberger, Novosadski Jevreji. Iz istorije jevrejske zajednice u Novom Sadu, Novi Sad 1988, S. 45.

[127] Vgl. Anm. 125.

Aber erst die Tätigkeit des Sonderkommandos Eichmann in Ungarn leitete für die Juden in den annektierten Gebieten die planmäßige Vernichtung ein. Seit Ende April 1944 wurde die jüdische Bevölkerung der Batschka und der Südbaranja in den Lagern von Bačka Topola, Subotica und Baja interniert. Von dort wurde sie bis Ende Juni nach Auschwitz verschleppt und der systematischen Ermordung preisgegeben. Nur eine Gruppe von 700 Juden kam zum Arbeitseinsatz nach Österreich, wo ein großer Teil von ihnen den Krieg überlebte.[128]

Insgesamt ließen bis Kriegsende ca. 14 800 Juden aus der Batschka, der Südbaranja und der Murinsel ihr Leben (darunter 3020 Juden aus Novi Sad[129]). Der größte Teil von ihnen fiel der Vernichtung in den nationalsozialistischen Lagern (vor allem in Auschwitz) zum Opfer. Die ungarische „Razzia" vom Januar 1942 forderte das Leben von etwa 1500 Juden. Zahlreiche kleinere Gruppen kamen während oder nach dem Arbeitseinsatz in der Ukraine, in Ungarn, in Serbien (Bor) sowie in den Sammellagern der Batschka und Ungarns infolge von Erschöpfung, Krankheiten, Mißhandlungen und Exekutionen um.[130]

Bilanz

Anfang der 50er Jahre lebten in Jugoslawien noch rd. 6500 Juden.[131] Etwa 8000 hatten in Israel eine neue Heimat gefunden[132], und weitere 1300 waren als Teilnehmer am jugoslawischen Volksbefreiungskrieg gefallen.[133] Zwischen diesen ca. 16 000 Menschen und den ursprünglich vorhandenen über 80 000 Juden ergibt sich eine Differenz von mehr als 64 000 Männern, Frauen und Kindern. Selbst wenn man annimmt, daß nur ein kleiner Teil der Abstammungsjuden von den Nationalsozialisten und ihren Kollaborateuren während des Krieges entdeckt wurde, muß davon ausgegangen werden, daß 55 000 – 60 000 jugoslawische Juden und rd. 4000 ausländische Flücht-

---

128 Vgl. Romano, Jevreji, S. 163 ff.; Löwenthal, Crimes, S. 32 f. Allein im Lager Baja seien 8000 Juden aus der Südbaranja und Batschka interniert gewesen. Zu der Überführung nach Wien vgl. den Beitrag von J. Moser in diesem Band, S. 70.
129 Bei Kriegsbeginn lebten in Novi Sad ca. 4350 Juden. Davon kamen 3020 (= 69%) während des Krieges ums Leben. 1582 wurden in Auschwitz ermordet, 820 fielen der „Razzia" im Januar 1942 zum Opfer, 342 ließen ihr Leben bei Zwangsarbeiten in den besetzten Teilen der UdSSR, die restlichen Personen kamen in verschiedenen Lagern und Ortschaften innerhalb oder außerhalb Jugoslawiens ums Leben. Vgl. Šosberger, Novosadski Jevreji, S. 45 f.
130 Von den rd. 1500 Juden aus der Wojwodina, die zum Arbeitseinsatz in die Ukraine verschleppt wurden, seien nur zehn zurückgekehrt, vgl. Löwenthal, Crimes, S. 31 f. Zum „Todesmarsch" der Juden vom Arbeitseinsatz in Bor nach Ungarn vgl. den Augenzeugenbericht eines Juden aus der Karpato-Ukraine bei Nathan Eck, The March of Death from Serbia to Hungary (September, 1944) and the Slaughter of Cservenka, in: Yad Vashem Studies 2 (1958). Unter den in Bor eingesetzten Juden befanden sich ca. 200 Personen aus den von Ungarn annektierten Teilen Jugoslawiens.
131 Die genaue Zahl ist nicht festzustellen. Bei der Volkszählung von 1953 bekannten sich 2565 Personen zum mosaischen Glauben und 2307 Personen zur jüdischen Nationalität. Die Zahl derjenigen Personen, die ihrer Abstammung nach Juden waren, sich aber weder zum jüdischen Glauben noch zur jüdischen Nationalität bekannten, wurde nicht ermittelt. Sie soll verhältnismäßig gering sein. Vgl. David Perera, Neki statistički podaci o Jevrejima u Jugoslaviji u periodu od 1938 do 1965 g., in: Jevrejski almanah, N.S. 1968-1970, S. 141; M. Perić, Demographic Study of the Jewish Community in Yugoslavia, 1971-1972, in: Jewish Demography 1973 (Jerusalem 1977), S. 270 ff.; Freidenreich, Jews of Yugoslavia, S. 202.
132 Perera, Neki, S. 142; Joseph Gordon, Yugoslavia, in: American Jewish Yearbook 51 (1950), S. 377 f.
133 Dazu und zu den vorigen Zahlen vgl. Zločini, S. XI und XIX; Löwenthal, Crimes, S. XVIII; Romano, Jevreji, S. 14.

linge dem Holocaust zum Opfer fielen.[134] (In einer 1988 erschienenen Publikation wird die Zahl der Opfer sogar auf rd. 67 500 beziffert.[135]) Der größere Teil von ihnen (etwa 37 000) kam im besetzten Jugoslawien selbst um (vor allem in den kroatischen Konzentrationslagern, im Dulag 183 sowie anläßlich deutscher und ungarischer Vergeltungsmaßnahmen in Serbien und in der Umgebung von Novi Sad). 28 000 Menschen wurden in deutsche Konzentrationslager außerhalb Jugoslawiens deportiert und dort bis auf einige Ausnahmen ermordet.

Tabelle 3: Opfer und Überlebende des Holocaust

1. Juden in Jugoslawien (April 1941) über 80 000		
2. Opfer des Holocaust		
60 000 – 65 000		
davon:		
aus Serbien	(bei Vergeltungsaktionen)	4200
	(im Lager Sajmište)	6500
aus dem USK	(in Lagern)	20 000 – 25 000
	(deportiert)	7000
aus Mazedonien	(überwiegend deportiert)	7600
aus der ungar.		
Besatzungszone	(bei Vergeltungsaktionen)	1500
	(deportiert)	13 300
Zusammen in Jugoslawien ermordet		32 000 – 37 000
deportiert		28 000
3. Überlebende oder Gefallene		15 800
davon:		
Überlebende in Jugoslawien		6500
Ausgewandert nach Israel		8000
Gefallen im Volksbefreiungskrieg		1300

Konfession oder Abstammung ließen die Juden zu Opfern eines fanatischen Rassenhasses werden und bestimmten sie zur „Sühne" von Taten, die sie nicht begangen hatten. Zwar wird es niemals möglich sein, die Anlässe, Orte und den jeweiligen Umfang von Vergeltungsmaßnahmen vollständig zu rekonstruieren, da die Überlieferung weder lückenlos noch genau ist.[136] Und noch weniger wird es möglich sein, die exakte Zahl der in kroatischen Konzentrationslagern ermordeten Juden festzustellen. Aber die zitierten Belege dafür, daß die „Endlösung der Judenfrage" in Jugoslawien zur weitgehenden Zufriedenheit der Ausrottungsbürokraten um Himmler erfolgte, sind erdrückend und unabweisbar.

---

[134] Zu den verschiedenen Schätzungen vgl. Nora Levin, The Holocaust, New York 1973, S. 715 ff; vgl. auch die Angaben in Anm. 131; Freidenreich, Jews of Yugoslavia, S. 192; Gilbert, Jewish History Atlas, S. 88.
[135] Goldstein, „Konačno rješenje", S. 191.
[136] So macht z.B. die in deutschen Dokumenten häufig verwendete Gleichsetzung von Juden und Kommunisten eine genaue zahlenmäßige Aufschlüsselung unmöglich.

László Varga

Ungarn

Das nach den Revolutionen 1918/19 an die Macht gelangte Regime verhalf dem Anti-semitismus zum Rang der offiziellen politischen Ideologie in Ungarn. Die „rassen-schützende" Politik basierte aber nicht auf rassischen, sondern auf sozialen und politi-schen Gegensätzen. Zum einen sagte sie dem „Judeo-Bolschewismus" den Kampf an, zum andern machte sie auch das „jüdische Großkapital" verantwortlich für die Revo-lutionen. Das Regime grenzte sich von der Demokratie wie auch vom Bolschewismus ab. Der Friedensvertrag von Trianon, bei dem das Königreich Ungarn zwei Drittel sei-nes Territoriums und die Hälfte seiner Bevölkerung verlor, verursachte ein derartiges Trauma im ungarischen Nationalbewußtsein, daß diese Abgrenzung und der propa-gierte „Rassenschutz" auch ideologisch erleichtert wurden.

Bereits in den ersten Tagen der Gegenrevolution im Herbst 1919 mehrten sich die früher in Ungarn unbekannten Pogrome, und auch nach der Konsolidierung der poli-tischen Macht kamen ähnliche blutige Zwischenfälle vor. Die Verfolgung der Juden beschränkte sich jedoch nicht auf die vom Regime geduldeten oder auch eingeleiteten Pogrome und Attentate, sondern erhob sich auch auf die Ebene der Gesetzgebung. Das 1920 verabschiedete Gesetz vom Numerus Clausus schrieb vor, daß die jüdische Jugend nur entsprechend ihrem zahlenmäßigen Bevölkerungsanteil an der Hoch-schulbildung teilhaben durfte. Im Zuge des „nationalchristlichen" Kurses wurde von vornherein alles als nichtnational gebrandmarkt, was sich außerhalb des Christentums befand. Während also zahlreiche, auf der nationalchristlichen Grundlage des Regimes stehende Gesellschaften, Vereine usw. mit einer entsprechenden eigenen Presse ent-standen, hatten die Juden bis zur Mitte, meistens sogar bis zum Ende der Zwanziger Jahre nicht einmal die Möglichkeit, ihre während der Kriegsjahre oder der Revolutio-nen suspendierten Organisationen wiederaufleben zu lassen. Diese Verbote umfaßten alle Bereiche des jüdischen geistig-gesellschaftlichen Lebens, von den Pfadfindern bis zu der früher namhaften literarischen Gesellschaft. Die wirtschaftliche Konsolidierung des Systems forderte jedoch eine Kooperation zwischen der national-christlichen poli-tischen und der jüdischen wirtschaftlichen Macht. Zur Aufnahme der Beziehungen kam es zur Zeit der zweiten Regierung des Grafen István Bethlen Anfang 1922.[1] Spä-ter bemühte sich Bethlen immer bewußter um eine Eindämmung des gegenseitigen Mißtrauens, war aber während seiner Ministerpräsidentenschaft nicht imstande, dieses ganz zu zerstreuen.

In den Jahren der Weltwirtschaftskrise, bis zum Eintritt Ungarns in den Zweiten Weltkrieg, war die allgemeine politische Linie und in diesem Rahmen auch die Politik

---

[1] István Bethlen war der vierte Ministerpräsident der gegenrevolutionären Epoche. Zur Aufnahme der Bezie-hungen vgl. Miklós Szinai/László Szücs (Hrsg.), Bethlen István titkos iratai, Budapest 1972, S. 55.

gegenüber den Juden durch einen eigenartigen Widerspruch gekennzeichnet. Etwas vereinfacht kann man sagen, je rechtsorientierter die Politik der jeweiligen Regierung war, desto weniger war sie zu Kompromissen zu Lasten der Juden gezwungen. Andererseits wollten die Regierungen, die – wenn auch nicht konsequent – gegen die extreme Rechte auftraten, parallel hierzu ihre Basis auf der Rechten durch Maßnahmen gegen die Juden erweitern. Entsprechend dieser widersprüchlichen Politik verbot Ministerpräsident Darányi am 5. März 1938 die faschistische Pfeilkreuzlerpartei und kündigte am gleichen Tag die geplante rechtliche Regelung der Judenfrage an. Die Absichten der Regierung waren nach der berüchtigten Rede Darányis in Györ (Raab) scheinbar tolerant und sollten zugegebenermaßen in einer Linderung „des Antisemitismus und damit der extremistischen, unduldsamen Bewegungen" bestehen. Die als sozial angekündigten Maßnahmen standen aber unverhüllt auf der Basis des Antisemitismus. Schließlich unterbreitete die Regierung dem Parlament am 8. April 1938 – kaum einen Monat nach dem „Anschluß" Österreichs an das Deutsche Reich – das sogenannte erste Judengesetz. Die Diskussion der Gesetzesvorlage im Parlament und deren Aufnahme außerhalb des Parlaments beleuchteten jedoch eindeutig, daß in Ungarn selbst gegen einen sozial getarnten Antisemitismus eine einflußreiche Opposition bestand. So protestierten gegen den Gesetzesvorschlag sofort zahlreiche, auch international bekannte Autoritäten der „nichtjüdischen" ungarischen Kultur, u.a. Béla Bartók und Zoltán Kodály. In der Parlamentsdiskussion stimmten und sprachen nicht nur die sozialdemokratische und liberale Opposition dagegen, sondern auch frühere Repräsentanten der offiziellen Politik wie etwa der Exministerpräsident Graf Bethlen. Die Vertreter der einzelnen Konfessionen konnten ihre Meinung im Oberhaus vorbringen; die christlichen Kirchenvertreter stimmten allerdings, entsprechend den Absichten der Regierung, im Interesse einer Zurückdrängung des Antisemitismus dafür, traten jedoch im weiteren Verlauf – im Gegensatz zur Regierung – aktiv gegen die Ausbreitung des Antisemitismus auf. Der Standpunkt dieser Kirchen war auch dadurch bestimmt, daß das Gesetz zwar grundlegend auf konfessioneller Basis stand, aber dennoch auch jene als Juden betrachtete, die erst nach 1919 zum christlichen Glauben übergetreten waren. Schließlich wurde im Gesetzesartikel 15/1938 der Anteil der Juden nach der Durchführung des Gesetzes in gewissen ökonomischen und intellektuellen Berufen auf 20 Prozent festgeschrieben; bei der Festlegung des Anteils wurde berücksichtigt, daß die Juden fast ganz aus dem Staatsapparat verdrängt worden waren. Zugleich verpflichtete sich die Regierung, mit dem verabschiedeten Gesetz die Judenfrage ein für allemal als gelöst zu betrachten.

Nach dem Ersten Wiener Schiedsspruch der Achsenmächte im November 1938 bzw. im Zusammenhang damit nach Zuerkennung des „Felvidék" (eines Teils der früheren Tschechoslowakei) an Ungarn wurde einerseits der Druck Deutschlands stärker, zum andern nahm das Gewicht des antisemitisch eingestellten Offizierskorps entschieden zu. Dementsprechend stellte der Ministerpräsident Imrédy, gerade unter Berufung darauf, daß die neuen Gebiete den Zahlenanteil der Juden ungünstig beeinflußten – also erhöhten –, weitere Maßnahmen in Aussicht. Das kam konkret in dem Ende 1938 eingereichten Entwurf des sogenannten zweiten Judengesetzes zum Ausdruck. Da Imrédy von den Rechtsextremisten verdächtigt wurde, selbst jüdischer Abstammung zu sein, wurde die Vorlage nach seinem Rücktritt (Februar 1939) von seinem Nachfolger, dem Grafen Pál Teleki eingebracht. Auch auf anderen Gebieten steigerte sich der Druck der faschistischen Opposition. Seinen extremsten Ausdruck fand dies im Handgranaten-Attentat auf die größte Budapester Synagoge, das mehrere Tote forderte. Im Laufe der Diskussion des neuen Gesetzentwurfes stellte Bethlen schon geradezu die Souveränität Ungarns in Frage, doch gelang es der Regierung, in einem Schnellverfahren die Vorlage durchzupeitschen und auch den Widerstand des Oberhauses zu brechen. Die Verhältnisse erinnerten an die politische Atmosphäre bei der Verabschiedung des ersten Gesetzes: Die inzwischen neu erstarkte faschistische Bewegung wurde von der Regierung wieder verboten bzw. auf der anderen Seite das Gesetz als endgültige Lösung der Judenfrage betrachtet. Das zweite Gesetz ging zwar von der Konfession aus, machte aber im Vergleich zum ersten auch dem „Rassenschutz" Konzessionen, indem auch die Halbjuden als Juden betrachtet wurden. Darüber hinaus wurde auch die Quote von 20 Prozent weiter verschärft: bei gewissen Berufen wurden 6 Prozent und bei anderen 12 Prozent als maximaler jüdischer Anteil festgesetzt. Auch dieses Gesetz erwies sich zwar nicht als endgültige Lösung, aber bis zum dritten Judengesetz verstrich doch etwas mehr Zeit als zwischen den ersten beiden. Inzwischen erschwerte die Regierung die Lage der Juden durch Verordnungen. So wurden die Vertreter der israelitischen Glaubensgemeinschaft ihrer Mitgliedschaft im Oberhaus beraubt und den Juden jeder militärische Rang aberkannt. Außerdem wurde für sie der Arbeitsdienst eingeführt.

Am 24. April 1941 stellte der neue Ministerpräsident Bárdossy anläßlich seiner Regierungserklärung vor dem Parlament ein neues Judengesetz in Aussicht. Das im Sommer in Kraft tretende sogenannte dritte Judengesetz akzeptierte bereits die nationalsozialistische Rassenideologie, wobei konfessionelle und Rassengesichtspunkte vermischt wurden. Danach wurden außer den Mitgliedern der Israelitischen Kultusgemeinden alle Personen als Juden verstanden, bei denen mindestens zwei Großeltern jüdischer Religion waren. Unter den Mitgliedern der Kultusgemeinden gab es – besonders in dem durch den Zweiten Wiener Schiedsspruch an Ungarn gekommenen Nordtranssylvanien – Personen nichtjüdischer Abstammung. Zugleich verbot das Gesetz die Ehe zwischen Juden und Nichtjuden und brandmarkte den außerehelichen Geschlechtsverkehr zwischen ihnen als „Rassenschande". Bis zum Sommer 1941 führte also die offizielle ungarische Politik nicht nur in der Außenpolitik – vor allem mit dem Angriff auf die Sowjetunion –, sondern auch in der Innenpolitik gerade in der Judenfrage die Gleichschaltung mit dem Deutschen Reich durch.

Der Druck der deutschen Außenpolitik zur „Lösung der Judenfrage"

Das dritte Judengesetz wurde zwar bereits deutlich nach deutschem Muster ausgearbeitet, aber auf deutscher Seite galt es noch nicht als befriedigend. So wurde genau vier Monate nach Inkrafttreten dieses Gesetzes, am 8. Dezember 1941, vom Auswärtigen Amt eine Denkschrift „zu der vorgesehenen Gesamtlösung der Judenfrage in Europa" für die bei SS-Obergruppenführer Heydrich anberaumte Sitzung ausgearbeitet. Im Zusammenhang mit Ungarn hieß es in dieser Denkschrift, man müsse Druck auf die Regierung ausüben, um das „Judengesetz nach Nürnberger Vorbild einzuführen"[2]. Etwas mehr als einen Monat später fand die Wannsee-Konferenz statt.

Anfang März 1942 hatte Reichsverweser Horthy den zu stark an Deutschland gebundenen Regierungschef Bárdossy abberufen und Miklós Kállay zu dessen Nachfolger ernannt. Kállay erstrebte die Lockerung der Bindung an Hitler-Deutschland und stärkte eindeutig die sogenannte angelsächsische Orientierung innerhalb des Kabinetts. Dies war jedoch wieder mit neuen Maßnahmen gegen die Juden verbunden. Schon in seiner Programmrede bezeichnete der Ministerpräsident die restlose Aussiedlung der ungarischen Juden als notwendig, versprach aber eine konkrete Realisierung – und das erwies sich unter den gegebenen Umständen als äußerst wichtig – erst für die Zeit nach dem Kriege. Schon anläßlich seines Antrittsbesuches in Deutschland teilte man Kállay eindeutig die deutschen Wünsche mit (Tragen des Judensterns, völlige Verdrängung aus dem Wirtschaftsleben, Vorbereitung der Deportation). Während er aber zur Befriedigung der Deutschen neue Maßnahmen gegen die Juden ergriff, versuchte Kállay, die Vertreter der Juden in Ungarn zu beruhigen. Vergeblich bemühte sich daher Döme Sztójay, der ungarische Gesandte in Berlin, unter Verleugnung der Loyalität gegenüber seiner eigenen Regierung als Anwalt der deutschen Ziele im Laufe des Sommers den Verantwortlichen der ungarischen Politik nahezubringen, daß die „Endlösung" nicht bis Kriegsende verschoben werden könnte.

Nachdem die Slowakei, Kroatien und Rumänien (für die neuerworbenen Gebiete) mit der „Evakuierung" der Juden begonnen hatten, wurde Ungarn – nicht zum ersten Mal in seiner Geschichte – zu einer Art gesicherter Insel für die Juden. Die von den Deutschen der Regierung Kállay gewährte Wartezeit ging jedoch ziemlich rasch zu Ende, und so wurde der Druck Berlins im Herbst 1942 entschieden stärker. Dort, besonders im Auswärtigen Amt, erkannte man ganz klar, daß Ungarn – gerade infolge seiner relativ toleranten Einstellung zu den Juden – auf eine besondere Behandlung seitens der angelsächsischen Alliierten rechnete bzw. umgekehrt: daß eindeutige Maßnahmen in der Judenfrage die ungarische Regierung kompromittieren und so die Verhandlungen über einen Sonderfrieden erschweren oder sogar unmöglich machen könnten. Am 24. September 1942 gab Reichsaußenminister Ribbentrop die konkrete Weisung zur Vorbereitung der Deportation der ungarischen Juden.[3] Im Oktober kam es auch zu konkreten Schritten. Die deutschen Vorstellungen erläuterte zuerst Martin Luther, Chef der Abteilung Inland II im Auswärtigen Amt (verantwortlich für die Judenfrage) dem ungarischen Gesandten in Berlin. Nach dieser Information hielt die deutsche Regierung weitere Judengesetze für wünschenswert, die Kennzeichnung der Juden mit gelbem Stern sowie die „Aussiedlung nach dem Osten … mit dem Endziel einer restlosen Erledigung der Judenfrage in Ungarn"[4]. In Beantwortung einer Frage Sztójays bezeichnete zwar Luther die Wünsche als nichtoffiziell, dennoch gab er einige Tage später dem deutschen Gesandten in Budapest, Jagow, die Weisung, diese der ungarischen Regierung vorzutragen.[5] Regierungschef Kállay erklärte daraufhin die

---

[2] Nbg. Dok. NG-2586. Vgl. Randolph L. Braham, The Destruction of Hungarian Jewry. A documentary account, New York 1963, Dok. 66.

[3] Nbg. Dok. NG-1517. Vgl. Braham, Destruction, Dok. 68.

[4] Nbg. Dok. NG-1800. Vgl. Braham, Destruction, Dok. 70. Ferner Bericht des ungarischen Gesandten in Berlin, Küm 193/pol. 1942.

[5] Nbg. Dok. NG-5562. Vgl. Braham, Destruction, Dok. 75.

Judenfrage für eine innere Angelegenheit Ungarns und wies die deutschen Forderungen höflich, aber entschieden ab. Dieser Standpunkt wurde am 2. Dezember 1942 von der Regierung in einer offiziellen Note bekräftigt.[6]

Obgleich die Note den Umständen gemäß äußerst offen und entschieden war, hielt man es auf deutscher Seite nach wie vor für möglich, das ungarische Kabinett durch eine entsprechende Pression zum Rückzug zu bewegen. In der Folge suchten also die Deutschen, ihre ungarischen Verhandlungspartner auf den verschiedensten Wegen zur Übernahme des deutschen Standpunktes zu bewegen. Gleichzeitig linderte Kállay, wenn auch nicht auf dem Verordnungswege, so doch in der Praxis, die Durchführung der früheren Judengesetze. Deutscherseits ließ man eindeutig merken, daß die sich immer weiter verschlechternden Beziehungen zwischen den beiden Staaten auf den Standpunkt der ungarischen Regierung in der Judenfrage zurückzuführen seien. Der diplomatische Druck erreichte den Höhepunkt anläßlich des Besuches von Reichsverweser Horthy bei Hitler in Kleßheim am 16./17. April 1943. Im Laufe der Unterhaltung kam Hitler auf die Judenfrage zu sprechen. Horthy suchte auszuweichen: Nachdem „so ziemlich alle Lebensmöglichkeiten" den Juden entzogen worden waren, „erschlagen könne er sie doch nicht". Nach dem offiziellen deutschen Protokoll ergriff an diesem Punkt Ribbentrop das Wort und erklärte, „daß die Juden entweder vernichtet oder in Konzentrationslager gebracht werden müßten. Eine andere Möglichkeit gäbe es nicht." Auch Hitler bekräftigte die Worte des Reichsaußenministers: „Wenn die Juden dort (in Polen) nicht arbeiten wollten, würden sie erschossen. Wenn sie nicht arbeiten könnten, müßten sie verkommen. Sie wären wie Tuberkelbazillen zu behandeln, an denen sich ein gesunder Körper anstecken kann. Das wäre nicht grausam, wenn man bedenke, daß sogar unschuldige Naturgeschöpfe wie Hasen und Rehe getötet werden müßten, damit kein Schaden entstehe. Weshalb sollte man die Bestien, die uns den Bolschewismus bringen wollten, mehr schonen?"[7]

Bei dieser Besprechung wurde es Hitler und seinem Außenminister klar, daß sie von Kállay keinerlei Zugeständnisse erwarten durften. Den ungarischen Ministerpräsidenten betrachteten sie als „persona non grata". Ribbentrop bat nach dem Besuch den Gesandten Sztójay zu sich und teilte ihm ziemlich unverhüllt mit, daß Deutschland das renitente Verhalten Ungarns nicht länger dulden könnte und entschieden die Deportation der ungarischen Juden verlange.

Während also der deutsche Druck die Grenzen des Möglichen erreichte, wurde die Lage der Juden in Ungarn nicht nur nicht schlechter, sondern verbesserte sich sogar etwas. Diese Besserung betraf – wenn auch in beschränktem Maße – sogar die am meisten Ausgelieferten unter den Juden: die Arbeitsdienstler. Der Arbeitsdienst wurde noch durch ein Gesetz aus dem Jahre 1939 ermöglicht, die Lage der Arbeitsdienstler wurde aber erst 1941/42 unerträglich, als die Juden ihres militärischen Ranges beraubt und zum Tragen eines gelben Armbandes gezwungen wurden (die Arbeitsdienstler nichtjüdischer Religion, aber jüdischer Herkunft trugen ein weißes Armband). Die bestehenden Verfügungen verpflichteten die männliche jüdische Bevölkerung zwischen 18 und 48 Jahren zum Arbeitsdienst, von denen infolge der ungenügenden Verpfle-

[6] Vgl. Braham, Destruction, Dok. 83; I/K 213262-269. Ebenda, Dok. 86; Küm. 447/res. pol. 1942.
[7] Vgl. Braham, Destruction, Dok. 103. Ferner: Staatsmänner und Diplomaten bei Hitler. Herausgegeben und erläutert von Andreas Hillgruber, Frankfurt a. M. 1970.

gung, der mangelhaften Bekleidung und der grausamen Behandlung nach Schätzungen schon damals etwa 10 000 Personen starben. Im Herbst 1942 traf der Verteidigungsminister der Regierung Kállay Maßnahmen gegen die systematische Vernichtung der Arbeitsdienstler. Es lag weder an ihm noch an der Regierung, daß diese Verfügungen – besonders an der Ostfront und in der Ukraine – kaum durchgesetzt wurden. Die überlebenden jüdischen Arbeitsdienstler empfanden eine Kriegsgefangenschaft nach der Katastrophe der zweiten ungarischen Armee am Don als „Erlösung". Im Vergleich dazu gestaltete sich die Situation der innerhalb der Landesgrenzen „dienstleistenden" Juden durch die entschlossenen Maßnahmen des Verteidigungsministers unvergleichlich besser.

Juden in Ungarn vor der deutschen Besetzung des Landes

Über die Zahl der Juden in Ungarn stehen für die Periode nach dem österreichisch-ungarischen Ausgleich (1867) infolge der modernen Volkszählungen bereits relativ genaue statistische Daten zur Verfügung[8]:

Jahr	Zahl der Gesamtbevölkerung	davon jüdischer Konfession	Anteil (%)
1869	13 579 129	542 257	4,0
1880	13 728 622	624 737	4,5
1890	15 162 986	707 961	4,7
1900	16 838 255	831 162	4,9
1910	18 264 533	911 227	5,0

Wie auch aus diesen Zahlen klar hervorgeht, führte das „goldene Zeitalter" der Juden in Ungarn – das heißt, die liberale Politik nach dem Ausgleich –, entgegen früherer Befürchtungen und späterer Angriffe neben einer rapiden Assimilation nicht zur vermehrten Einwanderung, sondern viel eher zu deren Mäßigung und sogar Schwächung. Der stürmische „Raumgewinn" des Judentums läßt sich also durch die Ergebnisse der Volkszählungen kaum belegen. Während aber diese demographischen Änderungen eine rund vierzigjährige Geschichte der Doppelmonarchie umfaßten, brachte nach dem Ersten Weltkrieg der Friedensvertrag von Trianon beträchtliche Territorialverschiebungen. Ungarn verlor rund die Hälfte seiner Bevölkerung. Im großen und ganzen galt aber die gleiche Proportion für die Personen jüdischer Religion, so daß der oben für 1910 angegebene Bestand, auf das Gebiet von Trianon-Ungarn umgerechnet, 471 164 Juden ergab. Die scheinbar unwesentliche Abweichung bewirkte aber infolge der Gebietsveränderung einen Anstieg der jüdischen Bevölkerung von 5,0 auf 6,2 Prozent. Im Gegensatz zu diesen künstlichen Veränderungen weisen die effektiven Bevölkerungsdaten eine ganz andere Tendenz auf:

---

[8] Die demographischen Angaben hier und später stammen aus den Volkszählungen des Ungarischen Königlichen Amtes für Statistik.

Jahr	Zahl der Gesamtbevölkerung	davon jüdischer Konfession	Anteil (%)
1920	7 990 202	473 355	5,9
1930	8 688 319	444 567	5,1
1941	9 067 267	400 980	4,3

Auf dem verkleinerten Gebiet stagnierte also anfangs die Zahl der Personen jüdischer Konfession, um dann sogar deutlich abzufallen: dementsprechend verringerte sich ihr Anteil und fiel sogar unter den Vorkriegsstand. Bei dieser Veränderung spielte die Aufgabe der früheren Toleranz gegenüber den Juden und die Erhebung des Antisemitismus zum Regierungsprogramm eine bestimmende Rolle. Diese grundlegend neue Tendenz läßt sich nur zum Teil mit einer Zunahme des Einflusses der äußerlichen „Assimilation" auf einen vermehrten Antisemitismus erklären. So traten 1919, hauptsächlich nach der Machtergreifung der Gegenrevolution – also von August bis Dezember 1919 – insgesamt nur rund 7000 Juden zum christlichen Glauben über. An sich kann auch diese Ziffer nicht als wesentlich betrachtet werden, lediglich im Vergleich zu den früheren oder auch zu den späteren „normalen" Zuständen spielt sie eine Rolle, denn im allgemeinen betrug sie jährlich 200 bis 250. Ähnlich steht es mit den „Mischehen", obwohl auf diesem Gebiet eine wesentliche Zunahme zu beobachten ist: Während vor der Jahrhundertwende jährlich etwa 400 „Mischehen" registriert wurden, bewegte sich diese Zahl nach 1920 bereits um 900 bis 1000. Die angeführte Veränderung des Prozentanteils deutet also eindeutig auf eine steigende Auswanderung der Juden hin.[9] Trotz der geschilderten Abnahme ist nach wie vor der Anteil der Juden in Ungarn nicht geringzuschätzen, denn im Europa der dreißiger Jahre ist ja Ungarn mit seinem Anteil an jüdischer Bevölkerung von 5,1 Prozent auffallend. Er wird nur von Polen (9,13%), Litauen (6,55%) und Rumänien (5,54%) übertroffen, während der zahlenmäßige Anteil etwa der deutschen Juden nur 0,86% betrug. Es war also kein Zufall, wenn Horthy sich bei Hitler darauf berief, daß Ungarn der deutschen „Lösung" kaum folgen könne.

Die Träger der ungarischen Modernisierung waren zum größten Teil Juden. Hinter dieser Tatsache verbirgt sich vielleicht die Erklärung für das Paradoxon, daß in Ungarn der Antisemitismus gerade zur Zeit der Assimilation der Juden – eigentlich gerade durch den Einfluß dieser Assimilation – aufflammte.

In der Dekade nach 1930 verringerte sich der Bevölkerungsanteil der Juden in noch höherem Maße und machte 1941 nur mehr 400 980 Personen, das heißt 4,3 Prozent der Gesamtbevölkerung aus. Diese Zahl erhöhte sich jedoch infolge der Gebietsveränderungen (also der beiden Wiener Schiedssprüche beziehungsweise der Aufteilung Jugoslawiens) auf 725 007.

[9] Während die Abnahme der Zahl von Personen jüdischer Konfession zwischen 1920 und 1930 zu etwa 90 Prozent durch Auswanderung zu erklären ist, wandelt sich diese Tendenz im folgenden Jahrzehnt: Ein überwiegender Teil (58%) der zahlenmäßigen Abnahme wird durch Christianisierung verursacht, die Abnahme durch negativen Bevölkerungszuwachs war bedeutend (41%), während die Auswanderung praktisch keine Rolle spielte und in zehn Jahren nur 271 Personen ausmachte. S. dazu Yehuda Don/George Magos, Demographic Development of the Hungarian Jewry. Research Institute on the Economic Behaviour of Jews, Department of Economics, Bar Ilan University.

Die jüdische Bevölkerung im vergrößerten Ungarn aufgrund der Volkszählung von 1941

	Personen jüdischer Konfession	Anteil der Juden (%)
Gebiet von Trianon-Ungarn	401 000	4,3
Südslowakei[1]	68 000	7,8
Karpathenukraine[2]	78 000	12,5
Nordsiebenbürgen[3]	164 000	7,5
Batschka[4]	14 000	1,4
Insgesamt	725 000	4,9

[1] Gebiet gehörte früher zur Tschechoslowakei, wurde mit dem sog. Ersten Wiener Schiedsspruch vom 2. November 1938 Ungarn zuerkannt.
[2] Bei der Auflösung der Tschechoslowakischen Republik am 15. März 1939 vom ungarischen Militär besetzt, dann Ungarn einverleibt.
[3] Gebiet gehörte früher zu Rumänien, wurde mit dem sog. Zweiten Wiener Schiedsspruch vom 30. August 1940 Ungarn zuerkannt.
[4] Am 11. April 1941 vom ungarischen Militär besetztes und dann Ungarn einverleibtes jugoslawisches Gebiet.

Es ist jedoch zu betonen, daß sich diese ziemlich genaue Statistik nur auf die Bevölkerung jüdischer Konfession bezieht und daß man sich hinsichtlich der auf der Basis der Nürnberger Gesetze als Juden zu Betrachtenden nur auf Schätzungen verlassen kann.

Im Laufe der Verfolgung der Juden wurde das bereits erwähnte „dritte Judengesetz" als Rechtsbasis zugrunde gelegt, das heißt es wurden außer den Personen jüdischer Konfession alle als Juden betrachtet, bei denen mindestens zwei Großeltern im jüdischen Glauben geboren wurden.[10] Demgemäß ergab sich ein gewisser Unterschied in der deutschen und ungarischen Definition der Juden. Um nur den bedeutendsten Unterschied zu erwähnen, war in Ungarn der Begriff der Mischlinge unbekannt, während im Deutschen Reich drei Kategorien unterschieden wurden, waren es in Ungarn nur zwei. Die ungarische Volkszählung von 1941 unternahm auf Grund der Selbstbekenntnisse einen Versuch zur Festlegung der genauen Anzahl der als Juden zu betrachtenden Personen. Danach bezeichneten sich außer den Angehörigen der jüdischen Konfession 34 435 Personen als Juden im Sinne des Gesetzes vom April 1939. Die Statistiker akzeptierten aber die auf Selbstbekenntnis basierenden Zahlen nur als Minimalangaben, bedeutete es doch eine Hinnahme der negativen Differenzierung. Andererseits ist es jedoch ein Faktum, daß sich die überwiegende Zahl der Bevölkerung infolge der bestehenden Judengesetze über ihre Herkunft genau im klaren war. Auf Grund all dieser Überlegungen kann man die Zahl der Juden nichtjüdischen Glaubens mit etwa 75 000 bis 100 000 Personen ansetzen.[11] Davon abgesehen lassen

[10] Eine Ausnahme bildeten jene, bei denen beide Eltern im christlichen Glauben geboren waren. Das Gesetz bezog sich übrigens nur auf das Eherecht, in jeder sonstigen Hinsicht wurde die Definition des Gesetzesartikels 4/1939 anerkannt. Nur die der Regierung gegebene außerordentliche Ermächtigung machte es möglich, daß später auf fast allen Gebieten die Definition des Gesetzesartikels 15/1941 eingesetzt wurde.
[11] Ein Statistiker aus jener Zeit, ein „Experte" der Judenfrage, schätzte diese Zahl auf 100 000 Personen und da dies auch von der Statistik für den World Jewish Congress übernommen wurde, steht diese Zahl auch in der später hier mitgeteilten Zahlentafel. Dies schon aus dem Grunde, weil die erwähnte Hypothese, daß nämlich die Juden nichtjüdischen Glaubens höchstens 75 000 Personen ausmachen dürften, genausowenig nachweisbar ist. Es ist eine Tatsache, daß zwischen 1919-1941 auf dem Territorium von Trianon-Ungarn

sich jedoch die Angaben der Volkszählung von 1941 nur mit gewissen Veränderungen für den März 1944 einsetzen. Zum einen nahm, entsprechend dem früheren demographischen Trend, die Zahl der Juden weiter ab, insgesamt um 5250 Personen. Zum andern wieder veränderten sich die oben mitgeteilten Zahlen noch in nicht unwesentlichem Maß durch die statistisch zwar nicht nachweisbare, jedoch durch sekundäre Quellen eindeutig belegte Aus- und Einwanderung. So betrug nach einer Schätzung des deutschen Auswärtigen Amtes die Auswanderung vor der deutschen Besetzung des Landes monatlich 300 bis 600 Personen.[12]

Insgesamt ließe sich also die Zahl der jüdischen Auswanderer in der Periode zwischen der letzten Volkszählung und der deutschen Besetzung mit 16 000 bis 17 000 Personen ansetzen. Demgegenüber stehen uns für die Einwanderung – da sie normalerweise illegal war – nicht einmal annähernde Angaben zur Verfügung. Ferner ist zu berücksichtigen, daß die Volkszählung von 1941 natürlich die früher illegal Eingewanderten nicht erfaßte. Hierbei handelte es sich in erster Linie um Juden ungarischer Nationalität aus der Slowakei und aus Rumänien, zum Teil aber auch aus Österreich, obwohl sich das bei letzteren nicht auf die ungarische Minorität beschränkte, sondern mit einer Art Rückwanderung kombiniert war. Im Verhältnis dazu blieb die Anzahl der aus dem Deutschen Reich eingewanderten Juden relativ unbedeutend. Den größten Teil bildeten die polnischen Emigranten. Die Anzahl der polnischen Flüchtlinge wird in der ungarischen Fachliteratur schon seit längerer Zeit diskutiert, sie ist mindestens mit 100 000 Personen anzusetzen. Bisher wurde noch kein Versuch unternommen, innerhalb dieser – schon der zahlenmäßigen Stärke nach heftig umstrittenen – Emigration den Anteil der Juden festzulegen. Aus indirekten Quellen, etwa den Meldungen des Höheren SS- und Polizeiführers in Ungarn, SS-Obergruppenführer Otto Winkelmann, läßt sich folgern, daß einerseits unter den nach Ungarn geflüchteten Juden die Polen den größten Anteil ausmachten und andererseits ein bedeutender Teil der polnischen Flüchtlinge Juden waren.

Auf der anderen Seite sind zusätzlich zu der bereits erwähnten Auswanderung die Verluste des ungarischen Judentums in der Periode zwischen Volkszählung und deutscher Besetzung zu berücksichtigen. Hier müssen die Opfer der ersten Deportation im Sommer 1941, des Blutbades von Ujvidék sowie des Arbeitsdienstes berücksichtigt werden. Diese unsicheren Faktoren haben zur Folge, daß man die Zahl der als Juden geltenden Personen zur Zeit der deutschen Besetzung des Landes, also am 19. März 1944, nur vage schätzen kann.

34 644 Personen christianisierten; diese wurden also auf Grund des Ges. Art. 4/1939 als Juden betrachtet. Im Laufe der Volkszählung von 1941 bezogen auf dem gleichen Territorium 30 731 Personen nichtjüdischen Glaubens die Judengesetze auf sich. Freilich kann man aus diesen Zahlen noch immer nicht auf die genaue Anzahl der Juden christlicher Konfession folgern, dennoch ist vorauszusetzen, daß diese Zahl der nachgewiesenen 58 320 näher stehen mochte als den geschätzten 100 000 Personen. Alajos/Dolányi/Kovács, A keresztény vallású, de zsidó származású népesség a népszámlálás szerint, in: Magyar Statisztikai Szemle, Nr. 4-5 (1944), S. 96. Vgl. auch Bemerkungen zu der Aufstellung des Büros für Statistik und Berichterstattung, in: Jenö Lévai, Zsidósors Magyarországon, Budapest 1948[2], S. 463-469.

[12] Nbg. Dok. NG-5573. Vgl. Braham, Destruction, Dok. 238.

Anzahl der ungarischen Juden am 19. März 1944

	Bestand	Verluste
Nach Volkszählung 1941 jüdischer Konfession	725 000	
Auf Grund des Gesetzes 15/1941 als Juden qualifiziert	100 000[1]	
Natürlicher Bevölkerungszuwachs 1941–1944		5 250
Einwanderer	50 000	
Auswanderer		16 000–17 000
1. Deportation (Kamenetz-Podolsk)[2] August 1941		14 000–16 000
Ujvidék, Januar 1942[3]		1 250
Im Arbeitsdienst umgekommen usw.		42 000[4]
Insgesamt	875 000	ca. 80 000
Differenz	795 000	

[1] S. dazu Anmerkung 11.

[2] Deportation von Juden nicht ungarischer Staatsbürgerschaft, überwiegend aus den rückgewonnenen Gebieten. Die Literatur nennt im allgemeinen 20 000 Opfer, eindeutig nachweisbar ist aber die Deportation von 16 000–18 500 Personen, von denen etwa 2000 die Aktion überlebten. Die weiteren Opfer (etwa 5000 Personen) stammten nicht aus Ungarn.[13]

[3] Die Zahl der Opfer bei der „Antipartisanen"-Aktion von Ujvidék ist stark umstritten. Die Vertreter der Regierung Nedič erwähnten bei ihrem Protest in Budapest 13 000 Opfer, die Akte der deutschen Gesandtschaft vom Dezember 1943 spricht von 6000 serbischen und 4000 jüdischen Opfern, demgegenüber stellte die offizielle ungarische Untersuchung 3755 Opfer fest. Die internationale Fachliteratur – einschließlich der jugoslawischen – nimmt als Größenordnung die letztere Zahl an. Unter den rund 4000 Toten waren 1250 Juden.[14]

[4] Die Zahl beinhaltet auch die in sowjetische Kriegsgefangenschaft geratenen Arbeitsdienstler.

Die „Endlösung"

Die geheimen Verhandlungen der Regierung Kállay und nicht zuletzt ihre Verzögerungstaktik in der Judenfrage veranlaßten die Führung des Deutschen Reiches im Frühjahr 1944 zur aktiveren Einmischung. Unmittelbar vor der Besetzung am 19. März 1944 gab es noch eine Beratung mit Horthy in Kleßheim; diese ging jedoch nur noch darum, ob die Besetzung mit Horthy oder ohne ihn vor sich gehen sollte. Infolge der Abwesenheit des Reichsverwesers war die ungarische Regierung völlig gelähmt, und so erschöpfte sich ihr Widerstand in einer Warnung an die am stärksten gefährdeten Personen. Der Regierungschef Kállay selbst flüchtete in die türkische Gesandtschaft.

Obwohl also bei dem Kleßheimer Besuch ein endgültiger Bruch zwischen den beiden Verbündeten drohte, endete er mit dem Rückzug Horthys. Auch in der radikal veränderten Situation verzichtete der Reichsverweser jedoch nicht auf die – wenn auch durch die Okkupanten beschränkte – Ausübung seiner Rechte als Staatsoberhaupt. Am Tage der Besetzung, bereits um 11 Uhr vormittags, traf Edmund Veesenmayer, der Bevollmächtigte des Großdeutschen Reichs und Gesandter in Ungarn, in Budapest ein. Seine erste Aufgabe bestand darin, Horthy zur Ernennung einer den deutschen Vorstellungen entsprechenden Regierung unter der Leitung des Exministerpräsidenten Béla Imrédy zu bewegen. Da Horthy dazu nicht bereit war, entstand für einige Tage eine eigentümliche Regierungskrise. Schließlich ernannte Horthy mit

[13] Dr. Arthur Geyer, Az első magyarországi deportálás, in: Uj Élet Naptár 1960-1961, Budapest 1960, S. 75-82.

[14] Über die Aktion vgl. den Beitrag von Holm Sundhaussen in diesem Band, er nennt aufgrund von jugoslawischen Quellen über rund 1500 jüdische Opfer.

der Einwilligung Veesenmayers und der Reichsregierung als Kompromißlösung den bisherigen Berliner Gesandten Döme Sztójay zum Regierungschef. Gleichzeitig mit den Besatzungstruppen trafen in Budapest zwei Vertreter des Sondereinsatzkommandos Eichmann ein: SS-Obersturmbannführer Hermann Krumey und SS-Hauptsturmführer Dieter Wisliceny. Sie nahmen sofort Kontakt mit den Leitern der Budapester jüdischen Kultusgemeinde auf. Auf ihre Weisung wurde am 21. März 1944 der aus acht Mitgliedern bestehende Zentralrat der Ungarischen Juden gebildet. Dieses neue Organ erfüllte praktisch während seines ganzen Bestehens „auf vollkommene Weise" die Aufgabe, die ihm von Eichmann und seinen Untergebenen zugedacht war und darüber hinaus, denn indem es die ungarischen Juden mit Aufrufen ständig zu beschwichtigen trachtete und auf diese Weise unbegründeten Optimismus verbreitete, war es dem SS-Sonderkommando möglich, über den Zentralrat seine Weisungen an die Juden zu erteilen.

Ein wesentliches Element der Taktik der Regierung Kállay hatte darin bestanden, daß sie glauben machte, sie könnte den deutschen Forderungen auch aus innenpolitischen Gründen nicht restlos nachkommen. Nach der Besetzung Ungarns waren daher die betreffenden deutschen Stellen überrascht, daß besonders in der Judenfrage die neue Regierung die bisherige Politik ihrer Vorgänger in vollem Maße aufgab und den deutschen Forderungen weitgehend entgegenkam. Sie hatten also nicht geahnt, daß die frühere Politik Kállays nur von einer zahlenmäßig relativ geringen Minorität der regierenden Kreise unterstützt worden war und daß folglich die Ausschaltung dieser Kreise zur Durchsetzung ihrer Wünsche ganz und gar ausreichte. Tatsache ist, daß es zu Massenverhaftungen kam, wobei sich die Zahl der von den Deutschen verhafteten Juden bis Ende März auf 3364 Personen und bis Ende April bereits auf 8225 Personen belief. Darunter befanden sich aber nur sehr wenige, die früher irgendeinen und wenn auch nur geringen Einfluß auf die Politik der Regierung besessen hatten.[15] Außer den Verhaftungen unternahmen die deutschen Organe auch auf diplomatischem Weg (über den Gesandten Veesenmayer) alles nur mögliche zur „Reinigung" des ungarischen Verwaltungsapparats. So wurden auf deutsche Forderung hin bis Ende April 19 Obergespane (leitende Beamte in den Komitaten) abberufen, was besonders in Hinsicht auf die Deportation der Juden auf dem Lande eine besondere Bedeutung hatte.[16]

Genau eine Woche nach ihrem Amtsantritt begann die Regierung Sztójay mit der Herausgabe verschiedener Juden-Verordnungen. Unter anderem verfügte der Ministerrat die Anmeldung bzw. Sperre der in jüdischem Besitz befindlichen Telefonapparate, Straßenfahrzeuge, Rundfunkempfänger, sodann ihres gesamten Vermögens, die Entlassung der in jüdischen Haushalten beschäftigten Nichtjuden, das volle Berufsverbot für Juden im öffentlichen Dienst, für Advokaten, Journalisten, Schauspieler usw.[17] Außer ihrem diskriminierenden und entrechtenden Charakter hatten diese Verord-

---

[15] Nbg. Dok. NG-5527. Vgl. Braham, Destruction, Dok. 246; Nbg. Dok. NG-5596; ebenda, Dok. 258.

[16] Trotz der „Reinigung" kam es – wenn auch sporadisch – hie und da zu einem gewissen passiven Widerstand. So wurde Anfang Mai Winkelmann gemeldet, daß „der Obergespan und der Vizegespan des Komitats Szolnok-Doboka – Siebenbürgen – die zur Zeit dort laufende Judenaktion nicht billigen und Krankheitsurlaub genommen haben. Graf Béla Bethlen – Obergespan – hat erklärt, daß er nicht zum Massenmörder werden wolle und lieber zurücktrete." Nbg. Dok. NG-5510. Vgl. Braham, Destruction, Dok. 264.

[17] Regierungsverordnungen Nr. 1140, 1230, 1300, 1600, 1200, 1210, 1220/1944. Zur Liste und Quelle der wichtigsten Verordnungen vgl. Randolph L. Braham, The Politics of Genocide. The Holocaust in Hungary, New York 1981. Bd. 2, Appendix 2.

nungen auch eine eigenartig beruhigende Funktion, denn im Falle der Absicht einer vollständigen Ausrottung oder auch nur einer „Evakuierung" wären sie ja – so glaubte man – ganz überflüssig und sinnlos gewesen.[18] Indessen gab es bereits unter den frühen Verordnungen eine, die mit der Verpflichtung zum Tragen des gelben Sterns einen ersten Schritt zur „Evakuierung" bedeutete.[19]

Auch in Ungarn wurde der schon mehrfach bewährte Fahrplan des Holocaust eingehalten. Dem Tragen des Kennzeichens folgte eine Beschränkung der Reisemöglichkeiten, sodann als nächster Schritt die Anordnung der Zwangswohnsitze, also die Ghettoisierung.[20] Die deutschen Organe aber befürchteten Widerstand seitens der ungarischen Regierung und hielten ein langsames Vorgehen für zweckdienlich. Das erforderte eine vollkommen abgestimmte Operation seitens des Sondereinsatzkommandos Eichmann, des Auswärtigen Amtes und der Wehrmacht. Im Interesse der Evakuierung wurden am 1. April die Karpathenukraine und Nordsiebenbürgen zu militärischen Operationsgebieten deklariert, wodurch eine Evakuierung der Juden aus diesen Gebieten „notwendig geworden sei". Noch am gleichen Tage wurden drei Städte im Nordosten des Landes, „in denen ein besonders hoher Prozentsatz an Juden wohnt, ... durch Absperrung isoliert".[21] Auf diplomatischer Ebene konnte Veesenmayer durchsetzen, daß am 13. April die Sztójay-Regierung – angeblich mit Einverständnis Horthys – dem Reich 50 000 arbeitsfähige Juden anbot; dem sollte im Mai ein weiteres Kontingent von 50 000 Personen folgen. Ferner wurde vereinbart, daß an der praktischen Durchführung außer dem deutschen Sicherheitsdienst das ungarische Honvedministerium und das Innenministerium teilnehmen würden.[22] Dementsprechend teilte das Honvedministerium bereits zwei Tage später mit, der Abtransport der ersten 5000 Personen könnte sogleich stattfinden und dann könnten alle drei bis vier Tage weitere 5000 Personen folgen. Diese Ankündigung kam für Veesenmayer so überraschend, daß er erst danach eine konkrete Weisung aus Berlin erbat, wohin diese Transporte zu richten wären.[23] Das Auswärtige Amt leitete die Information bzw. Bitte an SS-Obersturmbannführer Eichmann weiter[24], aber die deutschen Stellen konnten dem Tempo der Ungarn nicht folgen, da die bis zu diesem Zeitpunkt zugesagten 10 000 Personen schon nach vier Tagen zur Verfügung standen. Veesenmayer drängte wieder und forderte Waggons an.[25] Schließlich reiste Eichmann am 22. April wieder nach Budapest, um die Leitung der Aktion von deutscher Seite zu übernehmen.[26]

---

[18] Diese Taktik wurde auch vom Vertreter der Abteilung Inland II, Eberhard von Thadden, im Bericht über seine Budapester Reise im Mai 1944 verfolgt: „Der einsetzende Abtransport hat unter den Juden in den übrigen Gebietsteilen, insbesondere in Budapest erhebliche Erregung ausgelöst. Trotz der unmittelbar bevorstehenden Radikallösung ließ man daher ... die Gesetzgebungsmaschine weiterhin auf vollen Touren laufen und ließ gleichzeitig durch den Judenrat in Budapest bekanntgeben, daß sich die Maßnahmen nur auf die Juden in den Ostgebieten erstrecken, die ihre jüdische Eigenart behalten hätten und das Gesetzgebungswerk zeige deutlich, daß man hinsichtlich der übrigen ungarischen Gebiete anders verfahren werde, denn sonst sei dieses Gesetzgebungswerk ja überflüssig." Nbg. Dok. NG-1801 und NG-2190. S. Braham, Destruction, Dok. 166.
[19] Regierungsverordnung 1240/1944.
[20] Regierungsverordnungen 1270, 1610/1944.
[21] XIII/679. Vgl. Braham, Destruction, Dok. 248.
[22] Nbg. Dok. NG-1815 und NG-5626. Vgl. Braham, Destruction, Dok. 134.
[23] Nbg. Dok. NG-2191 und NG-5626. Vgl. Braham, Destruction, Dok. 135.
[24] II/K 213620. Vgl. Braham, Destruction, Dok. 136.
[25] Nbg. Dok. NG-5546. Vgl. Braham, Destruction, Dok. 138.
[26] XIII/366. Vgl. Braham, Destruction, Dok. 143.

Inzwischen unternahm jedoch – unabhängig von Veesenmayer – Eichmann an der Spitze seines Sonderkommandos schon Vorbereitungen zur restlosen Deportation der ungarischen Juden. So kam es auf seine Initiative am 7. April zu einer Besprechung im ungarischen Innenministerium, auf welcher der Gang der Deportation genau festgelegt wurde. Da die Durchführung der vor der Deportation vorgesehenen Konzentrierung der Gendarmerie oblag, wurde auch die Reihenfolge entsprechend den Gendarmeriebezirken festgelegt.[27] Das Land wurde in sechs Zonen aufgeteilt. Zur ersten gehörte der VIII. Gendarmeriebezirk (Kassa); er umfaßte die Karpathenukraine mit den vier benachbarten Komitaten. Die zweite Zone umfaßte den IX. Bezirk (Kolozsvár) und den X. Bezirk (Marosvásárhely), also Nordsiebenbürgen. Die dritte Zone beinhaltete den nördlichen Teil des Landes mit den Gendarmeriebezirken II. (Skékesfehlrvár) und VII. (Miskolc). Die vierte Zone erstreckte sich mit dem V. (Szeged) und VI. (Debrecen) Gendarmeriebezirk auf den Landesteil östlich der Donau, die fünfte Zone mit den Gendarmeriebezirken III. (Szombathely) und IV. (Pécs) auf den restlichen, westlichen Teil des Landes. Schließlich umfaßte die sechste Zone den I. Bezirk (Budapest), also die Hauptstadt mit ihren Randsiedlungen.

Die Konzentration begann planmäßig am 16. April in der ersten Zone.[28] Damit wurde aber der Abtransport der vorher vereinbarten 50 000 arbeitsfähigen Juden sinnlos, und auch Veesenmayer schlug einen Aufschub vor.[29] Im Rahmen der bereits eingeleiteten Aktion kam es jedoch schließlich zur ersten Deportation in Richtung Auschwitz gegen Ende des Monats, erst aus Kistarcsa, dann aus Topolya. Sie betraf insgesamt 3800 Personen; zum Abtransport der weiteren bereitstehenden Arbeitsjuden kam es im Sinne des Vorschlags von Veesenmayer überhaupt nicht.[30]

Am 4. Mai trafen in Wien die Vertreter der Reichsbahn, der Sicherheitspolizei und der ungarischen Gendarmerie eine Vereinbarung über den Abtransport der bereits konzentrierten bzw. der noch in Ghettos zu sperrenden Juden. Die Deportation sollte am 15. Mai beginnen, und mit täglich vier Transporten zu je 3000 Personen über die Slowakei vor sich gehen. Auf der Besprechung wurde eine alternative Route (Budapest – Wien) im Hinblick auf die zu erwartende Unruhe bei den Budapester Juden verworfen; die über Lemberg führende Route wurde aus militärischen Gründen abgelehnt. Der Transport selbst wurde den deutschen Stellen überlassen, die Aufgabe der ungarischen Gendarmerie endete mit der Übergabe der Juden auf den jeweiligen Bahnhöfen.[31]

Schon in der ersten Zone bildete sich die Methode der Konzentration heraus, die später im ganzen Land angewandt wurde. Als erster Schritt wurden die Juden aus den Dörfern in die Ghettos der nächsten größeren Stadt gebracht, von dort aus in die am

---

[27] Über den Text der aufgrund der Besprechung herausgegebenen Weisung des Innenministers vom 7. April s. Lévai, Zsidósors, S. 97 f. Gemäß der Besprechung bzw. der erwähnten Weisung ist es eindeutig, daß die Evakuierung der Menschen im Operationsgebiet ein reiner Vorwand war, da sich ja die Weisung bereits auf das ganze Land erstreckte. Weiter ist es interessant, daß die Regierung erst drei Wochen später, am 26. April – auf dem Verordnungsweg – die Durchführung der Weisung (Ghettoisierung) juristisch ermöglichte. Es geht also nicht nur darum, daß im Gegensatz zum zitierten Bericht Thaddens die Judenverordnungen nicht auf dem Wege der Gesetzgebung entstanden, sondern daß die Praxis gerade in der wesentlichsten Frage – der Ausrottung der Juden - sogar den Verordnungen der Regierung voreilte.

[28] VII/95-96. Vgl. Braham, Destruction, Dok. 142.

[29] Nbg. Dok. NG-2233. Vgl. Braham, Destruction, Dok. 145.

[30] II/K 213617. Vgl. Braham, Destruction, Dok. 150.

[31] II/K 213626. Vgl. Braham, Destruction, Dok. 157.

Rand der Städte errichteten Lager – wenn Ziegeleien bestanden, in diese – und schließlich auf die Eisenbahnstationen. Die Gendarmerie hatte die Weisung, alle Vermögensobjekte der Juden zu beschlagnahmen. Dies gab dann Gelegenheit zu den schonungslosesten, oft mit dem Tod endenden Verhören. Die zur Verfügung stehenden Zahlen beziehen sich aber nicht auf die von der Konzentrierung betroffenen, sondern auf alle abtransportierten Juden. In der ersten Zone endete die Konzentrierung am 4. Mai 1944, am gleichen Tag begann sie schon in der zweiten, am 9. Juni in der dritten, am 17. Juni in der vierten, schließlich am 29. Juni in der fünften; im allgemeinen ging sie innerhalb von sieben bis zehn Tagen auch zu Ende. Der Abtransport begann in der ersten Zone, entsprechend dem geplanten Tempo, am 14. Mai, ging nach und nach auf die zweite über, schließlich wurde er mit rund 290 000 Personen am 7. Juni 1944 abgeschlossen. In den weiteren Zonen folgte der Abtransport bereits unmittelbar dem Ende der Konzentrierung und wurde allgemein in drei bis sechs Tagen erledigt.[32]

Die ungarische Deportation und die Zahl der Betroffenen

Zone	Gendarmerie-bezirk	Zahl der Ghettos, Lager	Zahl der Züge	Zahl der Deportierten
I.	VIII.	16	92	289 357
II.	IX., X.	11		
III.	II., VII.	11	23	50 805
IV.	V., VI.	7	14	41 499
V.	III., IV.	8	10	55 741
VI.	I.	2	8	
Insgesamt		55	147	437 402[33]

Neben den allgemeinen „planmäßigen" Deportationen kam es zu einigen Sonderaktionen. Dazu gehörten der bereits erwähnte Transport aus Kistarcsa und Topolya, die „Entjudung" einiger Vororte von Budapest, ferner sonstige Transporte wie die Verschleppung kinderreicher Juden bzw. jüdischer Facharbeiter und Intellektueller.[34] Von einem Teil dieser Sonderaktionen sind genaue Zahlen bekannt, ein anderer Teil – Budapester Vorstädte – ist in den Angaben der obigen Tabelle enthalten, während bei den übrigen keine genauen Zahlen zur Verfügung stehen. Später erfolgten noch zwei „kleinere" Deportationsaktionen, von denen weitere 2950 Personen betroffen waren. Auf diese Weise wurden also bis zum Ende des Regimes von Miklós Horthy am 15. Oktober 1944 nachweisbar 444 152 Juden aus Ungarn deportiert. Die Krone wäre dem Ganzen durch die Deportation der Budapester Juden aufgesetzt worden. Hier war die Konzentrierung von Eichmann für Ende Juni geplant, um die volle „Entjudung" Ungarns einen Monat später – von etwa 80 000 Arbeitsdienstlern abgesehen –

---

[32] Nbg. Dok. NG-2262. Vgl. Braham, Destruction, Dok. 153; Nbg. Dok. NG-5619. Braham, Destruction, Dok. 174; Nbg. Dok. NG-2263. Braham, Destruction, Dok. 182; Nbg. Dok. NG-5607. Braham, Destruction, Dok. 266; Nbg. Dok. NG- 2237. Braham, Destruction, Dok. 280; Nbg. Dok. NG-5617. Braham, Destruction, Dok. 283.

[33] Braham, Holocaust, Bd. 2, S. 607. Zu den Zahlenangaben s. noch Nbg. Dok. NG-5620. Vgl. Braham, Destruction, Dok. 279; Nbg. Dok. NG-5617. Braham, Destruction, Dok. 283; IV/K 213903-904. Braham, Destruction, Dok. 286; Nbg. Dok. NG-5615. Braham, Destruction, Dok. 193.

[34] Für letztere s. Nbg. Dok. NG-2263. Vgl. Braham, Destruction, Dok. 182.

zu beenden. Der Leiter der Abteilung Inland II A (Juden) des Auswärtigen Amtes, Eberhard von Thadden, schilderte in einem Bericht über seinen Besuch in Budapest im Mai 1944 die genauen Vorstellungen: „Mitte bis Ende Juli glaubt man dann Budapest selbst in Angriff nehmen zu können. Hierfür ist eine eintägige Großaktion vorgesehen, die unter Heranziehung starker ungarischer Gendarmeriekräfte aus der Provinz, aller Spezialeinheiten und Polizeischulen sowie unter Benutzung aller Budapester Briefträger und Schornsteinfeger als Lotsen durchgeführt werden soll. Der gesamte Autobus- und Straßenbahnverkehr wird für diesen einen Tag eingestellt werden, um alle Verkehrsmittel für den Abtransport der Juden einsetzen zu können. Die Konzentrierung soll auf einer Donauinsel oberhalb Budapests erfolgen."[35]

Zur Deportation der Budapester Juden wurden die ersten Schritte schon früher als geplant – nämlich Mitte Juni – unternommen, als die Juden in der Hauptstadt gezwungen wurden, in mit gelben Sternen gekennzeichnete Häuser zu ziehen. Ihre Deportation wurde jedoch durch weltweite Proteste verhindert. Präsident Roosevelt warnte die ungarischen Stellen schon im März entschieden vor einem drastischen Vorgehen gegen die Juden; darauf folgte unmittelbar zu Beginn der Deportationen – Mitte Mai – der Protest des päpstlichen Nuntius Angelo Rotta; Ende Juni plädierte Papst Pius XII. für die Rettung der ungarischen Juden, einige Tage später adressierte der schwedische König Gustav V. einen ähnlichen Aufruf an den ungarischen Reichsverweser. Gegen die Deportationen trat auch das Internationale Rote Kreuz ein, und auch die ungarischen christlichen Kirchen unternahmen eine Protestaktion. Einige Tage nach dem päpstlichen Protest wandte sich der Fürstprimas Kardinal Serédi mit einem Hirtenbrief an die katholischen Gläubigen.[36]

Daraufhin entschloß sich Horthy Ende Juni zu Gegenmaßnahmen und verlangte im Kronrat die Beendigung der Deportationen. Nachdem er damit wegen des Protests von Innenminister Jaross keinen Erfolg hatte[37], bat er am 2. Juli den Gesandten Veesenmayer zu sich und schlug ihm vor, aus dem Heer der Deportierten die getauften Juden herauszunehmen und auch die Ärzte und Arbeitsdienstler in Ungarn zu belassen.[38] Der Vorschlag wurde vom Auswärtigen Amt sofort abgewiesen. Am 5. Juli wurde der ungarische Standpunkt von Sztójay dem Vertreter des Deutschen Reiches abermals dargelegt. Außer auf die internationalen Proteste berief sich Sztójay auch auf die liberalere Handhabung der Judenfrage in Rumänien und in der Slowakei. Zugleich sei durch die ausländischen Rundfunksendungen die „Manfred-Weiss-Affäre" bekannt geworden[39]; ferner hätte die ungarische Abwehr mehrere Depeschen der Alliierten, vor allem des amerikanischen Gesandten in Bern, Allison, dechiffriert. Aus diesen sei klargeworden, daß die Alliierten wüßten, wie es den Deportierten ergangen sei, und daß sie auch einen Teil der ungarischen politischen Führung dafür für verantwortlich hielten.[40] Die ungarische Demarche hatte jedoch insgesamt nur zur Folge, daß die Ge-

[35] Nbg. Dok. NG-1801 und NG-2190. Vgl. Braham, Destruction, Dok. 166.
[36] Schließlich gelangte er aber nicht zur Verlesung. Text des Hirtenbriefes s. Kritika 5 (1983).
[37] Nbg. Dok. NG-5576. Vgl. Braham, Destruction, Dok. 183.
[38] Nbg. Dok. NG-5684. Vgl. Braham, Destruction, Dok. 186.
[39] Gegen Überlassung des größten Komplexes der ungarischen Rüstungsindustrie, der Manfréd-Weiss-Werke, ermöglichte die SS den Mitgliedern der Familie Weiss, den Rest ihres Vermögens rettend, das Land zu verlassen. Elek Karsai/Miklós Szinai, A Weiss Manfréd vagyon német kézre kerülésének története, in: Századok 4-5 (1961). Ferner Braham, Destruction, Dok. 408-437.
[40] Nbg. Dok. NG-5523. Vgl. Braham, Destruction, Dok. 187.

sandtschaften in Preßburg und Bukarest vom Auswärtigen Amt die Weisung erhielten, ein energischeres Auftreten gegen die Juden zu fordern.[41] Schließlich teilte Sztójay am 6. Juli auf die Anfrage Veesenmayers mit, der Reichsverweser hätte angeordnet, die Deportationen einzustellen.[42]

Ungeachtet der Anordnung Horthys wurde – mit stillschweigender Genehmigung des ungarischen Innenministers – die „Entjudung" der Budapester Randbezirke in den folgenden Tagen beendet. Das Sonderkommando Eichmann unternahm einige Tage später einen Versuch zum Abtransport der im Lager Kistarcsa internierten Juden, zuerst zwar ergebnislos, der zweite Versuch am 19. Juli war aber schließlich „erfolgreich", und fünf Tage danach wurden die Gefangenen des Internierungslagers Sárvár gleichfalls deportiert. Den beiden Aktionen fielen rund 3000 Juden zum Opfer. Inzwischen gerieten auch die Budapester Juden wieder in Gefahr. Der zuständige Staatssekretär im Innenministerium zog, parallel zu den Milderungsbestrebungen Horthys und der Regierung, in Budapest beträchtliche Gendarmeriekräfte zusammen. Auf Grund der Archivquellen läßt sich bis heute nicht klarstellen, ob es bei dieser Aktion „nur" um eine Deportation der Juden ging oder darüber hinausgehend um einen Putsch gegen den Reichsverweser. Tatsache ist, daß Horthy am 7. Juli, auf die in Budapest und Umgebung stationierten Honvédtruppen gestützt, die in Budapest zusammengezogenen Gendarmen (etwa 16 000 Mann) zum Verlassen der Hauptstadt aufforderte und dann am nächsten Tag seinen Befehl während eines absichtlich verordneten Luftalarms auch durchführen ließ. Noch am selben Abend beorderte der Reichsverweser Veesenmayer zu sich und suchte ihn zu beruhigen: die Alarmierung der Garnison Budapest habe keinen deutschfeindlichen Charakter gehabt. Sodann wiederholte er bezüglich der Fortsetzung der Deportationen seinen früheren Standpunkt, beharrte also auf der Zurückstellung der Getauften und Arbeitsdienstler, ferner forderte er eine humanere Behandlung der in Zukunft zu Deportierenden.[43] Am 9. Juli versicherte dagegen der ungarische Innenminister dem deutschen Gesandten, er sei sogar gegen die Weisung des Reichsverwesers bereit, die Deportationen zu Ende zu führen.[44] Zugleich steigerte sich auf ungarischer Seite immer mehr die Befürchtung, daß die Deutschen in Zukunft die Deportation mit eigenen Kräften durchsetzen würden.

Zu dieser Zeit traten jedoch die Gesandtschaften der neutralen Staaten in Budapest immer stärker gegen die Deportationen auf, Hauptmotor war der schwedische Gesandtschaftsrat Raoul Wallenberg. Auf Reichsverweser Horthy lastete also von mehreren Seiten Druck. Zum einen verlangten die Deutschen eine Weiterführung der Deportationen, und auch die ungarische Regierung war bereit, mit gewissen Einschränkungen den deutschen Forderungen nachzukommen, zum anderen richteten sich die Bestrebungen der neutralen Staaten auf eine dauernde Suspendierung der Deportationen. Schließlich beschloß der ungarische Ministerrat, dem Reichsverweser den Anfang der Deportation der Budapester Juden zum 25. August 1944 vorzuschlagen, wogegen Eichmann auf einem um fünf Tage früheren Datum beharrte.[45] Der neue Innenmini-

---

[41] II/K 213503-504. Vgl. Braham, Destruction, Dok. 196; II/K 213499. Ebenda, Dok. 197.

[42] Nbg. Dok. NG-5523. Vgl. Braham, Destruction, Dok. 187.

[43] VI/91-92. Vgl. Braham, Destruction, Dok. 190.

[44] Diese seine Absicht erstreckte sich jedoch nicht auf die christianisierten Juden. Nbg. Dok. NG-5532. Vgl. Braham, Destruction, Dok. 192.

[45] Der von Eichmann vorgeschlagene Termin (20. August) fiel „zufälligerweise" auf einen der höchsten ungarischen Feiertage, den St. Stephans-Tag. II/K 214067-068. Vgl. Braham, Destruction, Dok. 209.

ster informierte Veesenmayer in dem Sinne, Horthy gäbe seine Zustimmung nur zur Deportation einer beschränkten Zahl von Juden, doch sei die Regierung zu einer radikaleren Maßnahme entschlossen, die ab 25. August alle Juden betreffen würde, mit Ausnahme der vor 1941 Getauften und von etwa 3000 Personen, denen Horthy persönlich Immunität zusicherte. Im Rahmen der geplanten Aktion sollten die Budapester Juden in drei Lagern konzentriert und die Deportation am 27. August mit sechs Eisenbahnzügen, insgesamt 20 000 Personen, begonnen werden. Danach hätte die von der Gendarmerie geleitete Aktion – mit drei Zügen – je Tag weitere 9000 Personen betroffen.[46]

Zur Abwendung dieser Versuche wandten sich die Vertreter der neutralen Staaten in Budapest am 21. August mit einer gemeinsamen Note an die ungarische Regierung: „Die in Budapest akkreditierten (...) Vertreter der Neutralen Mächte hätten mit schmerzlicher Überraschung erfahren, daß die Deportation sämtlicher Juden aus Ungarn bald beginnen sollte. Sie wüßten auch – und zwar aus absolut sicherer Quelle – was die Deportation in den meisten Fällen bedeutete, wenn sie auch unter dem Namen eines im Ausland zu leistenden Arbeitsdienstes getarnt sei." Außer der Ablehnung der Rassenverfolgung wiesen die neutralen Staaten in dieser Note – mit eindeutiger Drohung – auf den Verlust des guten Rufes Ungarns hin. Im Lichte der von der ungarischen Abwehr dechiffrierten und der von Sztójay schon früher gegenüber Veesenmayer erwähnten Telegramme konnte kein Zweifel bestehen, was dieser Verlust des guten Rufes für die Regierung bedeutete.[47] Tatsache ist, daß Horthy am gleichen Tage dem Vertreter des Deutschen Reiches seinen Entschluß mitteilte, er würde zwar in die Aussiedlung der Budapester Juden einwilligen, nicht aber in deren Deportation.[48] Eigentümlicherweise faßte die vom Reichsverweser ernannte neue Regierung – die gegenüber Horthy loyaler sein sollte – sofort nach ihrer Vereidigung am 29. August 1944 einen Beschluß über die Konzentrierung der Juden – am 1. September – beziehungsweise über ihren Abtransport am nächsten Tage.[49] Inzwischen hatte aber der SS-Reichsführer Himmler schon am Morgen des 25. August dem SS-Obergruppenführer Winkelmann die Weisung erteilt, alle weiteren Deportationen einzustellen.[50]

Auf Grund all dieser Ereignisse wurde schließlich beschlossen, die ungarischen – jetzt nurmehr die Budapester – Juden im Alter zwischen 14 und 70 Jahren zur Kriegsarbeit in Anspruch zu nehmen, jedoch nur auf ungarischem Gebiet, während die nicht arbeitsfähigen aus Budapest ausgesiedelt werden sollten.[51] Infolge verschiedener technischer Schwierigkeiten gelang das aber nur zu einem sehr geringen Teil. Im Hinblick auf dieses Hin und Her schlug Veesenmayer schon im Oktober vor, den Entschluß zu einer Lösung der Judenfrage auf ungarischem Gebiet zu überprüfen.[52] Zu einer Reali-

---

[46] II/K 214012. Vgl. Braham, Destruction, Dok. 210.
[47] Über den Text der Note s. Lévai, Zsidósors, S. 274.
[48] II/K 213473-476. Vgl. Braham, Destruction, Dok. 212.
[49] II/K 213965. Vgl. Braham, Destruction, Dok. 215.
[50] II/K 213964. Vgl. Braham, Destruction, Dok. 214.
[51] „Fegyvertelenül álltak az aknamezőkön..." Dokumentumok a munkaszolgálat történetéhez Magyarországon. Herausgegeben und mit einleitender Studie versehen von Elek Karsai, Budapest 1962, Dok. 269; Nbg. Dok. NG-4985. Vgl. Braham, Destruction, Dok. 219.
[52] Nbg. Dok. NG-4985. Vgl. Braham, Destruction, Dok. 224.

sierung seines Vorschlags kam es aber erst unter völlig anderen politischen Bedingungen.

Als Ergebnis der Waffenstillstandsverhandlungen in Moskau richtete Reichsverweser Horthy am Mittag des 15. Oktober 1944 einen Aufruf an die ungarische Nation, in dem er den Austritt des Landes aus dem Weltkrieg ankündigte. Die Freude der Budapester Juden erwies sich aber als verfrüht, denn mit Unterstützung aller in Ungarn stehenden deutschen Kräfte riß bis zum Abend Ferenc Szálasi, der Führer der ungarischen faschistischen Pfeilkreuzler, die Macht an sich. Der durch die Gefangennahme seines Sohnes erpreßte Reichsverweser erteilte nachträglich seine Zustimmung zum Staatsstreich und verließ, in deutsche „Schutzhaft" genommen, endgültig das Land. Nach Schätzungen lebten zu diesem Zeitpunkt noch immer etwa 200 000 Juden in Ungarn, vor allem in Budapest.

Schon zwei Tage nach dem Staatsstreich verhandelte Eichmann wieder in Ungarn und forderte erneut die Entfernung der Juden aus dem Land. In den etwa fünfeinhalb Monaten seit dem Beginn der Deportationen hatte sich die militärische Lage der Achsenmächte wesentlich verschlechtert, so daß eine derartige Aktion einfach undurchführbar geworden war. Zugleich suchte Szálasi – obwohl er zu jeder radikalen „Endlösung" bereit war – den Anschein der Souveränität seiner Regierung auch in der Judenfrage aufrechtzuerhalten.[53] Deshalb beharrte er auf dem Standpunkt der vorangehenden Regierung, wonach die „Lösung" letzten Endes eine innere Angelegenheit Ungarns sei. Ein wesentlicher Unterschied bestand jedoch darin, daß Horthy und die letzte von ihm ernannte Regierung eine Verzögerungstaktik verfolgt hatten, während Szálasi wirklich konsequent war und die ungarische Lösung ernst nahm.

Entsprechend den Vorstellungen Szálasis und der konkreten militärischen Lage wurde die Fortsetzung der Deportationen weder von Eichmann noch von Winkelmann wieder verlangt. Stattdessen schlugen sie (Hintergrund war der enorme Kräftebedarf der deutschen Rüstungsindustrie) ein „Verleihen" von erst 50 000, sodann weiteren 50 000 arbeitsfähigen Juden vor. Erst als Veesenmayer aus taktischen Gründen die deutschen Ansprüche auf 25 000 Personen verringerte, nahm auch Szálasi diese Pläne an, die die Männer zwischen 16 und 60 Jahren bzw. die Frauen zwischen 16 und 40 Jahren umfaßten. Die betroffenen Personen wurden Ende Oktober im Fußmarsch nach Hegyeshalom, also in Richtung Reichsgrenze, auf den Weg gebracht. Ihre Übergabe an der Grenze hatte noch nicht begonnen, als Szálasi auf Bitten Veesenmayers einwilligte, die Zahl der zu „verleihenden" Juden auf 50 000 zu erhöhen. Mitte November marschierten bereits 27 000 Personen Richtung Grenze, ein Teil hatte sie schon überschritten. Zu diesem Zeitpunkt rechnete Eichmann mit weiteren 2000 bis 4000 Personen pro Tag, also mit noch 40 000 Juden. Für die Deportation der seiner Rechnung nach noch etwa 100 000 in Budapest befindlichen Juden wären schon Transportmittel erforderlich gewesen.[54]

Staatschef Szálasi gab sein Judenprogramm am 17. November bekannt. Darin wurden die überlebenden Juden in Kategorien gegliedert. In die erste Gruppe kamen die Besitzer der ausländischen Schutzpässe, die er aus dem Lande zu entlassen bereit war,

---

[53] Die Regierung Szálasi wurde von den neutralen Staaten nicht anerkannt.
[54] X/178. Vgl. Braham, Destruction, Dok. 266; Nbg. Dok. NG-5570. Braham, Destruction, Dok. 277, 235, 240; Nbg. Dok. NG-4986. Braham, Destruction, Dok. 232, 233; V/89. Ebenda, Dok. 239; ferner Lévai, Zsidósors.

falls die neutralen Staaten seine Regierung anerkannten. Zur zweiten gehörten die an das Deutsche Reich zur Sklavenarbeit ausgeliehenen Juden, denen er im Falle guten Verhaltens in Aussicht stellte, ihr Schicksal erst nach dem Kriege zu entscheiden.[55] In eine Sondergruppe wurden die ins Ghetto gesperrten Juden eingereiht, darunter die noch nicht Ausgeliehenen, die zum Transport und Fußmarsch Ungeeigneten, die vom Internationalen Roten Kreuz beaufsichtigten Kinder und deren Pfleger sowie die Getauften – sie wurden innerhalb der Ghettos in separierten Häusern untergebracht. Die Immunitätszeugnisse sollten neu überprüft werden. Die Ausländer und die mit gültigen Pässen versehenen Juden hatten das Land bis zum 1. Dezember 1944 zu verlassen.[56] Christliche geistliche Personen jüdischer Abstammung bildeten eine Sonderkategorie, die Judengesetze bezogen sich nicht auf sie, jedoch mit der Maßgabe, daß auch sie das Land zu verlassen hätten.[57] Dieses Entjudungsprogramm betraf, abgesehen von den in Budapest Ermordeten und den im Ghetto von vornherein zum Tode Verurteilten, in erster Linie die zum Arbeitsdienst Ausgeliehenen. Wie sehr es in ihrem Fall in Wirklichkeit nicht um die Arbeitsfähigen ging, beweist das Auftreten des SS-Obersturmbannführers Höß, des Leiters des Judeneinsatzes im Niederdonaugebiet, der in der zweiten Hälfte des Monats November mitteilte, er beanspruche nur Männer unter 40 Jahren, die für längere Zeit zu einer Untertagearbeit im Reichsgebiet geeignet wären, mit den übrigen könne er nichts anfangen. Zu dieser Zeit wurde immer deutlicher, daß, obwohl bereits 30 000 Personen zum Arbeitseinsatz im Reich in Marsch gesetzt worden waren, nicht nur die Zahl von 100 000, sondern nicht einmal die erwarteten 50 000 arbeitsfähigen Juden erreicht werden würde.[58] Am 21. November gab der Reichsaußenminister an Veesenmayer die Weisung, Szálasi „trotz der technischen Schwierigkeiten" zur Entfernung sämtlicher Juden zu bewegen.[59] Obwohl es nicht dazu kam, so begann doch mit dem Programm Szálasis der letzte Leidensgang der restlichen ungarischen Juden. Zum einen wurden weitere 76 209 Juden verschleppt, genauer gesagt, diese Zahl von Menschen wurde den deutschen Organen an der Grenze übergeben. Später wurden überhaupt keine Zahlen mehr ausgewiesen.[60] Andererseits begann spätestens nach der Einschließung von Budapest, teilweise aber auch schon früher die systematische Ausrottung der im Ghetto und in den geschützten Häusern lebenden Juden. Diesem doppelten – deutschen und ungarischen – Terror setzte schließlich das Vordringen der Roten Armee ein Ende.

Nach alledem fällt es schwer, die Verantwortung für die Geschehnisse aufzuteilen. Es ist nicht möglich, nur jene Juden auf die „Rechnung" der Deutschen zu setzen, die außerhalb des ungarischen Gebiets zugrunde gingen, auf der anderen Seite aber darf man auch nicht alle Opfer allein den Deutschen oder der deutschen Besatzung anlasten. Da der Nationalsozialismus oder im weiteren Sinne der Faschismus nicht als eine

---

[55] Ursprünglich sollten sie den deutschen Stellen nach Namen und Zahl übergeben werden, aber davon ließ sich von Anfang an nur die Zahlenmäßigkeit verwirklichen und selbst das nicht bis zum Ende.

[56] Die im Ghetto lebenden Juden durften sich zwar innerhalb des Ghettos relativ frei bewegen, aber keinen Radioapparat und kein Telefon besitzen, ihr beschränkter Postverkehr (auf offener, gelber Postkarte, auf der nur Juden schreiben durften) wurde streng zensiert, und das durch vier Tore zugängliche Ghetto konnten sie nur im Falle ihres Abtransports verlassen.

[57] Dazu hatten sie natürlich keine Möglichkeit. X/117-120. Vgl. Braham, Destruction, Dok. 241.

[58] Nbg. Dok. NG-4987. Vgl. Braham, Destruction, Dok. 242.

[59] II/K 213430. Vgl. Braham, Destruction, Dok. 243.

[60] Bericht des Gendarmerie-Oberstleutnants Ferenczy. S. Lévai, Zsidósors, S. 466.

rein innerdeutsche Angelegenheit zu betrachten ist, ergibt es kaum einen Sinn, die
Opfer nach der nationalen Zugehörigkeit der Täter zu klassifizieren. Das Schicksal der
ungarischen Juden, die Vernichtung ihrer überwiegenden Mehrheit, belastet in gleicher Weise die deutsche und die ungarische Geschichte. Die ursprünglichen Zahlenangaben suchte man später beiderseits im Zeichen einer sogenannten Objektivität –
leider ohne weitere Prüfung – nach unten abzurunden. Die nach vierzig Jahren vorgenommene Forschung beweist indessen, daß die ursprünglichen Zahlen zwar im Detail
nicht immer exakt sind, aber im Verhältnis die Realität widerspiegeln. Aus der Zahl
der Deportierten, Überlebenden und Opfer ergibt sich das teils genaue, teils in der
Größenordnung rekonstruierbare Schicksal der ungarischen Juden. Vor allem bedarf
die Zahl der Deportierten einer Erklärung, denn hier gibt es ja im Gegensatz zu den
übrigen eine genaue Zahl. In diese Kategorie wurden die Personen eingereiht, die mit
Gewalt aus dem Land entfernt wurden. Die Zählung erfolgte unabhängig davon, ob
sie noch in Ungarn oder erst an der Grenze den Deutschen übergeben wurden. Diese
Zahl umfaßt also die effektiv Deportierten bzw. an das Deutsche Reich „ausgeliehenen" Zwangsarbeiter. Minimal ist diese Zahl allerdings insofern, als nur jene erfaßt
sind, die damals registriert worden sind. Es hilft also nichts, wenn wir wissen, daß während der letzten Kriegsperiode weitere Arbeitsdienstler ins Reich getrieben wurden,
da über sie keine Aufzeichnungen existieren.

Obwohl aus den verfügbaren Angaben die Zahl der den Krieg in Ungarn Überlebenden der Größenordnung nach (etwa 134 000 Personen) feststellbar ist, war die
Zahl der Überlebenden höher. Das ergibt sich zum einen daraus, daß zwar in Budapest die Zahl der illegal versteckten Juden annähernd geklärt werden kann, auf dem
Lande aber nur die bedeutenderen Fälle bekannt wurden (so etwa, daß die Abtei Pan-
nonhalma zahlreichen Juden Asyl gewährte), zum anderen daraus, daß mangels genauer Zahlen die sich illegal in Ungarn aufhaltenden ausländischen Juden als „ungewissen Schicksals" betrachtet wurden. Ein Teil von ihnen verließ nach der deutschen
Besetzung illegal das Land. Auch die Zahl der in Ungarn Überlebenden wurde nur
sehr fragmentarisch bekannt, da die Verbliebenen, sei es im Budapester Ghetto, sei es
außerhalb, meist in der Illegalität lebten. Die Zahl der in Budapest Überlebenden ist
vervollständigt durch jene, die als Arbeitsdienstler zwar nicht in Budapest, aber auf da-
maligem ungarischen Gebiet das Kriegsende erlebten.

Außer den Erwähnten wurden jene als „ungewissen Schicksals" betrachtet, die während der Zeit in Ungarn verstarben, unabhängig davon, ob ihr Tod den deutschen Okkupanten, den ungarischen offiziellen und nichtoffiziellen Organen oder einfach den
Kriegsereignissen (Bombenangriffe usw.), Krankheit oder Selbstmord zuzuschreiben
ist. Diese Zahl umfaßt also auch die auf ungarischem Gebiet Ermordeten. So gehören
dazu die Opfer der vor der Deportation erfolgten Konzentration, die während der
Fußmärsche oder im Laufe des ungarischen Arbeitsdienstes im Inland Getöteten und
Verstorbenen, die im Ghetto Umgebrachten, die niedergemetzelten jüdischen Deserteure und die sich verbergenden Personen. Gesondert zu betrachten sind jene ungarischen Staatsbürger, denen es gelang, vor der Deportation oder aus dem Arbeitsdienst
ins Ausland zu entkommen. Ihre Zahl wird auf 5000 geschätzt. Die drei Hauptrich-
tungen der Flucht waren die Slowakei, Rumänien – ein Teil der dorthin Geflüchteten
gelangte auch nach Palästina – und das von jugoslawischen Partisanen kontrollierte
Gebiet. Alle diesbezüglichen Schätzungen sind aber schon aus dem Grunde fragwür-

dig, weil es hier überhaupt nicht feststellbar ist, wie viele der geflüchteten Juden zu Opfern der dortigen Kriegshandlungen wurden.

Auf Grund von Konskriptionen nach dem Kriege wurde auf dem Territorium von 1944 die Zahl der überlebenden Juden ungarischer Staatsbürgerschaft auf etwa 260 000 Personen geschätzt. Wenn man die ausländischen Staatsbürger hinzurechnet, ferner jene, denen es gelang, aus Ungarn zu entkommen, oder die nach der Deportation nicht mehr nach Ungarn zurückkehrten, und schließlich jene, die aus der sowjetischen Gefangenschaft später heimkehrten, so kann man die Anzahl der Überlebenden mit etwa 300 000 Personen ansetzen. Dagegen sind bei der Endbilanz die 502 000 Opfer unter deutscher Besetzung zu den Opfern der Periode vor der deutschen Besetzung hinzuzuzählen. Der Holocaust in Ungarn forderte also mindestens 550 000 jüdische Tote.[61]

Überlebende und Opfer

Schicksal der ungarischen Juden 1944 – 1945

Gesamtbestand am 19.3.44		795 000	
Deportierte		508 861	
davon bis Ende 1945			
zurückgekehrt	121 500		
überlebt, nicht			
zurückgekehrt ca.	5 000		
verstorben ca.			382 500
In Budapest lebten zu Kriegsende	119 000		
Im Arbeitsdienst lebten zu Kriegsende	15 000		
Emigriert ca.	5 000		
„Ungewissen Schicksals" ca.		147 000	
davon in Ungarn verstorben ca.			120 000
Überlebende ca.	27 000		
Verstorben insgesamt			502 000
Überlebende insgesamt	293 000[62]		

[61] Es ist zu betonen, daß hier ausschließlich von Juden die Rede war. Über den Holocaust unter den Zigeunern haben wir wesentlich weniger Kenntnisse.

[62] Die Statistik für den World Jewish Congress rechnete unter vielen Aspekten nach anderen Methoden und setzte die Zahl der Überlebenden mit 260 500 und die Opfer nach dem Einmarsch der Deutschen mit 501 500 Personen an. Die Teilangaben wurden zwar teilweise korrigiert von Braham, Holocaust, S. 1146, insgesamt gelangte aber auch er zu ähnlichen Ergebnissen.

Eva Schmidt-Hartmann

Tschechoslowakei

Die Tschechoslowakei – die 1918 aus den historischen Ländern der böhmischen Krone (Böhmen, Mähren und Teilen von österreichisch Schlesien), der Slowakei und Karpathorußland entstandene Republik – war ein multinationaler Staat. Die jüdische Bevölkerung, welch unterschiedliche Rolle sie in den einzelnen Bereichen des gesellschaftlichen Lebens auch immer spielte, bildete einen bedeutenden, wenn auch zahlenmäßig nicht großen Teil des neuen Staatsvolks.

In den böhmischen Ländern, mit Prag als dem Sitz einer der ältesten jüdischen Gemeinden Mitteleuropas, lebte seit dem Mittelalter das jüdische Volk zwischen den Tschechen und Deutschen zwar nicht assimiliert, doch seit Mitte des 19. Jahrhunderts gesellschaftlich nach und nach integriert, mit einem besonders hohen Anteil an den wirtschaftlichen und kulturellen Entwicklungen der Neuzeit. Als „eine gezwungenermaßen mit Kommerz beschäftigte Bildungsgesellschaft"[1] beschreibt man die böhmischen Juden des 19. Jahrhunderts, die trotz der antisemitischen Ausschreitungen um die Jahrhundertwende ihre einflußreiche Stellung auch in der Tschechoslowakischen Republik behalten konnten, trotz ihres zahlenmäßig schwachen Anteils an der Gesamtbevölkerung der böhmischen Länder von nur wenig mehr als 1%.[2]

Dagegen entstanden in den östlichen Gebieten des Staates – wo die Dichte der jüdischen Bevölkerung zwischen 4% in der Slowakei und 14% in Karpathorußland betrug[3] – die meisten jüdischen Gemeinden erst in der Neuzeit. Ihre Mitglieder gehörten teilweise zum jiddisch sprechenden, orthodoxen und ärmlichen Judentum, das seit dem Spätmittelalter seinen Siedlungsraum besonders in Galizien gefunden hatte; sie fühlten sich dabei allerdings dem staatstragenden ungarischen Element näher als dem unterprivilegierten slowakischen.[4]

Über die Lebensbedingungen, Schicksale und schließlich die Verwirklichung der nationalsozialistischen Vernichtungspolitik an der tschechoslowakischen jüdischen

---

[1] Christopher Stölzl, Zur Geschichte der böhmischen Juden in der Epoche des modernen Nationalismus, in: Bohemia. Jahrbuch des Collegium Carolinum 14 (1973), S. 189.

[2] Für umfangreiche Darstellungen und Bibliographien zur Geschichte der böhmischen Juden vgl. Ruth Kestenberg-Gladstein, Neuere Geschichte der Juden in den böhmischen Ländern. Teil 1: Das Zeitalter der Aufklärung 1780-1830, Tübingen 1969; Ferdinand Seibt (Hrsg.), Die Juden in den böhmischen Ländern, München 1983; The Jews of Czechoslovakia. Historical Studies and Surveys, 3 Bde., Philadelphia 1968-1984; Hillel J. Kieval, The Making of Czech Jewry. National Conflict and Jewish Society in Bohemia, 1870-1918, New York 1987; Rudolf M. Wlaschek, Juden in Böhmen. Beiträge zur Geschichte des europäischen Judentums im 19. und 20. Jahrhundert, München 1990.

[3] Religionsbekenntnis der Bevölkerung im Jahre 1930. Československá statistika, Bd. 98, Reihe 6. Sčítání lidu v republice Československé ze dne 1. prosince 1930. Teil 1, Praha 1934, S. 82-108.

[4] Peter Meyer, Czechoslovakia, in: Peter Meyer u. a. (Hrsg.), The Jews in the Soviet Satellites, Syracuse USA 1953, S. 52.

Bevölkerung während des Zweiten Weltkrieges gibt es erstaunlich wenig Literatur. Das ist insbesonders deshalb überraschend, weil sich die Geschichtsschreibung in der Tschechoslowakei auch unter kommunistischer Regierung recht intensiv mit den Auswirkungen der nationalsozialistischen Herrschaft und des Krieges im eigenen Lande beschäftigte; doch überwogen dabei der nationale Aspekt und die kommunistische Perspektive, so daß eine Beschäftigung mit spezifisch jüdischer Problematik viel zu kurz kam – wenn man nicht den Vorwurf erheben will, die jüdische Tragödie sei bewußt in ihrem Ausmaß unterschlagen worden.[5] Darüber hinaus konzentrierten sich die bisherigen Studien auf die relativ leicht überschaubaren Vorgänge im Protektorat Böhmen und Mähren und im slowakischen Staat, obwohl in diesen Gebieten nicht mehr als nur rund 59% der tschechoslowakischen Juden lebten. Die bisher umfassendste Übersicht über die Opfer der tschechoslowakischen Juden gibt ein in den USA erschienener Sammelband.[6] Die vorliegende Darstellung ist vorwiegend auf den schon aus einzelnen Detailuntersuchungen bekannten Informationen aufgebaut und kann deshalb manche Lücken nicht schließen. Doch sie stellt die Leidenswege der tschechoslowakischen Juden zwischen 1938 und 1945 im ganzen dar und faßt die verstreuten Informationen zusammen.

Aus dem komplexen Gewebe der nationalen und territorialen Vielfalt der Ersten Tschechoslowakischen Republik im Jahre 1938 läßt sich der zahlenmäßige Anteil der jüdischen Bevölkerung zu Beginn des Zweiten Weltkrieges nur annähernd feststellen. Die letzte tschechoslowakische Volkszählung fand im Jahre 1930 statt, aber auch sie bringt nur Angaben bezüglich der jüdischen Konfession und sagt nichts von der für die Nationalsozialisten relevanten „jüdischen Rasse". Darüber hinaus wurde die Tschechoslowakei zu einer der wichtigsten Zufluchtstellen für die verfolgten Juden aus dem Deutschen Reich und aus Österreich. Schließlich führten die weitreichenden Gebietsveränderungen von 1938/39 zu umfassenden Bevölkerungsbewegungen, und die statistische Erfassung der jüdischen Bevölkerung wurde dadurch noch weiter erschwert.

Im Jahre 1930 lebten in der Tschechoslowakei 356 830 Personen jüdischer Konfession.[7] In dieser Zahl sind nicht jene später als „Juden" klassifizierten Personen berücksichtigt, die zwar nicht mosaischer Religion, doch jüdischer Abstammung waren. Es ist daher mit Sicherheit anzunehmen, daß die Zahl von 1930 die kleinstmögliche Ausgangsbasis bildet und daß zu jenem Zeitpunkt in der ČSR noch weitere tausende Menschen lebten, die später Opfer der nationalsozialistischen Judenverfolgung wurden. Da sich die Situation der Juden gegenüber der nationalsozialistischen Verfolgung sehr unterschiedlich in den einzelnen Gebieten der Tschechoslowakei entwickelte, soll die Gesamtzahl der tschechoslowakischen Juden der Konfession nach auch in regionaler Verteilung geboten werden[8]:

---

[5] Als ein Beispiel könnte auf die Unterschlagung des Beitrages der jüdischen Soldaten zu den Leistungen der tschechoslowakischen Armee-Einheiten in der Sowjetunion hingewiesen werden. Vgl.: Erich Kulka, Židé v Československé Svobodově armádě, Toronto 1979.

[6] The Jews of Czechoslovakia, Bd. 3, Philadelphia 1984.

[7] Československá statistika 98/6, S. 107; die Volkszählung ergab auch Angaben über die Zahl der Personen „jüdischer Nationalität", die jedoch mit knapp über 200 000 nur einen Teil der jüdischen Bevölkerung widerspiegelten und als solche für unsere Zwecke bedeutungslos sind.

[8] Vgl. Anm. 7.

Böhmische Länder		117 551
davon Böhmen	76 301	
Mähren und Schlesien	41 250	
Slowakei		136 737
Karpathorußland		102 542

In den Jahren 1930-38 dürfte es zu keinen nennenswerten Veränderungen in der demographischen Entwicklung des tschechoslowakischen Judentums gekommen sein. Die schwachen Geburtenüberschüsse wurden wohl etwa durch die kleine beständige Auswanderung ausgeglichen, so daß sich die Zahl von 1930 bis 1938 kaum mehr veränderte als im Zeitraum 1921-30, in dem die jüdische Bevölkerung um rund 2500 zunahm.[9]

Trotz der relativ umfangreichen Literatur über das Exilleben in der Tschechoslowakei muß man sich mit recht ungenauen Informationen über die Zahl der bei der deutschen Besetzung sich dort befindenden jüdischen Flüchtlinge aus Deutschland und Österreich zufrieden geben.[10] Die großzügige Behandlung, die die tschechoslowakischen Behörden den Asylsuchenden zukommen ließen, führte nämlich auch zu einer ungenauen zahlenmäßigen Erfassung der Emigranten. Als das letzte statistische Jahrbuch in der ČSR im Jahre 1937 erschien, wurde die Zahl der deutschen Emigranten mit 2074 für das Jahr 1935 angegeben.[11] Doch ist anzunehmen, daß sich dort zu jenem Zeitpunkt mehr Emigranten aufhielten, sei es nur vorübergehend und daher nicht als Asylsuchende oder aber ganz ohne behördliche Registrierung. Viele Emigranten fanden dort ihren ersten Aufenthalt, verließen aber das kleine und keineswegs langfristige Sicherheit versprechende Land früher oder später. Dies dürfte gerade bei den Juden häufiger als bei den politischen Flüchtlingen der Fall gewesen sein, da sich den letzteren in Prag bessere Bedingungen zur politischen Tätigkeit als anderswo boten. Insofern verdienen Schätzungen von etwa 3000 Juden aus Deutschland und Österreich in der ČSR eher Glauben als die nationalsozialistische Propaganda, die zu jener Zeit von 80 000 – 100 000 reichsdeutschen jüdischen Flüchtlingen in der Tschechoslowakei sprach.[12] Die niedrigere Zahl entspricht auch dem Bericht über das

9 Ebenda, S. 82. Die jüdische Auswanderung aus der Ersten Tschechoslowakischen Republik dürfte nicht hoch genug gewesen sein, um die Zahlen für 1938-39 wesentlich zu verändern. 1931-36 sind insgesamt nur 37 419 Personen aus der ČSR ausgewandert. Vergleicht man diese Zahl mit den hohen Zahlen für die 20er Jahre, dann besteht kein Grund für die Annahme, daß eine nennenswerte Zahl dieser Auswanderer einen Schutz vor der nationalsozialistischen Bedrohung gesucht hätte. Vgl. Statistisches Jahrbuch der Čechoslovakischen Republik 1937, S. 33. Für die jüdische Auswanderung nach Palästina zwischen 1934–1937 ist die Zahl 3200 angegeben worden. Vgl. Peter Heumos, Flüchtlingslager, Hilfsorganisationen, Juden im Niemandsland. Zur Flüchtlings- und Emigrationsproblematik in der Tschechoslowakei im Herbst 1938, Bohemia 25 (1984), S. 245-276.
10 Für die grundlegenden Studien zur Tschechoslowakei als Asylland während der dreißiger Jahre vgl. Peter Heumos/Peter Becher (Hrsg.), Drehscheibe Prag. Ein Sammelband (im Druck); Drehscheibe Prag. Deutsche Emigranten 1933-39. Ein Ausstellungskatalog, München 1989; Peter Heumos, Die Emigration aus der Tschechoslowakei nach Westeuropa und dem Nahen Osten 1938-1945, München 1989, insb. das Kapitel Das Münchener Abkommen und die Anfänge der Emigration aus der Tschechoslowakei, S. 15-55; Kurt R. Grossman, Refugees to and from Czechoslovakia, in: The Jews from Czechoslovakia, Bd. 2, S. 565-581; ders., Emigration. Geschichte der Hitler-Flüchtlinge 1933-1945, Frankfurt a.M. 1969; Bohumil Černý, Most k novému životu; německá emigrace v Čechách v letech 1933-1939, Praha 1967.
11 Statistisches Jahrbuch der ČSR 1937, Tabelle III/25.
12 Die niedrige Schätzung findet sich in: Biographisches Handbuch der deutschsprachigen Emigration nach 1933. Bd. 1, München 1980, S. XXXIX; die hohe Schätzung in: Volk und Reich 14 (1938), S. 180.

Flüchtlingsproblem in der Tschechoslowakei aus dem Jahre 1939, der die Gesamtzahl der reichsdeutschen und österreichischen Flüchtlinge dort mit 5000 angibt.[13]

Durch den Zustrom der deutschsprachigen Emigranten in das Landesinnere, zu denen auch spätestens im Sommer 1938 die sudetendeutschen hinzukamen, und das gleichzeitig mit den sich immer schärfer abzeichnenden Gefahren der nationalsozialistischen deutschen Expansion gegenüber dem Staat, verbreitete sich unter der tschechoslowakischen Bevölkerung allmählich eine Abneigung gegenüber den deutschsprachigen jüdischen Mitbürgern. Deren Lage, trotz des im allgemeinen korrekten Benehmens der staatlichen Behörden, wurde seit dem Sommer 1938 immer bedrohlicher. Eine Krise von kaum überschaubaren Ausmaßen brach über sie mit dem Abschluß des Münchner Abkommens und dessen schwerwiegenden und vielfältigen staatsrechtlichen Folgen herein.[14]

Entsprechend dem am 20. September 1938 in München unterzeichneten Vertrag wurden in den ersten Oktobertagen 1938 Gebiete der Tschechoslowakei mit insgesamt 3 658 640 Einwohnern an das Deutsche Reich angeschlossen, zum Teil direkt an die angrenzenden Verwaltungsbezirke des Deutschen Reiches, zum Teil als eine neue Verwaltungseinheit „Reichsgau Sudetenland". Daraufhin wurden weitere Gebiete an Polen und Ungarn abgetreten, so daß insgesamt über fünf Millionen Menschen (nach der Volkszählung von 1930) direkt von den Veränderungen des Staatsgebiets betroffen wurden, und das bei einer Gesamtbevölkerung von rund vierzehneinhalb Millionen.[15]

Die Gebietsveränderungen lösten eine Fluchtbewegung aus, die bis zum Sommer 1939 mehr als 200 000 Menschen erfaßte.[16] Unter den Flüchtlingen, die vor allem aus den an Deutschland angeschlossenen Gebieten in der Rest-Tschechoslowakei ihre Zuflucht vor der nationalsozialistischen Verfolgung suchten, waren viele Juden. Wir wissen etwa, daß am 17. Mai 1939 im Reichsgau Sudetenland statt der 1930 dort lebenden 27 073 Menschen jüdischen Glaubens nur noch 2363 „Juden" gezählt wurden.[17] Die Regierungen Großbritanniens, Frankreichs und der Rest-Tschechoslowakei bemühten sich, den sudetendeutschen Flüchtlingen zur Emigration in weitere Länder zu verhelfen, nachdem deutlich wurde, daß die Tschechoslowakei selbst keineswegs in der Lage war, ihnen Lebensmöglichkeiten zu bieten. Die langwierigen organisatorischen und administrativen Prozeduren führten aber doch dazu, daß sich am 15. März 1939 noch rund 14 500 sudetendeutsche Juden auf dem Gebiet des nun errichteten

---

[13] Memorandum „Die Tragödie der Emigration in der Tschechoslowakei", Ms. The British Library 9100. d. 36; die von H. G. Adler aufgeführte Zahl von 15 000 dürfte dementsprechend zu hoch geschätzt sein. Vgl. H. G. Adler, Theresienstadt 1941–1945. Das Antlitz einer Zwangsgemeinschaft. Geschichte, Soziologie, Psychologie, Tübingen 1960², S. 3.

[14] Über die rechtlichen Folgen der Zerschlagung der Tschechoslowakei vgl.: Karin Schmid, Staatsangehörigkeitsprobleme der Tschechoslowakei. Eine Untersuchung sowie Dokumente zur Staatsangehörigkeit der deutschen Volkszugehörigen, Berlin 1979.

[15] Diese Berechnungen gehen zurück auf: Alfred Bohmann, Bevölkerung und Nationalitäten in der Tschechoslowakei, Köln 1975, S. 212–266 und Jaroslav Šíma, Československí přestěhovalci v letech 1938-1945. Příspěvek k sociologii migrace a theorie sociální péče, Praha 1945.

[16] Heumos, Die Emigration, S. 15 und 289-292; für eine ausführliche Analyse vgl. Šíma, Československí přestěhovalci.

[17] Bohmann, Bevölkerung, S. 218.

Protektorats aufhielten.[18] Die Fluchtbewegungen in den mährischen und schlesischen Gebieten, in der Slowakei und in Karpathorußland können wir heute kaum rekonstruieren.

Die territoriale Desintegration der Tschechoslowakischen Republik, die 1938 begann und 1939 mit der vollen Auflösung des Staates endete, hat verständlicherweise Schwierigkeiten für die statistische Erfassung der jüdischen Katastrophe zur Folge. Die Zahlen der jüdischen Bevölkerung nach Konfession auf dem Gebiet der Rest-Tschechoslowakei wurden im Dezember 1938 mit 252 000 angegeben.[19]

Doch als Ausgangsbasis für einen Vergleich mit den Zahlen der nach dem Krieg in der Tschechoslowakei registrierten überlebenden jüdischen Opfer läßt sich diese Zahl nicht nur wegen der Aufteilung der ursprünglich innerhalb der tschechoslowakischen Staatsgrenzen lebenden Juden in verschiedene Staatsverbände und der damit verbundenen Fluchtbewegung nur beschränkt verwenden, sondern auch, weil die Tschechoslowakei nach 1945 nicht mehr in ihren Vorkriegsgrenzen wiederhergestellt wurde. So etwa lebte die größte der aufgeführten Gruppen der tschechoslowakischen Juden in den an Ungarn abgetretenen Gebieten; sie teilte sich in diejenigen, die zuvor in der Provinz Karpathorußland wohnhaft waren – nach der Zählung waren es 102 542 Menschen – und in die Einwohner der ehemaligen Slowakei; in Ungarn gehörten diese Wohnbereiche wiederum zwei verschiedenen administrativen Bezirken an, Felvidék und Kárpátalja; nach 1945 wurden aber die karpathoruthenischen Gebiete an die Sowjetunion und nur die slowakischen zurück an die ČSR angegliedert. Die jüdische Bevölkerung dieser Gebiete teilte das Schicksal der ungarischen Juden, und ihre Wege lassen sich nur in sehr groben Zügen nachvollziehen, während nach 1945 ihre Überlebenden in der Sowjetunion in keiner besonderen statistischen Erhebung erfaßt wurden. Das bedeutet, daß sich für die rund 41% der Menschen jüdischer Konfession, die 1930 in der ČSR lebten, weder ein statistischer Vergleich des Vor- und Nachkriegsstandes erstellen läßt, noch ihre Leidenswege während des Krieges im einzelnen verfolgt werden konnten.

Fortan soll diesen Ausführungen die administrative Aufteilung des Landes während der Kriegszeit zugrunde gelegt werden. Es sind also separat zu untersuchen: Schicksale der jüdischen Bevölkerung des Protektorats Böhmen und Mähren, des slowakischen Staates und der an Ungarn angeschlossenen Gebiete. Die Juden aus den an Deutschland angeschlossenen Gebieten emigrierten in ihrer überwiegenden Mehrheit entweder noch vor dem Kriegsbeginn oder aber sie suchten in der Rest-Tschechoslowakei Zuflucht und hatten später die Schicksale der Protektoratsjuden zu tragen. Die dabei festgestellten Verluste und Überlebendenzahlen werden dann den Vorkriegszahlen des Gesamtstaates gegenübergestellt, allerdings mit dem Vorbehalt, daß dieser Weg von vornherein die Folgen der ersten Stufe der nationalsozialistischen Herrschaft, nämlich der Zerstückelung des Staates und die damit direkt verbundenen Folgen für die jüdische Bevölkerung unerfaßt läßt.

---

[18] Memorandum „Die Tragödie der Emigration in der Tschechoslowakei". Eine andere Schätzung gibt die Zahl der aus den abgetretenen Gebieten geflüchteten Juden, die sich im Protektorat befanden, mit 25 000 an; vgl. Karel Lagus/Josef Polák, Město za mřížemi, Praha 1964, S. 31.

[19] Vgl. Bohmann, Bevölkerung, S. 271.

Protektorat Böhmen und Mähren

Mit dem Abschluß des Münchner Abkommens setzten zwar die Bemühungen großer Teile der tschechoslowakischen Juden um eine Rettung durch Emigration an, richtig in Gang kam jedoch der Flüchtlingsstrom erst im Frühjahr 1939. Die organisatorischen Schwierigkeiten, die fehlende Bereitschaft anderer Staaten, nach der großen Flut der reichsdeutschen und österreichischen Flüchtlinge jetzt auch die tschechoslowakischen aufzunehmen, und schließlich die sehr langsam fortschreitende Umsetzung der britischen und französischen Hilfsbereitschaft für die Behörden und Menschen der Rest-Tschechoslowakei waren die wichtigsten Gründe dafür, daß aus der Tschechoslowakei wesentlich weniger Juden als die, die es beabsichtigten, entkommen konnten. In den ersten Wochen nach der Errichtung des Protektorats waren es hauptsächlich die illegalen Fluchtwege über Polen, die genützt wurden, und erst seit Juli 1939 und nur bis September 1941 bestanden legale Möglichkeiten für die jüdische Auswanderung aus dem Protektorat, wenn auch beschränkt durch die langwierigen Genehmigungsprozeduren der Gestapo sowie die begrenzten Einreisemöglichkeiten der Aufnahmeländer. Solcherart konnten nach den Angaben der Prager jüdischen Stellen bis 15. Juli 1943 nur 26 111 Juden aus dem Protektorat auswandern.[20]

Insgesamt, und von dieser Zahl gehen alle einschlägigen Studien aus, sollen sich zum Tage der Errichtung des Protektorats auf dessen Gebiet 118 310 Personen aufgehalten haben, die nach den „Nürnberger Gesetzen" als Juden galten. Es ist erstaunlich, daß diese Zahl im allgemeinen überhaupt ohne oder lediglich mit ungenügenden Quellenangaben wiedergegeben wird. Aus einem Wochenbericht der Jüdischen Kultusgemeinde in Prag geht hervor, daß dort diese Zahl als eine Schätzung auf der Grundlage der Erhebung von 1930 betrachtet wurde[21]; als solche kann sie keineswegs als eine statistisch genaue Information gelten. Immerhin dürfte diese Zahl etwa in Differenzen von einigen Tausenden zutreffen, auch wenn sie vor allem auf Grund der illegalen Grenzüberschreitungen einerseits aus Deutschland und Österreich in die ČSR, andererseits aus der Tschechoslowakei nach Polen nicht mehr präzisiert werden kann.

Nach und nach wurden diese weit mehr als 100 000 Menschen durch die Maßnahmen der Protektoratsbehörden, entsprechend den Regelungen im Deutschen Reich,

---

[20] Diese Zahl geht auf die Berichte der Prager jüdischen Stellen zurück, die im Institut für Zeitgeschichte vorliegen (Eichmannprozeß, Beweisdokument Nr. 1192); sie entspricht auch der in Prag 1942 vervielfältigten Broschüre: Die Juden im Protektorat Böhmen und Mähren zum 31.3.1942 (vgl. Eichmannprozeß, Dok. 1195), und es sind bisher in der Literatur nie Zweifel an der Richtigkeit dieser Zahlen geäußert worden. Für die neueste Aufarbeitung vgl. Heumos, Die Emigration, S. 56 und 273-276. Unberücksichtigt bleiben dabei natürlich die Zahlen der illegal emigrierten Juden sowie derjenigen, die vor dem 15.3.1939 das Land verlassen haben. All dieses zusammenfassend, wurde die Zahl von insgesamt rund 50 000 aus den böhmischen Ländern emigrierten Juden angegeben, die jedoch, ohne Quellen, als zu hoch gelten darf. Vgl. Meyer, Czechoslovakia, S. 62. Die Zahlen dagegen, die Reitlinger für die Emigration aus dem Protektorat angab, waren auf jeden Fall zu niedrig. Vgl. Gerald Reitlinger, The Final Solution. The Attempt to Exterminate the Jews of Europe 1939 – 1945, London 1953, S. 492 f.

[21] Wochenbericht der JKG Prag über die Zeit 8. – 15. September 1939, Eichmannprozeß, Dok. 1327; dieselbe Zahl wurde auch von den deutschen Behörden verwendet, etwa von Richard Korherr in seinem statistischen Bericht zur „Endlösung der europäischen Judenfrage" vom 23.3.1943. Nach der Fertigstellung meiner Darstellung wurde diese Zahl jedoch auch tatsächlich schon einer Kritik unterzogen; dazu vgl. Miroslav Kárný, Zur Statistik der jüdischen Bevölkerung im sogenannten Protektorat, in: Judaica Bohemiae 22 (1986), S. 9-19.

entrechtet, in ihren Lebensbedingungen beschränkt und ihrer menschlichen Würde beraubt.[22] Es erübrigt sich in unserem Zusammenhang auf die diskriminierenden Bestimmungen im einzelnen einzugehen, da es sich um ähnliche und prinzipiell gleiche Regelungen handelte wie in allen anderen von Deutschland besetzten Ländern. Zusammenfassend liefen sie darauf hinaus, daß die Juden nach und nach aus allen öffentlichen Ämtern sowie von der Ausübung sämtlicher freier Berufe ausgeschlossen wurden, daß ihr gesamtes Vermögen und ihr Besitz beschlagnahmt wurde, daß sie ihrer Bewegungsfreiheit beraubt und ihnen jegliche Teilnahme am kulturellen Leben sowie an der Bildung versagt wurde. Darüber hinaus wurden die für Juden bestimmten Lebensmittelrationen besonders eingeschränkt, wurde ihnen der Zutritt zu sämtlichen Transportmitteln untersagt, bis schließlich, ab dem 1. September 1941, ihre Entwürdigung und Erniedrigung in symbolischer Form durch die Kennzeichnung durch den gelben Stern den Höhepunkt fand.

Es überrascht nicht, daß in einer solchen Situation die Juden auch ihre Autonomie in der Ausübung ihrer Religion sowie in der Organisation ihres Gemeinschaftslebens verloren. Die einst 136 selbständigen jüdischen Gemeinden in Böhmen und Mähren wurden zentralisiert und nach und nach, ab 27. März 1942 ausschließlich, dem Zentralamt der Jüdischen Kultusgemeinde in Prag untergeordnet. Die Institution wurde später Ältestenrat genannt und hatte die gesamten Angelegenheiten der jüdischen Einwohner des Protektorats zu regeln; zusammenfassend handelte es sich um die Registrierung, Auswanderung, Arbeitsbeschaffung, um die Regelung der Wohn- und Sozialangelegenheiten und schließlich um die Organisierung der Deportationen. Das Amt war zwar nominell ein Organ der jüdischen Selbstverwaltung, in Wirklichkeit jedoch ein Exekutivorgan der am 26. Juli 1939 in Prag eröffneten „Zentralstelle für jüdische Auswanderung in Böhmen und Mähren", die ab 12. August 1942 dann in „Zentralamt für die Regelung der Judenfrage in Böhmen und Mähren" umbenannt wurde.

Die „Zentralstelle" in Prag wurde auf Befehl des Reichsprotektors Konstantin von Neurath gegründet, geleitet von dem SS-Oberführer Dr. Franz Stahlecker als SD-Führer und Befehlshaber der Sicherheitspolizei im Protektorat und von einem SS-Sturmbannführer Hans Günther als Dienststellenleiter.[23] Als analoge Dienststelle zum „Reichszentralamt für jüdische Auswanderung" unterstand sie einerseits den Protektorats- und andererseits den Reichssicherheitsbehörden, faktisch jedoch einem und demselben SS-Apparat. Ihren Befugnissen nach wurde die Prager „Zentralstelle" zum Entscheidungsgremium für alle die Lebensschicksale der jüdischen Bevölkerung im Protektorat betreffenden Fragen, auch wenn ihr Kompetenzbereich zunächst nur Prag und Umgebung betraf und erst 1940 auf das gesamte Protektorat erweitert wurde. Doch gab sich die nationalsozialistische Politik gegen die Juden nicht mit einer Be-

---

[22] Für zeitgenössische Dokumentensammlungen vgl. Erlässe betreffend Juden (Vervielfältigtes Ms. 1939–1944; dies ist eine Sammlung sämtlicher behördlicher Bestimmungen für Juden im Protektorat, wie sie aus dem internen Gebrauch der JKG hervorging; für nähere Angaben zu dieser Sammlung vgl. Adler, Theresienstadt, S. 797, Anm. 218) und Franz Friedmann, Rechtsstellung der Juden im Protektorat Böhmen und Mähren, Prag 1943; eine chronologische Übersicht der getroffenen und eingeleiteten Maßnahmen liegt vor in: The Jews of Czechoslovakia, Bd. 3, S. XXVIII-XLI; für ausführliche Darstellungen vgl. Wlaschek, Die Juden in Böhmen, S. 91–107 und John G. Lexa, Anti-Jewish Laws and Regulations in the Protectorat Bohemia and Moravia, in: The Jews of Czechoslovakia, Bd. 3, S. 75–193.

[23] Über die Gründung und Organisation der „Zentralstelle" vgl. Ich, Adolf Eichmann. Ein historischer Zeugenbericht, Leoni am Starnberger See 1980, S. 99–108; vgl. auch Adler, Theresienstadt, S. 5 ff., Anm. 12.

schneidung ihrer Lebensmöglichkeiten und ihrer vollen Vertreibung aus der Gesellschaft zufrieden. Auch wenn die Protektoratsgeschichte unterschiedliche Etappen der antijüdischen Politik aufweist, zeigen sie alle doch deutlich eine und dieselbe Bemühung: Die Juden sollten nicht nur als Ausgestoßene am Rande der Protektoratsgesellschaft leben, sie sollten vielmehr von dort ganz abgeschoben werden.

Unmittelbar nach der Besetzung der böhmischen Länder kam es zwar zu Verhaftungen einflußreicher jüdischer Personen und zu ihrer Deportation in die deutschen Konzentrationslager[24], doch es blieb zunächst bei Einzelfällen. Bald nach der Niederlage Polens faßte man den Gedanken, Juden in größerer Zahl in „Ghettos" zu konzentrieren. Dementsprechend wurden im Oktober 1939 nicht nur jüdische Funktionäre aus Prag nach Nisko am San zu „vorbereitenden Gesprächen" geschickt, sondern auch 1291 Männer aus den mährischen Bezirken Ostrau und Friedek-Mistek dorthin deportiert.[25] Allerdings zeigte sich in diesem Stadium eine Massenkonzentration von Juden in abgelegenen Gebieten als organisatorisch keineswegs „leichte" Aufgabe; das Lager Nisko wurde im April 1940 aufgelöst und seine überlebenden Insassen – aus Mähren waren es rund 460 Menschen – konnten in ihre Heimat zurückkehren. Sie wurden zwei Jahre später nach Theresienstadt deportiert. Der erste Versuch zur „Ghettoisierung" der Juden im Osten schlug zunächst fehl. Die meisten der dorthin Deportierten zahlten ihn mit ihrem Leben unter den unerträglich schwierigen Lebensbedingungen. Außer jenen 460 wieder in ihre Heimat Transportierten konnten sich nur noch 123 retten, die am Kriegsende mit der tschechoslowakischen Auslandsarmee aus der Sowjetunion zurückkehrten.[26]

Nach den ersten Deportationen der mährischen Juden verschlechterten sich zwar die Lebensbedingungen der jüdischen Bewohner des Protektorats zunehmend, doch brachten das Jahr 1940 und die erste Hälfte 1941 ihnen eine Zeit relativer Lebenssicherheit – jedenfalls mag es so aus der Perspektive der nachfolgenden Ereignisse erscheinen. Nach wie vor erreichten sogar die Hoffnungen auf ein Entkommen vor der nationalsozialistischen Verfolgung in Böhmen und Mähren einigermaßen reale Grundlagen. Auch wenn es nur wenigen gelang zu emigrieren, so wurde doch das Palästina-Amt, neben der „Zentralstelle" die offizielle Hauptstelle für Auswanderung, erst im Mai 1941 aufgelöst, und erst im Oktober 1941 wurde die Auswanderung offiziell ganz eingestellt. Zu dieser Zeit wandelte sich sowohl die antijüdische Politik der nationalsozialistischen Führung in Deutschland, als auch die politische Lage im Protektorat.

---

[24] Vorwiegend wurden diese Personen nach Buchenwald gebracht und von dort später nach Auschwitz deportiert.

[25] Zur Geschichte des Lagers Nisko vgl. Miroslav Kárný, Nisko in der Geschichte der „Endlösung", in: Judaica Bohemiae 23 (1987), S. 67-84; Erich Kulka, The Annihilation of Czechoslovak Jewry, in: The Jews of Czechoslovakia, Bd. 3, S. 265-268; Věstník židovské náboženské obce v Praze 1 (1947); zahlreiche Zeugenberichte liegen im Yad Vashem Archiv in Jerusalem vor. Vgl. Collection of Documents and Testimonies on the Participation of Czechoslovak Jews in the War against Nazi-Germany. Record Group 0-59, published by Yad Vashem, Jerusalem 1976.

[26] Věstník bringt einen umfassenden Zeugenbericht, in dem über die Vertreibung der jüdischen Insassen von Nisko durch die SS über die sowjetische Grenze hin berichtet wird. Unter diesen Vertriebenen sollen sich rund 900 mährische Juden befunden haben, von denen nur ein kleiner Teil die Strapazen der russischen Gefangenenlager bis zu ihrem Eintritt in die tschechoslowakische Armee 1942 überleben konnte. Ihre Schicksale beschreibt auch Kulka (Židé v Ceskoslovenské Armádě), während Lagus/Polák (Město za mřížemi, S. 300 ff.) über die Prager Funktionäre der Jüdischen Gemeinde in Nisko berichten.

Am 10. Oktober 1941 fand in Prag eine Besprechung statt, an der die künftigen Maßnahmen zur „Lösung der jüdischen Frage" im Protektorat von der gesamten „SS-Prominenz" des Protektorats unter der Leitung von Reinhard Heydrich und Karl-Hermann Frank erörtert wurden.[27] An dieser Stelle soll nicht versucht werden, die Bedeutung der Beschlüsse und des Verlaufes dieser Besprechung im Kontext der nationalsozialistischen Vernichtungspolitik im Protektorat zu werten. Für unseren Zusammenhang muß nur festgehalten werden, daß hier einmal der konkrete Schritt der Deportation von 5000 Juden für den Herbst 1941 gefaßt und der Gedanke der Zusammenführung der gesamten jüdischen Bevölkerung des Protektorats zum erstenmal erörtert wurden.[28] Das geschah etwas mehr als einen Monat vor dem ersten allgemeinen Befehl zu Deportationen der Juden aus den deutsch beherrschten Gebieten und rund drei Monate vor der Wannsee-Konferenz.

Allerdings waren praktische Vorbereitungen für die Deportationen der Juden im Protektorat schon seit dem Sommer 1941 im Gange. Schon im Sommer wurde bei der Prager Jüdischen Kultusgemeinde eine Abteilung „G" eingerichtet, die sich mit der Vorbereitung der „Ghettoisierung" beschäftigte, und schon am 1. Oktober 1941 wurde zu diesem Zwecke mit der Registrierung aller Juden begonnen, während ihnen gleichzeitig verboten wurde, über ihr Eigentum Dispositionen vorzunehmen.[29] Der Weg, der zu den ersten Deportationen führte sowie die Rolle, die dabei einzelne Behörden spielten, ist bis heute in der Literatur nicht im einzelnen geklärt.[30] Doch ist diese Frage in unserem Zusammenhang, nämlich für die Folgen der hier eingeleiteten Vernichtungsmaßnahmen gegen die Juden, ohne Bedeutung. Entscheidend wurde die Tatsache, daß die hier gefaßten Beschlüsse in die Wirklichkeit umgesetzt werden konnten.

Am 16., 21., 26. und 31. Oktober sowie am 3. November 1941 wurden jeweils 1000 Juden aus Prag nach Łodz (Litzmannstadt) und am 16. November 1941 1000 aus Brünn nach Minsk deportiert.[31] Ihre Schicksale verliefen unterschiedlich. Ein Teil von ihnen starb wegen der schlechten Lebensbedingungen schon am ersten Zielort ihrer

---

[27] Protokolle dieser Besprechung befinden sich im Prager Zentralarchiv (Státní ústřední archiv), der Text von „Notizen" aus dieser Besprechung wurde veröffentlicht in: Adler, Theresienstadt, S. 720 ff.; eine zwar stark ideologisierte, jedoch wertvolle Faktendarstellung zur ersten Stufe der antijüdischen Maßnahmen im Protektorat bietet Miroslav Kárný, Die „Judenfrage" in der nazistischen Okkupationspolitik, in: Historica (Prag), 21 (1982), S. 137-192.

[28] In der Presseerklärung Heydrichs anläßlich der Besprechung hieß es u. a.: „Ziel des Reiches wird und muß daher sein, das Judentum nicht nur aus dem Einfluß der Völker Europas auszuschalten, sondern nach Möglichkeit sie außerhalb Europas zur Ansiedlung zu bringen. Alle anderen Maßnahmen sind – abgesehen von der grundsätzlichen Gesetzgebung, die für alle Ewigkeit eine Schranke zur Sicherung des eigenen Volkstums bedeutet – Etappen zu diesem Endziel. Ich habe mich entschlossen, diese Etappen auch im Protektorat folgerichtig und möglichst schnell zu gehen. Das Erste wird in nächster Zukunft die Zusammenfassung des Judentums sein, in einer Stadt oder einem Stadtteil (getrennt für Böhmen und Mähren) als Sammelstelle und Übergangslösung für die eingeleitete Aussiedlung. Die ersten 5000 Juden werden voraussichtlich bereits im Laufe der nächsten Woche das Protektorat verlassen." Zit. nach Dokumenty z historie československé politiky 1939 – 1943, Bd. 2, Praha 1966, S. 634.

[29] Bei der Registrierung zum 1. Oktober 1941 wurden 88 105 erfaßt. Vgl. Livia Rothkirchen, The Jews of Bohemia and Moravia: 1938-1945, in: The Jews of Czechoslovakia, Bd. 3, S. 29 und Kárný, Zur Statistik, S. 11, Anm. 10.

[30] Vgl. Miroslav Kárný, Terezínský koncentrační tábor v plánech nacistů, in: Československý časopis historický 22 (1974), S. 673–702; ders., Die „Judenfrage" in der nazistischen Okkupationspolitik, in: Historica 22 (1982), S. 137–192.

[31] Die Transportlisten mit genauen Namen und Personaldaten für diese Deportationen sind in Prag im Archiv des Staatlichen Jüdischen Museums (Státní židovské museum) erhalten.

Deportation[32], manche starben im Arbeitseinsatz in Posen, andere in westpolnischen Arbeitslagern, manche wurden Opfer der Vernichtungslager in Chelmno, Majdanek und Auschwitz, wohin sie nach und nach weiter deportiert wurden. Als Łodz von der Roten Armee befreit wurde, befanden sich dort nur noch neun der 1941 aus Prag gekommenen Juden; insgesamt meldeten sich am Kriegsende rund 250 Überlebende von jenen aus Prag verschleppten 5000.[33] In Minsk wurden die aus Brünn deportierten Menschen im dortigen Ghetto gefangengehalten. Die Mehrheit von ihnen – schätzungsweise 750 Menschen – fielen den Erschießungen vom 27. bis 29. Juli 1942 zum Opfer. Andere befanden sich bei der Liquidierung des Lagers im Herbst 1943 unter den nach Bergen-Belsen Deportierten. Nach Kriegsende haben sich zwölf Menschen aus diesem Brünner Transport als einzige Überlebende gemeldet.[34]

Direkt nach Polen wurden Juden aus dem Protektorat nur noch einmal verschleppt. Das war im Jahre 1942, als am 10. Juni 1000 Juden als Racheakt für das Heydrich-Attentat aus Prag nach Majdanek deportiert wurden. Ein Teil von ihnen verstarb dort, ein Teil in Sobibór, ein Teil in Ujazdow bei Sawino. Nur ein einziger überlebender Zeuge dieses Transports meldete sich nach Kriegsende.[35] Erst kurz vor dem Kriegsende kamen jedoch noch 18 Mitglieder der Prager Kultusgemeinde, des Ältestenrates, hinzu, die am 27. Oktober 1944 direkt aus Prag nach Polen verschickt wurden und von denen keiner überlebte.[36] Insgesamt wurden aus Prag und Brünn 7018 Menschen in die großen Konzentrations- und Vernichtungslager im Osten direkt verschickt; überlebt haben von ihnen rund 274 Menschen. Alle anderen Juden aus dem Protektorat führte der Leidensweg der großen Massendeportationen seit 1941 zu allererst nach Theresienstadt.

Es ist nicht bekannt, wer eigentlich zuerst den Vorschlag gemacht hat, in Theresienstadt ein Ghetto zu errichten. Es ist aber bekannt, daß die Mitarbeiter der Jüdischen Kultusgemeinde in Prag diesen Vorschlag mit Nachdruck förderten. Der Grund lag offensichtlich in ihrem Bemühen, die Verschickung der Juden aus dem Protektorat nach Polen zu verhindern oder zumindest zu verzögern. Die vorbereitenden Arbeiten für die Errichtung des ausschließlich jüdischen Konzentrationslagers Theresienstadt erfolgten in enger Zusammenarbeit zwischen der SS und der jüdischen Selbstverwaltung in Prag. Jakob Edelstein als der Prager „Judenälteste" spielte in der Vorge-

---

[32] Lagus/Polák (Město za mřížemi, S. 302) nennen 1200 der in den ersten sechs Monaten in Łodz Verstorbenen; dagegen gibt Věstník 13 (1948) die Zahl von 983 dort vor dem 7. August 1944 verstorbenen „tschechischen Juden" an. Diese Differenz wird voraussichtlich auf die Bezeichnung „tschechische Juden" zurückzuführen sein, da man mit ihr sowohl die tschechisch-assimilierten als auch die aus Böhmen und Mähren stammenden Menschen zu bezeichnen pflegt; detaillierte Berichte über die Lebensumstände in Łodz wurden von Erich Kulka anhand der umfassenden Sammlung von Zeugenberichten im Yad Vashem Archiv zusammengestellt (vgl. Kulka, The Annihilation, S. 268-276); literarisch wurden Erlebnisse eines Betroffenen im folgenden Buch verarbeitet: František Kafka, Krutá léta, Praha 1963 (der Autor wurde nach Kriegsende Vertrauensmann und 1972-78 Präsident der Prager Jüdischen Kultusgemeinde).

[33] Lagus/Polák (Město za mřížemi, S. 303) geben die Zahl der Überlebenden mit 261 an, während Adler (Theresienstadt, S. 21) von 253 gemeldeten Überlebenden spricht. Die Differenz ist unbedeutend und dürfte auf den Zeitpunkt der jeweiligen Feststellung zurückgeführt werden können.

[34] Lagus/Polák, Město za mřížemi, S. 304; Kulka (The Annihilation, S. 274) gibt die Zahl der Überlebenden mit zwölf an.

[35] Lagus/Polák, Město za mřížemi, S. 310 f.

[36] Ebenda, S. 331.

schichte und in den Anfängen des Ghettos unter den jüdischen Beteiligten die wichtigste Rolle.[37] Nun verfolgten aber beide Seiten von Anfang an unterschiedliche Ziele.

Im allgemeinen wird das Theresienstädter Ghetto als ein „Propagandalager" des nationalsozialistischen Regimes zur – im Effekt sich denn tatsächlich als wirksam erwiesenen – Beruhigung des Auslands aufgefaßt, als ein Mittel also zur Zerstreuung ausländischer Kritik an der deutschen Vernichtungspolitik gegenüber den Juden. Doch haben neuere Arbeiten gezeigt, daß es von der nationalsozialistischen Seite keine eindeutige und konsequent durchgeführte Konzeption für dieses Lager gegeben hat. Der tschechoslowakische Historiker Miroslav Kárný sieht die Anfangspläne zur Errichtung des Ghettos im Zusammenhang mit den „technischen" Schwierigkeiten in der Bewältigung der Massenvernichtung in Polen, wie sie im Herbst 1941 erkannt wurden.[38] Dementsprechend müßte dieses Lager zu allererst als ein Sammlungs- und Übergangslager für die Protektoratsjuden von der nationalsozialistischen Seite her konzipiert gewesen sein. Gleichzeitig jedoch wurde Theresienstadt auch schon früh als Ghetto für die Alten und „Privilegierten" aus Deutschland konzipiert, wie es die Protokolle der Wannsee-Konferenz andeuten[39], womit man dem Aufsehen, das die großen Massendeportationen von 1941 in der deutschen Öffentlichkeit erregten, entgegenwirken wollte. Die Funktion des Lagers als ein Mittel zur Auslandspropaganda bildete sich erst allmählich aus, etwa seit der Kriegswende während der Kampfverläufe bei Stalingrad.

Interessanterweise gibt keines der bekannten Dokumente Hinweise darauf, daß die nationalsozialistischen Schöpfer des Theresienstädter Ghettos[40] je auf seine wirtschaftliche Nutzung bedacht gewesen wären. Gerade dies war jedoch die Hauptbemühung der jüdischen Selbstverwaltung während der vorbereitenden Phase: Ein wirtschaftlich benötigtes Ghetto erschien ihnen als der beste Schutz vor den Deportationen nach Polen. Es war eine trügerische Hoffnung, viel mehr genährt aus der Hoffnungslosigkeit der Situation der Opfer selbst als aus gelegentlichen Beruhigungshinweisen der SS-Lagerkommandantur im Ghetto. Doch lebte diese Hoffnung lange, und sie war das Motiv vieler jüdischer Funktionäre, die sich am Aufbau und später an der Leitung des Lagers beteiligten und damit zu nicht weniger und nicht mehr als Handlangern der SS wurden.

Am 24. November 1941 trafen in dem nordböhmischen Städtchen Theresienstadt 340 junge als Juden gekennzeichnete Männer ein, um in einer Stadt, die im Jahre 1930 7181 Einwohner zählte, eine Unterkunft für die rund 140 000 Opfer vorzubereiten, die dann bis Frühjahr 1945 durch Theresienstadt gegangen sind. Zeitweise hielten

---

[37] Adler, Theresienstadt, S. 33; vgl. auch Zdeněk Lederer, Terezín, in: The Jews of Czechoslovakia, Bd. 3, S. 106.

[38] Kárný, Terezínský koncentrační tábor.

[39] Im Protokoll der Konferenz am 20. Januar 1942 am Großen Wannsee hieß es: „Es ist beabsichtigt, Juden im Alter von über 65 Jahren nicht zu evakuieren, sondern sie einem Altenghetto – vorgesehen ist Theresienstadt – zu überstellen. Neben diesen Altersklassen – von den am 31.10.1941 sich im Altreich und in der Ostmark befindlichen 280 000 Juden sind etwa 30% über 65 Jahre alt – finden in dem jüdischen Altersghetto weiterhin die schwerkriegsbeschädigten Juden und Juden mit Kriegsauszeichnungen (EK I) Aufnahme." Zitiert nach: Léon Poliakov/Josef Wulf, Das Dritte Reich und die Juden, München 1978, S. 123.

[40] Für die neueste umfassende und kommentierte Bibliographie der historischen Literatur zur Geschichte des Theresienstädter Ghettos vgl. Lederer, Terezín, S. 152-164; für neuere Studien vgl. insbesondere die Zeitschriften Judaica Bohemiae und Terezínské listy.

sich über 50 000 Menschen gleichzeitig dort auf. Öffentlich-rechtlich fand die Gründung des Ghettos – ab 1. Mai 1943 des „Jüdischen Siedlungsgebiets" – in Theresienstadt in der Verordnung des Reichsprotektors vom 16. Februar 1942 ihren Ausdruck[41], und es war auch diese Verordnung, die nicht der jüdischen Selbstverwaltung, sondern dem Befehlshaber der Sicherheitspolizei beim Reichsprotektor zu den für den Aufbau des Ghettos erforderlichen Maßnahmen die gesetzliche Berechtigung gab. In Wirklichkeit wurden keineswegs auch nur die nötigsten Vorbereitungsarbeiten erledigt, bevor die ersten Zwangsinsassen dorthin deportiert wurden. Dies war nicht zuletzt eine Ursache für die Unerträglichkeit der Theresienstädter Lebensbedingungen. Nur nach und nach begann man, die unter Kaiser Josef II. erbauten Kasernen zu räumen, um den neuen Bewohnern des Ghettos einen minimalen Raum zum Schlafen zu verschaffen. Erst gegen Ende Juni 1942 konnten die gesamten ursprünglichen Einwohner des Städtchens evakuiert werden und die Stadt als Ganzes der jüdischen Selbstverwaltung übergeben werden. Doch befanden sich zu jenem Zeitpunkt schon über 20 000 Gefangene im Ghetto, zu denen während des Monats Juli noch weitere 25 000 hinzukamen.

Auch wenn die gesamten Akten des Theresienstädter Lagers auf Befehl der Gestapo vor Kriegsende vernichtet wurden, sind doch statistische Angaben über die Entwicklungen des Lagers zwischen 1941 und 1945 recht gut dokumentiert. Es haben sich zahlreiche illegal angefertigte Abschriften erhalten, die später in detaillierten Studien kritisch geprüft und in allen ihren Abweichungen gegeneinander sorgfältig abgewogen, erforscht und ausgewertet wurden. Hinzu kommt eine umfangreiche Literatur von Zeugenberichten, die zusätzlich ohne bedeutendere Widersprüche ein konsistentes Bild des Lebens in Theresienstadt bietet, das vielseitig und von unterschiedlichen Gesichtspunkten je nach der Stellung des Autors innerhalb des Lagers gezeichnet wurde. Vergleiche zwischen diesen Quellen mit den noch erhaltenen Dokumenten damaliger Prager Behörden ergaben nur geringfügige Abweichungen, so daß in unserem Zusammenhang, bei der Aufstellung einer umfassenden Bilanz, kein Grund für eine eingehende Diskussion der nur in Details voneinander abweichenden Informationen vorliegt.[42]

Aufzeichnungen und Statistiken über die in Theresienstadt ankommenden und die von dort abgehenden Transporte wurden sehr sorgfältig geführt. Die Zentralevidenz-

[41] Verordnungsblatt des Reichsprotektors in Böhmen und Mähren, 28.2.1942.
[42] Über die Zerstörung des Lagerarchivs und über die Wege, auf denen statistisches Material illegal erhalten werden konnte vgl. Josef Polák, Tatsachen und Zahlen, in: Theresienstadt, Wien 1968, S. 53–56. Auf den illegal erhaltenen Materialien der Selbstverwaltung basiert die erste umfassende Darstellung des Ghettos von Zdeněk Lederer, Ghetto Theresienstadt, London 1953. Hier wurden die Aufzeichnungen des Zentralevidenz-Beamten Josef Polák benützt, der später zusammen mit Karel Lagus die bisher einzige tschechische Studie verfaßte: Lagus/Polák, Město za mřížemi. In der Londoner „Wiener Library" wurde ein Manuskript eines anderen Beamten der Theresienstädter Selbstverwaltung erhalten: R. Prochnik, Juden in Theresienstadt. Ein statistischer Bericht, Theresienstadt 14.7.1945. Alle diese Studien und statistischen Angaben wurden zusammen mit der gesamten bis 1960 erschienenen Literatur zu Theresienstadt ausführlich verglichen und in ihren Abweichungen diskutiert in: Adler, Theresienstadt. Eine weitere unentbehrliche Quelle zum Studium der Geschichte des Ghettos stellen die Publikationen der „Prager Jüdischen Gemeinde" in den Jahren nach Kriegsende dar: Věstník židovských náboženských obcí, Praha 1945 ff.; Judaica Bohemiae, hrsg. vom „Staatlichen Jüdischen Museum" in Prag 1964 ff. In der letzteren vgl. insbesondere 8 (1972), S. 36–55 zu Fragen der jüdischen Selbstverwaltung in Theresienstadt und 17 (1981), S. 15–47 und 18 (192828), S. 65–88 zu den sich im Theresienstädter Archiv befindlichen Dokumenten. Weitere Archivmaterialien befinden sich im Staatlichen Jüdischen Museum und im Staatlichen Zentralarchiv in Prag.

stelle des Lagers mit ihren Zweigstellen mußte täglich die genauen Insassenzahlen feststellen, die dann an Sonn- und Feiertagen in Form von „Standmeldungen des Lagerältesten" der Leitung des Lagers vorgelegt wurden.[43] Diese Materialien, soweit sie nicht der Zerstörung zum Opfer fielen, geben einige Auskünfte über die Schicksale der Häftlinge. Doch über das Ausmaß der Katastrophe gewinnt man erst ein klares Bild beim Vergleich der erhaltenen Namensverzeichnisse (mit Geburtsdaten und letzten Adressen) der aus dem Protektorat nach Theresienstadt deportierten Menschen, d.h. aus den Transportlisten, und der Namensverzeichnisse derjenigen, die sich bei Kriegsende als Überlebende meldeten; in beiden Fällen können die authentischen Dokumente in Prag eingesehen werden.

Insgesamt wurden zwischen 1941 und 1945 rund 141 000 Menschen aus den deutsch besetzten Ländern Europas nach Theresienstadt verschleppt. Aus dem Protektorat kamen davon rund 74 000, und weitere rund 2000 Menschen aus den restlichen Gebieten der ehemaligen Tschechoslowakei.[44] Diese Zahlen zeigen die überragende Bedeutung dieses Lagers vor allem für die böhmischen und mährischen Juden bzw. für die als Juden geltenden Personen, von denen die überwiegende Mehrheit nach Theresienstadt deportiert wurde und dort insgesamt rund die Hälfte aller Häftlinge bildete. Die jüdische Bevölkerung Prags – insgesamt 39 395 Menschen – wurden vorwiegend zwischen November 1941 und Juli 1943 nach Theresienstadt gebracht, aus Brünn dann rund 9000 Menschen zwischen Dezember 1941 und April 1942. Gleichzeitig fanden Deportationen aus einzelnen kleineren böhmischen und mährischen Städten statt, so daß im Juli 1943 beinahe die gesamte jüdische Bevölkerung des Protektorats abtransportiert worden war.[45] Von da an, bis Januar 1945, als eine Anzahl der Juden aus den sogenannten Mischehen deportiert wurde, kamen zwar durchgehend neue Häftlinge aus dem Protektorat an, doch nur in kleineren Gruppen, nicht über 100 Personen gleichzeitig. Insgesamt waren es rund 900 Menschen, zwischen Januar und März 1945 dann allerdings weitere rund 4000.

Als „Ghetto" besaß das Lager Theresienstadt einen Sonderstatus unter den Konzentrationslagern. Während Hinrichtungen und willkürliche Tötungen durch die SS relativ selten vorgekommen sind[46], waren doch die Lebensbedingungen, die Verpflegung und das Gesundheitswesen so dürftig, daß die Sterberaten weit über den normalen Vorkriegsraten in Mitteleuropa lagen und zu Zeiten sogar bis zu dreißigmal höher waren. Menschen waren in Theresienstadt gezwungen, unter Bedingungen zu leben, die keineswegs auch nur den minimalsten Ansprüchen gerecht wurden, die eine men-

---

[43] Adler, Theresienstadt, S. 313 ff.

[44] Die Transportübersicht bis 12.10.1944 und das Verzeichnis aller zwischen dem 1.1.1945 und 10.4.1945 in Theresienstadt eingetroffenen Transporte befinden sich in den Sammlungen des Archivs in Theresienstadt. Gedruckt liegt ein 1945 vom Repatriationsamt des Ministeriums für soziale Fürsorge angefertigtes Namensverzeichnis der überlebenden Theresienstädter Häftlinge vor: Terezín Ghetto, Praha 1945. Die in der Literatur zitierten Zahlen variieren zwischen 136 444 und 141 162, während einmal die Zahl von 149 168 aufgeführt wird; die Unterschiede wurden eingehend geprüft und diskutiert in Adler, Theresienstadt, Anmerkungapparat mit insbesondere den folgenden Seiten: 747, 765 ff., 797, 829, 831 ff. Im ganzen kann man feststellen, daß die unterschiedlichen Zahlenangaben oft allein auf unterschiedliche zeitliche Abgrenzungen zurückgeführt werden können.

[45] Im Juli 1943 wurden bei der Jüdischen Evidenzstelle in Prag 8606 Personen als Juden registriert, von denen jedoch nur bei knapp 7500 der Aufenthaltsort bekannt war. Vgl. Lagus/Polák, Město za mřížemi, S. 37.

[46] Vgl. Miroslav Kárný, Zur Typologie des Theresienstädter Konzentrationslagers, in: Judaica Bohemiae 17 (1981), S. 3-15; Adler, Theresienstadt, S. 47; Lederer, Ghetto, S. 21.

schenwürdige Lebensführung ermöglichten. Auf einer Wohnfläche von mitunter nur 1.62 m² pro Person, bei Raumheizung erst, wenn die Außentemperatur um 9 Uhr morgens minus 5 Grad erreichte, mußten die Gefangenen eine starke Überforderung ihrer Arbeitskräfte und die stetige quälende Lebensunsicherheit ertragen, während gleichzeitig Hunger, Ungeziefer und unversorgte Krankheiten ihr Dasein beeinträchtigten.[47] Nach den vorhandenen Dokumenten starben zwischen November 1941 und Januar 1944 in Theresienstadt 29 113 Menschen, bis zum Juni 1945 dann insgesamt rund 35 000, davon 6100 aus dem Protektorat.[48]

Eine noch höhere Zahl von nach Theresienstadt deportierten Menschen verlor ihr Leben, nachdem sie von hier weiter transportiert wurden, zum größten Teil in die Vernichtungslager im besetzten Polen. Obwohl man nie genau wußte, wohin die „Transporte" aus Theresienstadt gingen und was ihre Opfer am Ende erwartete, gehörten sie zu den gefürchtetsten Ereignissen des Lagerlebens. Sie fanden zwischen 9. Januar 1942 und 28. Oktober 1944 statt, und ihr amtlich angegebenes Ziel hieß meistens „Osten"; nur zwei Transporte gingen mit dem Zielort „Riga" ab sowie weitere Transporte „zum Arbeitseinsatz", deren Ziel in Wirklichkeit das „Familienlager" in Auschwitz-Birkenau war; im Herbst 1944 sprach man von den Transporten „ins Reichsgebiet". Die eigentlichen Zielorte dieser Transporte blieben in Theresienstadt selbst unbekannt, doch die herrschenden Gerüchte weckten panische Ängste unter den Gefangenen, und die Zusammenstellung der Namenslisten für diese Transporte, die von den jüdischen Selbstverwaltungsorganen jeweils selbst, entsprechend befohlenen Quoten der Lagerleitung, durchgeführt werden mußte, gehörte zu den schaurigsten Kapiteln der nazistischen Menschenvergewaltigung.[49]

Heute kennen wir bis auf kleine Ausnahmen die Zielorte und Schicksale der einzelnen Transporte, von denen nur die wenigsten Gefangenen überleben konnten. Die Schicksale der einzelnen beteiligten Menschen werden wohl nie rekonstruiert und in ihrer Tragik erkannt und nachgefühlt werden können; was unserer Erkenntnis allein bleibt, ist ein erschreckendes Kreuzworträtsel von Zahlen, hinter denen verlorene Menschenleben stehen: Insgesamt wurden aus Theresienstadt rund 88 000 Menschen in jenen knapp zwei Jahren abtransportiert, von denen rund 3500 überlebten; etwa 60 000 dieser Deportierten waren ehemalige Protektoratsbürger. Die wahren Zielorte dieser Transporte waren zum größten Teil die Konzentrations- und Vernichtungslager Maly Trostinec, Treblinka, Bergen-Belsen, Belzec, Sobibór, Majdanek und Auschwitz.[50]

Die letzten „regulären" Transporte nach Theresienstadt fanden noch in der ersten Aprilhälfte 1945 statt, so daß sich dort zum 20. April 1945 noch 17 239 Insassen be-

---

[47] Vgl. Adler, Theresienstadt, S. 343–376, 493–534; ders., Die verheimlichte Wahrheit. Theresienstädter Dokumente, Tübingen 1958, S. 145, 149, 163, 197, 216, 313; Lederer, Ghetto, S. 45 ff. Außer den hier genannten Hinweisen gibt es umfangreiches Material, das vor allem von H. G. Adler eingehend zusammengetragen und vorstellend dokumentiert wurde.

[48] Adler, Theresienstadt, S. 526 ff.

[49] Über die Prozedur und Umstände um die Zusammenstellung dieser Transportlisten vgl. ebenda, S. 286-295 und Anita Franková, Deportationen aus dem Theresienstädter Ghetto. Methoden der Abfertigung von Transporten und deren Rückwirkung auf das Leben der Häftlinge im Licht einiger Quellen, in: Judaica Bohemiae 22 (1987), S. 3-29.

[50] Vgl. die Übersicht der einzelnen Transporte bei Lederer, Ghetto, S. 247–263; Adler, Theresienstadt, S. 45–59; Lagus/Polák, Město za mřížemi, S. 346–351.

fanden. Ein beachtlicher Teil von ihnen war nicht mosaischen Glaubens – 36,6% – und wurde im „Jüdischen Siedlungsgebiet" allein auf Grund der nazistischen Rassengesetze als „getaufte Juden" oder „Mischlinge" festgehalten. Dementsprechend befanden sich in Theresienstadt jeweils rund 2000 Katholiken, Protestanten und Konfessionslose neben kleineren Gruppen von Angehörigen verschiedener Sekten.[51]

Ab 20. April 1945 kamen in Theresienstadt evakuierte Häftlinge aus anderen Konzentrationslagern in hohen Zahlen an. Schon in den ersten beiden Tagen waren es über 8500 Menschen. Entsprechend der Situation wurden jetzt keine Registrierungen mehr vorgenommen, und es sind nur noch grobe Schätzungen über die Zahlen der Ghetto-Insassen bekannt; doch unterscheiden sich die geschätzten Angaben voneinander nur unwesentlich, sie bewegen sich zwischen 12000 und 14000.[52] Nun wurde die Lage der Theresienstädter Häftlinge in den Wirren der letzten Kriegsphase nicht nur statistisch schwer erfaßbar, sondern vor allem für die Menschen noch unerträglicher als zuvor – nicht zuletzt wegen des Ausbruchs einer schweren Flecktyphus-Epidemie. Am 5. Mai 1945 verließ die SS das Lager, das nun vom Roten Kreuz und der Lagerselbstverwaltung geleitet und endgültig, nach kurzen Kämpfen in der Nähe, am Abend des 8. Mai 1945 befreit wurde. Durch eine zweiwöchige Quarantäne zwar noch einmal festgehalten, konnten dann bis Mitte August alle überlebenden Häftlinge repatriiert werden.[53]

Im Sommer 1945 wurden in Prag 2803 Menschen registriert, die nach den „Nürnberger Gesetzen" als Juden galten und nicht deportiert wurden, d.h. „frei" im Protektorat lebten; von ihnen waren 820 mosaischer Konfession.[54] In Theresienstadt wurden bei der Befreiung 6875 Gefangene aus dem Protektorat registriert[55], während weitere 104 kurz zuvor durch Transporte aus Theresienstadt in die Schweiz und nach Schweden befreit wurden. Gleichzeitig registrierte man in Prag 3097 Menschen, die die Deportationen aus Theresienstadt nach dem „Osten" und andere 274, die die direkten Deportationen aus dem Protektorat dorthin überleben konnten.[56] Aus den ersten Transporten nach Nisko kehrten dann mit der Tschechoslowakischen Armee aus der Sowjetunion noch 123 Menschen zurück, und 848 wurden aus Gefängnissen oder

---

[51] Der Anteil der „nichtjüdischen Juden" erhöhte sich besonders gegen Kriegsende. Ab Oktober 1943 sind die Zahlen der Angehörigen anderer Religionen bekannt, für die Zeit zuvor wird ihr Anteil auf rund 9% geschätzt. Ab Dezember 1944 betrug er schon jeweils über ein Viertel der Gefangenen. Vgl. Adler, Theresienstadt, S. 308; Polák, Tatsachen und Zahlen, S. 55 f.

[52] Vgl. die Gegenüberstellung einzelner Schätzungen bei Adler, Theresienstadt, S. 44 f.

[53] Davon wurden während der Existenz des Lagers fünf Gefangene entlassen; in den Jahren 1941-44 entkamen 37 durch Flucht, von denen jedoch zwölf wieder verhaftet wurden; im Mai 1945 flüchteten rund 700 Menschen noch vor der endgültigen Befreiung des Lagers. Die größte Anzahl der vor Kriegsende Befreiten bildeten die 1623 Gefangenen, die im Frühjahr 1945 durch die Lagerleitung in die Schweiz und nach Schweden transportiert wurden. Vgl. Adler, Theresienstadt, S. 199–206.

[54] Ebenda, S. 59.

[55] Der Bericht der tschechoslowakischen Repatriierungskommission weist die Zahl von 3883 befreiten Tschechoslowaken auf. Hier blieben jedoch jene etwa 3000 Menschen unberücksichtigt, die das Lager schon Mitte Mai 1945 verlassen hatten. Vgl. ebenda, S. 218.

[56] Die Zahlen dieser Überlebenden stützen sich auf den Bericht der tschechoslowakischen Repatriierungskommission, wie sie im Sommer 1945 erfaßt wurden. Sie sind auch von Lagus/Polák (Město za mřížemi, S. 352) übernommen worden, während Adler (Theresienstadt, S. 53) die Zahl zurückgekehrter tschechischer Juden mit 2971 angibt; er setzt jedoch die Zahl der Rückkehrer anderer Nationalitäten etwas höher an, so daß er insgesamt auf die Zahl von 3500 Überlebenden der „Osttransporte" aus Theresienstadt kommt.

Verstecken befreit.[57] Rund 700 Protektoratsangehörige verließen das Theresienstädter Ghetto kurz vor dessen Befreiung. Insgesamt bedeuten diese Angaben, daß rund 14 000 als Juden geltende Menschen aus dem Protektorat die nationalsozialistische Verfolgung überleben konnten; es ist schwer anzunehmen, daß diese Zahl viel höher hätte sein können. Rechnet man zu dieser Zahl von Überlebenden noch jene 26 111 schon zitierten jüdischen Auswanderer, dann wird man annehmen müssen, daß rund 40 000 Menschen aus dem Protektorat Böhmen und Mähren der nationalsozialistischen „Endlösung" entkamen.[58]

Gleichzeitig konnten bei 77 297 Opfern der nationalsozialistischen Judenverfolgung genaue Personalien mit dem Datum ihrer Verhaftung festgestellt werden, die bei Kriegsende nicht mehr lebten.[59] Rechnet man zu dieser Zahl die hier nun aufgeführten registrierten Überlebenden von rund 14 000 und jene registrierten rund 26 000 Auswanderer, dann wird man feststellen, daß heute das Schicksal von nur rund 1000 Menschen, die zu Beginn des Protektorats dort als Juden lebten, unbekannt geblieben ist. Folgt man also den in der Literatur zitierten, voneinander nur unbedeutend differierenden und auch schon mehrfach kritisch verglichenen und geprüften statistischen Ausführungen über die Schicksalswege jüdischer Bewohner des Protektorats, dann ergeben sich an der Richtigkeit dieser Angaben keine Zweifel.[60]

Der slowakische Staat

Die Slowakei wurde am 22. November 1938 ein autonomes Land in der seit dem Münchner Abkommen verkleinerten Tschecho-Slowakei. Am 14. März 1939 wurde sie dann zum selbständigen Staat proklamiert, zur Slowakischen Republik. Sie erhielt ihre erste internationale Anerkennung durch einen „Schutzvertrag" mit dem Deutschen Reich vom 23. März 1939 und bestand bis zum Kriegsende. Als sich jedoch die illegale Widerstandsbewegung im Lande bemerkbar machte und ein gewaltsamer Aufstand das klerikal-faschistische Regime der Slowakischen Republik umzustürzen drohte, marschierten mit Einverständnis der slowakischen Regierung am 29. August 1944 deutsche Truppen ein, trugen die Kämpfe mit den aufständischen Partisanen aus und nahmen das Land unter ihre Kontrolle. Als die Rote Armee zum Jahresbeginn 1945 die Slowakei weitgehend besetzt hatte und am 4. April 1945 ihre Hauptstadt

---

[57] Diese Zahlen wurden übernommen aus: Lagus/Polák, Město za mřížemi, S. 352; die Zahl der im Protektorat im „Untergrund" Überlebenden gibt Adler (Theresienstadt, S. 15) mit 424 an, und diese Zahl wird nachwievor in der Literatur unkritisch übernommen (z.B. Rothkirchen, The Jews of Bohemia and Moravia, S. 52). Kárný (Zur Statistik, S. 17 ff.) stellt diese Angabe mit überzeugenden Argumenten in Frage, ohne jedoch selbst eine genauere anbieten zu können. Er weist dabei auf unsere Unkenntnis jener Personen hin, die von den deutschen Behörden nicht einmal als „Juden" erfaßt wurden, obwohl sich die geltenden Kriterien auf sie bezogen hätten, und sie zu den „im Untergrund" Überlebenden gezählt werden müßten.

[58] Über die weiteren kleineren Konzentrationslager entweder nur für jüdische oder u.a. für jüdische Gefangene, vgl. die detaillierte Studie: R. Bubeníčková/L. Kubátová/J. Malá, Tábory utrpení a smrti, Praha 1969, insbes. S. 135-168. Es handelte sich jedoch in der Mehrzahl um kleinere Sammellager, deren Insassen letztlich nach Theresienstadt transportiert wurden.

[59] Jeder dieser Namen wurde im Ehrenmal der Prager Pinkas-Synagoge erfaßt.

[60] Für Informationen über die schwierigen Lebensumstände der Überlebenden in der Tschechoslowakei nach dem Kriegsende vgl. Kurt Wehle, The Jews in Bohemia and Moravia: 1945-1948, in: The Jews of Czechoslowakia, Bd. 3, S. 499-530.

einnahm, begab sich die slowakische Regierung in den Schutz der deutschen Truppen nach Österreich und unterzeichnete in amerikanischer Gefangenschaft am 8. Mai 1945 ihre Kapitulation.[61] Der slowakische Staat war zwar in seiner Eigenstaatlichkeit vom nationalsozialistischen Deutschland abhängig, aber er behielt doch bis zur deutschen militärischen Besetzung im Sommer 1944 besonders in seiner antijüdischen Politik weitgehende Autonomie.[62]

Für die Feststellung der Anzahl der jüdischen Opfer der nationalsozialistischen Vernichtungspolitik – wobei man im Falle der Slowakei noch den Hinweis auf die eigene slowakische antijüdische Politik hinzufügen muß – müssen wir ähnlich wie bei der Situation im Protektorat auch mit ungenauen statistischen Angaben über die Ausgangszahlen der jüdischen Bevölkerung beginnen. Doch sind die Angaben über die eigentliche Massenvernichtung der jüdischen Angehörigen der Slowakischen Republik auch hier relativ gut belegt, da sie ähnlich wie im Protektorat „gut organisiert" verlief.[63]

Im Jahre 1930 lebten in der Slowakei 136 737 Personen jüdischer Konfession[64], wobei hier die Zahl der konfessionslosen Juden wesentlich kleiner als in den böhmischen Ländern gewesen sein dürfte. Den wichtigsten Einschnitt in die Zahl der jüdischen Bevölkerung bewirkte hier die Abtretung der süd- und ostslowakischen Gebiete an Ungarn im Jahre 1938, durch welche zwischen 40 000 und 46 000 Menschen jüdischen Glaubens zu ungarischen Bürgern wurden.[65] Eine weitere Verminderung der jüdischen Einwohnerzahlen dürfte die Auswanderung bewirkt haben, die jedoch durch die Einwanderung deutscher und österreichischer jüdischer Flüchtlinge, später dann auch aus dem Protektorat, wohl etwa ausgeglichen worden ist.[66] Diese Vermutung wird durch die Mitteilung des Prager Statistischen Amts vom Januar 1939 begründet, die von rund 87 000 Juden in der Slowakei spricht[67], sowie von der später schon unter der antijüdischen Gesetzgebung des slowakischen Staates durchgeführten Volkszählung, die zum 15. Dezember 1940 in der Slowakei 88 951 Juden angibt.[68]

Praktisch gleichzeitig mit der Konstituierung der Slowakischen Republik setzte die antijüdische Politik des neuen Regimes ein. Sie unterschied sich jedoch mindestens bis zum Frühjahr 1942 in einigen Zügen von der der deutschen Nationalsozialisten.

---

[61] Jörg K.Hoensch, Geschichte der Tschechoslowakischen Republik, Stuttgart 1978², S. 105.

[62] Zur Diskussion der slowakischen bzw. deutschen Anteile an der Verfolgung der Juden im slowakischen Staat vgl. Ladislav Lipscher, Die Juden im Slowakischen Staat 1939 – 1945, München 1980; Gutachten des Instituts für Zeitgeschichte, Stuttgart 1958 und 1966, Bd. 1, S. 221-229 und Bd. 2, S. 61-73.

[63] Für die umfassende Übersicht der Judenverfolgung im slowakischen Staat vgl. Ladislav Lipscher, The Jews of Slovakia: 1939-1945, in: The Jews of Czechoslovakia, Bd. 3, S. 165-261 (auf S. 256-261 liegt auch eine umfangreiche Bibliographie vor); ders., Die Juden im Slowakischen Staat; Livia Rothkirchen, The Destruction of Slowak Jewry. A documentary history, Jerusalem 1961; D. Ebert, Statistische Angaben über das Schicksal der Juden in der Slowakei, in: Gutachten des Instituts für Zeitgeschichte, Bd. 2, Stuttgart 1966, S. 73-79; Rapport du Dr. Frederic Steiner, in: Les Juifs en Europe (1939-1945), Paris 1949.

[64] Československá statistika 98/6, S. 105 f.

[65] Vgl. den nächsten Abschnitt dieser Arbeit über Tschechoslowakische Juden in Ungarn.

[66] Die Bemühungen um Auswanderung führten bei den slowakischen Juden zu keinen bedeutenden Erfolgen, nicht zuletzt wegen der finanziellen Schwierigkeiten. Für die Zeit zwischen März 1939 und dem Jahresende 1941 gab die slowakische Judenzentrale an, daß 6194 slowakische Juden und 922 Flüchtlinge aus anderen Ländern das Land legal verlassen hätten. Vgl. Lipscher, Die Juden im Slowakischen Staat, S. 49 und 77 f.

[67] Keesings Archiv der Gegenwart, 2.1.1939.

[68] Statistické zprávy 1941, Nr. 6, Serie A.

Zwar übten die slowakischen radikal antisemitischen politischen Kreise großen Einfluß auf die Regierung des Landes aus, aber sie vermochten sich doch nicht ohne innenpolitische Auseinandersetzungen durchzusetzen. Die slowakische Politik gegen
die Juden ließ immer einen kleineren oder größeren Spielraum für ihre Kritiker und
die Bemühungen ihrer Opponenten frei, ebenso, wie im beschränkten Maße auch immer wieder zeitweilige Erleichterungen oder gar ein Entkommen einiger ihrer Opfer
möglich waren. Man könnte mit einigen guten Gründen sagen, daß die tragische Effizienz bei der großen Deportationswelle von 1942 bei näherer Betrachtung eigentlich
aus dem Rahmen der gesamten Judenverfolgung in der Slowakei fällt, wenn ihr nicht
rund drei Viertel aller damals in der Slowakei lebenden Juden zum Opfer gefallen wären.

Für die umfangreiche antijüdische Gesetzgebung der Slowakischen Republik, die in
ihrer Wirkung der nationalsozialistischen deutschen bis auf weitreichendere Möglichkeiten einer Befreiung vom „Jude-Sein" ähnelte, bildeten zwei Gesetze die Hauptstüt-
zen: Die Verordnung über die Rechtsstellung der Juden, der sogenannte Judenkodex
vom 9. September 1941[69], und das Verfassungsgesetz über die Aussiedlung von Juden
vom 15. März 1942.[70] Im ersten wurden in 270 Paragraphen die Bestimmungen der
bis dahin erlassenen antijüdischen Gesetze und Verordnungen zusammengefaßt, klassifiziert und weiter ausgebaut, während das zweite Gesetz mitten im Prozeß der großen Deportationen der slowakischen Juden nach Polen eine „legale" Möglichkeit
schaffen sollte, die Juden aus der Slowakischen Republik auszusiedeln. Anstelle einer
näheren Darstellung der Art und Weise, wie die slowakischen Juden aller ihrer bürgerlichen Rechte beraubt und aus dem gesellschaftlichen und wirtschaftlichen Leben
ähnlich wie in allen nationalsozialistisch beherrschten Ländern ausgestoßen wurden,
soll an dieser Stelle auf einige slowakische Eigenheiten in diesem Bereich eingegangen
werden.

Bis zum Erlaß des sogenannten Judenkodexes bezog sich die antijüdische Gesetzgebung der slowakischen Regierung auf die Juden als Angehörige einer Religionsgemeinschaft. Erst jenes Gesetz vom September 1941 führte das rassistische Prinzip ein,
was freilich angesichts der kleinen Zahl konfessionsloser Juden von keiner großen
praktischen Bedeutung war. Auch wenn die Politik der slowakischen Regierung nicht
primär vom kirchlich-religiösen Antisemitismus, sondern eher von nationalistisch-
wirtschaftlichen Vorstellungen her – etwa unter dem Schlagwort „Die Slowakei den
Slowaken" – motiviert war, schenkte man doch den getauften Juden immer wieder besondere Aufmerksamkeit.[71] Letztlich schützte zwar die Konversion nicht, aber sie
konnte hin und wieder das Leben gerettet haben.

Es galten in der Slowakei auch andere Möglichkeiten, sich wenigstens vorübergehend gegen die Judenverfolgung zu schützen. Im sogenannten Judenkodex hieß es im
Paragraph 255: „Der Präsident der Republik kann von den Bestimmungen dieser Verordnung befreien. Diese Befreiung kann eine vollständige oder teilweise sein und
kann an Bedingungen geknüpft werden." Diese Bestimmung wurde vom Präsidenten

---

[69] Slovenský zákonník 1941, S. 643.
[70] Slovenský zákonník 1942, S. 507.
[71] Am 31.12.1942 lebten in der Slowakischen Republik 3214 getaufte Juden. Vgl. Lipscher, Die Juden im Slowakischen Staat, S. 34, 120 u. a. Demgegenüber erscheinen die Angaben Reitlingers (The Final Solution, S.
386) viel zu hoch, wenn er die Zahl der getauften Juden mit 10 000 – 15 000 angibt.

Jozef Tiso in einer geheim gehaltenen Weise angewandt, und sie brachte im Jahre 1943 einen Schutz für 1111 Menschen, was ihrer Anwendung in rund 300 Fällen entspricht.[72] Weit größer war der Umfang der Schutzbestimmungen für sogenannte HZ-Personen (hospodarský Zid, d.h. wirtschaftlich benötigter Jude). Für das Jahresende 1943 wurde ihre Zahl mit 9687 angegeben.[73] Diese Menschen besaßen zahlreiche „Privilegien", wie etwa Besitz einer eigenen Wohnung, eines kleinen Einkommens oder aber, wenn man ganz ins Detail gehen will, sie durften einen etwas kleineren Judenstern tragen.

Ein relativ kleiner Teil der slowakischen Juden lebte zeitweilig in den Arbeitslagern innerhalb des slowakischen Staates. Schon Ende September 1939 wurden die ersten Arbeitslager als Konzentrationslager für Juden bestimmter Bezirke errichtet. Es waren kleinere Lager mit jeweils nur einigen hunderten von Insassen, die in manchen Fällen nach einem kurzen Aufenthalt in die großen Vernichtungslager in Polen deportiert wurden oder aber in anderen Fällen nach dem Ausbruch des slowakischen Aufstandes zu den Partisanen flüchteten und weiter in der Illegalität überleben konnten. Die bedeutendsten unter den slowakischen Arbeits- und Konzentrationslagern waren die im Jahre 1941 errichteten in Nováky, Sered und Vyhne.[74]

Diese Lager dienten offensichtlich dem Bemühen der slowakischen Regierung, „ihre Juden" im eigenen Land zu konzentrieren, von der Außenwelt zu isolieren und Möglichkeiten für die Gefangenen zu schaffen, den Lebensunterhalt selbst zu bestreiten und sich volkswirtschaftlich nützlich zu machen. Als Vorgänger dieser Lager können die schon zu Anfang des slowakischen Staates errichteten militärischen Arbeitskompanien gelten, in denen junge jüdische Arbeitskräfte zusammengefaßt wurden.[75] Rund 1000 Menschen konnten hier vor den Deportationen 1942 gerettet werden, aber Ende 1943 wurden diese Arbeitskompanien aufgelöst und ihre Angehörigen größtenteils in zivile Konzentrationslager eingewiesen. Die Erfahrungen mit diesen billigen und offensichtlich tüchtigen Arbeitskräften unterstützten sicherlich die Bemühungen der slowakischen Behörden, auch in den später errichteten und oben schon genannten größeren Arbeitslagern den bewährten Nutzen aus dem Potential der gefangenen Juden voll zur Geltung zu bringen. Jene drei Lager entwickelten sich in den Jahren 1942 – 1943 zu hochproduktiven Stätten handwerklicher Erzeugung,

---

[72] Die Angaben über die Zahl der Präsidenten-Schutzbriefe differieren stark. Die hier aufgeführte Zahl geht zurück auf die bestdokumentierte Arbeit von Lipscher, Die Juden im Slowakischen Staat, S. 138; demgegenüber stehen die Zahl von 9000, zitiert in Kulturný život 7.6.1968, und die Zahl von 35 000, zitiert in: Bohmann, Bevölkerung, S. 325. Diese letztgenannte Zahl wurde offensichtlich aus slowakischen Exilpublikationen übernommen, die den ehemaligen Präsidenten Tiso von seiner Verantwortung für die Vernichtung der slowakischen Juden freizusprechen bemüht sind, wie etwa: Milan S. Ďurica, Dr. Josep Tiso and the Jewish Problem in Slovakia, Padova 1964².

[73] Lipscher, Die Juden im Slowakischen Staat, S. 138; nahezu gleiche Zahlen gehen aus dem Bericht der deutschen Gesandtschaft in Preßburg vom 11.8.1944 hervor. Vgl. Eichmannprozeß, Dok. 903. Die Angabe von „einigen Zehntausenden" befreiter Juden aus dem Gutachten des Instituts für Zeitgeschichte erscheint zu hoch ebenso wie die an einer anderen Stelle genannte Zahl von 35 000. Vgl. Gutachten des Instituts für Zeitgeschichte, Bd. 2, S. 63, 66. Diese Angaben widersprechen übrigens denen aus einem anderen Gutachten, in dem es heißt: „Etwa 4000 der in der Slowakei verbliebenen 30 000 Juden fielen unter die Ausnahmebestimmungen dieses [des Aussiedlungs-Gesetzes]." Ebenda, S. 77.

[74] Für ein detailliertes Verzeichnis aller jüdischen Konzentrationslager in der Slowakei vgl.: Bubeníčková/Kubátová/Malá, Tábory utrpení a smrti, S. 157-167; vgl. auch Ivan Kamenec, Koncentračné a pracovné tábory pre rasovo prenásledovaných obcanov na Slovensku v rokoch 1938-1945, in: Terezínské listy 5 (1979), S. 12-25.

[75] Lipscher, Die Juden im Slowakischen Staat, S. 89 f.

die mit weit gefragten Waren hohe finanzielle Umsätze erwirtschaften konnten.[76]
Doch auch hier, in relativ lebenssicheren Bedingungen, bestand letztlich die Möglichkeit der Verschleppung in den Tod. Im Jahre 1944 wurden viele Häftlinge aus Arbeitslagern nach Polen, Deutschland und nach Theresienstadt deportiert. Insgesamt
sind durch die drei genannten Lager knapp 40 000 Menschen gegangen, von denen
rund 120 in den Lagern starben.[77]

Schließlich bot der slowakische Aufstand eine bedeutende Chance für die Juden in
der Slowakei, der nationalsozialistischen Vernichtung zu entkommen. Am 28. August
1944 beschloß die jüdische Untergrundbewegung des Lagers Nováky dessen Auflösung und Befreiung aller Internierten, und sie konnte auch tatsächlich gewaltfrei dessen Leitung übernehmen. Zwei Tage später schlossen sich auch die Insassen des Lagers Sered dem Aufstand an, und zur gleichen Zeit wurde das Lager Vyhne befreit; die
kampffähigen befreiten Gefangenen schlossen sich den aufständischen Truppen an.
Außer diesen größten und auch später in ihrer Beteiligung an den Kämpfen spektakulärsten jüdischen Gruppen wurden jedoch jüdische Teilnehmer bei 32 der 42 wichtigsten Partisaneneinheiten namentlich identifiziert. Insgesamt waren es 1566 Personen
jüdischer Herkunft, was einem Anteil von rund 10% an den gesamten kämpfenden
Partisanen entspricht.[78] Von diesen sind 269 während der Kampfhandlungen gefallen.
Für viele bedeutete der Aufstand nur eine vorübergehende Rettung, da die deutsche
Armee nach ihrer Machtübernahme in der Slowakei strikter als das frühere Regime
gegen die Juden vorging; doch gehörten die slowakischen Juden zu denjenigen, die
auf einen bedeutenden Beitrag zur Kriegsführung gegen das nationalsozialistische Regime verweisen können.[79]

Die Besonderheiten in der Lage der slowakischen Juden betrafen letztlich aber nur
einen kleinen Teil der slowakischen jüdischen Bevölkerung. Die meisten von ihnen
hatten ein mit ihren Leidensgenossen im Protektorat ähnliches Schicksal zu erdulden:
Entrechtung, Entwürdigung und letztlich die Deportation in den Tod.

Die Deportationen fanden in der Slowakischen Republik in zwei relativ kurzen, jedoch folgenschweren Wellen 1942 und 1944 statt. Am 3. März 1942 gab der Vorsitzende der slowakischen Regierung Vojtech Tuka bekannt, daß sich die Repräsentanten des Deutschen Reiches bereit erklärt hätten, alle slowakischen Juden zu übernehmen, woraufhin der Innenminister Alexander Mach einen ausführlichen Bericht zur
Durchführung der geplanten Deportationen vorlegte.[80] Mit erstaunlicher Effizienz
wurden die im übrigen schon im Februar zuvor eingeleiteten Maßnahmen zur Registrierung und Konzentration der jüdischen Bevölkerung in Kürze durchgeführt und
die notwendigen Transportmittel – die zu der Zeit anderweitig so dringend gebrauch-
ten Züge – bereitgestellt, so daß schon in der Nacht zum 26. März 1942 der erste Mas-

[76] Ebenda, S. 140–143.
[77] Die Angaben über Schicksale der Gefangenen sind in der Literatur bisher nur ungenau rekonstruiert worden, die Zahlenangaben differieren. Als zuverlässig dürften die hier zitierten und allein aus Primärquellen
geschöpften Angaben von Bubeníčková/Kubátová/Malá, Tábory utrpení a smrti, gelten, die die älteren Zahlenangaben korrigieren, vor allem die in: Catalogue of Camps and Prisons in Germany and German-occu-
pied Territories 1.9.1939 – 8.5.1945. Hrsg. von International Tracing Service. 3 Bde., Arolsen 1949-51.
[78] Lipscher, Die Juden im Slowakischen Staat, S. 168–176.
[79] Vgl. Livia Rothkirchen, Activities of the Jewish Underground in Slovakia, in: Yad Vashem Bulletin 8-9
(1961).
[80] Lipscher, Die Juden im Slowakischen Staat, S. 101.

sentransport slowakischer Juden das Land verlassen konnte. Das Nichtantreten zur Deportation wurde als Desertion klassifiziert, und die Betroffenen wurden als Verbrecher verfolgt. Ausgenommen wurden in der Regel die vor dem 10. September 1941 getauften, mit nichtjüdischen Personen verheirateten oder sich im Besitz der sogenannten Schutzbriefe befindlichen Juden – insgesamt bis zum Juni 1942 waren es 24 435 Personen.[81]

Die Deportationen des Jahres 1942 fanden in den Monaten März bis Juli, im September und am 20. Oktober statt.[82] Für die genaue statistische Erfassung der Zahlen ihrer Opfer fehlen die wichtigsten Quellen, nämlich die vollständigen Transportlisten, die bisher weder in der Tschechoslowakei noch außerhalb gefunden wurden. Es ist daher nur möglich, statistische Angaben aus verschiedenen Quellen miteinander zu vergleichen. Es ergab sich jedoch aus solchen Vergleichen, daß die von den jüdischen Autoren sowie die den nationalsozialistischen Dokumenten entnommenen Zahlen miteinander weitgehend übereinstimmen, so daß an der abgerundeten Zahl von 57 000 (bzw. an den genau ermittelten, jedoch unterschiedlichen Zahlen 57 837 und 56 691) keine grundsätzlichen Zweifel möglich sind.[83] Aus den erhaltenen Akten der slowakischen Eisenbahnverwaltung ergab sich weiterhin, daß in diesem Zeitraum aus der Slowakei 57 Transporte abgefertigt wurden. Davon gingen 19 nach Auschwitz und 38 nach Lublin. Die Gefangenen wurden dann jeweils in unterschiedliche Konzentrations- und Vernichtungslager verschickt.[84] Als Überlebende meldeten sich bei Kriegsende nur mehr knapp 300 Menschen.[85] Dies bedeutet, daß rund die Hälfte aller 1930 in der Slowakei lebenden Personen jüdischer Konfession oder aber rund zwei Drittel der dort 1940 als Juden bezeichneten Menschen durch die Deportationen des Jahres 1942 ihr Leben verloren haben.

Unter dem Einfluß der im Lande verbleibenden jüdischen Funktionäre, die versuchten, auch Unterstützung im Ausland zu mobilisieren sowie unter dem Druck mancher Teile der katholischen Hierarchie und Teile der slowakischen Politiker und Öffentlichkeit sah sich die Regierung zunehmend gezwungen, die Massendeportationen slowakischer Juden einzustellen. Seit dem Sommer 1942 fanden sie seltener statt, bis sie im Oktober ganz zum Stillstand kamen[86]; bis zum Ausbruch des Aufstandes 1944 verließen keine Massentransporte von Juden mehr die Slowakei. Nach den offiziellen Angaben lebten in dieser Zeit 18 648 Juden in der Slowakei, von denen knapp 16 000 im Besitz von Schutzbriefen verschiedener Art waren, während die restlichen

---

[81] Auf Grund leider nicht aufgeführter Daten wurde diese Zahl von Lipscher errechnet. Ebenda, S. 115.

[82] Nach diesem Tag bis zum Jahresende wurden noch 697 bzw. 854 Menschen deportiert. Vgl. Rothkirchen, The Destruction of Slovak Jewry, S. XXV.

[83] Gutachten des Instituts für Zeitgeschichte, Bd. 2, S. 76 und Lipscher, Die Juden im Slowakischen Staat, S. 121 vergleichen alle bekannten Zahlen; Kulka, The Annihilation, S. 327 zitiert aus einem Bericht des slowakischen Verkehrsministeriums vom 14.1.1943 die Zahl 57 752 Personen, die bis zum Ende 1942 transportiert wurden.

[84] Im einzelnen sind die Literaturhinweise zur Information über die weiteren Schicksale der nach Polen deportierten slowakischen Juden den hier zitierten Studien zu entnehmen, insbesondere Lipscher, Die Juden im Slowakischen Staat, S. 121; Rothkirchen, The Destruction of Slovak Jewry, S. XXVI; Gutachten des Instituts für Zeitgeschichte, Bd. 2, S. 79.

[85] Die einzige bekannte Zahlenangabe über die Überlebenden stammt von F. Steiner (Les Juifs en Europe, S. 219). Dort wird die Zahl von 284 Überlebenden der bis Juni 1942 52 000 Deportierten zitiert.

[86] Für die Zusammenfassung der Gründe vgl. Lipscher, Die Juden im Slowakischen Staat, S. 129–136.

sich in Konzentrations- und Arbeitslagern befanden.[87] Die Zeit der relativen Sicherheit und Entspannung für die im Lande verbleibenden Juden, wie sie das Jahr 1943 mit sich brachte, sollte jedoch nicht lange dauern. Als unmittelbare Folge der deutschen Besetzung im Sommer 1944 begannen die deutschen Sicherheitsorgane die slowakischen Juden zusammenzutreiben, ohne Rücksicht auf „Schutzbriefe" jeglicher Art. Auf diplomatischer Ebene bemühten sich die Deutschen gleichzeitig um die Wiederaufnahme der Massendeportationen. Tatsächlich wurden auch zwischen 30. September 1944 und März 1945 elf Transporte abgefertigt, mit denen rund 8000 Menschen nach Auschwitz, rund 2700 nach Sachsenhausen und rund 1600 nach Theresienstadt deportiert wurden.[88] Es darf angenommen werden, daß die Mehrheit dieser Opfer ihre Deportationen überlebte.[89]

Insgesamt sind rund 60 000 slowakische Juden als Opfer der antijüdischen Politik der Slowakischen Republik dokumentiert. Außer den Opfern der großen Massendeportationen vom Jahre 1942 gehören zu ihnen die nicht genau ermittelten Opfer der Verschleppung von 1944, die in der Slowakei selbst Hingerichteten und Umgekommenen und die Opfer der Kämpfe des slowakischen Aufstandes. Damit dürften die in der Literatur häufig genannten Schätzungen von 60 000 – 70 000 ermordeten Juden aus dem slowakischen Staat etwa zutreffen.[90] Diesen Relationen entspricht dann auch die Zahl von rund 20 000 überlebenden jüdischen Einwohnern der Slowakei.[91] Zutreffend sind die Zahlen also, jedoch weit von einer befriedigenden Genauigkeit entfernt. Die Frage, ob sich präzisere Angaben in der Zukunft werden machen lassen, kann ohne Recherchen in den tschechoslowakischen Archiven nicht beantwortet werden.

---

[87] Ebenda, S. 137. Die hier zitierte Zahl bezieht sich auf die Quelle: Výkaz početného stavu Židov na Slovensku k 1. junu 1943. Sie entspricht etwa der von Steiner angegebenen Zahl von rund 20 000 verbliebenen Juden, vgl. Steiner, Les Juifs en Europe, S. 220 ebenso wie der Angabe, daß rund 7000 Juden sich im Jahre 1942 durch eine Flucht nach Ungarn retteten. Dagegen geben die Autoren und Zeugen voneinander unterschiedliche, aber insgesamt höhere Schätzungen an, die in D. Eberts Gutachten und in Hilbergs Studie aufgeführt wurden: Gutachten des Instituts für Zeitgeschichte, Bd. 2, S. 76, Anm. 76; Raul Hilberg, The Destruction of the European Jews, Chicago 1961, S. 468. Die höheren Schätzungen der in der Slowakei verbliebenen Juden würden im Durchschnitt jener rund 7000 Menschen Rechnung tragen, die weder in den Zahlen der Deportierten noch der Geflüchteten noch in der bei Lipscher aufgeführten niedrigen Zahl von rund 18 000 der in der Slowakei Verbliebenen inbegriffen zu sein scheinen.

[88] In diesem Punkt differieren die Angaben in der Literatur voneinander. Sie stützen sich auf unterschiedliche Zeugenaussagen aus den Prozessen gegen die maßgebend verantwortlichen Beamten und geben Zahlen zwischen 9000 und 20 000 Deportierten an. Vgl. Reitlinger, The Final Solution, S. 493; Hilberg, Destruction, S. 473; Gutachten des Instituts für Zeitgeschichte, Bd. 2, S. 78; Rothkirchen, The Destruction of Slovak Jewry, S. XLVII; Lipscher, Die Juden im Slowakischen Staat, S. 179. Die meisten Schätzungen bewegen sich jedoch zwischen den Zahlen von 13 000 – 14 000 Deportierten, genaue Angaben mit Quellen bietet jedoch allein Lipscher mit seiner Zahl von 12 306 Personen.

[89] Steiner, Les Juifs en Europe, S. 220.

[90] Die hier verwendete Literatur gibt folgende Zahlen an: Gutachten des Instituts für Zeitgeschichte, Bd. 2, S. 78: 66 000 – 68 000; Rothkirchen, The Destruction of Slovak Jewry: 68 000 – 71 000; Hilberg, Destruction, S. 767: 60 000; Meyer, Czechoslovakia, S. 64 rechnet, daß von rund 70 000 Deportierten etwa 11 000 zurückgekehrt sind; Bohmann, Bevölkerung, S. 326: 67 000; Kulturný život, 7.6.1968: 70 000.

[91] Bohmann, Bevölkerung, S. 326; Meyer, Czechoslovakia, gibt die Zahl 21 000 an; Yeshayahu Jelinek geht von 28 000 im Juni 1946 in der Slowakei lebenden Opfern des Holocaust aus. Vgl. Yeshayahu Jelinek, The Jews in Slovakia: 1945-1949, in: The Jews of Czechoslovakia, Bd. 3, S. 531.

Tschechoslowakische Juden in Ungarn

Es ist nicht ganz richtig, daß über das Schicksal der Juden aus den an Ungarn abgetretenen tschechoslowakischen Gebieten keine Unterlagen bekannt wären[92], ebenso, wie es nicht gerechtfertigt ist zu sagen, daß es keine Spuren über die karpathoruthenischen Juden gibt.[93] Allerdings wissen wir nur sehr wenig über das Ende dieses größten Teils der tschechoslowakischen Judenschaft. Ihre Lebenswege lassen sich in der bisherigen Literatur nur in groben Zügen verfolgen.

Schon die Angaben über die Zahlen der Glaubensjuden in den an Ungarn abgetretenen Gebieten differieren. Sie bewegen sich zwischen 40 000[94] und 46 000[95] für die aus der ehemaligen Slowakei stammenden Personen oder aber zwischen 67 876[96] und 78 123[97] für die gesamten 1938 an Ungarn gefallenen tschechoslowakischen Gebiete – d.h. Teile der ehemaligen Slowakei und Karpathorußlands. Da im März 1939 das restliche Karpathorußland an Ungarn angeschlossen wurde, vereinfacht sich die Erfassung der betroffenen Bevölkerungszahlen. Denn nun gehörte die gesamte jüdische Bevölkerung Karpathorußlands zu Ungarn. Insgesamt lebten also in Ungarn zwischen 142 000[98] und 148 000[99] ehemalige tschechoslowakische Juden. Dem entspricht auch die an anderer Stelle dieses Bandes zitierte Angabe von 146 000 Personen jüdischer Konfession aus der Südslowakei und Karpathorußland, die aus der ungarischen Volkszählung 1941 hervorging.[100] Rechnet man zu diesen Zahlen noch jene 7000 slowakischen Juden hinzu, die als Flüchtlinge im Jahre 1942 nach Ungarn gekommen sein sollen[101], dann gewinnt man 150 000 als Mindestzahl jener tschechoslowakischen Juden, die der nationalsozialistischen Verfolgung in Ungarn zu begegnen hatten.[102]

Nach dem Anschluß an Ungarn wurden die slowakischen und karpathoruthenischen Juden zum Objekt der allgemeinen ungarischen antijüdischen Politik und Gesetzgebung. Allerdings war es bald abzusehen, daß ihre Situation noch schwieriger als die der anderen ungarischen Juden werden sollte. Die ungarische Regierung hatte es nämlich mit besonderer Bitterkeit hingenommen, daß sie mit einem vergrößerten Staatsgebiet eine so große neue jüdische Bevölkerung annehmen mußte. So wurde etwa die ungarische Staatsangehörigkeit allen karpathoruthenischen Juden aberkannt, die nicht einen Familienwohnort in Ungarn schon vor 1850 nachweisen konnten.[103]

---

[92] Reitlinger, The Final Solution, S. 562; Gutachten des Instituts für Zeitgeschichte, Bd. 2, S. 78.

[93] Rheinischer Merkur, 22.6.1979.

[94] Gutachten des Instituts für Zeitgeschichte, Bd. 2, S. 752, gestützt auf Reitlinger, The Final Solution, S. 562.

[95] Lipscher, Die Juden im Slowakischen Staat, S. 17.

[96] Ernö László, Hungarian Jewry: A Demographic Review 1818–1945, in: Hungarian Jewish Studies, New York 1969, S. 137–182.

[97] Meyer, Czechoslovakia, S. 60.

[98] Die Zahl der Glaubensjuden in Karpathorußland vom Jahre 1930 und die niedrigere Schätzung von 40 000 slowakischen Juden zusammengenommen.

[99] Die vorherige Zahl wurde hier um die 6000 aus der höher geschätzten Zahl der slowakischen Juden erweitert. Diese Zahl entspricht auch der Angabe von László (Hungarian Jewry, S. 163) mit 145 963.

[100] L. Varga, S. 338 in diesem Band.

[101] Lipscher, Die Juden im Slowakischen Staat, S. 152.

[102] Die Zahl derjenigen, die sich durch Flucht und Auswanderung retten konnten, war sehr klein und wird hier vernachlässigt. Vgl. Livia Rothkirchen, Deep-Rooted yet Alien: Some Aspects of the History of the Jews in Subcarpathian Ruthenia, in: Yad Vashem Studies 12 (1977), S. 172 ff.

[103] Ebenda, S. 167 f.

Diese scheinbar nur administrative Maßnahme brachte bald schwerwiegende Folgen mit sich. Im Juli und August 1941 deportierten die ungarischen Behörden rund 18 000 staatenlose Juden[104] nach Galizien, wo sie bei Kamenetz Podolsk von deutschen SS-Einheiten ermordet wurden.[105] Unter diesen Opfern befanden sich Juden aus Siebenbürgen, Polen und anderen deutsch besetzten Ländern, in der Mehrheit stammten sie jedoch aus Karpathorußland.

Das war ein erster massiver Schlag gegen die ehemaligen tschechoslowakischen Juden in Ungarn, und es sah zunächst so aus, als sollte es dabei bleiben. In den Jahren 1942 – 1944 lebten die ehemaligen Bürger der Tschechoslowakei unter ähnlichen Bedingungen wie die ungarischen Juden, während sich die Regierung darum bemühte, die ausländische öffentliche Meinung unter dem Eindruck zu halten, als sei ihr Land eine Friedensoase für die geplagte jüdische Bevölkerung Europas. Gerade in diesen Jahren fanden jene schon genannten 7000 slowakischen Juden Zuflucht in Ungarn und entkamen damit zunächst den Massendeportationen in den Tod.[106] Doch hinter dieser Kulisse war die ungarische Regierung nach wie vor bemüht, ihre „neu erworbenen" Juden aus Karpathorußland und Siebenbürgen durch Verhandlungen über Deportationen wieder loszuwerden.[107]

Auch wenn es bis zur deutschen Besetzung Ungarns zu einer solchen Aussiedlungsaktion nicht mehr kam, waren es doch die karpathoruthenischen Juden, die die ersten Opfer der Massendeportationen der Juden aus Ungarn im Sommer 1944 wurden. In der ersten Aprilhälfte 1944 wurden rund 130 000 jüdische Bewohner der beiden Provinzen Felvidék und Kárpátalja in größeren Städten unter härtesten Bedingungen zusammengeführt und in sogenannten Ghettos konzentriert; in den folgenden Wochen wurden sie nach Auschwitz deportiert.[108] Die meisten dieser Opfer waren tschechoslowakische Juden, und wie viele von ihnen durch Zufall, Flucht oder aber in anderen Konzentrationslagern haben überleben können, wird sich nie mit befriedigender Genauigkeit feststellen lassen.

Die bisher veröffentlichten Schätzungen gehen von einer mindestens 80%igen Todesrate der karpathoruthenischen Juden aus.[109] Darüber hinaus sind Schätzungen bekannt, wonach nur rund 15 000 – 20 000 karpathoruthenische Juden überlebten.[110]

---

[104] Vgl. L. Varga, S. 340 in diesem Band.
[105] Rothkirchen, The Destruction of Slovak Jewry, Doc. No. 8.
[106] Livia Rothkirchen, Hungary – an Asylum for European Refugees, in: Yad Vashem Studies 7 (1968), S. 127–146.
[107] Randolph L. Braham, The Destruction of Hungarian Jewry. A Documentary Account, New York 1963, Dok. 74.
[108] Auch in offiziellen Angaben einer Untersuchungskommission für die Feststellung der Kriegsschäden in Karpathorußland vom Dezember 1945 wurde die Zahl von 112 500 deportierten Juden genannt. Vgl. Shliakom Zhovtnia: zbirnyk dokumentiv. 6 Bde., Uzhorod 1957-67; die Zahl von 130 000 setzt sich aus diesen sowie den slowakischen Juden zusammen und ergibt sich aus der detaillierten Darstellung in Randolph L. Braham, The Destruction of the Jews of Carpatho-Ruthenia, in: Hungarian-Jewish Studies, New York 1966, S. 223-235. Vgl. auch umfangreiche neuere Werke von Braham über die Schicksale der Juden in Ungarn.
[109] Reitlinger, The Final Solution, S. 493 gestützt auf: Eugene Lévai, Black Book on the Martyrdom of Hungarian Jewry, Wien 1948; László führt dagegen eine Reihe von Argumenten dafür auf, daß „undoubtedly, it was higher than 80 percent". Vgl. László, Hungarian Jewry, S. 181.
[110] Meyer, Czechoslovakia, S. 64 nimmt an, daß nur rund 15 000 der karpatho-ruthenischen Juden überlebten. Eine ähnliche Zahl wurde auch vom „Anglo-American Committee of Enquiry" angenommen, während diese Schätzungen später von Reitlinger als zu niedrig bezeichnet wurden. Reitlinger, The Final Solution, S. 493; Kulka (The Annihilation, S. 319) gibt die Zahl der Überlebenden mit 12 000 an.

Man weiß auch, daß nach dem Anschluß Karpathorußlands an die Sowjetunion im Jahre 1945 rund 5000 der dortigen überlebenden Juden für die tschechoslowakische Staatsbürgerschaft optiert haben.[111] Wie ungenau die bisher ermittelten statistischen Angaben über die Zahl der karpathoruthenischen Opfer auch immer sein mögen: Es ist jedenfalls sicher, daß infolge der nationalsozialistischen Vernichtungspolitik eines der einmal traditionsreichsten jüdischen Gebiete Europas in Karpathorußland seiner jüdischen Bewohner verlustig ging, daß eine der größten europäischen jüdischen Gemeinschaften restlos zerstört wurde.

Die Spuren jener schon erwähnten rund 45 000 ehemaligen slowakischen Juden in Ungarn sind keineswegs leichter zu rekonstruieren als die der karpathoruthenischen. Im wesentlichen hatten sie ein ähnliches Schicksal, schon allein dadurch, daß sie zu jenen beiden oben genannten administrativen Bereichen gehörten. Doch finden sich in der Literatur Hinweise darauf, daß es zumindest einem Teil der slowakischen Juden etwas besser ergangen sein mag, da sie im Durchschnitt etwas wohlhabender, gebildeter und mit den ungarischen sozialen und wirtschaftlichen Verhältnissen vertraut waren und daher bessere Chancen hatten, den Deportationen zu entkommen. Während die ungarische Literatur zwischen den slowakischen und karpathoruthenischen Juden nicht differenziert und die aufgeführte geschätzte Sterbequote von mindestens 80% sich auf beide Gruppen beziehen soll, schätzte Frederic Steiner in seinem bis heute zitierten Bericht vom Jahre 1947, daß von den 46 000 in Ungarn lebenden slowakischen Juden nicht mehr als 30 000 deportiert wurden, was eine höhere Zahl von Überlebenden annehmen läßt.[112] Doch geht aus allen bisherigen Ausführungen klar hervor, daß von den rund 150 000 tschechoslowakischen Juden, die nach 1938 auf ungarischem Territorium lebten, schätzungsweise zwischen 114 000 – 120 000 den Tod gefunden haben.

Bilanz

Insgesamt haben aus dem Gebiet der Tschechoslowakei in den Grenzen von 1937 rund 260 000 Menschen als Opfer der nationalsozialistischen Judenverfolgungspolitik ihr Leben verloren. Es ist erschreckend festzustellen, daß Zehntausende von ihnen dabei spurlos verschwunden sind, so daß wir uns heute mit statistischen Annäherungszahlen dort zufrieden geben müssen, wo es sich um Leben und Tod einzelner Menschen handelt. Doch beziehen sich unsere Unsicherheiten im Hinblick auf diese Zahlen ausschließlich auf Schätzungen über die Zahl jener 57 000 Opfer in der Slowakei hinaus, die unsere Dokumente ausweisen, und auf die Zahl der in der Sowjetunion nach 1945 lebenden karpathoruthenischen Juden. Die weiteren Unklarheiten, die sich aus dem Unterschied zwischen der als Ausgangspunkt angenommenen Zahl der Angehörigen der jüdischen Konfession in der Tschechoslowakei im Jahre 1930 und der geschätzten Zahl der jüdischen Bewohner der Tschechoslowakei aus dem Jahre 1945 ergeben, dürfen einerseits auf die Veränderung der Staatsgrenzen in der Zwischenzeit zurückgeführt werden, andererseits auf die unbekannten Zahlen der entweder vor

---

[111] Kulka, The Annihilation, S. 319.
[112] Steiner, Les Juifs en Europe, S. 220.

oder während der nationalsozialistischen Herrschaft illegal emigrierten Juden. In unseren Ausführungen wurden keinerlei Zahlen für die emigrierten Juden aus der Slowakei und Karpathorußland genannt, während die hier zitierte Zahl von rund 26 000 emigrierten Juden aus dem Protektorat nur die Zahl der nach dem 15. März 1939 legal Ausgewanderten angibt. Bei diesem Stand der Unkenntnis ist kaum zu entscheiden, ob jene rund 30 000 Juden, die sich aus dem Vergleich der Zahlen von 1930 und von 1945 ergeben und über deren Lebensumstände in diesem Zeitraum keinerlei Auskunft vorliegt, als emigriert angenommen werden sollen oder nicht.[113] Ganz sicher haben manche von ihnen ihre Rettung in der freien Welt gefunden; es ist aber auch mit Sicherheit anzunehmen, daß viele von ihnen vor Kriegsausbruch Zuflucht in Polen fanden und dort den Folgen des Krieges und der NS-Judenpolitik erlagen. Von ihnen sowie von den mit Sicherheit zahlreichen in die Sowjetunion geflüchteten tschechoslowakischen Juden sind viele allerdings auch Opfer der ambivalenten sowjetischen Politik gegenüber fremden Emigranten geworden. Für eine Schätzung jedoch, wieviele tschechoslowakische Juden in sowjetischen Arbeitslagern ihr Leben verloren haben, fehlen jegliche Unterlagen.[114] Es gibt nur Hinweise einzelner überlebender Zeugen. Demnach hat offenbar die Mehrheit von ihnen die Bedingungen dieser Zufluchtsorte nicht überlebt.

---

[113] Die Vermutung der Emigration stützt sich lediglich auf eine Angabe von 1944. Doch findet man dort keine weitere Präzisierung, etwa durch die Auskunft über die Aufenthaltsorte der aufgeführten 20 684 jüdischen Emigranten, die zwischen Oktober 1938 und Juli 1939 Böhmen und Mähren verlassen haben sollen. Vgl. Arieh Tartakower/Kurt R. Grossmann, The Jewish Refugees, New York 1944, S. 37.
[114] Die ausführlichen Auskünfte über die Schicksale der jüdischen Flüchtlinge in der Sowjetunion gibt Kulka, Židé v Ceskoslovenské Svobodově armádě.

Gesamtübersicht

	Personen insgesamt	Opfer	Überlebende
Tschechoslowakei	356830		
Protektorat 15.3.1939	118310		
deportiert	82309		
davon überlebt			11173
Opfer		71000	
Opfer der Verfolgung im Protektorat		7000	
Aus Illegalität und Gefängnissen befreit			848
Emigriert 1939-1941	26000		
Opfer insgesamt		78000	
Im Protektorat 1945	14000		
Slowakische Republik 15.12.1940	88951		
deportiert 1942	57000		
davon überlebt			300
Opfer		57000	
deportiert 1944	12600		
davon überlebt			„die Mehrheit"
sonst umgekommen (Gefängnisse, Illegalität, Partisanenkämpfe sowie die Opfer der Deportationen von 1944)		ca. 5000–10000	
Opfer insgesamt		ca. 65000	
Überlebende 1945	20000		
An Ungarn abgetretene Gebiete 1941	146000		
Aus der Slowakei geflüchtet 1942	7000		
deportiert	140000		
davon Opfer		114000–120000	
Tschechoslowakei in den Grenzen von 1937 Opfer		257000–263000	
Tschechoslowakei 1945 Überlebende			ca. 40000

Krista Zach

Rumänien

Rumänien beherbergte während der Zwischenkriegszeit unter den Ländern Südosteuropas die größte und auf dem Kontinent insgesamt die drittstärkste jüdische Gemeinde.[1] Der vorwiegend in der neueren rumänischen Historiographie erweckte Eindruck, Rumäniens Juden seien – da dem Holocaust nicht überantwortet – auch meist davongekommen, alle Verfolgungen und alle Opfer des Terrors seien nur rumänischen Randgruppen wie z. B. den Legionären (der von Codreanu gegründeten antisemitisch-nationalistischen und christlich-mystischen „Eisernen Garde") oder der deutschen Truppenpräsenz im Lande[2] zuzuschreiben, entspricht in dieser Form nur bekannte Quellen ignorierendem Wunschdenken, nicht aber der Realität. Verschiedene aus der Geschichte Rumäniens bekannte wirtschaftliche, politische wie strategische Gesichtspunkte, bukaresterseits auch ein gutes Maß an diplomatischem Kalkül bewirkten letztlich, daß kein Vertreter rumänischer Staatsmacht zwischen 1941 und

---

[1] Vgl. Raul Hilberg, The Destruction of the European Jews, New York 1985², 3 Bde., hier Bd. 2, S. 760. In Rumänien hatte sich die Zahl der Juden nach 1918 durch die Gebietserweiterungen gegenüber Altrumänien etwa verdreifacht (vgl. Tabellen 1 und 3), ihr Bevölkerungsanteil machte 1930 aber nur rund 4,3% aus. Dahingegen hatte Trianon-Ungarn mit rund 473 000 Juden (1941) im Vergleich zum Königreich Ungarn bis 1918 nurmehr etwa halbsoviele Juden, s. Rolf Fischer, Entwicklungsstufen des Antisemitismus in Ungarn 1867 – 1939, München 1988, S. 136.

[2] Die Tatsache einer deutschen Truppenpräsenz zwischen Oktober 1940 und August 1944, Stichwort „Heeresmission", wurde seit den vierziger Jahren propagandistisch verwertet. Sowohl in der Presse wie auch in der Fachliteratur ist stets daher vorwiegend in rumänischen Arbeiten bis heute zu lesen, Rumänien sei ein vom Dritten Reich besetztes Land gewesen. Das Problem wurde bereits von Andreas Hillgruber (Hitler, König Carol und Marschall Antonescu. Die rumänisch-deutschen Beziehungen 1938 bis 1944, Wiesbaden 1965², S. 131f.) dargestellt. Ein jüngerer Forscher aus Iaşi nahm diese Scheinproblematik kürzlich von neuem auf, um Rumäniens staatliche Souveränität in diesem Zeitabschnitt qualifiziert zu bestätigen. Vgl. Gheorghe Buzatu, Statutul internaţional al României între 1939 şi 1945, in: Ders., Din istoria secretă a celui de al doilea război mondial, Bucureşti 1988, S. 328–335: Trotz anderer Darstellungen in Presse und Teilen der Literatur sei Rumänien – anders als Albanien, Griechenland, Jugoslawien und ähnlich Ungarn (bis März 1944), Bulgarien, Finnland – kein besetztes Land gewesen, sondern vielmehr ein Vertragspartner, „ein Satellit" (S. 332) und Antonescu „kein Quisling". Da die Souveränität Rumäniens damals gar nicht in Frage gestanden habe, seien hierzu auch keine staatsvertraglichen Dokumente angefertigt worden (S. 328, 330). Auch Buzatu verweist u. a. auf deutsche Parteistellen, die zur Besatzungsthese neigten (vgl. u. a. eine Ausführung des SS-Gerichts vom 14.11.1943 über den Wehrdienst Volksdeutscher in der Waffen-SS, mit Hinweis auf völkerrechtliche Beweisnot und die dagegen gerichteten zahlreichen Schriftsätze aus dem AA, das wiederum bestrebt war, Rumänien als „Verbündeten" nicht zu irritieren: Reichsführer SS, Hauptamt SS-Gericht, Nr. 33, bes. S. 2 (in: PAAA Inland, Bd. II).
Die deutsche Heeresmission, die aus Ausbildungs- und später vermehrt auch aus Wachtruppen im Ölfördergebiet bestand sowie an der Ostgrenze Rumäniens deutsche operative Verbände stellte, denen bis August 1944 rumänische zur Seite standen, die während des Ostfeldzuges weiter nach Bessarabien und in die Ukraine vorrückten, galten als „deutsche Truppen" in Rumänien. Für die folgenden Ausführungen ist diese Klärung notwendig.

1943 eine nennenswerte Zahl von Juden aus dem eigenen Staatsgebiet[3] an die nationalsozialistischen Vernichtungslager lieferte. Und auch wenn es von deutscher Seite
Planungen dafür gegeben hat, konnte aus Rumänien kein direkter Zug in die Gaskammern abgefertigt werden.[4] Dennoch gab Rumänien während des Zweiten Weltkriegs jüdische Staatsbürger der Vernichtung preis. Unter dem zynischen Vorwand,

---

[3] Die Sachlage bedarf hier einer Einschränkung wie einer Erläuterung. Die Einschränkung bezieht sich auf im
Reichsgebiet 1942 lebende rumänische Juden unbestimmter aber geringer Zahl, die Außenminister Davidescu 1942 deutschem Verfahrenswillen überließ (S. IfZ, MA 1538/4). Diese Zusage wird Anfang 1943 lt. einer Vortragsnotiz des VLR Wagner für Ribbentrop vom 20.4.1943 wieder zurückgenommen; Rumänien
wünscht nunmehr die Rückkehr aller seiner auf Reichsgebiet befindlichen Juden. Dafür ist es jedoch, trotz
erteilter deutscher Zustimmung – das RSHA stoppt alle diesbezüglichen Deportationen nach dem Osten –,
zu spät (ADAP, Serie E, Bd. 5, Nr. 363, S. 661 f.).
Die Erläuterungen betreffen erstens die von der deutschen Einsatzgruppe D, Einsatzkommando 10 b der Sicherheitspolizei, auf rückerobertem Territorium in der Bukowina und in Bessarabien vorgenommenen Exekutionen im Juli 1941. Obgleich in beiden Gebieten keine Besatzungshoheit ausübten (vgl. dazu die Studie
von Hermann Weber, Die Bukowina im Zweiten Weltkrieg. Völkerrechtliche Aspekte der Lage der Bukowina im Spannungsfeld zwischen Rumänien, der Sowjetunion und Deutschland, Frankfurt a.M. 1972, S. 43,
45), operierten sie gemeinsam mit rumänischer Gendarmerie und Armee (ebenda, gemäß der Zusammenstellung von Tätigkeits- und Lageberichten sowie Ereignismeldungen von Juni bis August 1941 nach IMT-
und NG-Quellen, vgl. Hugo Gold, Geschichte der Juden in der Bukowina. Ein Sammelwerk. 2 Bde., Tel
Aviv 1958 und 1962, hier: Bd. 2, S. 70 ff.) während einer viertägigen ex-lex-Periode vom 6.–10.7.1941 im völkerrechtlich leeren Raum. Die Bukowina wurde ebenso wie Bessarabien am 10.7.41 wieder unter rumänische
Staatshoheit gestellt (Nbg. Dok. NO-4135; vgl. auch Martin Broszat, Das Dritte Reich und die rumänische
Judenpolitik, in: Gutachten des IfZ, München 1958, S. 102–183, hier: 143–152; Weber, Bukowina, S. 33-36).
Zweitens beziehen sich die Erläuterungen auf die Exekutionen rumänischer Juden in den Lagern und Ghettos Transnistriens sowie auf die Überstellung von Arbeitskräften aus dieser Gruppe an deutsche Lager östlich
des Bug.
[4] Die Forschungslage hinsichtlich einer von deutscher Seite geplanten Deportation der rumänischen Juden ist
noch sehr unzureichend. Den Quellen ist hierzu ein Alleingang des RSHA und seines übereifrigen „Judenberaters" in Bukarest seit Ende 1940, SS-HStF Gustav Richter, zu entnehmen, die bereits einen Zeitpunkt,
ein vorläufiges Lager und einen jüdischen Personenkreis zum Abtransport nach Polen anzugeben wußten.
Der SD teilte am 26. Juli 1942 Unterstaatssekretär Luther im Auswärtigen Amt mit: „Es ist vorgesehen, etwa
ab 10.9.1942 nunmehr auch Juden aus Rumänien in Sonderzügen nach dem Osten abzubefördern." Gemeint war, die Juden aus Binnenrumänien „in laufenden Transporten nach dem Distrikt Lublin zu verbrin-
gen, wo der arbeitsfähige Teil arbeitseinsatzmäßig eingesetzt wird, der Rest der Sonderbehandlung unterzogen werden soll". (Eichmannprozeß, Dok. 181 und 562.) Angesichts der letzten Deportationen nach Transnistrien von insgesamt 5397 Juden aus Bukarest und der Bukowina im Herbst 1942 tauchten deutscherseits
nochmals ähnliche Meldungen auf (IfZ, MA 1538/2). Übersehen wurde dort zunächst, daß die rumänische
Regierung keinem dieser Vernichtungskonzepte zugestimmt hatte, vgl. u. a. dazu Dementi des Deutschen
Gesandten in Bukarest, v. Killinger: „... Von einem Abschluß der Verhandlungen (mit Bukarest, d. Verf.) ist
gar keine Rede..." (Eichmannprozeß, Dok. 178). Nach vielfältigen Verzögerungsmanövern lehnte es die rumänische Seite schließlich ab, sich in das Judenvernichtungskonzept der Nationalsozialisten einbeziehen zu
lassen, vgl. IfZ, MA 1538/3 (20.1.43 und 17.11.43). Die Aufzeichnung eines Gesprächs zwischen v. Ribbentrop und Ministerpräsident Mihai Antonescu vom 5.8.1944 erklärt diese rumänische Entscheidung mit diplomatischen Erwägungen – Hinweise auf Kritik auswärtiger Botschafter und auf den angeblich antirumäni-
schen Akzent der Judendeportation aus Nordwestsiebenbürgen durch die ungarischen Behörden, vgl.
ADAP, Serie E, Bd. 8, Nr. 149, S. 278 ff.
Wie aus einem Brief Himmlers an den Chef der Gestapo, Heinrich Müller, hervorgeht, hatte man in Berlin
bereits Anfang 1943 bezüglich der Beteiligung Rumäniens an der „Endlösung" resigniert. Himmler schreibt:
„Betr.: Gefährdung der im Rahmen der europäischen Gesamtlösung geplanten Judenlösungsfragen in Rumänien... Ihren Bericht vom 1.1.1943 ... habe ich gelesen. In Rumänien ist im Augenblick meines Erachtens
gar nichts zu machen. Ich selbst neige zu der Ansicht, daß es besser wäre, wenn wir unseren Juden-Bearbei-
ter von dort zurückzögen... In den nächsten Monaten wird auf dem Judengebiet dort bestimmt nichts geschehen. Wenn wir einen Bearbeiter dort haben, kann es nur sein, daß wir mit irgendwas beschuldigt werden..." (IfZ, MA 1538/3; gleichfalls in: Karl M. Reinerth, Die Deutschen in Rumänien von 1941 bis 1945.
Teil III (Quellen) Typoskript o. O., o. J., S. 230).

sie schützen zu müssen, wurden wirtschaftlich und staatsbürgerlich entrechtete Juden zwangsweise umgesiedelt. In den vom Krieg teils schon zerstörten Steppenlandschaften der Ukraine zwischen Dnjestr und Bug, in den Ghettos und Lagern Transnistriens oder auf dem Transport dorthin starben viele aus Rumänien deportierte Juden. So wie deren Staatsbürgerschaft nach Überschreiten der Dnjestrgrenze, blieb der staatsrechtliche Status „Transnistriens" (in der Sowjetukraine) – erst damals so benannt – wohl absichtlich im Unklaren. Das Gebiet war im Juli 1941 von deutschen und rumänischen Truppen eingenommen worden und unterstand zwischen August 1941 und 1943/44 rumänischer Zivilverwaltung, da General Ion Antonescu, der rumänische Staatschef, die förmliche Annexion durch Bukarest nicht wünschte; Einzelheiten der Verwaltungszuständigkeit wurden zwischen Deutschen und Rumänen im Vertrag von Tighina (30. August 1941) geregelt; die Quellen belegen eine eher rudimentäre rumänische Verwaltung durch Polizeiorgane.[5]

Die Lage der Juden in Transnistrien, überwiegend aus den östlichen Teilen Rumäniens, zum geringen Teil auch aus Binnenrumänien deportiert, und der Juden anderer Nationalität, die teils in Ghettos, teils in Arbeits- und Konzentrationslagern leben mußten, war 1941/42 nicht weniger fatal, als die der KZ-Häftlinge im deutschen Herrschaftsgebiet. Entbehrungen, Krankheit, Seuchen, Mißhandlungen, Zwangsarbeit und willkürliche Exekutionen bildeten bis 1943 in Transnistrien den jüdischen Alltag. Kleinere und heftigere Terrorwellen, Arbeitsdienste, Lagerinternierung und häufig die bürgerliche, wirtschaftliche und politische Entrechtung prägten dagegen das jüdische Dasein im Binnenland. Neben den rumänischen und den deutschen Schergen waren auch Ukrainer und Sowjets für die Geschicke der Juden verantwortlich, entsprechend der politischen Situation in den Provinzen Transnistrien, Bessarabien und Bukowina, die zwischen 1940 und 1944 viermal die Verwaltung und die Staatszugehörigkeit wechselten.

Auch unter Rumäniens Juden gab es eine hohe Zahl von Opfern der Willkür. Neben den Folgen von Krieg und Deportation gingen sie ebenso auf nationalsozialistische Befehle wie auf antisemitische rumänische Ausschreitungen nationalistischer Gesinnungsgruppen zurück; auch sowjetische Mittäterschaft ist auszumachen. Aus den vorhandenen Quellen ist die Frage nach den tatsächlichen Verursachern der einzelnen Aktionen nicht immer genau zu klären. Der Genozid hat, gleichsam in einem exterritorialen Abseits, auch unter Rumäniens Juden stattgefunden, wennzwar vielfach in an-

---

[5] Am 19.8.1941 übernahm Rumänien vom deutschen OKW das Gebiet Transnistrien in seine Zivilverwaltung – mit einem Gouverneur, Polizei-, Gendarmerie- und Verwaltungskräften, ohne es jedoch zum rumänischen Hoheitsgebiet zu erklären. Hierin besteht der gravierende Unterschied zur staatsrechtlichen Lage gegenüber Bessarabien und der Bukowina. Deutscherseits bestand Hoffnung, Rumänien durch mögliche Gebietserwerbung von „Transnistrien" stärker an sich zu binden, vgl. Weber, Bukowina, S. 34ff., Antonescu blieb jedoch zurückhaltend. Im Gebiet der südlichen Ukraine teilten sich die deutschen und rumänischen Stäbe der Verwaltungs-, Wirtschafts- und Sicherheitsaufgaben; die Trennlinie zwischen beiden Bereichen bildete der Bug. Die Rumänen waren östlich des Bug bis zum Dnjestr zuständig, die Deutschen östlich des Flusses, was für die nach Transnistrien deportierten rumänischen Juden wichtig war. Das zwischen Brig.General Tătăreanu und GenMajor Hauffe am 30.8.1941 geschlossene Abkommen von Tighina sagte nichts aus über die Hoheitsrechte in der Südukraine (vgl. IfZ, MA 1538/4).

derer Form[6] als in Auschwitz und anderen Vernichtungsstätten. In seinen Erinnerungen nennt der rumänische Oberrabbiner Alexandru Şafran ihn treffend den „vergessenen Holocaust".

Dieser „vergessene Holocaust" betrifft insbesondere Vorfälle während des deutsch-rumänischen Aufmarsches gegen die Sowjetunion an und hinter der Pruthlinie. Erst am 3. Juli 1941, fast zwei Wochen nach dem Angriff auf die Sowjetunion, geriet hier die Ostfront in Bewegung. Die Aktionen gegen die Juden begannen mit dem Pogrom in Jassy/Iaşi vom 29. Juni und kulminierten schließlich im Oktober weit östlich dieser Linie in den Judenmassakern von Odessa.[7] In wenigen Wochen starben unzählige rumänische und ukrainische Juden, deren Leiden dokumentarisch kaum nachweisbar ist.

In der Zwischenkriegszeit lebten in allen Teilen Rumäniens Juden. Sie unterschieden sich in ihren kulturellen Eigenheiten wie Muttersprache/Verkehrssprache, Assimilationsgrad an die regionale Mehrheitsbevölkerung und Formen mosaischer Tradition (Orthodoxe, Neologen, Chassidim u. a.). In allen Regionen gab es sowohl sephardische wie (in der großen Überzahl) aschkenasische Juden. Das sprachliche Verhalten war und blieb vielgestaltig und wandelbar, die Gebildeten waren mehrsprachig.

---

[6] Auf diese quasi-Exterritorialität wurde schon in Anm. 3 (Einsatzgruppe D, Einsatzkommando 10 b/Ohlendorf) verwiesen. Das Einsatzkommando 10 b hatte Czernowitz am 6.7.1941 abends erreicht und am 10.7.1941 wieder verlassen; sein Operationsraum reichte von hier bis Odessa. In Czernowitz wurden Juden aufgrund von vorhandenen Listen und im Zusammenwirken mit rumänischen Armee- und Verwaltungsorganen verhaftet und liquidiert (vgl. Gold, Geschichte Bukowina, Bd. 2, S. 17). Entsprechend ist den erhaltenen Ereignismeldungen zu entnehmen: „... Am folgenden Tage (8.7.42) wurden ca. 100 jüdische Kommunisten vom Kommando erschossen. Zusammen mit den Judenhinrichtungen durch die rumänische Wehrmacht und Polizei sind insgesamt mehr als 500 Juden im Laufe des 8. und 9. d. M. erschossen worden." (vgl. Nbg. Dok. NOKW 587, vom 9. Juli 1941). Auch die Ereignismeldungen aus der Ukraine vom 1.8. und 29.8.1941 verweisen darauf: „In Czernowitz wurden von etwa 1200 festgenommenen Juden 682 im Zusammenwirken mit der rumänischen Polizei erschossen." (Nbg. Dok. NO-2950) Es folgte eine Zwischenbilanz: „In Czernowitz und bei Durchkämmen ostwärts Dnjestr weitere 3106 Juden und 34 Kommunisten liquidiert." (Nbg. Dok. NO-2837). Der rumänischen Seite wird vorgeworfen, daß „die rumänische Polizei ... nur stellenweise scharf gegen Juden" vorgehe. „Die Zahl der von ihr durchgeführten Liquidationen ist nicht festzustellen." (Nbg. Dok. NO-2950). Sie habe es nicht fertiggebracht, einen Pogrom anzustiften und die Feindschaft der Rumänen in der Provinz gegen die Ukrainer ausschließlich auf die Juden umzulenken (Nbg. Dok. NO-4135).
In den wenigen Tagen des deutsch-rumänischen Vormarsches an der Pruthlinie, etwa vom 3.7.1941 bis zur Festigung der rumänischen Zivilverwaltung in der Bukowina und in Bessarabien nach dem 10.7.1941, ist eine unbekannte Zahl von Juden dieser Provinz ermordet worden. Eindeutige Aussagen über die Zahl können nen auch die bekannten Quellen nicht vermitteln, vgl. auch Hilberg, Destruction, Bd. 2, Tab. 8–20, S. 771; Bd. 3, Tab. B-1, S. 1219. Schätzungsweise kamen in der Folgezeit nicht mehr so viele deportierte Juden aus diesen beiden Gebieten ums Leben. Vgl. den Versuch einer Aufstellung über die Zahl der Opfer von Sabin Mănuilă und Wilhelm Filderman, Regional Development of the Jewish Population in Romania, Roma 1957, S. 8.
Die rumänische Literatur beruft sich ebenfalls mit staatsrechtlicher Scheinargumentation auf die Grenzziehungen vom August 1940: „Ausgenommen ganz vereinzelte und flüchtige Initiativen örtlicher Verwaltungsorgane wurden Rumäniens Juden nicht in Ghettos gestopft, mußten im allgemeinen nicht den anrüchigen ‚gelben Stern' tragen, ... haben die Schrecken der Vernichtungslager nicht kennengelernt, und das weder auf dem Landesterritorium, noch durch Deportation auf fremdes Gebiet." Vgl. Aurel Kareţki/Maria Covaci, Zile însîngerate la Iaşi (28 – 30 junie 1941), Bucureşti 1978, S. 20, Übersetzung d. Verf. Diese Darstellung wird dem komplexen Sachverhalt nicht gerecht.
[7] Vgl. den Beitrag über die Sowjetunion in diesem Band. Die rumänische Forschung übergeht dieses Judenmassaker, obgleich 24000 Opfer geschätzt wurden (vgl. Gold, Geschichte Bukowina, Bd. 2, S. 22); Hilberg (Destruction, Bd. 1, S. 306f.) nennt für Odessa und Umgebung mit Bezug auf deutsche und rumänische Schätzungen 25 – 30000 Opfer (Anm. 74).

Es scheint, als hätte sich die Mehrheit der Juden Rumäniens nach 1918 gegen einen jüdischen „Minoritäten-Status" ausgesprochen, und somit auch gegen dementsprechende politische Aktivitäten. Eindeutig belegen läßt sich diese Annahme nicht, da sich sowohl die Abgeordneten der jüdischen Verbände im Bukarester Parlament zwischen 1923 und 1933 auf den Minderheitenschutz beriefen wie auch einzelne Juden in zahlreichen Petitionen, die in den dreißiger Jahren dem Völkerbund vorgelegt wurden.[8] Es steht allenfalls fest, daß sich die Juden Rumäniens der jüdischen Kultusgemeinde zugehörig fühlten. Ihrer Herkunft aus verschiedenen Staats- und Kulturtraditionen gemäß blieben die regionalen Unterschiede bis zur Auflösung der jüdischen Gruppen während der Kriegs- und frühen Nachkriegszeit weitgehend bestehen und unter vielerlei Aspekten auch politisch bestimmend. „Die Juden" Rumäniens gab es nur in konfessionellem und statistischem Zusammenhang.

Alle regionalen Gruppen hatten ihre eigenen politischen Verbände; deren Dachorganisation, der *Verband der Juden Rumäniens* (Uniunea Evreilor din România, aktiv von 1919, bzw. 1923 bis 1941), war lose gefügt und diente hauptsächlich der Vertretung nach außen – also gegenüber Bukarest wie der Kontaktaufnahme mit ausländischen Gesandtschaften, dem Völkerbund in Genf und den internationalen jüdischen Organisationen. Die innerjüdische Kommunikation erscheint dagegen, wohl infolge unterschiedlicher Herkunft und Tradition, schwerfällig.[9] Dem geringen Grad von Kommunikation der jüdischen Regionalgruppen untereinander entsprach das unterschiedliche Verhalten der Bukarester Politik, gestuft nach Regionen. Besonders deutlich kam das 1940 und 1941 angesichts der antisemitischen Maßnahmen zum Ausdruck, doch hatte es im Osten und Nordwesten Rumäniens auch während der dreißiger Jahre schon Beispiele dafür gegeben.

Die Entscheidungen Bukarests bezüglich der Juden waren durch historisch bedingte, ideologische und wirtschaftliche Überlegungen zwar beeinflußt, insgesamt aber doch ein Amalgam aus unklaren oder gar nicht definierten Vorurteilen und handfesten wirtschaftlichen und außenpolitischen Erwartungen. Diese Verkettung muß in die Betrachtung der Politik Rumäniens gegenüber den Juden einbezogen werden, will man monokausale Erklärungen vermeiden. Es erscheint wenig sinnvoll, darüber zu mutmaßen, ob König Carol II. im August 1940 die ersten Gesetze, die die Juden persönlich entrechteten und wirtschaftlich entscheidend zu schwächen versprachen, tatsächlich nur erlassen hatte, um den Territorialforderungen Ungarns, die Berlin unterstützte, zuvorzukommen und den Zweiten Wiener Schiedsspruch (30. August 1940) abzuwenden, oder ob sie allein aus der zunehmenden wirtschaftlichen Abhängigkeit

---

[8] Dies ist ein bezeichnendes Beispiel für die Schwierigkeiten, denen sich der Historiker bei vielen Fragen zur jüdischen Geschichte in Rumänien seit 1918 gegenübersieht. Weitgehend fehlt hier noch Primärforschung. Wortführer der Ablehnung einer jüdischerseits betriebenen Minderheitenpolitik gegenüber Bukarest war Dr. Mayer-Ebner in Czernowitz, der während der Zwischenkriegszeit die Zionisten gegenüber den eher assimilationsbereiten Juden in Bukarest um Dr. W. Filderman vertrat, vgl. Gold, Geschichte Bukowina, Bd. 2, S. 3; Encyclopaedia Judaica, Jerusalem 1971/1972, hier: Bd. 14, Sp. 396. In Siebenbürgen befürworteten die jüdischen Politiker eher Fildermans Linie einer gesamtjüdischen Minderheitenhaltung, vgl. ebenda, Bd. 15, Sp. 1344.

[9] Eine Gesamtdarstellung der Geschichte der Juden, deren Wohngebiete 1918 zu Rumänien kamen, fehlt. Vgl. daher ebenda, Bd. 14, Sp. 390–394, 396–398.

Rumäniens wie anderer Staaten Südosteuropas von Deutschland[10] zu begründen sind. Für König Carol II. gab es neben dem außenpolitischen Balanceakt sehr gewichtige innenpolitische Gründe, so daß die Anfang August 1940 in großer Aufmachung im Amtsblatt *Monitorul Oficial* erlassenen Judengesetze u. a. auch eine Art ultima ratio zur Bewahrung seines Thrones darstellten: Angesichts rumänischer Flüchtlingsströme aus Bessarabien und der Bukowina ins Binnenland und der lärmenden Forderung der Legionäre nach antijüdischen Aktionen mögen diese Augustgesetze eine Maßnahme zur Beruhigung der alarmierten, für nationalistische Parolen sehr empfänglichen Öffentlichkeit gewesen sein.[11] Es darf auch nicht übersehen werden, daß König Carol II. sich auf ein bereits vorhandenes Paradigma antijüdischer Gesetzesvorhaben aus der kurzen Regierungszeit des abgelösten Kabinetts Goga stützen konnte. Obgleich der damals aufgestellte Maßnahmenkatalog, der sich gegen Juden im Staatsdienst, in staatlichen Monopolbereichen (Tabak, Alkohol), in Theater, Film, Presse, gegen jüdische Anwälte, Ingenieure, Ärzte, Geschichtslehrer etc. richtete, eigentlich über das Planungsstadium noch nicht hinausgetreten war, hatte er in den Ostprovinzen bereits Anwendung gefunden. Allein in Czernowitz wurden 14 jüdische Zeitschriften und in Bessarabien alle jiddischen Blätter verboten.[12]

---

[10] Die Frage nach dem Ausmaß der Abhängigkeit Rumäniens vom Deutschen Reich ist in der westlichen Nachkriegsliteratur meist nur pauschal und undifferenziert erörtert worden. Außenpolitische Rahmenbedingungen angesichts der deutschen Dominanz in Südosteuropa seit 1939 standen im Vorfeld der Überlegungen. Diesen Fragen ist neben Andreas Hillgruber am gründlichsten bislang in mehreren Arbeiten Martin Broszat nachgegangen. Abgesehen von dem bereits zitierten Gutachten sind das: Faschismus und Kollaboration in Ostmitteleuropa zwischen den Weltkriegen, in: Vierteljahrshefte für Zeitgeschichte (VfZ) 3 (1966), S. 225–251 und Deutschland – Ungarn – Rumänien. Entwicklung und Grundfaktoren nationalsozialistischer Hegemonial- und Bündnispolitik 1938 – 1941, in: Historische Zeitschrift (HZ) 206 (1968), S. 45–96. Mit Bezug auf Werner Conzes grundlegende Studie, Strukturkrise des östlichen Mitteleuropa vor und nach 1919, in: VfZ 4 (1953), S. 518–538, formuliert Broszat die These von den „verspäteten Nationen" Ostmitteleuropas, bei denen sich in der Zwischenkriegszeit eine bestimmte Korrelation zwischen einer „Tendenz zu faschistischem Radikalismus und Irrationalismus" gepaart mit einer „Kollaborationstendenz" entwickelt habe (vgl. Faschismus, S. 227). Viel weniger theorieverhaftet, datenreich und faktennah erscheint Broszats Überblick von 1968, in dem die Beziehungen Ungarns und Rumäniens von 1938 bis zum Beginn des Krieges im Osten untersucht werden; der „Satelliten"-Status dieser beiden Länder wird denen mit sehr eingeschränkter Souveränität wie die Slowakei oder Kroatien gegenübergestellt. Forschungslücken werden in ders., Deutschland (S. 46, 82-96) aufgezeigt.

[11] Der rumänische Text der beiden Gesetze in: V. Pantelimonescu, Statutul evreilor din România 1918 – 1941, Bucureşti 1941, S. 37–76. Die Stimmungslage in Bukarest hatte der britische Gesandte Hoare bereits am 14.4.1938 dem Foreign Office angezeigt, antijüdische Maßnahmen sollten dazu dienen, die rechtsextremen Gegner Carols II. bei der Eisernen Garde „zu zähmen" (s. PRO, FO 371/22349 – 106834, R 4061, f. 162; Hillgruber, Rumänisch-deutsche Beziehungen, S. 238; Armin Heinen, Die Legion 'Erzengel Michael' in Rumänien. Soziale Bewegung und politische Organisation. Ein Beitrag zum internationalen Faschismus, München 1986, S. 169 ff., 183–187).
Nach den enormen Gebietsverlusten im Sommer 1940 wurden die antisemitischen Gesetze auch propagandistisch wirksam zur Ablenkung einer irritierten Öffentlichkeit eingesetzt. Hillgruber untersuchte die Hintergründe der Augustgesetze zwar in etwas verkürzter Perspektive („aus außenpolitischen Gründen getroffen"), erkannte aber richtig ihren propagandistischen Aspekt (sie hätten „praktisch nicht viel Bedeutung" gehabt), vgl. S. 236. Obwohl die Ähnlichkeit mit den Nürnberger Gesetzen frappierend sei, habe Berlin, laut einer Mitteilung des ehemaligen deutschen Gesandten in Bukarest, Fabricius, diese Gesetze nicht veranlaßt (ebenda, S. 238). Es müßte noch untersucht werden, ob die Kontakte des späteren Generaldirektors für Judenfragen, Radu Lecca, zum Amt Rosenberg hier einen Weg weisen, vgl. auch Broszat, Gutachten, S. 107.

[12] League of Nations Archive (im folgenden: LNA) R 3943, 4/32402/13396: 30.4.1938, S. 5 ff. Am 14.4.1938 berichtete der britische Gesandte Hoare dem Foreign Office, Außenminister Petrescu-Comnène habe geäußert, man befürchte Terrorakte der Legionäre, falls die Regierung nicht antijüdische Maßnahmen anordnete (PRO, FO 371, 22349 – 106834, R 4061, f. 162). Am 10.8.1938 berichtet Farquar dem Foreign Office, Carol habe die politische Hypothek der antisemitischen Gesetzentwürfe der Regierung Goga zu tragen, obgleich sie mit seiner Politik der wirtschaftlichen Festigung insofern kollidiere, weil er dafür die Unterstützung der Juden benötige (ebenda, 22350 – 106834, R 7054, f. 156, 157).

Der Versuch, monokausale Begründungen zu vermeiden, sollte auch auf einen zweiten, mit der Entrechtung der Juden zusammenhängenden Komplex angewandt werden, und zwar auf die Frage, ob der Vorwurf der Bolschewisierung und Spionage, der öffentlich gegen die Juden der beiden Landesteile Bessarabien und Bukowina in der Zwischenkriegszeit – vor, während und nach der sowjetischen Besetzung dieser Provinzen 1940/41 – erhoben wurde, mehr war, als nur propagandistischer Vorwand, um der rumänischen wie der internationalen Öffentlichkeit die harten, in Rumänien sonst unüblichen Maßnahmen des Staates gegen die Juden in den beiden östlichen Provinzen Bessarabien und Bukowina in den Jahren 1941 bis 1944 zu begründen. Denn die von den Sowjets vorgenommenen allgemeinen Enteignungsmaßnahmen wurden nur im Falle der Juden ab Juli 1941 nicht zurückgenommen, die Juden wurden weiter entrechtet und schließlich deportiert. Die spezifischen Zusammenhänge zwischen Enteignung, Entrechtung und Deportation nach Transnistrien sowie die Frage nach der Befürwortung der Auswanderung dieser jüdischen Gruppe durch rumänische Politiker bis hin zum ersten kommunistischen Premier, Petru Groza, müssen noch genauer erforscht werden.[13]

Der latente Antisemitismus war 1940 in Form von tätlichen Angriffen gegen die Juden zum Ausbruch gekommen. Schon seit 1919 jedoch machten fast alle politischen Gruppen damit Politik. Weder König Carol II. noch Petru Groza waren tatsächlich Antisemiten. Aber sie bedienten sich einer vorhandenen politisch-ideologischen Konjunktur, des Antisemitismus, wie das andere Regierungen schon in Altrumänien getan hatten.

Nach 1918 zeigten sich regionale Unterschiede in der Behandlung der Juden Rumäniens durch die Bukarester Politiker zunächst im Atmosphärischen. Sie entsprachen dem altrumänischen Komplex, die Juden – vor allem die aus den neuen Gebieten – seien assimilationsunwillige „Fremde", Menschen, die nicht „Rumänen" werden wollten. Diese Meinung hatte sich im 19. Jahrhundert angesichts Jiddisch sprechender, in ihrer Stetl-Kultur verharrender Ostjuden gebildet, die in kompakten Gruppen in der Moldau lebten; sie wurde nach 1918 auf die teilweise ähnlich strukturierten Gemeinden in Bessarabien und der Bukowina übertragen. Deutschsprachige Juden in Czernowitz und ungarischsprachige im Banat und in Siebenbürgen verstärkten diese diffuse Meinung. Der erwünschte Wandel zu rumänischsprachigen Juden war nur in den größeren Städten Altrumäniens erfolgt. Und nur diese Juden konnten offensichtlich von Bukarester Politikern als Vollbürger akzeptiert werden. Von ihren Glaubensbrüdern aber wurden sie abschätzig als ‚Regatler' [„regat" (rum.) = Königreich Altrumänien] bezeichnet.

Ein zweiter gewichtiger Faktor für die Behandlung der Juden durch die Bukarester Politik war ihre wirtschaftliche Leistungskraft. Auch wenn die statistischen Angaben eher zu interpretatorischer Zurückhaltung mahnen und eine nach Minderheitengrup-

---

[13] Das war schon nach Erlaß der Judengesetze vom August 1938 so, wie G. G. Fitzmaurice dem Foreign Office am 30.9.1938 schrieb, vgl. PRO, FO 22351 – 106834, R 8181, f. 197, 198. Die antijüdischen Maßnahmen kamen erst nach dem Sturz Carols II., ab September 1940, verstärkt zur Anwendung. Vgl. Gold, Geschichte Bukowina, Bd. 2, S. 12 ff. und 16 ff. In einem Brief deutet Filderman gegenüber Staatschef Antonescu am 25.10.1941 an, daß in der Bukowina und in Bessarabien gegenüber anderen Landesteilen wie Altrumänien, Siebenbürgen und Banat mit zweierlei Maß gemessen, die Juden der zweitgenannten Provinzen „privilegiert" seien, NA 871.4016/254. Zu Groza vgl. NA RG 226, 121331 vom 2.4.1945.

pen getrennt aufgeschlüsselte Wirtschaftsstatistik in Rumänien nicht veröffentlicht wurde, beweisen viele Einzelaussagen die Bedeutung der Juden als Wirtschaftsfaktor; in den Verhandlungen des Verbandes der Juden Rumäniens über die Verschonung vor Deportation und Entrechtung spielt dieser Aspekt, wie Briefe des Präsidenten der Vereinigung Rumänischer Juden und Vorsitzenden der jüdischen Gemeinde Bukarests, Wilhelm Filderman an Regierungschef Antonescu andeuten, eine wesentliche Rolle. Die von den Juden Binnenrumäniens ab dem zweiten Halbjahr 1942 geleisteten Sonderabgaben und Steuern subventionierten den Krieg im Osten nicht unwesentlich.[14] Auch wurden staatlicherseits Möglichkeiten eingeräumt, sich durch die Zahlung einer entsprechenden Summe von Arbeitsdienst und von der Deportation freizukaufen oder eine Ausreisegenehmigung aus Rumänien zu erhalten. In Bessarabien und der Bukowina dagegen konnte der rumänische Staat bereits von den Sowjets enteignetes jüdisches Vermögen sofort übernehmen und die ehemaligen jüdischen Besitzer abschieben.

Die Literatur beschränkt sich im Falle Rumäniens im wesentlichen auf Erlebnis- und Erinnerungsberichte sowie auf knappe Übersichtsartikel; eine wissenschaftliche Bearbeitung, die Erschließung der zahlreich vorhandenen (westlichen) Archivquellen, hat noch nicht stattgefunden. Es fehlen sowohl Untersuchungen zur Geschichte der Juden in einzelnen Provinzen Großrumäniens wie eine monographische Gesamtstudie zur Judenproblematik während der Zwischenkriegszeit und vor allem im Zeitraum 1941/1945; damit steht Rumänien allerdings nicht allein.[15]

Die internationale Holocaustforschung konnte im Fall Rumänien fast ausschließlich auf juristische Gutachten zurückgreifen; quellengestützte Untersuchungen fehlten weitgehend. Sie beruhte also z. B. auf der Prämisse, Rumänien habe im fraglichen Zeitraum vollständig in der Abhängigkeit Deutschlands gestanden. Von Nischen für souveräne Entscheidungen Bukarests in außen- wie innenpolitischen Belangen zu sprechen war daher nicht opportun, denn Rumänien habe gar keine eigene Judenpolitik betreiben können. Gerade in dieser Frage ist historische Problematisierung erfor-

---

[14] Die Juden Bessarabiens und der Bukowina würden im Sinne einer Sippenhaftung mit Deportation bestraft, da kommunistische Agenten (andeutungsweise – sowjetische Juden) dort angeblich provoziert hätten. Dagegen protestiert Filderman, bezeichnet die Maßnahmen als wirtschaftlich unvernünftig und weist auf die von den Juden der übrigen Provinzen entrichteten Sondersteuern und Sonderabgaben hin, vgl. Hillgruber, Rumänisch-deutsche Beziehungen, S. 239, der diese Sonderleistungen als „Sühnemaßnahmen" bezeichnet. In den Berichten der Deutschen Gesandtschaft wird von „Ausnahms- und Wiedervereinigungssteuern" gesprochen, die ein Dekret vom Mai 1942 den Juden auferlegte (IfZ, MA 1538/4). Zu den Sonderabgaben vgl. ebenda.

[15] Für den Zeitraum bis 1918 liegt nur eine zwar weitgefächerte, aber polemisierende oder apologetische Literatur der „chestiunea evreiască" (rum. „Judenfrage") im 19. und frühen 20. Jahrhundert vor. Dies wird auch in einem gekürzt veröffentlichten Aufsatz neueren Datums über jüdische Kulturzeugnisse beklagt: Paul Petrescu, Istorie și simbolistică în arta populară a evreilor din România (S. 117–138), den der Verfasser freundlicherweise in voller Länge zur Verfügung stellte, vgl. bes. S. 117 f., 122.
Ähnlich äußert sich auch Lloyd A. Cohen, The Seeds of Romanian Anti-Semitism, der etwas ausführlicher auf das kontroverse Schrifttum zur Judenfrage in Rumänien besonders anhand von I. B. Brociner, Chestiunea Izraeliților români, București 1910, eingeht (Typoskript 1985, Boston College EERC, 31 S., bes. 12–17). In den bekannten Arbeiten über die Juden im Habsburgerreich sind die Informationen für die Regionen Siebenbürgen, Banat, Kreisch-Marmarosch bzw. Bukowina zu unspezifisch bzw. nicht nach Kleinregionen geordnet.
Ein Sammelband macht auf den insgesamt unbefriedigenden Bearbeitungszustand für das Judentum Galiziens, der Bukowina und angrenzender Gebiete in der Fachliteratur aufmerksam: Gotthold Rhode (Hrsg.), Juden in Ostmitteleuropa von der Emanzipation bis zum Ersten Weltkrieg, Marburg 1989, vgl. S. VIII f.

derlich. Hierzu ein typisches Beispiel: Während die teils unerbittlich klingenden Judengesetze Rumäniens in den vierziger Jahren in älterer westlicher Literatur meist schon als Gesetzesrealität betrachtet wurden, sind neuere Werke (z. B. Hilberg[2]) in ihrer Interpretation viel ausgewogener. Seit einigen Jahren beschäftigt sich auch die rumänische Fachliteratur vorsichtig mit dieser bislang verschwiegenen Thematik.

Sehr viel günstiger ist heute die Quellenlage für die Erforschung der Judenproblematik Rumäniens in der Zwischenkriegszeit und bis nach dem Zweiten Weltkrieg. Die westlichen Archive sind im wesentlichen frei zugänglich, was vor allem für die Zwischenkriegszeit Einblick in die internationale Dimension des Problems gestattet: Die westlichen Mächte, der Völkerbund und die internationalen jüdischen Organisationen waren sehr gut informiert und z. T. der Fülle von Klagen und Berichten aus Rumänien überdrüssig.

Der Zugang zu den Archiven in Rumänien ist beschränkt; nur in seltenen Fällen wurde Forschern aus westlichen Ländern bislang Einblick gewährt. Allein über rumänische Publikationen die Auszüge aus den Quellen zu zitieren, bietet eine indirekte, aber nicht nachprüfbare Möglichkeit, diese Archivbestände zu nutzen. Diese Studie stützt sich dahingegen auf zumeist unveröffentlichte Quellen aus dem Public Record Office (London), dem Völkerbundarchiv in Genf, den Akten des Auswärtigen Amtes einschließlich der Berichte seiner Wiener Pressestelle während des Zweiten Weltkriegs (aus dem Münchner Südost-Institut), den Beständen des Instituts für Zeitgeschichte in München und den National Archives in Washington.

Bis 1947 erschienen in Rumänien mehrere Publikationen, die Archiv- und statistisches Material zur Judenproblematik aufarbeiteten oder daraus zitierten. Das bekannteste ist das dreibändige Schwarzbuch von Matatias Carp, das in den Dokumentationen der United Restitution Organization (URO) vielfach verwertet wurde. Auch dieses Material ist als Quelle infolge verwehrten Zugangs zu Rumäniens Archiven noch nicht nachprüfbar. Da das Schwarzbuch in politischer Absicht geschrieben wurde, ist kritisches Benutzen angezeigt. Gleiches gilt für die verschiedenen Erlebnisberichte, die oft erst viele Jahre nach den Ereignissen verfaßt wurden, wenngleich diese Berichte für die Klärung mancher Detailfragen, zu denen die eigentlichen Quellen schweigen, hilfreich sein können, wie z. B. das von Hugo Gold über die Vorgänge in der Bukowina zusammengestellte Sammelwerk.

Die bisher noch lückenhafte Erforschung der Geschichte der Juden Großrumäniens ergibt eine unbefriedigende Ausgangsposition. Primärforschung fehlt für manche Abschnitte fast gänzlich – Beispiel sei hier eine Skizze jüdischer Geschichte in Binnenrumänien zwischen Herbst 1941 und Ende 1945; für andere Bereiche liegt nur eine stark emotionalisierte Darstellung vor – beispielsweise die grauenvolle Geschichte der Juden in dem an Ungarn abgetretenen Nordwestsiebenbürgen. Während über die Vorgänge in der Bukowina anläßlich der Deportation nach Transnistrien aus Erlebnisberichten viel Material verfügbar ist, fehlt es für Bessarabien, dessen Juden ein ähnliches Schicksal ereilte. Eine Untersuchung zur Zahl der jüdischen Opfer während des Zweiten Weltkriegs muß diese beträchtlichen Lücken in der Primärforschung zur Kenntnis nehmen, kann sie aber nicht zugleich auch überwinden.

Rechtsstatus und Wirtschaftspotential der Juden in der Zwischenkriegszeit

Die Behandlung der Staatsbürgerfrage der Juden Rumäniens im Zeitraum 1918/1924 sowie 1938/1941 durch Bukarester Politiker und Regierungen erinnert, ebenso wie die Mischung von legalistischen Spitzfindigkeiten und wirtschaftlichen Erwägungen, an die zirkulären Argumentationsmuster rund um die „jüdische Frage" im Altrumänien des 19. Jahrhunderts. Altrumänischen Politikern vom Schlage des Parteichefs der National-Liberalen, C. I. Brătianu, fiel es schwer, die von den Großmächten auf den Pariser Vorortkonferenzen 1919 geforderte Einbürgerung aller auf rumänischem Gebiet lebenden Juden durchzuführen. Das hatten die Siegermächte nämlich bei Gewährleistung der Territorialansprüche Bukarests zur Bedingung gemacht. Brătianu wußte die Forderung der jüdischen Verbände aller Provinzen Großrumäniens nach kollektiver Naturalisierung der Juden wie auch die darauf zielende ultimative Aufforderung Clemenceaus trickreich zu umgehen. Am 22. Mai 1919 wurde ein Dekret erlassen, das für die individuelle Einbürgerung der Juden durch einen Antrag an die örtlichen Magistrate komplizierte Bedingungen vorsah; am 9. Dezember 1919 wurde der internationale Minderheitenschutzvertrag in Rumänien bekanntgemacht, aber erst am 30. August 1920 durch die Regierung Vaida-Voevod unterzeichnet. Der entscheidende Artikel 7 dieses internationalen Dokuments wurde in die neue rumänische Verfassung 1923 nicht eingebracht. Hier wurde in Artikel 5 lediglich pauschal die Gleichstellung aller Staatsbürger, ohne Unterschied ihrer Geburt, Sprache oder Religion festgeschrieben. Schon nach einem Jahr kam im *Monitorul Oficial* (23. Februar 1924) ein Bündel neuer Staatsbürgerschaftsbestimmungen für Juden heraus, das Fristen und Stufungen für eine tatsächliche Einbürgerung vorschrieb und etwa einem Fünftel der in Rumänien bereits naturalisierten Juden die Staatsbürgerschaft wieder entzog.[16]

Zu den Hintergründen gehört einerseits die Tatsache, daß nach der Revolution im benachbarten Rußland vor allem in den östlichen Landesteilen viele jüdische Flüchtlinge in das Land geströmt waren. So wurden bereits 1919/1920 in der Bukowina etwa 40 000 Juden nicht eingebürgert.[17] Fluktuation von Juden in beiden Richtungen an Rumäniens nordöstlichen Grenzen hatte es wirtschaftsbedingt zumindest seit dem 18. Jahrhundert gegeben.[18] Altrumänien hatte darauf insofern positiv reagiert, als es religiöse Toleranz walten ließ und die Wanderungsbewegungen der Juden durch Wirtschaftserlasse zu regeln versuchte, ihnen jedoch nach dem Wegfall der Privilegien und Schutzbestimmungen für „ausländische Residenten" im 19. Jahrhundert nur den min-

---

[16] Enc. Jud., Bd. 14, Sp. 390, 395; Gold, Geschichte Bukowina, Bd. 2, S. 3–6; PRO, FO 371 – 7701 – 106904, C 4083 (Dering am 11.2.1922) f. 59.

[17] Enc. Jud., Bd. 14, Sp. 394. 1924 sollen in Großrumänien etwa 150 000 Juden wieder staatenlos gewesen sein.

[18] Cohen, Seeds, S. 6 f.; Enc. Jud., Bd. 4, Sp. 1477; Jüdisches Lexikon in 4 Bänden, Berlin (1930), Bd. 1, Sp. 1223 ff. Für die Geschichte der Juden Rumäniens wurde eine Quellenedition in rumänischer Sprache begonnen, in der verstreut liegende Texte vom 14. Jahrhundert bis 1750 erstmals zusammengeführt sind: Victor Eskenasy/Mihail Spielmann (Hrsg.), Izvoare și mărturii referitoare la evrei din România. 2 Bde., București 1986 und 1988.

deren Rechtsstatus von „Fremden" oder „Untertanen" zubilligte.[19] Im Gegensatz zu jenen in Altrumänien, die vor 1918 nur vereinzelt volles Staatsbürgerrecht besaßen, waren die Juden der Habsburger Monarchie (also auch in der Bukowina, Siebenbürgen, dem Banat, der Marmarosch und dem Kreischgebiet) seit 1848 Vollbürger, die Juden Bessarabiens immerhin seit 1917.[20] Altrumänien hatte alle Bestimmungen internationaler Verträge zur Naturalisierung der Juden seit dem Artikel 44 der Akte des Berliner Kongresses als ‚Einmischung in innere Angelegenheiten' zu umgehen verstanden.[21]

Die Überprüfung der Bestimmungen zur Einbürgerung von Juden aus dem Jahr 1924 nahm am 21. Januar 1938[22] ein neuerliches Gesetz zur „Revision der Staatsbürgerschaft" wieder auf. Begründend wurde angeführt, in Rumänien lebten viele Juden, die sich die rumänische Staatsbürgerschaft erkauft oder erschlichen hätten.[23] In der rumänischen Presse zirkulierten damals überhöhte Angaben über die Zahl der Juden im Lande, und die Minderheitsregierung Goga-Cuza versuchte mit diesem Dekret, politisch mehr Rückhalt zu erlangen. Premier Goga hatte das plumpe Konzept bereits am 2. Januar 1938 in einer Regierungserklärung auch der internationalen Presse bekanntgegeben. Die nach 1918 den Juden erteilte Staatsbürgerschaft sei zu überprüfen: "... par centaines de milliers (l'élément sémite) a envahi la Roumanie où s'installait par désir de gain et grâce à la corruption et à la fraude."[24] Die Maßnahme löste, eher unerwartet, zahlreiche diplomatische und wirtschaftliche Aktionen aus. Der Verband der Juden Rumäniens richtete Petitionen an die internationalen jüdischen Organisationen, an Frankreich und Großbritannien; der Dreierausschuß beim Völkerbund beschäftigte sich mit der Judenfrage in Rumänien.[25] Die jüdische Wirtschaft ihrerseits traf in Rumänien Boykottmaßnahmen, die ihre Wirkung nicht verfehlten.[26]

Dieser erste Versuch einer Einbeziehung antisemitischer Elemente in die Innenpolitik scheiterte mit dem Fiasko der Regierung Goga-Cuza, die bereits im Februar 1938 durch einen königlichen Staatsstreich abgelöst wurde; die westlichen Schutzmächte Rumäniens und der Völkerbund sahen mangels konkreter Falldarstellungen von einer

---

[19] Cohen, Seeds, S. 11–14; Enc. Jud. Bd. 14, Sp. 387–393. Vgl. dazu eine erste gründliche Arbeit von Beate Welter, Die Judenpolitik der rumänischen Regierung 1866 – 1888, Frankfurt a. M. 1989.

[20] Enc. Jud., Bd. 14, Sp. 393; Bd. 4, Sp. 703 u. 1477; Bd. 15, Sp. 1342.

[21] Cohen, Seeds, S. 4 f.; Enc. Jud., Bd. 14, Sp. 389.

[22] Pantelimonescu, Statutul, Dekret-Gesetz Nr. 169 vom 21.1.1938 (MO Nr. 18 vom 22.1.1938), S. 16–27: Binnen 30 Tagen sollten alle Bürgermeister Listen sämtlicher in Nationalitätenregister eingetragenen Juden veröffentlichen (Art. 5) und diejenigen löschen, die erst nach den festgesetzten Stichtagen eingetragen worden waren.

[23] PRO, FO 371 – 22351 – 106834, R 10249, f. 287 und 96; LNA R 3943 – 4/32402/13396 (Petition Jarblum, 13.1.1938), S. 1-8, bes. S. 4 f.

[24] LNA, ebenda, S. 24, aus der programmatischen Rede Octavian Gogas, die am 2.1.1938 in der Zeitung „Universul" erschien.

[25] Das gesamte Paket an den Völkerbund umfaßt 4 Petitionen und ein Zusatzschreiben aus dem Zeitraum 13.1. – 12.2.1938. Inhaltlich sind diese Schriften identisch, das Material stammt offensichtlich von gut informierter Seite aus Rumänien. Die erste Klageschrift entsandte das Exekutivkomitee des Jüdischen Weltbundes (mit 5 langen Anhängen), dann folgten als Absender die Alliance israélite universelle, das Joint Foreign Committee of the Board of Deputies of British Jews und die Anglo-Jewish Association und (in gleicher Ausstattung wie die erste) eine Petition seitens des Comité pour la défence des droits des Israélites en Europe centrale et orientale (vgl. LNA, ebenda, S. 1).

[26] Enc. Jud., Bd. 14, Sp. 396.

offiziellen Démarche in Bukarest bzw. einem Völkerbundvotum ab.[27] Ähnliches
schien man zunächst auch von den Augustgesetzen Carols II. gehalten zu haben, die
Umsetzung in die Praxis erschien unwahrscheinlich. Doch nach dem Thronverzicht
des Königs, Anfang September 1940, kamen die Legionäre als Mitbeteiligte an der
Militärregierung Ion Antonescus an die Macht und damit sollte sich vieles ändern.
Nachdem schon am 9. Juli 1940 ein Dekret den Ausschluß der Juden aus den öffentlichen Ämtern bestimmt hatte[28], wurde nun auf die Augustgesetze, die den Rechtsstatus der Juden ins Wanken brachten[29], zurückgegriffen. Zahlreiche weitere Bestimmungen zur wirtschaftlichen Schwächung der Juden folgten.

Gegen das seit 1918 gepflegte Selbstverständnis Großrumäniens prallten im Sommer 1940 die Revisionsansprüche der Nachbarn, die vom Deutschen Reich diploma-
tisch unterstützt wurden: Dem Zweiten Wiener Schiedsspruch vom 30. August 1940,
der die Abtrennung Nordwestsiebenbürgens beinhaltete, war ein zweiter harter Schlag
vorausgegangen – die Sowjetunion hatte am 26. Juni 1940 ultimativ die Abtretung der
beiden Ostprovinzen Bessarabien und (Nord-) Bukowina gefordert und sich damit
durchgesetzt.

Als Ende Januar 1941 die Legionäre von der Regierung ausgeschlossen worden waren, bedeutete dies nicht das Ende antisemitischer Gesetzgebung in Rumänien; es
zeigte sich jedoch noch deutlicher, daß alle gegen Juden gerichteten Gesetze und
Maßnahmen regional unterschiedlich gehandhabt wurden. Im Osten des Landes
wurde eine härtere Gangart an den Tag gelegt und nach der Rückeroberung Bessarabiens und der nördlichen Bukowina wurden Sondergesetze mit regionaler Reichweite
erlassen. Dazu gehörten auch Erlasse gegen die Juden.[30] Ähnliches läßt sich im Bereich wirtschaftlicher Maßnahmen beobachten. Sie wurden als allgemeingültig verkündet, aber regional selektiv angewandt. Nachdem spätestens mit der Weltwirtschaftskrise die Modernisierungspolitik der National-Liberalen Partei gescheitert war –
ihr ideologisches Kennzeichen war das nationalrumänische „Durch-uns-selbst"[31] –
begann in Bukarest die Suche nach geeigneten Sündenböcken für fehlgelaufene oder
ausgebliebene wirtschaftliche Entwicklungen und verletzte nationale Gefühle. Die
Minderheiten im allgemeinen wurden dafür verantwortlich gemacht, die Juden unter
diesen wiederentdeckt; in Altrumänien waren sie die einzige große Minorität gewesen.

---

[27] LNA, ebenda, S. 1. Eine Vorlage des Foreign Office vom 2.5.1938 bestätigt, daß Dr. Filderman namens des
Verbandes der Juden Rumäniens die von ihm initiierten, gegen die antisemitischen Gesetzesvorschläge der
Regierung Goga gerichteten Petitionen auf Eis legen ließ, da sich die Lage unter der Königsdiktatur ent-
spannt und die Großmächte erfolgreich in Bukarest interveniert hätten. (PRO, FO 371, 22349 – 106834, f.
173 r, v; ebenda, 22351 – 106834, f. 196, 198; ebenda, 22350 – 106834, f. 228 v.)

[28] Text bei Pantelimonescu, Statutul, S. 67 ff., Erläuterungen S. 69-76. Vgl. auch Hillgruber, Rumänisch-deutsche Beziehungen, S. 237, über die Anwendung dieser Dekret-Gesetze.

[29] Vgl. Anm. 11. Das neue Dekret-Gesetz bestimmte die „einheitliche und entschlossene Regelung der Judenfrage" und legte fest, wer Jude sei (Pantelimonescu, Statutul, S. 48 f.), schloß Juden vom Heeresdienst, von
freien Berufen und Bereichen der Öffentlichkeit aus (ebenda, S. 49-65).

[30] Einige dieser gegen Juden erlassenen Sondergesetze für die Bukowina sind bei Gold, Geschichte Bukowina,
Bd. 2, S. 49 ff., veröffentlicht. Besonders zu erwähnen sind die Verordnung über die „Öffentliche Ordnung
und Sicherheit" Nr. 1344 vom 30.7.1941 und die „Verordnung Nr. 23" betreffend das jüdische Gemein-
schaftsleben in den Ghettos und Lagern Transnistriens vom 11.11.1941.

[31] Vgl. eine Darstellung dieser Zusammenhänge bei Krista Zach, Agrarsozialer Wandel in Rumänien und Jugoslawien als Beispiel einer Modernisierung in Südosteuropa (1918–1980), in: Jahrbücher f. Gesch. Osteuropas 4 (1988), S. 504–529, hier 507–511.

Im benachbarten Ungarn hatte sich Ähnliches nach den Territorialverlusten und Prestigeeinbußen am Ende des Ersten Weltkriegs[32] ereignet.

In Rumänien, dessen Politik bis dahin keine aggressive Minderheitenfeindlichkeit gezeigt hatte, erschienen seit 1934 Gesetzesverordnungen und -dekrete zur Förderung der „Rumänisierung": Ein *numerus valachicus* sollte nunmehr bei der Zulassung zum Hochschulstudium, für Staatsämter und in wichtigen Industriebetrieben angewandt werden, wurde aber – wie meist in diesem Lande – auch geschickt umgangen.[33] Diese Verordnungen galten in den dreißiger Jahren für alle Minderheiten Rumäniens, sie trafen aber bereits damals schon besonders die Juden. Im Zeitraum von 1940 bis 1944 befaßten sich die für „Rumänisierung" zuständigen Einrichtungen ausschließlich mit jüdischen Vermögensangelegenheiten.

Die Entstehung und Entwicklung dieser Institutionen für „Rumänisierung" können nicht aus einer ideologischen oder tagespolitisch bedingten Nachahmung faschistischer Vorbilder erklärt werden, wenngleich in den vierziger Jahren die bloßen Namen und vor allem die Zielgruppe der Juden das nahelegen. Auch hier bedarf es eines Rückblicks in die Geschichte der Juden Altrumäniens einerseits wie der Einbeziehung gesamtwirtschaftlicher Aspekte andererseits. Rumänisches Gedankengut des 19. Jahrhunderts – im übrigen ebenso auf Griechen angewandt – rezipierend, lautete die Kurzformel dafür in etwa folgendermaßen: Schon immer hätten die Juden eine nationale Entwicklung der Rumänen beeinträchtigt und die Entfaltung rumänischer Wirtschaftskraft behindert[34], für Rumäniens Wirtschaft seien sie jedoch unentbehrlich.[35] Das Paradoxe dieser Aussage bedarf keines weiteren Kommentars. Die Judenpolitik der vierziger Jahre wurde in Rumänien durch Widersprüche solcher Art geprägt. Antijüdische Vorurteile und unklare Rechtsnormen im Hinblick auf den staatsbürgerlichen Status der Juden kennzeichnen das Bild ebenso wie die wirtschaftlichen Freiräume, die ihnen der Staat fallweise gewährte, bzw. versperrte. Scheinbar waren also auch die beiden Bereiche Wirtschaft und Zivilrecht seit dem 19. Jahrhundert miteinander verquickt.

Die konzeptionelle Unsicherheit rumänischer Regierungen in der Judenfrage seit etwa 1860 wird dadurch unterstrichen, daß Gesetze und Erlasse in ihrer Wirksamkeit nicht überschätzt werden dürfen. Normierungen dienten oft allein außenpolitischer Absicherung; die Möglichkeiten der Umgehung oder Ausnahmeregelung waren in Rumänien immer schon vielfältig und erfolgversprechend gewesen. Deswegen genügt

---

[32] Vgl. Fischer, Entwicklungsstufen, S. 132 f.

[33] Vgl. z. B. den Bericht des britischen Konsuls Elphick in Klausenburg, PRO, FO 371–16818, C 8065 f. 209–211 (29.8.1933).

[34] Diese wiederkehrende Argumentation zieht sich zwar unbewiesen, aber doch als ideologisches Kontinuum durch die Geschichte der rumänisch-jüdischen Beziehungen seit mindestens der Mitte des 19. Jahrhunderts und führt als Urheber etwas mißverständlich Fürst Karl von Hohenzollern (den späteren König Karl I.) an. Vgl. Cohen, Seeds, S. 2 f. und neuerdings Welter, Judenpolitik. Selbst Carol II. spielte in einem Interview für den „Daily Herald" vom 10.1.1938 darauf an: „It cannot be denied that there is a strong anti-semitic feeling in the country. That is an old question in our history." (LNA, R 3943, 4/32402/13396, Annex II, S. 27). Ion Antonescu nimmt dieses Motiv in seinem Tagesbefehl vom 5.7.1941, nach dem Pogrom von Iaşi, wieder auf. Vgl. Archiv des Instituts für historische und politische Wissenschaften in Bukarest (Institutul de ştiinţe istorice şi politice, im folgenden: Arhiva Isisp), fond XXIV, dosar 331, f. 7. (Für die Quelle sei Larry Watts, Los Angeles, gedankt).

[35] Vgl. den Bericht Farquars an das Foreign Office vom 10.8.1938: PRO, FO 371, 22350 – 106834, R 7054, f. 158 f.

bei der Beschäftigung mit diesem Aspekt rumänischer Geschichte die positivistische Betrachtung normativer Bestimmungen durchaus nicht. Gerade in der Judenpolitik könnte sie zu Verzerrungen einer ohnehin komplexen Sachlage führen. Es wäre schließlich zu fragen, warum ein junger Nationalstaat wie Rumänien während der Zwischenkriegszeit versuchte, seine vielfältigen Probleme mit der Wirtschaftsentwicklung, Versorgung, technischen Modernisierung, mit der Ausbreitung des Nationalstaatsgedankens und seinen zahlreichen Minderheiten zu verlagern oder zu verdrängen, indem er sich zunehmend intensiver mit einer Minderheit im besonderen befaßte: mit den Juden, ihrer Gesamtzahl, ihrer Einbürgerung, ihrer Loyalität zum Staat etc. Diese Politik sollte darauf abzielen, einen Teil dieser Minderheit loszuwerden, sei es durch Ausbürgerung, durch erhoffte internationale Umsiedlungsaktionen[36], schließlich durch Deportation, wirtschaftliche Ausplünderung und Begünstigung der Auswanderung. Jedes dieser Konzepte wurde erprobt, der große Exodus der Juden aus Rumänien nach dem Zweiten Weltkrieg brachte schließlich den zweifelhaften „Erfolg".[37]

Bukarest verfolgte bezeichnenderweise seit der Weltwirtschaftskrise eine minderheitenfeindliche Politik, die zunehmend antijüdische Akzente erhielt. Kultureller und zivilrechtlicher Beschränkung folgte die wirtschaftliche Auspressung. Letztendlich führte diese Politik zur Abschiebung der ostrumänischen Juden nach Transnistrien, aber auch zur Verschonung der binnenländischen Juden aus finanziellen und seit 1942/43 aus außenpolitischen Erwägungen. Die politische Entwicklung hatte ab 1940 die antisemitische Zielrichtung verschärft. Aus einer rumänischen Judenpolitik, die bis dahin in einem internationalen, völkerrechtlich geschützten Rahmen verlaufen war, wurde – gefördert durch den vom Dritten Reich bestimmten Trend – eine regionale, innerrumänisch determinierte Judenpolitik mit verschiedenen Akzenten je nach Landesteil. Diese Regionalisierung verlief in drei Etappen – Sommer 1940, 1941 und 1942 – und mit unterschiedlichen inhaltlichen Aspekten.

Regionalisierungsaspekte in Rumäniens Judenpolitik

Hatten alle bis zu den Augustgesetzen Carols II. von rumänischen Regierungen ergriffenen antijüdischen Maßnahmen oder Gesetzesintentionen eine beträchtliche internationale Anteilnahme erfahren, mit der Folge, daß wenig vom Beabsichtigten in die Tat umgesetzt wurde, zeichnete sich nun eine Wende ab. Sie wird allgemein dem sich verstärkenden deutschen Einfluß auf Rumänien zugeschrieben. Aber der Umschwung

---

[36] In der offensichtlichen Zwangslage, in die die Judenpolitik Rumäniens im Jahre 1938 geraten war, trugen sich manche Politiker und auch König Carol II. mit dem Gedanken an eine internationale Regelung in Sachen Wohnstätte für staatenlos gewordene Juden aus Europa. Im Falle Rumäniens standen nicht nur die jüdischen Flüchtlinge aus der Sowjetunion zur Debatte (die 1917/1918 gekommen waren), sondern auch die aus Polen und dem Deutschen Reich sowie auf damals rumänischem Staatsgebiet ansässige Juden, die die Optionsfristen verpaßt hatten. Laut einem Bericht des *Verbandes der Juden Rumäniens* an den Völkerbund waren das 1938 zusammen nur einige Tausend (LNA, R 3943, 4/32402/13396, Annex I zur Petition des Jüdischen Weltbundes, S. 9 ff.). Die erhoffte amerikanische Hilfe für Umsiedlungsmaßnahmen und die Unterstützung durch internationale Fonds blieb aus.

[37] Vgl. genauere Angaben dazu in: Krista Zach, Die Juden Rumäniens zwischen Assimilation und Auswanderung. Eine Minorität im Verschwinden, in: Deutsche und ungarische Minderheiten im Donauraum, München 1991. (Im Druck.)

kam nicht allein dadurch zustande und ist ebensowenig dem Desinteresse der bisherigen Protektoren der jüdischen Menschenrechte in Rumänien – den Westmächten, dem Völkerbund (bis zu Rumäniens Austritt 1940), den internationalen jüdischen Verbänden – zuzuschreiben.[38] Die zunehmende Gefährdung der Juden Europas hatte Wirkungen auch auf die Handlungsweise des Verbandes der Juden Rumäniens und seines Präsidenten Dr. Filderman, der nun vermehrt auf Diskretion und Geheimabsprachen mit Regierungschef Antonescu setzte. Da die Quellen fast keine direkten Aussagen darüber hergeben, kann diese Umorientierung nur indirekt erschlossen werden. Die Bukarester Judenpolitik bestand in Absprachen über enorme wirtschaftliche und fiskalische Beiträge der Juden Rumäniens zum Kriegsaufkommen und in der damit erkauften weitreichenden physischen Verschonung der Juden vor antisemitischer Verfolgung.[39] Vielleicht blieben deswegen auch die Anstrengungen des Reichssicherheitshauptamtes (RSHA) und namentlich des „Judenberaters" in Bukarest, SS-Hauptsturmführer Gustav Richter, hinter der Fassade von Gesetzeswerken und Maßnahmenkatalogen stecken, ohne tatsächlichen Einfluß auf Antonescus Judenpolitik zu erlangen. Die wortreichen Berichte Richters, die er vom Zentralamt für Rumänisierung übernahm – es bestand seit dem 3. Mai 1941 und verwaltete das enteignete jüdische Vermögen –, können über seine tatsächliche Einflußlosigkeit nicht hinwegtäuschen.

Es ist erstaunlich, daß gerade die Augustgesetze zum Verbot der Mischehe (8. August 1940) sowie zur Definition und staatsbürgerlichen Einordnung der Juden Rumäniens (9. August 1940)[40] diese Wende markieren. Bukarest schien damit voll auf den in Berlin erwünschten Kurs in der Judenfrage einzuschwenken; man darf aber die Alibifunktion dieser Gesetze und die rumänische legalistische Praxis in der Judenfrage nicht übersehen. Die Augustgesetze gaben den nach außen vertretbaren und nach innen genügend dehnbaren Rahmen für die bereits skizzierte Politik; sie blieben von August 1940 bis August 1944 in Kraft. Auf diesem sehr brüchigen Boden konnte sich künftig die Judenpolitik bewegen. Sie sollte aber immer die nicht von den Nationalsozialisten diktierte Politik Rumäniens und im rumänischen Staatsinteresse bleiben.

Die Grundlage der künftigen rumänischen Judenpolitik bildete das Gesetz vom 9. August 1940, daher sei der Inhalt in seinen staatsbürgerlichen Bestimmungen kurz erläutert. Die Juden Rumäniens wurden nach der Dauer ihrer Zugehörigkeit zu Rumänien und ihrem zivilen Status gegenüber Rumänien wie folgt eingeteilt: Die 1. Gruppe war am besten abgesichert, sie umfaßte die schon vor dem 30. Dezember 1918 in Altrumänien Eingebürgerten oder Frontkämpfer (mit ihren Nachkommen und Ehepartnern). Hier handelte es sich um etwa 10 000 Juden. Die 2. Gruppe umfaßte die sehr viel zahlreicheren Juden Altrumäniens, die am Stichtag kein volles Bürgerrecht besaßen. Die 3. Gruppe schloß alle anderen Juden ein, nämlich die der neuerworbenen Territorien Bukowina, Bessarabien, Siebenbürgen, Banat, Kreisch-Marmarosch sowie alle später als zum 30. Dezember 1918 Eingewanderten. Ihnen sollten in

---

[38] Vgl. Anm. 25.
[39] Da der fehlende Zugang zu rumänischen Archiven eine genauere Auflistung dieser Sondersteuern erschwert, kann nur auf die in Anm. 13 und 14 erwähnten Angaben zurückgegriffen werden. Angaben über sog. Wehrsteuern vgl. in Anm. 42.
[40] Zum Verbot der Mischehe, Dekret-Gesetz Nr. 2651, vgl. Pantelimonescu, Statutul, S. 67–76 (mit Kommentar) und NA 871.4016/240, S. 1–7.

der Folgezeit die meisten Lasten auferlegt und der geringste Schutz des Staates gewährt werden. Mit gewissen Modifizierungen kehrte Bukarest damit zu den Intentionen altrumänischer Judengesetzgebung zurück.

Es folgten eine Reihe weiterer Gesetze und Bestimmungen: Enteignung des ländlichen Grundbesitzes (4.10.1940), des Waldbesitzes (12.11.1940), der Schiffe (3.12.1940), des städtischen Grundbesitzes (27.3.1941), Berufsbeschränkungen in Presse, Film und Verleih, Entzug von Lizenzen für Gewerbetreibende und von Zulassungen für Anwälte, Ärzte, Hochschullehrer etc.[41] Wie sich zeigen sollte, konnten sich Vermögende von vielen Bestimmungen freikaufen. Das galt auch für den Militär- bzw. Arbeitsdienst. Ein Gesetz vom 4. Dezember 1940 schloß alle Juden aus der Armee aus und verpflichtete die Wehrdienstpflichtigen wie alle anderen tauglichen Männer zwischen 18 und 50 Jahren ersatzweise zum Arbeitsdienst.[42] Dazu wurde ein Jahr später ein Ausführungsgesetz erlassen[43], doch zeigen die am 27. Juni 1942 und am 14. September 1942 beim Großen Generalstab veröffentlichten Durchführungsbestimmungen, wie schwierig die organisatorische Umsetzung dieser Gesetze für die Verwaltung gewesen sein muß. Das Zentralamt für Rumänisierung war damit überfordert: „Dem Befehl des Herrn Marschalls Antonescu Nr. 5295 M vom 21.4.1942 gemäß erhielt der Große Generalstab die Aufgabe, die Arbeitsdienstpflicht der Juden zu organisieren, zu kontrollieren und zu überwachen. Die Aufgabe des Zentralamtes für die Rumänisierung beim Unterstaatssekretariat für Arbeit ist es, die personelle Seite der Rumänisierung durchzuführen, und zwar durch die stufenweise Entfernung und Ersetzung der Juden aus dem Wirtschaftsleben des Landes. Diese beiden Institutionen müssen zusammenarbeiten, damit die Einzelaktionen mit Blick auf das gemeinsame Ziel harmonisiert werden können."[44] Dieses Zitat macht den Unterschied zwischen Gesetzeserlaß und -wirklichkeit deutlich. Es gab zwar den Arbeitsdienst für Juden in Rumänien, aber keine umfassenden gesetzlichen Bestimmungen dafür. Primärforschung muß auch hierzu die Einzelheiten klären, einschließlich der Möglichkeiten der Befreiung vom Arbeitsdienst.[45]

---

[41] Broszat, Gutachten, S. 115 ff.; Hilberg, Destruction, Bd. 1, S. 488 ff.; NA (F. P. Hibbard am 23.8.1940) 871.4016/240.

[42] Der „militärische Status" der Juden Rumäniens wurde in dem Dekret-Gesetz Nr. 3984 (4.12.1940) in 15 Artikeln festgelegt; dem folgten in einem weiteren Dekret-Gesetz vom 20.1.1941 Bestimmungen über „Militärsteuern", d. h., die wehrpflichtigen Männer hatten, ebenso wie alle wehrfähigen Juden bis zum 50. Lebensjahr, sogenannte Wehrsteuern prozentual zum jeweiligen Steuersatz des einzelnen und nach der entsprechend festgesetzten Verhältnismäßigkeit an den Staat zu entrichten. Dazu sollte, nach entsprechender gesetzlicher Regelung, der Arbeitsdienst treten (Texte bei Pantelimonescu, Statutul, S. 161–177). Diese Bestimmungen wurden später zur Ersatzleistung der Juden für den „Heiligen Krieg" im Osten erklärt.

[43] Die „Allgemeinen Bestimmungen Nr. 55 500 vom 27.6.1942 bezüglich der Arbeitspflicht der Juden" nehmen auf das Dekret Nr. 2090 vom 14.7.1941 Bezug, vgl. Arhiva Isisp, fond XXIV, dosar 3312, S. 1. Diesen Allgemeinen Bestimmungen wurden am 14.9.1942 in einem Anhang A „Erläuterungen und Ergänzungen" in viel größerem Umfang angefügt, vgl. rumänischen Text (Drucksache) aus den Beständen der NA, RG 226 Records Office Strat. Serv. Aus diesen geht hervor, daß die Behörden vielschichtige organisatorische Schwierigkeiten bei der Durchführung des Arbeitsdienstes hatten; die Möglichkeit, eine finanzielle Ablösung der Arbeitspflicht zu schaffen, schien unvermeidlich.

[44] Aus „Erläuterungen und Ergänzungen", NA, ebenda, S. 5 (Übers. d. Verf.).

[45] Zahlreiche Hinweise auf diesen „Freikauf" sammelte G. Richter bei der Deutschen Gesandtschaft aus Presse und Ministerialquellen, offenbar aber auch aus eilfertig von Informanten gelieferten denunziatorischen Berichten, die die deutschen Regionalkonsulate (in Temeswar, Kronstadt, Czernowitz, Galaţi) erhielten. Aus der Zeit zwischen dem 9.8.1940 und dem 30.11.1941 wurden daraus umfassende Auflistungen „Antijüdische(r) Maßnahmen" zusammengestellt (IfZ, MA 1538/2). Mangels konkreter Daten folgten darauf 1942 und 1943 Klagen über die Nichtanwendung der antisemitischen Gesetzesbestimmungen. Ein als

Durch die zunehmende Enteignung jüdischer Vermögenswerte wurden dem Zentralamt für die Rumänisierung zwar beträchtliche Kapitalwerte[46] zugeführt; das know how jüdischer Gewerbetreibender und Industrieller ließ sich damit aber nicht einfach ersetzen. Die seinerzeit von der Regierung Goga-Cuza ausgegebene und begeistert in den Medien aufgegriffene Parole „Rumänien den Rumänen" war 1942 zwar gesetzlich verankert, damit aber nicht realisierbarer geworden. In seiner Regierungserklärung vom 6. September 1942 führte Mihai Antonescu unter der hochtrabenden Überschrift „Stolz und siegesgewiß" aus: „Um auch auf geschichtlichem Gebiet die Verteidigung unseres Volkes fortzuführen, hat Marschall Antonescu den rumänischen Besitz von der fremden Überwucherung befreit… Zur Rumänisierung des Wirtschaftslebens wurden Einschränkungsmaßnahmen gegenüber Juden und Ausländern und Unterstützungsmaßnahmen für das rumänische Element durchgeführt, indem Unternehmen und Vermögensbestimmungen von Juden und Ausländern kontrolliert werden. Bisher wurden 2000 Unternehmen unter Kontrolle gestellt."[47] Dieses Zitat und die genannten Vermögenswerte belegen aber, daß der Staat die Juden massiv zur Kasse gebeten hatte, ohne auf ihre Mitwirkung in der Wirtschaft verzichten zu können. Genauer beschreibt ein Bericht des Wirtschaftsamtes der Deutschen Volksgruppe vom September 1942 die Entwicklung: Während der kurzen legionären Regierungsbeteiligung 1940/41 waren „Arisierungs"-Maßnahmen durchgeführt worden; danach fand die Parole „Rumänien den Rumänen" in „Rumänisierungs"-Maßnahmen Niederschlag wie Schaffung eines Nationalen Rumänisierungszentrums (Dekret vom 4.3.1941) und eines Unterstaatssekretariats für Rumänisierung (Dekret vom 3.5.1941). Von „Arisierung" war keine Rede mehr.[48]

Die Zuspitzung der Lage im Jahre 1941 – Pogrome und Kriegsbeginn

In einer Atmosphäre öffentlicher Hetze gegen die Juden in der Rechtspresse und antijüdischer Gesetzgebung im National-Legionären Rumänien konnte das Judenmassa-

---

„Vertraulich" gekennzeichneter Brief des Deutschen Konsulats in Temeswar vom 10.3.1943 gibt darüber Aufschluß: „Trotz aller gegen sie /die Juden/ erlassenen, in der Praxis aber nicht durchgeführten Maßnahmen der rumänischen Regierung haben sie auch heute noch den größten Teil der wirtschaftlichen Schlüsselstellungen inne. Durch Bestechungen und andere unlautere Mittel ist es zum mindesten den Vermögenden unter ihnen gelungen, sich von jeder Arbeitsleistung und Kontrolle freizumachen… (Sie haben) Einfluß bei führenden rumänischen Persönlichkeiten gewonnen, von denen ohnedies mancher – nach formeller Übernahme ehemaliger jüdischer Unternehmungen – mit ihnen die gleichen finanziellen Interessen teilt. Die Juden haben es geschickt verstanden, die Rumänen von ihrer wirtschaftlichen Unentbehrlichkeit zu überzeugen…" (IfZ, MA 1538/3 und MA 1538/4).

[46] Die Summe von 2 016 482 959 Lei wird in Unterlagen der Deutschen Gesandtschaft erwähnt (IfZ, MA 1538/4 B IV-C1, Regierungserklärung, S. 3). Matatias Carp gibt als inoffizielle Schadensziffer Lei 70 687 849 734 an, Quelle ist die Zeitschrift Comerţ şi industrie (Oktober 1943). Diese Angaben sollen hier nur als Beispiel dienen (Matatias Carp, Cartea Neagră – Suferinţele Evreilor din România 1940–1944. 3 Bde., Bucureşti 1946 – 1948, hier Bd. 1, S. 21).

[47] IfZ, MA 1538/4, Regierungserklärung v. 6.9.1942, S. 3.

[48] Die Entfaltung des aus den zwanziger Jahren bekannten ideologischen Postulats, „Rumänien den Rumänen", dem die Regierung Goga einen spezifisch antijüdischen Akzent verlieh, vgl. z. B. NA 871.4016 Jews 87 (enclosure to dispatch 347 vom 14.1.1938), sollte hier nur skizziert werden. Zum Bericht der Volksgruppe vgl. Reinerth, Die Deutschen, S. 244 ff., der im Politischen Archiv unter Inland II D, Vorgang 62-15 zum 23.10.1942 aufbewahrt wird.

ker beim Putsch der Eisernen Garde Horia Simas vom Januar 1941 noch als bedauer-
licher Exzeß irregeleiteter Jugendlicher erscheinen. In Bukarest kam dabei eine unbestimmte Zahl – bis zu 700 – Juden um.[49] Die Judenmassaker großen Ausmaßes im
östlichen Landesgebiet aber, zu denen es zu Beginn des Ostfeldzuges kam, lösten im
Binnenland Schrecken und Proteste aus. Sie begannen mit dem Pogrom in Iaşi am 29.
Juni 1941, dem weitere Greuel und Morde an Juden folgten. Die Zahl der Opfer wird
zwischen 3233 und 10000 angegeben.[50] Danach kam es auf dem Vormarsch über die
Pruthlinie nach Bessarabien und der Bukowina durch das rumänische Heer, aber auch
durch Zivilpersonen, zu einer Reihe von Pogromen, denen nach vorsichtiger Schätzung wenigstens 50000 Juden zum Opfer fielen.[51] Nicht nur hochgestellte Persönlichkeiten und diplomatische Vertreter bekundeten gegenüber General Antonescu ihren Abscheu und Protest[52], er selbst verurteilte in einem Tagesbefehl vom 5. Juli 1941
die Vorfälle scharf und verlangte die Bestrafung der Täter: „Die vor einigen Tagen in
Iaşi vorgefallenen Ordnungswidrigkeiten haben Heer und Behörden in ein völlig un-
günstiges Licht gebracht. Es war eine Schande für die Armee, daß sie sich bei der Evakuierung Bessarabiens [August 1940] von den Juden beleidigen und angreifen ließ,
ohne darauf zu erwidern. / Viel größer ist aber die Schande, wenn Soldaten, nur um zu
plündern und zu mißhandeln, aus eigener Initiative die jüdische Bevölkerung angreifen und blindlings morden wie es vor einigen Tagen in Iaşi der Fall war. / Das jüdische Volk hat den Armen das Brot weggegessen, hat spekuliert und einige Jahrhunderte lang die Entwicklung des rumänischen Volkes verhindert. Es steht außer Diskussion, daß wir uns von dieser Plage des Rumänentums befreien müssen, aber allein
der Regierung steht das Recht zu, die notwendigen Maßnahmen zu ergreifen. / Diese
Maßnahmen werden bereits angewandt und nach von mir zu bestimmenden Normen
fortgesetzt. / Es ist nicht zulässig, daß sich jeder Bürger oder jeder Soldat anmaßt, das
jüdische Problem durch Plünderungen und Morde eigenhändig zu lösen."[53]
Das Klima für eine großräumige Verfolgung der Juden in Ostrumänien und den zu-
rückgewonnenen Provinzen Bessarabien und Nordbukowina war durch den Kriegsbeginn und die Judenverfolgung in ganz Mitteleuropa geprägt worden. Die Juden im
Osten Großrumäniens waren schon während der Zwischenkriegszeit als „Bolschewi-
sten" diffamiert worden, die von General Antonescu erwähnten Vorfälle beim Abzug
rumänischer und dem Einzug sowjetischer Truppen waren dann von der Presse –
auch was Czernowitz betraf – ausführlich dargestellt worden.[54] Der Krieg Rumäniens
gegen die Sowjetunion galt als „Heiliger Krieg", als Vergeltung erlittener Schmach
durch das Ultimatum Moskaus vom 26. Juni 1940 und zugleich als einzigartige Gelegenheit, die ethnisch wenig günstige Lage des Rumänentums in den beiden Provinzen

---

[49] Vgl. NA, 871.4016/265 (Gunther, vom 3.7.1941) nach Listen des Verbandes der Juden in Rumänien. Sowohl in Presse- wie Korrespondentenberichten war anfangs von höheren Zahlen der Opfer die Rede, wie
später auch bei Carp, Cartea Neagrǎ, Bd. 1, S. 25.
[50] Die Zahlen bei Kareţki/Covaci, Zile însîngerate, S. 104 f., der bislang einzigen Untersuchung über Einzel-
vorgänge, und Mǎnuilǎ/Filderman, Regional Development, S. 8 (geschätzt); Carp, Cartea Neagrǎ, Bd. 1, S.
26: 12000. Eine Untersuchung zum Pogrom von Jassy/Iaşi ist angekündigt in: Jean Ancel, The Jassy Syn-
drome (I), in: Romanian Jewish Studies 1 (1987), S. 33-49, hier S. 33 f.
[51] Mǎnuilǎ/Filderman, Regional Development, S. 8 – die dort genannte Zahl ist 49 419.
[52] IfZ, MA 1538/2 (Sommer 1942).
[53] Arhiva Isisp, fond XXIV, dosar 3311, S. 7 f.
[54] Kareţki/Covaci, Zile însîngerate, S. 29 f., 40 ff.; Gold, Geschichte Bukowina, Bd. 2, S. 14; Bericht der Wiener
Pressestelle des Auswärtigen Amtes vom 23.7.1940 (Informationsbericht 46, S. 2): SOI Z 3301 E.

durch die Vertreibung der Fremden – Juden und Ukrainer – dauerhaft zu „verbessern". So können Pläne in diese Richtung die von General Antonescu am 5. Juli 1941 erwähnten Regierungsmaßnahmen gewesen sein, zumal er am 8. Juli 1941 im Ministerrat gesagt haben soll: „Ich bin für die zwangsweise Umsiedlung des gesamten Judentums aus Bessarabien und der Bukowina, das über die Grenze geworfen werden muß. Ich bin auch für die zwangsweise Umsiedlung des Ukrainertums, das zu diesem Zeitpunkt hier nichts mehr zu suchen hat... In unserer Geschichte gibt es keinen günstigeren Moment hierfür."[55]

Im gleichen Sinn soll der Vizepremier Mihai Antonescu bereits am 3. Juli 1941 im Innenministerium erklärt haben: „Wir befinden uns im historisch günstigsten Augenblick ... für eine völlige ethnische Entfesselung, für eine nationale Revision und für die Reinigung unseres Volkes von allen seiner Seele fremden Elementen... Diese ethnische Reinigungsaktion wird in der Entfernung oder Isolierung aller Juden in Arbeitslagern und anderen Orten bestehen, von woher sie keine schlechten Einflüsse ausüben können, ebenso auch aller anderer Volksfremder, deren Einstellung zweifelhaft ist. Falls es notwendig sein sollte, ... können die örtlichen Verwaltungen der Provinzen auch Maßnahmen der zwangsweisen Umsiedlung des Judentums wie aller anderen Fremden anordnen, sie über die Landesgrenzen abschieben, da sie in Bessarabien und der Bukowina im Augenblick der dauerhaften Wiederherstellung der nationalen [rumänischen] Rechte dort nichts zu suchen haben."[56] Der Krieg im Osten Rumäniens begann dann mit der massenhaften Vertreibung und Verfolgung der Juden.

Die Kriegsjahre 1941–1944

Ausgehend vom Territorium Rumäniens in seinen Grenzen von 1939 ergeben sich seit Sommer 1941 regional unterschiedliche Maßnahmen gegen die Juden, anteilsmäßig unterschiedliche Zahlen der Opfer und vier verschiedene Verantwortungsträger dafür.

Im Gebiet des nordwestlichen Rumänien, in dem 1940 über 151 000 Juden lebten und das durch den Zweiten Wiener Schiedsspruch 1940 an Ungarn kam, blieb es zunächst ruhiger als in den neuen rumänischen Provinzen. 1944 aber wurden fast alle dort lebenden Juden nach Auschwitz deportiert, etwa 40 000 kamen in deutsche Arbeitslager. Die Zahl der Opfer beträgt über zwei Drittel aller dort beheimateten Juden.[57]

In den östlichen Provinzen – Bessarabien, der gesamten Bukowina (und z. T. in der Moldau) – wurden über die beschriebenen antijüdischen Gesetze hinaus schärfere Maßnahmen angewandt, wozu die Zivilgouverneure im Ministerrang und verantwortlich nur gegenüber Ion Antonescu auch Sonderbestimmungen erließen. Zu diesen Maßnahmen gehörten:

---

[55] Zitiert nach Carp, Cartea Neagrä, Bd. 3, S. 92 (Übersetzung d. Verf.).
[56] Ebenda, S. 91 (Übersetzung d. Verf.).
[57] Vgl. Aufstellung, Tabelle 4.

- die Übernahme der sowjetischen Vermögensenteignungen bei Juden,
- die Judenkennzeichnung durch den gelben Stern ab 30. Juli 1941 in der Bukowina,
- die Übertragung des Staatsbürgerschaftsgesetzes Carols II. (3. September 1941), durch das die Mehrheit der Juden Bessarabiens und der Bukowina praktisch ausgebürgert blieb,
- die Ghettoisierung (ab 8. Juli 1941) in Bessarabien und ab September in der Bukowina, zwecks Deportation nach Transnistrien (ab Oktober 1941).

Am 30. Juli 1941 erließ Zivilgouverneur Riosanu „im Interesse der öffentlichen Ordnung und Sicherheit" erste Sondervorschriften für die Bukowiner Juden, denen am 11. Oktober 1941 die Anweisung folgte, die Czernowitzer Juden im alten Judenviertel festzuhalten. Dann erließ sein Nachfolger C. Catolescu, ebenfalls am 11. Oktober 1941, ein „Règlement" für die Funktionsfähigkeit des damit entstandenen Czernowitzer Ghettos und Strafbestimmungen für alle Zuwiderhandelnden.[58] Bald ergaben sich für vermögende Juden Freikaufmöglichkeiten, z. B. durch die Bescheinigungen des Bürgermeisters der Stadt T. Popovici.[59]

Anfang Oktober hatten die rumänischen Behörden bereits mit dem Abtransport der Juden aus der Bukowina, von Norden nach Süden vorgehend, begonnen, die zumeist mit Güterzügen in die bessarabischen Durchgangslager Edineţ, Secureni und Mărculeşti gebracht und dann über die Dnjestrlinie nach Transnistrien abgeschoben wurden.[60] Nach langen, qualvollen Fußmärschen oder Zugfahrten, auf denen eine unbekannte Zahl von Juden starb, wurden sie schließlich auf über 100 Ortschaften in Transnistrien verteilt. Diese lagen vornehmlich in den beiden nördlichen Kreisen Mogilew-Podolski und Tulčin, in Dörfern und Kleinstädten, aus denen die einheimischen ukrainischen Juden bereits geflohen, von den deutschen Einsatzkommandos vertrieben oder ermordet worden waren. Der dritte Kreis, weiter südlich gelegen, war Golta.[61] Zuletzt wurden die über 50 000 in Czernowitz in das improvisierte Ghetto zusammengedrängten Juden ab dem 22. Oktober 1941 schubweise nach Transnistrien gebracht; nur 17 000 bis 20 000 Juden blieben – allerdings nicht mehr im Ghetto – in Czernowitz zurück.[62]

Über die Ereignisse in Bessarabien sind die Mitteilungen spärlicher. Hier begann die Zusammenlegung der nach Abzug der Sowjets in der Provinz noch verbliebenen Juden gleich zu Beginn des Vormarsches der deutschen und der rumänischen Armeen. Eine Sonderverordnung des neuen Gendarmerieinspekteurs von Kischinew, Meculescu, vom 8. Juli 1941 verfügte die Ghettoisierung, um später die Enteignung und Deportation der Juden Bessarabiens mit ländlichem Wohnsitz zu vereinfachen. Kišinev/Chişinău wurde zum größten jüdischen Ghetto, aus dem die Deportation nach Transnistrien am 10. Oktober 1941 begann.[63] Von der Deportation waren auch Juden

---

[58] Gold, Geschichte Bukowina, Bd. 2, S. 49 ff. (alle vier Verordnungen in deutscher Übersetzung).
[59] Ebenda, S. 62–69, „Mein Bekenntnis". Abdruck der Bescheinigungen, ebenda, S. 67.
[60] Ebenda, S. 14–18 und passim; Mănuilă/Filderman, Regional Development, S. 8 f.
[61] Hilberg, Destruction, Bd. 1, S. 374 f.; vgl. auch „Situaţia evreilor din Transnistria" aus Arhiva Isisp, fond XXIV, dosar 3311, S. 1–7 (77–83).
[62] Gold, Geschichte Bukowina, Bd. 2, S. 21 und passim; Mănuilă/Filderman, Regional Development, S. 8 f.
[63] Carp, Cartea Neagrǎ, Bd. 3, S. 92 ff.

dieser beiden Provinzen betroffen, die in Binnenrumänien arbeiteten[64], und schließlich die des moldauischen Kreises Dorohoi[65], in dem besonders viele Juden wohnten.

Nach übereinstimmenden Aussagen der Erlebnisberichte und amtlichen Quellen war diese Deportationsphase die schlimmste gewesen. Nach der schließlichen Verteilung der ostrumänischen Juden auf die kleineren und größeren Orte in Transnistrien begann man sich dort, trotz schwerer Arbeit gegen geringfügigen Lohn, trotz des zeitweiligen Fehlens jeglicher Versorgungsmöglichkeiten, trotz bis Ende 1942 andauernder willkürlicher Erschießungen[66], irgendwie einzurichten. Bald sollten – nach Abzug vielfacher Gebühren und Schmiergelder – auch Geld-, Kleider-, Medikamenten- und Verpflegungssendungen von den Juden aus dem rumänischen Binnenland nach Transnistrien möglich werden – die „Transnistrienhilfe", die die Beobachter der Deutschen Gesandtschaft in Bukarest mißbilligend, letztlich aber ohnmächtig, betrachteten.[67] Gleiches galt für die seit Herbst 1941 verstärkten Bemühungen, Juden aus Rumänien die Auswanderung zu ermöglichen. Im Jahre 1941 kümmerte sich zunächst die US-Gesandtschaft darum, danach bemühten sich das Rote Kreuz und die internationalen jüdischen Verbände.[68] Sie wurden vor allem nach der neuerlichen Befürwortung der Auswanderung der Juden, insbesondere der in Transnistrien, durch die Regierung Antonescu seit Ende 1942 wieder tätig.[69] Auch wenn es zu keiner größeren Emigration kommen konnte, weil kaum jemand an der Aufnahme jüdischer Flüchtlinge aus Rumänien interessiert war, fanden doch etliche den Weg nach Palästina oder nach Übersee.[70]

Schrittweise, beginnend bereits 1941 und 1942, entschloß sich die Regierung Antonescu, die Deportationen nach Transnistrien einzustellen. Eine letzte Gruppe kam im Oktober 1942. Etwa 5000 als politisch unzuverlässig geltende Juden aus Czernowitz und 2135 aus Binnenrumänien wurden in Lager wie Vapniarka und Ladyćin gebracht.[71] Die anfangs strengen Lebensbedingungen in den Ghettos und Lagern Transnistriens[72] waren inzwischen gelockert worden und die willkürlichen Erschießungen hatten aufgehört.[73] Aber erst mit dem Zusammenbruch der rumänischen Ostfront im Sommer 1944 kamen viele der Deportierten wieder in die Bukowina und andere zentral gelegene Teile Rumäniens zurück. Sogar die Nachkriegsstatistik von 1956 läßt das noch erkennen (vgl. Tabelle 3).

[64] Es wird mehrfach über 600 Bessarabier berichtet, die in Galaţi arbeiteten und die von dort nach Balţi deportiert wurden. Brief von W. Filderman an Marschall Antonescu v. 19.10.1941, NA 871.4016/287.

[65] Ebenda.

[66] Vgl. Anm. 61. Eine Besserung trat etwa Ende 1942 ein.

[67] Ebenda. Es wurde eine „Transnistrienhilfe" der binnenrumänischen Juden eingerichtet. Die Deutsche Gesandtschaft klagte bitter über Devisenschieberei und andere Gesetzeswidrigkeiten im Zusammenhang mit der Transnistrienhilfe, vgl. IfZ, MA 1538/3 und MA 1538/1.

[68] Gold, Geschichte Bukowina, Bd. 2, S. 19 f.; NA 871.4016/24, f. 1 f.

[69] Über das Internationale Rote Kreuz in Genf, die Jüdische Gemeinde dort, über das Joint Committee u. a. konnten Schiffe für den Transport rumänischer Juden über das Schwarze Meer angeheuert werden. Die Deutschen versuchten vergeblich, das zu verhindern, vgl. Eichmannprozeß, Dok. 571 (24.1.1942), ebenda, Dok. 574 (26.6.1942).

[70] NA 871.4016/281 vom 4.11.1941; Eichmannprozeß, Dok. 481 (29.2.1943); ebenda, Dok. 184 (9.3.1943).

[71] Gold, Geschichte Bukowina, Bd. 2, S. 21 f., 25.

[72] Ebenda, S. 49 f., „Verordnung Nr. 23" vom 11.11.1941.

[73] Arhiva Isisp, fond XXIV, dosar 3311, S. 2 („... sie sind optimistischer, was ihre Zukunft anbetrifft, da die Erschießungen viel seltener wurden...").

Rückblickend kann man feststellen, daß die gesamte Problematik der Vertreibung der Juden aus den östlichen Provinzen und das Morden mit dem Abzug der rumänischen Truppen und der Verwaltung aus der nördlichen Bukowina und aus Bessarabien am 30. Juni 1940 begonnen hatte. Darauf berief sich auch Ion Antonescu im Tagesbefehl vom 5. Juli 1941 und in einem offenen Brief an Dr. Wilhelm Filderman, den Repräsentanten der rumänischen Juden.[74] Damals hatten die Befehlshaber zugelassen, daß sich die Truppe an den Juden vergriff, worauf es zu Massenmorden gekommen war.[75] Während der einjährigen Herrschaft der Sowjets in Bessarabien und der Bukowina waren Teile der jüdischen Bevölkerung eher kooperationsbereit, und als die Russen im Juni 1941 abzogen, nahmen sie nicht nur diese, sondern auch reiche Juden als Gefangene mit.[76]

Die Vorfälle von Iaşi, Ende Juni 1941, als anläßlich einer Durchsuchungsaktion jüdischer Wohnungen rumänische Deserteure auf rumänische Truppen schossen[77], verstärkten in der von der Presse bereitwillig genährten öffentlichen Meinung den Judenhaß, der sich mit der antisowjetischen Kriegspropaganda paarte. In diesem Klima kam es zum Pogrom von Iaşi und der Schreckenszeit für die Juden im Aufmarschgebiet der Heere, in der wohl 55 000 Juden umkamen.

In Bessarabien wurden 1942 nurmehr etwas über 200 Juden gezählt; die anderen waren in die Sowjetunion geflohen oder dorthin deportiert bzw. nach Transnistrien abgeschoben worden. Außer den in der Bukowina verbliebenen etwa 20 000 Juden gilt für die anderen Gebiete Ähnliches. Eine stichhaltige Bilanz der Zahlen für diesen gesamten Bereich kann aufgrund der momentanen Quellensituation noch nicht erstellt werden.

Die Juden in Binnenrumänien, also dem Altreich, Südsiebenbürgen, dem Banat und dem südlichen Kreischgebiet, überstanden die Schreckenszeit in Rumänien relativ am besten. Neben den diskriminierenden Sonderbestimmungen im zivilrechtlichen, arbeitsrechtlichen und fiskalischen Bereich hatten sie Schikanen auf dem Wohnsektor zu erdulden. Auch wurden Juden aus ländlichen Wohngegenden in größere Städte evakuiert. Für diese, wie auch für eine gewisse Zahl aus den Ostgebieten evakuierter jüdischer Familien, mußten die ortsansässigen Kultusgemeinden finanziell aufkommen. Jüdische Jugendliche des Binnenlandes sowie aus den Reihen der Evakuierten, die im militärdienstpflichtigen Alter standen, wurden zu Arbeitsdiensten eingezogen.[78]

Die statistischen Quellen

Wurden bisher insbesondere die weit verstreut liegenden Archivalien herangezogen und die eher spärliche Literatur berücksichtigt, sollen im folgenden die Aussagemöglichkeiten der statistischen Quellen überprüft werden. Die Bevölkerungsstatistik Ru-

---

[74] Brief von Marschall Antonescu an W. Filderman vom 19.10.1941, NA 871.4016/287.
[75] Gold, Geschichte Bukowina, Bd. 2, S. 14 und passim.
[76] Ebenda, S. 13 f.
[77] Ebenda, S. 14, 19. Vgl. auch Antonescus Anklage gegen die ostrumänischen Juden, in seinem Brief an W. Filderman vom 19.10.1941, NA 871.4016/287.
[78] Dazu veröffentlichte Hilberg eine Tabelle, vgl. Destruction, Bd. 2, S. 781.

mäniens ist im 20. Jahrhundert bislang nur einmal, 1930, sehr genau verfahren. Besonders für die Minderheiten werden diese Angaben als Fixpunkt und Ausgangsbasis aller weiterer Vergleiche herangezogen. Die Zählung von 1930 fragte nach drei Kriterien, um die Volkszugehörigkeit zu ermitteln: dem (subjektiven) ethnischen Bekenntnis, der Muttersprache und der Konfession. Letztere ist für die Statistik der Juden in Rumänien ausschlaggebend. Diese Komplexität statistischer Aussagemöglichkeiten strebte zwar auch die Zählung von 1941 an, sie wollte allerdings auch einen zeitbedingt latent vorhandenen Rassebegriff (als Vervollkommnung des „ethnischen Kriteriums") einführen. Die Nachkriegserhebung von 1948 berücksichtigte nur noch das Kriterium der Muttersprache zur Bestimmung der ethnischen Minderheiten; erst 1956 wurde auch wieder nach dem subjektiven ethnischen Bekenntnis gefragt.

Tabelle 1: Die jüdische Bevölkerung Rumäniens in Zahlen
Volkszählungen von 1920 – 1977[79]

	1920	1930	1941	1942	1945	1948	1956	1966	1977
	Großrumänien						*Nachkriegsrumänien*		
			(o. NW Siebenbürgen)						
Konfession	778 094	756 930	441 293	292 149	355 972	–	–	–	–
Eth. Bekennt.		728 115	–	–	–	–	146 264	42 888	24 667
Muttersprache (Jiddisch)		518 754	–	–	–	138 795	34 337	5 143	24 667

Die Anteile der einzelnen ethnischen Gruppen an der Gesamtbevölkerung Rumäniens (a) sowie an der Stadtbevölkerung des Landes (b) sind ebenfalls aufgrund unterschiedlicher Ausgangskriterien nicht vergleichbar. Einen Überblick gibt die Tabelle 2.

Tabelle 2: Bevölkerungsanteile nach Ethnie und Wohnort[80]

	1930		1948		1956	
	a	b	a	b	a	b
Rumänen	71,9%	58,6%	85,7%	80,0%	85,7%	79,9%
Magyaren	7,7%	11,2%	9,4%	12,1%	9,1%	12,0%
Juden	4,3%	13,6%	0,9%	3,5%	0,8%	2,5%
Deutsche	4,1%	5,3%	2,2%	2,4%	2,2%	3,5%
Andere	12,0%	11,5%	1,8%	2,0%	2,2%	2,1%
	100	100	100	100	100	100

Diese Tabelle weist einen relativ hohen Anteil von Juden in den Städten im Verhältnis zu ihrer relativ geringen Gesamtzahl in Rumänien aus. Als Städte wurden auch die kleineren urbanen Ansiedlungen gezählt.

---

[79] Die Zahlenangaben in den drei Tabellen wurden nach verschiedenen Quellen zusammengestellt: LNA, R 3943, 4/32388/3396, S. 21; PRO, FO 371, 7700 – 91124 (Balfour Report 1922, S. 5), f. 251; Sabin Mănuilă (Hrsg.), Recensămîntul general al populației Rômâniei din ... 1930, București 1938 – 1948, Bd. 2 (1938); Recensămîntul general al populației Rômâniei din 1941 ..., București 1944; IfZ, MA 791/3 5-321719; ebenda MA 1538/1; Wilfried Krallert, Die Bevölkerungszählung in Rumänien, Wien 1943; Poulația Republicii Populare Române ... 1948, in: Probleme economice 2 (1948), S. 28–45; Recensămîntul populației din ... 1956. Bd. 2, București 1960; Recensămîntul populației și locuințelor din ...1966. Bd. 1,1, București 1969; Recensămîntul populației ... din 1977. Bd. 1, București 1978.

[80] Ebenda, Volkszählungen von 1930, 1948, 1956.

Tabelle 3 zeigt die regionale Verteilung der Juden Alt-, Groß- und Nachkriegsrumäniens in den einzelnen Landesprovinzen. In allen stärker von Juden bewohnten Regionen – im Norden wie im Osten des Landes – kam es zu den heftigsten Verfolgungsmaßnahmen.

Tabelle 3: Regionale Verteilung der Juden in Rumänien[81]
Volkszählungen 1899/1956

	Jüdische Minderheit nach der Konfession							n. der Ethnie
	1899[1]/ 1900[2]	1910[2] 1912[1]	1920/22	1930	1941	1942	1945	1956
1. Altrumänien	266652	239967	241088	264038	242180	254871	–	93150
=Walachei	65000	–	–	97739	–	–	–	46971
Moldau	195887	–	–	162268	–	–	–	46179
Dobrudscha	5765	–	–	4031	–	–	–	
2. Bessarabien	228620[3]	(?266000)[3]	267000[5]	206958	72625	227	–	–
3. Bukowina	96150	102925[4]	128056	93101	71950	17033	–	18858[9]
4. Siebenbürgen und Westrum.	159384	184154	181340	192833	54538[6]	37278[6]	–	43814
=Siebenbürgen	53065	64674	–	81503	–	–	–	17816
Banat	–	24891	–	14043	–	–	–	12990
Marmarosch- u. Kreischgebiet	–	94589	–	97287	–	–	–	13008
Insgesamt:	750806	793046	817484	756930	441293 (292149)[7]	309409 (430000)[8]	355972	146264

Erläuterungen
[1] Zählung Altrumänien
[2] Zählung Österreich-Ungarns f. Gebiete unter 3 und 4.
[3] Zählung Rußland (JEnzycl.)
[4] auch Angabe: 95706 (Broszat)
[5] auch Angabe: 238000 (JEncycl.)
[6] nur Südsiebenbürgen
[7] s. Hilberg
[8] Angabe des WJC (s. Hilberg)
[9] nur Südbukowina

Die Angaben der Erhebungen von 1930 wurden bereits bald danach von verschiedener Seite als zu gering erachtet; für die Zählung nach der Konfession sei von mindestens 800000 Juden auszugehen. Diese Schätzzahl gebrauchte sogar das Statistische Amt in seinen Antworten an den Völkerbund in Genf, und die Zahl findet sich auch in einigen Unterlagen diplomatischer Vertreter, z. B. der Briten.[82] In der rechtsgerichteten Presse der Zwischenkriegszeit wurden maßlos übertriebene Zahlen – bis zu 2,5 Mill. Juden – genannt.[83] Die Zählungen ab 1941 (auch die ungarische im von Rumä-

---

[81] Quellen wie in Anm. 79 angeführt. Es gibt in der Literatur vereinzelt aus den statistischen Quellen nicht belegbare Zahlenangaben, vgl. die Erläuterungen. Diese Zahlen ließen sich nicht weiter präzisieren.
[82] PRO, FO 371, 20428-106817, f. 138; ebenda, 7701 – 106904, f. 78.
[83] Vgl. den diese mit statistischen Daten widerlegenden Bericht von 1938 in der Petition des Jüdischen Weltbundes: LNA, R 3943, 4/32388/3396, S. 21 ff.

nien abgetretenen Teil Siebenbürgens) stehen alle in dem Ruf, die Juden hätten sich ihnen teilweise entzogen. Inwieweit das zutrifft, ist schwer einzuschätzen.[84]

Die Manipulierbarkeit der Juden betreffenden Statistiken hat in den dreißiger Jahren auf dem Felde der Innen- und der Wirtschaftspolitik mehrfach Anlaß zu Debakeln gegeben. Der verhältnismäßig hohe Anteil dieser insgesamt kleinen Minderheit an der städtischen Bevölkerung und in manchen Gebieten (vgl. Tab. 2 und 3) hat regional zu großen Spannungen geführt – besonders im Osten Rumäniens. Die Berufsstruktur der hier lebenden Juden war vergleichbar mit der in Polen und Galizien, d.h. die Juden lebten in relativ großer Armut.[85] Doch in Bessarabien und der Bukowina gab es auch einen jüdischen Bauernstand, ländlichen Grundbesitz, was wiederum die Begehrlichkeit der Rumänen schürte.[86]

Ausgangspunkt aller Zahlenangaben bleibt dennoch, mangels anderer Daten, die Statistik von 1930. Mögliche Fehlerquellen und die Unvermeidbarkeit von Schätzzahlen für manche Regionen und ethnischen Gruppen müssen also in Kauf genommen werden. Objektive Fehlerquellen bieten die Statistiken von 1930 bis 1956 aufgrund folgender Faktoren:
– Unterschiedliche Befragungskriterien und daraus resultierend,
– die Unvergleichbarkeit vieler statistischer Angaben per se;
– schwankende Rechtslage, besonders hinsichtlich der Staatsangehörigkeit der Juden;
– Fehlen vollständiger Einwanderungs- und Auswanderungsstatistiken;
– unverbindliche Schätzwerte bei Flüchtlingsziffern.

Schwieriger einzuschätzen sind dagegen die subjektiven Faktoren wie Unterschiede im Grad der Assimilation innerhalb der bukowinischen, altrumänischen und siebenbürgischen Judengemeinschaften, aber auch die Zählungsunwilligkeit aus Furcht vor Benachteiligung u. a. m. Am deutlichsten machen sich diese Unausgewogenheiten bei der Frage nach der Zahl der Opfer bemerkbar. Da eindeutige Quellen mit Zahlenreihen fehlen, finden sich in der gesamten Literatur zu dieser Frage weit voneinander abweichende Angaben, oft auch nur Schätzzahlen.

Wiewohl eine Übersicht der Zahlen für die Opfer und die Davongekommenen auf den ersten Blick paradox erscheinen mag, ist im Falle Rumänien auch die Zahl der dem Holocaust entgangenen Juden völlig unbestimmt, und sie bleibt unbestimmbar. Der Hauptgrund dafür liegt in einer allzu engen Verzahnung verschiedenartiger und unterschiedlich zu gewichtender Bevölkerungsbewegungen unter den Juden Rumäniens im Zeitraum 1940 bis 1947/1948. Im einzelnen handelte es sich um folgende Verschiebungen:
– die Auswanderung von Juden aus Rumänien, die während der gesamten Periode erfolgte und die mit der Auswanderung nichtrumänischer Juden über Rumäniens Territorium und Grenzen verquickt war;

---

[84] Mănuilă/Filderman, Regional Development, S. 12; Oliver Lustig, Entstellungen und Verfälschungen, die das Andenken an die Opfer des Horthy-Terrors beleidigen und schädigen, S. 10 f., Bukarest, o. J., Teil 1.
[85] Darüber liegt bislang nur die Darstellung von Hans Schuster, Die Judenfrage in Rumänien, Leipzig 1939, vor, in der jedoch zahlreiche Tabellen und Berufsstatistiken enthalten sind.
[86] Enc. Jud., Bd 4, Sp. 704 ff.; Gold, Geschichte Bukowina, Bd. 2, S. 4 f.

- die Flucht von rumänischen Juden, zumindest bis Kriegsende, an der auch nichtru-
mänische Juden beteiligt waren;
- Deportationen von Juden aus Rumänien durch vier verschiedene Hoheitsmächte:
die Sowjets (1941 und ab Sommer 1944), die Rumänen (1941 – 1942), die Deutschen im Osten (1941/1943) und die Ungarn (1944);
- die Migration der Davongekommenen, die sich mit Wohnsitz im Gebiet Binnenrumäniens in seinen Grenzen vom Herbst 1940 befanden;
- die aus deutschen und rumänischen Arbeitslagern nach Kriegsende Zurückgekehrten.[87]

Alle diese Bewegungen wurden gleich nach dem 23. August 1944, dem Tag der
Entmachtung Antonescus und der Einstellung des Kampfes der rumänischen Armeen gegen die Alliierten, durch eine unüberschaubare teils legalisierte, teils fluchtar-
tige Einwanderung von Juden aus dem Gebiet östlich des Pruth und aus Ungarn nach
Binnenrumänien überlagert, die in ebensowenig übersehbarer Weise zu einem beträchtlichen Teil aus Rumänien auswanderten oder flohen. Wahrscheinlich waren die
meisten von ihnen der Gruppe von Juden aus Rumänien zugehörig, es waren aber
auch Juden aus Polen, der Ukraine, Ungarn, der Tschechoslowakei und aus Deutschland darunter. Ihr Anteil an der jüdischen Bevölkerung Rumäniens wie an deren Auswanderung wird in den Quellen vereinzelt genannt, die Angaben sind aber oft widersprüchlich.[88]

Man kann die Vorgänge der Auswanderung und der Flucht von Juden aus Rumänien chronologisch gliedern in die Zeit bis 1940, die Kriegszeit bis Herbst 1944 und
die frühe Nachkriegsperiode 1945 bis Ende 1947, ohne damit aber zu genaueren Angaben zu gelangen. Nochmals sei in diesem Zusammenhang betont, daß diese Bewegungen und die damit in der Sekundärliteratur verbundenen Zahlenangaben sich
nicht allein auf Juden aus Rumänien beziehen. Festzuhalten bleibt auch, daß eine
Trennung zwischen Flucht und Auswanderung in der gesamten Periode von 1940 bis
1947/1948 nicht möglich ist.

In der dunkelsten Grauzone befinden sich, statistisch betrachtet, jene Juden aus Rumänien, denen bis zum Kriegsende die Flucht vor Deportation, Verfolgung und Terror gelungen war. Dazu sind alle zu rechnen, die während des Krieges über die
deutsch-rumänische Frontlinie in die Sowjetunion geflohen, aber auch jene, die die
Sowjets deportiert oder bei ihrem Abzug 1940/1941 mitgenommen hatten. Ihr weiteres Schicksal ist am wenigsten bekannt; außer dem Fluchtweg weiß man fast nichts
über ihren Verbleib. Blieben sie in der Sowjetunion, kamen sie dort in Lager, gelang
eine weitere Flucht und dann wohin? Die geschätzte Zahl dieser Juden aus Rumänien
erscheint mit 100 000 Menschen sehr hoch, ebenso die Angabe von 200 000 nach der
Sowjetunion verschleppter Rumänen.[89]

---

[87] In dieser Frage ist nach heutigem Forschungsstand noch keine Übersicht zu gewinnen. Verstreute Einzeldaten und -quellen darüber geben ein eher diffuses Bild, vgl. z. B. aus den Berichten der Deutschen Gesandtschaft in Bukarest in IfZ, MA 1538, dort XL 13164/2; XL 13710/A XII, b; XL 13171/A XII, c; XL
13172/E; XL 13178 B VII; XL 13178/B VIII a; vgl. auch einen amerikanischen Bericht vom Oktober 1944,
NA, RG 226, 101841.
[88] In einem Bericht des Verbandes der Juden Rumäniens an den Völkerbund vom Januar 1938 wird die Gesamtzahl dieser ausländischen Juden, um deren Weiterleitung sich u. a. die chilenische und die Schweizer
Gesandtschaft in Bukarest bemühten, mit unter 10 000 angegeben, LNA, R 3943, 4/32402/13396, S. 9 ff.
[89] Mănuilă/Filderman, Regional Development, S. 5, 8; Carp, Cartea Neagră, Bd. 1, schätzt, es seien nur einige
Tausend gewesen (S. 20).

Die Flucht anderer Gruppen von Juden aus Rumänien während und kurz nach dem Krieg, die meist von internationalen caritativen Verbänden gefördert wurde, ist besser nachzuweisen, wenn auch weder zahlenmäßig genauer noch nach Einzelheiten wie Fluchtwegen und -zielen zu belegen. Die zwei hauptsächlichen Rettungswege bzw. -arten waren Schiffstransporte über das Schwarze Meer in die relative Sicherheit des Nahen Ostens und Grenzübergänge in andere Länder als die Sowjetunion. Sie geschahen meist mit stillschweigender Billigung der Behörden. Über diese Fluchtvorgänge wurden bis heute rumänischerseits keine Auswanderungsstatistiken veröffentlicht; es war auch nicht festzustellen, ob darüber überhaupt Zahlen vorhanden sind. Die bislang erfolgten Bemühungen, aus den Einwanderungsstatistiken mancher Länder, besonders Palästinas, mehr Aufschluß über dieses Geschehen zu erhalten, brachten nur bescheidene Erfolge.[90]

Selbst die Zahl der in Rumänien nach Kriegsende, 1945 bzw. 1948 (1. Volkszählung), verbliebenen Juden ist nicht bekannt. Anhand einer wahrscheinlich aus internen Akten der jüdischen Kultusgemeinden stammenden Quelle geben Mănuilă und Filderman, ohne die Zahl zu kommentieren, 355972 Juden im Jahre 1945 in Rumänien an. In anderen Arbeiten werden voneinander abweichende Zahlen genannt. Erwähnenswert ist die Angabe der URO, da sie Mănuilă und Fildermans Angaben überschreitet und als Quelle den World Jewish Congress nennt.[91]

Diese Zahlen für 1945 sowie die Angaben der ersten beiden Nachkriegszählungen von 1948 und 1956, die in Tabelle 3 ausgewiesen sind, legen die Vermutung einer dramatischen Verringerung der Gesamtzahl der Juden Rumäniens nahe. Es scheint, als sei die Zahl der Juden in diesem Land zuerst während des Zweiten Weltkriegs und dann abermals im Verlauf der ersten drei Nachkriegsjahre um jeweils die Hälfte zurückgegangen.

Grenzen statistischer Betrachtungsweise

Ausgehend vom dreifach gefächerten Ergebnis der Volkszählung von 1930 zeigt der rein numerische Vergleich mit den sieben darauffolgenden Erhebungen, die zwischen 1941 und 1977 stattfanden, tendenziell eindeutig eine stetige Rückläufigkeit der Zahl der Juden Rumäniens, und zwar auf etwa ein Fünftel im Jahre 1956 und schließlich 1977 auf eine statistisch bereits nicht mehr erhebliche Anzahl.[92]

Die Zahl der Juden Rumäniens bei Kriegsende ist nicht genau bekannt; veröffentlichte Angaben liegen zwischen 356000 und 430000.[93] Auch wenn diese Zahlen eher auf Schätzungen beruhen, ist dennoch evident, daß die massive Verringerung der Zahl der Juden seit 1930 nur zu einem Teil den Kriegsgreueln und den antisemitischen Ausschreitungen zuzuschreiben ist. Die anderen für diese Rückläufigkeit wichtigen Faktoren wurden schon genannt – Flucht und Auswanderung aus Rumänien (vor, während und unmittelbar nach dem Zweiten Weltkrieg), grenzverschiebungsbedingte

---

[90] Vgl. dazu Mănuilă/Filderman, Regional Development, S. 5.
[91] Vgl. Tabelle 3.
[92] Vgl. Tabelle 1.
[93] Vgl. Tabelle 3. Die erste Angabe ist von Mănuilă/Filderman, Regional Development, S. 4; die zweite steht im URO-Gutachten vom 4.5.1982, „Verfolgungsopfer in Rumänien" (Typoskript 4 S.), S. 4.

Bevölkerungsrückgänge und -umschichtungen. In der Beurteilung der rückläufigen Zahl der Juden Rumäniens rangieren diese Faktoren vor den unmittelbar dem rumänischen Holocaust zuzuschreibenden Opfern. Angesichts dieser komplexen Sachlage wie der weitgehend fehlenden wissenschaftlichen Untersuchungen zum Thema wird verständlich, warum in den einschlägigen Publikationen beim Stichwort Rumänien so unterschiedliche Angaben und Schätzungen enthalten sind.

Aus den wenigen bereits zugänglich gewordenen rumänischen Quellen ist nach heutigem Stand zu entnehmen, daß genauere Zahlenangaben vermieden werden: Weder die Zahl der Opfer der beiden Pogrome von 1941 oder die der im Zusammenhang des beginnenden Ostfeldzugs Ermordeten wird genannt, noch wird die der nach Transnistrien Deportierten sowie der dort 1943 noch Lebenden bzw. der 1945 in Rumänien vorgefundenen Juden erwähnt; auch die Transnistrien betreffenden Vorgänge sind bisher nicht Thema rumänischer Arbeiten gewesen. Daher bleiben einzelne Bereiche dieser Nachforschungen weiterhin auf „Expertenangaben" begrenzt.

Nach Überprüfung der komplexen Fakten- und Sachlage erscheinen die von Mănuilă und Filderman bereits 1957 veröffentlichten Zahlen als die stichhaltigsten. Ein nicht unwichtiges Argument, das die URO-Publikationen betrifft, mag diese Ansicht stützen. Während diese bis Ende der siebziger Jahre überwiegend die Zahlenangaben von Matatias Carp zugrunde legten (die weit höher liegen als die von Mănuilă-Filderman), enthält ein knapp gehaltenes URO-Gutachten aus dem Jahre 1982 andere Ziffern.[94] Ohne nähere Begründung nähert sich die URO damit der Darstellung Mănuilă-Fildermans.

Alle Zahlenreihen und Auflistungen gehen auf die Statistik des Jahres 1930 zurück. Die Volkszählungen von 1941 und 1942 erfahren dagegen bei den einzelnen Autoren interpretationsbedingte Unterschiede, wahrscheinlich weil die Autoren die Pressestimmen über eine erhöhte jüdische Präsenz 1940/1941 unterschiedlich bewerteten. Diese Interpretationsspielräume werden bis heute eingeräumt. Dafür ist die Zahl der Juden in Nordwestsiebenbürgen beispielhaft: nach der ungarischen Zählung von 1941 beträgt sie nur 151 000, nach heutigen rumänischen Angaben jedoch über 162 000, dagegen werden im URO-Gutachten von 1982 immerhin 157 000 Juden genannt.[95]

Während die Angaben bei Mănuilă-Filderman auf dem historisch komplexen Hintergrund von Entrechtung, Abschiebung, Flucht, Deportation, Auswanderung und Rückkehr nach Kriegsende erstellt wurden, lassen fast alle übrigen Arbeiten über den Holocaust den Eindruck entstehen, die Zahl der Opfer könne unmittelbar aus der rückläufigen Zahl der Juden in Rumänien abgeleitet werden. Bei Matatias Carp beträgt die Zahl der Opfer rund 400 000, wovon etwa 265 000 Rumänien und etwa 122 000 Ungarn angelastet werden. Die Deportationen der Sowjets aus Bessarabien, der Bukowina und Transnistrien (1941, 1944) fehlen in dieser Darstellung, und die Zahl der geflüchteten Juden wird minimalisiert. Die Encyclopaedia Judaica übernimmt die Angaben Carps.[96] Das URO-Gutachten von 1982 scheint Carp stillschweigend zu korrigie-

---

[94] URO-Gutachten, ebenda. Die vierbändige URO-Dokumentation, in der auf Rumänien Bezug genommen wird, stellt bereits veröffentlichte Quellen, z. T. in deutscher Übersetzung, zusammen.

[95] URO-Gutachten, ebenda, S. 2; Carp, Cartea Neagră, Bd. 1, S. 20 (121 270 Opfer); Der hortystisch-faschistische Terror im Nordwesten Siebenbürgens (Koord.: Mihai Fătu u. a.), Bukarest 1986, S. 308.

[96] Enc. Jud., Bd. 14, Sp. 403; Carp, Cartea Neagră, Bd. 1, S. 18 f.

ren. Ausgangspunkt sind hier 765 218 Juden im Jahre 1939 (nach Angaben vom World Jewish Congress) auf dem Territorium Großrumäniens. Die Zahl der Heimgekehrten ist zwar im Gutachten der URO niedriger angegeben als in der Studie Mănuilă-Fildermans aus dem Jahre 1957, doch entspricht die Zahl der Opfer mit rund 212 000 den Angaben des Jahres 1947[97]; das Gutachten übergeht jedoch die Opferzahlen aus Binnenrumänien gänzlich („... im großen und ganzen keine wesentlichen Todesopfer"[98]. In Hilbergs Untersuchung ist die Zahl der nach Transnistrien Deportierten mit 160 000 viel höher angegeben als bei Mănuilă-Filderman, und damit ist auch die Angabe der jüdischen Opfer insgesamt – die einmal mit 270 000, ein anderes Mal mit 370 000 aufscheint – irreführend.[99]

Tabelle 4 enthält abschließend den Versuch einer Übersicht über die Zahl der Opfer, der Vermißten und der Überlebenden des rumänischen Holocaust, der die Angaben von Mănuilă und Filderman zugrunde legt.

Tabelle 4: Die Zahl der Opfer, Vermißten und Überlebenden 1940–1945

	1930	1941	1940/1941	1941–1944	1944	Opfer 1945
1. Nordwestsiebenbürgen	148 295	151 125			Deportiert 137 125 Zurückgeblieben c. 14 000 Heimgekehrt c. 44 000 Opfer 90 295	90 295
2. Nördl. Bukowina Bessarabien Herța-Distrikt	275 419	126 000	Deportierte/SU c. 100 000 Deport./Transnistrien Zurückgeblieben Heimgekehrt ? Opfer/Rum. c. 49 419 Opfer/SU ? Opfer/Trans.	c. 109 000 c. 17 000 c. 54 500		c. 49 419 ? c. 54 500
3. Übriges Rumänien	333 216	c. 315 293	Massaker, Pogrome c. 7.000 Deportierte Zurückgeblieben Heimgekehrt Opfer	c. 40 000 c. 275 000 c. 30 000 c. 10 000		c. 7 000 c. 10 000
	756 930	c. 592 418				c. 211 214

[97] URO-Gutachten 1982, S. 3 f.
[98] Ebenda, S. 3.
[99] Hilberg, Destruction, Bd. 2, S. 771, 776; Bd. 3, S. 1120, 1048.

Frank Golczewski

Polen

Die Gebiete des 1939 von Deutschland überfallenen polnischen Staates nehmen im Hinblick auf den Völkermord an den Juden eine Sonderstellung ein, die nur mit der der besetzten sowjetischen Gebiete vergleichbar ist.[*] Zum einen lebten in Polen 1939 mehr Juden als in irgendeinem anderen europäischen Staat, zum anderen brachten die Deutschen auf ehemals polnischem Territorium diejenigen Einrichtungen unter, deren unfaßbare Grausamkeit noch auf lange Zeit ein unbefangenes Herangehen an die deutsche Geschichte jener Jahre unmöglich machen wird: In den Ghettos, den Konzentrations- und Vernichtungslagern sowie in zahllosen Arbeitslagern wurde zwischen 1939 und 1945 die Mehrzahl der europäischen Juden umgebracht – zuvor fanden aus ganz Europa Transporte in das ehemalige Polen statt.

Um die Vorbehalte, die allen konkreten Angaben über die als jüdisch eingeordneten Opfer des Nationalsozialismus gegenüber angebracht sind, zu erläutern, wollen wir zunächst die Hauptprobleme benennen und die Wege umreißen, die gewählt wurden, um sie zu bewältigen. Daß diese nicht immer optimal sind, ist dem Verfasser klar – andererseits sah er sich aber der Notwendigkeit gegenüber, zu nachvollziehbaren Ergebnissen auf der Basis der vorliegenden Forschungsarbeiten zu gelangen, und so scheint das Offenlegen der möglichen Fehlerquellen zumindest eine Zwischenbilanz zu ermöglichen, von der aus später einmal eine höhere Genauigkeit erzielende Forschungsarbeiten möglich sein sollten.

Problematisch ist bereits die territoriale Abgrenzung des bearbeiteten Territoriums: Der polnische Vorkriegsstaat ist mit demjenigen der Zeit nach 1945 territorial nicht identisch, also lassen sich auch die quantitativen Angaben zur Bevölkerung Polens nicht ohne weiteres vergleichen. Aber auch in den Jahren des Zweiten Weltkriegs selber gab es keine territoriale Einheit, die mit dem Vor- oder Nachkriegspolen gleichzusetzen oder auch nur mühelos zu vergleichen wäre: Im Westen wurden kleinere Teile verwaltungsmäßig vollständig dem Reich „eingegliedert" (Danzig, Ostoberschlesien), andere wiederum zwar formell annektiert, aber durch eine „Polizeigrenze" abgeriegelt und damit mit einer eigenen Qualität versehen (Wartheland, Reg.Bez. Zichenau, Dombrowa-Gebiet) oder als eine Art Zwischengebiet verwaltet (Bezirk Bialystok ab 1941). Andere Teile Polens gehörten zeitweise zu Litauen bzw. zur UdSSR, und nach dem Überfall auf die Sowjetunion wurden auch diese zunächst außerhalb des deutschen Einflußbereichs gelegenen Landesteile zwischen den Reichskommissariaten Ostland und Ukraine (Wolhynien) und dem bereits im Oktober 1939 errichteten Generalgouvernement mit der Hauptstadt Krakau aufgeteilt.

---

[*] Für die Hilfe bei der Materialerfassung danke ich Frau Susanne Hassen und Frau Dr. Gertrud Pickhan.

Im Zusammenhang damit ergeben sich die Quantifizierungsschwierigkeiten von selber; es kann hier nur versucht werden, sie im Rahmen der vorhandenen Möglichkeiten zu überwinden, wobei ein nicht geringer Rest an Zweifelhaftem sicherlich verbleiben wird. In diesem Beitrag wird auf die eingehende Behandlung der nach 1941 den Reichskommissariaten zugeteilten Gebieten verzichtet: Wir beschränken uns daher hier auf die „eingegliederten Gebiete" und das Generalgouvernement (einschließlich des Distrikts Galizien), während die übrigen ehemals polnischen Territorien im Zusammenhang mit dem Beitrag über die UdSSR bearbeitet werden. Dabei darf nicht übersehen werden, daß freiwillige und zwangsweise Migrationen sich nicht an diesen willkürlich gezogenen Grenzen aufgehalten haben.

Eine zweite, nicht zu unterschätzende Schwierigkeit liegt in der Unzuverlässigkeit der quantitativen Angaben zur Nationalitäten-Zusammensetzung des früheren polnischen Staates, die ja als Ausgangsbasis dienen müssen. Weder die Zahlen der Volkszählungen von 1921 und 1931, noch die darauf basierenden Fortschreibungen bis 1939 können vorbehaltlos übernommen werden. Die polnische Staatsführung hatte stets die politische Absicht, den polnischen Staat als dem nationalstaatlichen Ideal möglichst weit entsprechend darzustellen und auf dieser Grundlage die nationalen Minderheiten quantitativ weitestgehend zu reduzieren. In bezug auf die Juden bedeutete dies nicht nur, daß man nach den jeweiligen Kategorisierungen (nach selbstempfundener Nationalität 1921 bzw. nach Muttersprache und Religion 1931) zu unterschiedlichen Ergebnissen kam, sondern auch, daß ganz offensichtlich Zählungsverfälschungen vorkamen, so daß man den Anteil der nationalen Minderheiten an der Bevölkerung Polens in nicht politisch motivierten Kreisen stets erheblich über den Zensus-Angaben ansetzte.[1] So kamen in den Statistiken der Vorkriegszeit polnisch bzw. deutsch (Oberschlesien, Posen) assimilierte Juden nicht eindeutig vor, obgleich sie die Verfolgung nach den Prinzipien der deutschen Rassegesetzgebung ebenso traf wie die gar nicht seltenen „Rassejuden", die bereits zum Christentum konvertiert waren.

Aber auch die quantitativen Angaben zur jüdischen Bevölkerungslage in Polen *im* Zweiten Weltkrieg sind problematisch. Die weitverbreiteten Vorstellungen von einer funktionierenden deutschen Erfassung der jüdischen Bevölkerung entsprechen zum Teil nicht der Realität. Zwar gab es Zählungen, auch wurde z.B. in einigen Arbeits- und Konzentrationslagern über die beschäftigten bzw. eingelieferten Juden so genau Buch geführt, daß Einzelschicksale nachvollzogen werden können, in einigen wenigen Ghettos (z.B. Łódź/Litzmannstadt) wurde an Statistiken gearbeitet, zu Beginn der Kriegszeit gab es noch Erhebungen von Hilfsorganisationen, andererseits fanden jedoch Massenmorde und Judentransporte in die Vernichtungslager auch ohne weitergehenden Nachweis statt (oder der Nachweis wurde später vernichtet), so daß im Ergebnis wiederum eine abgesicherte Quantifizierung unmöglich ist. Häufig ist nur die Zahl der Transporte überliefert, so daß die Forschung auf der Basis der Durchschnittszahlen vorging. Die dauernde Fluktuation der jüdischen Bevölkerung erhöhte daneben die Gefahr von Doppelzählungen, auf die bereits die erste, 1943 erschienene Arbeit über Bevölkerungsverschiebungen in Europa hinweist.[2] Czesław Madajczyk hat

---

[1] Vgl. Jörg K. Hoensch, Geschichte Polens, Stuttgart 1983, S. 263.
[2] Eugene M. Kulisher, The Displacement of Population in Europe, Montreal 1943, S. 163.

1972 betont, daß kriegerische Handlungen die administrative Durchführung größerer Umsiedlungen im allgemeinen verhindert haben – in der umgekehrten Realität des Zweiten Weltkriegs sieht er eines der Spezifika dieses Krieges. Er ordnet die Bevölkerungsumsiedlung der Lebensraum- und Genozid-Politik der Deutschen zu und erkennt in der Fluktuation damit ein wesentliches Element des Zweiten Weltkriegs in Osteuropa.[3] Das allgemeinere Problem der schlechten Aktenlage wird zusätzlich durch die Verschleierungsversuche der deutschen Dienststellen verschärft; aber auch dort, wo diese nicht erfolgreich waren, diente die Zeitlage nicht der Überlieferung. Auch wo sie nicht planmäßig vernichtet wurden, blieben Akten im Zuge der Evakuierung der Lager, die zumeist überstürzt geschah, nicht immer erhalten.[4] Zahlreiche Angaben in der Forschungsliteratur stammen aus kaum kontrollierbaren Schätzungen von Zeitzeugen.

Wir haben versucht, die jeweilige Quelle einer Zahl möglichst genau nachzuprüfen, um so eine Beurteilung ihres Wahrscheinlichkeitswertes zu ermöglichen. Dennoch wird in zahlreichen Fällen nur auf Sekundärliteratur verwiesen – deren umfassende Nachweise anzugeben, verbietet die räumliche Begrenzung dieses Beitrags. Im Arbeitsverfahren zur Erschließung einer Endziffer haben wir uns meist an der jeweils kleinsten gesicherten Zahl bzw. an realistisch erscheinenden Berechnungen orientiert, wobei uns das Ziel vorschwebte, eine unbezweifelbare Minimalzahl zu erhalten, die die Quantität derjenigen polnischen Juden angibt, die zweifellos von den deutschen Nationalsozialisten ermordet wurden. Für die moralische Einschätzung der Täter und ihres Staates ist die Zahl irrelevant. Gleichzeitig kann nicht deutlich genug gesagt werden, daß es darüber hinaus eine nur ungenau abzusteckende Grauzone von Morden gibt, die dokumentarisch nicht eindeutig belegt werden können.

Anders als in westeuropäischen Staaten, in denen die Juden verhältnismäßig rasch nach der deutschen Besetzung erfaßt und „geordnet" deportiert wurden, anders als etwa auch in Ungarn und Italien, wo sie noch relativ lange ein den Umständen entsprechend normales Leben führen konnten, waren die Lebensverhältnisse sowohl der polnischen als auch der aus anderen europäischen Staaten eingesiedelten Juden in Polen vom Beginn des Krieges an extrem schlecht – sie waren von ungenügender Ernährung, Zusammenschließung in hygienisch untragbaren Ghettos und zahlreichen Epidemien gekennzeichnet, die als unmittelbare Folgen der Verfolgung zu bezeichnen sind, auch wenn es dabei noch nicht um eine gewaltsame Tötung ging. Die sich hier ergebende Sterbeziffer, die sich aus der Berechnung der faktischen Sterbefälle abzüglich der normalen Mortalität in Friedenszeiten ergibt, gehört gleichfalls in den Bereich der Verfolgungstodesfälle, auch wenn es hierbei um eine nur in Ansätzen nachvollziehbare statistische Erfassung der so verstorbenen Juden gehen kann.

In Einzelfällen wird auf weitere Fehlerquoten hingewiesen werden: die obigen Angaben mögen bereits darauf vorbereiten, daß es bei den folgenden Zahlen stets nur um Annäherungswerte auf möglichst solider Basis des gegenwärtigen Forschungsstandes gehen kann. Dieser Forschungsstand ist nicht ganz einfach zu beschreiben. Zwar ist

---

[3] Czesław Madajczyk, Otwarcie obrad, in: Przesiedlenia ludności przez III Rzeszę i jej sojuszników podczas II wojny światowej. Międzynarodowe Kolokwium. Zamość 17.-20.10.1972, Lublin 1974, S. 7.

[4] So gingen z.B. die Akten des Arbeitslagers Szebnie bei der Räumung des Lagers Płaszów verloren, wohin man sie verbracht hatte (Vgl. St. Zabierowski, Szebnie, Rzeszów 1985, S. 7). Angesichts der nahenden Front wurden Archivbestände planmäßig vernichtet (Vgl. Michal Grynberg, Żydzi w rejencji ciechanowskiej 1939-1942, Warszawa 1984, S. 6).

die Zahl der Holocaust-Publikationen Legion, sehr häufig handelt es sich dabei jedoch um ungenaue Handlungsbeschreibungen, die zwar zum Verständnis der Verfolgungssituation beitragen, aber hinsichtlich exakter Angaben recht unergiebig sind.

In den ersten Nachkriegsmonaten wurde durch das Institut für Nationales Gedenken (Instytut Pamięci Narodowej) erstmals versucht, auf der Basis von Fragebögen, die den Bürgermeistern aller polnischen Gemeinden zugingen, rasch ermittelbare Daten über Einzelexekutionen und Massenmorde zu erhalten, die außerhalb des Umfelds der diversen Lager begangen wurden. Daneben gab es einige Schätzungsversuche von Kommissionen, deren Werte meist weiter verwendet werden; die Ergebnisse der Enqueten lagen erst Anfang der 1960er Jahre publiziert vor. Diese Zahlenangaben waren nicht nur damals nur mit größter Vorsicht zu verwenden: Zum einen bestand keinerlei Kontrolle über die Richtigkeit der Ergebnisse, zum anderen haben unter den so kurz nach Kriegsende in Polen herrschenden Bedingungen wohl auch nicht alle angeschriebenen Stellen der Wahrheit entsprechende Angaben gemacht. Über- und Untertreibungen dürfen vorgekommen sein. Die großen Städte wurden nicht oder nur ungenügend erfaßt. Erst langsam erschließt sich, in welchem Maße das Leben in Polen in den ersten Nachkriegsjahren von unterschiedlich motiviertem Antisemitismus geprägt war; eine Vielzahl von Ereignissen mag auch ganz einfach der Erinnerung der Zeitgenossen entwichen sein. Dieser Tatbestand – zudem noch beachtet werden muß, daß naturgemäß die polnischen Ostgebiete nicht erfaßt werden konnten – wird inzwischen allgemein in Polen anerkannt, obwohl mangels anderer Daten die damals ermittelten Ergebnisse nicht selten weiterhin kolportiert werden. Auch die Ende der 1940er/Anfang der 1950er Jahre unternommenen Informationssammlungsversuche des Jüdischen Historischen Instituts in Warschau erbrachten kein einheitliches, einfach auszuwertendes Material. Erst etwa seit den 1960er Jahren, und damit vielfach zu spät, findet in Polen in größerem Umfang eine solide quantitative Forschung in der uns interessierenden Richtung statt, wobei das Jüdische Historische Institut in Warschau weiterhin eines ihrer Zentren ist. Die dort publizierten Ergebnisse werden in den letzten Jahren zunehmend durch allgemeine demographische Arbeiten ergänzt und in Einzeluntersuchungen zu Kreisen, Gemeinden und Einzelereignissen bestätigt bzw. korrigiert.

Wenig ergiebig waren die bisherigen Erkenntnisse des Yad-Vashem-Archivs in Jerusalem, dessen Schwerpunkt auf der Sammlung von Erinnerungen aus einzelnen Gemeinden beruht, welche nur in Einzelfällen wissenschaftlichen Ansprüchen genügen. Die Nachrichten über Einzelschicksale, die eine unschätzbare Quelle für die Aufarbeitung der Ereignisse selber darstellen, lassen jedoch kaum quantitative Schlüsse zu. Shmuel Krakowski, der Leiter des Archivs, stützt sich demgemäß auch bei seinen eigenen Arbeiten zu quantitativen Fragen kaum auf die eigenen Bestände.

Ausgangslage

Wieviele Juden lebten am 1. September 1939 in Polen? Bereits diese recht simpel klingende Frage läßt sich nicht ohne einschränkende Bemerkungen beantworten, und entsprechend sind die Zahlen, die in der Literatur genannt werden, auch Schwankungen unterworfen, je nachdem, welcher Maßstab angelegt wird.

Die unterschiedlichen Zahlen beruhen zum einen auf den verschiedenen, politisch motivierten Erfassungsmodalitäten der polnischen statistischen Ämter, zum anderen aber auch darauf, daß die deutliche Bestimmung der jüdischen Bevölkerungsgruppe auch so kein unproblematisches Unterfangen ist. Der Unterschied zwischen „Glaubens-" und „Rassejuden" ist aus der deutschen Geschichte der NS-Zeit bekannt. Während jedoch im Deutschen Reich bei der relativ geringen Gesamtzahl auch recht zuverlässige Zählungen stattfanden, die die Abschätzung einer Relation zwischen den angegebenen Kategorien zulassen, gab es derartige Unterlagen in Polen nicht. Die Volkszählungen der Zwischenkriegszeit helfen nur scheinbar.

Der Zensus vom 30. September 1921, in dem nach der Nationalität gefragt wurde, ermittelte für das Staatsgebiet Polens etwa 2 110 000 Personen, die sich zur jüdischen Nationalität bekannten – in bezug auf die Gesamtbevölkerungszahl von damals 27 177 000 (in anderen Grenzen als 1931) ergibt dies einen Satz von 7,8%.[5]

Dabei wurde eine nicht genauer zu ermittelnde Gruppe von Personen nicht erfaßt, die sich – obgleich jüdischer Religion – einer anderen Nationalität zugehörig fühlte und das Judentum ausschließlich als konfessionelle Kategorie ohne nationale Bedeutung auffaßte. Hierbei fällt insbesondere die Gruppe von „Polen mosaischen Bekenntnisses" ins Gewicht, die in der Geschichte der polnischen Juden vor dem Anwachsen der Bedeutung des jüdischen Nationalismus eine nicht unwichtige Rolle gespielt hatte. In den ehemals preußischen Teilen Polens (Posen, Westpreußen) bekannte sich ein wichtiger Anteil der dort allerdings insgesamt nicht allzu zahlreichen Juden zur deutschen Nationalität. Oberschlesien, wo dies ebenfalls der Fall war, gehörte zum Zeitpunkt der Volkszählung noch nicht zum polnischen Staatsgebiet.

Auch die zweite und vor dem Krieg letzte Volkszählung im unabhängigen Polen vom 9. Dezember 1931 lieferte keine besseren Resultate: Diesmal wurde zunächst nach der Muttersprache gefragt – das heißt nach der Sprache, „in welcher die befragte Person denkt und derer sie sich in ihrer Familie bedient". Die eindeutig als Juden auszumachenden Gruppen ergaben hier[6]:

für	Jiddisch	2 489 034	= 7,8%	der Bev.
und für	Hebräisch	243 539	= 0,76%	der Bev.
		2 732 573	= 8,56%	der Bev.

Aber auch bei Juden, die sich zur jüdischen Nationalität bekannten, brauchte nicht unbedingt eine der beiden jüdischen Sprachen die Umgangssprache zu sein. Das Jiddische hatte ungeachtet einer sich entwickelnden Literatur den Ruch des „Jargons", als welcher es von Antisemiten, aber auch teilweise von Zionisten pejorisiert wurde – die angebliche „Sprache der jüdischen Gasse" besaß insbesondere für assimilationsorientierte Aufsteiger wenig Attraktivität. Hebräisch hatte als wiederbelebte Sprache der Zionisten noch kaum die Breitenwirkung, die wir aus dem heutigen Staat Israel kennen, und wurde sicherlich häufig eher aus politischen, denn aus faktischen Gründen angegeben. Dagegen war die Polonisierung der polnischen Juden – nicht zuletzt durch die ungenügende Dichte des jiddischen Schulnetzes – weit fortgeschritten, so

---

[5] Nach Rocznik statystyczny 1925/26, Tab. 5; zit. nach Osteuropa-Handbuch Polen, Köln 1959, S. 37.
[6] Drugi Powszechny Spis Ludności z dn. 9. XII. 1931 r.; Statystyka Polski, Seria C, Zeszyt 94a, Warszawa 1938, Tab. 10, S. 15.

daß die Zahl der nach nationalsozialistischen Prinzipien als Juden anzusehenden Menschen weitaus höher angesetzt werden muß.

Die Zugehörigkeit zur jüdischen Religionsgemeinschaft, die ebenfalls Erhebungsobjekt war, ergibt, auf die Sprachgruppen aufgeteilt, das folgende Bild[7]:

Muttersprache	„Mosaische" Konfessionszugehörigkeit		insgesamt
Polnisch	371 821	1,7% von	21 933 444
Ukrainisch	547	0,01%	4 441 622
„Hiesige"	75	0,01%	707 088
Weißrussisch	200	0,02%	989 852
Jiddisch	2 487 844	99,95%	2 489 036
Hebräisch	243 527	99,99%	243 539
Deutsch	6 827	0,92%	740 992
Russisch	444	0,32%	138 713
Litauisch	18	0,02%	83 116
Tschechisch	95	0,25%	38 097
Andere	454	4,08%	11 119
Ohne Angabe	2 081	5,31%	39 163
insgesamt	3 113 933		

Wenn man die Angaben über den Stand der jüdischen Bevölkerung gemäß den deutschen rassistischen Kriterien ermitteln will (und das waren schließlich diejenigen, die dann zur Richtlinie der Verfolgung wurden), wird ein Zuschlag zur oben gegebenen Gesamtzahl erforderlich, der ohne weiteres nicht bezifferbar ist, da hierzu jegliche Unterlagen fehlen und die interessenorientierten Angaben aus der Vorkriegszeit einander widersprechen. Ein weiterer Zuschlag mag dadurch erforderlich werden, daß Korrekturen der Zahlen zur Bestätigung eines größeren Anteils ethnisch polnischer Staatsangehöriger nicht ausgeschlossen werden können. In diesem Zusammenhang muß erwähnt werden, daß die antijüdische Politik des polnischen Staates vor 1939 keinen deutlichen Abstand zu den deutschen Nationalsozialisten einhielt. Der Leiter des Jüdischen Historischen Instituts in Warschau schrieb darüber: „Die Tatsachen bestätigen, daß (die polnische Sanacja-Regierung) in den Umbruch-Monaten nach dem Münchner Abkommen offen die Methoden der ‚Lösung' der Judenfrage durch die faschistischen Staaten unterstützte. Hier gibt es quasi ein Zusammengehen der Innen- und Außenpolitik der Sanacja-Regierung mit der Politik des Dritten Reiches ... Eine Plattform der Zusammenarbeit zwischen der Sanacja-Regierung Polens und den Hitleristen war auch der Antisemitismus."[8] Artur Eisenbach geht sogar soweit zu schreiben, die antijüdische Haltung polnischer Regierungskreise habe „in gewissem Maße das Schicksal der jüdischen Bevölkerung in Polen mitbeeinflußt".[9]

[7] Ebenda.
[8] Artur Eisenbach, Hitlerowska polityka zagłady Żydów, Warszawa 1961, S. 115.
[9] Ebenda, S. 128. Neuere Forschungen bestätigen diese Sätze. Piotr Nehring (Polityka Rządu RP wobec Żydów – obywateli polskich mieszkających w Niemczech w latach 1933-1939, Phil. Diss. Warszawa 1989) ermittelt trotz anfänglicher Interventionen polnischer Diplomaten zugunsten von in KZ eingelieferten polnischen Juden (S. 45) zwei Maximen polnischer Politik: einerseits war die Rückkehr ehemals polnischer Juden nach Polen unerwünscht (S. 34, 72), andererseits war die Verbesserung der deutsch-polnischen Beziehungen das Hauptanliegen polnischer Bestrebungen zwischen 1938 und Anfang 1939 (S. 101). Die Einstellung der Interventionen 1938 nennt selbst Nehring „nicht allzu elegante Methoden" (S. 104). – Auch Yisrael Gutman und Shmuel Krakowski (Unequal Victims, New York 1986, S. 18) beschreiben den Wandel von 1934 mit den Worten: „a close relationship between the two countries developed in many areas." Daß Lipski, der polnische dipl. Vertreter in Berlin, im September 1938 Hitler ankündigte, man werde im Herzen Warschaus ein

Für die Zeit nach 1931 liegen keine empirisch gesicherten Zahlenangaben mehr
vor. Wir stützen uns auf die Schätzungen des Statistischen Hauptamtes (Główny
Urząd Statystyczny), wenn wir für das Jahr 1939 auf der Basis der Fortschreibung der
Zensuszahlen unter Berücksichtigung von natürlichem Zuwachs und Emigration für
den Polnischen Staat eine Gesamtbevölkerung von 35 100 000 Personen annehmen[10],
wobei darin der Anteil der Juden auf 3 446 000[11] geschätzt wird. Noch einmal: diese
Zahlen sind nicht gesichert.[12] Weder können wir bei der reinen Fortschreibung davon
ausgehen, daß auch die „irregulären" Bevölkerungszuwächse berücksichtigt (etwa die
13 000 – 17 000 polnischen Juden[13], die im Herbst 1938 durch die Deutschen aus
dem Reich nach Polen deportiert wurden und nach einem längeren qualvollen Zwischenaufenthalt in provisorischen Zwischenlagern in Zbąszyn, Kattowitz, Chojnice,
und Gdingen nach Polen unter der Bedingung eingelassen wurden, sich möglichst
bald um eine Emigration zu bemühen), noch daß die Grenzgänger erfaßt wurden. Die
Gesamtgrößen, mit denen man es in Polen zu tun hat, und der unklare Quellenstand
bei den Massenmorden lassen diese Zweifel allerdings wieder fast irrelevant erscheinen.

Wir lassen es daher bei dieser Schätzungszahl bewenden: eine 1946 eingesetzte bri-
tisch-amerikanische Kommission[14] operierte mit der Zahl von 3 350 000 Juden,
Shmuel Krakowski geht bei seinen Berechnungen von der von Philip Friedman eingeführten Zahl von 3 500 000 in Polen aus.[15] Die Zahl der polnischen Juden selber sagt

schönes Denkmal zu seinen Ehren errichten, wenn er die Judenfrage durch Emigration lösen würde, ist
mehr als ein geschmackloses Bonmot (Lipski an Beck, 20.9.1938, Dok. 99, in: W. Jedrzejewicz, Diplomat in
Berlin 1933-1939, London 1968, S. 411).

[10] Vgl. Henryk Kopeć, Straty w ludności poniesione przez Polskę w II Wojnie Światowej/Gutachten vom
7.12.1946/, in: Ekspertyzy i orzeczenia przed Najwyższym Trybunałem Narodowym. Bd. 9, Warszawa 1982,
S. 148-155, S. 149.

[11] Vgl. ebenda, S. 152.

[12] Zu dieser Problematik vgl. auch Grynberg, Żydzi, S. 8 f.

[13] Nach Klaus Drobisch/Rudi Goguel/Werner Müller, Juden unterm Hakenkreuz, Frankfurt a.M. 1973, S.
186. – Martin Gilbert (Die Endlösung, Frankfurt a.M. 1984) gibt die Gesamtzahl mit 15 000 an, Eisenbach
(Polityka, S. 121) mit 17 000, während die neuesten Forschungen 18-19 000 von den Deportationen Betroffene (insbesondere Familienoberhäupter) und noch einmal 5-6000 nachreisende Frauen und Kinder nennen (Sybil Milton, The Expulsion of Polish Jews from Germany, October 1938 to July 1939, in: Yearbook of
the Leo Baeck Institute 29 (1984), S. 169-199, S. 169-172). Die Zahl von 17 000 (zwischen dem 27. und 29.
Oktober 1938) stützt sich auf eine Mitteilung Heydrichs an den Chef der Reichskanzlei vom 2.12.1938
(ADAP 1918-1945. Serie D, Bd. 5, Baden-Baden 1953, S. 115, Dok. 107); Emanuel Melzer (Relations bet-
ween Poland and Germany and their Impact on the Jewish Problem in Poland 1935-1938, in: Yad Yashem
Studies 12 (1977), S. 193-229) spannt die Bandbreite von 15 000 bis 20 000 und setzt die Anzahl der insge-
samt von den Bestimmungen Betroffenen mit 20 000 in Österreich und 50 000 in Deutschland an (S. 216).
Nach dem Abschluß der „Familienzusammenführung" hätten in Deutschland noch 3-4000 Frauen und
Kinder auf polnische Visa gewartet (S. 222). Auch diese Angaben lassen sich dadurch ergänzen, daß bis zu
8000 polnische Juden in Deutschland und dem annektierten Österreich verblieben (S. 172 f.). Es wäre zu
überlegen, ob diese Personen, die allem Anschein nach mit den Deportationen der deutschen Juden das
Reichsgebiet verließen, den polnischen oder den deutschen Juden zuzurechnen wären. Auch die von Milton angegebenen Zahlen für die Durchgangsstellen sind unter Vorbehalt zu übernehmen, was der Leistung
der Verfasserin keinen Abbruch tut – im Dokumentaranhang wird ein Bericht des US-Botschafters in Warschau an den Außenminister Cordell Hull vom 5.11.1938 abgedruckt, in dem für Chojnice 7000 Umsiedler
genannt werden (Milton schreibt von 1500) und für Zbąszyn (für das Milton über 8000 angibt) ebenfalls
7000 (Melzer, Relations, S. 185). Die polnischen Konsulate wiesen 13 000 Ausgewiesene für 1938 nach
(Nehring, Polityka, S. 127), während 1939 noch 11 000 polnische Juden in Deutschland gewesen sein sollen
(S. 217). Alle diese Zahlen sind jedoch unsicher.

[14] Stanisław Waszak, Bilans walki narodowościowej rządów Greisera, Poznań 1946, S. 507.

[15] Shmuel Krakowski, Avedot Yehudei Polin BaShoa, in: Dapim icheker tkufat HaShoa, Sammlung 2, Tel
Aviv 1982/83, S. 232.

jedoch nichts über die Anzahl derjenigen aus, die nach dem 1. September 1939 tatsächlich im deutschen Machtbereich lebten. Krakowski nimmt an, daß von den 3 500 000 Juden, die seinen Überlegungen zugrunde liegen,

       2 350 000 im späteren deutschen und

       1 150 000 im späteren sowjetischen Teil

des ehemaligen polnischen Staatsgebiets wohnten.[16] Die Zahl der Juden innerhalb des deutschen Operationsgebiets im September 1939 läßt sich durch eine weitere Schätzung dergestalt ermitteln, daß man die Zensus-Angaben für die neuen Verwaltungsgrenzen fortschreibt, wobei die Fehlergefahr sicher nicht gering ist. Danach sollte die jüdische Bevölkerung Anfang der 1930er Jahre in den später eingegliederten Gebieten 637 000[17], im späteren Generalgouvernement (ohne den erst 1941 hinzugekommenen Distrikt Galizien) 1 269 000 betragen haben.[18]

In den „eingegliederten Gebieten" lebten die meisten Juden im südlich von Ostpreußen gelegenen Bezirk Ciechanów (Zichenau) und im sog. Wartheland, wo mit ca. 233 000 Juden die Industriestadt Łódź (Litzmannstadt) den höchsten jüdischen Bevölkerungsanteil hatte. Als realistischen Ausgangswert für die als Reichsgau Wartheland zusammengefaßten Gebiete darf man die Zahl 385 000 ansetzen, die den Hochrechnungen[19] am nächsten kommt, auch wenn manchmal von bis zu 400 000 Juden die Rede ist.[20] Im Regierungsbezirk Zichenau lebten bis 1939 ca. 80 000 Juden.[21]

Die Stadt mit der größten jüdischen Bevölkerung im späteren Generalgouvernement war die polnische Hauptstadt Warschau,

in der	1931	352 689,
Anfang	1938	368 394
und im September	1938	380 567 Juden

lebten.[22] Im ganzen Distrikt Warschau gab es ca. 600 000 Juden[23], im Distrikt Krakau ca. 250 000, im Distrikt Lublin um 250 000 und im Distrikt Radom etwa 395 000.[24] Dabei geben diese Zahlen Berechnungen auf der Basis der *späteren* deutschen Verwal-

---

[16] Ebenda.

[17] Kulisher (Displacement, S. 99) rechnet für 1939 mit 670 000; Malcolm Proudfoot (European Refugees 1939-1952, London 1957, S. 322 f.) gibt die Zahl für die eingegliederten Gebiete mit 400 000 an, 200 000 seien aus dem Westen Polens in den sowjetisch besetzten Teil geflohen, im Generalgouvernement habe es 1 362 000 gegeben. Insgesamt hätten danach also 1940 1 762 000 polnische Juden unter deutscher Herrschaft gelebt.

[18] Vgl. Peter-Heinz Seraphim, Die Judenfrage im Generalgouvernement als Bevölkerungsproblem, in: Die Burg 1 (1940), S. 58.

[19] Vgl. Aleksander Pakentreger, Polityka władz niemieckich tzw. Kraju Warty wobec Żydów, in: Biuletyn Żydowskiego Instytutu Historycznego (BZIH) 4/104 (1977), S. 34; Edward Serwański, Obóz zagłady w Chełmnie nad Nerem 1941-1945, Poznań 1964, S. 20; Eisenbach, Polityka, S. 154.

[20] Vgl. D. Dąbrowska, Zagłada skupisk żydowskich w „Kraju Warty" w okresie okupacji hitlerowskiej, in: BZIH 13/14 (1955), S. 122; Waszak, Bilans, S. 505.

[21] Vgl. Grynberg, Żydzi, S. 18.

[22] Vgl. T. Berenstein/A. Rutkowski, Liczba ludności żydowskiej i obszar przez nią zamieszkiwany w Warszawie w latach okupacji hitlerowskiej, in: BZIH 26 (1958), S. 75.

[23] Vgl. Tatiana Brustin-Berenstein, Deportacje i zagłada skupisk żydowskich w dystrykcie warszawskim, in: BZIH 1/3 (1952), S. 83.

[24] Vgl. E. Podhorizer-Sandel, O zagładzie Żydów w dystrykcie krakowskim, in: BZIH 30 (1959), S. 87 f.; Adam Rutkowski, Martyrologia, walka i zagłada ludności żydowskiej w dystrykcie radomskim podczas okupacji hitlerowskiej, in: BZIH 15/16 (1955), S. 77; Tatiana Berenstein, Martyrologia, opór i zagłada ludności żydowskiej w dystrykcie lubelskim, in: BZIH 21 (1957), S. 22.

tungsgrenzen an. Für Ostgalizien werden 573 000 jüdische Einwohner[25], davon etwa 100 000 in Lemberg[26] angenommen, für die Kreise des zunächst zur Sowjetunion geschlagenen späteren Bezirks Bialystok für das Jahr 1939 240 000.[27]

Damit ergibt sich für das hier behandelte Territorium als Ausgangswert mit dem Stichdatum 31. August 1939 die nachfolgende jüdische Bevölkerungszahl:

	nach Seraphim	nach Krakowski
Deutsch besetzte Gebiete	1 906 000	2 350 000
Bezirk Bialystok 1939	240 000	240 000
Ostgalizien	573 000	573 000
	2 719 000	3 163 000

nach Kulisher/Proudfoot	nach Dąbrowska, Waszak, Grynberg
2 032 000	1 829 000
240 000	240 000
573 000	573 000
2 845 000	2 642 000

Da es bei den Intentionen diese Bandes um die Ermittlung einer sicheren Minimalzahl geht, wird der geringere Wert angesetzt, wobei eine Unrichtigkeit des höheren dadurch keineswegs unterstellt werden soll.

Polenfeldzug und Militärverwaltung

Die Tötung polnischer Juden setzte bereits in den ersten Tagen nach dem Überfall auf Polen ein. Dabei sind zwei Vorgehensweisen auseinanderzuhalten, wenngleich für die Betroffenen die Folgen und Umstände letztlich gleich bleiben. Polnische Juden starben an den Folgen der regulären Kriegsereignisse. Im polnischen Militär konnten zwar Juden nur in wenigen Einzelfällen vorgesetzte Dienstränge erreichen, es bestand jedoch auch für die jüdische Bevölkerung die allgemeine Wehrpflicht, so daß im polnischen Militär etwa 120 000 Juden gedient haben dürften.[28] Die Schätzungen der im Verlauf der Kämpfe auf polnischer Seite gefallenen Juden bewegen sich zwischen 6000[29] und 36 000[30], wobei auch hier sowohl die Kategorisierung, die sich so nirgendwo in amtlichen Unterlagen nachvollziehen läßt, als auch die Beurteilung der

---

[25] Vgl. Filip Fridman, Der Umkum fun di Idn in Mizrah-Galizie, Fun leztn hurbn, München 4 (März 1947), S. 2.

[26] Vgl. Lucy S. Dawidowicz, The War against the Jews 1933-1945, London 1975, S. 197.

[27] Vgl. Szymon Datner, Eksterminacja ludności żydowskiej w okręgu białostockim. Struktura administracyjna okręgu białostockiego, in: BZIH 60 (1966), S. 7.

[28] Vgl. Bernard Mark, Życie i walka młodzieży w gettach w okresie okupacji hitlerowskiej (1939-1944), Warszawa 1961, S. 21.

[29] Vgl. Gilbert, Endlösung, S. 35.

[30] Vgl. Mark, Życie, S. 21. – Nora Levin (The Holocaust. The Destruction of Polish Jewry 1933-1945, New York 1978, S. 170) zitiert eine Verlautbarung des polnischen Generalstabes, die sie nicht näher erläutert, wonach 1939 insgesamt 31 216 Juden gefallen seien, Friedman gibt die Zahl mit 32 216 wieder (Schreibfehler?), was jedoch nach Szymon Datner (Zbrojne wystąpienia Żydów polskich w gettach i obozach śmierci w II wojnie swiatowej, in: BZIH 4/125 (1983), S. 11) der Überprüfung bedarf.

Gruppe der „Gefallenen" Schwierigkeiten bereitet: Berichte Überlebender wissen insbesondere über von den den Vormarsch begleitenden SS- und Polizeieinheiten begangenen Morden an Kriegsgefangenen zu berichten. So erschossen z.B. in Biała Podlaska
SS-Leute etwa 600 polnisch-jüdische Gefangene.[31]

In Gefangenschaft gerieten schließlich etwa 400 000 polnische Soldaten[32], von denen Madajczyk schreibt, „man habe sich ihnen gegenüber in den Gefangenenlagern in
der Regel recht korrekt verhalten".[33] Ungeachtet dessen, daß dies nicht immer zutreffend war, betraf es nur zu einem geringeren Teil die ca. 61 000 jüdischen Soldaten[34],
die mit der polnischen Armee in deutsche Kriegsgefangenschaft gerieten. Krakowski
gibt an, daß etwa 20-25 000 von ihnen in den Lagern starben.[35] Die Gesamtverluste
der jüdischen Bevölkerung Polens infolge der kriegerischen Ereignisse von 1939 (Ge-
fallene, Tote in Kriegsgefangenenlagern, Verluste innerhalb der Zivilbevölkerung) beziffert er ungesichert und vermutlich überhöht auf ca. 100 000.[36]

Die jüdischen Soldaten wurden wie die polnischen im Laufe ihrer Gefangenschaft
zu diversen Arbeitseinsätzen (etwa in der Landwirtschaft) geführt. Aus Westpreußen
besitzen wir Berichte, daß sich Bauern weigerten, Juden als Erntehelfer einzusetzen.
Wenn Juden aus der Gefangenschaft entkamen oder um die Jahreswende 1939/40
entlassen wurden, dann führte diese Entlassung nicht in die Freiheit – im Gegenteil
kamen die dem Lager Entronnenen in die keineswegs angenehmeren Ghettos, Ar-
beits- und schließlich Vernichtungslager, aus denen es nur für die wenigsten ein Entkommen gab.[37]

Neben den „regulären" Kriegstoten kam es auch im Septemberfeldzug bereits zu
gezielten Judenmorden, die die Einsatzgruppen der SS, aber auch reguläre Wehrmachtseinheiten begingen. Die Tatsache, daß der Befehlshaber der 14. Armee, General Wilhelm List, in seinem Befehl vom 18. September 1939 ausdrücklich die Erschießung von Juden neben anderen Ausschreitungen verbot[38], läßt den Schluß zu, daß zu
diesem Befehl ein auch den Führungsstellen bekannter Grund vorlag. Versicherungen
militärischer Führer (von Brauchitsch, Blaskowitz), den polnischen Juden werde nichts
geschehen, die deutschen Truppen hielten sich an die Grundsätze des Kriegsvölker-
rechts, waren von Anfang an wirkungslos; sie zielten gegen den Konkurrenten SS,
wurden jedoch kaum umgesetzt.

Bei der Besetzung Warschaus sollen Juden umgebracht worden sein[39], in Przemyśl
in einer gezielten Aktion gegen die Intelligenz etwa 500 Juden.[40] Nahezu unzählbar
sind die Einzeltaten der SS. In einem von Hilberg angeführten Fall wurden ein SS-
Sturmmann und ein Polizeiwachtmeister vor Gericht gestellt, weil sie in einer Ort-

---

[31] Vgl. Berenstein, Martyrologia, S. 32.
[32] Vgl. Czesław Madajczyk, Polityka III Rzeszy w okupowanej Polsce. Bd. 1, Warszawa 1970, S. 29.
[33] Ebenda.
[34] Vgl. Mark, Życie, S. 21; Gilbert, Endlösung, S. 35.
[35] Vgl. Krakowski, Avedot, S. 232.
[36] Vgl. ebenda.
[37] Gracjan Bojar-Fijałkowski, Losy jeńców wojennych na Pomorzu Zachodnim i w Meklemburgii 1939-1945, Warszawa 1979, S. 207.
[38] Nbg. Dok. NOKW-1621, zit. bei Raul Hilberg, Die Vernichtung der europäischen Juden. Die Gesamtge- schichte des Holocaust, Berlin 1982, S. 138. Hilberg interpretiert diese „Einzelaktionen" als bewußt insze- nierte vorbereitende Aktivitäten, die dem Vorgehen in Deutschland und Österreich entsprächen.
[39] Dawidowicz (War, S. 189) spricht von 20 000, die Zahl scheint jedoch erheblich zu hoch zu sein.
[40] Vgl. Gilbert, Endlösung, S. 37; lt. Podhorizer-Sandel (O zagładzie, S. 93) etwa 600.

schaft 50 Personen ermordet hatten. Die ausgesprochenen Strafen wurden dann mit verschiedenen Begründungen herabgesetzt, bis die Gesamtstrafe drei Jahre betrug. Es war einer der wenigen Fälle, in denen wenigstens noch versucht wurde, „Recht" zu sprechen.[41] In den ersten Tagen kam es manchmal noch zu jüdischen Hilfsdiensten für die Deutschen. Wie aus der Zeit des Ersten Weltkriegs gibt es Berichte über die Dolmetschertätigkeit der jiddischsprachigen Bewohner Ostpolens.[42] Das Gesamtbild ist alles andere als einheitlich. Die Rivalität zwischen Wehrmacht und SS führte dazu, daß einzelne Wehrmachtsstellen gezielte Angaben über SS-Massaker sammelten, um den Rivalen zu diffamieren. Gerade dadurch besitzen wir Daten, die aber weit davon entfernt sind, das ganze Ausmaß der Mordaktionen zu umreißen. In Mogilno wurde die Synagoge gesprengt, wobei zehn Juden umkamen[43], nach deutschen Angaben wurden im Kreis Sępolno 49 Juden in den letzten Monaten des Jahres 1939 ermordet.[44] In Dynów in der Wojewodschaft Rzeszów wurden im September 1939 etwa 150 Juden im Wald von Żurawiec von der SS erschosssen.[45] Die Zerstörung jüdischer Kultstätten folgte dem Modell des deutschen November-Pogroms von 1938: In Przeworsk wurde am 12. September 1939 die Synagoge gesprengt, als man im Keller eine noch aus dem Ersten Weltkrieg stammende Munitionspackung gefunden hatte. Hier war die Gestapo aus Jarosław aktiv.[46]

Aber auch das Schuldkonto des regulären Militärs ist beachtlich. Wehrmachtsangehörige haben in Żarki am 4. September 1939 90 Juden und 12 Polen exekutiert. In diesem Fall wurden alle Opfer identifiziert, eine Kartothek befindet sich im Schlesischen Wissenschaftlichen Institut in Kattowitz.[47] In Tschenstochau wurden im Zuge einer großangelegten Aktion gegen die der Unterstützung der polnischen Armee beschuldigte Zivilbevölkerung neben 205 Polen auch 22 Juden erschossen. Dieser Vorgang ist u.a. dadurch zu belegen, daß der deutsche Stadthauptmann eine Exhumierung der eilig vergrabenen Leichen anordnete.[48]

Diese Mordaktionen geschahen öffentlich; sie waren nur zum Teil gegen Juden als solche gerichtet. In den ersten Wochen des Krieges wurden unter dem Vorwand der „Reaktion auf polnische Terrorakte gegenüber Deutschen" in hoher Zahl Erschießungen vorgenommen, von denen die christlichen Polen in gleicher Weise betroffen waren wie die Juden. Da die Aufzeichnungen darüber höchst lückenhaft sind und auch nicht zwischen den beiden Personenkreisen differenzieren, ist eine genaue Ermittlung

[41] Gemeint sein kann hier die doppelte Exekution in der kleinen Ortschaft Piątek, bei der nach Zeugenaussagen 61 Personen erschossen wurden, davon 15 Juden. Vgl. Hilberg, Vernichtung, S. 138; Karol Marian Pospieszalski, Z masowych egzekucji we wrześniu 1939 r., in: Przegląd Zachodni 11 (1955), S. 230.
[42] Vgl. Jozef Benbenek, Martyrologia mieszkańców Przeworska w czasie II wojny światowej, Rzeszów 1978, S. 23, 118.
[43] Vgl. Pakentreger, Polityka, S. 33.
[44] Vgl. Barbara Bojarska, Obozy zniszczenia na terenie powiatu sępoleńskiego w pierwszych miesiącach okupacji hitlerowskiej, in: Przegląd Zachodni 21 (1965), S. 134.
[45] Vgl. Stanisław Zabierowski, Rzeszowskie pod okupacją hitlerowską, Warszawa 1975, S. 29.
[46] Vgl. Benbenek, Martyrologia, S. 118.
[47] Vgl. Andrzej Szefer, Zbrodnie Wehrmachtu na ludności cywilnej w powiatach kłobuckim, częstochowskim i myszkowskim w pierwszych dniach września 1939 r., in: Zaranie Śląskie 23 (1969), S. 453.
[48] Vgl. ebenda, S. 454. Vgl. auch Szymon Datner, 55 dni Wehrmachtu w Polsce. Zbrodnie dokonane na polskiej ludności cywilnej w okresie 1.IX.-25.X.1939 roku, Warszawa 1967, S. 216; Jan Pietrzykowski, W obliczu śmierci, Katowice 1966, S. 65. Über die Exhumierung berichten die Akten des Bezirksgerichts Częstochowa IIK.98/47, nach Jan Pietrzykowski, Hitlerowcy w Częstochowie w latach 1939-1945, Poznań 1959, S. 13. – Gilbert (Endlösung, S. 33) gibt für Tschenstochau/Częstochowa 180 getötete jüdische Zivilisten an.

der jüdischen Opfer nicht möglich – wie etwa im Falle von Sieradz, wo am 4. und 5. September 1939 etwa 200 polnische und jüdische Flüchtlinge getötet wurden.[49] Erwähnenswert ist in diesem Zusammenhang, daß zur Vorspiegelung angeblicher jüdischer Terrorakte in Kalisz Polen und Juden festgenommen und wochenlang zu Propagandazwecken im Reich unter einem Transparent vorgeführt worden sein sollen, auf dem stand: „Hier sind die jüdischen Schweine, welche den Krieg heraufbeschwört und auf deutsche Soldaten geschossen haben!"[50] Die sicherlich größten Massaker dieser Art geschahen in Będzin im Dombrowa-Revier, wo am 9. September 1939 die Synagoge und 56 Häuser niedergebrannt wurden. Der späteren Enquete zufolge sollen etwa 500 jüdische Einwohner dabei den Tod gefunden haben.[51] Bei Gilbert[52], dessen Quellenbasis jedoch durchweg umstritten ist und der keine eigenen Grundlagenforschungen unternommen hat, liegt die Gesamtzahl „nur" bei 13 für den 4. September 1939. Mit Problemen dieser Art wird man bei diesen Einzelaktionen dauernd konfrontiert. Für den Reg.Bez. Zichenau ermittelte Grynberg mindestens 450 allein im September 1939 getötete Zivilisten und Kriegsgefangene.[53] Kennzeichnend ist, daß es kaum ein Gebiet des besetzten Polen gab, wo die noch verhältnismäßig vereinzelten Mordaktionen nicht stattgefunden hätten: im westlichen Tschenstochau ebenso wie in den deutsch besetzten Teilen der Wojewodschaft Białystok[54] oder in Strzyżów und Gorlice in Galizien.[55]

Plünderungen verlassener jüdischer Wohnungen durch Deutsche und Polen waren an der Tagesordnung.[56] Aus manchen Orten wurden die Juden auf Anweisung der Militärbehörden vertrieben. Dies geschah am 26. September 1939 in Pułtusk, aber auch in Mława und Włocławek.[57] Zeitweise hatte man wohl vor, auf diese Weise improvisiert einen „polen- und judenreinen" Grenzstreifen zu schaffen, wie er bereits im Ersten Weltkrieg in deutschen Planungen aufgetaucht war.[58] Diese ersten Vertreibungen erfolgten dezentral auf Veranlassung lokaler Machthaber. In Nowy Dwór und Ostrołęka (Woj. Warschau; Reg.Bez. Zichenau) ordnete der Stadtkommandant der Wehrmacht den Auszug der Juden an. In Zichenau/Ciechanów versuchte die Wehrmacht, die Juden zum „freiwilligen" Abzug mit der Drohung zu verleiten, die nachfolgende Gestapo werde mit den Juden „nicht mehr sprechen". Am 6. September 1939 versuchte die SS in Goworowo (Kreis Ostrołęka) die Juden in der Synagoge zu verbrennen – dem Eingreifen eines Wehrmachtsoffiziers ist es zu verdanken, daß sie dann doch „nur" vertrieben wurden.[59] Aus Ostrołęka wurde überwiegend in sowjetisch besetztes Gebiet vertrieben, aufgegriffene Zurückgekehrte wurden erschossen.

[49] Vgl. Mirosław Cygański, Powiat sieradzki w latach okupacji hitlerowskiej 1939-1945, in: Rocznik Łódzki 14 (1970), S. 84; bei Gilbert (Endlösung, S. 33) erscheint unter Sieradz nur eine Angabe von 33 am 20.9.1939 Getöteten.
[50] Zit. nach Aleksander Pakentreger, Dzieje Żydów Kalisza i powiatu kaliskiego w okresie okupacji hitlerowskiej, in: BZIH 3/111 (1979), S. 79 f.
[51] Vgl. Pospieszalski, Z masowych, S. 231.
[52] Gilbert, Endlösung, S. 33.
[53] Vgl. Grynberg, Żydzi, S. 152-159.
[54] Vgl. Jozef Kowalczyk, Zbrodnie Wehrmachtu w regionie białostockim w latach 1939-1945, in: Biuletyn Głównej Komisji Badania Zbrodni Hitlerowskich w Polsce (GKBZHwP) 31 (1982), S. 89 ff.
[55] Vgl. S. Cynarski/J. Garbacik, Jasło oskarża, Warszawa 1973, S. 176 f.
[56] Vgl. Pakentreger, Dzieje, S. 60; Benbenek, Martyrologia, S. 119.
[57] Vgl. Chaim Kaplan, Buch der Agonie, Frankfurt a.M. 1967, S. 67 f., 78.
[58] Vgl. dazu Imanuel Geiss, Der polnische Grenzstreifen 1914-1918, Lübeck 1960, passim.
[59] Vgl. Grynberg, Żydzi, S. 28 f. – nach in Israel publizierten Erinnerungsbüchern jüdischer Gemeinden.

Von den Pułtusker Juden durften nur Frauen und Kinder die Narew-Brücke benutzen, Männer mußten schwimmen. Einige ertranken dabei, andere wurden von Soldaten von der Brücke aus erschossen.[60]

Man darf nicht übersehen, daß in den ersten Monaten der deutschen Herrschaft polnische antisemitische Gruppen und eine plünderungswillige Unterschicht die deutschen Maßnahmen erleichterten.[61] Die Gründung von pro-deutschen Kollaborationsorganen scheiterte an der nationalsozialistischen Programmatik – gleichberechtigte polnische Gruppen entsprachen weder der deutschen Großraumpolitik noch der rassistischen Hybris. Ein Potential erschließt sich jedoch aus den u.a. von Emmanuel Ringelblum berichteten polnischen antijüdischen Ausschreitungen, die eine gewaltsame Fortsetzung und Folge der noch gewaltlosen antijüdischen Politik der polnischen Vorkriegsregierung darstellten. Erwähnt seien hier die pogromähnlichen Exzesse in Warschau im März 1940.[62]

Von Anfang an zogen deutsche Soldaten und zivile Stellen Juden zu Zwangsarbeiten heran, bei denen sie häufig verhöhnt und körperlich gequält wurden. Man schnitt orthodoxen Juden die Bärte ab, zwang sie zu lächerlichen Hüpftänzen oder ließ sie mit der eigenen Kleidung Straßen und Fußböden reinigen, um sie dann als „Schweine" hinstellen zu können.

Im September 1939 fielen in Verhandlungen zwischen dem Oberkommando des Heeres und dem Chef der Sicherheitspolizei Reinhard Heydrich die ersten Entscheidungen über das künftige Vorgehen gegenüber den polnischen Juden. Der Chef des Generalstabs des Heeres Franz Halder notierte unter dem 20. September in seinem Kriegstagebuch: „*Ghetto*-Gedanke besteht im großen; im einzelnen noch nicht klarliegend. Berücksichtigung der Wirtschaftsbelange vorweg."[63] Nähere Einzelheiten sind aus dem Schnellbrief ersichtlich, den Heydrich am 21. September 1939 an die Einsatzgruppen der Sicherheitspolizei sandte: Darin wird zwischen einem „Endziel (welches längere Fristen beansprucht) und … den Abschnitten der Erfüllung dieses Endzieles (welche kurzfristig durchgeführt werden)" unterschieden.[64]

Das „Endziel" war hier noch nicht die berüchtigte „Endlösung", sondern die Errichtung eines „Judenreservats" zwischen dem Osten Krakaus und der neuen deutsch-so-

---

[60] Vgl. ebenda, S. 30.

[61] Nach Kaplan (Buch, S. 69) wurden die aus Pułtusk vertriebenen Juden auf dem anderen Narew-Ufer überfallen und der Rabbiner ausgeraubt.

[62] Vgl. Ruta Sakowska (Hrsg.), Archiwum Ringelbluma. Getto warszawskie, Lipiec 1942- styczeń 1943, Warszawa 1980; Bernard Goldstein, Die Sterne sind Zeugen, Hamburg 1950, S. 59 ff.; Kaplan, Buch, S. 160 f.; Adam Czerniaków, Im Warschauer Getto, München 1986, S. 54 ff.; Emmanuel Ringelblum, Polish-Jewish Relations during the Second World War /geschrieben 1943/, Jerusalem 1974, S. 51. – Der Arbeitszwang für die jüdische Bevölkerung wurde am ersten Tag des Bestehens des Generalgouvernements eingeführt (Verordnungsblatt des Generalgouverneurs für die besetzten polnischen Gebiete (VOBlGG 1/26.10.1939, S. 6 f.). Im Unterschied zu den Polen, für die nur eine „Arbeitspflicht" galt, waren Juden prinzipiell in „Zwangsarbeitertrupps" zusammenzufassen. In der zweiten Durchführungsvorschrift zu dieser Verordnung vom 12.12.1939, die als „Erfassungsvorschrift" bezeichnet wurde, hieß es: „Die Dauer dieses Arbeitszwanges beträgt in der Regel zwei Jahre; sie wird verlängert, wenn innerhalb dieser Zeit ihr erzieherischer Wert nicht erreicht sein sollte. … Die Zwangsarbeitspflichtigen werden zur Auswertung ihrer Arbeitskraft, nach Möglichkeit entsprechend etwa erlernter Berufe, bei lagermäßiger Unterbringung zur Arbeit eingesetzt. Nicht voll Arbeitsfähige finden ihrem Arbeitsvermögen entsprechend Verwendung." (VOBlGG 14/23.12.1939, S. 246 ff.).

[63] Generaloberst Franz Halder, Kriegstagebuch. Bd. 1, Stuttgart 1962, S. 82.

[64] Nbg. Dok. PS-3363; auch abgedruckt in: Ursachen und Folgen. Vom deutschen Zusammenbruch 1918 und 1945 bis zur staatlichen Neuordnung Deutschlands in der Gegenwart. Bd. 14, Berlin o.J., S. 159-163, Dok. 2881a.

wjetischen Demarkationslinie. Als unmittelbare Verfügung enthält der Schnellbrief die Anweisung, die „eingegliederten Gebiete" „von Juden frei" zu machen, „zum mindesten (soll) aber dahin gezielt werden, nur wenige Konzentrierungsstädte zu bilden". Auch im restlichen besetzten Gebiet sollten Juden konzentriert werden: „Jüdische Gemeinden mit unter 500 Köpfen (seien) aufzulösen und der nächstliegenden Konzentrierungsstadt zuzuführen." Die Konzentrierungsstädte sollten möglichst an Bahnlinien liegen, „so daß die späteren Maßnahmen erleichtert werden". Daneben enthielt der Schnellbrief Anweisungen zur Bildung jüdischer „Ältestenräte" aus den „zurückgebliebenen maßgeblichen Personen und Rabbinern", die für die „exakte und termingemäße Durchführung aller ergangenen oder noch zu ergehenden Weisungen" verantwortlich zu machen waren. Die Ausführung der Deportation der Juden aus den eingegliederten Gebieten wurde bis nach der Errichtung der Zivilverwaltung im ehemaligen Polen ausgesetzt.[65]

Damit waren die Schritte der deutschen Instanzen für die nächsten Monate festgelegt. Ungeachtet der bis Anfang Oktober 1939 noch in Erwägung gezogenen Reststaat-Pläne[66] waren die Gebiete umrissen worden, aus denen die Juden unter allen Umständen ausgesiedelt werden sollten: dabei handelte es sich nicht allein um die eingegliederten Gebiete (wobei beachtet werden muß, daß im übrigen Reichsgebiet Deportationen staatsangehöriger Juden bis 1939 nicht vorgekommen waren), sondern – abgesehen von dem „Reservat" – auch um das spätere Generalgouvernement. Die Ghettoisierung, die Bildung der Judenräte war also von Anfang an nur als vorübergehende Zwischenlösung geplant, der provisorische Charakter der Ghettos (Konzentrierungsstädte) deutlich geworden.[67]

In bezug auf die Bevölkerungsveränderungen sind für die ersten Monate des Zweiten Weltkriegs jedoch noch andere Erscheinungen von Bedeutung. Aus den grenznahen Gebieten (Ostoberschlesien, Zichenau, Posen) flohen Juden gemeinsam mit der einheimischen polnischen Bevölkerung in später nicht „eingegliederte" Gebiete. Grynberg führt etwa Chorzele in der Wojewodschaft Warschau an, wo von den 2400 Juden kein einziger die deutsche Besatzung abgewartet haben soll. Allerdings kamen die meisten von ihnen nach dem Ende der Kampfhandlungen wieder in ihre Heimatorte zurück. In Warschau registrierte man 1939 dennoch z.B. 450 Flüchtlinge aus dem oben genannten Chorzele.[68]

[65] Vgl. auch Halder, Kriegstagebuch. Bd. 1, S. 79, Eintragung vom 19.9.1939. Danach forderte Heydrich eine „Flurbereinigung", die „Judentum, Intelligenz, Geistlichkeit, Adel" betreffen sollte; demgegenüber stellte das Heer die „Forderung", daß die „Bereinigung", über die man sich wohl keinen Illusionen hingab, „nach dem Herausziehen des Heeres und nach Übergabe an stabile Zivilverwaltung" erfolgen sollte. – Die „Verordnung über die Einsetzung von Judenräten" erging am 28.11.1939 (VOBlGG 9/6.12.1939, S. 72f.). Ihr Par. 5 lautete: „Der Judenrat ist verpflichtet, durch seinen Obmann oder durch seinen Stellvertreter die Befehle deutscher Dienststellen entgegenzunehmen. Er haftet für ihre gewissenhafte Durchführung in vollem Umfange. Den Weisungen, die er zum Vollzuge dieser deutschen Anordnungen erläßt, haben sämtliche Juden und Jüdinnen zu gehorchen."
[66] Vgl. Martin Broszat, Nationalsozialistische Polenpolitik 1939-1945, Stuttgart 1961, S. 16f.
[67] Der israelische Historiker Yisrael Gutman schreibt dazu: „Natürlich hatte das Getto den Zweck, die Juden von anderen Volksgruppen völlig zu isolieren. Trotzdem betrachtete man das Getto vermutlich nur als Durchgangsetappe und nicht als endgültige Maßnahme. Man beabsichtigte, die Juden zu deportieren – nach Madagaskar oder sonstwohin. Über eine endgültige Lösung würde man später entscheiden" (I. Gutman, Vorwort, in: Czerniaków, Getto, S. XVII).
[68] Vgl. Grynberg, Żydzi, S. 27f.

Vor dem Einmarsch der Deutschen konnten sich nach realistischen Schätzungen etwa 200 000 polnische Juden in das seit dem 17. September 1939 sowjetisch besetzte Gebiet in Sicherheit bringen.[69] In einer zweiten „Welle" gelangen in der ersten Zeit noch Grenzübertritte in die sowjetischen Gebiete; dazu kamen die bisher noch nicht umfassend dargestellten, zahlreiche Opfer fordernden Vertreibungsaktionen der Deutschen, die etwa zwischen dem 20. und dem 27. Oktober 1939 2000 Juden aus Kattowitz in die UdSSR deportierten.[70] Ende September 1939 wurden die jüdischen Bewohner Przeworsks (1939: 1472) mit Ausnahme der Familie des Bäckers Kohrn, der für den deutschen Bedarf buk, über den San vertrieben.[71] Im November 1939 wurden 2000 Juden aus Warschau über die Grenze geschickt[72], im Osten des Generalgouvernements wurden die jüdischen Einwohner Tarnobrzegs nach Ostgalizien vertrieben[73], und im Dezember 1939 fand der berüchtigte „Todesmarsch" aus Chełm über Hrubieszów an den Bug statt, bei dem diejenigen, die den Gewaltmarsch überstanden und nicht in dem winterkalten Fluß ertranken, sich an das sowjetische Ufer retten konnten[74], wo sie z.T. von sowjetischen Soldaten am Verlassen des Flusses gehindert wurden.

Insgesamt mögen bis 1941 etwa 300 000 Juden aus den deutsch besetzten Gebieten (einschließlich der 200 000 Flüchtlinge) in Sowjetisch-Polen angekommen sein – davon ca. 150 000–180 000 in Ostgalizien.[75] Die Hauptsammelpunkte waren Lemberg, Białystok, Wilna und Minsk.

In den deutsch besetzten Territorien fand eine allgemeine Ostverschiebung der Juden statt. Vor den Deutschen hatten sich bis zu 60 000 Juden[76] aus den westlichen Grenzgebieten nach Kernpolen in trügerische Sicherheit bringen wollen. Eine Schätzung für den späteren Distrikt Krakau ergibt eine Abwanderung von dort nach Osten

[69] Vgl. Krakowski, Avedot, S. 232; Levin, Holocaust, S. 270; Elżbieta Hornowa, Powrót Żydów polskich z ZSRR oraz działalność opiekuńcza Centralnego Komitetu Żydów w Polsce, in: BZIH 1-2/133-134 (1985), S. 106. – Hierzu gehören auch die polnischen Juden, die durch die Übergabe Wilnas an Litauen durch die Sowjetunion am 10. Oktober 1939 in den litauischen Staat gelangten (s. Beitrag Robel). Während amtliche litauische Angaben von 70 000 sprechen, gibt das American Jewish Year Book nur 15 000 an (nach Kulisher, Displacement, S. 50).

[70] Vgl. Aleksander Pakentreger, Statystyka Żydów m. Kalisza, ocalałych po II wojnie światowej, in: BZIH 96 (1976), S. 83.

[71] Vgl. Benbenek, Martyrologia, S. 119 f.

[72] Vgl. Berenstein/Rutkowski, Liczba, S. 77.

[73] Vgl. Gazeta Żydowska 5/6.8.1940, nach Marian Fuks, Małe Judenraty w świetle 'Gazety Żydowskiej' 1940-42, in: BZIH 4/128 (1983), S. 114.

[74] Vgl. Krakowski, Avedot, S. 232; lt. Gilbert (Endlösung, S. 37) überlebten nur 400 von den 1800, die aufgebrochen waren.

[75] Vereinzelt anzutreffende Werte von bis zu 500 000 jüdischen Menschen dürften überhöht sein. Sie entstammen einer fehlerhaften Auswertung der vom Internationalen Arbeitsamt bestellten Arbeit von Eugene M. Kulisher, The Displacement of Population in Europe, Montreal 1943. – Kulisher gibt die Zahl von 500 000 Juden an, die aus den sowjetisch besetzten Gebieten Polens ins Innere der Sowjetunion deportiert worden seien; aus dem deutsch besetzten Polen seien 215 000 Juden bis 1941 in den sowjetischen Machtbereich gelangt, die meisten von ihnen seien wiederum in der oben genannten Zahl von 500 000 enthalten (S. 114). Proudfoot (Refugees, S. 59) nennt die Zahl von 400 000 Juden, die sich vor den Deutschen in Sicherheit gebracht hätten. Etwa 18 000 seien im Laufe des Krieges in andere Länder weitergezogen. Für Robert Ginesy (La Seconde Guerre Mondiale et les Déplacements de Populations, Paris 1948, S. 18) flohen im September 1939 60 000 in den sowjetischen Machtbereich; ihnen seien bis 1941 500 000 weitere gefolgt: 200 000 nach Ostpolen und 300 000 ins Innere des Landes. Die Doppelzählung ist offensichtlich, darüber hinaus kommen bei Ginesy zahlreiche andere Fehler vor.

[76] Lt. Kulisher, Displacement, S. 99.

von 35 000 bis 40 000 Juden[77], von denen etwa 5000 bis 6000 aus der Stadt Krakau selber kamen. Aus noch westlicheren Teilen Polens wanderten hier bis Oktober 1939 etwa 20 000 Juden zu.[78] Aus dem dicht an der Demarkationslinie gelegenen Kreis Ostrów Maz. floh die Mehrzahl der Juden (ca. 7000) in die nahen sowjetischen Gebiete. Die Zurückgebliebenen wurden Anfang November 1939 größtenteils erschossen – deren Zahl wird auf 500 geschätzt.[79]

In Warschau führte das Statistische Büro des dortigen Judenrats die erste Zählung der jüdischen Einwohner am 28. Oktober 1939 durch. Sie ergab 350 827 Juden, was etwa 28% der Bevölkerung der Stadt ausmachte.[80] Für Krakau und einige Nachbargemeinden fand im November 1939 eine Judenregistrierung durch die jüdische Gemeinde auf Anweisung des Kommandos der Sicherheitspolizei statt. Man ermittelte 68 482 „einheimische" Juden, davon 19 732 Kinder unter 16 Jahren. Nicht erfaßt wurden Juden, die vor dem Krieg oder den Deutschen aus anderen Gegenden nach Krakau geflohen waren.[81] Eine demographische Publikation aus dem Jahre 1940 schreibt ohne Berücksichtigung der Kriegsereignisse für den Dezember 1939 schlicht die Vorkriegszensusergebnisse weiter fort.[82]

Nimmt man die Zahl der Juden in den deutsch besetzten Gebieten mit 2 053 000 an und zieht davon die Kriegstoten und im Vorgriff auch die in der Gefangenschaft Umgekommenen ab (67 000), desweiteren die in den ersten Monaten Ermordeten (5000)[83] und die in den sowjetischen Teil, nach Rumänien, Ungarn und Litauen Geflohenen 300 000, dann verblieben zum Zeitpunkt der Einrichtung des Generalgouvernements etwa 1 681 000 polnische Juden im deutschen Einflußbereich.[84] Am Rande muß erwähnt werden, daß bereits am 17. September 1939 das erste Konzentrationslager eingerichtet wurde – und zwar auf dem Territorium der ehemaligen Freien Stadt Danzig in Stutthof. Etwa 300 Danziger Juden wurden zunächst eingeliefert[85], es folgten ihnen bald 150 Juden aus Warschau und Białystok.[86] Der polnische Historiker Krzysztof Dunin-Wąsowicz, der selber Stutthof-Häftling war, bezeugt, daß nahezu alle bis 1942 auf die eine oder andere Weise den Tod gefunden hatten.[87]

Die Deportationen aus den eingegliederten Gebieten

Nachdem die Hoffnungen auf eine Beendigung des Kriegszustandes im Westen aufgegeben worden waren, im Osten mit der UdSSR im Freundschaftsvertrag eine Regu-

[77] Vgl. Podhorizer-Sandel, O zagładzie, S. 88.
[78] Vgl. ebenda.
[79] Vgl. Tatiana Brustin-Berenstein, Deportacje i zagłada skupisk żydowskich w dystrykcie warszawskim, in: BZIH 1/3 (1952), S. 84.
[80] Nach Akten des Judenrates im Jüdischen Historischen Institut in Warschau, zit. nach Berenstein/Rutkowski, Liczba, S. 76.
[81] Vgl. Aleksander Bieberstein, Zagłada Żydów w Krakowie, Kraków 1986, S. 14.
[82] Vgl. Fritz Arlt, Übersicht über die Bevölkerungsverhältnisse im Generalgouvernement, Krakau 1940, S. 16.
[83] Nach Gilbert (Endlösung, S. 33) ergibt sich dieser Anteil von insgesamt 16 336 Zivilisten, die in den ersten Kriegswochen an 714 Orten hingerichtet wurden.
[84] Nach Gilbert, Endlösung, S. 36: 1 139 000 im Generalgouvernement und 678 000 in den eingegliederten Gebieten; zusammen also 1 817 000.
[85] Vgl. Krzysztof Dunin-Wąsowicz, Żydowscy więźniowie KL Stutthof, in: BZIH 63 (1967), S. 6.
[86] Vgl. Krzysztof Dunin-Wąsowicz, Obóz koncentracyjny Stutthof, Gdynia 1966, S. 97.
[87] Vgl. ebenda, S. 42, 97.

lierung von Demarkationslinien und Interessensphären (28. September 1939) erreicht
worden war und die UdSSR das von ihr besetzte Wilna-Gebiet an die Republik Litauen abgetreten hatte (10. Oktober 1939), konnte man an die Konsolidierung des Zu-
standes und die verwaltungsmäßige Neuordnung der polnischen besetzten Gebiete gehen. Zwischen dem sowjetisch besetzten Polen und den in das Reich „eingegliederten
Gebieten" entstand am 26. Oktober 1939 das „Generalgouvernement für die besetzten
polnischen Gebiete" (GG) – wobei die letzten Worte später gestrichen wurden, als die
Idee eines „Reststaates" im Sommer 1940 nach dem Sieg im Westen ganz fallengelassen wurde.

Zum „Generalgouverneur für die besetzten polnischen Gebiete" wurde Hans Frank
bestellt. Sein Amtssitz war zunächst (vor der Ausrufung des staatsähnlichen Gebildes)
in Posen, dann in Łódź – erst am 6. November 1939 siedelte er nach Krakau über, wo
auf dem nunmehr „Burg" genannten Wawel die „Regierung des Generalgouvernements" untergebracht wurde. Die Regierung unterstand formell ausschließlich Adolf
Hitler persönlich, allerdings ist die gesamte Geschichte des Generalgouvernements
auch von Kompetenzstreitigkeiten zwischen ihr, unterschiedlichen Instanzen der
Reichsregierung, dem Militär und den verschiedenen Ebenen von SS und SD geprägt,
auf die detailliert einzugehen sich hier verbietet.

Das Generalgouvernement bestand bis 1941 aus vier Distrikten (Krakau, Radom,
Lublin, Warschau), deren Chefs unmittelbar dem Generalgouverneur unterstanden.
Die Hauptstadt war nach Krakau verlegt worden, weil Warschau sehr dicht an der
Grenze zwischen dem Generalgouvernement und den „eingegliederten Gebieten" lag
und man dem dort stärker vermuteten polnischen Nationalismus ausweichen wollte.
1939 bestand das Generalgouvernement aus Gebieten mit einer Fläche von 96 559
km² und wurde von etwa 12 000 000 Menschen bewohnt.[88]

In der Geschichte des nationalsozialistischen Deutschland spielte das Generalgouvernement insofern eine große Rolle, als es der Hauptaustragungsort für die Realisierung der deutschen rassistischen Konzeptionen wurde: in rascher Folge gelangten hier
die deutschen Pläne ansatzweise bzw. in ihrem ganzen grausigen Ausmaß zur Realisierung. Nachdem anfangs noch von einer temporären Heimstätte des polnischen Volkes
die Rede gewesen war, zu der möglicherweise auch ein „Judenreservat" gehören sollte,
wurde das „Nebenland des Reiches" schon bald zum Ort unverhüllter Verfolgungen.
Die „Ghettoisierung" der jüdischen Bevölkerung wurde durchgeführt; ab 1941 deportierte man hierher die Masse der europäischen Juden zur Ermordung.[89]

Eine Lagerwelt wurde geschaffen, die sich bis auf den heutigen Tag einer zusammenfassenden genauen Aufarbeitung im Westen entzogen hat.[90] Neben Arbeits- und
Konzentrationslagern entstand die Kategorie der „Vernichtungslager", in denen der

[88] Für die improvisierende Willkürherrschaft illustrierend ist die Tatsache, daß im Generalgouvernement zunächst keine verbindliche Definition des Begriffes „Jude" galt. Ein von den sog. Nürnberger Gesetzen nicht
abweichender Erlaß für das Generalgouvernement erging erst in der „Verordnung über die Bestimmung des
Begriffs ‚Jude' im Generalgouvernement" vom 24.7.1940 (VOBlGG 48/1.8.1940, Teil I, S. 231 f.); für die
„eingegliederten Gebiete" galten die deutschen Rassegesetze gar erst vom 31. Mai 1941 an (RGBl vom
4.6.1941). Dies behinderte die antijüdischen Aktivitäten jedoch überhaupt nicht.
[89] Andere Deportationsziele waren Łódź, Theresienstadt in Böhmen und Mähren sowie die Ghettos des
Reichskommissariats Ostland.
[90] In Polen liegt ein erster enzyklopädischer Versuch vor. Die GKBZHwP hat eine eindrucksvolle Gesamtübersicht herausgegeben: Obozy hitlerowskie na ziemiach polskich 1939-1945. Informator encyklopedyczny, Warszawa 1979.

Massenmord an Menschen in bis dahin unbekannter Art industrialisiert worden ist. Parallel dazu gab es wechselnde Konzepte der Behandlung von nicht-jüdischen Polen, die von wirtschaftlicher Ausbeutung, Germanisierung und sogar der pragmatischen Förderung eines rudimentären polnischen Nationalismus gegen Kriegsende bis hin zur Einkerkerung, Geiselnahme und willkürlichen Erschießung ohne ersichtlichen Grund reichten. Es darf als sicher angenommen werden, daß zahlreichen deutschen Machthabern eine Vernichtung der ethnischen Polen nach dem Abschluß der Judenvernichtung vorschwebte. Im Generalgouvernement fand der Hauptteil des Massenmordes an den europäischen Juden statt – daher wird ihm im weiteren die besondere Aufmerksamkeit gewidmet werden müssen.

Der erste organisierte Abschnitt des Vorhabens war mit dem Heydrich-Plan vom 21. September 1939 umrissen worden. Als sich nach dem 26. Oktober 1939 die Militärbehörden aus dem Generalgouvernement zurückzogen und im Osten Kampfruhe eingetreten war, erließ Heinrich Himmler am 30. Oktober 1939 die Anweisung, die Juden aus den „eingegliederten Gebieten" ins Generalgouvernement zu deportieren.[91] Als Termin sah der Himmler-Befehl die Zeit zwischen November 1939 und Februar 1940 vor, wobei gleichzeitig auch die „besonders feindlich eingestellte polnische Bevölkerung" aus den „eingegliederten Gebieten" entfernt werden sollte.

Von Anfang an traf diese Vertreibungsaktion auf den Widerstand der Regierung des Generalgouvernements, die hier zum ersten Male in einen Streit mit der SS geriet. Zum einen ergab sich die Notwendigkeit, im Generalgouvernement Unterkünfte für die Eingesiedelten zu beschaffen, zum anderen stellte sich die Nahrungsmittelfrage; hinzu trat ein auch in anderen Zusammenhängen erkennbares Bestreben Franks, das eigene Gebiet zu einem „gut funktionierenden Musterstaat" umzugestalten, um so die eigenen Fähigkeiten unter Beweis zu stellen.

Nachdem zunächst beschlossen worden war, bis Frühjahr 1940 1 000 000 Polen und Juden ins Generalgouvernement abzuschieben[92], und ein leitender Beamter sofort angemerkt hatte, die dann 16 000 000 Menschen starke Bevölkerung sei nicht mehr zu ernähren (man operierte mit willkürlichen Zahlen, um die eigenen Argumente zu stützen), liefen die Deportationen Anfang Dezember 1939 planmäßig an, nachdem man bereits im November z.B. in Kalisz versucht hatte, durch schlechte Behandlung möglichst viele Juden zum „freiwilligen" Abzug ins Generalgouvernement zu bewegen.[93] Vom 12. Dezember 1939 an wurden die Posener Juden deportiert – ihr Ziel lag wie das vieler anderer Transporte in der Lubliner Umgebung, wo eine Art „Judenreservat" geplant schien. Für die Deportation ungeeignete Personen durften zurückbleiben, sie wurden später umgebracht.[94] In Kalisz internierten die Deutschen am 20. November 1939 10 000 Juden unter unmenschlichen Bedingungen in der Markthalle, wo sie bis Dezember bleiben mußten. Zwischen dem 2. und dem 14. Dezember 1939 ver-

---

[91] Das Dokument wird als Dok. 246 im Archiv der GKBZHwP katalogisiert; vgl. Brustin-Berenstein, Deportacje, S. 85.

[92] Sitzung der Distriktchefs und Amtsleiter des Generalgouvernements vom 8.11.1939; vgl. Werner Präg/Wolfgang Jacobmeyer (Hrsg.), Das Diensttagebuch des deutschen Generalgouverneurs in Polen 1939-1945, Stuttgart 1975 (im folgenden: Diensttagebuch), S. 60.

[93] Vgl. Pakentreger, Dzieje, S. 88 f.; vgl. hierzu auch die noch früheren Versuche gleicher Art im Reg.Bez. Zichenau (Grynberg, Żydzi, S. 28 f.).

[94] Vgl. Jerzy Marczewski, Eksterminacja fizyczna ludności w Poznaniu (1939-1945), in: Przegląd Zachodni 28 (1972), S. 58.

ließen zehn Transportzüge die Stadt in Richtung Lublin, Sandomierz, Rzeszów, Krakau usw. Etwa 16 000 Kaliszer Juden wurden so ins Generalgouvernement deportiert.[95] – Aus Kalisz ist aus jenen Tagen die Beschwerde eines Kaliszer deutschen städtischen Beamten über eine Gruppe von Wehrmachtsoffizieren überliefert, die versucht hatte, sich für die Juden einzusetzen.[96] Im Ergebnis dieser ersten Umsiedlungswelle wurden die westlichen Kreise des Warthegaus „judenrein".[97] Nach dem „Ersten Nahplan" vom 12. November 1939 sollten nur aus Posen, Gnesen und Hohensalza (Inowrocław) sofort alle Juden deportiert werden, aber SS-Gruppenführer Wilhelm Koppe übererfüllte sein Soll. Statt der vorgesehenen 80 000 meldete er am 18. Dezember 1939 dem RSHA über 87 883 „evakuierte" Polen und Juden.[98]

Zwischen Dezember 1939 und April 1940 wurden nach Dąbrowska ca. 140 000 Juden aus den eingegliederten Gebieten ins Generalgouvernement deportiert. Allerdings kommt Dąbrowska zu dieser Zahl anhand des Vergleichs der Vorkriegszahl (ca. 400 000) mit einer Zählung der Juden, die sich zu jener Zeit noch in Konzentrationspunkten befanden, die das American Joint Distribution Committee – eine amerikanische jüdische Wohlfahrtsorganisation – im Juni 1940 vorgenommen hat.[99] Von dieser Zahl sind etwa 20-60 000 abzuziehen, die vor dem November aus den polnischen Westprovinzen geflohen waren. Die Rechnung nach Transporten ist ebenfalls unzulänglich, selbst wenn sie quellenmäßig möglich wäre. Daneben ist von einer nicht näher bestimmbaren, aber nicht allzu gering anzusetzenden Zahl von Juden auszugehen[100], die während der Umsiedlungszeit auf eigene Faust, d.h. nicht mit einem organisierten Bahntransport, ins Generalgouvernement gezogen waren.

Eine andere Rechnung ist von den Generalgouvernement-Gebieten aus möglich: Für die Stadt Warschau besitzen wir für diese Zeit eine Angabe über 90 000 Zugewanderte[101], in den Distrikt Lublin kamen bis Ende 1939 etwa 11 200 Juden[102] mit den Transporten. Aus den eingegliederten Gebieten sollen etwa 16 500 in den Distrikt Krakau deportiert worden sein, der Wert für den Distrikt Radom ist nicht bekannt.

Unzweifelhaft sind die meisten Juden aus den eingegliederten Gebieten nach Warschau gekommen – ungeachtet der „Judenreservat-Idee", die jedoch ab Februar 1940 zunehmend obsolet geworden war.[103] Die Zahl 90 000 für Warschau dürfte dennoch

[95] Vgl. Pakentreger, Dzieje, S. 91 ff.

[96] Vgl. ebenda, S. 94.

[97] Vgl. Dąbrowska, Zagłada, S. 128.

[98] Vgl. Pakentreger, Dzieje, S. 94.

[99] Akten des American Joint Distribution Committee (AJDC) im Archiv des Jüdischen Historischen Instituts Warschau (AZIH), Nr. 414, nach Dąbrowska, Zagłada, S. 126 f.

[100] Vgl. ebenda, S. 127.

[101] Vgl. Ruta Sakowska, Ludzie z dzielnicy zamkniętej. Żydzi w Warszawie w okresie hitlerowskiej okupacji. Październik 1939 – Marzec 1943, Warszawa 1975, S. 55.

[102] Vgl. Eisenbach, Polityka, S. 157. Zu Krakau vgl. Podhorizer-Sandel, O zagładzie, S. 90.

[103] Bereits im Frühjahr hatte man den ursprünglichen Lublin-Plan fallengelassen. Hans Frank sprach von Madagaskar als Ausweichort, aber diese Diskussion war letztlich akademisch; der bereits 1938 einmal anvisierte Zielort hatte trotz der Hoffnungen auf Vichy-Frankreich keinen Realitätswert mehr. Vgl. dazu Philip Friedman, The Lublin Reservation and the Madagascar Plan: Two Aspects of Nazi Jewish Policy during the Second World War (verfaßt 1953) in: ders., Roads to Extinction. Essays on the Holocaust, New York 1980, S. 34-58; Eisenbach, Polityka, S. 80, 165-182; L. Yahil, Madagascar – Phantom of a solution for the Jewish Question, in: B. Vago/G. Mosse (Hrsg.), Jews and Non-Jews in Eastern Europe 1918-1945, New York 1974, S. 315-324. – 1940 sollten die Deutschen noch aus dem Lubliner Gebiet ausgesiedelt werden, das „für das Judenreservat bestimmt ist" (Heinrich Himmler auf der Karinhall-Konferenz vom 12.2.1940, Nbg. Dok. EC-305). Nach dem Beginn der Judenvernichtung machte die Planung eine Wendung um 180 Grad: Im Gebiet des „Judenreservats" sollte nun nach einem zwischen November 1942 und Sommer 1943

zu hoch liegen, Gilbert schreibt von 40000[104] bis Ende 1939, einen Wert in dieser Höhe ergab die Zählung der jüdischen Gemeinde im April 1940. Es dürfte daher realistisch sein, für die Gesamtdeportationen eine Zahl von etwa 80 – 90000 Juden anzunehmen. Eisenbach[105] nennt keine eigenen Schätzungen, und eine sorgfältige polnische Arbeit[106] spricht von „einigen – zig Tausend".[107]

Als Ergebnis dieses Winters dürfte anzunehmen sein, daß sich groß angelegte Deportationen als praktikabel erwiesen hatten und daß diese Maßnahmen irgendwann einmal auch auf das Generalgouvernement anzuwenden sein würden; und nur soweit interessierte Frank das Ergebnis. Er begrüßte es jedenfalls, daß Göring am 23. März 1940 die Einstellung sämtlicher Evakuierungen aus den eingegliederten Gebieten anordnete. Himmler setzte die Anweisung in einen Befehl um, und der Höhere SS- und Polizeiführer Wilhelm Koppe verfügte daraufhin die Aussetzung der Transporte.[108]

Das unmittelbare Ergebnis der Einstellung der Evakuierungen ins Generalgouvernement war der Beginn der Einrichtung von Ghettos in den „eingegliederten Gebieten", die ja zunächst hatten „judenrein" gemacht werden sollen.[109] Im Februar 1940 wurde aus zahlreichen kleineren Orten im Wartheland die jüdische Bevölkerung nach Łódź (1939: 162000 Juden), aber auch nach Pabianice (ca. 8500), Zduńska Wola (10000), Ozorków (4700), Bełchatów (5500), Kutno (7000), Zelów (4500), Włocławek (4000) und Wieluń (4000) deportiert. Die jüdischen Bevölkerungszahlen der dadurch betroffenen Orte erhöhten sich entsprechend.

Die Entstehung des „offenen Ghettos" in Koźminek ist ein deutliches Beispiel der deutschen Judenverfolgung: Nach den Dezemberdeportationen waren in Kalisz etwas über 600 Juden zurückgeblieben. Die Markthalle wurde nun vom 20. Dezember an mit Juden aus den kleineren umliegenden Orten (Blaszki, Chocz, Zbiersk, Iwanowice, Opatówek) gefüllt. Am 13. Januar 1940 kamen 800 Juden aus Stawiszyn dazu. Mit der Hälfte der verbliebenen Kaliszer schickte man diese Leute in einem Zug nach Łódź.

---

aktuellen Plan das erste DEUTSCHE Kolonisationsgebiet im Generalgouvernement eingerichtet werden. Ca. 100000 Polen wurden zu diesem Zweck vertrieben, etwa 10000 Volksdeutsche angesiedelt, bis die Aktion wegen der Kriegsentwicklung und der Verstärkung der Partisanentätigkeit bis „nach dem Krieg" ausgesetzt wurde. Vgl. Zygmunt Mańkowski, Hitlerowska akcja wysiedleń i osadnictwa na Zamojszczyźnie, in: Przesiedlenia, S. 15-34.

[104] Vgl. Gilbert, Endlösung, S. 42.

[105] Vgl. Eisenbach, Polityka, S. 165.

[106] Vgl. Czesław Łuczak, Polityka ludnościowa i ekonomiczna hitlerowskich Niemiec w okupowanej Polsce, Poznań 1979, S. 128.

[107] Peter-Heinz Seraphim schätzte 1940 die Zahl auf 330000 (Judenfrage, S. 61), Kulisher (Displacement, S. 99) nimmt ebenfalls einen viel zu hohen Wert von „über 330000" an. Dies dürfte die Gesamtzahl der ausgesiedelten Polen und Juden sein. Zu den Quantifizierungs- und Klassifizierungsschwierigkeiten vgl. Czesław Łuczak, Wysiedlenia hitlerowskie na tak zwanych Ziemiach Wschodnich wcielonych do Rzeszy, in: Przesiedlenia, S. 178-182. – Der Chef der Sicherheitspolizei und des SD in Berlin nannte am 15.11.1940 303 Polen-Transporte mit zusammen 294336 POLEN (Übersicht über die durchgeführten Evakuierungen, Nbg. Dok. NO-5150, zit. bei Eisenbach, Polityka, S. 165).

[108] Vgl. Eisenbach, Polityka, S. 163.

[109] Das „Planziel" für die Zeit von März bis Dezember 1940 war die Umsiedlung von 450000 Juden, bis zu 35000 Zigeunern und 120000 Polen. Die Umsiedlung der Juden wurde jedoch nach dem März 1940 eingestellt. Artur Eisenbach (Przesiedlenia ludności żydowskiej w okresie II wojny światowej, in: Przesiedlenia, S. 288) nennt die Karinhall-Konferenz, auf der die Gefahr der Schwächung der Wirtschaftskraft der Ostgebiete durch die Deportationen zum Thema gemacht wurde, als Auslöser der Transporteinstellung. Göring habe aufgrund dessen dann eine entsprechende Anweisung gegeben. In seinem früheren Buch hatte Eisenbach die Konferenz Höherer SS- und Polizeiführer in Berlin vom 30.1.1940 als Basis der vorübergehenden Aussetzung von Judendeportationen genannt (Nbg. Dok. NO-5322-2; Eisenbach, Polityka, S. 157ff.).

Dort weigerte sich der Judenrat, sie aufzunehmen. Also brachte man sie am 28. Januar 1940 wieder in die Markthalle von Kalisz zurück – und am 23. Februar nach Koźminek, wo dann vorübergehend für 1312 Juden ein Ghetto eingerichtet wurde.[110] Im Juni 1940 lieferte man etwa 50 Juden aus Ostrów Kaliski ein. Entlassene Kriegsgefangene und Wechsel zwischen Kalisz (wo es ein Krankenhaus gab) und Koźminek brachten die Zahlen auf 700 in Kalisz bzw. 1300 in Koźminek.[111]

Das Krankenhaus von Kalisz ist von besonderer Bedeutung, weil hier lange vor dem Rußlandfeldzug Abgas-Lkws zum Judenmord eingesetzt wurden.[112] Am 27., 28. und 30. Oktober 1940 holte ein schwarzer, abgedichteter Lkw 290 jüdische Patienten aus dem Krankenhaus ab, fuhr mit ihnen in den acht Kilometer entfernten Ort Biernatki, wo die Patienten ermordet ankamen und die Leichen begraben wurden. 1946 wurden sie exhumiert und auf dem jüdischen Friedhof in Kalisz beigesetzt.[113] Dieser erste Einsatz von Gaskammer-Autos ist mit der deutschen „Euthanasie"-Aktion verknüpft. 1941 machte es in Polen keine Schwierigkeiten, auf diese „Erfahrungen" zurückzukommen.[114]

Die Ermordung Geisteskranker und Pflegebedürftiger fand (wiederum im Zusammenhang mit den deutschen „Euthanasie"-Morden) auch im Reg.Bez. Zichenau in größerem Umfang statt. In Mackeim/Maków Mazowiecki richtete man im Februar 1940 in einem Schulgelände ein Schein-Krankenhaus ein, dessen ca. 500 polnische und jüdische Insassen im nahen Wald von Sewerynowo durch Gestapo, SS und Beihilfe leistende Volksdeutsche erschossen, begraben – und im Mai 1944 exhumiert wurden. Ähnliches geschah in Zichenau/Ciechanów, Sichelberg/Sierpc und Pieńki Borowe (Kr. Ostrołęka/Scharfenwiese). In Schröttersburg/Płock traf es im Januar 1940 neun jüdische (und 27 christliche) Bewohner eines katholischen Pflegeheims, Ende des Jahres die 40 Bewohner des jüdischen Altersheims.[115]

Nach den Deportationen verblieben in den „eingegliederten Gebieten" etwa 600 000 Juden, davon ca. 400 000 im Gau Wartheland[116], etwa 100 000 im Dombrowa-Gebiet und etwa 80 000 im zu Ostpreußen geschlagenen Nordteil der Woje-

110 Vgl. Aleksander Pakentreger, Losy Żydów miasta Kalisza i powiatu kaliskiego w okresie okupacji hitlerowskiej. Martyrologia i zagłada, in: BZIH 2-3/114-5 (1980), S. 4f.
111 Vgl. ebenda, S. 9.
112 Pakentregers Hinweis, man habe hier eine Generalprobe für Łódź unternommen, ist nicht schlüssig, weil die von ihm zitierten Dokumente entstellt wiedergegeben sind – hier ist weitere Forschung vonnöten.
113 Vgl. ebenda, S. 12 f. – Eine weitere Vergasungsaktion fand im Kreis Kalisz am 18.11.1941 statt: 127 Personen, darunter 15 Kinder aus dem Waisenhaus, wurden mit Gaskammer-Autos in einen Wald bei Jedlec, Kreis Jarocin gefahren und dort verscharrt. Zwischen dem 28.11. und dem 1.12.1941 folgten ihnen 100 Personen aus Kalisz und 600 aus dem Ghetto Koźminek. Die fünf Massengräber wurden durch die Anpflanzung von Bäumen getarnt. In Kalisz blieben nur mehr 150 Juden übrig (vgl. ebenda, S. 18 f.). Da Himmler im Sommer 1941 in Minsk dem Chef der Einsatzgruppe B Nebe eine „humanere" Tötungsmethode als die Massenerschießung zu suchen befohlen hatte, experimentierte dieser mit Sprengungen und Autoabgasen herum. Hierin sieht Helmut Krausnick (vgl. Diskussionsbeitrag in: Eberhard Jäckel/Jürgen Rohwer (Hrsg.), Der Mord an den Juden im Zweiten Weltkrieg. Entschlußbildung und Verwirklichung, Stuttgart 1985, S. 140) die Vorläufer der Vergasungsentscheidung. Vom 3.9.1941 an fanden in Auschwitz Vergasungsversuche zunächst an sowjetischen Kriegsgefangenen statt.
114 Vgl. Diskussionsbeitrag Hilberg, in: Jäckel/Rohwer, Mord, S. 142.
115 Vgl. Grynberg, Żydzi, S. 41 f.
116 Wir vernachlässigen hier die etwa 1800 Juden des neuen Gaus Danzig-Westpreußen. Die Angaben stammen von Gauleiter Greiser. Sitzung über Ostfragen unter dem Vorsitz des Ministerpräsidenten Generalfeldmarschall Göring, 12.2.1940, in: Der Prozeß gegen die Hauptkriegsverbrecher vor dem Internationalen Militärgerichtshof Nürnberg, 14. November 1945 – 1. Oktober 1946. Nürnberg 1947-1949, Bd. 36, S. 303, Dokument 305-EC.

wodschaft Warschau (Reg.Bez. Zichenau).[117] Daß sich in der gleichen Zeit die Zahl der Juden im Generalgouvernement um etwa 350 000 erhöht haben kann[118], ist dennoch kein unbedingter Widerspruch. Der Kategorisierungsbegriff „Juden" war nach rassistischen Kriterien verändert worden und umfaßte einen deutlich größeren Personenkreis. Daneben kamen in dieser Zeit bereits Transporte aus nicht-polnischen Gebieten an. Im Februar 1940 wurden etwa 1000 Stettiner Juden nach Lublin deportiert – abgesehen von der 1938er Deportation war dies die erste organisierte Vertreibung aus Deutschland. Auch aus Österreich und dem Protektorat Böhmen und Mähren wurden bereits 1939/1940 Juden in das geplante „Judenreservat" abgeschoben. Zu erwähnen wäre auch der natürliche Zuwachs, der so wenige Monate nach Kriegsausbruch noch „Friedensniveau" gehabt haben dürfte, auch wenn die Säuglingssterblichkeit vermutlich deutlich zunahm.

Eine Zählung des Judenrates in Warschau, auf deren Basis die Lebensmittelkarten ausgegeben wurden und die deshalb allgemein als leicht überhöht angesehen wurde, ergab im April 1940 395 025 Juden, darunter 40 000 Zugänge aus dem Gau Wartheland und dem Regierungsbezirk Zichenau.[119] Für Częstochowa/Tschenstochau stiegen die Zahlen zwischen Januar 1940 und Januar 1941 von 31 758 auf 33 921[120], andere Angaben sprechen für 1941 sogar von 35 653 jüdischen Einwohnern Tschenstochaus.[121] Insgesamt stieg durch die Deportationen[122] die Zahl der jüdischen Bewohner des Generalgouvernements leicht an, während für die „eingegliederten Gebiete" eine Abnahme registriert werden muß.

Vom 1. Dezember 1939 an galt für die Juden des Generalgouvernements der Kennzeichnungszwang. Gleichzeitig trat eine Anordnung in Kraft, die Konten von Juden sperrte, wenig später eine Verordnung „über die Pflicht zur Anmeldung jüdischen Vermögens" – dies waren erste Hinweise auf die Aussonderung und Beraubung der Juden nun auch in dem Gebiet, in das sie zu dieser Zeit noch massenweise transportiert wurden. Vom 1. Januar 1940 an war der eigenmächtige Wechsel des Wohnsitzes untersagt: im Generalgouvernement begann die „Ghettoisierung".[123]

---

[117] Vgl. Michał Grynberg, Getta w rejencji ciechanowskiej, in: BZIH 4/116 (1980), S. 57.

[118] Vgl. Karol Marian Pospieszalski, Hitlerowskie „prawo" okupacyjne w Polsce. Bd. 2, Poznań 1958, S. 521.

[119] Vgl. Berenstein/Rutkowski, Liczba, S. 75 ff.

[120] Vgl. L. Brener, O pracy przymusowej ludności żydowskiej w Częstochowie w okresie okupacji hitlerowskiej, in: BZIH 22 (1957), S. 48.

[121] Vgl. Jan Pietrzykowski, Hitlerowcy w Częstochowie w latach 1939-45, Poznań 1959, S. 178.

[122] Die Zahl derjenigen, die auf dem Transport umkamen, kann nicht ermittelt werden; die Deportationen fanden im Winter in ungeheizten Waggons statt.

[123] Gemäß der „Verordnung über die Kennzeichnung von Juden und Jüdinnen im Generalgouvernement vom 23.11.1939" (VOBlGG 8/30.11.1939, S. 61). In den eingegliederten Gebieten war die Kennzeichnungspflicht bereits früher eingeführt worden, in Sichelberg/Sierpc am 12.10.1939, in Leslau/Włocławek am 24.10.1939 (Vgl. Grynberg, Żydzi, S. 37); der Kompetenzwirrwarr führte zu unterschiedlichen Kennzeichnungsformen in den einzelnen Distrikten und Kreisen. – Jüdische Konten wurden mit der Anordnung Nr. 4 des Leiters der Abteilung Devisen im Amte des Generalgouverneurs vom 20.11.1939 gesperrt (VOBlGG 7/20.11.1939, S. 57 f.). Die Wohnsitzbindung erfolgte durch die Erste Durchführungsvorschrift zur Verordnung vom 26.10.1939 über die Einführung des Arbeitszwanges vom 11.12.1939 (VOBlGG 13/21.12.1939, S. 231 f.). Die Verordnung über die Pflicht zur Anmeldung jüdischen Vermögens im Generalgouvernement vom 24.1.1940 (VOBlGG 7/29.1.1940, S. 31-35) sah eine Erfassung aller Gegenstände und Forderungen von einigermaßen faßbarem Wert bis hinunter zu „Einrichtungsgegenständen" und „persönlichen Gebrauchsgegenständen" vor.

Die Ghettoisierung

Die „Konzentration" der Juden in Orten, die nach Möglichkeit entlang von Bahnlinien gelegen sein sollten, war bereits ein Hinweis darauf, daß alle diese Umsiedlungen
provisorischen Charakter hatten, daß es sich letzten Endes um Zwischenstationen auf
einem Weg handelte, dessen Endpunkt aber zu dieser Zeit noch nicht endgültig formuliert worden war. Überhaupt zeichnete sich nach außen kein eigentlicher Umriß einer zielgerichteten Politik ab. Scheinbar auf Dauer angelegte Maßnahmen kontrastier-
ten scharf mit hektischen Umsiedlungen, die auch innerhalb des Generalgouvernements stattfanden und keine einheitliche Planung verrieten.

In einer Abteilungsleitersitzung am 12. April 1940 veküdete Hans Frank den Plan,
die Krakauer Juden aus der Stadt zu vertreiben, weil es „absolut unerträglich" sei,
„wenn in einer Stadt, der der Führer die hohe Ehre zuteil werden lasse, der Sitz einer
hohen Reichsbehörde zu sein, Tausende und Abertausende von Juden herumschli-
chen und Wohnungen innehätten".[124] Zum 1. November 1940 sollte Krakau „soweit
irgend möglich, judenfrei" sein. Seit September 1939 hatte sich die Zahl der jüdischen
Einwohner Krakaus infolge der Deportationen aus den „eingegliederten Gebieten" erhöht – hatte sie vorher über 56 000 betragen, so lag sie Anfang 1940 zwischen 60 000
und 80 000. Im März/April 1940 erfolgte in Krakau auf Anweisung des „Amtes des
Höheren SS- und Polizeiführers" eine Registrierung der arbeitsfähigen Männer zwischen 12 und 60 Jahren: man ermittelte 21 105 Personen. Da Bieberstein[125] diese
Zahl als 73,3% der männlichen jüdischen Bevölkerung charakterisiert, erhält man
etwa 60 000 als Gesamtzahl für Krakau. Allerdings dürfte sich manch einer der Registrierung entzogen haben, so daß die faktische Zahl vermutlich höher anzusetzen ist.
Aufgrund der Kennzeichnungsverordnung für Juden über 12 Jahren verteilte die jüdische Gemeinde 53 828 Armbinden mit dem Davidstern[126] – setzt man ein ähnliches
Verhältnis wie oben ein, ergibt sich eine Gesamtzahl von 70 000. Bis Mitte August
1940 wurde die „freiwillige" Abreise der Juden aus Krakau den Betroffenen über den
Judenrat nahegelegt, wobei als Anreiz dienen sollte, daß die so die Stadt Verlassenden
ohne Einschränkungen ihren Besitz mitnehmen dürften. Nach der Verordnung des
Stadthauptmanns vom 18. Mai 1940 sollten am 15. August 1940 nur mehr 15 000 aus
wirtschaftlichen Gründen erforderliche Juden und ihre Familien in Krakau wohnen.[127] Es kann anhand der amtlichen deutschen Angaben davon ausgegangen werden, daß etwa 23 000 Juden im Zuge dieser Aktion Krakau verließen.[128] Die Wohlfahrtsorganisation American Joint Distribution Committee registrierte im Juni 1940
noch etwa 67 000 Juden in Krakau.[129] Die Abreise aus der Stadt, für die bereits Pas-
sierscheine und Sondererlaubnisse erforderlich waren, organisierte der Judenrat.
Hierzu muß angemerkt werden, daß bis in den Sommer 1940 hinein die jüdischen

[124] Diensttagebuch, S. 165.
[125] Vgl. Bieberstein, Zagłada, S. 14, 25.
[126] Vgl. ebenda, S. 22.
[127] Vgl. ebenda, S. 32.
[128] Vgl. Krakauer Zeitung 31.12.1940/1.1.1941, nach Hilberg, Vernichtung, S. 152.
[129] Vgl. Rechenschaftsbericht der Abteilung des AJDC im Distrikt Krakau vom 4.7.1940, AZIH, Akte AJDC
354, nach Podhorizer-Sandel, O zagładzie, S. 89.

Gemeinden im Generalgouvernement die Arbeitsfähigen selber registrierten. In Krakau ging am 1. April 1940 diese Kompetenz an das deutsche Arbeitsamt über.[130]

Im September 1940 wurden weitere 9000 Juden zwangsweise aus der Stadt vertrieben, indem der Judenrat ihnen entsprechende Reisebefehle zuschickte. Ob damit aber die in den deutschen Unterlagen auftauchende Gesamtzahl von 32 000 Abgewanderten bis Ende 1940 stimmt[131], ob die vom Judenrat im Bericht für die Zeit vom 13. September 1939 bis zum 30. September 1940 genannte Zahl von 29 610[132] zutrifft, die wohl eine Abgrenzung nach unten darstellt, oder ob ca. 35 000 Juden, wie in den Generalgouvernement-Dokumenten ebenfalls ermittelt wird[133], bis Anfang Oktober die Stadt verließen, wird wohl unbekannt bleiben – wobei beachtet werden muß, daß, abgesehen von der forcierten Abreise, auch eine solche außerhalb der Regie des Judenrates stattfand. Etwa 15 000 Krakauer Juden gelangten bis Oktober 1940 in den Kreis Miechów, 5000 nach Działoszyce, 3000 nach Wolbrom, jeweils mehr als 1000 nach Słomniki, Proszowice, Skalbmierz und in die Stadt Miechów.[134] Auf Personen, die nicht im Besitz der vom Judenrat ausgegebenen, zum Bleiben berechtigenden Ausweise waren, fanden im November 1940 erstmals Razzien statt, in deren Verlauf weitere 11 000 Personen die Stadt zu verlassen hatten.[135] Die restlichen Juden wurden in einem „Judenwohnbezirk" in dem wenig attraktiven Stadtviertel Podgórze zusammengesperrt, wo 1939 etwa 3000 Menschen gelebt hatten.

Das am 21. März aufgrund einer Anordnung vom 3. März 1941 eingerichtete Ghetto besaß nur mehr 15 000 Einwohner. Offiziell wurden 12 000 Kennkarten ausgestellt, Bieberstein[136] rechnet mit etwa 3000 zusätzlichen „illegalen" Bewohnern. Etwa 15 – 20 000 weitere mußten die Stadt verlassen, nachdem der Distriktchef Wächter am 25. November 1940 alle bisherigen Bescheinigungen für ungültig erklärt hatte und in nochmals reduziertem Umfang neue Kennkarten ausgeben ließ. Die Akten der Distrikte Lublin und Krakau im Archiv des Jüdischen Historischen Instituts in Warschau weisen 80 Transporte mit Umsiedlern aus, die zwischen dem 29. November 1940 und dem 2. April 1941 Krakau in östlicher Richtung verließen.[137] Die von den Deutschen kontrollierte Presse für die Juden förderte die Umzugsbereitschaft. Man berichtete etwa aus dem Kreis Chełm, dort stände ausreichender Wohnraum zur Verfügung und die ländliche Umgebung „erlaube den Juden die Durchführung der von ihnen heißersehnten landwirtschaftlichen Umschulung".[138]

Die verhältnismäßig ausführliche Behandlung Krakaus bezweckt mehreres: Zum einen soll gezeigt werden, daß auch in den relativ „ruhigen" Zeiten zwischen den ersten Deportationen und dem Beginn der Massenvernichtung dauernd ein Umschlag von Juden zwischen verschiedenen Wohngebieten stattgefunden hat, der mit den üblichen Mitteln des Historikers in diesem Rahmen auch nicht annähernd erfaßt werden

---

[130] Vgl. Bieberstein, Zagłada, S. 26.
[131] Vgl. Krakauer Zeitung, 31.12.1940, nach Hilberg, Vernichtung, S. 152.
[132] Vgl. Podhorizer-Sandel, O zagładzie, S. 91.
[133] Vgl. ebenda.
[134] Vgl. Gazeta Żydowska 28/7.10.1940, nach Fuks, Małe Judenraty, S. 198.
[135] Vgl. Hilberg, Vernichtung, S. 152.
[136] Vgl. Bieberstein, Zagłada, S. 48.
[137] Vgl. ebenda, S. 40; Podhorizer-Sandel, O zagładzie, S. 91.
[138] Gazeta Żydowska 12/10.2.1941, zit. nach Fuks, Małe Judenraty, S. 108. Zur Charakterisierung der Gazeta Żydowska vgl. Tadeusz Cieślak, Z historii niemieckiej prasy w języku polskim, in: Rocznik Historii Czasopiśmiennictwa Polskiego 8 (1969), S. 579-588.

kann. Über die Verschickungen fehlen z.T. Unterlagen, andererseits wird mit Zahlen operiert, die nur angenäherte Schätzwerte sein können. Vielfach entgehen Deportationen der Aufmerksamkeit der Forscher – so erscheinen z.B. die quantitativ nicht ganz unbedeutenden Abschiebungen zwischen November 1940 und Frühjahr 1941 im grundlegenden Buch Hilbergs nicht, obwohl dort Krakau sonst viel Beachtung geschenkt wird. Andererseits dokumentiert die Krakauer Vertreibung, daß „Aussiedlungen" eine der regulären Maßnahmen der deutschen Herrschaft in Polen waren, über die auch noch in der zensurierten Presse positiv berichtet wurde; dies wiederum bietet einen Hinweis darauf, warum später die als „Aussiedlungen" ausgegebenen Deportationen in die Mordmaschinerien der Vernichtungslager zunächst nur wenig Verdacht erregten.

Die Mitteilungen über Deportationen aus der Hauptstadt des Generalgouvernements sind zu ergänzen durch die Erwähnung von Judendeportationen aus anderen lokal begrenzten Gebieten. Bereits 1939 wurden etwa 900 Juden aus Wielopole Skrzyńskie im Kreis Dębica vertrieben, wo die Wehrmacht einen Truppenübungsplatz einrichten wollte.[139] Im März 1940 hatten alle Juden die Orte Krzeszowice und Swoszowice zu verlassen, wo die Sommerresidenz des Generalgouverneurs errichtet wurde, und im Sommer 1940 wurde das Gebiet von Zakopane zum Erholungsgebiet für Deutsche erklärt und für Juden gesperrt. Im Juni 1941 wurde dieses Sperrgebiet bis Nowy Targ erweitert.[140] Im November 1940 war den Juden das Betreten des Kurgebiets von Krynica verboten worden.[141]

Die Bevölkerungsverschiebungen im Winter 1940/41 scheinen am wenigsten erforscht zu sein. Sie waren der „Konzentrationsbewegung" gegenläufig – ihr Sinn ist nicht in allen Fällen schlüssig zu bestimmen. Aus der Stadt Radom wurden im Dezember 1940 Juden „aufs Land" geschickt. Etwa 500 blieben in Chmielnik, Kreis Busko, 225 in Nowy Korczyn – eine nicht genannte Zahl verteilte sich auf andere Orte des Kreises.[142] Aus Jędrzejów, Distr. Krakau wurden 1941 600 Juden nach Wodzisław (300), Szczekociny (150), Sobków (100) und Sędziszów (50) umgesiedelt.[143] Wie in Krakau wurde in Lublin – die Pläne für ein „Reservat" waren längst ad acta gelegt – ein Großteil der jüdischen städtischen Bevölkerung in die umliegenden Kreise ausgesiedelt – im dann eingerichteten Ghetto lebten anfangs 30-40 000 Menschen.[144]

Die Judenumsiedlungen führten dennoch hauptsächlich in die größeren Städte hinein, in denen die verwaltungsmäßige Erfassung der Juden einfacher erschien. Zu diesem Zweck waren bereits aufgrund der Heydrichschen Anweisung vom 21. September 1939 Judenräte gebildet worden, die als einzige Verbindung zwischen den die jeweilige Stadt bewohnenden Juden und den diversen deutschen Stellen zu dienen hatten. Für die Deutschen brachte dies neben der Vereinfachung ihrer Verwaltung auch einen möglichst reduzierten persönlichen Kontakt mit der jüdischen Bevölkerung mit sich, was zum einen wegen der Furcht vor Seuchen positiv erschien, die zu-

---

139 Vgl. AZIH, Akte Jüdische Selbsthilfe JUS 555, nach Podhorizer-Sandel, O zagładzie, S. 90.
140 Vgl. Rechenschaftsbericht des Kreishauptmanns von Neumarkt/Nowy Targ für die Zeit vom 17.9.1939 bis zum 31.5.1941, nach Podhorizer-Sandel, O zagładzie, S. 90.
141 Vgl. Eisenbach, Polityka, S. 223.
142 Vgl. Gazeta Żydowska 4/14.1.1941, nach Fuks, Małe Judenraty, S. 187.
143 Vgl. Gazeta Żydowska 12/11.2.1941, nach Fuks, Małe Judenraty, S. 192.
144 Vgl. Eisenbach, Polityka, S. 222; R. Moszyński/L. Policha, Lublin w okresie okupacji (1939-1944), Lublin 1948, S. 72; Berenstein, Martyrologia, S. 29 f.

mindest zeitweise subjektiv nicht nur vorgeschoben gewesen sein mag, zum anderen aber eine Gefahr der Fraternisierung möglichst gering hielt, die den deutschen Stellen nach den Erfahrungen im Ersten Weltkrieg nicht ganz unmöglich erscheinen mußte.[145]

Die „Einsiedlung" in die großen Städte stieß jedoch auf den Widerstand der davon betroffenen deutschen Stadt- und Kreishauptleute, so daß gleichzeitig auch andere Zwischenlösungen gesucht wurden. So mußten zwar die meisten Juden die Dörfer verlassen – man hat sie jedoch nicht gleich in den Städten untergebracht. Ein Beispiel ist die Anweisung an die in Dörfern des Kreises Sochaczew-Błonie, Distr. Warschau lebenden Juden, im Januar 1941 in den jüdischen Wohnbezirk von Żyrardów umzuziehen.[146] Noch im selben Jahr mußten dann alle Juden Żyrardóws ins Warschauer Ghetto gehen. Zwischen Ende 1939 und 1941 entstanden so letztlich unsystematisch auf dem Territorium des Generalgouvernements und in den östlichen Teilen der „eingegliederten Gebiete" Judenwohnbezirke, die bald zum Teil mit dem Begriff „Ghetto" belegt wurden. Der Ghetto-Begriff sollte implizieren, daß diese mittelalterlich-frühneuzeitliche Lebensform eine den Juden gemäße sei. Er trägt eindeutig beschönigende Merkmale, die die inhumane Realität der Wohnbezirke ebensowenig abbildet wie der Satz im offiziösen GG-Handbuch du Prels: „Die jüdischen Wohnbezirke sind größtenteils von Mauern umgeben, sodaß die Juden völlig unter sich leben."[147]

Bereits 1939 waren jüdische Stadtteile im Westen Polens abgesteckt worden. Im Oktober entstand der erste in Petrikau/Piotrków, im Dezember folgten Puławy und Radomsko.[148] In den ersten Monaten des Jahres 1940 wurden Judenviertel in weiteren westpolnischen Städten gebildet, dabei auch im Warthegau, nachdem die Deportation ins Generalgouvernement eingestellt worden war. Es seien hier nur Pabianice, Warta und Łódź genannt. Im April 1940 wurde das Ghetto Brzeziny, im Juni 1940 dasjenige von Kutno eingerichtet.[149] Im Reg.Bez. Zichenau, in dem es 19 jüdische Bezirke gab, entstand das erste Ghetto Anfang 1940 in Sichelberg/Sierpc[150]; aus der Stadt waren zuvor 90% der Juden vertrieben worden. Gegen Ende des Jahres erfaßte die Abgrenzung der jüdischen Wohnbereiche von denjenigen der nicht-jüdischen Polen auch die mittleren Gebiete des besetzten Landes. Im Oktober 1940 wurde ein Ghetto in Mińsk Mazowiecki bei Warschau geschaffen[151], zu Anfang 1941 war der Abschluß der Umsiedlung innerhalb von Otwock angeordnet. In Otwock wurde ein getrenntes „Kur-

---

[145] Zur Problematik der Judenräte und der jüdischen Hilfspolizei, die auch von dem Vorwurf der Kollaboration nicht ausgenommen wurden, vgl. u.a. die massive Kritik Hannah Arendts (Eichmann in Jerusalem. Ein Bericht von der Banalität des Bösen, München 1986⁵, S. 151-166) sowie das grundlegende Werk von Isaiah Trunk, Judenrat. The Jewish Councils in Eastern Europe under Nazi Occupation, New York 1972. – Einzelschriften Philip Friedmans über die Lage in Łódź, Sosnowiec/Sosnowitz und Wilna s. in: ders., Roads, S. 333-380.

[146] Vgl. Gazeta Żydowska 11/7.2.1941, nach Fuks, Małe Judenraty, S. 99.

[147] Max Freiherr du Prel, Das Generalgouvernement, Würzburg 1942, S. XVII. Vgl. hingegen die einleitenden Sätze aus dem Stroop-Bericht über die Niederschlagung des Warschauer-Ghetto-Aufstands (s. Anm. 382): „Die Bildung jüdischer Wohnbezirke und die Auferlegung von Aufenthalts- und Wirtschaftsbeschränkungen für die Juden sind in der Geschichte des Ostens nicht neu. Ihre Anfänge gehen weit bis ins Mittelalter zurück und waren auch noch im Verlaufe der letzten Jahrhunderte immer wieder zu beobachten. Diese Beschränkungen erfolgten aus dem Gesichtspunkt, die arische Bevölkerung vor den Juden zu schützen" (Nbg. Dok. 1061-PS, S. 632 f.).

[148] Vgl. Eisenbach, Polityka, S. 218.

[149] Vgl. ebenda; Dąbrowska, Zagłada, S. 131.

[150] Vgl. Grynberg, Żydzi, S. 47.

[151] Vgl. Eisenbach, Polityka, S. 221 f.

Ghetto" für Kranke und Schwache eingerichtet, das zunächst positiv bewertet wurde.[152] Bald sollte man jedoch erkennen, daß Nicht-Arbeitsfähige als erste ermordet wurden. Im Distrikt Lublin entstand im Oktober 1940 das Ghetto Chełm.[153] Aus dem Zentrum von Krasnystaw wurden die Juden im Juli 1940 vertrieben. Sie durften nur noch jenseits des Flusses Wieprz leben, wo auch vor der Emanzipation im 19. Jahrhundert das Judenghetto gewesen war.[154] Im März 1941 wurde das Leben außerhalb der festgelegten Bezirke in Krakau (21. März 1941), Lublin (24. März 1941) und Bochnia (15. März 1941) untersagt. Zum 7. April 1941 wurde angeordnet, in Tschenstochau einen „geschlossenen jüdischen Wohnbezirk" einzurichten.[155] Aber auch im Zichenauer Bezirk entstanden noch im November 1941 neue Ghettos in Strzegowo (Kr. Mława) und Nowe Miasto (Kr. Płońsk).[156]

Bereits während der Konsolidierungsphase des Ghettos kam es zu Improvisation und Willkür. Über den Reg.Bez. Zichenau etwa berichtet Grynberg, daß in Płock das Ghetto im September 1940 eingerichtet, jedoch bereits im März 1941 wieder aufgelöst wurde.[157] Angeblich wollte die deutsche Stadtverwaltung möglichst rasch und ungehindert über einen Fonds verfügen, in den die arbeitenden Juden 50% ihrer Verdienste einzuzahlen hatten. Bereits Mitte 1941 wurden kleinere Ghettos in Czerwińsk, Wyszogród und Zakroczym aufgelöst und deren Bewohner nach Nowy Dwór „eingesiedelt".[158] Eine Sonderrolle nahm das Ghetto im Fort Pomiechówek bei Nowy Dwór (Reg.Bez. Zichenau) ein. Nachdem hier Juden konzentriert worden waren, die man als Illegale im Regierungsbezirk aufgegriffen hatte, wurde das Fort von Mai bis September 1941 als „normales" Ghetto mit einer Bevölkerung von über 6000 geführt. Im September 1941 wurden 2500 hier noch lebende Juden an die Grenze des Generalgouvernements eskortiert und laufen gelassen.[159] Bis zum Kriegsende war Pomiechówek ein Gestapo-Gefängnis. Zuletzt wurden die Ghettos im Kreis Rzeszów errichtet. Kreishauptmann Ehaus gab am 17. Dezember 1941 einen entsprechenden Erlaß aus, woraufhin Umzüge stattfanden und in Rzeszów am 10. Januar 1942, in anderen Orten des Kreises am 1. Februar 1942 die jüdischen Wohnbezirke von der Außenwelt abgeschlossen wurden.[160]

Die Ghettoorganisation war keineswegs einheitlich. Zahlreiche Ghettos waren zunächst offen – was bedeutete, daß ihre Bewohner sich in der gesamten Ortschaft frei bewegen durften und nur im Ghetto wohnen mußten. Solche offenen Ghettos befanden sich meist nicht in größeren Orten, sondern in Kleinstädten wie Sieradz (Anfang 1941, 2000 Personen)[161] oder Zduńska Wola (Mai 1940, 8500 Personen).[162] Daneben entstanden im Warthegau auch sog. Dorfghettos, bei denen die gesamte polnische Bevölkerung eines Dorfes ausgesiedelt wurde, um aus ihrem Dorf ein Ghetto werden zu

[152] Vgl. Gazeta Żydowska 35/19.11.1940, nach Fuks, Małe Judenraty, S. 102.
[153] Vgl. Eisenbach, Polityka, S. 222.
[154] Vgl. Gazeta Żydowska 12/10.2.1941, nach Fuks, Małe Judenraty, S. 195.
[155] Vgl. Pietrzykowski, Hitlerowcy w Częstochowie, S. 176.
[156] Vgl. Grynberg, Żydzi, S. 47 ff.
[157] Vgl. Grynberg, Getta, S. 60.
[158] Vgl. ebenda, S. 59.
[159] Vgl. Michał Grynberg, Obozy w rejencji ciechanowskiej, in: BŻIH 1/117 (1981), S. 50 f., 57.
[160] Vgl. Stanisław Poradowski, Zagłada Żydów rzeszowskich, in: BŻIH 3-4/135-6 (1985), S. 80.
[161] Vgl. Cygański, Powiat, S. 86.
[162] Vgl. ebenda.

lassen. Dies geschah z.B. in zwei Dörfern der Gemeinde Lubotyń, Kreis Koło: 150 Familien aus Koło und 50 Familien aus Babiak wurden am 2. Oktober 1940 in den Bauernhäusern von Bugaj und Nowiny Brdowskie untergebracht.[163] In anderen Fällen – hier geht es um Dörfer der Gemeinde Grodziec (2000 Juden) und Rzgów bei Konin (1000 Juden)[164] – wurden die Juden in Nebengebäuden von Bauernhöfen einquartiert.

Das größte Ghetto entstand in der ehemaligen polnischen Hauptstadt Warschau. Nach der Lebensmittelkartenzählung lebten in der Stadt, deren Judenrat von dem Ingenieur Adam Czerniaków geführt wurde, im Mai 1940 396 041 Juden.[165] Czerniaków hinterließ ein Tagebuch, das zusammen mit den vom Historiker Emmanuel Ringelblum gesammelten Dokumenten einen unschätzbaren Einblick in die Herrschaftspraxis der Deutschen und das tägliche Leben im Warschauer Ghetto bietet.[166] Während die Quellenlage zu den großen Ghettos (Warschau, Krakau, Łódź) so ist, daß man sich ein recht genaues Bild von den Lebensumständen darin und von der Ghettogeschichte machen kann, sind die Nachrichten über die zahlreichen kleineren Orte spärlich. Da dort die Anzahl der Überlebenden und die Zahl der an einer Überlieferung Interessierten geringer waren, müssen diesbezügliche Informationen sehr mühsam erschlossen werden. In vielen Fällen erweist sich ein solcher Versuch bereits heute als unmöglich.[167]

Ab Anfang April 1940 wurden die von den Juden bewohnten Warschauer Viertel mit einer Mauer umgeben. Offizielle Begründung war die Seuchengefahr – es waren in der Tat Typhusfälle aufgetreten. Aber es gab auch die nicht als absurd aufgenommene Behauptung, die Mauern seien dafür da, die jüdischen Einwohner vor Exzessen (der Polen) zu schützen.[168] Im April 1940 hatte ein polnischer Mob drei Tage lang pogromähnlich jüdische Häuser verwüstet. Das Ghetto entstand in den Stadtvierteln, die bereits vor dem Krieg den höchsten Anteil an jüdischer Bevölkerung hatten – dennoch waren im Zusammenhang mit der Segregation der jüdischen Einwohner Umsiedlungen von 138 000 Juden und 113 000 polnischen Nichtjuden innerhalb des Stadtgebiets erforderlich.[169] Im November 1940 wurde das Ghetto Warschau geschlossen. Es war von da an Juden untersagt, sich ohne besondere Erlaubnisscheine außerhalb seiner Mauern aufzuhalten. Die Verlautbarung des Distriktchefs erschien am 14. Oktober, am 15. Oktober erfolgte die Verkündung durch Lautsprecher, Ausführungsverordnungen publizierte man am 17. Oktober 1940, die endgültigen Abwicklungsmaßnahmen zogen sich noch eine gewisse Zeit hin.[170]

---

[163] AZIH, Akte Ring. II/303, nach Dąbrowska, Zagłada, S. 132f.

[164] AZIH, Akte AJDC 332, nach ebenda, S. 132.

[165] Vgl. Berenstein/Rutkowski, Liczba, S. 75.

[166] S. Anm. 62. – Vgl. hierzu Yisrael Gutman, Adam Czerniakow – the man and his diary, in: Yisrael Gutman/Livia Rothkirchen (Hrsg.), The Catastrophe of European Jewry. Antecedents – History – Reflections, Jerusalem 1976, S. 451-489; Marian Fuks, Das Problem der Judenräte und Adam Czerniaków Amtstätigkeit, in: Steffi Jersch-Wenzel (Hrsg.), Deutsche – Polen – Juden, Berlin 1987, S. 229-239.

[167] Vgl. dazu die Materialsammlung in Fuks, Małe Judenraty.- Zu Krakau vgl. auch Roman Kiełkowski, ... zlikwidować na miejscu!, Kraków 1981.

[168] Vgl. dazu Czerniaków, Im Warschauer Getto, S. 58. – Später trug der Warschauer Gouverneur Ludwig Fischer abweichende Gründe vor: Es sei darum gegangen, „den Einfluß der Juden auf die polnische Bevölkerung auszuschalten", weiter auch um Gründe „wirtschaftlicher und hygienischer Natur" (Besprechung vom 3.4.1941, Diensttagebuch, S. 343).

[169] Vgl. Madajczyk, Polityka, Bd. 1, S. 282.

[170] Vgl. Czerniaków, Im Warschauer Getto, S. 122f.; Henryk Makower, Pamiętnik z getta warszawskiego, Wrocław 1987, S. 8.

Die Zahl der Juden im Warschauer Ghetto erhöhte sich weiter bis in die Mitte des Jahres 1941. Es zogen Juden aus den „eingegliederten Gebieten" und aus Krakau (etwa 20000), etwa 50000 aus dem Regierungsbezirk Zichenau, andere aus dem Westen des Warschauer Distrikts, der Anfang 1941 „judenfrei" sein sollte und aus anderen Gegenden des Generalgouvernements zu.[171] Für März 1941 nahm der Judenrat in einer Schätzung 445000 Ghetto-Bewohner an[172], deutsche Schätzungen schwanken für diese Zeit zwischen 470000 und 490000.[173] Krakowski setzt für den Zeitpunkt der Ghetto-Schließung (16. November 1940) eine ursprüngliche Einwohnerzahl von über 400000 an, zu der er 68500 Zugezogene und 3500 Neu-Geburten rechnet, wodurch er eine Gesamtzahl von 490000 erhält[174], die den höchsten deutschen Schätzungen entspricht. Im Herbst 1941 wurde die Umsiedlung von Juden aus den östlich von Warschau gelegenen dörflichen und halbstädtischen Regionen fortgesetzt. Obwohl einige 10000 Juden in dieser Zeit neu in das Ghetto eingeliefert worden sein dürften[175], nahmen die absoluten Einwohnerzahlen (nach den Lebensmittelkarten-Daten) von April 1941 an dauernd ab: im Mai 1941 lebten noch 442337, im September 1941 nur mehr 404300 offiziell registrierte Juden im Warschauer Ghetto.[176] Emil Apfelbaum gibt für das Jahr 1941[177] allein 11000 Hungertote an – 1940 waren es „nur" 91 gewesen.

Bemerkbar macht sich zum einen die rapide zurückgehende Geburtenzahl, während andererseits – auch wenn es nur vereinzelt zu gewaltsamen Tötungen kam – die Todesrate anstieg. Nur vorübergehend wurde die Lebensmittelversorgung verbessert, um bessere Arbeitsergebnisse zu erzielen. Bald wurden die Ernährungsverhältnisse unerträglich. Im Sommer 1941 betrug die Todesrate in den Ghettos von Warschau und Lódź um 1% im Monat.[178] Die miserablen Lebensverhältnisse, unzureichende Ernährung und medizinische Versorgung, das Fehlen jeglicher Vorsorge gegen Krankheiten forderten auch ohne *aktive* Mitwirkung der Okkupationsmacht ihren Zoll.[179] Die Todesfälle sind – zieht man von ihnen die natürliche Sterberate in Friedenszeiten ab – ebenfalls der nationalsozialistischen Judenverfolgung anzulasten.

Auch die anderen Ghettos wurden im Laufe der nächsten Monate „geschlossen": Tschenstochau am 7. April 1941 – Umsiedlungen durften bis zum 17. April 1941 durchgeführt werden.[180] Am 19. April 1941 zählte man in Tschenstochau 35663 Juden.[181] Das Lubliner Ghetto wurde am 24. März 1941 geschlossen[182], das Krakauer

---

[171] Vgl. Berenstein/Rutkowski, Liczba, S. 75-78; Sakowska, Ludzie, S. 25; zu den umfangreichen Umsiedlungen der Juden aus dem Regierungsbezirk Zichenau nach Warschau und in die weiter südlich gelegenen Gebiete des Generalgouvernements vgl. die sorgfältigen Ermittlungen bei Grynberg, Żydzi, S. 99-105.

[172] Vgl. Berenstein/Rutkowski, Liczba, S. 75.

[173] Vgl. ebenda, S. 78.

[174] Vgl. Krakowski, Avedot, S. 234.

[175] Vgl. Brustin-Berenstein, Deportacje, S. 87.

[176] Vgl. Berenstein/Rutkowski, Liczba, S. 75.

[177] Nach Dawidowicz, War, S. 214.

[178] Vgl. Hilberg, in: Jäckel/Rohwer, Mord, S. 126. – Vgl. Myron Winick (Hrsg.), Hunger Disease. Studies by the Jewish Physicians in the Warsaw Ghetto, New York 1979.

[179] Marian Marek Drozdowski nennt in seinem Diskussionsbeitrag (Przesiedlenia, S. 216) allein für Warschau 96000 Tote aufgrund der „wirtschaftlichen, gesundheitlichen und sozialen Situation".

[180] Vgl. Pietrzykowski, Hitlerowcy w Częstochowie, S. 176.

[181] Vgl. Jan Pietrzykowski, Hitlerowcy w powiecie częstochowskim 1939-1945, Katowice 1972, S. 115.

[182] Vgl. Berenstein, Martyrologia, S. 29.

Podgórze-Ghetto, dessen Bewohner sich zunächst etwas weitergehender Freizügigkeit erfreuen durften, wurde im Oktober 1941[183] von der Außenwelt abgeriegelt.

Entsprechend der Einsiedlung der Umlandbewohner nach Warschau erfolgte die Konzentrierung der Juden des „eingegliederten" Warthegaues – sofern sie nicht im Winter 1939/40 ins Generalgouvernement deportiert worden waren – im großen Ghetto der von den Deutschen in Litzmannstadt umbenannten Stadt Łódź. Waren zunächst neben den dörflichen Ghettos hier noch kleinere Judenwohnbezirke in Koło (Dezember 1940), Łęczyca (Februar 1941) und Uniejów (Juni 1941)[184] eingerichtet worden, so erging nun der Beschluß (3. Juni 1941), in Litzmannstadt ein Gau-Ghetto einzurichten[185], in das sämtliche Juden aus den anderen Orten des Gaus eingeliefert werden sollten, soweit sie nicht anderswo in der Produktion gebraucht wurden. Der Beschluß wurde dergestalt ausgeführt, daß man in der Praxis nur gesunde, arbeitsfähige Juden nach Litzmannstadt deportierte und die Arbeitsunfähigen meist sofort in den ursprünglichen Heimatorten umbrachte.[186] Am 1. Mai 1940 gab es in Łódź 157 306 Juden, bis zum 1. Februar 1941 hatte sich diese Zahl auf 153 995 Personen verringert.[187] Nun erfolgten jedoch die „Einsiedlungen": Im Oktober 1941 kamen etwa 3100 Juden aus Leslau/Włocławek, in den nächsten Wochen aber auch Transporte von Juden aus dem Deutschen Reich, bzw. aus anderen europäischen Gebieten, die inzwischen dem Reich einverleibt worden waren – sie werden mit etwa 20 000 angegeben.[188]

Der Plan eines Gaughettos wurde nun aber doch nicht verwirklicht. Man ließ die meisten der neugeschaffenen kleineren Judenbezirke zunächst fortbestehen, weil sich gegen Ende 1941 eine andere Methode abzeichnete, wie die Deutschen vorgehen wollten: es begann – zunächst mit Hilfe von Autoabgasen – der industriell betriebene Massenmord an den polnischen Juden.

Nicht erst nach der Wannsee-Konferenz, schon viel eher erkennt man im Osten die Absicht, die Juden nicht den Zweiten Weltkrieg überleben zu lassen. Dazu mußten die Juden verfügbar gehalten werden; die anfänglich noch gewährte Freizügigkeit sollte nach Möglichkeit reduziert werden. Anfang 1941 ergingen Anweisungen, die das Reisen ohne besondere Genehmigungen unmöglich machten. Daß dies für die häufig vom Handel lebenden osteuropäischen Juden eine Unterbindung aller Erwerbsmöglichkeiten bedeutete, sei nur am Rande erwähnt. Die Ziele waren bereits viel weitergreifend. Bei den ersten Beschränkungen der Freizügigkeit ging es pro forma noch um die Verhinderung von Schmuggel: So stellte der Lubliner Distriktchef Zörner seinen lokálen Untergebenen Anfang 1941 noch frei, das Aufenthaltsrecht der Juden einzuschränken, um so den Schmuggel wirksam zu bekämpfen.[189] Die Einschränkungen wurden dann immer drastischer, bis mit der dritten Verordnung über

[183] Vgl. Podhorizer-Sandel, O zagładzie, S. 90; Bieberstein, Zagłada, S. 52.
[184] Vgl. Dąbrowska, Zagłada, S. 131 f.
[185] Vgl. ebenda, S. 134.
[186] Vgl. ebenda; Abraham Heltzin, Przyczynek do znajomości stosunków demograficznych wśród ludności żydowskiej w Łodzi, Krakowie i Lublinie podczas okupacji niemieckiej, Łódź 1946, S. 11.
[187] Vgl. Chronicle, S. 22.
[188] Vgl. Danuta Dąbrowska, Wsiedleni Żydzi zachodnioeuropejscy w getcie łódzkim, in: BŻIH 65/66 (1968), S. 105; Heltzin, Przyczynek, S. 58.
[189] Dienstsitzung des Distrikts Lublin, 17.1.1941, Archiv der GKBZHwP, Akten des Bühler-Prozesses. Bd. 34, Bl. 125; nach Berenstein, Martyrologia, S. 29.

Aufenthaltsbeschränkungen im Generalgouvernement vom 15. Oktober 1941[190] der unerlaubte Aufenthalt außerhalb des Ghettos ebenso wie das Verstecken von Juden mit der Todesstrafe bedroht wurde.

Dabei darf die Funktion des Überfalls auf die Sowjetunion nicht unterschätzt werden. Die Einsatzgruppen, die mit den vorrückenden Truppen in das sowjetisch besetzte Gebiet eindrangen, begingen Massenmorde an der jüdischen Bevölkerung, die möglicherweise einige der moralischen oder pragmatischen Barrieren einrissen, die in den ersten Kriegsjahren noch bestanden haben mochten und wenigstens zeitweise den Juden eine Überlebenshoffnung vorgegaukelt hatten. Auch die Einrichtung der die Massentötung erst ermöglichenden Vernichtungsstätten hängt partiell mit diesem Kriegsausbruch zusammen. Am 20. Juli 1941 wurde der Befehl erteilt, bei Lublin ein großes Kriegsgefangenenlager einzurichten[191], dessen bloßer Name – Majdanek – später ein Synonym des Grauens werden sollte. Im Dezember 1941 trafen hier vor den Toren der Stadt die ersten Juden aus Lublin ein, die mit der Errichtung des Lagers begannen.[192] Der Feldzug gegen die Sowjetunion veränderte die politischen Perspektiven der deutschen Führung recht deutlich. Nicht allein, daß in einer weiteren Richtung die Grenzen des deutschen Machtbereichs von einer Front gesäumt wurden, der Krieg brachte mit sich, daß größere materielle Anstrengungen zu leisten waren und daß man sich die „Durchfütterung" der nicht-arbeitenden Juden nicht mehr leisten wollte. Die „Erfolge" der Einsatzgruppen, die im Osten hunderttausende von Juden erschossen, brachten Heinrich Himmler auf den Gedanken, am 2. Oktober 1941 Hitler vorzuschlagen, die deutschen und westeuropäischen Juden nach Riga, Reval und Minsk zu verlagern, wo der Massenmord bereits in vollem Gange war.[193]

Sehr schlüssig setzt Yehuda Bauer für den Sommer 1941 den Übergang von selektiven Massenmorden zur immer umfassender praktizierten Totalvernichtung der europäischen Juden an.[194] Die entsprechenden Maßnahmen auf der Leitungsebene, das Vorgehen der Einsatzgruppen in der eroberten Sowjetunion, die Deportationen aus dem Westen und der Beginn der Einrichtung mechanisierter Vergasungsstätten markieren damit einen neuen Abschnitt einer teuflischen Eskalation – der „Endlösung".

Der Feldzug gegen die Sowjetunion

Nach dem Überfall auf die UdSSR am 22. Juni 1941 kamen mit den westlichen Teilen der Sowjetunion Gebiete unter deutsche Herrschaft, die vor dem Krieg zum polnischen Territorium gehört hatten und eine nicht unbeträchtliche jüdische Einwohnerzahl aufwiesen. Da wir uns für die Zwecke dieser Untersuchung an der deutschen Verwaltungsstruktur orientieren, beschränken wir uns im folgenden auf die bis 1941 sowjetischen Gebiete, die nicht zu den Reichskommissariaten Ostland und Ukraine

---

[190] VOBlGG 99/25.10.1941, S. 595.
[191] Vgl. Tatiana Berenstein/Adam Rutkowski, Żydzi w obozie koncentracyjnym Majdanek (1941-1944), in: BZIH 58 (1966), S. 4. – Ob die geplante Errichtung eines Kriegsgefangenenlagers ein Vorwand war (wie Alfred Streim meint) muß fraglich bleiben.
[192] Vgl. ebenda, S. 7. – Zunächst waren es als Zivilgefangene gehaltene ehemalige jüdische Soldaten der polnischen Armee, bald bei Razzien festgenommene Lubliner.
[193] Vgl. Hilberg, in: Jäckel/Rohwer, Mord, S. 126.
[194] Vgl. Bauer, in: Jäckel/Rohwer, Mord, S. 169ff.

kamen, d.h. auf den dem Generalgouvernement angeschlossenen sog. Distrikt Galizien – (Früher Ost-Galizien oder West-Ukraine) – und den „Bezirk Bialystok", der von Ostpreußen aus verwaltet wurde und eine Zwischenstellung zwischen Reichs- und Okkupationsgebiet einnahm.[195]

Systematisch, also anders als dies im Polenfeldzug der Fall gewesen war, erfolgte während der Besetzung der westlichen Sowjetunion durch die Wehrmacht eine umfassende Ermordungsaktion von Juden durch die „Einsatzgruppen der Sicherheitspolizei und des SD".[196] Diskrepanzen herrschen in bezug auf die Zahlen der seitens der „Einsatzgruppen" durchgeführten Judenmorde dadurch, daß die „Ereignismeldungen" der Einsatzgruppen nicht immer zuverlässig sind und daß in den Tötungszahlenangaben nicht zwischen Juden und anderen getöteten Menschen ausreichend differenziert wurde.

Im Rahmen unserer territorialen Abgrenzung sind für uns die Einsatzgruppe B, die sich Anfang Juli 1941 eine Zeitlang in Bialystok aufhielt[197], und die Einsatzgruppe C von Bedeutung, die den Einmarsch in die Westukraine mitmachte. Da nur die Tätigkeit der Einsatzgruppe A von Wilhelm genauer quellenkritisch erforscht ist, konnten wir für diese Zusammenfassung keine näheren Angaben aus den noch nicht ausgewerteten Einsatzgruppen-Berichten gewinnen. Die früheren Schätzungen beliefen sich für das gesamte sowjetische Staatsgebiet von 1941 auf eine Zahl von 1 300 000 getöteten Juden, davon 600 000 auf dem früher polnischen Territorium.[198] Krausnick/Wilhelm kommen auf 2 200 000, wobei sie dabei den Einsatzgruppen selber etwa ein Viertel der „Sonderbehandelten" – so die Einsatzgruppen-Bezeichnung für die Ermordeten – anlasten.[199] Da aber auch diese Zahl nicht geographisch differenziert wird, lassen wir sie hier außer Betracht und überlassen ihre Diskussion dem UdSSR-Beitrag. Schwierigkeiten bereitet vor allem die Frage, wieviele der in den westlichen Gebieten der UdSSR lebenden Juden den Deutschen bei ihrem Vormarsch in die Hände gefallen sind. Da es keine zuverlässigen Unterlagen dazu gibt und die Überlegungen, in welchem Umfang Menschen die Rettung durch Evakuierung gelang, ebenfalls ohne ausreichende Quellenbasis angestellt werden, bewegen sich die diesbezüglichen Angaben im Bereich des Hypothetischen.[200] Kaum ein Wert ist so unzuverlässig wie die Schätzungen der in die Sowjetunion gelangten polnischen Juden. So wie die Gesamtzahlen für polnische Staatsangehörige insgesamt schwanken:

Związek Patriotów Polskich	500–700 000
Krystyna Kersten (Repatriacja, S. 34)	1 200 000
Elżbieta Hornowa („Powrót", S. 108)	1 694 000
Eugene Kulisher (Displacement)	2 000 000

---

[195] Die übrigen Teile des besetzten Gebietes der Sowjetunion werden, auch wenn es sich um ehemals polnisches Territorium handelt, im Zusammenhang mit den Judenmorden in der Sowjetunion abgehandelt.

[196] Die Truppe des Weltanschauungskrieges, Stuttgart 1981.

[197] Vgl. Krausnick/Wilhelm, Truppe des Weltanschauungskrieges, S. 181.

[198] Nach ebenda, S. 621.

[199] Ebenda, S. 622.

[200] Aus diesem Grund gehen wir hier nicht näher auf die Argumente der frühen Polemik zwischen Gerald Reitlinger (Die Endlösung, Berlin 1956) und Solomon S. Schwarz (The Jews in the Soviet Union, Syracuse 1951) ein, die sowohl bei Hilberg als auch bei Krausnick/Wilhelm wiedergegeben wird.

so vage sind auch die Schätzungen für den Anteil der Juden:

Gerald Reitlinger (Die Endlösung, S. 569)	700 000
Eugene Kulisher (Displacement)	600 000
Malcolm Proudfoot (Refugees)	400 000
Registrierung der Botschaft der polnischen Exilregierung in Moskau von 1941	106 602

(Krystyna Kersten, Repatriacja, S. 36)

Die Schätzungen des American Joint Distribution Committee für die Jahre 1939 und 1940 nahmen für das sowjetisch besetzte polnische Gebiet eine jüdische Einwohnerzahl von 1 350 000 an.[201] Krakowski[202] geht von 1 150 000 aus, während die deutschen Angaben für die Gebiete Ostgalizien und Bialystok, also ohne Wolhynien, Polesien und Mittellitauen 813 000 ergeben.[203] Gilbert schreibt von 1 309 000 Juden, die 1939 in den sowjetisch besetzten Gebieten gelebt hätten, zu diesen seien weitere 250 000 gekommen, die sich vor den Deutschen über die deutsch-sowjetische Demarkationslinie retten konnten.[204] Diese Zahl von 1 559 000 reduziert sich um die Zahl derjenigen, die evakuiert werden konnten. Wenn Gilbert[205] von 300 000 evakuierten Juden schreibt, dann meint er damit[206] alle Gebiete, die bis Stalingrad und zum Elbrus von den Deutschen besetzt wurden – in späteren Phasen des Krieges konnte die Evakuierung aber wohl um vieles effizienter sein als im Augenblick des Überfalls selber, als man in der Sowjetunion keinerlei Vorkehrungen für diesen Fall getroffen hatte. Setzen wir die Zahl der vor dem Einmarsch Geflohenen also mit etwa 150 000 an[207] und berücksichtigen wir auch noch etwa 250 000 polnische Juden, die ab 1940 von den sowjetischen Behörden, weil sie nicht die sowjetische Staatsbürgerschaft akzeptierten oder aus anderen Gründen, nach Sibirien deportiert wurden[208], dann gelangen wir zu 900 000 nach Gilbert[209] oder zu den 1 150 000, von denen bei Krakowski die Rede ist.[210]

Addieren wir einen Mittelwert von 1 000 000 zu den oben angegebenen Werten für die bis 1941 deutsch besetzten Gebiete (um die 2 000 000), kommen wir auf ca. 3 000 000 Juden aus dem ehemaligen Polen, die insgesamt unter deutsche Herrschaft gerieten.

Wichtig ist zunächst die Zahl der Juden, die zur Zeit der Invasion in den oben umrissenen Gebieten lebten. Von diesen kamen viele durch die Aktionen der Einsatzgruppen ums Leben, daneben kam es in den ersten Monaten der deutschen Besetzung

---

[201] Vgl. Hilberg, Vernichtung, S. 209.
[202] Vgl. Krakowski, Avedot, S. 232.
[203] Vgl. Fridman, Umkum, S. 2; Datner, Eksterminacja, S. 7.
[204] Vgl. Gilbert, Endlösung, S. 36.
[205] Ebenda, S. 65.
[206] Ähnlich wie Krystyna Kersten, Repatriacja ludności polskiej po II wojnie światowej, Wrocław 1974, S. 31.
[207] Vgl. Levin, Holocaust, S. 270.
[208] Vgl. ebenda. – Nora Levin nennt diese Zahl realistisch, andererseits schwanken die Schätzungen bezüglich der von den Sowjets Deportierten zwischen 50 000 und 500 000. 1939/40 erhielten auf freiwilliger Basis 50-80 000 Arbeit im Inneren der Sowjetunion (Vgl. Hornowa, Powrót, S. 107). Im Sommer 1940 sollen 240 000 zwangsweise deportiert worden sein. General Anders nennt in seinen Memoiren aufgrund einer NKVD-Information 475 000 Polen UND Juden, Ginesy allein 350 000 Juden. Bis 1941 wurden darüber hinaus Juden und Polen in die Rote Armee und in „Baubrigaden" (d.h. zur Zwangsarbeit) eingezogen. Verläßliche Zahlen liegen nicht vor.
[209] Vgl. Gilbert, Endlösung, S. 36.
[210] Vgl. Krakowski, Avedot, S. 232.

auch seitens der einheimischen ukrainischen Bevölkerung der Westukraine zu Massakern an Juden, die man für die Leiden verantwortlich machte, denen die nichtkommunistischen Ukrainer in den Jahren der Sowjetherrschaft ausgesetzt gewesen waren. Da bei den mit der Sowjetisierung dieser neuen Gebiete befaßten Partei- und Sicherheitsbehörden zahlreiche sowjetische Juden aktiv gewesen sein sollen, identifizierte man in den antisemitisch eingestellten Kreisen die Juden mit den Kommunisten. Das basierte auf einem alten Topos und kam den ukrainischen Nationalisten nicht ganz ungelegen, die sich mit den deutschen Eroberern gut stellen wollten, um damit den Plan der Errichtung eines ukrainischen Nationalstaats unter deutschem Schutz zu fördern.

Diese Problematik kann hier nicht verfolgt werden; wir wollen nur feststellen, daß es in den ersten Wochen nach dem deutschen Einmarsch zu Ausschreitungen der Ukrainer ebenso kam wie zu einer offenen Zusammenarbeit zwischen den Einsatzgruppen und der einheimischen Bevölkerung, die den SD-Leuten Verstecke von Juden zeigte und jüdische Mitbewohner als angebliche GPU-Kollaborateure denunzierte. Um den 30. Juni 1941 herum kamen in Lemberg etwa 1000 Juden durch die ukrainische Hilfspolizei ums Leben.[211] Friedman berichtet von ukrainischen Judenrazzien in der Zeit vom 25.-27. Juni 1941, die als „Petljura-Aktion" bezeichnet wurden, weil das Gerücht kreiste, die Deutschen hätten den Ukrainern anläßlich des Jahrestages der Ermordung von Symon Petljura durch einen Juden in Paris (1926) für drei Tage die „Judenjagd" freigegeben.[212] Dieser „Aktion" sollen wieder mehrere Tausend Juden zum Opfer gefallen sein. Während die Lemberger Ereignisse von Friedman recht gut dokumentiert wurden, ist für die übrigen, kleineren Orte der Westukraine das Material rar. Da anders als in Polen in diesem Gebiet nach 1945 – es wurde bekanntlich wieder der Ukrainischen SSR einverleibt – keine solide historische Forschung betrieben werden konnte, sind die Historiker auf verstreute Einzelangaben angewiesen, da sich die ukrainische Exilliteratur ebenfalls kaum mit dieser Problematik befaßt hat.

Nicht immer sind deutsche und ukrainische Aktionen klar voneinander zu trennen; manchmal wiesen Ukrainer die deutschen Kommandos auf „Sowjetfreunde" hin; insbesondere in der „Interregnum"-Zeit zwischen dem Abzug der Sowjettruppen und dem Einmarsch der Achsen-Verbände hat sich manch eine Mordtat in diesen Territorien abgespielt – belegt ist das für die Gegend um Kolomea.[213] Aber man muß mit einer Generalisierung sehr vorsichtig sein. Aus Obertyn im Gebiet Kolomea wird auch berichtet, daß Ukrainer Juden vor ihren eigenen Landsleuten schützten, bis die Ungarn dieses Gebiet am 9. Juli 1941 besetzten.[214] Quantitativ dürften die deutschen Taten die ukrainischen bei weitem übertroffen haben, Angaben aus Stanislau, wo am 3./4. August etwa 1000 Angehörige der städtischen Intelligenz ermordet und weitere 9-12000 Menschen am 12. Oktober 1941 auf dem Friedhof umgebracht wurden[215],

---

[211] Vgl. Filip Friedman, Zagłada Żydów lwowskich w okresie okupacji niemieckiej, München 1947², S. 9.

[212] Dieses Gerücht fügt sich ohne Schwierigkeiten in die Struktur osteuropäischer Judenpogrome früherer Jahre ein und gewinnt dadurch an Wahrscheinlichkeit.

[213] Vgl. Markus Willbach, Skupisko żydowskie w Obertynie podczas II wojny światowej, in: BŻIH 35 (1960), S. 110.

[214] Vgl. ebenda.

[215] Vgl. Juliusz Feuerman, Pamiętnik ze Stanisławowa (1941-1943), in: BŻIH 59 (1966), S. 64-68; Elisabeth Freundlich, Die Ermordung einer Stadt namens Stanislau, Wien 1986, S. 154-164.

belegen deutlich, daß sich das anti-jüdische Verhalten seit dem Polenfeldzug mit seinen eher vereinzelten Mordtaten deutlich verstärkt hatte und durch die gezielt vorgehenden Einsatzgruppen nun auch systematisiert wurde. „Aktionen" wie in Tarnopol
oder Zborów, wo jeweils etwa 600 Juden sofort ermordet wurden, sprechen eine deutliche Sprache.[216]

Dabei hörten die Morde nach dem Weiterwandern des Kriegsschauplatzes nicht
auf. Im August 1941 wurden 900 jüdische Geiseln umgebracht, die eine Kontribution
der Lemberger Juden sichern sollten.[217] Bei der Einrichtung des Lemberger Ghettos
fielen auf dem Zugangsweg einige Tausend Personen der Mordlust der deutschen und
ukrainischen Posten zum Opfer, die insbesondere nicht arbeitsfähig Aussehende, vor
allem Frauen und Kinder, gar nicht erst in die durch eine Bahnlinie abgetrennten
Stadtteile hineinließen.[218] Friedman schätzt, daß auch in den „ruhigen" Zeiten ca.
50-100 Personen täglich durch Razzien und Einzeltaten sowie durch Deportationen
zu kaum zu überlebenden Arbeitseinsätzen ums Leben kamen. Im Oktober 1941 waren nach Angaben des Lemberger Judenrates 119 000 Juden in der Stadt, im Januar
1942 nur mehr 103 000. In Stanislau wurde im Dezember 1941 das Ghetto eingerichtet, in dem dann 18 000 Juden lebten.[219]

Man kann davon ausgehen, daß die einfallenden Truppen im späteren Distrikt Galizien auf etwa 500 000 Juden getroffen sind. Ebenso wie Ostgalizien war auch das Gebiet von Białystok ein Zentrum jüdischer Siedlung. Białystok hatte, was für eine größere Stadt ungewöhnlich war, vor der Eingemeindung von umliegenden Dörfern eine
jüdische Bevölkerungsmehrheit gehabt. Am 27. Juni 1941 marschierten die Deutschen in Białystok ein. Hatten sie im Süden ukrainische Helfer gehabt, so vollzogen
sie hier die Mordtaten anfangs alle selber. Sofort beim Einmarsch wurden 700 Personen in einer Synagoge verbrannt.[220] Der Augenzeuge Szymon Datner schreibt in einem kurz nach dem Krieg erschienenen Buch, aus den umliegenden Orten seien laufend Gerüchte über Morde eingetroffen, die niemand mehr zählen konnte. Noch im
Herbst 1941 wurden 6000 Białystoker Juden nach Prużana in Häuser gebracht, die
Weißrussen weggenommen worden waren, die man zur Zwangsarbeit ins Reich verfrachtet hatte. Im November 1941 wurden in Słonim etwa 10 000 Juden erschossen,
darunter viele Flüchtlinge aus Białystok, denen es nicht gelungen war, weiter nach
Osten auszuweichen.[221] Bereits am 1. August 1941 war das Białystoker Ghetto geschlossen worden. Nach Mark lebten zu Beginn etwa 50 000 registrierte Einwohner
darin und weitere 5000 mit illegalem Status.[222] Krakowski gibt die Zahl mit 46 600

---

[216] Vgl. Henri Monneray, La persécution des Juifs dans les pays de l'Est, présentée à Nuremberg, Paris 1949,
S. 288.

[217] Vgl. Friedman, Zagłada, S. 10.

[218] Vgl. ebenda, S. 16 f.

[219] Vgl. ebenda, S. 27; Feuerman, Pamiętnik, S. 68.

[220] Vgl. Kazimierz Leszczyński, Eksterminacja ludności na ziemiach polskich w latach 1939-1945 (woj. biało-
stockie, gdańskie i kieleckie), in: Biuletyn GKBZHwP 8 (1956), S. 124. – Andere Literaturpositionen nennen 800-1000 Opfer (Vgl. Kowalczyk, Zbrodnie, S. 101). Mit weiteren Exekutionen forderte allein der erste Tag der deutschen Herrschaft 2000 Tote. Am 3. Juli „verschwanden" 300 Angehörige der jüdischen
Intelligenz ohne Spur (Vgl. Szymon Datner, Walka i zagłada Białostockiego ghetta, Łódź 1946, S. 14), am
11. Juli wurden in Pietrasze bei Białystok gar 4000 Juden erschossen (ebenda). – Datner berichtet aus Białystok als Augenzeuge *und* als Historiker.

[221] Vgl. Bernard Mark, Ruch oporu w getcie białostockim. Samoobrona – zagłada – powstanie, Warszawa
1952, S. 51.

[222] Vgl. ebenda, S. 46.

an.[223] In der gesamten Wojewodschaft Białystok dürften im Juni und Juli 1941 von den insgesamt 13 400 Todesopfern circa 11 000 Juden gewesen sein[224], davon etwa 6000 in der Stadt selber.[225]

Nach den ersten Tagen fanden die Deutschen auch hier Helfer: Aus Korycin wird über eine polnische Petition für einen Pogrom berichtet[226], in Jedwabne tat sich die polnische „blaue Polizei" (policja granatowa) hervor.[227] Die nach Tausenden zählenden Exekutionen setzten sich bis in den Herbst 1941 fort. Szymon Datner beziffert die Zahl der jüdischen Opfer im Bezirk Białystok in den ersten drei Monaten der deutschen Besetzung mit 40-50 000.[228]

Anders als im Distrikt Galizien, wo erst Ende 1941 damit begonnen wurde, erfolgte die Ghettobildung im Bezirk Białystok überaus schnell, was Datner mit dem besonders ausgebildeten Judenhaß des auch hier herrschenden ostpreußischen Gauleiters Erich Koch begründet. Bereits am 21. Juli 1941 wurde das Ghetto in Szczuczyn errichtet. Im August folgen nach dem Hauptort Białystok Augustów, Bielsk Podlaski, Czyżewo, Grajewo, Łomża, Wasilków, Wysokie Mazowieckie und Zambrów. Am 1. September entstand das Ghetto in Grodno, etwas später dasjenige von Prużana und weitere Wohnbezirke in einigen kleineren Orten. Dort, vor allem im Osten des Bezirkes, waren die Ghettos meist „offen", d.h. die Juden besaßen im ganzen Ort Bewegungsfreiheit, aber in den mittleren Gemeinden wurden diese „offenen" Ghettos bald geschlossen, in den Städten waren sie (mit Ausnahme von Bielsk) von Anfang an geschlossen.[229] Das Vorgehen in den besetzten neu-sowjetischen Gebieten war überall ähnlich. Nach ersten Mordaktionen großen Umfangs wurden die Überlebenden in Ghettos zusammengesperrt und damit dem Status angepaßt, der in den früher besetzten polnischen Gebieten bereits herrschte. Vom Herbst 1941 an ist zwischen den 1939 und 1941 okkupierten Gebieten, was die Behandlung der Juden betrifft, kaum mehr ein Unterschied festzustellen. Der Winter 1941/42 stellt, obwohl im Westen Polens die Massenvernichtung bereits einsetzte, eine Konsolidierungsphase dar, die es gestattet, anhand der in langen Jahren in Polen gesammelten und veröffentlichten Daten eine „Bestandsaufnahme" der unter deutscher Herrschaft in Polen lebenden Juden zu machen.

Die Situation im Januar 1942

Zu einer der vorrangigen Aufgaben des Beitrags gehört die Diskussion der Zahl der in Polen ermordeten Juden. Der Weg von einer der größten jüdischen Bevölkerungsgruppen in der Welt zu einer jüdischen Minorität, die quantitativ kaum noch in Erscheinung tritt, verlief in Etappen. Ende 1941 hatte der Prozeß der Umgestaltung,

---

[223] Vgl. Krakowski, Avedot, S. 235.
[224] Vgl. Kowalczyk, Zbrodnie, S. 102.
[225] Vgl. Datner, Eksterminacja, S. 19 f.
[226] Vgl. ebenda, S. 20.
[227] Vgl. ebenda, S. 22.
[228] Vgl. ebenda, S. 23.
[229] Vgl. ebenda, S. 13 f. – Datners Aussagen zu den anderen Ghettos stützen sich auf Erlasse und Zeugenaussagen.

dem die deutschen Eroberer Ostmitteleuropa unterzogen, eine erste Zwischenform erreicht: Bis zum neuerlichen Durchzug der Fronten im Zusammenhang mit der deutschen Niederlage blieben die Verwaltungsgrenzen in den ehemals polnischen Gebieten nun stabil, und in ihrem Rahmen vollzog sich die organisierte Massenvernichtung, die neben den Juden Europas auch Zigeuner, sowjetische Kriegsgefangene, politisch oder sozial Mißliebige erfaßte. Im Osten hatten die Einsatzgruppen das früher polnische Territorium inzwischen verlassen und trieben auf erobertem sowjetischem Gebiet ihr Unwesen, im bereits 1939 besetzten Gebiet war Ende 1941 die Zusammenfassung der Juden in Ghettos weitgehend beendet.

Der Eindruck einer Ruhepause vor dem „eigentlichen" Beginn der Massenvernichtung trügt jedoch aus mehreren Gründen. Die Lage in den Ghettos war so grauenhaft, daß die rapide anwachsenden Todesziffern – auch wenn die Krankheiten selber „natürliche" Ursachen suggerieren mochten – als ein durch Vernachlässigung eingeleitetes Morden gewertet werden müssen. Und auch die aktive Tötung hatte abgesehen von Exekutionen und willkürlichen Morden den Bereich der Zufälligkeit längst verlassen: Im Juli 1941 trug der SS-Hauptsturmführer Heinz Höppner – auf die „Euthanasie"-Erfahrung verweisend – dem Posener Gauleiter Greiser seinen Plan der Massentötung von Juden durch Abgas-Lkws vor. Am 16. Juli 1941 wurde dieser Vorschlag Eichmann zugeschickt.[230] Am 31. Juli 1941 betraute Hermann Göring als Beauftragter für die Regelung der Judenfrage Reinhard Heydrich mit den „organisationellen, sachlichen und materiellen Vorausmaßnahmen zur Durchführung der angestrebten Endlösung der Judenfrage".[231] Damit hatte Heydrich freie Hand; die SS hatte den sie „absichernden" Befehl. Im Oktober 1941 wurden in Kazimierz Biskupi, Kreis Konin noch etwa 3000 jüdische Bewohner diese Kreises erschossen.[232] Im Oktober/November 1941 entstand in Chełmno am Ner das erste mit Abgasen operierende Vernichtungslager Kulmhof.

Vom 8. Dezember 1941 an erfolgte hier die Massentötung der Juden aus dem Umkreis dieses Ortes im Kreis Koło; von Januar 1942 an wurde das Einzugsgebiet erweitert und umfaßte nun den ganzen Warthegau einschließlich der Großstadt Łódź/Litzmannstadt. Der qualitative Sprung von mobilen Mordkommandos, die mehr oder weniger unsystematische Mordtaten begangen, zum stationären, durchorganisierten Mordbetrieb mag sophistisch erscheinen, er ist jedoch deswegen so wesentlich, weil nunmehr jeder Zusammenhang mit aktuellen Kampfereignissen und sog. Kriegserfordernissen verlorenging und die einzige und vorrangige Absicht von Einrichtungen wie

---

[230] Auf die Zusammenhänge zwischen „Euthanasie" und „Endlösung" stößt man wiederholt. Neben Höppner ist auf Dieter Allers hinzuweisen, der zunächst „Geschäftsführer" der Euthanasie-Aktion „T 4" und dann „Geschäftsführer" der „Aktion Reinhard" war (Vgl. Diskussionsbeiträge R. Hilberg, Hans Mommsen, G. Serenyi, in: Jäckel/Rohwer, Mord, S. 142 ff.). Vgl. auch Eisenbach, Polityka, S.257.

[231] Der Text des Schreibens lautet: „In Ergänzung der Ihnen bereits mit Erlaß vom 24.1.39 übertragenen Aufgabe, die Judenfrage in Form der Auswanderung oder Evakuierung einer den Zeitverhältnissen entsprechend möglichst günstigen Lösung zuzuführen, beauftrage ich Sie hiermit, alle erforderlichen Vorbereitungen in organisatorischer, sachlicher und materieller Hinsicht zu treffen für eine Gesamtlösung der Judenfrage im deutschen Einflußgebiet in Europa ... Ich beauftrage Sie weiter, mir in Bälde einen Gesamtentwurf über die organisatorischen, sachlichen und materiellen Vorausmaßnahmen zur Durchführung der angestrebten Endlösung der Judenfrage vorzulegen. Göring." Göring an Heydrich, (ohne Tagesangabe) 7.1.1941, Nürnberger Dokument 710-PS; Jäckel (in: Jäckel/Rohwer, Mord, S. 15) vermerkt quellenkritisch, daß Heydrich sich offenbar Görings Unterschrift unter ein vorbereitetes Dokument „geholt" hat.

[232] Vgl. Dąbrowska, Zagłada, S. 135, 171; S. auch S. 431 zu den ersten Gas-Versuchen in Kalisz.

Kulmhof und vielen anderen Mordanlagen, der systematisch durchgeführte und organisierte Mord an allen faßbaren Personen der jüdischen Bevölkerungsgruppe, in aller
Schärfe und unwiderlegbar zutage tritt. Der manchmal mit den Judenmorden vergli-
chene Völkermord der Osmanischen Regierung an den Armeniern basierte zumindest
formal auf einer Befürchtung der Parteinahme dieses Volkes für das feindliche Rußland. Die Vernichtungspraxis der Deutschen war selbst von solchen Scheinrationali-
sierungen frei.

Obwohl der Vernichtungsapparat von Chełmno bereits lief und täglich viele Menschen an den Mißhandlungen und der Unterversorgung der Ghettos starben, soll auf
der Basis der zur Verfügung stehenden Daten zu ermitteln versucht werden, wieviele
Juden sich in den polnischen Gebieten Anfang 1942 noch am Leben befunden haben.
Zusammengestellt wurden die Daten nach Zeugenaussagen, amtlichen Dokumenten
und anderen Quellen von Mitarbeitern des Jüdischen Historischen Instituts in Warschau, die sie im Laufe der Jahre in ihrem *Biuletyn* veröffentlichten. Daß sich dabei sowohl in die Erinnerung der Befragten als auch in die amtlich festgestellten Größen
Fehler eingeschlichen haben, dürfte feststehen. Manche Zahlenangaben widersprechen einander, in anderen Fällen fehlen Daten zu größeren Territorien, die nur mühsam erschlossen werden können. Dennoch bieten die Ergebnisse einen Anhalt für die
Ausgangslage in Polen vor dem Beginn der systematischen Judenvernichtung, die gemeinhin mit der Formalisierung des Mordbeschlusses auf der „Wannsee-Konferenz"
vom 20. Januar 1942 markiert wird – auch wenn die eigentlichen Entschlüsse vorher
gefallen waren und die Vernichtung längst angelaufen war.

Über die Zahlen hinaus vermittelt diese Übersicht auch einen gewissen Eindruck
davon, wie verstreut die jüdische Bevölkerung Polens trotz den ersten Konzentra-
tionsversuchen immer noch lebte – und damit auch einen Hinweis auf die Motive der
Deutschen, den Vernichtungsprozeß, der die deutsche Beaufsichtigung und Verwaltung der zahllosen jüdisch bewohnten Orte erforderte, zum Zwecke der Reduzierung
des eigenen Aufwandes zu beschleunigen.[233]

a) Eingegliederte Gebiete

Bezirk Bialystok[234]

Stadt Białystok		36 000
Kreiskommissariat Bialystok	13 Orte:	16 747
Knyszyn 2000		
Sokoły 1880		
Kreiskommissariat Bielsk Podlaski	10 Orte:	35 109
Bielsk 6–11 000		
Prużana 12 000		
Ciechanowiec 4000		

---

[233] Wir verzichten hier auf den durchaus möglichen Nachweis der einzelnen Zahlen in den diversen Publikationen und beschränken uns auf den Hinweis auf die Sammelpublikationen, in denen großenteils die Angaben zurückverfolgt werden.
[234] Nach Datner, Eksterminacja, passim.

Kreiskommissariat Grajewo
  Grajewo 2500
  Augustów ca. 2500
	5 Orte:	5615

Kreiskommissariat Grodno
  Grodno 24000
  Skidel 3000
	9 Orte:	35870

Kreiskommissariat Łomża
  Łomża 4500–12500
  Wysokie Maz. 3700
  Zambrów 2330
	22 Orte:	17319

Kreiskommissariat Sokółka
  Sokółka ca. 9500
  Krynki 5000
  Suchowola 5100–7000
	10 Orte:	28000

Kreiskommissariat Wołkowysk
  Wołkowysk 7–10000
  Świsłocz 3500
  Różana 3000
	10 Orte:	18800

Zusammen im Bezirk Bialystok ca. in 80 Ortschaften		193460

Reichsgau Wartheland[235]

Stadt Łódź (Litzmannstadt) 1.1.1942:		162681

Anm.: Diese Angabe findet sich in der Ghettochronik (L. Dobroszycki, The Chronicle of the Łódź Ghetto 1941-1944, New
Haven 1984, S. 107 – im Chroniktext wird weiter nach Männern und Frauen aufgeschlüsselt, die hierfür angegebenen Zahlen ergeben jedoch nur 159681 – lt. Dobroszycki handelt es
sich um einen Rechenfehler.)

Kreis Litzmannstadt
  Brzeziny 6000
  Zgierz ca. 2600
	in 4 Orten:	9294

Kreis Kalisz
  Kalisz ca. 150
  Koźminek ca. 1400
	=	1550

Kreis Łask
  Łask 3700
  Bełchatów 5300
  Pabianice 9000
	in 7 Orten:	25000

235 Nach Dąbrowska, Zagłada, passim.

Kreis Łęczyca	in 5 Orten:	10 727

   Ozorków 4500
   Poddębice 2008

Kreis Sieradz	in 5 Orten:	17 069

   Sieradz 4000
   Zduńska Wola 9480

Kreis Turek
   Ghetto Kowale Pańskie   2900

Kreis Wieluń	in 8 Orten:	11 275

   Wieluń 4000
   Pajęczno 2000
   Wieruszów 1800

Kreis Ciechocinek	in 3 Orten:	1400
Kreis Gostynin	in 3 Orten:	4400
Kreis Koło	in 4 Orten:	3600

(Die Juden des Kreises Koło wurden bis Januar/Februar 1942
in das Lager Chełmno transportiert und getötet.)

Kreis Konin   keine Juden

Kreis Kutno
   Kutno, Krośniewice,
   Żychlin   in 3 Orten: 10 000

(Die Juden des Kreises wurden im März/April 1942 in
Chełmno ermordet.)

Kreis Włocławek   in 5 Orten: 4300

Zusammen im Gau Wartheland   264 196 Juden
in 501 Ortschaften

Mit Ausnahme der Bewohner des Ghettos Łódź wurden die Juden des Warthelandes 1941/42 als erste der Massenermordung in Chełmno ausgesetzt.

In Ostoberschlesien wurden die Juden aus den umliegenden Gebieten in mehreren großen und vielen kleineren Orten, die noch nicht als Ghettos registriert wurden, zusammengefaßt. Einige waren 1941 angelegt worden (die Zahlen dürften sich bis Januar 1942 nur geringfügig verändert haben), andere entstanden als geschlossene Bezirke erst kurz vor der endgültigen Deportation 1943.

Eisenbach zählt für Ende 1942 folgende Ghettos in Ostoberschlesien auf:
   Sosnowitz/Sosnowiec
   Bendsburg/Będzin
   Krenau/Chrzanów
   Wadowitz/Wadowice
   Dombrowa/Dąbrowa Górnicza
   Warthenau/Zawiercie
   Sucha

Czeladź
Strzemieszyce
Modrzejów[236]

Auf der „Karinhall-Konferenz" vom 12. Februar 1940 hatte der oberschlesische Gauleiter Wagner die Zahl der Juden in Ostoberschlesien noch mit 100–120 000 angegeben.[237]

Martin Gilbert nennt als Gesamtzahl (mit kleineren Ghettos) für dieses Gebiet 93 628 Juden. Der Korherr-Bericht und der Auschwitzer Lagerkommandant Rudolf Höß bestätigen Zahlen um 50 000 (für Ende 1942).[238] Angesichts dieser Diskrepanzen ist ein Ansatz von ca. 70 000 Juden für Anfang 1942 zwar letztlich nicht ganz gesichert, aber im Rahmen der Wahrscheinlichkeit durchaus zu rechtfertigen. Wir operieren im folgenden mit dem bestätigten Minimalwert 50 000.

Regierungsbezirk Zichenau[239]

Ciechanów/Zichenau:	7000
Drobin:	650
etwa 650 wurden am 7.3.1941 in das Durchgangslager Soldau (Działdowo) deportiert; da es sich um Alte und Kranke handelte, dürften sie alle umgekommen sein. (Liquidiert Februar 1942, umgesiedelt nach Strzegowo)	
Maków Mazowiecki/Mackeim:	5500
Mława/Mielau:	6000
Ein Teil der ca. 7000 jüdischen Bewohner der Vorkriegszeit wurde in das Generalgouvernement deportiert, andere aus der Umgebung nahmen ihre Stelle ein.	
Nowy Dwór:	6000
mit den Einsiedlungen aus Czerwińsk, Wyszogród und Zakroczym 1941; ein Teil der Juden aus Nowy Dwór war 1940 nach Warschau vertrieben worden.	
Nowe Miasto:	2100
Płońsk/Plöhnen:	10 000
Sierpc/Sichelberg:	500
im Januar 1942 nach Strzegowo umgesiedelt	
Strzegowo:	ca. 500
Zusammen im Reg.Bez. Zichenau in 9 Ortschaften	ca. 38 250 Juden

---

236 Vgl. Eisenbach, Polityka, S. 453.
237 Nbg. Dok. EC-305.
238 Vgl. Eisenbach, Polityka, S. 453.
239 Nach Grynberg, Getta, passim; ders., Żydzi, passim.

b) Generalgouvernement

Distrikt Warschau[240]

Stadt Warschau[241]:		400000
Kreis Warschau	in 14 Orten:	40744
Piaseczno 2500		
Falenica 6500		
Ludwisin 2800		
Otwock 14 000		
Wołomin 2800		
Kreis Garwolin	in 6 Orten:	22583
Żelechów 10000		
Kreis Mińsk Mazowiecki	in 8 Orten:	13676
Mińsk 5000		
Kałuszyn 4000		
Kreis Siedlce	in 5 Orten:	21937
Łosice 5000		
Siedlce 11700		
Kreis Sokołów-Węgrów	in 7 Orten:	21355
Kosów 3800		
Sokołów Podl. 5400		
Węgrów 8000		

Die Juden der Kreise Grójec, Łowicz, Skierniewice und Sochaczew-Błonie waren vor 1942 in das Ghetto von Warschau
deportiert worden.

Damit ergeben sich für insgesamt 41 Orte		520295 Juden.[242]

Distrikt Lublin[243]

Stadt Lublin:		36000
Kreis Biała Podlaska	in 11 Orten:	17346
Biała 8200		
Janów 1850		
Kreis Biłgoraj	in 10 Orten:	13681
Szczebrzeszyn 2800		
Tarnogród 2700		

[240] Nach Brustin-Berenstein, Deportacje, passim.
[241] Nach Berenstein/Rutkowski (Liczba, S. 79) wurden durch die Einwohnerabteilung des Judenrates nach Meldekarten für den 31.1.1942 insgesamt 368902 Juden namentlich festgestellt. Die Verfasser kommen aufgrund von Fortschreibungen der Sterblichkeitsziffern und unter Berücksichtigung der Einsiedlungen aus dem Reg.Bez. Zichenau auf 410000 jüdische Einwohner. Deutsche Schätzungen gehen bei den Zahlen für Warschau jeweils von etwas höheren Werten aus.
[242] Vergleichsdaten: Mitte 1940: ca. 600000; Ende 1942: ca. 50000; nach Eisenbach, Polityka, S. 429.
[243] Nach Berenstein, Martyrologia, passim.

Kreis Chełm	in 19 Orten:	28 000
Chełm 11 000		
Włodawa 5590		
Kreis Hrubieszów	in 12 Orten:	12 913
Dubieńka 2100		
Hrubieszów 5816		
Kreis Janów Lubelski	in 16 Orten:	19 208
Kraśnik 6000		
Modliborzyce 2300		
Zaklików 2500		
Kreis Krasnystaw	in 12 Orten:	17 165
Izbica 6500		
Turobin 3300		
Żółkiewka 2200		
Kreis Lublin	in 14 Orten:	24 543
Bełżyce 4400		
Lubartów 2393		
Ostrów 3000		
Piaski 4919		
Kreis Puławy	in 13 Orten:	26 561
Dęblin-Irena 3943		
Opole 6000		
Ryki 2935		
Kreis Radzyń	in 13 Orten:	40 434
Kock 3180		
Łuków 7800		
Międzyrzec Podlaski 15 300		
Parczew 6359		
Kreis Zamość	in 11 Orten:	15 718
Komarów 2700		
Tyszowce 2000		
Zamość 7500		

Somit ergeben sich für den Distrikt Lublin, der am Beginn des
Krieges als „Judenreservat" vorgesehen war und in den eine
Zeitlang Juden aus den „eingegliederten Gebieten" eingesie-
delt wurden, für 132 Orte 251 569 Juden.[244]

[244] Vergleichsdaten: April 1941: 250 000; Mitte 1942: 190 000; Ende 1942: 20 000; nach Eisenbach, Polityka,
S. 426.

Distrikt Krakau[245]

Stadt Krakau[246]		17 000
Kreis Dębica[247]	in 7 Orten:	15 000
Kreis Jarosław[248]	Zahl der Orte unbekannt:	6000
Kreis Jasło[249]	in mehr als 7 Orten:	20 000
Kreis Krakau[250]	in 17 Orten:	10 500
Kreis Krosno Krosno 600 Korczyna 2000	in 4 Orten:	6100
Kreis Miechów (nach Obozy 1979)	in 5 Orten:	14 000
Kreis Nowy Sącz	in 6 Orten: ca.	21 500
Kreis Nowy Targ in Nowy Targ und Rabka		2800
Kreis Przemyśl in Przemyśl und Dubienka		24 900
Kreis Rzeszów Rzeszów 12 200 Kolbuszowa 2500 Sokołów Małopolski 3000	in 11 Orten:	25 000
Kreis Sanok	in 5–7 Orten:	8000
Kreis Tarnów	in 8 Orten:	48 000

Damit lebten Anfang 1942 im Distrikt Krakau in etwa 81 Orten ca. 218 800 Juden. Diese Zahl liegt etwas höher als die von der Jüdischen Unterstützungsstelle für den Mai 1941 angegebene Gesamtzahl von 200 000 Juden, was unter anderem daran liegen mag, daß nach dem Angriff auf die Sowjetunion eine nicht genauer zu ermittelnde Zahl aus dem neu dem Generalgouvernement angeschlossenen Distrikt Galizien in

[245] Nach Podhorizer-Sandel, O zagładzie, passim.

[246] Zugrundegelegt wird hier die Angabe bei Podhorizer-Sandel (ebenda, S. 109) nach dem Bulletin des Krakauer Stadthauptmanns vom 13.10.1941 unter Abzug der Mitte November 1941 in Orte des Kreises Hrubieszów, Distrikt Lublin, deportierten 2000 Personen (ebenda, S. 92). Bieberstein (Zagłada, S. 53) nennt für den Oktober 1941 ca. 2200 Deportierte. Ein Verzeichnis der Jüdischen Gemeinde nennt für den 1. April 1942 17 163 Ghetto-Bewohner; Bieberstein setzt für diesen Zeitpunkt die Zahl der Juden ohne Kennkarte mit etwa 2000 an (Zagłada, S. 57).

[247] Diese Zahl erscheint bei du Prel, Generalgouvernement, S. 257. – Es ist nur ungenau zu ermitteln, auf welche Zeit sich du Prel bezieht, es kann sich jedoch nicht um die bei Podhorizer-Sandel gleichen Zahlen für 1939 handeln, da bei den anderen Positionen eine Anpassung an die spätere Kriegslage erkennbar ist. Aus Rozwadów und Tarnobrzeg wurden die Juden bereits 1939 vertrieben (Vgl. Podhorizer-Sandel, O zagładzie, S. 89); 1940 gestattete jedoch der zuständige Kreishauptmann die Ansiedlung von Krakauer Juden.

[248] Laut Podhorizer-Sandel (O zagładzie, S. 89) wurden die vor dem Krieg 20 000 Juden des Kreises 1939 vertrieben. Du Prel (Generalgouvernement, S. 255) gibt 1942 6000 an, wobei es sich um bei den Umsiedlungen und den Vertreibungen „Übersehene" handeln kann.

[249] In den Kreis wurden 1939/40 ca. 3000 Juden aus dem Wartheland eingesiedelt. Die für die Vorkriegszeit angegebene Zahl von 10 480 erhöhte sich laut du Prel (Generalgouvernement, S. 251) auf das Doppelte.

[250] Nach der Eingemeindung umliegender Orte wurden deren jüdische Bewohner zum Umzug in das Krakauer Ghetto gezwungen. Im Restkreis erhöhte sich die Zahl dann wieder durch Umsiedlungen aus den „eingegliederten Gebieten" und erneute Vertreibungen aus der Hauptstadt Krakau.

den Distrikt Krakau gekommen ist und daß infolge einer Verschiebung der Distrikts-
grenzen (etwa bei Przemyśl) gegenüber Mai 1941 weitere Territorien dem Distrikt einverleibt wurden.[251]

Distrikt Galizien[252]

Stadt Lemberg:		103 000
Kreis Brzeżany	in 8 Orten:	16 000
Podhajce 3500		
Rohatyń 2600		
Kreis Czortków	in 14 Orten:	30 200
Czortków 7000		
Buczacz 4000		
Kreis Drohobycz	in 11 Orten:	37 000
Drohobycz 12 781		
Borysław 10 734		
Sambor 6686		
Kreis Kamionka Strumiłowa	in 8 Orten:	16 100
Kamionka 2800		
Sokal 6000		
Kreis Kolomea	in 12 Orten:	29 325
Kolomea 11 000		
Śniatyń 3400		
Horodeńka 2500		
Kreis Lemberg	in 18 Orten:	32 100
Bóbrka 3200		
Gródek 4500		
Żółkiew 6000		
Kreis Rawa Ruska	in 9 Orten:	16 630
Rawa Ruska 7400		
Lubaczów 2250		
Kreis Stanislau	in 11 Orten:	39 450
Stanislau 20 000		
Kałusz 6000		
Nadworna ca. 3600		
Kreis Stryj	in 16 Orten:	28 050
Stryj 10 000		
Bolechów 4000		

[251] Im Korherr-Bericht werden für Ende 1942 etwa 37 000 Juden für den Distrikt genannt.
[252] Nach Tatiana Berenstein, Eksterminacja ludności żydowskiej w dystrykcie Galicja (1941-1943), in: BZIH
61 (1967), S. 3-58.

| Kreis Tarnopol | in 16 Orten: | 33 200 |

    Tarnopol 13 000
    Skałat 4000

| Kreis Złoczów | in 15 Orten: | 23 107 |

(Angaben der Jüdischen Unterstützungsstelle für Januar 1942)
    Złoczów 5800
    Brody 7500
    Przemyślany 3000

| Im Distrikt Galizien lebten | in 139 Orten: | 404 162 |
| demnach im Januar 1942 | | Juden.[253] |

Distrikt Radom[254]

Stadt Radom:		32 000
Stadt Kielce:		27 000
Stadt Częstochowa/Tschenstochau:		48 000
Kreis Piotrków/Petrikau	in 10 Orten:	22 900

    Piotrków 15 000

| Kreis Radomsko | in 11 Orten: | 16 000 |

    Radomsko 7100
    Żarki 3200

| Kreis Jędrzejów | in 14 Orten: | 17 000 |
| Kreis Busko | in 10 Orten: | 21 667 |

    Chmielnik 8300
    Nowy Korczyn 3700
    Stopnica 4700

| Kreis Kielce | in 10 Orten: | 15 800 |

    Bodzentyn 3625
    Chęciny 3600
    Skarżysko-Kamienna 2600

| Kreis Końskie | in 10 Orten: | 15 756 |

    Końskie 7400
    Przedbórz 3300
    Radoszyce 3000

| Kreis Tomaszów Maz. | in 18 Orten: | 44 683 |

    Tomaszów 14 000
    Biała Rawska 4500
    Opoczno 4000
    Przysucha 4000 (Anfang 1941: 3000)

[253] Vergleichsdaten November 1942: 200 000 (Katzmann-Bericht); Ende Dezember 1942: 161 514 (Korherr-Bericht).
[254] Nach Rutkowski, Martyrologia, passim.

Kreis Radom	in 28 Orten:	39 646
Kozienice 4500		
Szydłowiec 11 500		
Zwoleń 4070		
Kreis Starachowice	in 13 Orten:	20 732
Kreis Opatów	in 21 Orten:	54 625
Opatów 7000		
Ostrowiec 15 000		
Staszów 5550		
In 148 Orten lebten demnach		375 809
		Juden.[255]

Anhand der hier gesammelten Angaben ergibt sich die folgende Richtzahl für die in diesem Beitrag betrachteten Gebiete für den Januar 1942:

a) eingegliederte Gebiete

Bezirk Bialystok	193 460
Wartheland	264 196
Ostoberschlesien	50 000
Südostpreußen (Reg.-Bez. Zichenau)	38 250

b) Generalgouvernement

Distrikt Warschau	520 295
Distrikt Lublin	251 569
Distrikt Krakau	218 800
Distrikt Galizien	404 162
Distrikt Radom	375 809
	2 316 541 Juden.[256]

Es erscheint aufgrund der lokalen Ermittlung und der bei der Auswertung allgemein beachteten Vorsicht, überhöht erscheinende Angaben zu vermeiden, vertretbar, in dieser Zahl (unter Beachtung der in diesem Artikel nicht behandelten Einwohner Wolhyniens, der zum Ostland geschlagenen Gebiete und unter Abzug der Überlebenden – ohne die hier nicht figurierenden Juden, die bereits Anfang 1942 versteckt waren oder auf „arische Papiere" lebten) eine Ausgangsgröße für die durch die Massenvernichtung (im Unterschied zu den bei Kriegsereignissen und den Tötungen der „Einsatzgruppen") umgekommenen polnischen Juden zu sehen.

---

[255] Vergleichsdaten: März 1940 nach deutschen Quellen: 282 380 Juden; 1941 (nach Rutkowski, Martyrologia) 327 583. – Mitte 1942: 300 000; Ende 1942: 30 000 (Korherr-Bericht).

[256] Vergleichsdaten: Generalgouvernement ohne Galizien – Zweite Hälfte 1940, nach Angaben der Jüdischen Selbsthilfe: 1 945 000. – Amtliche Angaben Generalgouvernement, Sommer 1941: 2 000 000 Juden; Korherr-Bericht (31.12.1942): 297 914 (nach Eisenbach, Polityka, S. 442 f.).

Die erste Vernichtungswelle (1942)

Nach dem Einsetzen der gezielten Mordmaßnahmen in Chełmno/Kulmhof seit Dezember 1941 wurde, von der „Wannsee-Konferenz" weitergehend abgesichert und von „höchster Stelle" gestützt und angeordnet, der Judenmord perfektioniert. Hatte es sich bis dahin um Provisorien gehandelt, wurde nun das angegangen, was nur noch schwach verschleiernd mit „Endlösung" umschrieben wurde. Die Ansiedlungspläne der frühen Kriegszeit hatten sich alle als kurzfristige Projekte erwiesen, die nur vorübergehend politische oder gar praktische Bedeutung hatten. Nach den Exzessen des Krieges und den Massenmorden der Einsatzgruppen war eine Ghettowelt entstanden. Inzwischen sind viele Berichte zumindest über die größeren Ghettos erschienen. Immerhin lebten in fast 700 Orten in Polen Anfang 1942 Juden noch unter einer von den deutschen organisierten Selbstverwaltung und bewacht von SS, Polen und einer fragwürdigen Jüdischen Polizei – gehetzt von als „Aktionen" bezeichneten Razzien, unter schrecklichen hygienischen Verhältnissen, unterversorgt und zum Teil als Sklaven ausgebeutet. Für die deutsche Verwaltung war das Typhus-Problem und die Angst vor anderen Seuchen offenbar nicht nur ein Vorwand: Bei den zumeist aus spießigem Milieu stammenden NS-Machthabern waren propagandistische Diffamierungen der Juden Osteuropas auf fruchtbaren Boden gefallen – unbeschadet der Tatsache, daß die Zusammenschließung unter fatalen Bedingungen und die Verhinderung einer ausreichenden Lebensmittel- und medikamentösen Versorgung erst unhaltbare Zustände heraufbeschworen hatten.[257]

Zu dauernden Beschwerden über die sanitären Verhältnisse, deren Gefahr für das Umland man nicht zu unterstreichen müde wurde, traten Versorgungsüberlegungen, die sicherlich nicht ohne Zusammenhang mit der sich im Winter 1941/1942 als immer prekärer erweisenden Lage der deutschen Truppen waren. Beim Versuch, alle Wirtschaftskräfte in den Dienst der Front zu stellen, mag der Entschluß gereift sein, sich derjenigen Juden zu entledigen, die für diesen Produktionsprozeß unbrauchbar waren. Daß man dieses Vorhaben mit der „Vernichtung durch Arbeit" kombinierte, entsprach nur der grausamen, immanenten Logik der Überlegung, daß letztlich diese Anstrengung doch nur von kurzfristiger Dauer sein würde. Noch am 16. Juli 1941 trat der Posener SS-Offizier Höppner mit dem Plan auf, alle Jüdinnen zu sterilisieren, um so die Judenfrage „noch in dieser Generation endgültig zu lösen".[258] Etwas später muß die Entscheidung über die Beschleunigung des Prozesses gefallen sein. Höppner meinte nun, es sei „die menschlichste" Lösung, die Juden mit einem schnell wirkenden Mittel zu „erledigen".[259]

Die Frage der Entscheidung über den Vernichtungsprozeß ist nicht Gegenstand dieses Beitrags – hierzu sei auf die Arbeit von Christopher Browning und die den Diskussionsstand widerspiegelnde Publikation von Eberhard Jäckel und Jürgen Rohwer und die Auseinandersetzung um den Hitler-Befehl verwiesen.[260] Eine kurze Anmer-

---

[257] Interessanterweise hat Joseph Marcus (Social and Political history of the Jews in Poland 1919-1939, Berlin 1983, S. 183-193) für die Zwischenkriegszeit herausgefunden, daß die Wohnverhältnisse der polnischen Juden eher besser als die ihrer christlichen Mitbürger waren. Vgl. Diensttagebuch, S. 379, 389, 433.

[258] S. Anm. 230.

[259] Nach Eisenbach, Polityka, S. 285.

[260] Christopher R. Browning, Fateful Months, New York 1986; Jäckel/Rohwer, Mord. – Hingewiesen sei auch auf die polnische Diskussion, ob es für Kulmhof/Chełmno Vorbilder gebe. Im Ergebnis läßt sich festhal-

kung muß aber zu diesem Komplex erfolgen, soweit er sich im geographischen Rahmen dieses Beitrags abgespielt hat. Der Krakauer Generalgouverneur Frank sprach im Dezember 1941 von „Eingriffen ...‚ die irgendwie zu einem Vernichtungserfolg führen"[261], schloß hierbei einen Abtransport in den Osten aus („Glauben Sie, man wird sie im Ostland in Siedlungsdörfern unterbringen?") und verwies gleichzeitig auf eine eindeutige Mordanweisung („Man hat uns in Berlin gesagt, ... liquidiert sie selber!") . Wer konnte Frank, der stets auf seinen Rang pochte, „in Berlin" dies gesagt haben, wenn nicht Hitler oder jemand aus seiner nächsten Umgebung?

Der Beginn der Vernichtung, deren Tarnname „Aktion Reinhard" (nach dem nach einem Attentat vom 27. Mai 1942 am 6. Juni 1942 verstorbenen Beauftragten für die Endlösung und Reichsprotektor in Böhmen und Mähren Reinhard Heydrich) war und die der Lubliner SS-Chef Odilo Globocnik leitete, überschnitt sich manchmal mit anderen, aus früheren Jahren stammenden Vorhaben. So berichtete der stellvertretende Amtschef des Distrikts Radom Alfons Oswald auf der „Polizeisitzung" in Krakau am 18. Juni 1942: „In der Judenumsiedlung sei der Distrikt Radom etwas ins Hintertreffen geraten. Im Distrikt habe man im Laufe des letzten Jahres jüdische Wohnbezirke gebildet, in die man um die 15 000 Juden aus Radom umsiedeln wollte. Der Verteilungsplan sei bereits aufgestellt gewesen, als die Umsiedlung nach dem Distrikt Lublin [dort lagen Bełżec und Sobibór] akut geworden sei. Diese Aussiedlung der Juden hänge jetzt nur noch von dem Transportproblem ab, und hier sei erklärt worden, daß der Distrikt noch sechs bis acht Wochen warten müsse."[262]

Der endgültige Vernichtungsprozeß war eine Kombination von auf Tötung hinauslaufender arbeitsmäßiger Ausbeutung einerseits und einer vorangestellten und begleitenden Beseitigung aller derjenigen Personen, die für diesen Ausbeutungsprozeß nicht benötigt wurden, ihn nicht mitmachen konnten oder ihm sonstwie hinderlich waren.[263] Diese Kombination sollte sich bald zu einer Aktion ausweiten, in der alle jüdischen Aussiedlungen liquidiert wurden.[264] Hierbei wurden vor den Deportationen

ten, daß „Ernährungsprobleme" die Vernichtungsentscheidung gefördert haben und daß Bezüge zum deutschen Euthanasie-Programm in der Verwendung von „Spezialisten" bei der Durchführung erkennbar sind. Vgl. Artur Eisenbach, O należyte zrozumienie genezy zagłady Żydów, in: BZIH 4/104 (1977), S. 55-69; J. Leszczyński, Jeszcze w sprawie genezy zagłady Żydów, in: BZIH 1/109 (1979), S. 99-102. Eine Zusammenfassung des neuesten Diskussionsstandes bietet Wolfgang Scheffler, Probleme der Holocaustforschung, in: Deutsche – Polen – Juden, S. 259-281.

261 Diensttagebuch, S. 457. – Diese Passage ist auch abgedruckt in Yitzhak Arad/Yisrael Gutman/Abraham Margaliot (Hrsg.), Documents on the Holocaust, Jerusalem 1981, S. 248, Dok. 116; vgl. Browning, Fateful Months, S. 33.

262 Diensttagebuch, S. 511.

263 Einem Befehl Himmlers an den Polizeichef Krüger (Nbg. Dok. NO-5574; abgedruckt in: Arad/Gutman/ Margaliot, Documents, S. 275f., Dok. 124) vom 19.7.1942 zufolge sollte die gesamte „Aktion" bis zum 31. Dezember 1942 abgeschlossen sein, Juden sollte es dann nur in Arbeits-„Sammellagern" in Warschau, Krakau, Tschenstochau, Radom und Lublin geben. Aus „technischen Gründen" konnte die SS den Befehl nicht ausführen; hinzu traten im September 1942 Überlegungen, die Arbeitskraft qualifizierter Juden länger auszubeuten.

264 Gutman vermerkt zum Warschauer Ghetto, „daß gerade in den letzten Monaten des Gettos im Jahre 1942 eine gewisse Beruhigung eintrat. Das Leben verlief in einigermaßen geregelten Bahnen, die Sterblichkeit nahm ab, immer mehr Leute fanden Arbeit. Eine gewisse Stabilisierung war zu spüren, die Hoffnung keimte auf, daß ein Überleben vielleicht doch noch möglich war. Der Beschluß über die Aussiedlung und Liquidierung der Juden im Warschauer Getto wurde also nicht zum Zeitpunkt der schlimmsten Notlage bekannt. Der Befehl zur physischen Vernichtung der Gettobevölkerung kam ausgerechnet zu einer Zeit, da man schon hoffte, das Schlimmste überwunden zu haben und vielleicht doch noch überleben zu können" (I. Gutman, Vorwort, in: Czerniaków, Im Warschauer Getto, S. XXIII).

alle direkt getötet, die für einen Arbeitseinsatz ungeeignet schienen. Dort, wo nach den Kalkulationen der Deutschen das Vorhandensein von Juden die Nachfrage nach ihrer Arbeit weit überstieg, wurden die notorischen Vernichtungslager (Chełmno, Sobibór, Bełżec, Treblinka) eingerichtet, in denen ohne Unterschied fast alle ermordet wurden, die mit den Transporten anlangten. An anderen Orten wurde ein System von Arbeitslagern aufgebaut, das aber keineswegs eine Überlebensgarantie für die Eingelieferten bot. So wie in Auschwitz, dem bekanntesten der kombinierten Arbeits- und Vernichtungslager, bei der Einlieferung der „Zugänge" in einer „Selektion" die Trennung der äußerlich Arbeitsfähigen von denjenigen erfolgte, die sofort in die Gaskammern geschickt wurden, so waren auch in den Arbeitslagern die Insassen periodisch ähnlichen Augenscheinuntersuchungen ausgesetzt, deren negatives Ergebnis die Deportation zu einer der industriell betriebenen Vernichtungsstätten bedeutete.

Gleichzeitig perfektionierte die SS das Arbeitsausbeutungssystem. Arbeitslager hatte es davor auch schon gegeben: Immer wieder hatten die Ghettos Arbeitskräfte für Rüstungs-, Militär- und Privatvorhaben bereitstellen müssen, in den Ghettos selber siedelten sich Firmen an (shops), bei denen eine Stelle zu haben zu Arbeitsbescheinigungen berechtigte, die manchmal vorübergehend vor den Deportationen in die Vernichtungslager schützten. Nun vermehrten sich bis 1942 diese Lager – sie boten den überlebenden Juden perfiderweise nur dann eine geringe Überlebenshoffnung, wenn sie sich an den auch gegen sie gerichteten wirtschaftlichen und militärischen Aktivitäten der Deutschen beteiligten.

Nach außen waren die Begleitumstände der „Endlösung" der „Judenfrage" als „Aussiedlung" oder „Evakuierung" getarnt. Bis zuletzt wurde der Schein aufrechterhalten, der nach Aussagen von Überlebenden jedoch nach den ersten Monaten nur mehr wenige über das im Unklaren ließ, was ihnen wirklich blühte. Manche klammerten sich noch an das Wort, das die letzte verbliebene Möglichkeit des Hoffens begründete und grausam enttäuschte. Die Hoffnung auf eine Ansiedlung irgendwo im Osten mußte angesichts der Kriegslage bald utopisch erscheinen. Noch weniger glaubhaft dürften diese Behauptungen für die Bewohner derjenigen Orte gewesen sein, die nicht allzu weit von den jeweiligen Vernichtungsstätten entfernt lagen. Wenn Züge mit „Ausgesiedelten" am nächsten Tag leer zurückkamen, was man z.B. in Warschau wußte, da durfte kaum noch jemand glauben, die „Passagiere" seien in der kurzen Zeit bis in unbewohnte Landstriche Osteuropas gebracht worden. In den Ghettos halfen Postsperren, das Wissen um die Ermordung zu unterdrücken. Vom 1. Dezember 1941 an nahm die Post keine Paketsendungen von Juden mehr an, was die Versorgungslage weiter verschlimmerte.[265] Nach dem 24. November 1941 erfolgte die Postzustellung an Juden nur noch über die Judenräte. Immer häufiger wurden Rücksendungen mit dem Vermerk „Empfänger unbekannt verzogen".

Den „Aussiedlungen" ging die Erschießung derjenigen voraus, die für etwaige Arbeitsvorhaben nicht in Frage kamen oder die man auch für mehr oder weniger lange Vernichtungstransporte an die Vernichtungsorte für ungeeignet hielt, sei es, daß sie zu alt und krank gewesen wären, sei es, daß man Aufsässigkeit vermutete. Die Erschießungen vor den Deportationen trugen – so unglaublich dies klingen mag – dazu bei, die Chimäre einer Ansiedlung unter harten, aber letztlich Überleben ermöglichenden

---

[265] VOBlGG 114/4.12.1941, S. 696.

Umständen aufrechtzuerhalten. Dabei handelte es sich bei der Zahl der so Umgekommenen um eine weitgehend unbekannte Größe, da (anders als in der Zeit der „Einsatzgruppen") keine Unterlagen geführt wurden, die Zeugenaussagen rudimentär sind und die geographische Erfassung schwierig ist. Alle bekannten Zahlen können nur Annäherungswerte sein, sie dienen allgemein dem Hinweis auf die Vorgehensweise. Meistens wurden Alte und Kranke sofort erschossen: so im Kreis Miechów im August/September 1942; der Rest der lokalen Bevölkerung wurde nach Bełżec zur Tötung deportiert.[266] In Częstochowa/Tschenstochau wurden mit den 2000 Juden, die am Beginn der Ghetto-Evakuierung unmittelbar ermordet wurden[267], auch 188 Insassen eines Altersheims umgebracht.[268] Im Warschauer Ghetto traf es im Juni 1942 110 Häftlinge[269], in Wołkowysk im August 1942 zehn Ärzte und Apotheker[270] und in Grybów und Biłgoraj die Mitglieder des örtlichen Judenrates.[271] Am 12. Mai 1942 wurden 250 Insassen des Rzeszówer Gefängnisses in einem Waldstück bei Nowa Wieś erschossen.[272]

Um einen Hinweis auf die Ungenauigkeit von Zahlenangaben zu erhalten – wenn nicht, wie etwa bei einem Lubliner Waisenhaus, dessen 320 Zöglinge im März 1942 erschossen wurden[273], die genauen Zahlen rekonstruierbar sind – reicht es hin, auf den Kreis Nowy Sącz hinzuweisen, wo mindestens 1150 Personen erschossen wurden – die Addition von Größen aus Zeugenaussagen ergibt allerdings auch Werte zwischen 8000 und 13 000, und ein Verfasser ist sogar unter Vorbehalt bereit, eine Endzahl um 16 000 zu akzeptieren.[274] Besonders zahlreich waren die erfaßbaren Erschießungen vor dem Beginn der Deportation im Distrikt Lublin, wohin zahlreiche Juden aus den anderen Gegenden des Generalgouvernements geflohen und aus den eingegliederten Gebieten deportiert worden waren. Im Gebiet von Szczebrzeszyn sollen allein „mindestens 5000" Juden erschossen worden sein[275], in Majdanek bei Lublin wurden im April 1942 3800 polnische Juden aus dem Ghetto Majdan Tatarski erschossen.[276] Angesichts der erwähnten Ungenauigkeiten soll hier keine Quantifizierung versucht werden. Die Zahl der im Zusammenhang mit der Deportation in die Vernichtungslager und der Liquidierung der Ghettos Erschossenen wird eine der unsichersten Größen der Mordbilanz bleiben – sicher ist nur, daß sie sehr hoch ist.

Die Erschießungen vor den Deportationen waren jedoch nur der Anfang. Was die nationalsozialistische Judenverfolgung am deutlichsten von historischen Vorbildern

---

[266] Vgl. Podhorizer-Sandel, O zagładzie, S. 97.
[267] Vgl. Pietrzykowski, Hitlerowcy w Częstochowie, S. 183.
[268] Vgl. Jan Pietrzykowski, W obliczu śmierci. Przyczynki do historii Częstochowy w okresie hitlerowskiej okupacji, Katowice 1966, S. 71.
[269] Vgl. Dawidowicz, War, S. 300.
[270] Vgl. Datner, Walka, S. 21.
[271] Vgl. Małgorzata Żymiałkowska, Kronika ziemi sądeckiej 1939-1945 r., in: Okupacja w Sądecczyźnie. Praca zbiorowa, Warszawa 1979, S. 306. – Die Mitglieder des Judenrates von Biłgoraj wurden erschossen, weil sie sich weigerten, Judentransporte zum Abtransport nach Bełżec zusammenzustellen (Vgl. Jerzy Markiewicz/ Ryszard Szczygieł/Wiesław Śladkowski, Dzieje Biłgoraja, Lublin 1985, S. 242).
[272] Vgl. Poradowski, Zagłada, S. 88. – Die Leichen wurden 1951 exhumiert und auf dem jüdischen Friedhof Kolbuszowa beigesetzt.
[273] Vgl. Berenstein, Martyrologia, S. 35.
[274] Vgl. Andrzej Wiśniewski, Martyrologia sądeckich Żydów w okresie 1939-1943, in: Okupacja w Sądecczyźnie, S. 305.
[275] Vgl. Zygmut Klukowski, Niedola i zagłada Żydów w Szczebrzeszynie, in: BZIH 19-20 (1956), S. 223-237.
[276] Vgl. Berenstein/Rutkowski, Żydzi, S. 11.

unterschied, war die Errichtung und Betreibung einer industriellen Mordmaschinerie, der nach dem Sommer 1941 die „Endlösung" übertragen wurde. Trotz geringfügigen zeitlichen Diskrepanzen verliefen Ausbau und Betrieb der Einrichtungen im wesentlichen zeitgleich, so daß Unterschiede mit den jeweiligen örtlichen Umständen und pragmatischen Lösungsversuchen, nicht aber mit unterschiedlichen politischen Ansichten zusammenhingen. Trotz der organisatorischen Trennung zwischen den Vernichtungsanstalten von Chełmno/Kulmhof einerseits und den Mordanlagen in Treblinka, Bełżec und Sobibór andererseits, besteht zwischen ihnen ein deutlicher Zusammenhang – wohingegen etwa Majdanek und Auschwitz gesondert gesehen werden müssen.

An den erstgenannten Orten installierte man Anlagen, deren ausschließlicher Zweck der Massenmord war – sie waren nicht einmal Vernichtungs*lager*, da ihnen größere permanente Möglichkeiten zur Unterbringung von Menschen fehlten. Ihre Erfassungsgebiete waren regional gegliedert, und ihren Zweck, die Ermordung von Juden, erfüllten sie mit jeweils nur leicht voneinander abweichenden Maßnahmen. Das Ziel war allein die radikale Vernichtung der jüdischen Bevölkerung. *Chełmno/Kulmhof* war bei dieser regionalen Gliederung für die nördlichen „eingegliederten Gebiete" „zuständig". Von Dezember 1941 an wurde das „Einzugsgebiet" durchkämmt, bis Litzmannstadt als einziges Ghetto, in das noch aus anderen Orten „Einsiedlungen" hinzukamen, übrigblieb. Die Tötung erfolgte in Chełmno/Kulmhof durch Gaswagen während des Transports der an der Bahnstation eintreffenden Juden (z.T. nach einem Zwischenaufenthalt in einem Adelspalast) zu einem in der Nähe gelegenen Wald. Die in das Wageninnere geleiteten Abgase der Dieselmotoren töteten die Insassen langsam, etwaige Überlebende dieses Transports wurden im Wald erschossen, wo die Leichen zeitweise in Massengräbern begraben wurden.[277] Im April 1943 wurde die „erste Phase" in Chełmno/Kulmhof durch die Sprengung des als „Zwischenlager" verwendeten Palastes und der Krematorienöfen, in denen die Leichen vom Sommer 1942 an verbrannt worden waren, abgeschlossen.[278]

Bełżec diente als Vernichtungsort für die Juden des polnischen Südostens – für die Distrikte Krakau, Radom, Lublin und Galizien. Mit dem Bau wurde im November 1941 begonnen. Die Einrichtung war als Vernichtungsort nur während eines Sommerhalbjahres in Betrieb: zwischen dem 17. März 1942 und Anfang Dezember 1942. Die Tötung erfolgte nach anfänglichen Versuchen mit Zyklon-B-Gas aus Flaschen durch Abgase stationärer Dieselmotoren, die in Gaskammern eingeleitet wurden. Der makabre NS-„Humor" erreichte in der Aufschrift „Hackenholt-Institut" einen seiner grausigen Höhepunkte: Hackenholt war der Name des Mechanikers, der die Dieselmotoren bediente.

---

[277] Der Posener Gauleiter Artur Greiser hatte am 1. Mai 1941 Himmler gemeldet, die „Sonderbehandlung" (Tarnbezeichnung für Ermordung) von 100000 Personen sei in 2-3 Monaten möglich (vgl. Serwański, Obóz, S. 34). Nach einer Aussage aus dem „Kulmhof-Prozeß" in Bonn (1963) wurden die nach Kulmhof Transportierten zeitweise angehalten, an ihre Verwandten vor ihrer Vergasung beruhigende Postkarten über „Arbeit im Reich" zu schicken. Das Tagebuch des Ghettos Litzmannstadt bestätigt den Eingang entsprechender Nachrichten (The Chronicle of the Lódź Ghetto, S. XIX, 141). Die Chronik berichtet darüber hinaus, daß am 12.4.1942 ein hoher Gestapo-Offizier berichtet habe, 100000 seien in Warthbrücken/Koło angesiedelt worden (ebenda, S. 145). Bei Warthbrücken lag Kulmhof in der Tat; die 44000 bis dahin aus Łódź deportierten Juden waren jedoch längst tot.
[278] Vgl. Serwański, Obóz, S. 34, 36, 49.

Einen ähnlichen Einzugsbereich hatte *Sobibór,* das im Mai 1942 den Betrieb auf-
nahm (Baubeginn Februar 1942) und ihn mit Unterbrechungen bis Oktober 1943 fort-
setzte. Da über Sobibór die wenigsten Unterlagen erhalten geblieben sind, ist die genaue Bestimmung des Einzugsgebiets nicht möglich. Es scheint sich vor allem um
den Distrikt Lublin und Teile des Distrikts Warschau gehandelt zu haben[279], wozu
noch Transporte aus Westeuropa (Frankreich, Niederlande), dem Reich, der Slowakei,
Böhmen und Mähren sowie aus dem deutsch besetzten Teil der Sowjetunion kamen.[280] W. Scheffler nennt Sobibór eine Ausweichstelle für Bełżec, dessen Anlagen
nicht für die erforderlichen Tötungen ausreichten.[281] Die Zahl der Ermordeten war
trotz der längeren „Betriebsdauer" niedriger als in Bełżec. Aus allen Berichten geht
hervor, daß es bei der Organisation der Vernichtungsmaschinerie zahlreiche Probleme
gab: die Tötungsanlagen konnten nicht mit den in Transporten eintreffenden Juden
Schritt halten[282], oder die Tötungsapparaturen selber erwiesen sich als wenig „zweckmäßig".

Treblinka ist stärker in das allgemeine Bewußtsein der Öffentlichkeit gedrungen,
weil es nicht so abgelegen war wie Bełżec oder Sobibór und weil es zur Vernichtung
der größten Konzentration von Juden im deutsch besetzten Europa, des Warschauer
Ghettos, diente. Von Juli 1942 an verließen Transporte Warschau, die über Małkinia
das Lager erreichten, in dem ebenfalls durch Motorabgase in luftdicht abgeschlossenen Gaskammern gemordet wurde. Neben den Warschauer Juden und den Menschen
aus dem Distrikt Warschau wurde ein großer Teil der Juden des Distriks Radom und
des Bezirks Bialystok in Treblinka umgebracht.[283] In der Nähe des Vernichtungsortes
bestand seit 1941 ein Arbeitslager für nicht-jüdische Polen, das etwa 10 000 Personen
durchliefen, die nach Feig[284] zu 75% umkamen. Im August 1943 kam es wie am 14.
Oktober 1943 auch in Sobibór zu einem Aufstand, der dazu führte, daß das Lager im
Herbst desselben Jahres geschlossen wurde.[285]

In Anbetracht der Tatsache, daß es über die Vernichtungslager kaum auswertbare
Quellenbestände gibt, ist die Zahl der in diesen Mordorten getöteten Juden besonders

---

[279] Vgl. Berenstein, Martyrologia, S. 40; Marian Kowalski u.a. (Hrsg.), Zbrodnie hitlerowskie w regionie biels-
kopodlaskim 1939-1944, Lublin 1977, S. 132.

[280] Vgl. Konnilyn G. Feig, Hitler's Death Camps, New York 1981, S. 286.

[281] In: Jäckel/Rohwer, Mord, S. 149 f.

[282] Einen Brief über die Verzögerungen der Vernichtung und die dadurch entstandenen zusätzlichen Qualen
der in den geschlossenen Zügen auf ihre Ermordung wartenden Menschen zitiert Bieberstein (Zagłada, S.
79 f.).

[283] Vgl. Krystyna Marczewska/Władysław Ważniewski, Treblinka w świetle akt Delegatury Rządu RP na Kraj,
in: Biuletyn GKBZHwP 19 (1968), S. 137.

[284] Death Camps, S. 296.

[285] Raul Hilberg hat (in: Jäckel/Rohwer, Mord, S. 129 f.) die These aufgestellt, daß der schlecht durchorgani-
sierte Aufbau des Vernichtungsapparats (Ausbau der Gaskammern erst nach den ersten „Stockungen" im
Mordprozeß, Primitivität der Anlagen) haushaltsrechtlich begründet gewesen sei. Es habe keinen „Etat"
für die Endlösung gegeben. Für Kenner deutscher bürokratischer Prozesse ist diese These durchaus nicht
abwegig. Ohne hier argumentativ weiterzugehen, sei der Hinweis angebracht, daß die zahlreichen Tarnbezeichnungen der Mordaktionen ebenso wie die von Hilberg erwähnte Verwendung der Benennung
„Kriegsgefangenenlager der SS" für Birkenau und Majdanek die Inanspruchnahme von bestimmten Haus-
haltstiteln ermöglichte. In diesem Sinne dienten die den Juden vor ihrer Vernichtung auferlegten Kontri-
butionen (bis hin zur Erstattung der Kosten für bei den Deportationserschießungen verbrauchte Munition
in Bochnia [Vgl. J. Chrobaczyński/J. Gołębiowski, Getto w Bochni i zagłada ludności żydowskiej
1939-1945, in: BZIH 1-2/121-2 (1982), S. 53]) möglicherweise tatsächlich dem Ausgleich einer makabren
„Buchhaltung des Mordes". – Zur Kontrolle der Gestapo durch den Rechnungshof vgl. den Diskussionsbeitrag Wolfgang Schefflers (in: Jäckel/Rohwer, Mord, S. 138 f.).

schwer zu ermitteln. Sie stützt sich vorwiegend auf Schätzungen von Zeugen, die
Analyse der regelmäßigen Transporte und deren Stärkeangaben und auf die Einwoh-
nerzahlen in denjenigen Gebieten, aus denen die jeweiligen Tötungsorte „beliefert"
wurden.

In den ersten Monaten des Jahres 1942 wurden etwa 44 000 Personen aus dem
Ghetto Litzmannstadt in *Chełmno/Kulmhof* umgebracht.[286] Zuvor waren bereits die
Juden aus der näheren Umgebung der Vernichtungsstätte ermordet worden, im Laufe
des Jahres 1942 folgten dann Transporte aus dem Ghetto Brzeziny (Mai 1942, ca. 3000
Personen)[287], aus Żychlin (ca. 3200), aus den Kreisen Sieradz, Wieluń (10 000),
Zduńska Wola (10 700)[288] und erneut aus Litzmannstadt, von wo aus im September
1942 etwa 15 000 nicht arbeitsfähige Alte und Kinder nach Chełmno gebracht wurden.[289] Im Mai 1942 wurden darüber hinaus etwa 10 000 Juden aus dem übrigen Europa, die zunächst nach Litzmannstadt gebracht worden waren, in Chełmno vergast.[290] Für die „erste Phase" des Bestehens der Chełmno-Vernichtungsstätte gehen
die Schätzungen der Opfer-Zahlen weit auseinander. Ein Augenzeuge hielt die Zahl
von 250 000 bis 1943 für möglich, der Staatsanwalt im Bonner Prozeß 1962/63 sah die
Zahl 180 000, der Richter die Mindestzahl 145 000 als gesichert an.[291] Aufgrund von
unterschiedlichen Ausgangsdaten für Differenzbestimmungen kommt Włodzimierz
Bednarz[292], der sich auf die Angaben der deutschen Stellen stützt, auf etwa 330 000
Getötete, von denen etwa 25 000 aus dem nichtpolnischen Ausland gekommen seien,
während D. Dąbrowska[293] durch eine sehr hohe Zahl angenommener Aussiedlungen
ins Generalgouvernement vor der Ghettoisierung insgesamt „nur" auf etwa 215 000
kommt. Angesichts der großen Zahlenunterschiede verliert die Unterscheidung zwischen polnischen und nicht-polnischen Juden an Bedeutung, ebenso auch die Berücksichtigung der ebenfalls in Chełmno getöteten ca. 5000 Zigeuner, 5000 sowjetischen
Kriegsgefangenen und einigen hundert Polen aus der unmittelbaren Umgebung des
Ortes. Serwański nimmt als niedrigstmögliche Zahl 300 000 an.[294] Wir halten für die
Berechnung 215 000 für realistisch.

In *Sobibór* wurden im Mai 1942 etwa 16 800 Juden aus dem Kreis Puławy ermordet[295], daneben 5-6000 Bewohner des Kreises Krasnystaw und eine unbekannte Zahl
aus der Umgebung von Chełm. Für den Juni 1942 sind 10 000 Juden aus dem Kreis
Hrubieszów und 3000 aus Biała Podlaska[296] nachgewiesen. Die polnische Hauptkom-
mission für die Untersuchung von NS-Verbrechen nimmt eine Gesamtzahl (zwischen

---

[286] Vgl. Dąbrowska, Zagłada, S. 136; Kronika getta łódzkiego, Łódź 1965/6, S. 402, 425, 434, 448.
[287] Vgl. Pakentreger, Polityka, S. 40; Mirosław Cygański, Powiat łódzki w latach okupacji hitlerowskiej
(1939-1945), in: Rocznik Łódzki 16 (1972), S. 107; Kronika, S. 574-596.
[288] Vgl. Serwański, Obóz, S. 28.
[289] Vgl. ebenda, S. 30; Kronika, S. 244; Julian Leszczyński, Od formuły obozu zagłady – Höppner Chełmno
nad Nerem – do ‚Endlösung', in: BZIH 1/101 (1977), S. 49.
[290] Vgl. Serwański, Obóz, S. 27; Kronika, S. 501.
[291] Vgl. Serwański, Obóz, S. 66; Adalbert Rückerl, Nationalsozialistische Vernichtungslager im Spiegel deutscher Strafprozesse, München 1978², S. 292.
[292] Włodzimierz Bednarz, Obóz straceń w Chełmnie nad Nerem, Warszawa 1946.
[293] Dąbrowska, Zagłada, passim. Diese Zahl erschließt sich aus der Addition der registrierten Einzeldeporta-
tionszahlen nach Kulmhof. Da sicherlich diverse Transporte der Aufmerksamkeit der Forscherin entgangen sein dürften und auch die Zahlenangaben nicht durchweg verläßlich sind (die meisten entstammen
Schätzungen), kann der hier genannte Wert nicht in jeder Hinsicht als gesichert gelten.
[294] Vgl. Serwański, Obóz, S. 69.
[295] Vgl. Berenstein, Martyrologia, S. 40.
[296] Vgl. ebenda; Kowalski, Zbrodnie, S. 32.

Mai 1942 und Oktober 1943) von 250 000 Getöteten an, von denen etwa 34 000 Niederländer waren, deren Transporte einzeln nachweisbar sind, so daß die Zahl der polnischen Juden etwa bei 210 000 liegen dürfte. Das Urteil des Schwurgerichts Hagen vom 20. Dezember 1966, zu dem die gutachterlichen Aussagen von Wolfgang Scheffler herangezogen wurden, kommt zu ähnlichen Gesamtzahlen, die jedoch aufgrund der Spezifik juristischer Argumentation anders gewichtet werden, da über die Deportationen aus den polnischen Ghettos keine ausführlichen Unterlagen geführt wurden. Hier wurde von 150 000 Juden ausgegangen. Im Urteil heißt es: „Die Ergebnisse der polnischen Untersuchungen aus dem Jahre 1947 werden dadurch grundsätzlich nicht in Frage gestellt, eher bestätigt, da durch die hier vorgenommene strafrechtliche Bestandsaufnahme nur in dubio pro reo das Dunkelfeld größer bleibt." Setzt man von den 150 000 etwa 70 000 für Personen ab, die aus anderen als polnischen Gebieten kamen, verbleiben 80 000 polnisch-jüdische Opfer, wobei jedoch die Dunkelziffer gar nicht genügend hervorgehoben werden kann.[297]

Noch letaler als Sobibór war im Frühjahr 1942 *Bełżec*. Hier kamen nahezu täglich Züge aus Lublin und Lemberg an, die in ihren jeweils ca. 20 Waggons um die 2000 Personen an ihre Todesstätte transportierten.[298] Da eine deutliche Trennung zwischen den Ursprungsorten der dokumentierten Züge und ihrer Passagiere nicht immer möglich ist, mögen einige Daten einen Hinweis auf die Quantifizierung und die geographische Einordnung geben. Aus Lublin kamen zwischen März und Mai 1942 etwa 30 000 Personen[299], aus Lemberg zwischen März und April etwa 15 000[300], aus Stanislau im März 5000[301], bis zum Juli 1942 4500 aus Rawa Ruska.[302] Im weiteren April-Verlauf wurden die Juden des Lubliner Distrikts in Bełżec ermordet: 2000 aus Izbica, 2500-3000 aus Zamość.[303] Im März begann auch die Aussiedlung aus dem Distrikt Krakau. Bereits zuvor hatten Aussiedlungen aus der Hauptstadt des Generalgouvernements stattgefunden: Im November 1941 hatte man etwa 1000 Arbeitsunfähige in die Gegend von Kielce geschickt und dort freigelassen – die meisten sollen jedoch nach Krakau zurückgekehrt sein.[304] Die im März 1942 angeblich nach Płaszów deportierten 1500 Juden endeten aber fast alle bereits im Vernichtungslager Bełżec.[305] Seit Juni 1942 wußte man in Krakau durch Berichte polnischer Eisenbahner über die Mordfabrik Bełżec Bescheid.[306] Die größeren Deportationen im Mai/Juni aus der Stadt Krakau umfaßten zwischen 4000[307] und 7000[308] Personen, ca. 1000 wurden noch in der Stadt oder auf dem Weg zum Verladebahnhof Płaszów umgebracht[309], nur ganz wenigen gelang die Flucht aus dem Transportwagen. Im Oktober 1942 nannte das Bulletin

---

[297] Vgl. Miriam Novitch, Sobibór. Martyrdom and Revolt, New York 1980, S. 33; Alexander Donat, The Death Camp Treblinka, New York 1979, S. 13; Urteil des Schwurgerichts Hagen vom 20.12.1966, in: Rükkerl, Vernichtungslager, S. 145-157.

[298] Vgl. Klukowski, Niedola, S. 223.

[299] Vgl. Dawidowicz, War, S. 298.

[300] Vgl. ebenda, S. 299; Friedman, Zagłada, S. 19.

[301] Vgl. Feuerman, Pamiętnik, S. 74.

[302] Vgl. Jakub Iszchułów, Zagłada Żydów w mieście i powiecie Rawa Ruska, in: BZIH 2/102 (1977), S. 97 f.

[303] Vgl. Klukowski, Niedola, S. 224; Berenstein, Martyrologia, S. 37 ff.

[304] Vgl. Bieberstein, Zagłada, S. 53 f.

[305] Vgl. ebenda, S. 56 – nach einem Augenzeugenbericht.

[306] Vgl. ebenda, S. 57 f.

[307] Jan Dąbrowski, Kraków pod rządami wroga 1939-1945, Kraków 1946, S. 35.

[308] Michał Borwicz u.a., W trzecią rocznicę zagłady ghetta w Krakowie (13.3.1943 – 13.3.1946), Kraków 1946, S. 38; Bieberstein, Zagłada, S. 65.

[309] Vgl. ebenda, S. 63.

des Stadthauptmanns 12 000 in Krakau lebende Juden (zu denen noch die „Illegalen" zu addieren wären). Die zweite „Aktion" am 28. Oktober 1942, nach der noch etwa 10 000 Juden in Krakau übrigblieben, erfaßte zwischen 5000[310] und 7000[311] Personen. Nach Bieberstein wurden etwa 4500 Juden nach Bełżec transportiert und ca. 600 noch in Krakau umgebracht. Mit der Ausfertigung individueller Sterbekarten hielt man sich nicht auf.[312] Bei der im Juni begonnenen „Durchkämmung" des Distrikts Krakau kamen 11 000 Juden aus Tarnów, 21 000 aus dem Kreis Rzeszów, 12 000 aus dem Kreis Dębica und im August 10 000 aus Przemyśl nach Bełżec.[313]

Im August schlossen sich nicht näher quantifizierbare Deportationen aus dem Lubliner Distrikt an[314], und man holte die Durchkämmung der noch nicht systematisch erfaßten Kreise nach. Das Gesamtbild gestaltet sich unübersichtlich – so wurden etwa „Zwischen-Konzentrationslager" eingerichtet.[315] In Wieliczka wurden die noch in kleineren Orten lebenden Juden gesammelt und am 18. August gemeinsam mit den Bewohnern des Ghettos von Wieliczka nach Szebnie und Bełżec deportiert.[316] Die Juden aus Tyczyn, Kolbuszowa, Czudec, Strzyżów und anderen Orten brachte man im Juni 1942 zunächst in das Ghetto der Kreishauptstadt Rzeszów.[317] Der Abtransport von 16 000 Juden aus dem Kreis Jasło, weiteren 16 000 aus Neu Sandez/Nowy Sącz und 2500 aus Neumarkt/Nowy Targ im August 1942 weist bereits auf die erweiterten Mordkapazitäten in Bełżec hin. Im September 1942 wurden 11 000 Juden aus dem Kreis Sanok und weitere 7-8000 aus dem Kreis Tarnów fortgebracht.[318] Die „Saison" der Mordmaschine Bełżec lief im Oktober mit Transporten aus Krakau und kleineren Kontingenten aus Szczebrzeszyn[319] sowie im November mit 500 Juden aus Bochnia aus.[320] Über die Zahl der in Bełżec ermordeten jüdischen Menschen ist kein Quellenmaterial bekannt geworden. Die Schätzungen stützen sich deshalb auf die Anzahl der Ausgesiedelten, die im allgemeinen in der polnischen Literatur mit 600 000 angegeben wird[321]; als Mindestzahl wird 390 000 genannt.[322] Ungesichert wie diese Zahl ist,

---

[310] Borwicz, W trzecią rocznicę, S. 38.

[311] Dąbrowski, Kraków, S. 35.

[312] Vgl. Bieberstein, Zagłada, S. 76.

[313] Vgl. Podhorizer-Sandel, O zagładzie, S. 93 ff.- Unabhängig von den Deportationen in die Vernichtungslager wurden Kontingente von Juden in Arbeitslager verschleppt, so etwa am 9.3.1942 nach Pustków 536 Juden aus Mielec und später 75 aus Ropczyce, 50 aus Sędziszów, 228 aus Dębica, 1500 aus Dąbrowa Tarnowska, 200 aus Nowy Sącz/Neusandez usw. (Vgl. Stanisław Zabierowski, Pustków, Rzeszów 1981, S. 52). 1942 waren im Arbeitslager Pustków etwa 2000 Juden. Die Juden Rzeszóws wurden am 7., 10., 14. und 19.7.1942 über die Bahnstation Staroniwa nach Bełżec transportiert. Etwa 2000 Alte und Kranke wurden in einem Waldstück bei Głogów, Kr. Rzeszów erschossen, Dutzende anderer auf dem Fußmarsch zur Bahnstation. Die Schätzungen der aus Rzeszów nach Bełżec Deportierten schwanken zwischen 18 000 und 22 000 – Poradowski nennt die Zahl 21 000 als die realistischste (Poradowski, Zagłada, S. 97 ff.). 1000 Frauen und Kinder gelangten am 7.8.1942 über Pełkinie nach Bełżec (vgl. ebenda, S. 101). – Am 25. August um 14 Uhr fuhr der erste „Aussiedlerzug" aus Bochnia mit 2000 Menschen ab; 500 „nicht transportfähige" Frauen, Kinder und alte Menschen wurden im Wald bei Baczków (Puszcza Niepołomicka nördlich von Bochnia) erschossen (Vgl. Chrobaczyński/Gołębiowski, Getto, S. 52).

[314] Vgl. Berenstein, Martyrologia, S. 41.

[315] vgl. Podhorizer-Sandel, O zagładzie, S. 96.

[316] Vgl. Bieberstein, Zagłada, S. 68; Chrobaczyński/Gołębiowski, Getto, S. 55. – Etwa 6-700 Juden wurden zuvor bei Niepołomice erschossen.

[317] Vgl. Poradowski, Zagłada, S. 89.

[318] Vgl. Podhorizer-Sandel, O zagładzie, S. 97 f.

[319] Vgl. Klukowski, Niedola, S. 233.

[320] Vgl. Chrobaczyński/Gołębiowski, Getto, S. 53.

[321] Vgl. Novitch, Sobibór, S. 33.

[322] Vgl. Donat, Treblinka, S. 12; diese Mindestzahl ergab der Münchner Strafprozeß gegen Oberhauser 1964,

bietet sie doch einen Anhalt, um die Morde von Bełżec in einen Bezug zu denjenigen anderer Tötungsstätten zu bringen.

Bei diesem makabren Vergleich ergibt sich, daß von den reinen Vernichtungslagern *Treblinka* die größte Zahl von Opfern zu verzeichnen hatte. Von 23. Juli 1942 an trafen mit einer kurzen Unterbrechung zwischen dem 28. August und dem 4. September bis in den Dezember 1942 täglich bis zu drei Transportzüge in Treblinka ein[323], wobei die Transporte aus Warschau in der Regel bis zu 5000 Personen stark waren. Zwischen dem 22. Juli und dem 7. August 1942 wurden 113 000 bis 116 000 Juden aus Warschau in Treblinka sofort umgebracht.[324] Bis Oktober 1942 waren allein aus Warschau 300 000 Juden nach Treblinka gebracht worden.[325] Hinzu kamen jedoch noch Juden aus anderen Gegenden Polens. Zwischen dem 19. und dem 24. August 1942 wurden die noch verbliebenen Ghettos in der Nähe Warschaus geräumt. Etwa 7000 Juden zählten die Transporte aus Otwock (dort waren zuvor 3000 weitere erschossen worden), zu den übrigen Orten wie Mińsk Mazowiecki, Rembertów, Siedlce etc. liegen genaue Zahlen nicht vor.[326]

Von August 1942 an gab es neben den Warschauer Zügen auch Transporte aus dem Distrikt Radom. Wie Wolfgang Scheffler betont hat, wurde der Distrikt „innerhalb von fünf Wochen geräumt".[327] Eines der Zentren jüdischer Bevölkerung war hier die Stadt Tschenstochau/Częstochowa, die 1942 noch zwischen 37 000 (gemeldete) und 48 000 (incl. nicht gemeldeter) Juden beherbergte.[328] Die Zahl der Stadtbewohner war bis 1942 dadurch angestiegen, daß sich zahlreiche Migrationen aus der näheren und weiteren Umgebung (Litzmannstadt, Wieluń, Krakau, Płock) nachweisen lassen.

Vom 22. September 1942 an wurden die Ghettobewohner systematisch in die Gaskammern von Treblinka transportiert. Am ersten Tag verließen 6000 bis 8000[329] Juden die Stadt, bis zum 7. Oktober hatte sich diese Zahl auf 40 000 summiert.[330] Vor der Deportation waren hier etwa 2000 Menschen an Ort und Stelle umgebracht worden.[331] Nach der Deportation blieben in Tschenstochau in einem drastisch reduzierten Ghetto und Arbeitslager 5000[332], vielleicht auch 6000 Juden übrig.[333] Gerade die Transporte aus Tschenstochau nach Treblinka sind recht gut dokumentarisch nachzuweisen. Für sie sind die Sonderfahrpläne der Reichsbahn erhalten, die die Zeiten für die Fahrten der Züge nach Treblinka und die Rückkehrfahrpläne der „Leerzüge" ausweisen.[334]

nach Scheffler liegt die Zahl weitaus höher und soll sogar die polnischen Schätzungen übersteigen (vgl. Rückerl, Vernichtungslager, S. 136).

[323] Vgl. Zdzisław Łukaszkiewicz, Obóz straceń w Treblince, Warszawa 1946, S. 14.

[324] Vgl. Marczewska/Ważniewski, Treblinka, S. 137; Brustin-Berenstein, Deportacje, S. 90 ff.

[325] Vgl. Dawidowicz, War, S. 212; die deutsche unvollständige Statistik kommt bis zum 21. September auf 253 741 (Yisrael Gutman, The Jews of Warsaw 1939-1943, Brighton 1982, S. 212).

[326] Vgl. Brustin-Berenstein, Deportacje, S. 92.

[327] In: Jäckel/Rohwer, Mord, S. 150.

[328] Vgl. Pietrzykowski, W obliczu, S. 66. – Das Einwohnermeldeamt registrierte für den 17.9.1942 36 520 Juden, der Judenrat hatte 1942 als letzte Zahl 48 000 angegeben (Pietrzykowski, Hitlerowcy w Częstochowie, S. 178).

[329] Vgl. ebenda, S. 183.

[330] Vgl. Pietrzykowski, W obliczu, S. 71.

[331] Vgl. Pietrzykowski, Hitlerowcy w Częstochowie, S. 186.

[332] Vgl. ebenda, S. 187.

[333] Vgl. Brener, O pracy, S. 49; Pietrzykowski (W obliczu, S. 73) spricht von real ca. 6000 Personen, von denen jedoch nur 5200 offiziell erfaßt waren.

[334] Vgl. dazu die Studie von Heiner Lichtenstein, Mit der Reichsbahn in den Tod. Massentransporte in den Holocaust, Köln 1985, passim.

Aus der „ersten Phase" der Mordtätigkeit Treblinkas sind 135 Transporte zwischen Juli und Dezember 1942 ermittelbar.[335] Jeweils etwa 500 bis 1000 jüngere Jüdinnen und Juden wurden als „Arbeitsjuden" vorübergehend am Leben gelassen. Eine sehr frühe, wenngleich nicht überhöht erscheinende Schätzung spricht für diese Zeit von 675 000 Opfern, von denen etwa 300 000 aus Warschau gekommen sein dürften.[336] Von Mitte November 1942 bis Anfang 1943 kamen keine neuen Transporte. Zwischen Januar und Mai 1943 verloren dann weitere 19 000 Warschauer Juden in Treblinka ihr Leben, hinzu kamen nicht näher quantifizierbare Transporte aus den gerade erst neu verordneten, im Laufe dieser Monate schon wieder liquidierten „Judenwohnbezirken", was die Feststellung der Zahlen der Opfer Treblinkas besonders schwierig macht. Die deutschen Unterlagen verbrannten beim Lageraufstand im August 1943.

Erste polnische Schätzungen von 3 000 000 Toten erwiesen sich bald als überhöht. Helmut Krausnicks auf den Transportraum gestützte Berechnungen für den ersten Treblinka-Prozeß in Düsseldorf[337] ergaben mindestens 700 000, Wolfgang Schefflers[338] bis zu 900 000; Zdzisław Łukaszkiewicz sprach 1946 von 785 300 Opfern.[339] Rachel Auerbach, die mit Ringelblum im Warschauer Ghetto-Archiv arbeitete und den Holocaust überlebte, kam in ihrer 1946 erschienenen Arbeit, in der sie für die „zweite Periode" 1943 insgesamt 35 Transporte mit etwa 210 000 Menschen annahm, auf 1 074 000 Juden.[340] Laut dem Bericht des Überlebenden Samuel Rajzman feierte die SS „lange vor dem Ende des Lagers" den 1 000 000sten Häftling. Dies läßt zusammen mit der Nachricht über eine Zahl von 1 200 000, die die polnische Heimatarmee (AK) ermittelt hatte[341], eine Zahl von Opfern gerechtfertigt erscheinen, die sich in der Nähe der Auerbach-Schätzung bewegt.[342] Gegen 100 000 von ihnen kamen aus den Gebieten außerhalb des geographischen Rahmens dieses Beitrags (Österreich, Tschechoslowakei, Bulgarien, Griechenland).[343]

Zwei weitere Namen von Vernichtungsstätten verbreiten heute allein durch ihre bloße Nennung Grauen: Auschwitz und Majdanek. Das Konzentrationslager *Auschwitz* (Auschwitz I) war bereits im Mai 1940 in einer polnischen Kaserne eingerichtet und in „Betrieb" genommen worden, zunächst allerdings mit deutschen Häftlingen (aus Dachau) und polnischen Gefangenen nicht-jüdischer Herkunft aus Tarnów.[344]

Nach Himmlers Besuch des Lagers am 1. März 1941 entstand das Projekt, hier ein großes Arbeits- und Gefangenenlager anzulegen. Nach dem Beginn des Rußlandfeldzugs wurde vorübergehend ein Zwangsarbeitslager für sowjetische Kriegsgefangene

[335] Vgl. Łukaszkiewicz, Obóz, S. 38.
[336] Ebenda; Nach Yitzhak Arad (Belzec, Sobibor, Treblinka. The Operation Reinhard Death Camps, Bloomington 1986, S. 87, 127) nimmt auch Władysław T. Bartoszewski (in: Samuel Willenberg, Surviving Treblinka, Oxford 1989, S. 12 ff.) die Zahl 750 600 für diesen Abschnitt an.
[337] Urteil vom 3.9.1965, Az: LG Düsseldorf II-931638.
[338] Im Gutachten für den zweiten Treblinka-Prozeß (Urteil vom 22.12.1970, Az: LG Düsseldorf XI-148/69); vgl. Rückerl, Vernichtungslager, S. 199.
[339] Vgl. Łukaszkiewicz, Obóz, S. 39.
[340] Nach Neuabdruck in Donat, Treblinka, S. 53 f.
[341] Ihr Beauftragter, der Stationsvorsteher von Treblinka Franciszek Ząbecki, addierte die Zahlen, die mit Kreide auf den Außenwänden der Waggons standen; vgl. Gitta Serenyi, in: Jäckel/Rohwer, Mord, S. 158.
[342] Vgl. Donat, Treblinka, S. 14. Wir halten an dieser Zahl abweichend von dem bisherigen Ansatz fest, da sie uns realistischer erscheint, als der nachweisliche Minimalwert.
[343] Auerbach, in: Donat, Treblinka, S. 56.
[344] „Ein paar Dutzend Juden" unter ihnen sollen schon bald von der SS erschlagen worden sein (Yehuda Bauer, in: Jäckel/Rohwer, Mord, S. 164).

errichtet, während gleichzeitig Industrie angesiedelt wurde und man daranging, im nahegelegenen Birkenau (Brzezinka, Auschwitz II) das Arbeits- *und* Vernichtungslager aufzubauen, in dem im Januar 1942 mit der systematischen Ermordung (Vergasung) von Juden aus allen Teilen Europas begonnen wurde. Anders als in den zuvor besprochenen Orten erfolgte die Vergasung in Auschwitz nicht mit Abgasen, sondern mit dem eigens zu diesem Zweck gekauften, auf Blausäurebasis produzierten Ungeziefermittel Zyklon B; danach wurden die Leichen „verwertet" und die Überreste in Krematorien verbrannt.

Die Stadt Auschwitz war 1940 zu einem Sammelpunkt der Juden aus den ohne Polizeigrenze dem Reich angeschlossenen ostoberschlesischen Gebieten geworden; im April 1941 wurden alle jüdischen Bewohner nach Bendsburg/Będzin und Sosnowitz/Sosnowiec umgesiedelt. Von dort aus erfolgte ab Januar 1942 ein schrittweiser Rücktransport, nun in das Arbeits- und Vernichtungslager Birkenau.[345] Außerdem kamen nach Auschwitz zunächst Juden aus Westeuropa – vermehrt wurden polnische Juden erst nach Auschwitz gebracht, als die anderen Vernichtungslager ihre Tätigkeit eingestellt hatten.

Für die Zeit zwischen September 1941 und *Frühjahr* 1942 nimmt Yehuda Bauer als Mindestzahl 107 000 Opfer an – so viele Leichen wurden nach der Aussage des Lagerkommandanten Rudolf Höß bis November exhumiert, um verbrannt zu werden.[346] Nach Ansicht von Czesław Madajczyk[347] bezieht sich die Zahl 107 000 jedoch auf die Zeit bis November 1942, da zunächst das Krematorium mit der Leichenverbrennung nicht nachkam und parallel verbrannt und verscharrt worden sei. Die Gesamtvernichtungsangaben für Auschwitz schwanken zwischen 1 000 000 und 2 500 000. Am realistischsten erscheint vor dem Abschluß in Oświęcim laufender Studien die Schätzung Raul Hilbergs, der von 1 000 000 jüdischer Opfer (also ohne die 6400 Zigeuner, Kriegsgefangenen, nicht-jüdischen Polen etc.) ausgeht, davon 400 000 aus Ungarn (1944), 300 000 aus den verschiedensten Teilen Europas und ca. 300 000 aus polnischen Gebieten.[348]

---

[345] Vgl. Tadeusz Iwaszko, Die Häftlinge, in: Auschwitz, Reinbek 1980, S. 119; Dokumenty o eksterminacji Żydów Zagłębia Dąbrowskiego podczas okupacji hitlerowskiej, in: BZIH 43/44 (1962), S. 113.

[346] Der Anteil polnischer Juden an dieser Zahl ist unbekannt; etwa 6000 der Genannten dürften sowjetische Kriegsgefangene gewesen sein.

[347] In: Jäckel/Rohwer, Mord, S. 174 f.

[348] Aus Oberschlesien, Białystok, Zichenau, Litzmannstadt und den „Überresten der Ghettos im Generalgouvernement" (Hilberg, in: Jäckel/Rohwer, Mord, S. 176 f.). – Die Juden aus dem Regierungsbezirk Zichenau/Ciechanów wurden Ende 1942 in Auschwitz umgebracht, obwohl dies einen Transport quer durch Polen erforderlich machte. Es ist unbekannt, warum das näherliegende Treblinka nicht öfter „benutzt" wurde. Nach Treblinka ging nur am 10.11.1942 ein Transport aus Mława ab. Nach Auschwitz gingen u.a. folgende Transporte ab – z.T. in Anwesenheit des ostpreußischen Gauleiters Erich Koch:

6./7.11.1942	aus Zichenau/Ciechanów	5000
18.11.1942	aus Nowe Miasto	(Zahl unbekannt)
18.11.1942	aus Mackeim/Maków Mazowiecki	5500
2./24.11.1942	aus Strzegowo	1000
bis zum 12.12.1942	aus Mielau/Mlawa	4000
20.11./9.12./12.12.1942	aus Nowy Dwór Mazowiecki	5000
im Dezember 1942	aus Plöhnen/Płońsk	12 000
(nach Grynberg, Żydzi, passim)		ca. 32 500

Grynberg beziffert die Ende 1942 nach Auschwitz und Treblinka aus dem Regierungsbezirk zur Ermordung Verschleppten auf 36 000 (Ebenda, S. 108).

Parallel zu Auschwitz wurde in Lublin im Ortsteil Majdan Tatarski ein Lager errichtet, das zunächst (vielleicht auch nur scheinbar) ebenfalls gleichzeitig als Kriegsgefangenen- und Konzentrationslager dienen sollte. Als erste jüdische Gruppe wurden hier etwa 1200 jüdische Soldaten der ehemaligen polnischen Armee untergebracht, die bei den Aufbauarbeiten helfen mußten.[349] Anders als die vorgenannten Lager war das Konzentrationslager Lublin, für das sich nach dem Krieg der Name *Majdanek* einbürgerte, kein Vernichtungslager und auch kein spezielles Judenlager; der Hauptzweck lag in der Ausbeutung der Arbeitskraft, und so gelangten in der ersten Zeit auch vorwiegend arbeitsfähige Männer ins Lager. Zwischen Dezember 1941 und März 1942 wurden 2000 Juden aus Lublin als Opfer von Razzien nach Majdanek gebracht.[350] Die späteren Majdanek-Transporte des Jahres 1942 kamen aus der Slowakei sowie aus Böhmen und Mähren. Im Zuge der Auflösung der Ghettos im Distrikt Lublin kamen in der zweiten Jahreshälfte 1942 die Juden aus Lublin, Piaski, Izbica, Bełżyce, Bychawa und Łęczna, soweit es sich um arbeitsfähige Männer handelte, nach Majdanek.[351] Ihre Gesamtzahl wird mit etwa 40 000 angegeben[352]; nicht sofort umgebracht wurden davon ca. 14 900[353], etwa 17 000 Menschen starben 1942 aus verschiedenen Gründen im Lager. Die nicht Arbeitsfähigen waren zuvor zur Vernichtung nach Bełżec gebracht worden.[354] Im August/September 1942 schickte man ca. 12 000 im Ghetto Warschau selektierte arbeitsfähige Juden nach Majdanek.[355] Im September wurden hier ca. 500 Frauen und Kinder aus Lublin nach einem kurzen Lageraufenthalt erschossen.[356]

In Lemberg waren im Oktober 1942 noch 10 000 Juden[357], in Warschau etwa 70 000 vor dem Winter übriggeblieben.[358] Bei der Sitzung der Regierung des Generalgouvernements vom 24. August 1942 hörte sich das im Referat des Hauptabteilungspräsidenten Karl Naumann so an: „Die Versorgung der bisher mit 1,5 Millionen Juden angenommenen Bevölkerungsmenge fällt weg, und zwar bis zu einer angenommenen Menge von 300 000 Juden, die noch im deutschen Interesse als Handwerker oder sonstwie arbeiten. ... Die anderen Juden, insgesamt 1,2 Millionen, werden nicht mehr mit Lebensmitteln versorgt."[359]

Die „Zweitghettoisierung"

Der Winter 1942/43 brachte mit der Schlacht von Stalingrad den Beginn der deutschen Niederlagen an der Ostfront. In Polen bot sich nach den „Evakuierungen" des Jahres 1942 ein grauenvolles Bild. Die großen Ghettos waren entvölkert und zusammengeschrumpft, die kleinen aufgelöst worden – zum Teil waren Arbeitslager an ihre

---

[349] Vgl. Józef Marszalek, Majdanek, Reinbek 1982, S. 67.
[350] Vgl. ebenda, S. 74; nach ebenda, S. 136: 3000 bis April.
[351] Vgl. Berenstein/Rutkowski, Żydzi, S. 12 f.
[352] Vgl. Marszalek, Majdanek, S. 75; Berenstein/Rutkowski, Żydzi, S. 14: 36 500.
[353] Vgl. ebenda.
[354] Vgl. ebenda, S. 11.
[355] Vgl. ebenda, S. 12.
[356] Vgl. Marszalek, Majdanek, S. 137.
[357] Vgl. Hanns von Krannhals, Die Judenvernichtung in Polen und die Wehrmacht, in: Wehrwissenschaftliche Rundschau 15 (1965), S. 577.
[358] Vgl. Stroop-Bericht, Nbg. Dok. 1061-PS (s. Anm. 382).
[359] Diensttagebuch, S. 549.

Stelle getreten. Von den freigewordenen Immobilien ergriffen nicht-jüdische Polen Besitz.

Auf einer Konferenz (20.-22. September 1942), auf der es zu einem Streit zwischen dem Rüstungsminister Speer und Himmler um die Organisation der Rüstungsindustrie gekommen war, hatte sich Hitler mit Fritz Sauckels Antrag einverstanden erklärt, vorübergehend qualifizierte jüdische Arbeiter im Generalgouvernement weiterzubeschäftigen. Himmler, dessen SS- und Polizeiorganen inzwischen die Gesamtkompetenz in Judenangelegenheiten übertragen worden war, befahl daraufhin am 9. Oktober 1942, alle für Armeebedürfnisse arbeitenden Juden in besonderen Arbeitslagern zusammenzusperren.[360] Den Zwecken dieser „Reorganisation" diente auch die sog. Zweitghettoisierung. Der Staatssekretär der Regierung des Generalgouvernements, SS-Obergruppenführer Friedrich-Wilhelm Krüger, verfügte die Einrichtung von in der polnischen Literatur so genannten „Sekundärghettos" (getta wtórne). Am 28. Oktober 1942 unterzeichnete Krüger die „Polizeiverordnung über die Bildung von Judenwohnbezirken in den Distrikten Warschau und Lublin"[361]; eine weitere Verordnung vom 10. November 1942 nannte zusätzliche Orte in den übrigen Distrikten Krakau, Radom und Galizien.[362] Von den über 650 Orten, in denen Anfang 1942 noch Juden in Polen gelebt hatten, waren 54 übriggeblieben.[363] Dabei handelte es sich nicht um „neue Ghettos". Es waren Teile der früheren Judenghettos, die – geographisch reduziert – quasi bestätigt wurden. Sie waren meist geteilt: in A-Ghettos lebten arbeitsfähige, in B-Ghettos nicht arbeitsfähige Juden. Damit waren die folgenden Mordmaßnahmen bereits erleichtert und absehbar.

Die wenigen verbliebenen Einwohner klammerten sich jedoch an die Hoffnung, die Deportationen seien eingestellt worden und die letzten Ghettos hätten nunmehr eine Art Bestandsgarantie erhalten. Illegal Lebende, Versteckte meldeten sich manchmal in diesen neuen Wohnbezirken, um der dauernden Anspannung der Illegalität (und den z.T. von den „Wirten" erpreßten enormen Kosten) zu entgehen. Die Deportationen wurden wegen des Winters vorübergehend unterbrochen; wegen Stalingrad wurde eine Transportsperre für Nichtrüstungsgüter erklärt.[364] Der Terminus „Ghetto" wurde nur noch selten verwendet; die Judenviertel hießen in der NS-Terminologie „Judenwohnbezirke", was ihnen eine Art „Menschlichkeit" verleihen und die Einwohner täuschen sollte. In Wirklichkeit war die Konsolidierung nur eine kurze Etappe vor der endgültigen Restdeportation in die Vernichtungsanlagen.

Im Distrikt Warschau erhielten sechs Standorte den neuen Status: Warschau, Kałuszyn, Siedlce, Sobolew, Rembertów.[365] Im November 1942 wurden einige Arbeitslager im Warschauer Umkreis aufgelöst und ihre Arbeiter in die Wohnbezirke umgesiedelt. Nach Warschau kamen Juden aus Lagern in Karczew, Kuflów und Klimon-

---

360 Eisenbach, Polityka, S. 362f. – Am 18.9.1942 hatte der Wehrkreisbefehlshaber im Generalgouvernement, General von Gienanth, gemeldet, daß die sofortige Entfernung der Juden die Reduzierung des deutschen militärischen Potentials zur Folge haben würde; es werde so unmöglich, die laufenden Anforderungen fristgemäß zu erfüllen (abgedr. in: Arad/Gutman/Margaliot, Documents, S. 288f., Dok. 131). Himmlers Rundbrief an die SS-Führer in den Distrikten vgl. ebenda, S. 289f., Dok. 132; Nbg. Dok. NO-1611.
361 VOBlGG 94/1.11.1942, S. 665f.
362 VOBlGG 98/14.11.1942, S. 683ff.
363 An manchen Orten blieben Ghettos bestehen, ohne in der Verordnung genannt worden zu sein; dadurch erhöht sich die Gesamtzahl der Orte geringfügig.
364 Vgl. Madajczyk, Polityka, Bd. 2, S. 318.
365 Vgl. Brustin-Berenstein, Deportacje, S. 96.

tów[366], nach Kałuszyn aus Chyżyny, nach Sobolew aus Wilga im Kreis Garwolin.[367] Im Distrikt Krakau gab es Wohnbezirke in Krakau (10 000), Bochnia[368] (3500), Tarnów (12 000), Rzeszów – inzwischen in Reichshof umbenannt – (3000), Przemyśl (5500) und (in der Verordnung nicht genannt) Dębica (2000).[369] Im Distrikt Lublin bestanden jüdische Wohnbezirke in Międzyrzec, Końskowola, Parczew, Zaklików, Łuków, Włodawa, Piaski und Izbica[370], im Distrikt Radom in Tschenstochau, (in der Verordnung nicht genannt) Petrikau/Piotrków, Radomsko, Ujezd, Sandomierz und Szydłowiec.[371] Im Distrikt Galizien wurden 32 Wohnbezirke genehmigt. Im Bezirk Białystok lebten Juden noch in Białystok, Jasinówka, Grodno, Sokółka, Krynki und Prużana.[372]

Der Aufschub war nur kurz. Bereits im Januar 1943 begannen die Deportationen in die Vernichtungsstätten wieder mit großer Härte. Das Bestreben, Juden in der Rüstungsindustrie zu halten, hielt nicht lange an. Übergeordnete Überlegungen der SS und der politischen Führung kollidierten mit Erwägungen der „Leute vor Ort". Es setzte sich eine Art „Kompromiß" durch: „Freie" Juden in Ghettos sollte es nicht mehr geben, dafür sollten erneut Arbeitslager jüdische Zwangsarbeit, solange sie nötig sein sollte, organisieren helfen.[373] Auch der ständige Transfer von Menschen hatte nicht aufgehört, da ja laufend Einsiedlungen in die neuen „Wohnbezirke" stattfanden. In diesem Zusammenhang wollte die SS zum 31. Dezember 1942 einen Überblick über den Stand der jüdischen Bewohner der polnischen Gebiete gewinnen. Der Inspektor für Statistik beim Reichsführer SS Richard Korherr legte am 19. April 1943 eine Dokumentation zur „Endlösung der Judenfrage in Europa" vor, aus der sich ergab, daß nach SS-Auffassung Ende 1942 im Generalgouvernement noch 297 914 Juden lebten[374], in den eingegliederten Gebieten weitere 233 210.[375]

---

[366] Vgl. ebenda, S. 97.

[367] Vgl. ebenda.

[368] Die Wirksamkeit der deutschen „Zweitghettoisierung" und der damit verbundenen Hoffnungszeugung erschließt sich daraus, daß die Einwohnerzahl des Ghettos Bochnia zwischen Januar und April 1943 (trotz einer hohen Sterberate und minimaler natürlicher Vermehrung) von 3500 auf 4200 anwuchs (vgl. Podhorizer-Sandel, O zagładzie, S. 99; Chrobaczyński/Gołębiowski, Getto, S. 54). Der zunehmende Druck auf Nicht-Juden, die Juden versteckten, und die scheinbare Konsolidierung bewogen manch einen, sich im Ghetto zu melden.

[369] Vgl. Podhorizer-Sandel, O zagładzie, S. 98.

[370] Vgl. VOBlGG 94/1.11.1942, S. 665.

[371] Vgl. Rutkowski, Martyrologia, S. 117.

[372] VOBlGG 98/14.11.1942, S. 684: Lemberg, Bóbrka, Jaryczów Nowy, Gródek, Rudki, Jaworów, Złoczów, Przemyślany, Brody, Rawa Ruska, Lubaczów, Busko, Sokal, Brzeżany, Bukaczowce, Podhajce, Rohatyń, Tarnopol, Skałat, Trembowla, Zborów, Zbaraż, Czortków, Buczacz, Borszczów, Kopyczyńce, Tłuste, Stanislau, Stryj, Drohobycz, Borysław, Sambor. – Vgl. Datner, Eksterminacja, S. 11.

[373] Am 21.9.1942 wurde auf der Hauptabteilungsleitersitzung in Krakau die allmähliche Ersetzung von Juden in Rüstungsbetrieben durch Polen besprochen (Diensttagebuch, S. 564). Der Warschauer Gouverneur Fischer konstatierte im Monatsbericht vom 15.10.1942, der Abgang von 100 000 jüdischen Arbeitskräften bedeute große wirtschaftliche Verluste (AZIH, nach Eisenbach, Przesiedlenia, S. 308).

[374] Vgl. die Dokumentensammlung Eksterminacja Żydów na ziemiach polskich w okresie okupacji hitlerowskiej, Warszawa 1957, S. 321 f.; Eisenbach, Polityka, S. 443. – Der Korherr-Bericht ist als Dokument Nr. NO-5194 bei den Nürnberger Prozeßakten. Abgedruckt wurde er u.a. in: Serge Klarsfeld (Hrsg.), The Holocaust and the Neo-Nazi Mythomania, New York 1978, S. 163-203; hierin auch der Beitrag von George Wellers, The Number of Victims of the ‚Final Solution' and the Korherr Report, S. 139-162; deutsch: Die Zahl der Opfer der „Endlösung" und der Korherr-Bericht, in: Aus Politik und Zeitgeschichte, B 30/1978, 5-22-39. Vgl. auch den Abdruck in: BZIH 49 (1964), S. 74-84.

[375] Hilberg (Vernichtung, S. 371) ist der Ansicht, die Korherr-Angaben für Warschau seien wegen der großen Zahl „Illegaler" zu niedrig, diejenigen für den Distrikt Galizien zu hoch – die dortigen Erschießungen

Anfang 1943 nahmen die Vernichtungslager wieder ihren „Betrieb" auf. Aus Warschau wurden zwischen dem 18. und dem 22. Januar 1943 ca. 6000 Juden nach Treblinka zur Ermordung deportiert, im gleichen Monat starben in dieser Stadt etwa
1300 Juden eines „natürlichen" Todes, weitere 1171 wurden erschossen: Erstmals
hatte die jüdische Kampforganisation den Deportationen bewaffneten Widerstand
entgegengesetzt.[376] Die Wiederaufnahme der Warschauer Deportationen ging auf
eine Anweisung Himmlers zurück, der im Januar 1943 die Stadt besucht hatte und die
ihm mitgeteilte Zahl von 40000 noch lebenden Juden (unter Einberechnung von
nicht offiziell Gemeldeten dürfte der Wert eher bei 70000 gelegen haben) für zu hoch
erklärt hatte.[377]

Die Liquidierung der anderen, gerade erst bestätigten Wohnbezirke setzte gleichfalls wieder ein. Bevor dies geschah, widmete man sich aber dem Bezirk Bialystok, der
als Teil Ostpreußens nicht unter die Verordnungen Krügers fiel. In der zweiten Januarhälfte wurden die kleinen Ghettos im Bezirk Bialystok liquidiert. Als erste aufgelöst
wurden die Ghettos Sokółka, Krynki, Jasionówka, und Prużana. Zwischen dem 5. und
dem 12. Februar 1943 fand die erste „Aktion" in Białystok statt, bei der etwa 10000
Personen nach Auschwitz und Treblinka deportiert, weitere 1000 an Ort und Stelle
erschossen wurden.[378] Gleich anschließend, vom 13. bis zum 16. Februar 1943, wurden weitere 4000 Juden aus Grodno deportiert.[379] Ebensolche „Aktionen" gab es Anfang des Jahres auch in Galizien. Aus Stanislau besitzen wir einen Bericht über die
endgültige Liquidierung des Ghettos am 23. Februar 1943.[380] Wie an manchen anderen Orten verblieben im Stadtgebiet kleinere Arbeitslager, deren Insassen nun jedoch
auch die scheinbare, beschränkte „Freiheit" der Ghettos nicht mehr genossen.

Die Reduzierung der gesamten jüdischen Bevölkerung Polens auf „Restbestände"
in Arbeitslagern kann auf die Himmler-Anweisung im Januar zurückgeführt werden.
Mit ihr, mit dem Befehl, auch die letzten Relikte einer beschränkten Eigenverwaltung
zu beseitigen, erlosch auch der schwache Hoffnungsschimmer, der von der
„Zweitghettoisierung" ausgegangen war, begann das letzte Kapitel des polnischen Judentums: Systematisch wurden nun die „Wohnbezirke" liquidiert und ihre Bewohner
in die großen Vernichtungsanlagen abtransportiert.

Die Liquidierung der Ghettos

Im Laufe des Jahres 1943 wurden mit Ausnahme von Łódź/Litzmannstadt alle verbliebenen jüdischen „Wohnbezirke" „ausgesiedelt" – d.h. die Einwohner wurden in
ihrer Mehrheit in Vernichtungslager verbracht, zu einem geringeren Prozentsatz in
Arbeitslager eingeliefert. Die Deportationen aus der Hauptstadt Warschau gingen in
unregelmäßigen Abständen weiter, wobei schrittweise das Ghettogebiet verkleinert

---

Ende 1942 seien nicht berücksichtigt worden. Es sei angemerkt, daß nach dem Korherr-Bericht am
31.12.1942 in Majdanek 7342 und in Auschwitz 1412 Juden „gemeldet" waren.
[376] Vgl. Berenstein/Rutkowski, Liczba, S. 82.
[377] Vgl. Hilberg, Vernichtung, S. 356 – dort Hinweis auf Himmler an Krüger, Januar 1943, Nbg. Dok. NO-
1882.
[378] Vgl. Datner, Eksterminacja, S. 27.
[379] Vgl. ebenda.
[380] Vgl. Feuerman, Pamiętnik, S. 87; Freundlich, Ermordung, S. 184.

wurde. Im März 1943 kamen etwa 30 000 Juden nach Majdanek[381], sonst war weiterhin Treblinka das Ziel der Todeszüge. Nachdem auch die letzten Hoffnungen zerstoben waren, daß arbeitsfähigen Juden eine weitere Frist gewährt würde, entschloß sich die Führung der jüdischen Kampforganisation, obwohl Widerstand keinen wirklichen Erfolg haben konnte, zum bewaffneten Kampf. Erste Gefechte in der Zeit vom 18. bis zum 20. Januar 1943 führten zur vorübergehenden Unterbrechung der Transporte. Der am 19. April 1943 ausgebrochene sog. Ghetto-Aufstand, der seitens der nicht-jüdischen Polen nur halbherzig unterstützt wurde, konnte nichts am Schicksal der Juden Warschaus ändern. Er revidierte allein die äußere Einschätzung, da nunmehr das Bild der Juden, die sich wie Schafe widerstandslos zur Schlachtbank führen ließen, nicht mehr stimmte. Das kämpfende Ghetto wehrte sich bis zum 16. Mai 1943. Seine Gegner waren neben der SS Kräfte der Ordnungs- und Sicherheitspolizei, reguläre Wehrmacht (Pioniere), lettische und ukrainische Angehörige der Kollaborations-„Schutzmannschaften" aus dem Lager Trawniki und die polnische (blaue) Polizei. Nach den Berichten fielen auf deutscher Seite 14 Deutsche, ein Ukrainer aus dem Ausbildungsbataillon des Freiwilligen Wachdienstes und ein polnischer Polizist.[382]

Laut dem abschließenden Bericht des Warschauer SS-Brigadeführers Jürgen Stroop wurden 56 065 Juden während der Kampfhandlungen bis zum Mai gefaßt bzw. getötet. Die „Gefaßten" wurden entweder sofort erschossen, in das Vernichtungslager Treblinka (6929 Menschen) oder in den Distrikt Lublin (Majdanek, Poniatowa, Trawniki) deportiert. Die Zahlen sind eher Schätzungen als solide Größen.[383] Da ein Teil des „Kampfes" der SS gegen die Warschauer Juden darin bestand, Häuser und die Kanalisation zu sprengen, wo sich die noch im Ghetto lebenden Juden verborgen hatten, ist letztlich nicht zu ermitteln gewesen, wie viele Juden unter den zusammenstürzenden Bauten den Tod gefunden haben. Die Zahl vom Januar 1943, die offiziell 40 000 betragen hatte, ist ohne die Berücksichtigung der unbekannten Dunkelziffer ebenfalls nicht von großer Bedeutung.[384] Man kann aber wohl von ca. 30 000 Illegalen ausgehen.[385]

---

[381] Vgl. Berenstein/Rutkowski, Żydzi, S. 16 – Am 16.2.1943 hatte Himmler befohlen, das Warschauer Ghetto niederzureißen und das Konzentrationslager zu verlegen, da es sonst keine Ruhe in Warschau geben werde (Himmler an Krüger, 16.2.1943, Nbg. Dok. NO-2494, abgedr. bei Arad/Gutman/Margaliot, Documents, S. 292, Dok. 134).

[382] Vgl. „Es gibt keinen jüdischen Wohnbezirk in Warschau mehr". Bericht des SS- und Polizeiführers im Distrikt Warschau, SS-Brigadeführer und Generalmajor der Polizei Jürgen Stroop, 16.5.1943, Nbg. Dok. 1061-PS (Bd. 26, S. 626-693); GenLt Herbert Becker als Befehlshaber der Ordnungspolizei und SS-Brigadeführer Dr. Eberhard Schöngarth beziffern die Stärke der Polizeikräfte im Generalgouvernement am 21.11.1942 auf 12 000 deutsche Polizisten, 12 000 polnische Polizisten, 1500-1800 ukrainische Polizisten, 2000 deutsche und 3000 polnische Angehörige der Sicherheitspolizei (nach Madajczyk ist damit die Kriminalpolizei gemeint) und 3000 Mann aus den Völkern Osteuropas rekrutierte Angehörige des „Sonderdienstes" (Diensttagebuch, S. 574). Über die Hilfe der Polen gehen die Meinungen auseinander. Während Czesław Madajczyk die These vertritt, die Heimatarmee habe gute strategische Gründe gehabt, dem Ghetto nicht zu helfen, vertritt Yisrael Gutman die gegenteilige Ansicht. Seiner Meinung nach habe der Heimatarmee-General Tadeusz Bór-Komorowski sogar in seinen Memoiren eine diesbezügliche Aktion frei erfunden, um das Bild im nachhinein zu schönen. Vgl. Yisrael Gutman, Polish and Jewish historiography on the question of Polish-Jewish relations during World War II, in: Ch. Abramsky (Hrsg.), The Jews of Poland, Oxford 1986, S. 177-189; einen Aspekt der Diskussion bildet ab Polish-Jewish Relations during the Second World War: A Discussion, Polin 2 (1987), S. 337-358.

[383] Vgl. Stroop-Bericht, Nbg. Dok. 1061-PS; Gutman (Jews, S. 395) nimmt an, daß sich nicht mehr als 40 000 Juden während des Aufstands im Ghetto befanden.

[384] Vgl. Stroop-Bericht, S. 11.

[385] Vgl. Berenstein/Rutkowski, Liczba, S. 81.

Stroop nahm an, daß sich nach dem Ende des Ghettokampfes noch bis zu 3000 Juden in verschiedenen Teilen Warschaus versteckt hielten bzw. aus dem engeren Stadtgebiet geflohen waren.[386] Rechnet man hinzu, was sich nach anderen Schätzungen an Juden ermitteln läßt, die mit falschen „arischen" Papieren lebten oder die schon zuvor ein Dauerversteck gefunden hatten, es mögen 25 000[387] oder auch nur 15 000 gewesen sein[388], dann erkennt man, wie gering der Anteil derjenigen war, die sich aus der größten jüdischen Stadt Polens vor der unmittelbaren Verfolgung retten konnten.[389]

Möglicherweise mit tatsächlicher Austauschabsicht, vielleicht auch nur, um die Versteckten aufzuspüren, veranstalteten die Deutschen im Juni/Juli 1943 einen Lockruf an Illegale, sich zu melden: Im „Hotel Polski" wurden fragwürdige, verfälschte Berechtigungsscheine zu einer Ausreise aus dem deutschen Machtbereich ausgegeben. Weil die Austauschaktion mit lateinamerikanischen Staaten, der Schweiz und Palästina nur in wenigen Fällen gelang, wurden 400-600 Juden sofort im Warschauer Pawiak-Gefängnis erschossen, die restlichen (4-5000) ereilte der Tod nach einer langen Irrfahrt über Frankreich und Bergen-Belsen in Auschwitz.[390] Etwa 170 Personen dürften gerettet worden sein. Für die übrigen gelang es anscheinend nicht, die Anerkennung der verfälschten Promessen durch die Zielstaaten zu erreichen.[391]

Auf dem Gelände des ehemaligen Warschauer Ghettos wurde am 19. Juli 1943 ein Arbeitslager eingerichtet, dessen Insassen die Aufgabe hatten, die noch vorhandene Bausubstanz abzutragen und zur erneuten Verwendung bei anderen deutschen Bauvorhaben nötigen Schutt bereitzustellen. Hier arbeiteten neben deutschen Kriminellen vorwiegend ausländische Juden – nur 70 polnische Juden werden in den Berichten genannt.[392] In den folgenden Monaten wurden immer wieder einzelne Gruppen von Juden oder Einzelpersonen entdeckt und umgebracht, Einzelexekutionen wurden bis zum Ausbruch des Warschauer Aufstandes im August 1944 fortgesetzt.

Auch die anderen Ghettos wurden im Laufe des Jahres 1943 endgültig beseitigt. Białystoks etwa 45 000 Juden deportierte man zwischen August und September nach Majdanek, Treblinka und Auschwitz.[393] Am 18. November 1943 erfolgte ein letzter Transport aus dem Białystoker Gefängnis.[394] Die jüdischen Wohnbezirke in Ost-

---

[386] Vgl. ebenda, S. 82.

[387] Vgl. Krakowski, Avedot, S. 234.

[388] Vgl. Brustin-Berenstein, Deportacje, S. 100.

[389] Zum Ghetto-Aufstand in Warschau gibt es zahlreiche Publikationen, vgl. u.a. Dan Kurzman, The Bravest Battle. The Twenty-Eight Days of the Warsaw Ghetto Uprising, New York 1976 (dt.: Der Aufstand, München 1979); Yisrael Gutman, The Jews of Warsaw 1939-1942, Brighton 1982. – Über die jüdische Kampforganisation, die Kämpfe im Januar und April/Mai 1943 und das weitere Schicksal eines Ghettokämpfers im Versteck und im Warschauer Aufstand von 1944 vgl. Tuvia Borzykowski, Between Tumbling Walls, Lohame HaGetaot 1972.

[390] Vgl. Brustin-Berenstein, Deportacje, S. 99 f.

[391] Vgl. dazu Abraham Shulman, The Case of Hotel Polski, New York 1982, S. 214 f.; dazu auch den eine Rezension überschreitenden Beitrag von Teresa Prekerowa in: Dzieje Najnowsze 18 (1986), H. 3-4, S. 332-342.

[392] Vgl. Berenstein/Rutkowski, Obóz koncentracyjny dla Żydów w Warszawie (1943-1944), in: BZIH 63 (1967), S. 4 ff.; Piotr Matusak, Obóz koncentracyjny dla Żydów w Warszawie, in: BZIH 2-3/86-87 (1973), S. 254.

[393] Vgl. Krakowski, Avedot, S. 235; Datner, Eksterminacja, S. 12; Bogdan Chrzanowski, Eksterminacja ludności polskiej i żydowskiej na terenach północnego Mazowsza i Białostocczyzny w świetle akt delegatury rządu RP na kraj, Stutthof. Zeszyty Muzeum 4 (1981), S. 134; Anna Kubiak, Dzieciobójstwo w getcie łódzkim, in: BZIH 2 (1952), S. 269; Auerbach, in: Donat, Treblinka, S. 53.

[394] Vgl. Datner, Eksterminacja, S. 12.

Oberschlesien wurden im Juli/August 1943 aufgelöst. Arbeitsfähige kamen in Arbeitslager im Generalgouvernement und im Reich, die meisten jedoch nach Auschwitz, über 1000 wurden schon während der Liquidierung erschossen.[395]

Bis auf einige wenige Handwerker wurden die restlichen 3-400 Juden Stanislaus, die in einer „Rohstofferfassungsstelle" arbeiteten, im Juni 1943 zur Ermordung fortgebracht.[396] In Lemberg begann die Räumung der Ghettos mit einer „Aktion" im Mai 1943, um im Juni 1943 mit der vollständigen Liquidierung abgeschlossen zu werden. Einige Lemberger Juden wehrten sich gegen den Abtransport. SS- und Polizeiführer Friedrich Katzmann, der die „Aktion" leitete, erwähnte in seinem Bericht Waffen, die die Juden italienischen Soldaten abgekauft hatten. Anstelle der erwarteten „gemeldeten" 12 000 Juden wurden in Lemberg allein etwa 20 000 von der Deportation erfaßt. Etwa 3000 Leichen fand man – Opfer von Selbstmorden in letzter Stunde. Ca. 7000 Personen wurden in ein Arbeitslager an der Janowska-Straße gebracht, wo aber ein Teil dieser Menschen sofort erschossen wurde.[397]

Das Restghetto der Hauptstadt Krakau hatte man bereits am 13. und 14. März 1943 geräumt. Aus dem Ghetto A für die Arbeitsfähigen wurden die Einwohner in das Lager Płaszów gebracht, das damit zu einem der größten Arbeitslager wurde.[398] Das Ghetto B wurde mit Lastwagen nach Auschwitz „evakuiert". Etwa 2000 Personen wurden an Ort und Stelle erschossen.[399] Auch die Mitglieder des Krakauer Judenrates, die meisten Angehörigen des jüdischen Ordnungsdienstes und jüdische Spitzel mit ihren Familien (insgesamt ca. 50 Familien), die zunächst im Ghetto hatten bleiben dürfen, wurden – wie Bieberstein schreibt – aufgrund der Rivalität zwischen Gestapo und SS Ende März nach Płaszów verbracht. Die letzten Ordnungsdienst-Angehörigen wurden am 15. Dezember 1943 erschossen.[400]

In Tschenstochau/Częstochowa war das „kleine Ghetto B" übriggeblieben, dessen nicht arbeitsfähige Insassen Ende Juni 1943 erschossen bzw. nach Auschwitz gebracht wurden. Bestehen blieb ein großes Arbeitslager der Firma Hasag, in dem ebenfalls ständig „selektiert" wurde; um den 20. Juli 1943 etwa wurden allein 400 Personen in diesem Lager der Apparatebau-Firma umgebracht.[401] Nach Płaszów ins Arbeitslager kamen auch die Juden aus Tarnów (2. September 1943) – und nach Zwischenaufenthalten in Szebnie bzw. Stalowa Wola die Arbeitsfähigen aus Przemyśl und Rzeszów.[402] Aus Bochnia brachte man am 2. und 3. September 1943 1560 Arbeitsfähige (vor allem Schneider) in das Arbeitslager Szebnie, die übrigen (etwa 2300) nach Auschwitz.[403] Die als nicht-arbeitsfähig „Selektierten" endeten in den Gaskammern von Birkenau. Diese Aufzählung ließe sich weiter fortsetzen – hier mag als Resümee

---

395 Vgl. Andrzej Szefer (Hrsg.), Miejsca straceń ludności cywilnej województwa katowickiego (1939-1945), Katowice 1969, S. 239 f.
396 Vgl. Feuerman, Pamiętnik, S. 89; Freundlich, Ermordung, S. 186.
397 Vgl. Friedman, Zagłada, S. 29.
398 Vgl. Borwicz, W trzecią rocznicę, S. 38.
399 Vgl. Podhorizer-Sandel, O zagładzie, S. 99 f. – Am Rande sei darauf hingewiesen, daß die beiden Ghettoteile am 13.3.1943 voneinander getrennt wurden. Die Polizei gestattete nur den Übergang von A nach B – nicht in umgekehrter Richtung. Die Zahl der am Leben Gelassenen sollte möglichst klein gehalten werden (vgl. Bieberstein, Zagłada, S. 82 f.).
400 Vgl. ebenda, S. 91-94.
401 Vgl. Pietrzykowski, W obliczu, S. 76; Pietrzykowski, Hitlerowcy w Częstochowie, S. 191 ff.
402 Vgl. Podhorizer-Sandel, O zagładzie, S. 100.
403 Vgl. Chrobaczyński/Gołębiowski, Getto, S. 54.

genügen, daß Ende 1943 bis auf Łódź keine polnische Stadt mehr über jüdische Wohnbezirke verfügte.

Entgegen verbreiteten Vorstellungen verlief diese letzte Phase nicht überall „glatt". Schon vor dem Warschauer Ghetto-Aufstand schien eine Art Bann gebrochen zu sein: die Juden, die keine Aussicht mehr auf irgendeine Art Rettung haben durften, organisierten Revolten, bewaffnete Fluchtversuche und andere Widerstandsakte, um nicht ganz wehrlos unterzugehen. Es gelang ihnen zumindest, einige ihrer Peiniger mitzunehmen – wirklich retten konnten sich nur sehr wenige.

In Nowogródek war es angeblich bereits im September 1941 zur ersten organisierten Gegenwehr gekommen, auch wenn die faktische Lage mehr als fraglich ist.[404] Im sog. Ostland, außerhalb des eigentlichen geographischen Berichtraums dieses Beitrags, gab es die ersten Widerstandshandlungen bei der Liquidierung der Ghettos in Kleck am 21. Juli 1942 (25 von 400 Geflohenen überlebten) und in Nieśwież am 22. Juli 1942.[405] Gegen die Liquidierungen wehrten sich die Judenrat-Vorsitzenden in Marcinkańce im Bezirk Bialystok und in Lachwa (Polesien) Ende 1942.[406] In den Ghettos bestanden zahlreiche kleine und größere Widerstandsgruppen. Zum Teil gliederten sie sich nach den jüdischen Vorkriegsparteien, zum Teil vereinigten sie auch ihre Kräfte, z.B. zur linken überparteilichen Kampforganisation des Antifaschistischen Blocks (Bojowa Organizacja Bloku Antyfaszystowskiego) im April 1942 in Warschau[407] oder zur ŻOB (Żydowska Organizacja Bojowa – Jüdische Kampforganisation) unter zionistischer Führung, aber auch unter Beteiligung von Bundisten, die Ende 1942 endgültig Gestalt angenommen hatte.[408] In Warschau gab es daneben auch den eher rechtsgerichteten jüdischen Militärverband (Żydowski Związek Wojskowy). Erst im Ghettoaufstand selber gelang eine Koordination der Widerstandsbemühungen.[409] Die Ghettoaufstände, aber auch Einzelaktionen, Exekutionen von Zuträgern, deutschen Beamten und Mitgliedern polnischer und anderer Kollaborationsorgane, gingen auf das Konto des Widerstands. Man hielt Verbindungen zum polnischen Untergrund, wobei der kommunistische wegen des andauernden Antisemitismus nicht-linker polnischer Einheiten eher den Kontakt mit den Ghettos aufrechterhielt.[410]

Am 23. Dezember 1942 griffen in Krakau jüdische Kämpfer und Kommunisten ein deutsches Café an. In Mińsk Mazowiecki leisteten die letzten 400 Juden am 10. Januar 1943 gegen ihre Liquidierung Widerstand. Sie wurden von den Deutschen im

---

[404] Vgl. Ruta Sakowska, Dwa etapy, Wrocław 1986, S. 37 f. Zum jüdischen Widerstand vgl. u.a. Yitzhak Arad, Jewish Armed Resistance in Eastern Europe. Its Characteristics and Problems, in: Gutman/Rothkirchen, Catastrophe, S. 490-517. Die bisher umfassendste Darstellung bieten Reuben Ainsztein, Jewish Resistance in Nazi-Occupied Eastern Europe, London 1974, und Shmuel Krakowski, The War of the Doomed. Jewish Resistance in Poland 1942-1944, New York 1984, der neben den großen Ghettos bewaffnete Einheiten in Ghettos wie Włodawa, Tomaszów Lubelski, Sandomierz, Tarnów und Pilica und in Lagern wie Mińsk Mazowiecki, Pionki, Kraszyna und Trawniki nennt. Zahlreiche Revolten gab es in Wolhynien und Polesien.

[405] Vgl. Datner, Zbrojne, S. 17 f.

[406] Vgl. ebenda, S. 15.

[407] Vgl. Sakowska, Etapy, S. 40.

[408] Zur Organisation der Bundisten im besetzten Warschau vgl. Goldstein, Sterne, passim.

[409] Vgl. Sakowska, Etapy, S. 60.

[410] Vgl. Bieberstein, Zagłada, S. 232-250 (zu Krakau und Płaszów); Sakowska, Etapy, S. 52 ff.; Stanisław Poradowski, Żydowscy gwardziści w pierwszych oddziałach partyzanckich GL (Gwardii Ludowej) na Rzeszowszczyźnie, in: BZIH 1-2/121-122 (1982), S. 15-26; Szymon Datner, Szkice do studiów nad dziejami żydowskiego ruchu partyzanckiego w okręgu białostockim (1941-1944), in: BZIH 73 (1970), S. 3-46.

Schulgebäude, aus dem heraus sie mit Ziegeln etc. warfen, lebendig verbrannt.[411] Am 2. August 1943 kam es zu einer Revolte im Lager Treblinka.[412] Von den etwa 1000 Funktionshäftlingen brachen 200 aus, etwa 60 überlebten.[413] Am 16. Juli 1943 erhoben sich die letzten Einwohner des Ghettos von Białystok: Etwa 200 Juden leisteten 3000 deutschen, ukrainischen und weißrussischen SS-Leuten erbitterten Widerstand.[414]

Am 14. Oktober 1943 gelang es Juden in Sobibór, die SS-Wachmannschaft zu überwältigen, die Drähte zu durchschneiden und etwa 300 Lagerinsassen die Flucht zu ermöglichen.[415] Inzwischen hatte sich die polnische Untergrundbewegung konsolidiert, und wenn auch die Aufnahme von Juden in die polnischen bürgerlichen Untergrundeinheiten nur selten möglich war, so dürfte doch eine Anzahl dieser Flüchtlinge mit Hilfe der Partisanen ihr Leben gerettet haben. Das nur dünn besiedelte Lubliner Gebiet schien der deutschen Führung so gefährlich, daß die Regierung des Generalgouvernements mit SS und SD am 19. Oktober 1943 eine „Sicherheitssitzung" abhielt, auf der Frank äußerte, die Judenlager seien eine „akute Gefahr für die Sicherheit der Deutschen".[416] Die Folge dieser Feststellung war eine Aktion, die die Deutschen mit der Bezeichnung „Erntefest" versahen. Zwischen dem 3. und dem 7. November 1943 wurden in großer Eile die meisten Juden in den Lubliner Lagern ermordet: 10000 in Trawniki, etwa 20000[417] oder 18000 in Majdanek.[418] Hinzu kamen die Lager in Poniatowa und Budzyń. Die Angaben für die Endziffer des „Erntefestes" schwankten zwischen 42000[419] und 45000.[420] In Majdanek lebten am 4. November 1943 nur noch 612 Juden[421], etwa 300 Juden waren auf dem Lubliner Schloß eingesperrt[422], einige andere waren in kleinen Lagern am Flugplatz etc. Diese große Mordaktion markierte das grausige Ende dessen, was als „Judenreservat" begonnen hatte. Wolfgang Scheffler beziffert die Gesamtzahl jüdischer Opfer des Lagers Majdanek auf 50-60000[423], von denen für die Zwecke dieses Beitrags die Angehörigen der Transporte aus den tschechoslowakischen Gebieten abzuziehen sind.

Vereinzelt kam es auch später noch zu Widerstandshandlungen: In der Nacht vom 19. auf den 20. November 1943 gelang durch die Überwältigung von Wachposten ei-

---

411 Vgl. Datner, Zbrojne, S. 20.
412 Vgl. Marczewska/Ważniewski, Treblinka, S. 134.
413 Vgl. Ausbruchsbericht Stanisław Kon, in: Donat, Treblinka, S. 224-230. Die Schätzungen der SS-Leute im Düsseldorfer Treblinka-Prozeß beliefen sich auf 500 Geflüchtete (nach Ainsztein, Resistance, S. 737).
414 Vgl. Datner, Walka, S. 40; Datner, Zbrojne, S. 21.
415 Vgl. Berenstein/Rutkowski, Żydzi, S. 40; Edward Dziadosz/ Józef Marszałek, Więzienia i obozy w dystrykcie lubelskim w latach 1939-1944, in: Zeszyty Majdanka 3 (1969), S. 105; Novitch, Sobibór, S. 33; Richard Rashke (Escape from Sobibor, Boston 1982) hat das Geschehen roman- und reportagenhaft dargestellt. Nach Datner (Zbrojne, S. 21) überlebten etwa 30 Personen. Nach Ainsztein (Resistance, S. 764) starben 150 polnische Juden durch Kugeln und Minen beim Ausbruch, von den 300 Entkommenen seien etwa 100 zwischen dem 14. und dem 21. Oktober gefaßt bzw. getötet worden. Richtig schreibt er: „... enough survived to defeat Himmler's efforts to conceal the extent and nature of the crimes committed in the death camps". (Ebenda, S. 766).
416 Diensttagebuch, S. 742.
417 Vgl. Chrzanowski, Eksterminacja, S. 135.
418 Vgl. Berenstein/Rutkowski, Żydzi, S. 40.
419 Vgl. ebenda, S. 45.
420 Vgl. Berenstein, Martyrologia, S. 45.
421 Vgl. Berenstein/Rutkowski, Żydzi, S. 45.
422 Vgl. Moszyński/Policha, Lublin, S. 78.
423 In: Jäckel/Rohwer, Mord, S. 148.

ner Häftlingsgruppe die Flucht aus dem Lemberger Lager an der Janowska-Straße. Am gleichen Tag revoltierten die Juden des Lemberger Kremierungskommandos.[424] Am 7. Oktober 1944 erhoben sich die Häftlinge des „Sonderkommandos" in Auschwitz-Birkenau. Auch ihre Aufgabe war die Bedienung des Krematoriums gewesen. Alle fanden den Tod. Die mit dem Abriß der Vernichtungsstätte Kulmhof/Chełmno beschäftigten 47 jüdischen Häftlinge, denen die Erschießung sicher war, nahmen in der Nacht vom 17. auf den 18. Januar 1945 einen aussichtlos scheinenden Kampf auf. Immerhin erlebten dadurch zwei von ihnen das Ende des Krieges.[425] Die Mordstätten selber konnten nunmehr, nachdem der größte Teil der grauenhaften „Arbeit" geleistet worden war, vorerst geschlossen werden. Die Deutschen ließen es sich angelegen sein, die Spuren der Vernichtungslager möglichst gut zu verwischen – was allerdings nur unvollkommen gelang. Die Vertuschungsaktionen des Jahres 1943 dokumentieren die Scheu, die offenbar die Verantwortlichen vor einer Offenlegung ihrer Aktionen empfanden – für diejenigen, die Wert darauf legen, ein Unrechtsbewußtsein zu dokumentieren, hier wird es deutlich. In Bełzec wurde bereits zu Beginn des Jahres ein Wäldchen an der zerstörten Vernichtungsstätte gepflanzt, in Lemberg machte man sich daran, die eingegrabenen, nicht verbrannten Leichen zu exhumieren und nachträglich zu verbrennen.[426] Aus Treblinka brachte man die letzten Häftlinge Anfang November 1943 nach Sobibór – das Lager wurde abgerissen, das Gelände umgepflügt, und man siedelte Ukrainer an.[427] Bereits seit Frühjahr 1943 wurden die früher angelegten Massengräber in der Umgebung aufgerissen und die Leichen kremiert.[428] Auch in Sobibór wollte man die Reste des Lagers unter einem frisch angelegten Wäldchen verstekken.[429] Es half nichts. Ende 1943 waren die weitaus meisten polnischen Juden umgebracht worden, und die Spuren und Mitwisser der Verbrechen sind und waren so zahlreich, daß kein Zweifel an dem Verlauf und am annähernden Umfang der Mordaktionen bestehen kann.

Der Zensus des Generalgouvernements hatte für den 1. März 1943 noch 203 679 Juden ausgewiesen[430], dazu kamen die Juden des Ghettos Litzmannstadt (86 000) und die noch nicht „ausgesiedelten" Juden in Białystok und Oberschlesien. Ende 1943 waren noch 83 000 Juden im Litzmannstädter Ghetto – die Stadt war zum Ort mit der größten jüdischen Wohnbevölkerung geworden.[431] Daneben gab es in Polen Juden

---

[424] Vgl. Eisenbach, Polityka, S. 553.
[425] Vgl. Datner, Zbrojne, S. 21 f. – Datner schreibt, es habe auch an anderen Orten Widerstandshandlungen gegeben, die bisher nicht erforscht seien.
[426] Vgl. Leon Weliczker, Brygada śmierci (Sonderkommando 1005). Pamiętnik, Łódź 1946.
[427] Vgl. Łukaszkiewicz, Obóz, S. 16.
[428] Vgl. Auerbach, in: Donat, Treblinka, S. 53.
[429] Vgl. Dziadosz/Marszałek, Wiezienia, S. 105. – Es dürfte der Eindruck der Entdeckung der Massengräber polnischer Offiziere in Katyń im Frühjahr 1943 gewesen sein, der zur Exhumierung und Einäscherung der Mordopfer geführt hatte. Angesichts der vorrückenden Roten Armee mag man vor einer Propagandakampagne mit umgekehrten Vorzeichen, die derjenigen geähnelt hätte, die Deutschland 1943 angestrengt hatte, Angst gehabt haben. In diesem Zusammenhang sei auch auf das Rundschreiben Martin Bormanns vom 11.7.1943 an die Reichsleiter, Gauleiter und Verbändeführer hingewiesen. Darin hieß es: „In der öffentlichen Behandlung der Judenfrage muß jede Erörterung einer zukünftigen Gesamtlösung unterbleiben. Es kann jedoch davon gesprochen werden, daß die Juden geschlossen zu zweckentsprechendem Arbeitseinsatz herangezogen werden" (Nbg. Dok. NO-2710, abgedr. in Arad/Gutman/Margaliot, Documents, S. 343, Dok. Nr. 160).
[430] Vgl. Kopeć, Straty, S. 152.
[431] Vgl. Dąbrowska, Zagłada, S. 144

nur noch in Arbeitslagern und in Verstecken – alle anderen waren von den Deutschen und ihren Helfern ermordet worden. Vereinzelt waren noch Räumkommandos in den ehemaligen jüdischen Wohnbezirken an der Arbeit, die die Viertel entrümpeln und für eine Neubesiedlung vorbereiten sollten. Daneben gehörte die Entdeckung versteckter Juden zu ihren Aufgaben. In Bochnia waren es zunächst 250 Juden; bald wurde ihre Zahl auf 100 reduziert, im Januar 1944 lieferte man auch sie in das Arbeitslager Płaszów ein.[432]

An dieser Stelle böte es sich an, eine Übersicht über die Arbeitslager zu schaffen, in denen Juden für Wehrmachts- und SS-Standorte (etwa in Pustków im Distrikt Krakau), für die Belange der deutschen Rüstung und der Privatwirtschaft Sklavenarbeit leisteten. Aber eine auch nur annähernd vollständige Übersicht über die Arbeitslager ist bisher kaum möglich. Nur für einige wenige gibt es eine halbwegs zuverlässige Quellenbasis und verwertbare Forschungsergebnisse. Die ins Auge springende Unstetigkeit der Lagerwelt (manche Arbeitsstellen bestanden nur wenige Monate lang) und die Fluktuation ihrer Belegschaften erschweren konkrete Angaben ungemein. Selbst wo es angenäherte Zahlenangaben gibt, wird kaum zwischen den Nationalitäten der Insassen differenziert – und wo in der zugänglichen Literatur die Angabe „Juden" erscheint, ist nicht immer erkennbar, um Juden aus welchen Ursprungsländern es sich handelte. Die 1979 erschienene, bisher umfassendste Zusammenstellung der Lager auf dem Gebiet des heutigen Polen (ohne die polnischen Ostgebiete, dafür mit den ehemaligen deutschen Ostgebieten), die auf der Basis von Archivalien eine optimale Erfassung versuchte, verdeutlicht vor allem die Schwierigkeiten, konkrete Angaben vorzustellen.[433] Dennoch soll hier eine vorsichtige Schätzung auf der Basis dieses großen Werkes versucht werden.

Wir wählen als Erhebungszeitraum den Sommer 1944. Zu dieser Zeit waren die polnischen Ostgebiete bereits befreit – wobei davon auszugehen ist, daß die dortigen früheren Arbeitslager entweder in das noch deutsch besetzte Gebiet evakuiert worden sind oder aber daß deren Insassen vor dem Einmarsch der Sowjets umgebracht wurden. Da bereits ein Teil der Arbeitslager in die Ostgebiete des Reiches verlegt worden war (genannt sei hier nur der Komplex Groß-Rosen), sind die in der polnischen Publikation genannten Zahlenangaben für diese Gebiete von Interesse und werden hier ausnahmsweise über die geographische Eingrenzung des Beitrags hinaus nachgewiesen. Im übrigen hatten im Sommer 1944 die Umsiedlungen in das hier nicht erfaßte Innere des Deutschen Reiches (Sachsenhausen, Ravensbrück, Bergen-Belsen etc.) noch nicht voll eingesetzt.

Eine überschlägige Schätzung (bei der versucht worden ist, die unklaren Nationalitäten- und Belegungszahlen zu bereinigen) ergibt folgendes Bild:

---

[432] Vgl. Chrobaczyński/Gołębiowski, Getto, S. 54.
[433] Obozy hitlerowskie na ziemiach polskich 1939-1945. Informator encyklopedyczny, Warszawa 1979. Vgl. auch Ishaia Trunk, Idishe arbet-lagern in ‚Varteland', in: Bleter far geshichte 1 (1948), H. 2, S. 33-45. – In einem Bericht an den Verband Polnischer Patrioten in der UdSSR schätzten die Leiter des Referats für jüdische Angelegenheiten beim konspirativen kommunistenfreundlichen Landesnationalrat (Krajowa Rada Narodowa) Dr. Adolf Berman und Pola Elster am 15. Juni 1944 die Zahl der Juden in Arbeitslagern auf dem Gebiet des Generalgouvernements auf etwa 100 000, die vor allem in den Räumen Radom/Kielce und Krakau gelegen seien (nach B. Mark, Do dziejów odrodzenia osiedla żydowskiego w Polsce po II wojnie światowej, in: BŻIH 51 (1964), S. 7).

Distrikt Lublin	15 000
(Zahl wegen bereits fortgeschrittener Befreiung fraglich)	
Bezirk Bialystok	900
Reg.Bez. Zichenau	350
Distrikt Warschau	8 500
Distrikt Krakau	25 250
Distrikt Radom	21 000
Eingegliederte Gebiete (o. Auschwitz)	5 000
Ostgebiete des Reiches	20 000
Ghetto Litzmannstadt (30.7.1944)	68 000
Auschwitz (Stammlager, Birkenau und Arbeitslager)	52 000
	216 000

Von diesen Personen wurden die meisten Litzmannstädter Juden im August 1944 vergast, bis Oktober 1944 erfolgten in den Arbeitslagern „Selektionen" der arbeitenden Juden, wobei die als arbeitsunfähig Ausgesonderten ebenfalls umgebracht wurden. Die sich danach ergebende Restzahl beschreibt die Quantität der Juden, über die die letzten Todeswellen hinweggingen: Viele kamen auf den Evakuierungs-Todesmärschen um oder wurden bei der Annäherung der Roten Armee exekutiert.

Die Vernichtungslager hatten Ende 1943 mit einer Ausnahme ihre Tätigkeit eingestellt. Die Ermordung der einheimischen Juden in Polen war nahezu abgeschlossen. Zentralisiert war die Judenermordung nunmehr im Komplex Auschwitz-Birkenau, dem vor allem Łódźer, oberschlesische und nicht-polnische Juden zur Vernichtung zugeführt wurden. Um Auschwitz herum hatten sich große deutsche Konzerne mit ihren Betrieben etabliert, es entstand eine Art neuen Industriegebiets, dessen Sklavenarbeiter aus allen Teilen Europas in diese „Metropole" herbeigekarrt wurden. In die Gaskammern von Auschwitz-Birkenau gelangten neben den Opfern der neuerlichen Deportationen (z.B. aus der Slowakei und aus Ungarn) vor allem die Opfer der „Selektionen" in den Arbeitslagern, d.h. diejenigen, die sich dort als nicht mehr arbeitsfähig erwiesen hatten. Nur für eine kurze Zeit wurde Chełmno 1944 noch einmal reaktiviert. Einzeln entdeckte Versteckte wurden 1944 meist an Ort und Stelle erschossen. Das letzte Kapitel der deutschen Judenvernichtung in Polen begann.

Die Räumung Polens

Die Jahre 1942/43 markieren den Höhepunkt der Vernichtung der polnischen Juden. Dies bedeutet nicht, daß danach die Mordaktionen in Polen eingestellt worden wären, sie betrafen jedoch nun überwiegend aus dem übrigen Europa stammende Juden.

Auf polnischem Gebiet existierte 1944 nur noch ein Ghetto in Łódź/Litzmannstadt (andere Ghettos bestanden unter anderem weiterhin in Theresienstadt und im rumänisch besetzten Transnistrien), seine Liquidierung steht mit der sich wandelnden Kriegslage im Zusammenhang. Während es zuvor Pläne gegeben hatte, die Łódźer Juden ins Generalgouvernement zu bringen oder aber – angesichts der sich nähernden Ostfront – die Rüstungsproduktion des Generalgouvernements nach Łódź zu verlagern, schritt man nach Beginn der Invasion in der Normandie zur Liquidierung auch dieses letzten jüdischen Wohnbezirks.

Erneut versuchte man, die eigentlichen Ziele der Aussiedlung der Juden zu verschleiern. Handelte es sich 1942/43 um eine angebliche Ansiedlung im Osten, so wurde nun eine Deportation „zur Arbeit" vorgetäuscht. Am 15. Juni 1944 forderte man den „Ältesten" Rumkowski auf, von nun an jede Woche 3000 Personen bereitzustellen.[434] Rumkowskis Proklamation Nr. 416 vom 16. Juni rief zur freiwilligen Registrierung zu Arbeiten außerhalb des Ghettos auf.[435] Als Anreiz sollte dienen, daß man Familien nicht zu trennen und eine vollständige Arbeitskleidungsausstattung zur Verfügung zu stellen versprach. Neben einer vorfristigen Aushändigung von Rationen sollte die Befreiung von der Postsperre zur freiwilligen Meldung veranlassen. Es ist nicht bekannt, ob man damals in Łódź wußte, daß es keine anderen jüdischen Wohnbezirke mehr gab, mit denen Korrespondenz möglich geworden wäre. Allgemein wird in der Literatur die Isolation und Uninformiertheit Łódźs betont. Lucjan Dobroszycki, der Herausgeber des Ghetto-Tagebuches von Łódź, ist sich nicht im klaren darüber, ob dem Ältesten Rumkowski bei der Herausgabe dieser Proklamation klar war, daß ihr Ziel ebensowenig die Arbeitsaufnahme sein würde, wie es die Ansiedlung im Osten ein Jahr zuvor gewesen war. Von 23. Juni 1944 an verließen jedenfalls alle paar Tage Transporte den Bahnhof der Stadt – ihr Ziel war jedoch nicht eines des durchaus noch existierenden Juden-Arbeitslager, sondern zunächst die reaktivierte Vernichtungsstätte Chełmno/Kulmhof am Ner. Bis zum 15. Juli 1944 wurden von den 76 000 Juden, die noch in Łódź am Leben geblieben waren, etwa 7000 deportiert.[436]

In Chełmno/Kulmhof diente in den Wochen der erneuten „Inbetriebnahme" eine Kirche als „Zwischenlager" für die aus Łódź herangebrachten Juden – der zuvor verwendete Palast war nach dem Ende der ersten Vernichtungsphase im April 1943 gesprengt worden. Zwischen 7000 und 10 000[437] Juden wurden 1944 hier ermordet, wobei die Leichen in Krematorien verbrannt und deren Asche nachts in den Fluß geschüttet wurde.[438] Anfang 1945 wurde auch das örtliche Häftlingskommando nach einem Ausbruchsversuch erschossen.[439]

Nach einer zweiwöchigen Unterbrechung der Transporte wurde am 1. August 1944 (an diesem Tag brach in Warschau der große Aufstand aus) verkündet, daß das ganze Łódźer Ghetto „verlagert" würde. Nachdem wegen des schnellen Vorstoßes der Roten Armee die Vernichtung in Chełmno/Kulmhof eingestellt worden war, gedachte man jedoch nicht etwa, die restlichen Juden am Leben zu lassen. Die Freude, die lt. Dobroszycki über den sowjetischen Vormarsch im Ghetto herrschte, war verfrüht. Die Tatsache, daß die sowjetischen Truppen kaum 150 km von Łódź entfernt waren, war

---

[434] Vgl. Dąbrowska, Zagłada, S. 152 f.
[435] Abdruck des Textes in: Chronicle, S. 503.
[436] Lucjan Dobroszycki, in: Chronicle, S. LXIII: 7196; vgl. Dąbrowska, Zagłada, S. 153.
[437] Vgl. Serwański, Obóz, S. 56. – Die Differenz zur Zahl der aus Łódź/Litzmannstadt Deportierten ergibt aus der gleichzeitigen Ermordung von zahlenmäßig nicht näher erfaßten Opfern von Selektionen in Arbeitslagern. Daher ist die im Bonner Kulmhof-Prozeß nach den Łódźer Listen erstellte Zahl von 7176 Juden (Rückerl, Vernichtungslager, S. 292 f.) um einen nicht genau zu bestimmenden Satz anzuheben.
[438] Vgl. Serwański, Obóz, S. 56.
[439] Vgl. ebenda, S. 61.

bekannt – daß der Aufstand in Warschau zu einem Aufschub des weiteren Vormarsches führen würde, hatte man nicht erwartet. Daher ist es verständlich, daß die neuerlichen Aufrufe der Deutschen und Rumkowskis, man solle sich zur „Verlagerung" melden, diesmal nicht befolgt wurden. Die Ghettobewohner rechneten mit ihrer baldigen Befreiung und wollten sich nicht (wie es hieß) in das Reich abtransportieren lassen. Dies war allerdings auch nicht die Absicht der Deutschen gewesen. Vom 9. August 1944 an durchkämmte die deutsche Polizei unter Mitwirkung der jüdischen Ghetto-Polizei die Häuser und trieb die Menschen zu den Sammelplätzen. Den Bahnhof Radegast/Radogoszcz verließen Züge, deren Ziel die Vernichtungsstätte Auschwitz-Birkenau war. Mit dem Transport vom 28. August 1944 verließen die letzten „privilegierten" Juden Łódź, darunter der „Älteste" Rumkowski mit seiner Familie. Auch sie kamen wie die meisten anderen in Auschwitz um. In Łódź verblieben etwa 800 Juden, die bei der Aufräumung des ehemaligen Ghetto-Gebiets eingesetzt wurden. Zusammen mit den Versteckten zählte man bei der Befreiung durch die Rote Armee am 18. Januar 1945 noch 877 Juden in Łódź.[440]

Der Warschauer Aufstand selber[441] hatte nur geringe Bedeutung für die Judenvernichtung, die in Warschau ein Jahr zuvor abgeschlossen worden war. Abgesehen von den Versteckten gab es nur wenige Juden im „Konzentrationslager Warschau", mit deren Hilfe das ehemalige Ghettogebiet abgeräumt wurde, und einige halbtote Häftlinge im berüchtigten Gefängnis Pawiak. Die Aufständischen konnten 348 Juden kurz nach Ausbruch des Aufstandes befreien – die Mehrzahl stammte aus nicht-polnischen Gebieten –, ein Untergrundbericht handelt von 89 befreiten polnischen Juden.[442] Die meisten von ihnen kamen bei der Niederschlagung des Aufstandes ums Leben. Nur einer ganz kleinen jüdischen Gruppe (200 von ursprünglich 500) gelang es, in den Ruinen der auf Hitlers Befehl planmäßig dem Erdboden gleichgemachten Stadt bis zur Befreiung durch die Rote Armee im Januar 1945 auszuharren.[443] Eine frühe Schätzung nimmt für den Mai 1944 etwa 15 000 in Warschau auf „arischer" Seite versteckte Juden an – von ihnen heißt es, viele von ihnen seien während des Aufstandes „besonders durch die Hände der NSZ [= Narodowe Siły Zbrojne, nationaldemokratische Untergrundarmee] umgekommen.[444] Jedenfalls haben nicht alle die der planmäßigen Schleifung der Stadt vorangehende Evakuierung der verbliebenen Einwohner überstanden, ohne weiter aufzufallen.

---

[440] Vgl. Dąbrowska, Zagłada, S. 154; Dobroszycki, in: Chronicle, S. LXVI. – Nach Eisenbach (Polityka, S. 570) wurden einige hundert Łódźer Juden nach Ravensbrück und Königswusterhausen zur Zwangsarbeit verschleppt.

[441] Vgl. u.a. Janusz K. Zawodny, Nothing but Honour. The Story of the Warsaw Uprising 1944, London 1978.

[442] Vgl. Berenstein/Rutkowski, Obóz w Warszawie, S. 19; Władysław Bartoszewski, Uns eint vergossenes Blut, Frankfurt a.M. 1987, S. 253.

[443] Vgl. Berenstein/Rutkowski, Obóz w Warszawie, S. 21; Goldstein, Sterne, S. 286.

[444] Brustin-Berenstein, Deportacje, S. 100. – Bereits vor dem Aufstand, im Juni 1944 berichtete der pro-kommunistische Untergrund nach Moskau: „Auf dem Gebiet Polens häufen sich immer stärker die Fälle, daß Juden nicht nur durch die Gestapo, die Gendarmerie oder die SS ermordet werden, sondern auch durch ,polnische' Banden der Narodowe Siły Zbrojne! … Eine der schrecklichsten Plagen für gerettete und versteckte Juden sind Erpresser und Denunzianten, durch die in Warschau und anderen Städten täglich -zig Juden in die Hände der Gestapo gelangen und umkommen. … In letzter Zeit werden Juden immer häufiger in den Wäldern und Dörfern gemordet. In den Bezirken Radom und Kielce haben die Banditen von den NSZ über 200 Juden ermordet." (Bericht des Referats für jüdische Angelegenheiten des Landesnationalrats an den Verband Polnischer Patrioten in der UdSSR, 15.6.1944, nach Mark, Do dziejów, S. 10).

Ähnliches berichtet Filip Friedman aus Lemberg, wo es nach der Ghettoliquidierung ebenfalls einer Anzahl von Juden gelungen war, bei „arischen" Freunden oder gegen Entgelt in Verstecken unterzukommen. Friedman berichtet über „Jugendliche und Kinder, die, nachdem sie auf der Straße eine Person mit ,verdächtigem' Äußeren entdeckt hatten, so lange ,Jude', Jüdin' schreiend hinter ihr herliefen, bis diese verfolgte Person in die Hände der Polizei fiel".[445] Als Lemberg am 27. Juli 1944 befreit worden war, konnten 823 überlebende Juden registriert werden.[446]

Die Welt der Arbeitslager befand sich auch die ganze Restzeit des Krieges über in dauerndem Fluß, wobei die organisatorischen Erwägungen der jeweiligen „Arbeitgeber", der Kriegsverlauf, aber auch einfache Willkür als Ursachen für die zahlreichen Verlegungen zu sehen sind. „Verlegungen" klingt harmlos – sie waren es nicht. Die Transportbedingungen im besetzten Polen waren im letzten Kriegsjahr keineswegs besser geworden; daneben lauerten an vielen der angelaufenen Stationen Einrichtungen, deren einziger Zweck die Ermordung der dauernd von Selektionen bedrohten „Passagiere" war.[447]

Als Beispiel mag das nunmehr nur als „Arbeitslager" fungierende Lager Majdanek bei Lublin gelten, wo nach dem Massenmord vom November 1943 nicht mehr als etwa 600 Juden am Leben geblieben waren. Am 17. Dezember 1943 trafen 60 Häftlinge aus Auschwitz ein, im Februar 1944 80 jüdische Handwerker aus dem Lager Budzyń. Ende Februar kamen weitere 250 aus Auschwitz an, die sofort in Majdanek vergast wurden. Bis Ende Juni wurden laufend kleinere Gruppen aus Budzyń eingeliefert, die zunächst am Leben blieben. Anfang Juli 1944 schließlich erreichten Majdanek noch 53 Frauen, die zuvor in Trawniki Frondienste geleistet hatten. Parallel dazu – am 16. April 1944 – wurden jedoch auch 600 Personen aus Majdanek NACH Auschwitz geschickt, von denen nur die Männer zunächst am Leben blieben. Etwa die Hälfte – Frauen und zwei Kinder – wurden sofort nach der Ankunft umgebracht. Eine nicht genauer feststellbare Anzahl von Juden verließ im April 1944 Majdanek mit dem Ziel Arbeitslager Płaszów bei Krakau. 56 Handwerker brachte man im April auf das Lubliner Schloß und die Hälfte von ihnen wiederum im Juli 1944 weiter nach Radom. Die Dagebliebenen wurden auf dem Lubliner Schloß kurz vor dem Eintreffen der sowjetischen Truppen erschossen. Die etwa 500 in Majdanek verbliebenen Juden wurden vor dem Eintreffen der Befreier auf einen Todesmarsch nach Auschwitz geschickt. Von den etwa 1000 Juden, die aus verschiedenen Arbeitslagern in der Lubliner Gegend losmarschierten, erreichten am 28. Juli 1944 nur etwa 600 das wenig attraktive Ziel Auschwitz-Birkenau.[448]

Ein ähnliches Bild gilt generell auch für die anderen Arbeitslager. Solange sich die militärische Situation einigermaßen stabil gestaltete, fanden Verlegungen zwischen den Lagern statt. Sobald die Front in unmittelbare Nähe rückte, wurde einerseits versucht, möglichst viele der inzwischen wertvoller gewordenen Arbeitskräfte nach We-

[445] Friedman, Zagłada, S. 30.
[446] Vgl. ebenda, S. 31.
[447] Über die Evakuierung und Befreiung der Lager erschien eine Arbeit von Zygmunt Zonik, Anus Belli, Warszawa 1988.
[448] Alle Angaben nach Berenstein/Rutkowski, Żydzi, S. 43-48; neuere Zahlen finden wir bei Zofia Leszczyńska (Kronika obozu na Majdanku), aber auch hier werden von Zonik (Anus, S. 128 f.) große Abweichungen festgestellt.

sten, bis ins Reichsgebiet hinein zu verlegen. Diese Verlegungen forderten aufgrund der Rücksichtslosigkeit, mit der sie durchgeführt wurden, unverhältnismäßige Opfer. Wo sie nicht mehr gelangen oder wo die davon potentiell Betroffenen nicht mehr ausreichend transportfähig schienen, wurden sie an Ort und Stelle umgebracht – letztlich entspricht diese Verhaltensweise in etwa der Praxis bei den „Aussiedlungen" der Ghettos in den Jahren 1942/43. Für den 14. April 1945 ist ein Befehl Himmlers nachweisbar, daß (auf Dachau und Flossenbürg bezogen) „kein Häftling lebendig in die Hände des Feindes kommen" darf.[449] Implizit dürfte ähnliches vorher ebenfalls gegolten haben, jedenfalls sah so häufig die Praxis aus. Erst gegen Ende des Krieges ließ der Wille der fliehenden Lagerwachen ein wenig nach, alle Mitwisser ihrer Taten vor der Befreiung umzubringen.

Am 24. Juli 1944 wurden die letzten ca. 460 Juden des Arbeitslagers Pustków bei Dębica nach Auschwitz und von dort in verschiedene Lager in Deutschland gebracht.[450] In Stalowa Wola arbeitete ein Juden-Arbeitslager an der Produktion von Panzerblech. Es wurde am 23. Juli 1944 nach Płaszów bei Krakau evakuiert, das sich als Sammelpunkt für den Süden des Generalgouvernements herausbildete. Von den 416 auf den Marsch gebrachten Insassen – die zu dieser Zeit alle als arbeitsfähig galten – trafen nur 210 in Płaszów ein: 90 gelang unterwegs die Flucht – mit ungewissem Ausgang; etwa 100 wurden von den Marschbegleitungen erschossen.[451] Płaszów verdient hier besondere Beachtung, weil es kürzlich zum Objekt einer monographischen Forschungsarbeit geworden ist und so belegt, wie wichtig eine minutiöse Aufarbeitung jener Zeit ist – die in der deutschen Historiographie bis heute vernachlässigt wurde.[452] Seinen ersten „Höhepunkt" hatte das Lager im März 1943, als bei der Liquidierung des Krakauer Ghettos die etwa 8000 arbeitsfähigen Juden Krakaus hier zur Zwangsarbeit eingeliefert wurden. Damals lebten etwa 10000 Juden in Płaszów.[453] Als das Lager Szebnie kurze Zeit darauf eingerichtet wurde, verlegte man einige Fachkräfte dorthin.[454]

Hervorzuheben ist für Płaszów die Tätigkeit des deutschen Fabrikanten Oscar Schindler, der in Krakau-Podgórze an der Zabłocie-Straße eine Emailwarenfabrik eingerichtet hatte und laufend Juden aus Płaszów für seine Werke anforderte – er ist als einziger Deutscher im besetzten Polen dafür bekannt geworden, die Juden, die bei

---

449 Vgl. Jan Żuławiński, Eksterminacja więźniów w czasie ewakuacji obozu Gross-Rosen i jego filii, in: Studia i Materiały z Dziejów Śląska 12 (1973), S. 434. Zonik (Anus, S. 356) nimmt für alle evakuierten Lager (einschließlich der reichsdeutschen) eine Gesamtzahl von 215 000 im Zuge von Evakuierung und Liquidierung umgekommenen Menschen an.

450 Vgl. Zabierowski, Pustków, S. 55.

451 Vgl. Podhorizer-Sandel, O zagładzie, S. 103. Die Weitertransporte von Auschwitz ins Reich sind zwar zahlenmäßig erfaßbar, aber nicht nach Nationalitäten aufzugliedern (vgl. Zonik, Anus, S. 131 ff.).

452 Vgl. Magdalena Kurzycka-Wyrzykowska, Kalendarium obozu plaszowskiego 1942-1945, in: Biuletyn GKBZHwP 31 (1982), S. 52-84; eine umfassende Beschreibung bietet auch Bieberstein, Zagłada, S. 100-146.

453 Vgl. Kurzycka-Wyrzykowska, Kalendarium, S. 60 f.

454 Über die Geschichte des polnisch-jüdischen gemischten Arbeitslagers in Szebnie ist ebenfalls eine Monographie erschienen (St. Zabierowski, Szebnie, Rzeszów 1985). Danach gab es bei der Errichtung des Lagers im April 1943 dort bereits 250 Juden, die aus Jasło, Płaszów, Rzeszów und Krakau in das neue Lager gebracht worden waren (S. 63). Im August/September 1943 trafen dann nach Tausenden zählende Judentransporte in Szebnie ein (S. 64). Zu den Quantifizierungsschwierigkeiten bezüglich der einzelnen Transporte vgl. S. 68 f.

ihm arbeiteten, gezielt vor der drohenden Vernichtung zu bewahren.[455] Im September 1943 kamen nach der Liquidierung des Ghettos von Tarnów 2000 Juden nach Płaszów – später folgte ein Teil der noch in Tarnów verbliebenen sog. Säuberungskolonne.[456] Vom November 1943 an wurden gemäß Hans Franks Anweisung die Judenlager im Krakauer Distrikt liquidiert und die Insassen entweder nach Auschwitz oder in das Zwangsarbeitslager Płaszów deportiert. In Płaszów fanden von September 1943 an regelmäßig drei- bis viermal die Woche Massenexekutionen statt.[457]

Das Zwangsarbeitslager wurde Anfang 1944 in ein „normales" Konzentrationslager umgewandelt. Nachdem das Arbeitslager Szebnie aufgelöst worden war, gelangten etwa 230 polnische Juden, von denen wiederum 150 zuvor in Krosno gewesen waren, im Februar 1944 von dort nach Płaszów.[458] Im März gab das nun nicht mehr „produktive" Lager Płaszów etwa 2000 jüdische Häftlinge an die Munitionsfirma „Hasag" (Hugo Schneider AG) in Skarżysko-Kamienna ab. Im April 1944 wiederum trafen 1100 Juden aus dem inzwischen von den Sowjets bedrohten und daher liquidierten Zwangsarbeitslager Drohobycz in Płaszów ein.[459] Nach einer als „Gesundheitsappell" ausgegebenen Selektion wurden am 14. Mai 1944 alle Schwachen, Kranken und Kinder (insgesamt 1400) nach Auschwitz zur „Sonderbehandlung" geschickt – in den Gastod.[460] Etwa gleichzeitig trafen in Płaszów ungarische Jüdinnen aus Auschwitz zum Arbeitseinsatz ein.[461]

---

[455] Vgl. Bieberstein, Zagłada, S. 143, 147-155; Thomas Keneally hat das Werk Schindlers auf der Basis von Gesprächen mit 50 „überlebenden Schindlerjuden" (so der Verfasser) romanhaft dargestellt (Schindler's List, New York 1982; dt. Schindlers Liste, München 1983) – Zweimal besuchte Schindler Budapest, wo bis zum Frühjahr 1944 noch keine drastische Judenverfolgung herrschte und von wo aus eine Ausreise zu arrangieren versucht worden sein mag. Zu den Kontakten Schindlers mit ungarischen Hilfsorganisationen vgl. Asher Cohen, The Halutz Resistance in Hungary 1942-1944, Boulder 1986, S. 38. Schindler stört eine weitverbreitete polnisch-nationale Schwarz-Weiß-Malerei. Czesław Madajczyk (Sprawy polskie w Atlas of Holocaust, in: Dzieje Najnowsze 18 (1986), S. 287) hält seine Aktivitäten für „nicht eindeutig" und verleumdet ihn, gestützt auf polnische Untergrundquellen, als „Prasser, der Alkohol, Frauen liebte, unerhört gewitzt" war. Was ergäbe sich wohl, wenn wir die Askese als höchsten Wert setzten? Weiter: „Es besteht weiter der Verdacht, er habe seit 1938 für die Abwehr gegen Polen gewirkt" (ebenda) und mit dem Kommandanten des Lagers Płaszów „nach einigen Berichten" „in engen Beziehungen" gestanden. Alles möglich, aber ,nicht zum Thema'; als Widerstandskämpfer und Deutschenfeind hätte Schindler niemanden gerettet. Und daß Madajczyk in diesem Zusammenhang in einem Brief ausführt, Polen, die Juden verborgen und gerettet hätten, seien ein ungleich größeres Risiko als Schindler eingegangen, ist gleichfalls korrekt – aber entwertet es Schindlers Handeln? Sein Verhalten muß man mit dem anderer deutscher Unternehmer im Osten vergleichen – so wie er hat sich für „seine Juden" sonst keiner eingesetzt.

[456] Vgl. Kurzycka-Wyrzykowska, Kalendarium, S. 64; Bieberstein, Zagłada, S. 43 f.

[457] Vgl. ebenda, S. 140.

[458] Aus Szebnie kamen 2800 Juden am 4.11.1943 nach Auschwitz, weitere 120 am 8.11.1943 in das Arbeitslager Pustków, das dem SS-Truppenübungsplatz unterstand (Vgl. Zabierowski, Szebnie, S. 71). Die Zahl der Szebnier Juden, die nach Auschwitz kamen, wird auch mit 3898 angegeben (Danuta Czech, Kalendarz wydarzeń w obozie koncentracyjnym Oświęcim-Brzezinka, in: Zeszyty Oświęcimskie 4 (1960)). Zabierowski zweifelt diese Zahl aufgrund einer Befragung an (Zabierowski, Szebnie, S. 110). – Nach seinen Ermittlungen waren insgesamt bis zu 5000 Juden gleichzeitig in Szebnie. In Dobrucowa bei Szebnie wurden am 23./24.9.1943 etwa 700 Juden erschossen (vgl. ebenda); am 8.11.1943 ermordete man dort weitere 500 (S. 166), im Lager blieben 86 Juden zurück. Im Januar 1944 erhöhte sich ihre Zahl durch 150 Juden aus dem Unterlager auf dem Flugplatz Krosno (S. 174). Diese etwa 230 Juden gelangten am 2.2.1944 nach Płaszów (ebenda). – Nach Kurzycka-Wyrzykowska (Kalendarium, S. 67) und Bieberstein (Zagłada, S. 144) kamen jedoch nur 100 Juden aus Szebnie nach Płaszów.

[459] Vgl. Kurzycka-Wyrzykowska, Kalendarium, S. 67.

[460] Vgl. ebenda, S. 68.

[461] Bieberstein (Zagłada, S. 183) stellt zwischen den beiden Vorgängen den Zusammenhang folgendermaßen her: Der Lagerleiter Amon Goeth habe sich zur durchgangsweisen Aufnahme ungarischer Juden nur unter der Bedingung bereit erklärt, daß etwa 1500 Płaszówer Juden „sonderbehandelt" würden.

Im Sommer 1944 richtete man in Płaszów einige Baracken als Durchgangslager ein, um die durchziehenden Juden aus den weiter östlich gelegenen Gebieten auf ihrem Weg ins Reich zeitweise unterbringen zu können. – 300 Juden aus Stalowa Wola etwa passierten Płaszów ebenso wie 500 aus dem „Zwangsarbeitslager für Juden beim Flugmotorenwerk Reichshof (Rzeszów)"[462], 1000 aus Pustków und 2000 aus Mielec.[463] Danach wurde die Zahl der Häftlinge drastisch reduziert: 6-8000 deportierte man Anfang August 1944 nach Auschwitz, 5000 nach Mauthausen, ca. 4600 nach Flossenbürg, etwa 4-5000 ungarische Jüdinnen über Auschwitz nach Stutthof bei Danzig. Im August wurde auch das Schindler-Außenlager geschlossen – die Insassen kamen nach einem Zwischenaufenthalt in Płaszów nach Groß-Rosen.[464] 1200 weitere Insassen brachte man nach Skarżysko-Kamienna in die ausgebauten „Hasag"-Lager. Im September 1944 waren noch etwa 2200 Menschen in Płaszów. Am 15. Oktober wurden 1500 von ihnen nach Groß-Rosen, einige andere nach Buchenwald in Marsch gesetzt.[465] Anfang 1945 waren noch 636 Häftlinge in Płaszów nachweisbar[466]; sie wurden am 14. Januar 1945 vor den heranrückenden Sowjets zu Fuß nach Auschwitz geführt.[467]

Letztlich kann allein eine komplette Aufarbeitung aller Einzeldarstellungen von Lagergeschichten einen auch nur annähernden Aufschluß über das Schicksal der in den Arbeitslagern vegetierenden Juden geben – schon für das noch recht gut dokumentierte Płaszów ist darüber hinaus auch die staatliche Zugehörigkeit nicht durchgängig nachweisbar, so daß eine auch nur ansatzweise daran orientierte Aufstellung auf unüberwindbare Schwierigkeiten stößt. Eine ähnliche Abfolge von Transporten von Lager zu Lager läßt sich auch für den Distrikt Radom belegen. Hier entstand bei den Hasag – Rüstungswerken in Skarżysko-Kamienna ein großes Arbeitslager, in das bereits 1942 Juden aus Kielce (2000), Chęciny (500) und anderen Orten des Distrikts eingeliefert wurden. Im März und November 1943 trafen Transporte aus Płaszów ein, weiter dann etwa 1900 Häftlinge aus Majdanek. Anfang März 1944 kamen etwa 1600 Bewohner des Ghettos Litzmannstadt nach Skarżysko-Kamienna. Bemerkenswert und in der Literatur bisher nur ungenügend beachtet ist, daß in Skarżysko-Kamienna mittels Lkw-Abgasen auch ein „kleinerer" Tötungsbetrieb angesiedelt war – eine polnische Arbeit gibt die Gesamtzahl von 35 000 Ermordeten an, wobei es sich nicht nur um polnische Juden gehandelt haben soll.[468] 10 000 Juden sollen darüber hinaus an Ort und Stelle nach Selektionen erschossen worden sein. Im März 1944 wurden alle im Arbeitslager lebenden Kinder ermordet, einer Gruppe von 250 Juden gelang die Flucht, die meisten wurden jedoch durch ausgesandte Lagerwachen eingefangen und umgebracht. Im Juli 1944 wurde Hasag/Skarżysko-Kamienna evakuiert. 4000 Juden

[462] Vgl. Kurzycka-Wyrzykowska, Kalendarium, S. 69.
[463] Vgl. Bieberstein, Zagłada, S. 144.
[464] Vgl. Kurzycka-Wyrzykowska, Kalendarium, S. 70.
[465] Vgl. ebenda, S. 71. – Bieberstein, der selber an diesem Transport teilnahm, schreibt von 4500 Häftlingen – möglicherweise handelt es sich um einen Druckfehler (Zagłada, S. 145).
[466] Vgl. Kurzycka-Wyrzykowska, Kalendarium, S. 72; nach Bieberstein 706 Häftlinge (Zagłada, S. 145).
[467] Vgl. Kurzycka-Wyrzykowska, Kalendarium, S. 72; nach Bieberstein marschierten die Häftlinge am 15.1.1945 (Zagłada, S. 145).
[468] Vgl. Adam Rutkowski, Hitlerowskie obozy pracy dla Żydów w dystrykcie radomskim, in: BZIH 17/18 (1956), S. 120.

wurden zur Hasag-Zentrale nach Leipzig gebracht, etwa 3000 in die Hasag-Werke des weiter westlich gelegenen Częstochowa/Tschenstochau.[469]

Ähnlich sah es in der Sprengmittelfabrik von Pionki aus, in deren Arbeitslager Juden aus Radom, Kielce, Skarżysko, Żarki, Piotrków/Petrikau, Płaszów und anderen Orten gefangengehalten wurden. Ende Juli 1944 zählte man etwa 3000 Insassen.[470] Die Desorganisation beim Herannahen der Roten Armee ermöglichte 500 Juden die Flucht, von den restlichen wurden 2000 nach Auschwitz gebracht, etwa 300 zunächst bei der Demontage des Betriebs beschäftigt und Ende August 1944 nach Częstochowa/Tschenstochau transportiert.[471] Die zwei Arbeitslager von Piotrków/Petrikau wurden Ende November 1944 liquidiert, die Insassen nach Buchenwald und Ravensbrück deportiert (1700 Personen). Aus Radom transportierte man am 26. Juli 1944 ca. 3000 Juden, aus Bliżyn am 30. Juli 1944 ca. 4000 Juden zur Ermordung nach Auschwitz.[472]

Befreien konnte die Rote Armee einen Teil der Juden der Arbeitslager von Częstochowa/Tschenstochau, die nach den „Aussiedlungen" vom Oktober 1942 mit zunächst 5000 Insassen übriggeblieben waren.[473] Durch Mordaktionen und Flucht reduzierte sich die Häftlingszahl bis Ende 1943 auf etwa 4000[474], die bei den Hasag-Betrieben eingesetzt wurden. Ab Juli 1944 trafen nun in Częstochowa/Tschenstochau die Juden aus den Lagern von Płaszów und Skarżysko-Kamienna sowie aus dem Łódźer Ghetto ein. Im Juli 1944 gab es hier demnach ca. 11 000 Juden.[475]

Am 14. Dezember 1944 wurden die noch bestehenden Lager aus der „privatwirtschaftlichen" Verwaltung herausgenommen und der SS-Zentrale in Auschwitz unterstellt. Die Situation der Häftlinge soll sich dadurch noch weiter verschlimmert haben.[476] Schon der nächste Monat brachte jedoch die erneut zur Offensive angetretene Rote Armee nach Częstochowa/Tschenstochau. Die Deutschen versuchten noch, eine möglichst große Zahl von Arbeitern ins Reich zu deportieren. Die Obstruktion der jüdischen Häftlinge, die mehrheitlich nicht zu den angesetzten Abtransportterminen erschienen und vom Werkschutz zwangsweise eingeladen werden mußten, bewirkte, daß nur etwas über 5000 Juden nach Buchenwald, in die Harz-Lager Dora-Mittelbau und nach Groß-Rosen gebracht werden konnten, wo ihr weiteres Schicksal ungewiß ist. Etwa 5200 Juden konnten die einmarschierenden sowjetischen Truppen befreien.[477] Von diesen waren nach der Registrierung 1518 aus Częstochowa selber.[478]

Bis Oktober 1944 wurde das Vernichtungslager Auschwitz-Birkenau als Mordanlage für Juden aus den aufgelösten Arbeitslagern verwendet. Aber auch hier machte man sich bereits frühzeitig Gedanken, wie die Massenmorde getarnt werden konnten.

---

[469] Vgl. ebenda, S. 120ff.
[470] Vgl. ebenda, S. 122.
[471] Vgl. ebenda, S. 123.
[472] Vgl. ebenda, S. 124-127.
[473] Vgl. ebenda, S. 124.
[474] Vgl. Brener, O pracy, S. 54.
[475] Vgl. ebenda, S. 58; nach Pietrzykowski (W obliczu, S. 80) ca. 10000. Eine genauere Zählung liegt nur für einen Teil der Lager für den 28.6.1944 vor: demnach waren bei der Hasag-Apparatebau 3861, beim Hasag-Warthewerk 916, bei der Hasag-Eisenhütte 339 und beim Reinhardt-Zahnradwerk-Ost 280 Juden beschäftigt, zusammen also 5216 Juden (Pietrzykowski, Hitlerowcy w Częstochowie, S. 194).
[475] Vgl. Brener, O pracy, S. 59.
[477] Vgl. ebenda, S. 60; Pietrzykowski, Hitlerowcy w Częstochowie, S. 195; Pietrzykowski, W obliczu, S. 82.
[478] Vgl. Pietrzykowski, Hitlerowcy w Częstochowie, S. 195.

Durch Bepflanzung und Beseitigung (Verbrennung nach Exhumierung) der Leichen war zuvor bereits einiges unternommen worden, um die Vernichtungsstätte vor späteren Besuchern zu tarnen. Während die umliegende Bevölkerung selbstverständlich über die Vorgänge in den Lagern informiert war (Landsmanns Film „Shoa" hat dies recht eindrucksvoll festgehalten), sollten sachliche Nachweismöglichkeiten möglichst gering gehalten werden.

Im August 1944 exhumierte man in Płaszów die Opfer der Exekutionen und verbrannte die Leichen mit Hilfe von Benzin auf Holzstößen.[479] Im Mai 1944 hatte man bereits in Auschwitz ein Krematorium in eine Luftschutzanlage umgebaut, ein weiteres Krematorium brannte beim Aufstand des „Sonderkommandos" jüdischer Krematoriumsarbeiter nieder. Im November 1944 wurden die verbliebenen Krematoriumsanlagen in Auschwitz-Birkenau auseinandergenommen, um nach Groß-Rosen abtransportiert zu werden, wo man offenbar vorhatte, die Judenmorde fortzusetzen.[480] Dies gelang nicht mehr – am Tag der Evakuierung des Lagers vor der heranrückenden Roten Armee wurden daraufhin die Anlagen gesprengt – die Ruinen sind bis auf den heutigen Tag sichtbar.

Am 18. Januar 1945 evakuierte man die überlebenden Auschwitzer Häftlinge aus allen Ländern Europas – es waren etwa 58 000; ca. 7000 Kranke ließ man zurück. Es gelang nicht mehr, diese Zeugen zu töten; die Rote Armee konnte sie befreien. Die Bilder der ausgemergelten Gestalten, von denen viele auch nach der Befreiung an den Folgen der Unterernährung und der unmenschlichen Behandlung starben, gingen um die Welt.

Allein in Auschwitz, wo ca. 400 000 Registrierungsnummern ausgegeben worden waren und etwas über 60 000 Häftlinge aller Nationalitäten das Kriegsende überlebten[481], sind weit über 1 000 000 Menschen umgebracht worden. Angesichts dieser unfaßbaren Zahlen entziehen sich die Dimensionen der Mordtaten menschlicher Vorstellungsfähigkeit. Sie entziehen die Morde aber auch gleichzeitig der Möglichkeit, sie in Einzelschicksalen nachzuvollziehen. Dadurch entsteht auch ein Eindruck von Unmenschlichkeit, mit der der Historiker vorgehen muß: Vor den ungeheuren Zahlen des industrialisierten Massenmordes verblassen Einzelexekutionen, aber auch „kleinere" Mordaktionen, deren Opfer in die Hunderte gehen mögen. Und doch ging es auch hier um Einzelschicksale, von denen jedes normal scheinende Vorstellungen Nicht-Krimineller übersteigt.

Die Überlebenden

Die Ermittlung der Zahl der Juden, die die deutsche Schreckensherrschaft über die Gebiete, die einst den polnischen Staat bildeten, überlebt haben, ist nicht einfach. Es reicht nämlich nicht aus, sich auf Schätzungen und unsystematische Registrierungen zu verlassen; die geschilderten Deportationen, Umsiedlungen und Flüchtlingsbewe-

---

[479] Vgl. Bieberstein, Zagłada, S. 140.
[480] Vgl. Jan Sehn, Obóz koncentracyjny Oświęcim-Brzezinka (Auschwitz-Birkenau), Warszawa 1956, S. 126.
[481] Zu den Überlebenden gehörten nicht in erster Linie Juden, sondern die Insassen des Polenlagers (Auschwitz I) und die nicht-jüdischen Insassen von Birkenau.

gungen, verbunden mit ganz inkohärenten Mordaktionen und Arbeitseinsätzen, führten zu einer breiten Streuung der überlebenden jüdischen Bevölkerung. Die „Konzentrierungsmaßnahmen" hatten eher einen gegenteiligen Effekt. Es gab eine Fluchtbewegung in die UdSSR, aus der für einen Teil der polnischen Juden ein Ausweg im Beitritt zu den beiden polnischen Armeen (Anders-Armee und Kościuszko-Division) bestand. Die Deutschen verteilten die Juden auf zahlreiche Arbeitslager, aus denen manche gegen Ende des Krieges bis in das Zentrum des Deutschen Reiches verlagert wurden. Die zunehmende Verfolgung trieb Juden mit „arischen" Papieren in Verstecke, in eine scheinlegale Existenz auf der Basis neuer Unterlagen oder auch zu den Partisanen. Da der Antisemitismus in Polen vor dem Krieg keineswegs eine unbeachtliche Größe war und auch nach dem Ende des Krieges nicht nur dort virulent war, wo bis zum Ende der 1940er Jahre noch ukrainische Nationalisten und polnische Antikommunisten sich Gefechte mit den neuen Machthabern lieferten, zogen es nicht wenige polnische Juden vor, mit ihren „arischen" Papieren weiterzuleben, um sich nicht länger antisemitischen Benachteiligungen und Attacken ausgesetzt zu sehen.

Alle kolportierten Zahlenangaben müssen daher mit der nötigen Vorsicht behandelt werden. Zwischen Apologeten der polnischen Untergrundbewegung der Kriegszeit und Personen, denen antijüdische Aktivitäten der Heimatarmee (AK) und der zeitweise mit ihnen verbundenen Nationalen Streitkräfte (NSZ) der Nationaldemokraten noch in guter Erinnerung sind, besteht ein langwieriger Streit, den man mangels geeigneter Maßstäbe auch nicht schlichten kann, ob und in welchem Maße die nichtjüdischen Polen das Überleben von Juden gefördert haben. So entbrannte auf der wissenschaftlichen Konferenz zum 30. Jahrestag des Ghetto-Aufstandes, die vom Historischen Institut der Polnischen Akademie der Wissenschaften und dem Jüdischen Historischen Institut in Warschau veranstaltet wurde, eine Kontroverse zwischen Tadeusz Bednarczyk, einem ehemaligen AK-Aktivisten, und Władysław Bartoszewski von der Katholischen Universität Lublin. Während Bednarczyk meinte, in Polen seien 300 000 Juden versteckt worden, wollte Bartoszewski höchstens 100 000 tatsächlich Errettete anerkennen und führte zu recht aus, daß das „Operieren mit deutlich überhöhten und stark übertriebenen Zahlen das Vertrauen selbst zu überprüfen und unbezweifelbaren Daten erschüttere".[482] Israelische Wissenschaftler wiederum warfen Bartoszewski, der einen Band über die Rettung von Juden durch Polen veröffentlicht hat[483], vor, auch seine Zahlen seien überhöht, die Denunziation von Juden an die Gestapo sei durchaus typischer gewesen als Rettungsversuche. Die Literatur zu polnischen Rettungs- und Versteckversuchen ist verhältnismäßig zahlreich[484], es gibt jedoch keine verläßlichen quantifizierenden Ergebnisse. Man muß deutlich unterscheiden zwischen Versteckern, die allein aus Profitsucht gegen Geld halfen – und bei dessen Erschöpfung ihre „Kunden" nicht selten der Gestapo auslieferten –, und aus

---

[482] Ryszard Nazarewicz, Sesja naukowa o powstaniu w getcie warszawskim, in: Z Pola Walki 16 (1973), S. 1092 f.

[483] Zusammen mit Zofia Lewinówna, ... ten jest z ojczyzny mojej, Kraków 1969 (engl.: Righteous among Nations, London 1969; The Samaritans. Heroes of the Holocaust, New York 1970).

[484] Vgl. Tatiana Berenstein/Adam Rutkowski, Assistance to the Jews in Poland, Warszawa 1963; Philip Friedman, Their Brothers' Keepers, New York 1978; Kazimierz Iranek-Osmecki, He Who Saves One Life, New York 1971; Szymon Datner, Las sprawiedliwych, Warszawa 1968; Marek Arczyński/Wiesław Balcerak, Kryptonim ‚Żegota', Warszawa 1979; Teresa Prekerowa, Konspiracyjna Rada Pomocy Żydom w Warszawie 1942-1945, Warszawa 1982. – Gutman nennt die Hilfe knapp „a classic instance of too little too late" (Polish and Jewish historiography, S. 189).

Überzeugung handelnden Rettern. Aber auch die umfassende und neueste sorgfältige Arbeit von Nechama Tec, in der erstmals versucht wird, die Persönlichkeit der Helfer zu umreißen, hilft bei der Quantifizierung nicht weiter. Tec gelangt auf der Basis von Archivalien und Interviews jedoch immerhin so weit, Retter von Juden als „independent individualists" zu charakterisieren, wobei die Angehörigen der Mehrheitsgruppen (Bauern, „Sanacja"-, Nationaldemokratie-Anhänger) prozentual unterrepräsentiert waren.[485] Rettungsversuche waren demnach nichts „Typisches".

Die Zahl von 100 000 außerhalb von Lagern und Ghettos Überlebenden entspricht den Schätzungen, die einer der bekanntesten polnischen Erforscher der NS-Zeit, Szymon Datner, angestellt und erstmals 1968 – dann nochmals 1970 – publiziert hat.[486] Die Addition konkreter Einzelangaben ergibt dagegen geringere Werte. So erhöhte sich zwar die Zahl der im Juli 1944 in Lemberg befreiten Juden im Laufe der Zeit von 823[487] auf „über 2000"[488], die aus Verstecken auf der „arischen Seite" und den umliegenden Gebieten in die Stadt kamen, aber auch eine Berücksichtigung der Filip Friedman bekannt gewordenen Zahlen aus Ostgalizien (jeweils einige 100 für Borysław, Tłuste und Drohobycz, 200 für Stanislau und kleinere Gruppen für Tarnopol und Brody)[489] ergibt nicht mehr als etwa 1-2% der ursprünglichen jüdischen Bevölkerung und damit in der Hochrechnung deutlich weniger als die oben angesetzten 100 000. Shmuel Krakowski rechnet mit 80 000 Überlebenden, diese Zahl schließt jedoch neben den „Illegalen" auch die Überlebenden der Lager ein.[490]

Von der polnischen Hilfsorganisation für die Juden „Żegota" wird die Zahl von 20 000 in Warschau auf „arischer" Seite Versteckten angegeben.[491] Doch wie viele haben den Aufstand und die Räumung der Stadt überstanden? Die geringen gesicherten Werte aus zahlreichen polnischen Gebieten[492] ergeben keine Berechtigung, einen derart hohen Wert anzunehmen. Schon eine Zahl um 50 000 dürfte recht großzügig sein. Pospieszalski[493] operiert mit 45-60 000, was durchaus im Rahmen des Möglichen liegt. Gleichfalls unklar ist die Zahl der Überlebenden unter den vor den Deutschen auf sowjetisches Gebiet Geflüchteten. Bis 1946 kehrten etwa 130 000 aus der UdSSR nach Volkspolen zurück.[494] Für sie fehlt jedoch eine ordentliche Bezugsgröße, denn außer in der Anders-Armee, in der nur wenige Juden u.a. nach Palästina gelangen

[485] Vgl. Nechama Tec, When Light Pierced the Darkness. Christian Rescue of Jews in Nazi-Occupied Poland, New York 1986, S. 184-193.
[486] Szymon Datner, Zbrodnie hitlerowskie na Żydach zbiegłych z gett, in: BZIH 75 (1970), S. 29; in diesem Zusammenhang sei die Schätzung des exilpolnischen Außenministers Edward Raczyński erwähnt, der von 60-120 000 Versteckten ausging.
[487] Vgl. Friedman. Zagłada, S. 31.
[488] Fridman, Umkum, S. 13.
[489] Ebenda.
[490] Krakowski, Avedot, S. 232.
[491] Hier nach Levin, Holocaust, S. 359; nach Bartoszewski (Uns eint, S. 114) betreute ‚Żegota' allein 4000 von ihnen.
[492] Etwa das Überleben einer 1200 Mann starken jüdischen Partisanengruppe bei Nowogródek (vgl. Levin, Holocaust, S. 275), die 600 Juden, die in der Kanalisation von Wilna ihre Befreiung erwarten konnten (ebenda, S. 380), etwa 100, die die Kovpak-Partisanen in Skałat oder polnische Partisanen unter Józef „Maks" Sobiesiak in Wolhynien retteten (vgl. Datner, Zbrojne, S. 19; Emanuel Brand, The Forest Ablaze: A Jewish Partisan Group in the Kovpak Division, in: Yad Vashem Bulletin 2 (Dezember 1957), S. 16) oder die 1500 Personen, die nach Krakowski aus dem Ghetto Białystok fliehen und überleben konnten (Krakowski, Avedot, S. 235).
[493] Pospieszalski, Prawo, S. 532.
[494] Bieberstein (Zagłada, S. 13), der nach dem Krieg in der polnischen Verwaltung arbeitete, gibt die Gesamtzahl der jüdischen Rückkehrer mit ca. 100 000 an – etwa 25 000 seien außerhalb Polens geblieben.

konnten[495], tauchten Juden auch in der auf sowjetischer Seite kämpfenden Kościuszko-Division und den zivilen Organisationen des Verbandes Polnischer Patrioten auf, ohne als Juden ausgewiesen zu sein. Die auf die Werbung von Polen und „Freiwilligen unter den früheren polnischen Staatsbürgern nicht-polnischer Nationalität" für die Kościuszko-Division vom 7. Mai 1943[496] folgenden Beitritte von Juden lassen sich nur ansatzweise quantifizieren: Der Verband Polnischer Patrioten registrierte unter seinen Mitgliedern 1944 mit 98 071 Juden einen Anteil von 43,8% an der Gesamtzahl von 223 806. Die meisten ehemals polnischen Juden lebten damals in Zentralasien, wohin sie nach der Amnestie für die 1940-1941 zu Zwangsarbeit Verurteilten (12. August 1941) geströmt waren.[497] Anfang 1945 ergab die VPP (ZPP)-Zählung 177 604 Juden, d.h. einen Anteil von 56% an der Mitgliederzahl.[498] Diese Zahlen erfassen zum einen aber nur die Verbandsmitglieder, zum anderen bestand keine Veranlassung, sich als Jude auszuweisen – angesichts des bekannten Antisemitismus muß der Anteil der ursprünglich jüdischen Mitglieder noch höher angesetzt werden.[499]

Kersten geht in ihrer Schätzung[500] bis 60%. Das Organisationskomitee der polnischen Juden in der UdSSR meldete im Juni 1945 der Weltkonföderation polnischer Juden in New York 250 000 polnische Juden – im August 1945 gab dasselbe Gremium jedoch nur noch 150 000 an. Ende 1945 waren es laut einer Mitteilung über Repatrierungswillige wieder 200 000. Tatsächlich kamen im Zuge der *offiziellen* Repatriierung 136 550 Juden nach Polen.[501] Da es auch informelle Rückreisen und den Anteil nicht als Juden ausgewiesener Repatrianten gab, ist dieser Wert nur als Mindestzahl anzusehen. Mitte 1946 werden durch das Zentralkomitee der Juden in Polen 157 420 Rückkehrer namhaft gemacht, dazu zählt Hornowa etwa 10 000 im Herbst 1945 demobilisierte Soldaten und „mindestens" 3000 jüdische Offiziere und Soldaten, die im aktiven Dienst blieben.[502]

Sodann bleiben noch die Zahlen der in den Lagern Überlebenden. Auch hier weichen Schätzwerte voneinander ab – für Deutschland, wo die Insassen noch eine Zeitlang in DP-Camps interniert wurden, bevor sie entweder nach Polen zurückkehrten

---

[495] Insgesamt verließen mit Anders etwa 70 000 Soldaten und 44 000 Zivilisten die UdSSR, davon etwa 4000 Juden (Vgl. Hornowa, Powrót, S. 109). – Der Grund für den geringen jüdischen Anteil ist darin zu suchen, daß die UdSSR aufgrund einer Vereinbarung mit der polnischen Exilregierung vom 1.12.1941 nur Personen polnischer Nationalität, die vor dem 1.11.1939 als Polen gemeldet waren, als Polen und damit als für die Anders-Armee eligibel ansah. Seitens der Polen sind Einsprüche dagegen nicht bekannt. Die Sowjetunion trat von dieser Diskriminierung am 16.1.1943 zurück und versah von Juni 1944 an alle mit polnischen Papieren, die dies wünschten. Bestätigt wurde dies im polnisch-sowjetischen Abkommen vom 6.7.1945, das die Repatriierung einleitete.

[496] Vgl. Zbigniew Kumoś, Związek Patriotów Polskich, Warszawa 1983, S. 65.

[497] Nora Levin (The Jews in the Soviet Union since 1917. Bd. 1, New York 1988, S. 372 f.) gibt gestützt auf die New Yorker Dissertation von Shimon Redlich (The Jews under Soviet Rule During World War II, New York University 1968) ihre Zahl mit „possibly as many as 200 000" an.

[498] Vgl. Hornowa, Powrót, S. 109; Kersten, Repatriacja, S. 42.

[499] Szyja Bronsztejn (Uwagi o ludności żydowskiej na Dolnym Śląsku w pierwszych latach po wyzwoleniu, in: BZIH 75 (1970), S. 35 f.) gibt z.B. für Niederschlesien neben ca. 85 000 jüdischen Repatrianten „etwa 5000 Personen jüdischer Herkunft, die mit der jüdischen Gemeinschaft keine Kontakte unterhielten", an. Er stützt sich dabei auf einen Bericht des Regierungskommissars für die Produktivierung der jüdischen Bevölkerung in Niederschlesien für Dezember 1946 und Januar 1947 (Składnica akt Komitetu Wojewódzkiego PZPR Wrocław, 1/V/37).

[500] Vgl. Kersten, Repatriacja, S. 36.

[501] Vgl. Hornowa, Powrót, S. 112.

[502] Vgl. ebenda, S. 113. – Am Rande sei erwähnt, daß es 1956-57 zu einer weiteren Repatriierungswelle (ca. 20 000) kam.

oder in Emigrationsländer auswanderten (zu einem geringen Teil auch in Deutschland blieben), fehlen noch eindeutig aufgeschlüsselte Werte. Nach Schlesien kamen 1945 etwa 4000 Juden aus den Lagern im „Westen".[503] Ebenso schwierig ist es, die exakten Zahlen für die Überlebenden der Arbeits- und Konzentrationslager zu ermitteln. In Częstochowa waren es 5200, in Auschwitz etwa 7000 Häftlinge (vornehmlich Kranke) aller möglichen Nationalitäten, in Łódź 877 Personen aus dem Aufräumungskommando. In Niederschlesien wurden mindestens 15 000 Juden aus Arbeitslagern befreit, von denen nach der Abreise westeuropäischer Juden etwa 7000 in Schlesien blieben.[504] Man geht sicher nicht fehl, die Zahl der in Polen aus den Lagern Befreiten mit 20-25 000 anzugeben. Undeutlich bleibt der Anteil nicht-polnischer Juden. Das ergäbe etwa 200 000 als Mindestwert, etwa 300 000 als Maximalwert. Lucy Dawidowicz[505] rechnet mit 50-70 000 polnischen Juden in Polen, der polnischen Armee und in Deutschland.[506] Die Zahl der aus der UdSSR Repatriierten gibt sie mit 180 000[507] an. Rechnet man hierzu eine unbestimmte Anzahl von polnischen Juden, die in der UdSSR (sei es in den ehemaligen polnischen Ostgebieten oder in den Aussiedlungsgebieten in Sibirien, Kern-Rußland oder Zentralasien) blieben, ergibt sich eine Überlebensrate, die etwas über 300 000 liegt. Krystyna Kersten, die mit einer Arbeit über die Repatriierung der Polen nach dem Zweiten Weltkrieg einschlägig ausgewiesen ist, nennt für das Jahr 1945 vor dem Beginn der Repatriierung aus der UdSSR (nach einer Schätzung des Zentralkomitees Polnischer Juden) 100 000 Juden in Polen; bis Juli 1946 sei die Zahl dann auf ca. 245 000 angestiegen, was eine Zahl von Repatriierten ansetzt, die jedenfalls über 170 000 liegt, weil Kersten richtig schreibt, daß gleichzeitig eine starke Emigration eingesetzt habe.[508] Für 1945 setzt Kersten die jüdische Auswanderung aus Polen mit 30 000 an.[509] Von April 1946 bis Herbst 1948 war in Polen

[503] Vgl. Hornowa, Powrót, S. 117.
[504] Vgl. ebenda.
[505] War, S. 397.
[506] Proudfoot (Refugees, S. 341) nennt 80 000 nach dem American Jewish Year Book 1947/48.
[507] Bei Proudfoot (Refugees, S. 341) erscheint die Zahl 140 000; unter Einschluß der Armeeangehörigen und der Spätrepatrianten von 1957-59 nennen Gutman/Krakowski 229 000 (Unequal, S. 363).
[508] Vgl. Krystyna Kersten, Narodziny systemu wadzy, Paris 1986, S. 169. Diese Emigration beziffert Proudfoot (Refugees, S. 341) auf 120 000. Auch nach dieser Emigrationswelle hätten noch 100 000 Juden in Polen gelebt. Nach den Notierungen eines New Yorker statistischen Jahrbuchs für 1947, das Jacob Lestschinsky (Crisis, Catastrophe, and Survival. A Jewish Balance Sheet 1914-1948, New York 1948, S. 97) anführt, lebten 1947 in zehn großen polnischen Städten gerade 27 348 Juden, die meisten in Łódź mit 13 000, gefolgt von Krakau mit 6000 und Warschau mit 5000 Juden. Da diese Daten nach den Anforderungen für Mazot ermittelt wurden, hält Lestschinsky sie für „greatly exaggerated, since every family sought to obtain a larger quota of matzoth and often registered the children expected to be born in the family" (Ebenda). Andererseits gab es für nicht-religiöse Juden, insbesondere wenn sie mit der Partei in Verbindung standen, Gründe, sich nicht um die Zuteilung der rituell vorgeschriebenen Pesah-Speise zu bemühen, so daß diese Werte letztlich nicht aussagefähig sind.
[509] Vgl. Kersten, Narodziny, S. 132. Zur Anzahl polnischer Juden in der Sowjetunion liegen stark voneinander abweichende Zahlen vor. Ende 1945 hatten sich 125 000 polnische Juden für die Repatriierung registrieren lassen – viele Tausende kehrten jedoch auch individuell nach Polen zurück, während eine nicht näher bestimmbare Anzahl östlich der neuen polnischen Grenze verblieb. Im Juni 1945 meldete das Organisationskomitee Polnischer Juden in der UdSSR (nach seinem Bulletin Nr. 6) der Weltkonferenz der Föderation Polnischer Juden in New York 250 000 polnische Juden in der Sowjetunion. Im Protokoll Nr. 11 der Sitzung des Präsidiums des Zentralkomitees Polnischer Juden (in Polen) war am 20. Februar 1946 von 160 000 die Rede, während die Zeitschrift des Verbandes Polnischer Patrioten (Wolna Polska 8-9/144/45 vom 7.3.1946) in der UdSSR die Zahl 170 000 verbreitete. Michał Grynberg (Organizacja powrotu ludności żydowskiej z ZSRR do Polski po II wojnie światowej, Folks-Sztyme 27/6.7.1974), der auch die obigen Angaben vorstellt, hält es für gerechtfertigt, von insgesamt etwa 200 000 in der Sowjetunion geretteten polnischen Juden zu sprechen.

ganz offiziell ein Emigrationsbüro der Jewish Agency tätig, das die jüdische Auswanderung nach Palästina/Israel organisierte.[510] Danach darf eine Zahl von mehr als 280 000 überlebenden polnischen Juden angenommen werden.[511]

Wie schon angedeutet, handelt es sich dabei keineswegs um Angehörige der jüdischen Religionsgemeinschaft – die Klassifizierung erfolgte vielmehr auf einer Mischbasis aus „nationalem" Selbstverständnis, Glaubensbekenntnis und Fremddefinition (etwa auch durch Antisemiten, die bis in die Gegenwart hinein nicht müde werden, eine „Verjudung" von Personen zu diagnostizieren, die sich in jeder erdenklichen Hinsicht von Kriterien abgesetzt haben, die eine Zuordnung zu einer „jüdischen" Gruppe rechtfertigten). Trotz der Fragwürdigkeit dieses Ordnungsverfahrens muß daher zum Zwecke der Erschließung von entsprechenden Größen auch für die Nachkriegszeit die Zuordnung zur „jüdischen Gruppe" auf der Basis der Kriterien der polnischen und deutschen Antisemiten beibehalten werden.

Bereits vor Kriegsende, im Februar 1945 hatte das Ministerium für öffentliche Verwaltung die jüdischen Bekenntnisgemeinden mit ihrer geistlichen und weltlichen Mischfunktion durch ein Doppelsystem ersetzt: Bekenntnis-Kongregationen bekümmerten sich auf freiwilliger Basis um den religiösen Bereich, während Jüdische Komitees (auch atheistische) kulturelle Aufgaben hatten. Nach einer Schätzung gab es im Jahre 1947 in den Kongregationen 80 000 jüdische Gläubige. Es gab 38 tätige Synagogen und drei Talmudschulen. Man hatte 25 Rabbiner – im Vergleich dazu gab es 1939 2500 Rabbiner.[512] Diese Zahlen sind jedoch für die Ermittlung der Anzahl der Überlebenden von geringer Bedeutung.

Bezogen auf den Zensus-Mittelwert von 3 350 000 Juden im Jahre 1939 ergibt sich in der einfachen Subtraktion (ohne Rücksicht auf die jeweilige territoriale Ausdehnung des Staates) eine Zahl von ca. 3 000 000 ermordeten polnischen Juden. Auf diesen Wert kommen Hilberg[513], Krakowski[514] und Gilbert.[515] Er dürfte jedoch überhöht sein. Das gilt umsomehr für die ersten Schätzungen nach dem Krieg, die bis zu 3 271 000 gingen.[516] In einem ersten wissenschaftlichen Versuch nimmt Reitlinger eine Bandbreite von 2 350 000 bis 2 600 000 an, wobei er betont, daß es sich nur um „annähernde Schätzungen" handelt.[517] Wir sind eher geneigt, die 300 000 Heimkehrer von denjenigen zu subtrahieren, die bis 1941 in deutsche Gewalt gerieten (s.S. 443: 3 000 000). 2 770 000 Opfer unter den polnischen Juden nehmen auch Gerald Fleming[518] und Czesław Madajczyk[519] an. Da letzterer von 110 000 polnischen Juden in

---

[510] Kersten, Narodziny, S. 169.

[511] Nach den fehlerhaften Angaben von Ginesy (Guerre, S. 58) sollen es 330 000 gewesen sein, Gilbert (Endlösung, S. 242) schätzt die Zahl auf 225 000.

[512] Vgl. Kersten, Narodziny, S. 168. – In seinem Tätigkeitsbericht vom Mai 1945 bezeichnete sich das Zentralkomitee Polnischer Juden als Vertretung folgender Organisationen: Polnische Arbeiterpartei (1942 als Nachfolger der KPP gegründet), Allgemeine Zionisten, Bund, Poale Zion – Linke, Poale Zion, Verband jüdischer Partisanen, Jüdische Kampforganisation (ŻOB), HaShomer HaZair, HeHaluz (Dos naie Lebn, Łódź 6/31.5.1945, nach Mark, Do dziejów, S. 16).

[513] Vernichtung, S. 812.

[514] Avedot, S. 232.

[515] Endlösung, S. 244. Ein wenig geringer liegt mit 2 900 000 der Ansatz bei Jacob Lestschinsky, wo jedoch keine genaueren Quellen angegeben werden (Crisis, S. 60).

[516] Vgl. Gerald Reitlinger, Die Endlösung, Berlin 1956, S. 573; die Quelle ist hier eine anglo-amerikanische Schätzung aus dem Jahre 1946 (s. Anm. 14).

[517] Reitlinger, Endlösung, S. 573; eigene Schätzung Reitlingers.

[518] Gerald Fleming, Hitler und die Endlösung, Wiesbaden 1982, S. 207.

[519] Madajczyk, Polityka, Bd. 2, S. 328.

DP Camps im übrigen Europa ausgeht, und nach Reitlinger auf weitere ca. 500 000 in der UdSSR kommt, geht Madajczyk von 890 000 überlebenden polnischen Juden aus.[520] Auf die Fragwürdigkeit der UdSSR-Schätzwerte war bereits hingewiesen worden.

Die Addition der realistischen Mindestzahlen der polnisch-jüdischen Opfer der Vernichtungsstätten ergibt:

Kulmhof, 1. Phase	215 000
Sobibór	80 000
Bełżec	390 000
Treblinka	974 000[521]
Auschwitz	300 000
Majdanek	50 000
Kulmhof, 2. Phase	10 000
	2 019 000

Diesen Orten weist Madajczyk 2 000 000 nach. Er vermutet aber etwa 700 000 weitere Tote aus Ghettos, Arbeitslagern und infolge unmittelbaren Mordes (Einsatzgruppen, Exekutionen, Willkür 1939).[522] Diesen letzteren Wert solide zu verifizieren erscheint bis jetzt kaum möglich.

Unter Berücksichtigung der Bevölkerungsdifferenz und der Addition der Minimalziffern der nachweislichen Morde kann jedoch der angeführte Wert von 2 700 000 als durchaus realistisch gelten, eine Korrektur dürfte jedenfalls eher nach oben als nach unten berechtigt sein.

Mit den Morden durch die deutschen Nationalsozialisten ist der Schaden, der der jüdischen Bevölkerung zugefügt wurde, jedoch nur unvollständig umrissen. Dem polnischen Judentum als lebendiger Menschengemeinschaft wurde der Todesstoß versetzt. Die demographische Regeneration wurde dramatisch unterbrochen. In der unnatürlichen Lebensweise der polnischen Juden ist einer der Gründe dafür zu sehen, daß die Geburtenziffern in den Ghettos drastisch fielen und schon bald einen gegen null tendierenden Wert erreichten. Die Abweichung der Geburtenrate vom Normalzustand verhinderte bis auf den heutigen Tag die normale Regeneration der europäischen Juden nach dem Zweiten Weltkrieg – die Überlebenden, von denen nicht alle nach den erlittenen Qualen und medizinischen Experimenten noch zur Kinderzeugung fähig waren, bildeten eine überalterte Population; darin ist Polen keine Ausnahme.

Die Zahl von 300 000 Überlebenden erscheint in bezug auf die in den Grenzen des polnischen Staates nach 1945 lebenden Juden nach allem Abwägen realistisch. Aber

---

[520] Ebenda. – Die hierzu erforderlichen ca. 3 500 000 Juden Ausgangsbevölkerung erhält Madajczyk durch die Anhebung der Zensuszahlen um die. sog. Rassejuden nach nationalsozialistischer Definition, die auch christlicher Konfession und polnischer Muttersprache sein konnten.

[521] Wir glauben, hier ausnahmsweise eine höhere Zahl ansetzen zu können als diejenige Wolfgang Schefflers, dessen Wert (900 000) Wolfgang Benz in der Einleitung dieses Bandes benutzt. Zum einen ist die „Feier" des millionsten Häftlings etwas Markantes, zum anderen ist die sich ergebende Diskrepanz nicht so groß, daß sich signifikante Unterschiede ergäben. Andererseits wird so illustriert, auf welch vagen Indikatoren quantitative Festlegungen basieren.

[522] Madajczyk, Polityka, Bd. 2, S. 328.

das Leben dieser Menschen war auch danach keineswegs sicher. Polens erste Nachkriegsjahre waren von Bürgerkrieg, politischen Machtkämpfen und den Versuchen geprägt, die Kriegsfolgen zu überwinden. Und dennoch kam es nicht etwa zu einem Ende des Antisemitismus in dem befreiten Land. Nicht wenige Polen hatten von der deutschen Judenverfolgung materiell profitiert und bemühten sich um eine Sicherung ihres Besitzes. „Goldgräber" strömten an die Stätten der Lager und gruben nach versteckten Wertsachen der Insassen.[523] Abstruse Ritualmordvorwürfe lebten wieder auf, und eine in rechten Kreisen angenommene Interessenidentität von Juden und Kommunisten vergiftete die Atmosphäre. Im Zuge des polnischen Bürgerkriegs, aber auch durch den Pogrom von Krakau am 11. August 1945 und denjenigen von Kielce vom 4. Juli 1946 (ca. 40 Tote) sowie in zahlreichen anderen Fällen, bei denen es u.a. um die Rückgabe von durch die Nationalsozialisten den Polen übergebenen Wohnraums ging, kamen nochmals in Polen Juden gewaltsam ums Leben.[524]

Der Rest wurde in den darauffolgenden Jahrzehnten vertrieben. Nach dem Zweiten Weltkrieg war einige Jahre lang eine geregelte Emigration nach Israel[525] bzw. in andere Emigrationsländer (USA, Australien) möglich. Nach 1957 konnten einige Juden Polen im Zuge der Familienzusammenführung für Deutsche verlassen, die mit der Bundesrepublik Deutschland vereinbart worden war. Fast alle restlichen polnischen

---

[523] Zu Treblinka vgl. Donat, Treblinka, S. 265. – Zur Anomalität der demographischen Struktur der polnischen Juden vgl. Michał Grynberg, Struktura społeczna repatriantów oraz szacunek liczby ludności żydowskiej w Polsce w pierwszych latach po II wojnie światowej, Fołks-Sztyme 29/27.7.1974. Grynberg vergleicht die allgemeinen Zensusdaten von 1946 mit den spezifischen Angaben zu den jüdischen Repatrianten aus der UdSSR und den Juden in Łódź, dem einzigen Ort, an dem statistische Erhebungen gemacht wurden:

	Zensus 1946	jüd. Repatrianten	Juden in Łódź
Verhältnis Männer/Frauen	100:83	45:54	–
Unter 18 Jahren (in %)	36,7	25	14
Über 59 Jahren (in %)	8,9	3	1

[524] Vgl. Gutman/Krakowski, Unequal, S. 370. Gesichert scheint die Zahl von 353 Toten zu sein (Julius H. Schoeps, Unbequeme Erinnerungen, in: Die ZEIT 42/9.10.1987, S. 23), Gilbert (Endlösung, S. 241) gibt 1000 Opfer an. Im Mai 1945 formulierte eine Resolution der Landesberatung von Aktivisten der PPR (Polnische Arbeiterpartei) im jüdischen Milieu: „Die Beratung verurteilt auf das schärfste die verbrecherische Tätigkeit von reaktionären Elementen der NSZ, die die Hitlerexzesse in bezug auf die gerettete jüdische Bevölkerung fortsetzen und sogar jüdische Frauen und Kinder morden." (nach Mark, Do dziejów, S. 15). – Vgl. u.a. S. L. Shneiderman, Between Fear and Hope, New York 1947; Goldstein, Sterne, S. 287: „Die große Mehrzahl der Polen stand den Juden feindlich gegenüber. Dauernd konnte man hören: ‚Was, noch so viele Juden! Wo kommen die alle her?‘ Antisemitismus zeigte sich überall. Den zurückkehrenden Juden wurde bedeutet, daß sie überflüssig waren, daß jedes Stück Brot, das sie in den Mund steckten, einem besseren Menschen als ihnen weggenommen würde! ... Unsere Beschwerden wurden von unseren polnischen Freunden verständnisvoll hingenommen, aber keine Aktion gegen die antijüdische Welle wurde eingeleitet. Es gab zu viel anderes zu tun!" – 1947 versuchte in einem von der Gesamtpolnischen Liga für den Kampf mit dem Rassismus herausgegebenen Buch Michał Borwicz (Organizowanie wściekłości, Warszawa 1947) die Methode zu dokumentieren, mit der die Deutschen polnischen Antisemitismus gefördert hätten, und so den Antisemitismus in Polen zu bekämpfen. Vgl. auch Martwa fala. Zbiór artyęułów o antysemityźmie, Warszawa 1947. – Daß es auch ohne antisemitischen Kontext jüdische Opfer von Bürgerkrieg und normaler Kriminalität gab, wie Madajczyk (Sprawy, S. 291) betont, ergibt keinen Widerspruch. Eine Trennung zwischen beiden Kategorien ist nur in einzelnen Fällen möglich, da nur mehr selten die Motive der Täter ergründbar sind. Gutman/Krakowski (Unequal, S. 366) betonen, daß es nicht die Kommunisten waren, die für die antisemitischen Hetzkampagnen verantwortlich waren. Sie schreiben: „One thing can be asserted without hesitation: the surfeit of Nazi anti-semitism that had created the Holocaust had also infected the Polish public." (S. 369)

[525] Zwischen 1946 und 1948 gelangten 17 000 polnische Juden nach Palästina, zwischen 1948 und 1951 weitere 106 000 nach Israel (Proudfoot, Refugees, S. 356, 359).

Juden wurden im Zuge der „antizionistischen", in Polen in Wirklichkeit antisemitischen Hetzkampagnen 1968 aus dem Lande getrieben. Es blieben etwa 5000 – in der überwiegenden Mehrzahl handelte es sich um kranke und alte Menschen, so daß der Tag abzusehen ist, da Polen ein Land ohne Staatsbürger jüdischer Herkunft sein wird.

Gert Robel

Sowjetunion

Mit dem deutschen Überfall auf die Sowjetunion vom 22. Juni 1941 rückten deutsche Truppen in das Gebiet des „jüdischen Ansiedlungsrayons" (čerta evreskoj osedlosti) des weiland zarischen Rußlands ein, in dem bis zu ihrer Emanzipation durch die Provisorische Regierung im März 1917 die größte geschlossene jüdische Gruppe durch Gesetz zu leben gezwungen war. Zwar hatten die Kämpfe um die Neuordnung Osteuropas in der Nachfolge des Ersten Weltkriegs und die Migration (Aus- wie Binnenwanderung) der jüdischen Bevölkerung zu erheblichen demographischen Veränderungen in diesem Raum geführt, doch geriet durch die deutsche Eroberung Ostpolens, Weißrußlands, der Ukraine und der seit 1940 baltischen Sowjetrepubliken Litauen, Lettland und Estland die noch immer bei weitem stärkste jüdische Gruppe Europas unter die Herrschaft des Nationalsozialismus.

Eine präzise Angabe der Stärke dieser Gruppe stößt allerdings auf einige Schwierigkeiten. Dabei wiegt das definitorische Problem noch am wenigsten: In den sowjetischen, polnischen, litauischen, lettischen und estnischen Statistiken finden sich Angaben über die Nationalitätenzugehörigkeit nach Bekenntnis und/oder Muttersprache sowie über die Religionsbekenntnisse der Bevölkerung. Im Falle der jüdischen Einwohner differieren sie gewöhnlich leicht, die Zugehörigkeit zur mosaischen Religion weist höhere Zahlen aus als das Bekenntnis zur jüdischen Nationalität bzw. Muttersprache, was zumeist Folge einer nationalen Assimilation sein dürfte, die überwiegend an das Staatsvolk erfolgte. Nationale Assimilanten ohne Religionszugehörigkeit, wie sie vor allem im altsowjetischen Bereich anzutreffen waren, oder zum Christentum Konvertierte sind in diesen Statistiken nicht als Juden oder Bürger jüdischen Glaubens erfaßt. Das „rassische" Kriterium des Nationalsozialismus – was immer dies sein mochte – war jedoch umfassender und schloß auch diese Gruppe mit ein: „rassisch" handelte es sich bei ihnen um Juden, ihnen war das gleiche Schicksal zugedacht wie nationalen oder religiösen Juden.

Neben diesem definitorischen Problem, der Varianz des Begriffes „Jude", entsteht, worauf Alec Nove und J.A. Newth in ihrer grundlegenden Studie hingewiesen haben[1], ein weiterer Unsicherheitsfaktor durch die Modalitäten der Datenerhebung bei den sowjetischen Volkszählungen der Jahre 1939 und 1959. Denn die Nationalitätenstatistik beruht auf den Angaben der Befragten über ihre Muttersprache, die nicht anhand der Personaldokumente, in denen die Nationalität seit 1934 verzeichnet ist, überprüft werden. Der soziale Druck führt daher öfter zu falschen Angaben, zumal die jüdische Minorität in sehr viel stärkerem Ausmaß als die „Staatsvölker" der einzelnen Unions-

---

1 Alec Nove/J.A. Newth, The Jewish population. Demographic trends and occupational patterns, in: Lionel Kochan (Hrsg.), The Jews in Soviet Russia since 1917, London 1970, S. 125-158.

republiken auf die Beherrschung und den Gebrauch der Herrschaftssprache gedrängt
war. Nove/Newth kommen anhand ihrer Untersuchung zu dem Schluß: „There exists
at the present time, however, a completely separate system of national recording
which is by no means necessarily compatible with census data …".[2] Inwieweit ihre
Vermutung („It is non the less possible that perhaps several hundreds of thousands of
individuals, who are entered as Jews on their passports, did not describe themselves as
such to the census enumerator…")[3] hinsichtlich der genannten Zahlen zutreffend ist,
muß dahingestellt werden, doch sind die konstatierten „uncertainities both of definition and of enumeration"[4] festzuhalten.

Die Inkonsistenz der Daten wird zusätzlich durch die Migrationen nach Beginn des
deutschen Überfalls auf Polen noch vergrößert. Hier sind sowohl die jüdischen
Flüchtlinge aus dem deutschen Okkupationsgebiet nach dem sowjetischen Ostpolen
einzubeziehen wie auch die Fluchtbewegung nach Litauen. Exakte Zahlen hierfür, die
zum Nachweis der unter sowjetischem Schutz stehenden Juden Anfang 1941 dienen
könnten, sind nicht vorhanden oder nicht zugänglich. (Auch ist hier zweifelhaft, ob
die sowjetischen Behörden bei der Registrierung der Flüchtlinge alle Ankömmlinge
erfassen konnten, denn angesichts der bevorstehenden Verschickung der Flüchtlinge
ins Landesinnere dürfte ein Teil bei Verwandten Unterschlupf zumindest gesucht haben.)

So ist man weitgehend auf Schätzungen angewiesen, die jedoch aufgrund der demographischen Wachstumsrate recht zuverlässig sind. Unsicher bleiben allerdings die
Schätzungen der Migrationsgewinne und -verluste. Für die Sowjetunion wird die Zahl
der jüdischen Einwohner nach Nationalitätenbekenntnis auf altsowjetischem Territorium, d.h. in den Grenzen vor dem 17. Oktober 1939, mit 3 020 171 für das Jahr 1939
angegeben.[5] Das Hauptsiedlungsgebiet dieser Minderheit lag in den westlichen Teilen
der Weißrussischen und Ukrainischen SSR, den ehemaligen Gebieten des Ansiedlungsrayons, auch in den westlichen Gebieten der RSFSR. Seit 1926, wo bei der
Volkszählung 2 680 00 Juden registriert wurden, hatte die Binnenmigration innerhalb
der UdSSR jedoch zu einer weiteren Verringerung des jüdischen Anteils in diesen
beiden Unionsrepubliken geführt[6]:

---

[2] Ebenda, S. 126.
[3] Ebenda, S. 129. – Die Mischehenfrage, die die Autoren hier als weiteren datenverzerrenden Faktor anführen,
ist m.E. Teil des definitorischen Problems.
[4] Ebenda, S. 135. – Die resignierende Feststellung: „The total number of Jews at any moment of time is there-
fore a vague and uncertain quantity …" (ebenda, S. 130), dürfte dem Wunsch des Statistikers nach maximaler
Präzision seiner Daten zuzuschreiben sein, sie kennzeichnet jedoch die Problematik.
[5] Solomon M. Schwarz, The Jews in the Soviet Union, Syracuse 1951, S. 234, Anm. 3; Nove/Newth, Jewish
population, S. 136 (gibt 2 900 000 für den europäischen Teil der UdSSR); Bolšaja Sovetskaja ènciklopedija.
Sovetskij Sojuz, Moskva 1947, Sp. 60. – Alfred Bohmann, Strukturwandel der deutschen Bevölkerung im so-
wjetischen Staats- und Verwaltungsbereich, Köln 1970, S. 242, gibt eine Gesamtzahl für die UdSSR in den
Grenzen vom 21. Juni 1941, die offensichtlich auf Schätzungen beruht (ohne Quellenangaben).
[6] Nach Schwarz, Jews in the Soviet Union, S. 15; vgl. Nove/Newth, Jewish population, S. 132 f. Die Daten in
Bolšaja Sovetskaja ènciklopedija (Sp. 62) stammen aus der Volkszählung von 1926. Zur Frage des relativen
Rückgangs der jüdischen Bevölkerung in der Sowjetunion vgl. Salo W. Baron, The Russian Jew under Tsars
and Soviets, New York 1964, S. 245-248.

Jüdische Bevölkerung

	1926 absolut	(in % der Gesamtbevölke- rung)	1939 absolut	(in % der Gesamtbevölke- rung)
UkrSSR	1 547 000	5,5	1 533 000	4,9
Weißr. SSR	407 000	8,2	375 000	6,7

Die jüdische Bevölkerung war, wie im ganzen ehemaligen Ansiedlungsrayon, eine ganz überwiegend städtische Bevölkerung (fast zu 85%)[7], ein Faktum, das durch ihre Geschichte bestimmt war[8], das sie aber leichter kontrollier- und erfaßbar machte, als dies bei einer Minderheit im agrarischen Milieu möglich war.

Diese Siedlungsstruktur wies auch die jüdische Bevölkerung in den polnischen Ostgebieten auf, die durch den deutsch-sowjetischen Teilungsvertrag 1939 an die Sowjetunion fielen. Ihre Zahl betrug nach der polnischen Volkszählung des Jahres 1931 1 222 000 Personen.[9] Hierin sind die jüdischen Einwohner des Wilna-Gebietes inbegriffen, die im Oktober 1939 zu Litauen kamen. Bei einer jährlichen Wachstumsrate von 0,9%[10] dürfte, die Emigration einbezogen, die Zahl der in den ostpolnischen Wojewodschaften wohnenden Juden 1939 etwas über 1 300 000 betragen haben.[11] Mit den im September 1939 an die Sowjetunion gefallenen Gebieten der Westukraine und des westlichen Weißrußlands stieg die Zahl der Juden in der UdSSR um 1 200 000 Personen (ohne das an Litauen cedierte Gebiet von Wilna).[12]

Einen weiteren Zuwachs brachten die Flüchtlinge aus dem deutschen Okkupationsgebiet Polens. Schon vor der sowjetischen Annexion Ostpolens hatte eine beträchtliche Zahl – sie wird auf 250 000 geschätzt – polnischer Juden versucht, sich dem deutschen Zugriff durch die Flucht nach Osten zu entziehen, allerdings gelangte nur etwa ein Drittel über die Demarkationslinie vom 27. September.[13] Eine weitere Flüchtlingswelle erreichte sowjetisches Gebiet im November und Dezember, darunter auch Gruppen, die von deutscher Seite über die Grenze getrieben wurden. Die Haltung der sowjetischen Behörden in der Flüchtlingsfrage schwankte in dieser Zeit, während in der zweiten Oktoberhälfte die Grenze geschlossen gehalten wurde, wurde

---

[7] Siehe dazu Nove/Newth, Jewish population, S. 131 ff.; Baron, Russian Jews, S. 246. – Die einseitige Siedlungsstruktur der jüdischen Gruppe wurde durch ihre Zuschreibung zur Stadtbevölkerung (meščane) bei der Inkorporation der polnischen Teilungsgebiete in das russische Reich bestimmt, eine Entscheidung, die durch die vorgegebene soziale Ordnung des Zarenreiches bedingt war. Die sich daraus ergebenden sozialen Benachteiligungen sind dagegen Ergebnis einer repressiven Politik, die auch nach der „Bauernbefreiung" des Jahres 1861 und der Reformperiode der sechziger und siebziger Jahre die Beschränkung der Mobilität der jüdischen Gruppe aufrechterhielt und so deren überwiegendem Teil die Partizipation an der Modernisierung von Staat und Gesellschaft verwehrte.
[8] Schwarz, Jews in the Soviet Union, S. 195.
[9] Bernhard D. Weinryb, Polish Jews under Soviet rule, in: Peter Meyer (u.a.), The Jews in the Soviet satellites, Syracuse 1953, S. 331. – Dagegen gibt Schwarz (Jews in the Soviet Union, S. 220) die Zahl 1 309 000. Vgl. Nove/Newth, Jewish population, S. 138 (hier die Zahlen mit Einschluß Wilnas).
[10] Für die ostpolnischen Gebiete ergibt sich eine ähnliche Zuwachsrate wie für die Sowjetunion. Vgl. Nove/ Newth, Jewish population, S. 136.
[11] Ebenda, S. 138.
[12] Weinryb, Polish Jews, S. 331.
[13] Ebenda, S. 342. Dagegen Nove/Newth (Jewish population, S. 138): „...the speed of the German advance was such that flight eastward into the Soviet zone was surely on an very small scale."

sie später an verschiedenen Stellen – genannt seien Przemyśl, Stanisław-Jarosław und Lubaczów-Bełz – geöffnet, Ende Dezember 1939 wurde der Grenzübertritt strikt verboten[14], doch gelangten auch danach noch Flüchtlinge auf sowjetisches Gebiet. Insgesamt wird die Zahl der nach Beginn des deutschen Angriffs auf Polen in die polnischen Ostgebiete zugewanderten Juden auf etwa 300 000 geschätzt.[15]

Dieser Zuwachs von insgesamt etwa 1 500 000 jüdischen Einwohnern der Republik Polen in den nunmehrigen Westgebieten der Sowjetunion wurde sowohl durch Umsiedlung und Deportationen wie auch durch Emigration verringert. Die Beschäftigungslage in den annektierten Gebieten wie auch die Versorgungslage zwang zu einer Umsiedlung der Flüchtlinge, denen es zumeist an Subsistenzmitteln fehlte (soweit sie nicht von Verwandten aufgenommen wurden). Daneben wurden potentielle Feinde des Sowjetsystems – neben politischen Gegnern wie zionistischen Aktivisten zählten auch die „buržui", Angehörige der Bourgeoisie wie Fabrikbesitzer und Kaufleute dazu, aber auch bestimmte Vertreter der Intelligenzschicht waren suspekt – in Straflager oder Sondersiedlungen deportiert. Außerdem bestand für die Flüchtlinge die Möglichkeit, sich bis zum Jahresende 1939 gegen eine Annahme der sowjetischen Staatsbürgerschaft zu entscheiden. Diese letztere Gruppe blieb klein[16] – schon der Mangel der erforderlichen finanziellen Mittel zwang zum Bleiben in der Sowjetunion.

Die Gesamtzahl der aus den ostpolnischen Gebieten transferierten Juden ist schwer zu bestimmen, Weinryb gibt nach einer offiziösen polnischen Quelle die Zahl von 250 000, der größte Teil davon Flüchtlinge aus dem deutschen Okkupationsgebiet.[17] Damit verblieben in der Westukraine und im westlichen Weißrußland etwa 1 250 000 jüdische Einwohner bis zum deutschen Überfall auf die Sowjetunion.

Die Annexion Bessarabiens und der Nordbukowina, die Rumänien nach dem sowjetischen Ultimatum vom 28.6.1940 an die UdSSR abtrat, brachte weitere jüdische Einwohner für die UdSSR. Ihre Zahl belief sich entsprechend den Daten der Volkszählung von 1930 auf 277 949 im Jahre 1940[18], doch hat Fisher darauf hingewiesen, daß nach rumänischen Angaben diese Zahl geringfügig niedriger war[19], so daß man für Bessarabien mit einem Zuwachs von 270 000 Juden rechnen kann.

Die Zahl der jüdischen Einwohner Litauens für den Zeitpunkt des deutschen Überfalls läßt sich nur annähernd berechnen. Auszugehen ist von der Volkszählung vom 17. September 1923, der einzigen während der Zwischenkriegszeit. Sie weist nach Nationalitätenbekenntnis eine jüdische Bevölkerung von 153 743 Personen

---

[14] Die Maßnahme sollte vor allem den starken Schmuggel unterbinden, war aber auch gegen die Einschleusung deutscher Agenten gerichtet.
[15] Weinryb, Polish Jews, S. 342. Danach schwanken die Schätzungen der Flüchtlingszahlen zwischen 150 000 bis 600 000 und mehr. Unter Einbeziehung der September-Flüchtlingswelle wird die Zahl von 300 000, die auch Weinryb (ebenda) gibt, realistisch sein.
[16] Vgl. dazu Mark Wischnitzer, To dwell in safety. The story of Jewish migration since 1800, Philadelphia 1948, S. 207 ff.
[17] Weinryb, Polish Jews, S. 348.
[18] Nicolas Sylvain, Rumania, in: Meyer, Jews in the Soviet satellites, S. 505, Tab. 3.
[19] Julius Fisher (How many Jews died in Transnistria? in: Jewish Social Studies 20 (1958), S. 96, Anm. 6) berichtet, daß nach „Populația Evreească in cifre" (București 1954, S. 52 – das Werk war dem Verfasser nicht zugänglich) die Zahl der Juden in den abgetretenen Gebieten etwas niedriger gewesen sei als die sich aus der Volkszählung von 1930 ergebende Zahl 277 949.

aus[20], zur jüdischen Religion bekannten sich 153 527 Einwohner des Landes.[21] Für das Jahr 1929 wird die jüdische Gruppe auf 163 894 Personen geschätzt[22], doch erfolgte durch niedere Geburtenrate und relativ hohe Emigration[23] bis 1939 ein Rückgang, für 1939 wird mit einer Anzahl von 150 000 jüdischen Einwohnern gerechnet.[24] Unklar ist dabei, ob in dieser Zahl auch diejenigen Juden inbegriffen sind, die sich aus dem Memelgebiet in das verbleibende litauische Territorium zu retten vermochten, als Litauen Memel an das Deutsche Reich abtrat (22. März 1939). Zwar war die Zahl memelländischer Juden relativ gering – bei der Volkszählung vom 20. Januar 1925 betrug ihre Zahl nach Nationalitätenbekenntnis 578 (= 0,4% der Gesamtbevölkerung), nach Religionsbekenntnis allerdings 2402[25] –, doch war ihre Zahl durch Flüchtlinge aus Deutschland 1938/39 auf etwa 9000 angestiegen.[26] Zahlenangaben dazu liegen nicht vor, doch ist damit zu rechnen, daß die Erfahrungen der reichsdeutschen Flüchtlinge einen hohen Anteil in Litauen Zuflucht suchen ließen.

Zu Litauen gehörte seit Oktober 1939 (sowjetisch-litauisches Abkommen vom 10. Oktober 1939) auch das Wilna-Gebiet. Hier wohnten nach den Volkszählungsdaten des Jahres 1931 108 913 Personen jiddischer oder hebräischer Muttersprache (ein Nationalitätenbekenntnis wurde in der polnischen Publikation nicht aufgeführt), 110 821 bekannten sich zum jüdischen Glauben.[27] Bei der Inkorporation Litauens in die UdSSR (Beschluß der litauischen Volksvertretung vom 22. Juli 1940, Beschluß des Obersten Sowjet der UdSSR vom 3. August 1940) hatte sich diese Zahl durch Flüchtlinge vorwiegend aus dem deutschen Besatzungsgebiet noch erhöht. Da erst am 27. Oktober der Grenzverlauf festgelegt wurde, konnte sich eine Anzahl jüdischer Flüchtlinge über Wilna nach Litauen retten. Erst ab November wurde die Sperrung des Grenzgebietes dann so effektiv, daß der Übertritt nach Litauen praktisch unmöglich wurde. Erst vom Januar bis Juni 1940 gelang es einzelnen Flüchtlingen wieder, die Grenze zu überschreiten, doch blieb ihre Zahl gering. Insgesamt dürften 14 000–

---

[20] Joseph Gar, Lithuania, in: Encyclopedia Judaica, Jerusalem 1971, Bd. 11, Sp. 374; Bohmann, Strukturwandel, S. 242; Handwörterbuch des Grenz- und Auslandsdeutschtums, Breslau 1938, Bd. 3, S. 364.

[21] Ezra Mendelsohn, The Jews of East Central Europe between the World Wars, Bloomington 1983, S. 225.

[22] Vgl. Bohmann, Strukturwandel, S. 242. – Die Angabe bei Hans-Heinrich Wilhelm, Die Einsatzgruppe A der Sicherheitspolizei und des SD 1941/42. Eine exemplarische Studie, in: Helmut Krausnick/Hans Heinrich Wilhelm, Die Truppe des Weltanschauungskrieges. Die Einsatzgruppen der Sicherheitspolizei und des SD 1938-42, Stuttgart 1981, S. 317, die ohne Beleg gegeben wird, entspricht Bohmann.

[23] Mendelsohn (Jews of East Central Europe, S. 225) spricht von einer „relativ hohen" Emigrationsrate der litauischen Juden, während Mark Wischnitzer (To dwell in safety, S. 207) die jüdische Emigration aus dem gesamten Osteuropa – Wischnitzer spezifiziert leider nicht nach Herkunftsländern – für die Jahre 1937-1939 als gering bezeichnet und eine jährliche Rate von 2500 angibt. Er stützt sich aber vorwiegend auf US-Materialien, so daß die Emigration nach Südamerika und Südafrika möglicherweise nicht oder nur unzureichend erfaßt ist.

[24] Yitzak Arad, „The Final Solution" in Lithuania in the light of German documentation, in: Yad Vashem Studies 11 (1976), S. 234; Mendelsohn, Jews of East Central Europe, S. 226.

[25] Bohmann, Strukturwandel, S. 194, 197.

[26] Gar, Lithuania, Sp. 374.

[27] Nach Mendelsohn, Jews of East Central Europe, S. 31. Mały rocznik statystyczny 1939, Warszawa 1939, S. 22, Tab. 17 und S. 24, Tab. 18 gibt diese Zahlen auf Hundert gerundet. Die Angabe bei Wilhelm (Einsatzgruppe A, S. 318), 1931 habe die Zahl der Juden der Wojewodschaft Wilna 95 000 betragen, läßt die Hebräisch-Muttersprachlichen ebenso außer acht wie die Polnisch-Muttersprachlichen jüdischen Glaubensbekenntnisses. Arad („Final Solution", S. 234, Anm. 1) gibt 80 000 (ohne Quellenangabe), dies ist entschieden zu niedrig.

15 000 Flüchtlinge in das Wilna-Gebiet entkommen sein.[28] Ferner konnten sich 2400 jüdische Flüchtlinge aus dem sogenannten Suwałki-Zipfel nach Litauen retten.[29]

Es hat bis zum deutschen Überfall auf die UdSSR eine jüdische Emigration aus den baltischen Staaten gegeben, doch ist die Anzahl der Entkommenen nicht genau feststellbar, die Schätzungen bewegen sich um die Zahl 5000.[30] Wenig wahrscheinlich ist, daß die Fluchtroute aus Polen via Italien nach Palästina, die bis zum Kriegseintritt Italiens im Juni 1940 bestand[31], von Juden aus den baltischen oder ostpolnischen Gebieten benutzt wurde. Wischnitzer ermittelte 4413 Flüchtlinge, die zwischen dem 1. Juli 1940 und dem 1. Juni 1941 in Kobe mit – wie sich dort herausstellte – ungültigen Visa nach Curaçao eintrafen. Ihre Emigration mit Transit durch die UdSSR wurde durch das Dekret des Obersten Sowjet der UdSSR möglich, das polnischen Flüchtlingen, die nicht die sowjetische Staatsbürgerschaft annehmen wollten, die Ausreise aus den baltischen Unionsrepubliken bis zum 31. Januar 1941 gestattete.[32] Ob sich unter den in Shanghai 1941 lebenden 20 000 jüdischen Flüchtlingen auch Emigranten dieser zweiten Emigration aus Osteuropa befanden, vermerkt Wischnitzer nicht.[33] Schließlich konnten sich noch eine Anzahl Juden während der deutschen Okkupation mit Hilfe südamerikanischer Pässe retten.[34]

Entzogen wurden den deutschen Verfolgungen auch jene jüdischen Einwohner Litauens, die nach der Umwandlung des Landes in eine Sowjetrepublik in die Sowjetunion deportiert wurden. Auch hierüber liegen nur Schätzungen vor. Nach einer ersten Deportationswelle im Anschluß an die Sowjetisierung des Landes kam es zu einer zweiten, großen Verhaftungswelle am 14. und 15. Juni 1941. Die Gesamtzahl der Deportierten wird mit über 38 000 angegeben[35], die Zahl der jüdischen Opfer der zweiten Welle auf 6000–12 000 geschätzt.[36]

Man wird, insgesamt betrachtet, davon ausgehen dürfen, daß am 21. Juni 1941 sich in der Litauischen SSR etwa 250 000 Juden befanden: rund 150 000 altlitauische, dazu die jüdischen Bewohner des Wilna-Gebietes und die Flüchtlinge aus Polen und dem Memelland abzüglich der Emigranten und Deportierten, deren Zahl auf ca. 15 000 veranschlagt werden kann.[37]

---

[28] Yitzhak Arad, Concentration of refugees in Vilna on the eve of the Holocaust, in: Yad Vashem Studies 9 (1973), S. 209. Yehuda Bauer, Rescue operations through Vilna, in: Yad Vashem Studies 9 (1973), S. 215 gibt 14 000 Flüchtlinge.

[29] Bauer, Rescue operations, S. 223, Anm. 11.

[30] Gar (Lithuania, Sp. 385) beziffert die aus Litauen Entkommenen auf 5000, Bauer (Rescue operations, S. 222) nennt 4000, Arad („Final Solution", S. 234, Anm. 1) gibt 4000-6000.

[31] Wischnitzer, To dwell in safety, S. 224 ff. Am 4. Juni 1940 verließ die „Rodi" mit 170 jüdischen Flüchtlingen aus Polen als letztes Schiff einen italienischen Hafen (ebenda, S. 239).

[32] Ebenda, S. 233 f. Er erwähnt die Ankunft jüdischer Flüchtlinge aus Polen, die nach Litauen entkommen waren, im November 1940 in Kobe (ebenda, S. 233).

[33] Ebenda, S. 234. Danach war Shanghai Durchgangsstation nach Palästina.

[34] Nathan Eck, The rescue of Jews with the aid of passports and citizenship papers of Latin America states, in: Yad Vashem Studies 1 (1957), S. 125-152.

[35] Georg von Rauch, Geschichte der baltischen Staaten, München 1977², S. 214.

[36] Arad, Concentration, S. 214. – Iosif Gar (Evrei v pribaltijskich stranach pod nemeckoj okkupaciej 1941-1944 gg., in: Ja. G. Frumkina/G.A. Aronsona/A.A. Gol'dvejzera, Kniga o russkom evrejstve 1917-1967, N'ju Jork 1968, S. 97) gibt 5000 jüdische Deportierte – eine Zahl, die große Wahrscheinlichkeit besitzt.

[37] M. Dvorjetski (Le Ghetto de Vilna. Rapport sanitaire, Genève 1946, S. 25 f.) gibt an, beim Einmarsch der deutschen Truppen in Wilna hätten bereits 20 000 – 30 000 Juden das Wilna-Gebiet verlassen. Dabei bleibt der Zeitpunkt des Verlassens unklar. Für eine derart starke Emigration finden sich keinerlei Belege, es kann sich allenfalls um die Flucht ins Innere der UdSSR handeln.

In Lettland, dessen Großteil, das frühere Livland, zwar nicht zum jüdischen Ansiedlungsrayon des zaristischen Rußland gehört hatte, das aber insbesondere durch das ehemalige Herzogtum Kurland eine große jüdische Gruppe aufwies, war die jüdische Bevölkerung nach einem raschen, z.T. auf Wanderungsgewinnen (Immigration aus Sowjetrußland) beruhenden Wachstum zu Beginn der zwanziger Jahre – von 79 655 im Jahre 1920 auf 95 675 im Jahre 1925 – in den dreißiger Jahren leicht gesunken, 1935 wurden nach Nationalitätenbekenntnis noch 93 479 Juden gezählt.[38] Auch hier, wie in Litauen, trugen neben den wirtschaftlichen Schwierigkeiten, die den baltischen Ländern als Folge der Weltwirtschaftskrise 1928/29 entstanden, die minoritätenfeindliche Politik des autoritären Regimes und der Antisemitismus der erstarkenden militanten nationalistischen Bewegung des Peronkrust zu einer wachsenden Emigrationsbereitschaft der jüdischen Gruppe bei. Man wird also für das Jahr 1939 mit einer Zahl von 93 000 – 94 000 jüdischen Einwohnern Lettlands zu rechnen haben, eine Zahl die nach der Errichtung der sowjetischen Militärstützpunkte im Lande durch die Emigration begüterter Juden noch verringert wurde[39], wobei freilich die Zahl dieser Emigranten nicht bekannt ist. Den auch hier nach der Annexion des Landes durch die UdSSR von den Sowjetbehörden durchgeführten „Säuberungen" „bourgeoiser" und „sowjetfeindlicher Elemente" fielen auch Juden zum Opfer, ihre Zahl wird von Kaufmann mit „ca. 5000" angegeben, davon allein 3500 aus Riga.[40] Wilhelm bezeichnet diese Schätzung als „überhöht"[41], da Kaufmann auch andernorts die Zahlen sehr hoch ansetzt[42], wird man etwa mit 2500–3500 Deportierten rechnen müssen.[43] Bei Beginn des deutsch-sowjetischen Krieges hatte sich die auf ca. 90 000 altlettische jüdische Einwohner belaufende Zahl durch die Zuwanderung jüdischer Funktionsträger aus der Sowjetunion erhöht – auch hierüber liegen keine Zahlen vor. Eine wesentliche Veränderung der jüdischen Einwohnerzahl der Lettischen SSR dürfte sich dadurch kaum ergeben haben, der Zuwachs dürfte etwa auf einige Hundert zu beziffern sein.

In Estland, das ebenfalls nicht zu dem durch die Grenzen der alten polnischen Adelsrepublik (bis 1772) bestimmten ostjüdischen Siedlungsgebiet gehörte, war die Zahl der jüdischen Einwohner gering: die ersten jüdischen Ansiedler rekrutierten sich

---

[38] Nach Bohmann, Strukturwandel, S. 294; ebenso Joseph Gar, Latvia in: Encyclopedia Judaica. Bd. 10, Sp. 1463 f.; Wilhelm, Einsatzgruppe A, S. 315 f.

[39] Max Kaufmann, Churbn Lettland. Die Vernichtung der Juden Lettlands, München 1947, S. 42.

[40] Ebenda, S. 43; ders., The Years in Latvia revisited, in: M. Bobe (Hrsg.), The Jews in Latvia, Tel Aviv 1971, S. 351.

[41] Wilhelm, Einsatzgruppe A, S. 315, Anm. 52.

[42] Vgl. Kaufmann, Years in Latvia, S. 351: „The Latvian Jewish population in 1939 numbered nearly on hundred thousand."

[43] Der Gesamtbericht der Einsatzgruppe A bis 15. Oktober 1941 (IfZ, L-180, S. 115) berichtet: „Die Gesamtzahl der [durch die Sowjets] verhafteten und nicht wieder entlassenen Personen in Lettland beträgt 27 768. Davon waren 22 825 Letten, 2665 Russen, 787 Polen, 227 Deutsche und 810 Übrige, unter diesen auch die wenigen Juden." Diese Angaben stammen offensichtlich aus einer Erhebung des Lettischen Roten Kreuzes vom 1. Oktober 1941 (vgl. ebenda, S. 60), sie sind mit an Sicherheit grenzender Wahrscheinlichkeit, soweit es die jüdischen Deportierten betrifft, zu niedrig angesetzt, wenn man die Rolle der Juden in der Wirtschaft des Landes und die Zahl der zionistischen Repräsentanten andererseits berücksichtigt (beide Gruppen, die wirtschaftliche und die zionistische Führungsschicht, gehörten zu den Opfern der „Säuberungen").

aus entlassenen Soldaten der zarischen Armee, dazu kamen später Immigranten aus Kurland und dem Ansiedlungsrayon.[44]

Die Volkszählung des Jahres 1934 ermittelte 4302 jüdische Bürger (etwa 0,4% der Gesamtbevölkerung), von denen der Großteil – rund 3200 – in den beiden großen Städten Tallinn (Reval) und Tartu (Dorpat) lebten, ca. 900 lebten in den Kreisstädten, der Rest in Kleinstädten und Dörfern.[45]

Wie groß die Zahl der jüdischen Estländer war, die bei Beginn des deutschen Überfalls auf die Sowjetunion noch im Lande lebten, läßt sich nicht exakt beziffern. Es ist anzunehmen, daß ein gewisser Prozentsatz der 4302 Juden des Jahres 1934 emigriert war, analog zu den Ereignissen in den beiden anderen baltischen Staaten ist ein Maximum im Sommer 1940 angesichts der drohenden sowjetischen Okkupation zu vermuten.[46] Ferner sind auch jüdische Einwohner Estlands von den sowjetischen Deportationen 1940/42 betroffen gewesen.[47]

Von den Verbliebenen konnte sich ein Großteil vor den heranrückenden deutschen Truppen durch Flucht auf unbesetztes sowjetisches Gebiet retten. Folgt man Wilhelm bzw. E. Amitan-Wilensky[48], so gerieten etwa 800–850 jüdische Estländer unter deutsche Besatzung – eine Zahl, die mit der sehr pauschalen Angabe Levins übereinstimmt.[49] Diese hohe Fluchtquote ist durch die fast einmonatige Unterbrechung des

---

[44] Wilhelm (Einsatzgruppe A, passim) spricht irreführend von „Ansiedlungsrayons" (so S. 313: „Litauen und Lettland [!] hatten im Zarenreich zu den klassischen Ansiedlungsrayons für Juden gehört..."). Es gab in zaristischen Rußland nur einen Ansiedlungsrayon (čerta evrejskoj osedlosti) für Juden, der im wesentlichen aus den polnischen Teilungsgebieten – ohne Kongreßpolen – und Kurland bestand und im Judenstatut von 1804 festgesetzt wurde. Später erweiterte man ihn um Bessarabien und drei südrussische (ukrainische) Gouvernements. Zur Entstehung vgl. Matthias Rest, Die russische Judengesetzgebung von der ersten polnischen Teilung bis zum „Položenie dlja evreev" (1804), Wiesbaden 1975. Zur Geschichte der Juden in Estland siehe Emanuel Nodel, Life and death of Estonian Jewry, in: A. Ziedonis jr./W.L. Winter/M. Valgemäe (Hrsg.), Baltic History, Columbus, Ohio 1974, S. 227-236, hier S. 227 ff.

[45] Wilhelm, Einsatzgruppe A, S. 319. Mendelsohn (Jews of East Central Europe, S. 253 f.) nennt für 1934 irrigerweise die Zahl von 1922 (4566). Dov Levin (Estonian Jews in the U.S.S.R. [1941-1945], in: Yad Vashem Studies 11 (1976), S. 274) gibt als Ergebnis einer Zählung der (autonomen) Jüdischen Kulturverwaltung vom 24. März 1935 die Zahl von 3944 jüdischen Estländern. Die Angaben bei Ella Amitan-Wilensky (Estonian Jewry. A historical summary, in: Bobe, Jews in Latvia, S. 343) über die jüdischen Einwohner Tallinns und Tartus sind zu korrigieren. Wilhelm (Einsatzgruppe A, S. 319) irrt, wenn er die Gewährung der Kulturautonomie für die nationalen Minderheiten auf das Jahr 1924 datiert. Das Gesetz wurde am 25. Februar 1925 vom estnischen Parlament verabschiedet, der „Jüdische Kulturrat" tagte erstmals am 6. Juni 1926. Vgl. Amitan-Wilensky, Estonian Jewry, S. 342 f.

[46] Angaben hierüber sind nicht verfügbar. Nodel (Life and death, S. 233) gibt eine Zahl von „nearly 500 young Jews", die zwischen 1936 und 1940 emigrierten.

[47] Seppo Myllyniemi (Die baltische Krise 1938-1941, Stuttgart 1979, S. 144) gibt 11 000 deportierte Estländer (die bei Rauch, Geschichte der baltischen Staaten, S. 214 genannte, auf Berechnungen Švabes beruhende Zahl von 60973 ist weitaus zu hoch), differenziert aber nicht nach Nationalitäten. Dov Levin (Estonian Jews, S. 275) berichtet, daß sich unter den Deportierten des Juni 1941 (Aktion vom 13./14.) etwa 500 estländische Juden befanden. Nodel (Life and Death, S. 234) gibt keine präzisen Zahlen.

[48] Vgl. E. Amitan-Wilensky, Estonian Jewry, S. 347. Wilhelm (Einsatzgruppe A, S. 320) spricht davon, daß beim Einmarsch der deutschen Truppen in Estland „ungefähr vier Fünftel der einheimischen Juden längst evakuiert" gewesen seien (neben den ins Land gekommenen jüdischen Angehörigen der sowjetischen Funktionseliten), d.h. 3400 – 3500 von 4300. Nodels Angabe (Life and Death, S. 234), etwa die Hälfte der Juden Estlands seien geflohen, steht isoliert und ist zu korrigieren.

[49] Dov Levin (Estonian Jewry, S. 283): es seien etwa 3500 jüdische Estländer geflohen, evakuiert oder deportiert worden, „and about one thousand remained under German occupation", wobei er aber von einer Gesamtzahl von 4500 estländischen Juden ausgeht (S. 273). An anderer Stelle (S. 297) gibt er an, es seien mindestens 50% der Juden Estlands evakuiert worden, wobei er sich offenbar auf Nodels Angaben (Life and Death, Anm. 45) stützt. Möglicherweise sind Nodels und Levins Angaben durch die in der EM Nr. 111 vom 12. Oktober 1941 genannten Zahlen bestimmt.

deutschen Vormarsches in Estland an der Linie Dorpat (Tartu) – Fellin (Viljandi) – Pernau (Pärnu) nach der Einnahme Tartus (11. Juli 1941) sehr begünstigt worden. Erst nach der Eroberung Narvas (17. August) rückten die deutschen Einheiten in Estland weiter vor (Reval wurde am 18.8. eingenommen).[50]

Diese Zahl von 800–850 im Lande verbliebenen estländischen Juden steht nur in scheinbarem Widerspruch zu den Angaben der Einsatzgruppe A in der Ereignismeldung Nr. 111, die von „etwa 2000 Juden" spricht[51]: Es ist damit zu rechnen, daß jüdische Flüchtlinge aus anderen Teilen des Baltikums vom deutschen Vormarsch in Estland überrascht wurden.

Das Schicksal derjenigen jüdischen Bürger, die in anderen von deutschen Truppen eroberten Teilen der Sowjetunion lebten – und dies war der weitaus größte Teil der sowjetischen Juden – unterschied sich jedoch grundlegend von jenen der Estnischen SSR: Sofern sie nicht im wehrdienstfähigen Alter waren und bei Kriegsbeginn noch zur Roten Armee einrückten, wurden sie zum allergrößten Teil vom deutschen Vormarsch überrollt und gerieten unter deutsche Herrschaft. Nur ein geringer Teil, Angehörige der politischen Kader und Fachleute, besonders aus dem industriellen Bereich, wurden evakuiert, wobei diese Maßnahmen erst relativ spät ergriffen wurden.[52]

Es traf die jüdische Bevölkerung hart, daß die sowjetischen Behörden keine Maßnahmen für eine allgemeine Evakuierung vorbereitet hatten. Doch wird man dabei zu beachten haben, daß dies eine beträchtliche organisatorische Aufgabe bedeutete – eine Arbeit, die für die ohnehin stark belastete Führungsschicht, deren mittlere Kader zumeist infolge der „Säuberungen" der Jahre 1934-1938 recht jung und wenig erfahren waren, eine starke zusätzliche Belastung bedeutet hätte. Zudem war die gesamte sowjetische Politik seit August 1939 darauf bedacht, Hitler keinen Vorwand für antisowjetische Maßnahmen oder gar einen Krieg zu bieten: Evakuierungspläne aber waren, wenn sie effektiv vorbereitet werden sollten, nicht geheim zu halten. Und schließlich

[50] Seppo Myllyniemi, Die Neuordnung der baltischen Länder 1941-1944. Zum nationalsozialistischen Inhalt der deutschen Besatzungspolitik, Helsinki 1973, S. 73.
[51] EM Nr. 111 (12. Oktober 1941).
[52] Eine systematische Darstellung der Evakuierung der Bevölkerung liegt nicht vor, auch die Untersuchungen über die Bevölkerungsbewegungen im besagten Zeitraum enthalten keine Angaben hierüber. Verstreute Angaben finden sich in: Geschichte des Zweiten Weltkriegs 1939-1945. In zwölf Bänden. (Istorija Vtoroj mirovoj vojny 1939-1945 gg., dt.) Bd. 4. Berlin (1980), S. 171-176; Èželony idut na vostok. Iz istorii perebazirovanija proizvoditel'nych sil SSSR v 1941-1942 gg. (Sbornik statej i vospominanijach), Moskva 1960; A.M. Belikov, Transfert de l'industrie soviétique vers l'est (juin 1941-1942), in: Revue d'histoire de la deuxième guerre mondiale 43 (1961), S. 43 f., u.a. Auch Dokumentationsveröffentlichungen wie: Kazachstan v period Velikoj Otecestvennoj vojny Sovetskogo Sojuza 1941-1945. Sbornik dokumentov. Tom 1-2, Alma-Ata 1964 (hier Band 1) u.a. Publikationen über die frontfernen Gebiete und ihren Beitrag zur Kriegsführung enthalten Materialien. Als erste Maßnahme zur Evakuierung erwähnt Geschichte des Zweiten Weltkriegs (S. 66) die Schaffung eines besonderen Evakuierungsrates am 24. Juni 1941, dem auch die Evakuierung der Bevölkerung übertragen war. Belikov (Transfert, S. 43 f.) führt eine Verordnung des Rates der Volkskommissare (Sovnarkom) vom 27. Juni über die Organisation von Evakuierungstransporten und eine Ausführungsbestimmung vom 5. Juli an. Geschichte des Zweiten Weltkriegs (S. 66) nennt als entscheidend die Direktive des Sovnarkom und des ZK der KPdSU (B) vom 29. Juni 1941 (Text in: Kommunisticeskaja Partija Sovetskogo Sojuza v rezoljucijach i rešenijach s-ezdov, konferencij i plenumov CK. Izd. 8. Tom 6, Moskva 1971, S. 18 f.). Die Studie von Klaus Segbers, Die Sowjetunion im Zweiten Weltkrieg. Die Mobilisierung von Verwaltung, Wirtschaft und Gesellschaft im „Großen Vaterländischen Krieg" 1941-1943, München 1987, enthält einen guten Überblick (S. 167-183), kann aber zur Frage der Flucht/Evakuierung jüdischer Bürger nicht beitragen. Die Darstellung der Ereignisse in Pliskov (S. 173) kann nicht verallgemeinert werden, auch ist der Quelle gegenüber Skepsis angebracht (vgl. S. 175).

ist hierbei das psychologische Moment zu berücksichtigen: Evakuierungspläne bedeuteten die Möglichkeit, sowjetisches Gebiet dem Feind überlassen zu müssen – ein solcher Gedanke allein war Defaitismus. Dazu kamen die Realia: das sowjetische Transportwesen war kaum in der Lage, unter Kriegsbedingungen eine derartige Aufgabe zu bewältigen.[53]

Für diejenigen, die sich aus eigener Initiative auf den Weg nach Osten machten, tauchte ein Hindernis besonderer Art auf, an dem ein Teil scheiterte: Die sowjetischen Grenztruppen an der früheren sowjetisch-polnischen Grenze hatten die Anweisung, Einwohner der inkorporierten Gebiete nicht ohne Bewilligung in altsowjetisches Gebiet wechseln zu lassen.[54] Mangels einer Gegenanordnung hielten sich die Wachen zumindest teilweise – und wohl auf die ersten Kriegstage beschränkt – an diese Bestimmung und verwehrten den Übertritt. Diese Scheidelinie war freilich gezogen worden, um eine unkontrollierte Einwanderung aus den annektierten Gebieten zu verhindern, weil es zu Störungen der zentralen Planwirtschaft und zu erheblichen Versorgungsschwierigkeiten in diesen Immigrationsgebieten hätte führen können.

Die Separierung der neuerworbenen von den altsowjetischen Gebieten intendierte auch die Be-, wenn nicht gar Verhinderung eines staatlich nichtkontrollierten Informationsaustausches zwischen deren Bewohnern. Dies wurde für die jüdische Bevölkerung jener Gebiete, die in den ersten Wochen des Krieges von deutschen Truppen erobert wurden, vor allem der Ukraine, verhängnisvoll. Denn die Kenntnisse der Flüchtlinge aus dem deutschen Besatzungsgebiet Polens über die nationalsozialistischen Judenverfolgungen blieben ihnen dadurch weitgehend unbekannt.[55] Da die sowjetischen Massenmedien strikt der Moskauer Appeasementpolitik nach Abschluß des Ribbentrop-Molotov-Paktes folgten, nämlich alles zu unterlassen, was Hitler reizen oder ihm einen Vorwand zu Aktionen gegen die UdSSR bieten könne, wurden die Repressalien gegen die Juden im deutschen Machtbereich wie auch der erklärte militante Antisemitismus des NS-Regimes verschwiegen. So war die jüdische Bevölkerung in den altsowjetischen Gebieten bei Beginn des deutschen Angriffes – von wenigen Ausnahmen abgesehen – nicht informiert, welches Schicksal ihr die nationalsozialistische Führung zugedacht hatte.

Dies hat sich nach den ersten Kriegswochen geändert – allerdings befand sich zu dieser Zeit bereits der größte Teil des jüdischen Siedlungsgebietes in deutscher Hand. Auch konnten die jüdischen Bewohner bedrohter Gebiete in zunehmendem Maße evakuiert werden oder fliehen.[56] Daß die estnischen Juden sich zum größten Teil retten konnten, wurde bereits erwähnt. Über die Zahl der deutscher Herrschaft entkom-

---

[53] Geschichte des Zweiten Weltkriegs, S. 75; zum Transportwesen I.V. Kovalev, Transport v Velikoj Otečestvennoj vojne (1941-1945 gg.), Moskva 1981, S. 10 ff., 86 ff.

[54] Weinryb, Polish Jews, S. 353; Schwarz, Jews in the Soviet Union, S. 222.

[55] Die Orientierungslosigkeit der jüdischen Bevölkerung sehr instruktiv bei Samuil Gringauz, Gibel' o evrejskoj Kovne, in: Knigga o russkom evrejstve, S. 122.

[56] EM Nr. 59 vom 21.8.1941 (S. 10) berichtet: „Wie überall wurde auch hier die Feststellung gemacht, daß die maßgebenden Juden und Funktionäre geflüchtet" sind (EKdo 6 /EGr C aus Korosten'). Am 4. September meldet die EGr B /EM Nr. 73, S. 18): „Den intellektuellen Großstadtjuden ist es in weitem Maße gelungen, vor den deutschen Armeen nach Osten zu flüchten", EGr C konstatiert am 20. Oktober 1941 (EM Nr. 119, S. 5 f.), daß infolge der deutschen Verfolgungen die jüdische Bevölkerung fliehe, und am 14. November meldet EGr B (EM Nr. 133, S. 18): „Die Fluchtbewegung der Juden nach Osten hat, wie auch in dieser Berichtszeit festgestellt werden konnte, ihren Fortgang genommen." In den Städten Jarcevo, Vjaźma, Gžatsk, Možajsk, Juchnov und Brjansk seien keine jüdischen Einwohner mehr angetroffen worden.

menen Juden liegen keine Angaben vor, Schätzungen sprechen von über einer Million.[57] Da von den mehr als fünf Millionen jüdischer Sowjetbürger (1941)[58] über vier Millionen in Gebieten wohnten, die von den deutschen Truppen erobert wurden, blieben rund 3-3,2 Millionen Juden, die der nationalsozialistischen Besatzungspolitik in der UdSSR ausgeliefert waren.

Bestimmend für das Schicksal dieser großen jüdischen Gruppe unter deutscher Herrschaft war die Einstellung der nationalsozialistischen Führungsschicht. Hitler hatte die Militanz seines Antisemitismus schon früh dokumentiert, sie war konstitutives Element der Ideologie seines Regimes. Zu dem allgemeinen, die Repressionen legitimierenden „rassischen" Negativfaktor traten jedoch im Falle der Sowjetunion noch zwei Komponenten verschärfend hinzu: eine kulturelle und eine eigentlich ideologische. Die kulturelle Komponente hatte sich bereits in Polen gezeigt: die traditionsverhaftetere ostjüdische Bevölkerung war nicht in dem Ausmaß akkulturiert wie die Juden West- und Mitteleuropas, die in die Gesellschaft ihrer Länder integriert waren. Die Diskrepanz in Erscheinungsbild[59] und Verhaltensweisen wurden im polnisch-sowjetischen Raum noch durch dessen allgemeines Modernisierungsdefizit, die wirtschaftlichen und sozialen Probleme im ehemals ostpolnischen Teil und im altsowjetischen Gebiet durch die Schwierigkeiten infolge des tiefgreifenden sozio-ökonomischen Transformationsprozesses der dreißiger Jahre verschärft, der „Ostjude" fungierte geradezu als Bestätigung der behaupteten „Minderwertigkeit".

Ideologisch aber vereinte sich im Falle der jüdischen Bevölkerung der Sowjetunion militanter Antisemitismus mit einem ebenso ardenten Antimarxismus und Antikommunismus, dem der „Bolschewismus" als Kulmination dieser angeblich wesentlich jüdisch geprägten, verderbten und verderblichen Ideologie galt und als Herrschaftssystem, maßgeblich von Juden bestimmt, Instrument ihres Trachtens nach „Weltherrschaft". So ward der „jüdische Bolschewismus" zur „jüdisch-bolschewistischen Gefahr", dem „Weltfeind Nr. 1" – und der „jüdische Bolschewist" gleichsam zur Inkarnation des Bösen schlechthin. Damit war aber jeder jüdische Bürger der Sowjetunion bedroht: als potentieller Kommunist und Nutznießer des Systems. Die – relativ – große Zahl der in deutsche Hand gefallenen Juden spitzte das Problem noch zu, sie bestärkte die Wahnvorstellung der „jüdischen Gefahr".

Dem Krieg gegen die Sowjetunion wurde seitens der nationalsozialistischen Führung als „Weltanschauungskrieg" eine besondere Qualität zugemessen: Er galt nicht nur der Niederwerfung eines politischen Gegners durch Vernichtung der Streitkräfte

---

[57] Schwarz, Jews in the Soviet Union, S. 197. Die Zahl geht offenbar auf die Angabe Corliss Lamonts (The peoples of the Soviet Union, New York (1946), S. 85) zurück: „More than 1 000 000 (Jews) were safely evacuated." Dagegen Baron, Russian Jews, S. 297, der die Zahl für zu hoch hält und ihre Verbreitung der „war time propaganda" zuschreibt. Dennoch beziffert er die Zahl der unter deutsche Herrschaft geratenen sowjetischen Juden auf drei Millionen und schreibt weiter: „From some nine hundred thousand in January, 1939, it [die Zahl der Juden in den nichtbesetzten Gebieten der UdSSR] increased to well over two Million by the end of 1941" (S. 298). – Die Angabe bei A.A. Gol'dstejn, Sud'ba evreev v okkupirovannoj nemcami Sovetskoj Rossii, in: Kniga o russkom evrejstve, S. 71 f., ist fehlerhaft.

[58] Wilhelm (Einsatzgruppe A, S. 621) gibt ihre Zahl mit 4,7 Millionen.

[59] Vgl. dazu die Abbildungen bei Hans-Peter Seraphim, Das Judentum im osteuropäischen Raum. Hrsg. unter Mitwirkung des Instituts für osteuropäische Geschichte der Universität Königsberg, Essen 1938, die ungeachtet ihrer diffamierenden Intention und ihres denunziatorischen Charakters das Modernisierungsdefizit sichtbar machen; sie übergehen allerdings völlig, daß die nichtjüdische Umwelt des ostpolnisch-galizischen Raumes sich von der jüdischen nicht unterschied.

und Eroberung des Territoriums, sondern es war darüber hinaus auch die feindliche Ideologie auszumerzen, und das bedeutete die Liquidierung ihrer Träger, die systematische „Beseitigung" wenn nicht der gesamten Elite, so doch zumindest der politischen Führungsschicht bis hinab zu den untersten Rängen.

Hierfür waren schon vor Beginn des deutschen Überfalls Vorkehrungen getroffen. Die Einbeziehung der Wehrmacht in diesen Prozeß der „verfahrenslosen Liquidierung"[60] durch den „Kommissarbefehl" und die „Richtlinien über das Verhalten der Truppe in Rußland"[61] sollte einesteils die Durchführung dieses Vorhabens ermöglichen, sie machte aber auch die Heeresführung wie die Truppe zu Komplizen der nationalsozialistischen Vernichtungspolitik. Hatte sich im Herbst 1939 in Polen noch Widerstand der Truppenführung gegen die Aktionen von SS und SD energisch artikuliert, so fehlte er 1941 zumindest bei der Heeresführung. Neben der psychologischen Wende, die die militärischen Erfolge des Jahres 1940 und des Balkankrieges zur Folge hatten, trug dazu besonders der Zerfall des Gruppenkonsenses im Heer bei, an dem die zunehmende Umstrukturierung des Offizierskorps mit der Eingliederung der stärker dem Regime hörigen, weil ideologisch indoktrinierten jüngeren Jahrgänge beträchtlichen Anteil hatte. Und schließlich wirkte die Konkurrenz des „politischen Soldatentums" der Waffen-SS als Konformitätsdruck.[62]

Ungeachtet dieser Bestrebungen, das Heer in den „Weltanschauungskrieg" einzubeziehen, konnte die geplante systematische Liquidierung der sowjetischen Führungsschicht nicht der kämpfenden Truppe übertragen werden. Den eigentlichen „ideologischen" Krieg zu führen, behielt sich denn auch das Reichssicherheitshauptamt (RSHA) vor und traf entsprechende Vorkehrungen: In Gestalt der „Einsatzgruppen der Sicherheitspolizei und des SD" (EGr)[63] stellte es zur „Durchführung besonderer sicherheitspolizeilicher Aufgaben außerhalb der Truppe" eigene Exekutivorgane bereit als die eigentlichen Instrumente nationalsozialistischer Vernichtungspolitik in den Gebieten unter Militärverwaltung. Deren Verhältnis zum Heer wurde zwischen Reinhard Heydrich als RSHA-Chef und dem Generalquartiermeister des Heeres Eduard Wagner Ende März 1941 abgeklärt; der Oberbefehlshaber des Heeres von Brauchitsch unterzeichnete am 28. April die Vereinbarung.[64] Danach unterstanden die Einsatzgruppen dienstlich allein Himmler (als Reichsführer SS und Chef der Deutschen Polizei) bzw. – nachgeordnet – dem RSHA, lediglich die Logistik war dem Heer übertragen. Die hier noch festgelegte Aufgabentrennung der Einsatzgruppen und ihrer Kom-

---

[60] Nach Christian Streit, Keine Kameraden. Die Wehrmacht und die sowjetischen Kriegsgefangenen 1941-1945, Stuttgart 1978, S. 44.

[61] So gemeinhin in der Literatur, richtig: „Erlaß über die Ausübung der Kriegsgerichtsbarkeit im Gebiet Barbarossa und über besondere Maßnahmen der Truppe" (freundlicher Hinweis von Alfred Streim). – Siehe hierzu vor allem Helmut Krausnick, Kommissarbefehl und 'Kriegsgerichtsbarkeitserlaß Barbarossa' in neuer Sicht, in: VfZ 25 (1977), S. 682-738, auch Hans-Adolf Jacobsen, Kommissarbefehl und Massenexekutionen sowjetischer Kriegsgefangener, in: Anatomie des SS-Staates. Bd. 2, München 1979², S. 135-232; Helmut Krausnick, Die Einsatzgruppen vom Anschluß Österreichs bis zum Feldzug gegen die Sowjetunion. Entwicklung und Verhältnis zur Wehrmacht, in: Krausnick/Wilhelm, Truppe des Weltanschauungskrieges, S. 116-141; ein kurzer und prägnanter Überblick bei Streit, Keine Kameraden, S. 33-61.

[62] Vgl. dazu Manfred Messerschmidt, Die Wehrmacht im SS-Staat. Zeit der Indoktrination, Hamburg 1969, S. 390-422. Vgl. auch Krausnick, Einsatzgruppen, S. 107-115.

[63] Zur Genese siehe Krausnick, Einsatzgruppen, S. 19-106.

[64] Ebenda, S. 127-137. Text der Vereinbarung bei Jacobsen, Kommissarbefehl, S. 170f. – Heydrich billigte nur den Entwurf, der im wesentlichen von Schellenberg und Wagner ausgearbeitet worden war. Der gültige Text stammt vom OKH/GenStdH/GenQu (freundlicher Hinweis von Alfred Streim).

mandos zwischen rückwärtigem Armee- und rückwärtigem Heeresgebiet ist in der Praxis jedoch sehr rasch geschwunden[65]: Die im rückwärtigen Armeegebiet vorgesehene Beschränkung auf Sicherstellung von relevanten Materialien und „besonders wichtiger Einzelpersonen" wurde auch hier durch die „Erforschung und Bekämpfung der staats- und reichsfeindlichen Bestrebungen" abgelöst, die dort eingesetzten „Sonderkommandos" (SK) unterschieden sich in ihrer Tätigkeit, wie die „Ereignismeldungen UdSSR" (EM) des RSHA zeigen[66], nicht von den „Einsatzkommandos" (EK), die im rückwärtigen Heeresgebiet operierten. Auch die Einsetzung der Höheren SS- und Polizeiführer (HSSPF), denen auch im rückwärtigen Heeresgebiet – gewissermaßen im Vorgriff auf dessen spätere Eingliederung in das Gebiet der Zivilverwaltung – wie im Zivilverwaltungsbereich die dortigen „SS- und Polizeitruppen und Einsatzkräfte der Sicherheitspolizei" unterstellt waren, war bereits im Mai vereinbart. Himmler „hatte sich dadurch auch – mit Zustimmung der Heeresführung – im Okkupationsraum ein ihm persönlich verfügbares Instrument politischer Leitung geschaffen".[67]

Entsprechend der Gliederung des Ostheeres in drei Heeresgruppen war anfangs der Einsatz von drei Einsatzgruppen vorgesehen, später wurde noch eine vierte hinzugefügt. Die Einsatzgruppe A unter Walter Stahlecker mit den Sonderkommandos[68] 1a und 1b und den Einsatzkommandos 2 und 3 operierte im Baltikum (Heeresgruppe Nord), die Einsatzgruppe B (bis 11.7.1941: C) unter Arthur Nebe mit den Sonderkommandos 7a und 7b und den Einsatzkommandos 8 und 9[69] sowie einem „Vorkommando Moskau" (ab Februar 1942: Sonderkommando 7c) war im weißrussischen Raum (Heeresgruppe Mitte) eingesetzt, Einsatzgruppe C unter Otto Rasch (bis 11.7.1941: B) erhielt die nördliche und mittlere Ukraine (Heeresgruppe Süd) zugewiesen und Einsatzgruppe D unter Otto Ohlendorf mit den Sonderkommandos 10a und 10b und den Einsatzkommandos 11a, 11b und 12 ward die Südukraine, die Bukowina, Bessarabien, die Krim und das Kaukasusgebiet als Einsatzgebiet (11. Armee) zugeteilt. Die Führung der Einsatzgruppen und der Kommandos wurde ausgesuchten Angehörigen der Sicherheitspolizei und des SD übertragen – die Chefs der Einsatzgruppen standen im Range eines SS-Brigadeführers und Generalmajors der Polizei. Das sonstige Personal rekrutierte sich im allgemeinen aus Beamten der Geheimen Staatspolizei und Kriminalpolizei sowie des SD, als Hilfspersonal – wie Funker, Fahrer, Dolmetscher u.ä. – wurden z.T. auch Nicht-SS-Mitglieder herangezogen. Ergänzt wurde dieses Personal der Einsatzgruppen durch Einheiten der Polizeireserve und der Waffen-SS sowie indigene Helfer. Die Stärke der einzelnen Einsatzgruppen war unterschiedlich, sie betrug zwischen ca. 1000 (Einsatzgruppe A) und 600 (Einsatzgruppe D) Mann, insgesamt belief sie sich auf ca. 3000 bis 3200 Mann.[70] Da die HSSPF nicht nur für das Gebiet der Zivilverwaltung, sondern auch für das rückwärtige Heeresgebiet Zuständigkeit beanspruchten, erwuchs den Einsatzgruppen eine beträchtliche Unter-

---

[65] Dazu Krausnick, Einsatzgruppen, S. 210 f.; vgl. auch Wilhelm, Einsatzgruppe A, S. 285.

[66] Siehe dazu Wilhelm, Einsatzgruppe A, S. 333-348; Krausnick/Wilhelm, Truppe des Weltanschauungskrieges, Dokumentenanhang, S. 650 ff. (gibt die Nummern mit Datierung und Dokumentenbezeichnung, Fundstellen ebenda, S. 649 f.).

[67] Krausnick, Einsatzgruppen, S. 138.

[68] 1942 wurden die SK in EK umgewandelt.

[69] Die Nummern der SK und EK sind beim Wechsel der EGr-Bezeichnung am 11.7.1941 nicht mit verändert worden.

[70] Dazu Krausnick, Einsatzgruppen, S. 145-148, vgl. Wilhelm, Einsatzgruppe A, S. 287.

stützung durch die dem HSSPF unterstehenden Polizei- und SS-Verbände, die durch einheimische Hilfspolizeikräfte – sie firmierten unter Bezeichnungen wie „Schutzmannschaft", „Selbstschutz" u.ä. – erheblich verstärkt wurden.[71]

Ein schriftlicher Befehl zur allgemeinen Vernichtung der Juden in den Gebieten der Sowjetunion, die erobert wurden, ist bekanntlich nicht überliefert und auch nicht belegt, seine Existenz auch in den vielfältigen relevanten Zeugnissen nicht nachweisbar. Es ist auch wenig wahrscheinlich, daß ein derart sensibler Bereich schriftlich abgehandelt wurde[72] – die verschiedenen Versuche, die Morde sprachlich zu camouflieren, wie sie sich etwa in den Ereignismeldungen UdSSR spiegeln[73], zeigen deutlich die Bemühungen, den gesamten Komplex zu verschleiern und zumindest keine präzisen nachweisbaren Kenntnisse über den engen Kreis der Informierten hinausdringen zu lassen. Heydrich instruierte die Führer der Einsatzgruppen und ihrer Kommandos persönlich am 17. Juni in Berlin, seine „wichtigsten Anweisungen" hat er wenig später „in gedrängter Form" fixiert. Neben organisatorischen und ordnungspolitischen Aufgaben wurden Grundsätze der Nationalitäten-(„Volkstums"-) und Kirchenpolitik dargelegt, die stark von den in Polen gemachten Erfahrungen geprägt waren. Dominierend aber war die sicherheitspolitische Aufgabe, die vom Prinzip der präventiven Exekution politischer Widersacher bestimmt war. Die Liste der zu Exekutierenden ist sehr unsystematisch (offenbar besaß der Ausfertigende der Weisungen recht wenig Kenntnisse über seinen „Hauptfeind")[74], angeführt werden nämlich alle

„Funktionäre der Komintern (wie überhaupt die kommunistischen Berufspolitiker schlechthin)

die höheren, mittleren und radikalen unteren Funktionäre der Partei, des Zentralkomitees, der Gau- und Gebietskomitees

Volkskommissare

Juden in Partei und Staatsstellungen

sonstige radikale Elemente (Saboteure, Propagandeure, Heckenschützen, Attentäter, Hetzer usw.)".[75]

---

[71] Über die Bildung von Selbstschutzverbänden aus Volksdeutschen siehe EM Nr. 89 (20.9.41), 95 (26.9.41), 107 (8.10.41) und 108 (9.10.41). EM Nr. 154 (12.1.1942) meldet die Eröffnung einer „estnischen Sicherheitspolizei-Schule". Vgl. Ingeborg Fleischhauer, Das Dritte Reich und die Deutschen in der Sowjetunion, Stuttgart 1983, S. 101-116, 125 ff., 138-146; Meir Buchsweiler, Volksdeutsche in der Ukraine am Vorabend und Beginn des Zweiten Weltkrieges – ein Fall doppelter Loyalität?, Gerlingen 1984, S. 364-383; Myllyniemi, Neuordnung, S. 103 ff., 226 ff.

[72] Ausführlich erörtert bei Krausnick, Einsatzgruppen, S. 150-172.

[73] Siehe dazu etwa die EM Nr. 73 (4.9.41), 92 (23.9.41), 108 (9.10.41), 124 (25.10.41), 133 (4.11.41), 148 (19.12.41). Als Begründung wird u.a. angeführt: Brandstiftung, Hetze, Verstöße gegen deutsche Anordnungen, Opposition gegen Ghettoisierung, Plünderung u.ä. Gelegentlich mußte schon der „Verdacht" der Brandstiftung als Begründung herhalten. Der „Tätigkeits- und Lagebericht Nr. 5" für die Zeit vom 15.-30.9.1941 (Nbg. Dok. NO-2655) meldet demaskierend: „An Orten, an denen eine verstärkt auftretende propagandistische Tätigkeit festzustellen war, wurde die jüdische Einwohnerschaft erschossen." Und EGr C meldet in der EM Nr. 128 (3.11.41) unter „Vollzugstätigkeit": „Was die eigentliche Exekutive anbelangt, so sind von den Kommandos der Einsatzgruppe bisher etwa 80 000 Personen liquidiert worden. Darunter befinden sich etwa 8000 Personen, denen aufgrund von Ermittlungen eine deutschfeindliche oder bolschewistische Tätigkeit nachgewiesen werden konnte. Der verbleibende Rest ist aufgrund von Vergeltungsmaßnahmen erledigt worden." Vgl. auch EM 111 (12.10.41), wo u.a. „jüdischer Sadismus und Rachgier" als Gründe – neben anderen – angeführt werden und schließlich lakonisch: „Juden allgemein" als Motiv für die Morde genannt wird, also die bloße Zugehörigkeit zum jüdischen Volk.

[74] Ein eindrucksvolles Zeugnis des geringen Kenntnisstandes liefert die „Sonderfahndungsliste UdSSR", vgl. Werner Röder, Sonderfahndungsliste UdSSR, Erlangen 1976.

[75] Zitiert nach Krausnick, Einsatzgruppen, S. 157.

Auffallend hierbei ist, daß „Juden in Partei- und Staatsstellungen" gesondert erwähnt werden, obwohl sie in den aufgeführten Gruppen ja bereits erfaßt sind.

Bemerkenswert ist jedoch ganz besonders die letzte Kategorie der Opfer: sie gibt
gewissermaßen die Stichworte, mit der die Ermordung zumindest eines Teils der jüdischen Bevölkerung verschleiert wurde; in den Ereignismeldungen tauchen diese Bezeichnungen immer wieder als „Rechtfertigung" für die Ermordungen auf. Sie sind
derart unpräzis, das sie einen weiten Interpretationsraum des Sachverhalts gestatten:
„Hetze" konnte schon eine Unmutsäußerung über die eigene Lage sein, „Propaganda"
die Feststellung, daß es vor der deutschen Okkupation besser gewesen sei – dem Er-
findungsreichtum der Mörder war keine Grenze gesetzt.

Als erster Verband überschritt die Einsatzgruppe A[76] die deutsch-sowjetische
Grenze. Aus ihrem Bereitstellungsraum Danzig kurz vor Beginn des deutschen Angriffs nach Gumbinnen vorverlegt, rückte schon am 25. Juni, kurz nach der Eroberung
der litauischen Hauptstadt, ein Kommando unter der Führung des Einsatzgruppen-
Leiters Walter Stahlecker in Kaunas (Kowno) ein. Von dort stieß er über Schaulen (Šiauliai) nach Riga vor, das am 1. Juli, zusammen mit dem über Schaulen und Mitau
vorgerückten Einsatzkommando 2, erreicht wurde.[77] Stahlecker und seine Kommandos folgten der kämpfenden Truppe auf dem Fuß – anders als an anderen Frontab-
schnitten zeigte die Führung der Heeresgruppe Nord erhebliches Entgegenkommen
und bestand nicht darauf, daß die Einsatzgruppen mit ihren „Sonderkommandos" nur
im rückwärtigen Armeegebiet tätig wurden.

Das Sonderkommando 1a rückte von Bad Schmiedeberg im Küstenstreifen vor, erreichte am 27. die Gegend von Libau (Liepaja) und am 28. Mitau (Jelgava), am 4. Juli
traf es in Riga ein.[78] Das Einsatzkommando 3 wurde in Kaunas stationiert, um „sicherheitspolizeiliche Aufgaben in Litauen" zu übernehmen, sein Bereich wurde am 9.
August um das Gebiet Wilna, das es vom Einsatzkommando 9 der Einsatzgruppe B
übernahm, und ab 2. Oktober um das bis dahin dem Einsatzkommando 2 unterstellte
Gebiet von Schaulen erweitert.[79]

Erst am 10. Juli folgten die Sonderkommandos 1a und 1b den bereits nach Norden
vorgestoßenen Wehrmachtseinheiten. Sonderkommando 1a ging über Pernau (Pärnu),
Reval (Tallinn), Dorpat (Tartu) nach Narva, Sonderkommando 1b über Pleskau (Pskov)
und Ostrow nach Oprotschka (Opročka). In Erwartung einer baldigen Einnahme Le-
ningrads wurden nicht nur entsprechende Vereinbarungen über den frontnahen Einsatz der Einsatzgruppe bei der Panzergruppe 4 (Generaloberst Hoeppner) und der SS-
Division „Totenkopf" getroffen, sondern auch Teile der Einsatzkommandos 2 und 3
nach Pleskau vorgezogen[80], wo sich seit dem 18. Juli der Einsatzgruppen-Stab befand.[81]

---

[76] Die Routen der Einsatzgruppen und -kommandos können hier nur grob skizziert werden. – Zu Bestand
und Organisation der EGr A siehe Wilhelm, Einsatzgruppe A, S. 281-293.

[77] EM Nr. 9 (1.7.41). – Die hier genannten Daten nach den EM. Tatsächlich können die genannten Orte bereits früher erreicht worden sein.

[78] EM Nr. 9 (1.7.41), 12 (4.7.41).

[79] Siehe: Bericht des SS-Staf. Jäger, in: Adalbert Rückerl, NS-Prozesse. Nach 25 Jahren Strafverfolgung: Möglichkeiten – Grenzen – Ergebnisse, Karlsruhe 1971, Anhang.

[80] EM Nr. 24 (16.7.41), 26 (18.7.41), 31 (23.7.41). – In den EM wird der Name „Leningrad" geflissentlich ge-
mieden, statt dessen „Petersburg" gegeben.

[81] EM Nr. 26 (18.7.41).

Als der deutsche Vormarsch auf die Stadt der Oktoberrevolution ins Stocken geriet, wurden Teile der Einsatzgruppen erstmals zur Bekämpfung der anwachsenden Partisanenbewegung eingesetzt[82], die Hauptkräfte blieben weiter auf Leningrad gerichtet, und Anfang Oktober erreichte die Einsatzgruppe Krasnogwardejste (Krasnogvardejsk) (ca. 40 km südwestlich Leningrad), das bis zur letzten Ereignismeldung vom 24.4.1942 als Standort gemeldet wurde.[83]

Der Aufbau einer Zivilverwaltung in den eroberten Gebieten zog eine Einbeziehung der Einsatzgruppen in die Administration nach sich. Schon am 29. September benutzte Einsatzgruppen-Leiter Stahlecker den Titel eines „Befehlshabers der Sicherheitspolizei und des SD" (BdS) mit Sitz in Riga[84], das Sonderkommando 1a wurde zur Dienststelle des „Kommandeurs der Sicherheitspolizei und des SD (KdS) für den Generalbezirk Estland" mit Sitz Reval und Außenstellen in Narva, Pernau, Dorpat und Arensburg (Kuressare, seit 1952 Kingisepp) auf Ösel, Einsatzkommando 2 wurde entsprechend zur Dienststelle des KdS für den Generalbezirk Lettland mit Sitz in Riga und Außenstellen Schaulen und Libau, und Einsatzkommando 3 zur Institution des KdS für den Generalbezirk Litauen mit Sitz in Kaunas und Außenstelle Wilna (Vilnius).[85] Im Oktober wurde das am 1. September gebildete Generalkommissariat Weißruthenien der Einsatzgruppe A unterstellt, die Dienststelle des KdS für den Generalbezirk Weißruthenien bildete das Sonderkommando 1b[86] mit Standort Minsk und Außenstelle Baranowitschi (Baranoviči).[87] In der Folgezeit hatte es einzelne Veränderungen besonders bei den Außenstellen gegeben, grundsätzlich aber hat sich die institutionelle Ordnung nicht wesentlich geändert[88], doch wurde als Standort der Einsatzgruppe unter dem nunmehrigen BdS Ostland im Spätherbst 1942 der Ort Nataljewka (Natal'evka) gemeldet.[89] Allerdings haben neben den stationären Dienststellen noch mobile Kommandos bestanden, so die der Sonderkommandos 1a und 1b im Frontbereich Leningrad.[90]

Die Einsatzgruppe B unter Arthur Nebe traf erst am 24. Juni in Warschau ein und nahm dort die Verbindung zur Heeresgruppe Mitte und dem Befehlshaber des rückwärtigen Heeresgebietes 102 (Mitte) auf.[91] Über Wilna, wo es am 3. Juli durch das Einsatzkommando 9 abgelöst wurde, rückte das Sonderkommando 7a nach Minsk vor, wo es mit dem über Brest-Litowsk, Slonim und Baranowitschi vorgestoßenen Sonderkommando 7b zusammentraf, auch der Stab der Einsatzgruppe machte die weißrussi-

---

[82] EM Nr. 48 (10.8.41).

[83] EM 126 (29.10.41) gibt unter „Standorte und Nachrichtenverbindungen" für Krasnogvardejsk als Datum den 7. Oktober, in den EM wird es als Standort erstmals in EM Nr. 116 (17.10.41) genannt, letzte Erwähnung in EM Nr. 195 (24.4.42). „Krasnogvardejsk" hieß 1929-1944 das aus zaristischer Zeit bekannte Gatschina (Gatčina).

[84] W. Stahlecker, Einsatzgruppe A. Gesamtbericht bis zum 15. Oktober 1941, in: Der Prozeß gegen die Hauptkriegsverbrecher vor dem Internationalen Militärgerichtshof. 14.10.1945-1.10.1946. Bd. 37, S. 703. – Nach Wilhelm (Einsatzgruppe A, S. 288) handelt es sich dabei um einen Vorgriff Stahleckers, die Bestallung zum BdS Ostland sei erst Anfang Dezember 1942 erfolgt.

[85] EM Nr. 126 (29.10.41).

[86] EM Nr. 146 (15.12.41)

[87] „Baranowitsche" in den EM.

[88] Detailliert bei Krausnick, Einsatzgruppen, S. 178 f.

[89] Meldungen aus den besetzten Ostgebieten Nr. 28 (6.11.1942).

[90] EM Nr. 149 (22.12.41), 150 (2.1.42), 151 (5.1.42), 190 (8.4.42).

[91] EM Nr. 17 (9.7.41).

sche Hauptstadt vorübergehend zu seinem Standort.[92] Ungleich der Einsatzgruppe A, deren Vorkommandos der kämpfenden Truppe dichtauf folgten, hatte die Einsatzgruppe B größeren Abstand zu halten, so ließ das AOK 9 einen Vormarsch nach dem schon am 1. Juli eroberten Minsk anfangs nicht zu, da „die Wälder voll russischer Verbände und russischer Soldaten in Zivilkleidern sind".[93]

Während das Sonderkommando 7a zusammen mit einem für den Einsatz in Moskau vorgesehenen, zumeist „Vorkommando Moskau" benannten Detachement der Einsatzgruppe dem zum Angriff auf die sowjetische Hauptstadt bestimmten Panzer-AOK 4 zugeordnet wurde, blieb die Einsatzgruppe in Minsk und führte von hier aus Aktionen gegen „Widerstandsbewegungen, Partisanen, rote Funktionäre und Juden" im rückwärtigen Heeresgebiet durch.[94] In den ehemaligen polnischen Gebieten waren inzwischen „Unterstützungstrupps" – später: „Einsatzgruppe z.b.V."[95] unter dem KdS Lemberg –, die der BdS Generalgouvernement zusammengestellt hatte und die ihm unterstanden, eingetroffen, um die Einsatzgruppe B zu entlasten. Dennoch erwies sich der Einsatzbereich dieser Gruppe bei weiterem Vormarsch auf Moskau als zu groß; so wurde der „Generalbezirk Weißruthenien" Anfang Oktober dem BdS Ostland/Einsatzgruppe A unterstellt.[96] Denn die Einsatzgruppe B war, im Unterschied zur Einsatzgruppe A, im alten ostjüdischen Siedlungsraum eingesetzt, fand daher eine stärkere jüdische Bevölkerung vor. Es war zugleich altsowjetisches Gebiet, bereitwillige Kollaborateure wie in den baltischen Ländern fanden sich hier weniger, stattdessen bot das Land mit seinen großen Wald- und Sumpfgebieten den sich bald bildenden Partisanengruppen einen guten Rückhalt, wobei die gering entwickelte Infrastruktur eine wirksame Bekämpfung erschwerte.

Die für den Einsatz im rückwärtigen Heeresgebiet bestimmten Einsatzkommandos 8 und 9 rückten aus ihrem Bereitstellungsraum Warschau „nach Weisungen des Befehlshabers des rückwärtigen Heeresgebietes" erst Ende Juni auf sowjetisches Gebiet vor.[97] Einsatzkommando 8 meldete am 1. Juli Białystok, Mitte des Monats Baranowitschi (Baranoviči) und am 26. Juli Minsk als Standort, im Zuge der „Operation Taifun", des deutschen Angriffs gegen Moskau, verlegte es vor und stand am 9. September in Mogilew (Mogilev).[98] Einsatzkommando 9 rückte über Wilna, Wilejka (Vilejka) und Molodetschno (Molodečno) nach Witebsk (Vitebsk), das Anfang August Standort wurde, und verlegte im Oktober nach Wjasma (Vjaz'ma). Der sowjetische Gegenangriff führte zum Rückzug nach Smolensk im Dezember, im Februar 1942 war wieder Witebsk Standort.[99] Infolge der Weite des Einsatzgebietes, aber auch der sehr viel größeren Zahl jüdischer Zentren ist in den Berichten dieser Kommandos – wie auch in denen der Einsatzgruppe C – sehr viel häufiger von Aktionen einzelner Trupps die

[92] EM Nr. 10 (2.7.41), 11 (3.7.41), 13 (5.7.41), 14 (6.7.41), 15 (7.7.41), 29 (21.7.41), 30 (22.7.41).
[93] EM Nr. 9 (1.7.41).
[94] EM Nr. 17 (9.7.41), 21 (13.7.41).
[95] EM Nr. 25 (17.7.41).
[96] Krausnick, Einsatzgruppen, S. 180.
[97] EM Nr. 17 (9.7.41); vgl. Korpsbefehl des Befehlshabers des rückwärtigen Heeresgebietes 102 vom 27.6.1941 (IfZ, MA 856).
[98] EM Nr. 9 (1.7.41), 17 (9.7.41), 24 (16.7.41), 27 (19.7.41), 31 (23.7.41), 90 (21.9.41), 124 (25.10.41), 133 (14.11.41); Meldungen aus den besetzten Ostgebieten Nr. 6 (5.6.42), 26 (23.10.42) (IfZ, MA 439).
[99] EM Nr. 17 (9.7.41), 21 (13.7.41), 24 (16.7.41), 31 (23.7.41), 34 (26.7.41), 126 (29.10.41), 149 (22.12.41), 150 (2.1.42), 168 (13.2.42), 186 (27.3.42).

Rede als in jenen der Einsatzgruppe A. Zu einer Einrichtung stationärer Dienststellen wie im Bereich des BdS Ostland ist es für die Einsatzgruppe B nicht gekommen, infolge des Scheiterns von „Taifun" wurde ein kleineres Gebiet zum „politischen Raum" erklärt und als Generalbezirk Weißruthenien dem BdS Ostland unterstellt.[100] Das Vorkommando Moskau, das bis zum Beginn der Offensive beim Stab der Einsatzgruppe blieb, rückte dann, dem AOK 4 attachiert, nach Medyn und Malojaroslawez (Malojaroslavec) vor, mußte sich aber Ende Dezember nach Roslawl zurückziehen. Anfang April wird es in den Ereignismeldungen nicht mehr erwähnt.[101] Das Sonderkommando 7a erreichte im Zuge dieses Angriffs in der zweiten Oktoberhälfte Rshew (Ržev) und Anfang November Kalinin, mußte sich aber über Wjasma nach Klinzy (Klincy) zurückziehen, bevor es im Sommer 1942 erneut Rshew als Standort bezog, im Februar 1943 stand es bei Smolensk.[102] Das Sonderkommando 7b, das im September in Tschernigow (Cernigov) stand, war dem AOK 2 zugeteilt und rückte mit dem rechten Flügel der Heeresgruppe Mitte vor, es erreichte am 21. Oktober Orel und Brjansk, wo es, von kurzzeitigen Standortwechseln, u.a. nach Kursk, bis Februar 1943 stehenblieb.[103]

Die Einsatzgruppe C war der Heeresgruppe Süd zugeteilt. Ihr Stab traf am 1. Juli, einen Tag nach dem Sonderkommando 4b, in Lemberg (L'vov) ein und rückte dann über Dubno und Rowno (Rovno) nach Zwiahel (Novograd Volynskij), am 18./19. Juli war Shitomir erreicht. In der zweiten Augusthälfte verlegte er nach Pervomajsk und Nowo-Ukrajínka (Novo-Ukraínka), am 25. September wurde Kiew (Kiev) Standort[104], das Sitz des Einsatzgruppen-Leiters blieb, der ab April 1942 auch als BdS Ukraine fungierte.[105] Das später so berüchtigte Sonderkommando 4a rückte von Krakau über Zamość vor und erreichte am 30. Juni Sokal, am 6. Juli stand es bereits in Rowno, am 11. in Zwiahel.[106] Da der Vormarsch der Truppen bei Shitomir (Žitomir) durch einen sowjetischen Gegenstoß aufgehalten wurde, erreichte das Sonderkommando die Stadt erst am 18./19. Juli und behielt hier seinen Standort bis zur Beendigung der großen Kesselschlacht um Kiew Mitte September. Die ukrainische Hauptstadt wurde am 19. September erreicht, im Verlauf des November verlegte das Sonderkommando über Perejaslaw (Perejaslav) nach Charkow (Char'kov), wo es seit Ende des Monats stand.[107] Erst im Herbst 1942 rückte es nach Kursk vor, wo es bis zum sowjetischen Angriff im Februar 1943 blieb, der Rückzug erfolgte über Konotop und Bobrujsk nach Minsk. Hier wurde das Sonderkommando 4a aufgelöst und seine Angehörigen der Dienststelle des BdS Rußland-Mitte und Weißruthenien unterstellt.[108]

---

[100] EM Nr. 106 (7.10.41).

[101] EM Nr. 106 (7.10.41), 126 (29.10.41), 129 (5.11.41), 149 (22.12.41), 150 (2.1.42), 172 (23.2.42). Das Kommando wurde ab EM 191 (10.4.42) nicht mehr erwähnt.

[102] EM Nr. 126 (29.10.41), 129 (5.11.41), 133 (14.11.41), 150 (2.1.42), 155 (14.1.42); Meldungen aus den besetzten Ostgebieten Nr. 4 (22.5.42), 6 (5.6.42), 15 (7.8.42); Anlage zu den Meldungen aus den besetzten Ostgebieten Nr. 40 (5.2.43) (IfZ, MA 439, 440).

[103] EM Nr. 90 (21.9.41).

[104] EM Nr. 10 (2.7.41), 19 (11.7.41), 28 (20.7.41), 55 (17.8.41), 58 (20.8.41), 97 (28.9.41), 106 (7.10.41).

[105] EM Nr. 191 (10.4.42). – Krausnick, Einsatzgruppen, S. 195, Anm. 219, weist darauf hin, daß dies „offenbar" „bereits nach dem Einrücken in Kiew" erfolgt sei – also parallel zur Schaffung des BdS Ostland.

[106] EM Nr. 8 (30.6.41), 14 (6.7.41), 19 (11.7.41).

[107] EM Nr. 28 (20.7.41), 97 (28.9.41), 138 (26.11.41).

[108] Anlage zu den Meldungen aus den besetzten Ostgebieten Nr. 20 (11.9.42), 26 (23.10.42), 40 (5.2.43) (IfZ, MA-284, MA-440); das Sonderkommando 4a der Einsatzgruppe C und die mit diesem Kommando eingesetzten Einheiten. Abschlußbericht (IfZ, Gy 10, S. 84, 100).

Das Sonderkommando 4b traf am 30. Juni 1941 in Lemberg ein und ging von dort über Tarnopol und Proskurow (Proskurov) nach Winniza (Vinnica) vor, das in der zweiten Julihälfte Standort wurde. Im August stand es in Kirowograd (Kirovograd), Anfang September in Krementschug (Kremenčuk) am Dnepr und Ende des Monats in Poltawa. Von hier aus ging es Anfang Dezember bis Kramatorskaja vor, im März 1942 befand es sich in Gorlovka.[109] Der Angriff im Sommer 1942 ließ es bis Rostow am Don (Rostov-na-Donu) vorrücken, bis es in den allgemeinen Rückzug der Südfront hineingezogen wurde.[110]

In Lemberg trafen ebenfalls die Einsatzkommandos 5 und 6 der Einsatzgruppe C in den ersten Julitagen ein, wo sie das Sonderkommando 4b ablösten. Einsatzkommando 5 ging über Dubno nach Berdicev vor und war im September im Raum Kiew im Einsatz. Tscherkassy (Čerkassy) und Uman waren weitere Stationen, bis es im Oktober Kiew als Standort erhielt. Hier ist es, vermutlich im Januar 1942, aufgelöst worden und zum Teil in die Dienststelle des KdS „Kijew" eingegliedert worden.[111] Das Einsatzkommando 6 ging von Lemberg nach Zloczów (Zoločev) vor, war auch im Gebiet von Winniza im Einsatz und Anfang August in Proskurow gemeldet, danach stieß es zum Stab der Einsatzgruppe in Nowo-Ukrajínka und stand im September in Kriwoj (Krivoj) Rog. Anfang Oktober scheint Dnjepropetrowsk sein Standort gewesen zu sein, als das Gebiet des Dneprbogens „gesäubert" wurde, und im November verlegte es über Zaporoshje nach Stalino.[112] Erst ab September 1942 wird Rostow als neuer Standort gemeldet, es blieb es bis zum Rückzug 1943.[113]

Das Einsatzgebiet der Einsatzgruppe C war, ähnlich jenem der nördlichen Nachbargruppe, sehr weiträumig, und so wurden auch hier Entlastungen vorgenommen: Die ehemals polnischen Ostgebiete gingen – wie die der Einsatzgruppe B – in den Zuständigkeitsbereich des BdS Generalgouvernement über, dessen „Unterstützungstrupps" die Einsatzkommandos im Verlauf des Juli ablösten[114], und der Höhere SS- und Polizeiführer Rußland Süd, SS-Obergruppenführer Jeckeln, setzte die ihm unterstellten starken Kräfte – die 1. SS-Brigade, fünf Polizeibataillone, das Polizeiregiment Süd und seine Stabskompanie – schon im August und September zu „Aktionen" ein, denen allein im August einer Meldung zufolge „insgesamt 44 125 Personen, meist Juden", zum Opfer fielen[115] und während einer drei Tage dauernden „Aktion" in Kamenetz-Podolsk weitere 23 600.[116] Die Einrichtung stationärer Dienststellen erfolgte später als im Bereich der Einsatzgruppen A und B, Anfang Februar 1942 werden die KdS für die Generalbezirke Nikolajew (Nikolaev) und Charkow[117] und wenige Tage später für

---

[109] EM Nr. 9 (1.7.41), 13 (5.7.41), 14 (6.7.41), 24 (16.7.41), 60 (22.8.41), 88 (19.9.41), 141 (3.12.41), 144 (10.12.41), 183 (20.3.42).
[110] Anlage zu den Meldungen aus den besetzten Ostgebieten Nr. 20 (11.9.42), 26 (23.10.42), 40 (5.2.43) (IfZ, MA-284, MA-440).
[111] EM Nr. 47 (9.8.41), 86 (17.9.41), 88 (19.9.41), 94 (25.9.41), 106 (7.10.41), 119 (20.10.41), 152 (7.1.42), 153 (9.1.42), 154 (12.1.42).
[112] EM Nr. 8 (30.6.41), 19 (11.7.41), 45 (7.8.41), 61 (23.8.41), 63 (25.8.41), 94 (25.9.41), 126 (29.10.41), 129 (5.11.41), 138 (26.1.42).
[113] Anlage zu den Meldungen aus den besetzten Ostgebieten Nr. 20 (11.9.42), 40 (5.2.43) (IfZ MA-284, MA-440).
[114] EM Nr. 11 (3.7.41), 25 (17.7.41), 28 (20.7.41).
[115] EM Nr. 94 (25.9.41).
[116] EM Nr. 80 (11.9.41).
[117] EM Nr. 165 (6.2.42).

die Generalbezirke Kiew, Shitomir, Wolhynien (in Rowno) Dnjepropetrowsk erwähnt[118], im April kommen die KdS für die Generalbezirke Tschernigow und Stalino
hinzu, zugleich erscheint der Leiter der Einsatzgruppe C als BdS Ukraine (in Kiew).[119]
Allerdings sind die beiden Sonderkommandos der Einsatzgruppe und Einsatzkommando 6 weiterhin als mobile Kommandos bestehen geblieben, und der Führer der
Einsatzgruppe, der als BdS Ukraine Kiew als seinen Standort hatte, stand mit seinem
Einsatzgruppenstab im September 1942 in Starobelsk und im Februar 1943 in Poltawa.[120]

Neben diesen drei, jeweils einer Heeresgruppe zugeordneten Einsatzgruppen wurde
noch die Einsatzgruppe D zusammengestellt, die der 11. Armee (im Verband der
Heeresgruppe Süd) zugeteilt wurde. Ihr Einsatzziel war der Kaukasus.[121] Sie erreichte
erst Anfang Juli ihre Ausgangsstellung in der nördlichen Moldau, wo Piatra-Neamț erster Standort wurde. Hier kam es zu ernsten Differenzen mit dem AOK über den Einsatz der Einsatzgruppe im Armeegebiet; Ohlendorf, der Einsatzgruppen-Führer,
mußte sich den nachdrücklichen Weisungen des AOK fügen.[122] So wurde der Einsatzgruppe befohlen, die Absperrung im Grenzgebiet zu den Rumänen – am Dnestr –
zu übernehmen und die rumänischen Versuche zu verhindern, die jüdische und russische Bevölkerung ihres Okkupationsgebietes abzuschieben. Anfang August setzte das
AOK die Einsatzgruppe ein, um gemeinsam mit der Geheimen Feldpolizei „das gesamte rückwärtige Gefechtsgebiet" nach sowjetischen Soldaten zu durchkämmen.[123]
Die Befehle des AOK, die der Generalstabschef der 11. Armee, Oberst Otto Wöhler,
zeichnete, die aber zumindest die Billigung des Oberbefehlshabers der Armee, Generaloberst Eugen Ritter von Schobert besaßen, gaben der Einsatzgruppe kaum Gelegenheit zu eigenen Initiativen – der Vergleich zwischen den Entscheidungsspielräu-
men der Einsatzgruppe A und D zeigt die Möglichkeiten, die sich für die Truppenführung boten. Erst am 22. Juli wurde die Verlegung der Einsatzgruppe nach Iași
befohlen, der Standort Olschanka (Olšanka) mußte auf Befehl des AOK 11 am 8. August für den Stab der italienischen Truppen geräumt werden. Mitte August stand die
Einsatzgruppe in Ananjew (Anan'ev), in der zweiten Septemberhälfte gestattete das
AOK, nach Nikolajew (Nikolaev) vorzuverlegen.[124] Anfang November 1941 befand
sich die Einsatzgruppe in Simferopol' auf der Krim und rückte erst im Juli 1942 nach
Taganrog, im August dann nach Woroschilowsk (Vorošilovsk) (Stavropol') im Nordkaukasusgebiet.[125] Im Februar 1943 zog sie sich nach der Katastrophe von Stalingrad
aus dem Kaukasusgebiet zurück. Der Standort Simferopol' aber konnte nicht lange
gehalten werden, die Einsatzgruppe verlegte nach Owrutsch (Ovruč) am Pripjet, wo
die Einheiten der Einsatzgruppe zur Bekämpfung der Partisanen eingesetzt wur-

---

[118] EM Nr. 166 (9.2.42).

[119] EM Nr. 191 (10.4.42); vgl. Anm. 105.

[120] Anlage zu den Meldungen aus den besetzten Ostgebieten Nr. 20 (11.9.42), 40 (5.2.43) (IfZ, MA-284, MA-440).

[121] Tätigkeits- und Lageberichte der Einsatzgruppen der Sicherheitspolizei und des SD in der UdSSR Nr. 1 (31.7.41) (Nbg. Dok. NO-2651).

[122] Die Auseinandersetzung ausführlich bei Krausnick, Einsatzgruppen, S. 196-201.

[123] AOK 11, Abt. Ic/AO an EGr D vom 22.7.1941 (Nbg. Dok. NOKW-3435).

[124] Krausnick, Einsatzgruppen, S. 200.

[125] Anlage zu den Meldungen aus den besetzten Ostgebieten Nr. 40 (5.2.43), 54 (15.5.43) (IfZ, MA-440).

[126] EM Nr. 129 (5.11.41); Anlage zu den Meldungen aus den besetzten Ostgebieten Nr. 14 (31.7.42) (IfZ, MA-440).

den.[126] Ihrer ursprünglichen Aufgabe konnte sie nicht mehr nachgehen, sie sei, so berichtete Ohlendorf dem Nürnberger Militärtribunal, nur noch eine kämpfende Truppe gewesen.[127]

Das Sonderkommando 10a wurde im Juli vom AOK nach Belzy (Bel'cy) entsandt, es rückte über Jampol' Ende des Monats nach Beresowka (Berezovka) und war im Gebiet zwischen Bug und Dnestr eingesetzt. Im September wurde es dem vorstoßenden XXXX. Armeekorps nachgezogen und stand in Taganrog mit Außenposten in Mariupol', Melitopol' u.a. Städten nördlich des Asowschen Meeres. Mit der Offensive des Sommers 1942 verlegte es nach Krasnodar vor und entsandte Außenkommandos in das Kuban-Gebiet und die Hafenstädte am Schwarzen Meer, u.a. nach Novorossijsk. Im Februar 1943 begann es den Rückzug nach dem Westen.[128] Sonderkommando 10b rückte am 6./7. Juli in Czernowitz (Cernauţi), der Hauptstadt der Bukowina, ein, wurde nach einem Einsatz bei Chotin zur Einsatzgruppe nach Czernowitz zurückbefohlen und stand Ende Juli in Tighina (Bendery), Anfang August in Mogilew (Mogilev) Podolski. In der zweiten Septemberhälfte war es am unteren Dnepr eingesetzt und verlegte Anfang November auf die Krim, wo Feodosija Standort wurde, mit Außenposten in Kertsch (Kerč'), Alusta und Sudak. Die sowjetischen Landungen bei Kertsch und Sudak zwangen zum Rückzug von Feodosija Ende Dezember, doch schon in der zweiten Januarhälfte wurde die Stadt wieder Standort des Sonderkommandos. Während der Okkupation des Nordkaukasusgebietes stand das Sonderkommando in Prochladnyi und Naltschik (Nal'čik), Außenstellen bestanden u.a. in Mosdok (Mozdok) u.a. Orten bis zum Rückzug im Februar 1943.[129]

Von den beiden Einsatzkommandos der Einsatzgruppe D ist das Einsatzkommando 11 bereits im Verlaufe des Juli aufgegliedert worden, die zwei Detachements erscheinen dann als Sonderkommandos, d.h. waren für den Einsatz im rückwärtigen Armeegebiet bestimmt. Schon Mitte des Monats stand das nunmehrige Sonderkommando 11a bei Kischinew, übernahm dann mit anderen Einheiten der Einsatzgruppen die Absperrung an der deutsch-rumänischen Demarkationslinie entlang des Dnestr und wurde schließlich zum LIV. Armeekorps beordert.[130] Mitte August erreichte es Nikolajew und am 20. dieses Monats Cherson, wo es im September und Oktober eingesetzt war. Nach der Erstürmung des Isthmus von Perekop wurde im November Jalta, Mitte Dezember Bachtschisarai (Bachčisaraj) auf der Krim Standort, doch wurde das Sonderkommando im April 1942 nach Kokkosy bei Jalta verlegt, um die Bekämpfung der sehr aktiven Partisanengruppen im Jailagebirge zu verstärken. Ein Teil der Kommandos wurde nach dem Fall Sevastopols in diesen wichtigen Schwarzmeerhafen verlegt, er scheint in die Dienststelle des KdS für den Generalbezirk Taurien eingegliedert worden zu sein. Der Rest bildete mit dem Sonderkommando 11b wieder

[127] Der Prozeß gegen die Hauptkriegsverbrecher. Bd. 4, S. 373.
[128] EM Nr. 25 (17.7.41), 129 (5.11.41), 132 (12.11.41), 136 (21.11.41); Meldungen aus den besetzten Ostgebieten Nr. 14 (31.7.42); Anlage zu den Meldungen aus den besetzten Ostgebieten Nr. 18 (28.8.42) (IfZ, MA-440).
[129] EM Nr. 22 (14.7.41); Krausnick, Einsatzgruppen, S. 197; EM Nr. 39 (31.7.41), 45 (7.8.41), 126 (29.10.41), 132 (12.11.41), 139 (28.11.41), 141 (3.12.41), 152 (7.11.41), 157 (19.1.42), 165 (6.2.42); Anlage zu den Meldungen aus den besetzten Ostgebieten Nr. 26 (23.10.42), 40 (5.2.43) (IfZ MA-440).
[130] Krausnick, Einsatzgruppen, S. 196.

das Einsatzkommando 11.[131] Der KdS Taurien mit Standort Simferopol' war die einzige stationäre Dienststelle der Einsatzgruppe D – der Grund für diese Sonderstellung der Krim dürfte darin zu suchen sein, daß der Halbinsel in den Nachkriegsplänen Berlins besondere Bedeutung zukam.

Das Sonderkommando 11b wurde nach Südbessarabien entsandt und stand in Izmail und Akkerman (Cetatea Albă, Belgorod Dnestrovskij), es rückte dann in das Gebiet des hartnäckig verteidigten Odessa, in das es nach der Eroberung am 16. Oktober einzog. In der ersten Novemberhälfte verlegte es auf die Krim, wo ab Mitte Dezember Simferopol' als Standort gemeldet ist. Nach der erneuten Bildung des Einsatzkommandos 11 rückte dieses bis ins Nordkaukasusgebiet vor und hatte seinen Sitz in Majkop mit einer Reihe von Außenposten. Wie auch die anderen Einheiten der Einsatzgruppe mußte es Anfang 1943 den Rückzug antreten und wurde mit ihnen zusammen schließlich im Gebiet der Pripjet- (Pripjat'-)Sümpfe zur Partisanenbekämpfung eingesetzt.[132]

Das Einsatzkommando 12 schließlich rückte nach Iaşi (Jassy) und beteiligte sich in diesem Raum an der Sperrung der Dnestrlinie, sicherte Mitte August die Brücken bei Wosnessensk (Vosnessensk) und wurde danach zur Betreuung der Volksdeutschen in Bessarabien eingesetzt, als das Gebiet an Rumänien kam. Erst nach Eintreffen des Kommandos der „Volksdeutschen Mittelstelle" (VoMi) wurde es für den Einsatz bei Nikolajew frei und war im Dneprbogen bei Zaporoshje eingesetzt. Ende Oktober stand das Einsatzkommando im Raume Melitopol' und Stalino (Doneck). Im Juli 1942 verlegte es nach Nowotscherkassk (Novočerkassk) vor und stand Ende August im Nordkaukasusgebiet um Pjatigorsk. Von dort trat es Anfang 1943 den Rückzug an, der es mit den anderen Kommandos der Einsatzgruppe in das Pripjet-Gebiet führte.[133]

Diese Nennung der Standorte und der Bewegungen der Einsatzgruppen markiert nur annähernd die Räume, in denen diese Einheiten ihr unmenschliches Werk verrichteten. Sie griffen dabei durch Außenposten und Teilkommandos weit über den Bereich des jeweiligen Standortes hinaus, die „Ereignismeldungen UdSSR" geben von diesen Aktivitäten und ihrem Umfang ein ungefähres, wiewohl nicht lückenloses Bild.[134]

Die Vernichtung der jüdischen Bevölkerung war jedoch nur eine der Aufgaben, mit denen die Einsatzgruppen und die BdS-Dienststellen betraut waren, und angesichts der Größe des Raumes und der relativ geringen Personalausstattung war daher die Heranziehung indigener Hilfskräfte notwendig. Hierfür boten sich besonders die verschiedenen nichtrussischen nationalistischen Gruppen an, in deren Vorstellungen sich

---

[131] EM Nr. 107 (8.10.41), 126 (29.10.41), 129 (5.11.41), 132 (12.11.41), 135 (19.11.41), 146 (15.12.41), 152 (7.1.42), 173 (23.2.42); Meldungen aus den besetzten Ostgebieten Nr. 9 (26.6.42) (Nbg. Dok. NO-5156); Anlage zu den Meldungen aus den besetzten Ostgebieten Nr. 13 (24.7.42), 18 (28.8.42) (IfZ, MA-447, MA-440).

[132] Krausnick, Einsatzgruppen, S. 199; EM Nr. 89 (20.9.41), 126 (29.10.41), 136 (26.11.41), 178 (9.3.42); Anlage zu den Meldungen aus den besetzten Ostgebieten Nr. 54 (15.5.43) (IfZ, MA-440).

[133] EM Nr. 67 (29.8.41), 89 (20.9.41), 107 (8.10.41), 126 (29.10.41), 129 (5.11.41), 135 (19.11.41), 138 (26.11.41), 141 (3.12.41), 162 (30.1.42), 171 (20.2.42), Meldungen aus den besetzten Ostgebieten Nr. 4 (22.5.42), 6 (5.6.42) (IfZ, MA-439); Anlage zu den Meldungen aus den besetzten Ostgebieten Nr. 18 (28.8.42), 40 (5.2.43) (IfZ, MA-440).

[134] Wilhelm, Einsatzgruppe A, S. 333-347 („Die 'Ereignismeldungen UdSSR' als historische Quelle").

zumeist Antikommunismus und Antisemitismus vereinten. Neben der Organisation Ukrainischer Nationalisten (OUN), die sich freilich in zwei rivalisierende Gruppen um Bandera und Mel'nyk gespalten hatte[135], waren dies vor allem die baltischen Nationalisten. Die Instrumentalisierung dieser nationalistischen Bewegungen ist daher in Berlin auch bald erwogen worden, man war allerdings nicht bereit, auf ihre Forderungen nach Selbstbestimmung einzugehen: Das Baltikum war zum „germanischen" Siedlungsraum ausersehen[136], die Ukrainer aber gehörten als slawisches Volk zu den „rassisch Minderwertigen".[137]

Himmler hatte in seinem Einsatzbefehl Nr. 1 daher besondere Anweisungen für das Verhalten gegenüber diesen Gruppen gegeben: „Den Selbstreinigungsbestrebungen antikommunistischer und antijüdischer Kreise in den neu zu besetzenden Gebieten ist kein Hindernis zu bereiten. Sie sind im Gegenteil, allerdings spurenlos, auszulösen, zu intensivieren, wenn erforderlich, und in die richtigen Bahnen zu lenken, ohne daß sich diese örtlichen ‚Selbstschutzkreise' später auf Anordnungen oder auf gegebene politische Zusicherungen berufen können … Die Bildung ständiger Selbstschutzverbände mit zentraler Führung ist zunächst zu vermeiden; an ihrer Stelle sind zweckmäßig örtliche Volkspogrome, wie oben dargelegt, auszulösen."[138]

„Spontane" Pogrome ließen sich, wie Himmler konstatierte, glaubwürdig nur unmittelbar nach der Eroberung der Orte inszenieren, sie sind vor allem im Einsatzbereich der Einsatzgruppe A und C zu verzeichnen. In Litauen kam es vor allem in Kaunas zur Ermordung jüdischer Einwohner durch litauische Nationalisten, Einsatzkommando 1b berichtete am 30. Juni „in Kowno … nachts schwere Schießereien zwischen litauischen Freischärlern, Juden und Irregulären", und fügt hinzu: „Litauische Partisanen-Gruppen in den letzten Tagen mehrere Tausend Juden bereits [!] erschossen."[139] Tags darauf meldete Einsatzkommando 7a aus Wilna mit wörtlichem Bezug auf Himmlers Befehl: „Selbstreinigungsbestrebungen antikommunistischer und antijüdischer Kreise werden intensiviert."[140]

Im „Gesamtbericht" Stahleckers über die Tätigkeit seiner Einsatzgruppe A bis zum 31. Januar 1942 erschien dann die „Spontaneität" in ihrem wahren Licht: „Bei den allerdings unter wesentlicher Mithilfe von Sipo und SD durchgeführten Progromen [!] von Litauen wurden in Kauen (Kaunas) 3800, in den kleineren Städten 1200 Juden beseitigt."[141] Dies zeigt zugleich, daß dieser Vernichtungsmethode Grenzen gesetzt waren, selbst in Litauen, dessen Nationalisten stark antisemitisch eingestellt waren, vor allem die in der Organisation „Geležinis Vilkas" (Eiserner Wolf) zusammengeschlosse-

---

[135] OUN = Organizacija Ukraïns'kych nacionalistiv (Organisation ukrainischer Nationalisten). Siehe John A. Armstrong, Ukrainian Nationalism, 1939-1945, New York 1955, S. 23 ff., 73 ff.; Roman Ilnytzky (Ilnyc'kyj), Die Ukraine und das Reich. Tatsachen europäischer Ostpolitik. Ein Vorbericht. Bd. 1-2, München 1955, besonders Bd. 2, S. 165 ff.; Alexander Dallin, Deutsche Herrschaft in Rußland 1941-1944. Eine Studie in Besatzungspolitik, Düsseldorf (1958), S. 117 ff. Vgl. EM Nr. 15 (7.7.41).

[136] Myllyniemi, Neuordnung, S. 145 ff., bes. S. 159-175.

[137] Dallin, Deutsche Herrschaft, S. 441 ff.

[138] Zitiert nach Krausnick, Einsatzgruppen, S. 166 f.

[139] EM Nr. 8 (30.6.41). – Die Morde wurden von einer, ca. 300 Mann starken, litauischen Partisanengruppe unter Führung des einheimischen Journalisten Klimaitis begangen (Myllyniemi, Neuordnung, S. 77, Anm. 30). – Myllyniemis (Neuordnung, S. 77) Angabe, die Zahl der Pogromopfer habe „fast 7000" betragen, läßt sich in den Quellen nicht verifizieren.

[140] EM Nr. 9 (1.7.41).

[141] Gesamtbericht der EGr A vom 16.10.1941-31.1.1942 (IfZ, Fb 101/35, S. 60).

nen Anhänger Augustin Voldemaras'.[142] In Lettland hatten die Einsatzgruppen-Be-
mühungen weniger Erfolg. Zwar berichtete der KdS Lettland, Lange, in seinem Bericht vom Januar 1942: „Dazu [zu den Opfern des Einsatzkommandos 2] kommen
noch einige tausend Juden, die von den Selbstschutzformationen aus eigenem Antrieb
beseitigt worden sind, nachdem ihnen entsprechende Anregungen gegeben worden
sind"[143], aber in den Ereignismeldungen findet sich dazu nur die Meldung unter dem
16. Juli 1941 des Einsatzkommandos 2: „Umgekommen sind in Riga durch Pogrome
400 Juden."[144] In Estland gar scheiterten die Bemühungen, Pogrome zu entfesseln,
gänzlich. Das Sonderkommando 1a meldete unter dem 12. Oktober 1941 resignierend: „Spontane Kundgebungen gegen das Judentum unterblieben, da es weitgehend
an der Aufklärung der Bevölkerung fehlte."[145]

Auch die anderen Einsatzgruppen konnten keine großen Pogrom-Erfolge vermelden. Einsatzgruppe B berichtete zwar aus Grodno „Pogrome eingeleitet", doch konnten keine Opfer gemeldet werden, sondern nur Sachschäden: „Starke Zerstörung.
Kaufläden geplündert und demoliert" – ein Fehlschlag also.[146] Nur in Minsk hatten
die Bemühungen Erfolg: Als eine Reihe von Holzhäusern der von Flüchtlingen über-
füllten Stadt einem Brand zum Opfer fielen, wurden die jüdischen Einwohner, die aus
diesen Gebäuden vertrieben worden waren, der Brandstiftung verdächtigt. „Die Bevölkerung ist nunmehr in Pogromstimmung. Ihre Wut hat gegen die Juden gewisse Aktionen ausgelöst. Es sind für diese Tat eine Anzahl Juden liquidiert worden" – wobei
die Formulierung die Möglichkeit offen läßt, daß die „Liquidierung" auch von der
Einsatzgruppe vorgenommen wurde.[147] Anfang August meldete die Einsatzgruppe
dann: „Pogrome zu inszenieren ist jedoch bisher wegen der Passivität und der politischen Stumpfheit der Weißrussen nahezu unmöglich gewesen."[148]

Im Einsatzgebiet der Einsatzgruppe kam es unmittelbar nach der Einnahme Lem-
bergs zu Pogromen, denen etwa 1000 Juden zum Opfer fielen. Es handelte sich dabei
angeblich um eine Vergeltung für die Opfer des von der Bandera-OUN inszenierten
Aufstandes, der von sowjetischen Sicherheitskräften niedergeschlagen wurde, und die
Pogromisten (russ. pogromščiki) gehörten Banderas OUN an. Bei dieser militant antisemitischen Gruppe bedurfte es allerdings keiner Inspiration seitens der Einsatzgruppen.[149] Eine Erfolgsmeldung konnte sie hingegen aus Tarnopol geben: „Im Zuge der
vom Einsatzkommando 4b inspirierten Judenverfolgung, Liquidierung von 600 Juden"[150], und einige Tage später: „In Sambor wurden 50 Juden von der empörten
Volksmenge erschlagen."[151] Aus „Krzemieniec" (Krzemiewice?) wurde am 20. Juli berichtet: Es „sind etwa 100 bis 150 Ukrainer von den Russen ermordet worden. Die

---

[142] Myllyniemi, Neuordnung, S. 29 f.; Rauch, Geschichte der baltischen Staaten, S. 155 f. – Zu den Ursachen s.
Mendelsohn, Jews of East Central Europe, S. 227, 238 f.; Dov Levin, The Jews in Soviet Lithuanian esta-
blishment, 1940-41, in: Soviet Jewish Affairs 10 (1980), S. 24.
[143] Bericht des KdS Lettland (Fragment) (IfZ, Fb 101/29).
[144] EM Nr. 24 (16.7.41).
[145] EM Nr. 111 (12.10.41).
[146] EM Nr. 13 (5.7.41).
[147] EM Nr. 20 (12.7.41). – Das Fehlen einer Zahl der Opfer macht allerdings wahrscheinlich, daß es sich um
echte Pogromopfer handelt.
[148] EM Nr. 43 (5.8.41).
[149] Ausführlicher Bericht in EM Nr. 24 (16.7.41), Bl. 9-11. Vgl. dazu Dallin, Deutsche Herrschaft, S. 129.
[150] EM Nr. 19 (11.7.41), Meldung von EK 4b.
[151] EM Nr. 24 (16.7.41).

Ukrainer haben im Wege der Selbsthilfe als Vergeltung 130 Juden mit Knüppeln tot-
geschlagen."[152] Auch aus Chorostow (Chorostov) konnten Pogrommorde, die durch
„Liquidierungen" jüdischer Einwohner durch das Einsatzkommando ausgelöst wurden, gemeldet werden.[153] Trotzdem erfüllten sich die Hoffnungen der Einsatzgruppe
nicht: „Die seinerzeit unternommenen Versuche", hieß es am 4. August, „Judenpogrome in vorsichtiger Weise zu inspirieren, haben leider nicht den erhofften Erfolg
gezeitigt. Lediglich in Tarnopol und Chorostkow [Chorostov] ist es gelungen, auf diese
Weise 600 bzw. 110 Juden zur Erledigung zu bringen."[154] Das Alibi des Pogroms
blieb den Einsatzgruppen versagt – die „Lösung der Judenfrage" mußten Einsatzgruppen und die den BdS unterstehenden Einheiten selbst in Angriff nehmen, wenngleich
sie sich dabei einheimischer Hilfskräfte bedienen konnten.

Genaue Zahlenangaben über die Stärke jener indigenen Kräfte, die die Einsatzgruppen unterstützten, lassen sich nicht ermitteln. Zwar ist bekannt, daß die Stärke
der krimtatarischen Verbände, die auf deutscher Seite kämpften, etwa 10 000 Mann
betrug, die acht „Schutzmannschaftsbataillone" (Nr. 147-154) bildeten. Ihre Anwerbung (und Überprüfung) war durch die Vereinbarung zwischen AOK der 11. Armee
und Ohlendorf als Einsatzgruppenleiter von 2. Januar 1942 der Einsatzgruppe vorbehalten[155], auch haben diese Einheiten die Einsatzgruppe unterstützt, doch ist nicht
feststellbar, in welchem Umfang die krimtatarischen Verbände an der „Liquidierung"
der jüdischen Bevölkerung beteiligt waren[156] – vorrangig waren sie zur Bekämpfung
der sehr aktiven sowjetischen Partisanen im Jaila-Gebirge eingesetzt. Mit größter
Wahrscheinlichkeit haben dem KdS Taurien noch andere krimtatarische Hilfskräfte
zur Verfügung gestanden: Die notorische Personalknappheit der deutschen Stellen
zwang zum Rekurs auf einheimische Helfer. Freilich ist weder deren Zahl noch jene
ihrer möglichen jüdischen Opfer zu ermitteln.

Diese Schwierigkeiten ergeben sich auch für die anderen Operationsgebiete der
Einsatzgruppen. Nur für Litauen sind einige annähernde Zahlen vorhanden: Bis Anfang Dezember 1941 wurden 22 000 jüdische Einwohner von den einheimischen
„Partisanen" aus eigener Initiative ermordet; hinzu kam eine nicht präzisierbare, aber
relativ große Zahl von Opfern, die litauische Kollaborateure im Rahmen von Aktionen des Einsatzkommandos, zu denen sie herangezogen wurden, getötet haben.

Weitere litauische Hilfskräfte konnten für die Polizeieinheiten gewonnen werden.
Ihre Zahl ist ebenfalls nicht fixierbar, doch waren sie in den dem KdS Litauen unterstehenden Verbänden stark vertreten: Für das in Kaunas stehende Polizeibataillon 11
beziffert Wilhelm den litauischen Anteil auf „mindestens" die Hälfte. Auch ihre Opfer

---

[152] EM Nr. 28 (20.7.41).
[153] EM Nr. 38 (30.7.41).
[154] EM Nr. 47 (9.8.41).
[155] Zu den „Tatarenformationen auf der Krim" siehe Joachim Hoffmann, Die Ostlegionen 1941-1943. Turko-
tataren, Kaukasier und Wolgafinnen im deutschen Heer, Freiburg 1976, S. 39-50.
[156] Das Zentrale Sowjetische Fernsehen berichtete in der Sendung vom 23.7.1987 (19.10 Uhr) zum Problem
der Krimtataren und ihrer Forderung nach Rücksiedelung nur pauschal: „Im Verlauf der Strafoperationen
wurden unter Teilnahme von Nationalisten aus den Krim-Tataren 86 000 friedliche Bewohner der Krim
vernichtet … Vernichtet wurden vor allem Russen, Ukrainer, Juden, Griechen und Zigeuner. In der
Sowchose ‚Krasnyj' wurden von Verbrechern aus dem 147. und 152. Bataillon der Krim-Tataren Öfen errichtet, in denen rund um die Uhr Menschen bei lebendigem Leibe verbrannt wurden." (Zitiert nach: Ost-
Informationen vom 24.7.1987). – Das Schutzmannschaftsbataillon 147 hatte den Standort Simferopol',
152 Džanskoj (Hoffmann, Ostlegionen, S. 47).

lassen sich nicht zahlenmäßig erfassen: Sie wurden allenfalls für die Einheit ausgewiesen, im allgemeinen jedoch nur für die einzelnen Mordaktionen pauschal genannt.[157] Auch hat der KdS Litauen in der Folgezeit, dem Beispiel anderer Einsatzgruppen-Einheiten folgend, die Zahl der Opfer nicht mehr für Einsatzkommandos und indigene Hilfseinheiten gesondert ausgewiesen, so daß allenfalls vage Schätzungen möglich sind: Wilhelm beziffert den Anteil der Litauer an den Ermordungen jüdischer Einwohner im Einsatzbereich des Einsatzkommandos 3 auf „mindestens ein Drittel, vielleicht aber auch die Hälfte oder zwei Drittel"[158] – eine Angabe, die für sich selbst spricht. Noch größer sind die Unsicherheiten hinsichtlich der anderen Teile des Besatzungsgebietes. In Lettland ist zwar die grauenvolle Tätigkeit des Kommandos Viktor Arajs bekannt[159], doch nicht die Zahl seiner Opfer, ebensowenig wie jene der lettischen Hilfspolizei, die vom Einsatzkommando aufgebaut wurde und die dem KdS Lettland unterstand.[160] Sie hat im ländlichen Gebiet sehr selbständig, wenn auch in der Verantwortung des KdS, agiert. In Estland scheint das Sonderkommando 1a seine Aktionen ohne Unterstützung von Einheimischen durchgeführt zu haben; diese war hier angesichts der geringen Zahl von Juden auch kaum erforderlich, sieht man vom Problem der Informationsbeschaffung rsp. Denunziation jüdischer Mitbürger ab. Erst später traten estnische Hilfskräfte bei der Bewachung der Konzentrationslager in Erscheinung.[161]

Im Falle der baltischen Völker und der Krimtataren beruhte die Unterstützung der deutschen Besatzungsmacht – und damit auch der Einsatzgruppen – auf der Hoffnung nationaler und nationalistischer Kreise, mit deutscher Hilfe das Selbstbestimmungsrecht zurückzugewinnen – zumindest in Form einer Autonomie. Diese Hoffnung, die deutscherseits in den ersten Kriegswochen noch geschickt, aber bewußt unverbindlich genährt wurde, trog: Eine nationale Selbstbestimmung im Baltikum und auf der Krim entsprach nicht den nationalsozialistischen Plänen.[162] Mit zunehmender Kenntnis der deutschen Ziele reduzierte sich daher die Zahl der zur Zusammenarbeit Bereiten auf eine kleine Gruppe militanter Antikommunisten und Antisemiten wie die lettischen Aizargi. Der slawischen Bevölkerung blieben, sieht man von den mit verschiedenen deutschen Stellen zusammenarbeitenden Emigranten ab, der-

[157] Die eingesetzten Einheiten bei Georg Tessin, Die Stäbe und Truppeneinheiten der Ordnungspolizei, in: Zur Geschichte der Ordnungspolizei 1936-1945, Koblenz 1957, S. 218 ff.

[158] Wilhelm, Einsatzgruppe A, S. 596.

[159] Vgl. dazu die Berichte der Libauer und Škedener Untersuchungskommissionen von 1945 (IfZ, Fb 101/28); Kaufmann, Churbn Lettland, München 1947, S. 301-304 und passim; Der Prozeß gegen die Hauptkriegsverbrecher. Bd. 32, S. 435 f.

[160] Krausnick/Wilhelm, Truppe des Weltanschauungskrieges, S. 664, gibt die Leiter der EK und SK der EGr A.

[161] Wilhelm, Einsatzgruppe A, S. 597. Die Frage der Kollaboration ist in der Literatur vielfach erörtert, so bei Armstrong, Dallin, Ilnytzkyj, Hoffmann, Myllyniemi u.a. Grundsätzlich dazu Werner Brockdorff, Kollaboration oder Widerstand. Die Zusammenarbeit mit den Deutschen während des Zweiten Weltkrieges und deren schreckliche Folgen, München 1968.

[162] Umfassend zum Verhältnis von nationalen Gruppen und deutscher Besatzungspolitik Dallin (Deutsche Herrschaft), für das Baltikum Myllyniemi (Neuordnung), ferner Martin Broszat, Die nationale Widerstandsbewegung in Litauen im Zweiten Weltkrieg, in: Gutachten des Instituts für Zeitgeschichte. Bd. 1, München 1958, S. 102-183. Zu Krimtataren, Kaukasiern und Wolgafinnen Hoffmann (Ostlegionen). Der Sammelband „Ukraine during World War II. History and its aftermath. A symposium" (hrsg. v. Yury Boshyk with the assistance of Roman Waschuk and Anriy Wynnyckyj, Edmonton 1986) bringt kein neues Material, insbesondere enttäuscht der Beitrag von Taras Hunczak „Ukrainian-Jewish relations during the Soviet and Nazi occupation" (S. 39-57), der hinter dem Forschungsstand weit zurückbleibt.

artige Illusionen erspart. In Weißrußland existierte eine Eigenstaatlichkeit intendie-
rende Nationalbewegung als politische Kraft überhaupt nicht; was sich aus der kurzle-
bigen, im Kampf zwischen Ukrainern und Bol'ševiki zerriebenen Republik der Zeit
1918/19 in die Emigration hatte retten können, war zahlenmäßig äußerst gering und
ohne Einfluß und Anhang im Lande selbst.[163] Hingegen fand sich ein Nationalbewußtsein unter den Ukrainern, wo es sich mit Antikommunismus und teilweise mit
Antisemitismus verband. Doch die Vorgänge um den Lemberger Staatsstreich vom
30. Juni 1941 mit der Proklamation eines „Ukrainischen Staates" durch den OUN-
Flügel um Stepan Bandera (OUN-B)[164] waren ein frühes Warnzeichen, die wenige
Wochen darauf einsetzende Bekämpfung der OUN-B durch Einsatzgruppen und KdS
und, wenn auch etwas später, auch des Mel'nyk-Flügels der ukrainischen Nationalisten
(OUN-M) führten zu einem eskalierenden Konflikt der ukrainischen Nationalbewegung mit der deutschen Besatzungsmacht[165], die sich so eines massenwirksamen Mo-
bilisierungsinstrumentes beraubte. Die Praxis der nationalsozialistischen Herrschafts-
ausübung im Zeichen der NS-Rassen„lehre", verbunden mit der wirtschaftlichen Ausbeutung des Landes und seiner Arbeitskräfte, haben ein übriges getan.

So ist eine ukrainische Unterstützung vorwiegend auf die Frühphase der Besatzungszeit beschränkt geblieben, in der die Einsatzgruppen antikommunistische und
antisemitische Kräfte für sich nutzen konnten. Geblieben sind im weißrussischen und
ukrainischen Raum die, zumeist schon früh, für die Dienste der Einsatzgruppen/KdS
gewonnenen Helfer, die als V-Leute und Agenten, als Hilfspolizei oder als Selbstschutz die Arbeit der Einsatzgruppen unterstützten. Über ihre Zahl liegen ebenfalls
keine Angaben vor, doch läßt sich mit Sicherheit sagen, daß sie beträchtlich war: Das
– wenn auch nicht reibungslose – Funktionieren der deutschen Verwaltung war ohne
eine große Zahl indigener Hilfskräfte nicht möglich.[166]

Der Nachweis der Kollaboration sowjetischer Bürger – auch großrussischer, ukrainischer und weißrussischer Nationalität (narodnost') ist durch die sowjetischen Untersuchungskommissionen für die NS-Verbrechen in der UdSSR und in den verschiedenen relevanten Kriegsverbrecherprozessen in der Sowjetunion und der Bundesrepublik Deutschland erbracht worden[167], allein im Prozeß um Krasnodar vom 14.-17. Juli
1943, als nur erste Kenntnisse vorlagen und man mit der Aufklärung des Gesamt-
komplexes erst am Anfang stand, das ganze Ausmaß noch nicht kannte, wurden elf
sowjetische Bürger wegen Beteiligung an den Verbrechen des Sonderkommandos 10a

---

[163] Dallin, Deutsche Herrschaft, S. 211-237.

[164] Ebenda, S. 129 ff.; ausführlich zur Problematik: Ilnytzkyj, Deutschland und die Ukraine; Armstrong,
Ukrainian Nationalism; Aus nationalukrainischer Sicht auch: Družyny ukraïns'kych nacionalistiv v
1941-1942 rokach, (o.O.) 1953.

[165] Armstrong, Ukrainian Nationalism, S. 72-137; Dallin, Deutsche Herrschaft, S. 133-178; Ilnytzkyj,
Deutschland und die Ukraine, Bd. 2, S. 249 ff.

[166] Die Problematik wird sichtbar, wenn, einer Meldung der „Deutschen Bug-Zeitung" vom 2.12.1942 zufolge, das deutsche Personal des Generalbezirks Nikolaev (Reichskommissariat Ukraine), der 1,92 Millionen Einwohner zählte, ganze 500 Mann betrug (nach Armstrong, Ukrainian Nationalism, S. 212).

[167] Das einschlägige Material ist in der Zentralen Stelle der Landesjustizverwaltungen zur Aufklärung natio-
nalsozialistischer Verbrechen in Ludwigsburg gesammelt (dort auch einige Übersetzungen sowjetischer
Materialien), teilweise findet es sich auch im Institut für Zeitgeschichte, München. – Zum Problem siehe
Alfred Streim, Zum Beispiel: Die Verbrechen der Einsatzgruppen in der Sowjetunion, in: Rückerl, NS-
Prozesse, S. 65-106.

angeklagt und verurteilt.[168] Insgesamt wird man davon auszugehen haben, daß nicht nur der Kommandoführung, sondern auch den verschiedenen Trupps und Außenstellen einheimische Helfer in verschiedenen Funktionen zur Hand gingen. Dies darf jedoch keinesfalls als eine Entlastung oder Minderung der Verantwortung der Einsatzgruppen und BdS samt der ihnen unterstehenden, überwiegend sich aus Deutschen rekrutierenden Einheiten betrachtet werden.

Festzuhalten ist: Die Verantwortung – die rechtliche wie die moralische – für die Ermordung der jüdischen Bürger der Sowjetunion liegt ausschließlich auf deutscher Seite.

Welches antisemitische Potential in den eroberten Gebieten der Sowjetunion auch immer vorhanden war: Es wurde allein durch die deutsche Besetzung aktiviert, und da sich Wehrmacht und Zivilverwaltung als „Ordnungsmacht" gerierten, war es an ihnen, Verbrechen aller Art, und damit auch die Ermordung jüdischer Bürger, zu unterbinden. Stattdessen sind die indigenen Antisemiten deutscherseits zu Verbrechen ermuntert worden. Die Hilfskräfte der Einsatzgruppen und BdS waren lediglich Elemente deutscher Besatzungspolitik, deren Ziele eines die Vernichtung der jüdischen Bevölkerung war. Sie haben stets im Auftrag der deutschen Stellen gehandelt, und wenn sie, wie das Arajs-Kommando, ohne besonderen Einsatzbefehl mordeten, so durften sie sicher sein, den Intentionen ihrer Herren gemäß zu handeln, nicht als Verbrecher zur Rechenschaft gezogen, sondern als Vollstrecker nationalsozialistischer Rassenpolitik sich verdient gemacht zu haben.

Dies gilt auch für die Gruppe der Volksdeutschen in der Sowjetunion. Sie war der Aufmerksamkeit der Einsatzgruppen, aber auch anderer deutscher Stellen in besonderem Maße ausgesetzt. Einerseits galt ihr die Fürsorge jener Berliner Stellen, die sich die „Sammlung des deutschen Volkstums" zur Aufgabe gesetzt hatten, insbesondere das SS-Hauptamt Volksdeutsche Mittelstelle (VoMi) unter SS-Obergruppenführer Werner Lorenz, das Himmler als Reichskommissar für die Festigung des deutschen Volkstums (RKFDV) unterstand.[169] Schon die Einsatzgruppen hatten Auftrag, sich der Volksdeutschen besonders anzunehmen, in den Meldungen nehmen sie einen eigenen Platz ein.[170] Aber auch andere deutsche Stellen, auch die Wehrmacht, suchten sich den Dienst dieser sprach- und landeskundigen Personen zu sichern.[171]

---

168 Prozeß in der Strafsache gegen die faschistischen deutschen Okkupanten und ihre Helfershelfer wegen ihrer Bestialitäten im Gebiet der Stadt Krasnodar und des Krasnodarer Gaus während der zeitweiligen Besetzung dieses Gebietes. Verhandelt am 14.-17. Juli 1943, Moskau 1943 (Sudebnyi process po delu o zverstvach nemecko-fašistskich zachvatnikov i ich posobnikov na territorii gor. Krasnodara i Krasnodarskogo kraja v period ich vremennoj okkupacii, dt.). – Vgl. Emanuel Brand, Nazi criminals on trial in the Soviet Union (1941-1945), in: Yad Vashem Bulletin 19 (1966), S. 36-44; Fall 9. Das Urteil im SS-Einsatzgruppenprozeß gefällt am 10. April 1948 in Nürnberg vom Militärgerichtshof II der Vereinigten Staaten von Amerika. Hrsg. v. Kazimierz Leszczyński mit einer Einleitung von Dr. Siegmar Quilitzsch, Berlin (Ost) 1963.

169 Siehe dazu Robert L. Koehl, RKFDV: German resettlement and population policy, 1939-1945. A history of the Reich Commission for Strengthening of Germandom, Cambridge 1957, S. 90 ff.

170 EM Nr. 12 (4.7.41), 26 (18.7.41), 67 (29.8.41), 75 (6.9.41), 80 (11.9.41), 81 (12.9.41), 85 (16.9.41), 86 (17.9.41), 103 (4.10.41), 104 (5.10.41), 107 (8.10.41), 108 (9.10.41), 121 (22.10.41), 133 (14.11.41), 151 (5.1.42), 169 (16.2.42), 176 (4.3.42), 186 (27.3.42), 187 (30.3.42), 189 (3.4.42), 191 (10.4.42), 194 (21.4.42). – EM Nr. 13 (5.7.41) und 24 (16.7.41) berichten über Erschießungen von Volksdeutschen, die Sympathien mit Deutschland gezogen wurden, durch abrückende Sowjets.

171 Siehe etwa Nbg. Dok. NOKW-2115; Ingeborg Fleischhauer, Das Dritte Reich, S. 86-93.

Allerdings mußten die Einsatzgruppen feststellen, daß die Volksdeutschen die deutschen Eindringlinge keineswegs überall freudig als ihre „Befreier" begrüßten – Einsatzgruppe C meldete am 18. Juli aus Zwiahel, ihr Verhalten sei „freundlich, aber reserviert".[172] Besonders die östlich des Dnepr lebenden Ukrainedeutschen zeigten sich, wie das Streudeutschtum in Weißrußland, recht zurückhaltend, das städtische Deutschtum gar, so mußte man konstatieren, besaß weithin kein „volksdeutsches Bewußtsein" mehr, ja es war teilweise sogar „bolchewisiert".[173] Gegen jene Volksdeutsche, die „aktiver kommunistischer Betätigung" verdächtigt oder beschuldigt wurden, ging man mit geradezu antihäretischer Strenge vor, „mit den schärfsten Maßnahmen", wie es hieß, um „das Vertrauen der volksdeutschen Bevölkerung" zu stärken[174]: Sie wurden zumeist erschossen.[175] Positiv wurde hingegen durchwegs die Haltung der Volksdeutschen in Bessarabien, der rechtsufrigen Ukraine und im Schwarzmeergebiet beurteilt[176], doch dürfte im Fall der Bessarabiendeutschen zumindest der Schutz vor rumänischen Übergriffen durch die Einsatzgruppe D mitbestimmend gewesen sein. Auch die ökonomische und rechtliche Privilegierung der Volksdeutschen[177] gegenüber der sie umgebenden andersvölkischen Majorität und die so entstandene Isolierung legte eine Annäherung der Minderheit an „das Reich" nahe. Die Mehrheit der Volksdeutschen aber scheint in ihrer Akzeptanz der ihnen zugedachten Rolle durch die Morde an ihren jüdischen Mitbürgern zumindest irritiert worden zu sein[178], für sie dürfte gelten, daß sie sich den Anordnungen der deutschen Stellen fügte, wobei offen bleiben muß, ob Furcht und resignative, durch Einsicht in die aktuellen Machtverhältnisse bestimmte Hinnahme oder Einverständnis – in welchem Ausmaß und mit welchen individuellen Vorbehalten auch immer – mit den getroffenen Maßnahmen das Motiv bildeten.

Zu ihrer Unterstützung zogen die Einsatzgruppen auch in den deutschen Dörfern den „Selbstschutz" heran. Diese Verbände sollten, so ihre offizielle Bestimmung, den Schutz der Dörfer gegen Partisanen, Agenten und Saboteure übernehmen, doch ergab es sich bald, daß der Begriff „Schutz" recht weit und „präventiv" auszulegen war, soweit dies die Einsatzgruppen-Kommandos bestimmten. In der Anfangsphase des Selbstschutzes, nach der Übernahme des Gebietes durch die Einsatzgruppen aus den Händen der Wehrmacht, handelte es sich um verhältnismäßig schwache Gruppen.

---

[172] EM Nr. 26 (18.7.41).
[173] EM Nr. 187 (30.3.42). EGr C berichtet mit Befremden, „wie wenig deutschbewußt und wie gemeinschaftsfremd diese Personen sind. Nur wenige von ihnen werden nach gründlicher Auslese und Schulung geeignet und würdig sein, als Reichsbürger anerkannt zu werden."
[174] EM Nr. 86 (17.9.41), 103 (4.10.41).
[175] EM Nr. 80 (11.9.41), 86 (17.9.41), 103 (4.10.41), 104 (5.10.41); Fleischhauer, Das Dritte Reich, S. 116, 133.
[176] EM Nr. 75 (6.9.41), 81 (12.9.41), 85 (16.9.41), 86 (17.9.41).
[177] Fleischhauer, Das Dritte Reich, S. 151-192, besonders S. 162 ff.
[178] Ebenda, S. 114. Meir Buchsweiler (Ethnic Germans in the Ukraine towards the Second World War. A case of double loyalty? Tel Aviv 1980) geht zu weit, seine pauschale Verurteilung der Volksdeutschen beruht auf einer Verallgemeinerung, die zumindest problematisch erscheint: Fleischhauer (Das Dritte Reich, S. 111) führt ein Beispiel an, in dem sich ein Dorf für „seine" Juden verwendete – es ist zu fragen, ob diese oder ähnliche Solidarität nicht auch in anderen Fällen gezeigt wurde (die Generalverurteilung der Volksdeutschen in der Sowjetunion dürfte derartige Fragen obsolet gemacht haben). Es sei hier u.a. auf EM Nr. 104 (5.10.41) hingewiesen, in der darüber Klage geführt wird, „daß die Volksdeutschen nach dem Einmarsch der deutschen Truppen gegen die verbliebenen Juden keinerlei Maßnahmen ergriffen und sie als harmlose und ungefährliche Menschen bezeichneten", daß ihre Haltung den Juden gegenüber „vorwiegend indifferent" sei. Vgl. auch Anm. 173.

Ihre Angehörigen wurden den Einsatzgruppen-Kommandos von den Bürgermeistern empfohlen, die sich zuverlässige Männer aussuchten. Dies waren oftmals Angehörige von Opfern der „Großen Säuberungen" der Jahre 1934-1938 oder jener Personen, die von den sowjetischen Behörden in den Aktionen zur Ostverlagerung von Produktionsmitteln – und das hieß im Agrarbereich von Vieh und Landmaschinen – als Transportpersonal zwangsweise evakuiert worden waren, also Männer, die als Gegner des Sowjetsystems oder des Stalinismus angesehen wurden. Daß sich aus diesem ressentimentbelasteten Personenkreis, der zudem von seiner intellektuellen Kapazität her der Argumentation der Einsatzgruppen-Leute kaum etwas entgegenzustellen hatte, willfährige Helfer gewinnen ließen, kann nicht verwundern: Die Einsatzgruppen griffen in den deutschen Dörfern auf jene Praxis zurück, die sich in den ukrainischen und baltischen Gebieten bereits bewährt hatte. Die Selbstschutzverbände wurden später, als die VoMi-Dienststellen die Einsatzgruppen im Reichskommissariat Ukraine bzw. Ostland ablösten[179], erheblich verstärkt, um der wachsenden Partisanenbewegung entgegenzuwirken, es kam zur systematischen Rekrutierung der männlichen Volksdeutschen.[180]

Die Einsatzgruppen-Kommandos haben sehr rasch erkennen müssen, daß die Selbstschutz-Einheiten nicht nur eine militärische Unterweisung brauchten (es dürfte sich um taktische Belehrung gehandelt haben: die Handhabung der Waffen – gemeinhin waren die Verbände mit erbeuteten sowjetischen Handfeuerwaffen, überwiegend Gewehren, ausgerüstet – war ihren Angehörigen aus dem Militärdienst vertraut), sondern insbesondere eine intensive ideologische Schulung notwendig war[181], um sie zu einem brauchbaren Element der NS-Besatzungspolitik zu machen, denn es war offensichtlich, „daß diese Deutschen für eine zukünftige Verwaltung der Ukraine ein unentbehrliches Element darstellen".[182]

Eine annähernde Vorstellung von der Relation zwischen Einsatzgruppen-Personal und einheimischen Hilfskräften können die Angaben vermitteln, die für den relativ gut dokumentierten Zuständigkeitsbereich der Einsatzgruppe A (der allerdings besonders „günstige" Voraussetzungen aufwies) vorliegen, und zwar im „Stahlecker-Bericht" über die Tätigkeit der Einsatzgruppe bis zum 15. Oktober 1941 und im „Gesamtbericht" für die Zeit bis zum 31. Januar 1942.[183] Mitte Oktober 1941 bestand die Einsatzgruppe aus 990 (Ende Januar 1942 aus 909) Mann, darunter befanden sich ausgewiesen 87 einheimische Hilfspolizisten sowie eine ungenannte Zahl von Dolmetschern, Sekretärinnen u.a. einheimischen Hilfskräften. In Lettland stand dem Personal des KdS (Einsatzkommando 2) mit 170 Mann[184] eine lettische Hilfspolizei in Stärke von 8218 Mann zur Seite, der KdS Litauen verfügte zur gleichen Zeit über 833 litauische Hilfspolizisten, doch konnte ihre Stärke im folgenden Jahr auf 17 130 Mann erhöht werden. Für das gesamte Einsatzgebiet der Einsatzgruppe A – das riesige Reichskommissariat Ostland mit den Generalbezirken Litauen, Lettland, Estland und Weißrußland – standen im Herbst 1942 bei fast unverändertem Personalbestand der Ein-

---

[179] Koehl, German resettlement, S. 148 ff. und passim; Fleischhauer, Das Dritte Reich, S. 118 ff.
[180] Nach Fleischhauer (Das Dritte Reich, S. 110) handelte es sich dabei um die Jahrgänge 1914-1918.
[181] EM Nr. 187 (30.3.42); Fleischhauer, Das Dritte Reich, S. 109.
[182] EM Nr. 85 (16.9.41).
[183] „Stahlecker-Bericht": Nbg. Dok. L-180; Gesamtbericht EGr A bis 31.1.42 (IfZ, Fb 101/35).
[184] Die bei Wilhelm (Einsatzgruppe A, S. 291 ff.) gegebene „Übersicht über die Stellenbesetzung des Einsatzkommandos 2" ist unvollständig.

satzgruppe 4500 Mann deutsche Ordnungspolizei und Schutzmannschaften in Stärke von 56000 Mann dem BdS zur Verfügung.[185] Diese Zahlen besagen allerdings wenig über den tatsächlichen Wert der Hilfspolizei bzw. Schutzmannschaften für die Einsatzgruppe. Aus Berichten über den Widerstand in Weißrußland ist bekannt, daß die Einsatzgruppe auf die Einsatzbereitschaft und Zuverlässigkeit gerade der „Schutzmannschaft" nur bedingt bauen konnte und daß sie unter dem zunehmenden Druck der Partisanenbewegung immer fragwürdiger wurde.[186] Die Aktionen in Weißrußland sind denn auch z.T. von litauischer oder lettischer Hilfspolizei unterstützt worden.[187] Eine Übertragung dieser Daten (oder gar der Relation) auf die Einsatzräume der Einsatzgruppen B, C und D und das Reichskommissariat Ukraine verbietet sich, denn im Reichskommissariat Ostland dürfte es sich um Maximalwerte handeln, die auf spezifischen Verhältnissen in Litauen und Lettland beruhten.

Auch Heereseinheiten haben verschiedentlich bei der Ermordung jüdischer Sowjetbürger mitgewirkt. Dies geschah zum Teil in Form gemeinsamer „Aktionen" mit Einsatzgruppen-Kommandos, teilweise aber auch selbständig und aus eigener Initiative im rückwärtigen Gebiet. Über den Verlauf einer „Vergeltungsaktion" meldete Einsatzkommando 4a aus Luck: „Nachdem am 2.7. die Leichen von insgesamt 10 deutschen Wehrmachtangehörigen aufgefunden wurden, wurden zur Vergeltung für die Ermordung der deutschen Soldaten und Ukrainer[188] unter Hinzuziehung eines Zuges Ordnungspolizei und eines Zuges Infanterie 1160 Juden erschossen."[189] Auch bei der Erschießung von 98 Einwohnern von Kodyma – „meist Juden" – fand das Einsatzgruppenkommando Hilfe: die Exekution fand unter Beteiligung der Wehrmacht statt, die ein Exekutionskommando in Stärke von 24 Mann stellte, während das Exekutionskommando der Sicherheitspolizei aus 12 Mann bestand."[190] Es ist aber auch im Rahmen der Einsatzgruppen-Tätigkeit und der nationalsozialistischen „Rassenpolitik" zu unkoordinierten „Ausschreitungen" seitens der Wehrmachtangehörigen gekommen, etwa in Uman, wo sich noch 8000 jüdische Einwohner fanden. Einsatzgruppe C meldete: „Zur Bekämpfung ... wurde eine zweitägige Aktion festgesetzt. Entgegen der Planung kam es in Uman bereits am 21.8.1941 zu Ausschreitungen gegen die Juden durch Angehörige der ukrainischen Miliz unter Beteiligung zahlreicher Wehrmachtangehöriger ..." Daß wenig später berichtet wird, Wehrmachtangehörige, nicht aber die Ukrainer, hätten die jüdischen Wohnungen geplündert, legt den Schluß nahe, daß die „Ausschreitungen" in der Anwendung physischer Gewalt bestanden und Tote forderten. Wenn diese nicht genannt werden, so dürfte dies auch auf die Verärgerung des Einsatzgruppen-Kommandos zurückzuführen sein: Der Pogrom veranlaßte einen großen Teil der Umaner Juden zur Flucht, die Aktion des Einsatzkommandos 5 entsprach nicht dem, was man erwartet hatte.[191]

[185] Ebenda, S. 287, 478.
[186] Siehe Wilatij Wilenchik, Die Partisanenbewegung in Weißrußland 1941-1944, in: Forschungen zur osteuropäischen Geschichte 34 (1984), S. 129-297, hier S. 175 ff.
[187] Siehe z.B. Nbg. Dok. 1104-PS, in: Der Prozeß gegen die Hauptkriegsverbrecher. Bd. 27, S. 4–8. Geheimbericht des Gebietskommissars von Sluck an Generalkommissar Kube vom 30.10.1941.
[188] Bezieht sich auf zuvor genannte 2800 ukrainische Opfer der abziehenden Sowjets.
[189] EM Nr. 24 (16.7.41).
[190] Dazu Nbg. Dok. NOKW-586, NOKW-650; Krausnick, Einsatzgruppen, S. 239. – Der gesamte Vorgang in Kodyma ebenda, S. 238 ff.
[191] EM Nr. 119 (20.10.41).

Besonders eng war durch die partiell gleiche Aufgabe die Zusammenarbeit zwischen Einsatzgruppen und Geheimer Feldpolizei sowie Sicherungsdivisionen. Vielfach übergaben auch Feldgendarme von ihnen aufgegriffene entflohene Kriegsgefangene oder „Verdächtige" den Einsatzgruppen-Kommandos, die die Ausgelieferten erschossen[192], in Minsk führte die Einsatzgruppe B gemeinsam mit der Feldgendarmerie „Aktionen" durch, denen Tausende zum Opfer fielen.[193] Kommandanten von Kriegsgefangenenlagern halfen bei der Suche nach jüdischen Kriegsgefangenen, Ortskommandanten forderten die Einsatzgruppen zur „Umsiedlung" der jüdischen Bevölkerung auf u.ä.[194] Aber auch materielle Hilfe verschiedenster Art leisteten Wehrmachtstellen, so stellte etwa die Feldkommandantur Shitomir Lastwagen für den Abtransport der jüdischen Bevölkerung zur Erschießung zur Verfügung.[195] Eine indirekte Hilfe für die Einsatzgruppen war die Registrierung und Kennzeichnung der jüdischen Bevölkerung, die die deutschen Ortskommandanten durchführten bzw. veranlaßten: sie erleichterten den Einsatzgruppen die Erfassung der Juden ganz erheblich.[196] Und dem Massenmord an 33 771 jüdischen Einwohnern Kiews assistierte der Stadtkommandant, General Kurt Eberhard, als er nach einigen Sprengstoffattentaten sowjetischer Untergrundkämpfer die Einwilligung zu der Aktion der Einsatzgruppe C gab und in seinem Aufruf die Kiewer Juden aufforderte, sich zur „Umsiedlung" an einem bestimmten Platz zu versammeln – von wo sie das Einsatzgruppen-Kommando mühelos zu ihrer Ermordung abholen konnte.[197]

Die erhaltenen Dokumente[198] zeigen aber offenkundig nicht das ganze Ausmaß der Involvierung von Wehrmachtangehörigen und -einheiten in den Genozid an der jüdischen Bevölkerung der Sowjetunion auf. Eine Reihe von Befehlen höherer Truppenführer[199] zwingt – selbst unter Berücksichtigung einer präventiven Funktion – zu dem Schluß, daß sich einzelne Einheiten und Soldaten in sehr viel stärkerem Maße als belegbar an der Ermordung von jüdischen Menschen beteiligten. Für die verantwortlichen Truppenführer war es eine schwierige Situation: sie mußten ihre traditionellen Auffassungen vom Soldatentum mit den Forderungen des „Weltanschauungskrieges" vereinbaren. Charakteristisch für das Dilemma ist ein Befehl des Kommandierenden Generals des XXX. Armeekorps, Hans von Salmuth, vom 2. August 1942, in dem es

---

[192] EM Nr. 43 (5.8.41), 90 (21.9.41). Siehe dazu Streit, Keine Kameraden, S. 354, Anm. 264, auch S. 118, S. 352, Anm. 223, 225, S. 349, Anm. 179. Zur Auslieferung durch die Truppe siehe: Nbg. Dok. NOKW-1294, NOKW-1630; Krausnick, Einsatzgruppen, S. 232 ff. – Zur Frage der Sicherungsdivisionen Streit, Keine Kameraden, S. 350, Anm. 195; Krausnick, Einsatzgruppen, S. 274. – In den Berichten der Feldkommandanturen wird öfter gemeldet, daß Juden von der Geheimen Feldpolizei selbst erschossen oder an den „SD" übergeben wurden (IfZ, MA-488/1-2).

[193] EM Nr. 36 (28.7.41), 67 (29.8.41), 73 (4.9.41), 92 (23.9.41). EM Nr. 73 (4.9.41) berichtet über eine „Großaktion" von EGr und Feldgendarmerie im Ghetto Minsk, die 2278 jüdische Opfer forderte.

[194] Vgl. EM Nr. 132 (28.9.41); Nbg. Dok. NOKW-1532 (Armjansk), NOKW-2272 (Kremenčug); Krausnick, Einsatzgruppen, S. 241 ff.; Streit, Keine Kameraden, S. 100 ff.

[195] EM Nr. 106 (7.10.41). – Zum Einsatz von Wehrmachtspionieren bei Babi Jar, durch Sprengungen die Massengräber zu verschütten, siehe Krausnick, Einsatzgruppen, S. 237 f.

[196] Text bei Streit, Keine Kameraden, S. 113.

[197] EM Nr. 97 (28.9.41), 101 (2.10.41), 106 (7.10.41), 128 (3.11.41). Vgl. auch Tätigkeits- und Lagebericht Nr. 6 (1.10.-31.10.41) (Nbg. Dok. NO-2656). Unterstützung der „Durchkämmung" Žitomirs durch General Reinhard: EM Nr. 38 (30.7.41).

[198] Vgl. die Angaben bei Krausnick, Einsatzgruppen, S. 232-249, 261-278; Wilhelm, Einsatzgruppe A, S. 598-605; Streit, Keine Kameraden, S. 114 f., 118 f.

[199] Streit, Keine Kameraden, S. 119-125; Krausnick, Einsatzgruppen, S. 223-232; Messerschmidt, Die Wehrmacht im NS-Staat, Hamburg 1969, S. 412 ff.

heißt: „Der fanatische Wille der Angehörigen der Kommunistischen Partei und der Juden, um jeden Preis die deutsche Wehrmacht aufzuhalten, muß unter allen Umständen gebrochen werden. Es ist daher notwendig, daß im Interesse der Sicherheit des rückwärtigen Armeegebietes scharf durchgegriffen wird. Mit dieser Aufgabe sind Sonderkommandos beauftragt. Bei der Durchführung einer derartigen Aktion haben sich jedoch in einem Orte Truppenangehörige in unerfreulicher Weise beteiligt ... An derartigen Aktionen dürfen sich nur solche Soldaten beteiligen, die ausdrücklich hierzu befohlen werden ... Soweit Truppenangehörige zu derartigen Aktionen befohlen werden, müssen sie unter Führung von Offizieren stehen. Diese Offiziere sind verantwortlich, daß jede unerfreuliche Ausschreitung unterbleibt."[200] Damit wird die Ermordung der jüdischen Bevölkerung grundsätzlich den Einsatzgruppen überantwortet und eine Mitwirkung von Wehrmachteinheiten doch nicht generell ausgeschlossen, wohl aber sollten willkürliche Erschießungen von Juden oder Beteiligung einzelner Soldaten verhindert werden.

Wie die erhaltenen Befehle zeigen, waren viele Kommandeure durch Meldungen von Übergriffen und Gewalttaten von Soldaten gegen die Zivilbevölkerung im rückwärtigen Gebiet alarmiert und suchten sie zu steuern, sie zu verhindern. Denn es zeigte sich, daß die kriegsimmanente partielle Außerkraftsetzung ethischer Grundforderungen („Du sollst nicht töten") mit fortschreitender Kriegsdauer das gesamte System sozialer Normen gefährdete und damit auch die Disziplin der Truppe bedrohte – und ihre Kampfkraft. Und es war evident, daß die Kampfführung in der Sowjetunion gemäß den Richtlinien des „Weltanschauungskrieges" mit seiner ideologischen „Legitimierung durch die NS-Rassenlehre", wie ihn die Einsatzgruppen exemplifizierten, diese Tendenzen noch verstärken mußte. So hat es nicht an Versuchen gefehlt, den Morden der Einsatzgruppen entgegenzuwirken[201] oder wenigstens eine Beteiligung von Wehrmachtangehörigen an den „Aktionen" der Einsatzgruppen zu verhindern[202], doch führte dies rasch zum Konflikt mit der „Legitimierung" dieses Krieges und damit in das Dilemma des deutschen Widerstandes zwischen Treueid und ethischem Postulat.

Ein Großteil der Kommandeure hat daher resignierend versucht, wenigstens den Schaden für das Heer gering zu halten und den „Weltanschauungskrieg" der „Weltanschauungstruppe" zu überlassen, d.h. Einsatzgruppen und SS-Einheiten. Die Entscheidung im konkreten Falle lag ohnehin beim Truppenführer vor Ort und wurde von dessen Einstellung bestimmt.[203] Eine generelle Aussage über die Unterstützung „der" Wehrmacht für die Einsatzgruppen kann nicht getroffen werden[204], beider Zu-

---

[200] Nbg. Dok. NOKW-2963.
[201] Vgl. Befehl des Befehlshabers rückwärtiges Heeresgebiet Süd vom 1.9.1941 (Nbg. Dok. NOKW-2594): „In letzter Zeit sind auch Fälle vorgekommen, daß Soldaten und Offiziere selbständig Erschießungen von Juden vorgenommen oder sich daran beteiligt haben ... Jedes eigenmächtige Erschießen von Landeseinwohnern, auch von Juden, durch einzelne Soldaten sowie jede Beteiligung an Exekutivmaßnahmen der SS- und Polizeikräfte sind daher als Ungehorsam mindestens disziplinarisch zu ahnden, sofern nicht gerichtliches Einschreiten erforderlich ist." Noch schärfer die Weisung der 454. Sicherungsdivision an ihre Ortskommandanturen vom 8.9.1941 (Nbg. Dok. NOKW-2628): „Lynchjustiz gegenüber Juden und andere Terrorakte sind mit allen Mitteln zu verhindern. Die Wehrmacht duldet nicht die Ablösung des einen Terrors durch einen anderen."
[202] Streit, Keine Kameraden, S. 119 ff.; Krausnick, Einsatzgruppen, S. 255 ff.
[203] Krausnick, Einsatzgruppen, S. 227 ff.; Streit, Keine Kameraden, S. 123 ff.
[204] Messerschmidt, Die Wehrmacht im NS-Staat, S. 366, 422.

sammenwirken bestand in einer „großen Zahl von Einzelentscheidungen"[205], die vor allem auf den unteren Entscheidungsebenen getroffen wurden und in die die höhere Truppenführung nur durch normative Weisungen eingreifen konnte.[206]

Die Zeugnisse der Bereitwilligkeit von Wehrmachtsstellen und -angehörigen, die Einsatzgruppen auch bei ihren „Judenaktionen" zu unterstützen, und zwar über das zwischen OKW und Reichssicherheitshauptamt Vereinbarte hinaus[207], sollten den Blick nicht dafür verstellen, daß große Teile der Wehrmacht sich davon fernzuhalten suchten, ja daß die Tätigkeit der Einsatzgruppen auf scharfe Ablehnung und Kritik stieß. Sie ist offenbar als zu stark empfunden worden[208], denn das OKH hielt es für notwendig, mit Reichenaus Befehl vom 10. Oktober 1941 die „vielfach noch unklaren Vorstellungen" bei der Truppe zurechtzurücken. Gefordert wurde, daß „der Soldat für die Notwendigkeit der harten, aber gerechten Sühne am jüdischen Untermenschentum volles Verständnis" aufzubringen habe, denn dies sei auch eine Präventivmaßnahme: „Erhebungen im Rücken der Wehrmacht" würden „erfahrungsgemäß stets von Juden angezettelt".[209] Das aber war ein Argument, das überzeugen konnte, denn das Sicherheitsbedürfnis der Truppe im sowjetischen Raum war durch die Partisanengefahr besonders ausgeprägt. „Der" Jude – bereits synonym für „Kommunist", „Bolschewik" – wurde nun zum eigentlichen Initiator und Träger der Partisanenbewegung erklärt, um die Akzeptanz der Einsatzgruppen-Aktionen zu fördern. Dabei war es just die Tätigkeit der Einsatzgruppen, die der Partisanenbewegung Kämpfer zuführte und Unterstützung bei der Bevölkerung finden ließ. Im Falle der Juden aber boten die Partisanengruppen den wenigen, die sich dem Zugriff der Einsatzgruppen-Kommandos zu entziehen vermochten, letztlich den einzigen Schutz, so daß viele von diesen wenigen dort Zuflucht suchten. Wurden sie bei Operationen gegen Partisanen ergriffen, so erhielt die Folge den Anschein der Ursache: Sie bewiesen die Behauptung, daß „die" Juden die eigentlichen Verursacher der Partisanengefahr seien. Reichenaus Befehl aber hat offenkundig seine Wirkung nicht verfehlt: Helmut Krausnick[210] vermerkt, daß ab Herbst 1941 Wehrmachtseinheiten sich in „wesentlich stärkerem Maße" an der Ermordung der jüdischen Bevölkerung der Sowjetunion beteiligten als zuvor.

In den ersten Wochen und Monaten des deutsch-sowjetischen Krieges waren es aber primär die Einsatzgruppen, die das Schicksal der jüdischen Bevölkerung bestimmten. Ihr Vorgehen weist bestimmte Unterschiede auf, die durch die spezifischen

---

[205] Streit, Keine Kameraden, S. 118. Vgl. die Belege bei Krausnick, Einsatzgruppen, S. 232 ff.
[206] Dies gegen Streit (Keine Kameraden, S. 118). Infolge der ideologischen „Legitimierung" war ein Verstoß gegen relevante Befehle nur schwer zu ahnden.
[207] Die in der einschlägigen Literatur beschriebene akribische Auflistung von Wehrmacht-Beteiligungen mag ein einseitiges Bild erwecken, sie ist indes durch die konsequente Leugnung einer auch nur partiellen Hilfeleistung seitens der Betroffenen verursacht, die in einer umfangreichen apologetischen Literatur verbreitet wurde.
[208] Vgl. dazu Messerschmidt, Die Wehrmacht im NS-Staat, S. 378 ff.; Krausnick, Einsatzgruppen, S. 223 ff. Zu den Protesten von Offizieren der Wehrmacht siehe Raul Hilberg, Die Vernichtung der europäischen Juden. Die Gesamtgeschichte des Holocaust, Berlin 1982, S. 230 ff.
[209] Text des Befehls: Der Prozeß gegen die Hauptkriegsverbrecher. Bd. 35, S. 84 ff. (Nbg. Dok. 411-D), hier S. 85. Siehe dazu Messerschmidt, Die Wehrmacht im NS-Staat, S. 412 ff.; Krausnick, Einsatzgruppen, S. 243-247; Streit, Keine Kameraden, S. 114-117 mit Hinweisen auf korrespondierende Befehle. – Zu jüdischen Partisanen siehe A. Zwi Bar-On, The Jews in the Soviet partisan movement, in: Yad Vashem Studies 4 (1960), S. 167-189.
[210] Krausnick, Einsatzgruppen, S. 274.

Gegebenheiten ihres Einsatzgebietes bedingt waren oder ihnen Rechnung trugen. So begann die Einsatzgruppe A bereits bei Beginn ihres Einsatzes in Litauen mit Erschießungen großen Umfangs, dabei von den nationalistischen litauischen Partisanen und der rasch aufgestellten Hilfspolizei sekundiert. Sie konnte sich dabei auf ausführliche Informationen durch die Kollaborateure über jüdische Mitbürger stützen.[211] Hier ließ man lediglich jene Juden (vorerst) am Leben, die für die Fortführung der gewerblichen und industriellen Produktion, insbesondere der für die Versorgung der Truppe wichtigen, erforderlich waren.[212] Die Einsatzgruppe B dagegen fand im weißrussischen Raum ganz andere Bedingungen vor. Ihr fehlte die Unterstützung durch einheimische Hilfskräfte, und da sie in ihrem Operationsgebiet eine besonders zahlreiche jüdische Gruppe vorfand, waren ihrer Tätigkeit Grenzen gesetzt. So bemühte sie sich vorrangig, die jüdische Bevölkerung zu erfassen, und Nebe hat denn auch in sehr viel stärkerem Ausmaß als sein Nachbar Stahlecker in den großen Städten Ghettos einrichten lassen und in ihnen auch die jüdische Bevölkerung der Umgebung konzentriert. Ein „Judenrat" war nach dem Vorbild des Generalgouvernements für die innere Verwaltung der Ghettos zuständig und für die Durchführung der deutschen Weisungen verantwortlich, die Einwohner mußten als Kennzeichen weiße Armbinden mit dem Davidstern tragen.[213] Die schwache Unterstützung durch die weißrussische Bevölkerung erschwerte zudem die Informationsbeschaffung, der Aufbau eines Agentennetzes erforderte Zeit. Die Einsatzkommandos haben allerdings schon von Anfang an blutige Spuren hinterlassen, Sonderkommando 7a und das ablösende Einsatzkommando 9 haben in Wilna Ende Juni/Anfang Juli jüdische Einwohner getötet[214], im Verlauf des August kam es zu größeren „Aktionen", u.a. in Janowitschi (Janoviči)[215], doch erst ab September kam es zu umfangreichen Massenerschießungen.[216] Die Einsatzkommandos haben von ihren jeweiligen Standorten aus Trupps in die weitere Umgebung entsandt, um kleinere Städte und Dörfer zu „überholen", d.h. ihre jüdische Bevölkerung zu erschießen.[217] Für die Ghetto-Insassen haben sich häufig die Wirtschafts- und Rüstungsbeauftragten einzusetzen versucht, freilich mit mäßigem Erfolg und letztendlich

---

[211] Vgl. EM Nr. 17 (9.7.41): „Die dem Einsatzkommando unterstellten litauischen Polizeisparten sind beauftragt worden, laufend Namenslisten der Wilnaer Juden, zuerst der Intelligenzschicht, politische Aktivisten und wohlhabende Juden aufzustellen."

[212] Zur Rekrutierung EM Nr. 14 (6.7.41), 21 (13.7.41), 24 (16.7.41); zum Einsatz EM Nr. 88 (18.9.41), 111 (12.10.41); Gesamtbericht Jägers (EK 3/KdS Litauen) vom 1.12.41 (IfZ, Fb 101/29, veröffentlicht bei Rükkerl, NS-Prozesse, Anhang); Bericht (Fragment) Langes (KdS Lettland) vom Januar 1942 (IfZ, Fb 101/29). Vgl. Wilhelm, Einsatzgruppe A, S. 534-537 (Auszüge).

[213] Siehe die „vorläufigen Richtlinien für die Behandlung der Juden des Reichskommissariats Ostland" vom 13.8.1941 (Nbg. Dok. 1138-PS), in: Der Prozeß gegen die Hauptkriegsverbrecher. Bd. 27, S. 18–25; EM Nr. 21 (13.7.41), 34 (26.7.41); Proklamation der AOK 9 und 11 bei Streit, Keine Kameraden, S. 113. Vgl. Isaiah Trunk, The organizational structure of the Jewish Councils in Eastern Europe, in: Yad Vashem Studies 7 (1968), S. 147-164.

[214] EM Nr. 11 (3.7.41), 17 (9.7.41), 21 (13.7.41).

[215] EM Nr. 73 (4.9.41), 90 (21.9.41), 92 (23.9.41).

[216] Nach Angaben der EM Nr. 73 (4.9.41) hatte die Einsatzgruppe B mit Stand vom 20.8.1941 insgesamt 16 964 Personen ermordet, EM Nr. 133 (14.11.41) meldete 45 467 Opfer ohne Angaben des SK 7b und EK 9. Für sie werden in EM Nr. 125 (26.10.41) 1822 (SK 7b) und 11 449 „bisher liquidierte Personen" genannt. Diese Daten zeigen nicht nur, daß die Opferzahlen sich nach August bei der EGr B beträchtlich erhöhten, sondern auch, daß der Schwerpunkt der Morde im rückwärtigen Heeresgebiet, d.h. bei den EK lag.

[217] EM Nr. 43 (5.8.41), 50 (12.8.41) mit ausführlichen Angaben, ferner EM Nr. 73 (4.9.41), 92 (23.9.41), 108 (9.10.41), 124 (25.10.41), 125 (26.10.41).

vergebens: die „Endlösung" verschonte auch die dringend benötigten jüdischen Facharbeiter und Spezialisten nicht.

Umfangreiche eigene Erschießungen jüdischer Zivilbevölkerung meldete die Einsatzgruppe C erstmals Mitte Juli 1941[218], bis dahin hatte man sich sehr stark der ukrainischen nationalistischen Hilfskräfte bedienen können, so etwa in Lemberg. Deren ungezügelte Aktivitäten stießen freilich auf Widerstand, insbesondere bei den im Einsatzgebiet der Einsatzgruppe kämpfenden ungarischen Verbänden. Die Ungarn zeigten sich, wie die Ereignismeldungen befremdet vermerkten, nicht nur polen-, sondern sogar judenfreundlich, und selbst „vereinzelt(e)" „Aktionen gegen Juden" der ukrainischen Miliz wurden strikt unterbunden: „Sofortiges Eingreifen des ungarischen Militärs war die Folge."[219] Allerdings war nicht zu verhindern, daß die ukrainischen Milizen unter Leitung und zusammen mit Einsatzgruppen-Personal sich an den Morden beteiligten.[220] Da – zumindest in der Westukraine – eine große Zahl jüdischer Einwohner unter deutsche Besatzung geriet, wurden auch hier, wie in Weißrußland, in größerer Zahl Ghettos in den ukrainischen Städten mit hohem jüdischen Bevölkerungsanteil eingerichtet.[221] In der Verfolgung und Ermordung der Juden tat sich besonders das Sonderkommando 4a unter Führung von Paul Blobel (bis Januar 1942) hervor: Schon am 25. September meldete es eine Gesamtzahl von 15 000 Opfern[222], zum allergrößten Teil Juden, und an dem grauenvollen Massaker von Babi Jar (29., 30. September 1941 mit 33 771 Opfern) war das Kommando führend beteiligt[223]; am 12. Oktober berichtete Blobel: „Das Sonderkommando 4a hat nunmehr die Gesamtzahl von über 51 000 Exekutionen erreicht"[224] – eine Zahl, die jene anderer Sonderkommandos weit übersteigt.[225] Hier ist es schon im rückwärtigen Armeegebiet zu Massenmorden an jüdischer Zivilbevölkerung gekommen, allerdings weisen auch die Einsatzkommandos 7 und 8 ab September steigende Zahlen von Opfern auf. Die Einsatzgruppe D war, wie erwähnt, bei Beginn des Krieges in Bessarabien und der Bukowina eingesetzt, dem Rumänien zugestandenen „Transnistrien", wo die rumänischen Soldaten selbst die jüdische Bevölkerung terrorisierten[226], aber auch Ukrainern und Volksdeutschen als unwillkommenen Minderheiten keineswegs freundlich begegneten.

---

[218] EM Nr. 24 (16.7.41). – Die erste Meldung aus Lemberg (EK 5), EK 6 meldete gleichzeitig „am 2.7.1941 Erschießung von 133 Juden" (EM Nr. 11 [3.7.41]).

[219] EM Nr. 23 (15.7.41).

[220] EM Nr. 88 (19.9.41), 106 (7.10.41), 119 (20.10.41). – Auch an den „Sühnemaßnahmen" für die Ermordung ukrainischer Nationalisten haben sich ukrainische Hilfskräfte beteiligt, vgl. EM Nr. 14 (6.7.41), 19 (11.7.41), 23 (15.7.41), 24 (16.7.41), 28 (20.7.41), 38 (30.7.41).

[221] In den EM erscheinen die Ghettos zumeist nur, wenn in ihnen „Aktionen" wie etwa in Minsk (EM Nr. 172 [23.2.42], 175 [2.3.42]) durchgeführt wurden oder wenn die Ghettos nach der Ermordung ihrer Insassen aufgelöst wurden, so EM Nr. 148 (19.12.41, Vitebsk), 149 (22.12.41, Gorodok), 168 (13.2.42, Rakov). EM Nr. 164 (4.2.42) meldet die Errichtung eines Ghettos in Charkow.

[222] EM Nr. 94 (25.9.41).

[223] EM Nr. 101 (2.10.41), 106 (7.10.41).

[224] EM Nr. 111 (12.10.41).

[225] Am 26. Oktober 1941 (EM Nr. 125) meldete dagegen SK 7a 1344, SK 7b 1822 Erschießungen insgesamt.

[226] Siehe EM Nr. 25 (17.7.41), Meldung EK 10a aus Belzy: „Es haben in den vergangenen Tagen und Nächten wiederholt erhebliche Ausschreitungen rumänischer Soldaten gegen Juden stattgefunden. Die Zahl der dabei getöteten Juden ist nicht feststellbar, dürfte aber mehrere Hundert erreichen." Vgl. auch den Tätigkeitsbericht der EGr D aus Anan'ev in: EM Nr. 67 (29.8.41); Julius F. Fisher, How many Jews died in Transnistria? in: Jewish Social Studies 20 (1958), S. 95-101; Mendelsohn, Jews of East Central Europe, S. 210 ff.; Hilberg, Vernichtung, S. 220 f.; Nicolas Sylvain, Rumania, in: Meyer, Jews in the Soviet satellites, S. 505-510.

Die Einsatzgruppe hat daher anfangs auch Übergriffe auf diese beiden Gruppen abzuwehren gesucht.[227] Erst im August konnte die Einsatzgruppe in die Südukraine vorrücken, im Raum Nikolajew/Cherson wurden im September die ersten großen „Aktionen" gemeldet.[228] Nach dem Fall von Odessa[229] und dem Vorstoß auf die Krim fiel dann erneut eine große Zahl von jüdischen Sowjetbürgern in die Hände der Einsatzgruppe. Auf der Krim ergab sich für das Sonderkommando 10b eine Irritation durch die Frage, ob die Karaim als Juden zu betrachten seien[230], doch verschaffte sie dieser Gruppe nur einen kurzen Aufschub: Im April 1942 war die jüdische Bevölkerung der Krim einschließlich der Karaim bis auf kleine Reste ermordet.[231] Die übrigen Kommandos der Einsatzgruppe D gingen seit Anfang Oktober im Dnepr-Bogen vor, den sie „säuberten", doch liegen hier keine Angaben über die Zahlen der Opfer in den einzelnen „überholten" Orten vor. Auch Sonderkommando 10a, das im östlichen Schwarzmeergebiet vorrückte und bis ins Kaukasusvorland gelangte, gab entgegen seinen bisherigen Gepflogenheiten nur noch die pauschale Zahl der Opfer, ohne sie zu lokalisieren[232], lediglich bei Rostow (Rostov-na-Donu) wurde eine Ausnahme gemacht: „Durch das in Rostow eingesetzte Sonderkommando (10a) wurde am 1.8.42 ein jüdischer Ältestenrat konstituiert und bisher 2000 Juden festgestellt. Die weiteren erforderlichen Maßnahmen sind in Angriff genommen worden"[233] – d.h., das Morden hatte begonnen. Dieses Vermeiden konkreter Angaben setzt sich in der Folgezeit fort

[227] EM Nr. 22 (14.7.41). Vgl. Martin Broszat, Das Dritte Reich und die rumänische Judenpolitik, in: Gutachten des Instituts für Zeitgeschichte. Bd. 1, München 1958, S. 160ff. – Noch im September befanden sich Truppen der EGr zur Sicherung volksdeutscher Siedlungen im rumänischen Besatzungsgebiet, siehe EM Nr. 89 (20.9.41), 108 (9.10.41). – Ausführliche Berichte über die Lage der Volksdeutschen in der Südukraine: EM Nr. 103 (4.10.41), 105 (6.10.41), 108 (9.10.41), in Bessarabien: EM Nr. 104 (5.10.41).

[228] EM Nr. 85 (26.9.41), 101 (2.10.41): „Insbesondere wurden in der Berichtszeit die Städte Nikolajew und Cherson von Juden freigemacht ...", Nr. 107 (8.10.41), 129 (5.11.41).

[229] Zur Erschießung jüdischer Einwohner Odessas durch Rumänen EM Nr. 125 (26.10.41); siehe auch Dora Litani, The destruction of the Jews of Odessa in the light of Rumanian documents, in: Yad Vashem Studies 6 (1967), S. 135-154.

[230] EM Nr. 145 (12.12.41): „Die Judenarbeit wird wesentlich durch das Karaimen-, Krimtschaken und Zigeunerproblem erschwert." – Karaimen (Karäer, Karaiten), auch Ananiten (nach dem Gründer), antirabbinische jüdische Gruppe, die nur die Bücher des Alten Testaments anerkennt und das rabbinische Traditionsgut in Mischna und Talmud ablehnt. Seit dem 11. Jahrhundert auf der südlichen Krim bezeugt. Unter russischer Herrschaft 1795 rechtlich dem Christentum gleichgestellt (im Gegensatz zum rabbinischen Judentum). In der Zwischenkriegszeit ca. 12000 Personen, davon 10000 in der UdSSR. 1959 lebten in der Sowjetunion noch 5727 Karaim (Itogi Vsesojuznoj perepisi naselenija 1959 g. SSSR. [Svodnyj tom], Moskva 1962, S. 188). – Zu den Karaim siehe Encyclopédie de l'Islam. Nouv. éd. Tome 4, Paris 1978, S. 627-633; Evrejskaja ènciklopedija. Tom 9, S.-Peterburg (1911), Sp. 268-297; Encyclopedia Judaica. Bd. 10, Jerusalem 1971, Sp. 761-785 („Karaites"). Bei den Krimtschaken handelte es sich um eine rabbinische jüdische Sondergruppe auf der Krim, deren Herkunft als nicht mittel- oder westeuropäisch angegeben wird, z.T. wird sie auf das Chazarenreich zurückgeführt.
Es ist nicht feststellbar, ob die bei der Volkszählung des Jahres 1897 noch starken Karaim-Gruppen in den Gouvernements nördlich der Krim (Cherson, Nikolajew, siehe Evrejskaja ènciklopedija, Sp. 296 f.) 1941 existierten. Für EGr D stellte sich die Frage offensichtlich erst mit Erreichen der Krim.

[231] Bereits EM Nr. 150 (2.1.42) meldete: „Vom 16.11. bis 15.12. wurden 17645 Juden, 2504 Krimtschaken, 824 Zigeuner und 212 Kommunisten erschossen", und EM Nr. 190 (8.4.42) berichtet: „Juden, Krimtschaken und Zigeuner sind außer wenigen kleinen, gelegentlich im Norden der Krim auftauchenden Truppen [!] nicht mehr vorhanden."

[232] Detaillierte Angaben nur noch in EM Nr. 136 (21.11.41): „Im Bereich der in Richtung Nordkaukasus vorgehenden Kommandos SK 10a, EK 11 ist die Judenfrage gelöst. Die Städte Mariupol und Taganrog sind judenfrei." Am 29. Oktober meldete der Ortskommandant von Mariupol' an Korück: „8000 Juden sind durch den SD exekutiert worden" (Nbg. Dok. NOKW-1529), und aus Melitopol' wurde am 3. September gemeldet: „Sämtliche Juden (2000) durch den S.D. exekutiert" (Nbg. Dok. NOKW-1632).

[233] Meldungen aus den besetzten Ostgebieten Nr. 16 (14.8.42).

und verstärkt sich. So berichten die „Meldungen aus den besetzten Ostgebieten" Ende
August zwar: „In den neu besetzten Gebieten wurden die Orte Woroschilowgrad, Millerowo, Nikolajewska, Konstantinowka und Martinowskoje sicherheitspolizeilich
überholt"[234], doch wird über jüdische Opfer nichts gesagt. Allerdings gehörte dieses
Gebiet schon nicht mehr zum ursprünglichen Siedlungsraum der ostjüdischen Bevölkerung, sodaß hier nur eine schwache, verstreute jüdische Minderheit, zumeist in den
Industriezentren, gelebt hatte. Anfang September 1942 werden dann für den Raum
Tschernigow neun und für Ratno sieben jüdische Opfer genannt, danach folgte erst
im November wieder eine Erwähnung: Ein Jude, „der deutsche Wehrmachtsuniform
trug", wurde festgenommen (und erschossen).[235] Die weiteren „Meldungen aus den
besetzten Ostgebieten" – die letzte verfügbare (Nr. 55) trägt das Datum des 23. Mai
1943[236] – enthalten keine Mitteilungen über jüdische Opfer mehr. Offenkundig hatte
sich der größte Teil der jüdischen Streubevölkerung der Ostukraine mit Ausnahme
der Schwarzmeerstädte vor dem deutschen Angriff des Jahres 1942 in Sicherheit bringen können.

Um die Mitte des Jahres 1942 war ein großer Teil der in deutsche Hand gefallenen
jüdischen Bürger der Sowjetunion bereits ermordet, insbesondere in den baltischen
Ländern, wo nur noch die für die Kriegsführung benötigten jüdischen Spezialisten in
den Ghettos lebten.[237] In Weißrußland und der Ukraine aber wurden die Ghettos laufend „überholt", um die nicht für wirtschaftliche Zwecke Benötigten auszusondern. In
Wolhynien wurden bereits ab Juni 1942 Ghettos aufgelöst[238], den generellen Auflö-
sungsbefehl gab Himmler am 21. Juni 1943 für das Reichskommissariat Ostland.[239]
Die kleine Zahl von Spezialisten für bestimmte wichtige Arbeiten, die überleben
durfte, wurde in Konzentrationslager gebracht.[240]

Verbindliche Anweisungen über die Durchführung der Erschießungen sind nicht
belegt, sie waren auch überflüssig. Denn die Aufgabe, eine möglichst rasche Vernichtung der jüdischen Bevölkerung, war gegeben, im übrigen galt die von Himmler geforderte „größte Beweglichkeit in der taktischen Einsatzgestaltung".[241] Ein allgemeines
Muster für den Ablauf der Mordaktionen läßt sich aber dennoch erkennen.[242] Die
Identifizierung der künftigen Opfer als Juden erfolgte, sofern die jüdischen Einwohner
des betroffenen Ortes nicht, der Proklamation der Armeebefehlshaber Folge leistend,
sich bereits selbst durch das Anlegen der seit 13. August 1941 vorgeschriebenen Armbinde mit Davidstern gekennzeichnet hatten[243], zumeist durch einheimische Hilfs-

---

[234] Meldungen aus den besetzten Ostgebieten Nr. 18 (28.8.42).
[235] Meldungen aus den besetzten Ostgebieten Nr. 19 (4.9.42).
[236] Übersicht über die Meldungen aus den besetzten Ostgebieten bei Krausnick/Wilhelm, Truppe des Weltanschauungskrieges, S. 652 f.
[237] Kaufmann, Churbn Lettland, S. 77 ff.; Arad, „Final Solution", S. 238 ff.
[238] Shmuel Spector, The Jews of Volynia and their reaction to extermination, in: Yad Vashem Studies 15
(1983), S. 159-186. Meldungen aus den besetzten Ostgebieten Nr. 12 (17.7.42) gibt die Zahl der Juden im
Ghetto Vladimir-Volynsk mit „etwa 15 000".
[239] Nbg. Dok. 2403-PS; vgl. Arad, „Final Solution", S. 263.
[240] Kaufmann, Churbn Lettland, S. 317; Arad, „Final Solution", S. 247.
[241] Krausnick, Einsatzgruppen, S. 150 f.; Wilhelm, Einsatzgruppe A, S. 534.
[242] Eine allgemeine Darstellung gibt Jäger in seinem Bericht vom 1.12.1941 (Text bei Rückerl, NS-Prozesse,
Anhang; Wilhelm, Einsatzgruppe A, S. 537).
[243] Streit, Keine Kameraden, S. 113. Vgl. Anm. 213. – Die „Vorläufigen Richtlinien für die Behandlung der
Juden im Gebiet des Reichskommissariats Ost" vom 13.8.1941 sahen unter IV c vor, daß „stets sichtbare
gelbe sechszackige Sterne von mindestens 10 cm Durchmesser auf der linken Brustseite und auf der Mitte
des Rückens" zu tragen waren (Nbg. Dok. 1138-PS).

kräfte: Agenten, Hilfspolizei und Denunzianten. So wurden in Wilna schon Anfang Juli die litauischen Hilfspolizisten beauftragt, Namenslisten der jüdischen Einwohner aufzustellen.[244]

Daß dabei der Willkür Tür und Tor geöffnet war, auch persönliche Dinge, Mißgunst und Neid, Abrechnung mit Widersachern etc. eine beträchtliche Rolle spielten, versteht sich von selbst, zumal Prüfungen dieser Einstufungen als Jude etwa durch die „Beschneidungsprobe" nur höchst selten vorgenommen worden sind (eine Heranziehung von schriftlichen Unterlagen – etwa eines Mitgliederverzeichnisses der kehila – ist nirgends bezeugt). Priorität kam dabei neben den „politischen Aktivisten" der jüdischen Intelligenz zu, jener Gruppe also, von der ein jüdischer Widerstand ausgehen konnte. Außerdem waren – bezeichnenderweise – auch die wohlhabenden Juden mit zu registrieren, deren Vermögen einzuziehen war – was freilich nicht immer nur zugunsten der SS oder des Deutschen Reiches erfolgte, sondern auch der persönlichen Bereicherung von Funktionsträgern diente.[245] Dieses selektive Verfahren einer vorrangigen Ermordung der jüdischen Führungsschichten und potentieller Widerständler wurde in den Städten mit einem größeren jüdischen Bevölkerungsanteil angewendet. Kleinere Orte sind von den Kommandos zumeist generell „überholt" worden, d.h. die gesamte jüdische Einwohnerschaft wurde in einer „Aktion" ermordet. Der „Erfolg" derartiger „Aktionen", d.h. der prozentuale Anteil der Ermordeten an der jüdischen Gesamtbevölkerung, war bei der Verwendung einheimischer, mit den örtlichen Verhältnissen vertrauter Hilfskräfte beträchtlich höher als bei den allein von Einsatzgruppen-Angehörigen durchgeführten.[246]

Die zur Ermordung bestimmten jüdischen Einwohner eines Ortes wurden zumeist an einem bestimmten Platz gesammelt, verschiedentlich wurden sie auch, besonders wenn sich die „Aktion" länger hinzog, in Gefängnissen (Riga, Wilna) oder in größeren Gebäuden wie Fabrikhallen, Schulen, in Kaunas in den berüchtigten Forts VII und IX (in Minsk im Turčinskij-Fort) konzentriert.[247] Sie folgten dabei den Aufforderungen deutscher Stellen – neben Befehlen der Einsatzgruppen-Kommandoführer auch Aufforderungen deutscher Ortskommandanten[248], verschiedentlich ist auch der „Judenrat" als Exekutivorgan beauftragt worden.[249] Häufig aber wurden sie, vor allem wenn es sich um die „Überholung" eines Ortes handelte, d.h. um die ausnahmslose Ermordung aller darin lebenden Juden, mit rohester Gewalt, zumeist mit Unterstützung von Hilfspolizei oder Miliz, zusammengetrieben. Dabei hat man zumindest in den ersten Monaten des Krieges keinerlei Rücksicht auf die nichtjüdische Bevölkerung genommen, der ja eine antisemitische Haltung unterstellt wurde; erst später wurde versucht, die Transporte zu den Erschießungsplätzen zu camouflieren, indem sie als „Umsiedlungsaktion" ausgegeben wurden, ein Verschleierungsversuch, der freilich untauglich

[244] EM Nr. 17 (9.7.41). Vgl. etwa auch EM Nr. 119 (20.10.41): „Von einem Vorkommando des Sonderkommandos 10a wurde am 4.10.1941 in Perejaslaw mit Hilfe ukrainischer Vertrauensmänner eine Judenaktion durchgeführt." – Zur Erfassung der jüdischen Bevölkerung: EM Nr. 47 (9.8.41), 107 (8.10.41), 127 (31.10.41), 128 (3.11.41), 142 (5.12.41), 191 (10.4.42).

[245] Fall 9. Das Urteil im Einsatzgruppenprozeß, Berlin 1963, S. 60ff.; Nbg. Dok. 1104-PS; Wilhelm, Einsatzgruppe A, S. 479, 549, 558, 562; zur Beschlagnahmung jüdischen Vermögens siehe die „Vorläufigen Richtlinien" (s. Anm. 213), IV f (S. 22 f.).

[246] Hilberg, Vernichtung, S. 224.

[247] So bei der Aktion in Kiew am 29.-30. September 1941.

[248] EM Nr. 14 (6.7.41); Arad, „Final Solution", S. 238 ff.

[249] Dazu Trunk, Organizational Structure, S. 157 ff.

blieb[250]: die Bevölkerung ließ sich nicht täuschen, denn einerseits ließen sich die Spuren der Morde auch bei weiträumiger Absperrung der Exekutionsstätten nicht verwischen, andererseits war die Bevölkerung bereits über das deutsche Vorgehen gegen die Juden informiert. Auch die Anwesenheit von Wehrmachtsangehörigen oder deutscher Zivilisten hatte keinen Einfluß auf das Verhalten der Kommandos, selbst an den Exekutionsplätzen sind Offiziere und Soldaten erschienen – allerdings wurde es später verboten, die Erschießungen zu photographieren.[251]

Die so zusammengetriebenen Juden wurden dann schubweise zu den Exekutionsplätzen gebracht. Lagen diese in Ortsnähe, so wurden die Opfer auch zu Fuß dorthin getrieben. Zumeist aber wählte man abgelegene Plätze, in Wäldern, Moor- oder Sumpfgebieten, um die Bevölkerung nicht aufmerksam werden zu lassen. Die Transporte wurden dann mit Lkw, auch mit Pferdewagen, im Winter mit Schlitten[252] an die vorbereiteten Plätze gebracht. Die Massengräber wurden entweder von jüdischen „Arbeitskommandos" oder von einheimischen Hilfskräften ausgehoben, Einsatzgruppen-Angehörige beteiligten sich daran, soweit ersichtlich, normalerweise nicht.[253] Die Opfer wurden dann gezwungen, ihre Kleidung abzulegen – teilweise durften sie ihre Leibwäsche noch anbehalten, zum größten Teil aber, und dies scheint sehr bald allgemein geworden zu sein, mußten sie sich völlig entkleiden und so, Männer, Frauen und Kinder zusammen, nackt auf ihre Ermordung warten[254] – angesichts der religiösen Vorschriften für gläubige Juden eine zusätzliche seelische Grausamkeit. (Die Kleidung wurde dann zur Weiterverwendung eingesammelt, sie ist z.T. an Volksdeutsche ausgegeben worden.)[255] Sie wurden dann in kleineren Gruppen zur Grube befohlen, an deren Rande sie sich – meist das Gesicht von ihren Mördern abgewandt – aufstellen (gelegentlich auch niederknien) mußten, sodaß die toten Körper dann in die Grube stürzten, oder sie wurden in die Grube hinabbefohlen, wo sie sich auf die bereits Ermordeten legen mußten. Sie wurden dann mit Handfeuerwaffen – in der Regel Karabiner oder Maschinenpistolen, auch Maschinengewehre sollen eingesetzt worden sein – erschossen. Pistolen sind im allgemeinen wohl nur verwendet worden, um diejenigen zu töten, die verwundet niederstürzten. Die Mitglieder des Kommandos prüften dann, ob auch alle in der Grube Liegenden tot seien, und töteten alle, die noch ein Lebenszeichen erkennen ließen. Nach Beendigung der „Aktion" wurde über die Leichen eine Schicht Erde geworfen. Hierfür wurden entsprechende jüdische „Arbeitskommandos" (die schließlich als Mitwisser selbst „liquidiert" wurden) oder Einwohner der umliegenden Ortschaften, mit großer Wahrscheinlichkeit Angehörige des „Selbstschutzes" herangezogen. Als 1943 mit dem Vormarsch der Roten Armee immer mehr von den Einsatzgruppen „überholte" Gebiete wieder unter sowjetische Kontrolle ka-

[250] Siehe dazu Nbg. Dok. 1104-PS, ferner die Zeugenaussagen bei Wilhelm, Einsatzgruppe A, S. 563 ff., 576 f.
[251] Befehl Oberst Wöhlers (Stabschef AOK 11) vom 22. Juli 1941 (Nbg. Dok. NOKW-2523); Befehl von Reichenaus (AOK 6) vom 10. August 1941 (Nbg. Dok. NOKW-1654); Nbg. Dok. USSR-2, USSR-297, 2992-PS.
[252] Gerald Reitlinger (Die Endlösung. Hitlers Versuch der Ausrottung der Juden Europas 1939-1945, Berlin 1957, S. 229) erwähnt auch Eisenbahntransporte.
[253] Ausnahmen bei Erschießungen einzelner aufgegriffener Juden außerhalb der „Aktionen".
[254] Vgl. die Zeugnisse bei Wilhelm, Einsatzgruppe A, S. 563-583. – Das folgende als Resümee der verschiedenen Dokumente und Berichte.
[255] Nbg. Dok. NOKW-1529, NOKW-3147; EM Nr. 104 (4.10.41), 108 (9.10.41).

men und dort die ersten Untersuchungen über die Verbrechen an der sowjetischen Bevölkerung in Gang kamen, wurde Paul Blobel, der Führer des Sonderkommandos 4a, beauftragt, die Spuren der Morde zu beseitigen. Die Leichen mußten exhumiert und verbrannt werden.[256] Der rasche sowjetische Vormarsch führte allerdings dazu, daß er diese Aufgabe nur unzureichend erledigen konnte.

Ungeachtet der Kontrollen der Kommandoangehörigen gelang es einzelnen Opfern, sich, oftmals verwundet, nach Beendigung der „Aktion" und im Schutze der Nacht, aus den Leichen und der darüber geworfenen Erdschicht herauszuwühlen und zu entkommen. Vereinzelt sind auch Fluchtversuche bereits auf dem Transport geglückt, doch blieb dies die Ausnahme. Im allgemeinen sind größere Flucht- oder gar Widerstandsaktionen unterblieben, sicher auch deshalb, weil die meisten Männer, die dazu in der Lage gewesen wären und auch die psychischen Voraussetzungen besaßen, als Soldaten in der Roten Armee kämpften. Zumeist waren es ja ältere Männer, Frauen und Kinder, die in deutsche Hand fielen, und diese waren nur in Ausnahmefällen bereit, ihre Familienangehörigen allein in deutscher Gewalt zu lassen. Der tief ausgeprägte jüdische Familiensinn, gewachsen in Jahrhunderten, da der Familienverband der sicherste Schutz des Individuums und Voraussetzung seines Überlebens war, ließ denn auch die Familien gemeinsam in den Tod gehen. Die Berichte der Augenzeugen über das Verhalten der Opfer im Angesicht des gewissen Todes sind voller Beispiele einer kaum faßbaren menschlichen Größe, die um so erschreckender mit der Aufführung ihrer Mörder kontrastiert. Nicht nur, daß diese oftmals unter schwerem Alkoholeinfluß standen: sie beraubten auch die Toten ihrer wenigen Habseligkeiten, ja sie vergingen sich sogar an ihren Opfern.[257] Die permanente Ausübung des Terrors führte zu einer Verrohung, die kaum mehr menschliche Züge erkennen läßt.

Diese totale Depravation einer Truppe, die ihrem Namen nach sicherheitspolizeiliche und -dienstliche Aufgaben wahrzunehmen gehabt hätte, wurde um so mehr gefördert, als offenbar der größte Teil der blutigen „Arbeit" von kleinen Spezialkommandos ausgeführt wurde, deren Angehörige sich dafür – wohl auf freiwilliger Basis – zusammenfanden. Jäger schreibt in seinem Bericht vom 1. Dezember 1941[258]: „Das Ziel, Litauen judenfrei zu machen, konnte nur erreicht werden, durch die Aufstellung eines Rollkommandos unter Führung des SS-Obersturmführers[259] [Joachim] Hamann, der sich meine Ziele voll und ganz aneignete und es verstand, die Zusammenarbeit mit den litauischen Partisanen und den zuständigen zivilen Stellen zu gewährleisten." Diese litauischen Partisaneneinheiten operierten fast völlig selbständig, ebenso wie das überwiegend aus Letten rekrutierte „Jagdkommando" des Viktor Arajs in Lettland, das auch auf weißrussischem Gebiet tätig war. In Minsk existierte längere Zeit ein ukraini-

---

[256] Wilhelm, Einsatzgruppe A, S. 566, 569.

[257] Ebenda, S. 557 f., 560 ff., 576, 579; Krausnick, Einsatzgruppen, S. 169.

[258] IfZ, Fb 101/29; Rückerl, NS-Prozesse, Anhang; Wilhelm, Einsatzgruppe A, S. 536 f.; Reitlinger, Endlösung, S. 235 f.

[259] Hamanns Kommando bestand nach Jäger aus „8-10 bewährten Männern" und etwa 80 zugeteilten litauischen „Partisanen". Vom 22. Juni bis 2. Oktober 1941 habe es mindestens 60 000 jüdische Männer, Frauen und Kinder getötet. Nicht weniger berüchtigt war das Kommando des SS-Untersturmführers und KOS Amelung des Einsatzkommandos 1. Daneben bestanden weitere, nicht den Einsatzgruppen unterstehende Sonderkommandos wie das in der Ukraine tätige „Sonderkommando Platz" (freundlicher Hinweis von Alfred Streim).

sches „Exekutionskommando", ein litauisches ist bei den Morden in Panierai (Ponery) bei Wilna bezeugt.[260] Es ist wahrscheinlich, daß auch bei den anderen Einsatzgruppen, für die aufgrund der schlechten Quellenlage keine Belege vorhanden sind, ähnliche Mordkommandos bestanden haben. Denn die Mehrzahl der Einsatzgruppen-Angehörigen empfand, ungeachtet aller ideologischen Indoktrination und aller Appelle aus Berlin an das „Pflichtbewußtsein", die Exekutionen bald als seelische Belastung und versuchte sich – z.T. durch Ansuchen um Versetzung – dieser Aufgabe zu entziehen. Damit erfolgte eine negative Auslese, es blieb ein Rest, der Bodensatz, ausgestattet mit einer Söldnermentalität, der sich seine „Dienste" honorieren ließ: Die „Aktionen" verliefen gleichsam in einem rechtsfreien Raum, ganz nach der Willkür der Kommandoangehörigen.[261] Die rasch wachsenden Beanspruchungen der Einsatzgruppen durch den Partisanenkrieg lieferten im übrigen ein überzeugendes Argument, die „Judenaktionen" zu delegieren – auch an die dem HSSPF und BdS unterstehenden Polizeiregimenter und -bataillone.

Diese Auswirkungen sind „höheren Orts" nicht unbemerkt geblieben, und als gar Himmler auf „einer eigens für ihn arrangierten ,Musterexekution' in der Nähe von Minsk" mit der grausigen Wirklichkeit konfrontiert wurde und zugeben mußte, „daß Massenerschießungen offenbar nicht die rationellste und, so angeblich wörtlich, ,humanste' Vernichtungsmethode für die in die Hunderttausende gehende Zahl von Juden sei"[262], suchte man nach anderen Tötungsarten. Unter den verschiedenen Alternativen wurde schließlich die „Gaswagen"-Methode ausgewählt. Dabei wurden die Opfer in einen zu diesem Zweck umgebauten Lastkraftwagen gepfercht und starben an Kohlenmonoxyd-Vergiftung durch die Motorabgase, die in das Innere des fest verschlossenen Wagens geleitet wurden. Die ersten dieser Wagen, über deren Existenz und Arbeitsweise die Weltöffentlichkeit erstmals durch den Prozeß von Krasnodar informiert wurde[263], befanden sich schon gegen Ende 1941 im Einsatz, im Frühsommer 1942 war ihre Zahl erhöht. Doch auch hier tauchten unerwartete Schwierigkeiten auf, die nicht zu beheben waren: Die Opfer starben qualvoll langsam und das SS-Bedienungspersonal hörte ihre verzweifelten Hilferufe, auch waren die Wagen schwer von den ineinander verkrampften Leichen zu entleeren und zu säubern. Wieviele Menschen auf diese Weise getötet worden sind, bleibt unklar: Wenn das überlebende SS-Personal der im Generalbezirk Weißruthenien eingesetzten vier Wagen bei seiner Vernehmung durch NKVD-Offiziere die Zahl ihrer Opfer innerhalb eines Jahres mit 8000 bis 10000 angibt, war dies mit an Sicherheit grenzender Wahrscheinlichkeit eine Schutzbehauptung: diese Zahl war, Überschlagsrechnungen zufolge, von einem einzi-

---

[260] Wilhelm, Einsatzgruppe A, S. 556. – EM Nr. 14 (6.7.41) berichtet, daß einer Kompanie litauischer Hilfspolizei die Bewachung des Forts VII übertragen sei und: sie „führt die Exekutionen durch".

[261] Ausführlich bei Wilhelm, Einsatzgruppe A, S. 556 ff.

[262] Ebenda, S. 543.

[263] Der Prozeß von Krasnodar, S. 3 ff. Neben Minsk und Krasnodar ist der Gaswageneinsatz für Charkow belegt (Krausnick, Einsatzgruppen, S. 193). Matthias Beer (Die Entwicklung der Gaswagen beim Mord an den Juden, in: VjZ 35 [1987], S. 403-417) nennt als ersten Einsatz auf sowjetischem Territorium den Einsatz durch SK 4a im November 1941 bei Poltawa, er bestätigt damit diesen bei Krausnick (Einsatzgruppen) als wahrscheinlich bezeichneten Einsatzort.

gen Wagen theoretisch im Zeitraum von sechs bis acht Wochen zu erreichen.[264] (Allerdings handelte es sich hierbei um eine rein theoretische Berechnung, deren Realisierung unter den konkreten Einsatzbedingungen utopisch bleiben mußte.)

Aber auch eine Verifizierung der oben genannten Zahl von Gaswagen-Opfern ist nicht möglich, denn hierüber schweigen die Quellen. Es ist auch wenig wahrscheinlich, daß die Einsatzgruppen-Kommandos die Zahl ihrer Opfer in ihren Meldungen nach Tötungsart – Erschießen oder Gasvergiftung – differenziert haben.[265] Die uns allein vorliegenden zusammenfassenden Berichte aus dem RSHA enthalten dazu nichts. Von ihnen ist besonders ergiebig die Serie „Ereignismeldung UdSSR", die erstmals am 23. Juni 1941 erstellt wurde und bis zum 26. Oktober des gleichen Jahres täglich, danach bis zu ihrer Einstellung am 24. April 1942 dreimal wöchentlich erschien[266], insgesamt 195 Nummern. Sie wurde im Amt IV (Gestapo), Referat A 1 (Kommunismus) aus den eingehenden Einzelmeldungen der Einsatzgruppen und Sonderkommandos/Einsatzkommandos verfertigt, wobei wichtige Meldungen teilweise ganz übernommen wurden; Heinrich Müller („Gestapo-Müller"), der Leiter des Amtes, behielt sich die Endredaktion vor. Müller hatte auch – in Anlehnung an die „Berichte zur innenpolitischen Lage" bzw. „Meldungen aus dem Reich"[267] – die Systematik der Ereignismeldungen entworfen, „allgemeine Stimmung", „Gegner", „Kulturelle Gebiete", „Recht und Verwaltung", „Wirtschaft" sowie „Volkstum und Volksgesundheit" waren die Bereiche, die nach Provenienzen – hier für jede Einsatzgruppe – bei vorhandenem Material abzuhandeln waren. Auch Anlagen wurden beigegeben, so zur Nr. 28 (20. Juli 1941) eine auszugsweise Übersetzung der „Instruktionen zur Durchführung der Aussiedlung der antisowjetischen Elemente aus Litauen, Lettland und Estland" des Stellvertretenden Volkskommissars für Staatssicherheit (NKGB), Serov[268], zu Nr. 32 (24. Juli 1941) „Die Judenfrage im weißrussischen Siedlungsraum".

Die Meldungen über die Vernichtung der jüdischen Bevölkerung sind unter „Exekutive Tätigkeit" (o.ä.) aufgeführt, wobei zu bemerken ist, daß die Terminologie hier – wie in den Meldungen überhaupt – variiert. Die ursprüngliche Konzeption einer präzisen chronologischen und umfassenden Informationsgebung ist allerdings nie realisiert worden – sie scheiterte primär an den Schwierigkeiten der Nachrichtenübermittlung, aber auch organisatorische Fragen und institutionspolitische Erwägungen wirkten hier ein. Die Authentizität der Meldungen steht jedoch außer jedem Zweifel[269],

---

[264] Siehe dazu Rückerl, NS-Prozesse, S. 267 f.; Hilberg, Vernichtung, S. 560 ff.; Krausnick, Einsatzgruppen, S. 193; Wilhelm, Einsatzgruppe A, S. 543 ff. Vgl. auch den bei Wilhelm (Einsatzgruppe A, S. 548-552) wiedergegebenen Auszug aus der Vernehmung des HSSPF Friedrich Jeckeln durch NKVD-Angehörige am 21.12.1945.

[265] Tagesmeldungen einzelner EGr oder SK/EK sind bisher nicht aufgetaucht, auch nicht in alliierten, sowjetischen oder deutschen Kriegsverbrecher-Prozessen. Dies legt die Annahme nahe, daß sie nicht erhalten sind.

[266] EM Nr. 1 und 2 sind vom 23.6.1941 datiert; zwischen Weihnacht und Neujahr setzt die Serie aus: EM Nr. 149 ist vom 22. Dezember 1941, EM Nr. 150 vom 2. Januar 1942. – Zum folgenden Wilhelm, Einsatzgruppe A, S. 333 ff.

[267] Heinz Boberach (Hrsg.), Meldungen aus dem Reich. Auswahl aus den geheimen Lageberichten des Sicherheitsdienstes der SS 1939-1944, Neuwied 1984.

[268] Vollständige englische Übersetzung in John Alexander Swettenham, The tragedy of the Baltic states. A report compiled from official documents and eyewitnesses' stories, London 1952, S. 201-209.

[269] Wilhelm, Einsatzgruppe A, S. 335.

und inhaltlich werden sie durch ein reiches Quellenmaterial verschiedenster Provenienz immer wieder bestätigt. Die redaktionellen Probleme führten allerdings dazu,
daß sich die Angaben manchmal wiederholen, auch sind einzelne Daten gelegentlich
in späteren Meldungen korrigiert worden. Generell sind dem Bearbeiter wichtig oder
exemplarisch erscheinende Ereignisse – wie das Massaker von Babi Jar – in die Ereignismeldungen aufgenommen worden, auch die zumeist ausführlicheren Berichte zu
einzelnen Punkten der Systematik und natürlich die Angaben über die jeweils erreichte Gesamtzahl der Opfer. Wilhelm[270] spricht daher von einer repräsentativen Berichterstattung, die an die Stelle der intendierten regelmäßigen Information trat. So
sind zwar bestimmte Fakten anhand der Ereignismeldungen fixierbar – räumlich und
zeitlich –, doch eine kontinuierliche vollständige Abfolge der Einsatzgruppen-Tätigkeit geben sie nicht. Ihr Wert liegt denn auch mehr im Bereich einer allgemeinen Berichterstattung, wie dies auch für die Überblicke der elf, die Zeit bis zum 31. März
1942 umfassenden „Tätigkeits- und Lageberichte der Einsatzgruppen der Sicherheitspolizei und des SD in der UdSSR" gilt.

Auch die „Meldungen aus den besetzten Ostgebieten", die ab 1. Mai 1942 in der
Nachfolge der Ereignismeldungen – wöchentlich – bis zum 23. Mai 1943 erschienen,
sind für die Ermittlung der Gesamtzahl jüdischer Opfer keine verläßliche Quelle. Die
Problematik der in den Ereignismeldungen gemachten Angaben wird durch einen
Vergleich der hier gemeldeten Zahlen mit jenen des Gesamtberichtes Stahleckers
vom 15. Oktober 1941 deutlich, wobei sich für die Ereignismeldung-Daten ein erhebliches Defizit ergibt: Addiert man die in ihnen bis zur Nummer 114 (vom 15.10.1941)
enthaltenen Zahlen der Opfer, so ergibt sich eine Gesamtzahl (Juden, Kommunisten,
Partisanen, Saboteure etc.) von 45 430, während Stahlecker für die Zeit bis zum 15.
Oktober allein 128 432 jüdische Opfer angibt, zu denen noch der jüdische Anteil an
den 2000 im „altruss. Raum exekut. Juden, Kommunisten und Partisanen" und den
748 Geisteskranken hinzuzufügen ist.[271]

Die bloße Addition der in den Ereignismeldungen aufgeführten Einzeldaten für:

Einsatzgruppe A: 46 135
Einsatzgruppe B: 55 661
Einsatzgruppe C: 108 239
Einsatzgruppe D: 60 728

gibt also auch nicht annähernd die Zahl der jüdischen Opfer im relevanten Zeitraum
(22.6.1941 bis Mitte April 1942) wieder, die die Einsatzgruppen selbst registriert hatten. So bleibt der Rückgriff auf die in den Ereignismeldungen enthaltenen Sammel-
meldungen der Einsatzgruppen oder auf ihre Gesamtberichte. Die Gesamtzahl der
„bis zum 1.2.1942 durchgeführten Exekutionen" wird im „Gesamtbericht der Einsatzgruppe A vom 16. Oktober 1941 bis zum 31. Januar 1942"[272] mit 240 410 angegeben,

---

[270] Ebenda, S. 336.
[271] EM Nr. 1–114 geben für die EGr A insgesamt 16 187 als „Juden" ausgewiesene Opfer sowie weitere 29 243
unter der Sammelbezeichnung „Juden, Kommunisten, Partisanen" u.ä., von denen jedoch der allergrößte
Teil Juden waren. Selbst wenn man, unter Annahme einer 14-tägigen Laufzeit der Meldungen bis zum
RSHA, die Daten bis EM Nr. 127 (31.10.41) einbezieht, erhöht sich diese Zahl nur um die in EM Nr. 116
(17.10.41) gemeldeten 260 „unzuverlässigen Elemente", die „in der Zeit vom 2. bis 12.10. ... exekutiert
werden (mußten)."
Stahleckers Gesamtbericht (S. 702 f.) nennt für das Gebiet des RK Ostland 118 430 jüdische Opfer, dazu
jene 5502 des SD-Abschnittes Tilsit im Grenzgebiet sowie 5500 Pogromopfer in Litauen und Lettland.
[272] IfZ, Fb 101/35, wiedergegeben bei Wilhelm, Einsatzgruppe A, S. 607.

darunter 229 052 Juden (Litauen: 136 421, Lettland: 35 238, Estland: 963, Weißruthenien: 41 828, altsowjetisches Gebiet: 3600, durch Pogrome: 5500, im „Grenzstreifen
Litauen"[273] 5502). In den Ereignismeldungen für die folgende Zeit lassen sich noch
weitere 8058 Ermordete ermitteln[274] – doch ist dies die Mindestzahl bis Mitte April.
Die Einsatzgruppe B meldet in einer Zusammenfassung bis zum 31. Oktober 1941
45 467 Erschießungen[275], weitere Opfer werden in den Ereignismeldungen Nr.
146-149 (zusammen 18 522) und – für die Zeit vom 6.-30. März – in Nr. 194 (7466)
genannt.[276] Die Einsatzgruppe C hatte nach einem Sammelbericht bis zum 20. Oktober 1941[277] „etwa 80 000 Personen liquidiert", bis Dezember stieg die Zahl um weitere 25 988, und in den Meldungen vom 3. und 8. April sind 1749 neuerliche Opfer
erwähnt.[278] Einsatzgruppe D schließlich berichtet am 8. April 1942 „Gesamtzahl bisher 91 678"[279], und unter dem 17. April 1942 werden weitere 50 Erschießungen gemeldet.[280]

Die Gesamtzahl der in den Sammelberichten erfaßten Opfer beträgt also bis Mitte
April 1942 für:

> Einsatzgruppe A: 248 468
> Einsatzgruppe B: 71 455[281]
> Einsatzgruppe C: 106 737
> Einsatzgruppe D: 91 728.

Dies sind *Mindestzahlen*, und die Opfer der „Milizen" u.a. Hilfskräften, aber auch bei
den „Partisanenaktionen" oder bei Exzessen von nicht den Einsatzgruppen unterstehenden Einheiten sind darin nicht erfaßt.

Der Rückschluß von dieser Gesamtzahl auf den Anteil der jüdischen Opfer ist
schwierig. Zwar zeigt der „Gesamtbericht" der Einsatzgruppe A einen Anteil der
Nichtjuden von unter fünf Prozent, doch bezieht er sich vorwiegend auf die baltischen
Länder, also auf einen Raum mit sehr geringer Partisanentätigkeit. In Weißrußland ist
aufgrund der Partisanenkämpfe ein höherer nichtjüdischer Anteil anzunehmen. Man
wird für den Zeitraum bis Mitte April also von einem Mindestanteil von fünf und einem Höchstanteil von etwa zehn Prozent Nichtjuden auszugehen haben, d.h. bei der
oben ermittelten (Mindest-)Gesamtzahl von 480 000-490 000 jüdischen Opfern der
Einsatzgruppen bis Mitte April 1942, wobei die Zahl der halben Million eher näher
sein dürfte. Denn es zeigt sich in den Ereignismeldungen, daß die Angaben über „ge-
mischte" Opfergruppen wegen der Versuche der sprachlichen Verschleierung zumeist
jüdische Opfer meinen. Wenn etwa Einsatzgruppe C meldet: „In Dubno, wo die Ak-

---

[273] Erschießungen durch Angehörige der Stapo-Leitstelle Tilsit.
[274] EM Nr. 165 (6.2.42), 166 (9.2.42), 168 (13.2.42), 170 (18.2.42), 175 (2.3.42), 178 (9.3.42), 181 (16.3.42), 182
   (18.3.42), 183 (20.3.42), 184 (23.3.42), 186 (27.3.42), 190 (8.4.42), 191 (10.4.42), und 195 (24.4.42). EM Nr.
   176 (4.3.42) meldet die Verhaftung eines jüdischen Bildhauers und zweier weiterer jüdischer Zivilisten –
   sie dürften mit großer Wahrscheinlichkeit erschossen worden sein, zumal ein Bildhauer zur „Intelligenz"
   zählte.
[275] EM Nr. 133 (14.11.41).
[276] EM Nr. 146 (15.12.41), 147 (17.12.41), 148 (19.12.41), 149 (22.12.41), 194 (21.4.42).
[277] EM Nr. 128 (3.11.41).
[278] EM Nr. 135 (19.11.41), 143 (8.12.41), 187 (30.3.42), 189 (3.4.42), 190 (8.4.42). – EM 189 und 190 nicht bei
   Wilhelm, Einsatzgruppe A, S. 618.
[279] EM Nr. 190 (8.4.42).
[280] EM Nr. 193 (17.4.42). – Wilhelm (Einsatzgruppe A, S. 618) hat die sieben Opfer der vierten „Razzia" in
   Fedodosija nicht einbezogen.
[281] Bei Wilhelm (Einsatzgruppe A, S. 618) dürfte es sich um einen Druckfehler handeln.

tionen im wesentlichen beendet sind, erfolgten insgesamt 100 Exekutionen"[282], so ergibt sich aus dem Kontext, daß es sich um 100 jüdische Opfer handelt, und auch die Angabe, daß in Slonim bei einer „Großaktion gegen Juden und andere kommunistisch belastete Elemente … 1075 Personen liquidiert wurden", erhält durch den Zusatz, daß „noch weitere 94 Personen in Slonim liquidiert worden" seien[283], eine klare Zuordnung. Nicht ganz stringent scheinen Formulierungen wie: Es „wurden insgesamt 276 jüdische, kommunistische Funktionäre, Saboteure, Komsomol-Angehörige und kommunistische Agitatoren erledigt"[284], oder: „161 Personen… exekutiert. Bei ihnen handelt es sich um Juden, Kommunisten, Plünderer, Saboteure."[285] Eingehendes Quellenstudium zeigt aber, daß es sich bei den verschiedenen Begriffen, wenn auch nicht in allen, so doch in den allermeisten Fällen um Synonyme für Juden handelt – ebenso wie bei „Agenten", „Partisanenhelfer" etc. Auch bei der Meldung: „166 Personen erfaßt und liquidiert"[286] handelt es sich mit an Sicherheit grenzender Wahrscheinlichkeit um jüdische Opfer, denn eine „Erfassung" galt nur für diese Gruppe. Unklar bleiben allerdings die seltenen Angaben: „In der Berichtzeit 173 Liquidierungen"[287] u.ä. Ihre Zuordnung muß offen bleiben, wenn auch ein großer Prozentsatz jüdischer Einwohner darunter inbegriffen sein dürfte.

Berücksichtigt man den gesamten Raum der Sowjetunion in den Grenzen vom 21. Juni 1941, so ist neben den Einsatzgruppen A bis D auch die Einsatzgruppe „z.b.V." zu berücksichtigen, die dem BdS Generalgouvernement Krakau unterstand und Anfang August Einsatzkommandos in Bialystok, Brest-Litowsk und Lemberg stationiert hatte.[288] Die Mindestanzahl der von dieser Einsatzgruppe bis Anfang September 1941 Ermordeten betrug 17 092 Personen, fast nur Juden.[289] Damit erhöht sich die Zahl der jüdischen Opfer der Einsatzgruppen bis Mitte April 1942 insgesamt auf mindestens eine halbe Million, wobei zu berücksichtigen ist, daß nach dem 9. September 1941 die Einsatzgruppe z.b.V. nicht mehr in den Ereignismeldungen UdSSR erscheint. Wie stark gerade in den dem Generalgouvernement zugeschlagenen – und damit dem BdS Krakau unterstellten – ehemaligen ostpolnischen Gebieten die jüdische Bevölkerung war, die unter deutsche Besatzung geriet, zeigt eine Meldung der Einsatzgruppe z.b.V. von Anfang August 1941, wonach bei einer Volkszählung in Lemberg 160 000, in Pinsk 20 000 und in Grodno 18 500 jüdische Einwohner regi-

---

282 EM Nr. 27 (19.7.41), EGr C.
283 EM Nr. 32 (24.7.41), EGr C.
284 EM Nr. 59 (21.8.41).
285 EM Nr. 60 (22.8.41), EGr C.
286 EM Nr. 119 (20.10.41), SK 4a.
287 EM Nr. 133 (14.11.41).
288 EM Nr. 66 (28.8.41).
289 EM Nr. 38 (30.7.41): 416, Nr. 43 (5.8.41): 3947, Nr. 47 (9.8.41): 806, Nr. 56 (18.8.41): 2888, Nr. 58 (20.8.41): 4988, Nr. 66 (28.8.41): 2117, Nr. 67 (29.8.41): 2739, Nr. 78 (9.9.41): 1308. – EM Nr. 47 meldet zusätzlich: „1500 Personen festgenommen" (ohne Angaben über deren weiteres Schicksal), und auch EM Nr. 58 berichtet von 6000 Festnahmen. Nicht sicher ist bei den in der gleichen EM als „erschossen" gemeldeten 4500 ermordeten jüdischen Einwohnern von Pinsk, ob diese in der für den Zeitraum vom 12.-15.8.1941 gemeldeten Zahl von 4988 Getöteten inbegriffen sind.

striert worden waren.[290] Sie alle hatten in der Folgezeit das Schicksal der jüdischen Bevölkerung des Generalgouvernements zu teilen.[291]

Schon in den Ereignismeldungen zeigt sich, daß die großen „Aktionen" von den stationären Kommandos der Sicherheitspolizei und des SD unter dem Kommando eines BdS oder KdS geleitet wurden.[292] Nach Einführung der Zivilverwaltung sind sie im Reichskommissariat Ostland und Reichskommissariat Ukraine, soweit erkennbar, fast gänzlich von den „Formationen des Höheren SS- und Polizeiführers" (BdS) unternommen worden, d.h. von den Polizeiregimentern und -bataillonen, teilweise auch mit Unterstützung von SS-Verbänden. Auch die Sicherungsdivisionen des Heeres sind im Rahmen der Partisanenbekämpfung teilweise involviert gewesen. Zwar galten die Operationen, an denen sie beteiligt waren, nicht der „Sonderbehandlung" oder „Umsiedlung" der Juden, wie man die Mordaktionen gegen die jüdische Bevölkerung ab Herbst 1941 verharmlosend-verschleiernd zu benennen pflegte, sondern der „Bandenbekämpfung", doch fielen ihr auch Juden zum Opfer. Deren Einbeziehung beruhte auf der Identitätssetzung „Jude" – „Partisanenhelfer" (o.ä.), ihre Erschießung wurde als Präventivmaßnahme zum Schutz der kämpfenden Truppe ausgegeben – vielleicht auch geglaubt.[293] Dabei sind auch „Bandenkämpfe" durchgeführt worden, die überwiegend jüdische Opfer fanden, so meldete der Kommandant Weißruthenien beim Wehrmachtsbefehlshaber Ostland in seinem Bericht für den Monat Oktober 1941 10 431 erschossene Partisanen, darunter 5900 Juden[294], und die Einsatzgruppe A gab in einem undatierten Bericht[295]: „Nach schätzungsweisen Angaben sind von der Wehrmacht bis Dezember 1941 ungefähr 19 000 Partisanen und Verbrecher, d.h. in der Mehrzahl Juden, erschossen worden" – eine Angabe, die sich auf das Gebiet des Reichskommissariat Ostland als Einsatzraum der Einsatzgruppe beziehen dürfte.

---

[290] EM Nr. 50 (12.8.41). – Für Lemberg wird eine Gesamteinwohnerzahl von 370 000 gegeben. Bei der Volkszählung des Jahres 1920 hatte die Stadt bei 197 000 Einwohnern insgesamt 76 854 Bürger mosaischen Glaubens, 60 431 jüdischen Volkstumsbekenntnisses (Skorowidz miejscowości Rzeczypospolitej Polskiej. Tom 13. Województwo Lwowskie, Warszawa 1924, S. 24).

[291] Siehe dazu den Beitrag von Frank Golczewski in diesem Band.

[292] EM Nr. 94 (25.9.41): „Von den Formationen des Höheren SS- und Polizeiführers [Süd] wurden im Monat August insgesamt 44 125 Personen, meist Juden, erschossen"; EM Nr. 135 (19.11.41): „Von den etwa 30 000 übrigen Juden in Dnepropetrovsk sind ungefähr 10 000 am 13.10.41 von einem Kommando des Höheren SS- und Polizeiführers [Süd] erschossen worden". Vgl. dazu auch den Bericht der Feldkommandantur 240, Abt. VII, vom 19.10.1941 (IfZ, Fa 213/3; Auszug bei Krausnick, Einsatzgruppen, S. 243, Anm. 521a); EM Nr. 143 (8.12.41): „Am 6. und 7. November 1941 wurde die schon länger geplante Judenaktion in Rowno durchgeführt, bei der rund 15 000 Juden erschossen werden konnten. Die Organisation lag auf Befehl des Höheren SS- und Polizeiführers in den Händen der Ordnungspolizei"; EM Nr. 80 (11.9.41): ein Kommando des Stabskompanie des HSSPF Süd habe „in Kamenez-Podolsk in drei Tagen 23 600 Juden erschossen"; EM Nr. 155 (14.1.42) „Die Zahl der in Riga verbliebenen Juden – 29 500 – wurde durch eine vom Höheren SS- und Polizeiführer durchgeführte Aktion auf 2500 verringert" (siehe Reitlinger, Endlösung, S. 239 ff.).

[293] Vgl. Krausnick, Einsatzgruppen, S. 275 (Sicherungs-Rgt. 727). – Sowjetischerseits wurden die Angehörigen der 203., 207., 213., 281. und 325. Sicherungsdivision der Teilnahme an Kriegsverbrechen verdächtigt, siehe Kurt W. Böhme, Liste der von den Sowjets 1948-1950 „gesperrten Einheiten", in: ders., Die deutschen Kriegsgefangenen in sowjetischer Hand. Eine Bilanz, München 1966, S. 319-336. (Zur Problematik Reinhart Maurach, Die Kriegsverbrecherprozesse gegen deutsche Gefangene in der Sowjetunion, Hamburg 1950).

[294] IfZ, Fb 104/2.

[295] Nbg. Dok. 2273-PS.

Zahlenmäßig sehr viel höher aber waren die jüdischen Opfer der „Partisanenbekämpfung" durch die HSSPF und ihre Einheiten. Himmler meldete am 29. Dezember 1942 an Hitler[296], daß in vier Monaten scharfen „Bandenkampfes" im Raum Bialystok und „Süd" 1337 Partisanen im Kampf gefallen und weitere 22 822 Partisanen und Partisanenverdächtige erschossen und 363 211 Juden „vernichtet" worden seien. Im September 1942 fielen der Operation „Sumpffieber" des HSSPF Ostland (Jeckeln) 8350 jüdische Einwohner zum Opfer[297], im Dezember 1942 fand im Raum Slonim die Aktion „Hamburg" statt, bei der 2658 Juden erschossen wurden[298], am 1. März 1943 wurden bei der Partisanenaktion „Hornung" im Raum Sluzk 3300 Juden ermordet.[299] Curt von Gottberg, Kommandeur einer Kampfgruppe zur Partisanenbekämpfung, berichtete auf einem Vortrag in Minsk am 10. April 1943, daß innerhalb von fünf Monaten (November 1941 – März 1942) bei elf Operationen über 11 000 Juden von seinem Verband erschossen worden seien.[300] Wieviele jüdische Opfer die anderen „Bandenaktionen", etwa das ob des hohen Anteils der getöteten Frauen und Kinder sogar von Kube und Lohse gerügte Unternehmen „Cottbus" forderten, ist nicht ausgewiesen.[301]

Unklar ist, ob die Meldungen der SS- und Polizeieinheiten in die Ereignismeldungen UdSSR Aufnahme gefunden haben[302], wenn sie „Aktionen" ohne Beteiligung der Einsatzgruppen durchführten.[303] So meldete etwa die 1. SS-Infanteriebrigade dem AOK 6 am 8. August 1941, daß das SS-Inf.-Rgt. 10 in Tschernjachow (Černjachov) 232 Juden erschossen habe[304], eine „Säuberungsaktion" im Raum Zwiahel dieser SS-Inf.-Brigade forderte 1658 jüdische Opfer[305], und bei der „Befriedung" des Pripjet-Gebietes durch die 1. SS-Kavallerie-Brigade wurden „13 788 Plünderer" erschossen[306] –

---

[296] Nbg. Dok. NO-511.

[297] Abschlußbericht Jeckelns vom 6.11.1941 (IfZ, MA 707/2).

[298] Meldung aus den besetzten Ostgebieten Nr. 38 (21.1.43) (IfZ, MA-440). Vgl. auch Himmlers Meldung Nr. 48 an Hitler vom 12.12.1942 (IfZ, MA-326).

[299] Wehrmachtsbefehlshaber Ostland, Brämer, an Gen.-Lt. Warlimont (Wehrmachtführungsstab) am 1.3.1943 (IfZ, MA-707/1).

[300] Das Referat v. Gottbergs: IfZ, Fb 85/1, im Auszug bei Wilhelm, Einsatzgruppe A, S. 524f. Vgl. Nbg. Dok. NO-1732.

[301] Die Einsatzbefehle: IfZ, Fb 101/13; Berichte über die Aktion ebenda Fb 101/35; Kubes und Lohses Bericht an den Reichsminister für die besetzten Ostgebiete vom 5.6.1943 bzw. 18.6.1943 in: Der Prozeß gegen die Hauptkriegsverbrecher. Bd. 38, S. 371-375. Das Dokument (R-135) gibt (S. 374) als Zahl der „Feindtoten" – d.h. Partisanen – 4500, dazu werden 5000 „bandenverdächtige Tote" aufgeführt, bei denen es sich, dem Sprachgebrauch zufolge, mit hoher Wahrscheinlichkeit zum allergrößten Teil um jüdische Einwohner handeln dürfte.

[302] Einsätze mit Beteiligung von EGr-Kommandos verzeichnet etwa EM Nr. 133 (14.11.41): EK 8 und Polizei-Regiment Mitte, Nr. 148 (19.12.41): EK 8 und Reserve-Polizei-Bataillon 316. Die hier genannten Zahlen („3726 Juden beiderlei Geschlechts und jeglichen Alters liquidiert"; „insgesamt 5281 Juden beiderlei Geschlechts erschossen") dürften in die EM-Zahlen aufgenommen worden sein.

[303] Nbg. Dok. NOKW-1169. In die EM aufgenommen wurden die Aktionen in Minsk unter Beteiligung von Ordnungspolizei des HSSPF Mitte, die 2278 (EM Nr. 92 [23.9.41]) und 3726 (EM Nr. 133 [14.11.41]) jüdischen Einwohnern das Leben kosteten, auch die von Jeckeln (Reitlinger, Endlösung, S. 213, gibt irrigerweise Prützmann) durchgeführte Aktion in Riga, der am 30. November 1941 10 600 Juden zum Opfer fielen (EM Nr. 156 [16.1.42]). Auch die Beteiligung der SS-Division „Das Reich" an der Ermordung von 920 Juden in der Stadt Logojsk („Lageisk") wurde in EM Nr. 92 (23.9.41) gemeldet.

[304] Nbg. Dok. NOKW-1612.

[305] Nbg. Dok. NOKW-1165.

[306] Abschlußmeldung der 1. SS.-Kav.-Brig. vom 13.8.1941 an HSSPF Süd (Unsere Ehre heißt Treue. Kriegstagebuch des Kommandostabes RFSS. Tätigkeitsberichte der 1. und 2. SS-Inf.-Brigade und von Sonderkommandos der SS. (Hrsg. v. Fritz Baade u.a.), Wien, S. 214ff.).

eine Formel, die gemeinhin die Ermordung jüdischer Einwohner kaschieren sollte. Das Reserve-Polizei-Bataillon 11, das in Kaunas stationiert war, ermordete bei einer „Säuberungsaktion im Raum Sluzk-Kleck" am 27.-28. September 1941 5900 Juden[307], in Borisow am 18. Oktober des gleichen Jahres 6500 jüdische Einwohner.[308]

Der Verlauf dieser „zweiten Tötungsphase", wie sie Hilberg[309] genannt hat, ist noch lückenhafter belegt als jener der ersten, die von den Einsatzgruppen direkt ausgeführt wurde und für die in den „Ereignismeldungen UdSSR" wenigstens eine homogene Quelle vorhanden ist, die, durch Dokumente anderer Provenienz bestätigt, eine annähernde Rekonstruktion des Handlungsverlaufs für die Einsatzgruppen und zu einem (geringen) Teil sogar der Verbände der HSSPF erlaubt. Eine vergleichsweise aussagekräftige Quelle fehlt für die zweite Phase ganz. Was hierzu vorliegt, sind mehr oder weniger zufällig und äußerst bruchstückhaft erhaltene Bestände verschiedener Provenienz, die ein höchst heterogenes Material bilden, ergänzt durch Zeugenaussagen, die hinsichtlich der Zahl der Opfer nur Schätzungen geben und mit der für die Oral History verbindlichen kritischen Methode zu benutzen sind. Diese Heterogenität der Quellen, die dem von Reitlinger treffend als „Labyrinth der Kompetenzen"[310] charakterisierten Überschneidungen von Zuständigkeiten von teilweise konkurrierenden Machtapparaten entspricht, läßt oftmals keine präzise Aussage darüber zu, ob die in einer Quelle genannte Opferzahl Teilsumme einer in einer anderen Quelle aufgeführten Gesamtsumme ist oder ob sie eine eigenständige Zahl darstellt. So ist in dem oben genannten Bericht Himmlers an Hitler vom 29. Dezember 1942 – nach einer Meldung des HSSPF Prützmann – fraglich, was in ihn eingegangen ist. Sein Erfassungsgebiet wird mit dem Einsatzgebiet des HSSPF Süd (Prützmann) und „Bialystok" angegeben, so daß fraglich bleibt, ob hier nicht auch der Bereich des HSSPF Mitte (von dem

---

[307] Kommandant in Weißruthenien an Wehrmachtsbefehlshaber Ostland am 10.11.1941, Anlage 4 (IfZ, Fb 104/2). – Über den Verlauf der Aktion liegt eines der seltenen Zeugnisse eines Beobachters vor, der keiner antideutschen Einstellung verdächtig ist: Der Gebietskommissar von Sluzk, Heinrich Carl, berichtete am 30. Oktober 1941 seinem Vorgesetzten Kube in Minsk mit allen Zeichen stammelnden Entsetzens, am 27. morgens habe ihn der Adjutant des Polizeibataillons informiert, daß seine Einheit in Stärke von vier Kompanien, davon zwei litauischer „Partisanen", im Anmarsch sei und den Auftrag habe, „hier in der Stadt Sluzk in zwei Tagen die Liquidierung sämtlicher Juden vorzunehmen". Die Aktion begann dann auch weisungsgemäß unverzüglich nach Eintreffen des Bataillons.
„Was im übrigen die Durchführung der Aktion anbelangt, muß ich zu meinem tiefsten Bedauern sagen, daß letztere bereits an Sadismus grenzte. Die Stadt bot während der Aktion ein schreckenerregendes Bild. Mit unbeschreiblicher Brutalität sowohl von Seiten der deutschen Polizeibeamten wie insbesondere von den litauischen Partisanen, wurde das jüdische Volk, darunter aber auch Weißruthen aus den Wohnungen geholt und zusammengetrieben. Überall in der Stadt knallte es und in den einzelnen Straßen häuften sich die Leichen der erschossenen Juden ... Bei Erschießungen vor der Stadt bin ich nicht selbst zugegen gewesen. Über die Brutalität kann ich daher nichts sagen. Es dürfte aber genügen, wenn ich hervorhebe, daß Erschossene längere Zeit nach Zuwerfen der Gräben sich wieder herausgearbeitet haben... Anschließend sehe ich mich gezwungen, darauf hinzuweisen, daß von dem Polizeibataillon während der Aktion in unerhörter Weise geplündert worden ist, und zwar nicht nur in jüdischen Häusern, sondern genau so in den Häusern der Weißruthenen. Alles Brauchbare wie Stiefel, Leder, Stoffe, Gold und sonstige Wertsachen haben sie mitgenommen. Nach Angaben von Wehrmachtsangehörigen wurden den Juden öffentlich auf der Straße die Uhren von den Armen gerissen, die Ringe in brutalster Weise von den Fingern gezogen." (Nbg. Dok. 1104-PS).
[308] Bericht des Dolmetschers der Abwehr, HGr Mitte, Soennecken, vom 24.10.1941 (Nbg. Dok. 3047-PS), wiedergegeben bei Wilhelm, Einsatzgruppe A, S. 578 ff.).
[309] Hilberg, Vernichtung, S. 249, 262, passim.
[310] Reitlinger, Endlösung, S. 235. Ein Überblick über die konkurrierenden Apparate bei Dallin, Deutsche Herrschaft, S. 32 ff., 95 ff.

Bach-Zelewski) in Teilen einbezogen ist. Ferner ist die genaue zeitliche Begrenzung unsicher, der Bericht spricht von den vergangenen vier Monaten.

Es ist unwahrscheinlich, daß die Aktion vom 28./29. Juli 1942 in Minsk[311], die 10 000 jüdischen Ghettobewohnern das Leben kostete, in Himmlers Zahl enthalten ist. Anders verhält es sich mit der im Affidavit von Metzner[312] genannten Aktion vom August 1942 in „Schirowitz", der 1400 Juden zum Opfer fielen, den von Gräbe berichteten Morden in Dubno am 5.-7. Oktober 1942 mit 12 000 Opfern.[313] Die Ermordung von 6000 Juden in Mineralnyje wody (Mineral'nye vody) durch Sonderkommando 10a im September 1942[314] ist wahrscheinlich, da nicht in Prützmanns Einsatzraum erfolgt, nicht in dessen Angabe enthalten. Aber die Erschießung von etwa 500 jüdischen Einwohnern in Gomel' im Oktober 1942[315] könnte in Himmlers Zahl enthalten sein. Mit größter Wahrscheinlichkeit trifft dies für die 611 Ermordeten zu, die das Polizei-Regiment 15 für den Zeitraum vom 6. September bis 31. Oktober 1942 meldete[316], ein Gleiches gilt für die Meldung über die Morde im Ghetto Pinsk, die die 10. Kompanie des 15. Polizei-Regiments mit der 11. Kompanie des 11. Polizei-Regiments am 28. Oktober 1942 verübte, sie forderten mindestens 26 200 Opfer.[317] Wahrscheinlich inbegriffen sind jene 1942 in Poltawa ermordeten Juden, von denen Augenzeugen berichten[318], auch die in der Sammelmeldung des 15. Polizei-Regiments für Herbst 1942 genannte Zahl von „41 848 Juden, Jüdinnen und jüdischen Kindern", die in der Nordwest-Ukraine ermordet wurden[319], sind wahrscheinlich in Himmlers Angabe enthalten. Unklar bleibt, ob die in Kobryn gemeldeten 5000 und die für Brest-Litowsk genannten 20 000 jüdischen Opfer[320] des Jahres 1942 zu dieser Zwischensumme – und ggf. in welcher Größenordnung – zu addieren sind. Die 18 000 Juden, die der zweiten Okkupation Rostows im Juli 1942 zum Opfer fielen[321], dürfte Prützmann nicht an Himmler gemeldet haben, sie wurden vom Sonderkommando 10a ermordet.

Vergrößert werden diese quellenbedingten Unsicherheiten noch dadurch, daß eine Reihe von Operationen der Einsatzgruppen und der HSSPF-Einheiten zwar bezeugt sind, aber keine Angaben über die Zahl ihrer Opfer vorhanden sind. Dies gilt etwa für die „Aktion" des Sonderkommandos 10a in Naltschik im Juli 1942[322] wie für die Erschießungen in Zagrodsk[323] während des August des gleichen Jahres und für die Morde in Bobrujsk im Frühjahr 1943.[324]

---

[311] Nbg. Dok. 3428-PS, vgl. Reitlinger, Endlösung, S. 264-268; Luck (Use and Abuse of Holocaust Documents. Reitlinger and „How Many?", in: Jewish Social Studies 41 (1979), S. 95-122, S. 103) schließt aus, daß andere Bereiche als das Einsatzgebiet HSSPF Süd inbegriffen sind.
[312] Nbg. Dok. NO-558.
[313] Nbg. Dok. 2992-PS.
[314] Reitlinger, Endlösung, S. 272, nach Prawda vom 3.8.1943.
[315] Nbg. Dok. NO-5520.
[316] Luck, Use, S. 103.
[317] Ebenda, S. 101.
[318] Reuben Ainszstein, Jewish resistance in Nazi occupied Eastern Europe, New York 1974, S. 227, 274.
[319] Dokumenty obvinjajut. Sbornik dokumentov o čudovišcnych zverstvach germanskich vlastej na vremenno zachvačennych imi sovetskich territorijach. Vyp. 1, Moskva 1945, S. 38.
[320] Luck, Use, S.105, 116, Anm. 68.
[321] Ebenda, S. 105.
[322] Der Oberländer-Prozeß, Berlin (Ost) 1960, S. 149f. – Die hier wiedergegebene Zeugenaussage ist übrigens ein warnendes Beispiel für den Mißbrauch dieser Quellengattung.
[323] Raul Hilberg, Documents of destruction, Chicago 1971, S. 59ff.
[324] Luck, Use, S. 105.

Als gesicherte und nicht in Himmlers Angaben inbegriffene Zahlen dürften dagegen die von Mitte Mai bis Ende Juli in Minsk ermordeten 55 000 Juden gelten[325], ferner sind im Gebiet Lida, Baranowitschi, Slonim, Bytin und Berecin im Frühjahr 1943 weitere 20 000 Opfer zu verzeichnen.[326] Im Februar des gleichen Jahres sind bei Sluzk (Sluck) noch 1200 Juden ermordet worden.[327] Und einer Meldung der Gefängnisverwaltung Minsk zufolge starben vom 13. April bis 31. Mai 1943 in der dortigen Haftanstalt 516 deutsche und russische Juden, wobei offen bleiben muß, wieviele sowjetische Bürger in dieser Angabe enthalten sind.[328]

Diese Mordaktionen, die sich in der zweiten Hälfte des Jahres 1942 verdichteten, sind durch die „Aktion Reinhard" eingeleitet worden, jenes pervertierte Sühneopfer der SS für den toten Reinhard Heydrich, das in Minsk mit der Aktion vom 28./29. Juli praktiziert wurde.[329] Bis zum Frühjahr 1943 sind die offenen Ghettos, in denen die jüdischen Einwohner der Marktflecken und kleinen Städte – zumeist auch ihrer näheren Umgebung – vorwiegend zusammengefaßt waren, liquidiert worden: Die Welt der ostjüdischen „schtetl", eines Scholem Alejchem und Marc Chagall, war tot, ausgelöscht. In Wolhynien begann die neuerliche Vernichtungswelle schon Ende Juni mit der „Liquidierung" der Ghettos Korez (Korec), Dubno und Kowel (Kovel), im Juli folgte das Ghetto in Rowno und jenes in Olynka.[330] Aber auch vor den großen Ghettos der volkreichen Städte machte die „Endlösung" nicht Halt, ihre Bewohner wurden bei immer neuen „Aktionen" schrittweise dezimiert, nur diejenigen durften ihre befristete Existenz fortsetzen, auf Zeit überleben, die als „Arbeitsjuden" für die Aufrechterhaltung der Wirtschaft, soweit sie der Besatzungsmacht diente, unentbehrlich waren – ganz besonders, wenn sie für den Bedarf der Wehrmacht und Waffen-SS arbeiteten. Doch verschlechterte sich die Position der Wirtschaftsinspektoren und anderer Vertreter der Zivilverwaltung[331], die sich, und dies zum Teil mit Nachdruck[332], für ihre jüdischen Arbeitskräfte einsetzten und deren Leben zu erhalten suchten, gegenüber den auf die „Lösung des Judenproblems" drängenden SS-Funktionären mehr und mehr, auch die zaghaften Versuche des Reichsministeriums für die besetzten Ostgebiete und des Wirtschaftsführungsstabes Ost, dem Göring vorstand, auf Himmler und das RSHA einzuwirken, blieben letztlich fruchtlos: Die „Rassenpolitik" gewann Priorität selbst gegenüber Erfordernissen der Kriegswirtschaft.[333] So konnte nur eine geringe Zahl (geschlossener ?) Ghettos noch eine kurze Zeit fortbestehen. Für den ukrainischen Raum ist nur die Existenz eines Ghettos in dem Kiewer Stadtteil Syrezk (Syreck) bezeugt, in dem jüdische Arbeitskräfte bis Ende Oktober 1943 überleben konnten.[334] Dagegen gab es in Weißrußland, wo, anders als in der Ukraine, die jüdi-

---

[325] Fall 9. Das Urteil im Einsatzgruppenprozeß, S. 222.

[326] Nbg. Dok. NO-5558.

[327] Fall 9. Das Urteil im Einsatzgruppenprozeß, S. 224.

[328] Nbg. Dok. R-135. – Die aus westlichen Gebieten auf sowjetisches Territorium deportierten Juden werden, da in den Berichten über die einzelnen Länder abgehandelt, hier nicht berücksichtigt.

[329] Nbg. Dok. 3428-PS.

[330] Shmuel Spector, The Jews of Volynia and their reaction to extermination, in: Yad Vashem Studies 15 (1983), S. 159-186, hier S. 161 ff.

[331] Einen Überblick über die beteiligten Behörden bei Dallin, Deutsche Herrschaft, S. 32 ff., 95 ff.

[332] Vgl. den Bericht des Gebietskommissars von Sluck, Carl, an Kube vom 30.9.1941 (Nbg. Dok. 1104-PS).

[333] Hilberg, Vernichtung, S. 253 ff.; Dallin, Deutsche Herrschaft, S. 317 ff.; Wilhelm, Einsatzgruppe A, S. 348.

[334] The Jewish Black Book Committee (ed.), The Black Book. The Nazi crime against the Jewish people, New York 1946, S. 362.

sche Bevölkerung den größten Teil der Handwerker und Facharbeiter stellte, nach Kubes Schreiben an Leibbrandt vom 23. November 1942 noch zehn Ghettos mit insgesamt 30 000 Bewohnern[335], von denen allerdings in Minsk nur 8600 und in den anderen 7000 fortleben sollten, deren Arbeit in den Rüstungsbetrieben und im Eisenbahnwesen unverzichtbar war – allerdings hatte Kube schon am 31. Juli einen Vorbehalt eingebracht: „Vorläufig werden die notwendigen Ansprüche der Wehrmacht, die in der Hauptsache Arbeitgeber des Judentums ist, berücksichtigt."[336]

Diese Ghettos – bekannt sind die von Minsk, Nowogródek (Novogrudok), Wilejka, Baranowitschi, Slonim, Hancewicze (Gančeviči) und Lida[337] – haben bis in den September, vereinzelt bis November 1943 fortbestanden.[338] Ihre Belegschaft ist offenbar stärker gewesen, als Kube in seinem Schreiben an Lohse angab, denn der Gebietskommissar von Lida, Hanweg, nannte für seinen Amtsbereich auf einer Tagung der Gebietskommissare in Minsk am 8.-10. April 1943 die Zahl („ein Rest") von 4419 Juden. Haase, der für Wilejka zuständig war, sprach von 3000 Überlebenden, von denen 2850 auf der großen Heeresbaustelle in Krasnoje („Krasne") eingesetzt seien. Da diese – bis auf einige Fachleute – entbehrlich seien, habe er „mit meinem SS-Obersturmführer" Übereinkunft erzielt, „wonach Krasne so schnell wie möglich bereinigt werden soll. Demnach dürfte die Judenfrage in meinem Gebiet in Kürze endgültig erledigt sein."[339] Man wird also für Lida mit einer „Umsiedlungsaktion" im April/Mai zu rechnen haben, nach deren Abschluß von den 3000 Juden des Gebietes noch 150 am Leben waren. Strauch, der KdS Weißruthenien, nannte auf der gleichen Konferenz die Zahl von „etwa 20 000 im Bereich des Generalkommissariats" noch lebenden Juden[340], eine Angabe, die nicht notwendig im Gegensatz zu Kubes Daten vom Juli 1942 stehen muß, da sie wahrscheinlich die aus dem Reich nach Minsk deportierten Juden einschließt.

Im Gebiet von Białystok, das Erich Koch in Königsberg unterstand, gab es große Ghettos in Białystok selbst, in Grodno und Łomża, sowie eine größere Zahl kleinerer Ghettos. Sie haben bis Ende 1942 eine Sonderstellung innegehabt und sind von der „Aktion Reinhard" verschont geblieben; erst als im Dezember 1942 die Weisung erging, das Reichsgebiet „judenfrei" zu machen, wurden auch sie von der Vernichtungswelle erfaßt. Ihre Insassen wurden nach Treblinka und Auschwitz deportiert und dort bis auf einige wenige ermordet. In Grodno bestand das Ghetto mit einer schrumpfenden Bevölkerung noch bis zum 12. März 1943, und aus Białystok, dessen Arbeiter die kriegswichtige Produktion der Textilindustrie des Ortes aufrechterhielten, wurden Ende August 1943 25 000 Juden nach Treblinka deportiert[341], einige jüdische Widerstandskämpfer vermochten sich im Ghetto noch über den 15. September hinaus zu behaupten.[342] Im Ghetto Minsk, das gegen Ende des Jahres 1942 noch 8800 Insassen

[335] Reitlinger, Endlösung, S. 255. – Das von Reitlinger als Beleg gegebene Nürnberger Dokument 3428-PS enthält allerdings Kubes Schreiben an Lohse vom 31.7.1942.
[336] Nbg. Dok. 3428-PS.
[337] Ebenda.
[338] Reitlinger, Endlösung, S. 255.
[339] Tagung der Gebietskommissare, Hauptabteilungsleiter und Abteilungsleiter in Minsk, 8.-10.4.1943 (IfZ, Fb-85, S. 72 ff.).
[340] Ebenda, S. 165.
[341] Reitlinger, Endlösung, S. 322 f.
[342] Josef Tenenbaum, In search of a lost people, New York 1949, S. 100.

zählte[343] – 6200 sowjetische und 2600 deutsche Juden, die man dorthin deportiert hatte –, wurden immer wieder, auch gegen die Vorstellungen Kubes, kleinere Gruppen mittels des dort stationierten „Gaswagens" ermordet, seit Juli 1943 verstärkte der KdS Strauch die Bemühungen um die Liquidierung des Ghettos, und kurz vor Kubes Ermordung wurden am 14. September 1943 die letzten Ghettobewohner in polnische Lager abtransportiert. Im gleichen Monat wurden auch die Ghettos Lida und Nowogrodek auf eben diese Weise aufgelöst. Bis Ende November waren die letzten Ghettos in Weißrußland verschwunden, ihre Insassen entweder im Lande ermordet oder in die polnischen Vernichtungslager abtransportiert.[344]

In den baltischen Ländern hatten die Ghettos in den Hauptstädten Litauens und Lettlands sowie in einigen wenigen ländlichen Zentren die Massaker der Monate Juli bis November 1941, denen der größte Teil der jüdischen Bevölkerung des Baltikums zum Opfer fiel, überdauern können; allerdings boten auch sie keinen sicheren Schutz vor den Mordkommandos und wurden verschiedenen „Durchkämmungs"- oder „Säuberungs"-Aktionen unterworfen.[345] Dabei wurden die in Kaunas und Wilna anfänglich bestehenden zwei „jüdischen Wohnbezirke" in je ein Ghetto umgewandelt. In Kaunas, dessen Ghetto im Stadtteil Viliampol lag, lebten am 15. August 1941 30 000 Juden, Ende Dezember betrug ihre Zahl noch 17 412.[346] In Wilna, wo nach der Aktion vom 1. September nach den Daten vom 6. dieses Monats noch 40 000 Juden am Leben waren, wurden viele nichtarbeitsfähige Juden zur Mordstätte Paneriai transportiert, so während des 21.-24. Oktober. Bis Jahresende 1941 war die Zahl der Ghettobewohner auf 20 000 gesunken.[347]

Die 5000 für Ende August genannten Bewohner des Ghettos Schaulen (Šiauliai) blieben bis Jahresende von „Aktionen" verschont, 500 weitere Juden lebten noch in Svenciony.[348] Jäger, nunmehr KdS Litauen, bemerkte dazu: „Diese Arbeitsjuden incl. ihrer Familien wollte ich ebenfalls umlegen, was mir jedoch scharfe Kampfansage der Zivilverwaltung [des Reichskommissars] und der Wehrmacht eintrug und das Verbot auslöste: Diese Juden und ihre Familien dürfen nicht erschossen werden."[349] In Lettland bestanden seit dem 12. Juli in Libau und seit dem 25. Juli in Daugavpils (Dünaburg) kleinere Ghettos[350]; in Riga, wo sich die lettische Bevölkerung der Moskauer Vorstadt gegen die Aussiedlung ihrer jüdischen Mitbürger sträubte, konnte das „große" Ghetto erst am 25. Oktober geschlossen werden. Der größte Teil der anfangs 29 602 Bewohner wurde in den „Aktionen" vom 29./30. November und vom 8./9. Dezember 1941 ermordet, in dem bis 1943 fortbestehenden „kleinen" Ghetto lebten

---

[343] Nach Reitlinger, Endlösung, S. 323. Dies würde bedeuten, daß es Kube gelang, 200 Juden mehr am Leben zu erhalten als dies nach seinem Schreiben an Lohse vom 31.7.1942 (siehe oben, Anm. 335) zu erwarten war.

[344] Reitlinger, Endlösung, S. 323.

[345] Zu Litauen siehe neben Arad („Final Solution") für das Ghetto Wilna Dvorjetski (Ghetto de Vilna), für Lettland neben Kaufmann (Churbn Lettland) die Beiträge in Bobe (Jews in Latvia).

[346] Im Gesamtbericht vom 15.10.1941 gibt auch Stahlecker diese Zahl (Nbg. Dok. L-180).

[347] In seinem Bericht (Rückerl, NS-Prozesse, Anhang) gab Jäger für Kaunas und Wilna je „ca. 15 000", für Schaulen „ca. 4500".

[348] Arad, „Final Solution", S. 247.

[349] Jäger in seinem Bericht vom 1.12.1941 (Text bei Wilhelm, Einsatzgruppe A, S. 536, Auszug).

[350] Bobe, Jews in Latvia, S. 361 f.

etwa 4500 Juden, ferner noch einige außerhalb, insgesamt etwa 5000.[351] In Libau überlebten die „Aktionen" vom 23. Juli und vom Dezember 850 Ghettobewohner[352], aufgelöst wurde das Ghetto am 8. Oktober 1943, die Überlebenden wurden an diesem Tage in das Konzentrationslager Kaiserwald gebracht.[353] Dorthin wurden auch die arbeitsfähigen Überlebenden des Rigaer Ghettos gebracht, die arbeitsunfähigen wurden bei der Auflösung am 2./3. November 1943 per Bahn abtransportiert, zumindest ein Teil von ihnen nach Auschwitz, wo der größte Teil in den Gaskammern sterben mußte.[354]

In Estland haben keine Ghettos bestanden, denn obwohl das Sonderkommando 1a Mitte Oktober 1941 meldete, man werde für die „etwa 500 bis 600 Jüdinnen und Kinder" in Estland ein Lager in Harku bei Reval errichten und die Frauen beim Torfstich einsetzen[355], verzeichnete Ende Januar der Gesamtbericht der Einsatzgruppe A kurz: „Heute gibt es in Estland keine Juden mehr."[356] Die jüdischen Insassen der für die Ölschieferproduktion erbauten Konzentrationslager Kiviöli, Raasiku und Vaivara mußten daher von außerhalb des Landes herangeholt werden, zum Teil waren es litauische und lettische Juden. Auch in den Vaivara unterstehenden Teillagern Klooga und Lagedi bestand ein Teil der Häftlinge – etwa die Hälfte – aus Juden. Sie sind bei der Räumung des Lagers im Herbst 1944 erschossen worden.[357] In Lettland waren Juden in die Konzentrationslager von Salaspils, Kaiserwald und Jungfernhof (Jumpravmuiza) gebracht, die Ghettobewohner Rigas wurden, soweit arbeitsfähig, nach Kaiserwald gebracht und bei Räumung des Lagers über See nach Stutthof transportiert, von wo sie zum Teil in andere Konzentrationslager im Reich weitergeschickt wurden. Reitlinger beziffert die Zahl der im November 1943 in baltischen Konzentrationslagern lebenden Juden mit 50 000, von denen etwa ein Fünftel den Zusammenbruch überlebt habe.[358] Darin sind auch die Überlebenden der in Konzentrationslager umgewandelten Ghettos Wilna und Kaunas inbegriffen. Aus Wilna waren im August und September Transporte nach Kaiserwald abgegangen, auch aus Kaunas wurden Arbeitskräfte dorthin deportiert. Die restlichen Insassen des Lagers Kaunas wurden vor dem Herannahen der Roten Armee im Juli/August 1944 abtransportiert, die Frauen nach Stutthof, die Männer ins Konzentrationslager Dachau.[359]

---

[351] Die Zahlen nach Arad, „Final Solution", S. 244, 247, vgl. Kaufmann, Churbn Lettland, S. 119. Vgl. auch IfZ, Gh 02.79/1, S. 105 f. (LG Hamburg. Verfahren gegen Viktor Bernard Arajs). Die Angabe über die Zahl der Bewohner des großen Ghettos im Bericht des Generalkommissars Lettland an den Reichskommissar Ostland vom 20.11.1941 (ebenda, S. 30). – Das „deutsche" Ghetto wird hier nicht berücksichtigt, siehe dazu Jeanette Wolff, Sadismus oder Wahnsinn, Greiz 1946.

[352] Kaufmann, Churbn Lettland, S. 302; Bobe, Jews in Latvia, S. 362. Lange (KdS Lettland) gab in seinem Bericht vom Januar 1942 (IfZ, Fb 101/29, im Auszug bei Wilhelm, Einsatzgruppe A, S. 534 f.) für Riga 2500, Daugavpils 950 und Libau 300 „restliche Juden", doch spricht er von Arbeitskräften, bezieht also u.U. die Familienangehörigen nicht ein. Zu Libau vgl. die Auszüge aus dem Kriegstagebuch Nr. 1 des SS- u. Pol.-Standortführers Libau bei Wilhelm, Einsatzgruppe A, S. 571 ff.

[353] Bobe, Jews in Latvia, S. 361.

[354] Reitlinger, Endlösung, S. 327 f.; Bobe, Jews in Latvia, S. 363 f.; Kaufmann, Churbn Lettland, S. 196 f.

[355] EM Nr. 111 (12.10.41).

[356] Gesamtbericht der Einsatzgruppe A vom 16. Oktober 1941 bis 31. Januar 1942 (IfZ, Fb 101/35).

[357] Aktenvermerk für den Herrn Reichskommissar über Besprechung bei Gauleiter Meyer in Berlin am 5.7.1944 (IfZ, MA 793, S. 34); Aussage Jeckelns in: Wilhelm, Einsatzgruppe A, S. 569; ebenda, S. 612 ff.

[358] Reitlinger, Endlösung, S. 329. Nach Kaufmann (Churbn Lettland, S. 358) wurde Kaiserwald am 6.8.1944 geräumt. Dachau nennt Kaufmann nicht, jedoch Buchenwald, Sachsenhausen u.a. Lager. Er berichtet auch, daß 1500 Lagerinsassen in Kaiserwald zurückgeblieben seien. Die Zahl der jüdischen Häftlinge in Kaiserwald soll 15 000 betragen haben.

[359] Reitlinger, Endlösung, S. 328. Zu Wilna und Kaunas siehe Arad, „Final Solution", S. 259 f.

Vom Schicksal der unter die deutsche Besatzungsmacht geratenen jüdischen Bevölkerung der Sowjetunion zu unterscheiden ist das jener jüdischen Gruppe, deren Siedlungsraum unter rumänische Herrschaft kam. Das waren vor allem die Juden Bessarabiens und der Nordbukowina, die Rumänien aufgrund des sowjetischen Ultimatums vom 26. Juni im Juli 1941 an die Sowjetunion hatte abtreten müssen, und die des Transnistrien genannten Gebietes zwischen Dnestr und (östlichem) Bug, das im Abkommen von Tighina am 30. August 1941 rumänischer Verwaltung unterstellt worden war. Die Juden der Südbukowina – einschließlich des 1938 inkorporierten altrumänischen Distrikts von Dorohoi – hatten das Los dieser Gruppe zu teilen.[360] Dieser Raum aber war Einsatzgebiet der Einsatzgruppe D gewesen, die am 6./7. Juli in Czernowitz, der alten Bukowiner Hauptstadt mit einer reichen jüdischen Tradition und (1930) über 41 000 jüdischen Einwohnern, Standort genommen hatte. Anhand vorbereiteter Namenslisten führte sie schon am 8./9. Juli „in Zusammenarbeit mit der rumänischen Polizei" eine „Großaktion" durch, der 682 führende jüdische Persönlichkeiten der Stadt zum Opfer fielen.[361] Mit der Vorverlegung der Einsatzgruppen-Einheiten wurden auch in Chotin, Kischinew, Tighina und Belzy sowie in Jampol', Kodyma und im Gebiet von Ananjew jüdische Einwohner ermordet.[362] Erst nach dem Abkommen von Tighina räumte die Einsatzgruppe das nunmehr rumänische Gebiet weitgehend, allerdings hielt sich das Sonderkommando 11b bei Odessa bereit, um nach der Einnahme der Stadt (16. Oktober 1941) „sicherheitspolizeiliche Aufgaben" durchführen zu können.[363]

Die rumänische Judenpolitik in den „neurumänischen" Territorien Bukowina, Bessarabien und Transnistrien unterschied sich grundlegend von jener im altrumänischen Gebiet, in dem die alteingesessene jüdische Bevölkerung einen gewissen Schutz und Sicherheit besaß.[364] In den neurumänischen Gebieten aber verfolgte die rumänische Politik zumindest in der Anfangsphase des Krieges das Ziel, das Land „judenfrei" zu machen. Allerdings nicht durch die systematische Ermordung der Juden durch Erschießen oder im Gaswagen, wie dies die deutschen Verbündeten praktizierten, sondern durch Deportation in jüdische Siedlungsbereiche in Transnistrien, und zwar in dessen östlichen Teil. Sowohl Bukowina und Bessarabien als zurückeroberte Gebiete wie auch das neugewonnene Transnistrien wiesen eine starke jüdische Bevölkerung auf, nach der Volkszählung von 1930 lebten in den beiden östlichen Provinzen Rumäniens rund 314 000 Juden[365], und Odessa war die Stadt mit der größten jüdischen Einwohnerzahl in der Sowjetunion, aber auch Nikolajew und Cherson hatten starke jüdische Gemeinden.[366] Die Anzahl der Juden, die in den rückeroberten Gebieten

[360] Hilberg, Vernichtung, S. 221 ff.
[361] EM Nr. 40 (1.8.41); Tätigkeits- und Lagebericht Nr. 2, 27.7.-14.8.1941 (Nbg. Dok. NO-2652).
[362] EM Nr. 37 (29.7.41): Belzy (Erschießung des 45 Personen umfassenden jüdischen Ältestenrates), 40 (1.8.41): Chotin („150 Juden und Kommunisten"), 45 (7.8.41): Tighina (155 Opfer), Kischinew (551 Opfer), Jampol' (9 Ermordete), Kodyma (97 Ermordete sowie Geiselnahme von 1756 jüdischen Einwohnern, die mit größter Wahrscheinlichkeit ebenfalls ermordet wurden). Zu Chotin siehe auch EM Nr. 89 (20.9.41). Danach wurden im Raum Ananjew bis Ende August 4425 Juden ermordet. In Kischinew wurde ein Ghetto mit 9000 Bewohnern errichtet (EM Nr. 63 [25.8.41]).
[363] EM Nr. 89 (20.9.41); siehe Krausnick, Einsatzgruppen, S. 201.
[364] Hilberg, Vernichtung, S. 515 ff.; Reitlinger, Endlösung, S. 448 ff.
[365] Die Angaben nach dem Standardwerk Matatias Carp, Cartea Neagră. Suferinţele evreilor dîn România 1940-1944. Bd. 3, Bucureşti 1948, hier S. 42.
[366] Im Jahre 1926 hatte Odessa 153 000 jüdische Einwohner, Nikolajew (1923) 31 000, Cherson (1920) 27 000.

wieder unter rumänische Herrschaft kamen, war allerdings geringer als die aufgrund der Volkszählung von 1930 errechnete Zahl von 277 949.[367] Denn eine (geringe) Anzahl hatte sich vor den einrückenden Sowjets auf altrumänisches Gebiet zu retten gewußt, einige Tausend (?) wurden von der Deportierungswelle, die im Juni 1941 einsetzte, in die Lager Nordostrußlands, Sibiriens und Mittelasiens verschlagen, und schließlich wurde ein beträchtlicher Teil, der für Nordbukowina und Bessarabien auf über Hunderttausend beziffert wird, von den Sowjets evakuiert oder ergriff vor den heranrückenden deutschen und rumänischen Truppen die Flucht.[368] Wie groß ihre Zahl ist und wieviele von ihnen auf ihrer Flucht vom Vormarsch der verbündeten Armeen überrollt wurden, ist nicht feststellbar – wem dies bittere Los zuteil ward, der versuchte entweder an seinen alten Wohnsitz zurückzukehren oder wurde ein Opfer der Einsatzgruppen bzw. der Aktionen der HSSPF.[369] Aber auch in den rumänisch besetzten Teilen kam es zu Erschießungen durch rumänische Polizei, deren Opfer bis Mitte Juli allein auf 6000 geschätzt werden.[370] Nicht erfaßt ist die Zahl der Opfer, die die Tätigkeit der ukrainischen „Partisanen" in der Bukowina forderte.[371]

Rumänischerseits versuchte man anfangs, die jüdische Bevölkerung ostwärts über den Dnestr abzuschieben, in das (damals noch) deutsche Besatzungsgebiet, doch wurde seitens der Wehrmacht an der Dnestrlinie – unter Einsatz von Teilen der Einsatzgruppe D – eine Sperre errichtet und die Abschiebung unterbunden. In der zweiten Augusthälfte wurden „etwa 27 500 Juden" wieder auf rumänisches Gebiet zurückgetrieben, weitere 1265 wurden dabei von Einsatzgruppe D erschossen.[372] Mit dem Abkommen von Tighina wurde diese Sperrgrenze weiter nach Osten, an den Bug verlegt. Die Deportationen aus den beiden zurückeroberten Provinzen wurden nach Transnistrien geleitet, wohin der größte Teil der jüdischen Bevölkerung der Bukowina und Bessarabiens ausgewiesen wurde. Auch die jüdische Bevölkerung der großen Zentren Transnistriens mußte ihre Wohnsitze verlassen. Die Deportierten wurden in Lager und in alte jüdische Siedlungen des östlichen Transnistrien eingewiesen; ein deutscher Beobachter vermerkte Mitte Januar 1942 nicht ohne Sorge[373], daß „35 km südlich von Winniza … 60000 Juden zusammengezogen" seien (im Februar wurden dann auch 10000 über den Bug auf deutsches Besatzungsgebiet getrieben)[374] und daß die rumänische Regierung sie dort „dem Hungertod preisgibt, da sie vor einer Erschießung nach deutschem Muster zurückschreckt …". In Bessarabien und der Bukowina waren am 1. September 1941 noch etwa 156 000 Juden registriert (gegenüber ca. 185 000 Anfang Juli), von ihnen wurden zwischen September und Ende Dezember 118 847 deportiert, denen im Juni 1942 weitere etwa 5000 nachfolgten. Die 14 000 Juden, die von den Deportationen verschont blieben, lebten bis auf wenige Ausnahmen

---

[367] Fisher, How many Jews, S. 96, Anm. 6; Schwarz, Jews in the Soviet Union, S. 224.
[368] Hilberg, Vernichtung, S. 522.
[369] So wurden in Czernowitz (Cernăuți) anfangs 4000 Juden registriert, doch wuchs ihre Zahl durch Rückkehrer bald auf über 10000. Vgl. EM Nr. 63 (25.8.41). Carp, Cartea Neagră, S. 61 ff. gibt eine rumänische Zahl von 11 252 im Dezember 1941.
[370] Carp, Cartea Neagră, S. 29 ff.
[371] Vgl. Reitlinger, Endlösung, S. 452, der Morde in Radautz und Czudin nennt.
[372] Vgl. EM Nr. 45 (7.8.41), 64 (26.8.41), 67 (29.8.41); Tätigkeits- und Lagebericht Nr. 3, 15.-31.8.1941 (Nbg. Dok. NO-2653).
[373] Schreiben des Leiters der Geheimen Feldpolizei/ OT-Einsatz Eichenhain vom 13.1.1942 an Leiter Sipo und SD Vinnica, zitiert nach Krausnick, Einsatzgruppen, S. 276, Anm. 703.
[374] Siehe Nbg. Dok. NG-4817.

in der Bukowina, der größte Teil von ihnen im Ghetto Czernowitz, wo er auch die Befreiung erlebte.[375]

Von den Deportierten überstand ein Teil die Strapazen des Transportes nicht, und in den Bestimmungsorten war für ihre Aufnahme ebensowenig Vorsorge getroffen wie in den Durchgangslagern. Hunger und Fleckfieber forderten viele Opfer, erst als es im Verlauf der zweiten Hälfte des Jahres 1942 den Juden Altrumäniens gelang, mit Erlaubnis Antonescus Geld, Kleidung und Medikamente zu schicken, besserte sich ihre Lage etwas.[376] Die von einer Kommission durchgeführte Zählung, die am 1. September 1943 abgeschlossen wurde, ermittelte 50 741 überlebende Deportierte aus Bessarabien und der Bukowina in den 101 jüdischen „Kolonien" Transnistriens.[377] Hinzu kamen „einige Hundert" im Konzentrationslager Vapniarka – in einer Besprechung über Evakuierungsmaßnahmen mit Antonescu am 17. November 1943 bezifferte General Vasiliu ihre Zahl auf 435.[378] Insgesamt überlebten also etwa 51 000 Juden aus den 1940 von der Sowjetunion annektierten rumänischen Gebieten die Deportation. Wieviel von ihnen tatsächlich in ihre alten Wohnsitze zurückgeführt wurden, wie groß die Zahl derer ist, die den Krieg überleben konnten, ist unklar.[379] Unklar ist aber auch, wieviele der Juden Transnistriens die Verfolgungen und Entbehrungen überstanden. Einen kleinen Teil (ca. 18 000) der zurückgebliebenen jüdischen Bevölkerung hat die Einsatzgruppe D während ihrer Tätigkeit in diesem Gebiet ermordet, eine weitere große jüdische Gruppe befand sich in dem am 6. August eingeschlossenen Odessa. Als nach der Einnahme der Stadt am 22. Oktober sowjetische Partisanen das Hauptquartier der Rumänen in die Luft sprengten, wurden noch in der Nacht zahlreiche Juden und Kommunisten als Vergeltung erhängt oder erschossen. Am folgenden Tage wurden 19 000 jüdische Einwohner erschossen, und danach bis zum 25. Oktober weitere 30 000 in Dalnic ermordet.[380] Die restlichen jüdischen Einwohner der Stadt – ihre Zahl wird mit 30 000 angegeben[381] – wurden in den folgenden Monaten getötet. Das Schicksal der anderen jüdischen Einwohner Transnistriens, die unter rumänische Herrschaft kamen, ist nicht mit letzter Sicherheit zu klären, nach Fisher[382] fielen insgesamt 130 000 jüdische Einwohner Transnistriens den Verfolgungen zum Opfer.[383]

Das rumänische Besatzungsgebiet ist jener Teil des sowjetischen Territoriums (in den Grenzen vom 1. Juni 1941), für das die Gesamtzahl der Opfer am genauesten zu ermitteln ist und zwar aufgrund der Daten der rumänischen Volkszählungen in den

---

[375] Daten bei Hilberg, Vernichtung, S. 524; Wolf Rosenstock, Die Chronik von Dschurin. Aufzeichnungen aus einem rumänisch-deutschen Lager, in: Dachauer Hefte 5 (1989), S. 40-86.

[376] Hilberg, Vernichtung, S. 537.

[377] Carp, Cartea Neagră, S. 438 ff., 447 ff.

[378] Hilberg, Vernichtung, S. 530, 538.

[379] Reitlinger (Endlösung, S. 464) gibt 14 000 Zurückgeführte.

[380] Dora Litvani, The destruction of the Jews of Odessa in the light of Romanian documents, in: Yad Vashem Studies 6 (1967), S. 135-154; Hilberg, Vernichtung, S. 220 (erwähnt die Angabe eines deutschen Abwehroffiziers, der von 40 000 nach Dalnic getriebenen Juden spricht).

[381] Carp, Cartea Neagră, S. 201.

[382] Fisher, How many Jews, S. 99. Die Zahl der Opfer unter den Deportierten gibt Fisher mit 87 575.

[383] Alfred Streim führt in seinem Bericht „Das Sonderkommando 4a der Einsatzgruppe C und die mit diesem Kommando eingesetzten Einheiten. Abschlußbericht" (IfZ, Gy 10, S. 84 ff.) eine beträchtliche Zahl in den EM nicht erwähnter Erschießungsaktionen an, doch ist damit nur ein kleiner Teilbereich erfaßt. Dies zeigt aber, daß die Quellenlage zur Zahl der Opfer höchst fragmentarisch ist. – Zum Komplex Rumänien siehe auch Martin Broszat, Das Dritte Reich und die rumänische Judenpolitik, in: Gutachten des Instituts für Zeitgeschichte. Bd. 1, München 1958, S. 102-183.

rückeroberten Gebieten. Legt man die 185 000 für Bessarabien und Bukowina Anfang Juli 1941 registrierten jüdischen Einwohner zugrunde – wobei unklar ist, wieviele bereits vor der Registrierung ermordet worden waren –, von denen etwa 14 000 im Ghetto Czernowitz und rund 9000 im Ghetto Kischinew überlebten und ca. 50 000 die Deportation überstanden, so beträgt der Verlust in diesen beiden Gebieten – einschließlich des altrumänischen Distrikts von Dorohoi – etwa 110-115 000. Hinzu kommen die etwa 130 000 jüdischen Opfer aus der Bevölkerung Transnistriens, so daß für das gesamte sowjetische Gebiet unter rumänischer Verwaltung mit etwa 240 000 bis 245 000 Toten zu rechnen ist.

Relativ sicher sind auch die Daten für das nördliche Randgebiet der UdSSR, die baltischen Republiken. Der „Gesamtbericht der Einsatzgruppe A vom 16. Oktober 1941 bis 31. Januar 1942"[384] gibt für Litauen 136 421, Lettland 35 238, Estland 963 ermordete Juden, dazu als Opfer der Pogrome 5500 und im „Grenzstreifen" weitere 5502 von den Kommando-Trupps der Gestapo-Leitstelle Tilsit Getötete, insgesamt also 183 624 Opfer. Hierin sind jedoch territoriale „Ausgriffe" der Einsatzkommandos bzw. KdS-Einheiten auf altsowjetisches Gebiet inbegriffen, Wilhelm reduziert daher die Zahl der jüdischen Opfer in Litauen zu diesem Zeitpunkt auf „maximal 120 000"[385], für Lettland und Estland ist eine derartige Korrektur nicht durchführbar. Allerdings sind in der obigen Zahl nicht die Opfer der Aktionen des HSSPF Nord enthalten, auch sind die von den Einsatzkommandos der Einsatzgruppe B in der Anfangsphase in Wilna und anderorts ermordeten litauischen Juden nicht mitgezählt. Wilhelm nennt für das gesamte Einsatzgebiet der Einsatzgruppe A, d.h. das gesamte Reichskommissariat Ostland (mit dem Generalbezirk Weißruthenien) für die Zeit vom 22. Juni 1941 bis 31. Januar 1942 230 000 Opfer der Einsatzgruppe und ihrer indigenen Hilfskräfte sowie weitere ca. 100 000 Opfer der Aktionen der HSSPF, Einsatzgruppe B, der Einsatzgruppe z.b.V. und anderer SS- und Wehrmachtseinheiten. Da im Generalbezirk Weißruthenien ein großer Teil der jüdischen Bevölkerung noch in Ghettos lebte, wird man zu diesem Zeitraum für die baltischen Republiken mit ca. 180 000 Opfern rechnen müssen. Hierzu kommen noch die in Ghettos und Lagern Inhaftierten, deren Zahl (ohne Wilna) für Juni 1942 mit 38 000 angegeben wird, wobei allerdings die aus Mitteleuropa Deportierten (bis Februar 1942 25 000 in die baltischen Gebiete)[386] inbegriffen sind. Ihnen sind die 15 000 Ghettobewohner Wilnas hinzuzurechnen, so daß man, die Deportierten ausgegrenzt, für Mitte 1942 von etwa 30 000 überlebenden „sowjetischen" Juden ausgehen muß. Von ihnen überstanden das Kriegsende 2000 bis maximal 3000.[387] Insgesamt sind also in den baltischen Republiken rund 210 000 Juden durch deutsche Organisationen oder ihre Helfershelfer umgebracht worden.

---

[384] Anlage 7 (IfZ, Fb 101/35).
[385] Wilhelm, Einsatzgruppe A, S. 585 f.
[386] Angaben über die Verluste der Deportierten bis zu diesem Zeitpunkt liegen nicht vor. – Die Zahl der Überlebenden nach Arad, „Final Solution"; Kaufmann, Churbn Lettland.
[387] Arad, „Final Solution", S. 273 f.

Für das Gebiet der Belorussischen und Ukrainischen SSR (in den Grenzen vom 1. Juni 1941) lassen sich derartige Berechnungen anhand der vorliegenden Daten nicht durchführen: Die Datenbasis ist zu gering, weil lückenhaft. Hier sind zwar für die erste Tötungsphase Angaben der Einsatzgruppen vorhanden, doch sind diese Quellen, wie schon bemerkt, in der Datenerfassung sehr unvollständig. Der Hauptteil der jüdischen Bevölkerung dieses Raumes aber fiel der zweiten Tötungsphase zum Opfer. Während sich diese in den baltischen Gebieten fast direkt an die erste anschloß, lag in diesen Teilen der Sowjetunion zwischen der Mordwelle der Einsatzgruppen-Tätigkeit und der „Liquidierung" der Ghettos ein zeitlicher Abstand, auch wechselte hier die Zuständigkeit für die „Lösung der Judenfrage" institutionell: Im Baltikum blieb sie faktisch in den Händen der Einsatzgruppe A, deren Einsatzkommando-Leiter nun als KdS der Generalbezirke amtierten, im zivilverwalteten Gebiet Weißrußlands und der Ukraine ging sie in die Hände der HSSPF über. Auch hat die Phasenverschiebung offensichtlich dazu beigetragen, daß sich die Berichterstattung änderte: es wurde bereits oben darauf hingewiesen, daß die „Mitteilungen aus den besetzten Ostgebieten", die an die Stelle der „Ereignismeldungen UdSSR" traten und den Zeitraum vom 1. Mai 1942 bis 23. Mai 1943 umfassen, keine Angaben über die Zahlen der jüdischen Opfer enthalten.

Auch von sowjetischer Seite sind keine exakten Angaben über die Gesamtverluste der jüdischen Bevölkerung vorgelegt worden[388], selbst jüngere Untersuchungen regionaler oder lokaler Art über Kriegsverluste geben keine Aufschlüsse über die ethnische Verteilung der Opfer. Was in den Materialien der Kommissionen zur Untersuchung der Kriegsverbrechen enthalten ist, sind Schätzungen von Augenzeugen, doch auch sie sind nur von lokaler, allenfalls regionaler Bedeutung. Und auch hier fehlen generell ethnische Quantifizierungen. Sie dürften wohl auch kaum existieren. Derartige amtliche Erhebungen überforderten die sowjetischen Möglichkeiten nach der Befreiung des Landes oder Kriegsende angesichts der enormen Migrationen bei weitem, zumal die riesigen Verluste des Landes – sowohl die demographischen wie die wirtschaftlichen – zur Optimierung der ohnehin unzureichenden Zahl qualifizierter Kader zwangen: Die Sicherung der Existenz der überlebenden Bevölkerung wie der sowjetischen Machtansprüche verlangte für den Wiederaufbau der befreiten Gebiete und die Rekonstruktion der Volkswirtschaft absolute Priorität.

So bleibt man für dieses zentrale Siedlungsgebiet der ostjüdischen Bevölkerung, in dem die größte Anzahl der unter deutsche Herrschaft geratenen jüdischen Bevölkerung lebte, auf Schätzungen angewiesen. Diese differieren naturgemäß, wobei Beteiligte, wie die Erfahrung zeigt, dazu neigen, die Zahlen zu hoch einzuschätzen, ohne das im einzelnen überprüfbare Kriterien gegeben werden können. Die Unterschiede in den Angaben über die Gesamtzahl der jüdischen Opfer des Nationalsozialismus,

---

[388] Die während des Krieges, zumeist durch das Jüdische Antifaschistische Komitee (siehe dazu Baron, Russian Jews, S. 304 ff.; Schwarz, Jews in the Soviet Union, S. 202 ff.) verbreiteten Daten, auf die sich eine Reihe von Darstellungen stützt (u.a. Joseph B. Schechtman, European population transfers, 1939-1945, New York 1946), sind propagandistisch verfälscht, um in den USA die sowjetischen Bemühungen um Rettung der jüdischen Bevölkerung in ein (unzutreffend) gutes Licht zu setzen.

die in seriösen Untersuchungen zwischen 4,5 und 6 Millionen schwanken[389], beruhen aber fast völlig auf den erheblich differierenden Daten über die Zahl der Opfer im ost-polnisch-sowjetischen Raum.[390] Problematisch werden diese Angaben auch dadurch, daß vielfach die an die Sowjetunion cedierten ostpolnischen Gebiete zu Polen gerech-net werden. Für das sowjetische Gebiet nach den Grenzen von 1941 – also einschließ-lich des ostpolnischen Territoriums – gibt Schwarz die Verluste mit 3 Millionen an, wobei er von einer jüdischen Gesamtbevölkerung von fast 5 Millionen bei Kriegsaus-bruch und einer Überlebendenzahl von 1 850 000 ausgeht, wovon eine Million – von vier Millionen bei Kriegsausbruch – im deutschen Okkupationsgebiet überleben konnten.[391] Tenenbaum beziffert die jüdischen Opfer in „Soviet Russia" auf 1,5 Mil-lionen[392], offenkundig in den Grenzen von 1939, während Reitlinger für den gleichen Raum eine Zahl von 700 000 bis 750 000 errechnet.[393] Hilberg[394] nennt für die UdSSR in den Grenzen von 1939 700 000, für die baltischen Länder weitere 200 000 Opfer, die Yad-Vashem-Statistik vom Dezember 1989[395] gibt für das altsowjetische Gebiet die Verluste mit 1 000 000 bis 1 100 000 an, dazu kommen noch etwa 1 100 000 Opfer aus der Zahl von 2 100 000 jüdischen Bürgern Polens, die sich 1941 auf dem Territorium der UdSSR befanden. Angesichts dieser divergierenden Zahlen scheint der methodische Zugriff Georges Wellers' hilfreich[396], dessen Berechnungen sich auf die statistischen Daten der sowjetischen Volkszählung stützen.[397]

Wellers ermittelte die Größe der jüdischen Verluste durch Extrapolationen, die auf den veröffentlichten sowjetischen demographischen Daten beruhen. Er berechnet die jährliche Wachstumsrate der jüdischen Bevölkerung anhand der jüdischen Einwoh-nerzahlen der Sowjetunion aus den Jahren 1926 und 1939 und errechnet anhand die-ses Faktors die Sollzahl der jüdischen Bevölkerung für das Jahr der nächsten statisti-schen Erhebung (1959) – die Differenz zwischen Soll- und Istzahlen bringt dann die

[389] Reitlinger (Endlösung, S. 573), der sich bemüht, nur quellengestützte Daten zu verwenden und Schätzun-gen zu vermeiden, beziffert die Gesamtverluste auf 4 194 200 bis 4 581 000 Menschen, das Anglo-Ameri-can Committee of Inquiring regarding the Problem of European Jewry and Palestine kam in seinem Re-port (London 1946) auf 5 721 800 Opfer (darunter Flucht- und Deportationsverluste, siehe Reitlinger, Endlösung, S. 557); Léon Poliakov (Six millions, in: Evidence 21 [1951], S. 10) gibt die Zahl der Ermorde-ten mit insgesamt 6 Millionen, die sich auch bei Martin Gilbert (The Holocaust. The Jewish tragedy, Lon-don 1986, S. 824) findet. H. Monneray (La persécution des Juifs dans les pays de l'Est, Paris 1949) führt zwei Zahlenangaben Eichmanns von 1944 (gegenüber Hoettl) und von Ende Februar 1945 (gegenüber Wisliceny) an, nach denen 5 (Wislicency) bzw. 6 (Hoettl) Millionen Juden ermordet worden seien. Hilberg (Vernichtung, S. 670) kommt nach sorgfältiger Prüfung auf 5 100 000 Opfer.
[390] Reitlinger, Endlösung, S. 558, spricht dieses Problem an.
[391] Schwarz, Jews in the Soviet Union, S. 220.
[392] Joseph Tenenbaum, Race and Reich. The story of an epoch, New York 1956, S. 339.
[393] Reitlinger, Endlösung, S. 573.
[394] Raul Hilberg, The destruction of the European Jews. With a new postscript by the author, New York 1978, S. 670.
[395] Yad Vashem, Estimated Jewish losses in the Holocaust. Statistics – Appendix (masch.), Dec. 1989, S. 13.
[396] Georges Wellers, La „solution finale de la question juive" et la mythomanie néo-nazi, in: Le Monde Juif 33 (1977) No. 86, S. 41-84, deutsch: Die Zahl der Opfer der „Endlösung" und der Korherr-Bericht, in: Aus Politik und Zeitgeschichte. Beilage zur Wochenzeitung Das Parlament B 30/78 (29. Juli 1978), S. 22-39. Dort auch die fundierte Kritik an Raissinier u.ä. Mit gleicher Tendenz wie Rassinier jüngst Walter N. San-ning, Die Auflösung des osteuropäischen Judentums. Mit einem Vorwort von Prof. Dr. Arthur R. Butz (Aus dem Amerikanischen v. Eberhard Weber), Tübingen 1983. Der Verf. glänzt durch methodisch unzu-lässigen Umgang mit dem statistischen Material und ebenso kühne wie nachweislich irrige Kombinatio-nen und Schlüsse.
[397] Zweifel an der Zuverlässigkeit der sowjetischen Volkszählungen über das Maß der bei statistischen Erhe-bungen allgemein angebrachten Skepsis hinaus sind wenig berechtigt. Diese Daten dienten u.a. der sowje-tischen Volkswirtschaft als Grundlage.

Verluste während des Krieges, die er für das altsowjetische Gebiet mit 1 843 000 errechnet[398], wobei die ehemals polnischen Juden nicht inbegriffen sind[399], jedoch die jüdischen Einwohner der baltischen Staaten, der Nordbukowina und Bessarabiens (zusammen 662 079 Personen).

Wellers' Wachstumskoeffizient ist jedoch grundsätzlich etwas zu korrigieren, da eine lineare statt einer geometrischen Wachstumsfunktion verwendet wurde. Dementsprechend ist die Wachstumsrate von 1% auf 0,95% herabzusetzen.[400] Doch ist in hohem Maße fraglich, ob dieser Koeffizient dem Wachstum der Jahre 1939-1959 entspricht. Die Geburtenrate dürfte zumindest während der Kriegsjahre beträchtlich abgesunken sein, und auch für die Nachkriegsjahre ist ein Rückgang der demographischen Wachstumsrate aufgrund der Veränderungen der sowjetischen Bevölkerung im städtischen Milieu (dem die jüdischen Einwohner fast gänzlich zugehörten) mit der zunehmenden Urbanisierung und der Übernahme typischer Verhaltensweisen einer Industriegesellschaft anzusetzen. Die Trendveränderung der Nachkriegszeit wird besonders anhand der Entwicklung zwischen 1959 und 1970 deutlich, die eine Abnahme der jüdischen Bevölkerung von 2 267 814 im Jahre 1959 auf 2 150 707[401] verzeichnet. Selbst wenn man die (geringe) Emigration dieser Jahre berücksichtigt, bleibt dennoch ein negatives Wachstum der jüdischen Gruppe. Für die Periode 1939 bis 1959 dürfte dieser Trend bereits gültig sein, der Wachstumskoeffizient also deutlich unter Wellers' Ansatz liegen. Das aber bedeutet, daß von einer höheren Zahl Überlebender auszugehen ist als bei Wellers. In die gleiche Richtung wirken die Assimilationsversuche, die angesichts der Verfolgung jüdischer Bürger im Zeichen des „Kampfes gegen Zionismus und Kosmopolitismus" der letzten Stalin-Jahre nicht unbeträchtlich gewesen sein dürften, über die aber ebensowenig verläßliche Daten vorliegen wie über die Verluste, die die jüdische Bevölkerung durch die stalinistischen Deportationen erlitt. Auch sie müßten in die Berechnungen einbezogen werden, um die Zahl der jüdischen Opfer des Nationalsozialismus in der Sowjetunion genauer zu bestimmen.

Um angesichts dieser Unsicherheiten[402] überhaupt zu einer Annäherungszahl zu gelangen, wird man, Wellers folgend, versuchen müssen, die Zahl der bei Kriegsende auf dem Territorium der UdSSR noch lebenden Juden zu ermitteln. Ausgangspunkt ist dabei die Volkszählung von 1959, die 2 268 000 jüdische Einwohner der Sowjet-

---

[398] Wellers, Zahl der Opfer, S. 32 f. Die französische Fassung (S. 76) gibt 1 842 061.

[399] Ihre Gesamtzahl wird mit 2 600 000 angegeben (ebenda, S. 38).

[400] Folgende Berechnung, für die ich meinem Kollegen Wolfram Schrettl danke, liegt zugrunde (W = Wachstumsrate):

$$x_{1926}\,(1+W) = x_{1939}$$

$$x_{1926}\,(1+W)^{13} = x_{1939}$$

$$(1+W)^{13} = \frac{x_{1939}}{x_{1926}}$$

$$1+W = \left(\frac{x_{1939}}{x_{1926}}\right)^{13} = \sqrt[13]{\frac{x_{1939}}{x_{1926}}} = 1 + 0,0094621$$

$$W = 0,94621\,\%$$

[401] Nacional'nyj sostav naselenija SSSR sojuznych i avtonomnych respublik, kraev, oblastej i nacional'nych okrugov. (= Itogi vsesojuznoj perepisi naselenija 1970 goda. Tom 4), Moskva 1973, S. 20.

[402] Zur Problematik siehe Yad Vashem, Estimated Jewish losses, S. 3 ff.

union aufweist, d.h. Personen, die sich zur jüdischen Nationalität bekannten. Korrigiert man Wellers' zu hoch angesetzten Wachstumskoeffizienten auf 0,8% (statt 1%), so ergibt sich ein Zuwachs von 254 000 Personen. Die Zahl der Überlebenden berechnet sich dann (2 268 000 – 254 000) auf 2 100 000. Ihnen sind die 200 000 jüdischen Repatrianten nach Polen hinzuzuzählen, so daß sich 2,3 Millionen Überlebende ergeben.

Da die Daten der Volkszählung von 1959 auch die 1939 zu Polen und Rumänien gehörenden Gebiete sowie die baltischen Staaten erfassen, ist als Bezugszahl die Gesamtzahl der bei Kriegsausbruch auf sowjetischem Territorium sich befindenden Juden – einschließlich der Annexionsgewinne und Flüchtlinge – heranzuziehen, die oben mit 5,1 Millionen ermittelt wurde[403] und die mit anderen Angaben übereinstimmt.[404] Die Zahl der ermordeten Juden auf dem Territorium der UdSSR in den Grenzen vom Juni 1941 beläuft sich also auf rund 2,8 Millionen.[405]

Diese Zahl geht über das weit hinaus, was bisher angeführt wurde. Es ist hierbei jedoch zu beachten, daß die meisten Daten die Annexionsgewinne der UdSSR 1939/40 nicht miteinbeziehen, die baltischen Staaten werden zumeist gesondert ausgewiesen, Ostpolen unter Polen, Nordbukowina und Bessarabien unter Rumänien angeführt. Auch in dem vorliegenden Werk wird das Gebiet von Białystok und Ostgalizien, die dem Generalgouvernement eingegliedert wurden, unter Polen, Bessarabien und die Nordbukowina unter Rumänien angeführt. Für die Ermittlung der Gesamtzahl jüdischer Opfer des Nationalsozialismus sind also diese Daten von der für die Sowjetunion errechneten Zahl abzuziehen, so daß sich eine Zahl von rund 2,1 Millionen ermordeter jüdischer Bürger ergibt. Die oben erwähnten Unsicherheiten, die eine Minderung dieser „sowjetischen" Zahl ergeben können (Assimilation der Nachkriegszeit, Emigration, stalinistische Deportationen), bewegen sich im Bereich der Zehntausende, ihnen gegenüber steht die Zahl der jüdischen Assimilanten, die ebenfalls Opfer der Politik der „Endlösung" wurden. Ihre Zahl lag mit Sicherheit erheblich höher, ohne daß sie präzise zu bestimmen ist. Insgesamt wird man daher die Zahl der jüdischen Opfer auf dem Territorium der UdSSR in den Grenzen vom Juni 1941 rund auf 2,9 Millionen ansetzen müssen, was eine „bereinigte sowjetische" Verlustzahl (ohne die oben erwähnten, an anderer Stelle aufgeführten Gebiete von Białystok und der rumänischen Okkupationszone) von ca. 2,1 Millionen Opfern ergibt.[406] In ihr sind auch die Verluste durch Kampfhandlungen unter jüdischen Soldaten und Zivilisten enthalten sowie diejenigen, die den Strapazen der Flucht und dem Hunger zum Opfer fielen.

Das ist berechtigt. Auch sie waren Opfer nationalsozialistischer Gewaltpolitik.

---

[403] Sofern Wellers (Zahl der Opfer, S. 32 ff.) nicht davon ausgeht, daß die 200 000 jüdischen Repatrianten aus der Sowjetunion die Gesamtzahl der Überlebenden des ehemaligen Ostpolens ausmachen – eine Annahme, die wohl kaum gerechtfertigt ist –, müssen seine Daten korrigiert werden.

[404] Die Yad Vashem Studie (S. 13) gibt zusätzlich zu den 3 020 000 „altsowjetischen" Juden 2 100 000 aus Ostpolen, Wilhelm (Einsatzgruppe A, S. 621) ermittelt eine Gesamtzahl von 4,7 Millionen. Schwarz (Jews in the Soviet Union, S. 220) nennt 5 Millionen Juden in der UdSSR 1941 und beziffert die Opfer auf 3 Millionen.

[405] 5,1 Millionen Juden im Jahre 1940/41 – 2,3 Millionen Überlebende.

[406] Wilhelm, Einsatzgruppe A, S. 628. Yad Vashem, Estimated Jewish losses, S. 13. Zu den dort unter Sowjetunion aufgeführten Daten (1-1,1 Millionen altsowjetischer Juden und 1-1,1 Millionen aus Polen stammende) sind die separat ausgewiesenen Verluste in den baltischen Staaten (ca. 210-215 000) zu addieren.

Abkürzungsverzeichnis

AA	Auswärtiges Amt
ACDEC	Archivio del Centro di Documentazione Ebraica Contemporanea, Mailand
ACS	Archivio Centrale dello Stato, Rom
ADAP	Akten zur deutschen auswärtigen Politik
AJDC	American Jewish Joint Distribution Committee
AMA	Archiv des Museums von Auschwitz
AOK	Armeeoberkommando
AVJJ	Archiv des Militärhistorischen Instituts in Belgrad
AZIH	Archiv des Jüdischen Historischen Instituts Warschau
BA	Bundesarchiv, Koblenz
BDC	Berlin Document Center
BdS	Befehlshaber der Sipo und des SD
BZIH	Biuletyn Żydowskiego Instytutu Historycznego
DÖW	Dokumentationsarchiv des österreichischen Widerstandes
EGr	Einsatzgruppe
EK	Einsatzkommando
EM	Ereignismeldung
GKBZHwP	Biuletyn Glównej Komisji Badania Zbrodni Hitlerowskich w Polsce
GLW	Gestapoleitstelle Wien
GPU	Politische Polizei der Sowjetunion
HSSPF	Höherer SS- und Polizeiführer
IAK	Historisches Archiv Kreta, Chania
IfZ	Institut für Zeitgeschichte
IKG	Israelitische Kultusgemeinde
IMT	International Military Tribunal
IRK	Internationales Rotes Kreuz
ITS	Internationaler Suchdienst, Arolsen
KdS	Kommandeur der Sicherheitspolizei und des Sicherheitsdienstes
KL	Konzentrationslager
KOS	Kriminalobersekretär
MA	Militärarchiv, Freiburg
MHA	Militärhistorisches Archiv Prag
NA	National Archives, Washington
Nbg. Dok.	Nürnberger Dokument
NKVD	Volkskommissariat für Innere Angelegenheiten der UdSSR
NSB	Nationaal-Socialistische Beweging
OKH	Oberkommando des Heeres
OKW	Oberkommando der Wehrmacht
OUN	Organisation Ukrainischer Nationalisten
PAAA	Politisches Archiv des Auswärtigen Amtes, Bonn

PRO	Public Record Office, London
RA	Riksarkivet Oslo
RAM	Reichsaußenministerium
RFSS	Reichsführer SS
RIOD	Rijksinstituut voor Oorlogsdocumentatie, Amsterdam
RK	Reichskommissariat Oslo
RMdI	Reichsministerium des Innern
RSHA	Reichssicherheitshauptamt
RVJD	Reichsvereinigung der Juden in Deutschland
SD	Sicherheitsdienst
Sipo	Sicherheitspolizei
SK	Sonderkommando
UNO	United Nations Organization
VfZ	Vierteljahrshefte für Zeitgeschichte
VOBl	Verordnungsblatt
VOBlGG	Verordnungsblatt für das Generalgouvernement
VoMi	Volksdeutsche Mittelstelle
WJC	World Jewish Congress
WBSO	Wehrmachtsbefehlshaber Südost
ZfjA	Zentralstelle für jüdische Auswanderung
ZSL	Zentrale Stelle der Landesjustizverwaltungen in Ludwigsburg

Die Autoren

Dr. Ino Arndt (†), Wissenschaftliche Mitarbeiterin des Instituts für Zeitgeschichte in München.

Dr. Heinz Boberach, Ltd. Archivdirektor im Bundesarchiv a. D.

Dr. Liliana Picciotto Fargion, Wissenschaftliche Mitarbeiterin am Centro di Documentazione Ebraica Contemporanea in Mailand.

Dr. Hagen Fleischer, Professor für Neuere Europäische Geschichte an der Universität Kreta.

Dr. Frank Golczewski, Professor für Neuere Geschichte an der Universität der Bundeswehr Hamburg.

Dr. Gerhard Grimm, Professor für osteuropäische Geschichte an der Universität München.

Dr. Gerhard Hirschfeld, Direktor der Bibliothek für Zeitgeschichte in Stuttgart.

Dr. Hans-Joachim Hoppe, Lehrbeauftragter am Seminar für osteuropäische Geschichte der Universität zu Köln.

Oskar Mendelsohn, Lektor in Oslo.

Dr. Jonny Moser, Vorstandsmitglied des Dokumentationsarchivs des österreichischen Widerstandes in Wien.

Dr. Gert Robel, Wissenschaftlicher Mitarbeiter am Osteuropa-Institut München und Professor an der Universität Innsbruck.

Dr. Eva Schmidt-Hartmann, Wissenschaftliche Mitarbeiterin am Collegium Carolinum in München.

Dr. Holm Sundhaussen, Professor für Südosteuropäische Geschichte am Osteuropa-Institut der Freien Univ. Berlin.

Dr. László Varga, Wissenschaftlicher Mitarbeiter am Institut für Geschichte der Ungarischen Akademie der Wissenschaften.

Hermann Weiß, Wissenschaftlicher Angestellter im Archiv des Instituts für Zeitgeschichte in München.

Dr. Juliane Wetzel, Wissenschaftliche Mitarbeiterin im Institut für Zeitgeschichte in München. Seit 1991 Mitarbeiterin am Zentrum für Antisemitismusforschung der TU Berlin.

Dr. Krista Zach, Wissenschaftliche Geschäftsführerin des Südostdeutschen Kulturwerks in München.

Personenregister

(* Hinweis auf Fußnote)

Abetz, Otto 111 f., 113*
Abraham, G. 93*
Abromeit, Franz 323, 326
Achenbach, Ernst 111
Ackermann, Josef 97
Alejchem, Scholem 549
Ali Pascha von Janina 234
Allers, August 207
Allers, Dieter 447*
Allison, John M. 345
Altenburg, Günther 230*, 251 f.
Amelung (SS) 539*
Amin el Husseini 302
Amitan-Wilensky, E. 506
Andersen, Alsing 176*
Antonescu, Ion 12, 267, 301, 381*, 383, 387*,
    388, 392, 393*, 395–399, 401 f., 406, 555
Antonescu, Mihai 382*, 397, 399
Apfelbaum, Emil 439
Arabantinos, Panagiotes 234
Arajs, Viktor 524, 526, 539
Arendt, Hannah 261*
Arnon, Alexander 321*
Asche, Kurt 110*
Asher, A. 233
Asscher, Abraham 142, 147, 155, 159 f.
Asseov, Jaques 299
Auerbach, Rachel 468
Aus der Fünten, Ferdinand 146
Avitabile, Domenico 219
Avni, Haim 264*

Babinger, Franz 234
Bach-Zelewski, Erich von dem 547 f.
Bader, Paul 315*, 319
Badoglio, Pietro 123, 200, 260, 264
Bagrjanov, Ivan 306 f.
Balbo, Italo 208
Baldacci, Antonio 232*
Bandera, Stepan 525
Barbie, Klaus 126
Bárdossy, Laszlo 333 f.
Bargen, Werner von 117, 129
Bartók, Béla 332
Bartoszewski, Władysław 490
Baruh, Jako 289

Baruh, Samuel 290
Barzilai, Eliahu 260
Bastianini, Giuseppe 259
Bauer, Karl 93*
Bauer, Yehuda 20, 441, 469
Baumann, Rudolf 71*, 77*
Bayezid II. 242
Becker, Herbert 474*
Beckerle, Adolph-Heinz 285 ff., 291, 298,
    300 f., 305
Bednarz, Włodzimierz 464
Bednarzzyk, Tadeusz 490
Belev, Aleksander 256 f., 280–284, 286–289,
    291, 294, 296, 301, 303, 305
Bender, Ernst Josef 93*
Bene, Otto 146*
Ben Gurion, David 308
Benjamin von Tudela 233
Benzler, Felix 316*, 317 f.
Berger, Richard 93*
Bergmann, Helmut 235
Berman, Adolf 480*
Bernadotte, Folke 181
Berry, Burton V. 300
Beškov, Ivan 305
Best, Werner 172–176, 179 f., 183
Bethlen, István 331 ff., 341*
Bieberstein, Aleksander 433 f., 466, 476, 487*
Bintner, Christophe 98
Blaskowitz, Johannes von 420
Blobel, Paul 534, 539
Blum, Léon 109
Blumenschein, Josef 93*
Bock, Fedor von 46
Böhm, Erhard 187
Böhme, Franz 315, 317
Bogdan, Ivan 262*
Bohr, Niels 167, 176
Boris (König von Bulgarien) 276 f., 280 f., 285,
    290, 299, 302–305, 310
Bór-Komorowski, Tadeusz 474*
Bormann, Martin 44*, 479*
Bosshammer, Friedrich 204 ff.
Bovensiepen, Otto 183
Božilov, Dobri 281, 305
Braemer (General) 46

Bräutigam, Otto 44
Braham, Randolph L. 20
Brătianu, C. I. 390
Brauchitsch, Walter von 420, 510
Broszat, Martin 386*
Browning, Christopher 20, 458
Brunner, Alois 126, 212, 252, 261
Brustin-Berenstein, Tatiana 174*
Bürckel, Josef 41, 68, 106
Buffarini-Guidi, Guido 204
Buhl, Vilhelm 171, 176*
Burger, Anton 266 f.
Buzatu, Gheorghe 381*

Calmeyer, Hans Georg 156*
Canaris, Constantin 110
Cankov, Alexander 277, 291
Carl, Heinrich 547*
Carol II. 385 ff., 392, 393*, 394, 400
Carp, Matatias 389, 408
Catolescu, C. 400
Cervantes, Miguel 243
Chagall, Marc 549
Chapuissa, Edouard 299
Charlotte (Landesfürstin von Luxemburg) 95
Chary, Frederick B. 276, 278, 298
Christian X. (König von Dänemark) 170,
    171*, 176
Christov, Dočo 305
Churchill, Winston 262*
Ciano, Galeazzo 230*
Cilingirov, Stiljan 289
Cion (Rabbiner) 304
Clausen, Frits 168*, 169, 171 f.
Clemenceau, Georges 107, 390
Codreanu, Corneliu Zelea 381
Cohen, David 143, 147, 155, 158
Cougno-Löwi, Hella 248*
Cuza, Alexander 391, 397
Cvetković 312
Czech, Danuta 215*, 269 f.*
Czerniaków, Adam 438

Dąbrowska, D. 419, 429, 464
Daluege, Karl 44*, 46
Dam, van (niederländische Verwaltung) 155*
Damaskinos (griech. Erzbischof) 262
Dannecker, Theodor 112 ff., 118 f., 201–205,
    212, 256 f., 287 f., 294, 303
Darányi, Koloman von 332
Darlan, Francois 113
Darnand, Joseph 126
Darquier de Pellepoix, Louis 118, 120
Datner, Szymon 445 f., 479*, 491
David, Hermann 93*
Davidescu 382*

Dawidowicz, Lucy 493
Dellbrügge, Hans 187
Deppner, Erich 149
Deschner, Josef-Hugo 149*
Deutsch, Lipel 93*
Diaz (span. Botschaftssekretär in Berlin) 258
Dimitrov, Georgi 308
Disraeli, Benjamin 279
Ditleff, N. C. 181
Dobroszycki, Lucjan 482
Dönitz, Karl 44*, 172*
Döpfner, Kardinal 6
Doerner, Heinz 276
Draganov Peev, Peju 296 f., 327
Dreyfus, Alfred 107
Drumont, Edouard 107
Duckwitz, Ferdinand Georg 175–178
Dunin-Wąsowicz, Krzysztof 426

Eberhard, Kurt 530
Edelstein, Jakob 362
Eden, Anthony 300
Ehaus (Kreishauptmann) 437
Ehlers, Ernst 110*
Eichmann, Adolf 1 f., 13, 30, 43, 48, 68 f.,
    100*, 102, 112, 119 f., 124 f., 129, 145, 149,
    153, 172 f., 180, 195, 202, 204, 212, 214,
    252, 258, 266, 287, 317, 329, 341–344, 346,
    348, 447, 558*
Eisele, Hanns 161
Eisenbach, Artur 416, 430, 450
Elster, Pola 480*
Epstein, Paul 180*
Erdmann, Fritz 110*
Evert, Angelos 262
Ezrati, Solomon 258

Fabricius, Wilhelm 386*
Falkenhausen, Alexander von 95, 110, 129
Fauck, Siegfried 276
Feig, Konnilyn G. 463
Felmy, Helmuth 267
Ferdinand (König von Aragonien) 242
Filderman, Wilhelm 385*, 387*, 388, 392*,
    395, 402, 407 ff.
Filov, Bogdan 277, 280 f., 283, 289 ff., 299 f.,
    302 f., 305
Fischer, Ludwig 438*, 472*
Fisher, Julius 502, 555
Fitzmaurice, G. G. 387*
Fitzthum, Josef 239
Fjellbu, Arne 192
Fleming, Gerald 494
Flesch, Gerhard Friedrich Ernst 189
Franco, Hizkià 215
Frank, Anne 159*

Frank, Hans 69, 142, 427 f., 429*, 430, 433, 459, 478, 486
Frank, Karl-Hermann 361
Frederiks, Karl Johannes 140, 145, 155*
Frick, Wilhelm 97
Friediger, Max 179*
Friedländer, Saul 8
Friedman, Filip 417, 444 f., 484, 491
Friedmann, T. 93*
Fuchs, Wilhelm 318
Fuglsang-Damgaard (Kopenhagener Bischof) 177

Gabrovski, Peter 280 ff., 286, 290, 302 f., 305
Gaus, Friedrich 43*
Geitner, Kurt Ritter von 237
Geloso, Carlo 260
Gemmecker, Konrad 149*
Georg II. (König von Griechenland) 254
Georgiev, Kimon 307
Geron, Josef 285
Gheel Gildemeester, Frank van 68, 69*
Ghigi, Pellegrino 252
Gienanth, Kurt Freiherr von 471*
Gilbert, Martin 234, 312*, 422, 430, 443, 451, 494
Ginsey, Robert 425*
Globocnik, Odilo 206 f., 459
Goebbels, Joseph 174*
Göring, Hermann 29, 36, 43, 68, 170, 430, 447, 549
Goeth, Amon 486*
Goetz (SS) 320
Goga, Octavian 386, 391, 392*
Gold, Hugo 389
Gottberg, Curt von 546
Gräbe, Hermann Friedrich 548
Graevenitz, Hans von 264
Grafe, Felix 93*
Graml, Hermann 20
Graubart, R. 93*
Greiser, Arthur 44, 431*, 447, 462*
Grinberg 297
Groza, Petru 387
Grünspan, Herschel 37
Grynberg, Michal 419, 422, 424, 437
Günther, Hans 359
Günther, Rolf 125, 194
Gustav V. (König von Schweden) 345
Gutmann, Yisrael 20, 474*

Haage, Hans 219
Hackenholt 462
Haestrup, Jorgen 185
Halder, Franz 423
Halifax, Edward 300

Hamann, Joachim 539
Hammerich, Carl 181
Hananel, Asher 285, 304
Handziev 304
Hanneken, Hermann von 172, 174 f., 183
Hansen, H. C. 176*
Hansson, Per Albin 176
Hanweg 550
Harster, Wilhelm 202
Hartmann, Elfriede 93*
Hartmann, Fritz 96
Hasson, V. (jüd. Kollaborateur) 255*
Hauffe, Arthur 383*
Hausding, Günther 239
Hedtoft, Hans 176 f.
Heinemann (Anwalt) 262*
Helm, Hans 13 f., 323–326
Hering, Gottlieb 207, 219
Heß, Rudolf 36
Hesters, Warwick 5
Heuser, Georg 46*
Heydrich, Reinhard 29 f., 36, 40, 42*, 43, 47 f., 67 ff., 172*, 333, 361 f., 423, 424*, 428, 435, 447, 459, 510, 512, 549
Hilberg, Raul 4, 11, 104, 276, 409, 420, 435, 469, 494, 547, 558
Hildebrandt, Richard 318
Hillgruber, Andreas 386*
Himmler, Heinrich 1–4, 8, 30, 39–42, 44, 102, 112, 118, 154, 170, 172*, 173, 175, 181, 249, 254, 298, 323*, 326, 330, 347, 382*, 428, 430, 431*, 441, 462*, 468, 471, 473, 474*, 478*, 485, 510 f., 521, 526, 536, 540, 546–549
Hitler, Adolf 3*, 8, 29, 40 f., 43 f., 69 f., 95, 97, 169, 171 f., 174, 175*, 203, 229 ff., 260*, 275, 308, 313, 321, 334 f., 337, 416*, 427, 441, 458 f., 471, 483, 507 ff., 546 f.
Hoare, Reginald 386*
Höppner, Heinz 447, 458, 513
Höß, Rudolf 10, 349, 451, 469
Hoettl, Wilhelm 1, 558*
Hoffmann, Karl 287, 297 f., 305
Hofmann 238
Hoiningen-Huene, Baron von 100*
Holm (dänischer Diplomat) 181
Hopkins, Harry 300
Hornowa, Elżbieta 442, 492
Horthy, Miklós 12, 334, 337, 340, 342, 344–348
Hull, Cordell 300, 417*
Hvass, Frants 180 f.

Imrédy, Béla 332, 340
Isabella (Königin von Kastilien und Léon) 242

Jackson, Robert H. 10 f.
Jacobovics, Josef 93*
Jacomoni, Francesco 235 f.
Jäckel, Eberhard 458
Jäger (Inselkommandant, Korfu) 266
Jäger, Karl 47*, 539, 551
Jagow, Dietrich von 334*
Jakova, Violeta 302
Janakiev, Kůnčo 303
Janev, Sotir 303
Jaross, Andor 345
Jeckeln, Friedrich 517, 546
Jodl, Alfred 44*, 175*
Jokl, Norbert 231*
Josef II. (Römischer Kaiser) 364

Kafka, František 362*
Kahany, M. 314*
Kalbitzer 6
Kalicin, Jaroslav 287, 291 f.
Kállay, Miklós 334 ff., 340 f.
Kaltenbrunner, Ernst 70
Kanstein, Paul Ernst 175
Kappler, Herbert 225
Karavelova, Jekaterina 304
Karl VI. (Römischer Kaiser) 106
Karl von Hohenzollern 393*
Kárný, Miroslav 363
Kasche, Siegfried 326
Katzmann, Friedrich 476
Kaufmann, Max 505
Kazasov, Dimo 280, 289, 307
Keitel, Wilhelm 44
Kersten, Krystyna 442 f., 492 f.
Kesselring, Albert 122
Killinger, Manfred von 300, 382*
Kiril (Patriarch von Bulgarien) 289, 302
Kirov, Sava 305
Kjoseivanov, Petur 279, 291, 301
Klarsfeld, Serge 104, 124 f., 127 ff., 213, 216
Kleemann, Ulrich 213 f.
Klimaitis 521*
Knochen, Helmut 112, 119, 124 f.
Koch, Erich 446, 469*, 550
Kodály, Zoltán 332
König, Josef 219
Kolb, Eberhard 239
Koliqi, Ernesto 232*
Koppe, Wilhelm 429 f.
Koretz, Z'wi 246, 253 ff., 260, 270
Korherr, Richard 3, 124, 235, 256*, 298, 358*, 451, 472
Košak, Vladimir 323
Krakowski, Shmuel 20, 414, 417–420, 439, 443, 445, 491, 494
Kraus, Fritz 68

Krausnick, Helmut 4, 20, 442, 468, 532
Krell, Wilhelm 71*
Krüger, Friedrich-Wilhelm 471, 473
Kruja, Mustafa 236
Krumey, Hermann 341
Kube, Erich 49, 546, 547*, 550 f.
Kulisher, Eugene M. 419, 425*, 442 f.
Kulka, Otto Dov 20
Kyrill (Prinz von Bulgarien) 305

Lachout, Emil 9*
Landsmann, Claude 489
Lange, Otto 522
Laval, Pierre 119 f.
Lecca, Radu 386*
Lederer, Zdeněk 183
Leibbrandt, Georg 550
Lentz, J. L. 144
Leon, David Messer 233
Lesny, B. 183
Lessing, Theodor 36
Lessner, Walter 219
Lestschinsky, Jacob 9
Levi, Buko 304
Levi, Primo 209
Levin, Dov 506
Levy, Albert 116
Leyser, Ernst von 239
Libohova, Eqrem Bey 237
Liepe, Walter 317*
Linnemann (SD) 266 f.
Lipscher, Ladislav 276
Lipski, Josef 416*
Lischka, Kurt 112, 125
List, Wilhelm 420
Löw, F. 93*
Löwinger 245*
Lohse, Hinrich 546, 551*
Loock, Hans-Dietrich 20
Lorenz, Werner 526
Lospinoso, Guido 123
Ludwig X. (König von Frankreich) 106
Lübeck, Alexander 93*
Lüth, A. 266
Lukaszkiewicz, Zdzislaw 468
Lukov (bulg. General) 302
Lulčev, Ljubomir Christo 280, 291
Luther, Martin 170–173, 235, 256*, 282, 285, 324, 327*, 334, 382*
Luther, Martin (Reformator) 189

Macchi (Bürgermeister von Rhodos) 214
Maček (jugosl. Regierung) 312
MacEoin, Gary 232
Mach, Alexander 372
Mackensen, Hans Georg von 236

Madajczyk, Czesław 20, 412, 420, 469, 474*, 486*, 494 f.
Maglione, Luigi 236
Mănuilă, Sabin 407 ff.
Marchandeau, Paul 110
Marthinsen, Karl 194
Matarasso, I. A. 241*
Matkovsky, Aleksander 297
Maurras, Charles 109
Mayer-Ebner 385*
Meculescu 400
Melchior (Rabbiner in Dänemark) 177
Mengele, Josef 196
Merten, Max 241*, 250, 251*, 252, 259–262*
Metaxas, Ioannis 245, 247
Metzner, Alfred 548
Meyer (SS) 320
Meyszner, August 320
Michov 305
Mihalev, Petŭr 290
Mildner, Rudolf 175, 178
Milton, Sybil 417*
Mitenov, Ljuben 289 f.
Möller, Alex 170*
Molho, Michael 241*, 266*
Moltke, Helmuth von 176*
Mošanov, Stojčo 307
Mosbaher, Eduard 312*
Mühsam, Erich 36
Müller (SS-Kommandant) 213
Müller, Heinrich 29, 173*, 180, 237, 382*, 541
Muraviev, Konstantin 307
Mušanov, Nikolaus 289, 291, 309
Mussert, Anton Adrian 156*
Mussolini, Benito 11, 13, 122 f., 199 ff., 203, 229 f., 237, 245*, 246, 260, 325

Naumann, Karl 470
Nebe, Arthur 431*, 511, 514, 533
Nedič, Milan 340*
Nehama, Joseph 241*, 264 f.*, 270*, 274*
Nehring, Piotr 416*
Neofit (bulg. Bischof) 302
Neubacher, Hermann 230
Neurath, Konstantin von 359
Newth, J. A. 499 f.
Nigris (apostolischer Delegat) 236 f.
Nölle, Wilhelm 96
Nove, Alec 499 f.
Novitch, Miriam 270*

Oberg, Karl Albrecht 112, 118 f.
Oberhauser, Josef 207, 219
Ohlendorf, Otto 171 f., 511, 518 f., 523
Oppenheimer, Alfred 103*
Oschlies, Wolf 276

Oswald, Alfons 459

Pakentreger, Aleksander 431*
Pancke, Günther 183
Panica, Liljana 289
Pantev, Atanas 279 f., 303
Papo, Menahem 303
Paul IV. (Papst) 233
Paul von Tarsus 242
Pavelic, Ante 314, 321
Peiper, Joachim 213
Pešev, Dimitur 289 ff., 299, 309
Pétain, Henri Philippe 106, 111 ff., 125
Petljura, Symon 444
Petrescu- Comnène, Stefan 386*
Petrov 309
Philipp der Schöne 106
Pipa, Arshi 231*
Piti, Buko 279
Pius XII. (Papst) 109, 345
Podhorizer-Sandel, E. 454*
Pohl, J. 247
Polák, Josef 364*
Poliakov, Léon 9
Polskich, Zwiazek, Patriotów 442
Popper, Bernhard 93*
Pospieszalski, Karol Marian 491
Posser (Anwalt) 262*
du Prels, Max Freiherr 436, 454*
Prochnik, R. 183
Proudfoot, Malcolm 419, 443
Prützmann, Hans Adolf 547 f.

Quisling, Vidkun 188, 191 ff., 381*

Raczyński, Edward 491*
Rademacher, Franz 172 f., 235, 316*, 317 f., 319*
Radigales, Romero 264
Radowitz, Otto von 95
Raeder, Erich 44*
Rahn, Rudolf 203
Rainer, Friedrich 206
Rajakowitsch, Erich 68, 144
Rajzman, Samuel 468
Rallis, Ioannis 254, 263
Rasch, Otto 511
Rassinier, Paul 558*
Rath, Ernst vom 37
Rauter, Hanns-Albin 145, 152*
Redard, Charles 299
Reeder, Eggert 129
Reich, Mathias 93*
Reichenau, Walter von 532
Reichleitner, Franz 207
Reinhard, Hellmuth 193

Reitlinger, Gerald 4, 10 f., 127, 267*, 276, 358*, 443, 494 f., 547, 552, 558
Rekanatis 266 f.
Renthe-Fink, Cecil von 169–172
Ribbentrop, Joachim von 44*, 95, 111, 169 ff., 173 ff., 179, 236, 251*, 302 f., 334 f., 382*
Richter, Gustav 382*, 395, 396*
Ringelblum, Emmanuel 423, 438, 468
Riosanu, Alexandru 400
Roatta, Mario 325
Robert der Fromme 106
Röhm, Ernst 36
Röthke, Heinz 112, 119 f., 123, 125 f., 212
Rohwer, Jürgen 458
Romano, Jaša 312
Roosevelt, Franklin D. 8*, 300, 345
Rosenberg, Alfred 44, 48*, 69
Rosenheim, Alexander 93*
Roth, Heinz 7
Rotta, Angelo 345
Rumkowski, Chaim 482 f.
Rusev, Rusi H. 306
Rutkowski, Adam 124, 127 f.

Safran, Alexandru 384
Salitter (Hauptmann der Schutzpolizei) 47*
Salmuth, Hans von 530
Saltiel, Saby 246
Sanacja (pol. Regierung) 416
Sanders, Hermann 93*
Sanning, Walter N. 558*
Sauckel, Fritz 471
Scavenius, Erik 170–174, 176
Schaefer, Emanuel 319 f.
Schapals (Kriminalsekretär) 194 f.
Scheffler, Wolfgang 17, 20, 463, 465, 467 f., 478, 495*
Scheiger, Franz von 236
Schellenberg, Walter 286, 510*
Schiedermair, Rolf 191 f.
Schindler, Oscar 485, 486*
Schirach, Baldur von 69
Schiró, Giuseppe 232*
Schliep, Martin 230*
Schmidt (niederländische Verwaltung) 152*
Schmidt, Paul 43*
Schnapper, Leib 93*
Schobert, Eugen Ritter von 518
Schönberg (Konsul) 259
Schönfeld, F. 93*
Schöngarth, Eberhard 474*
Schumacher (Oberst) 95
Schwart, Solomon M. 558
Schwartzbard, Scholem 108
Seidler, Siegfried 93*
Seifert, Rudolf 93*

Seraphim, Peter-Heinz 232, 419
Serebrenik, Robert 98, 100 f.*, 102
Serédi, Justin 345
Serov (NKGB) 541
Serwański, Edward 464
Sevov, Jordan 291
Seyß-Inquart, Arthur 139, 142, 144, 152*
Siekemeier, Heinrich 96
Sima, Horia 398
Simeon (bulg. Kronprinz) 285
Simon, Gustav 96, 98, 101
Šišmanov, Dimitŭr 300 f.
Sluzker, Edwin 144, 155
Sobiesiak, Józef 491*
Sonnleithner, Franz von 175*
Sorger, Martin (recte Schickler) 93*
Spatz, Ernst 93*
Speer, Albert 48*, 471
Stade, Otto 219
Stahlecker, Franz 359
Stahlecker, Walter 511, 513 f., 521, 533, 542, 551*
Stajnov, Petko 289, 291, 309
Stalin, Josef 44, 559
Stangl, Franz 207
Stanišev, Konstantin 304
Stankov, Dimitur 289
Stark (SS, Auschwitz) 194
Stauning, Thorwald 171
Steengracht van Moyland, Gustav A. 171*, 173
Stefan (Metropolit von Sofia) 289, 302, 304
Stein, Edith 152*
Steinberg, Maxime 104, 128 f.
Steiner, Frederic 377
Steinhardt, Laurence A. 301
Stojadinović, Milan 312*
Stomaniakov, Christo 305 f.
Strabo 242
Strang, William 300
Strauch, Eduard 550 f.
Streicher, Julius 27, 32
Stroop, Jürgen 260 f., 474 f.
Stülpnagel, Karl Heinrich von 112, 118, 126
Stülpnagel, Otto von 112, 117 f.
Suess, Walter 93*
Svenningsen, Nils 176
Szálasi, Ferenc 348 f.
Szombathely, Vitez Franz 13
Sztójay, Döme 334 f., 341 f., 345 ff.

Tadžer, Leon 303, 306
Tagliabatela, Mario 219
Tagliavini, Carlo 232*
Tasev 290
Tătăreanu, Nicolae 383*

Tec, Nechama 491
Teichmann, Ludwig 320
Teilhaber, Felix A. 26
Teitelbaum, Yisrael 238
Teleki, Pál 332
Tenenbaum, Joseph 558
Terboven, Josef 188, 191
Thadden, Eberhard von 173, 204 f., 257 ff.,
    342 f.*, 345
Tiso, Josef 12, 371
Titho, Karl 219
Trotz, David de 299
Tuka, Vojtech 372
Turner, Harald 315 f., 317*, 318 ff.

Ulkumen, Saheddin 215, 267

Vaida, Alexander 390
Vallat, Xaver 113 f., 116, 118
Vasiliu, Constantin 555
Vatev 289
Vazov, Ivan 291, 305
Veesenmayer, Edmund 340–343, 345–349
Velčev, Damjan 289
Velics, Laszlo 262*
Venizelos, Sophokles 244
Věstník 360*
Visser, Lodewijk Ernst 143
Voevod 390
Voldemaras, Augustin 522

Wächter, Otto 434
Wagner, Eduard 510
Wagner, Horst 173, 237, 300, 328*, 382*
Wagner, Josef 451
Wagner, Robert 41, 106
Wagner, Wilhelm 194 f.

Wallenberg, Raoul 346
Waller, George P. 101
Walther, Paul 207
Waltuch, S. 93*
Wegener (dt. Geschäftsträger in Tirana) 230*
Wehrer, Albert 95, 101
Weimann (SS) 318
Weinreb, Friedrich 153*
Weinryb, Bernhard D. 502
Weizsäcker, Ernst von 259
Wellers, George 4, 558 ff.
Welles, Sumner 300
Wied, Wilhelm zu 229
Wilhelm, Hans-Heinrich 4, 442, 505 f., 523 f.,
    542, 556
Wimmer, Friedrich 139 f., 144
Winkelmann, Otto 339, 341*, 347 f.
Wischnitzer, Mark 504
Wisliceny, Dieter 2, 252, 254, 255*, 260 f., 341,
    558*
Wirth, Christian 207
Wöhler, Otto 518
Wolff, Karl 202, 206, 319
Wolken 274*

Yahil, Leni 183

Żabecki, Franciszek 468*
Zachariev, Nikola 290
Zamboni, Guelfo 259*
Zebi, Sabbeta 233
Zeitschel, Carltheo 111
Zöpf, Wilhelm 144, 149
Zörner, Ernst 440
Zogu, Achmed 229
Zola, Emile 107
Zündel, Ernst 9*

Geographisches Register

(Orte, Landschaften, deutsche Länder, preußische Provinzen, eingegliederte und besetzte
Gebiete, Ghettos und Lager. *Hinweis auf Fußnote)

Aachen 25
Aarhus 177, 193
Abbazia 218
Adelsheim 26
Agram → Zagreb
Agrinion 237, 264
Aichach 25
Aisne 106
Akkerman 520
Alexandria 242
Alexandroupolis 256
Alpes-Maritimes 122
Alsfeld 26
Altötting 25
Altona 24
Alusta 519
Alzey 26
Amersfoort 142, 147, 149, 160, 164*, 165
Amsterdam 137 f., 141 ff., 146 f., 148 f., 151,
   152*, 155, 157, 160, 164*, 165
Amstetten 82
Ananjew 518, 553
Andernach 26
Anhalt 24
Ankara 246, 255, 301, 305
Antiochia 242
Antwerpen 109*, 115, 129 f.
Anzio 209
Apeldoorn 151, 155*, 162, 164*, 165
Ardennes 106
Arensburg 514
Argyrokastron 233*
Arnheim 141
Arnswalde 26
Arolsen 54 f., 58 f., 71
Arta 231 f., 237, 264
Aschaffenburg 26, 33
Athen 214 ff., 227, 230*, 244, 245*, 250 f.*,
   255, 259–264, 266 ff., 270*, 272 f., 274*
Attika 246
Aube 116
Audinghem 118
Augsburg 49
Augustów 446, 449

Auschwitz 8, 40, 58, 60, 153, 159, 192 f., 218,
   384, 431*, 460, 462, 468 ff., 479, 484, 489,
   493
Deportationen aus:
– Belgien 50, 62, 129 ff.
– Deutsches Reich 39, 49–52, 56, 63
– Estland 14
– Frankreich 50 f., 117, 119–123, 125–128,
   130
– Griechenland 216, 245, 252–255,
   264–273
– Italien 203 f., 206 f., 209 f., 212, 214, 215*,
   220–224, 227
– Jugoslawien 329
– Kroatien 323, 325
– Luxemburg 50, 62, 105
– Niederlande 50 f., 137, 146, 149 ff., 152*,
   154 ff., 158, 160–163, 164*, 165
– Norwegen 194 ff.
– Österreich 70, 72, 85 f., 87*, 91 f.*
– Polen 469, 473, 475 f., 483, 485–488,
   550, 552
– Rumänien 399
– Theresienstadt 180, 184
– Tschechoslowakei 360*, 362, 366, 373 f.,
   376
– Ungarn 343
Zahlen 10, 17, 127, 481, 495
Avignon 106

Babiak 438
Babi Jar 11, 17, 534, 542
Bachtschisaraj 519
Bačka Topola 329
Bačko Gradište 328
Baczków 466*
Bad Brückenau 26
Bad Hersfeld 26
Bad Kissingen 25, 49
Bad Mergentheim 26
Bad Schmiedeberg 513
Bad Wörishofen 5
Baden 24, 26, 39, 41, 43*, 49, 52 f., 62, 113
Baden-Württemberg 33, 42, 55, 59 ff.
Badia del Pino 209

Bagno 209
Baja 329
Balṭi 401*
Bamberg 49 ff.
Banat 311, 313 f., 316, 317*, 319 f., 387, 391, 395, 402, 404
Banjica 236, 316
Baranja 311, 313, 328 f.
Baranowitschi 514 f., 549 f.
Barcelona 258
Barneveld 155*
Basses-Alpes 122
Batschka 311, 313, 328 f., 338
Bayern 24 f., 32*, 33, 39, 57, 242
Bazzano 209
Beaune-la-Rolande 116, 120
Beendorf 160
Bełchatów 430, 449
Belgrad 230*, 236, 313, 314*, 316–320, 324*, 327
Belluno 206*
Belomorie 255, 287, 292
Bełzec 38, 61, 103, 153, 459 f., 462 f., 479
    Deportationen aus:
    – Deutsches Reich 49, 63
    – Österreich 70
    – Polen 461, 465 f., 470
    – Tschechoslowakei 366
    Zahlen 9, 17, 63, 466 f., 495
Belzy 519, 534*, 553
Bełżyce 40 f., 48, 453, 470
Bendorf-Sayn 38
Bendsburg 422, 450, 469
Bengasi 209
Bentschen 37, 57, 61
Berat 231 ff., 236
Berdicev 517
Berecin 549
Beresowka 519
Berg 193, 195, 197
Bergen-Belsen 51, 56, 60, 63, 83*, 85, 90, 91*, 127 f., 130, 150*, 154, 156, 158–161, 163, 164*, 165, 206, 209 f., 220 f., 224, 237*, 238 f., 255, 258, 264, 270 f., 362, 366, 475, 480
Berlin 2, 11 f., 24 f., 27, 29, 31 ff., 42–47, 49, 51 ff., 55–58, 60, 62, 64, 112, 121, 172, 176, 180, 188, 193, 195, 202, 204, 236, 245*, 251, 256*, 258, 280, 282 f., 297 f., 301, 303, 305, 320, 326, 334, 342, 382*, 385, 395, 416*, 430*, 459, 512, 520
Berlin-Buch 38
Bern 211, 301, 345
Bernburg 39*

Bessarabien 12, 381 f.*, 383, 384*, 386–389, 391 f., 395, 398 ff., 402, 404 f., 408 f., 502, 506*, 511, 520, 527, 534, 553–556, 559 f.
Beuthen 25, 33, 164*
Biała Podlaska 420, 452, 464
Biała Rawska 456
Białystok 422, 425 f., 445, 448, 472, 475, 477 ff., 491*, 515, 544, 550
Białystok (Bezirk) 419, 442 f., 446, 448 f., 457, 463, 469*, 472 f., 481, 546 f., 550, 560
Biberach an der Riß 211
Bielefeld 47
Bielsk Podlaski 446, 448
Biernatki 431
Biłgoraj 452, 461
Bingen 25
Bitola 231, 278, 287, 296 f., 313, 327
Blaszki 430
Blechhammer 121, 151
Bliżyn 488
Blois 106
Bóbrka 455, 472*
Bobrujsk 516, 548
Bochnia 48, 437, 466, 472, 476, 480
Bodzentyn 456
Böhmen und Mähren 18 f., 43, 46, 48, 53*, 74, 102*, 113, 117, 353 ff., 357–362, 365, 367 ff., 372, 378 f., 427*, 432, 459, 463, 470
Böotien 255
Bolechów 455
Bologna 203, 220
Bonn 17, 25 f., 462*
Bordeaux 120
Borgo San Dalmazzo 211 ff., 216, 218 ff., 227
Borisow 547
Borszczów 472*
Borysław 455, 472*, 491
Bosnien 236, 311, 313 f., 322
Boves 213
Bozen-Gries 206, 219, 221, 226
Brabant 106
Brandenburg 24, 56
Brandenburg (Heilanstalt) 38, 92
Braunschweig 24, 32
Bredtveit 193, 195
Bremen 24, 42, 46, 56
Breslau 24 f., 32, 46
Brest-Litowsk 514, 544, 548
Brjansk 508*, 516
Brody 456, 472*, 491
Bruchsal 26
Brünn 46*, 361 f., 365
Brüssel 109*, 110, 115, 118, 129 f.
Brzesko 254
Brzeżany 455, 472*
Brzeziny 436, 449, 464

Buchenwald 37, 39, 56, 60, 63, 69, 85, 88 ff.,
   91*, 127 f., 130, 141, 143, 156, 161, 165,
   181, 193, 206, 221, 360*, 487 f., 552*
Buczacz 455, 472*
Budapest 1, 262*, 333 f., 340–351, 486*
Budzyń 478, 484
Büdingen 26
Buenos Aires 268*
Buerat El Hsun 208
Bugaj 438
Bugojno 324*
Bukaczowce 472*
Bukarest 12, 255, 300 f., 346, 382*, 383, 385,
   386*, 388, 390, 392, 394 ff., 398, 401, 406*
Bukowina 12, 382*, 383, 384*, 386–392, 395,
   398–402, 404 f., 408 f., 502, 511, 519, 534,
   553–556, 559 f.
Burgas 303, 308
Busko 435, 456, 472*
Bychawa 470
Bytin 549

Çamérija 230*, 231
Camerino 209
Camugnano 209
Carnaro 206*
Carpi 204, 219
Casablanca 210, 258*
Castiglione Fiorentino 209
Celle 158, 210 f., 264
Chaidari 214, 249*, 263, 266 f.
Chalkis 242, 264
Chania 265
Charkow 516 f., 534*, 540*
Charleroi 109*
Chęciny 456, 487
Chełm → Cholm
Chełmno 38, 43, 153, 447 f., 458, 460, 462,
   479, 481
   Deportationen aus:
   – Deutsches Reich 45, 63
   – Lodzer Ghetto 102*
   – Luxemburg 103
   – Polen 450, 464, 482
   – Tschechoslowakei 362
   Zahlen 9, 17, 495
Cherson 519, 535, 553
Chieti 225
Chmielnik 435, 456
Chocz 430
Chojnice 417
Cholm 38, 48, 63, 93*, 125, 425, 434, 437,
   453, 464
Chorostow 523
Chorzele 424
Chotin 519, 553

Chyżyny 472
Ciechanów 411, 418, 422, 424, 428*, 431 f.,
   436 f., 439, 451, 452*, 457, 469*, 481
Ciechanowiec 448
Ciechocinek 450
Civitella della Chiana 209
Civitella del Tronto 209 f.
Colmar 113
Compiègne 105, 117, 119
Comtat-Venaissin 106
Constantine 108
Cosel 48, 63
Crikvenica 324
Crocetta 210
Cuneo 212, 216, 225
Curaçao 504
Čurug 328
Czeladź 451
Czernowitz 384 f.*, 386 f., 396*, 398, 400 f.,
   519, 553, 554*, 555 f.
Czerwińsk 437, 451
Czortków 455, 472*
Czudec 466
Czudin 554*
Czyżewo 446

Dąbrowa Tarnowska 466*, 468
Dachau 36 f., 39*, 56, 60 f., 63, 71, 73*, 85,
   88 ff., 91*, 165, 269, 485, 552
Dalmatien 311, 313, 321, 324 f.
Dalnic 555
Damaskus 107
Danzig 318, 411, 426, 487, 513
Danzig-Westpreußen 431*
Darmstadt 26, 52, 56
Dauphiné 106
Dębica 435, 454, 466, 472, 485
Dęblin-Irena 453
Debrecen 343
Dede agač 291, 293
Delvino 234
Demir-Hisar 294
Demotica 246, 254
Den Haag 118, 137, 138*, 144, 147 ff., 152,
   157, 159
Derna 208
Deutsch Krone 26
Dieburg 26
Dinkelsbühl 26
Djakovo 322
Djerba 123
Dnjepropetrowsk 517 f., 545*
Drnje 322
Dobric 278
Dobrucowa 486*
Dobrudža 277 f., 281, 284, 404

Dodekanes 213, 248*, 269
Doetinchem 156*
Dombrowa-Gebiet 411, 422, 431, 451
Dordrecht 148
Dorohoi 401, 553, 556
Dorpat 506 f., 513 f.
Dortmund 33, 46–51
Drama 256, 278, 291 ff.
Drancy 50 f., 57, 62, 116 f., 119 ff., 123–127, 130, 161, 165, 212, 219, 227
Drente 137, 148
Dresden 32 f.
Drobin 451
Drohobycz 455, 472*, 486, 491
Drôme 122
Drontheim 187, 189 f., 192 f., 195, 197
Dubieńka 453 f.
Dubno 516 f., 543, 548 f.
Dubrovnik 324
Dünaburg 551, 552*
Düsseldorf 17, 26, 33, 45 ff., 50, 56, 468
Duisburg 50
Dupnica 287, 289, 292, 294
Durrés 232 ff., 236
Dynów 421
Działoszyce 434

Edineţ 400
Edirne 243
Eiderstädt 25
„Eingegliederte Gebiete" 18, 412, 418, 424, 426–429, 432 f., 436, 439, 448, 453, 457, 461, 472, 481
Elbassan 233
Elisabethville 215
Elsaß-Lothringen 11, 41, 105 ff., 113
Emden 26, 45*
Emilia Romagna 211
Enns 82
Enschede 141
Entraque 212
Epirus 263
Erbach 26
Erding 25
Eschwege 25
Essen 33
Estland 14, 18, 499, 505 ff., 514, 522, 524, 528, 541, 543, 552, 556, 559 f.
Ettelbrück 98, 103
Eupen-Malmedy 105
Euskirchen 26

Falencia 452
Falstad 190
Fano 210
Fedhala 258*

Feldkirch 72*
Felice al Panaro 209
Fellin 507
Felvidék 332, 376
Feodosija 519, 543*
Ferrara 225
Fez 108
Fiume → Rijeka
Flatow 26
Florenz 203, 209, 220
Flossenbürg 39*, 51, 60, 63, 89 f., 206, 221, 485, 487
Forli 225
Fossoli 204–207, 209 f., 218–221, 226
Franche-Comté 106
Franken 24, 26, 32
Frankenberg 26
Frankenthal 57
Frankfurt a. M. 17, 24 f., 32 f., 45 f., 52, 56, 189
Freiburg 26
Friaul 206*, 207
Friedberg 26
Friedek-Mistek 360
Fröslev 181
Fünen 175, 179
Fünfbrunnen (Kloster) 98*, 102, 104
Fürth 26, 49
Fulda 25

Galaţi 396*, 401*
Galizien 13, 18, 74*, 353, 376, 405, 412, 418 f., 422, 425, 442 f., 445 f., 454–457, 462, 471 ff., 491, 560
Gardinovci 328
Garian 211
Garwolin 452, 472
Gdingen 417
Gelsenkirchen 49*
Gemünden 26
Generalgouvernement 4, 11, 18, 38 ff., 42, 48 f., 51, 56, 69 f., 72, 76, 79*, 252, 297, 317, 411 f., 418, 423*, 424–430, 432, 434–437, 439 f., 442, 451 f., 454, 457, 461, 464 f., 469*, 470 ff., 474*, 476, 478 f., 480*, 482, 485, 515, 517, 533, 544 f., 560
Genf 6 f., 314*, 385, 389, 401*, 404
Gestel 149*
Gevgelija 296
Giado 208, 211
Gießen 26
Gjirokastré 231 f., 234, 236
Gjumjurdžina 278, 291, 293 f.
Gleiwitz 26
Glogau 26, 466*
Glusk 40
Gnesen 429

Göppingen 26
Görz 206*
Gogolin 121
Golta 400
Gomel 548
Gorizia 207
Gorlice 422
Gorlovka 517
Gorna Džumaja 287, 289, 292, 294
Gorodok 534*
Gospić 321*
Gospodjinci 328
Gostynin 450
Gotenburg 196
Gouda 148
Goworowo 422
Grafeneck 38, 92
Grajewo 446, 449
Granada 242
Graz 82
Grenoble 212
Grini 189 f., 192 f., 195, 197
Gródek 455, 472*
Grodno 446, 449, 472 f., 522, 544, 550
Grodziec 428
Grójec 452
Groningen 138, 148
Groß-Rosen 39*, 61, 63, 90, 151, 164*, 192,
    480, 487 ff.
Groß Strehlitz 26
Grybów 461
Gubbio 225
Gumbinnen 513
Gunzenhausen 26
Gurlica 297
Gurs 42, 51, 60, 63, 109, 113, 121*
Györ 332
Gžatsk 508*

Haarlem 138, 148
Hagen 465
Haifa 160, 301
Hainaut 106
Halberstadt 26
Halden 190
Halle 52
Hamburg 24, 32 f., 42, 45 ff., 51, 55 f., 61,
    192 f., 196
Hamburg-Fuhlsbüttel 61, 192
Hammelburg 26
Hanau 26
Hancewicze 550
Hannover 24, 26, 32*, 33, 39, 42, 46 f., 49*, 56
Harku 552
Harstad 189
Hartheim 92, 142

Haskovo 290
Haute Savoie 122, 212
Hautes-Alpes 122
Hegyeshalom 348
Heidelberg 26
Heraklion 265*
Herzegowina 311, 313 f.
Herzogenbusch → Vught
Hessen 24, 26, 32 f., 39, 42, 57
Hessen-Nassau 24, 33
Het Apeldoornse Bos 151
Hildesheim 56
Hinzert 63
Hofheim 26
Hohensalza 429
Hohenzollern 24, 53
Homburg 26
Homs 211
Horb 26
Horodeńka 455
Horseroed 179
Hrubieszów 425, 453, 454*, 464
Hünfeld 26

Iaşi 381*, 384, 398, 402, 518, 520
Ingolstadt 25
Ioannina 230*, 231 f., 234, 237, 242, 263 f.
Isère 122
Istanbul 300 f.
Istrien 207
Iwanowice 430
Izbica 38*, 48 f., 56, 61, 63, 72, 76, 105, 453,
    465, 470, 472
Izmail 520

Jadovno 321*, 322
Jajce 321
Jalta 519
Jambol 308
Jampol' 519, 553
Janów 452
Janowitschi 533
Janów Lubelski 453
Jarcevo 508*
Jarocin 431*
Jarosław 421, 454
Jaryczów Nowy 472*
Jasenovac 322 f., 326
Jasinówka 472 f.
Jasło 454, 466, 485*
Jaworów 472*
Jedlec 431*
Jędrzejów 435, 456
Jedwabne 446
Jerusalem 2, 20, 54 f., 61, 102 f.*, 238, 360*,
    414

Johannisdorf 121
Jordanbad 211
Juchnov 508*
Jülich 26, 49
Jütland 175, 179
Jungfernhof 552

Kärnten 19, 206, 313
Kairo 262*, 307
Kaiserslautern 26
Kaiserwald 552
Kalinin 516
Kalisz 422, 428–431, 449
Kałusz 455
Kałuszyn 452, 471 f.
Kamenetz-Podolsk 74*, 340, 376, 517, 545*
Kamionka Strumiłowa 455
Karczew 471
Karlsbad 248*
Karlsruhe 25, 33, 52
Karlstadt 26
Kárpátalja 357, 376
Karpatho-Ukraine 329*, 338, 342 f., 353, 355, 357, 375–378
Kassel 24, 26, 33, 46 f., 56
Kassel-Bettenhausen 52
Kastoria 234, 264, 270
Katerini 266*
Kattowitz 69, 164*, 294, 417, 421, 425
Katyń 479*
Kaukasus 511, 518 ff., 535
Kaunas 46, 63, 78, 126 f., 513 f., 521, 523, 537, 547, 551 f.
Kavajé 236
Kavalla 256, 278, 291 ff.
Kazimierz Biskupi 447
Kempten 50
Kephalonia 260*
Kertsch 519
Kielce 76, 456, 465, 480*, 483*, 487 f., 496
Kiew 516 ff., 530, 549
Kirowograd 517
Kišac 328
Kischinew 400, 519, 553, 556
Kistarcsa 343 f., 346
Kitzingen 25
Kiviöli 552
Kjustendil 289 f., 308
Kleck 477
Kleßheim 335, 340
Klimontów 471 f.
Klinzy 516
Knyszyn 448
Kobe 504
Koblenz 26, 56
Koblenz-Trier 97

Kochanowitz 121
Kock 453
Kodyma 529, 553
Köln 24, 26, 33, 45 ff., 50 ff., 56, 319
Königsberg 26, 33, 550
Königswusterhausen 483*
Kokkosy 519
Kolbuszowa 454, 461*, 466
Koło 438, 440, 447, 450, 462*
Kolomea 444, 455
Kolozsvár 343
Komarów 453
Komotini 256
Konin 438, 447, 450
Konotop 516
Końskie 456
Końskowola 472
Konstantinopel 107
Konstantinowka 536
Konstanz 26
Kopenhagen 167, 170 f., 172*, 174–180, 182 f.
Koprivnica 322
Kopyczyńce 472*
Korčé 232 ff.
Korčula 324
Korczyna 454
Korez 549
Korfu 242, 266, 270*, 273
Korinth 242, 245*
Korycin 446
Kos 19, 213–216, 218, 227, 249*, 267
Kosel 121, 130, 151, 160 ff., 164*, 165
Kosovo 229, 230*, 231, 235 f., 238, 313, 319
Kosów 452
Kowale Pánskie 450
Kowel 549
Kowno → Kaunas
Kozienice 457
Koźminek 430 f., 449
Krakau 411, 426 f., 429, 433 ff., 438 f., 459, 466 f., 472, 476 f., 484 f., 493*, 496, 516, 544
Krakau (Distrikt) 418, 423, 425, 427, 429, 434 f., 437, 454 f., 457, 462, 465, 471 f., 480 f., 486
Kramatorskaja 517
Kraśnik 453
Krasnodar 519, 525, 526*, 540
Krasnogwardejste 514
Krasnoje 550
Krasnystaw 437, 453, 464
Kraszyna 477*
Kreischgebiet 391, 395, 402, 404
Kremasto 214
Krementschug 517
Kremsmünster 81
Krenau 450

Kreta 246, 265
Kreuzburg 26
Kreuznach 26
Krim 511, 518 ff., 523*, 524, 535
Kriva Palanka 296
Kriwoj 517
Kroatien 11, 13 f., 218, 235, 297, 311, 313 f., 321–324, 326, 334, 386*
Kronstadt 396*
Krośniewice 450
Krosno 454, 486
Krynica 435
Krynki 449, 472 f.
Krzeszowice 435
Ksanti 278, 291, 293 f.
Kuflów 471
Kukés 238
Kulmhof → Chełmno
Kumanovo 296
Kursk 516
Kutno 430, 436, 450

Lachwa 477
Ladyćin 401
Lagow 76
Laibach 206*, 313
Landau 25
Lapovo 297
Larisa 263 f., 272
Łask 449
Lauenburg 26
Lausanne 213, 215, 244
Łęczna 470
Łęczyca 440, 450
Leipzig 24, 33, 47, 52, 488
Lemberg 343, 419, 425, 444 f., 455, 465, 470, 472*, 476, 479, 484, 491, 515 ff., 522, 534, 544, 545*
Leningrad 513 f.
Leros 213 f.
Les Milles 51
Lettland 18, 499, 505, 506*, 514, 522, 524, 528 f., 539, 541, 542*, 543, 551 f., 556 f., 559 f.
Libau 513 f., 551 f.
Lida 549 ff.
Liebenau 160
Limburg/Lahn 26
Limoges 106
Linz 81 f.
Lippe 24
Litauen 18, 47*, 337, 411, 425*, 426 f., 443, 499–505, 506*, 513 f., 521, 523 f., 528 f., 533, 539, 541, 542*, 543, 551, 556 f., 559 f.
Litzmannstadt → Łódź
Loborgrad 322

Łódź 44 f., 51, 56, 63, 69, 72, 76, 102 ff., 129, 274*, 361 f., 412, 418, 427, 430, 431*, 436, 438 ff., 447, 449 f., 462, 464, 467, 469*, 473, 477, 479, 481 ff., 487 f., 493
Logojsk 546*
Lom 19, 256, 294 f., 298, 303
Łomża 446, 449, 550
London 209, 302
Łosice 452
Louvain 106
Łowicz 452
Lubaczów 455, 472*
Lubaczów-Bełz 502
Lubartów 453
Lublin 206, 429, 432, 435, 437, 439, 441, 452, 461, 465, 484, 490
Lublin (Distrikt) 38, 154, 382*, 418, 427 ff., 434, 437, 452 f., 454*, 457, 459, 461 ff., 465 f., 470 f., 474, 478, 481
Lublin (Lager) 40, 49, 56, 61, 154, 441, 462, 468, 470, 473*, 487
  Deportationen aus:
  – Deutsches Reich 39, 63
  – Frankreich 125, 127 f.
  – Norwegen 193
  – Österreich 70
  – Polen 461, 470, 474 f., 478, 484
  – Tschechoslowakei 362, 366, 373
  Zahlen 9, 17, 63, 495
Lubotyń 438
Luck 529
Ludwigsburg 239, 275*, 525*
Ludwigshafen 26
Ludwisin 452
Lübeck 24
Lüneburg 25
Lüttich 109*, 115
Łuków 453, 472
Lundenburg 77*, 79*, 83*
Lushnjé 231
Lyon 126, 212

Madagaskar 424*, 429*
Madrid 255, 257 f.
Mährisch-Ostrau 69
Mailand 203, 207, 212, 215, 220 f.
Mainz 26, 33, 57
Majdanek → Lublin (Lager)
Majdan Tatarski 461
Majkop 520
Maków Mazowiecki 431, 451, 469*
Malines 50, 57, 62, 128–131, 160, 165
Małkinia 463
Malmö 179
Malojaroslawez 516
Maly Trostinec 85*, 366

Mannheim 26, 33
Mantua 220, 232
Marburg 26
Marcinkańce 477
Mărculeşti 400
Marienbad 36
Marienwerder 26
Mariupol' 519, 535*
Marmarosch 391, 395, 404
Marosvásárhely 343
Marseille 125, 212
Martinowskoje 536
Mauthausen 39*, 60, 63, 89 f., 141 ff., 147,
    148*, 156, 160 f., 165, 487
Mayen 26
Mazedonien 12, 19, 229, 244, 246, 250, 252,
    256, 264, 271, 275–278, 284, 287–291,
    296 ff., 309, 311, 313, 327, 330
Mechelen → Malines
Mecklenburg 24 f.
Medyn 516
Meiningen 26
Melitopol' 519 f., 535*
Mellrichstadt 26
Melsungen 26
Memelgebiet 11, 18, 503 f.
Meppel 148
Meran 203, 219 f.
Merseburg 25
Meßkirch 25
Metajna 322
Miechów 434, 454, 461
Międzyrzec Podlaski 453, 472
Mielec 466*, 487
Millerowo 536
Mineralnyje wody 548
Minsk 46, 49, 56, 63, 70, 72, 78, 79*, 85, 361 f.,
    425, 431*, 514 ff., 522, 530, 534*, 537, 539 f.,
    546, 547*, 548 ff.
Mińsk Mazowiecki 436, 441, 452, 467, 477
Miskolc 343
Misurata 208
Mitau 513
Mittelbau-Dora 51, 63
Mława 422, 437, 451, 469*
Modena 204, 219, 226
Modliborzyce 76, 452
Modrzejów 451
Mogilew 515
Mogilew-Podolski 400, 519
Mogilno 421
Moldau 404, 518
Molodetschno 515
Mondovi 212
Montenegro 229, 236, 311, 313
Mont Valérien 117

Mosdok 519
Moskau 46, 307, 348, 398, 483*, 515 f.
Mošorin 328
Mostar 324 f.
Možajsk 508*
München 25 f., 33, 46, 51, 56, 210, 276, 356,
    389, 525*
Münster 46 f.
Murgebiet 314
Murinsel 328 f.

Nadalj 328
Nadworna 455
Naltschik 519, 548
Narva 507, 513 f.
Narvik 189
Nataljewka 514
Natzweiler 39*, 63
Neapel 209 ff.
Neuengamme 51, 63, 90, 165
Neustadt/Weinstraße 26
Neuwied 26, 57
New York 9, 299, 493*
Niepołomice 466*
Nieśwież 477
Nikolajew 517–520, 525*, 535, 553
Nikolajewska 536
Nikosia 245*
Niš 316*
Nisko 69, 72, 76, 360, 367
Nizza 106, 123, 201, 212 f., 227
Nördlingen 26
Nord 106
Norden 26
Nordhausen 26
Nordholland 142
Nordkrain 313
Normandie 482
Nováky 371 f.
Novi Sad 13, 313 f., 328 ff.
Novorossijsk 519
Nowa Wieś 461
Nowe Miasto 437, 452, 469*
Nowiny Brdowskie 438
Nowogródek 477, 491*, 550 f.
Nowotscherkassk 520
Nowo-Ukranínka 516 f.
Nowy Dwór 422, 437, 451, 469*
Nowy Korczyn 435, 456
Nowy Sącz 454, 461, 466
Nowy Targ 435, 454, 466
Nürnberg 26, 33, 46 f., 49 ff., 239, 267*, 526*

Oberkirch 25
Oberlanzendorf 93*

Oberschlesien 24, 151, 411 f., 415, 424, 450 f., 457, 469*, 476, 479
Obertyń 444
Odense 174
Oderberg 121
Odessa 384, 520, 535, 553, 555
Ösel 514
Offenbach 26, 52
Offenburg 26
Ohrida 232
Oldenburg 24, 32, 42
Olschanka 518
Olynka 549
Onda 225
Opatów 76, 457
Opatówek 430
Opoczno 456
Opole Lubelskie 453
Oppeln 26, 76, 164*
Oprotschka 513
Oranienburg 36
Orel 516
Osijek 313 f., 322
Oslo 187–190, 192 f., 195 ff.
Osnabrück 47*
Ostland 411, 427*, 441, 457, 459, 477, 515 f., 528 f., 536, 542*, 545 f., 556
Ostpreußen 24, 32, 418, 431, 442, 457, 473
Ostrau 360
Ostrołęka 422, 431
Ostrów 453, 513
Ostrowiec 457
Ostrów Kaliski 431
Ostrów Mazowiecka 426
Ottmuth 121
Otwock 436, 452, 467
Owrutsch 518
Ozorków 430, 450

Pabianice 430, 436, 449
Padua 207
Pag 322
Pajęczno 450
Pančevo 318
Panierai 540, 551
Parczew 453, 472
Paris 37, 49, 106, 109, 111 ff., 116–121, 124, 201, 245, 444
Pas-de-Calais 106
Patras 244, 264
Pazardžik 290
Pécs 343
Pełkinie 466*
Perejaslaw 516, 537*
Pernau 507, 513 f.
Pervomajsk 516

Petrić 256
Petrikau 436, 456, 472, 488
Pfalz 25, 32
Pfullendorf 25
Piaseczno 452
Piaski 40, 48 f., 61, 63, 453, 470, 472
Piątek 421*
Piatra-Neamț 518
Pieńki Borowe 431
Pietrasze 445*
Pilica 477*
Pinsk 544, 549
Pionki 477*, 488
Piräus 214 f., 246
Pirmasens 26
Pirot 19, 256, 277 f., 284, 287 ff., 294–298
Pisa 225
Pithiviers 116, 120
Pjatigorsk 520
Płaszów 413*, 465, 476, 480, 484–489
Pleskau 513
Pleven 303, 306
Pliskov 507*
Płock 437, 467
Płonsk 437, 451, 469*
Plovdiv 289 f., 302 f., 308
Poddębice 450
Podhajce 455, 472*
Polesien 443, 477*
Poltawa 517 f., 540*, 548
Pomiechówek 437
Pommern 24, 32
Poniatowa 474, 478
Posen 8, 23, 362, 412, 424, 427 ff.
Posen-Westpreußen 24 f., 415
Potsdam 57
Prag 144, 353, 355, 358–362, 364*, 365, 367
Pravište 293
Preßburg 12, 86*, 255, 260, 346, 371*
Preußen 24, 420
Preveza 230*, 231 f., 237, 264, 268
Prijedor 321
Priština 236 ff.
Prochladnyi 519
Prokurow 517
Proszowice 434
Protektorat → Böhmen und Mähren
Prużana 445 f., 448, 472 f.
Przedbórz 456
Przemyśl 420, 454 f., 466, 472, 476, 502
Przemyślany 456, 472*
Przeworsk 421, 425
Przysucha 456
Puławy 76, 436, 453, 464
Pułtusk 422, 423*
Pustków 466*, 480, 485, 486*, 487

Raasiku 552
Rab 19, 207, 218, 325
Rabka 454
Radautz 554*
Radegast 483
Radom (Distrikt) 418, 427, 429, 435, 456 f.,
    459, 462 f., 467, 471 f., 481, 483*, 484, 487 f.
Radomir 287, 289
Radomsko 436, 456, 472
Radoszyce 456
Radzyń 453
Rakov 534*
Rastatt 26
Ratibor 26
Ravensbrück 39*, 56, 60, 63, 85, 89 f., 127,
    130, 156, 165, 180, 183, 206, 221, 224, 480,
    483*, 488
Rawa Ruska 455, 465, 472*
Reichenau 220
Rembertów 467, 471
Reval 49, 56, 63, 126, 441, 506 f., 513 f., 552
Rheinprovinz 24, 32*, 33
Rhodos 19, 201, 213–216, 218, 227, 243,
    249*, 267, 273
Ried 82
Riga 46–49, 51, 56, 60, 63, 70, 72, 78, 79*,
    366, 441, 505, 513 f., 522, 537, 545 f.*, 551 f.
Rijeka 19, 206*, 207, 218, 225
Ripoli 209
Rog 517
Rohatyń 455, 472*
Rom 122, 202 f., 208, 211, 220, 225, 230*,
    236 f., 258, 325
Ropczyce 466*
Roslawl 516
Rostow 517, 535, 548
Rotenburg/Fulda 26
Rotterdam 138, 148
Rowno 516, 545*, 549
Rózana 449
Rozwadów 454*
Rshew 516
Rudki 472*
Ruse 281, 303, 308
Ryki 453
Rzeszów 421, 429, 437, 454, 461, 466, 472,
    476, 485*, 487
Rzgów 438

Saarbrücken 26
Saargebiet 23, 32, 41, 100
Saarpfalz 41, 43*, 113
Šabac 74*, 316*, 317
Sachsen 24, 32 f.
Sachsenhausen 37, 39*, 56, 61, 63, 89 f., 160,
    180, 183 f., 192 f., 196, 374, 480, 552*

Saint Gervais 201
Saint-Quentin 127
Šajkaška 328
Sajmište 236, 237*, 316, 317 f.*, 319 f., 330
Salaspils 552
Saló 201, 203
Saloniki 107, 233, 241*, 242 ff., 245*, 246 f.,
    248*, 250–255, 257 f., 261, 263 f., 267 f.,
    272 f.
Salzburg 82
Sambor 455, 472*, 522
Samobor 321
Samokov 290
Samos 213
Samotraki 293
Samovit 304, 306
Sandomierz 429, 472, 477*
Sandschak Novi Pazar 313, 321
Sanok 454, 466
San Sabba 207, 219, 226
Sarajevo 313 f., 321, 322*, 324*
Sárvár 346
Sarz-Saban 293
Savoie 122, 212
Savona 212
Sawino 362
Schaulen 513 f., 551
Schaumburg-Lippe 24
Scheinfeld 26
Schirowitz 548
Schlesien 24, 33, 48, 51, 353, 355, 493
Schleswig-Holstein 24 f., 32*, 33, 56
Schlüchtern 26
Schneidemühl 26, 41
Schoonhoven 138*
Schröttersburg 431
Secureni 400
Sędziszów 435, 466*
Seine 123
Semlin 319
Sępólno 421
Serbien 11, 62, 229, 236 f., 278, 296 f., 311,
    313–320, 327, 329 f.
Sered 371
Seres 256, 278, 291, 293
Sevastopol 519
Sèvres 244
Sewerynowo 431
Shanghai 504
Shejaku 236
Shitomir 516, 518, 530
Shkodra 231 f., 236, 238
Sibirien 443, 493, 554
Sichelberg 431, 432*, 436, 451
Sidi Azaz 211

Siebenbürgen 338, 341*, 342 f., 376, 387, 389,
   391 f., 395, 402, 404 f., 408 f.
Siedlce 452, 467, 471
Siegburg 26
Siegen 58
Sieradz 422, 437, 450, 464
Silistra 278
Simferopol' 518, 520, 523*
Simitli 294
Sinsheim 26
Skałat 456, 472*, 491*
Skalbmierz 434
Skarżysko-Kamienna 456, 486 ff.
Skékesfehlrvár 343
Skidel 449
Skierniewice 452
Skopje 231, 278, 287, 296 ff., 313, 327 f.
Skrzyńskie 435
Slano 322
Slawonien 311, 313 f.
Słomniki 434
Słonim 445, 514, 544, 546, 549 f.
Slowakei 11 f., 19, 72*, 74, 86*, 91*, 334, 338 f.,
   345, 350, 353, 355, 357, 368–375, 377 ff.,
   386*, 463, 470, 481
Slowenien 311, 313
Sluzk 546 f., 549
Smederevo 316 f.*
Smolensk 515 f.
Smyrna 107
Śniatyń 455
Sobibór 38, 61, 459 f., 462 f., 478 f.
   Deportationen aus:
   – Deutsches Reich 49, 63
   – Frankreich 125, 127 f.
   – Niederlande 153 f., 156, 160, 163, 165
   – Österreich 70, 76
   – Polen 463 ff.
   – Tschechoslowakei 362, 366
   Zahlen 9, 17, 63, 495
Sobków 435
Sobolew 471 f.
Sochaczew-Błonie 436, 452
Sofia 12, 246, 255 f., 275, 278, 281, 283 ff.,
   287–290, 292, 294 f., 299–308
Sokal 455, 472*, 516
Sokółka 449, 472
Sokołów Małopolski 454
Sokołów Podl. 452
Sokoły 448
Soldau 451
Somme 106
Sonnenstein 92
Sosnowitz 450, 469
Speyer 56
Split 324

Srbobran 328
Sremska Mitrovica 318*
Stade 25, 46*
Stalingrad 125, 302, 309, 363, 443, 470 f., 518
Stalino 517 f., 520
Stalowa Wola 476, 485, 487
Stanislau 444 f., 455, 465, 472*, 473, 476, 491
Stanisław-Jarosław 502
Stanke Dimitrov 308
Starachowice 457
Stara Gradiška 322, 326
Stara Zagora 303
Stari Bečej 328
Starobelsk 518
Staszów 457
Stawiszyn 430
Steiermark 313
Stettin 40–43, 193 ff., 432
Štip 278, 296 f., 327
Stockholm 176
Stopnica 456
Stralsund 41*
Stryj 455, 472*
Strzegowo 437, 451, 469*
Strzemieszyce 451
Strzyżów 422, 466
Stuttgart 26, 33, 46 f., 50, 52
Stutthof 51, 60, 63, 89, 126, 181, 196, 426,
   487, 552
Subotica 313 f., 329
Sucha 450
Suchowola 449
Sudak 519
Sudetengebiete 11, 18 f., 356
Šumen 290, 303
Sundgau 107
Svenciony 551
Swinemünde 179
Świsłocz 449
Swoszowice 435
Sydspissen 189
Syreczk 540
Szczebrzeszyn 452, 461, 466
Szczekociny 435
Szczuczyń 446
Szebnie 466, 476, 485 f.
Szeged 343
Szombathely 343
Szydłowiec 457, 472

Taganrog 518 f., 535*
Tagiura 208 f.
Tarnobrzeg 425, 454*
Tarnogród 452
Tarnopol 445, 456, 472*, 491, 517, 522 f.
Tarnów 454, 466, 468, 472, 476, 477*, 486

Tasos 293
Taurien 519f., 523
Tel Aviv 272
Temerin 328
Temesvar 396f.*
Tenje 322
Teramo 210
Theresienstadt 31, 60, 254, 363–368, 427*, 481
Deportationen aus:
- Dänemark 179–185
- Deutsches Reich 44, 50ff., 56, 63
- Luxemburg 103
- Niederlande 150*, 156ff., 160f., 163, 164*, 165
- Österreich 70, 72, 80, 82, 83f.*, 85, 86*
- Tschechoslowakei 360, 362, 366, 372, 374
Thessalien 264
Thessaloniki → Saloniki
Thrazien 12, 19, 230*, 244, 246, 256, 275–278, 284, 287–298, 309
Thüringen 24f.
Tighina 383, 519, 553f.
Tilsit 542f.*, 556
Tirana 230, 232, 234, 238
Tirol 19
Titel 328
Tłuste 472*, 491
Tomaszów 456, 477*
Topola 317
Topolya 343f.
Topovske šupe 316
Toronto 9*
Toskana 211
Transnistrien 12, 18, 382*, 383, 387, 389, 394, 400ff., 408f., 481, 534, 553–556
Transsylvanien 333
Traunkirchen 82
Travnik 321, 324*
Trawniki 49, 56, 61, 63, 474, 477*, 478, 484
Treblinka 38, 49, 153, 460, 462, 478f.
Deportationen aus:
- Bulgarien 276, 297, 327
- Deutsches Reich 63
- Griechenland 257, 269, 271ff.
- Jugoslawien 328*
- Österreich 85
- Polen 463, 467f., 469*, 473ff., 550
- Tschechoslowakei 366
Zahlen 9, 17, 63, 495
Trembowla 472*
Trianda 214
Trianon 331, 336, 338, 381*
Trient 206*
Trier 56, 96, 102

Triest 203, 206f., 219, 221–224, 226
Trikala 263
Tripolis 208–211
Tromsø 189
Tschenstochau 421f., 432, 437, 439, 456, 459*, 461, 467, 472, 476, 488, 493
Tscherkassy 517
Tschernigow 516, 518, 536
Tschernjachow 546
Tulčin 400
Turek 450
Turija 328
Turin 201
Turobin 453
Tyczyn 466
Tyszowce 453

Udine 207
Uflingen 102
Ujazdow 362
Ujezd 472
Ujvidék 339f.
Ukraine 328f., 381*, 383, 384*, 406, 411, 441f., 444, 499, 501f., 508, 511, 518, 527ff., 534f., 539*, 545, 548f., 557
Ulkinj 233
Uman 517, 529
Uniejów 440
Unterlahnkreis 26
Untertaunuskreis 26
Utrecht 138, 142, 148, 155*

Vaivara 49, 552
Valdieri 212
Valjevo 318
Valona 232ff.
Vapniarka 401, 555
Var 122
Varna 279, 306, 308
Veles 296
Venedig 207, 233
Ventimiglia 212
Verona 202–206, 220f.
Verria 233
Vichy 106, 118
Vidin 302
Villanova 214
Vitovo 328
Vittel 126, 130, 196, 209
Vjaźma 508*
Vloré 232f.
Volos 263
Vraca 288, 303
Vught 150*, 154ff., 160, 163, 164*, 165
Vyhne 371f.

Wadowitz 450
Waidhofen 81
Walachei 404
Warburg 26
Warschau 34, 414, 416, 417*, 418, 420,
　423–427, 429, 432, 434, 436, 439 f., 448,
　451 f., 459*, 460, 467 f., 472*, 473 f., 477,
　490 f., 493*, 514 f.
Warschau (Distrikt) 418, 422, 424, 427, 432,
　436, 439, 452, 457, 463, 471, 481
Warschau (Ghetto) 49*, 63, 255*, 257, 260,
　268, 270, 436, 438 f., 452, 459*, 461, 463,
　470, 474 f., 477, 482 f.
Warta 436
Warthegau 4, 11, 44, 411, 418, 429–432, 437,
　440, 447, 449 f., 454*, 457
Washington 300, 389
Wasilków 446
Węgrów 452
Weißrußland 499, 525, 527 ff., 534, 536, 549,
　551, 557
Weißruthenien 514 ff., 540, 543, 545, 556
Westerbork 50 f., 137, 146–151, 153–157,
　160, 162 f., 164*, 165
Westfalen 24
Wewelsburg 63
Wieliczka 466
Wielopole 435
Wieluń 430, 450, 464, 467
Wien 29, 35*, 42, 68–72, 74, 76, 77*, 78, 79*,
　80 ff., 86, 87*, 91*, 93*, 144, 245*, 246, 264,
　294 f., 303, 329*, 343
Wieruszów 450
Wiesbaden 24, 26, 33, 52, 58
Wilejka 515, 550
Wilga 472
Wilna 425, 427, 491*, 501, 503 f., 513 ff., 521,
　533, 537, 540, 551 f., 556
Winniza 517, 554
Witebsk 515, 534*
Wittlich 102
Wjasma 515 f.
Włocławek 422, 430, 432*, 440, 450
Włodawa 76, 453, 472, 477*
Wodzisław 435
Wojwodina 329*
Wolbrom 434
Wolhynien 411, 443, 457, 477*, 491*, 518,
　536, 549
Wołkowysk 449, 461
Wołomin 452

Worms 26, 57, 245*
Woroschilowgrad 536
Woroschilowsk 518
Wosnessensk 520
Württemberg 24, 33, 39, 49, 52 f., 62
Würzburg 26, 33, 47*, 49, 51, 56
Wuppertal 33
Wysokie Mazowieckie 446, 449
Wyszogród 437, 451

Xanthi 256

Yonne 116

Žabalj 328
Zagreb 13, 224, 255, 312 ff., 321, 323, 324*,
　325
Zagrodsk 548
Zaklików 453, 472
Zakopane 435
Zakroczym 437, 451
Zakynthos 242, 266
Zambrów 446, 449
Zamość 49, 63, 453, 465
Zaporoshje 517, 520
Żarki 421, 456, 488
Zarzecze 69
Zasavica 317 f.*
Zawiercie 450
Zbaraż 472*
Zbąszyn 417
Zbiersk 430
Zborów 445, 472*
Zduńska Wola 430, 437, 450, 464
Żelechów 452
Zelów 430
Zemun 316, 318*, 319
Zgierz 449
Ziegenhain 26
Ziljachovo 293
Złoczów 456, 472*, 517
Żołkiew 455
Żółkiewka 453
Zrimadhés 234
Żurawiec 421
Zwiahel 516, 527, 546
Zwickau 25
Zwoleń 457
Żychlin 450, 464
Żyrardów 436

Quellen und Darstellungen zur Zeitgeschichte

Band 25
Hans Woller
Gesellschaft und Politik in der amerikanischen Besatzungszone
Die Region Ansbach und Fürth.
1986. 348 Seiten, DM 48,-
ISBN 3-486-53841-1

"Zieht man ein Fazit des Ertrages, so fällt das Urteil sehr positiv aus. Woller belegt eindringlich, daß 1945 ein tieferer Einschnitt war als 1933, wobei es drei Entwicklungen waren, die diesen Einschnitt bewirkten.
…ein interessantes Buch, das im Detail manches korrigiert."
Süddeutsche Zeitung

Band 26
Von Stalingrad zur Währungsreform
Zur Sozialgeschichte des Umbruchs in Deutschland.
Herausgegeben von Martin Broszat, Klaus-Dietmar Henke und Hans Woller
3. Auflage 1990
L, 767 Seiten, DM 68,-
ISBN 3-486-54133-1

"Die durchweg vorzüglichen Beiträge des Buches geben wichtige (Teil-) Antworten auf grundlegende Fragen nach der Bedeutung der Epoche zwischen Stalingrad und Währungsreform für die weitere Entwicklung der bundesrepublikanischen Gesellschaft und ihres politischen Systems. Einen der beiden Wünsche, mit denen die Herausgeber ihr informatives Vorwort abschließen, erfüllt der Band allemal: Er regt zum Nachdenken an."
Neue Politische Literaur

Band 28
Lothar Gruchmann
Justiz im Dritten Reich 1933-1940
Anpassung und Unterwerfung in der Ära Gürtner.
2. Auflage 1990
XXXVIII. 1300 Seiten, DM 198,-
ISBN 3-486-53832-2

"Ein Standardwerk historischer Forschung."
NJW

"Nach jahrelangen intensiven Studien ist Gruchmann hier eine Darstellung des Verfalls des Rechts im nationalsozialistischen Herrschaftssystem gelungen, der ein großer Leserkreis zu wünschen ist, zumal das Buch auch in einer Sprache geschrieben ist, die sich wohltuend von so manchem heute üblichen und kaum verständlichen Wissenschaftsjargon abhebt."
Die Zeit

Oldenbourg